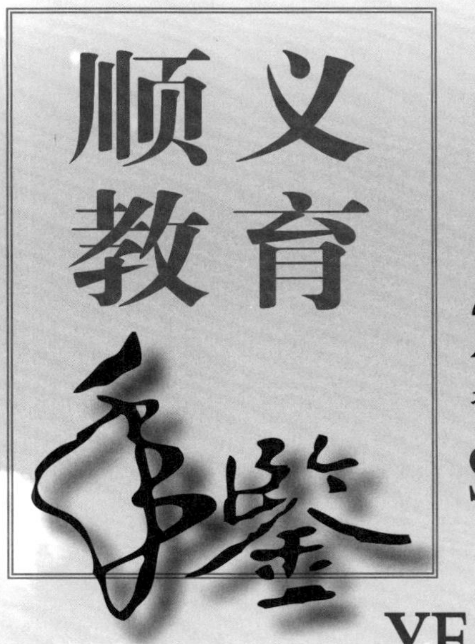

2014

北京市顺义区教育委员会　编

SHUNYI EDUCATION YEARBOOK

图书在版编目 (CIP) 数据

顺义教育年鉴 . 2014 / 北京市顺义区教育委员会编 .
—北京：北京联合出版公司，2017.12

ISBN 978-7-5596-0561-0

Ⅰ . ①顺…　Ⅱ . ①北…　Ⅲ . ①教育工作 – 顺义区 –
2014– 年鉴　Ⅳ . ① G527.13–54

中国版本图书馆 CIP 数据核字（2017）第 280598 号

顺义教育年鉴 2014
编　　者：北京市顺义区教育委员会
责任编辑：郑晓斌　徐秀琴
封面设计：李金环

北京联合出版公司出版
（北京市西城区德外大街 83 号楼 9 层　100088）
北京市飞龙印刷厂印刷　　新华书店经销
字数 1751 千字　787 毫米 ×1092 毫米　1/16　72 印张
2017 年 12 月第 1 版　　2017 年 12 月第 1 次印刷
ISBN 978-7-5596-0561-0
定价：436.00 元

顺义教育年鉴编纂委员会

（2014）

主　任　刘克祥

副主任　李卫国　张海东　隋美荣　张军堂　孟朝晖

盛得富　高　山　王　彪　王玉英　李卫东

刘忠广　张　海　李建军

委　员　（按姓氏笔画排序）

马亚军　王宝刚　王桂英　王善勇　冯长宝

杨守丰　李广文　张天勇　张长征　张克深

张旭东　张连合　张智力　陈民强　范成海

周晓娟　单增安　侯亚军　侯盛林　贾立新

徐　冉　郭　亮

《顺义教育年鉴》2014卷工作人员名录

主　　编　李士文

副 主 编　周君姝

责任编辑　杨海红　米　月

特约编辑　（按姓氏笔画排序）

于长明　于红伟　马　勇　王长存　王长红　王玉辉　王立君
王红岩　王志军　王利凤　王利利　王洪海　王振江　王晓芳
王晓翠　王　阔　叶春清　申淑芝　田自泉　史海霞　史淑惠
冯永建　邢连荣　朱秋庭　任志梅　任丽娟　华春燕　刘向东
刘志文　刘金广　刘春波　刘海燕　刘淑芝　刘淑芹　孙孟远
孙海燕　孙海霞　孙雪梅　贠献臣　苏金华　杜建国　杜秋红
李小波　李广增　李文明　李玉秀　李　冬　李冬红　李永久
李成文　李红梅　李秀梅　李国辉　李桂芹　李海霞（小学）
李海霞（幼儿园）李　娟　李　琦　李　然　李　琨　李　鹏
杨文智　杨玉松　杨亚民　杨宏伟　杨宝芹　杨海君　肖玉刚
吴冬梅　何广林　宋晓荣　张立新　张　伟　张华礼　张　宇
张　红　张　忠　张　炎　张宝兰　张建柏　张　玲　张秋燕
张艳欣　张振毅　张晓宪　张雪梅　张福印　张福利　张德顺
陈坤清　陈桂华　周长亮　周立志　孟海芹　孟朝晖　赵春艳
胡翠荣　侯立坤　侯海芹　姚庆民　姚　磊　耿　兵　贾文东
徐秋生　殷　媚　高丽华　高国华　高艳春　高淑荣　高　路
郭立娜　黄宏章　黄海军　崔树昆　康伶华　梁淑华　董铁强
董淑伶　韩佳齐　曾文桂　裴艳玲　霍仲英　魏淑芳

编 辑 说 明

一、《顺义教育年鉴》是一部专业性资料工具书。在中共顺义区委教育工委、顺义区教委领导下，由顺义区教育宣传中心编纂。

二、本鉴以文章和条目为基本体裁，条目为主，使用规范的语体文、记述体、直陈其事，文字力求言简意赅。文前配有彩色图片，文内配有彩色随文图片。

三、《顺义教育年鉴》从1995年开始编纂，已经出版1995—2005年和2006—2010年两卷合刊。从2011年起《顺义教育年鉴》开始每年集结一卷，记述当年顺义区教育事业各个方面发生的情况，为领导决策提供依据，为各教育部门规划发展提供资料，为各方面人士了解、研究顺义区教育事业提供信息。

四、本册年鉴所载各级各类教育采用分类编纂法，顺义教育总述、学前教育、中小学教育、办学条件、党建工作、干部教师、职业与成人教育、民办教育、教育督导、语言文字、教育行政、其他、设特载与纪实、调研与报告、文件与专文及附录等16个类目，各类目下的条目以事件发生时间为序排列。

五、本册年鉴的附录收录教育机构名录、集体获奖情况、统计表等，便于读者查询相关信息。

六、本年鉴收录单位在收录时限内更名的，以新名称为正名，原名用括号附在正名后。

七、本年鉴收入的文章和条目，均由区教育行政部门及所属单位确定专人负责提供，并经领导审核。有些条目内容摘自区教委文书档案中的有关资料。

八、本册年鉴涉及到的统计资料和数据均以业务主管部门的统计口径为准。

九、本年鉴反映2014年1月1日至12月31日期间情况（部分内容依据实际情况时限向前略有延伸）。

十、由于收集资料有限，本册年鉴肯定会有缺陷之处，敬请读者批评指正。

1 2014 年 11 月 4 日，市委常委、市教工委书记苟仲文到牛栏山一中调研

2 2014 年 3 月 27 日，市教育督导室副主任刘莉率队到顺义区开展《北京市学前教育三年行动计划》落实情况和学前教育发展情况专项督导

1 2014 年 6 月 7 日，区委书记王刚到区教育招生考试中心视察高考工作

2 2014 年 9 月 9 日，区委副书记、区长卢映川到杨镇二中慰问教师

3 2014 年 9 月 3 日，区人大主任胡尚云到尹家府中心幼儿园慰问

4 2014 年 9 月 5 日，区政协主席杨宝华到天竺中学慰问教师

1 2014年4月22日，区委常委、区纪委书记肖韵竹等到南彩学校调研

2 2014年4月25日，区委副书记、常务副区长林向阳到顺义十三中调研

3 2014年9月11日，区委常委、区委办公室主任朱家亮到东风小学慰问教师

4 2014年1月24日，副区长燕瑛到杨镇一中调研

1 2014 年 3 月 29 日，顺义区教育系统党的群众路线教育实践活动动员大会在牛栏山一中召开

2 2014 年 4 月 9 日，顺义区少工委组织全区辅导员参加少先队大队辅导员实训活动

1 2014 年 4 月 22 日，区老教协申报的“退休教师献余热，倾情服务为社区”项目被评为年度优秀公益活动

2 2014 年 6 月 12 日，首届杨镇一中教育联盟庆七一“我身边的共产党人”演讲活动在杨镇一中举行

3 2014 年 7 月 1 日，顺义五中为全体党员过政治生日

1 2014 年 7 月 3 日，赵全营中学开展献爱心党员捐款活动

2 2014 年 9 月 3 日，顺义区教育系统党风廉政教育大会在区教研中心报告厅召开

3 2014 年 10 月 16 日，顺义区庆祝少年先锋队建队 65 周年大会在石园小学召开

4 2014 年 12 月 3 日、5 日，顺义区教育纪工委分四批组织教育系统领导干部和重点岗位人员参观“以案为鉴，警钟长鸣——预防职务犯罪”展览

1 2014 年 3 月 5 日，昌平一中骨干教师到杨镇一中观摩学习“253”高效课堂

2 2014 年 4 月 16 日，牛栏山一中组织学生赴衡水一中听课

3 2014 年 4 月 18 日，杨镇二中开展课改微课题课堂教学展示活动

1 2014年5月23日，顺义十一中学举办课堂教学校际交流专题研讨活动

2 2014年9月24日，顺义区五年级语文主题教研“有效设问，落实目标”活动在南彩学校举行

3 2014年10月14日，顺义区中小学生社会大课堂资源单位授牌仪式在河北村民俗园举行

4 2014年12月9日，空港小学干部教师与河南邓州校长共同研讨“变教为学”课堂教学改革

5 2014年12月22至23日，北京市语文现代化研究会第二届年会在东风小学召开

1 2014 年 3 月 20 日，顺义三中举办“畅游书海，演绎佳作，共享阅读之乐”彩虹读书交流活动

2 2014 年 3 月 30 日，杨镇二中代表队参加在北京十五中举行的第二届中国汉字听写大会获得二等奖

1 2014年4月26日，板桥中小“展阳光之姿舞绚丽童年”彩虹假日炫阳光社团展示活动在七彩蝶园举行

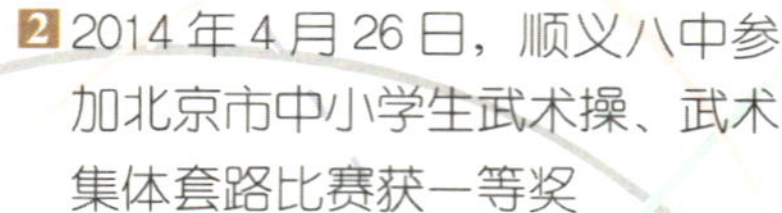

2 2014年4月26日，顺义八中参加北京市中小学生武术操、武术集体套路比赛获一等奖

3 2014年5月26日，顺义三中举办“轻歌曼舞民族情，班歌校歌青春颂”合唱艺术节比赛

1 2014年5月26日，杨镇二中“快乐小屋”社团表演的群口快板《大世界》晋级顺义区社团风采展示大赛复赛

2 2014年11月起，顺义十一中书法社团启动

3 2014年12月10日，顺和花园幼儿园承办顺义区“幼儿园彩虹诵读比赛”杨镇赛区的赛事

1 2014 年 1 月 10 日，天竺中心幼儿园开展教师边弹边唱考核

2 2014 年 2 月 28 日，杨镇三幼举办教师基本功展示活动

1 2014年3月21日，牛栏山二幼举行"青蓝工程"启动仪式

2 2014年3月28日，木林中小教师张琳参加北京市第二届中小学班主任基本功大赛获一等奖

3 2014年4月4日，顺义区教师参加北京市初中教师基本功培训与展示活动表彰会在北京现代职业技术学院举行

1 2014 年 6 月 13 日，金汉绿港幼儿园举办科研课题交流展示活动

2 2014 年 6 月 15 日，“学校发展规划与教学领导力提升”北师大支持顺义区新任校长培训科研项目启动仪式在马坡二小举行

3 2014 年 8 月 12 日，顺义一中联盟干部教师参加国学经典教育师资研习营活动

1 2014 年 1 月 19 至 24 日，顺义区少年宫书画院学生参加全国青少年“淘陶乐”陶艺现场创作比赛

2 2014 年 2 月，顺义区少年宫“小天使舞蹈团”团员选拔圆满结束

1 2014 年 3 月 27 至 30 日，顺义区少年宫组织学生参加第三十四届北京青少年科技创新大赛总决赛，成绩再获突破

2 2014 年 5 月 18 日，顺义区少年宫美术社团学生走进“798 艺术区”参观

1 2014年3月27日，北京市学前教育三年行动计划督导组对66055部队幼儿园进行专项督导

2 2014年6月4日至7月8日，顺义区教育督导室协同区教委学前科、教研中心学前教研室，对全区所有幼儿园进行综合督导

北京市中小学责任督学挂牌督导工作现场会

1

1 2014 年 9 月 11 日，北京市中小学责任督学挂牌督导工作现场会在顺义十一中召开

2 2014 年 12 月 17 日，顺义区迎接北京市督导室全面实施素质教育综合督导检查

2

1 2014年2月28日，国际学校师生到顺义一中附属小学开展交流活动

2 2014年4至6月，新英才学校54名学生赴美国进行为期两个月的交换学习

3 2014年4月22日，英国TNT剧团在牛栏山一中演出话剧《罗密欧与朱丽叶》

1 2014 年 7 月 4 日，牛栏山一中实验学校与美国曼蒂卡学区伍德沃小学、塞拉高中缔结友好学校签约

2 2014 年 8 月 2 至 9 日，杨镇中小师生一行 33 人应邀赴韩国参加“五彩梦”中韩青少儿舞蹈才艺展演

3 2014 年 9 月 29 日，澳大利亚 INOT 学校师生到北京四中顺义分校参观交流

1 2014年10月30日，美国世界艺术家协会中国区协会艺术家走进石园小学教育集团港馨校区开展书画笔会交流活动

2 2014年12月18日，马来西亚艺术团到牛栏山一中实验学校进行艺术交流

3 2014年12月30日，中国歌舞剧院管弦乐团音乐演奏家为双兴小学、东风小学两校师生上音乐欣赏课

1 2014 年 3 月，顺义九中建立实验与科技中心，开设 3D 打印机制作课程

2 2014 年 3 月 25 日，牛栏山一中数字校园工程竣工，学生通过数字校园平台进行查阅

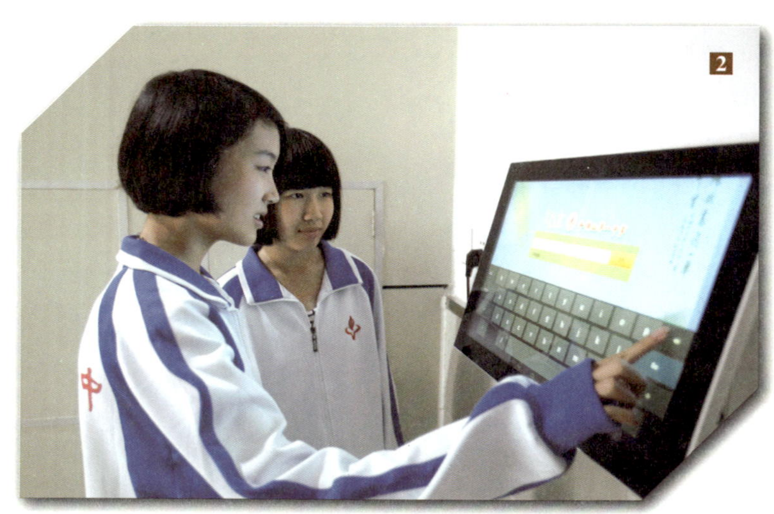

1 2014 年 5 月 11 日，牛栏山一中首届校园文化艺术节开幕

2 2014 年 6 月 25 日，顺义区非物质文化遗产——马坡镇马卷村“五虎棍”项目传承单位授牌仪式在马坡二小举行

3 2014 年 8 月，北小营中小篮球塑胶场地建成

1 2014 年 8 月 26 日，牛栏山一中实验学校宿舍楼竣工

2 2014 年 9 月 1 日，顺义九中装修改造工程竣工

3 2014 年 9 月 9 日，石园教育集团河南村校区组织青年班主任教师开展班级文化建设交流展示活动

1 2014 年 9 月 28 日，西辛教育集团太平鼓社团参加北京第五届蝴蝶文化节暨中国蝴蝶产业发展论坛开幕仪式表演

2 2014 年 10 月，北小营中小完成楼道文化改造

3 2014 年 11 月 27 至 28 日，牛栏山一小学生及部分家长在学校操场南侧百米文化墙上用油漆绘制古诗词书配画作品

2014年12月10日，高丽营学校举办小组文化建设展示活动

2014年12月20日，牛栏山一中心理健康中心建成

目　录

顺义教育总述

学前教育

中小学教育

办学条件

组织团体

干部·教师

职业教育与成人教育

民办教育

教育督导

教育行政

其 他

文件与专文

特载与纪实

调研与报告

附　　录

教育事业统计资料

顺义教育总述
顺义区教育委员会

2014年教育简况

2014年，顺义区教育系统深入贯彻党的十八届三中、四中全会精神及市、区深化改革的要求，落实《2014年教育工作意见》（顺教工发〔2014〕1号），各项工作稳步推进。

一、教育改革有序推进

1. 顶层设计更加清晰。初步制定《推进顺义教育综合改革实施意见》，提出教育综合改革的目标任务、工作重心和路线图。聘请21世纪教育研究院作为第三方，对我区联盟和组团工作绩效进行评估。成立教育资产管理服务中心、特殊支持教育中心、学生活动管理中心、教育财务管理中心，促进教育管理工作科学化、规范化、程序化、精细化。

2. 城乡联动改革效益显现。积极推进北师大教育改革合作项目，组织“中小学干部领导力提升”培训，深入20余所实验校指导行动研究。推进联盟和组团建设，固化联盟建设成果，通过联盟级大课题带动各个学校参与专题研究。

3. 教学改革稳步推进。一是科研引领，加强学校校本教研活动管理，开展“减负在教研”、“减负在课堂”的专题研究，仁和中学、顺义三中、马坡二小、顺义一中附小等校进行分层教学和走班选课形式探索。二是课程促进，牛山一中开设ipad科技实验班课程、综合实验课程，顺义一中开发传统文化、戏剧等校本课程，满足不同层次学生需求。三是活动推进，9所“吴正宪儿童数学思想基地校”展示了研究成果。攀登英语实验项目在一至六年级全面展开，项目组两次集中视导，在三个联盟进行教学展示。四是学习助力，组织高中校干部教师走进北大附中和十一学校考察自主排课，举行“生本教育理论与实践研修班”。组织教师赴山东实地观摩慕课和翻转课堂，邀请专家做慕课和翻转课堂讲座。

二、两支队伍建设取得实效

1. 德才并重，提升教师素质。一是区内引领，多种培训促成长。组织幼儿教师“绘画与手工”基本功展评活动，42所幼儿园44名教师参加；组织“边弹边唱”基本功比赛决赛暨展示活动，100名幼儿园教师参加；组织小学青年教师成长课大赛活动，40所小学360位入职五年以内的青年教师参加；组织学科课标考核，2300多名小学任课教师参加；组织顺义区第一届“临空杯”教师基本功竞赛活动，26所中学300名教师参加。二是搭建平台，各种竞赛促提高。组织研训人员参加北京市“培训者”培训，提升专业引领和指导能力。在“第七届全国中小学交互式电子白板学科教学大赛”中，4件作品获全国一等奖。在第二届北京市班主任培训与展示活动中，6人获一等奖，1人获二等奖，3人获三等奖，获奖率达100%，一等奖获奖率全市第一。在北京市初中教师基本功培训与展示比赛中，34人获一等奖，24人获二等奖，顺义区获得市基本功比赛“团体一等奖”，并在表彰会上作典型发言。在北京市科学教师实验技能培训与展示活动中，我区4名教师获基本实验操作一等奖，3名教师获得创新实验展示一等奖，一等奖获奖率全市第一，在表彰会上做经验介绍。在第三届全国幼儿园优秀自制玩教具展评活动中，我区6件作品分获一、二、三等奖。三是树典型，立师德。评选60个师德群体，167名师德标兵；召开师德事迹交流会和“我们的教育故事”演讲比赛，组建由10位教师组成的师德演讲巡讲团；1名教师获全国劳动奖章和首都劳动奖章，1名教师获北京市“三八”红旗奖章。通过引领培训等措施使教师资源得到有效整合，搭建了合理化教师梯队。今年，共评选区骨干、区园丁新星、区学带等1549人；补充新教师439人；认定教师资格355人。

2. 全面培养，优化干部队伍。公开招聘11名副园长、6名副校长。推动优秀管理人才城乡异地交流，交流调整干部35名。8名园级干部参加“蒙台梭利”中国本土化教育培训，45名园级干部赴南京师范大学参加后备干部培训，10名园长分别参加国家、市级等不同层次研修班。47名校长赴教育部中学校长培训中心参加课程领导力提升培训，46名小学教学干部赴东北师大完成教学领导力专题培训，35名中小学后备干部赴南京、福州完成名校跟岗学习。17名校长赴英国参加优秀教育比较境外研修培训，4名校长赴新加坡南洋理工大学攻读教育管理硕士。150余名干部参加21个市级培训班。

三、学生素质整体提升

1. 道德素养得到夯实。以少先队建队65周年为契机，加强少年儿童理想信念教育，开展“红领巾相约中国梦”主题队日、“每日升国旗”等系列活动。开展“北京少年孝心榜样”评选活动，推选出40名北京少年孝心榜样。开展“社区文明小使者”志愿服务活动，评选出428名五星级优秀社区文明小使者。组织中学生“个人自由与社会公德”主题演讲比赛。举办全区“彩虹诵读”大赛，39家中、小、幼代表队参加决赛，优秀传统文化教育得到强化。

2. 身体素质有所增强。全面实施《顺义区推进中小学校体育卫生工作三年行动计划（2014—2016年）》和《顺义区义务教育阶段推行中小学课外活动计划实施细则（试行）》，确保每周至少开展3次课外活动。出台《顺义区中小学体质健康测试实施方案》和《关于开展顺义区三大联盟校课外活动的实施意见》，对体育工作规范管理，有效指导。组织开展课间操评比、暑期四类球比赛、勇敢小伙伴比赛等活动；组织区中小学生《国家学生体质健康标准》测试赛，将测试成绩纳入学生综合素质评价。召开“防近视、控肥胖”专家进校园科普知识讲座，发放宣传册5600余本，学生视力不良率下降0.3个百分点。组织参加全国中学生运动会、全国中学生田径锦标赛，取得金牌10枚、银牌5枚、铜牌10枚，1名同学打破全国女子甲组100米赛会纪录。在第五十二届北京市中学生田径运动会上，获得奖牌总数、团体总分、初中组、高中组四个全市第一。在北京市第十四届全运会田径比赛中，共获得金牌27枚，银牌25枚和铜牌19枚。7名学生获得北京市中小学生银帆奖。举办顺义区中小学生春秋季田径运动会，23人次打破区中小学生运动会纪录。

3. 艺术素养得到提升。启动农村艺术教育实验区工作，召开申报课题研讨会；中国合唱协会、中国舞蹈家协会分别与东风小学、双兴小学、后沙峪中小签约，为学生搭建更高的艺术平台；开展民族艺术进校园活动，18所学校观看演出。举办第十三届学生艺术节，23所学校展示不同形式的艺术活动；承办北京市第十七届中小学生艺术节（顺义赛区）的比赛，全区近2600名学生参加。在市艺术节比赛中，获11个一等奖、17个二等奖、32个三等奖。

4. 科技素养得到加强。举办中小学生航空模型比赛、机器人大赛和科技创新大赛等20余项赛事。举办顺义区第32届科技节，开展知识讲座、科技周、植物认领等活动。组织参加第34届北京青少年科技创新大赛，8项成果获一等奖，19项成果获二等奖，40项成果获三等奖，1所学校获十佳科技教育创新学校称号，区教委获优秀组织奖。在第20届北京市中小学生自然科学知识团体竞赛中，2所学校分获中学组、小学组亚军。在北京市中小学生科学建议奖评选活动中，2人获得科学建议奖。在第十五届全国青少年建筑模型教育竞赛总决赛中，20人获奖，其中3人夺得金牌。在第66届IENA德国纽伦堡国际发明展中，1人获银奖，1人获铜奖，1人获中国赛区创意金奖。6名高一学生入选北京青少年科技创新学院翱翔计划。

四、终身教育体系进一步完善

1. 学前教育资源得到扩充。顺利完成《学前教育三年行动计划》。迎接北京市学前教育三年行动计划督导组专项督导，获得高度评价。接收 2 所小区配套幼儿园；新建北务、木林、大孙各庄 3 所幼儿园；完成 13 所村办园建设，3 所投入使用，缓解了部分地区学前教育的学位压力。

2. 职成教育加速发展。10 月，职教中心投入使用，建筑面积 13.2 万平方米，是北京北部最大的职教中心。中高职毕业生 1117 人，122 人升入高一级学校，995 人参加工作，实现一次性就业率 100%。区、镇、村成人教育单位联动，开展形式多样的培训。顺义电大、农广校、电专和成人学校与高校联合办学工作深入推进，学历教育在校生达 11500 余人。成人教育品牌化培训模式进一步拓展，“慧企讲堂”、“公益大讲堂”、“阳光工程”、“文化创意大讲堂”共计培训 11000 余人次。镇、村成人学校办学条件得到改善，新配备 29 个计算机房、5 个西点制作教室、4 个书画教室。

3. 民办教育更加规范。对 80 余家民办校进行年检。受理并办结各种民办许可事项 20 件。与属地政府、开发公司进行协调沟通，审批 4 所学校（幼儿园）①，扩充了教育资源，缓解了外来务工人员子女入学入园难问题。批准牛栏山一中实验学校开设小学部，增加优质民办教育资源。审批 2 所培训机构，完成 5 家机构申请外教资质的审核、验收工作。

4. 特殊教育再上新台阶。随班就读工作更加科学、规范，168 名残障学生在 34 所小学、17 所中学随班就读，落实特教学生双学籍工作。召开区域融合教育推进会，邀请专家对学校随班就读工作进行理论指导。组织参加北京市随班就读教学设计评优活动，开展随班就读教学设计大赛、特教艺术节活动，收集作品 100 余份。

5. 学习型顺义建设不断深化。我区被认定为北京市建设学习型城市工作示范区。评选出 15 家顺义区建设学习型学校先进单位，并颁发奖牌及图书资料。继续开展“顺义书香”全民读书活动，营造全民阅读、终身学习的良好社会氛围。深入推进顺义学习网建设，上线电子图书 100 万册，视频 14000 余集，累计访问量 560 余万次。编写了第二套社区教育教材—顺义新城建设之《环境保护篇》《公共秩序篇》《文明礼仪篇》等教材。

五、教育软实力进一步提升

1. 党建工作有效加强。结合庆祝建党 93 周年，在全区教育系统组织开展“好党员、好干部、好支部”评选及“我身边的共产党人”主题宣讲活动，评选出优秀宣讲者 16 名、好党员 164 名、好干部 100 名、好支部 100 个，切实发挥基层党组织的战斗堡垒作用和党员教师的率先垂范作用。完成 187 个基层党组织的换届选举工作，基层党组织建设更加规范。

2. 教育宣传品质有效提升。在各级各类媒体宣传顺义教育发展成果 200 余次。录制北京电视台新闻栏目“城乡一体化发展”专题报道节目。录制访谈节目《政务·民声》。录制“追梦—顺义区义务教育均衡发展掠影”专题片，全面宣传顺义义务教育均衡发展的成果。播出 6 集专题。充分发挥一报三刊②的宣传引领作用，共刊发 50 余期。制作印刷《顺义教育年鉴》（2012 卷）和《顺义区教委机关志》。

3. 学生社团活动蓬勃发展。20 所小学 4680 名学生参加“彩虹假日炫”的展示活动。26 所中学的 35 个优秀社团参加了第三届“魅力社团，缤纷梦想”中学生社团展示活动。组织庆

---

① 南彩四村联校、李桥半壁店学校、培德书院幼儿园、睿德幼儿园。

② 一报：《教育动态》；三刊：《顺义教育》《顺义教育信息》《顺义教育简报》。

“六一”国际儿童节游园活动，46 所小学、48 所幼儿园的近 6000 名学生代表参加。4 个不同类型的乐团赴国外参加国际交流展演活动。1 所学校民乐团参加“亚洲青少年民乐比赛”荣获金奖。3 个合唱团分别参加世界级和国家级比赛，分获国际金奖、银奖和全国一等奖。1 所学校舞蹈团揽获了“荷花少年”全国中小学校园舞蹈比赛四项大奖，荣获“星光 · 少年”的称号。3 所学校集体舞社团参加首届全国校园集体舞展示活动，分获一二等奖。10 名学生获全国陶艺大赛一等奖，少年宫获优秀组织奖。

4. 科研工作成果丰硕。召开顺义区“十二五”中期教育科研工作会议暨教育学会第四届会员代表大会，表彰一批优秀科研成果、优秀会员。组织全区中小学校和幼儿园开展第九届科研月活动，共计 110 余项。组织参加北京市教育学会“十二五”立项课题研究成果评选，5 项获一等奖，7 项获二等奖，12 项获三等奖。积极推进课程建设和研究，完成《顺义区小学课程建设情况调研报告集》，召开市区校联动整体推进三级课程建设－走进顺义区杨镇中心小学研讨会，1 所学校被评为北京市 2014 年课程建设先进单位。征集“减负提质”和“学用评《北京教育丛书》”专题论文 1300 余篇。深入开展学校发展与评价、高中学校特色建设、同行教育计划等项目研究。成功召开“顺义区中学生综合素质评价”“学困生预防和转化项目”等市区级现场会 10 余次。

5. 语言文字工作扎实推进。成功举办第二届中国汉字听写大赛北京市顺义区选拔赛，26 所初中校初二年级 5717 名学生以集体听写的方式参加了校级听写预赛，三个联盟分别举行了盟内复赛。1 所学校代表我区参加北京市选拔赛获二等奖。在全区小学生中开展“成语文化龙门阵”活动，42 所学校 15000 名学生参与，1 所学校代表我区参加北京市成语文化才艺决赛，荣获一等奖第一名。举办全区高中生成语大赛。

6. 培育和践行社会主义核心价值观。出台《培育和践行社会主义核心价值观实施意见》，召开培育和践行社会主义核心价值观暨师德事迹交流会。各单位结合实际制定实施方案，开展丰富多彩的活动。在全系统开展文明上网、“做文明有礼顺义人”和诚实守信教育实践活动。开展“唱响新童谣—弘扬和践行社会主义核心价值观”活动，征集作品 1500 篇，选出优秀童谣 100 篇，其中双兴小学陈祎同学的《诚信歌》入选北京市新童谣宣传册（全市共 19 首）。确定顺义九中、南法信中学两所学校为社会主义核心价值观行动研究实验校，在顺义九中召开“培育和践行社会主义核心价值观”专题推进会，将社会主义核心价值观融入到学校的教育教学活动中。组织全区干部教师及部分中小学生观看电影《天河》。

六、教育环境进一步优化

1. 工程建设稳步推进。3 所学校翻建迁建后投入使用；建设完成中小学建设三年行动计划 5 所学校 5 个项目①；完成 1 所配套学校装修改造任务；完成对现代职业技术学院、电大旧址的改造；扩充 4 所学校（幼儿园）② 办学资源；暑期对部分农村中小学进行布局调整③，优质教育资源得到充分利用，教育布局更加合理。

2. 装备水平逐步提升。累计采购现代信息设备、办公家具、幼儿园玩教具、厨房设备等各类教育教学设备 60 万件套，采购资金 1.65 亿元。完成了仁和中学、南法信中小等学校和杨镇

① 牛一实验、第九中学综合楼、仁和中学宿舍楼、杨镇中心小学校二期、杨镇一中教师宿舍楼。

② 裕龙小学、滨河幼儿园、西辛小学教育集团、望泉幼儿园。

③ 大孙各庄中学、沙岭学校中学部合并到南彩学校；赵各庄学校中学部合并到张镇中学；高丽营二中、北石槽中学合并到赵全营中学；尹家府小学合并到大孙各庄中小；赵各庄学校小学部合并到张镇中小。

飞翔双语幼儿园、龙湾屯山里辛庄幼儿园等20所村办幼儿园的家具、图书等设备装备工作。编制《资产管理员手册》，培训资产管理员、实验教师等300余人次。

3. 信息化建设不断加强。完成全区教育网升级改造，6所学校光纤接入，39所学校无线覆盖，5所学校视频融合，6所学校数字校园建设。利用视频系统直播与转播19次大型会议。在全国中小学师生电脑作品评选活动中，4名高中学生获全国一、二等奖，将获得高考10分的加分奖励。在市级以上评比活动中，我区师生获全国创新奖1件，国家级奖励56件，市级奖162件，师生信息素养得到有效提升。

4. 党的群众路线教育实践活动取得实效。在全系统开展党的群众路线教育实践活动，3000多名党员参加。组织领导干部集中学习培训30次；召开“群众路线教育实践活动基层党组织负责人专题培训”，基层单位一把手、专职书记等共计150余人参加；组织召开座谈会15次，发放征求意见问卷调查表325份，共收到对领导班子的意见建议21条，对个人的意见建议183条；全区基层党组织班子征求到对班子的意见2977条，对个人的意见3702条；“两委一室”班子在专题民主生活会上提出的批评意见246条，制定并落实整改措施20条；基层单位在专题组织生活会上提出批评意见2948条，制定并落实整改措施1738条。通过开展教育实践活动，使教育系统上下形成一盘棋的意识，党组织的服务意识的到提升，党员先锋模范作用的到了充分发挥。

5. 党风廉政建设扎实推进。召开两次党风廉政建设大会。执行各项规定，着力解决“四风”问题，落实办公用房、公务用车等规定。开展春、秋季教育收费检查，接受市治理教育乱收费专项督查。推动“廉政文化进学校”活动，9所学校被评为“顺义区廉政文化进学校联系示范点”。征集“北京廉政故事”“廉政微短剧”作品60余件。组织干部教师收看《廉政中国》系列警示教育片，参观“以案为鉴，警钟长鸣——预防职务犯罪展”，形成风清气正、崇尚廉洁良好氛围。

6. 财务管理持续规范。举办新会计制度、《行政事业单位内部控制规范（试行）》等培训活动。拟定《教育系统职工福利费管理办法（试行）》，规范了职工福利费的使用范围。研发“教育预算管理系统”，落实内部控制管理规范。印发《北京市顺义区教育系统领导干部经济责任审计实施办法》。实施校（园）长经济责任审计20项。邀请会计师事务所对9个基层单位2013年度及结转项目经费管理和使用情况进行专项审计，涉及资金1个亿。受理合同1363份，完成备案1287份，其中重大合同395份。

7. 招生工作有序进行。出台《顺义区教育委员会关于2014年义务教育阶段入学工作的意见》。通过区电视台、电台、顺义教育网等媒介公布划片信息。编制《小学入学一百问》《名额分配一百问》。小学入学首次采用电脑派位方式，幼儿园招生开发使用“顺义区学前儿童信息采集系统”。初中招收新生5636人，小学招收新生6797人，幼儿园招收新生6793人。

8. 考试工作保障有力。落实招考改革，精细管理，严密施考，坚守招考安全生命线；严字当头，阳光运行，保障招考公平公正；以人为本，优化服务，营造招考和谐氛围。在全系统干部教师的努力下，我区中高考取得好成绩。2014年高考本科上线率达76.05%，较2013年上升8.87个百分点；600分以上考生346人，居全市第五，一文科考生总分（含加分）名列全市第二。中考500分以上2124人，比去年增加751人，单科满分达361人次。

9. 督导工作稳步推进。重新修订了《顺义区镇政府、学校全面实施素质教育评价方案》，迎接全面实施素质教育综合督导，受到好评。落实《顺义区中小学校责任督学挂牌督导实施方案》，加强对中小学校的监督指导，将责任督学公示牌覆盖到全区所有中小学校；成功召开全市挂牌督学现场会；组织专兼职督学对全区所有义务教育学校开展专项督导；开展新建园综合督导，示范园、一级一类园开放式督导；对 19 个镇、6 个街道教育法律法规执行情况进行考核。

10. 安全维稳措施到位。强化网格化管理，对全区所有中小学、幼儿园及有关单位进行拉网式检查。制定《校园安全保障工作方案》，严格来访登记制度。为 77 家使用液化气学校加装可燃气体报警联动系统。淘汰 23 辆存在安全隐患的教师班车，从汽车租赁公司购买服务，租用班车 25 辆。妥善处理群众信访件 380 件（次），未发生群访事件。

11. 依法治校逐步深入。依托“宪法日”，推进政务、校务公开工作，征集合理化建议 4800 余条，采纳 1400 条，实施 1000 条。为各校发放法制教育资料 6500 余册。征集法制文艺作品 12 件，1 件获市一等奖。征集模拟法庭教育优秀课例 33 件，10 件参加市级比赛，获奖率 100%。

2014 年顺义教育大事记

1 月

1 月、7 月，顺义区为加强安全教育，保障培训学校在校师生的人身安全，由区教育工会主席王玉英率队两次开展民办培训学校安全检查。检查涉及 9 个乡镇、街道办事处的 20 所文化补习、艺术类学校。

2 月

2 月 20 日，顺义区“十二五”中期教育科研总结表彰暨新学期科研工作会在区考研中心报告厅举行。大会表彰中期教育科研项目近 500 项，邀请北京第二实验小学副校长华应龙作学术报告；区教育学会常务理事、会员代表及中小学、幼儿园、职业学校科研负责人近 300 人参加。

2 月 26 日，顺义区召开教育系统综合治理工作会。会议总结 2013 年工作，明确 2014 年综治工作重点。全区 100 余名主管综治工作领导参会。

2 月 26 日，顺义区民办学校 2013 年年检暨 2014 年工作部署会在顺义五中召开。会议全面总结 2013 年民办幼儿园考核工作，并就 2013 年年检和 2014 年工作做部署，对重点工作进行解读。全区 23 所民办中小学、职业学校以及 63 所教育培训机构的 130 余人参加会议。

2 月 27 日，教育装备部（现教育资产管理服务中心）完成《资产管理员使用手册》《资产手册——校长版》两本手册编纂工作，并在教育系统资产管理员培训会上下发。

2 月 28 日，教育系统 2014 年共青团工作会在社区教育中心召开。会议全面总结团教工委 2013 工作，系统部署 2014 年任务。教育督导室主任李卫国作重要讲话。团区委书记郑晓博、团区委副书记仇海泉出席会议，会议由中教科张旭东科长主持，教育系统中小幼职各单位团干部 120 余人参加会议。

2 月 28 日，顺义区教育工会召开年度工作会。会议表彰星级职工之家、女工工作先进集体、和谐家庭与特色家庭。教育工会对 2013 年工作进行全面总结，并部署 2014 年工作。区总工会副主席衣晶出席会议并讲话。基层工会主席和女工主任 200 多人参加了会议。

2 至 5 月，顺义区完成区域内民办教育机构的年检工作，年审合格的各级各类学校共 80 所，其中，中小学 5 所、职业学校 4 所、幼儿园 13 所、各类培训机构 55 所；学历教育在校生 10488 人，幼儿教育在园儿童 1790 人，培训学校在校学生 19085 人，毕（结）学生 59768 人；学历教育和幼儿园专兼职教师 1542 人，培训学校专兼教师 1232 人。

3 月

3 月 4 日，教委机关组织全体机关干部开展专题学习活动，解读《顺义区教育委员会关于机关领导干部和各科室开展调研的工作方案》，揭开教委机关调查研究的序幕。

3 月上旬，顺义区教育系统财务工作会议召开。会议部署 2014 年财务重点工作，围绕预算管理、国库集中支付、经费统计及本年度会计科目设置等内容做专题培训。全区教育主管领导和会计共计 230 余人参加。

3 月 14 日，区政协副主席田建国到怡馨幼儿园参加民主日活动。听取园长总结2013年幼儿园校务公开工作和主管会计汇报2013年幼儿园经费收支情况；田建国指出：要不断总结校务公开经验，把工作扎扎实实开展下去，切实让这项工作更加科学规范，希望园所走内涵发展之路，发挥北京市示范园作用，打造特色，成为一所名园。

3月中旬，顺义区各基层单位召开教代会，将学校基建、采购和财务收支等教职工关注的重点、热点问题，向代表全面公开。对教职工合理化建议的采纳、实施情况，以及代表现场提出的问题，予以认真答复。区政协领导参加怡馨幼儿园的民主日活动，对深入推进校务公开工作提出要求。

3月中旬，顺义区教育工会开展“爱生无小事，小事大理念”师德征文活动。活动旨在引导全区教职工通过反思教育教学工作中的“小事”，更新教育理念，增强爱生情怀。经过教育工会与业务科室评选，一批优秀征文脱颖而出。

3月29日，顺义区“联盟杯”教职工篮球赛在牛栏山一中体育馆进行决赛。联盟内的6支中小学代表队参加。

3月28日，顺义区教育系统会计人员培训会在社区教育中心电大楼报告厅召开。各单位在岗会计人员共280余人参会。

3月29日，顺义区教育系统党的群众路线教育实践活动动员大会在牛栏山一中礼堂召开。区教工委书记冯义国作动员报告。区教委主任刘克祥主持会议。区教育督导室主任李卫国解读《中共顺义区委教育工作委员会关于在教育系统深入开展党的群众路线教育实践活动的工作方案》，全面部署教育系统党的群众路线教育实践活动重点任务、活动安排及总体要求。区委教育实践活动第九督导组组长张中茂出席并讲话。区委教育实践活动第九督导组、区教工委、区教委、区教育督导室、区教育工会领导出席，教委机关全体人员及近三年退休的老同志，各基层单位有正式任命的党员干部，教育系统市区两级人大代表、政协委员、党代表及各镇（街道）教育助理共计900余人参加。

3月至10月，顺义区开展校园监控系统现状调研。采取问卷和实地考察相结合的方式进行。该调研为全面掌握教育系统安全技术防范系统建设、运行现状，进一步推进顺义区教育系统安全技术防范建设，夯实科技创安工作基础。

3月，顺义区深入开展领导干部经济责任审计工作。通过开展经济责任审计，推动建立健全科学的干部考核、责任追究制度，促进领导干部增强财经法纪观念和管理意识。

3月底至4月初，顺义区教育工会走进多家基层单位，认真开展民主管理调研。通过组织教代会代表填答问卷，以及与校园长、工会主席座谈等方式，了解《学校教职工代表大会规定》（教育部32号令）的执行情况，以及教代会在校务公开中发挥作用的情况，对接受调研的单位进行了现场指导。

4月

4至5月，顺义区为使用液化气学校加装安全辅助设施。加装范围包括中小学、幼儿园、特教学校、民办学校、直属单位，涉及77家单位，共81个施工点。各校后勤主管领导及食堂管理人员现场监督，委派后勤管理人员学习报警设备使用方法。该工程为教委与区市政市容委共同实施。

4月4日，顺义区教育系统党风廉政建设工作会在北京现代职业技术学院报告厅召开。区教育纪工委书记隋美荣作了题为：《全面贯彻落实党的十八届三中全会精神，深入推进我区教育系统党风廉政建设和反腐败工作》的报告。区教工委书记冯义国，区教工委副书记、教委主任刘克祥，区教育督导室主任李卫国等领导出席。教育系统各单位一把手、工会主席、纪检委员，各镇（街道）教育助理和教委机关各科科长近500余人参加会议。

4月9日，顺义区2014年北京市“三八”红旗集体和“三八”红旗奖章获得者经验交流暨巾帼建功活动推进会召开。区教委获得“北京市‘三八’红旗集体”荣誉称号；裕达隆小学教师茹娜获“北京市‘三八’红旗奖章”荣誉称号。

4月9日，顺义区基建项目管理培训会在牛栏山一中召开。会议由基建科主办，邀请北京北咨工程咨询有限公司顺义分公司专家主讲。全区中、小、幼工程建设项目单位共计83家、138人参加此次会议。

4月11至13日，顺义区教育系统党的群众路线教育实践活动集中学习培训会在现代职业技术学院报告厅举行。区教工委书记冯义国同志作《增强党性观念，做一名优秀的共产党员》党课报告。区教工委副书记、教委主任刘克祥，区政府教育督导室主任李卫国等领导出席。教委机关全体人员，中小学、幼儿园、职业学校、两个中心、现代学院和其他教育单位的一把手、专职正副书记、专职工会主席，各镇、街道教育助理300余人参加。

4月14日、15日，顺义一中、杨镇一中、顺义二中、北京四中顺义分校、顺义九中5家副处级单位，分别召开党的群众路线教育实践活动动员大会。会议解读各单位党的群众路线教育实践活动方案，全面部署开展党的群众路线教育实践活动。区委第九督导组组长张中茂，区教工委书记冯义国，区教工委副书记、教委主任刘克祥等领导分别出席。教工委党的群众路线教育实践活动有关督导组负责人参加。

4月18日，根据顺义区机构编制委员会办公室〔2011〕14号文件，关于教委所属教育技术装备部更名及调整编制的函：顺义区教委教育技术装备部更名为教育资产管理服务中心。顺义区教工委副书记李卫国、教委组织科科长侯亚军在中心全体职工大会上宣布中心正式运行。更名后，该中心仍为教委所属相当正科级事业单位，经费形式为全额拨款，核定编制22名，其中科级领导职数1正2副。该中心主要职责是：负责教育系统教育技术装备、中小学实验室、图书馆和各类功能教室的标准化建设、工程维修服务和技术咨询；负责教育系统各单位的水、电、暖、房屋维护工作等；协助做好教职工公有住房修缮工作。

4月22日，顺义区继续教育工作“公共必修课”启动工作会在现代学院报告厅举行。会议总结顺义区“十二五”继续教育工作开展的整体情况，并对“公共必修课”的课程设置和学习安排做详尽解读。市中小学教师培训中心汤丰林主任、顺义区教委、教研中心、各中小学领导及继续教育管理员、必修课辅导员近300人参加了此次会议。大会共发放17280册学习用书，全区有8640名中小学教师参加学习。

4月26至27日，顺义区举办教职工羽毛球团体赛。来自基层单位的400多名教职工，踊跃参加教育工会举办的羽毛球团体赛，在激烈的对抗中彰显运动魅力。教职工对比赛非常满意，并希望教育工会今后多开展活动，满足健身需求。

4月28日，庆祝国际劳动节暨全国“五一”劳动奖状奖章表彰大会在北京人民大会堂举行。顺义区教研中心教师孔凡艳荣获全国五一劳动奖章。中共中央政治局委员、中华全国总工会主席李建国出席大会并讲话。

4月下旬至5月上旬，区领导到部分学校调研。区委常委、纪委书记肖韵竹一行到南彩学校、木林中小、教委机关调研。区委常委、常务副区长林向阳，区委常委、区委办公室主任朱家亮分别到顺义十三中、东风小学教育集团本部调研。区领导查看学校基础设施、教育教学、服务保障等情况，分别与干部教师、机关干部代表座谈；听取基层学校对教育系统开展党的群众路线教育实践活动情况的评价，以及对各自单位领导班子和党员干部履职情况、作风建设的总体评价。

4月下旬至5月上旬，区教工委及教委领

导到部分学校调研。区教工委书记冯义国到杨镇一中调研。他与干部教师代表座谈，希望大家抓住党的群众路线教育实践活动契机，深化教育改革，进一步提升办学质量。同时，他表示将进一步完善机关服务职能，努力为学校发展提供有力保障。区教工委副书记、教委主任刘克祥到顺义一中调研，听取干部教师代表提出的建议，表示将进一步解决好事关教师切身利益的问题。调研活动为教委机关全面开展调研活动的内容之一。

5月

5月1至3日，为落实中央、市区文件规定，区教育纪工委抽查教育系统内部各单位落实中央八项规定，查摆“四风”问题情况，重点查看领导干部办公用房及各单位公务用车节假日停放单位问题。抽查结果显示，中央《关于改进工作作风、密切联系群众的八项规定》发布以来，顺义区教育系统已经积极行动起来，认真贯彻中央、市区文件规定。多数单位在办公用房治理和公务用车使用管理等方面及时采取了相关措施，取得一定成效。

5月7日，顺义区总工会召开2014年首都劳动奖状、奖章和工人先锋号表彰大会，教研中心孔凡艳荣获“全国五一劳动奖章”、“首都劳动奖章”荣誉称号，并会上做典型发言。孔凡艳还参加了北京市总工会举办的表彰大会，受到北京市委领导的接见并合影留念。

5月7日，顺义区教育工会召开二届九次全体委员会议。区教育工会主席王玉英传达北京市工会第十三次代表大会精神，组织委员认真学习《中共北京市委关于进一步做好工会工作的意见》，教育工会要在发挥主力军作用、维护教职工权益、构建和谐劳动关系、加强自身建设等方面，大胆探索、勇于实践、积累经验，探索新形势下工会工作的新途径新方法。

5月12至16日，顺义区首次开展民办中小学、职业学校综合考评活动。区教委会同公安、城管、卫生等相关部门组成检查组，对新英才等7所民办中小学职业学校进行综合考核。主管民办教育工作的教育工会主席王玉英全程参与了考评工作。

5月14日和12月28日，顺义区两次对学生宿舍进行夜间突击检查。主要内容有：门卫保安员值守情况；学校领导带班情况；疏散通道和安全出口是否畅通；应急灯和照明设备是否正常；宿管员尽职尽责情况和学生宿舍环境卫生等。对检查中发现的保安员履职不到位问题，与学校和保安公司进行沟通，并进行彻底解决。

5月17日，区委常委、区纪委书记肖韵竹，区纪委副书记、区监察局局长闫连恒，区纪委副书记王文荣，区纪委相关处室负责人等一行8人到区教委调研教育工作。听取区教委教育工作汇报，对顺义教育发展所取得的成绩以及教育系统加强廉政教育、强化纪检组织机构建设、规范财务管理等工作表示充分肯定，并针对当前群众关心和关注的热点、重点和难点问题，与区教委进行深入沟通。区财政局、审计局、发改委物价检查所等治理教育乱收费联席会议成员单位主管领导陪同调研，并结合自身职能，对规范教育收费相关问题进行全面研究。

5月22日，顺义区德育研究室联合中小教科在教育研究考试中心报告厅召开顺义区中小学校家校协同教育工作暨家长教师协会专题培训大会。北京教科院德育研究中心副研究员赵澜波、教委中小教科、教研中心德育研究室相关领导及全区中小学德育干部等150人参加。

5月24日，“放歌五月 炫舞风采”顺义区教育系统“五月的鲜花”暨教师社团专场演出，在北京市新英才学校多功能厅举行。来自15个单位的教师社团表演了精彩的文艺节目。参加本次活动的有区委宣传部、区文联、区文化委、区政府教育督导室，区教委、教育工会的领导以及各单位工会主席共计400余人。

5月27日，区委副书记、区长卢映川到李桥中心小学慰问，为同学们送上节日的祝福，并赠送课外体育活动用品。“六一”期间，区领导胡尚云、杨宝华、周颖博、车克欣、林向阳、于庆丰、董占云、闫志广也分别到后沙峪中小、北小营中小、高丽营二幼、吉祥幼儿园、牛山二幼、龙湾屯幼儿园、杨镇一幼、张镇幼儿园慰问广大少年儿童。

5月29日，顺义区老教育工作者协会走进龙湾屯中小开展“大手牵小手·共话中国梦”活动。老教师心系边远农村的教育，为学生献上一台精彩的演出。区老教育工作者协会120名退休教师参加。

5月29日，顺义区教育工会与业务科室共同开展“我们的教育故事”演讲比赛。来自中学、小学和幼儿园的教师，以充满激情和人格魅力的演讲，展示了以爱为主旋律的师德风采。教育工会将推荐优秀教师组建第二届师德宣讲团，扩大教育活动的影响。

5月30日，顺义区庆祝“六一”国际儿童节游园活动在北京国际鲜花港举行。2014年顺义区中小学生航海模型比赛也同时举行。区内46所小学、48所幼儿园的近6000名学生代表参加游园。特色项目学校（幼儿园）、少年宫、特教学校等单位的2400余名师生参与展示互动活动。区人大常委会副主任董占云，区妇联、团区委等部门领导观看主会场演出；区教工委书记冯义国，区教工委副书记、教委主任刘克祥等教委领导出席。

6月

6月7日，区委书记王刚到区教育招生考试中心视察高考工作。区委副书记、区长卢映川，区委常委、副区长于庆丰，区委常委、区委办主任朱家亮，区教工委书记冯义国，区教工委副书记、教委主任刘克祥等领导陪同。

6月9日，顺义区教委出台《严禁教师违规收受学生及家长礼品礼金等行为的规定》。《规定》主要针对人民群众反映强烈的教师违规收受礼品礼金等问题，重点列举收受礼品礼金、接受宴请、参加由学生及家长付费的娱乐活动、让学生及家长支付或报销应由教师个人或亲属承担的费用、通过商业服务获取回扣等5个方面的禁止性内容。

6月17日，教育系统班校车安全管理培训会召开。区教委、区交通支队主管领导出席。各校车辆主管干部及班校车司机200余人参加。

6月22日，由北京市教育关工委主办的“美丽中国我的中国梦”主题教育演讲比赛在门头沟举办。顺义区刘恩彤和李晓梦分别获得中学组和小学组的一等奖。

6月30日，副区长盛德利来到教委慰问优秀党员侯亚军，为她送去了党和政府的问候，希望她再接再厉，多为地区教育事业做贡献。区教工委书记冯义国，区教工委副书记、教委主任刘克祥陪同。

6月30日，教育系统庆祝建党93周年暨我身边的共产党人宣讲大会举行。区教工委书记冯义国发表讲话。7位宣讲员分别以《经历蜕变 收获成长》《让爱在党旗下熠熠生辉》等为主题宣讲了7位优秀党员的先进事迹。区教工委副书记、教委主任刘克祥宣读表彰决定。区政府教育督导室主任李卫国带领全体党员重温入党誓词。区教工委、教委、区政府教育督导室、教育工会领导出席。各基层单位党员干部代表300余人在主会场参加庆祝活动；全区8000余名教职工在各分会场以视频直播形式观看大会。

6月，顺义区教育资产管理服务中心制定《顺义区教育系统修缮项目管理补充规定》，规范项目流程，做到手续齐全，资料完备。2014年全区中小幼修缮项目共计259项，其中高中111项，小学119项，幼儿园19项，直属单位10项。金额共计36131.3404万元。

6月，为进一步提高内审人员的整体素质，加强队伍建设，教育系统共有78名内审人员参加岗位资格证培训，并通过内审人员岗位资格测试，获得中国内部审计协会印制的《内部审计人员岗位资格证书》。

7月

7月初，顺义区教育工会在东风小学开展国民体质监测工作。6个年龄段的240名教职工，兴致勃勃地参加了11个项目的监测，对自己的体质状况有了更加全面、深入的了解。

8月

8月28日，区教委从8月18至24日中纪委曝光台曝光的153件违反中央八项规定精神案件中，检索出教育系统各级各类学校违规案件25起和北京市查处的6起案件，下发到各基层单位和相关科室，组织各单位班子成员和机关科室人员认真学习，从违规问题中吸取教训。要求广大干部时刻自重、自省、自警、自励，老老实实做人、踏踏实实干事，营造厉行节约、风清气正的育人环境。

8月28日，“北京教育学院顺义分院”挂牌仪式在教研中心举行。与市教育学院的合作将进一步强化我中心的教育科研及培训职能，为我区干部教师的专业发展搭建了更加广阔的平台。

8月，由中国教育学会主办的全国首届基础教育科研成果网络博览会评审结果揭晓，顺义区获得二等奖1项、三等奖12项。

9月

9月1日，顺义区各单位举行开学典礼，上好开学第一课。

9月3日，教育系统党风廉政教育大会在区教研中心报告厅召开。会议由区教工委副书记、教委主任刘克祥主持，教育纪工委书记隋美荣通报近期中纪委网站曝光的违反中央八项规定案件。教工委书记冯义国作讲话。区教工委、教委、教育督导室、教育工会有关领导，教委机关正副科长、各街道（镇）教育助理、基层单位的书记、校（园）长、主管财务工作领导共270余人参加会议。

9月9日，顺义区2014年教师节庆祝大会在杨镇一中举行。会议由区委副书记周颖博主持，区委常委、副区长于庆丰宣读表彰决定，区委副书记、区长卢映川发表讲话。区委书记王刚，区委副书记、区长卢映川，区人大常委会主任胡尚云，区政协主席杨宝华等领导出席。各委、办、局、中心、公司行政正职及主管副职，各镇、街道党政正职及主管副职，各中小学、幼儿园、职业学校校（园）长，优秀教师代表500余人参加。

9月9日，区委副书记、区长卢映川来到杨镇二中，看望优秀教师代表，向他们赠送书籍，通过他们向区内广大教职员工致以节日的问候。教师节前夕，胡尚云、杨宝华、林向阳、于庆丰、肖承继、董占云、闫志广等领导也分别到尹家府幼儿园、天竺中学、双兴小学、宏城幼儿园、石园小学、仇店中小、怡馨幼儿园等单位慰问广大教师。

9月12日，北京市委教育工委常务副书记刘建，丰台区委教育工委书记宋金忠，西城区教育督导室副主任翁乃彤等一行5人到北务中小调研。顺义区政府副区长于庆丰、教委书记冯义国、北务镇书记宋学农、镇长张小军等领导一同前往调研。

9月17日，团中央学校部部长杜汇良、中学处副处长谭真一行来顺义区调研，区委常委、组织部长车克欣参加。杜汇良一行先后来到杨镇一中、牛栏山一中，实地考察学校环境，与干部教师座谈，分别听取学校整体情况及共青团工作介绍，并了解顺义区教育工作的基本情况。杜汇良部长充分肯定顺义教育事业的发展成就，对区委区政府大力支持教育事业表示赞赏。区教工委副书记、教委主任刘克祥陪同调研。

9月17日，北京市教委对顺义五中和第十三中学两所学校进行收费检查。通过审查帐目、学生座谈、学生问卷和实地检查等形式，监督和指导学校规范教育收费工作。

9月18日，北京市治理教育乱收费专项督查组到顺义区检查工作。区教工委副书记、教委主任刘克祥代表教委汇报工作，区教委相关领导与区纪委、区发改委、区财政局、区审计局四家单位相关人员陪同。

9月19日，第十七届“说好普通话，圆梦你我他”推广普通话展示活动在顺义区光明小学操场隆重举行。顺义区教委办公室主任张海东致辞，区政府办公室、区教委、区市政市容委、区工商分局、区商务委员会、区国资委等20家成员单位领导和8所展示学校师生以及光明小学家长代表共计900余人参加了此次活动。

9月中旬，顺义区治理教育乱收费联席会议办公室组织开展了秋季收费检查工作。对中小幼职60所学校2013年秋季开学以来的教育收费、公示栏、资产管理和绩效工资执行情况等进行认真细致的分组检查。区纪委、发改委、财政局、审计局作为成员单位，派人参与检查工作。

9月28至29日，区教工委、教委、教育督导室、教育工会等领导慰问教育系统离退休老干部。区教工委副书记、教委主任刘克祥先后到双兴东区、牛栏山一中教师公寓，看望顺义二中离休教师王泽洪和牛栏山一中老党员陈文江。区教育督导室主任李卫国到北务中学退休教师付文清家中送上祝福。区教工委、教委、教育督导室、教育工会等领导分别走访慰问离休老干部、老教师。各相关教育单位也安排专人看望离退休老同志。

9月起，顺义区教育宣传中心在《顺义区情》（普刊）发表信息34条，简报6期，涉及学前督导，群众路线，庆六一游园，慰问老干部，初中教师基本功等内容。

9月，为贯彻落实市治理办《关于开展2014年秋季教育收费自查自纠工作的通知》要求，顺义区组成治理教育乱收费联席会议小组，对2013年9月至2014年9月秋季教育收费自查工作进行重点抽查。在基层单位100%自查的基础上，对38个单位进行重点抽查。

10月

10月21至22日，顺义区教委联合区食药安办、区食药局，对教育系统学生食堂大宗食品原材料集中采购中标的供货商进行安全检查，并就配送价格、原材料质量、及时程度等一些实际问题进行调研。

10月28日，教育系统党的群众路线教育实践活动总结大会召开。区教工委书记冯义国作总结报告。区委第九督导组组长张中茂点评教育系统群众路线教育实践活动开展情况，他高度评价区教工委的活动成效，希望进一步巩固成果，继续走群众路线，坚持办人民满意教育。区教工委副书记、教委主任刘克祥主持会议。区群众路线第九督导组、区教育工委、教委、教育督导室、教育工会领导出席，各基层单位党员干部代表共200余人参加。

10月28日，教育系统培育和践行社会主义核心价值观暨师德事迹交流会召开。会议解读了《北京市顺义区教育系统培育和践行社会主义核心价值观实施意见》；宣读了优秀师德群体和师德标兵表彰决定。区教工委书记冯义国，区教工委副书记、教委主任刘克祥，区政府教育督导室主任李卫国，区教工委、教委、教育督导室、教育工会领导出席。各基层单位负责人、专职书记、工会主席及师德标兵代表，区人大代表、政协委员、党代表，教委机关科长、教育助理参加。

10月28日，顺义区教育系统安全稳定工作会召开。区教工委副书记、教委主任刘克祥讲话，区教工委、教委、教育督导室、教育工会领导出席；各基层单位负责人、专职书记，区人大代表、政协委员、党代表，教委机关科长、教育助理参加。

10月29日，第三十二届顺义区学生科技节开幕，本次科技节主题为“快乐科技、梦想起航”。全区各中小学科技主管干部、科技教师及600余名学生代表参加。

10月，区教委配合赵全营镇政府，协同公安、工商等部门对该镇所辖8所私办园实施清理、取缔工作。教委出具《关于取缔赵全营镇非法幼儿园问题的报告》。至2014年底顺义区有未审批幼儿园187所，在园幼儿11908人，涉及全区各镇。8所幼儿园的成功清理为顺义区取缔私办园和安置流动儿童，保障幼儿身心健康提供经验。

10月，顺义区组织参加市教工委、市教委组织的北京市首届中小学、幼儿园教师法律知识竞赛活动。顺义区参与率达到90%以上，85%的教师达到优秀等次，两名教师获北京市优秀选手奖，后沙峪中小、北小营幼儿园获北京市学校优秀组织奖，顺义教委获优秀组织奖。

10月，顺义区参加市教工委、市教委组织的北京市中小学模拟法庭教育优秀课例征集活动成绩显著。顺义区选送10件作品，获奖率为100%，其中3件作品获一等奖，4件作品获二等奖，3件作品获三等奖。

11月

11月3至5日，区教委纪检监察科联合相关科室对申报“廉政文化进学校示范单位”的学校进行集中评估，通过座谈走访，听取汇报、查阅资料、参观校园环境等环节，全面系统的对申报校廉政文化进校园工作进行考核。十三中、木林中小、港馨幼儿园等9家单位被评为“顺义区廉政文化进学校联系示范点”。

11月4日，市委常委、教工委书记苟仲文一行调研顺义区教育情况。他视察了牛栏山一中、职教中心，在杨镇一中召开座谈会，听取全区教育工作汇报。区委书记王刚等区委、区政府领导出席，区委副书记、区长卢映川主持座谈会。区教工委书记冯义国，区教工委副书记、教委主任刘克祥陪同。

11月16日，顺义区教育工会召开第三次代表大会。顺义区教育工会主席王玉英代表第二届委员会，作《发挥工会团结凝聚作用，引导教职工在顺义教育现代化进程中建功立业》工作报告。大会选举产生顺义区教育工会第三届委员会和经费审查委员会，审议通过关于三个报告的决议。北京市教育工会主席史利国，顺义区副区长于庆丰，顺义区工会副主席衣晶，顺义区教工委、教委、教育督导室领导，以及兄弟区县教育工会代表、顺义区教育系统群团组织代表、顺义区教育系统基层工会代表，共计160多人出席大会。

11月下旬，在教育工会组织的“十月金秋”活动中，展出教职工创作的70余件绘画、书法、摄影作品。参展的文委领导和教职工对作品给予高度评价。

11月，北京音乐舞蹈学校选送的作品《替我叫一声妈妈》，荣获北京市教委和北京市司法局举办的第二届青少年法制文艺大赛一等奖，并参加市司法局组织的展演活动。顺义教委获优秀组织奖。

12月

12月初，顺义区教育工会走进44所幼儿园，检查职工之家建设工作。

12月11至18日，顺义区教委、区妇幼保健院、区民政局等部门组成考核小组，对全区15所民办幼儿园进行年度考核。对民办幼儿园的年度考核是促进民办教育走向正规化、科学化的重要举措，也是民办幼儿园评优、评先的重要参数。

12月12日，教育工会与劳动午报社联合办公，现场为123个基层工会订阅报刊，提高工作效率，为减少基层单位负担，圆满地完成市区工会布置的任务。

12月19日，教育系统各单位资产产权登记工作顺利完成。资产产权登记工作是顺义区财政局为贯彻落实财政部、市财政局部署的一项工作。自2014年4月21日开始。教育系统资产产权登记工作由教育资产管理服务中心负责组织全区141家单位的资产管理员，协调配合学校和会计师事务所完成此项工作。

12月24日，顺义区召开工会工作汇报会。分为中学组、小学组、幼儿园组，在三个地点同时进行汇报。基层工会工作务实、细致，很多亮点得到充分展现，起到交流的作用。来自基层单位的140多名工会主席参加。

至年底，顺义区审计科已收到所属基层单位送审合同1363份，律师出具法律意见书1319份，修改后进行备案的金额在50万以下一般合同892份，重大合同395份。重大合同均已在区法制办办理备案手续。

年内，顺义区为推动单位内部审计工作制度化、规范化，保证内部审计工作质量，加强廉政风险防控机制建设，顺义区教委结合教育系统工作实际情况，制定并印发《北京市顺义区教育系统领导干部经济责任审计实施办法》。对教育系统领导干部经济责任审计工作做出全面规定。

年内，顺义区教委为鼓励区域内民办教育的发展，根据相关政策争取市区两级资金，为民办学校下拨随迁子女义务教育阶段专项资金450.3万元；义务教育阶段学生杂费补贴134.39万元，课本费补贴137.34万元；投资11.8万余元为7所民办学校、15所民办幼儿园配备了儿童读物和玩具。

年内，顺义区共受理并办结各种民办许可事项20件，其中审批事项7件（中小学3所、幼儿园2所、培训学校2所），变更举办者、法人、校园长12件，变更办学地址1件。与人力社保局、外事局、出入境管理中心等部门通力合作，完成温莎幼儿园、鼎石学校等5家机构的申请外教资质的审核、验收工作，使顺义区民办教育机构具有申请外教资质的单位达到12家，促进和保障了民办教育的规范发展。

年内，顺义区修订《安全稳定工作领导任期责任书》。该工作由综治科牵头，《责任书》是教委与各单位一把手所签订，共涉及9项主要安全管理制度，包括岗位责任制、进出校园管理、公务用车、食品卫生、住宿生管理、突发事件处置等内容，具有要求更明确，可操作性更强的特点。

年内，顺义区全面落实《中小学校岗位安全工作指南》。一是综治科专门召开基层单位安全工作主管领导会，研究制定落实《指南》具体措施和监督检查办法。二是各单位以《指南》为依据，结合本单位实际，将安全责任层层分解，做到责任到人。三是5月、10月，综治科率10个安全工作中心组，深入全区120余个单位，对落实情况进行检查；并提出问题限期整改。四是开展“安全生产月”活动。制定《顺义区教育系统关于开展安全生产月活动的工作方案》，教育系统7万余人参与，召开动员部署会100余次，发放宣传教育材料近12万余张，设置宣传栏近5400余个，解答师生员工提出的问题5000余件。

年内，顺义区积极对外宣传教育特色及成果。与市区级媒体联手，详尽、全面地报道顺义区教育系统特色活动。自2013年1月3日起与《中国教育报》合作宣传特色校1次年；2013年1月6日至2014年12月，与《现代教育报》合作报道教育系统各单位特色活动及成果，专版宣传特色校特色园的办学成果34次。在《北京日报》《北京晨报》宣传特色办学2次。

年内，区教委与区电视台合作为牛栏山一中，顺义一中等21所学校拍摄节目21期，并在顺义电视台播出。

年内，顺义区基本完成中小学建设三年

行动计划工程，截至年末，已批复13个项目，其中，市级批复9个项目，区级批复4个项目。总建筑面积29.32万平方米，总投资18.38亿元，其中市级支持资金7.78亿元。其中2014年12月批复市级4个项目，总建筑面积18万平方米，占总比例的61.4%。总投资11.8亿元，占总比例的64.2%。2014年5个项目已完成，建筑面积43786平方米，占总比例的15%。

年内，顺义区积极做好新疆内高班工作。一是师生高度重视。学校强调大局意识，教职员工无私奉献，积极协作，发挥积极示范作用；二是加强思想教育。经常性地对学生进行维护祖国统一，维护民族团结教育，帮助学生认清“三股势力”的危害，旗帜鲜明地反对民族分裂。平时加强校园、网络舆情等方面监控。三是做好敏感节点摸排。近期几起暴恐事件发生后，及时摸清学生情绪变化，合理引导；侧面了解事件发生可能波及的学生家长情况。四是多部门协调配合。学校及时与教委、公安、反恐支队等相关部门沟通，介绍情况，与之形成合力。目前，全区内高班在校生870人，其中维吾尔族同学735人，分布在预科至高三，共四个年级段。

年内，顺义区完成校安工程。顺义区校安工程于2009年开始，计划改造总面积72万平方米，预计总投资25.7亿元，其中：市级6.6亿元，区级19.1亿元。2014年顺义加固项目基本完成结算。新建、翻建项目涉及28所学校，34个项目，总面积48万平方米，总投资19.9亿元。已完成20所，建筑面积315355平方米，比例为66.4%；其中2014年完工4所，建筑面积64046平方米，占总完工面积的20.3%。

年内，顺义区完成配套学校接收工程。依据《顺义区人民政府关于顺义区居住小区公共服务设施建设和管理工作有关规定（试行）》《关于本市教育系统土地登记发证工作有关问题的通知》（京教建〔2009〕4号）和北京市教育委员会等六部门《关于加强居住区配套幼儿园规划建设和管理的意见》（京教学前〔2011〕8号）等文件，做好居住配套学校的接收工作，2014年顺义区教育资产管理服务中心完成草拟《关于居住小区配套学校接收工作的实施方案》。并依据《关于印发北京市居住配套教育设施建设协议书的通知》（京教建〔2011〕1号）文件，规范移交协议的签订。2014年接收空港第一幼儿园，并对该园基础设施进行改造使其达到示范园标准。

年内，顺义区多方位保障特殊学生教育权利。1. 保障经费，每年拨付50多万元作为各项活动经费。每年向承担随班就读工作教师、资源教师发放特教津贴。全额承担此类教师培训学习费用。2. 确保教师质量，各校选派副主任以上干部为负责人。在评职、评优、晋级方面，条件相同情况下，优先考虑承担随班就读工作教师。2011年起，在各项评比中设立特殊教育专项。3. 不断提高业务水平。目前区内共有资源教室10个，成立资源教室教研组，定期开展教科研活动。今年3月，成立区特殊支持教育中心，促进随班就读工作更加科学、规范。截至年末全区有168名不同类型残障学生，在34所小学、17所中学随班就读，近千名干部教师参与此项工作。

年内，顺义区优化教育资源配置增强学位供给能力。1. 扩大办学规模。接收三山小区、港馨B区小区配套幼儿园2所，增加学位720个；扩大西辛小学教育集团等3所小学幼儿园招生数量；前俸伯、大胡营等12所村办园基本建设完工，预计增加学位2900个。2. 鼓励民办教育发展。审批南彩四村联校、李桥半壁店学校，缓解外来务工人员子女入学难问题；批准牛栏山一中实验学校设立小学部，增加优质民办教育资源。3. 合理布局教育资源。制定《基础教育专项规划》，预留教育发展空间，调整规模过小农村中小学，本学期共撤并中小学6所。

年内，顺义区多层级加强队伍建设。1. 重视校级干部提升。组织中小学校长赴华东师大参加课程领导力培训；42 名新任校园长参加管理培训；45 名园级干部赴南京师范大学参加后备干部培训。2. 注重中层干部培养。明确培养对象，组织德育、教学干部，分赴东北师大、史家小学，参加专业实践培训或挂职锻炼；110 余名干部参加 21 个市级培训班学习。3. 锤炼教师业务素养。组织小学青年教师成长课大赛活动，40 所小学 360 位入职五年以内的青年教师参加。与中国教育国际交流协会合作，连续 8 年举办英语教师暑期外教培训班，轮训一线英语教师。10 月 28 至 11 月 8 日，小学教学干部赴东北师大参加浸润式学习，有考核、有实践。组织小学业务干部去名校深度挂职一个学期，共 3 批。通过，面试、笔试，综合确定 10 名去史家小学。开展幼儿园与北师大合作项目，培训 10 名园长、10 名优秀幼儿教师，三年一个周期。

学前教育

概　述

2014 年，顺义区幼儿园 83 所（不含 3 所附设幼儿园），其中教育部门办园 50 所、集体办园 18 所、民办园 13 所（不含民办 3 所附设幼儿园）、其他部门办园 2 所。离园幼儿 5430 人（教育部门办园 4262 人），入园幼儿 7072 人（教育部门办园 5543 人），在园幼儿 19184 人（教育部门办园 15235 人）。教职工 2357 人（教育部门办园 1746 人），其中，专任教师 1311 人（教育部门办园 1011 人），教育部门办园的专任教师学历合格率 100%，市级学科带头人 0 人，市级骨干教师 6 人，区级学科带头人 11 人，区级骨干教师 213 人，区级园丁新星 13 人。全区一级一类幼儿园 35 所（教育部门办园 33 所），其中北京市示范园 7 所，一级二类园 12 所，北京市早期教育示范基地 24 个，北京市学前教育信息化基地 2 个，北京市学前儿童特殊教育示范基地 3 个。户籍适龄儿童学前三年入园率为 95.1%，常住适龄儿童学前三年入园率为 98.1%，0—3 岁婴幼儿受教育率 90% 以上。幼儿园图书馆藏书 40.78 万册（教育部门办园藏书 37.39 万册）。校舍总占地面积 364919 平方米（教育部门办园占地面积 288550 平方米），总建筑面积 188315 平方米（教育部门办园建筑面积 146922 平方米）。教育部门办园固定资产总值 15117.58 万元。教育部门公办幼儿园全年教育经费投入 39958.31 万元，其中国家拨款 39918.31 万元，事业收入及其他收入 40 万元。

第一期三年行动计划实施以来，完成新建改扩建和接收小区配套幼儿园 21 所，增加教育部门办园学位 4950 个；建设村办园 33 所，增加学位 7430 个；审批民办园 2 所，部门办园 1 所，增加学位 570 个。以上工程共增加学位 12950 个，其中公办性质园所学位 12380 个。

一、顶层设计，超前谋划，为区域学前教育可持续发展提供保障

1. 新建改扩建和小区配套幼儿园接收工程落实到位。

接收两所小区配套幼儿园；北务、木林等 4 所新园顺利投入使用；前俸伯、去碑营、西小营三幼 3 所村办幼儿园顺利开园；金汉绿港、滨河等 6 所幼儿园实施扩班工程，共增加 18 个班级，有效缓解重点地区入园压力。

2. 村办园建设工程稳步推进。

完成新建村办园 13 所，3 所投入使用，有效扩大公办性质学前教育资源覆盖面，确保农村幼儿能够就近享受安全优质的学前教育。

3. 开发“顺义区学前儿童信息采集系统”。

通过信息手段全面有效地掌握适龄幼儿信息，有利于招生划片和资源统筹协调，保障我区适龄幼儿顺利入园。

4. 3 月和 12 月，分别迎接“北京市学前教育三年行动计划专项督导”和“实施素质教育综合督导”工作，督导组对顺义区学前教育的发展情况及工作业绩给予充分肯定和高度评价。

二、推进园所自主发展，提升区域学前教育品质

1. 提升幼儿园文化建设水平，引领园所自主发展。

8 月 28 日，聘请示范园验收组专家连玉华为全区幼儿园园长开展幼儿园文化建设讲座。并组织园长到蓝天宇翔、润丰学校、工艺美院附中等文化建设独具特色的优秀学校进行现场参观。通过系列培训进一步增强顺义区园所文化建设能力和水平。

2. 发挥“市级示范幼儿园”示范引领作用，扩大学前教育品牌效应。

成立以示范幼儿园为龙头的领域联盟，带动全区幼儿园整体办园质量的提升。10月24日正式启动“顺义区示范园开放暨《指南》走进活动”，各个示范幼儿园展示本园的研究成果和特色，全区500余名干部教师参与开放交流活动。

3. 打造品牌，积淀成果，开展首届区级示范幼儿园创建活动。

启动区级示范幼儿园的评审工作，区教委制定《顺义区区级示范幼儿园评价标准》，组建以学前科、学前教研室、妇幼保健院和示范幼儿园园长为成员的评审小组，深入园所进行视导评审工作，帮助幼儿园梳理办园思路，总结办园经验、夯实保教质量，从而在区域内形成自己的特色和品牌。

4. 促进民办园健康发展，整体提升区域学前教育品质。

争取市级资金对普惠性民办幼儿园进行奖励；配合民办科做好民办园年检工作；给予民办园的领导和教师同等的培训机会。指导龙湖启明香醍漫步双语幼儿园通过北京市一级二类验收。

三、提升师资整体素养，为学前教育内涵发展保驾护航

1. 崇尚师德，确立示范——加强教师职业道德建设。

以“职业认同”为主线，引导新教师采用“叙事研究”的方式不断反思和分析自己教育行为的目的、意义和效果。2月14日利用视频直播方式，向全区幼儿园直播“我的教育故事”演讲比赛决赛现场，引导全体教师重新构建专业认同，重新塑造自我。有5名教师的教育故事在《学前教育》上发表。

顺义区49所幼儿园参加“顺义区彩虹诵读活动”。通过此次活动，幼儿、教师和家长对中国优秀传统文化的教育理念、内容和方式有了更深一步的思考，取得良好教育效果。

2. 择优推荐，积极培养——提升园长队伍的领导力。

推荐多名园长参加高端培训，同时邀请幼教专家对全区园长进行“幼儿园文件建设”“级类验收”等相关内容的培训，并开展系列性跟踪指导。通过系列培训，园长进一步掌握了工作方式方法，理清了管理思路，提升了管理水平和指导能力。

3. 项目研修，注重实效——促进教师群体发展。

借助学习贯彻《指南》工作，与北京市师范大学建立伙伴合作关系，启动顺义区“园长专业领导力与新教师成长”培训项目，以综合主题式课程实施为载体，以五段式教学法为具体抓手，以大学、区域行政教研、幼儿园三个层次构建的专业学习共同体为基本研究模式。7月12日在全区召开项目的启动仪式，截止到2015年1月，共组织项目活动20次，专家下园40余次。

4. 广聚贤才，精心培育——实施“教师培养工程”。

5至6月安排新教师实习；9月开始，依托各个基层园所做好“一对一师徒帮带”活动；开展非专业教师“专业知识和能力补偿”培训（40人）；开展3至5年成长期教师培训（50人），优化教育能力，促进专业成长。

开展全区幼儿教师“边弹边唱”基本功展评和“自制玩教具展评活动”，全区青年教师搭建专业成长的平台。11月23日在第三届全国幼儿园优秀自制玩教具展评活动中，顺义区仁和中心幼儿园、馨港幼儿园和金汉绿港幼儿园等6个作品分别获一、二、三等奖。

四、做实级类管理和贯彻《指南》工作，提升园所保教质量

1. 视导验收，提供园所升级升类保障。

2014年上半年，顺义区有2所幼儿园顺利通过北京市一级一类验收，5所幼儿园通过北京市一级二类验收。下半年对7所有升级升类意愿的园所进行视导，不断提高园所的管理水平和保教质量。

2. 学习贯彻《指南》，课程建设得到加强。

全区幼儿园通过学习、宣传《指南》，不断实践、改进教育行为，形成提升幼儿学习品质的课程。并以贯彻《指南》为主题，开展“学前教育宣传月”、《指南》走进示范园、“UDK项目研修”和“幼儿生活和游戏研究”等活动，有效实现幼儿学习品质的培养。

与全国心系组委会共同做好“家庭教育空中课堂”公益项目。通过发送手机彩信，向家长提供及时、有效的信息服务。

3. 开放吸收，教育行为不断优化。

6月份馨港幼儿园参加北京市幼儿园园本教研展评活动，得到了专家们的一致认可和好评。36所幼儿园分别参加“一日活动过渡环节”和“活动区的组织”区级项目，在专家指导、交流研讨过程中不断提高组织活动区和优化过渡环节的能力。怡馨幼儿园开展保健工作展示，为顺义区幼儿园保健工作开展提供有益借鉴。

总　类

【各幼儿园召开多种形式工作会】　2月下

旬，顺义区各幼儿园召开多种形式工作会明确学期目标。一是问题分析类。如怡馨幼儿园召开保育员消毒工作交流会，反馈保育工作中出现的问题。二是培训类。如顺和花园幼儿园组织教师开展寒假视频培训。三是读书交流类。如李遂中心幼儿园召开寒假读书交流会，教师相互传看读书笔记，分享读书收获与感悟。　　（王艳霞）

【区政协副主席田建国到怡馨幼儿园参加民主日活动】　3月14日，区政协副主席田建国到怡馨幼儿园参加民主日活动。园长总结

2013年幼儿园校务公开工作、主管会计汇报2013年幼儿园经费收支情况、工会主席通报合理化建议征集情况，园领导对合理化建议当场进行答复。田建国指出：要不断总结校务公开经验，扎扎实实开展工作，切实让这项工作更加科学规范，希望园所走内涵发展之路，发挥北京市示范园作用，打造特色，成为一所名园。几年来，怡馨幼儿园坚持校务公开制度：一是强化规范管理。每年规范开展民主日活动，坚持重大事项园务会集体讨论，规范、拓宽公开渠道，将党务、园务、财务三个公示栏由室内移到室外，同时注重格式规范。二是增加透明度。发放《教职工工作手册》，明确与教职工关系密切的制度，提高知晓率；确保邮箱、监督电话、园所网站等渠道畅通，做到公开透明，方便家长了解园所动态。　　（王　磊）

【创建学前教育网络招生平台】　5月3日，顺义区教委创建“顺义区学前教育招生平

台”。幼儿家长先在网络上进行信息登记，然后教委根据采集到的信息数据进行划片招生和资源统筹协调，使今年招生工作有序进行，有效保障全区适龄幼儿合理分布、顺利入园。

（李淑芳）

【服务民生细化幼儿园招生工作】 5至7月，顺义区服务民生细化幼儿园招生工作。1. 区教委成立幼儿园招生工作领导小组；各园成立招生小组，明确招生操作具体程序，制定实施方案。2. 在服务片内所属小区（自然村）、居委会、幼儿园门口等显著位置张贴招生公告，公布招生政策、程序、咨询电话。专人接听咨询电话，解答家长疑问。3. 开放园所，安排专人录入信息，为家中不具备上网条件或使用电脑有困难的家长提供帮助。4. 为避免家长在招生日聚集排队，采取化整为零方式，深入社区、村委会多点同时招生；或在公告中告知家长按时段按区域到幼儿园现场报名。

（徐振阳）

【启动走进示范园活动推进《指南》实施】 10月24日，顺义区教委启动走进示范园、贯

彻《指南》展示活动。怡馨幼儿园为展示活动第一站，园长结合保教工作实际汇报贯彻《指南》的典型经验，并开放教育活动区、班级活动区域、户外体育活动区等。区教委副主任张海东、教研中心主任李树栋等领导参加活动。11至12月，建南幼儿园、仁和中心幼儿园等几所示范园先后进行展示。所有展示活动均向全区幼儿园开放，各园业务园长和骨干教师参与观摩和研讨。该活动发挥示范园的示范引领作用，对带动其他园所深入理解贯彻《指南》意义，找到贯彻《指南》的突破口起到明显作用。

（李　娟）

【在全国自制玩教具活动中获佳绩】 11月23日，由教育部教育装备研究与发展中心、全国妇联儿童工作部、中国学前教育研究会

联合举办的第三届全国幼儿园优秀自制玩教具展评活动现场评审在温州结束。经过初赛，全国31个省、自治区及直辖市的878件作品参加了现场展评。共评出全国一等奖148件，二等奖300件，三等奖397件。北京市参评的30件作品中，获全国一等奖6件，二等奖11件，三等奖10件。其中顺义区有6件作品获奖，仁和幼儿园作品获一等奖（陈红、刘燕玲、魏立影），馨港幼儿园、杨镇幼儿园、南法信幼儿园和金汉绿港幼儿园各一件作品获二等奖，金汉绿港幼儿园另有一件作品获三等奖。

（李淑芳）

【举办北京市幼儿园文化建设观摩活动】 11月25日，北京市幼儿园文化建设评优和展示活动在石园北区幼儿园举行。来自全市姊妹

园的园长、教师近百人观摩了石园北区幼儿园的室内外环境和幼儿户外体育活动，并观看了文化建设宣传片。大家纷纷表示回去之后一定将学习所得结合园所实际，丰富自身的校园文化建设，让幼儿园真正成为幼儿健康成长的乐园。（孙海英）

【举办彩虹诵读大赛决赛】 12 月 25 日，顺义区彩虹诵读比赛决赛在顺义一中举行。该

活动以弘扬社会主义核心价值观，传播中华民族优秀传统文化为主题，以推进顺义区“彩虹读书工程”，培养学生良好的读书习惯为目标，在全区范围内开展。在联盟复赛的基础上，38 所学校和幼儿园入围决赛，参赛者进行精彩展示和激烈角逐，幼儿园组评出特等奖 3 名、一等奖 5 名，二等奖 7 名，其他参加初赛的幼儿园为三等奖。区教委副主任张海东、区教研中心副主任李广生等观摩比赛。考研中心教研员和中小教科人员为评委。（李　娟）

【南彩一幼多举措做好开学初工作】 2 月中下旬，南彩一幼多举措做好开学初工作。1. 排查、整改全园水、电、燃气设备设施。2. 利用开园、闭园时间加强与家长的沟通，了解幼儿寒假在家状况。3. 加强晨、午、晚检，监测幼儿体温，做好春季传染病防控工作。4. 召开伙委会，研究食谱，改善幼儿膳食。5. 整修室外玩具，确保幼儿游戏安全。（田晶杰）

【牛栏山二幼多举措确保安全】 2 月起，牛栏山二幼多举措确保安全。1. 强化安全意识。

讲《我会上楼》等教育故事，培养幼儿上下楼排队、不拥挤的意识。2. 注重细节管理。提高教师责任意识，认真检查活动场地；制作“爱心接送卡”，家长凭卡接送，忘记带卡需要实名登记。3. 争取家长配合。引导家长树立安全意识，教育孩子不爬楼房窗台阳台，不带大头针、曲别针等物品入园。（范开宇）

【馨港幼儿园新菜品出炉有保障】 2 月起，馨港幼儿园采取措施确保新菜品出炉有保障。1. 组织厨房人员集体学习。周三学习营养搭配知识，周五学习新菜谱，选定菜品后现场制作。2. 将厨房推出的待选新菜图片、营养价值等信息公布在通知栏上，班组长试吃打

分后，确定两道新菜品提供给幼儿。3. 每月开展两次厨艺花样制作展示比赛，根据得分和每周新菜中签率评选“厨艺新星”。

（李　娜）

【迎接学前教育三年行动计划专项督导】 3月27日，市政府教育督导室副主任刘莉带领市学前教育专项督导评价组一行15人，专项督导顺义区学前教育发展情况和《北京市学前教育三年行动计划（2011—2013）》落实情况。督导组观看了顺义区教育发展专题片；查看学前教育工作档案资料；分三组召开区内相关委办局、教委科室、不同类型幼儿园园长代表座谈会；分组实地考察牛山镇政府、港馨花园小区、石北幼儿园、66055部队幼儿园、新英才幼儿园、美畦畦幼儿园六家单位，听取属地政府及幼儿园的学前工作汇报，召开教师、家长座谈会，走进园所查看幼儿活动情况，深入了解顺义区各类幼儿园办园情况。刘莉参加分组座谈会，重点听取牛山镇政府的工作汇报，到牛栏山第二幼儿园和芦正卷村办幼儿园实地考察。她充分肯定顺义区落实《北京市学前教育三年行动计划（2011—2013）》的各项工作，认为顺义区在学前教育方面真重视、重投入、用心管，学前教育体系健全、机制完善，为幼儿发展提供了良好的教育环境。她希望属地政府继续关心支持教育工作，不断提高办园水平，加强教师队伍建设，提高教师职业幸福指数，把爱的雨露传递给每一个孩子，办人民满意教育。区教工委书记冯义国，区教工委副书记、区教委主任刘克祥，区政府教育督导室主任李卫国等领导陪同考察。

（李淑芳　徐振阳）

【建南幼儿园升旗仪式课程化】 4月起，建南幼儿园实现升旗仪式课程化。1. 制定《建南幼儿园升旗仪式实施方案》。2. 规范出旗、升旗、宣誓、国旗下讲话各环节流程；购置服装，统一旗手着装。3. 明确讲话内容，结合热点话题、季节、环境、身边事件确定讲话内容，编成《国旗下的讲话》园本课程材料。

（应建美）

【双兴幼儿园多途径开展消防安全工作】 4月，双兴幼儿园多途径开展消防安全工作。一是通过教职工会议、宣传栏、告家长书等形式，向教职工、幼儿及家长开展安全宣传教育。二是依靠晨间谈话、家园联系、网络平台、情景表演等媒介，普及消防安全知识。三是邀请专家做火灾现场逃生和自救的消防

培训。四是开展消防演习活动，增强幼儿的消防意识和自我保护能力。（肖金梅）

【杨镇中心幼儿园制作签到图促幼儿全面发展】 5月起，杨镇中心幼儿园制作幼儿签

到图促其全面发展。1. 签到图名称为“杨镇我美丽的家”，按照幼儿所在村的地理方位设计而成，由此丰富幼儿地理方位知识。2. 签到图以各村农作物特产或旅游特色为标志，帮助幼儿了解地域特色，并激发出热爱家乡情感。3. 每天值日幼儿观察签到图后，统计每个村来园幼儿数量，从而增强幼儿统计能力。（秦连红）

【建南幼儿园紧抓安全不放松】 5月，建南幼儿园紧抓安全不放松。1. 开展宣传教育，举行幼儿“安全儿歌”展示活动。2. 召开“坚守红线意识”讨论会，组织教师重温《岗位安全职责》。3. 开展消防疏散演习。4. 排查安全隐患，发现问题及时汇报、整改。（耿　波）

【西辛幼儿园三举措做好幼小衔接工作】 5至6月，西辛幼儿园三举措做好幼小衔接工作。一是邀请西辛小学教师为家长作专题讲座，现场答疑解惑。二是开展“我要上小学”主题活动，帮助幼儿做入学准备计划书。三是组织大班幼儿走进西辛小学，与小学生互动体验生活。（陈维纬）

【义宾幼儿园多项举措确保幼儿夏季安全】 5至7月，义宾幼儿园多项举措确保幼儿夏季安全。1. 成立安全工作小组，责任到人。2. 全面清查园内排水管网、防汛器材等设备设施。3. 组织教工开展防汛、防溺水等相关知识培训，提高应急能力。4. 在幼儿中开展安全主题教育活动，增强自护意识。5. 下发以防溺水为内容的《致家长一封信》。（李　楠）

【义宾幼儿园多形式做好新学期工作】 9月上旬，义宾幼儿园认真做好新学期工作。1. 组织安全小组对园内设施进行安全大排查。2. 创设“欢迎小朋友入园”“我升中班了”“我们长大了”主题墙饰，营造温馨环境。3. 加强家园协作。召开新生家长会，组织跳亲子操，缓解小班幼儿入园焦虑。4. 将幼儿在园表现以照片形式反馈给家长。（李　楠）

【牛栏山一幼多途径开展家园合作】 年内，牛栏山一幼多途径开展家园合作。1. 邀请学前教育专家来园讲座，从幼儿发展规律和特点、学习方式等方面做互动式讲解。2. 举办亲子游戏大赛，提升家长育儿观念。3. 每两周举行一次家长开放日活动。（范立英）

【顺义区稳步推进村办园建设与管理工作】 年内，顺义区稳步推进村办园建设与管理工作。1. 加大建设力度。自2012年以来，先后开工建设32所，共投入资金近2.26亿元，其中市级资金1.204亿元。截至今年9月，18所幼儿园已投入使用，在职教职工213人，在园幼儿1976名。2. 提高管理水平。为李桥镇后桥幼儿园、后沙峪镇董各庄幼儿园等5所幼儿园配备执行园长，园长由各镇中心园按程序产生，确保管理水平与质量。3. 加强业务指导。部分镇中心园制定帮扶计划，与村办园结对子；区级骨干教师下园现场指导，村办园教师定期到公办园观摩，参加教育教学活动；园际间教师交互挂职学习。（徐振阳）

保育教育

【港馨东区幼儿园幼小衔接早着手】 2月下旬，港馨东区幼儿园幼小衔接工作启动早着手。通过与港馨小学商讨减少升学坡度等问

题，明确三个切入点，即：环境过渡、活动开展、课程整合。根据前期调研先后开展小幼教师课程交流、节日共庆、共同做好幼儿追踪记录与评价等方面工作。（王　慧）

【馨港幼儿园促进幼儿语言发展】 2月起，馨港幼儿园采取多种措施促进幼儿语言发展。1. 每个活动室均设动态表演区，幼儿自己更换表演区背景、布置环境，自主表演感兴趣的故事。2. 每月展示幼儿诗配画作品，并装订成册发给家长。3. 定期邀请北师大专家为家长作“亲子阅读”系列知识讲座。（李　娜）

【馨港幼儿园激发幼儿读书兴趣办法多】 3月起，馨港幼儿园采取多种办法激发幼儿读

书兴趣。1. 图书漂流，拓宽眼界。每月组织一次全园性图书漂流活动，幼儿相互分享家中图书。2. 自制书大赛，激发兴趣。幼儿与家长共同制作图书，参加园里每周组织的“小书制作大赛”；幼儿将自制图书中的内容讲给老师和其他小朋友。3. 图书捐赠，传递爱心。家长和幼儿代表将家中闲置的图书和自制图书捐赠给福利院或贫困地区儿童，传递爱心，增强珍爱图书意识。（李　娜）

【尹家府中心幼儿园开展亲子种植活动】 4

月3日，尹家府中心幼儿园开展亲子种植活动。一是家长与幼儿选择适宜种植的作物，向幼儿介绍植物特点、生长环境等知识，集体规划班级种植园种植。二是家长向幼儿介绍不同工具的使用方法，不同秧苗的载植方法；幼儿边看边学，与家长共同种植，为种好的小苗浇水。上述活动均为该园推进全园体验课程的具体措施。（李　艳）

【木林中心幼儿园采取措施加强幼儿户外锻炼】 4月起，木林中心幼儿园采取措施加

强幼儿户外锻炼。1. 保证晨炼时间。教师每天早晨提前做好材料准备，保证幼儿锻炼40分钟。2. 丰富锻炼内容。教师每天调整锻炼器材，和幼儿一起创新材料的多种玩法，保证师幼参与锻炼的积极性。3. 注重锻炼实效。教师在锻炼中全面观察幼儿，适时指导帮助，

提高幼儿运动能力。（纪　华）

【各幼儿园开展多种校园活动丰富学生生活】4月，各幼儿园开展多种校园活动丰富学生生活。后沙峪一幼开展“我是小交警”游戏活动。高丽营二幼开展防诈骗安全教育，教师模拟诈骗现场与幼儿互动。龙湾屯中心幼儿园举行“小手拉大手”亲子手工环保制作展评活动。李桥中心幼儿园“家园携手共成长”阅读月拉开序幕。北务幼儿园开展户外玩具自制活动。（徐振阳）

【义宾幼儿园读书活动有新招】　5月，义宾幼儿园读书活动有新招。一是哥哥姐姐讲故事。大班幼儿每人准备一个故事，和小班幼儿一对一结对子，边阅读边讲述故事。二是家长进班级讲故事。邀请家长参与讲故事活动，评选出明星家长。三是幼儿讲故事比赛，评选出的“故事大王”进各班展演。

（李　楠）

【港馨东区幼儿园组织系列活动促读书】　9月起，港馨东区幼儿园组织系列活动促读书。1. 图书互换。发动幼儿将看过的图书带到幼儿园互换，实现图书漂流。2. 亲子阅读。向家长宣传早期阅读的重要性，组织召开亲子阅读会。3. 读书交流。定期利用微信、QQ群等组织教师交流阅读体会，赏析精品书籍。

（王　慧）

【吉祥幼儿园设立体能循环区活动日】　9月起，吉祥幼儿园设立体能循环区活动日。1. 合理选材。根据幼儿发展水平，选择适宜摆放、易于变换的器材。2. 规划路线。充分利用场地空间，尽可能将钻、爬、跳、跑等动作融汇其中。3. 教师专业指导。各班教师分配在不同区域，对幼儿运动方式、挑战项目等进行指引。4. 幼儿自主选择。幼儿根据自身体质选择难度和器械。（张婷婷）

【馨港幼儿园亲子共度环保金秋】　10月，馨港幼儿园亲子共度环保金秋。1. 拼接心中的祖国。定做全国地图拼图，家长与幼儿利用废旧材料制作成各地特色美食、地标建筑粘贴于各省板块上。2. 组织大班家长与幼儿共同利用废旧材料，设计、组装、装饰新型节能交通工具；邀请身为国航机长的大班幼儿家长入园，利用动画、图片等形式为幼儿讲解交通工具耗能情况；3. 组织图书漂流活动。家长与幼儿将家中闲置的书籍带到幼儿园供小朋友选择，倡导绿色读书理念。

（李　娜）

【李遂中心幼儿园三点联动培养幼儿阅读能力】　年内，李遂中心幼儿园三点联动培养幼儿阅读能力。1. 邀请阅读指导专家培训教师自制图书。2. 以请专家讲座、家长经验分享的形式，开展亲子阅读指导及交流活动。3. 丰富班级阅读区角，培养幼儿自主阅读习惯。（徐溪瑶）

【牛栏山一幼加强幼儿艺术素养培养】　年内，牛栏山一幼加强幼儿艺术素养培养。

1. 设置表演区。在每班配备录音机、打击乐器等设备，为幼儿提供尝试、学习空间。2. 优化多功能厅。配备音箱、投影机、各式

民族服装等，方便学习音乐、舞蹈、打击乐器表演；每班每周集体学习两次。3. 以展示激发兴趣。专人记录、采集幼儿学习影像资料，定期在走廊和楼梯侧面展示。（范立英）

【南法信中心幼儿园安全教育课程化】 年内，南法信中心幼儿园实施安全教育课程化管理。1. 创编一日活动各环节安全教育儿歌，幼儿在学唱中受教育。2. 设立每周一天的安全教育活动日，活动内容系列化，其中周二、周四为"安全消防逃生演习日"。3. 创设幼儿安全教育主题互动墙饰，强化安全教育宣传。4. 开展安全教育活动案例和教学案例评比，收录优秀案例建立安全教育资源库。

（李如江）

【宏城幼儿园加强自主课程开发】 年内，宏城幼儿园加强自主课程开发。一是增设艺术

课程，在保证每周一节美术课基础上，小班增设舞蹈课，大班增设体育活动，提高幼儿多方面活动兴趣。二是聘请专业机构教师，重点指导幼儿形体、律动等基本功训练，指导大班幼儿足球训练。（李金平）

【怡馨幼儿园健康教育有新意】 年内，怡馨幼儿园健康教育有新意。各楼层确定不同主题。一层，危情社区。模拟社区环境，提示生活中常见危险及应对方法。二层，运动健康。用卡通图片呈现快乐运动场景，帮助幼儿了解运动、热爱运动。三层，心理健康。设置心情小屋、聊天屋、拳击柱，方便幼儿以不同方式排解各类情绪；布置表情连连看、心情驿站，介绍健康心理常识。（何四芳）

【杨镇中心幼儿园幼儿值日三自主】 年内，杨镇中心幼儿园幼儿值日三自主。1. 值日时间自己做主。将以往安排好的值日生时间表，调整为互动环境墙饰，幼儿自己计划来园做值日时间，提前将自己的值日牌插在相应的墙饰时间口袋中，从"要我做值日"转变为"我要做值日"。2. 值日内容自己做主。幼儿根据自己能力和兴趣选择值日内容。3. 值日伙伴自己做主。变值日小组固定搭配模式为自由组合，幼儿寻找合意的小伙伴共同值日。

（秦连红）

【马坡二幼多种活动提高幼儿身体素质】 年内，马坡二幼多种活动提高幼儿身体素质。1. 聘请武术教练指导幼儿武术操，提高幼儿协调性、柔韧性。2. 利用树林、山坡等农村自然资源开展户外活动，提高幼儿运动能力。3. 改进推铁环、抽陀螺等传统活动，创编适合不同年龄幼儿的体育游戏。4. 邀请家长研讨秋、冬季节适宜幼儿的体育活动内容。

（尉　静）

园所建设

【举办幼儿园文化建设专题讲座】 8月28日，区教委聘请北京市学前教育专家连玉华，作幼儿园文化建设专题讲座。该讲座结合文

化建设理论和幼儿园文化建设优秀案例，介绍幼儿园文化建设的背景、意义、内涵、具体内容及创建方法，从理论和实践层面上提升顺义区幼儿园文化建设的自觉性，为提高园所文化建设水平提供具体指导。区教委、区教育研究考试中心有关领导出席，全区各幼儿园园长、业务园长共计100余人参加。

（李淑芳）

【建北幼儿园开展社会主义核心价值观教育活动】 9月起，建北幼儿园开展社会主义核心价值观教育活动。1. 广泛宣传。利用宣传栏、电子屏、飞信等平台向师幼和家长宣传社会主义核心价值观内涵。2. 召开践行社会主义核心价值观讨论会，组织定期培训。3. 创设环境氛围。布置社会主义核心价值观宣传墙面。4. 开展班级教育活动。各年龄班以“爱国”“友善”为主题，通过讲故事、表演等形式开展教育活动。（宋永平）

【首次开展区级示范园评选活动】 11月20日，顺义区启动区级示范园评选活动。11至

12月学前科联合教科室、妇幼保健院和示范园园长进行区级示范园的评选和指导活动。本次活动采取各园根据条件自愿申报，学前科结合发展需求进行联合验收与指导。验收组分为办园条件和后勤管理组、管理和队伍组、保教工作组、卫生保健组四个组，通过观摩半日活动、查阅相关资料，全面分析评价园所质量后，与幼儿园进行交流、反馈。此次区级示范园的评选有效促进了一级一类园教育质量的再提升，也为北京市示范园的评审做好准备。（李　娟）

【高丽营一幼利用农村资源丰富幼儿活动内容】 年内，高丽营一幼利用农村资源丰富幼儿活动内容。1. 走进田间地头，观察树木和农作物四季不同特点，体验季节时序。2. 收集秸秆、落叶等多种自然物，在环境创设、活动区操作、手工制作中变废为宝。3. 创设特色活动，如采摘山楂、自制糖葫芦、模拟高丽营集市等。4. 因地制宜，铺设起伏地势，供幼儿奔跑、攀爬，增强幼儿体质。

（魏　飞）

【建北幼儿园创设趣味环境招数多】 年内，建北幼儿园创设趣味环境招数多。1. 创意老旧楼顶。两侧屋顶用草坪铺垫，管道缠绕绿藤，破损墙面绘制儿童画，屋顶用废旧地砖做成“中国围棋棋盘屋顶”及“名人语录屋顶”。2. 创意自行车棚。增设交通安全围挡，悬挂风铃，提升车棚趣味性。3. 创意园所文化角。增设流水世界、风车世界、花卉园等景观。（宋永平）

队伍建设

【港馨幼儿园举办新教师集体教学展评活动】 3月19日，港馨幼儿园根据园所教师分层培

养计划，开展新入职教师集体教学展评活动，8名教师参加。展评小组由园领导、区级骨干

教师、领域中心成员组成。展评后，小组帮助教师梳理集体教学活动方案，明确备课的五个内容和六个步骤，并为组织过程中的细节问题提供有实效的策略。（魏海东）

【牛栏山二幼打出组合拳助推实习教师成长】 3月起，牛栏山二幼打出组合拳助推实习教师成长。第一拳："理论培训"加快成长速度。着重从师德修养、班级管理、备课、上课、教学反思等方面进行培训，组织新教师参加各级学习活动。第二拳："师徒结对"提升教育教学实践能力。利用"1+X"（一位骨干带多名徒弟）对教师进行琴法、舞蹈、讲故事等专业技能培训。第三拳："一课多研"促新老教师共同成长。新老教师选择相同的教育活动，一课多上，反复研讨。（范开宇）

【馨港幼儿园培养教师观察幼儿能力】 3月起，馨港幼儿园培养教师观察幼儿能力。1. 制定观察计划。每周一列出本周观察计划，周五下午交流观察效果。2. 强化观察培训。针对观察幼儿活动中出现的问题展开培训，每周邀请专家来园指导，现场答疑解惑。3. 选择观察目标。每位教师选择一到两名其他班级幼儿连续观察，撰写观察心得。

（李　娜）

【开展项目合作推动专业化发展】 7月12日，顺义区教委与北京市师范大学联合举办的"园长专业领导力与新教师成长"培训项目启动仪式举行。该项目以学习贯彻《3—6岁儿童学习与发展指南》工作为主线，以综合主题式课程实施为载体，以五段式教学法为具体抓手，以大学、行政、幼儿园三个层次构建的专业学习共同体为基本研究架构。9月至12月北师大霍力岩教授率领专业团队每周一次深入到实验园，现场观摩、研讨，指导课程实施。各项目实验园组织青年教师积极进行课程的实践与研究，在项目组相互学习和交流中干部、教师团队得到快速成长。

（李淑芳　李　娟）

【举办幼儿园餐厅厨师培训班】 7月21日至8月15日，顺义区教委举办幼儿园餐厅中式烹调师和中式面点师培训班。该项目由顺义区大方职业技能培训学校承办，并安排卫生部北京医院餐厅、北京饭店、顺鑫绿色度假村、东竹园宾馆等处多名高级技师进行授课。理论课程包括饮食营养学、饮食卫生学、面点基础知识、原料知识、原料初加工等；实际操作课程以热菜烹调、面点花样制作为主，菜品和面点贴近儿童饮食特点，烹调方法多样，造型各异。全区115人参加培训，其中委托培训101人，幼儿园自费参加培训14

人。此举有力提高各幼儿园厨师的技术水平和服务质量，也提高了从业人员持证上岗率。（陈民强）

【高丽营一幼启动《村办园帮扶计划》】 9月，高丽营一幼启动《村办园帮扶计划》。帮扶对象为张喜庄村幼儿园。3名区级骨干教师分别与村办园三名带班教师结成一帮一小组，现场指导；村办园教师每周来园进行一次现场观摩，不定期参加园所举办的教育教学活动；两园教师交互挂职学习。（魏　飞）

【高丽营一幼多举措提高教师音乐素养】 年内，高丽营一幼多举措提高教师音乐素养。1. 召开座谈会，了解教师音乐方面的问题及需求。2. 制定方案，细化教师音乐素养培训的途径、措施及目标。3. 借助外力，聘请专业机构钢琴教师分阶段、分层次全员培训，内容包括乐理知识、弹唱技能、即兴伴奏等。4. 开展弹唱展示活动，评选单项奖和全能奖。5. 组织专题教研活动，邀请学前教研室的教师现场评价指导。（李雪莲）

幼儿园

北京市顺义区建南幼儿园

【概况】 2014年，北京市顺义区建南幼儿园为教育部门公办园类别，为日托制。占地面积6370平方米、园舍建筑面积2956平方米。全年教育经费投入714万元，全部为国家拨款。固定资产93万元。图书室藏书总数1.5万册，拥有音体专用教室1个，普通教室9个。计算机15台，学校信息化经费投入1.6万元，校园网出口总宽带100Mbps，数字资源量80GB。教职工44人，其中教师37人，学历层次专科以上36人。专业技术职称层次中级职称以上21人；保健员1人，其中专科以上1人，中级职称以上1人。开设9个教学班，其中小班3个、中班3个、大班3个。幼儿入园136人、离园138人、在园366人。（耿　波）

【加强青年教师基本功训练】 3月25日，建南幼儿园开展青年教师基本功及户外体育

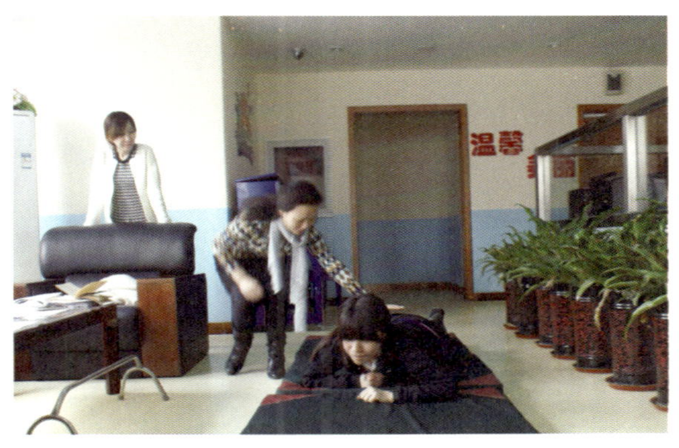

教学能力的训练活动。一是组织青年教师整理训练走、跑、跳跃、钻爬、攀登等大肌肉动作的基本特点、动作要领、不同年龄班应该达到的体能发展水平，进行现场理论研讨；二是对照《纲要》、《指南》寻找依据，确保幼儿体育学科的科学、严谨，确保在科学理论指导下进行施教；三是开展青年教师现场示范动作研讨，规范教师在体育活动中为幼儿做示范动作的标准，从而提升青年教师的业务素养。（耿　波）

【升旗仪式课程化】 4月14日，建南幼儿园强化课程管理意识，把每周升旗纳入园本课程，进一步规范升旗仪式。1. 制定《建南幼儿园升旗仪式实施方案》。2. 规范出旗、升旗、宣誓、国旗下讲话各环节流程；3. 购置

服装，统一旗手着装，并由大班幼儿轮流担任旗手负责升旗。4. 明确讲话内容，结合热点话题、季节、环境、身边事件确定讲话内容，由大班教师整理编成《国旗下的讲话》园本课程材料。（耿 波）

【多举措强化师德师风建设】 5 月 12 日，建南幼儿园党支部开展“强师德、树新风”

主题活动。一是观看近期发生在本市朝阳区某私立幼儿园教师虐童事件视频，分析案例、剖析虐童教师的行为、心理及所造成的社会影响和后果。二是组织教师学习《幼儿教师专业标准》（试行）和《未成年人保护法》，对照标准和法规查找问题、强化意识。三是集体宣誓。幼儿园再次强调了以德立教、教学相长的办园方向，并由园长带领教师进行集体宣誓，为打造一支博学、身正、师德高尚的教师队伍而立下誓言。（耿 波）

【开展消防知识培训】 5 月 22 日，建南幼儿园聘请顺义区南法信消防大队的扎警官为全体教职工进行消防知识培训。扎警官详细

讲解火灾的类型、火场逃生的方法及火灾报警的程序和注意事项，并亲手教给教师儿种安全绳的系法。通过培训，教职工对消防工作有了安全第一的意识，将安全放到尊重生命的高度；幼儿园加强技防设施的安装与维护，做到责任到人；加强演练，找出日常幼儿消防演练中存在的不足，制定改进措施，加强演练的实效性。（耿 波）

【利用家长资源丰富教学内容】 5 月 27 日，五位“巧手妈妈”走进建南幼儿园中一班课

堂，教小朋友烘制饼干。首先，家长把带来的烤箱、打蛋器、压制饼干模具介绍给大家，并明确告诉幼儿使用的注意事项；接下来，每位家长分组指导幼儿利用鸡蛋、面粉、牛奶、白砂糖、果脯等食材进行实践操作；最后，在各位家长的帮助下，幼儿把做好的饼干放进烤箱等待出炉。20 分钟后，孩子们共同分享劳动成果。此次活动，充分利用了家长资源，丰富教学内容，体现幼儿园课程的生活化教育理念。（耿 波）

【总结“安全生产月”各项工作】 6月30

日，建南幼儿园积极总结“安全生产月”各项活动。1. 第一周为安全教育周，组织幼儿开展“安全儿歌展示”活动。2. 第二周为安全文化周，组织教师开展“坚守红线意识”活动，重温《岗位安全职责》，要求细读、遵守、落实。3. 第三周为消防疏散演习周，全园开展消防安全演习。4. 第四周为隐患排查周，首先要求各班级办公室自查，随后进行全园的安全隐患排查，出现问题及时汇报并认真整改。 （耿 波）

【实施小班幼儿入园三步走计划】 9月1日，建南幼儿园根据小班幼儿的年龄和心理

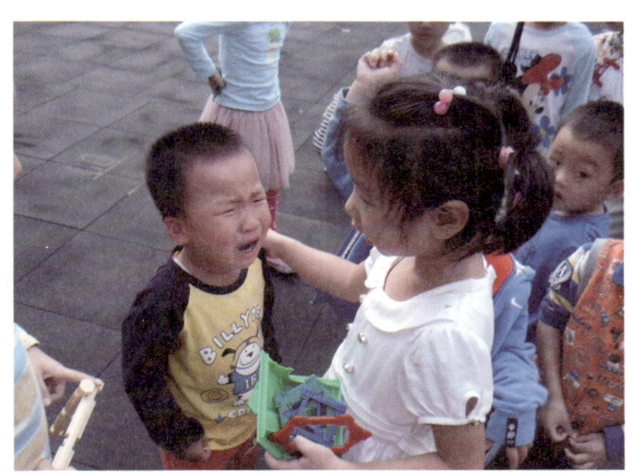

特点，实施入园三步走计划。第一步：由家长陪伴幼儿试入园。家长和幼儿一起走进幼儿园，在教师的引领下熟悉班上的环境，并通过游戏的形式进行生活常规的练习，帮助幼儿建立初步的幼儿园印象；第二步：幼儿分组分时分段试入园。幼儿暂时离开家长，和班上教师一起做一些有趣的活动，并在活动中建立起与教师的依恋关系；第三步：“大带小”融入幼儿园。开展大班和小班结对活动，大班幼儿带着新入园的小班幼儿通过桌面玩具、户外活动、表演活动、音乐游戏等形式，引导他们了解幼儿园环境、老师和小伙伴，消除陌生感，逐渐喜欢上幼儿园。 （耿 波）

【举办庆祝教师节活动】 9月5日，建南幼儿园举办了主题为“勿忘初心 我的教师梦”

教师节庆祝活动。活动分三项内容：一是借助教师节的良机，由社团工会发起，团支书主持成立“五立方”活动社团，在“温馨、美丽、快乐、发展”的园所文化基础之上，继续散发正能量。二是由60后、70后、80后、90后教师代表以诗歌的形式畅谈“我的教师梦”。三是由园领导向骨干教师、优秀教师、学科带头人、园丁新星颁发证书，并向全体教职工提出新学期的希望，祝贺教师节、中秋节双节快乐。 （耿 波）

【区领导检查工作】 9月28日，顺义区副

区长于庆丰到建南幼儿园进行安全检查和国庆节前慰问。陪同人员有区教委主任刘克祥、胜利街道办主任梁心愿等。领导们查看了幼儿活动室、厨房及教师备课室的设施和设备，仔细询问了师幼的生活状况，并与幼儿进行亲密的交谈，对幼儿园的各项工作给予充分肯定。（耿　波）

【召开党的群众路线教育实践活动总结大会】 10月30日，建南幼儿园召开党的群众路线教育实践活动总结大会。参加会议的有区督导组周君姝、全体党员及3名群众代表。会议有三个议程：1. 对领导班子和党员领导干部民主评议，并将评议结果放进投票箱；2. 支部书记张宝兰代表班子对教育实践活动进行总结。张园长从基本情况、主要做法和特点、收获及体会、巩固好成果的保障措施，四方面对建南幼儿园开展教育实践活动进行总结；3. 教工委督导组周君姝针对开展情况进行全面系统的评价。对该园党支部在党的群众路线教育实践活动中所做的工作和取得的成果给予充分的肯定，指出不足，对进一步加强党风建设提出要求和希望。（耿　波）

【举办落实《指南》全区开放日活动】 11月3日，建南幼儿园举办“践行《指南》，我们在行动”全区开放日活动。活动由音乐特色课展示、查看落实《指南》资料和现场研讨三部分组成。首先展示了学科带头人杨亚文老师歌唱活动《两只小小鸭》、幼教新星董玉芳音乐欣赏《拨弦》、区级骨干教师刘爱华歌曲活动《猫捉老鼠》和园级骨干教师言隽音乐游戏《乡下老鼠进城》四节特色教学课；然后参会人员查看了该园在教师、家长方面落实《指南》的相关资料；最后进行现场研讨。区考研中心副主任李树栋、学前教研室主任冯军、教研员王晓鸿、干训科安贵增及全区幼儿园园长、业务园长、教师91人参加活动。（耿　波）

【开展联合教研活动】 12月3日，建南幼儿园、西辛幼儿园、港馨东区幼儿园和义宾幼儿园四所音乐特色园，在建南幼儿园开展联合教研活动。参加活动的业务园长、骨干教师、教师共计24人。活动通过研讨杨亚文、刘爱华两位老师音乐活动的说课稿，听取业务园长应建美进行的《幼儿园教师如何说课》讲座，使各园教师明确幼儿园开展“说课”的意义、遵循的原则、说课内容的流程及注意的事项。此次活动打破教研活动的模式，达到了区域间资源共享，对提升教师自身的业务水平和不断提高教学质量起到指导作用。（耿　波）

【举办“科研月”开放活动】 12月17日，建南幼儿园面向全区举办“科研月”开放活动。活动展示青年教师三节音乐教学活动，

组织现场专题研讨。小班郝红娜老师《小小蛋儿把门开》和中班陈楠老师歌唱活动《头发肩膀膝盖脚》和中班魏星老师表演《胖厨师和小老鼠》充分体现幼儿在音乐活动中自主性的发展。现场专题研讨采用授课教师自评、青年教师互评、骨干教师点评、策略梳理等形式，气氛活跃。教科室周静彦、全区幼儿园园长、业务园长、教师100余人参加活动。

（耿 波）

北京市顺义区仁和中心幼儿园

【概况】 2014年，仁和中心幼儿园为教育部门办园，为日托制。占地面积3989平方米、园舍建筑面积2373平方米。全年教育经费投入473万元，全部为国家拨款。固定资产35.3万元。图书室藏书0.84万册。拥有音体室、教科研室和阅览室等专用教室3个，普通教室8个。拥有计算机31台，多媒体教室座位90个。校园网出口总带宽100Mbps，数字资源量728GB。教职工37人，其中，教师37人，学历层次专科以上37人，专业技术职称层次中级职称以上16人。开设8个教学班，其中，小班3个、中班3个、大班2个。幼儿入园119人、离园74人、在园321人。网址：http：//shunyirenheyey.ankang06.org/space/。

（屈依蕾）

【与北河村幼儿园开展手拉手赠书活动】 3月24日，仁和中心幼儿园开展主题为“爱心传递，温暖幼儿”的图书捐赠活动。仁

和中心幼儿园将建园以来的图书重新进行了整理和分类，挑选出同种类数量较多的图书赠送给李桥镇北河村幼儿园。活动中两位园长还在一起进行教育管理方面的交流。本次活动的开展，构建了彼此在管理与教育方面共同发展的新平台，促进幼儿园之间的相互学习，达到资源共享的效果。在这次“手拉手”赠书活动中，仁和幼儿园向北河村幼儿园捐赠图书2000余册。

（屈依蕾）

【开展阅读活动】 4月22日，仁和中心幼儿园结合“4·23——世界阅读日”，开展

“书香满园·浸润童心”主题阅读活动。一是环境激趣，在兴趣中阅读。幼儿园在各班创设温馨、舒适的“图书角”，为孩子准备了各类书籍和卡通的小靠垫、小沙发、小书桌等，

给孩子提供了一个主动阅读、学习、交流的场所。二是表演为媒，在表演中阅读。幼儿园专门开设“故事表演区”，结合幼儿喜欢听的故事，提供一些简单的道具，孩子拿上道具进行表演。三是绘画为载，在画中阅读。幼儿园尝试让孩子把自己的所闻、所感、所想用绘画的形式展现出来，并将绘画作品一一展示。四是制作为梁，在制作中阅读。孩子们通过想象、创造、讲述，和家长、老师一起制作图画书。（屈依蕾）

【组织系列活动庆“六一”】 5月30日，

仁和中心幼儿园组织庆“六一”系列活动。系列活动一，观看木偶剧。幼儿园特邀北京动动鞋子儿童剧团为孩子表演《蛀牙虫流浪记》，通过观看此剧，使孩子们明白每天刷牙的重要性。系列活动二，美好童年，快乐成长。开展“美好童年，快乐成长”主题汇演活动，《鼓娃欢腾》、《快乐叮叮咚》、《我学弟子规》等节目，展现了孩子们别具的风采。系列活动三，亲子嘉年华。家长和孩子一起参加蟹棒夹球、神射手、两人三足等游戏，让家长进一步感悟幼儿教育的新观念，增进亲子感情。（屈依蕾）

【开设小小种植园课程】 9月18日，仁和中心幼儿园利用现有条件，开设小小种植园课程。种植园是幼儿在园生活的场景之一，各年龄班根据本班特色制作种植班牌，选择所种植物种类，让孩子亲自参与翻地、撒种、浇水、除草等种植过程。同时，作为语言特色园所，该园将小小的种植园与语言教育相

结合，以找不同、这样的季节我们种什么、小小植物的作用等为主题，开展谈话、集体教育、画中话等形式多样的主题活动，培养孩子的完整语言能力。（屈依蕾）

【组织幼儿体验民俗文化】 10月9日，仁和中心幼儿园组织大班幼儿参观顺义河北

村民俗文化体验园。走进园内让孩子们眼前一亮，金鱼池和天鹅湖观赏区，为孩子们提供了观赏和喂养的场所。在农耕文化区的历史回顾馆里，摆满了村民自发捐赠的2000多件老物件，孩子们边听讲解边在这里亲自体验了做豆腐的石磨。体验活动，让幼儿亲身感受乡土风情，丰富幼儿关于民俗文化的知识，培养幼儿热爱家乡的情感。（屈依蕾）

【开展环境创设评比活动】 11月6日，仁和中心幼儿园开展环境创设评比活动。活动包括区域创设、主题环境和室内外其他环境三个内容。其中，区域创设，以材料投放是否适合本班幼儿、材料的可操作性、

区域创设与主题是否相结合等作为了本次评比活动的要求。本次环境创设评比活动由全体老师共同参与、检查、观摩、评分。开展此项活动，使老师们认识到了室内布局要合理，色彩和谐悦目；要充分利用家长资源共同参与环境创设；要结合游戏活动创设，充分利用废旧物等。并总结出环境创设中值得分享的几点经验：1. 环境创设的审美有明显的提升。教师在注意环境的教育价值的基础上，注意了环境审美价值的同时存在。教师有意识将自己的整体布局设计与幼儿的作品相互融合，形成一幅新的完整作品。2. 班级环境记录幼儿学习过程和结果。3. 部分班级环境成为幼儿表达与经验分享的平台。该园也总结出环境创设需要改进和调整的不足：1. 班级环境缺少主题性。活动室的墙饰内容、区角材料和主题相关的少，各说各话，主题内容、活动室的环境之间没有交互融合。2. 墙饰没有充分发挥潜在的教育价值。3. 提供幼儿参与创设的机会较少。4. 区角材料缺少和目标对应的半成品。区角材料的投放成品太多，而半成品和便于幼儿发挥想象创造的原材料、废旧物品缺乏，不利于引发幼儿的创造力、想像力。 **（屈依蕾）**

【举办落实《指南》示范园现场开放活动】 11月28日，仁和中心幼儿园以“回到基本原点，贯彻落实《指南》”为题，举办落实《3—6岁儿童学习与发展指南》精神示范园教育教学现场开放活动。活动有落实《指南》

情况汇报、语言活动展示、参观环境三个环节。全区共计140余人参加此次开放活动。 **（屈依蕾）**

【举办首届教师故事表演大赛】 12月31

日，仁和中心幼儿园举办首届教师故事表演大赛。教师们精心准备，表情生动多变、肢体语言丰富，一个个故事演绎得声情并茂，把大家带进了童话般美丽的世界，还插入了背景音乐、道具等元素，使故事更具感染力。最后《拔萝卜》《小猪的爱情》《自作聪明的小花猫》和《没有牙齿的大老虎》获一等奖。通过活动发现一些亮点和不足。亮点：1. 各项准备工作做得充分，从故事的选择、服装、道具、音乐、对角色的理解演绎等方面均显示出各班工作的细致入微。2. 班级间及班级内几名教师的合作值得发扬。3. 表现出教师不断进步的故事表演水平。不足：1. 故事表演缺少教师在理解的基础上对作品进行改编。2. 从一个完整的表演作品角度看，作品细节处仍需加强。 **（屈依蕾）**

【采取问题引领促青年教师专业水平分段达标】 9至12月，仁和中心幼儿园采取问题引领促青年教师专业水平分段达标。一是针对青年教师的发展现状，业务园长把针对青年教师本学期业务成长的要求，进行目标分解，采取问题引领的方式，指导青年教师分段达标。如：青年教师的半日活动组织，开学初进班看半日活动的内容，主要围绕常规的养成、教师各环节组织时间的把控和半日是否顺畅、舒服。二是在此基础上提出新的要求，12月进班再看半日活动情况，针对上次提出的两到三点要求，看教师改进调整后的实施情况，针对教师的现状，业务园长指导并提出新的要求。三是明确下一次看半日活动的看点，同时加强过程中的督促检查，促使青年教师专业水平迅速成长。教师一致认为这种方式具体可操作，同时又能够获得成功体验。通过一学期的实践，部分青年教师在专业成长上已初见成效。 （屈依蕾）

【参加全国幼儿园优秀自制玩教具展评获殊荣】 12月，仁和中心幼儿园参加第三届全国幼儿园优秀自制玩教具展评活动获殊荣。该活动由教育部教育装备研究与发展中心、全国妇联儿童工作部、中国学前教育研究会联合举办。仁和中心幼儿园的《小鱼吐泡泡》代表北京市参加全国评比活动，荣获全国一等奖。评比活动旨在落实《3—6岁儿童学习与发展指南》，进一步提高幼儿园教育质量，引导和推动幼儿园自制玩教具活动健康科学发展。 （屈依蕾）

北京市顺义区石园北区幼儿园

【概况】 2014年，北京市顺义区石园北区幼儿园为北京市顺义区教育委员会办园类别，为日托制。占地面积6300平方米、校舍建筑面积3243平方米。全年教育经费投入611.994392万元，全部为国家拨款。固定资产782.246969万元。图书室藏书0.9416万册。学校拥有多功能室、美术室、星星剧场、图书室等专用教室4个，普通教室11个。拥有计算机72台，学校信息化经费投入25.0620万元，校园网出口总带宽100Mbps，数字资源量800GB。教职工48人，其中，教师45人，学历层次专科以上44人，专业技术职称层次中级职称以上25人；保健员2人，其中，学历层次专科以上2人，职称层次中级职称以上2人。开设11个教学班，其中，小班3个、中班4个、大班4个。幼儿入园144人、离园140人、在园470人。网址：http：//shibeiyey. ankang06. org。 （李 斌）

【启动“园长妈妈”讲故事活动】 2月起，石园北区幼儿园启动“园长妈妈”讲故事活动。每天下午4：30是石园北区幼儿园大班小

朋友最期盼的时间，因为这是“园长妈妈”讲故事时间，一到这一时间三位园长妈妈就会准时来班上为小朋友们讲故事。“园长妈妈”讲故事活动掀起了幼儿阅读的热潮，每天早来园、午睡前、离园前、回家后……都成了孩子们快乐阅读的时间。一个个经典的童话故事，一个个鲜明的人物形象，勇敢、自信、阳光、善良……一颗颗幸福的种子种进孩子们的心田，滋润孩子们的童年。

（孙海英）

【开展家长开放日活动】 3月21日，石园北区幼儿园开展家长开放日活动。为了让《3—6岁儿童学习与发展指南》的理念走进家庭，该园组织家长观看幼儿进餐活动、自主

游戏区活动、户外体能循环区和幼儿足球等户外自主游戏，让家长不仅了解到孩子们身体动作的发展情况，更理解在运动中培养幼儿自信、勇敢、合作、坚持等个性品质的重要性。（孙海英）

【迎接“北京市学前教育三年行动计划”督查】 3月27日，北京市政府教育督导室学

前教育专家孙璐、祁骥，在顺义区教委副主任张海东的陪同下，到石园北区幼儿园进行落实学前教育三年行动计划的督查。督查组听取了杨海君园长题为《创健康教育特色，促幼儿幸福成长》的工作汇报，与各层次教师进行座谈，组织教师和家长开展问卷调查，全面深入了解顺义区落实学前教育三年行动计划，依法办园、规范管理、师资、经费投入的情况以及对学前教育工作的意见和建议。（孙海英）

【开展“学习周”活动】 5月5至9日，石园北区幼儿园利用一周的时间组织全园教职工集中学习。此次“学习周”活动让每一位

教职员工体验到静下心来阅读、学习、研讨、分享收获的美好。（孙海英）

【开展防灾减灾周活动】 5月12至16日，石园北区幼儿园开展了防灾减灾宣传周“四个一”活动。帮助全体教职员工、家长和幼儿树立安全意识，掌握安全知识，提高自我保护和自救能力。（孙海英）

【接待丰台健康领域课题组观摩】 5月14日，丰台区学前教研室健康领域专家范慧静

老师带领健康领域课题组的园长和老师40余人来到石园北区幼儿园学习观摩“运动节”和户外体育游戏活动，区学前教研室祁静老师和新英才的老师共同参加此次活动。在观看了孩子们户外体能循环区、云梯体能区和各个开放区活动后，各位园长和老师惊叹孩子们高超的游戏水平、良好的体能和勇敢、乐观、自信的表现。（孙海英）

【举行防火逃生演习】 5月16日，石园北区幼儿园组织了防火逃生演习，这是本学期进行的第二次紧急避险及应急疏散演练。全

园339名幼儿，61名教职工参与演习，全部安全撤离。在演练中师幼学习、了解了逃生的基本常识，提高了安全防范意识，掌握了应急逃生、自救的技能，提高了幼儿园各部门应对突发性事件的能力。（孙海英）

【门头沟教委领导来园调研】 5月21日，顺义区教委学前科科长陈民强陪同门头沟教委副主任周建国、门头沟幼儿园刘园长等一行5人到石园北区幼儿园调研，了解顺义学前教育的格局以及发展的基本情况，观摩园所的室内外装修和环境设计。（孙海英）

【不一样的“六一”异彩纷呈】 6月1日，石园北区幼儿园让孩子们过一个真正属于自己的“六一”儿童节。该园一改传统的“以孩子表演节目”的庆祝方式，以“自主体验，快乐成长，我的节日我做主”为核心理念，充分尊重孩子们的“六一梦想”，开展了一系列孩子们自己的活动：走进小学，和哥哥姐姐一起过“六一”；小蚂蚁剧团的家长、老师为孩子们演出，孩子们做嘉宾、观众欣赏精彩节目；组织孩子们带上自制的礼物和节目走进福利院献上自己的爱心，感受为社会做贡献的快乐……不一样的“六一”让孩子们真正享受到节日主人的快乐。（孙海英）

【过一个温暖的教师节】 9月10日，石园北区幼儿园的老师们过了一个温暖的教师节。大家一走进幼儿园，就惊喜地听到美妙的教师赞歌，看到电子屏幕上滚动的温馨的祝福语，温暖而质朴的祝福让老师们感受到大家庭的温暖，让大家满怀着感动与感恩为了共同的幼教梦幸福前行！（孙海英）

【开展教师礼仪培训活动】 11月28日，石园北区幼儿园邀请北京星悦国际传媒文化有限公司高丽老师来园为全体教职工进行教师

礼仪培训讲座。高丽老师从教师的语言、处事、仪表、社交等几个方面用生动的事例，幽默诙谐的语言，深入浅出的剖析了教师如何在工作、生活中塑造个人形象，做具有人格魅力和良好修养的让幼儿和家长尊敬和欢迎的幼儿教师。大家不仅领悟到礼仪的重要性，还学到社交常识，规范了礼仪行为举止。老师们纷纷表示一定将学到的礼仪知识转化为自觉行动，时时处处做孩子们的表率，做孩子和家长心目中文明、优雅有人格魅力的教师。（孙海英）

【让学习故事成为师幼共同成长的平台】 12月25日，石园北区幼儿园开展主题为“让学习故事成为师幼共同成长的平台”科研月活动。区健康领域联盟园的领导、教师共同参与了活动。本次活动的中心议题确定为“如

何准确识别幼儿获得的发展和新经验”，引领教师深入学习故事研究，然后集思广益共同探究出如何准确识别幼儿的新经验的方法和策略。参与活动的园长和教师纷纷表示，此次活动让“学习故事”成为师幼共同成长的平台。（孙海英）

北京市顺义区宏城幼儿园

【概况】 2014年，北京市顺义区宏城幼儿园为教育部门办园，日托制。园所占地面积4726平方米，建筑面积3687平方米。固定资产1927万元。全年教育经费投入1006万元，全部为国家拨款。设有电子监控系统，烟感报警装置，有幼儿图书室、图书资料室和亲子阅览室，图书室藏书1.18万册。配有计算机、正投、摄录像机等现代化教学设备，拥有计算机35台。学校信息化经费投入9.7万元。教室内设有电子琴、录音机和图书架等教学设施。室外设有攀岩墙，大、中、小型活动器械。教职工62人，其中，教师50人，包括大学本科以上学历32人，大学专科学历16人，中级职称28人，北京市骨干教师1名，顺义区学科带头人1名；专兼职保健员4人，均为大学本科学历，中级职称2人。开设教学班12个，其中，小班4个、中班4个、大班4个。入园幼儿158人、离园176人、在园429人。（李金平）

【组织教师弹唱技能培训】 3月至6月，宏城幼儿园聘请精灵花语培训机构承担提高教师弹唱技能的培训任务。培训方选派

专业人员对该园教师进行分层培训，把教师分为两组，一组为五年教龄以下年轻教师，另一组为五年以上有一定弹唱基础的教师，幼儿园分别针对两组人员制定不同的目标要求，并安排了具体的进度。通过集中培训、个别指导、自行巩固、考核检查几个环节，教师们掌握了各年龄阶段曲目的弹唱方法。30余名教师参加培训活动。（李金平）

【组织家长开放日活动】 3月29日至4月1日，宏城幼儿园各年龄班先后组织家长参加

开放日活动。小班组开展进餐环节开放，家长通过观摩保育员与教师组织的幼儿进餐活动，了解孩子们良好的进餐习惯，如餐前洗手、自取餐具食物、餐后收拾桌面送餐具、擦嘴等过程，从而配合幼儿园教育，共同帮助幼儿巩固好的习惯。中大班开展“爱爸爸”主题教育活动，各班邀请爸爸们参与班级活动，通过让爸爸们讲述自己工作情况、参与各班组织的亲子活动，增进孩子们对爸爸的了解与敬畏之情。开放活动搭建了家园沟通的桥梁。全园有340名家长参加活动。（李金平）

【组织亲子制作比赛活动】 4月4日，宏城幼儿园组织以“亲亲一家人”为主题的亲子制作比赛活动。活动要求家长和孩子选用生活中废旧材料，一起设计并完成制作，反映和谐、快乐的家庭生活场景。每件作品需参加本班评选，经班级择优再推荐参加全园评

选。活动调动了幼儿及家长的热情，全园共收集作品130余件，大家充分发挥想象力、创造力，采用纸盒、水瓶、泡沫、丝绵等多种材料进行制作，材料丰富、制作美观、主题突出。全园评选出4件一等奖，分别为《快乐的瓶子家族》《星星之夜》《喵相亲相爱》《猪宝宝》，另有8件作品获得二等奖，14件作品获得三等奖。 （李金平）

【组织城乡幼儿园手拉手暨领域联盟组活动】 4月9日，城乡幼儿园手拉手暨领域联盟组活

动在宏城幼儿园举行。北京第一幼儿园的教学领导、骨干教师，顺义区美术联盟幼儿园的业务园长、骨干教师，分组观摩了该园小中大班音乐、中班美术活动。大家在观看园所环境、区域活动情况后进行教学研讨。在点评中观摩人员肯定该园环境设置目标科学，材料丰富等亮点，还对教师授课中注重内容的选择、儿童经验的前期准备和渗透情感教育给予认可，同时提出一些改进意见。顺义区学前教研室冯东方等50余人参加活动。

（李金平）

【组织“我要上学了”主题活动】 5月，宏

城幼儿园开展以“我要上学了”为主题的系列活动，做好“幼小衔接”。一是想象中的校园：组织“我心目中的小学”谈话活动，让幼儿描述自己心目中学校及校园生活，激发升学愿望。二是眼中的校园：幼儿以“校园生活”为话题对父母、周围人进行访谈；组织观看学校生活视频；实地参观西辛小学，通过进校园观看、体验、交流，加深幼儿对小学及其生活的认知。三是学做小学生：通过调节活动时间、开展“我的课间十分钟计划”活动，尝试让孩子们模拟课间生活，强化时间观念。此外家园合作进行“收拾小书包”“完成日任务、周任务”，培养幼儿任务意识和独立做事能力。 （李金平）

【做好体能测试工作】 6月20至30日，宏城幼儿园分别组织小、中、大班进行幼儿体能测查工作。测试工作由保健医指导，测试的

内容包括：坐位体前屈、立定跳远、网球掷远、双脚连续跳、10米折返跑和走平衡木。教师通过测试准确地了解每个幼儿的体能情况，结合他们身体状况与动作发展水平，对照《3—6岁幼儿教育发展指南》中每个年龄段健康指标进行分析，从而对本班幼儿户外体育活动的内容、活动量等方面进行适当调整。参加此次测试幼儿有440人。（付秀娟　李金平）

【组织幼儿上好最后一课】　6月，宏城幼儿园大班开展《我们要毕业了》主题活动，为幼儿上好最后一课。一是播放幼儿小班入园时哭闹的情景及进入中、大班后参加各项活动录像，让其感受自己的变化，回忆成长历程。二是分享“幼儿成长记录册”，和家长一起讲述成长故事。三是拍下人生第一个毕业照，穿上小小学士服，留下人生第一次毕业季的完美回忆。四是领取人生第一个毕业证。五是参加毕业典礼。（李金平）

【室内外装修改造暑期竣工】　8月31日，宏城幼儿园室外改造、室内装修工程竣工。同时装备专业美术创意室，为班级购买水碗消毒柜并更新厨房设备。总计投资180万元，全部出自学前教育——幼儿园办园条件达标北京市专项补助资金。（张　颖　李金平）

【区领导来园慰问教职工】　9月3日，顺义

区副区长于庆丰在教委工会主席王玉英的陪同下，来到宏城幼儿园慰问教职工。于区长在参观室内外教学环境、孩子们区域活动后，认真听取郭立娜园长的汇报，最后和干部教师座谈。于区长强调：要关心教师生活，特别是骨干教师、特困教师的生活，提出用资金支持各级幼儿园科研活动、教师培养的建议。（李金平）

【召开“青蓝工程”拜师会】　9月10日，宏城幼儿园召开2014学年度“青蓝工程”拜师会。会上，园里的市区骨干教师共7人作为

师傅，分别和任教三年内的14名青年教师结对，园长王春玉代表园方宣读《宏城幼儿园师徒结对方案》，内容规定了师徒双方的责任、应完成的任务。最后园长郭立娜对她们提出带教建议。（李金平）

【承办“综合主题活动”教学现场会】　10月16日，宏城幼儿园承办“园长专业领导力

与教师专业成长综合主题活动”教学现场会。霍力岩专家组、区学前科、区教研室、参与实验的16所幼儿园园长观摩该园中大班两节教育活动。结合教学过程，对“综合主题活动”的五段式教学模式有了清晰的认识；在与专家组的讨论中，对“综合主题活动”实践中的一些问题有了解决的思路，对顺利推动课程实施起到积极作用。共有70余人参加活动。（李金平）

【组织示范园开放活动】　11月27日，宏城

幼儿园以“追求卓越 我们一路同行”为题，组织落实《指南》精神，示范园教育教学现场开放活动。北京幼儿师范学校教师崔雪雁、顺义区教委副主任张海东、学前科副科长单小红、学前教研室主任冯军、北京幼师园长培训班成员、区内幼儿园园长及骨干教师分组观摩该园大、中、小班级教育活动和幼儿园公共环境，听取园长王春玉题为《以美育美，为幼儿幸福人生奠基》的经验介绍。主要内容是介绍该园在落实《指南》精神中，如何构建环境育人、利用美术特色课程育人和开发家园共育资源育人的。共有140余人参加活动。（李金平）

【打造楼道文化】 年内，宏城幼儿园加强楼道文化建设。幼儿园三层楼道内主题环境展示不同的艺术形式和风格。三层为传统艺术美，涉及苏州刺绣、京剧脸谱、套色剪纸、皮影、国画；二层为现代艺术的美；一层则结合小班幼儿年龄特点体现以动物为主题的装饰风格，并利用幼儿作品展示棒彩画、水粉画、水墨画、刮画、线描画及各种手工装饰与制作。（李金平）

北京市顺义区幸福幼儿园

【概况】 2014年，北京市顺义区幸福幼儿园为教育部门办园，日托制。占地面积3007平方米、校舍建筑面积2240.5平方米。全年教育经费投入561.9万元，全部为国家拨款。固定资产330.9万元。图书室藏书0.6万册。拥有科学活动室、幼儿阅读室和音体室等专用教室3个，普通教室10个。拥有计算机45台，学校信息化经费投入7.8万元，校园网出口总带宽100Mbps，数字资源量160GB。教职工41人，其中，教师40人，学历层次专科以上40人，专业技术职称层次中级职称以上22人；保健员1人，其中，学历层次专科以上1人，职称层次中级职称以上1人。开设10个教学班，其中，小班4个、中班3个、大班3个。幼儿入园156人、离园120人、在园391人。（刘小红）

【开展教师基本功比赛活动】 1月5日，幸福幼儿园举行幼儿教师基本功比赛。比赛本

着公开、公平、公正的原则，旨在加强幼儿教师队伍建设，提高幼儿教师素质。本次比赛项目选取了综合素质赛中的讲故事、弹唱、舞蹈三项，每项比赛时间不超过5分钟。赛场上，每位教师全身心投入，绘声绘色地讲述故事，优美的旋律、动人的舞姿，把幼儿教师甜美可爱的一面表现得淋漓尽致。

（刘小红）

【北师大园长课程领导力研修班走进幸福幼儿园】 3月28日，“北京师范大学园长课程领导力研修班”活动在幸福幼儿园举行，区学前科陈科长、教研室冯主任、北京师范大学学前教育学院霍利岩教授和全市幼儿园园长共四十余人参加活动。首先，观摩大班户外体育活动、小班和中班科学集体教育活动。之后，参观了以科学为主题的园内环境，听

取该园张玲园长“优质课程引领幼儿成长”的汇报。最后，各位领导、专家进行了点评，对幼儿园环境建设、课程实施质量给予了高度的评价。（刘小红）

【多措并举防春季传染病】 3 至 4 月幸福幼儿园为了确保幼儿的身体健康，在传染病多

发期的春季，采取了以下措施：1. 对教职工进行预防传染病相关知识的培训，一日常规消毒具体的要求上墙，举办了预防传染病知识竞赛；2. 建立了完善的检查、考评措施；3. 请妇幼保健院的专业人员来园为家长进行讲座；4. 利用橱窗和电子显示屏宣传卫生保健及预防传染疾的相关知识。通过活动提高全体教师和家长对预防春季传染病的认识。

（刘小红）

【开展庆“六一”活动】 5 月 31 日，幸福幼儿园以“欢乐六一，幸福绽放”为主题开展庆祝“六一”儿童节活动。首先，小朋友们在激昂的运动员进行曲中有序的入

场，向家长展示集体操；之后，园长致辞，为小朋友送上节日的祝福和礼物；接着是节目展示，歌曲、舞蹈、诗朗诵、亲子表演等；最后，是大班幼儿的毕业典礼，园长为大班幼儿颁发毕业证书，老师为大班幼儿送上毕业祝福，大班全体幼儿为老师送上毕业感言。此次庆祝活动共有家长和幼儿六百人参加。（刘小红）

【开展彩虹读书活动】 8 月 25 日，幸福幼儿园开展彩虹读书活动。全体教师分年龄班

交流读书心得体会，每组推选出优秀的心得体会，全园教师一起共享。幸福幼儿园以彩虹读书活动为载体，深入落实旨在引导教师立足本职——多读书、读好书、好读书；开拓进取——深读书、精读书、细读书；鼓励教师利用假期闲暇时间进行阅读；将读书、做人、做事有机统一起来，为幼儿园和谐可持续发展增强动力。通过系列活动的开展，园内初步形成自主读书的学习氛围，教师素质得到全面的提升。（刘小红）

【召开新生家长会】 8月31日，幸福幼儿园召开了小班新生家长会。目的是让家长更

全面地了解幼儿园，帮助孩子尽早适应幼儿园生活，更好地开展家园合作。家长会上，该园园长向到会的全体家长表示热烈的欢迎，并和家长们一起观看了《做中学玩中乐》科学活动短片；之后，向家长们介绍了幼儿园基本情况、幼儿园课程和一日生活情况、幼儿焦虑及解决对策及家长教育责任等，并和家长们进行交流。此次家长会让家长对如何科学育儿有了新的认识，也为家园的沟通与配合打下良好基础。（刘小红）

【组织参观国际鲜花港】 9月10日，幸福幼儿园组织全体教师参观了国际鲜花港。北京国际

鲜花港是国内大型花卉主题公园之一，是著名的花的海洋。分为几大板块和几大区域，种植着来自不同国家、不同地域的各类品种的树木和花草，在每种植物上都有标记，说明树木花草的名称和种植的年限，使老师们在观赏之余还增长了植物学方面的知识。（刘小红）

【北师大“园长专业领导力与新教师专业成长项目组”走进幸福幼儿园】 10月16日，幸福幼儿园承办了顺义区“园长专业领导力

与新教师专业成长项目组”活动。北京师范大学学前教育学院项目组的专家和区学前科、教研室及全区10所实验园、11所参与园的园长、业务园长、教师共六十余人参加此项活动。与会人员观摩中、大班综合性主题活动，聆听张玲园长关于项目开展情况的专题汇报，并以观摩的活动为靶子，针对在活动过程中如何引领幼儿探究进行热烈研讨。北京师范大学霍力岩教授的研究生作了题为《如何开展综合性主题活动》的讲座，对课程架构进行了解读，从理论层面解决了大家的困惑，从理论和实践两个方面推动“综合性主题活动”的开展，提高了园长对课程的领导能力，历练了新教师。（刘小红）

【召开“十二五”课题结题现场会】 10月29日，顺义区教科室对幸福幼儿园十二五科研课题“主题性科学活动中，提高幼儿自主探究能力指导策略研究”召开了结题现场会。参加此次结题活动的有：怀柔区教科研中心主任赵兰香，顺义区教科室主任朱元兆、周靖彦，顺义区学前教研室主任冯军及姊妹园所园长共计八人。与会人员听取课题负责人张玲园长关于课题开展进程的汇报，观摩小、中、大班主题性科学区活动，听取教师对于课题的补充案例。与会专家领导一致认为课题开展扎实有效，成果显著；课题研究符合

园所发展实际，研究思路清晰，研究过程扎实，策略表述清晰，现状分析科学性强，教师专业水平、幼儿自主探究能力、园所办园特色得到全面提升，研究成果对同行有较强的借鉴意义和推广价值。（刘小红）

【组织落实《指南》示范园开放活动】 11月14日，幸福幼儿园以“且行且悟　且学且

行”为主题，组织落实《指南》精神示范园教育教学现场开放活动。顺义区教育考试研究中心副主任李树栋、学前科副科长单小红、学前教研室主任冯军、北京幼师园长培训班成员、全区幼儿园园长、骨干教师等共计140余人参加活动。首先，听取古雪飞园长贯彻《指南》专题汇报，了解幼儿园落实《指南》精神的情况；之后，分组观摩小中大班集体科学教育活动，重点观摩了各班的科学桌活动。活动得到专家的认可，认为幸福幼儿园充分发挥了北京市示范幼儿园在全区幼儿教育实践中的示范引领作用。（刘小红）

【开展彩虹诵读展示活动】 11月21日，幸福幼儿园开展了彩虹诵读展示活动。全园教

师以班级、年级组、后勤组分组进行诵诗竞赛，其内容主要以弘扬社会主义核心价值观，传播中华民族优秀传统文化为题材，形式设计丰富，有集体诗朗诵、诗句接龙、你问我答、情境表演等。通过开展诵读经典活动，激发了教师们的阅读兴趣。（刘小红）

【迎区工会建家检查】 12月4日，区教委、教育工会到幸福幼儿园检查指导“职工之家”

建家工作。检查小组领导听取了顺和工会主席冯秀丽的工会建家汇报；园长介绍了园所支持工会工作的情况；观看了“职工之家”活动室建设情况和公示栏、宣传栏设置及文房四宝和健身器材等设施；查看了三年来工会工作各项资料。领导对该园工会的各项工作给予充分的肯定，认为该园“职工之家”特色突出，起点高、有品位、上档次，给教职工一个温馨之家，赢得职工的信赖与支持。（刘小红）

【疯狂科学走进幸福幼儿园】 12月16日，“疯狂家族”儿童俱乐部的老师来到了幸福幼

儿园，为幼儿带来了生动有趣的科学实验示范秀，以此拉开了该园2014年以“聚焦自主、探究，推动课题成果实效性”为主题的科研月系列活动的序幕。此活动受到了教师和幼儿的热烈欢迎。活动运用了独特的形式让幼儿近距离的感受到了大气压的神奇、二氧化碳、干冰的神秘，有效地提升了幼儿的学习兴趣，更直观地了解了生活中无处不在的科学现象。 （刘小红）

北京市顺义区怡馨幼儿园

【概况】 2014年，北京市顺义区怡馨幼儿园为教育部门办园，为日托制。占地面积3213平方米、校舍建筑面积3228平方米。全年教育经费投入108万元，全部为国家拨款。固定资产169万元。图书室藏书0.55万册，包括电子图书0.023万册。拥有音体室、美术室、幼儿图书室3个专用教室及泥工活动区和家长阅览等候区，普通教室10个。拥有计算机38台，学校信息化经费投入5万元，校园网出口总带宽100Mbps，数字资源量260GB。教职工51人，其中，教师42人，学历层次专科以上41人，专业技术职称层次中级职称以上19人；保健员2人，其中，学历层次专科以上2人，职称层次中级职称以上2人。开设9个教学班，其中，小班3个、中班3个、大班3个。幼儿入园150人、离园137人、在园395人。网址：http：//shunyiyixin0609. ankang06. org/ （何四芳）

【开展保育员消毒工作交流学习活动】 2月20日，怡馨幼儿园为全面提高幼儿园的保教

质量，组织保育员消毒工作交流学习活动。本次活动由主管后勤工作的王园长和保健医负责组织。首先，王园长分析了保育员队伍现状，并反馈了检查保育工作时发现的问题。然后由三位有经验的保育员为大家进行理论和实践相结合的培训。培训共三个内容，即：玩具消毒、毛巾水杯消毒和餐前消毒。通过培训学习，保育员们在消毒技能和思想认识上都有很大提高。 （何四芳）

【举办教师心理健康知识讲座】 4月4日，

怡馨幼儿园特邀中国协和医科大学副研究员、北京协和启迪心理咨询中心主任杨霞副教授来园作《阳光心态积极人生》专题讲座。杨教授从“压力来自何方、怎样看待压力、工作压力对人有什么影响和减轻工作压力的方

法”等几方面结合大量的实例进行了详细的讲解，给全园教师以深刻的启迪和引导。有趣的故事、生动的生活实例引起全体教师的共鸣。（何四芳）

【举行春季膳食比拼大赛】 4月17日，怡馨幼儿园举行春季膳食比拼大赛。参赛选手

为幼儿园厨师，评委由家委会成员及园领导担任。六位厨师分别介绍自己制作的炒菜和面食，评委品尝后进行打分。保健医殷老师还为家长介绍春季幼儿饮食需注意的问题及合理的饮食习惯对幼儿身高的影响等相关营养保健知识。最终经过评委打分评选出巧厨娘奖三名，美厨娘奖三名。在活动中家长们对幼儿园饭菜提出了自己的意见和建议，这为今后幼儿园改善幼儿伙食，提高厨师水平起到重要作用。（何四芳）

【区教育督导室副主任李卫东来园调研】 4月28日，顺义区人民政府教育督导室副主任

李卫东到怡馨幼儿园调研。李主任听取了李园长关于幼儿园办园理念、办园特色、队伍培养和园本建设等相关工作的汇报，询问了幼儿园党的群众路线教育实践活动开展情况。他希望怡馨幼儿园能够更好的为幼儿服务、为家长服务，进一步打造品牌，注重幼儿全面发展，让游戏与生活相结合，培养幼儿良好的学习品质，从而使示范园的品牌更亮。（何四芳）

【区教工委书记冯义国来园调研】 5月15日，区教工委书记冯义国到怡馨幼儿园调研。

他与干部教师座谈，认真听取大家提出的意见，并予以详细的解答。他对在座的年轻教师提出中肯的建议，希望大家抓紧入职的开始几年奋发图强，认真钻研业务，虚心向老教师、骨干教师学习，为自己的教育生涯积累足够的资本，以适应当前改革的大趋势。最后，他还对幼儿园和全体教师提出希望，希望怡馨幼儿园能真正成为老百姓心中的名园，希望老师能成为老百姓心中的名老师，从而使北京示范幼儿园的品牌更亮。（何四芳）

【召开亲子运动会】 5月16日，怡馨幼儿园召开以“《指南》引领，生活运动同行”为主题的亲子运动会。此次亲子运动会着力体现三个特点：互动性——在运动会上所有孩子及家长都参与，孩子之间、家长之间构筑了一个个互动的平台，搭建了一座座友谊的桥梁；趣味性——所有运动项目都是教师根据本班幼儿的年龄特点精心设计的，兼具趣味性、竞赛性，同时还将生活教育与运动游戏有机结合，更好地落实了《指南》理念；过程性——运动会不在乎输赢，重要的是幼

儿、家长综合素质的提高和良好生活习惯的养成。（何四芳）

【怡馨幼儿园面向全区开展卫生保健工作展示活动】 5月22日，怡馨幼儿园作为健康特色的北京市示范幼儿园，面向全区近六十所

幼儿园的保健医生开展主题为“科学保健，健康引领，培养习惯”的卫生保健工作展示活动。区教委学前科陈科长、单科长，妇幼保健院王部长、项大夫参加此次展示活动。活动共分两大部分：第一部分是汇报交流学习，园长李桂芹、后勤副园长王磊、保健医生殷红艳分别结合各自工作作汇报。第二部分是看材料和参观环境，参加活动的六十余人分成三组查看该园卫生保健材料、参观楼道及室内环境，并由专人负责讲解。此次交流展示活动受到参加活动的领导和保健医生的一致好评。学前科单科长在活动总结时指出：怡馨幼儿园的卫生保健工作开展得扎实并形成本园特色，为全区幼儿园卫生保健工作起到良好的示范引领作用。（何四芳）

【召开群众路线教育实践活动组织生活会】 8月2日，怡馨幼儿园召开党的群众路线教育

实践活动暨党支部专题组织生活会。区教工委党的群众路线教育实践活动领导小组第十九督导组组长单增安、区教委职成科李建生参加会议并进行指导。会上支部书记李桂芹代表怡馨幼儿园党支部进行支部班子对照检查发言后，率先进行了深刻的自我剖析和批评。随后支部班子成员和党员根据李桂芹同志的发言及日常工作表现进行批评和帮助。随后每一位党员也都认真进行个人对照检查发言。在大家自我批评的基础上，党员之间开展了既严肃认真、又与人为善的相互批评。最后还进行了党员民主测评活动。会上，督导组组长作点评。他指出怡馨幼儿园专题组织生活会主题鲜明、态度认真、内容充实、气氛活跃，是一次认真、务实、高质量的会议，达到了团结—批评—团结的目的。（何四芳）

【区政协副主席闫志广等来园慰问】 9月3日，区政协副主席闫志广、区政协教科文卫主任刘炳武、区政府教育督导室副主任李卫东等到怡馨幼儿园向教师们致以节日的慰问。李桂芹园长代表全体教职工对区领导的关怀和慰问表示衷心的感谢，并就幼儿园的基本情况向领导做简要汇报。教师代表张媛媛进行边弹边唱等基本功展示。为鼓舞教师，区领导还亲自为教师代表颁发区级竞赛和园级先进个人证书，并与教师亲切交谈。闫主席代表区委、区政府向在一线辛勤工作的教师

致以节日的问候和诚挚的祝福。教师们深受鼓舞，纷纷表示将再接再厉，努力工作。

（何四芳）

【贯彻《指南》示范开放活动走进怡馨幼儿园】 10月24日，怡馨幼儿园向全区50余所幼儿园近120名园长及骨干教师举办了

“构建健康园本课程，促进幼儿快乐发展”——贯彻《指南》示范开放活动。区教委副主任张海东、区考研中心副主任李树栋、学前科科长陈民强、学前教研室科长冯军等领导参加开放活动。开放活动由听取业务园长汇报、观摩教育活动、观摩区域及户外活动和互动交流研讨四部分组成。此次开放展示活动为全区幼儿园研究、贯彻《指南》提供了平台，起到示范幼儿园引领、带动的作用。

（何四芳）

【多形式践行社会主义核心价值观】 11月，怡馨幼儿园采用多种形式践行社会主义核心价值观。1. 制定《怡馨幼儿园践行社会主义核心价值观实施方案》。2. 11月5日，园长作

专题讲座，从国家、社会和个人三个层面对社会主义核心价值观做详细讲解。3. 幼儿园利用宣传橱窗和电子屏积极宣传，营造浓厚的学习社会主义核心价值观的氛围。

（何四芳）

【迎接区教育系统优秀“职工之家”验收】 12月3日，区教育系统优秀“教工之家”验

收小组一行6人，到怡馨幼儿园进行“教工之家”验收工作。验收小组首先听取该园工会主席王磊关于建家情况的汇报以及园领导如何支持幼儿园建家工作的介绍。随后，幼儿园教师合唱社团和舞蹈社团成员还展示了各自排练的节目。接着验收小组成员查看了该园“教工之家”建设相关资料，并现场发放调查问卷。最后在王磊园长的引领下，验收组检查“职工之家”、教师阅览室等教职工活动场所。区验收小组对该幼儿园“教工之家”的建设情况给予充分肯定和高度评价。

（何四芳）

【组织拓展训练注重打造团队凝聚力】 12月5日，怡馨幼儿园聘请北京博纳拓展培训中心的教练，为全体教师进行为期半天的拓展

训练，旨在激发个人潜能，打造团队凝聚力。拓展活动从起队名、设计队旗、商拟队训、队歌等一系列的准备活动开始，每位教师都全身心地融入到自己的团队。训练共有两个项目：驿站传输和盲人方阵。教师们以最积极的状态投入到训练中。大家通过团队协商、总结经验，一起完成挑战任务。尤其是最后一个项目盲人方阵，全体教职工齐心协力在佩戴眼罩的情况下出色地完成教练交给的任务。此次拓展训练，教师们不仅分享了智慧与成功，更在失败中学会反思，感悟到团结协作的真正含义。（何四芳）

【开展科研月活动】 12 月 19 日，怡馨幼儿

园举行“课题研究重实效，课程实施促发展”科研月活动，对北京市学前教育研究会“十二五”立项课题《家园共育，培养幼儿良好生活卫生习惯的实践研究》进行结题。北京市早教研究所孙璐、区教科室周婧彦、学前室祁静和姐妹园园长、科研负责人参加此次活动。会上，业务园长高军荣首先作课题结题汇报；其次课题组 3 名教师与大家分享参与课题研究的收获；随后授课教师做研究活动设计思路的简要介绍；最后专家组一致同意本课题顺利结题，并给予该课题较高的评价。

（刘 丽）

【圆满完成党支部换届选举工作】 12 月 31 日，按照上级部署，怡馨幼儿园召开党支部

换届选举大会。19 名党员全体到会，会议还邀请入党积极分子、部分教工代表列席会议。按照大会议程，上届党支部书记围绕近年来党支部开展工作情况作总结性报告。随后，全体党员认真填写选票、投票，监票人和计票人当场计票、报告选举结果，最终选出新一届党支部委员会。最后，新一届党支部书记李桂芹同志代表三位支部成员作表态发言。她表示在今后的工作中，怡馨幼儿园新一届党支部将一如既往，服务群众，不断开拓创新，塑怡幼内涵，树顺义幼教怡幼品牌。

（何四芳）

北京市顺义区港馨幼儿园

【概况】 2014 年，北京市顺义区港馨幼儿园为教育部门办园类别，为日托制。占地面积 3790 平方米、校舍建筑面积 2772.8 平方米。全年教育经费投入 5441.2 万元，全部为国家拨款。固定资产 145.16 万元。图书室藏书 1.1192 万册，拥有音体室、社会体验馆和玩具图书馆等专用教室 3 个，普通教室 9 个。拥有计算机 23 台，学校信息化经费投入 3.95

万元，校园网出口总带宽100Mbps，数字资源量265GB。教职工40人，其中，教师29人，学历层次专科以上28人，专业技术职称层次中级职称以上12人；保健员2人，其中，专科以上学历2人，中级职称1人。开设9个教学班，其中，小班3个、中班3个、大班3个。幼儿入园119人、离园106人、在园321人。网址：http：//gxyey2008. ankang06. org/。

（魏海东）

【开展半日观摩展示活动】 3月12日，港馨幼儿园应港东、石园、吉祥三个园所委托，由区名师工作室成员金建南老师为三

个园所及本园新教师做半日观摩活动。该活动着重就新教师的困惑问题“过渡环节中幼儿自主活动”和“如何组织集体教学”进行有针对性的观摩。看到孩子们自然的与客人交流和自主的参与活动的状态，新教师们都感到非常兴奋，并在观摩活动反馈单上留下了自己的见解和观点，“自主、自然、温馨、有序、快乐、和谐”六个词出现的频次最高。30余名领导和教师参加活动。

（魏海东）

【开展职初期教师集体教学活动展评】 3月19日，港馨幼儿园根据教师分层培养计划，开展职初期教师集体教学展评活动。评委成员由园领导、区级骨干教师、领域中心成员组成。参加活动的8位职初期教师们分别展示一节社会领域集体教学活动。每位教师在课堂上都用自己独特的教学方式，从不同的角

度展现自己教学风采。如邓贺老师活动流程层次清晰，善于抓住误堂上的教育契机，培养大班幼儿发现问题解决问题的能力，给人留下深刻的印象。王欣老师通过故事情境贯穿活动始终，不断激发小班幼儿学习的兴趣，在活动中注重幼儿的体验，动静交替，时刻引导幼儿在游戏中学，受到了评委们的好评。活动后，8位教师进行了深刻的反思，评委们给予全面评价。该活动，既为职初期老师创设了一个挖掘潜能、展示风采的机会，也为大家搭建了共同观摩学习、共同研讨交流、提高教学能力的互动平台，执教者和听课者都受益匪浅，有效地促进该园教师整体教育素质的提升。

（魏海东）

【承担区《学前教育三年行动计划》落实情况的检查任务】 3月27日，北京市教育督导

室顺义区《学前教育三年行动计划》落实情况检查团队来到港馨幼儿园进行实地考察。

区教委副主任高山、石园街道主管教育副主任张金月和区教委基建科科长冯长宝陪同。检查组听取园长汇报后，就园所收费标准进行询问，实地查看园舍、活动场地、教学设施、环境创设，并参与幼儿园“快乐星期五”的活动，对顺义区提供的优质学前教育资源和幼儿园三年行动计划落实情况给予肯定和赞赏。（魏海东）

【迎接研修班学员来园参观指导】 3月28日，北师大校长培训学院“北京市农村园长课程领导力提升项目”研修班成员在霍立岩

教授的带领下到港馨幼儿园进行参观指导。活动分为四个环节进行：听取园长关于“基于幼儿发展为本的园所课程实施与探索”的汇报；观摩课程，实施现场小班三节集体教学活动；参与中大班“快乐星期五”综合活动；反思研讨和专家点评。专家团队和各郊区县园长对该园幼儿课程提供的支持性教育环境、严谨的教学活动计划及师幼间的自然、自主、自由的互动状态给予较高评价。

（魏海东）

【开展“十二五”课题阶段成果诊断活动】 4月17日，港馨幼儿园开展“十二五”科研课题阶段成果诊断活动，邀请区教研室周老师一行四人的课题成果诊断团队来园进行阶段成果的梳理与诊断。本次活动分为三部分：一是亲身体验课题研究的实践成果——中、大班共享区域活动现场；二是由科研负责人孟庆华老师进行“十二五 | ”科研课题研究

阶段性成果汇报；三是由课题成果诊断团队进行综合点评。诊断团队一致认为，该园的课题研究思路清晰、循序渐进，具体表现在每一阶段的任务明确、做法清晰，成效显著，敢于暴露存在问题。姊妹园园长、业务园长、科研负责人一行十余人参加。（魏海东）

【开展《幼儿教师专业标准》学习质量检测活动】 4月19日，港馨幼儿园开展《幼儿教师专业标准》学习质量检测活动。该园

先后为每位教师购置《幼儿园教师专业标准解读》一书，并在寒假安排学习，要求教师通过博客发表自己的学习体会，又依据文本出复习题，帮助教师进一步巩固理论知识。全园所有在编教职工参加此次检测。（魏海东）

【开展青年教师户外素质拓展活动】 4月30日，港馨幼儿园组织青年教师到李遂度假村进行为期半天的拓展训练。全体青年教师分

成两组，从起队名、设计队旗、商拟队歌队训一系列的准备活动开始，每位教师都全身心的融入了自己的团队。从培训教练的激情讲解到“信任被摔”、“过电网”、“齐心协力”等具有挑战性的训练活动，教师都以最积极的状态投入到每一个训练项目之中。在高强度的训练中，教师们不仅分享智慧与成功，而且体验了活动过程带来的紧张、无助与快乐，更在失败中学会了反思，感悟到团结合作的真正含义。 **（魏海东）**

【开展手拉手活动】 5月6日，港馨幼儿园与杨镇第三幼儿园开展手拉手活动。活动分为四部分，第一部分：教师自我介绍和拜师活动。第二部分：园长介绍手拉手三年计划。第三部分：师徒共同商讨区域活动。第四部分：参观班级活动区环境。教师们认为这是一种促进教师相互学习、互帮互带共同发展的好办法，同时也表示今后会加强自身学习，将新理念贯彻到自己的教育教学活动中。

（魏海东）

【召开“幼小衔接”专题讲座】 6月6日，港馨幼儿园为解决家长面临幼儿升入小学的困惑，帮助家长做好幼小衔接的各项准备，特邀首师大教育学院胡玉顺教授为家长举办“幼小衔接”专题讲座。“儿童六岁之前见识大于知识”这一理念破解了家长们的困惑，令人茅塞顿开。胡教授围绕《纲要》《指南》阐述为什么要开阔幼儿的视野、如何开阔的问题，同时结合幼儿年龄特点和学习特点道出幼儿阶段的主要任务是生活习惯和对周围事物的探究

兴趣的培养，并提出幼儿阶段的学习是以游戏为主要活动形式，幼儿在玩玩做做中学习各种技能，转变了家长想象的只有坐在一起才是学习的传统观念。胡教授的讲座引起家长的共鸣，讲座结束后部分家长针对自己孩子的实际情况进行咨询。 **（魏海东）**

【迎接素质教育综合督导和年度级类考核检查工作】 6月30日，顺义区教育督导室、学前科及教研室组成的检查团队来到港馨幼儿

园进行综合检查。园长冯永建作题为《放慢脚步深入领悟，将〈指南〉精神润在日常》的工作汇报；然后进行指定内容的检查：小班音乐教学活动《快乐的小精灵》、三个区域的活动展示、过程性资料检查；最后进行整体反馈：检查组认为该园注重顶层设计，办园理念正确，办园目标明确，办园思路清晰，希望该园对园所内涵进一步挖掘和拓展。

（魏海东）

【开展教师国画培训活动】 8月19日，港馨幼儿园为提升全体教师对国画的认识，请

来书画协会李向军老师，开展国画培训系类活动。首先，李老师为大家介绍中国画的发展历史，讲解国画画法的基本要求及用笔要领，并且从如何正确的选择笔、墨、纸，作画时如何用笔、用墨、用水、用色、构图等入手，把老师们带入一个墨色熏香的国画世界。在李老师的指导下，教师们进行实践演练，充分发掘自己的艺术潜能，每位教师都完成一幅富有创意的国画作品。此次活动，让教师掌握了一些国画操作的基本方法和技能，有效提高了该园教师国画水平。

（李　曼）

【开展幼儿园班级管理工作培训】 8月29

日，港馨幼儿园特邀市督导验收组成员、幼教专家邹静华老师，为教师进行幼儿园班级管理工作的培训。在培训中通过事例分析等方式，讲述了管理的概念以及班级工作的价值、内容。此次培训使新教师、新班长对班级管理及班级工作如何运行、班级工作计划如何制定，特别是制定的依据、程序、方法、班级物品的如何管理等方面，理清工作思路，为今后工作的开展提供依据和帮助。

（李　曼）

【警官走进港馨幼儿园上好安全第一课】 9月1日，港馨幼儿园邀请社区冯警官来园为全

体幼儿、教师及小班家长上了一堂安全教育课。从自我保护的角度教育幼儿如何面对陌生环境和陌生的人，孩子们积极与冯警官互动。新学期安全第一课，不仅增强了教师、家长和幼儿的安全防护意识，同时为新学期扎实开展安全工作奠定了良好的基础。

（李　曼）

【借助优质资源，促进教师专业发展】 9月25日，顺义区“园长专业领导力与新教师专

业成长”培训第一站在港馨幼儿园举行。北师大教育学部霍力岩教授及研究团队、区教研室领导参加活动。霍教授就开展主题课程内容进行专题讲座，并通过观察不同版面的

钱币等体验方式，使现场教师对综合主题课程有更加深入的了解。活动过程中10所实验园园长分别介绍本园综合主题课程开展情况。冯园长介绍该园主要按照“五段式”教学方法参与课程实施，在备课、组织、实施、反思的执行过程中撰写相关案例的活动方式，得到霍教授及研究团队的一致好评。活动结束后，各园业务园长根据开展活动遇到的问题，现场提出自己的困惑，霍教授及研究团队给予诊断与建议。（李　曼）

【举办落实《指南》现场观摩活动】 10月28日，港馨幼儿园举办顺义区走进市级示范

园暨《指南》走进幼儿园活动。活动由四部分组成：一是成果展示。港馨幼儿园针对学习《指南》情况进行专题汇报，区教委副主任张海东给予肯定与表扬。二是现场观摩。观摩小班申佳丽老师《早起的人》、中班金建南老师《我会做值日》以及中大班共享区活动。三是研讨点评。首先，授课教师对活动进行反思、大班年级组长介绍共享区域活动，然后请刘丽老师、社会领域联盟组成员以及学前科教研室领导对集体活动及共享区域活动进行点评与指导。四是聚焦成果。各园介绍园所简介及本园社会领域活动开展的情况。90余人参加活动。（李　曼）

【农村园长领导力“生存教育”项目走进港馨幼儿园】 10月29日，港馨幼儿园迎来北京市农村园长领导力“生存教育”项目组成员、教委学前科领导以及其他姊妹园园长来园与教师交流指导。首先是日常活动再现。由高

远、张迪萌老师展示中班、小班两节“生存教育”集体活动。二是成绩展现。科研负责人孟庆华老师就港馨幼儿园近三年开展“生存教育”的情况进行汇报。三是现场诊断。项目组成员以及学前科领导，对港馨幼儿园开展不同形式丰富多彩的“生存教育”活动给予肯定，并进行现场研讨。（李　曼）

【利用网络，促家园共育】 11月，港馨幼

儿园创建“APP”网络家园互动平台，并特邀研发公司人员来园对班级教师进行系统操作培训。通过“APP”网络平台，家长可以实时关注幼儿在园的一日生活情况，还可以得到班级教师及园长的育儿指导，帮助家长建立科学系统的育儿观，进一步优化家园共育。

（李　曼）

北京市顺义区北务中心幼儿园

【概况】 2014年，北京市顺义区北务中心幼儿园为教育部门办园类别，日托制。占地面积7526.73平方米、校舍建筑面积4249平

方米。全年教育经费投入624.24万元，其中，国家拨款610.24万元、自筹经费14万元。固定资产164.31万元。图书室藏书0.9294万册。拥有音体室专用教室1个，普通教室12个。拥有计算机36台，校园网出口总带宽100Mbps，数字资源量100GB。教职工59人，其中，教师28人，学历层次专科以上27人，专业技术职称层次中级职称以上7人；保健员2人，其中，学历层次专科以上2人，职称层次中级职称以上2人。开设8个教学班，其中，小班3个、中班2个、大班3个。幼儿入园116人、离园81人、在园260人。

（刘　爽）

【接受科研课题视导】　5月13日，区教科室周靖彦和兼职科研员孟庆华老师来到北务中心幼儿园进行科研课题视导。教研员在园领导的带领下，观摩了大、中、小班创编的三节舞龙游戏活动，并针对不同的活动内容提出优缺点，随后听取业务园长关于科研课题工作的汇报，查阅相关档案资料，特别针对幼儿园科研课题报告的规范撰写以及教学策略的总结、提升等方面给予重点指导。

（孙雪兰）

【组织大班幼儿参观北务中心小学】　5月21日，北务中心幼儿园为做好幼小衔接工作，组织大班的孩子和家长代表共同参观北务中心小学。首先认识学校的室外环境，使幼儿知道厕所、水房的位置，下课活动的场地。其次是参观多功能教室（音乐室、计算机室、舞蹈室等），了解小学的课程。第三是进入一年级课堂，感知课堂氛围。第四是与一年级学生互动交流，解决幼儿的困惑，尝试写字、读书。孩子们通过亲眼观察、亲耳聆听、亲自体验，近距离地感受小学生的学习生活，做好入学的心理准备。

（孙雪兰）

【组织庆“六一”活动】　5月29日，在第60个国际儿童节来临之际，北务中心幼儿园举办庆“六一”游艺活动。游艺会的形式以班级为单位，有“夹粽子”“贴鼻子”“顶气球”“吹乒乓球”和“保龄球”等。幼儿园还设计了游戏奖券，孩子们持奖券可以领取一个小纪念品，充分体验节日的快乐。5月30日，举办庆“六一”文艺汇演。演出的序幕在大班《舞龙小子》中拉开，有表现幼儿园特色的快板表演，有体现多元课程成果的武术、现场绘画表演，有体现家园合作的亲子游戏和亲子环保时装秀，有体现安全教育的情景表演《小交警》以及充分展现教师风采的创意双簧等节目。北务镇党委书记宋学农等领导参加此次活动。

（孙雪兰）

【迎接督导检查】 6月12日，顺义区教育督导室与学前科、学前教研室对北务幼儿园

保教工作、队伍建设、家园共育等方面的工作，进行全面督导检查。领导首先观看幼儿园的整体教学环境，其次现场观摩小班的集体教育活动和区域活动，接下来观看教师边弹边唱技能展示，并对相关档案资料进行查阅，从不同角度了解幼儿园的干部队伍建设、园所创设、教育教学、教师和幼儿的发展水平等情况。最后，领导对本次活动进行反馈，对该园管理理念等各项工作给予充分的肯定，并提出宝贵的建议，对园所今后的发展起到了引领作用。 （孙雪兰）

【幼儿园喜迁新址】 8月26日，北务幼儿

园告别旧园舍，整体搬迁回原址新教学楼。新教学楼建筑面积4249平方米，设有12个标准教室，可容纳幼儿360名。每个教室按一级园标准配齐钢琴、电视、现代化电子信息设备等设施。新园的使用，有效地改善了办园条件，为广大幼儿的学习和生活创造了更好的环境。 （孙雪兰）

【对教师进行乐器培训】 8月，北务中心幼儿园为全面提升教师的音乐素养，更好的开

发幼儿音乐潜能，组织部分青年教师进行钢琴、吉他等乐器的培训。培训从乐器的结构、弹奏的指法及伴奏等方面进行讲解和练习。针对老师中存在的演奏问题进行个别指导，老师们受益匪浅。 （孙雪兰）

【开展幼儿早操评比活动】 11月2日，北务幼儿园开展幼儿早操评比活动。随着早操

音乐的响起，中、大班幼儿雄赳赳，气昂昂地走进操场做起《第七套少儿广播体操》《霸王鞭操》以及律动操《彩虹的约定》《小英雄》，他们动作准确，精神饱满；小班组的小朋友们朝气蓬勃地做起《数鸭子》《小手拍拍》《我的身体》等律动操，动作非常认真。整个比赛组织有序，师幼精神状态好，动作整齐到位。此次比赛，规范幼儿基本动作，提高了幼儿动作的协调性、灵活性，增强幼儿的团队精神，使幼儿早操的活动质量进一步提升。 （孙雪兰）

【修订《工会活动制度》和《财务制度》】 11月，北务幼儿园工会对《工会活动制度》

和《财务制度》进行修订完善。，组织全体教职工学习修订后的《工会活动制度》和《财务制度》，并举手表决通过，达成共识。本次活动充分体现幼儿园管理的民主性、严谨性，增强了教职工的自我管理意识和主人翁意识。

（孙雪兰）

【迎接“职工之家”建家工作检查】 12月5日，教委工会女工主任胡金凤等4人到北务

幼儿园检查指导“职工之家”建家工作。检查小组领导听取该园工会主席杨会芹关于工会建家的工作汇报和苏金华园长支持工会工作的介绍；查看一年半来工会工作各项资料，观看工会之家活动室建设情况，以及公示栏、宣传栏等设置。检查组认为该园资料规范、齐全，对工会建家等工作给予充分的肯定。

（孙雪兰）

【加装连廊屋顶】 12月初，北务幼儿园对教学楼东侧三层露天走廊进行封闭，投资近

16余万元，使用阳光板封顶，两侧加装玻璃窗，保障冬季保育员晾晒毛巾、玩具的需要，确保幼儿活动空间的安全。 （孙雪兰）

【进行舞狮培训与实践活动】 12月初，北务幼儿园分阶段进行舞狮的培训与实践活动。

舞龙舞狮在北务镇有着悠久的历史，是民间喜闻乐见的传统体育项目。北务幼儿园结合镇域特点和园所实际，以创编霸王鞭操和舞龙舞狮游戏为核心，打造独具特色的园本课程。该园聘请北务镇舞狮专业人员王老师就舞狮的基本动作定期对教师进行专业培训，分年龄段开展舞狮体操创编和舞狮体育游戏创编及观摩活动，并针对活动是否符合幼儿特点、目标定位、活动环节设计以及教师如何组织引导等方面进行研讨，使幼儿能够尽快掌握舞狮的基本技巧。教师力争在以民间体育游戏为办园特色的工作中，把所学的知识传授给幼儿，并在教学实践当中加以创新，使舞龙舞狮这一民间体育项目继续发扬光大。

（孙雪兰）

【区教工委书记冯义国来园调研】 12月24日，区教工委书记冯义国莅临北务中心幼儿园开展调研工作。冯义国书记在园长苏金华的陪同下，观看了幼儿园整体环境，并饶有兴趣地欣赏幼儿作品和亲子灯笼展，对一个个的精彩创意赞不绝口。随后，冯书记走进幼儿活动室，了解幼儿活动状况，亲切地与幼儿交谈，受到孩子们的热烈欢迎。调研中恰逢老师组织幼儿进行户外活动前的穿衣准备工作，冯书记亲切地帮幼儿穿好衣服，并合影留念。最后，冯书记听取园长对新园建设的简要介绍，并对北务幼儿园今后的发展提出殷切希望。

（孙雪兰）

【组织骨干教师献课活动】 12月，北务幼儿园充分发挥优质资源群体的作用，组织

骨干教师上音乐教育示范课，引导年轻教师学习她们驾驭课堂能力、应变能力等，用课例激励年轻教师成长。16日、23日和31日，骨干教师张春洁、丁秀婷和赵楠，分别展示小班音乐活动《踢踢踏》、大班音乐活动《郊游》和小班律动《聪明的小兔》，全园年轻教师观摩了活动。骨干教师层次清晰的教学结构、个性化的教学策略以及良好的教学素养，让参与活动的幼儿和教师深刻地感受到音乐活动的乐趣。通过此次活动，全面提升了年轻教师的教育实践能力。 （孙雪兰）

【开设多元课程】 年内，北务幼儿园根据幼儿的年龄特点，以捕捉幼儿不同方面发展的需要与优势为目的，开设以武术、国画、轮滑为内容的多元课程，并聘请专业教师，每周安排一次，为幼儿提供更大的发展空间。此活动的开展，得到家长的大力支持。

（孙雪兰）

北京市顺义区北小营中心幼儿园

【概况】 2014年，北京市顺义区北小营中心幼儿园为顺义区教育委员会公办幼儿园，日托制。占地面积6000.6平方米、校舍建筑面积2731.15平方米。固定资产522.40万元。全年教育经费投入811.30万元，全部为国家拨款（说明：因为北小营第二幼儿园正在筹建阶段，没有单位账户，所需建设款项拨付到北小营中心幼儿园）。全年学校信息化经费投入3.9万元，校园网出口总带宽100Mbps，数字资源量85GB。拥有专用教师音体室2个，普通教室8个。教室内设有液晶电视、录音机、DVD机、MP5播放器和七大活动区玩具等教学设施。教职工77人，其中，教师51人，专科以上50人，中级职称以上19人；专职保健医2人，其中，专科以上1人，中级职称以上1人。开设11个教学班，其中，小班4个、中班4个、大班3个。幼儿入园131人、离园120人、在园367人。

（杨春艳）

【开展平安教育主题月活动】 5月，北小营中心幼儿园开展平安教育主题月活动，多项举措促平安：1. 为了在保障幼儿突发事件中能够迅速、有序、安全地撤离，在全园范围内开展疏散演习活动。2. 在各班开展与安全教育有关的教育活动，其目的是提升孩子们的自我保护意识。3. 请区消防队教官来园进行安全消防讲座，包括现实生活中各种火灾的预防方法及紧急情况下的自救方式。

（杨春艳）

【开展幼儿体质测试活动】 6月9日，北小营中心幼儿园开展幼儿体质测试活动。由顺

义区妇幼保健院儿保科项征大夫带队、8 所幼儿园保健医组成的全国国民体质幼儿测试组来园进行幼儿体质测试。幼儿体质监测活动每 5 年进行一次，目的是充实并完善我国国民体质监测系统和数据库，了解我国国民体质现状和变化规律，配合完成《全民健身计划（2011—2015 年）》实施效果评估任务，为制定新的《全民健身计划》提供科学依据，为国家经济建设和社会发展服务。

（杨春艳）

【区教委主任刘克祥来园视察】 7 月 4 日，区教委主任刘克祥到北小营幼儿园进行工

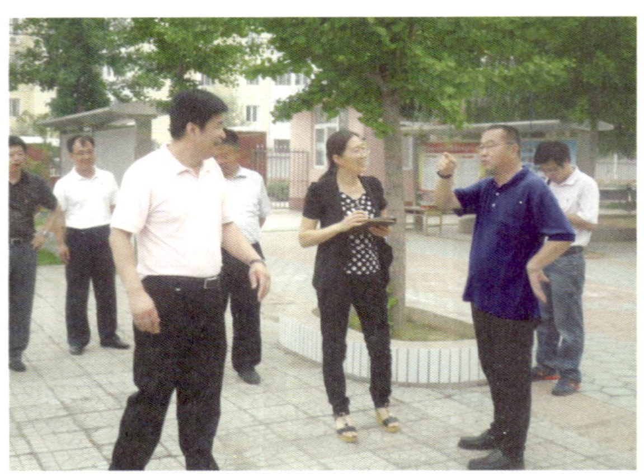

作视察。刘主任听取魏淑芳园长的工作汇报，与教师们进行亲切交谈，详细询问教师们的工作及学习情况，之后又兴致勃勃地观看幼儿园的环境及孩子们的区域活动。视察期间，刘主任深切地感受到园内孩子们健康、快乐地成长与发展，对幼儿园的整体工作给予充分肯定，对园长、教师表示深深的感谢，同时也和各级领导、教师们一起憧憬北小营二幼建成后的美好前景。

（杨春艳）

【举办职工运动会】 11 月 3 日，北小营中心幼儿园举办职工运动会。运动会共有跳绳和踢毽两个项目。在欢快愉悦的运动会上，教师们都投入了紧张的竞争。此前，教师们已经以极高的热情对两个运动项目进行积极练习。该运动会既提高了教师的运动技能，又陶冶了性

情，更为自己在今后的工作当中有一个强健的体魄打下坚实的基础。

（杨春艳）

【开展科研培训】 11 月 26 日，北小营中

心幼儿园开展科研培训。邀请区教科室周靖彦来园做《幼儿教师的行动研究》专题培训。周老师就教师在科研课题结题时容易出现的问题给大家进行讲解、剖析。通过此次培训，大家了解到科研课题结题时如何进行梳理，如何高质量总结工作经验并写好科研报告。该讲座，为教师们开展“十二五”科研工作增添了信心。

（杨春艳）

北京市顺义区滨河幼儿园

【概况】 2014年，北京市顺义区滨河幼儿园为公办园类别，为日托制。占地面积2674平方米、校舍建筑面积1763平方米。全年教育经费投入409万元，全部为国家拨款。固定资产251.6万元。图书室藏书0.6万册，包括电子图书17盒。普通教室9个。拥有计算机27台，学校信息化经费投入8万元，校园网出口总带宽100Mbps，数字资源量1000GB。教职工35人，其中，教师34人，学历层次专科以上34人，专业技术职称层次中级职称以上16人；保健员1人，其中，学历层次专科以上1人，职称层次中级职称以上1人。开设9个教学班，其中，小班4个、中班3个、大班2个。幼儿入园131人、离园70人、在园295人。 （杜金星）

【组织教师半日活动评优】 3月20日，滨河幼儿园依据北京市早教所的《半日评优标准》对青年教师开展半日活动评优。一是组织青年教师学习《北京市幼儿教师半日工作评优标准》、《快乐与发展》教师指导用书和教学用书，全面了解半日评优要点和工作努力方向，熟悉幼儿园课程目标与实施策略，进行研讨交流。二是开展园级半日评优活动，组织教师观摩研讨。三是骨干教师针对半日活动进行讲座。通过理论加实践和观摩研讨，青年教师在组织半日活动中更加关注保教结合、关注一日生活各科环节、关注幼儿发展。 （杜金星）

【开展青年教师边弹边唱技能考核】 5月7日，滨河幼儿园开展青年教师边弹边唱技能考核。一是鼓励青年教师从评比中提升自身的胆量；二是通过考核发现自身不足，分享经验，查漏补缺；三是请专业老师有针对性进行指导。 （杜金星）

【召开党的群众路线教育实践活动动员会】 5月28日，滨河幼儿园召开开展党的群众路线教育实践活动动员大会。大会共四项议程：民主评议、解读《滨河幼儿园党的群众路线教育实践活动实施方案》、党支部书记张秋燕作动员讲话、督导组领导讲话。全体党员及教师代表高度重视，认真参与，加深对群众路线教育实践活动重要意义的理解与认识。 （杜金星）

【迎接级类年度考核和教育督导工作】 6月5日，顺义区教委级类年度考核及教育督导组到滨河幼儿园指导工作。督导组听取园长汇

报、与园长就管理情况座谈，深入班级指导教育教学等活动，查看规划、保教常规资料、了解教学情况，并将意见及时反馈给幼儿园。教育督导室副主任盛得富对该园办园理念、办园目标给予认可，肯定了园所工作开展有序、教师工作积极认真、师幼关系和谐等优点。督导组对保教常规管理工作中存在的问题进行反馈，同时也提出改进方法。

（杜金星）

【区教委领导关注园所基础建设】 6月18日，区教委主任刘克祥、副主任高山到滨河

幼儿园了解园所现状及园所发展规划，针对园所基础建设、设施条件，进行现场调研，并就进一步提升办园条件、办园品质，提出明确的改进意见，为该园今后的发展指明方向。

（杜金星）

【多举措减轻幼儿入园焦虑】 9月1日，滨河幼儿园多举措减轻幼儿入园焦虑。一是召开家长会，指导家长做好幼儿入园准备工作。二是通过半日活动，让新入园幼儿

体验幼儿园生活，熟悉环境。三是通过微信群、QQ群向家长展示幼儿在园情况，促进家园联系，尽快消除家长的分离焦虑。

（杜金星）

【开展“巧手妈咪宝贝”之“变废为宝”活动】 9月17日，滨河幼儿园举办第一届“巧手妈咪宝贝”系列之“变废为宝”制作大

赛活动。活动中，家长们搜集各种废旧材料，精心利用每一样可利用的材料和幼儿一起动手，从玩教具的用途出发，选择安全、环保的废旧材料做出既美观大方又有创新特色的适合幼儿园教育教学的作品。该活动，不仅调动了广大幼儿家长利用废旧材料制作玩教具的积极性，也为幼儿及家长提供了一个相互展示学习的平台，同时通过幼儿园和家庭密切的配合，合力架起家园共育的彩虹桥，促进幼儿全面、健康的发展。

（杜金星）

【举办教师趣味运动会】 10月21日，滨河幼儿园开展了以“健康生活快乐工作”为主

题的教师趣味运动会。运动会分老、中、青三组，设置了集体项目和个人项目。集体项目为运球障碍跑、推磨，个人项目为跳绳、踢毽、迈腿排球等。该园33名教职工参加活动。 **（杜金星）**

【开展爱牙讲座】 11月15日，滨河幼儿园

聘请顺义区牙防所医生为幼儿家长及教师们作爱护牙齿的讲座。讲座分三个部分：牙齿口腔保健、怎样保护牙齿、医生现场解答交流互动。医生用生动形象的语言，介绍牙齿的结构、龋齿的形成、正确的刷牙方法，并强调营养的重要性。医生建议家长加强关注，鼓励患龋齿的学生坚持治疗，定期复查，医院将尽可能的为区域内的儿童牙齿的治疗提供各种便利条件。讲座结束，医生现场答疑，与家长互动交流。家长的一些疑惑也得到及时满意的解答。 **（杜金星）**

【多项措施做好冬季安全工作】 11月15日，滨河幼儿园多项措施做好冬季安全工作。1. 就冬季安全问题召开家长会，发放致家长一封信，与家长签订冬季安全协议书；2. 开展形式多样的宣传教育活动，教育幼儿注意安全，提高幼儿自救自护能力；3. 通过橱窗、家园联系栏等途径，向家长、幼儿宣传交通安全、消防安全、饮食卫生安全、疾病预防等安全防护知识；4. 开展冬季安全工作大检查，做好冬季园所防火工作，加强对消防设施的安全检查，并组织防火逃生自救演习、如何使用灭火器的演习，将安全工作落在实处。 **（杜金星）**

【举办《让生活充满爱——给孩子快乐童年》专题讲座】 11月19日，滨河幼儿园邀请中国家庭教育指导中心讲师宋奇为家长们作《让生活充满爱——给孩子快乐童年》专题讲座。讲座中宋老师从分析家庭教育

现状、如何培养孩子的核心竞争力和送给孩子最好的礼物是什么三个方面，用平实的语言、具体实际的案例剖析，深入浅出地为家长指点迷津，给家长传授亲子关系的新理念、新方法。此次讲座，家长们学到不少家教知识，为更好的促进家园合作打下基础。 **（杜金星）**

【开展联盟园科研月开放活动】 12月25日，滨河幼儿园联盟宏城幼儿园、高丽营

第一幼儿园、南彩第一幼儿园及天竺幼儿园，依托该园“十二五”课题《在国画活动中促进幼儿情感表达的实践与研究》，开展科研月开放活动。此次活动分三个环节：观摩大班《水墨画：冬天的树》；作课教师反思、联盟园老师评课；最后由该园两名

区级骨干教师把自己在国画研究方面的一些经典的案例和大家一起分享，真正做到园级间的沟通交流，并展示园所的科研风采。（杜金星）

【多项活动提高青年教师教育教学能力】 年内，滨河幼儿园通过开展多项活动促青年教师提升教育教学质量。1. 开展“青蓝工程”师徒帮带活动，通过师傅带徒弟，让青年教师在教育教学中少走弯路，熟悉业务，进一步提升教育教学质量；2. 骨干教师为青年教师组织讲座，观摩青年教师教育教学活动，真操实练，提出优点，指出不足；3. 组织彩虹读书——青年教师故事比赛，激励教师积极参加教学基本功的练习。（杜金星）

北京市顺义区港馨东区幼儿园

【概况】 2014 年，北京市顺义区港馨东区幼儿园是个年轻的公办小区配套幼儿园，为教育部门办园，日托制。园所占地面积 2900 平方米、建筑面积 3030 平方米。固定资产总值 169.9 万元。全年教育经费投入 276 万元，全部为国家拨款。全年幼儿园信息化经费投入 50 万元，拥有计算机 21 台，多媒体教室座位 50 个，校园网出口总带宽 150Mbps。拥有幼儿图书馆、图书资料室，配有移动图书架 4 个。音乐专用教室 1 个。普通教室 9 个。教室内设有电视机、照相机和录音机等教学设施。教职工 34 人，其中，教师 22 人，学历层次专科以上 28 人，专业技术职称层次中级职称以上 8 人；保健员 2 人，其中专职 1 人，医学学历 1 人，专科以上 1 人。开设 8 个教学班，其中，小班 3 个、中班 3 个、大班 2 个，在园幼儿 283 人。（王　慧）

【召开“幼小衔接”双向互动研讨交流会】 2 月 20 日，港馨东区幼儿园携手港馨东区小学召开双向互动研讨交流会。目的在于加强幼小衔接，减少升学坡度，激发大班幼儿入小学的积极愿望。经过此次研讨，幼小达成

共识，明确开展研究的三个切入点，即：环境过渡、活动开展、课程整合。并初步决定从前期调研、幼小教师课程交流、开展联谊班互动活动、家长工作的幼小共同开展及幼儿发展的追踪记录与评价等多途径、多措施开展研究活动。（王　慧）

【开展“幼小衔接”双向互动课题研讨交流活动】 2 月 25 日，港馨东区幼儿园园长于红伟带领该园“幼小衔接”双向互动课题研究组的教师，走进石园小学开展交流活动。课

题组的教师与小学领导、教师面对面就课题的开展形式、发展方向和具体内容进行了研讨，抓住幼小衔接的核心，即：课程的衔接、学生与学生之间的衔接、教师与教师的衔接、环境的衔接、学校与家长的衔接等核心内容。在首次目标、切入点确立的基础上，进一步明确了实施的具体内容。受邀参加本次“幼小衔接”双向互动课题研究交流会的学前科科长陈民强、小教科科长王桂英表示对此课题研究将给予大力支持，助推课题的顺利开展。（王　慧）

【加强教师舞蹈培训提高教师专业素养】 3月起，港馨东区幼儿园不断加大教师舞蹈培

训力度。该园利用每周五上午的固定时间及其它空余时间，分阶段对全体教师进行舞蹈培训。参加培训的教师从基本功练起，在轻松的学习氛围中，老师们认真地学，欢快地跳，深深感受着舞蹈带来的快乐，港东这支年轻的教师队伍不断走向成熟化。此次培训活动，不仅提高教师的技能素养，也提升了幼儿园艺术教育质量，对树立良好的教师形象及促进教师专业成长起到积极的推动作用。

（王　慧）

【开展春季种植活动】 4月3日，港馨东区幼儿园开展以“走进春天，拥抱自然”为主

题的春季种植活动。利用幼儿园种植园地的有限空间，组织全园幼儿进行春季种植活动，让他们进一步亲近自然，感受生活。孩子们在教师的引导下一起种植了辣椒、葫芦、韭菜、草莓等各种植物。在种植活动中，孩子们学会使用小铲子挖坑、小瓶子浇水、小桶运送泥土，忙的不亦乐乎。该园开辟种植园地的目的是让幼儿以春季种植为载体，利用户外活动时间，在老师的带领下定期去观察记录，初步了解植物的生长特点，丰富幼儿有关植物方面的知识，激发幼儿对大自然的关爱，对生命的尊重，促进幼儿的全面发展。

（王　慧）

【开展安全教育系列活动】 4月1至8日，港馨东区幼儿园根据顺义区教委开展安全教

育的通知精神，采用多项措施，开展系列安全教育活动。具体措施有：1. 关于安全教育致家长一封公开信；2. 设置安全专项家长课程；3. 对全园教职工进行“安全在心中，幸福在手——把握生命的时速”的交通安全专题培训，并签订“尊重生命，不酒驾，不醉驾”的承诺；4. 开展全园安全大检查，之后针对存在问题积极落实整改；5. 组织疏散演练，将着力点定位在缩短幼儿在楼梯间的疏散时间，进行合理分流。港馨东区幼儿园系列安全教育活动，涉及的人员从教师到幼儿再到家长，涉及的内容从校园安全到交通安全，范围较广，措施完善，对普及安全知识和提高幼儿自护自救能力起着重要的促进作用。

（王　慧）

【开展“跳蚤市场”活动】 5月29日，港馨东区幼儿园秉承“珍惜资源、人人有责”的环保理念，开展以“宝贝当家，快乐成长，跳蚤市场”为主题的“六一”庆祝活动。儿童跳蚤市场是港东幼儿园为孩子们创设的亲子社会环境，也是对儿童进行社会教育的一部分，市场的主角是孩子，家长支持幼儿自主交流与表达，丰富孩子的社会经验，让孩

子成为活动的主人。幼儿园通过跳蚤市场活动，帮助幼儿建立变“废”为“宝”的环保意识，自觉养成爱护环境、节约资源、资源共享的行为习惯，通过交易体验社会角色，培养幼儿的交流能力、应变能力及理财能力。

（王 慧）

【多举措帮助幼儿度过分离焦虑期】 9月5日，港馨东幼全体教师用责任心和爱心采取

多项举措帮助新入园幼儿度过分离焦虑期。一是用游戏分散孩子的注意力。教师为幼儿准备数量充足，种类齐全的玩具，通过游戏来吸引孩子的注意力，让孩子暂时忘记父母，投入到游戏当中。二是用爱博得孩子的信任。教师们及时对哭闹的幼儿进行安抚，拥抱呵护，让他的情绪尽快稳定下来，融入群体中。三是用家的感觉驱散孩子的陌生感。鉴于幼儿的接受能力相对较弱，对父母家庭的依赖程度比较强，为了减少幼儿的抗拒心理，教师们从环境着手让活动室的设计尽量与家相似，给幼儿熟悉感和亲切感。四是“家园沟通”营造整体和谐氛围。教师及时向家长反映孩子在园生活情况，通过家长与幼儿园双方共同努力，在沟通中减轻孩子的分离焦虑，保证孩子有一个健康的成长环境。（王 慧）

【开展“奔跑的人生”系列活动】 9月10日，港馨东幼借第三十个教师节来临之际，开展了“奔跑的人生”系列主题活动。一、倾听教师心语，对症开展工作：该幼儿园高度重视新教师的思想及心理变化，于红伟园长不但为新教师提供相互交流的平台，让她们能够畅所欲言，相互学习，同时还与她们进行集体、个别等形式的谈心活动，及时了解她们的心声，进行有针对性的引导和指导；二、组织新教师家属入园活动：邀请新教师家属来园参观，了解新教师的工作情况与工作环境，推动新教师更好地投入工作；三、开展教师节全园送祝福活动：该幼儿园馨心剧社成员将把幼儿、家长、家属的教师节祝福，剪辑制作成记录片组织全园教师观看，为教师节献礼。系列主题活动激起了教师学习的热情，加快了教师发展的步伐。

（王 慧）

【开展“9·18”民主日活动】 9月18日，港馨东幼借民主日之机，召开了全体教师会。

会上由主管会计就幼儿园的账目收支情况，幼儿园的奖惩制度情况，向全体教师进行校务公开，接受教师对财务的监督。同时为了鼓励和调动全体教职员工参与幼儿园管理的热情，促进幼儿园各项管理持续改善和提升，港东幼儿园鼓励全体教师就幼儿园发展、制度建设、队伍建设、教职工生活及其他方面，提出自己的合理化建议。港东幼儿园领导班子承诺一定会认真对待，尽快受理并给予回

复。（王　慧）

【接受市教委领导调研指导】　10月14日，港馨东幼作为北京市教委设立的学龄前特殊幼儿随班就读示范基地园，接受市教委领导的调研与指导。活动中，园长于红伟首先就该园被设立为“学龄前特殊儿童教育基地”一年多的时间，里本着融合教育的指导思想，从领导层态度、特殊教师培训、特殊教育措施、特殊儿童表现、特殊资金使用等方面做了逐一介绍与汇报。然后，市教委领导与班级随班就读的特殊幼儿及教师进行交流，了解特殊儿童现状及教师在面对特殊幼儿的教育中的困难，并提出指导性意见。活动后，市教委领导就港馨东区幼儿园特教基地的工作给予肯定，为港东特教基地园指明发展方向。（王　慧）

【开展秋季亲子运动会】　10月17日，港馨东幼以“我运动　我健康　我快乐　我成长”为主题的幼儿秋季亲子运动会拉开帷幕。本次运动会按大、中、小三个年龄班组顺次举行，每场分别进行升旗仪式、幼儿体操展示、亲子游戏活动三大活动环节。在运动会上一场场精彩的画面中，幼儿收获着他们的成功；家长收获着他们的童真；教师也从中获得很多感悟。港馨东区幼儿园充分利用亲子运动会的对外展示窗口，加强父母与孩子之间的和谐；培养孩子与孩子之间的友谊；增进幼儿园与家长之间的理解，为更好地服务于幼儿打下基础。（王　慧）

【举办幼儿故事大赛活动】　11月20日，港馨东幼举办了“故事伴我成长”——园内幼儿故事大赛活动。该活动旨在为幼儿营造一个学说话、敢说话、会说话、勇于表达的语言氛围，为幼儿提供一个展现自我的舞台，提高幼儿的综合素质和教师的指导能力，推进幼儿教学的健康良性发展。比赛过程中，小选手们个个落落大方、天真可爱、表情丰富，他们悦耳动听的语言、规范标准的普通话、惟妙惟肖而又自信的表演，充分展示港东幼儿健康活泼、蓬勃向上的精神面貌，赢得家长和评委们的阵阵掌声。此次大赛，共邀请50多位家长参与，评委团由家长、幼儿、教师三部分组成。共评出一等奖一名、二等奖两名、三等奖四名。（王　慧）

【开展系列彩虹读书活动】　11月，港馨东幼借全民读书周的春风，在园内开展一系列彩虹读书活动。1. 幼儿互换图书活动：幼儿将家中看过的读书带到幼儿园进行互换，加大图书的利用价值，激发幼儿阅读的兴趣。

2. 亲子阅读活动：向家长宣传“早期阅读中家长参与的重要性”，组织亲子阅读活动，让孩子和家长都体验亲子阅读的乐趣。3. 教师彩虹读书交流会：组织教师开展读书交流，进行优秀书籍的品读，开阔教师的阅读视野。4. 无线网络共进步：充分利用微信、QQ 等现代网络技术，丰富幼儿、家长、教师的阅读天地，使师幼的目光投得更远，家园的纽带衔接得更紧密。幼儿园系列读书活动提高了教师素质、丰富了教师内涵，使干部教师队伍充满活力，幼儿语言水平不断发展、综合素质全面提高，校园文化氛围更加和谐。（王　慧）

北京市顺义区高丽营第一幼儿园

【概况】 2014 年，北京市顺义区高丽营第一幼儿园为教育部门办园，日托制。园所占地面积 7262 平方米、校舍建筑面积 3532 平方米。全年教育经费投入 547 万元，全部为国家拨款。固定资产 439.3 万元。图书室藏书 0.37 万册。拥有音体室、玩具图书馆等专用教室 2 个，普通教室 12 个。拥有计算机 18 台。学校信息化经费投入 9 万元，校园网出口总带宽 100Mbps，数字资源量 100GB。教职工 66 人，其中，教师 63 人，专科以上学历 40 人，中级职称以上 10 人；保健员 1 人，其中，专科以上学历 1 人，中级职称以上 1 人。开设 7 个教学班，其中，小班 2 个、中班 2 个、大班 3 个。幼儿入园 84 人、离园 83 人、在园 269 人。（魏　飞）

【召开贯彻《指南》家长会】 3 月 28 日，高丽营第一幼儿园召开贯彻《指南》家长会。

家长会体现三方面特点：一是内容设计全，包括卫生保健工作、安全工作、幼儿园一日活动安排、各领域的培养、班级特色教学等。二是针对幼儿发展的年龄特点和不同幼儿情况，分层交流教育方法。三是根据本班实际情况“分时间段”，采用讲授、讨论互动式、个别约谈、试听相结合的方式。家长会促进了家园合作，使家长更好地与幼儿园同步教育好孩子，让孩子们健康快乐地成长。（李雪莲）

【开展安全教育系列活动】 5 月 3 日至 6 月 10 日，高丽营一幼开展以“强化安全意识，提升安全素养”为主题的安全教育系列活动。1. 成立专门的安全领导小组，查找本单位安全方面的薄弱环节，确定以“防火”为主题的系列安全活动。2. 周密部署，制定详细的安全疏散应急演习方案，分工明确，责任到人，对可能发生的问题，采取预防性安全措施。3. 各年龄班采取不同形式开展安全防火的教育活动，使幼儿多角度认识防火安全的重要性。4. 组织全园教师及幼儿进行防火疏散演习，掌握师幼安全逃生的方法。该活动丰富了幼儿安全防火的知识，加强了师幼应对突发火灾的能力，提高了孩子的防范意识和自我保护意识。（李雪莲）

【开展庆“六一”活动】 5 月 30 日，高丽营一幼以“闯关亲子游艺”形式举办欢庆“六一”活动。活动特点是：1. 活动前注重向

家长宣传。包括介绍活动安排、游戏玩法及安全防范措施，提示家长持游园卡进行游戏。2. 安排丰富的活动内容。设有 13 项亲子活动，分 3 个层次进行游戏闯关。第一关是亲子游艺活动，有“妈妈在哪”“步步惊情”“灌篮高手”等内容，第二关是亲子艺术体验活动，有“手绘扇面”“手工泥塑”“疯狂的石头”“T 台秀”等内容，第三关是智力大考验，有“迷宫大世界”、“钓鱼”等内容。3. 精心设置活动场地。打通班级界限，并充分利用室内、室外设置活动场地。该活动受到高丽营镇政府领导的高度赞许。激情、有趣的亲子游戏，给小朋友带来无限的节日欢乐。 **（李雪莲）**

【开展庆“七一”活动】 7 月 1 日，高丽营一幼党支部的 6 名党员及入党积极分子，在党诞辰 92 周年之际，开展庆“七一”活动。活动分为三项内容：一、由党支部书记、园长高艳春带领党员面向党旗重温入党誓词；二、党员和积极分子集体唱红歌，包括《绣红旗》《红色娘子军》《团结就是力量》《爱我中华》《打靶归来》等；三、每位党员和积极分子结合自己所在岗位，谈自己如何发挥共产党员先进性，并每人签订一份承诺书，以督促自己。通过活动，党员们深深感受到作为一名中共党员的责任、使命与荣耀。 **（李雪莲）**

【举办师德宣言活动】 9 月 10 日，高丽营一幼举办师德宣言活动。首先由区级师德标兵刘旭老师发表师德演讲，介绍自己“以德育人”的教育理念和工作经验；接下来每位

教职工结合自己的岗位职责做出师德承诺，并请全园领导与老师共同监督；活动结束后，由专人将每位教师的师德承诺制作成海报，张贴在幼儿园的家园栏中。此次活动不仅引起教师对自身师德行为的反思，为加强教师队伍建设迈出重要一步，还得到家长的热烈反响，为今后的家园合作奠定了良好的基础。 **（魏　飞）**

【启动村办园帮扶计划】 9 月 15 日，高丽营一幼对张喜庄村幼儿园的帮扶计划正式启

动。仪式开始，高园长对村办园半月来的工作进行梳理，提出需要改进的重点问题；并对以后的帮扶工作进行部署：由该园 3 名区级骨干教师分别与村办园三个班结成一帮一小组，对其进行现场指导；村办园教师每周到该园进行一次现场观摩；10 月进行两园教师的交换挂职学习活动；邀请村办园的老师参加该园组织的各项活动。本次活动为两园共同发展打下了良好的基础。 **（魏　飞）**

【举行优秀艺术作品评选活动】 9月23日，高丽营一幼举行中华传统形式优秀艺术作品

评选活动。经过两周的制作，全体教职工都上交了自己的艺术作品，作品类型包括：国画、书法、民间剪纸等。经评审小组打分汇总，分别评选出一、二、三等奖。此次活动，激发老师们进行传统艺术创作的积极性，对提高教职工的艺术创作和欣赏能力，丰富教职工的业余生活，增进园所的凝聚力具有重要意义。 （魏 飞）

【举行班级常规评比活动】 9月26日，高

丽营一幼对各班的幼儿常规培养情况进行检查评比。评比内容为早来园、午餐、午起床中的任意一项，各班由抽签确定检查项目。园长、副园长、保健医和教研组长一同观摩评分。大、中、小班各评出一个优秀班级，进行全园观摩。该活动增加了园内教师间的交流，提升了老师们的专业水平。 （魏 飞）

【举办《口腔保健知识》讲座】 10月24日，高丽营一幼邀请张喜庄卫生院大夫丁伟

作《口腔保健知识》讲座。介绍了龋齿的形成条件与过程以及预防龋齿的几种方法，讲座帮助家长走出对口腔保健普遍存在的误区，保障幼儿的口腔健康。全园150余名家长参加活动。 （魏 飞）

【区学前教研室来园指导音乐活动】 12月2日，区学前教研室主任冯军一行30余人到高

丽营一幼观摩音乐教学活动，并进行现场指导。活动分为三部分：音乐活动观摩、教师研讨、总结提升。观摩人员观看三节音乐活动，对老师们的表现给予肯定。在研讨阶段，老师们围绕三节音乐活动的内容及音乐活动的前期经验准备、音乐活动的核心内容、目标的制定等方面展开积极交流。最后冯主任进行活动总结，并提出改进建议。该活动使教师们找到自身的不足，明确了今后发展方

向，从而为整体提升园内音乐教学水平提供有力支撑。（魏　飞）

【开展童谣创作评比活动】　12 月 7 日，高丽营一幼开展“牢记社会主义核心价值观”

童谣创作评比活动。活动准备阶段，老师们利用集体学习和自学领悟社会主义核心价值观内涵，进行童谣创作。经过评比，选出 7 篇优秀作品，将其应用于日常教学；同时组织幼儿以唱歌，歌伴舞、朗诵等多种形式进行汇报表演。活动使全体教师理解了社会主义核心价值观的深刻内涵，将其成功渗透到幼儿教育中，促进了幼儿园的和谐发展。

（魏　飞）

【顺义电视台来园进行专题采访】　12 月 30 日，顺义电视台走进高丽营一幼，进行三板

块的采访录制工作。记者首先拍摄“童谣童心同唱核心价值观”，高丽营一幼自创童谣作品展演活动，用镜头捕捉幼儿的精彩表演；然后入班拍摄教师教育活动，记录教师如何将社会主义核心价值观应用于幼儿教育中；最后以核心价值观为话题，对教师和幼儿进行访谈，老师们讲述自己将其应用于教学的做法和心得，孩子们则对什么是社会主义核心价值观畅所欲言。（魏　飞）

【多举措增强幼儿体质】　年内，高丽营一

幼采取多种措施增强幼儿体质。一是每月开展幼儿体质测评，全面评价幼儿体质体能发展情况；二是教师、家长和幼儿一同自制户外玩具，提高幼儿游戏兴趣；三是添置大型户外玩具，全面发展幼儿跑、跳、钻、爬、攀等能力；四是将幼儿体质测评、操节评比和出勤等情况与教师绩效工资挂钩，督促教师做好保教工作。该园将把增强幼儿体质体能作为日常一项重点工作常抓不懈，以促进幼儿体、智、德、美全面发展。（魏　飞）

北京市顺义区高丽营第二幼儿园

【概况】　2014 年，北京市顺义区高丽营第二幼儿园为教育部门办园，全日制。占地面积 4518.1 平方米、校舍建筑面积 2948.6 平方米。全年教育经费投入 73.5 万元，全部为国家拨款。固定资产 408.4 万元。图书室藏书 3817 万册。拥有计算机教室、音体室、图书资料室和会议室等专用教室 4 个，普通教室 7 个。拥有计算机 24 台。多媒体教室座位 40 个。教职工 36 人，其中教师 24 人，专科以上 24 人，中级职称以上 8 人；保健员 1 人，其

中专科以上1人，中级职称以上1人。开设6个教学班，其中小班2个、中班2个、大班2个。幼儿入园77人、离园76人、在园246人。（郭雯雯）

【区学前科领导来园参加园本教研展示】 2014年1月8日，区学前科科长陈民强等领导参加高丽营第二幼儿园园本教研展示活动。

活动中，科长陈民强、教研室调研员冯东方、祁静等领导听取业务园长柳振英《让园本教研发挥更大价值》的汇报；观摩中一班《月亮你好吗》的绘本课程及教师教研全过程。教研过程中，教师们积极踊跃发言，赢得领导们的赞扬。最后，领导们进行点评，肯定该园园本教研成绩。这次活动为该园搞好教研活动奠定良好基础，明确了今后的活动方向。教师们也纷纷表示从中受益匪浅。（郭雯雯）

【区教委领导来园慰问困难教师】 1月14日，区教委纪检书记隋美荣到高丽营二幼慰

问困难教师。隋美荣书记详细询问了该园困难教师的生活情况和身体健康情况，并送上慰问金。同时，鼓励她要勇于直面困难、克服困难。困难教师对领导的关怀表示深深地感谢，表示要努力为教育事业做贡献。（郭雯雯）

【开展科研中期成果展示活动】 1月16日，

高丽营二幼开展科研课题中期成果交流展示活动。活动共设三个环节：首先，各年龄班教师进行绘本表演，小班《聪明的小白》、中班《青蛙小弟睡午觉》、大班《像驴尾巴毛一样多》，教师们身着自己设计的绘本故事角色的服装、道具进行表演，各个角色均表现得活灵活现，现场不时发出笑声和掌声；其后，由科研负责人柳振英介绍课题实施情况，就课题研究中的困惑和成果与大家进行交流；最后园长王长红进行总结，对课题下一步的实施工作提出指导意见。该活动给教师们提供了一次很好的专业学习机会，进一步激发了教师们的科研热情，为该课题下阶段的研究和推广打下良好基础。（郭雯雯）

【多举措预防春季传染病】 2月17日，高丽营二幼认真开展传染病防控工作。具体措施如下：一、开学前，各班老师通过校讯通、QQ群等方式向家长宣传预防禽流感等传染病的相关知识；二、保健医王苹老师提前准备好体温测量器，安排好为幼儿监测体温的相关负责人员；三、做好卫生消毒工作，清除园内卫生死角，保证全园环境卫生整洁；四、把好入园关，凡入园的家长及幼儿都要进行

体温测量；五、各班教师向家长发放体温测量表，进行跟踪体温测量；六、做好因病缺勤、病因追查与登记制度。同时，各班保育员要及时与幼儿家长进行沟通，提醒幼儿在家中要早睡早起，保证充足的睡眠，降低幼儿患病概率。（郭雯雯）

【组织大班开展“开心种植园”播种活动】

2月27日，高丽营二幼组织大班幼儿进行“开心种植园”播种活动。保健医生王苹老师先引导大班幼儿观察蚕豆、大豆种子的形状，激发了幼儿对种植的兴趣；然后让幼儿观察如何进行松土、播种、浇水等过程；最后，幼儿们兴高采烈地领取种子，小心翼翼地一颗一颗进行播种。种植活动，使幼儿初步了解有关植物的科学知识，激发幼儿对植物的兴趣，并掌握简单的种植技能；培养孩子的爱心、耐心、责任心以及环保意识。

（郭雯雯）

【迎接区教研室视导】 3月6日，高丽营二幼迎接区教研室副主任王晓鸿等领导进行视

导活动。视导组分别听取小班、大班的两节绘本教学活动。活动后，授课教师就此次绘本教学中的师幼表现进行反思，领导们分别进行点评，并针对该园“依托绘本教学培养幼儿的阅读能力”研究课题，提出了合理化建议。希望园所抓紧教师课堂活动的资料积累工作，及时了解教师的需求，并及时记录和整理研究资料，建立起科学的绘本教学模式。（郭雯雯）

【邀请专家指导绘本教学活动及环境创设】 3月27日，高丽营二幼邀请专家崔雪雁、周

静彦等老师来园指导绘本教学活动及环境创设。专家组首先观看了小、中班绘本教学活动《母鸡萝丝去散步》《月亮生日快乐》，并针对教学活动中的师幼表现进行点评，认为该活动情境设计生动、感染力强，同时提出教学设计要具体、要充分让幼儿自主的宝贵意见；之后，结合园所教科研课题分别到各

年龄班进行环境创设的指导；最后，结合当前幼儿园现状、教师的困惑进行《如何创设阅读环境》的专题讲座。马坡二幼、高丽营三幼部分教师也聆听了此次讲座。该项活动使园所的教育教学及环境创设进一步明确了方向。（郭雯雯）

【开展“防诈骗”安全教育活动】 4月3日，高丽营二幼开展“防诈骗”安全教育活动。首先各班进行安全教育，教师先讲解多发事故的案例，然后模拟诈骗幼儿现场，教

育幼儿不给陌生人开门、不听信陌生人电话、不与陌生人交谈、不吃陌生人给的任何食物等，教师和孩子进行了有效的互动，孩子们参与讨论非常激烈。之后，召开“防诈骗”安全教育家长会。教师通过生动讲述诈骗事例及近年来诈骗幼儿的手段，呼吁家长不要“中招”，尤其是电话诈骗，一定要先与幼儿园联系，确保幼儿安全，识破诈骗行为。除此之外，该园还利用园报、宣传栏、班级邮箱、班级QQ群、电话访问等形式进行知识宣传。此次活动，增强教师及家长的安全责任和法律意识，提高幼儿安全事故防范意识，为家园共育打下坚实基础。（郭雯雯）

【围绕课题打造书香园所氛围】 4月初，高丽营二幼利用午休时间，开展一系列活动，打造书香园所。1. 新教师培训，重点学习环境创设的文章及《指南》，引领教师领会环境创设的意义、目的与方法。2. 书香环境创设。教师结合“依托绘本阅读提升幼儿阅读能力”

课题对班级及楼道进行布置和创设。3. 打造课题文化氛围。为课题创设功能教室，包括宝宝书屋、表演厅等。通过相互间的学习，教师对活动区的创设、如何合理利用空间、环境创设的整体性等方面的理解更加深入，提升了教师的专业素养。（郭雯雯）

【召开肥胖儿矫治和管理家长会】 4月11

日，高丽营二幼保健医王苹老师组织各班肥胖儿家长召开“肥胖儿矫治和管理”家长会。会上，王老师向家长们介绍肥胖儿的形成原因、评价指标、幼儿园的干预措施以及肥胖儿对今后学习、生活、心理的影响等。她还通过列举各年龄段肥胖儿的案例，深入浅出地介绍矫治肥胖儿的方法和策略，解答家长在教育孩子时存在的困惑，并向家长提出了合理控制幼儿饮食、加强幼儿体育锻炼、保证幼儿睡眠等建议。此次活动，为家园共育打下坚实的基础。（郭雯雯）

【组织幼儿体检】 4月17日，高丽营卫生

院的医生到高丽营二幼为全体幼儿进行体检。体检项目有：视力、听力、口腔、内科、血色素等。在教师的有序组织下，医生们耐心、细致地为每一位幼儿进行检查。孩子们在指血项目中表现得非常勇敢，从而顺利地完成了此次体检任务。体检结束后，各班教师及时将体检结果反馈给家长，使家长第一时间了解幼儿的各项身体状况指标。此次活动为幼儿的健康成长、预防疾病提供了有效保障。

（郭雯雯）

【开展“语言领域”绘本教学展示活动】 4月25日，高丽营二幼开展“语言领域”绘本

教学展示活动。北京幼师专家李君、崔雪雁，区教委副主任张海东、区学前科领导，区语言领域联盟园长、教师，3—5年成长期教师，区语言中心组教师等100余人来园参与此次活动。活动中，首先展示的是中、小班绘本教学活动《月亮，生日快乐》《母鸡萝丝去散步》，幼儿在教师创设的情境下，通过亲身体验，逐步感受绘本角色。其后，大班幼儿进行《像驴尾巴毛一样多》和《小绿狼》绘本表演，表演服装及道具都是师幼利用塑料袋、彩色贴纸自行制作完成，表演中幼儿不断变换腔调、表情、动作，还自发加入了现代舞蹈丰富表演情节，引来现场笑声和掌声不断。最后，幼师专家李老师、崔老师进行点评，对此次展示的绘本教学活动、园所书香氛围、师幼友好平等方面给予肯定和赞扬。此次活动，有力地促进教师业务水平及骨干教师绘本研究能力的提高。

（郭雯雯）

【邀请专家指导艺术领域教学活动】 5月9

日，高丽营二幼邀请市学前教育专家李君老师来园针对艺术领域教学活动进行指导。首先，教师们进行说课展示。李君老师结合幼儿年龄特点，对音乐律动、音乐欣赏、音乐游戏等方面进行深入剖析，与教师们交流探讨活动的设计及前期准备，共同调整不合理的环节。其次，进行小班幼儿音乐教学活动展示。李老师针对活动中师幼表现作点评，提出音乐活动要体现出幼儿的“三态”，即形态、动态、神态等方面的要求。此项活动为教师的成长搭建了新的平台，使教师们的思路更加开放。

（郭雯雯）

【开展“感恩品味成长，进取回报培养”园庆活动】 5月9日，高丽营二幼专门邀请教师们的家长，开展“感恩品味成长，进取回报培养”园庆活动。活动内容丰富多彩：一、用幻灯片的形式展示教师们工作的点滴、幼

儿园的变化、教师开展的活动等，让父母感受教师的进步与成长；二、开展师德演讲，教师们讲述工作中的精彩教育故事；三、教师才艺展示：绘本表演《小绿狼》、自编诗朗诵《感谢》、歌曲演唱《感恩的心》等。四、感恩父母，教师为父母献花送上祝福；五、家长代表发言，家长为园所送上锦旗。六、园长王长红最后发言，伴随着《生日快乐》歌曲切下蛋糕，与家长、教师们共同分享。此次活动，加深幼儿园与教师家长的友好关系，也丰富了教职工生活。（郭雯雯）

【组织幼儿进行紧急疏散演练】 5月12日，高丽营二幼组织全体师幼进行紧急疏散演练。演练不定时定点、不提前通知，更具有针对

性、实效性。上午10∶20，幼儿园突然发出报警信号。听到警音后，各班教师立即组织幼儿，从指定路线进行有序逃离；各楼层负责人迅速到位疏导，避免幼儿在楼梯间和大门前拥挤；2分钟内，教学楼内所有人均快捷有序地疏散到安全地带；到位后，各班教师进行人员清点统计，无一人滞留，演练取得圆满成功。此次活动，增强了幼儿的安全意识，学会紧急情况下的逃生方法，也提高了全体教职工对突发事件的应变能力。

（郭雯雯）

【组织“边弹边唱”基本功量化评比】 5月15日，高丽营二幼在音体室进行“边弹边唱”基本功量化评比。评委由业务园长、骨干教

师、本专业教师组成。教师们分为组长组和配班组，从教材中自选曲目，进行“边弹边唱”表演。整个活动过程井井有条，老师们个个落落大方，尽情展示着自己的才华。活动为教师们提供一个展示自己的舞台，让教师在互相欣赏、交流中不断进步。评比展现了教师们积极向上的精神风貌。（郭雯雯）

【区督导室副主任盛得富来园指导】 5月19日，顺义区教育督导室副主任盛得富到高丽营

二幼指导工作。盛主任查看了幼儿园的环境、房屋建筑、学校食堂等设施后，对园所周边环境整治工作提出建议；还深入到各班查看了教育教学设备和班级环境；最后听取了孙旗帜副园长关于近期工作情况的详细汇报。盛主任对该园近期工作给予充分肯定，并对园所未来发展，给予指导性意见。（郭雯雯）

【为幼儿做氟化泡沫防龋】 5月21日，顺义区牙防所的医生们来到高丽营二幼为全体幼儿

进行免费氟化泡沫防龋服务。活动之前，幼儿园以“自愿参与，知情同意”的原则将本次活动的意义、作用和做法等信息，通过书面形式向家长作了宣传，并得到了家长的积极支持，因而活动开展得非常顺利。该活动提高幼儿对保护牙齿的认识，家长也更加重视培养幼儿保护牙齿的良好习惯。（郭雯雯）

【区委副书记周颖博来园慰问】 5月28日，顺义区委副书记、政法委书记周颖博在教育督导室副主任盛得富、高丽营镇党委书记范

学智、镇长高俊岭的陪同下来到高丽营二幼，慰问全园儿童并送上节日的祝福。周书记等领导观看了园所环境，认真听取园长王长红的工作汇报。在与教师进行座谈时，周书记非常关心该园的办园条件和孩子们的学习、生活情况。他强调，学前教育是教育的基石，对人的一生都起着关键的作用，要着重培养幼儿的生活能力、优秀品德、良好习惯，努力把孩子培养成为对社会有用的人才。随后，领导们观看大班幼儿绘本剧表演《像驴尾巴毛一样多》，对幼儿生动、有趣、夸张的表演给予高度评价。周书记还勉励小朋友们要做一个品德高尚、诚实守信、全面发展、勇于创新的祖国接班人。（郭雯雯）

【开展“阅读周”系列活动】 5月，高丽营

二幼开展“阅读周”系列活动。1.“图书漂流”。激发幼儿对漂流的兴趣，推荐自己喜欢的书籍。2.“亲子共读一本书”。开设“百味书屋”，绘本种类丰富，分时段对家长幼儿开放。3.“绘本剧公演”。小舞台旁边设有化妆间、衣帽间，幼儿可自行选择角色进行绘本剧表演。4.“庆六一，送图书”。各班幼儿进行绘本剧表演，让家长与幼儿共同感受阅读的魅力，赠送图书，播撒阅读的种子。本次活动真正构建了“书香润泽，童乐和韵”的书香氛围，发挥了家园共育的作用，使家长对幼儿阅读有了较全面的了解，提高了对幼儿阅读的认识，让孩子无论在家还是在园所都能畅游在书的海洋里。（郭雯雯）

【开展师幼手工制作玩教具评比活动】 6月

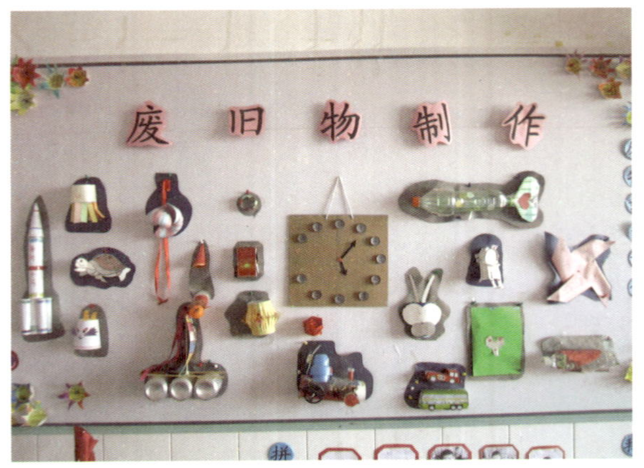

18日，高丽营二幼开展了一场别开生面的师幼手工制作玩教具评比活动。作品琳琅满目，教师人人参评。所有作品都是教师们根据本班幼儿的实际情况，结合《纲要》及近期教学活动内容，巧妙利用各种废旧材料，与幼儿共同制作完成的。此次活动，提高师幼的合作能力，培养了幼儿的动手能力，也增强了幼儿的环保意识。（郭雯雯）

【组织“汛期如何避险”培训讲座】 6月20日，高丽营二幼组织全体教师参加“汛期

如何避险”培训讲座。主要内容有：1. 让教师了解暴雨、特大暴雨、泥石流等突发情况的险情，对各级别的暴雨划分有简单的认识；2. 介绍了各地区险情发生的严峻形势和险情造成的悲惨后果；3. 结合往年多发事故的典型案例，从人员避险意识、现场逃生、险情预防等方面，图文并茂，详细讲解逃生、自救的方法等常识。此次培训讲座，增强了教师汛期防范意识，使教师学到突发险情应该如何处理的方法。（郭雯雯）

【迎接级类年度考核与教育督导】 6月26日，区学前科教研员、督导室专家组、区妇

幼保健院医生到高丽营二幼进行级类年度考核与素质教育综合督导。领导们听取园长王长红就贯彻落实《指南》情况做全面汇报，并与园长进行座谈；观摩教师们边弹边唱的基本功展示、音乐教学活动和班级区域活动，并全面观看园所环境布置；查阅各项档案资料，并给予高度的评价。同时，区妇幼保健院医生观看园所及班级卫生情况，查阅各项保健资料等。最后，督导专家组，一致认为该园管理工作扎实有效、保教活动科学规范、注重教师队伍培养、书香氛围浓厚、家长工作满意度高，同时对园所工作，提出进一步改进的意见。（郭雯雯）

【区教委主任刘克祥来园调研】 7月2日，

区教委主任刘克祥、副主任高山等领导来到高丽营二幼进行现场调研。在王长红园长的带领下，领导们全面了解园所现状及园所发展规划。针对园所的基础建设、设施条件等需求，刘主任提出了整改意见，力争进一步提升办园条件，为高丽营第二幼儿园的发展指明方向。 **（杜　寅）**

【开展“共产党员献爱心”活动】 7月4日，高丽营二幼开展“共产党员献爱心”捐献活动。在党支部带领下，全园教师纷纷向

党表达自己的一份爱心，同时为党的生日送上深深的祝福。活动既体现党员们的先锋模范作用，增强党组织的凝聚力，又在全园形成“扶贫济困、乐于助人”的新风尚。

（郭雯雯）

【“四步走”开展防汛工作】 7月初，高丽营二幼全面开展防汛工作。1. 召开防汛会议，部署汛期岗位值班工作，定岗定责；2. 开展

安全隐患排查工作，由后勤园长亲自带领，对楼顶、班级、校舍进行检查，确保排水通畅；3. 加强安全教育，园内开展汛期安全主题教育，让幼儿了解洪水、雷电等自然灾害的危害，提高防范意识，通过校讯通、班级QQ群等方式提醒家长注意出行安全；4. 备全应急物资，主要有铁锹、手电、雨衣等。

（郭雯雯）

【迎接新生有新招】 9月初，高丽营二幼

把小班入园前的各项准备工作安排得井然有序。1. 召开全园会，集中学习幼儿教师职业道德规范，并签订岗位职责责任书；2. 由业务园长、教研组长牵头，对新任小班教师进行培训，主要内容是如何接待新生，让幼儿喜欢来幼儿园；3. 召开入园新生家长会，与家长进行近距离沟通，现场发放调查问卷，就家长关心的问题进行集中答复；4. 幼儿入园时间循序渐进，第一周每日只来半天，第二周增加午睡，第三周纳入正轨；5. 配备充足师资，小班入园第一周，每班配备六名教师陪护；6. 捕捉幼儿入园情况实录，组织家长每周两次进行观看，增强家园感情；7. 教师每天与家长进行实质性交流。一系列的准备工作，使家长多角度全方位地了解幼儿园，了解自己的孩子入园后的学习生活情况，从而提高家长对学前教育的认识，增进对幼儿园的信赖，为更好地配合幼儿园的工作奠定了基础。 **（郭雯雯）**

【举办幼小衔接专题讲座】 9月11日，高丽营二幼特邀高丽营学校一年级教师周红雨老师作幼小衔接专题讲座。此前，幼儿园通过发放家长调查问卷、班级家长会、电话访问等形式，整理出家长们对幼小衔接的各种困惑。讲座以幻灯片的形式，图文并茂地为家长们讲解。主要内容：1. 从解读小学生入学初存在的典型问题入手，分析形成的原因，并从做好心理准备、物质准备等方面深入浅出地向家长们提出了切实可行的建议；2. 强调在入小学前要逐步培养孩子的任务意识，鼓励孩子自己的事情自己做。最后，周老师认真解答了家长的问题与困惑。该活动有效地解决了家长们存在的疑虑，帮助孩子成功实现从幼儿园到小学的平稳过渡，也拉近了家长与幼儿园的距离，为做好幼小衔接工作奠定了良好基础。

（郭雯雯）

【聘请舞蹈教师进行民族舞蹈基本功培训】 9月15日，高丽营二幼根据教师舞蹈基本功

培养计划，特邀请舞蹈教师张秀来园进行培训。培训内容包括：幼儿教师应有的舞蹈基础知识，乐感，民族舞蹈的基本手型、脚型、手位及脚位等，并以舞蹈《彩云之南》作为考核项目。教师们随着音乐，尽情地展现自我。培训活动提升了教师的舞蹈基本功水平，为教师搭建自我展示和信息交流的平台，展现教师们健康向上的良好精神面貌。

（郭雯雯）

【邀请专家指导音乐教学活动】 9月18日，

高丽营二幼邀请学前教育专家李君老师来园指导音乐教学活动。李老师首先观看了大、中班音乐教学活动《狮王进行曲》《小鸡散步》。她根据幼儿年龄特点，从音乐律动、音乐欣赏、音乐游戏等方面进行深入剖析，与教师们交流探讨活动的设计及前期准备。之后，对活动中师幼表现、师幼互动进行点评，提出音乐活动要从幼儿“兴趣、感受、表现、能力”等方面入手，激发幼儿学习音乐的主动性，从而塑造幼儿健康活泼的个性。此次活动，提升了教师的音乐素质及能力水平，为幼儿园开展音乐教学活动指明方向。

（郭雯雯）

【开展幼儿意外伤害紧急救护培训】 9月19日，高丽营二幼举办幼儿意外伤害紧急救护

知识培训。培训由园所保健医王苹老师组织实施，她首先详细介绍了幼儿意外受伤的判

断和救护，包括：颅脑外伤、骨折的判断；气管异物的种类、预防要点、临床症状及现场急救；鼻出血、咽喉异物的救治；伤口包扎的方法及注意事项。其后，讲述了幼儿意外伤害救治原则。最后，重点演示气管异物的救助方法和正确包扎伤口的方法。教师们认真倾听，现场气氛活跃。培训增强教师安全防范意识，使教师掌握了幼儿意外伤害的简单救治方法。 （郭雯雯）

【开展“十月金秋”艺术作品评比活动】 9月26日，高丽营二幼开展“十月金秋”艺术

作品评比活动。参展作品丰富多彩、形式多样，包括书法、绘画、刺绣、剪纸、泥画等。活动前，教师们利用午休时间进行创作，每一副作品都包含了教师们强烈的爱国热情和民族自豪感，继承和弘扬中华民族的优秀传统文化，彰显每个人的艺术才华。最终，教师们通过投票评选出优秀作品。活动丰富了教职工生活，增进教师们的情感和友谊，营造出和谐温馨、文明进取的园所氛围。 （郭雯雯）

【开展“庆重阳 敬老人 献爱心”慰问活动】 9月29日，高丽营二幼大班幼儿给镇敬老院的老人们送去最纯真的问候。活动以“庆重阳 敬老人 献爱心”为主题，形式多种多样。歌舞表演《爱我你就抱抱我》和《劳动最光荣》，童声稚嫩、舞姿优美；幼儿体操《花穗操》，生龙活虎、热情奔放；绘本剧表演《今天运气真不错》，表演诙谐，童趣无限。各种节目引来老人们不断的掌声和欣喜的笑容。最后，小朋友为老人送上了一幅

画，表达了对爷爷奶奶的关心与问候。此次活动，使幼儿在实践中深刻认识“敬老、爱老”的中华传统美德，帮助他们从小树立起尊老、爱老的优良品德。 （郭雯雯）

【组织教职工攀爬舞彩浅山】 9月30日，

高丽营二幼组织全体教职工攀爬舞彩浅山。在工会主席吴丽鸿的带领下，教职工分为三组，每组一名组长，进行自由式登山，时长为40分钟—60分钟。登山开始，教职工们充分发扬体育精神，在相互鼓励下，陆续攀爬到山顶。随后，教职二们在山脚下进行“猜字谜”“筷子接力”“三人四足”等游戏活动，大家配合默契，喜悦和兴奋始终洋溢在脸上。此次活动，丰富了教职工生活，增进了全园的凝聚力。 （郭雯雯）

【开展“和谐生活，健康你我”主题系列教育活动】 9月以来，高丽营二幼结合《幼儿教师职业道德规范》，开展“和谐生活，健康

你我”主题系列教育活动。活动包括：1. 由保健医王苹老师为教职工举办《健康生活我知道》健康讲座。讲座从“合理饮食、吃动平衡”入手，强调不要盲目追求高营养、进补各种补品，要饮食与锻炼相结合才是根本。2. 开展“健康生活我指导”全园健身活动。采取以师带师的形式，自发进行柔力球健身操训练。3. 开展“健康生活我行动”活动。利用饭后小憩时间组织教师进行健康大步走。该活动提高了教师健康知识的知晓水平；营造了教师关注健康、重视健康生活方式的良好氛围。（郭雯雯）

【园所防霾举措多】 10月初，高丽营二幼启动紧急防霾措施。一、组织防霾安全知识教育：1. 班级开展“雾霾环保”主题教育活

动，增设雾霾环保主题板块；2. 通过召开家长会、张贴防霾知识海报、出版专题园报等方式，提出“少开一天车，多一片蓝天”的防霾口号，倡导教师及家长绿色出行。二、采取多项防霾措施：1. 暂停幼儿户外活动，增加室内游戏活动；2. 加强物品、室内消毒，教师提醒幼儿勤洗手、多喝水；3. 利用幼儿楼道散步时间开窗通风；4. 利用校讯通、QQ群等形式，提醒家长在户外要给幼儿佩戴口罩、帽子等；5. 合理调整排毒食谱，多添加菠菜、西兰花、黑木耳等排毒蔬菜。该活动提高了师幼及家长的环保意识，潜移默化地将环保理念深入孩子的内心世界。（郭雯雯）

【开展教师基本功评比活动】 10月16日，高丽营二幼开展教师基本功评比活动。评比项目包括操节评比和边弹边唱评比。活动旨

在扎实落实教师基本功培养计划，提升教师整体素养。评比小组由园长、骨干教师、本专业年轻教师组成。操节评比，按年龄班陆续进行，主要表演幼儿花穗操、武术操、韵律操，根据教师的动作标准、表情、乐感等进行打分；边弹边唱评比，要求从规定曲目中抽签，弹奏两首幼儿歌曲。整个活动过程井井有条，老师们落落大方，尽情展示着各自的才华。评比活动进一步规范操节动作，展现出年龄组教师团结合作精神，让教师在互相欣赏、交流中不断进步。（郭雯雯）

【举办秋季亲子运动会】 10月17日，高丽营二幼举办秋季亲子运动会。全园师幼及家长齐聚于操场，享受运动和游戏带来的幸福和快乐。运动会安排两个环节，分别是幼儿操节表演和亲子游戏。幼儿按年龄班列阵在

操场上，随着操节音乐的响起，全体师幼精神饱满，共同展示了“阳光下的花朵”“大公鸡真美丽”“武术操”“我的身体最神气”等徒手操。亲子游戏种类丰富，包括“小熊过河”“蚂蚁搬豆”“快乐圈套”“夹飞碟”“跳跳球”等十余种比赛项目。活动中，孩子们个个奋勇争先，在家长的陪同下，使出全身解数，运动场上充满加油声、欢呼声，一片欢乐祥和的景象。运动会充分调动幼儿参加体育活动的积极性，增进幼儿和家长之间的亲子关系，培养幼儿的竞争、合作意识，也和家长共同收获了成长。 （郭雯雯）

【开展青年骨干教师半日观摩活动】 10 月 22 日，高丽营二幼开展青年骨干教师半日观

摩活动。活动由青年骨干教师陈爱平执教。活动中，陈老师以先进的教育理念、灵活的授课方式、亲切大方的体态、严谨活泼的教风展示各个领域的活动，为其他青年教师树立了良好的榜样。研讨环节中，教师们畅所欲言，总结活动中的优点和不足，并达成共识：1. 要根据幼儿年龄和心理特点，促使幼儿均衡发展；2. 要从提高语言表达、形体表达能力入手，培养新教师的教育素养与技能。此项活动，为新教师们开拓了教育思路，也将推动园所教育教学工作再上新台阶。

（郭雯雯）

【邀专家指导课题研究】 10 月 23 日，高丽

营二幼邀请区考研中心原副校长刘振兴来园指导科研课题研究。刘老师观看了大班科研绘本教学活动《搬过来，搬过去》后，根据园所“十二五”课题“优化绘本阅读辅导策略，促进幼儿阅读能力的发展”的研究目标，提出几点建议：1. 以教师评价为自变量、幼儿表现为因变量，两者相互结合进行课题研究；2. 科学开展科研绘本教学活动，课题研究要与幼儿园特色相结合。其后，刘老师认真听取课题研究情况汇报，并与课题组成员就课题实施过程、研究报告撰写中出现的问题和困惑进行互动交流。此次指导，拓展了教师们的专业视野，增强了教师们对课题研究的信心，为该课题研究下一步工作指明方向。 （郭雯雯）

【开展幼儿口腔保健知识宣传活动】 10 月，高丽营二幼采取多种形式开展幼儿口腔保健知识宣传活动。一、摸底调查。10 月初，保健医王苹向家长发放幼儿口腔保健知识调查问卷，摸底后发现，82% 左右的家长对幼儿

口腔保健存有误区。二、加大宣传。通过宣传栏、QQ群、校讯通、园报、家长会等方式向家长宣传幼儿口腔保健知识。三、主题教育。各班开展“爱牙”主题活动。利用儿歌、小故事等，教师向幼儿传授正确的刷牙方式，以及如何保护牙齿等。四、举办《幼儿口腔保健知识》专题健康讲座。10月24日，特邀请镇卫生院口腔科刘志远医生为家长们作《幼儿口腔保健知识》专题健康讲座，针对幼儿常见口腔保健问题，如龋齿的预防和治疗、换牙中常见的问题进行讲解。一系列的活动，使家长和幼儿了解到口腔保健的有关常识，提高了口腔保健意识。（郭雯雯）

【有效落实安全工作】 10月底至11月初，高丽营二幼为落实安全工作，开展一系列活动。1. 及时召开流感病预防工作会议，宣讲

流感病的特性、症状和预防措施，让教师在进行晨、午检时更容易发现和控制病情；2. 制定特殊时期《卫生检查评价标准》，切断园内传染源。3. 进行全园安全隐患排查工作，主要包括：对各班的烟感报警器进行测试、检查园内各摄像头及监控系统是否清晰、班内教师进行自查等。4. 开展消防演练：由有经验的教师现场讲解并演示灭火器的使用方法，让其他教师亲自体会使用灭火器灭火的过程。5. 加强门卫训练：从站立、巡逻、灭火器操作等行为和技术方面进行训练。6. 各班安排“预防火灾”的主题课，给幼儿讲解如何预防火灾、火灾发生时的应对措施、疏散逃生等方面的知识和技巧。系列活动增强广大师幼的安全意识与自护自救技能，为园所进一步营造出安全和谐的学习生活环境。

（郭雯雯）

【组织幼儿进行紧急疏散演练】 11月2日，高丽营二幼组织全体师幼进行紧急疏散演练。演练不定时定点、不提前通知，更具有针对性、实效性。下午14：20，幼儿园突然发出

警报信号。听到警声后，各班教师立即组织幼儿，从指定路线进行有序逃离；各楼层负责人迅速到位疏导，避免幼儿在楼梯间和大门前拥挤；2分钟内，教学楼内所有人员均快捷有序地疏散到安全地带；到位后，各班教师进行人员清点统计，无一人滞留，演练取得圆满成功。此次活动，增强了幼儿的安全意识，学会遇到紧急情况下的逃生方法，也提高了全体教职工对突发事件的应变能力。

（郭雯雯）

【区检查组来园视察廉政文化建设情况】 11月3日，由区纪委、团区委、幼教科组成的检

查组到高丽营二幼视察“廉政文化进校园”活动开展情况。检查组首先听取园长王长红关于“廉政文化进校园”的实施情况汇报。汇报内容包括领导党风廉政建设、教师师德建设、幼儿品质培养、系列廉政文化建设举措，以及达到的效果等。接着，检查组仔细查看园所开展廉政文化建设的文字、图片材料，并进行座谈和实地考查。检查组对高丽营二幼该项活动的开展给予高度评价，同时提出，“廉政文化进校园”，要形成长效机制，将“廉政文化”真正融入到幼儿教育教学活动中去，促进幼儿、教师廉洁意识的形成。

（郭雯雯）

【邀专家参与“自编绘本”研究活动】 11月17日，高丽营二幼邀请北京幼师专家崔雪雁、考研中心原副校长刘振兴、区教科室

副主任周靖彦参与“自编绘本《梦游樱桃园》”研究活动。其内容是将园内楼道壁画上的小恐龙与高丽营镇樱桃园进行有机融合。绘本由园长王长红提供文稿、教师王娟进行绘画，后统一印刷而成。研究活动中，教师杜寅带领孩子们进行绘本《梦游樱桃园》自主阅读，从绘本世界里重新认识熟悉的“樱桃园”。接着，专家们在各班班组长的带领下参观园内环境。最后，进行研讨。专家们提出：园所环境创设要从幼儿探索的角度出发，注重环境的一致性和整体性；在自主阅读时，教师要随时记录幼儿的想法，以幼儿认知角度进行阅读；自编绘本的创作材料可以多样化，如：运用彩泥塑形、树叶粘贴、剪纸等形式。此次活动为绘本研究的进一步深入打下坚实的基础。

（郭雯雯）

【开设“百味书屋”亲子阅览室】 11月19日，高丽营二幼开放了“百味书屋”亲子阅

览室。该阅览室为家长提供一个与孩子共同看书的平台，从而唤起家长和孩子一起读书的热情，共同享受读书的快乐。“百味书屋”亲子阅览室每周开放两次，分别是周二、周三下午3：00—3：40，投放的书籍都是孩子们喜欢的绘本类图书。开放活动中，孩子们先登记、领取阅读卡，然后挑选喜欢的书与家长一起阅读。另配有两名责任老师，发现亲子阅读中出现的一些问题，老师会及时指导，

如针对一些家长拿到书后马上读书中的文字，老师则指导他们要图文结合地看；阅读中，老师还会提醒家长和孩子要遵守阅读规则：一页一页翻，仔仔细细看，安安静静读，认认真真想，从而养成良好的阅读习惯。亲子阅览室的开设，让家长走进孩子的阅读世界，勾勒出一幅幅温馨的画面，受到广大家长的一致欢迎，是家园互动的一次新尝试。

（郭雯雯）

【开展“家长开放日”活动】 11月21日，高丽营二幼开展“家长开放日”活动。幼

儿家长积极参加，开放内容包括各班主要特色课、阶段性总结以及幼儿成果展示、幼儿户外活动、班级“一日活动”等常规项目。活动后，教师与家长针对孩子的各种表现相互交流，以总结出更好的教育方法，并请家长填写家长回馈单，将个人意见、建议反馈给幼儿园。该活动使教师能够在第一时间了解孩子的需要，促进家园关系更为和谐，真正发挥家园共育的作用。

（郭雯雯）

【区教育工会副主席来园视察】 12月5日，区教育工会副主席王宝刚等领导到高丽营二幼视察工会建家工作。检查组听取园工会主席吴丽鸿所作的《努力建设优秀教工之家 全力创建和谐进取校园》工作汇报；仔细查看该园工会建家资料，抽取部分教师做调查问卷，并进行座谈和实地考查。最后，王宝刚对园所工会建家工作给予“小问题、高观

点、真情境、有亮点”的高度评价。

（郭雯雯）

【开展科研课题阶段成果汇报活动】 12月17日，高丽营二幼开展科研课题《依托绘本

教学，促进幼儿阅读能力的研究》阶段成果汇报活动。该活动邀请区教科室副主任周靖彦、考研中心原副校长刘振兴、姐妹园园长、语言组联盟教师以及家委会成员等与会。一、进行自编绘本《梦游樱桃园》教学活动展示；二、业务园长孙旗帜作课题研究进展情况汇报，教师李亮、刘立娟就体验式情景创设、表演策略等方面做补充汇报；三、由教科室主任周静彦、姐妹园长、刘校长分别进行专家点评，对园所环境创设、自编绘本的科研成果以及园所科研氛围等方面给予充分肯定。此项活动为该园做好科研课题的后续工作打下坚实基础。（郭雯雯）

【开展健康教育活动增强幼儿体质】 12月，

高丽营二幼开展一系列健康教育活动。1. 组织幼儿“营养教育”主题活动，让幼儿扮演有营养的“蔬菜宝宝”，介绍各种蔬菜的特

征，加深对饮食营养的认识。2. 做好家园共育，推出家庭健康食谱，在园报上添加“健康饮食专栏”，幼儿园根据季节变化推荐合理健康的三餐，家长也可将“特色菜”反馈给幼儿园。3. 教师自制户外玩具，增加户外运动，各年龄班分别制作“彩瓶小推车”“多功能沙包”“奶箱跨栏”等户外玩具，激发幼儿的运动热情，增强幼儿的奔跑、跨跳、躲闪等动作的灵活度。4. 开展亲子运动会，各班开展“跳房子”“投球”“推圈”等亲子游戏。5. 细化幼儿一日生活，做好疾病防控，做好晨午检、卫生消毒、因病缺勤的病因追查与登记工作。幼儿园将健康教育融入幼儿的一日生活中，让幼儿在游戏中增长知识；丰富多彩的户外运动，激发幼儿参与的热情，增强了体质；健康食谱的推行，为家园共育搭建良好的沟通平台。（郭雯雯）

【系列培养提高教师整体素养】 下半年，高丽营二幼结合园内教师队伍的逐步年轻化、非专业化的实际，建立起教师分层培养的长效机制，落实教师培养计划，提升教师整体素养。1. “走出去”“请进来”，安排教师外出学习，多听、多看，扩展眼界，邀专家指导半日观摩活动。2. 每月底开展边弹边唱、讲故事基本功大赛，制定独立量化表，由教师进行自我对比量化，力求月月有提高。3. 每周一邀请民族舞舞蹈教师进行舞蹈动作指导，教师利用中午时间进行训练。4. 进行不定期教师理论水平测试，以《纲要》《指南》为依据，进行闭卷考试，由业务园长、教研组长总结考试结果。5. 以教研组为单位，每两周召开一次讨论、交流会，将教学实践中的问题进行统一梳理，并做好笔记。一系列培养活动，有力地提高教师积极性，构建自主、合作、探究的教学模式，也让教师在各种学习交流中不断自我完善。（郭雯雯）

北京市顺义区高丽营第三幼儿园

【概况】 2014 年，北京市顺义区高丽营第三幼儿园为教育部门办园，日托制。园所占地面积 4203.9 平方米、建筑面积 3363 平方米。全年教育经费投入 143.57 万元，全部为国家拨款。固定资产 236.63 万元。图书室藏书 0.39 万册。拥有音体专用教室 1 个，普通教室 9 个。拥有计算机 23 台。校园网出口总带宽 100Mbps，数字资源量 10GB。教职工 28 人，其中专任教师 18 人，专科以上 22 人，中级专业技术职称 4 人；保健员 1 人，其中专科以上 1 人，中级专业技术职称 1 人。开设 4 个教学班，其中小班 2 个，中班 1 个，大班 1 个。幼儿入园 65 人，离园 34 人，在园 130 人。（王　硕　刘鹤立）

【开展3·18民主日系列活动】 3月18日，高丽营三幼开展民主日活动。活动内容包括：1. 征求教职工对幼儿园发展的建议，并积极组织评议，反馈后逐步实施。2. 对幼儿园财务收支、重大决策等进行公开，提高透明度。3. 规范党务、园务、财务公开栏内容，及时更新，提高教职工对幼儿园重大事务的知情度、参与度。 （王 硕 刘鹤立）

【聘请专业武术教练来园指导】 3月，高丽营三幼聘请专业武术教练对中大班幼儿进行武术指导。此举既增强幼儿的体质，又满足孩子日常锻炼活动的需要。训练中教练态度认真，教学生动活泼，眼花缭乱的招数令孩子们感到特别的新奇，只见他们个个像武林高手一样认真地学习每一套招式，口中还时时发出令人振奋的喊声。孩子们翩翩起“武”，大大提高了身体运动协调能力。

（王 硕 刘鹤立）

【举办幼小衔接讲座】 4月，高丽营三幼邀请高丽营学校小学部一年级教研组长针对幼小衔接工作举办讲座。讲座从孩子的身体发展、孩子上学的物质准备、孩子的心理发展三方面向家长和教师宣传幼小衔接的重要性，向家长举例说明生活习惯，学习习惯，学习兴趣等非智力因素对孩子的作用。大班幼儿家长积极参加本次家长会。会上家长与教师达成了教育观念和教育态度上的共识，从而为幼小衔接奠定坚实的基础。

（王 硕 刘鹤立）

【开展社区早教工作】 4月，高丽营三幼开展形式多样的社区早教工作。为了让社区儿童家庭获得有效的家教指导，充分利用园内现有资源，幼儿园对社区中0—3岁婴幼儿的家庭现状和教养方式进行调查；给每个家庭发放《0—3岁婴幼儿教养方案》；邀请散居儿童家长参加早教知识讲座。早教活动受到了社区家长的好评，同时也为幼儿园今后早期教育工作奠定了良好基础。

（王 硕 刘鹤立）

【组织“5·12”防灾减灾日活动】 5月12日，高丽营三幼组织“5·12”防灾减灾日系列活动。一是加强宣传。挂出“防灾减灾，从我做起”的横幅，增强幼儿及家长防灾减灾意识。并且在园门口显著位置摆放防灾减灾知识宣传版，帮助幼儿、教职工和家长掌握更多有实效的防灾减灾知识。二是加强教育。利用教职工集体大会时间，宣传防灾减

灾知识；再由各年龄班根据本班幼儿年龄特点和接受能力，开展如何面对火灾和地震为内容的教育教学活动，提高幼儿的自救自护意识。三是加强训练。各班开展应对火灾和地震等自然灾害时应急处理演练，提高教师应对突发安全问题的能力，帮助幼儿提高自救自护能力。 （王　硕　刘鹤立）

【开展班级环境创设评比活动】 6月，高丽营三幼在全园开展班级环境创设评比活动。

各班教师结合幼儿的年龄特点和主题教育目标，充分发挥才智，精心创设。环境创设中充分体现生动童趣、艺术性与可操作性、安全性相结合的教育理念，同时也体现教师们积极向上、乐于创新的工作态度。各班组根据观摩进行研讨，教师们都深受启发，获益颇丰。 （王　硕　刘鹤立）

【组织教师开展彩虹读书系列活动】 8月，高丽营三幼组织教师开展彩虹读书系列活动。1. 假期前，每位教师选读两本彩虹读书书目，认真阅读并撰写读书体会。2. 开学前夕，组

织读书体会交流和图书推荐活动。3. 开展“我的读书格言”硬笔书法展示活动。此次活动激发教师的读书热情，推动教师专业成长，促进教师阅读习惯的养成。

（王　硕　刘鹤立）

【组织幼儿参与收获活动】 9月，高丽营三

幼组织幼儿开展收获活动。在硕果飘香的秋天，园所内种植园的花生成熟了，教师组织幼儿开展刨花生摘花生活动。孩子们个个兴高采烈，亲手收获春天种植的花生。孩子们将所收的花生清洗干净，大家一起品尝分享。该活动让孩子们体验到收获的快乐，同时感受到与他人分享自己劳动果实的幸福。

（王　硕　刘鹤立）

【创新家长开放形式】 9月，高丽营三幼创

新家长开放形式，缓解新入园幼儿与家长分离的焦虑。形式包括三项举措：1. 利用微信群、QQ群等向家长及时传递幼儿在园活动实况。2. 分别在第一周和第三周以照片和视频的方式向家长展示幼儿在园的活动情况。3. 设立公共邮箱和新生家长聊天室，保证家园之间沟通顺畅。 （王　硕　刘鹤立）

【开展教师讲故事比赛活动】 10 月，高丽

营三幼开展教师基本功考核的讲故事比赛活动。每位带班教师根据所带年龄班特点选择适宜的故事内容做充分的准备，园内制定了详细的评价标准和方案。比赛中教师精神饱满，热情洋溢，语言生动，恰当选用视频、配乐、图片等辅助手段，为故事的讲述增添趣味性。此次活动为教师搭建互相学习提高的平台，展现教师的语言魅力，促进教师专业化发展。 （王　硕　刘鹤立）

【与怡馨园开展手拉手活动】 11 月，高丽

营三幼与怡馨幼儿园开展手拉手活动。怡馨幼儿园由业务园长带领五名教研组长及骨干教师深入高丽营三幼进行业务交流和指导，现场做了观摩课展示并进行研讨。该活动有针对性地解决教师在工作中遇到的困惑和问题，促进青年教师的专业化发展。

（王　硕　刘鹤立）

【开展意外事故预防与急救培训】 11 月，

高丽营三幼保健医为全体教职工进行意外事故预防与急救培训。培训主要从跌落伤、烧烫伤、异物伤等方面进行事前预防和事后紧急处理方法的学习。此次培训提高了教职工的安全意识和处理意外事故的能力。

（王　硕　刘鹤立）

【拓展室内体育游戏应对冬季特殊天气】 12 月，高丽营三幼为应对冬季雾霾、风雪

等特殊天气，保证幼儿每日运动量，拓展室内体育游戏。1. 充分利用室内和楼道空间开展平衡、跳跃等内容的体育游戏。2. 开展室内体育游戏征集活动，鼓励教师创新室内体育游戏玩法。3. 充分利用家长资源，指导家长掌握适合家庭开展的室内体育活动，家园配合共同促进幼儿健康成长。 （王　硕　刘鹤立）

北京市顺义区后沙峪第一幼儿园

【概况】 2014 年，北京市顺义区后沙峪第一幼儿园（原北京市顺义区后沙峪中心幼儿园，2013 年 11 月 22 日更为现名）为教育部门办园，日托制。占地面积 7651 平方米、建筑面积 3959 平方米。固定资产 76.39 万元。全年教育经费投入 456.01 万元，全部由国家拨款。有局域网络与监控系统，全年幼儿园信息化经费投入 3.5 万元，设有电脑室、图书资料室，配有计算机、摄录像机和电子白板等现代化教学设备，拥有计算机 23 台。校园网出口总带宽 100Mbps，数字资源量 50GB。拥有音体、美术等专用教室 2 个，普通教室 12 个。教室内设有电子琴、液晶电视、音乐播放机和照相机等教学设施。室外设有攀岩墙，大、中、小型活动器械 52 种，拥有图书 4697 册、玩教具 156 种。教职工 43 人，其中教师 33 人，专科以上 32 人，中级职称以上 6 人；保健员 1 人，专科以上学历。开设 8 个教学班，其中小班 3 个、中班 3 个、大班 2 个。幼儿入园 115 人、离园 87 人、在园 313 人。（刘　洋）

【开展面点制作比赛】 2 月 21 日，后沙峪第一幼儿园举行面点制作比赛。为加强幼儿园营养膳食管理，保证幼儿天天能吃上营养、可口、安全的餐点，幼儿园的厨师们利用寒假时间学习制作各种面点的技巧。比赛中，她们快速对各种面点所需原材料进行处理：和面、擀面、打蛋、剁馅……操作规范有序。经过一番紧张的忙碌，彩卷、玫瑰花卷、春卷儿等，仿佛是一件件工艺品呈现于众人面前，引得大家啧啧称赞。（刘　洋）

【举办家庭教育讲座】 3 月 13 日，后沙峪一幼请来早教专家范慧静为家长举行《育儿有道》家庭教育讲座。范教授从幼儿大脑的发展特点、如何进行科学有效的引导、如何用符合幼儿年龄特点的方式进行教育等方面作详细讲解。现场反应十分热烈，家长们都表示这样的讲座对自己在教育孩子方面有很大的触动与帮助。园长李玉秀也表示，家庭教育对于幼儿的未来至关重要，提高家长对科学育儿重要性的认识迫在眉睫，以后还将开展更多这样的活动，为幼儿和家长提供更好更全面的服务。（刘　洋）

【成立女子武术社】 4 月 4 日，后沙峪一幼工会成立了女子武术社。区教委工会主席王玉英观看了老师们排练的武术操表演。老师们的动作和精神面貌得到王主席的好评，并希望老师们再接再厉，在丰富业余活动的同时将武术社办出园所的特色。（刘　洋）

【教委领导来园视导考察】 7 月 3 日，区教委主任刘克祥、副主任高山、学前科科长陈民祥等领导到后沙峪一幼进行视导考察。刘主任首先听取了李园长关于幼儿园整体情况的汇报，并查看幼儿园室内外环境，提出要将护栏加高以确保幼儿安全等建议。随后又查看幼儿食堂，对食堂的卫生、伙食质量给予肯定。刘主任对幼儿园的整体发展表示满意，希望在今后的工作中要再接再厉，办人民满意的幼儿园，让属地幼儿享受到更加优质的学前教育。（刘　洋）

【开设幼儿舞蹈特色课程】 9 月 3 日，后沙峪一幼新学期开设幼儿舞蹈特色课程。幼儿舞蹈教学是学前教育中一个不可缺少的组成部分，它对幼儿身心的健康、情操的陶冶和智力的开发，都有着重要作用。后沙峪一幼还聘请专业舞蹈教师进行授课，

力求使这一课程真正成为园所的一大亮点。

（刘　洋）

【举办“亲子同乐”运动会】　10 月 28 日，后沙峪一幼举办幼儿亲子运动会。运动会

以“亲子同乐，快乐童年”为主题，内容丰富多彩，家长积极参与。活动中，幼儿表现出良好的精神面貌，与幼儿一起游戏也唤起家长们儿时的回忆，体验一把“做回孩子”的快乐。通过有趣的亲子运动会比赛，孩子们尽显运动才能，体会到成功的喜悦，不仅锻炼身体，提高对运动的兴趣，还促进亲子之间的情感交流，也拉近家长与幼儿园之间的距离，促进幼儿更好的发展。

（刘　洋）

【多举措预防流感】　11 月 4 日，后沙峪一幼提早行动，多举措预防流感。一是严格落实每日三检，加强晨午检和全日观察工作，了解幼儿的身体和饮食状况，一旦发现异常，及时处理；二是严把“消毒关”，做到每天园区卫生清洁，教具、玩具消毒，加强幼儿日常卫生监督、勤洗手；三是加强宣传，利用 QQ 群、《给家长一封信》，让家长们也充分做好日常预防工作，特别是注意孩子若有疑似流感的高热、显著乏力、全身肌肉酸痛等状况应及时就医。

（刘　洋）

【进行消防演习】　11 月 9 日，在“11・9”消防日来临之际，后沙峪一幼进行消防演习，并对老师进行消防器材使用的培训。

（刘　洋）

【开展“宝宝故事秀”活动】　11 月 27 日，

后沙峪一幼举行“宝宝故事秀”讲故事比赛。全园 300 多幼儿全部参加班里的选拔赛，每个班选出三名幼儿参加全园的决赛。选手们落落大方、天真可爱，内容丰富有趣，表情惟妙惟肖，有的还配上肢体语言，再加上他们稚嫩的童声和煞有介事的表情，博得老师和小朋友们的阵阵掌声。该活动为幼儿营造一个“爱说、敢说、会说”的舞台，锻炼幼儿的语言表达能力，培养幼儿的自信和勇气。

（刘　洋）

【举办“十二五”课题结题讨论会】　12 月 15 日，后沙峪一幼就“十二五”课题《科学投放户外体育游戏材料，促进幼儿动作技能发展的研究》进行结题讨论。会上，业务园长单小娜介绍整个课题研究过程及成果，区考研中心教研室主任朱元兆、周靖彦老师从文献综述、核心概念界定、研究内容等方面进行指导，对课题设计、研究过程及成果给予充分肯定，并同意结题。最后朱老师建议该课题还要进一步梳理研究成果，补充相关案例，以期更臻完善。

（刘　洋）

【举办幼小衔接家教讲座】　12 月 26 日，后沙峪一幼协同区妇联、后沙峪镇妇联共同举办幼小衔接家教讲座。该园与幼儿家长共同探讨幼小衔接的相关问题，并免费给家长赠送了育儿丛书《好孩子：三分天注定，七分靠教育》。主讲人为市妇联家建促进会主任果海霞，她对家长提出的如何做好幼儿思想工作、怎样让孩子更好地适应小学生活等问题

给予现场解答，并和家长一起探讨如何培养孩子的规则意识、良好的阅读习惯以及怎样抓住幼儿学习的关键期等问题。讲座现场反应十分热烈，会议结束后家长们都意犹未尽，希望多组织这样的讲座。（刘　洋）

【举行赠书仪式】　12 月 29 日，北京光明幼儿园的老师们带着幼儿绘本等图书到后沙峪一幼举行赠书仪式，将拉手园的爱心与祝福传递给后沙峪一幼的孩子们。幼儿园将把这些图书投放到幼儿园的阅览室和班级语言区，方便幼儿阅读，培养幼儿良好的阅读习惯，让孩子们在书的海洋里获得更多的知识和乐趣。（刘　洋）

北京市顺义区后沙峪第二幼儿园

【概况】　2014 年，北京市顺义区后沙峪第二幼儿园为教育部门办园，日托制。占地面积 1932 平方米、校舍建筑面积 1115 平方米。全年教育经费投入 20 万元，全部为国家拨款。图书室藏书 1.3 万册。有普通教室 5 个。拥有计算机 13 台。校园网出口总带宽 20Mbps，数字资源量 60GB。教职工 22 人，其中教师 12 人，专科以上 12 人，中级以上职称 2 人；保健员 1 人，其中专科以上 1 人。开设 4 个教学班，其中小班 2 个、中班 1 个、大班 1 个。幼儿入园 127 人、在园 127 人。（王建兴）

【出台制度方案保稳定】　3 月 10 日，后沙峪第二幼儿园召开全体教职工大会，举手表决通过《后沙峪第二幼儿园绩效工资分配方案》《后沙峪第二幼儿园核增绩效工资分配方案》《奖惩与量化管理方案》和《考勤制度》等四项涉及教师切身利益的管理方案及制度。上述四项方案制度的出台是根据教师日常的建议，结合原后沙峪中心幼儿园此方面的管理方案，考虑园所的实际情况，由领导班子成员拟订草案，然后送交园务会会议进行讨论，最后由全体教职工表决通过。（王建兴）

【民主管理促园所发展】　3 月 14 日，后沙峪二幼开展 3.18 民主日活动，旨在增强教师

参与民主管理的意识。此次活动首先填写由工会提供的合理化建议的调查问卷；其次由工会组织教职工开展献计献策活动；三是由园长就教职工提出的问题进行解答和分析。教职工就早饭、核增绩效工资、精简会议、教案撰写方式、环境建设等问题提出建议 9 条，采纳 4 条，因客观原因而暂缓采纳的由园长进行了解释。该活动有效增进干群之间的关系。（王建兴）

【举办庆“六一”文艺汇演】 5月28日，在“六一”儿童节来临之际，后沙峪二幼举行2014年庆祝“六一”儿童节文艺汇演。会前大班幼儿自主设计服装，筛选后教师们利用奶袋、塑料袋进行制作，全园幼儿表演时共同使用。汇演节目有小班的舞蹈《小小猪》、中班的舞蹈《小枕头》、大班的舞蹈《印度舞》等。活动在社区举行，全园幼儿人人参与，家长们主动配合教师，维持现场秩序。本次活动历时1个小时，活动从孩子们构思服装款式，和教师一起制作道具到现场演出，充分体现了幼儿的自主性，对幼儿的发展起到积极促进作用。 （王建兴）

【召开群众路线教育实践活动启动大会】 5月29日，后沙峪二幼党支部召开党的群众路线教育实践活动启动大会。与会人员有区督导联络组李满庆、后沙峪二幼的全体党员、群众代表等共10人。会议议程：1. 参会人员现场对班子和班子成员进行民主测评；2. 由后勤园长宣读《后沙峪第二幼儿园深入开展党的群众路线教育实践活动工作方案》；3. 由园长刘海燕作动员讲话，她就提高思想认识、深入落实、扎实开展工作等方面提出具体要求；4. 由督导组李满庆讲话，他强调群众路线是中国共产党的生命线和根本工作路线，党员干部教师一定要深刻认识此次群众路线教育实践活动的重要意义，坚持扎扎实实开展工作，把活动的总要求落到实处。

（王建兴）

【组织音乐活动培训】 6月4日，后沙峪二幼聘请港馨B区幼儿园园长李娟、建南幼儿园业务园长应建美、区级骨干教师杨亚文、教科研负责人耿波来园指导教师的音乐活动。她们分头深入小班、中班、大班观看音乐律动、歌曲新授、创编舞蹈三节音乐活动。活动结束后，分别对赵一鸣、马畅、李敏捷三位老师的小中大三节活动进行点评。点评围绕孩子的年龄特点、音乐课的建构内容、各种乐器的正确使用方法和各个活动区角的创设要求等7个方面展开，教师们受益匪浅。

（王建兴）

【出台评优评先制度促公正】 6月11日，后沙峪二幼召开全体教职工大会，举手表决通过《后沙峪第二幼儿园区级骨干教师评选办法》《2014年后沙峪第二幼儿园优秀教育工作者评选办法》《后沙峪第二幼儿园区级优秀师德标兵、区级优秀师德群体评选方案》等四项涉及教师切身利益的管理方案。上述方案是根据上级文件精神，结合教师日常的工作表现，考虑园所的实际情况，由领导班子成员拟订草案，之后经全体教职工表决通过的。会议最后选举王倩为区优秀教育工作者，张立京为区师德标兵，马畅和张红老师组成的中班组为区优秀师德群体，共同出席顺义教育系统的表彰会。 （王建兴）

【消除隐患保平安】 7月16日开始，后沙峪二幼利用暑期先后实施厕所改造、防雷击设施改造、防水修缮、用电线路改造、更换暖气片、屋顶铺瓦和外墙粉刷加装保温层等七项基建修缮工程。工程投资款由

后沙峪镇政府和顺义区教委共同筹资。七项基建修缮工程的完工，有力改善后沙峪二幼的办园条件。此次修缮项目的施工单位均由有资质的施工单位承担，整个工程历经三方比价、班子会讨论、项目申请、合同备案、最终评审结算的过程，从而保证依法依规施工。（王建兴）

【开展新教师培训】 8月29日，后沙峪二幼针对新教师日益增多的现状，在新学期即将来临的工作准备期间，开展《消毒知

识培训》《书写教案的几个要点》《各年龄班入园准备培训》《保育员岗位一日工作要求培训》《如何撰写班务计划》《进餐培训》《幼儿操节培训》和《后沙峪第二幼儿园养成工作细则》等八项培训。培训内容根据新教师初入职的工作需求确定，培训过程采用现场演示、实际操作、文字讲解的方式进行，为新入职教师更好地开展工作提供具体帮助。培训师分别由业务园长和后勤园长承担，全园共有16名教职工参加。（王建兴）

【举办庆祝教师节活动】 9月12日，后沙峪二幼举办了主题为“我的榜样作用”教师

节庆祝活动。活动分三项内容：一是由各位教师说说自己刚带班时的囧事，意在促进彼此的沟通和了解，缓解教师学期初的工作压力，促进团队的融合。二是由每个人上台说说自己的优势，并书写下来，旨在提升团队的正能量，发挥榜样的作用。三是由园长提出新学期的希望，鼓励大家团结协作、积极进取。四是为每个人照相留念，准备做成展示板，张贴在办公区域，提示大家时刻注意自身形象，促进工作顺利开展。（王建兴）

【出台制度规范管理】 9月26日，后沙峪第二幼儿园召开全体教职工大会，举手表决通过了《后沙峪第二幼儿园日常物品领用管理制度》《常备物资采购制度》《急需物资采购制度》《物品管理制度》《财产保管制度》《各岗位人员职责》和《会议制度》等七项工作制度及要求。这些制度的制定均考虑了园所的实际情况，由领导班子成员拟订草案，并由全体教职工表决通过。制度的出台规范了日常的采买与管理程序，有效保证幼儿园物品的安全，为各岗位人员各尽其责提供了有效的依据。（王建兴）

【召开党的群众路线教育实践活动总结大会】 10月29日，后沙峪二幼召开党的群众路线实践活动总结大会。参加会议的有区教工委督导组王毅老师及全体党员和3名群众代表。会议有三个议程：1. 对领导班子和党员领导干

部进行民主评议，并将评议结果放进投票箱；2. 支部书记刘海燕代表班子对教育实践活动进行总结。她从活动的基本情况、主要做法和特点、收获和体会、巩固成果的保障措施等四方面对园所开展教育实践活动的情况进行全面总结；3. 督导组老师针对活动开展情况进行全面系统的评价，对该园党支部在党的群众路线教育实践活动中所做的工作和取得的成果给予充分的肯定，同时对进一步加强党风建设提出了要求和希望。　（王建兴）

【开展丰富多彩的科研月活动】　12 月 23 至 25 日，后沙峪二幼依据科研月活动安排，依

次开展了教师讲故事大赛、分享阅读绘本教学和半日活动评优三项活动。活动聘请吉祥幼儿园李海霞园长、馨港幼儿园耿冰园长、分享阅读培训中心的张老师、仁和幼儿园的康玲华和陈红园长分别对上述活动进行观摩和点评。大班孙川老师的半日活动、中班赵阳老师绘本教学《末末和土土》、小班杨爽老师的绘本教学《小狗的一天》，让新入职的三位教师了解绘本教学的要点；故事会采用幼儿现场聆听的方式进行，全体教师集体参与，促进教师专业素养的提升。　（王建兴）

北京市顺义区吉祥幼儿园

【概况】　2014 年，北京市顺义区吉祥幼儿园为教育部门办园，日托制。园所占地面积 4000 平方米、校舍建筑面积 2000 平方米。全年教育经费投入 451.15 万元，全部为国家拨款。固定资产 131.8 万元。图书室藏书 0.3193 万册，拥有普通教室 6 个。有计算机 20 台。学校信息化经费投入 7.46 万元，校园网出口总带宽 100Mbps，数字资源量 500GB。教职工 38 人，其中专任教师 28 人，本科 20 人，大专 7 人，中专 1 人；保健员 2 人，其中本科 2 人。开设 6 个教学班，其中小班 2 个、中班 2 个、大班 2 个。幼儿入园 83 人、离园 85 人、在园 215 人。　（张婷婷）

【开展多种形式亲子活动】　3 月 7 日，吉祥幼儿园举办主题为“大手拉小手”亲子塑泥

活动。活动当天，家长和幼儿齐动手，利用一个半小时的时间，发挥自己的想象，制作出丰富多彩的作品，如：《小汽车》、《机器人》、《可爱动物》、《一家人》、《美味食物》等。孩子们度过了一个快乐的上午。家长们感慨，似乎自己也被带回了童年时代。3 月 19 日，幼儿园又举办亲子自制图书大赛，家长

和孩子们通过剪、贴、撕、叠、画的方式，制作许多形式各异、内容丰富，颇具创意的图书。本次活动是对区教委“彩虹读书”倡议的积极响应。该活动极大地调动家长和孩子读书的积极性，有效帮助家长提升亲子阅读能力和水平。（张婷婷）

【多举措开展安全教育活动】 3月，吉祥幼儿园多项举措开展安全教育活动。1. 通过国

旗下讲话，向师幼宣传安全的重要性。2. 组织校内安保人员学习熟练使用灭火器。3. 后勤园长对全体教职工进行安全教育的培训。4. 邀请空港消防中队的警官，为教职工开办消防安全知识讲座。5. 临时吹哨，对全园教师及幼儿进行消防演习活动。通过举办安全教育系列活动，全园教师和幼儿对消防安全知识有了一定程度的认识，技能技巧方面也得到锻炼。（张婷婷）

【区领导来园进行“六一”慰问】 5月29日，区委常委、区委组织部部长车克欣，在区教委副主任张海东的陪同下到吉祥幼儿园参观慰问。领导们听取园长园所建设情况汇

报，观看了师幼表演的精彩节目，为孩子们送上节日的祝福并赠送礼物。活动中，车部长对园所成立三年来的工作成绩，表示肯定和赞许。同时嘱托老师们要在“热爱”的基础上，发挥自己年轻的热情，给幼儿一个值得回味的、快乐的童年。（张婷婷）

【多渠道促进幼小衔接工作】 6月10日，吉祥园联合空港小学开展幼小衔接系列活动。

大班幼儿在业务园长和教师带领下参观空港小学校园环境，了解各功能教室的作用，并走进小学课堂，体验作为一名小学生上课时的感受。下午组织大班幼儿家长到空港小学参与座谈，邀请小学优秀教师和主管教学的副校长全面讲解幼儿入小学的各项准备工作和注意事项，并针对家长们的困惑进行有效解答。（张婷婷）

【迎接市级级类验收视导】 6月16日，吉祥园迎接市级专家组一级二类视导验收工作。市学前教育处王处长和邹静华科长听取园长工作汇报，对园所内外环境创设、玩教具配

备等情况进行详细的查看和指导，并提出改善建议。之后对级类验收档案材料进行查阅，针对规划撰写、人员编制、员工考核等方面工作做出了明确指导。专家组对园所环境的设计给予肯定，同时就细节方面的不足，提出整改意见。7月15日，吉祥幼儿园被评为“北京市一级二类幼儿园”。（张婷婷）

【设立体能循环活动区】 9月11日，吉祥园在操场为幼儿创设体能循环区，以多种运动方式增强幼儿体质。1. 合理配置器材。根据幼儿发展水平，选择适宜摆放、易于变换的运动器械。2. 规划路线。充分利用场地空间，尽可能将钻、爬、跳、跑等动作融汇其中。3. 教师专业指导。各班教师分配在不同区域，对幼儿运动方式、挑战项目等进行指引。4. 幼儿自主选择。幼儿根据自身体质选择难度和器械。每周二、四下午，中、大班幼儿分批参与活动。（张婷婷）

【多举措提升青年教师业务能力】 9至12月，吉祥园组织青年教师开展多项活动，促进业务能力的提升。1. 每月一课。通过研讨教案、听评课、邀请姐妹园观摩、再研讨等步骤，研磨出一节具有示范性的教育活动课。2. 边弹边唱技能训练。业务园长针对教师不同特点，从发声、伴奏、节拍等方面逐个进行指导。3. 加强专项评比。展示操节，分年龄班对教师表现打分；讲故事，针对评比结果开展专门指导。（张婷婷）

【多举措做好家园合作】 10月，吉祥园通过多种方式组织家长参与幼儿园活动，促进家园合作。1. 定期邀请家长来园参与区域活动，与教师现场互动沟通。2. 指导家长为幼儿园提供果壳、包装袋等废旧物品，供幼儿区域活动时作为自主选择的材料。3. 鼓励家长将育儿经验写成文章，张贴在宣传栏中。家长积极参与幼儿园的各项活动，有力地促进幼儿的成长。（张婷婷）

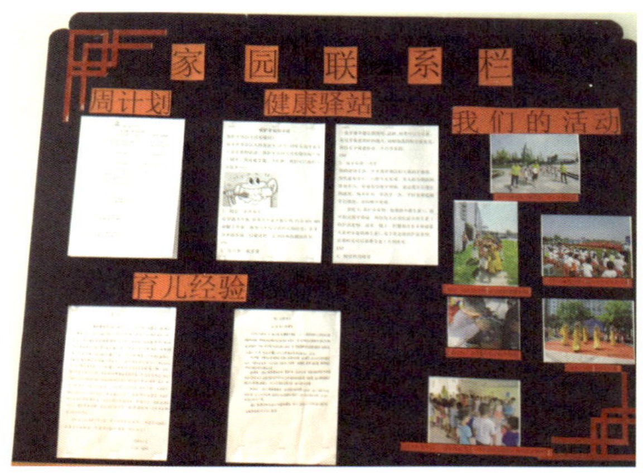

【多形式提升保育员技能】 10月，吉祥园采取多种形式提升保育教师的基本技能。1. 知识考查。闭卷答题40分钟，考查各年龄

班《快发》指导用书中进餐、消毒环节知识。2. 技能大赛。实际考查保育教师对桌面消毒的配比比例、清洁桌面的步骤及擦拭方法。3. 交流分享。定期召开交流会，分享工作经验，提出工作困惑，探究解决办法。

（张婷婷）

【举办亲子运动会】 11 月 6 日，吉祥园举

办秋季亲子运动会。全体教师、幼儿和家长齐聚操场，在《运动员进行曲》中孩子们开始入场。运动会分为两项内容，幼儿首先为家长们表演徒手操“加油歌”“爱你”“世界真美好”。随后是亲子游戏时间，教师根据本年龄班幼儿年龄特点精心设计游戏“两人三足”“袋鼠找妈妈”“套圈接力跑”“企鹅运蛋”“安全地带”等，运动项目体现互动性、趣味性、竞赛性。亲子运动会充分调动幼儿参加体育运动的积极性，培养了幼儿敢于拼搏的精神和善于合作的意识，增进幼儿与家长的亲密关系。

（张婷婷）

【开展肥胖儿专项管理工作】 11 月，吉祥园开展肥胖儿专项管理工作。幼儿体检后，针对筛查出的肥胖儿采取系列措施。1. 个案管理：班级教师日常观察肥胖儿进食量、进食速度和活动量，对每个肥胖儿的不同情况加以分析，每月总结。2. 饮食指导：建立正常饮食制度，注意膳食平衡和良好饮食习惯的培养，进餐时让肥胖儿放慢吃饭速度，细嚼慢咽，尽量多吃蔬菜，少吃主食。3. 加强运动：将肥胖儿的管理纳入一日游戏之中，各班教师积极为肥胖儿创

造条件，有目的地在游戏中进行训练。4. 召开肥胖儿家长会：让家长重视幼儿的肥胖问题，转变原有观念，家园配合，共同关注。通过一系列的干预措施，园内肥胖儿的状况得到控制，少数幼儿的肥胖指数已有所下降。

（张婷婷）

【加强园所文化梳理】 12 月 1 日，吉祥园

邀请区教科所主任赵文增帮助梳理园所文化建设。园所领导在“吉祥”二字上展开了思考，经过赵老师的指导与启发，最终定位于会说吉祥话、会做吉祥事、会展吉祥神，决定以打造“吉祥”文化为突破口，巧用吉祥之名，促进教师、幼儿及家长幸福成长，促进园所内涵发展。

（张婷婷）

【开展“元旦”庆祝活动】 12 月 31 日，吉祥园邀请家长参与“元旦”联欢会。会上，家长、幼儿与教师一起共同表演多种节目。1. 情景剧，家长与幼儿一起演出情景剧《三只小猪》；教师与幼儿合作演出情景剧《小兔乖乖》；教师带领幼儿和家长参与音乐游戏

《大象和蚊子》等。2. 舞蹈，教师与幼儿表演《孔雀舞》；家长吹笛子，幼儿伴舞；幼儿个人展示舞蹈《小苹果》等。3. 特色演出，大班幼儿表演魔术、演奏钢琴曲等。大班组另有“齐动手包饺子”环节。庆祝活动有力地增进教师、幼儿与家长三方之间的情感，受到家长的一致好评。　　（张婷婷）

北京市顺义区建北幼儿园

【概况】　2014 年，北京市顺义区建北幼儿园为教育部门办园，日托制。占地面积 2803.17 平米，全年教育经费投入 506.12 万元，全部为国家拨款。固定资产 225.83 万元。图书室藏书 2 万册，拥有图书室、教工活动室和资料室等专用教室 3 个，普通教室 7 个。拥有计算机 24 台。学校信息化经费投入 5 万元，校园网出口总带宽 100Mbps，数字资源量 800GB。教职工 33 人，其中教师 14 人，专科以上 29 人，中级职称以上 17 人；保健员 2 人，其中专科以上学历 2 人，中级职称 1 人。开设 7 个教学班，其中小班 3 个、中班 2 个、大班 2 个。幼儿入园 89 人、离园 67 人、在园 262 人。　　（宋永平）

【开展班旗设计活动】　3 月 18 日，建北幼儿园举办班旗设计活动。为营造一个良好的校园文化氛围，增强各班级的凝聚力，树立班级品牌特色，幼儿园特举办班旗设计活动。活动前，教师和幼儿一起进行创意。活动中，各班教师代表分别到台前展示本班作品，并

阐述设计理由，最终 7 个班均设计出具有本班品牌特色的班旗，经过通审和调整，交由广告公司制作。　　（宋永平）

【开展自然角创设系列活动】　3 月，建北园利用春暖花开的有利条件开展自然角创

设系列活动。10 日，园长对保育员教师进行种植技能、自然角功能等多方面前期培训。之后，各班着手创设自然角。20 日，由园长、后勤园长牵头，全体保育员教师参观各班自然角，在参观的同时，对创设过程中的问题及经验进行交流。27 日，各位教师根据“符合班级年龄特点、符合季节特点、幼儿参与度高、管理好生长旺盛、摆放有序美观、具有创造性、保育员介绍清晰目标明确”等七项内容进行综合打分。最终评选出自然角创设综合评价优秀奖 2 名、自然角植物生长旺盛奖 2 名、自然角管理创新奖 1 名、自然角创设认真奖 2 名。通过自然角创设系列活动，促进园所教师创设工作的热情，培养幼儿爱护动物、植物的情感。　　（宋永平）

【剪纸艺术家走进建北幼儿园】 5月10日，建北园开展“剪纸文化月”活动。北京市学前教育艺术领域工作室主持人姚兵岳、北京

教育科学研究院早期教育研究所研究员张霞、剪纸艺术家刘韧、赵玉亮四位老师走进建北幼儿园，同小朋友们一起互动交流剪纸心得。活动中，四位老师分别参与小班“神奇的纸变变变”、中班“我喜欢的小动物”以及大班“我喜欢的运动”剪纸活动，小朋友们专注的剪纸神情深深感染着大家。活动中，刘韧老师展示她精湛的剪纸艺术，小小剪刀吸引了孩子们的眼球，很快一个小孩在鸟语花香的环境中快乐拍皮球的剪纸画面呈现在大家的面前，刘老师给它起名叫做《幸福的童年》，并希望每位小朋友都拥有幸福快乐的童年。最后四位专家老师同园所的教师们，针对如何评价幼儿的剪纸的作品进行了现场的演示和交流。小朋友们在与专家的互动中，个个脸上洋溢着开心的笑容。园内处处洋溢着剪纸文化气息。此次活动激发幼儿对剪纸艺术的极大兴趣，培养幼儿健康的审美情趣。

（宋永平）

【承担区“3—5年成长期教师”培训活动】 5月20日，建北园接待顺义区50名“3—5年成长期教师”入园进行培训观摩活动。教师们首先观摩了高翠竹老师的小班艺术领域音乐活动新歌教学《打电话》，高老师从孩子们生活中熟悉的打电话引出歌曲内容，使孩子们更快地熟悉歌词，并针对小班幼儿的难点问题反复练习；接下来教师们又观摩一节大班艺术领域剪纸活动《西瓜船》，该活动展示

了孩子们精湛的剪纸艺术及丰富的想象力；然后大家一起观摩了户外体育循环区域活动，教研组长针对活动的开展情况及促进幼儿能力发展的作用等内容做了详细介绍；最后，建北园长与培训教师就教师们感兴趣的剪纸特色教学和新歌教学的引导策略进行互动交流。此次培训活动，从教案的规范书写到如何备好一节适合本班的教学活动，再到活动的组织与指导，给培训教师们做了充分的展示，使大家学有所思，看有所感，进一步提高教师们的日常教学能力，拓宽教学思路。

（宋永平）

【开展艺术联盟园观摩交流活动】 5月27日，顺义区艺术联盟园的6所园所共计20余

人走进建北园，参加剪纸教学观摩活动。活动中分别观摩小班“大家来聚餐”、中班“我设计的汽车”、大班“难忘的幼儿园”等剪纸系列教学活动，孩子们熟练的剪纸技能及丰富的想象力充分展示建北幼儿园的剪纸特色教学成果；之后建北园长对剪纸课程的研究

情况做详细介绍，最后学员们与教师一起交流，发表各自的感想，并对建北幼儿园的剪纸特色教学给予肯定。此次艺术联盟园的观摩交流活动，为建北幼儿园展示剪纸特色教学提供很好的展示平台。（宋永平）

【举办大班毕业典礼活动】 6月27日，建北园以“再见，我的幼儿园”为主题，举行

大班毕业典礼活动。活动前，幼儿园各处悬挂彩旗、横幅，充分渲染活动氛围。孩子们自制邀请卡，邀请家长参加自己的毕业典礼。活动中，邢园长为所有大班孩子的成长与进步表示祝贺，向所有支持幼儿园工作的家长表示感谢，对所有大班教师的辛勤付出给与肯定，之后为每名幼儿颁发了毕业证书。孩子们一起朗诵毕业诗，并为老师演唱《老师，再见了》等歌曲。大班教师一起为孩子送上离别寄语。毕业典礼上，老师、家长、孩子都流露出难舍之情。本次活动共有家长、教师、幼儿100余人参加。（宋永平）

【开展教师厨艺展示活动】 9月10日，建北园开展以“做幸福教师　展示自我”为主题的厨艺展示活动。教师们利用休息时间，

自己采买并研发制作新菜，于教师节当天，向大家进行菜品展示。教师们根据班级和部门分成不同的厨艺小组，他们集思广益，各显其能，尽情发挥厨艺才能，为大家带来了“天蓬元帅美容冻”“阳春白雪”“五彩蕨根粉”等各种风味菜肴。厨艺展示使教工们体会到烹饪的乐趣，也为老师们提供一个精神放松的平台，从而度过一个特殊而有意义的教师节。厨艺展示共有40余位教师参加。

（宋永平）

【开展“我为国庆添色彩”创意美术活动】 9月28日，建北园开展以“我为国庆添色彩”

创意美术活动。美术活动的主要材料是漆料和石头。孩子们利用手中的画笔，将一块块石头装饰得五彩缤纷。在绘画的过程中，不仅使幼儿体验在石头上做画的乐趣，充分发挥幼儿的想象力、创造力，同时也培养孩子们爱祖国、爱家乡的情怀，孩子们用自己的小画笔庆祝国庆节。（宋永平）

【开展与农村幼儿园手拉手活动】 10月14日，建北园为充分发挥区级幼儿园的辐射带动作用，园长、骨干教师、新教师等共10人到北小营中心幼儿园开展“手拉手”活动。活动有三项内容：两所幼儿园领导进行管理经验交流；建北幼儿园骨干教师执教观摩课；两所幼儿园教师进行教学活动研讨。观摩课由建北幼儿园骨干教师吴老师执教一节剪纸活动课，两园新教师对该活动进行观摩。活动中，吴老师与幼儿进行了有效的师幼互动，

展示了扎实的教学基本功和真实自然的教学风格，受到了听课老师的一致好评，为结对园注入新的教育理念。之后，建北园教师按照对应岗位下到各班级，对北小营中心园大、中、小班教学活动进行指导。最后，全体教师对教学活动进行集体研讨。此次手拉手活动，不仅构建两所幼儿园在管理与教育方面相互学习，共同发展的新平台，还取得理念共享、资源共享的双赢效果。（宋永平）

【开展园所环境创设系列活动】 10月，建北园开展园所环境创设系列活动。活动以人文精神培养为核心，以服务全园师幼为宗旨，

本着厉行节约的原则，通过对废旧物品的利用、对陈旧设施的更新、对狭小空间的创意改造等多种途径，将幼儿园环境进行全面升级。一是为老旧楼顶创设新意。巧妙利用并设计屋顶各个角落，使老旧、凌乱的屋顶焕然一新。两侧屋顶统一用草坪铺垫，管道缠绕绿藤，修整破损墙面后绘制儿童画，对废旧地砖加以合理利用，将屋顶做成“中国围棋棋盘屋顶”及“名人语录屋顶”，使师幼在美的感受中得到教育。二是规范美化自行车棚。针对幼儿园自行车棚设施陈旧，车辆码放无序等问题，对车棚进行环境美化，增设交通安全围挡，提高教工交通安全意识。悬挂风铃，提升车棚趣味性。三是增设园所文化角。针对幼儿园空间小等问题，开发利用有限的空间，创造无限教育价值，增设流水世界、风车世界、花卉园等。优美的校园环境是全面实施素质教育的有效载体，是幼儿园建设的一项重要内容。该创设活动，为全体家长、幼儿、教师创造了良好的校园环境。

（宋永平）

【开展第九届科研月暨艺术领域联盟园科研课展示活动】 12月18日，建北园邀请宏城

园、北小营园、高丽营一幼等6所顺义区艺术领域联盟园干部教师20余人，参加该园第九届科研月暨艺术领域联盟园科研课展示活动。首先，由建北幼儿园课题核心组成员和艺术领域联盟园教师共同观摩吴金华老师执教的剪纸教学活动“新年心愿”。活动中，吴老师引导幼儿大胆畅想自己的新年愿望，并用剪纸的形式表现，产生有情节的剪纸作品。课堂上，幼儿园为观摩教师提供纸张和剪刀，鼓励教师与幼儿一起剪纸，最后师幼通过剪纸创作，共同制作心愿卡，进行展示与欣赏。活动后，由授课教师进行自评，观摩教师针对活动进行研讨，大家均感深受启发，从而有效地促进幼儿教师专业化发展。本次活动不仅是一次科研成果的展示，也是一次教师

间共同分享、共同交流和共同提高的过程。（宋永平）

北京市顺义区金汉绿港幼儿园

【概况】 2014年，北京市顺义区金汉绿港幼儿园为教育部门办园，日托制。占地面积8700平方米（总园占地面积4200平方米；分园占地面积4500平方米）、校舍建筑面积5405平方米（总园建筑面积3405平方米；分园建筑面积2000平方米）。全年教育经费投入899.229971万元，全部为国家拨款。固定资产117.435345万元。图书室藏书1.0847万册。拥有音体专用教室2个（总园1个，分园1个），普通教室24个（总园12个；分园6个活动室，6个睡眠室）。拥有计算机39台。校园网出口总带宽100Mbps，数字资源量200GB。教职工73人，其中教师53人，专科以上52人，中级职称以上21人；保健员15人，其中5人为临时工，专科以上15人，中级职称以上5人。开设15个教学班，其中小班6个、中班4个、大班5个。幼儿入园266人、离园148人、在园660人。网址：htty://78221.ankang06.org/space/。（陈树环）

【电视台来园进行卫生检查采访】 2月18日，顺义电视台及相关检查人员组成的卫生

检查小组对金汉绿港幼儿园进行卫生检查。检查人员根据开学初幼儿园制定的卫生检查内容对各班进行逐一的现场打分。该园园长接受电视台的采访，介绍园内卫生工作的亮点及今后需要努力的方向。此次检查旨在提高各班的责任意识，促进环境卫生工作常抓不懈。（陈树环）

【召开幼小衔接家长会】 4月17日，金汉

绿港幼儿园召开大班家长幼小衔接家长会。会上园长吴冬梅为家长们讲述孩子在入学前需要进行的心理上、知识经验上以及家长如何配合幼儿园做好幼儿入学准备工作等相关内容，并与家长一起分享幼儿园以往一些经验。通过家园间的深度沟通，家长们对幼小衔接工作有了更全面的认识。教师与家长们表示要相互配合，力求让幼儿顺利渡过幼小接轨的“困难期”（陈树环）

【举办教职工趣味运动会】 5月30日，为

丰富教职工的业余文化生活，提升教职工的幸福指数，金汉绿港幼儿园举办教职工趣味运动会。运动会设计的比赛项目新颖有趣，深受教师们的喜爱。趣味运动会，不仅锻炼广大教师的身体，也增强教师之间团结协作的精神。最后，趣味运动会在一片愉悦、欢乐、和谐的气氛中圆满结束。（陈树环）

【举行科研课题展示活动】 6月13日，金汉绿港幼儿园举行科研课题交流及成果展示

活动。课题教师向专家、与会教师、业务园长们展示园内的研究成果“剪纸”活动。该活动特邀剪纸专家姚明悦来园指导，区教研室领导、部分优质幼儿园业务园长及骨干教师共40余人参加活动。 （陈树环）

【教委主任来园视察】 7月8日，区教委主

任刘克祥到金汉绿港幼儿园视察工作。刘主任参观幼儿园的校园环境，听取园长的工作汇报，亲切地与孩子们对话。他对幼儿园教育理念，教育教学环境以及为幼儿及家长提供的保教服务感到满意，充分肯定该幼儿园四年来的办园成绩。 （陈树环）

【成立分园小班部】 8月24日，金汉绿港幼儿园为满足周边小区幼儿的入园需求成立分园小班部。该部位于原光明小学校区内。占地面积2250平方米，教学设备先进，娱乐设施齐全，是一所童趣昂然、香溢满园、充满自然阳光的儿童乐园。该部着重培养幼儿的艺术个性和创造精神，为开放办园，建立网上家园交流平台，为幼儿，教师和家长搭建互动舞台。 （陈树环）

【开展“我们共成长”新老教师教学经验交流沙龙】 8月27日，金汉绿港幼儿园召开“我们共成长”新老教师交流教学经验沙龙。

会议由业务园长主持，几位年轻教师介绍自己踏上工作岗位以来的得与失及自己在幼儿园“一日生活”中存在的困惑。会上由任教七年以上的老教师向新教师有针对性地讲解幼儿教师应具备的教育技巧，特别强调增强教师责任意识的重要意义。最后，吴园长针对教师们交流的内容和以往工作中存在的不足做总结，并寄语新教师奋发努力，积极进取，早日在教坛开拓出新天地。 （陈树环）

【开展特色教育活动】 9月起，金汉绿港幼

儿园利用每周五下午，开展特色教育活动。课程有绘画、瑜伽、象棋及街舞表演；活动形式上，注重游戏性与教育性的结合，利用

园内的辅助用房，采用分组学习、小班化教学；时间安排上，严格执行相关文件规定，利用孩子在园时间开展活动，不挤占课外时间；师资安排上，充分利用本园有特长的教师和外聘专业教师相结合的教育教学方式。特色教育活动的有效开展，不但使园内教育质量得到全面提升，同时培养了幼儿的兴趣，拓宽了幼儿的视野，还为幼儿的个性化发展打开一扇新的“窗口”。（陈树环）

【区教研室领导来园视导工作】 10月23日，区学前教研室主任冯军，教研员王小红、

冯东方、王颖等老师及顺义区部分幼儿园业务园长到金汉绿港幼儿园视导。视导人员深入到各教学班中，观摩2节常规教学和半日活动。课后，教研室的老师们对授课教师课程选材适宜、设计巧妙、教学材料准备充分、有效调动了幼儿主动参与活动的积极性等方面给予肯定；随后对执课教师的教学形式、内涵、理念及班级常规管理等方面进行指导，为教师进一步组织好教学活动，指明方向。最后，对该园的课程建设工作提出宝贵意见，为园所教学工作拓展出新的思路。（陈树环）

【开展“绘本教学”培训活动】 10月28日，金汉绿港幼儿园邀请语言表达培训讲师、“故事时间”栏目创始人张柏涵老师来园进行“儿童绘本教学”专题培训。张老师诠释了什么叫做绘本，介绍绘本教学的多种途径；并声情并茂地示范讲解如何给孩子讲绘本、如何通过语音、语调、语速的变化及背景音乐的配合，表现绘本内容及绘本中所要表达的情感。培训

活动后，该园将通过创造书香园所的良好环境，使绘本教学与幼儿日常生活有益结合，更好地为孩子发展服务。（陈树环）

【承担“区域活动与指导专题研究”项目视导活动】 11月5日，北京市幼教专家国秀华老师在区学前教研室主任冯军等陪同下到金

汉绿港幼儿园视导区域活动。活动依现场观摩、教师反思、专家指导与困惑解答几个环节顺次进行。活动中，国老师针对两位教师区域活动展示中出现的问题进行点评和指导，并对老师们关于区域材料投放是否是宜、如何调动幼儿主动参与的热情和教师的介入如何适时适度等方面存在的困惑进行现场解答。该活动为金汉绿港幼儿园教师开展区域活动指明了方向。全区业务园长及名师工作室教师参加此次活动。（陈树环）

【小班部迎来首批专家团队指导】 11月17日，由北师大教育学院霍力岩教授带领的《综合主题活动课程》项目团队一行50余人

走进金汉绿港幼儿园小班部。活动中，该园精彩的两个综合主题活动及授课教师细致全面的活动反思，得到项目组成员及霍教授的认可与指导。（陈树环）

【召开科研课题开题报告会】 11 月 28 日，

被市规划办立项为校本专项课题《支持 3—6 岁幼儿多元表达能力的策略研究》的开题报告会在金汉绿港幼儿园召开。开题会由业务园长杨朔主持，杨园长介绍课题申报及立项情况，并宣读课题立项任务下达书和开题报告，阐述课题研究的背景意义及具体实施方法。接着，课题组专家对本课题进行有针对性的评议，课题组成员一致表示会进一步投入到该课题的研究实践中，按计划不断积累、反思、总结、提升。最后，吴园长做总结，她要求课题组成员要用自己的科研热情带动其他同志，在研究中要善于积累和总结，掌握第一手资料，研究要深入，不能流于形式，要以研带教，以教促研，用科研带动幼儿园的其他工作的有效开展。市规划办课题组专家及园所课题组全体成员参加会议。

（陈树环）

【承担半日活动专题项目视导活动】 12 月 16 日，金汉绿港幼儿园承担半日活动组织与指

导专题项目视导活动。聘请市级专家国秀华老师对园所教师进行全方位的半日活动常规诊断视导。国老师对晨间游戏、户外锻炼、自由活动、集体教学、区域游戏活动等进行全方位的观摩与记录。之后，与展示活动的老师就半日活动视导情况进行深入细致的交流，对教师工作的亮点给予充分肯定，对不足之处提出建设性意见。专家特别指出，教师不能因为怕秩序乱而太过于禁锢孩子的自由，管理力度还需要自己琢磨掌控。视导活动，不仅帮助教师规范自己的半日活动流程，有效提升半日活动质量，而且促进园所教师的专业成长。（陈树环）

北京市顺义区空港第一幼儿园

【概况】 2014 年 9 月 1 日，北京市顺义区空港第一幼儿园正式成立，为教育部门办园，日托制。园所占地面积 3680 平方米、校舍建筑面积 2580 平方米．全年教育经费投入 108.65 万元，其中，国家拨款 49.95 万元、自筹经费 58.7 万元。图书室藏书 0.14 万册，拥有多功能厅 1 个，普通教室 10 个。有计算机 25 台。校园网出口总带宽带 100Mbps，数字资源量 0GB。教职工 17 人，其中专任教师 8 人，大学本科 6 人，专科 2 人，小学高级教师 5 人。开设 4 个教学班，其中小班 2 个、中班 1 个、大班 1 个。幼儿入园 143 人、在园 143 人。网址：http：//konggangyiyou@126.com。（刘　涛）

【幼儿园正式开园】 9月1日，空港第一幼儿园正式开园。全园共有教职工17人，开设

大、中、小共4个班，入托幼儿143人。经过前期的装修改造和设备投入，提升了整体的办学条件，并于9月1日正式投入使用。该园的建立解决了空港街道下辖的三山、香蜜湾、中粮、裕祥社区学龄前幼儿入托问题。

（刘　涛）

【承办全区经典诵读初赛活动】 12月11日，空港第一幼儿园承办顺义区幼儿经典

诵读大赛活动。该园以“阅读经典　润泽童心”为主题，对比赛的背景设置、比赛环节等进行认真的筹划。整体组织过程严密、流畅，受到16支参赛队伍的一致好评。

（刘　涛）

北京市顺义区澜西园二区幼儿园

【概况】 2014年，北京市顺义区澜西园二区幼儿园为集体办园，日托制。占地面积4950平方米、校舍建筑面积3110平方米。图书室藏书0.42万册，包括电子图书0.11万册。拥有音体、泥塑等专用教室2个，普通教室12个。拥有计算机25台。教职工35人，其中教师27人，专科以上27人，中级职称以上22人；保健员3人，其中专科以上3人，中级职称以上2人。开设5个教学班，其中小班3个、中班1个、大班1个。幼儿入园168人、在园168人。

（宋　宇）

【召开幼小衔接家长会】 3月12日，澜西

园二区幼儿园召开“为幼儿成长助力”幼小衔接主题家长会。会上邀请顺义一中附小的刘秀清主任为家长们作《关注孩子成长，做好入学准备》的讲座，从小学教育方面的需求向家长全面介绍了孩子入小学前需要的准备事项，提出要从幼儿入小班开始就需培养观察、思考、大胆表现、与人沟通、自理、自律等能力；家长应配合幼儿园共同帮助幼儿养成良好的作息习惯、卫生习惯、学习习惯；还要关注幼儿的身体健康和心理健康。会后家长们纷纷表示要做好家园共育工作，一同为孩子们的成长助力。

（焦长齐）

【开展“端午包包乐”主题活动】 5月27

日，澜西园二幼在大班幼儿中开展“端午包包乐”主题活动。活动中，老师首先给孩子们讲解端午节的来历，以营造中华民族传统节日的气氛。接着，邀请家长代表将糯米、大枣、苇叶放在孩子们的手中传授包粽子的经验。孩子们的晚饭时间在浓浓粽香中快乐度过。该活动增强了孩子们的动手能力。

（焦长齐）

【成立打击乐团并首演成功】 6月1日，澜

西园二幼教师“魔法敲击”乐团成立后首演成功。为提高教师的音乐素养，积淀幼儿园的音乐底蕴，澜西园二幼聘请中央民族乐团的教师来园指导全体教师进行各种乐曲不同节奏型的编配和排练，还结合教师实际需求和特长对教师进行音条乐器旋律的敲击培训。乐团定期为幼儿举行打击乐演奏活动，从而大大激发幼儿对音乐的兴趣。（焦长齐）

【举办首届大班幼儿毕业典礼】 7月1日，澜西园二幼召开首届大班幼儿毕业典礼。会

上，有毕业班的孩子们的汇报演出，有中班孩子们自编自演送给哥哥姐姐的舞蹈，有孩子和家长的亲子节目，还有园长妈妈送给孩子们的祝福。幼儿园还精心为孩子们设计并制作个性毕业证，祝贺孩子们顺利毕业。活动后家长们对幼儿园为孩子们的辛勤付出表示肯定并予以感谢。（焦长齐）

【开展系列培训提升教师艺术素养】 7月，

澜西园二幼对全园教师进行艺术系列培训。一是美术领域：7月4日邀请了顺义一中美术教师史凡来园对全园教师进行国画技法培训，结合用笔、用墨、运笔、构图等技巧的运用，从理论到实践进行系统培训，收到良好效果。二是音乐领域：7月14日聘请亿童早教研究培训中心的培训师龙娥梅来园对全园教师进行《我的身体会唱歌》教材专题培训，活动中采取互动的形式，使教师们在参与的过程中体验了音乐活动的乐趣。（焦长齐）

【召开“拜师会”】 9月10日，澜西园二

幼举行“师徒结对”拜师会。这是该园自建园以来最盛大的一次“拜师结对”活动。会上，派对师徒现场签订责任书。通过师傅对徒弟传帮带，既充分发挥骨干教师的辐射作用，又带动新教师学习上更上一层楼，进而

提高教师的整体素质，促进教育教学工作的提高，从而为打造出学习型教师队伍，创造了良好条件。（宋　宇）

【举行青年教师恳谈会】 9月29日，澜西园二幼举办以“汇聚能量，阳光成长”为主题的青年教师恳谈会。会上，青年教师畅谈自己初为人师的经验体会，从不适应到适应、从懵懂到慢慢提升……并就如何进一步提高自己的专业能力提出学习目标和实践规划。园长对青年教师热情的工作状态、稳步的成长历程给予肯定；对教师们能意识到自身业务水平还需提高、及时规划自身成长的方向和目标给予鼓励；会上，她还和青年教师共同分享了《盖房子》《鹰之再生》等故事，并对青年教师提出人生和职业发展等方面殷切的希望。（宋　宇）

【开展亲子图书“漂流”活动】 10月11日，澜西园二幼举办亲子图书漂流展示。活动中由园方聘请365儿童图书馆馆长稽彩梅女士，为各年龄班精心挑选适合幼儿年龄特点、图文并茂的绘本图书。该活动本着激发幼儿阅读兴趣、培养幼儿阅读习惯，让孩子在享受阅读的过程中，认知能力、观察能力、沟通能力、想象力、创造力和情感发育，都能受到潜移默化的影响的主旨，为幼儿和家长搭建交流分享的平台，促进家长能有意识地和孩子们一起阅读绘本，营造温馨的环境，同时让孩子们从阅读刚一开始就接触到高水准的图与文，在听故事的过程中品味欣赏绘画艺术，理解文学内涵。（宋　宇）

【举行欢乐大放送活动】 10月31日，澜西园二幼举行2014学年度“欢乐大放送”活动。活动由周庆华老师主讲，全园师幼共同参加。活动中周庆华老师结合PPT图片和相关视频，向大家介绍中国人独有的武侠情结以及所衍生的武侠文化《中国功夫》。孩子们在欣赏视频、观看图片、聆听讲解的过程中欢声笑语不断，开阔了视野、增长了知识；还在活动中试穿武术服，做手持十八般兵器的大胆尝试。在周老师的引导下，孩子们认识到武术操不仅要做到刚柔并济、强身健体，同时还能让自己变得更健美。（宋　宇）

【举办教职工功夫扇比赛】 12月17日，澜西园二幼举行全体教职工参加的功夫扇比赛。

该活动是历经一个多月培训后举行的比赛，活动分三组进行，由三位领导和教练担任评委，评比出一、二、三等奖。赛中，教师们热情高涨，动作规范、优美、有力度，充分展现教师良好的精神风貌。比赛进行到最后，领导们也纷纷上阵，赢得教师们的阵阵掌声，也为此次活动画上圆满的句号。（宋 宇）

【召开班级管理工作培训会】 12月22日，

澜西园二幼召开班级管理工作培训会。培训过程中，各班级首先就开学以来存在的优点和不足展开讨论，最后达成共识：一是班组成员都要有责任心。二是班组成员间要相互关爱，才能更好地爱每一个孩子。三是要学会尊重、理解、接纳、沟通。四是对工作耐心、积极、热情、不计较。园长提出更为科学具体的方法与措施。1. 以身作则，规划统领班级。2. 认同、认可、体贴、帮助，凝聚班组人员。3. 勇于、敢于承担责任。4. 公正严明，加强沟通。5. 上传和下达讲究艺术，工作扎实有效。6. 加强学习，完善自我，养成反思的习惯。（宋 宇）

北京市顺义区澜西园四区幼儿园

【概况】 2014年，北京市顺义区澜西园四区幼儿园为公办园，日托制。占地面积5100平方米，园舍建筑面积3078平方米。全年教育经费投入74.48万元，全部为国家拨款。固定资产175.55万元。图书室藏书0.8861万册。拥有音体专用教室1个，普通教室12个。教室内设有电视和录音机等设备。拥有计算机37台。学校信息化经费投入11.54万元，校园网出口总带宽2Mbps。教职工48人，其中教师32人，专科以上31人，中级职称以上8人；保健员2人，其中专科以上2人，中级职称以上1人。开设8个教学班，其中小班3个、中班3个、大班2个。幼儿入园80人、离园34人、在园300人。（杜晓敬）

【开展级类验收跟进式指导】 从1月10日

开始，澜西园四幼先后5次请来北京验收组成员邹静华老师和教研室领导专家，对园所进行级类验收的跟进式指导。从档案材料到教学环境，从教师精神面貌到教学活动组织，在专家、领导的指导下，全园奋发图强不断改进，各项工作均取得长足的进步，为顺利通过一级二类验收打下坚实的基础。

（杜晓敬）

【举办专题讲座】 3月7日，澜西园四区幼儿园特邀心理学专家，为全园教师呈献一堂名为《做健康幸福教师》的专题讲座。本次

活动，在加深教师对幼教职业更深层次认识的同时，关注自己的心理感受，也使教师深深地体会到职责背后浓浓的职业幸福感。

（杜晓敬）

【开展边弹边唱培训活动】 3月21日，澜

西园四幼开展每周两次的音乐技能培训活动。园内钢琴8级的张健老师指导教师们边弹边唱幼儿歌曲，经过一段时间不断的练习，教师们已能够掌握基本技能，较顺畅的边弹边唱歌曲。活动增加教师开展音乐教学活动的自信心。

（杜晓敬）

【开展以绘本阅读为载体的园本教研活动】 5月7至30日，澜西园四幼开展以阅读活动

的设计与组织为内容的园本教研活动。活动中每位教师均组织一节阅读课，园长、业务园长和教师听课后，重点针对活动设计与组织情况进行研讨，对活动设计进行完善。这项活动促进该园阅读教学水平的提升。

（杜晓敬）

【顺利通过一级二类园验收】 6月16日，

澜西园四幼接受以市验收专家王处、邹科率领的专家团队的一级二类园验收。专家团首先听取园长的工作汇报，之后查看档案材料，并深入班级观看活动情况，专家团对园所的各项工作均给予肯定，澜西园四幼由此顺利通过一级二类园验收。

（杜晓敬）

【开展教师教育经验交流活动】 6月24日，澜西园四幼开展学期工作总结交流活动。各位教师把自身工作取得的突出之处，值得推广的教育、教学经验与大家交流，达到经验共享的目的，促进了教师的成长。

（杜晓敬）

【区教委主任刘克祥来园调研】 7月8日，

区教委主任刘克祥等一行领导，来到澜西园四幼进行调研。赵园长首先向刘主任详细地介绍园所的发展情况，刘主任对师资情况做了深入了解。随后，园领导陪同刘主任视察幼儿园环境，刘主任对园室内外文化建设及

教师的精神面貌给予充分肯定，并勉励全园教职工团结一心，为打造一所特色幼儿园而继续努力。（杜晓敬）

【开展玩教具制作交流活动】 8月26日，

澜西园四区幼儿园开展玩教具制作交流活动。全园教师每人制作一件精美的玩教具，并在交流中介绍玩教具的制作方法、玩法、培养目标，之后投放到班级。此项活动丰富幼儿活动区玩具，同时提高教师制作玩教具的能力。（杜晓敬）

【举办新学期家长辅导讲座】 8月29日，

澜西园四幼请来心理专家杨小欢老师对小班家长进行分离焦虑的心理疏导，举办以《孩子入园，我们该做些什么》为主题的讲座。讲座中杨老师对孩子入园哭闹的原因进行分析，对家长引导幼儿的方式等进行指导，并与家长进行互动，提供实践的策略。园所小班家长90多人参加。

（杜晓敬）

【举办“亲子同乐”运动会】 11月6至7日，澜西园四幼举办以“亲子同乐”为主题

的运动会，全园近300名家长参加活动。运动会由运动员入场、升国旗、幼儿体操表演、亲子同乐的亲子游戏四个环节组成。亲子游戏根据幼儿的年龄特点，与钻、爬、跑、跳、平衡、攀爬等体育训练项目相结合，激发幼儿体育锻炼的兴趣，促进幼儿体能的发展。

（杜晓敬）

【建设温馨教师之家】 12月4日，顺义区

教育工会黄杰老师来澜西园四区幼儿园进行建家工作检查。活动中，黄老师先听取该园工会主席和园长的汇报，之后查看档案，进行实地考察。反馈中，他对该园建家工作的思路，建设教师宿舍、澡堂，工会之家丰富的娱乐设施，多种图书及制度上墙，活动照片的展示等方面给予肯定，并对该园工会如何更好的为教师服务提出希望。（杜晓敬）

【市级专家引领科研月活动】 12月29日，澜西园四区幼儿园开展以“课题阶段性成果汇报”为主题的第九届科研月活动。专家组由北京市早教所的何桂香老师、分享阅读的阎老师、区教研室的陈明强科长、冯军主任组成。专家组先观看了小、中班的绘本阅读活动，之后观看大班故事表演，听取课题负责人的阶段性成果汇报。在专家引领的互动研讨环节，专家组对阅读教学活动和课题研究的阶段成果给予高度肯定。同时提出对于阅读指导策略应继续梳理的建议。此次活动为该园后期的研究指明方向，提升了教师研究的信心，为园本特色的形成起到奠基的作用。（杜晓敬）

【开展庆新年包饺子活动】 12月31日，澜西园四区幼儿园举办了庆新年 亲子包饺子活动。活动中，家长首先收获孩子的祝福，观看各班幼儿和教师的表演。之后，各班开展新年联欢。联欢中教师、家长和孩子一起包饺子、煮饺子、吃饺子。全园上下沉浸在融洽、和谐、愉快的节日氛围中。全园幼儿与家长近300人参加。（杜晓敬）

北京市顺义区李桥中心幼儿园

【概况】 2014年，北京市顺义区李桥中心幼儿园为教育部门办园，日托制。占地面积7184平方米、校舍建筑面积3482平方米。全年教育经费投入655.3万元，全部为国家拨款。固定资产114.76万元。图书室藏书0.49万册，包括电子图书0.1万册。普通教室9个。拥有计算机19台。学校信息化经费投入3.4万元，校园网出口总带宽0Mbps，数字资源量81GB。教职工46人，其中，教师30人，学历层次专科以上30人，专业技术职称层次中级职称以上7人；保健员1人，其中，学历层次专科以上1人，职称层次中级职称以上1人。开设11个教学班，其中，亲子班2个、小班3个、中班3个、大班3个。幼儿入园99人、离园91人、在园282人。（王 悦）

【开展武术操培训活动】 2月14日，李桥中心幼儿园聘请武术操专家，武术《精忠报国》《中国功夫》等创编者朱老师，为全园三十余名教师进行武术操指导。培训内容包括示范展示、分解动作纠正、交流研讨等环节。各班教师均表示收获颇丰，既规范各节操的动作，又使教师深入领会武术操的作用及意义。（王 悦）

【多举措预防春季传染病】 3月初，随着春

季的来临，李桥中心幼儿园开展多举措预防春季传染病工作。一是利用家园联系板、宣传橱窗、家长会等向幼儿及家长介绍防治传染病常识。二是在每天早晨户外活动期间，教室必须进行充分通风换气。三是加强对教室、玩具、水杯、手绢等消毒工作的监督检查。四是积极开展阳光体育活动，增强身体素质，提高自身免疫能力。五是为避免幼儿因衣物穿着不当而大量出汗，各班配备多个衣物整理箱，每名幼儿都将马甲、棉衣等不同厚度的衣服放在班内，以便及时为幼儿调整衣服。在一系列举措严格实施后，春季传染病得到有效控制。（王　悦）

【家园携手共庆三八】 3月8日，李桥中心

幼儿园为庆祝“三·八”节，精心策划组织开展了“我爱妈妈”系列活动。孩子们在节前完成“我爱妈妈”调查表，了解妈妈的生日、工作、爱好等，激发幼儿爱妈妈的情感。庆祝节日当天，邀请家长来园，幼儿送祝福语给妈妈、为妈妈做心愿卡或亲手做一朵小红花，给妈妈戴上；请妈妈介绍自己的工作，了解妈妈的辛苦和才干；表演《我的好妈妈》、《世上只有妈妈好》等节目。整个活动始终洋溢着一股温情，体现着孩子们对妈妈的爱。（王　悦）

【多举措落实安全】 3月27日，为切实将

安全工作落实到位，李桥中心幼儿园开展多种安全教育活动。1. 全园教职工进行安全知识学习和演练，并进行考试。2. 对幼儿进行安全教育，并体现在班级环境中。3. 教师带领全园幼儿进行安全疏散大演习。4. 每周五幼儿离园前对家长进行安全教育，提示家长注意幼儿人身安全、交通安全。5. 规范教师私家车安全管理工作，排除安全隐患。（王　悦）

【区教研室来园开展需求视导活动】 4月17日，区教研室领导冯军、王晓鸥、王颖、冯

东芳、祁静以及姐妹园所的园长来到李桥中心幼儿园进行需求视导。各位领导首先观摩新教师的音乐教育活动，对教师的教态、技能、课程的完整性、活动的有序性等方面，分别给予高度的评价。同时也针对音乐教育活动提出宝贵的意见及建议，如：表现作品的形式可以多样性、科学合理的运用指导语等。最后，根据该园现状，讨论艺术领域核心价值如何体现。此次需求视导活动，不仅促进幼儿在音乐教育活动中快乐地发展，而且使教师音乐活动的教育技能得以提升。

（王　悦）

【开展亲子故事表演活动】　5月，李桥中心

幼儿园在开展“阅读月”活动中，开展亲子故事表演活动。幼儿在表演中学习故事内容，深刻领会故事内在的意义，有效地促进亲子感情。教师以班级为单位广泛向家长宣传读书对促进幼儿发展与成长的好处，使故事表演活动促进家园共育，全园形成浓厚的书香氛围。

（王　悦）

【召开新生家长会】　8月30日，李桥中心幼儿园召开新生家长会。会上，园长、业

务及后勤两位副园长、保健医生和主管会计分别从园所整体情况、保教质量、卫生保健和财务管理等多个方面向家长进行介绍。此后，通过班级家长会向家长提出了需要配合的具体事项，明确了家园共同的奋斗目标：为幼儿创建一个温馨和谐的教育环境，使他们尽快融入和适应幼儿园集体生活。

（孙　娜）

【多项举措提升教师综合素养】　9至12月，李桥幼儿园为全面提升教师的综合素养，坚持做到：1. 弹唱：每周三午间组织初、中、高三个钢琴梯度组进行练琴汇报，督促教师零散时间练习边弹边唱技巧；2. 舞蹈：每周五上午教师舞蹈社团开展练习活动，提高教师的肢体协调与表现技能；3. 语言表达：每月一次的新教师讲故事展示评比，促进全体教师语言教学水平的提升；4. 户外教学：男教师外出观摩与园内实践，切实保证幼儿户外体育活动质量；5. 美术：少年宫老师每两周一次对全园教师进行美术培训讲座，从绘画、手工制作和幼儿美术指导等多方面提高教师技能。

（孙　娜）

【开展系列活动强化保育员工作规范】　10月22日，李桥中心幼儿园为强化规范保育员

工作，开展了系列活动。一是通过月末进餐评比推选星级班级，全园观摩学习；二是每周进行知识学习与考试，提升保育员保教理论修养；三是周一组织园内卫生死角大检查，全面督察保育员抓好细节工作；四是开展实操技能专项竞赛，提高保育员工作时效。活

动的顺利开展，有效地提升保育员教师的专业技能，促进幼儿园的保教水平的提升。

（孙　娜）

【举行结题鉴定会】　11月21日，李桥中心

幼儿园举行北京市教育学会“十二五”立项课题《整体教育视野下田园教育资源开发运用策略研究》的结题鉴定会，区师训科科长安贵增、教科室主任周婧彦、学前教研室主任冯军、旺泉及顺和花园一区两所幼儿园园长高淑荣、李娟出席本次会议。会上，李桥中心幼儿园科研负责人果燕君首先做成果汇报，其次两名教师与大家分享课题案例和收获，随后园长殷媚从管理方面做补充说明。与会专家给予该课题较高评价，并就李桥中心幼儿园如何做好成果梳理和继续开展新课题的研究提出宝贵意见。（孙　娜）

【多举措践行社会主义核心价值观】　12月10日，李桥中心幼儿园多举措弘扬和践行社

会主义核心价值观，提升全园教职工、幼儿及家长的道德素养，树立正确的人生观。该园先后开展了如下活动：1. 在园内宣传栏中创设社会主义核心价值内容宣传版面；2. 借助“彩虹诵读”开展家园国学经典诵读月活动；3. 鼓励教师调动课程资源激发幼儿对祖国、家乡和民族的热爱之情；4. 邀请专家讲座细致全面地向教师阐释社会主义核心价值观的深刻内涵；5. 指导教师围绕“社会主义核心价值”撰写师德案例并交流分享。

（孙　娜）

【党支部召开换届选举大会】　12月24日，

李桥中心幼儿园党支部召开党员大会进行支部书记、支委换届选举。内容包括；制定换届选举工作方案；召开支部委员会，讨论本届支部的工作报告；组织酝酿、推荐下届支部书记、委员候选人，并上报审批；做好会议材料准备和会务准备工作，并上报。新一届党支部由委员3人组成，其中书记1名，由园长殷媚担任；委员2名，纪检委员，由副园长赵伟担任，组织委员由王悦担任。

（王　悦）

【做好早教送教下乡工作】　年内，李桥中心幼儿园作为北京市早期教育示范基地，顺义区0—3岁早期教育的排头兵，在李桥镇偏远村庄开展早教送教下乡活动。早教老师定期走进李桥镇南庄头村、苏庄村开展免费早期教育活动，把早教送到老百姓家门口，宣传早期教育，培养家长的早教意识，指导家长科学的早教方法。早教送教下乡活动受到家长的一致好评。（王　悦）

北京市顺义区李遂中心幼儿园

【概况】 2014 年，北京市顺义区李遂中心幼儿园为教育部门办园，日托制。占地面积 10005 平方米，校舍建筑面积 3152.92 平方米。全年教育经费投入 538.84 万元，其中，国家拨款 91 万元，固定资产 579.83 万元。图书室藏书 0.53 万册，包括电子图书 0.05 万册。拥有计算机 25 台，幼儿园信息化经费投入 3.4 万元，校园网出口总带宽 100Mbps，数字资源量 850GB。拥有音乐、美术、通向数学、玩具图书屋、科学发现室等专用教室 6 个，普通教室 8 个。教室内设有多媒体、钢琴、电子琴、播放机等教学设备。教职工 36 人，其中，教师 29 人，学历层次专科以上 35 人，专业技术职称层次中级职称以上 13 人；保健员 1 人。开设 8 个教学班，其中，小班 3 个、中班 3 个、大班 2 个。幼儿入园 108 人、离园 104 人、在园 297 人。网址：http：//www. shyxue. com （徐溪瑶）

【开展寒假读书交流活动】 2 月 13 日，李遂中心幼儿园开展“寒假读书交流”活动。交流会上，教职工们相互传看读书笔记，隽秀的字迹，丰富的内容反映该园干部教师学习充电，且读且思，且思且行不断完善自我的过程。随后典型教师发言分享读书的收获与感悟，涵盖怎样选书、怎样有效做笔记、读书怎样服务工作等问题。此次开展读书分享交流活动，教师们触动颇多，开阔了思路，增长了见识，体会到“读活书、活读书、读书活”的真谛。 （徐溪瑶）

【开展幼小衔接教师交流活动】 2 月 20 日，李遂中心幼儿园大班组教师走进李遂小学，与小学一年级教师针对如何做好幼小衔接进行交流。业务园长陈淑梅带领三位大班教师，来到李遂小学，同校长、一年级主任及教师进行幼小衔接细节的交流。通过这项活动，幼儿园、小学双方加强了沟通，增进了了解，为幼儿园调整工作重心，使幼儿更快适应小学生活提供帮助。 （徐溪瑶）

【召开幼小衔接家长会建立家校沟通平台】 3 月 11 日，李遂中心幼儿园召开幼小衔接家校沟通家长会。邀请李遂小学一年级主任马秀清走进幼儿园，与大班家长面对面沟通交流，对入学儿童如何做好入学准备提出具体建议。此次活动为家长和小学教师搭建沟通平台，不仅给予家长们学习改进育儿方法的机会，也加强小学教师与家长的沟通交流。

（徐溪瑶）

【推出幼、师、家联合三举措　培养幼儿阅读能力】　3 月，李遂中心幼儿园组织幼儿、

教师、家庭，开展系列阅读活动。该幼儿园主要采取如下三举措：①举办“师幼自制图书”讲座活动。为帮助幼儿记录日常生活的感悟、总结梳理经验，李遂中心幼儿园倡导师幼一起自制图书。②开展“亲子阅读”讲座活动。为帮助家长解决亲子阅读的实际问题，以“请专家”和“家长经验分享”的形式，同家长们一起交流探讨。③购置多类型图书，丰富班级阅读区角。为了让幼儿感受到不同风格图书的魅力，李遂中心幼儿园先后购置立体翻翻书、声音图书等，丰富班级阅读区角，幼儿可以自主取书翻看，营造浓厚的阅读氛围。　　　　　　　　　**（徐溪瑶）**

【开展读书活动倡导全民皆悦读】　4 月，李

遂中心幼儿园为迎 4·23 世界读书日，开展“全民皆悦读　点燃新智慧”系列阅读推广活动，努力营造书香校园。活动后，王妈妈手里拿着印有交通方式的“自制图书馆介绍卡”，不住地笑着说：“我们好多农村家长都不知道这些书馆啊！还是咱们幼儿园让我们打开眼界，我们可以周末带孩子去。这种活动要多组织啊！”。活动的顺利举办，让李遂中心幼儿园园长任丽娟感悟颇多：“此次世界读书日只是契机，日后我们仍要继续倡导教师读书促专业、家长读书正观念、幼儿阅读塑性格。”在全民皆悦读中，读书好、好读书、读好书的社会风尚正快速形成。　　　　　　　　　**（徐溪瑶）**

【举办亲子运动节拉近亲子关系】　5 月 21

至 23 日，李遂中心幼儿园举办全园亲子运动节。本次运动节，近 300 名家长同幼儿一起参与各种体育游戏。不仅加强幼儿跑、跳、投、走等方面的技能锻炼，而且增进亲子关系的有机联系和沟通，为幼儿健康、快乐发展架起一座新桥梁。　　　　　　　　　**（徐溪瑶）**

【开展区内课题管理经验交流活动】　6 月 27 日，区教科室周婧彦老师和各个幼儿园兼职科研员来到李遂中心幼儿园开展区内课题经

验交流研讨活动。本次活动通过“看”、“听”、“议”、“查”四种方式了解该园课题《依托幼儿文艺作品开展科学教育活动的实践研究》的研究情况，同时进行有针对性的指导。此次课题经验交流活动，得到领导们的充分肯定，也为该园科研工作继续深入开展开拓思路，指明前进方向。（徐溪瑶）

【区教工委书记冯义国到园调研】 7月1日，区教工委书记冯义国来到李遂中心幼儿园调研。冯书记查看幼儿园的食堂环境、班级环境，重点询问幼儿室外活动场地的设施情况，并听取仁丽娟园长就园所发展、教学设施、师资状况和安全设施等方面的详细介绍。（徐溪瑶）

【开展“学模范　树师德”学习交流活动】 8月29日，李遂中心幼儿园开展“学模范　树师德”学习交流活动。活动结束后，园长任丽娟强调：“道德模范是我们身边的普通人，他们的事迹看得见、摸得着、学得到。孩子是我们国家的未来。我们每一位幼儿教师要兢兢业业，致力国家未来的发展，为实现中国梦而努力”。（徐溪瑶）

【举行幼儿教师主题辩论赛】 10月24日，李遂中心幼儿园全体教师举行一场关于“幼儿活动中，规则与自主哪个更重要”的辩论赛。正反双方旁征博引，引经据典，你争我辩，妙语横生，进行激烈的对决。由业务园长及后勤园长等组建的评审团评委给三场辩论赛作精彩的点评。本次辩论赛，给教师们创造“说”的机会，培养教师“说”的勇气，锻炼教师“说”的智慧，更好地挑战教师的口才，激发教师的潜力。（徐溪瑶）

【体验微视频制作魅力捕捉一日生活教育契机】 11月28日，李遂中心幼儿园特邀请李遂镇文教办的张林老师为大家进行微视频制作的培训。通过此次培训，教师们对微视频

制作有了更加全面、清晰的认识，激发教师们利用现代信息技术促进教育教学改进的热情。教师们表示以后将学以致用，把这一技术充分运用到幼儿一日生活教育中去，把碎片化知识点融进短小精悍的微视频中。全园30多位教职工参加了培训。（徐溪瑶）

【参与北海幼儿园科研月活动促进教师研究能力的提升】 12月11日，李遂中心幼儿园组

织教师走进北海幼儿园，参与西城区一年一度的科研月活动，将教育研究的触角伸到园外。本次科研月围绕“区域游戏中，如何支持大班幼儿自主学习”的主题，以观摩、研讨及专家点评的方式，分享学习北海幼儿园一线教师的研究成果。通过本次现场学习活动，让教师们了解北海幼儿园扎实、民主、开放的教科研文化，促进遂幼教师在参与、观摩中内化知识和经验，掌握有效工作的方法，提升教师的研究能力，增进团队的凝聚力，促进教师队伍的茁壮成长。（徐溪瑶）

【携手葛代子村委会举办首届幼儿艺术节】 12月31日，李遂中心幼儿园携手葛代子村委会，将“流光异彩，唱响新年之歌”首届幼

儿艺术节汇演节目奉献给全园家长、教师及村民观众。现场座无虚席，掌声阵阵，笑语连连，300余人观看演出。结尾部分由大班幼儿展示的武术操《三字经》，诵出国学经典。两个多小时的演出内容丰富多彩，小朋友们活泼可爱的造型、充满童稚的歌声、惟妙惟肖的表演展现李遂幼儿园幼儿的风采，也赢得观众愉快的笑声和热烈的掌声。（徐溪瑶）

北京市顺义区龙湾屯中心幼儿园

【概况】 2014年，北京市顺义区龙湾屯中心幼儿园为教育部门办园，日托制。占地面积5045平方米、建筑面积2240平方米。全年教育经费投入377万元，全部为国家拨款。固定资产总值205.5万元。图书室藏书6.773万册，包括电子图书0.0002万册。拥有音体室和美工室等专业教室2个，普通教室6个。拥有计算机19台。校园网出口总带宽4Mbps，数字资源量300GB。教职工33人，其中专任教师9人，专科以上7人，中级职称以上4人；保健员1人，其中专科以上1人，中级职称以上1人。开设6个教学班，其中小班2个，中班2个，大班2个。幼儿入园76人，离园64人，在园204人。网址：http://shunyilongwantunyey.ankang06.org。（浦宪红）。

【召开学期初卫生保健工作会】 2月25日，龙湾屯中心幼儿园召开学期初首次卫生保健工作会。此次工作会分别从健康检查、防病措施、营养与膳食、卫生消毒、安全健康教育和检查卫生宣传与家长联系六个方面进行

部署，其中特别强调严格执行晨检制度，通过“看”“摸”“问”，发现问题，及时处理，并做好记录，确保每天出入园的幼儿身体健康。园领导将采取定期检查和不定期抽查的方式，对幼儿园卫生保健工作进行全面的督查与指导。（张　妍　孙　帅）

【开展“我是小歌手”歌曲展示活动】　2月27日，龙湾屯中心幼儿园开展“我是小歌

手”——中班歌曲展示活动。展示在轻松愉悦的气氛中进行。孩子们用充满稚气的童声演唱一首首优美动听的歌曲，既唱出自己快乐的童年、幸福的生活，又唱出对祖国家乡和亲人的爱。展示活动不仅为幼儿提供一个自我展示的舞台和锻炼自我的机会，使他们在快乐的童年生活中获得了有益于身心发展的体验和经验，而且提高幼儿的艺术素养，锻炼幼儿的胆量，培养幼儿的自信和勇气。

（张　妍　孙　帅）

【开展亲子手工环保制作展评活动】　3月21日，龙湾屯中心幼儿园开展主题为“小手拉大手”亲子手工制作展评活动。此次活动本着

自愿的原则。之前的假期中，孩子和家长们一起利用废旧材料制作了《娃娃储蓄罐》、《心愿风铃》、《坦克》等40余件作品。活动中孩子们主动对自己的作品进行展示和介绍，一件件精美而富有创意的作品，让老师们感受到每一个家庭的集体智慧和艺术灵感，孩子们对作品精彩的介绍，更是让家长们体会到亲子手工制作带来的快乐。（张　妍　孙　帅）

【举办第四届幼儿春季运动会】　4月30日，

龙湾屯中心幼儿园举办主题为“我运动，我健康，我快乐”第四届幼儿春季运动会。开幕式上孩子们喊着嘹亮的口号，迈着矫健的步伐进入会场，大班幼儿表演一段热情奔放的开场舞《加油，加油》。运动会上，幼儿们参加宝贝向前冲、小企鹅下蛋、给小动物喂食等十余项比赛。小运动员向家长们展示运动、健康、快乐、向上的精神风貌，家长们也积极参与其中，担任裁判员，进一步促进家园交流与合作。孩子们从活动中充分感受到运动带来的快乐，分享了合作带来的愉悦，进一步提高对体育活动的兴趣，增强幼儿动作的协调性和灵活性，培养团队协作精神、竞争意识及抗挫折能力。（张　妍　孙　帅）

【于庆丰副区长来园慰问】　5月29日，顺义区副区长于庆丰、龙湾屯镇党委书记史卫东、教委副主任王彪等多位领导带着浓浓的关爱来到龙湾屯中心幼儿园，为孩子们送上节日的祝福。领导们首先参观园所的自然环境，走进美工室、音体室等专用活动室与孩子们进行亲密互动。于副区长对龙湾屯中心幼儿园富有特色

的校园环境、现代化的教学设施、良好的师生风貌表示赞赏。随后领导们观看孩子们和教师的歌舞演出，特别对舞蹈《天竺少女》给予一致称赞。演出结束后，于区长与小演员们合影留念并赠送精美的节日礼物。最后，于区长与教师进行亲切座谈，并对园所未来和教工发展寄予殷切厚望。（孙　帅　张　妍）

【区教委领导来园调研指导工作】 7月4日，区教委主任刘克祥、副主任张海东、高山、王彪等领导一行九人来到龙湾屯中心幼

儿园调研指导工作。刘主任在认真听取园长关于园所基本情况的介绍之后，针对园所位置偏远而造成人员流动性较大以及编外用工实际困难情况提出解决的建议，并表示在今后的工作中区教委各职能科室将对该园予以大力支持的明确态度。领导们对园所自然生态化的活动环境以及教师饱满的精神面貌和无私的奉献精神给予充分肯定。同时刘主任还非常关心并询问新园施工进展情况，帮助梳理今后园所发展的规划和特色。（孙　帅）

【举办第一届美食艺术节面点创意大赛】 7月8日，龙湾屯中心幼儿园举办第一届美食艺

术节面点创意大赛。大赛中，教师在欢声笑语中切磋着厨艺。芙蓉金鱼饺、米饭小丸子、迷你土豆泥等近30种形色各异的美食面点令人眼花缭乱。教师揉、捏、擀、抻的娴熟动作无处不彰显出各自的深厚功底和独特的创意思维。该活动在丰富幼儿伙食种类的同时也激发了教师对美好生活的热爱，使大家深刻体会到幼儿园大家庭的温暖。（孙　帅）

【开展“品读经典　滋养人生”彩虹读书交流活动】 9月26日，龙湾屯中心幼儿园开展

“品读经典　滋养人生”——彩虹读书交流活动。活动中教师用经典中的精彩语句畅谈心得，并利用扎染、折叠、刻纸、手工针线等不同艺术表现形式制作出各种富有民族特色的书签，然后将书签赠送给书友，从而使教师们在阅读时更加兴趣盎然，进一步拓宽知识面和提高了审美情趣。（张雪征）

【召开家长委员会工作会议】 10月11日，龙湾屯中心幼儿园召开2014年家长委员会工作会议。会上，园领导宣读了幼儿园家委会的各项职责和制度，并对幼儿园各项工作情况向家长进行汇报；随后邀请家长委员参与第四届亲子手工制作展示活动，展示过程中家长委员们对一件件独具匠心的手工作品赞叹不已。活动共评选出10名最佳优秀奖和23名优秀奖。此次活动拉近家园的距离，对进一步加强家园沟通和合作起到很好的推进作用。

（孙　帅）

【开展综合主题性课程观摩指导活动】 10月21日，顺义区“园长专业领导力与新教师专业成长”项目组、北京师范大学霍力岩教授专家团队、学前科、学前教研室领导及实验园、参与园的园长、教师等46人来到龙湾屯中心幼儿园观摩指导综合主题性课程活动。首先由项目组房老师作关于培养幼儿积极学习品质的讲座；在两个课程展示中，教师饱满的精神状态和孩子们参与的热情给领导们留下深刻印象；随后，园长与大家交流综合主题活动实施情况，分享心得体会；在U型教研环节，两位教师进行课程反思；霍教授专家组对综合主题课程的成果表示充分肯定，认为该园的师幼行为、内外环境、一日生活各环节等都彰显出浓郁艺术特色，凸显园所尚美特色的理念。此次观摩指导活动，不仅拓宽该园综合主题活动的思路，也为该园进一步实施特色课程奠定良好的基础。

（孙　帅　李晴月）

【开展走进果园户外写生活动】 11月2日，龙湾屯中心幼儿园组织大班幼儿开展走进果园户外写生活动。此次活动全程徒步，孩子们近距离观察苹果树，通过看、摸、闻等多种感官参与，提高幼儿探索事物的兴趣；自主选择角度写生苹果树，提高幼儿对秋天、对自然美的感受力。该活动进一步深化了幼儿园“尚美”特色课程。

（孙　帅　李晴月）

【开展民俗快乐体验活动】 11月3日，龙湾屯中心园组织大班幼儿到河北村民俗文化

体验园进行参观体验活动。结合大班开展的“动物”主题活动，参观重点是动物乐园，孩子们近距离观察感知动物，与动物亲密接触，被激发出探索动物的浓浓欲望。通过参观农耕文明实物展等，孩子们感受到中国民俗文化的多样性、丰富性及民间工艺的独特魅力。结合园所“尚美”特色课程，开展“快乐体验”美术创作，进一步萌发出民族自豪感。

（孙　帅　李晴月）

【组织课题视导活动】　12月4日，区教科

室周婧彦老师和几位幼儿园业务园长、课题负责人来到龙湾屯中心幼儿园进行课题视导。视导组首先走进美工室观摩一节大二班课题研究核心活动课；接着听取园所科研负责人胡金波作课题研究中期阶段成果汇报；又听取执课教师的设计思路以及课题组教师反思与收获介绍；最后对课题进展情况进行客观评议，对大二班的研究课提出建设性意见，并对龙湾屯中心幼儿园尚美特色予以充分肯定。该视导为园所科研工作继续深入开展开拓了思路。

（孙　帅　李晴月）

【举办亲子新年联欢活动】　12月31日，龙湾屯中心幼儿园举办新年亲子联欢活动。活动中孩子们大胆的表演、口齿流利的主持节目、积极参与词语接龙的游戏，以及和家长愉快地进行亲子游戏等，都让家长感受到幼儿园教育的实效：孩子的语言表达能力提高了、观察能力有变化了、遇到事情会主动想办法了、作息时间有规律了、绘画水平提

高了……家长对孩子的表现很满意，并对幼儿园的教育给予充分肯定。

（孙　帅　李晴月）

北京市顺义区马坡第一幼儿园

【概况】　2014年，北京市顺义区马坡第一幼儿园为教育部门办园，日托制。占地面积6510平方米、校舍建筑面积5308平方米。全年教育经费投入110.69万元，全部为国家拨款。固定资产772.4万元。图书室藏书58188万册，无电子图书。拥有通向数学专用教室、音体室等专用教室2个，普通教室12个。拥有计算机26台。学校信息化经费投入1.2万元，校园网出口总带宽100Mbps，数字资源量500GB。教职工53人，其中，教师37人，学历层次专科以上37人，专业技术职称层次中级职称以上无；保健员2人，其中，学历层次专科以上2人，职称层次中级职称以上无；开设11个教学班，其中，小班5个、中班3个、大班3个。幼儿入园156人、离园98人、在园380人。

（秦亚荣）

【聘请小学教师为大班幼儿家长作讲座】　3月11日，马坡第一幼儿园聘请马坡中心小学的张伟、胡晓芬两位老师为大班幼儿家长作《低调望成龙，高调注养成》讲座，主要内容为“幼小衔接需要做好哪些入学准备”。两位老师首先讲述幼儿园在幼小衔接方面要做各种准备，然后向家长讲述如何做好幼小衔接工作，最后针对家长需求，组织家长与小学

教师座谈，家长就孩子入学疑问进行现场咨询。两位小学老师对家长提出的问题一一进行了详细解答。大班幼儿家长、幼儿园家委会成员及教职工110人参加。（张玉平）

【召开3·18民主日大会】 3月18日，马

坡第一幼儿园召开民主日大会。园长公布本学期园所工作计划、奖励性绩效工资的调整方案和幼儿园室内外不锈钢围栏的改造项目；工会主席对教职工提出的合理化建议进行现场反馈，对优秀建议给予表扬鼓励；主管会计对园所财务收支、编外人员的工资保险拨付等情况进行公示；教职工公开点题，园长现场解答。大会后教职工当场填写民主日测评表，满意率达100%。（张玉平）

【召开新学期家委会】 3月26日，马坡第一幼儿园召开本学期第一次家委会。本次会议共有四项内容：1. 主管后勤工作的刘园长、主管业务工作的高园长分别对上学期后勤保障工作和保教工作进行总结，园长提出“一切为了孩子，为了孩子的一切，

为了一切孩子”的办园宗旨。2. 业务园长向家长代表公布本学期各月的重点工作。3. 请家长代表参与本园工作，对工作提出意见和建议。4. 向家长代表发放调查问卷。（张玉平）

【开展亲子故事大赛活动】 4月25日，马

坡第一幼儿园结合世界读书日举办首届阅读节——亲子故事表演大赛活动。本次活动分为三个阶段进行：第一阶段：报名阶段（3月20日至4月4日）家长到本班教师处报名。第二阶段：初赛阶段（4月14至18日）各班根据报名情况开展班级展示，推荐2至3个故事。第三阶段：决赛阶段（4月25日）班级推荐优胜者参加全园决赛。表演形式：可以是单个家庭独立完成表演，也可以是多个家庭组合完成。经过家长们的精心准备，比赛在老师、家长和孩子们的欢笑声中圆满结束，园领导为家长和孩子们颁发了奖状和奖品。（张玉平）

【邀请专家做区域游戏培训】 9月22日，马坡第一幼儿园邀请“亿童”幼教培训中心李敏芝老师对全园教师进行区域游戏活动组

织与指导的培训。专家从游戏活动的发起、主题的确立、过程中的观察、指导与评价等几方面对教师进行耐心细致的讲解，全体教师受益匪浅。本次培训是系列培训之一，今后还将进一步深入班级，根据幼儿具体游戏情况对教师进行跟进式指导。（秦亚荣）

【区教科室主任来园进行科研视导】 10月28日，区考研中心教科室周靖彦主任和双兴

幼儿园、西辛幼儿园两名业务园长到马坡第一幼儿园进行科研视导工作。首先，领导们观看中一班宋晓昕老师的“通向数学”课程“小猪补墙洞”。然后，领导们听取该园科研负责人对“十二五”开题后的课题进展情况的中期汇报和小班组“我和图形交朋友”、中班组“数学活动‘一把抓’”主题活动的方案设计。最后，领导们针对中一班的数学活动和幼儿园的科研工作，分别从活动的目标、内容、过程和教师教案的书写以及成果汇报的整理等多方面给教师们以具体的指导。（张玉平）

【召开秋季亲子运动会】 11月6日，马坡第一幼儿园召开秋季亲子运动会，全园幼儿、教师及350名家长参加，并邀请家委会成员参与运动会的策划及实施。开幕式结束后，按

照大、中、小班的顺序，孩子们进行精彩的体操展示，最后进行亲子游戏比赛。比赛分各年龄班进行，由教师根据幼儿年龄特点组织幼儿进行亲子游戏活动，如小蚂蚁搬豆、毛毛虫散步、亲子跳跳跳等。比赛过程中，家长和孩子们积极参与，大家玩得不亦乐乎，整个操场洋溢着家长和孩子们的欢声笑语。比赛结束后，以年龄班为单位，根据不同奖项为每个班级颁发奖状。（张玉平）

【开展幼儿广播操比赛活动】 11月23日，

马坡第一幼儿园开展幼儿广播操比赛活动。参加活动的除了幼儿园全体教师和幼儿外，有11名家委会成员担任比赛的评委。比赛分三部分进行：首先是隆重的入场仪式，小运动员们举着标牌、喊着口号，精神抖擞地来到比赛场上。然后是幼儿体操比赛，比赛分大班、中班和小班三个组进行。最后是公布比赛成绩，大一班、中二班和小四班被评为“优秀奖”，另有四个班被评为“最佳表现奖”、四个班被评为“鼓励奖”，园领导为各班颁发了奖状。（张玉平）

【区教育工会来园检查工作】 12月3日，区教育工会的检查团到马坡第一幼儿园检查工作。首先，检查团听取该园工会主席刘园长的汇报，查看相关材料，对部分老师进行问卷调查。之后，在李然园长的带领下参观幼儿园的厨房、办公室、宿舍、多功能厅等设施。最后，王宝刚主席进行总结，对该园工会工作予以充分肯定，并且提出：希望该园在今后的工会工作中要继续坚持以促进保教工作为核心目标的活动重点。（秦亚荣）

【区教委学前科来园检查工作】 12月12日，区教委学前科检查团到马坡第一幼儿园进行区示范园申报视导工作。首先，检查团一行5人分别听小、中、大三个年龄班的教育活动课，观看班级环境，随后进行反馈。最后对卫生保健、保教、后勤等资料进行查阅和反馈。检查团领导对该园教师分层培养方面和家园共育方面工作给予充分肯定，对班级保教工作提出更高、更具体的要求。

（张玉平　秦亚荣）

【举办亲子爱牙情景剧汇演】 12月15日，马坡第一幼儿园11个教学班进行亲子爱牙情景剧汇演。此次汇演活动是马坡一幼多举措引导幼儿爱牙系列活动之一。活动准备阶段，各班教师、幼儿与家长积极筹划、准备、排练。表演中，演员们入情入景，观众们兴趣盎然。表演结束后，园领导为演员们颁发了奖品并合影留念。（秦亚荣　张玉平）

【开展教师讲故事比赛】 12月19日，马坡第一幼儿园开展教师讲故事比赛活动。共30名教师参加比赛，分班长、组员及保育员三组进行。参加比赛的教师们个个精神饱满，语言完整流畅，表情生动活泼，表演得绘声绘色，尤其是杨文翠、石艳和赵润佳老师，她们的动作、神态、语气极富表现力，将故事情节表现得淋漓尽致，博得了大家阵阵笑声和热烈的掌声。园领导和部分后勤老师作为评委，依据评分标准进行现场打分，每组评选出一等奖一名，二等奖两名，其余均为三等奖。（张玉平　秦亚荣）

【开展课题成果促课堂高效教育科研月活动】 12月25日，马坡第一幼儿园开展主题为“课题成果促课堂高效”的科研月活动。参加活

动的除了本园领导和教师外，还有马坡第三幼儿园、双兴幼儿园等四个幼儿园的园长。大家首先观摩小二班刘鑫颖老师和大一班邢硕老师的通向数学教育活动，然后针对这两节教育活动进行研讨。各位领导、老师们提出自己的不同见解，为马坡一幼留下宝贵的意见和建议。 （张玉平　秦亚荣）

北京市顺义区马坡第二幼儿园

【概况】 2014 年，北京市顺义区马坡第二幼儿园为教育部门办园类别，日托制。占地面积4300 平方米、校舍建筑面积 2100 平方米。全年教育经费投入 589.74 万元，其中，国家拨款 509.24 万元、自筹经费 80 万元。固定资产 424.28 万元。图书室藏书 0.7 万册。拥有音体室和创意坊等专用教室 2 个，普通教室 6 个。拥有计算机 39 台。多媒体教室座位 200 个。学校信息化经费投入 35.64 万元，校园网出口总带宽 10Mbps，数字资源量 90GB。教职工 33 人，其中，教师 20 人，学历层次专科以上 33 人，专业技术职称层次中级职称以上 8 人；保健员 2 人，其中，学历层次专科以上 2 人，职称层次中级职称以上 1 人。开设 6 个教学班，其中小班 2 个、中班 2 个、大班 2 个。幼儿入园 101 人、离园 70 人、在园 240 人。 （尉　静）

【接受北京市一级一类幼儿园验收】 6 月 24 日，马坡第二幼儿园迎接北京市一级一类幼

儿园验收。市教委学前教育处组织专家组一行 6 人，通过观看三个年龄班半日活动、查阅资料、听园长汇报等形式对该园日常教育工作、卫生保健、园所管理等方面进行全面验收，对该园的园风园貌、常规工作等方面给予充分肯定，同时专家们也提出建设性的意见。区教委学前科、学前教研室、区妇幼保健院相关领导全程参加活动。 （尉　静）

【召开共铸孩子美好明天家长会】 9 月 1

日，马坡第二幼儿园召开新学期家长会。会上，李永久、李艳辉、王立新园长分别为家长讲述幼儿园整体情况及教育教学和安全情况，并由保健医生讲解卫生、服药等相关内容，同时为了更好的开展新学期工作，向家长们提出真诚的建议。本次家长会增进园所与家庭，老师与家长之间的了解，增强双方的沟通和信任，取得预期的目的。会后，家长们纷纷表示：通过家长会学到不少有效的教育方法，今后一定要改变自己的家庭教育观念，积极配合幼儿园教育好孩子。 （尉　静）

【邀请武术教练指导武术操】 9 月 12 日，

马坡第二幼儿园邀请武术教练来园指导武术操。苏老师依据教师和孩子们的表演状况，深入浅出地从手势、脚位、眼神、身体姿态等各方面讲解武术的要领，凸显武术操中的“刚”和“柔”如何相辅相济，如何营造出集体武术操中的声势，让幼儿们充分感受到中国传统武术的魅力。（尉 静）

【举办幼儿讲故事大赛】 9月25日，马坡第二幼儿园举行幼儿讲故事大赛。在人人参与的基础上首先进行班级选拔赛，再由教师和家长委员会成员选出的10名幼儿参加园级比赛。比赛中各位参赛小选手落落大方，表情丰富，惟妙惟肖，内容健康有趣。讲故事比赛给孩子们的童年留下美好的记忆，发展了孩子的语言表达能力，更重要的是锻炼了他们的胆量，为幼儿营造一个学说话、敢说话、会说话的氛围。（尉 静）

【密云县巨各庄中心幼儿园教师来园参观】 9月26日，密云县巨各庄中心幼儿园及两所分园的20余名教师走进马坡第二幼儿园。在园长李永久、业务园长李艳辉的陪同下来园参观学习。李园长对该园的发展历程，办园理念，教育特色做简介。在业务园长的带领下分别观摩该园环境创设和区域活动，教师们对幼儿园的整体规划和该园的教育理念、各具特色的班级环境给予高度评价。（尉 静）

【多举措培养幼儿有序自主遵规意识】 9月起，马坡二幼多举措培养幼儿有序自主的遵规意识。1. 常规要求要符合本班幼儿年龄特点和个别需要。2. 发挥教师、家长、同伴的榜样作用。3. 班级教师对幼儿要求一致。4. 幼儿参与常规制订，体现在环境创设中。5. 常规培养循序渐进，给幼儿适应的时间。6. 以鼓励和表扬为主，培养良好的师幼关系。7. 用适宜音乐引导幼儿遵守一日生活常规。8. 各项活动按计划执行，有组织有目标。9. 发挥每位教师的优势。10. 学期初本班教师制订班级常规。（尉 静）

【开展多种活动提高幼儿身体素质】 9月至12月，马坡二幼组织开展多种活动提高幼儿身体素质。1. 聘请武术教练指导幼儿武术操，

提高幼儿协调性、柔韧性。2. 利用树林、山坡等农村自然资源开展户外活动，提高幼儿运动能力。3. 改进推铁环、抽陀螺等传统活动，创编适合不同年龄幼儿的体育游戏。4. 邀请家长研讨秋、冬季节适宜幼儿的体育活动内容。（尉 静）

【利用社区林木资源丰富教育活动】 9 至 12 月，马坡二幼充分利用社区林木资源丰富教育活动。1. 引导幼儿认识不同树木，练习分

类、点数。2. 增设写生活动。观察不同树种四季的变化，自主写生，培养幼儿观察能力。3. 开展林间跑、跳活动，增加户外活动趣味性。4. 保护树木。幼儿在教师指导下，利用废旧麻片为小树穿衣，帮助小树安全过冬。5. 创编亲子游戏。邀请家委会成员参与创编树林内容的游戏，丰富游戏种类。（尉 静）

【开展环境评比活动】 10 月 22 日，马坡二幼组织全体教师开展环境创设评比活动。评比内容包括：主题墙创设是否符合班级幼儿的年龄特点；功能墙创设是否具有可操作性，

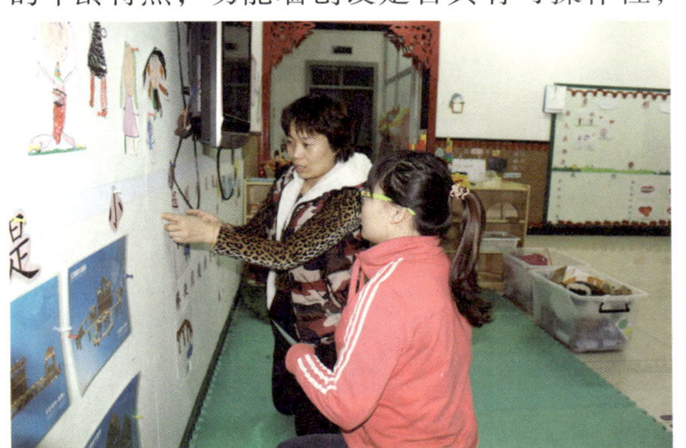

区域材料投放是否具有层次性、环保性、创新性；废旧材料是否充分利用；整体环境是否体现班级特色等方面。评委由各班教师和园领导组成。活动中，评委教师边观摩学习边认真倾听每班教师的讲解。教师根据不同的主题及幼儿的兴趣、体验、能力、水平进行精心地设计。各班活动室经过老师和幼儿的巧手布置之后，都具有自己的特点和设计理念。该项活动促进幼儿园环境创设常态化、动态化。（仇晶晶）

【开展逻辑狗思维能力挑战赛】 11 月 27 日，马坡第二幼儿园开展逻辑狗思维能力挑

战赛。本次比赛主要考察幼儿的观察能力、分类能力、专注的心理品质等内容。共有 180 位小朋友参加比赛，经过初赛，有 60 位幼儿进入了决赛。决赛当天经过近 2 个小时的同场比试，60 位小朋友分别获得了一、二、三等奖。本次比赛邀请家长委员会成员担当评委，现场打分，现场评奖。（尉 静）

【举办联盟园读书交流大赛活动】 12 月 18 日，马坡第二幼儿园举办联盟园读书交流大

赛活动。港馨幼儿园、杨镇三幼等7所幼儿园参加，区教委工会胡金凤老师、黄杰老师，牛山一小工会刘光哲主席、牛山三小工会谢立彬主席、马坡二小工会闫淑凤主席参加并担任评委，共18名教师参加比赛，四十余名教师参与活动。9月，港馨幼儿园作为联盟盟主向7所幼儿园下发有关读书交流的书籍，教师认真阅读，并撰写读书体会，各园所分别开展读书交流活动并进行初赛，推荐3名教师参加本次决赛。（尉　静）

【开展科研月活动促青年教师专业成长】 12月29日，马坡第二幼儿园举行第九届科研月

活动。该活动以《在集体教育活动中师幼互动有效性》的科研课题为主导，提高青年教师的专业能力。1. 一课三研。观摩工作三年教师社会领域教育活动“十二生肖”；2. 现场教研，以课堂观察量表为依据开展现场教研，青年教师各抒己见，提出修改意见；3. 专家讲座，邀请区级专家为教师培训，深入讲解行动研究六步法；4. 开展个案研究，每名教师观察一名幼儿，做个案研究，提升教师研究力。（尉　静）

北京市顺义区马坡第三幼儿园

【概况】 2014年，北京市顺义区马坡第三幼儿园为教育部门办园，日托制。占地面积6306平方米、校舍建筑面积4706平方米。全年教育经费投入600.97万元，全部为国家拨款。固定资产8.59万元。图书室藏书0.56万册。拥有音体、图书和美工等专用教室5个，普通教室12个。拥有计算机30台。多媒体教室座位100个。数字资源量200GB。教职工63人，其中，教师44人，学历层次专科以上42人，专业技术职称层次中级职称以上13人；保健员2人，其中，学历层次专科以上2人，职称层次中级职称以上1人。开设12个教学班，其中小班4个、中班4个、大班4个。幼儿入园175人、离园79人、在园473人。（马长影）

【邀请朱金岭老师来园与教师共同备课】 2

月21日，马坡第三幼儿园邀请北京市六一幼儿园金牌教师、海淀区名师工作站导师朱金岭来园与各年龄班老师共同设计主题活动。活动中，各班教师轮流发言，交流本班3、4月份创设的主题活动想法及困惑。在朱老师的引领下，教师们围绕共同存在的问题进行研讨，朱老师现场进行点评。本次活动帮助教师们理清了思路，提高主题活动设计能力。（杨　京）

【召开师德师风建设专题会议】 5月12日，马坡第三幼儿园召开师德师风建设专题会议。

会议中，王立君园长组织全体教职工观看某幼儿园教师殴打幼儿的视频，介绍了视频的来源并请教师代表谈自己观看视频后的感受。王园长对本次事件进行深入的分析。最后，王立君园长从对管理者的要求、加强制度建设、调整和改进评价策略、帮助教师树立正确的儿童观和教育观等方面对干部和教师提出意见和建议。本次会议，强化了干部、教师依法执教的意识，为在教师中形成良好的师德师风奠定良好的基础。（杨　京）

【顺义区幼儿园转岗班学员来园观摩】 5月14日，顺义区2013年度农村幼儿园转岗班学员40余人，来到马坡第三幼儿园观摩。在班主任（区学前教育研究室）冯东芳，授课教师（北京幼师）刘丽新的带领下观摩该园孙涵老师大班的美术活动“好玩的画”。课后，孙老师谈本节课的设计理念及课后反思。听课教师从活动的目标设计、重难点的界定、活动各环节的合理安排、教师指导语的运用、师幼互动等方面进行热烈的研讨。最后，两位专家做点评，肯定课中的亮点，对教师们提出的问题进行解读。（杨　京）

【教师社团参加社区民俗文化活动】 5月28日，顺义区双丰街道举办的端午粽子赛佳节暨社区民俗文化活动在富力湾小区举行，马坡三幼“青舞飞扬”舞蹈社团应邀参加本次活动，为在场的社区居民表演舞蹈，送去对社区居民节日的祝福。本次活动既展示马坡三幼教师良好的精神风貌，也为今后幼儿园充分利用社区资源开展教育活动打下基础。（杨　京）

【区教科室主任来园指导科研工作】 6月9日，区教科室副主任周靖彦及5位兼职教研员来到马坡三幼对该园科研课题《幼儿情感教育途径与策略的研究》进行指导。活动中，该园张嫚老师展示“以绘本教学为载体促进幼儿情感教育”的集体活动；之后由科研负责人对《关于幼儿在家庭中感受爱表达爱的现状》的调查报告和课题研究进展情况进行解读和汇报。周老师和兼职教研员对该园的课题进展情况给予肯定并提出改进的建议，为该园下一步开展科研工作理清思路。（杨　京）

【马坡镇亲子趣味运动会在马坡三幼举行】 7月5日，马坡镇“七彩追梦，快乐宝贝”趣味运动会在马坡第三幼儿园举行。本次运动会按年龄组设有：母鸡下蛋、捉害虫、球宝宝找家、春种秋收、羊角球比赛、爬行接力等项目。比赛在马坡镇工会主席于海英的号

令下开始，小运动员及家长个个精神饱满、热情高涨，认真完成比赛项目，每个项目分别评出了一、二、三等奖。本次活动提高了家长对科学育儿的认识，增进亲子关系。来自马坡镇各村、马坡第一幼儿园、马坡第三幼儿园的家长及幼儿共计300余人参加本次活动。（杨　京）

【以社团活动为载体促进幼儿个性化发展】 9月19日，经过海报宣传、现场招募和自主

报名等环节，马坡第三幼儿园社团活动正式开始。该园开设了舞蹈、打击乐、轮滑、空竹、水墨画、阅读、足球、围棋等14个社团，幼儿自主报名，各社团每周定期开展活动，并保证活动的实效性。这是马坡第三幼儿园促进幼儿个性化发展的又一新举措。

（马长颖）

【北师大专家来园进行现场指导】 10月21日，北师大“园长专业领导力与新教师专业成长”项目负责人霍力岩教授及团队到马坡三幼进行现场指导。首先，由北师大房阳洋博士围绕“如何在课程组织过程中培养儿童

的积极学习品质”进行讲座；之后，马坡三幼王立君园长介绍本园的课程实施情况；北师大专家还观摩了马坡三幼2位教师组织的绘本活动，并进行点评；最后霍力岩教授对本次活动进行总结，对马坡三幼的活动给予高度评价。顺义区实验园的园长、业务园长、教师共计60余人参加本次活动。（马长颖）

【“彩虹诵读”初赛举行】 12月9日，顺义

区幼儿园“彩虹诵读”大赛牛栏山赛区初赛在马坡第三幼儿园举行。参赛的17支队伍分别表演了《读唐诗》《满江红》《弟子规》等节目，最终马坡三幼、西辛幼儿园、旺泉幼儿园、宏城幼儿园、牛山二幼代表队进入决赛。本次活动为各园搭建了展示的舞台，幼儿在“读国学、唱国学、演国学”的过程中，受到了国学文化的熏陶。（马长颖）

【开展交通安全讲座活动】 12月19日，“益家筑梦，携手成长”家庭综合服务项目之交通安全讲座活动走进马坡三幼。项目组安洁老师用动画故事、动画短片、知识竞赛等

方式为孩子们讲解如何安全过马路、下汽车的注意事项等知识。在轻松愉快的氛围中，幼儿获得交通安全知识，同时也增强家长的交通安全意识。本次活动由马坡镇妇联牵头，马坡三幼幼儿和家长代表共计100人参加。

（马长颖）

北京市顺义区木林中心幼儿园

【概况】 2014年，北京市顺义区木林中心幼儿园为顺义区教育委员会下属全民所有制事业单位，一级一类日托制幼儿园。园所占地面积8190平方米、校舍建筑面积4871平方米。全年教育经费投入812.42万元，全部为国家拨款。固定资产267.83万元。拥有图书1.0728万册。拥有音乐专用教室1个，普通教室12个。拥有计算机58台。全园信息化经费投入14.1万元，校园网出口总带宽1000Mbps，数字资源量195GB。教职工75人，其中，教师55人，专科以上学历55人，幼儿园高级教师16人；保健员2人，其中，专科以上学历2人，幼儿园高级教师1人。开设12个教学班，其中，小班4个、中班4个、大班4个。幼儿入园134人、离园92人、在园376人。

（孔凡柱）

【开展庆三·八活动】 3月8日，木林中心幼儿园开展"想唱就唱，我最棒"庆"三·八"活动。庆"三·八"卡拉OK大赛活动中，女教师们分为小、中、大、后勤四

个组，每组选出一名评委，由抽签决定出场顺序，每组选派一名教师共同K歌，评委现场打分。比赛结果，按照分数评选一等奖10人、二等奖15人、三等奖27人。此次活动，丰富和活跃全体女教师的业余文化生活，展现木林幼儿园女教职工的精神面貌和健康向上的生活方式。

（纪　华）

【多举措加强晨间锻炼增强师生体质】 4月3日，木林幼儿园召开加强晨间锻炼动员会。会议要求干部教师采取多种措施激发师生的

晨间锻炼兴趣，提高师生的身体素质。1. 保证锻炼时间。每天早晨7：30入园开始，全体教师到户外准备迎接幼儿，为锻炼活动做好材料准备，至8：10幼儿入园结束，保证40分钟的锻炼时间。2. 丰富锻炼内容。为让幼儿积极参与锻炼活动，教师每天调整锻炼材料和内容，如沙包、呼啦圈、小车、皮筋、爬网、球类等，并和幼儿一起创新材料的多种玩法，激发幼儿参与锻炼的积极性。3. 保证锻炼实效。教师要参与到锻炼中，与孩子

一起游戏，全面观察幼儿，适时进行指导帮助，使幼儿掌握运动方法，提高幼儿运动能力。通过坚持不懈的晨间锻炼，师生的身体素质均得到提高，师生出勤率较高。

（纪　华）

【开展新教师基本功培训促教师专业化发展】 5月12日，木林中心幼儿园针对新入职教师较多情况，组织新教师基本功培训与展示活动，促新教师专业化发展。1. 园长讲座，加强理论知识辅导（专业化标准、教育计划撰写等）。2. 开展新教师基本功培训与展示活动（讲故事、绘画、手工、舞蹈、《纲要》考核）。3. 开展优秀课观摩实践活动。4. 开展新教师记反思日志活动。（张然然）

【区教委主任来园指导检查新园建设情况】 7月4日，区教委主任刘克祥等人到木林中心幼儿园指导和检查工作。刘主任听取宋晓荣园长关于新园规划和施工情况的汇报，肯定宋园长富有创新的想法，并提出宝贵的建议。刘主任还认真了解新园的施工和环境达标情况，强调一定要保障幼儿和教职工的身体健康，并对该园提出新的希望。（张然然）

【开展教师武术健身培训】 9月26日，木林中心幼儿园邀请专业武术教练对全园教师进行武术技巧培训。培训内容包括：拳法、掌法及各种武术基本动作。作为健康特色园所，木林幼儿园一直秉承着“我健康、我快乐”的办园宗旨，不仅重视幼儿的健康教育，同时不断提高教师的身体素质。此次活动旨在增强教师的身体灵活性和耐力，以更加健康的身体和心态投入到教书育人的工作中。

（纪　华）

【全体师生喜迁新楼】 11月17日，木林中心幼儿园全体师生喜迁新楼。2013年10月在区教委领导的关心和支持下，木林中心幼儿园翻建工程破土动工。经过1年的昼夜奋战，一座崭新的教学楼在原址上拔地而起。新楼分为教学楼和办公楼两部分，建筑面积4144平方米。新教学楼里，教师们从实际出发，

遵循安全优先、保教优先、服务幼儿的原则，在更加适合儿童发展的条件下创设适合幼儿发展的环境。同时还利用走道、教室内外墙等创设有儿童情趣的家园联系栏、家长园地、主题墙等。各班教师根据幼儿年龄特点和活动主题，为幼儿创设不同的游戏区。游戏区内有教师和家长利用废旧材料制作的各种游戏材料，还有启迪幼儿智慧的各类玩具。通过教师们的精心设计，使新教学楼内每一处景点都能启智，每一块墙面都会说话，每一个幼儿在这里都能张扬个性。宋晓荣园长表示，幼儿园将以此为契机，举全园之力，聚全园之智，力争以一流的校园环境，一流的管理水平，培养一流的人才，使木林幼儿园步入新的历史发展阶段。 （孔凡柱）

【区教育工会领导来园指导建家工作】 12

月3日，区教委工会主席王玉英等5人来到木林中心幼儿园检查指导“职工之家”建家工作。检查小组听取了该园工会主席纪华的工会建家情况汇报，查看三年来工会工作各项资料，听取“职工之家”活动室设计建设情况和公示栏、宣传栏设置情况的介绍，并参观音体室娱乐设施。检查小组对该园工会工作的成效给予充分肯定，希望木林中心幼儿园工会向优秀“职工之家”迈进。 （张然然）

【区督导室主任李卫国来园指导工作】 12月9日，区政府教育督导室主任李卫国来到木林中心幼儿园进行慰问并指导工作。李主任在宋晓荣园长的陪同下，参观该园户外和室内环境，认为该园新环境适合幼儿和教师的健康发

展，同时希望该园在新的环境和机遇面前，突出自己的特色，促进幼儿和教师健康和谐发展。

（张然然）

【教工委书记冯义国来园指导工作】 12月23日，区教工委书记冯义国来到木林中心幼儿

园，指导和慰问刚刚搬入新园的幼儿和教师。冯书记在宋晓荣园长的陪同下，观看正在进行民间体育游戏活动的幼儿，宋园长介绍该园研究课题是《以民间体育游戏为载体，发展幼儿的各种运动能力》。随后，冯书记参观幼儿园教室、食堂、音体室等活动场地，亲切地与幼儿进行交谈，对该园环境进行充分的肯定，同时也提出殷切的希望，希望木林幼儿园有创新、有特色地开展学前教育。 （张然然）

北京市顺义区南彩第一幼儿园

【概况】 2014年，北京市顺义区南彩第一幼儿园为教育部门办园，日托制。园所占地面积7200平方米、校舍建筑面积2500平方

米。全年教育经费投入600万元，全部为国家拨款。固定资产189万元。图书室藏书1.28万册。拥有音体教室等专用教室1个，普通教室9个。拥有计算机35台。校园网出口总带宽0Mbps，数字资源量500GB。教职工50人，其中，专任教师38人，专科以上38人，中级职称以上16人；保健员1人，其中，专科以上1人。开设8个教学班，其中，小班3个、中班3个、大班2个。幼儿入园92人、离园110人、在园245人。

（田晶杰）

【多举措提高教师音乐技能】 3月18日，

南彩一幼为增强教师音乐素养，该园利用园内音乐特长教师资源，为教师们搭建多个学习平台，组建乐理知识、幼儿音乐游戏、钢琴技能等小组，并开展边弹边唱比赛。

（王瑾玲）

【开展春季传染病知识宣教活动】 3月24日，南彩一幼结合季节特点以展板形式开

展面向全园幼儿家长的宣传教育。宣传的主要内容是春季呼吸道传染病防病常识。展板具体介绍什么是呼吸道传染病、预防呼吸道传染病的方法及正确洗手方法等。

（张继慧）

【举办健康教育大课堂】 4月22日，南彩一幼和南彩卫生院联合举办健康教育大课堂

活动。南彩卫生院保健科的医生亲自教给教师和幼儿洗手方法，并结合4月25日预防接种宣传日向教师和幼儿讲解接种后的注意事项，向幼儿家长发放接种宣传扇。活动大大提高教师对幼儿身体健康的关注，增强幼儿对洗手环节的重视，给家长按时为幼儿接种做了明确提示。

（张继慧）

【小记者团向家长征集儿时游戏】 5月19

日，南彩一幼中班小朋友组建小记者团面向家长征集儿时游戏项目。为了充分利用家长资源，了解家长儿时游戏内容，激发家长参与游戏的热情，中一班小朋友们组

建的小记者团以“记忆最深刻的儿时游戏”为主题，通过采访不同年龄段的家长，收集丰富的游戏资源，经过筛选与家委会成员试玩，成功确定“六一”活动方案中儿时游戏体验区内容，得到家长的一致好评。(王瑾玲)

【举办“我爱北京的蓝天”庆“六一”环保主题活动】 5月28日，南彩一幼举办庆“六一”环保主题活动。各班在筹备活动过程

中，组织幼儿和家长参与到活动的各环节设置中，分别开设了废物利用的“创意王国”、七零后环保游戏的“回忆王国”、环保知识大作战游戏棋的“勇士王国”、垃圾分类的投掷“游戏王国”、用过滤水进行科学试验的“智慧王国”和播放环保小电影的“光影王国”等六个区域。活动现场，幼儿在与家长体验游戏的同时，了解环保的相关知识，并纷纷签订环保承诺书，表达自己的环保意愿。本次活动的环保理念在节约的基础上做到物尽其用，园内各区域整体环境以环保购物袋进行装饰，活动在环保袋的发放中结束。(王瑾玲)

【开展亲子阅读方法培训活动】 6月4日，南彩一幼开展亲子阅读方法培训活动。该活动旨在更好利用家园资源，引导家长树立正确的亲子阅读观念，掌握科学的教子方法。活动中业务园长向家长讲述不同发展水平幼儿的阅读指导策略，建议家长灵活运用问题引领、激发兴趣、设置悬疑、图片想象等多种方法，引领幼儿开展亲子

阅读活动。之后各班级还开展好书推荐、个人图书分享阅读等活动，最后家长们纷纷填写图书借阅卡，显示出亲子阅读的积极性，从而为促进家园同步教育打下良好基础。(王瑾玲 张 然)

【开展自制玩教具比赛】 6月10日，南彩一幼开展自制玩教具活动，围绕教研活动内容，

开展自制玩教具比赛。教师们自由分组，结合自己在工作中的观察、发现，找到玩教具的创新点，以满足幼儿在各领域的发展需求为出发点，制作了多种有趣的玩具。(王瑾玲)

【大班幼儿参观小学校】 6月24日，南彩一幼组织大班幼儿参观南彩小学，为幼儿提前适应小学生活做准备。在教师的带领下孩子们先后参观校园内环境、体验课间活动，在操场上与大哥哥大姐姐玩篮球、跑步等，并互相交流学习体会。该活动使幼儿了解小学生的一日常规、课堂纪律、

课程安排等，进而激发了对小学生活的向往。（张　然）

【多举措提高教师阅读兴趣】 10月9日，南彩一幼组织教师开展以“回忆童年，品读童心，吟诵童梦”为主题的诗歌诵读活动。活动

主旨在于提高教师阅读兴趣，丰富幼儿园教师生活。活动中各年龄班教师依次进行集体诵读，均展示了教师自己最好的诵读水平。之后开展“用书塑身，以书会友”好书推荐活动，拉开教师品读的序幕。教师利用假期每人阅读一本好书，撰写推荐理由，制作PPT向大家做简单介绍，方便大家对感兴趣的图书进行搜索与选购。此举为大家提供阅读线索，成为大家喜欢的周末活动。（王瑾玲　张　然）

【组织儿童创意画培训】 10月14日，为提高教师绘画教学专业知识技能，南彩一幼聘请专家陈铁桥老师进行为期两天的儿童创意画培训。培训中陈老师通过儿童创意画绘画方法、课堂教学中定时、定向、定量的教学方法介绍以及教师体验课、模仿课、幼儿的

示范课等方式，使教师们切实感受到启发式提问、创造性想象在幼儿绘画教学中的巨大作用，从而为幼儿创造性思维能力的培养指出了一条有效途径。（王瑾玲　张　然）

【开展“丰收乐”亲子果蔬作品制作活动】

10月31日，为丰富幼儿的学习生活，南彩一幼开展“丰收乐”亲子果蔬作品制作活动。活动中，全园幼儿和家长利用水果和蔬菜共同制作了150多件果蔬作品。经过评比，快乐农场、萝卜小企鹅、南瓜派对等28份优秀作品脱颖而出，受到家委会委员的一致好评。（张继慧）

【开展班级自然角评比活动】 11月26日，南彩一幼开展自然角评比活动。各班种植角各具特色，评比结果难分高下。小一班对走廊环境加以充分利用，创设了“小兔花园”“小兔的萝卜园”等环境；小二班的“荷兰猪的小庄园”等充分体现小班幼儿的年龄特点；中一班的“蜗牛的家”环境创设，体现出中

班幼儿对某种现象的探究方式；中三班“沙漠植物与喜水植物的对比”情景的创设，使幼儿在照顾管理中充分了解到植物有不同的需求；中二班的环境创设与弗雷德科学实验的结合又是一个新的活动形式，以弗雷德的故事引领，通过弗雷德的花园、香味园、芽苗菜园、奇妙园、草莓园等活动背景开展探究活动；大一班的“拯救幼儿园里的花”活动，则通过不同的实验去感受植物不同的繁殖方式；大二班的蝈蝈养殖，也为幼儿的探究活动带来兴趣。 （王瑾玲）

【开展“聚焦教育质量”观摩课评比】 12月3日，南彩一幼开展“关注教育活动 聚

焦教育质量”观摩课展评活动。该活动突出的特点就是教师在设计活动时能结合幼儿学习实际，具有连续性，活动内容的设计思路普遍符合本班幼儿特点，因而幼儿易于接受，参与程度很高；在动手操作活动的设计上，更凸显园所遵循的陈鹤琴先生的“做中做、做中学、做中求进步”，一切以“做”为中心的教育理念。如中三班开展的移栽香椿苗活动，幼儿在移栽过程中遇到“小苗为什么歪了”“小苗折了怎么办”等问题时，在教师的指导下一一得到解决。 （王瑾玲）

北京市顺义区南彩第二幼儿园

【概况】 2014年，北京市顺义区南彩第二幼儿园为教育部门办园，日托制。园所占地面积5000平方米，建筑面积2712平方米。全年教育经费投入477.894411万元。图书室藏书0.6473万册，包括普通教室7个。计算机19台。学校信息化经费投入2万元，校园网出口总带宽100Mbps，数字资源量650GB。教职工47人，其中，专任教师35人，专科以上35人，中级职称以上19人；保健员2人，其中，专科以上2人，中级职称以上1人。开设7个教学班，其中，小班3个、中班2个、大班2个。幼儿入园108人、离园58人、在园261人。 （张国一）

【组织幼儿参观南彩消防部队】 4月4日，南彩二幼组织大班幼儿参观位于幼儿园东侧

的南彩消防中队。消防中队队长首先带领小朋友们参观战士的寝室，向小朋友们介绍部队生活，展示叠被子技能；接着向小朋友们讲述火灾逃生知识并组织小朋友们亲自体验如何逃生；带领小朋友们参观消防服、氧气瓶、水枪等消防设备，让小朋友们用手感受这些消防设备；最后，组织小朋友们观看了

一场从发现火情到接到报警出动消防车最终把火扑灭一系列的模拟消防演练。小朋友们通过参观认识到防火的重要性，学习到逃生本领，同时也体会到消防员叔叔们的伟大与辛苦。（张国一）

【南彩二幼开展应急管理进校园活动】 5月12日起，南彩二幼开展以“4个一”为主题

的应急管理进校园活动。活动包括：一次国旗下邀请解放军战士做安全应急讲话；一条防汛防灾安全警示条幅；一块逃生安全知识介绍专栏；一次火灾逃生演练。通过开展安全系列活动，幼儿和家长们学习到科学的安全知识，认识到安全预防的重要性，强化了安全预防意识，了解了有效的逃生知识。（张　洁）

【举办自制图画书讲座活动】 5月21日，

南彩二幼邀请北师大李老师对全园带班教师及幼儿家长进行关于“幼儿自制图画书”的专题讲座。李老师就阅读对幼儿成长的重要性，如何培养幼儿阅读兴趣以及如何自己动手制作图画书等问题做详尽的讲述。讲座使教师及幼儿家长认识到阅读对幼儿成长的作用，初步掌握指导幼儿自制图画书的方法。（张国一）

【召开党的群众路线教育实践活动动员会】 5月29日，南彩二幼召开党的群众路线教育

实践活动动员会，第十一督导组组长杨广田、副组长单继荣，全园党员及教师代表出席会议。动员会上，南彩二幼党支部副书记宣读南彩二幼活动方案，支部书记做动员讲话；杨广田组长就该项活动提出建议并传达了区委、区教工委指示精神。（张国一）

【开展家园共育学《指南》活动】 6月17日起，南彩二幼开展为期一周的“《指

南》——走进千家万户”活动。通过条幅宣传、展板展示、班级宣讲等活动，让家长更加清楚幼儿园的教育方针以及科学育儿的方

法，了解幼儿在各年龄段的发展标准以及所应掌握的技能，从而高效地与幼儿园同步，实现家园共育。在园内开展宣传活动的同时，各年龄班的教师还走进社区，向年龄更小的幼儿家长宣讲科学育儿知识，解答家长疑惑。

（张国一）

【召开小班入学幼儿家长会】 8月26日，南彩二幼组织召开了小班入学幼儿家长会。

会上由幼儿园主管领导向家长介绍幼儿园办学现状以及新生入园注意事项，介绍三个小班班组成员以及教学理念。随后由经验丰富的小班班组长马丽辉老师向家长介绍新生入园可能会遇到的问题及解决的方法，其中特别详细介绍了缓解新生入园焦虑的办法。家长们了解了幼儿在园所内一日生活的学习状况，同时也缓解家长的紧张心情。（张国一）

【幼儿走进民俗园体验民俗文化】 9月30日，南彩二幼教师带领大班幼儿参观位于园

所附近的河北村民俗文化体验园。师幼们走进园内，孩子们都眼前一亮，猴山和动物饲养区，为孩子们提供观赏和了解动物知识的场所。农耕文化区的历史回顾馆里，摆满村民自发捐赠的2000多件老物件，孩子们边听讲解边体验爷爷奶奶们小时候的生活情境。该项活动，让幼儿亲身感受乡土风情，丰富幼儿民俗文化的知识，培养幼儿热爱家乡的情感。

（张国一）

【举办教职工运动会】 10月31日，南彩二幼举办教职工运动会。运动会上，各年龄班

教师进行操节展示，同时参与夹球、踢毽子、套圈等比赛项目。整个比赛过程精彩不断、高潮迭起，让大家感受到运动带来的乐趣和团队合作的精神，丰富教职工的业余生活，提高教职工身体素质。（张国一）

【召开家委会】 12月23日，南彩二幼为

促进家园共育工作的开展，召开本学期第一次家委会，全园7个班级的家长代表参加。会上，新入职的小班家委会成员依次做自我介绍，并就各自想法进行交流沟通。刘淑芝园长对家长提出的疑问逐一进行解答，并介绍12月份的家园共育工作计划。家委会的召开，促进教师和家长的沟通。

（张国一）

【举办第二届故事节活动】 12月25日，南彩二幼为激发幼儿阅读兴趣，启动第二届故事节活动。活动中进行幼儿故事大王和教师故事大王比赛初赛，经过第一轮的比拼，推选出优秀的幼儿和教师作品。12月29日、30日两天，进行决赛。请来家委会成员当评委，对作品进行评选。该项活动，既激发幼儿对阅读的兴趣，也锻炼教师讲故事的能力。

（张国一）

北京市顺义区南法信中心幼儿园

【概况】 2014年，北京市顺义区南法信中心幼儿园为教育部门办园，日托制。占地面积25461平方米、校舍建筑面积4753平方米。全年教育经费投入73万元，全部为国家拨款。固定资产3468875.31元。图书室藏书5945册，拥有音体室等专用教室1个，普通教室9个。拥有计算机46台，学校信息化经费投入1万元。教职工56人，其中，教师38人，专科以上37人，中级职称11人；保健员4人，其中，专科以上4人，中级职称2人。开设11个教学班，其中，亲子班2个、小班3个、中班3个、大班3个。幼儿入园85人、离园70人、在园270人。

（李如江）

【开展办园理念培训】 2月至3月，南法信幼儿园开展办园理念培训。聘请顺义科研专家赵文增为教职工及家长作《科学体育　五健奠基》办园理念的专题讲座。培训活动分两次进行，2月26日，全园教职工培训，以“关于科学体育的几点思考”为主题，讲述什么是科学体育、为什么要开展及怎样开展科学体育等内容。3月26日，赵老师对家长进行办园理念家园共育专题培训。讲解为什么提出“科学体育　五健奠基”，家长如何协同推进该园办园理念等内容。培训中对教师及家长的实际困惑问题给予解答，全园30名教职工、160余名家长参加。

（李如江）

【记者专访南法信幼儿园亲子活动】 2月21日，顺义电视台记者对南法信幼儿园亲子教

育活动进行专访。该园是北京市亲子教育示范基地，亲子教师田合云是顺义区唯一的高级育婴师。记者观摩田老师亲子分享阅读活动，对家长、幼儿园园长及同事进行采访，了解该园亲子教育活动真实的工作状态。田合云科学教育婴幼儿阅读，常带女儿到社区亲身体验早教活动，将科学教子方法与教育婴幼儿结合起来用心施教，她的早教育儿经验传遍千家万户。此专访在“三八”节前夕播放。（李如江）

【参观抗战纪念馆】 4月9日，南法信幼儿

园党支部组织党员和入党积极分子参观尹家府抗战大捷纪念馆。纪念馆由展览馆、影像馆、古钟亭、英烈碑、庞山阻击战遗址组成。首先党员在抗战纪念馆门前党旗下重温入党誓言，党员及入党积极分子发言；李鹏书记讲话。接着开始参观，纪念馆通过图片、实物、纪录片等资料向大家展示侵华日军在尹家府地区制造的惨烈场景和尹家府地区人民所遭受的苦难，以及尹家府地区抗日军民英勇无畏、敢于斗争的伟大精神。该园12名党员和6名入党积极分子参加活动。（李如江）

【举办“感恩、感悟、感动”母亲节活动】 5月13日，南法信幼儿园举办“感恩、感悟、感动”母亲节活动。活动中由工会主席带领青年教师的母亲们参观幼儿园环境，随后开展送鲜花、送祝福、一起游戏的活动。母亲们观看青年教师表演的歌舞、配乐诗、器乐表演等，还走进教室、现场观摩教学活动，了解青年教

师在不同工作岗位取得的成绩。中午母亲与教师们在园共进午餐，并合影留念。该活动有15名教师、7名家长参加。（李如江）

【举办玩教具制作比赛】 7月，南法信幼儿

园举办教师玩教具制作比赛。活动中教师们开动脑筋、多方搜集材料，利用废旧物，制作安全有趣、结实好玩的18种玩教具。其中张晴自制的作品《我和石头做游戏》被评为区一等奖、被北京市选送参加全国玩教具展评并荣获二等奖。（李如江）

【南法信中心幼儿园完成迁址工作】 8月，

南法信中心幼儿园迁址至原南法信小学，镇政府北顺余西路5号。改建园占地面积25461平方米、校舍建筑面积4753平方米。教委基建投资266万元，其中，投资30万元搬迁、196万元室内外改造、40万元增添室内设备及改造维修。南法信镇政府投资30万元用于校园文化建设。该园在6个班的基础上又扩招3个班。现有幼儿270名。（李如江）

【欢庆教师节】 9月10日，南法信幼儿园

结合开展党的群众路线教育实践活动，以“老师，托起太阳的人”为主题，组织开展了一系列庆祝教师节活动。活动本着“隆重、务实、简朴、创新”的原则，在庆祝会上，该园领导班子为每位教职员工送上祝愿小贺卡；教师一起宣读了上岗宣言，优秀教师代表进行师德演讲；新老教师们展开拜师活动并签拜师协议。本次活动进一步推进了该园的师德建设。30名教师参加。（李如江）

【多举措打造平安校园】 9月，南法信幼儿园采取多种措施，打造平安校园。1. 成立安

全小组，明确分工。2. 制定安全管理制度及各岗安全职责，层层签订责任书。3. 健全值班体系，做好值班日志。4. 规范自查，每月对幼儿园安全进行拉网式检查和排查，发现问题，及时整改。5. 聘请区教委综治科科长杨广田对教职工进行安全知识专题讲座。6. 班级每月组织两次安全教育活动课。7. 全园每月组织一次防火、防震疏散演习，掌握逃生路线及方法。（李如江）

【开展“五健”园本课程交流活动】 10月22日，南法信幼儿园开展深化“五健”园本

课程交流活动。该园邀请姊妹园园长及顺义区教科研专家赵文增来园指导。活动中现场观摩大、中、小班教育活动。业务园长组织研讨，用幼儿的表现说明完成目标的情况及哪儿体现了五健教育、教学活动与课题是否紧密联系、教学内容是否考虑孩子的前期经验，遵循幼儿的年龄特点、是否充分发挥幼儿的自主性等内容。随后姊妹园园长点评，专家进行指导。姊妹园5名园长、3个班幼儿及25名教师参加活动。（李如江）

【开展“秋天”主题活动】 10月，南法信幼儿园多角度开展“秋天“主题活动。根据季节特点和孩子的发展需要设置“秋天的画卷”主题活动，通过“秋风、秋实、秋景、秋韵”来展现秋天的季节特点。秋风展示的是树叶粘贴，秋实展示的是秋天的果实，秋景展示的是秋天的景色，秋韵展示的是秋天的游戏。鼓励家长和孩子一起参加，以“相

约秋天、走进自然”为主题的采摘山楂、柿子等社会实践活动。 （李如江）

【创设“三味”幼教环境】 11月，南法信幼儿园创设“三味”幼儿教育环境。该园依

据《0—6岁儿童学习与发展指南》的精神和园所特点，组织教师利用休息时间，为幼儿创设“三味”教育环境。一是科学味，环境创设依据幼儿发展的阶段目标和幼儿年龄特点，科学设计，适宜幼儿发展。二是动感味，将环境还给幼儿，每处环境都让幼儿驻足，主动与环境互动起来。三是童趣味，根据不同年龄从幼儿感兴趣的入手创设，让幼儿在适宜自己的环境中成长。 （李如江）

【开展“环境诊断”活动】 12月5日，南法信幼儿园开展“环境诊断”活动。该园邀请周边姊妹园6名业务园长来园诊断环境创设，园长们参观班级环境、生活环境、区域环境及公共楼道环境，听取该园业务园长郝红梅及班组长的介绍，并针对

环境创设的适宜性进行交流，提出中肯的意见和建议。9个班幼儿参加环境诊断活动。

【采取措施提高家长素质】 年内，南法信幼儿园注重提高家长素质，探索家园共育新途

径。1. 成立家长委员会，请家长参与幼儿园的各项活动。2. 邀请专家举办家长教育培训系列讲座。3. 组织亲子活动：举办亲子运动节、观看童话剧、采摘、参观医院和民俗村等各种社会实践活动。4. 请家长进课堂，参与听课及评课活动，每月一次家长开放日。5. 定期邀请家长品尝幼儿饭菜，填写问卷征集意见或建议。6. 创建网络平台，实现家园多维互动。 （李如江）

北京市顺义区牛栏山第一幼儿园

【概况】 2014年，北京市顺义区牛栏山第一幼儿园为公办园类别，日托制。占地面积8430平方米、校舍建筑面积2639平

方米。全年教育经费投入 462 万元，全部为国家拨款。固定资产 327 万元。图书室藏书 12000 万册，普通教室 9 个。拥有计算机 17 台。教职工 26 人，其中，教师 22 人，专科以上 22 人，中级职称以上 8 人；保健员 1 人，其中，中级职称以上 1 人。开设 5 个教学班，其中，小班 2 个、中班 1 个、大班 2 个。幼儿入园 64 人、离园 36 人、在园 176 人。 （范立英）

【开展幼儿广播体操展示活动】 5 月 8 日，

牛栏山第一幼儿园开展全体幼儿广播体操展示活动。本次活动是为了更好地推进体育特色的办园方向，提高每位幼儿的做操动作准确性，规范老师带操动作，使每天一次的做操活动真正达到提高幼儿、教师健康水平的目的。由园领导和各教研组长、各班班长担任本次比赛的评委。活动中，幼儿以年龄班为单位，分别进行武术操和轻器械操的展示。各班幼儿着装整齐，动作到位，表现出积极向上的精神状态。通过此项活动，全体幼儿更加规范了做操动作，大大提高了园所的整体精神面貌。

（范立英）

【为幼儿做氟化泡沫防龋】 5 月 16 日，牛栏山第一幼儿园邀请区妇幼保健院的医生来园为全体幼儿进行免费氟化泡沫防龋服务。本着“自愿参与，知情同意”的原则，涂氟前已将本次活动的意义、作用和做法等关键信息，通过书面形式对家长进行宣

传，并得到家长的积极反馈。在家长充分地配合和理解下，这次活动进行得非常顺利。 （范立英）

【组织大班幼儿参观小学校】 5 月 20 日，

牛栏山第一幼儿园为做好幼小衔接工作，组织大班幼儿参观小学活动。全园 36 名大班幼儿，在园领导和老师的带领下，就近参观牛栏山第一小学。孩子们非常兴奋，不仅参观了小学的外部环境，参与了课间操活动，还观看小学生上课、艺术活动和小学生课间活动，认真聆听小学老师关于小学生活讲解，并坐在一年级的教室里和小学生进行交流。孩子们感受到小学的学习气氛，激发幼儿对小学生活的向往和想做小学生的愿望。

（范立英）

【开展端午节主题活动】 5 月 28 日，牛栏山第一幼儿园组织了端午节主题教育活动。开展讲述端午节的由来、端午节的风俗，包

粽子等活动，使幼儿从小了解传统节日——端午节。大班开展了端午节包粽子活动，为了让孩子们更好的掌握包粽子的技巧，大班教师现场指导，与幼儿一起操作，小朋友兴致盎然、细致认真地学包粽子，虽然包出来的粽子大小不一、形状各异，却完全沉浸在温馨、浓浓的传统文化氛围中。（范立英）

【举行亲子游戏比赛】 5月29日，牛栏山第一幼儿园联合牛山镇计生办举办牛栏山镇亲子宝宝游戏比赛。在本次亲子游戏大赛上，36个家庭分成4组在本园教师精心设计的“我是小骑手”“赶小猪”“小猫钓鱼”等游戏中一展身手，尽享家园同乐的喜悦。一阵阵欢声笑语、一张张幸福快乐的笑脸，在幼儿园里形成一道温馨而快乐的风景线。

（范立英）

【开展户外体育观摩活动】 6月10日，牛栏山第一幼儿园为进一步深化幼儿户外体育活动，提升幼儿体育游戏的实效性，开展了幼儿户外体育游戏活动课展示活动。各班教师根据幼儿年龄特点和发展水平选择适宜的活动内容，制定详细的活动方案，如小班的户外游戏“小动物真可爱”“小猫捡水果”等；中班的“躲避大灰狼”“小青蛙捉虫子”“寻宝”等；大班的“好玩的轮胎”“愚公移山”“雪花飘飘”等。教师们充分利用身边现有的资源及废旧材料，设计并制作各种体育器械，创设宽松愉悦、富有趣味性和挑战性的游戏环境，支持、鼓励幼儿自主选择，自由探索器械的多种玩法，有效促进幼儿基本动作的协调发展。观摩结束后，教师们针对活动情况进行研讨。主班教师先介绍本班体育活动的思路、目标及活动的整体情况，然后其他教师从体育游戏的组织、玩具材料的准备、活动中的安全等方面展开研讨，教师们充分发表个人的观点。通过观摩活动，加深教师对幼儿体育活动内涵的理解，让教师们更好、更快、更准地实施体育教育教学活动，提高体育活动的设计与组织能力，促进日常体育教学工作。（范立英）

【组织幼儿体检】 6月13日，牛栏山第一幼儿园为了解在园儿童健康状况，邀请牛栏山第三医院的医生，为全园幼儿做了一年一度的常规健康体检。包括测视力、量身高、称体重，内科、五官科，血检等。血检时小朋友们都表现得非常勇敢。医务人员耐心、细致地为每一位小朋友进行全面检查，并认真做好记录。体检之后医务人员将会对检查情况进行评估和回馈，有龋齿、贫血、肥胖、

患沙眼等异常情况的会及时反馈给家长，提醒家长带幼儿进行进一步检查、治疗。

（范立英）

【举办亲子运动会】 10月23日，牛栏山第一幼儿园成功举办秋季亲子运动会。以孩子

和家长为主体，共150多名幼儿和家长参加。运动会主要体现“我运动，我快乐，我健康！”主题，目标是激发幼儿与家长对体育运动的热爱，增强体质，培养幼儿勇敢坚强的意志品质；其次，通过游戏增进幼儿与家长之间的情感交流。活动分为小、中、大三个年龄组，各年龄组在体育游戏设计上，都选择符合各班年龄幼儿特点，注重趣味性的项目。活动中，幼儿与家长们都玩得很开心，在运动场上展现了各自的风采。（范立英）

【举办教职工运动会】 11月3日，牛栏山第一幼儿园为丰富教职工课余生活，举办教职工运动会。比赛项目有运球接力、投球入

篮、跳绳、八字跳绳接力等，全体老师以年龄班工作组为单位展开激烈的角逐。整个过程在轻松愉快的气氛中进行。教师们在赛场上配合默契、团结合作，赛场上加油声不断，笑声不断。（范立英）

【接受顺义区示范园验收】 12月4日，牛

栏山第一幼儿园接受由顺义区学前科领导、幼教中心领导和区妇幼保健院的有关专家组成的顺义区示范园验收检查组的验收。检查组观看了小、中、大各班的教育活动，并针对各班活动分别进行评课，提出意见和建议，查阅相关活动的各种文字资料，最后验收组反馈意见，肯定成绩指出不足。（范立英）

【组织家长开放日活动】 12月12日，牛栏山第一幼儿园小、中、大班分别组织两周一次的家长开放日活动。本次活动展现幼儿园新的教育理念，展示教师的才能和智慧，体现幼儿的主体参与性，调动家长参与活动的

积极性。通过向家长开放，老师的教育方法、教学形式对家长的家庭教育启发很大，家长在领略老师们精彩教学的同时，也关注到自己孩子在集体中的种种表现。　　（范立英）

【开展“幼儿成长故事”演讲比赛】　12 月

29 日，牛栏山第一幼儿园在教师中开展“幼儿成长故事”演讲比赛。教师们积极参与，并进行精心的准备。她们结合自身的工作经历，从幼儿教师的师德、关爱幼儿等方面进行精彩生动的演说。教师们个个声情并茂，讲述一个个真实生动的故事，真情的流露，朴实的言词，倾诉了她们对教育事业的认识和热爱，对幼儿的关爱。老师们的演讲主题鲜明，洋溢着青春气息，表达自己作为一名幼儿教师的自豪感和责任感，展现教师的新风采。　　（范立英）

【喜迎新年亲子同乐】　12 月 31 日，牛栏山第一幼儿园以班为单位举办“迎新年，庆元

旦”亲子联欢活动。园内张灯结彩、暖意融融的教学楼内鲜花盛开，处处洋溢着欢乐的节日气氛。活动分为文艺演出和亲子游戏两部分。文艺演出的内容是孩子们日常学习的歌曲、舞蹈和儿歌等，亲子游戏则是老师精心安排的家长和孩子共同参与的游戏。上午 9：00整，全园庆祝活动准时开始，教学楼里充满着孩子们稚嫩而愉快的歌声、家长们热烈的掌声和欢快的笑声。活动后，幼儿园还为每位小朋友准备了精美的礼物。　　（范立英）

北京市顺义区牛栏山第二幼儿园

【概况】　2014 年，北京市顺义区牛栏山第二幼儿园为教育部门公办园，日托制。占地 5020 平方米、校舍建筑面积 4426.97 平方米。全年教育经费投入 120.4 万元，全部为国家拨款。固定资产 221.4 万元。图书室藏书 0.4 万册，拥有舞蹈室和 DIY 体验坊等专用教室 2 个，普通教室 12 个。拥有计算机 29 台。学校信息化经费投入 10 万元，校园网出口总带宽 100Mbps，数字资源量 10GB。教职工 39 人，其中，专科以上 9 人，中级职称以上 9 人；保健员 3 人，其中，专科以上 3 人，中级职称以上 2 人。开设 11 个教学班，其中，小班 4 个、中班 3 个、大班 4 个。入园幼儿 418 人。

（秦鑫然）

【多举措确保安全】　1 月，牛栏山二幼采取多项措施确保安全。一、开展多种形式的安

全教育。通过讲《我会上楼》等教育故事，培养幼儿上下楼梯要排队，不拥挤；开展预防火灾知识讲解及消防演练，教育幼儿不玩火柴、打火机，不靠近火炉，不摆弄电器。二、加强锻炼，提高幼儿自护能力。开展跑步、排球跳绳等丰富多彩的户外活动，引导幼儿加强身体锻炼，增强孩子的体质。三、加强户外活动的管理。组织教师学习，提高责任意识，认真检查活动场地。四、加强接送幼儿的管理。制作“爱心接送卡”，家长凭卡接送幼儿，忘记带卡的家长需要进行实名登记。五、争取家长配合。通过家长会，引导家长树立安全意识，教育孩子不要爬到楼房的窗台阳台上，大头针、曲别针等不要让孩子带到园内。（孙雪梅　范开宇）

【喜迎新学期到来】 2月17日，牛栏山二幼做好新学期的准备工作。全体干部教师提前返校，积极参加校本培训，充实自身理论

和业务素养；对校园、教室、宿舍、食堂各处做全面清理；对校舍、消防、用电、饮食等重点部位进行全面排查。（范开宇）

【园务公开广纳教师意见】 3月18日，牛栏山二幼召开教职工民主日大会。大会由工

会主席主持，会上，园长总结上学期主要工作成绩，公布本学期幼儿园工作计划，提出本学期发展目标及重点工作。主管会计公布2013年9月—2014年2月财务收入及各项支出情况，每项支出明细清楚，接受群众监督、质疑。大会第三项由教职工进行点题式发言，对幼儿园各项工出谋划策。会后，全园工作计划，财务报告在公示栏中公示，教师有疑问及时反馈给工会主席，便于进一步完善工作计划。民主日园务公开活动，进一步拉近干群距离，有利于廉政建设，营造和谐向上的园所氛围。（范开宇）

【迎接市级督导评估检查】 3月27日，牛栏山二幼迎来北京市级学前教育三年行动计

划均衡发展专项督导。市政府教育督导室副主任刘莉带领市学前教育专项督导评价组一行15人在顺义教委刘克祥主任等领导的陪同下，对幼儿园进行综合评估检查。检查组先后参观园所环境，实地查看幼儿园的硬件设施配备和班级教学情况，并详细了解幼儿园的各项有关工作。专家们对幼儿园的办园思路给予充分的肯定，并希望幼儿园能进一步加强师资队伍建设，大胆创新，提高教师专业技能，促进幼儿园可持续发展。 **（范开宇）**

【开展2014年“春风送暖”捐助活动】 3月31日，牛栏山二幼开展捐助活动。全体教

职工以“春风送暖”为主题，充分发挥党员的带头作用，弘扬团结互助、扶贫济困的传统美德，积极捐款，表达牛栏山二幼教职工对灾区、贫困地区群众的关爱之情。共计捐款1550元。 **（范开宇）**

【打出“组合拳”助推实习教师成长】 4月3日，牛栏山第二幼儿园打出“组合拳”，加

快实习教师成长步伐。第一拳：“理论培训”让新教师更快成长，带领新教师学习《3—6岁儿童学习与发展指南》《快乐发展课程》，着重从师德修养、班级管理、备课、上课、教学反思等方面进行培训，同时组织新教师参与区举行的相关学习，使新教师更快地融入岗位。第二拳：“师徒结对”，提升新教师的教育教学实践能力，利用“1+X”即：一位骨干带多名徒弟的形式，对教师进行琴法、舞蹈、讲故事等方面的专业技能培训。第三拳：“一课多研”促新老教师共同成长，即根据教师教学实践中的困惑和问题，选择相同的教育活动，现场引领，一研由新教师组织，活动后研讨，提出改进的方法，由骨干教师再上一次。 **（范开宇）**

【组织防震演习】 4月15日，牛栏山第二

幼儿园组织一次防震演习。随着“警报”的拉响，在教室里进行日常活动的一层的孩子们立刻进行紧急疏散，在教师的带领下，各班快速有序地跑向操场安全地带，双手抱头蹲下，不到一分钟一层幼儿全部撤离；二层、三层的孩子们在老师的指导下迅速蹲在桌子下、墙角下，等待地震预警解除，老师再带领幼儿迅速抱头向楼外跑，整个演习过程用时四分钟。通过这种方式的演练，安全知识在孩子们幼小的心灵里扎下了根，自卫和防卫能力也有较大提高。 **（范开宇）**

【召开春季亲子运动会】 4月22日，牛栏山二幼召开“我运动，我快乐”亲子运动会。在运动场上，孩子们和家长们为了给班级增光，各个奋勇争先，使出全身解数，运动场上呐喊声、助威声、加油声、欢呼声，此起

彼伏。此次运动会，既向家长展示师幼朝气蓬勃的精神面貌，增强孩子的集体荣誉感和团结协作的精神，又让家长进一步了解怎样和孩子有目的地游戏，怎样对孩子进行情感教育。（范开宇）

【组织全体大班幼儿参观牛山二小】 4月30日，牛栏山二幼组织全体大班90多名幼儿参

观牛栏山第二小学。首先参观的是体育器材室，里面有各式各样的器材，小朋友们都特别喜欢。随后又来到二层的学生图书室和阅览室，图书室里有几千册的图书，有的小朋友已经迫不及待的拿起图书看了起来。然后参观学生试听阅览室，教室里王老师正在调试3D电影，小朋友们还感受了一把3D电影院的感觉。小朋友们又来到音乐教室，刘老师给小朋友们上了一节简单的音乐课，小朋友们认识了许多的乐器。接着参观了舞蹈教室、绘画教室、学生计算机教室等。最后，孙园长、张校长和全体小朋友合影留念。通过这次参观，幼儿对小学的环境有了全面的了解，了解了小学生的生活，减少对小学的陌生感，激发入小学的欲望，为他们即将到来的小学生活打下良好的基础！（范开宇）

【开展骨干教师半日活动促进新教师快速成长】 4月，牛栏山二幼开展骨干教师半日

活动。全园新教师参加听课、评课，充分体现“让每一个孩子快乐成长，让每一个孩子全面发展”的教育理念，活动中，韩老师适时地启发、引导，及时地表扬、鼓励，让每一个孩子兴趣十足、自信满满。活动结束后，大家聚在一起进行认真的教学研讨，首先上课教师对自己本次教学活动目标的达成度、教学环节的设计、课堂教学的组织及存在的问题进行认真地反思。然后全体教师又进行了集体评议，对每一节活动中的亮点给予充分肯定，同时对活动中出现的不足也进行深刻剖析，提出了改进的方法。老教师的经验、新教师的创新，大家互相取长补短。

（范开宇）

【聘请专家做综合指导】 5月5日，牛栏山二幼邀请北京市幼教专家邹科长，为全园教师做综合指导。邹科长从“环境布置的自我置疑”“幼儿园环境创设的现代理念”“墙面布置的特点”“活动室环境的有效创设”和“环境创设的注意要点”等层面，对牛栏山二幼小、中、大班教师及班级环境进行现场指导。此次培训时间虽短，但信息量大。教师们受益匪浅。（范开宇）

【林向阳副区长到园慰问】 5月28日，在“六一”国际儿童节即将来临之际，副区长林向阳到牛栏山第二幼儿园，为小朋友送来节

日的祝福，并向幼儿园全体教职工表示亲切的慰问。林区长在牛栏山镇郝蔚泉镇长和教委高山副主任的陪同下，首先视察园所室内外环境，充分肯定园所文化建设，然后进入班级参与孩子们的特色活动，并与幼儿亲切互动，观看小朋友们的精彩表演，还为孩子们送上节日的礼物。 （范开宇）

【开展学习贯彻《指南》活动月活动】 5月，牛栏山二幼根据学前科“关于开展学前教育宣传月活动的通知”要求，以“倾听孩

子，共同成长”为主题，开展一系列宣传活动。活动之一：在“家园联系”栏张贴《指南》标语、在园门口悬挂横幅标语，向家长和社会宣传学前教育的重要性，提倡大家都来关注学前教育，形成有利于幼儿健康成长的良好社会环境。活动之二：发放《指南》解读，向广大家长宣传《指南》，帮助家长理解《指南》的教育理念和教育内涵、各年龄段幼儿发展的基本规律和主要特点，使家长了解应该尊重理解孩子，并把学习心得体会写出来。活动之三：组织全园教职工集中学习，通过各种方式，学好《指南》、用好《指南》，学会把《指南》的教育理念转化为尊重孩子、理解孩子的实际行动，增强规范办园、科学保教的自觉性和主动性。通过学前教育宣传月活动，逐步转变了家长和老师的观念，营造了社会高度关心学前教育的浓厚氛围。

（范开宇）

【开展教师自制玩教具评比活动】 9月11日，牛栏山二幼举行了教师自制玩教具评比活动。全园20名带班教师全体参加，共自制

玩教具作品20件。在教具作者对作品的制作及使用进行简单陈述和操作的基础上，评委们从适合幼儿年龄特点，具备幼儿园观赏、玩耍要求、选题新颖、操作过程有趣，材料环保、安全等几个方面进行认真地评判打分，评出一等奖教具1件、二等奖教具2件、三等奖教具3件。 （范开宇）

【迎接学前教研室视导】 9月28日，顺义

区教委学前教研室对牛栏山二幼的班级环境及保教资料进行全方位视导。在视导过程中，

学前科领导对幼儿活动室应该如何分区、材料应该如何投放进行细致入微的指导，对小、中、大班进行分班指导，发现问题及时解决。视导过程中既肯定幼儿园的优点，也指出幼儿园存在的不足及改进的方向，提供改进的策略。通过这次视导，明确幼儿园下阶段的发展方向。（范开宇）

【开展“爱的教育”活动】 9月，牛栏山二幼开展以“爱的教育”为主题的养成教育系列活动。引导幼儿从身边小事和生活细微处入手，从“小”做起，在日常活动中养成良好的品德和行为习惯。一是要求家长做到正面教育，给孩子传递正能量。家长在日常生活中对孩子进行礼貌教育并及时肯定孩子们的点滴进步。二是开展感恩教育活动。要求孩子们回家与在园一样，自己的事情自己做，同时，要感知父母工作的辛苦，每天为家庭或父母做一件力所能及的事情。三是开展阅读活动。要求在家长的指导下，看一本图文并茂的幼儿读物或者观看一部优秀的、有教育意义的动画片。四是开展“微笑小天使”活动。每天早晨幼儿来园时，大班小朋友轮流执勤，站在门厅两侧微笑接待幼儿和家长，主动问好。（范开宇）

【多举措应对雾霾】 9月，牛栏山二幼为了减少雾霾天气对孩子们身体健康的影响，启动应急预案，组织全体教职工积极做好应对雾霾天气的各项工作。1. 开展教育活动：开展以“雾霾来了”为主题的环保主题教育活动。老师们针对孩子们提出的有关雾霾的疑问，将孩子们的兴趣点和探究点整理融合，利用看相关的短片、图片，让孩子们了解雾霾，知道雾霾的形成和危害。了解可以利用少出行，多清洁，多吃维生素的方法来简单的自我防护。2. 调整活动形式：将室外运动改为楼道运动。各个班级的楼道运动都规划得井井有条，孩子开心地运动，教师认真地指导，一派热闹的景象，丝毫不亚于室外运动。3. 健康饮食配合：幼儿园结合卫生保健工作，每天为孩子增配蜂蜜水、冰糖雪梨水、萝卜水等清肺饮品。4. 加大宣传力度：将保健知识通过电子屏宣传的形式告知家长，共同应对雾霾。（范开宇）

【开展全体教师礼仪培训活动】 10月10日，牛栏山二幼邀请北京“六加一”教育咨询中心的王老师为全园43名教师进行礼仪品格教育专题讲座。王老师首先用贴近生活的案例拉近与教师们的距离。互动环节，教师们认真聆听、积极参与，气氛极其热烈。紧

接着王老师结合实际，用简洁、通俗、精练的语言为教师们上了精彩的一课，在精确阐述了礼仪涵义的基础上，通过日常生活中鲜活的实例从个人形象、公众礼仪、幼儿教师礼仪、幼儿礼仪等方面做深入的讲解。讲座结束以后，教师们意犹未尽，相互探讨，并纠正着平时的一些不符合礼仪规范的小动作。（范开宇）

【举办跳蚤市场】 10月29日，牛栏山二幼举办"小宝当家跳蚤市场"活动，400多名小

朋友和家长参加此次活动。上午8时，"跳蚤市场"正式营业。经过前期的宣传和准备，小朋友们充分发挥想象，设计新颖富有童趣的促销标语，幼儿园操场瞬间变成了小型集贸市场。在这次"跳蚤市场"活动中，小朋友们卖的是旧物、换的是成长，孩子们真正感受到市场是怎样的，培养孩子们自主、自立的意识。同时锻炼语言表达能力、交往能力、组织能力、应变能力和理财能力，体验创造价值的乐趣，树立节俭、环保低碳的生活态度，提高参与社会实践活动能力。（范开宇）

【迎接"职工之家"验收】 12月4日，由区教育工会主席王玉英、王宝刚科长带领的李桥幼儿园、高丽营幼儿园等工会主席一行7人对牛栏山二幼"职工之家"进行评估验收。首先，听取幼儿园工会主席的建家工作汇报，随后王科长进行点评，高度评价幼儿园工作，最后，查看幼儿园开园以来的工会资料、各项活动开展资料及"职工之家"配备的一些运动器

材。王主席希望工会依托幼儿园现有条件，进一步发挥更大的职能作用。（范开宇）

【多项新举措提升教师专业素质】 年内，牛栏山二幼积极采取多项举措，提升幼儿教师

的专业素质。一、师徒结对，促进新教师专业成长。园内开展拜师仪式，三年内新教师向园内骨干教师拜师，拜师过程中徒弟向师傅赠送鲜花，师傅向徒弟赠与书籍，并签署师徒协议。师傅要定期检查新老师的周计划、半日活动计划的制定以及幼儿活动设计的编写情况，并深入课堂听课，帮助新教师快速成长。二、园本培训，搭建教师专业发展平台。通过开展基本功练兵活动，加强幼儿教师弹唱、绘画、舞蹈等必备的技能训练，提高幼儿教师基本技能素质；开展幼儿园开放日活动，请幼儿园老师和家长参加半日活动，通过研讨，提升幼儿教师的教学能力。三、"送""请"结合，提升教师专业发展水平。重视幼儿园教师的培养，一方面有目的、有

计划地将教师“送出去”，参加各级培训，使她们得到更高层次的专业发展；另一方面，邀请幼教专家、教师到幼儿园开设讲座、上示范课、听课点评、分析课例等，更好地提高幼儿教师专业发展水平。（范开宇）

【多种形式促保育员专业技能提升】 年内，牛栏山二幼多种形式促保育员技能提升。一、

培训保育员专业知识。保健医邓老师再次进行保育员培训。培训内容主要包括3个方面：1是幼儿园常见传染病的预防；2是幼儿园卫生保健常识；3是幼儿园保育知识。二、提高保育员的业务水平和操作技能。首先开展保育员教研活动，由保健医通过提问的方式，强化餐前消毒液的正确配比，保育员研讨如何消毒效果又快又好，确保消毒到餐桌每个地方，不留死角。三、岗位大练兵。进行保育员餐前清洁消毒桌面比赛。活动前保健医生向保育员和评委们宣布比赛规则和评分标准。比赛中，10名保育员积极认真，都使出各自的绝招，动作规范快速，现场气氛热烈。最后评出一等奖两人、二等奖三人、三等奖五人。系列培训活动既夯实保育员的理论基础，又增强实操能力。（范开宇）

北京市顺义区石园幼儿园

【概况】 2014年，北京市顺义区石园幼儿园为教育部门办园类别，日托制。占地面积2277平方米、校舍建筑面积1772平方米。全年教育经费投入381.22万元，全部为国家拨款。固定资产274.42万元。图书室藏书1.6万册，包括电子图书0.026万册。拥有睡眠和音体等专用教室7个，普通教室6个。拥有计算机37台。多媒体教室座位60个。学校信息化经费投入16.95万元，校园网出口总带宽100Mbps，数字资源量230GB。教职工29人，其中，教师17人，专科学历16人，中级职称2人；保健员1人，学历层次为专科学历，职称层次为中级职称。开设6个教学班，其中，小班2个、中班2个、大班2个。幼儿入园82人、离园80人、在园272人。网址：http：//4975.ankang06.org/。

（杜文忠）

【迎接区教科室“十二五”科研课题中期视导】 1月9日，区教科室副主任周靖彦带领

部分幼儿园长及科研骨干，到石园幼儿园开展“十二五”科研课题中期视导工作。周主任一行首先听取该园科研负责人做的科研课题阶段成果报告和部分课题组教师就此报告做的补充发言，又查阅课题研究相关资料。接着大家走进教学楼观看幼儿阅读区域环境的布置设计，包括各班阅读角和主题墙、楼道公共阅读区、幼儿绘本阅读馆、亲子阅读室及阅读长廊等。在听和看的基础上，视导组一致认为，围绕“十二五”课题的研究，石园幼儿园工作思路清晰，每位教师都有不同的成长，整体信息量大，成果意识强，工作亮点突出；同时提出许多合理建议。（杜文忠）

【举办“心灵的蓝丝带”心理健康讲座】 3月7日，石园幼儿园特邀顺义区心理健康咨询中心讲师给教职工进行题为《心灵的蓝丝带》

的心理健康讲座。这是石园幼儿园工会在“三·八”国际妇女节到来前献给教职工的一份特殊礼物。讲座以讲解与互动相结合的形式，通过传递一条小小的蓝色丝带，让同事们相拥涕零、诉说真情，更深刻体会到“幸福”的内涵，鞭策大家常怀感恩之心，强化自身为他人付出的能力。别样的“三·八”，增进了同事间的友谊，促进了幼儿园的和谐，让教职工感到由衷幸福！ （杜文忠）

【开展春季幼儿体检活动】 4月9日，区妇幼保健院医生来到石园幼儿园，为全园

200余名幼儿进行春季体检。这次检查项目包括：听力、眼位、口腔、内科和血色素等。在带班教师及保育员精心组织和默契配合下，幼儿能够情绪平稳，顺利完成各项检查，即使小班幼儿，也未出现哭闹拒绝检查等现象。检查结束后，保健医对检查结果和数据进行汇总统计，找出规律和可能出现的问题，为向家长反馈提供了资料。 （杜文忠）

【召开科研课题区内交流研讨会】 5月14日，科研课题区内交流研讨会在石园幼儿园

召开。参会者有区教科室副主任周靖彦、学前教研室主任冯军以及顺义区部分幼儿园长等共计60余人。会议议题是课题管理经验交流暨课题中期成果展示。大会首先进行教学活动展示，听取该园刘晶晶老师上绘本阅读课；第二项由该园杨宝芹园长及科研负责人介绍课题“幼儿自主阅读环境创设的研究”实施经验和成果，其他课题组成员补充发言；第三项参观该园教学区内幼儿阅读环境，观阅课题研究相关资料；第四项是讨论阶段，与会者就所听所看发表所想所感。与会人员对该园有效创设幼儿自主阅读环境，加强绘本阅读教学普遍给予较高评价，认为其教科研水平不断提升是长期努力和积淀的结果，同时也提出了中肯建议。 （杜文忠）

【迎接区全面实施素质教育综合督导和级类考核】 6月5日，区教育督导室专职督导何希国率区全面实施素质教育综合督导组和区教委学前科副科长单小红率级类考核工作小组到石园幼儿园，进行教育督导和级类考核。两小组认真视察园所环境，查阅相关资料，

听取杨宝芹园长《以队伍建设为核心，以特色发展为抓手，将〈指南〉精神落到实处》的工作汇报，查看各年龄班区域教学活动展示，开展教师座谈等，对幼儿园各项工作做出细致评价，并找出不足，提出具体建议。

（杜文忠）

【举行“心的交流，爱的传阅”图书漂流活动】 6月24至25日，石园幼儿园开展主题

为“心的交流，爱的传阅”幼儿图书漂流活动。活动分两部分：1. 家长经验介绍：由部分家长介绍自己教育幼儿阅读的经验与方法，共同探讨交流；2. 亲子图书漂流：幼儿每人从家中携带两三本图书，由家长陪同集中展示，幼儿之间相互交换自己感兴趣的图书。在活动现场大多数小朋友能够积极主动与人沟通，换到自己喜欢的图书。此次活动的开展，有助于形成阅读的群体效应，激发兴趣，促进幼儿广泛阅读；家长的参与，有利于家园共建营造阅读和谐氛围；同时旧书再利用，符合环保理念，以发挥其更大价值。

（杜文忠）

【区教委领导来园现场调研】 7月8日，区教委主任刘克祥、副主任张海东、高山、王

彪等领导来到石园幼儿园进行现场调研。领导们深入查看园所整体办公环境、基础设施及教育教学情况，与园领导和教职工亲切交谈，了解他们对未来发展的需求及建议，询问在园幼儿的学习和生活情况，对幼儿园今后的建设和发展进行重要部署。领导的到来给石园幼儿园教职工莫大的鼓舞，纷纷表示在教委的关心支持与帮助下，一定要进一步干好本职工作，让石园幼儿园成为百姓的放心园、安心园和贴心园。

（杜文忠）

【接受市级领导特殊教育工作调研】 10月14日，北京市教委学前处处长王洪兰一行5人在区教委学前科副科长单小红的陪同下来到石园幼儿园，对该园的特殊教育工作进行

调研。领导们深入班级观察特殊幼儿活动情况，听取杨园长《开展融合教育，让特需儿童快乐成长》的汇报。汇报简要介绍该园的基本情况、特教师资、场地设备及特教活动开展情况。领导们详细询问该园在开展特教工作方面的困难，并提出建议。石园幼儿园自2009年被命名为“北京市学前儿童特殊教育示范基地”以来，先后接纳8名以上有特殊需求的幼儿，通过融合教育的方式，让这些有特殊需要的儿童在常规幼儿园接受教育，使他们适应主流幼儿园的生活，发挥潜能，促进其身心全面发展。（杜文忠）

【利用户外远足活动增强幼儿体制】 10月17日，石园幼儿园大班幼儿集体走出幼儿园，

开展户外远足体验活动。孩子们徒步来到活动目的地——仁和公园，开展“找秋天”“树叶飘飘”“熊、石头和木头”等集体游戏，游览公园的湖光美景。活动有效地锻炼了幼儿的身体素质，开阔视野，磨练意志，同时培养幼儿交通安全意识，丰富多种生活体验。活动前园领导及带班教师共同商定周密的预案，从路线选定到人员配置都作了详细安排，并得到了社区保安的大力支持，为活动专门配备协警与园家委会的家长们共同负责维持治安，确保活动的顺利开展。（杜文忠）

【召开“十二五”科研课题结题鉴定会】 12月8日，石园幼儿园召开“十二五”科研课题结题鉴定现场会。区教科室副主任周靖彦、区学前教研室王颖老师及区部分幼儿园

园长参加。专家组听取该园园长杨宝芹做的“十二五”科研课题结题汇报及课题组教师所做的过程性介绍，观看课题成果影像资料，实地查看园所环境，充分肯定石园幼儿园在课题管理、研究、以及过程性资料积累等方面的成功作法并提出建设性意见。专家的分析和指导，对石园幼儿园课题研究工作起到提升和引领作用，有助于科研工作更加科学合理有效的开展。（杜文忠）

【迎接区教育工会“职工之家”建设检查】 12月9日，由顺义区教育工会黄杰及八中、

建南幼儿园等单位工会主席组成的检查小组，到石园幼儿园检查指导“职工之家”建设工作。小组听取园长做的支持工会工作汇报和工会主席建家工作汇报，查阅近三年建家工作资料，又组织教职工进行问卷调查，查看“职工之家”文体活动硬件设施情况。检查组肯定该园几年来在建家工作上的方向把握、方法策略及实际效果，对工会今后工作提出更高的期望。（杜文忠）

【迎接区级示范园验收视导】 12 月 25 日，由区学前教研室主任冯军、学前科副科长单

小红及部分幼儿园长组成的领导小组到石园幼儿园，进行区级示范幼儿园验收视导。领导小组查看办园环境及硬件设施，审阅近二年来该园办学条件、保教、安全等一系列资料，亲身参与各大、中、小班的半日活动，就园所工作情况展开集体研讨并给予建设性意见。此次验收视导工作的开展，有利于全面规范园所工作，让办园水平迈上更高的台阶。（杜文忠）

【开展教师礼仪素养提升培训】 12 月 31 日，石园幼儿园为进一步提升教师礼仪素养，

聘请礼仪讲师为全体教职工进行教师礼仪素养提升培训。培训分别从仪容、仪表和仪态三方面讲解，讲解了发型、化妆及着装方面应注意的事项，以及正确的站姿、坐姿、走姿、蹲姿和不同的鞠躬礼表达的内涵，引导教师塑造出亲和、专业、优雅的职业形象。

（杜文忠）

北京市顺义区双兴幼儿园

【概况】 2014 年，北京市顺义区双兴幼儿园为公办园类别，为日托制。占地面积 2571 平方米、校舍建筑面积 2011 平方米。全年教育经费投入 545.94 万元，全部为国家拨款。固定资产 214.69 万元。图书室藏书 0.72 万册，拥有阅览室、美术教室、亲子活动室等专用教室 3 个，普通教室 7 个。拥有计算机 43 台。校园网出口总带宽 10Mbps，数字资源量 200GB。教职工 42 人，其中，教师 32 人，学历层次专科以上 32 人，专业技术职称层次中级职称以上 16 人；保健员 2 人，学历层次均为专科以上，1 人为中级职称。开设 7 个教学班，其中，小班 2 个、中班 3 个、大班 2 个。幼儿入园 105 人、离园 90 人、在园 278 人。网址：http：//shuangxing. ankang06. org/space/。（肖金梅）

【开展“爱的小使者”主题系列活动】 3 月 7 日，双兴幼儿园邀请幼儿身边的女性，开展

以“爱的小使者”为主题的系列活动。活动目的是让孩子们通过日常生活了解身边的女性对自己的爱护，用自己的方式表达对身边女性的爱。本次活动分为三大板块：1. 爱的创意，运用废旧物品为妈妈制作礼物。2. 爱的表达，通过家长助教的形式，让孩子了解自己生长过程中妈妈的付出与辛苦，向妈妈说出自己最想说的话。3. 爱的游戏，通过亲

子游戏，感受自己与家长游戏的快乐。此次活动不但让孩子们充分了解身边的女性在自己成长历程中的伟大付出与关爱，增进了自己与母亲的感恩之情。也推进家园合作，促进家园共育，架起互通、互信、互帮的真诚之桥。（肖金梅）

【开展“绿色科技”之旅】 3月17日，双兴幼儿园与金汉绿港幼儿园的教职工们一同

走进北京植物匠和中国科技博物馆。北京植物园的温室展览区里百花齐放，各种各样的蝴蝶兰、热带植物、沙漠植被吸引大家的眼球，给人在春的气息中以美的享受。新的中国科技馆，外形犹如一个巨型魔方，共分为“科学乐园”“华夏之光”“探索与发现”“科技与生活”与“挑战与未来”五大主题展厅，设有公共空间展示区和四个特效影院。整个参观活动让教师们在亲身体验与操作中，了解科技的魅力，感受到植物世界的美丽，也领略到科技的神奇，使大家在陶冶心情的同时，也开阔了眼界、增长了知识。（肖金梅）

【开展班级环境创设评比活动】 4月28日，双兴幼儿园开展班级环境创设评比活动。活动主要从班级区域环境、教学主题环境、家园联系栏创设、公共大区域创设等几方面进行评比。评分标准包括：区角数量是否符合要求、操作性强、体现年龄特征；主题墙内容是否突出教学主题，具有创造性、童趣性，体现幼儿的参与性；家园联系栏内容是否丰

富，教育性强；公共区域是否有特色，符合幼儿的需要等方面。此次环境创设评比活动，全园教师共同参与，互相学习，取长补短，做到班班有特色，处处有新意，使幼儿园真正成为孩子们的温馨家园、快乐学园、成长乐园。（肖金梅）

【举办亲子运动会】 4月30日，双兴幼儿

园举办亲子运动会。活动分为三个阶段：一是动员阶段，向幼儿及家长征集运动会的项目及游戏规则，幼儿制作邀请卡、海报等，向家长宣传运动会的各项事宜。二是报名阶段，每名幼儿及家长自由上报两个项目。三是比赛阶段，有小班组的《亲子二人行》等8个项目，中班组的《推小车》等6个项目，大班组的《青蛙接力跳》等5个项目。比赛中孩子与家长个个奋勇争先，热闹非凡。此次运动会，不仅向家长展示该园师幼的精神风貌，增强孩子的集体荣誉感和团结协作的精神，同时也让家长进一步了解怎样和孩子

有目的地游戏，让孩子在游戏中体验快乐。

（肖金梅）

【区学前研究室来园指导】 5月26日，区考研中心学前研究室主任冯军、冯东芳老师

到双兴幼儿园指导幼儿园工作。冯主任一行观摩了小班音乐活动“我爱洗澡”、大班音乐活动“会变魔术的绳子”并与教师们共同进行研讨。然后观摩各班活动区，对活动区材料投放和教师的指导方式策略进行研讨，提出实践性的意见与建议。（肖金梅）

【迎接级类年度考核与教育督导】 6月4日，双兴幼儿园迎来年度考核与区教育督导

组的督导。督导组成员听取了园长杜秋红作的《落实〈指南〉以促进幼儿健康发展为本》的工作报告，开展园所管理情况的座谈，深入班级指导教育教学等活动，查看规划、保教常规资料，详细了解教学情况，并将意见及时反馈给幼儿园。区督导室副主任盛得富对该园办园理念、办园目标给予认可，肯定园所工作开展有序、教师工作积极认真、师幼关系和谐等优势，教研员对保教常规管理工作中存在的问题进行反馈，并提出改进意见。（肖金梅）

【开展教师自制玩教具评比活动】 6月16日，双兴幼儿园开展教师自制玩教具评比活动。为了更好的贯彻落实《纲要》精神，该

园组织全园教师利用收集的废旧环保材料和自然材料制作玩教具并进行展评。在自制玩教具展评会上，老师们详细地介绍自己制作玩教具的名称、使用材料、玩法及教育目标。最后经过大家投票，中二班的李园、王魏老师获得本次评比的冠亚军，并代表幼儿园参加区级竞赛。活动中，老师们通过听、说、看、玩互相观摩、探讨，在实践中更深地领会《纲要》精神。（肖金梅）

【承担“十二五”课题结题区级开放活动】 9月12日，双兴幼儿园承担“十二五”课题

结题区级开放活动。活动旨在向全区幼儿园展示课题结题的方式与具体流程，规范结题过程。北京市教育学会学前教育研究会副秘

书长王瑜元、北京市早教所张霞老师、区教科室主任陈惠明、周靖彦老师、金汉绿港幼儿园园长吴冬梅、杨镇幼儿园园长王红岩、西辛幼儿园园长杨丽群参加指导。结题工作会在周靖彦老师的主持下，分别以结题报告解读、集体活动展示、课题组成员发言三种方式开展。与会专家对该园“十二五”课题的研究给予充分的肯定，并就报告文本逻辑性、成果充实性、理论清晰性等方面提出建议。本次结题工作会既为该园课题成果完善指明方向，也为全区幼儿园课题结题工作提供一个交流学习的平台。　（肖金梅）

【开展骨干教师集体教学示范活动】　9 月 17 日，双兴幼儿园开展骨干教师示范课活动。

所有带班的 14 名教师和幼儿园领导一起观摩四位骨干老师的教学活动。本次活动展示的是音乐教学，讲课的骨干教师不仅在课堂教学中起到带头示范作用而且在教研活动中展示结合实际的新教法。听课后每位教师都交流自己的收获和提出问题，并以教研的形式进行集体研讨。此次骨干教师示范课活动的开展，既为骨干教师提供锻炼成长的平台，又为其他教师创造互观互学、交流研讨机会，特别是给青年教师在教学领域提供良好的学习范例，从而实现共同进步，共同成长。

（肖金梅）

【举行“青蓝工程”师徒结对启动仪式】　9 月 28 日，双兴幼儿园举行 2014 学年“青蓝工程”师徒结对启动仪式。活动中共有 20 位

1—5 年教龄的青年教师分别在班级工作管理、教育教学、教科研等方面和 10 位优秀教师结成对子。在热烈的气氛中，徒弟和师傅分别讲自己的学习目标和需求，并行拜师礼。最后，园长杜秋红对 20 对师徒寄予殷切的希望和嘱托。此项活动的开展，为该园加快青年教师快速全面的成长提供了帮助。　（肖金梅）

【召开党的群众路线教育实践活动总结大会】

10 月 30 日，双兴幼儿园召开党的群众路线教育实践活动总结大会。区幼教科副科长单小红、幼儿园全体党员、积极分子和 4 名群众参会。会议由王丽丽主持。首先，与会人员对领导班子和领导干部进行民主评议投票。然后，该园党的群众路线领导小组组长、党支部书记杜秋红作总结报告。报告从教育实践活动开展情况、取得的主要成效、采取的主要措施、存在的问题以及下一步工作的打算等五个方面对幼儿园教育实践活动进行了全面总结。幼教科副科长单小红表示该园的教育实践活动具有很强的务

实性，并要求今后要常抓不懈，做到党员思想上有痕迹，要把握规律，从严治党。总结大会后，杜秋红表示一定按要求做好教育实践活动后续工作，进一步巩固和扩大教育实践活动成果。（肖金梅）

【多举措践行社会主义核心价值观】 11月起，为充分发挥幼儿园教育主阵地作用，双兴幼儿园把培育和践行社会主义核心价值观

活动贯穿幼儿园教育教学全过程。一是坚持德育为先，充分发挥集体教学主渠道作用。二是加强园所文化建设，营造良好的育人环境。三是开展“教师适宜语言”研讨活动，加强师德师风建设。四是学习“社会主义核心价值观”基本内容，并撰写学习体会。五是深入挖掘身边典型，开展树典型学典型活动，形成人人践行社会主义核心价值观、人人争做典型的良好氛围。（肖金梅）

【开展与拉手园的跟班学习活动】 12月10日，双兴幼儿园与拉手园开展“跟班学习”活动。为实现一级一类园与拉手园携手共进，

进一步落实帮扶工作，双兴幼儿园邀请赵全营幼儿园教师参与跟班学习。活动中，跟班学习老师从晨间户外活动到早操、从集中教育活动组织到区域活动开展，整个半日活动都在感受与体验双兴幼儿园老师的常规管理、教学方式、区域活动的合理组织，并结合自身工作实际将其转化为自己所需。本学期，双兴幼儿园坚持与拉手园采用“请进来，走出去”的形式，多次进行研讨交流、跟班学习以及具体的送教、送理念的帮扶活动，从而使受帮扶园教师的教学能力以及环境创设能力逐渐提高。（肖金梅）

【迎接区级示范园初评验收】 12月23日，区示范园验收组到双兴幼儿园进行区级示范

园的初评验收工作。验收组从办园方向、物质条件、人员条件、管理工作、保教工作、卫生保健、儿童身心发展等方面，对幼儿园的各项工作进行全方位的检查和评估，并对检查评估情况进行意见反馈。验收组对该园创建区级示范园工作提出合理的意见和建议，这对进一步提升该园的办园理念，巩固办园成果，深化办园内涵，尽快达到市级示范园标准提供有利保障。（肖金梅）

北京市顺义区顺和花园幼儿园

【概况】 2014年，北京市顺义区顺和花园幼儿园为公办园，日托制。占地面积4200平方米、校舍建筑面积3343平方米。全年教育经费投入138.6764万元，全部为国家拨款。固定资产

228.2708 万元。图书室藏书 0.16 万册，包括电子图书 0.01 万册。拥有音体室、会议室等专用教室 2 个，普通教室 12 个。计算机 23 台。校园网出口总带宽 100Mbps，数字资源量 20GB。教职工 16 人，其中，教师 16 人，学历层次专科以上 15 人，专业技术职称层次中级职称以上 4 人；保健员 1 人，学历层次为专科以上，职称层次为中级职称。开设 5 个教学班，其中，小班 2 个、中班 2 个、大班 2 个。幼儿入园 75 人、离园 12 人、在园 168 人。 （曹海滨）

【多举措引领教师幼儿阅读】 4 月，顺和花园幼儿园多举措引领教师幼儿阅读。1. 购置

多种图书。依据教师教学、学习需要和幼儿年龄特点、阅读兴趣，增配各种图书 1000 余册。2. 开设阅读空间。利用空余教室开设幼儿图书阅览室、楼道阅读角和班级阅读区。请家长与和幼儿一起阅读绘本故事，引发孩子阅读兴趣。向教师开放图书室，提供各种专业图书，拓展教师视野。3. 园长随时向教师推荐好书，促进教师积极阅读。4. 加强班级图书架、室外立体书箱和读书长廊的管理。5. 各班教师安排集中阅读时间，带领幼儿阅读。教师利用业余时间开展阅读。6. 开展“捕捉幼儿敏感期”读书交流竞赛活动，激发教师阅读兴趣，丰富业余文化生活，提高教师教育技能。 （曹海滨）

【开展班级建筑区观摩研讨活动】 5 月 8 日，顺和花园幼儿园开展班级建筑区创设观摩研讨活动。园长组织带班教师现场观摩各班建筑区搭建情况，带班教师介绍本班建筑区搭

建构思及遇到的困惑，与大家交流研讨。每位教师依据建筑区材料投放与指导理论，进行观察，发表自己的改进建议，业务园长进行点评指导。研讨后各班进行建筑环境调整，教师边动手搭建边积累经验，有效指导幼儿搭建游戏。观摩研讨活动提升教师指导搭建建筑区游戏策略，激发幼儿游戏兴趣，发展了幼儿思维想象与合作动手能力。 （曹海滨）

【举行幼儿环保时装秀表演】 5 月 9 日，顺和花园幼儿园小一班举行幼儿环保时装秀表演。此次展示的幼儿环保时装是幼儿、家长、

教师共同完成的，材料采用废旧材料，既节能环保，又体现时尚。随着动听的音乐旋律，幼儿穿上服装开始走秀表演，形象可爱，动作优美，模特范十足，赢得了家长们阵阵掌声与喝彩声。经过家长投票统计后，小朋友们获得了不同奖项，孩子们开心，家长满意。环保时装秀表演，激发了孩子表演兴趣，培养孩子环保意识、动手能力和审美意识，加深家长与教师的交流合作。 （曹海滨）

【学研一体提高教师音乐教学技能】 5月20日，顺和花园幼儿园针对本园教师音乐教学

技能现状，采取学研一体的做法提高教师音乐教学技能。具体做法是：1. 各年龄班教师按照规定曲目自己练习弹琴，每周四进行回琴练习，熟练掌握本组曲目。2. 业务园长组织教师音乐教学活动设计与培训，开阔教师思路。3. 每人设计组织一节音乐教学活动，园长与其他教师观摩。4. 课后组织授课教师反思集体研讨，提出调整意见和建议。5. 教师调整后再次组织一节音乐活动。课后开展研讨活动，解决音乐教学活动中的困惑与问题。该活动使教师的音乐教学活动思路清晰，教学效果显著提高。学研一体的教学形式贴近教学实际，能快速提升教师音乐教学技能与策略。 **（曹海滨）**

【组织教师学习《指南》】 6月5日，顺和花园幼儿园组织教师深入学习《3—6岁儿童学习与发展指南》。为帮助教师更好地理解《指南》中“一日生活皆教育”内涵，业务

园长引导教师利用业余时间查阅资料，找出关键词语“一日生活皆教育”“直接感知”“实际操作”“亲身体验”的解释，并结合工作实际谈自己的理解，进行交流研讨。先以小组为单位交流，再进行集体分享。每个小组选1名代表发言，结合具体实践案例谈本组对幼儿学习方式的理解，分享知识经验，将《指南》核心内容落实到教学中，转化成教育行为。最后园长对交流分享活动进行梳理提升，强调幼儿的一日生活中处处是教育，教师要关注幼儿在园生活的每一个细节进行教育引导，为孩子一生的发展奠定基础。 **（曹海滨）**

【聘请专家观摩指导音乐教学】 6月17日，顺和花园幼儿园聘请幼教专家王喻元老师来

园观摩指导音乐教学活动。王老师观摩小中大班三节音乐课，在听取执教老师的自我反思、业务园长和其他教师对这节课的评价后，分别对三节音乐课进行客观点评。王老师认为，小班音乐欣赏活动开放性强，孩子自由放松的肢体语言感受旋律美。建议音乐活动乐曲要适合幼儿发展，引导幼儿掌握音乐节拍，用不同的方式自由的探索感受乐曲美，师幼在互动中收获快乐，让音乐贯穿于整个教学活动中。专家现场指导，引用案例与教师互动交流，开阔音乐教学思路与策略，解决教学中的困惑，大家感觉实效性强。 **（曹海滨）**

【区督导评估组来园指导工作】 6月20日，区学前科教研员、督导室老师对顺和花园幼

儿园管理、教学工作进行督导评估。评估组老师听取园长陈桂华的工作汇报，观看幼儿园整体文化环境布置，查看幼儿园三年规划、保教常规工作、园本教研、继续教育资料，观摩音乐教学活动。最后评估组对该园工作给予高度评价，认为教学、教研工作扎实有效，资料整理精细全面，继续教育注重实效、内容丰富、形式多样。此次评估督导将促进幼儿园级类验收工作有序进行。（曹海滨）

【开展园本培训】 8月26日，顺和花园幼

儿园为做好新学期工作，开展园本培训。后勤园长对教师进行安全知识技能培训，从幼儿园面临的挑战、幼儿自身安全事故、他人伤害事故、安全责任的界定、幼儿园事故的归责、幼儿安全防范等方面介绍相关法律法规知识。并重点讲解安全事故典型案例，警醒教师关注幼儿安全细节，并当场与教师签订岗位安全责任书，明确教师安全职责。保健医围绕健康教育与体格锻炼，结合本园保教工作实际，具体讲解幼儿卫生保健及安全教育工作知识与要求，为教师提供保教结合的技能支持。园长陈桂华带领教师学习《顺和花园幼儿园师德规范细则》，重点强调教师要服装得体，仪表端庄，语言行为文明规范，学会微笑，关爱每一个幼儿，注重工作细节。培训丰富了教师教育教学知识、提高了技能，促进工作的有效开展。（曹海滨）

【开展民主日活动】 9月19日，顺和花园

幼儿园召开民主公开日大会。会议由工会主席主持，宣布民主日大会程序及公开内容，明确民主公开的目的意义。具体公开内容是：1. 主管会计详细公布了2014年1—6月幼儿园收入支出情况，包括幼儿园办公经费支出、文化环境改造经费支出，编外用工支出等。2. 园长陈桂华向大会公开2014—2015学年度第一学期园务工作计划。主要包括幼儿园总体情况分析、发展优势、存在问题、本学期工作指导思想、发展目标及重点工作任务等。详细介绍幼儿园室内外环境文化建设、投资意向、具体方案，新教师专业培训内容，教学课程等。通过开展民主日活动教师们了解园所现状与发展目标。（曹海滨）

【邀请部队战士展示升旗仪式】 9月26日，顺和花园幼儿园邀请95843部队战士为全园师生展示升旗仪式。首先，伴随着出旗音乐，三位英姿勃发的解放军战士护卫着鲜艳的五星红旗，迈着整齐有力的步伐，行进到旗杆下。在嘹亮的国歌声中，鲜艳的五星红旗冉冉升起。战士威武的姿态、利落的动作、坚毅的眼神，让小朋友们惊奇不已，感受到升

旗仪式的庄严与神圣。升旗结束，孩子们与解放军叔叔合影留念。（曹海滨）

【组织幼儿秋收活动】 9月29日，顺和花园幼儿园组织大班幼儿进行收花生活动，小

班幼儿在旁边观看大班幼儿收获种植园的花生。首先教师引导幼儿观察花生植株样子，让幼儿猜测花生的生长位置，大小和数量。然后两名幼儿拔出植株，引导幼儿观察花生的生长情况，随后班级老师组织幼儿进行收花生比赛活动，由男孩拔花生，女孩把花生从植株上取下来收到盒子里。幼儿在欢快的游戏中完成此次收花生活动。这个活动让幼儿了解到了花生是怎么来的，感受到秋收的愉悦，体验了合作劳动的乐趣。（曹海滨）

【邀请老教师作一日常规培训】 11月2日，顺和花园幼儿园邀请园内有十多年教育教学经验、参与过市示范园验收的老教师郭会杰就一日常规讲体会谈经验。活动中，郭老师就一日生活中的六个问题与老师进行交流。1. 接待幼儿的语言和态度。2. 教育活动的组织。3. 教育

环境的创设。4. 幼儿进餐的有关要求。5. 批评的艺术。6. 幼儿离园的精细安排。郭老师依据以上问题，结合多年的工作经验进行细致讲解。新教师就一日常规活动中的困惑与郭老师探讨交流，得到启发和引领。（曹海滨）

【举办杨镇赛区彩虹诵读比赛】 12月10日，顺义区杨镇赛区幼儿园彩虹诵读比赛在

顺和花园幼儿园举行。区学前科李娟老师负责组织评委依据标准为参赛队打分。来自16个幼儿园的节目参加了角逐。杨镇幼儿园的《木兰辞》，顺和花园幼儿园的诗文《少年中国说》，石园北区幼儿园的歌舞《闵农，春晓》，金汉绿港幼儿园的《我骄傲，我是中国人》，尹家府幼儿园的功夫诗《千字文功夫诗》，李桥中心幼儿园的诵读《祖国爱你一万年》，龙湾屯中心幼儿园的朗诵《追月》等古诗文诵读，内容多样、形式新颖，充分展示了孩子们诵读与表演的艺术风貌，传承华夏五千年古代文化的情怀，赢得了在场观众的阵阵掌声。（曹海滨）

北京市顺义区天竺中心幼儿园

【概况】 2014年，北京市顺义区天竺中心幼儿园为公办园，日托制。园所占地面积6773平方米、校舍建筑面积4710平方米。全年教育经费投入814.39万元，其中国家拨款750.39万元、自筹经费64万元。固定资产571.18万元。图书室藏书1.2万册，拥有音体室、美术室和多功能厅专用教室3个，普通教室12个。有计算机35台。学校信息化经费投入1万元，校园网出口总带宽10Mbps，数字资源量80GB。教职工56人，其中，教师46人，专科以上46人，中级职称以上19人；保健员2人，均为专科以上学历。开设10个教学班，其中，小班4个、中班3个、大班3个。幼儿入园176人、离园81人、在园390人。（刘欣明）

【开展教师基本功考核】 1月10日，天竺中心幼儿园在全园范围内开展教师基本功

（边弹边唱）考核活动。活动中教师根据抽取曲目进行边弹边唱，考核以弹奏乐曲流畅，歌唱声音洪亮，整体节奏准确为标准。通过此次活动，教师基本功得到巩固与提高。

（刘欣明）

【邀请妇幼保健院专家到园培训】 3月7日，天竺中心幼儿园特邀区妇幼保健院主任周高俊就如何做好儿童保健工作进行专题培训。会上，周主任首先就发热的定义、发热的类型及发热的鉴别等内容做详细讲解，之

后通过实例向教师讲解如何处理小儿高热惊厥等常见突发情况。通过此次学习，教师对发热有了更深刻的认识，处理突发情况的技能有了提高，为做好儿童保健工作奠定较好的理论与实操基础。（刘欣明）

【开展“小生活　大智慧”生活常规亮点展示活动】 3月14日，天竺中心幼儿园开展“小生活　大智慧”生活常规亮点展示活动。

此前园所已进行为期一个月的幼儿一日生活常规培训。园领导及保健医深入到班级，以旁观者的身份观察活动、寻找问题、研究解决策略。在展示活动中，教师将班级常规亮点以PPT的形式进行展示，所有观察者进行补充发言。该活动使教师对班级常规工作有了进一步的认识，在交流中查找到了工作中的不足，为以后的工作奠定了良好基础。

（刘欣明）

【召开“家园携手”主题家长会】 4月11日，天竺中心幼儿园分年龄段召开全园家长会。家长会以“家园携手　让幼儿快乐成长”

为主题，教师分别向家长介绍本年龄段幼儿的特点，讲述关于教育孩子的理论知识，介绍孩子在幼儿园的生活情况，并与个别家长深入讨论科学育儿的方法。家长会使家长们进一步了解幼儿园的工作性质，拉近教师与家长之间的距离，为家园合作共同育儿搭建了交流的平台。 （刘欣明）

【组织师德主题培训活动】 5月16日，天竺中心幼儿园开展“师德为先　幼儿为本”师德主题培训活动。活动中，教师通过视

频观看关于师德的反面教材，从而引起每个人的反思与警醒，认识到师德不是挂在嘴边的口号，而是落实到自己实际工作当中的行为，该活动有力促进园所的良性发展。 （刘欣明）

【做好幼小衔接工作】 5月19日，天竺中心幼儿园大班幼儿在老师的带领下，走进天竺中心小学。孩子们与一年级的哥哥姐姐一起上课，参观计算机教室，参加学校的升旗仪式，在学校的操场上快乐行走。

活动中孩子们提出自己的疑问，由一年级小学生回答，在互动的对话中激发对小学的向往。 （刘欣明）

【举办“书香家庭”颁奖活动】 5月31日，天竺中心幼儿园开展“书香家庭”亲子阅读

颁奖活动。该活动依托家庭亲子阅读平台，激发幼儿读书的兴趣与热情，让每一位幼儿在读书活动中沐浴文化的光泽，使他们真正体验到：“我读书，我快乐！书香飘满家庭，阅读引领成长”。 （刘欣明）

【聘请专家进行幼小衔接讲座】 6月7日，

天竺中心幼儿园联合镇妇联聘请原《当代家庭教育报》副主编、现任原创教育研究院副院长、北京市家庭教育研究协会会员果海霞老师，为幼儿园中、大班家长进行关于幼小衔接的知识讲座。果老师从衔接态度、衔接心理、衔接能力三方面给家长进行讲解，并通过一个个鲜活的案例帮助家长找到解决自己在面临孩子幼小衔接方面问题的方法。一个个由浅入深的道理转变着家长固有的教育观念。活动结束后不少家长与果老师进行单独交流，探讨着自己的育儿方法。家长们纷纷表示，这样的讲座很实用，解决了他们的实际问题。（刘欣明）

【开展教师自制玩教具展评活动】 6月27日，天竺中心幼儿园开展教师自制玩教具展评活动。活动中教师们介绍自己制作的玩教具的玩法、适合的年龄段、所用材质等内容。与会教师根据符合幼儿年龄特点、玩法新颖、材质易寻且耐玩等条件进行投票。最终祖亚男、白亚清、马明月三名教师所制作的玩具以高票胜出，并参加全区自制玩教具展评。（刘欣明）

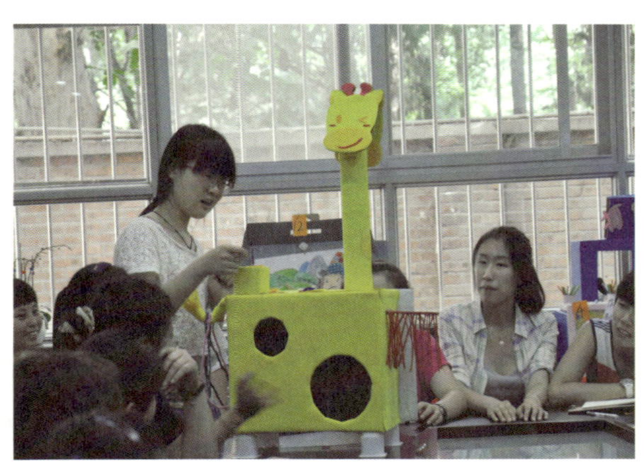

【邀请镇卫生院医生作健康知识讲座】 7月4日，天竺中心幼儿园邀请天竺镇卫生院健康管理中心医生为教师进行健康知识讲座。讲座涉及常见病急救知识、慢性病的防治、心脏病突发的急救方法等内容。活动中教师与保健医生的互动使培训一改上面讲下面听的老旧模式，从而提高教师自我健康的防范意识。（刘欣明）

【召开教师节表彰大会】 9月9日，适逢第30个教师节来临之际，天竺中心幼儿园召开“歌师德　赞师美”暨优秀教师表彰大会。会上园长为区级优秀教师、区级骨干教师颁发证书。获奖教师纷纷表示在以后的工作中将继续努力，切实发挥表率的作用，为幼儿园的发展贡献出自己的力量。（刘欣明）

【组织家长开放日活动】 11月20日，天竺中心幼儿园组织家长开放日活动。活动中教

师从孩子早入园到吃午饭每个环节都向家长一一进行展示，使家长感知幼儿在园的一日生活，更深入地了解幼儿在园的实际情况。同时，幼儿园还向家长发放关于师幼关系、教育教学情况等方面的调查问卷，目的在于从不同角度了解家长对幼儿园工作的意见与建议，为幼儿园更好地发展提供依据。（刘欣明）

北京市顺义区旺泉幼儿园

【概况】 2014 年，北京市顺义区旺泉幼儿园为教育部门办园，日托制。2013 年 11 月 25 日旺泉幼儿园正式从西辛幼儿园分立出来。该园暂时租房在顺义贯通东路西侧电大教学楼内，属公办幼儿园，高淑荣为第一任园长。图书室藏书 1000 余册，拥有普通教室 12 个，室内设有计算机、钢琴、电视和录音机等教学设施。拥有计算机 55 台，学校信息化经费投入 2.4 万元，数字资源量 150GB。教职工 59 人，其中，教师 26 人，保育员 12 人，大专以上学历 36 人，中专学历 2 人。幼儿园高级教师 12 人（中学高级 1 人，幼儿园高级 11 人）；保健员 2 人，其中，专科以上 2 人。开设 12 个教学班，小班 4 个、中班 4 个、大班 4 个。幼儿入园 412 人。（程金甫）

【举办“图画阅读中图画观察”讲座】 3 月 3 日，旺泉幼儿园邀请奕阳教育的李璐老师为

全体教师作《图画阅读中图画观察》的讲座。内容包括：什么是图画阅读、图画阅读应具备的能力、不同阶段幼儿图画观察的特点及培养策略。讲座中，李老师还就如何对不同年龄班的幼儿进行图画阅读中图画观察进行讲解与作品展示。该园 30 名教师参加。

（程金甫）

【举办爱生无小事师德演讲活动】 4 月 1 日，旺泉幼儿园举办爱生无小事的师德演讲

活动。教师们结合自己的实际工作，分别从生活、教学、安全教育等方面介绍自己的经验。该园 28 人参加。（程金甫）

【举办教师边弹边唱基本功大赛活动】 6 月 6 日，旺泉幼儿园全体教师举办边弹边唱基本

功大赛活动。评委从弹唱配合是否合理、情绪是否相互呼应、演唱和弹奏的配比是否正确和演唱技巧与弹奏技巧是否有很好的发挥等方面进行打分。评出一等奖 3 人、二等奖 5 人、三等奖 8 人。该园 24 名教师参加。

（程金甫）

【市幼教专家来园视导】 6 月 24 日，北京学前教育专家魏龚、汪荃、果秀华，市保健医李一辰来到旺泉幼儿园进行级类视导，区

学前科副科长单晓红、区教研室的领导和区妇幼保健院的医生陪同。几位专家听了园长高淑荣在园所规划、队伍建设、教师专业技能等方面的介绍后又观看班级、园所环境、室内外活动玩具配备，并进行现场点评指导。这次专家来园视导，为教师们与专家面对面的交流提供了平台，提高了教师的专业技能，拓展教师工作思路，为快速提高新建园所保教水平提供支持。（程金甫）

【开展玩具制作评比活动】 6 月 30 日，旺泉

幼儿园开展教师自制玩教具评比活动。每人上交自己制作的玩教具 2 件，共有 70 余件作品参评。由园长、教研组长组成评委，从制作材料的安全性、玩具的实用性、游戏性等方面进行评价，评出一等奖 5 名，二等奖 7 名，三等奖若干名。该园 30 余人参加。（程金甫）

【区教委领导到园调研】 7 月 8 日，区教委主任刘克祥、副主任张海东等到旺泉幼儿园进行学前教育发展情况调研。领导听取园长汇报，实地观察室内外环境，与教师、幼儿

进行交谈，重点了解幼儿园硬件、软件、教师待遇、幼儿入园等情况，对旺泉幼儿园的工作给与肯定。（程金甫）

【《顺义时讯》记者到旺泉幼儿园采访】 9 月 1 日，《顺义时讯》记者一行 3 人到旺泉幼

儿园进行如何解决幼儿入园焦虑问题的采访。记者采访了有经验的刘祎祎老师，并到小班进行实景拍摄。

（程金甫）

【举办拜师会】 10 月 8 日，旺泉幼儿园举行首届拜师会。拜师会的目的是为了使新教

师在较短时间内适应新岗位、新角色，实现师德、教学、教育管理能力的逐步提高。拜师会上，新老教师代表分别上台发言、互赠礼物；并签订师徒协议。该园50余人参加。

（程金甫）

【开展音乐教育活动展示】 10月，旺泉幼儿园为进一步提高教师音乐教学活动的教学技能，开展音乐教学展示活动。本次活动本着同学习共提高的宗旨进行，由参加听课的教师进行评价打分，教师们分别展示音乐欣赏、舞蹈、律动等音乐活动。该园24名教师参加。

（程金甫）

【多举措预防幼儿秋季传染病】 10月，旺泉幼儿园针对秋季传染病多发的特点，采取多举措预防幼儿秋季传染病。1. 对教职工进行秋季传染病知识讲座。2. 开展丰富适宜的户外体育活动。3. 合理调配幼儿秋季饮食。4. 加强幼儿园的各项消毒工作。5. 加强晨午晚检和随检。6. 对家长进行预防传染病知识的宣传。7. 开展幼儿健康教育活动。

（程金甫）

【按年龄段开展不同主题教育活动】 10月，旺泉幼儿园按年龄段开展不同主题的教育活动。小班以“我是乖孩子”为主题开展讲礼仪比赛、穿衣比赛，培养幼儿自理能力；中班以“我会分享”为主题开展图书共分享、友情分享活动，培养集体主义情感；大班开展“我和妈妈一起看图书”“和妈妈一起为灾区捐衣服”活动，促进亲情关系。（程金甫）

【廉政文化进校园检查组到旺泉幼儿园进行工作检查】 11月5日，区教委廉政文化进校园检查组一行3人到旺泉幼儿园进行工作检查，首先听取园长的工作汇报，重点检查相关的材料，观看一节大班的廉政教育活动，领导对旺泉幼儿园的廉政文化教育工作给与肯定。

（程金甫）

【多途径提高保育员专业素养】 11月，旺泉幼儿园加强对保育员专业素养的培养。1. 理论学习，以《纲要》和《指南》为依

据，隔周组织一次理论学习。2. 技能培训，以讲座、演练为主要形式，内容涉及儿童意外伤害处理、消毒配比、肥胖儿管理等。3. 分类技能考核，工作时间不足一年的新教师重点考察日常工作各项常规；超过一年的，侧重常规内容完成质量。4. 建立评价机制，制定保育工作质量评价表，教师、园长参与评价。 （程金甫）

【彩虹诵读喜获佳绩】 12月25日，旺泉幼儿园参加教委组织的彩虹诵读的决赛。比赛中师幼以饱满的情绪、优美的动作和高涨的比赛气势获得第一名的好成绩。该园28人参加。 （程金甫）

北京市顺义区西辛幼儿园

【概况】 2014年，北京市顺义区西辛幼儿园为公办园类别，日托制。占地面积3993平方米、校舍建筑面积2830平方米。全年教育经费投入93.66万元，全部为国家拨款。固定资产172.98万元。图书室藏书2975册，拥有音体室专用教室1个，普通教室9个。计算机32台，学校信息化经费投入万元，校园网出口总宽带100Mbps，数字资源量150GB。教职工（总数）46人，其中教师27人，学历层次专科以上36人，专业技术中级职称以上11人；保健员1人，学历层次为专科以上，职称层次为中级职称以上。开设教学班9个，其中，小班3个、中班3个、大班3个。幼儿入园167人、离园107人、在园421人。 （陈维纬）

【举办边弹边唱展评活动】 1月9日，西辛幼儿园举办教师“边弹边唱”展评活动。该园将所有带班教师及保育员分为幼教专业、

非幼教专业、保育员三个层次，让教师从备选幼儿曲目中选择一至两首歌曲进行弹唱，弹唱结束后，教师互评，取长补短。此次活动旨在提高教师边弹边唱能力，夯实教师的基本功，并为教师们提供一个练习、交流和展示的平台。 （陈维纬）

【举办教师趣味运动会】 4月25日，西辛

幼儿园举办教师趣味运动会。运动会设计了拍篮球接力跑、幼儿自行车障碍、投沙包三个项目，区教育工会领导与教师们一起，参与到各项比赛中，整个比赛过程精彩不断、高潮迭起。运动会丰富了教职工的业余生活，培养教师健康和谐、团结合作的精神。区教育工会两名工作人员参加。（陈维纬）

【举办第三届艺术节】 5月30日，西辛幼

儿园“快乐六一，快乐童年”暨第三届艺术节在顺义影剧院举行。艺术节包括“百米水粉画廊”和历时两个小时的文艺汇演，共有近四百个家庭、一千余人参加。艺术特色是西辛幼儿园的园所特色，此次艺术节增进家园联系，也使孩子们度过一个快乐的儿童节。（陈维纬）

【开展幼小衔接系列活动】 6月1日起，西辛幼儿园协同多方开展幼小衔接系列活动。

一是邀请西辛小学教师及领导为家长做幼小衔接专题讲座，内容包括培养幼儿自理能力、培养良好的学习习惯、帮助幼儿调整作息时间等，为家长答疑解惑。二是大班开展“我要上小学”主题活动，引导幼儿比较小学与幼儿园的不同，做入学准备计划书等，了解小学生的生活环境及作息时间，以积极的心态迎接小学生活。三是大班幼儿走进西辛小学，与小学生互动，进入课堂亲身体验小学生活。（陈维纬）

【接受区督导评估验收】 6月12日，西辛

幼儿园接受区教育督导室、学前教育科、学前教研室相关领导及专家的现场督导及评估验收。教育督导室领导及专家现场考察园所环境，审阅督导相关资料，并与园长座谈，现场反馈并提出督导整改意见。学前教育科、学前教研室的领导及专家对该园进行评估验收，现场抽查教师边弹边唱基本功，观摩大二班韵律活动以及活动区活动，审阅管理、保教、卫生保健等相关资料，并提出宝贵建议。此次督导和评估验收工作，一方面展现园所发展现状、保教水平，另一方面有利于该园查缺补漏，为未来发展指明了方向。（陈维纬）

【举办教师自制玩教具展评活动】 6月24

日，西辛幼儿园举办教师自制玩教具展评活动。首先，由设计教师介绍自制玩教具所用材料、适合年龄段、教育目标等。其次，由教师进行玩教具操作展示，评委和观摩教师们点评并提出修改意见。修改完毕的玩教具设计图稿将装订成册，归档园所教育教学资源库。玩教具实物将投放到幼儿活动区中。活动完毕后，崔红梅、龚安培、袁莉三位老师的作品参加区教委学前教育科组织的“临空杯”自制玩教具比赛，分获一等奖和三等奖。（陈维纬）

【接受顺义电视台采访】 9月10日，西辛

幼儿园接受顺义电视台采访。园长杨丽群向记者介绍园所队伍建设基本情况，重点介绍对新教师的培养，教师队伍和谐、友爱的工作氛围。电视台拍摄幼儿园新教师组织的幼儿进餐、区域活动和户外活动的情况，还对新教师代表姚可进行对保育工作的认识、职业规划等方面的采访。（陈维纬）

【提高幼儿菜品质量有新招】 10月17日起，西辛幼儿园采取多种措施提高幼儿菜品

质量。一是组织厨房人员集体学习。在保健医的组织下，厨房人员定期学习幼儿食品营养搭配和新菜谱，并进行现场制作。二是开展厨房创新菜品评比活动。厨房人员自主申报创新菜品，园方制订评比标准，菜品制作完毕，由班级教师品尝后打分，评出“最佳菜品”和“厨艺之星”，并将新菜品加到幼儿食谱中。三是将厨房推出的新菜图片、营养价值等信息在伙委会上和家长沟通，得到家长代表的认可，最后将新菜品的信息公布在家园联系栏上。（陈维纬）

【开展学习周系列活动】 10月27至31日，西辛幼儿园开展了“终身学习，幸福人生”

的学习周系列活动。一是全体教师自学顺义学习网中关于礼仪的视频和书籍，并进行“做文明有礼的顺义人”网络知识竞赛答题活动。二是分层对教师进行培训，开展不同形式的学习活动。培训分为师德学习、理论学习、业务学习、技能技巧学习等几个方面，针对骨干教师、成熟型教师、新教师等不同层次，分别制定有针对性的学习计划。三是开展各类读书活动，继续打造“书香西幼”，传承阅读传统。（陈维纬）

【举办家长开放日活动】 11月4至5日，西辛幼儿园举办家长开放日活动。一是各班召开家长会，介绍幼儿在园情况、园所特色、教科研课题情况等。二是小班开展户外活动，分别展示做操、集体游戏和分散游戏。三是中班幼儿自主选择喜欢的活动区进行游戏，家长也可一同参与。四是大班开展集体教育

活动，内容包括幼儿韵律活动及美术活动。五是各班幼儿进行进餐常规展示。六是向全体家长发放调查问卷，从不同角度了解家长对幼儿园工作的意见与建议。（陈维纬）

【“综合主题活动”项目专家来园观摩指导】 11月18日，西辛幼儿园迎来北京师范大学

“园长专业领导力与新教师专业成长——综合主题活动”项目专家团队，对该园相关活动进行观摩和指导。上午园长杨丽群做活动开展的阶段性汇报，专家团观摩中班新教师张萌和龚安培的“多样的鱼”美术活动，并进行《如何在集体教育活动中观察儿童学习品质中的合作性》讲座，针对上午的美术活动进行小组教研。下午进行项目的阶段性成果汇报，各实验基地园发言并研讨。区学前教育科、区学前教研室、参与实验的十六所幼儿园园长及教师共计60余人参加活动。（陈维纬）

【开展早教进社区活动】 12月10日，西辛幼儿园开展早教进社区的系列活动。1. 该园

教师向西辛南区的婴幼儿家长发放宣传材料，讲解科学育儿知识。2. 带领社区中的家长及婴幼儿参观幼儿园，并介绍园所的环境、活动室及公共活动区等。3. 教师邀请幼儿及家长共同体验小班的图书角、玩玩乐乐等公共活动区，并在音体室组织亲子游戏。（陈维纬）

【开展区级示范园视导】 12月22日，区教

委学前教育科、学前教研室、示范园园长等专家领导到西辛幼儿园进行示范园视导。现场观摩小一班、中一班和大一班的半日活动，审阅园所管理、保教、总务、卫生保健资料。随后，视导组专家领导进行现场反馈，为该园提出整改意见。（陈维纬）

【深入有效推进科研工作】 年内，西辛幼儿园深入有效推进科研工作。一是4月10日，接受区教科室科研课题视导。区教科室视导组一行6人，到西辛幼儿园进行课题视导。听取课题汇报；观摩小班和中班韵律活动；查阅科研资料；视导组对课题研究成果进行评

议和指导，针对课题活动过程、研究成果的整合、规范文本的撰写等方面提出建议。二是7月8日，进行“十二五”科研课题《主题背景下幼儿水粉画实践研究》课题结题。专家、园长们观摩中三班王芳老师的幼儿水粉画集体教育活动，听取水粉教科研组教师的成果汇报，审阅相关资料。三是9月23日，进行“十二五”科研课题《幼儿园韵律活动中情境创设的研究》课题结题。专家、园长们听取该课题负责人杨丽群园长的汇报，观摩大二班崔红梅老师的幼儿韵律活动，并听取韵律教科研组教师的成果汇报，审阅相关资料。活动最后，专家进行反馈，提出宝贵的课题结题意见。（陈维纬）

北京市顺义区馨港幼儿园

【概况】 2014年，北京市顺义区馨港幼儿园为公办园类别，日托制。占地面积2790平方米、校舍建筑面积2680平方米。全年教育经费投入522.59万元，全部为国家拨款。图书室藏书1.2万册。音体室1个，普通教室7个。拥有计算机24台，多媒体教室座位40个，幼儿园信息化经费投入6.83万元，校园网出口总带宽100Mbps，数字资源量210GB。教职工40人，其中，教师34人，学历层次专科以上32人，专业技术职称层次中级职称以上4人；保健员1人，学历层次为专科以上，职称层次为中级职称以上。开设7个教学班，其中，小班3个、中班2个、大班2个。幼儿入园110人、离园79人、在园298人。（李　娜）

【举办庆新年活动】 1月4日，馨港幼儿园举办庆新年活动。活动采取跨年龄班互动游

艺方式进行，分为四部分：一是亲子互动游戏，家长与幼儿可参加不同班级组织的游艺活动；二是亲子创意美食制作，家长与幼儿一同捏花式水饺、制作造型新颖的果蔬沙拉；三是亲子共享感恩午餐，家长与幼儿一同品尝自己制作的食物，并与其他年龄班幼儿分享；四是圣诞老人派送礼物，圣诞老人将教师们精心准备的礼物送给每名幼儿并表达祝福。（李　娜）

【开展假期安全教育活动】 1月12日，馨港幼儿园开展“重安全，我快乐”安全主题

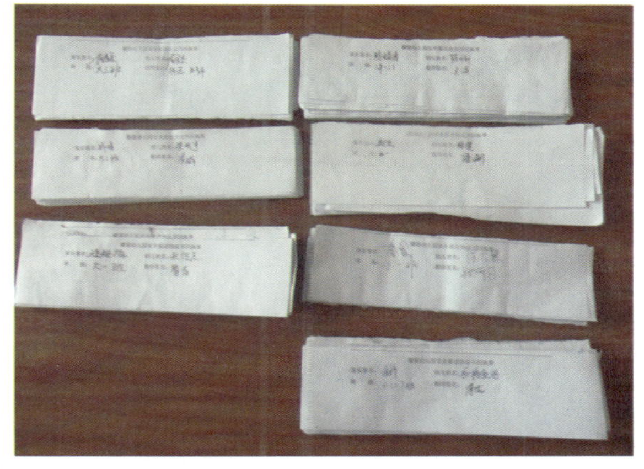

活动。活动有三项：一是各班开展安全教育活动，让幼儿了解冰面滑冰、燃放爆竹、独自外出等活动的危险性，并练习求救；二是向家长宣传冬季安全知识，签订安全协议，

保证幼儿离园后的安全；三是制作安全教育视频，全天在电子屏上滚动播出，提醒家长及幼儿注意假期安全。（李　娜）

【召开培训感悟会】 2 月 14 日，馨港幼儿

园召开培训感悟会。在为时 4 天的教育系统培训会及学前教育工作会中，教师认真聆听各级专家领导讲话，详实记录会议内容，领悟会议精神。园领导和教师相互交流学习感悟，从会议中教师们领会到教育改革是每个人的责任，要居安思危，应多元化、全面地补充专业知识充实自己，在工作中端正态度，时刻把爱心、奉献、团结放在首位。通过培训，馨港幼儿园全体教师对教育工作的认识得到提升，为下一学期的工作打下坚实的基础。（李　娜）

【家园合作促进幼儿语言发展】 3 月，馨港幼儿园通过一日生活，家园合作同心共育促进幼儿语言发展。一是每个活动室均设立动

态表演区，幼儿可以自己更换表演区背景及环境，选择自己感兴趣的故事进行表演；二是每月向家长展示幼儿诗配画作品并装订成册发给家长，让家长了解幼儿发展情况；三是定期邀请北师大专家，组织家长参加“亲子阅读”系列知识讲座。以上举措拓展幼儿语言发展的途径，提升幼儿视觉阅读、听觉阅读方面的能力。（李　娜）

【镇政府领导及人大代表入园调研】 5 月 26 日，在儿童节来临之际，李桥镇党委书记、

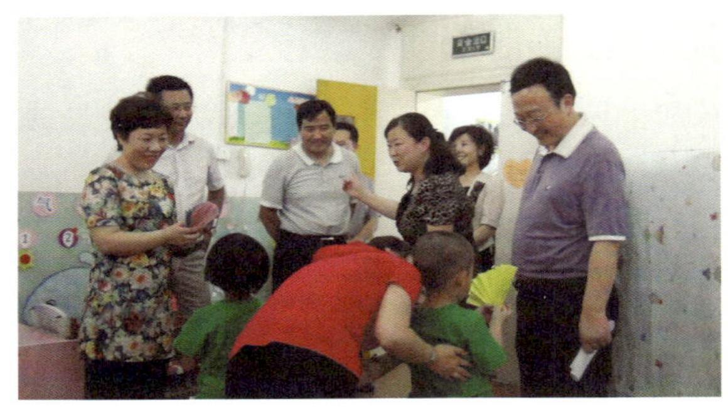

镇长及部分人大代表到馨港幼儿园调研。调研人员参观园所环境，并参与到幼儿的美术、表演活动中，与幼儿一同制作降温小扇子。馨港幼儿园“人人不同，各个优秀”的办学理念，“多角度利用环境、充分为幼儿创设语言氛围”的办学特色得到调研人员的一致好评。（李　娜）

【多阶段培养教师观察幼儿的能力】 5 月，馨港幼儿园多阶段培养教师观察幼儿的能力。

共分四个阶段：第一阶段，带着问题观察。每周一各年级组长列出本周主要观察点，利用周五下午的“成长心语”时间与园长和其他教师交流观察方法及效果。第二阶段，总结问题及时反馈。针对教师观察幼儿时刻意性强、抓不到重点、观察面和观察方法单一、

教师涉入幼儿活动较多等问题展开培训。第三阶段，交换观察比效果。每位教师可选择一到两名其他班级幼儿，利用备课时间连续观察，与本班教师交流观察心得。第四阶段，教研室引导提升。每周区学前教研室成员入园引导教师在一日生活中多方位观察幼儿，并帮助教师解决疑难。（李　娜）

【承接北京市学前教研工作展评活动】 6月10日，馨港幼儿园代表顺义区圆满完成北京

市区（县）学前教研工作展评活动。活动中教师与区学前教研室全体成员共同向市早教所专家以及各区县教研员展示该园园本教研活动，展示该园教师自制玩教具及幼儿活动视频，新颖的教研模式、过硬的理论知识、自然的互动氛围赢得专家及姐妹区县的好评。早教所专家徐明、孙璐就该园园本教研工作指出：该园教师专业素养较高，能有效将理论与实践结合，能通过有针对性的观察幼儿发展情况及时调整班内环境及教学内容，语言区材料投放、表演区设置、多样式的自制图书激发幼儿的学习兴趣，促进幼儿语言发展，值得各区县借鉴。区学前科科长陈民强、早教所专家徐明、孙璐及各区县教研员共36人参加会议。（李　娜）

【区督导室、学前教研室来园指导工作】 6月30日，顺义区人民政府教育督导室副主任盛得富、李卫东，学前教研室主任冯军及教研员到馨港幼儿园开展督导、级类考核工作。盛得富、李卫东认真审阅各项督导材料，对

该园开展的图书漂流、走进大自然、亲子制作系列讲座等活动予以肯定。然后参观园所环境并走进各年龄班参加幼儿活动，到明星小舞台与幼儿一同表演，走进建筑区与幼儿共同搭建房屋并参与到幼儿的游戏中，幼儿将活动中的折纸作品送给督导组，并受到一致好评。（李　娜）

【区教委领导入园调研】 7月3日，区教委

主任刘克祥，副主任高山等领导到馨港幼儿园调研。园长就园所整体环境、硬件配置情况做介绍，并将现有幼儿情况、近期招生情况做重点汇报。刘克祥主任与同行领导查看园所整体环境并对园所利于幼儿发展的设计予以肯定。（李　娜）

【打造心中的家园过环保金秋】 9月28日，馨港幼儿园开展“爱祖国，爱家乡，亲子共度环保金秋”主题活动。一是了解家乡，拼接我心中的祖国。组织中班幼儿开展“爱祖国、家乡宝贝我知道”教育活动，定做

全国地图拼图，家长与幼儿利用废旧材料制作成各地特色美食、地标建筑粘贴于各省板块上，废物利用，打造自己心中的家园。二是知晓能源流失情况，废物打造节能交通工具。充分利用家长资源，邀请大班幼儿家长即国航机长入园利用动画、图片生动为幼儿讲解交通工具的耗能情况，组织大班家长与幼儿一同搜集废旧材料，共同设计、组装、装饰新型节能交通工具，深化环保理念。三是图书共享，开展图书漂流活动。家长与幼儿将家中闲置的书籍带到幼儿园与其他家庭交换，达到资源共享，反复利用的效果。（李　娜）

【开展推广普通话活动】　9月，馨港幼儿园结合幼儿多籍贯特色开展推广普通话活动。

一是开展一帮一，推广普通话从家长做起。邀请家长入园，共同参与教师组织的故事表演，让幼儿与家长现场感受普通话的清晰与简洁，家长之间相互结对，“一帮一”学好普通话，讲好普通话。二是组织评选，推广普通话有动力。分年龄班开展“我会听、我会说、我会演”评选活动，每周推选出最美声音和最精彩的故事表演剧，投放到广播和电子屏上，以此鼓励幼儿主动参与推广普通话活动。三是全园参与，征集教师创编的推普童谣，投票选出最佳童谣以舞台剧的形式在全园展示，将表演视频刻录成碟，投放到各班表演区供幼儿学习、表演。（李　娜）

【开展教师兴趣团培训】　9月，馨港幼儿园

充分利用青年教师专业多样的特点，开展“专家你我他，教师兴趣团齐参与”活动。通过问卷调查，了解每个教师专业特长与自身欠缺，开办班级管理、音视频编辑、添画、油画、色彩搭配、公共礼仪等多领域的培训班。主讲教师均由园中该专业擅长教师担任，教师可互选培训班，结合自身需要与授课老师一同制定培训内容、培训计划。每周组织三次活动，授课教师负责活动前整理、分发讲义，课后跟踪学员学习效果，结合课堂反馈和上交的作业制定下次培训方案。结合此活动馨港幼儿园组织学习成果交流展示活动，打造成果墙，分享成为专家与重当学生的感受。（李　娜）

【举办“园长专业领导力与新教师专业成长”现场研讨会】　10月27日，霍力岩专家组、区学前科、区教研室、参与实验研究的16所幼儿园园长及教师共计50余人参加馨港幼儿园组织的园长专业领导力与新教师专业成长“综合主题活动”现场研讨会。园长

耿兵介绍该园开展课程项目的计划和收获，专家组成员带领教师分析反思马坡三幼、龙湾屯、港馨三所姐妹园的活动视频。观摩该园小班两节集体教育活动后，大家对"综合主题活动"的五段式教学模式进行分析和研究。霍教授对园长的汇报和教师组织的活动给予充分肯定，并提出诸多宝贵的意见和建议，为今后课程的研究提供参考和依据。 （李 娜）

【多形式记录幼儿成长】 年内，馨港幼儿园

多形式记录幼儿成长足迹。一是将幼儿诗歌朗诵、故事表演等视频投放于校园广播和电视上，利用来园离园时间播放给家长和小朋友；每月举办幼儿作品展，展示优秀幼儿作品。二是分班制作幼儿作品集，发放给每名幼儿，记录幼儿每一次进步。三是随时用相机、录像机记录幼儿外出表演、参加园内节目以及在园生活，刻录成光盘及时发给家长，帮助幼儿保留精彩瞬间的同时也让家长分享幼儿的成长。 （李 娜）

北京市顺义区杨镇中心幼儿园

【概况】 2014年，杨镇中心幼儿园为教育部门办园，日托制。占地面积5854平方米、校舍建筑面积2699平方米。固定资产976.23万元。全年教育经费投入764.96万元，全部为国家拨款。全年幼儿园信息化经费投入110.97万元，拥有计算机27台，数字资源300GB。拥有计算机教室、泥塑室专用教室2个，普通教室13个。教室内设有液晶电视等教学设施。教职工73人，其中，教师60人，学历层次专科以上57人，专业技术中级职称以上22人；保健员2人。开设13个教学班，其中，小班5个、中班4个、大班4个。幼儿入园166人、离园160人、在园432人。网址：www. yzyeyankang 06. org. （段晓宇）

【示范引领"牵手"村办园】 3月，杨镇中心幼儿园"牵手"村办园。一是成立"手拉手"小组，协商制定学期手拉手工作计划。二是飞翔幼儿园后勤园长进入中心园，进行"挂职培训"，通过"挂职培训"，培养一名熟知幼儿园保教流程的幼儿园管理者。三是活动观摩，通过"半日活动"、"音乐游戏活动"的现场观摩以及"主题案例分析"等多种形式，初步解决飞翔幼儿园教师在专业上的需求。四是飞翔园长走进中心园参加"农村园长研讨会"活动。五是飞翔园长走进中心园参加"家长委员会"活动。 （段晓宇）

【工会社团活动有声有色】 3月，杨镇中心幼儿园以"民主、人文、阳光、和谐"为主题，深入推进工会工作。工会通过教职工自愿报名的方式组建了"教师合唱团""健身操队""篮球社""乒乓球社""羽毛球社""太极拳社"和"棋画社"等教职工社团，以社团为载体，丰富教职工文化生活，提升教师品位，促进和谐园所建设。每个社团由工会委员担任社长，负责社团的日常管理，由有特长、热心工会活动的老师担任副社长，负

责社团的技术指导，教职工自由选择参加1—3个社团。每个社团都有固定的活动时间和地点，并根据社团的性质，采用不同的形式开展丰富多彩的活动。社团活动，增进教师们彼此的了解，增强幼儿园的凝聚力。

（秦连红）

【多举措促进家园互动】 3月，杨镇中心幼

儿园以“看见孩子的学习”为主题多举措促进家园互动。一是在集体教育中看见孩子的学习，家长们通过观摩集体教育活动，了解幼儿在五大领域中的学习；二是在小组活动中看见孩子的学习，通过看《小兔子的新家》泥塑活动过程的录像，看见孩子在活动中的表现及学习；三是在自发游戏中看见孩子的学习，通过观看《陀螺转转转》活动的录像看见孩子的学习；四是在生活中看到孩子的学习，观看幼儿参与厨房包芽豆、择菜等活动；五是在亲子活动中看到孩子的学习，让家长们参加泥塑亲子活动、亲子故事大赛、亲子运动会、新年游艺活动。 （段晓宇）

【开展“观农业盛典，享花样年华”活动】 4月2日，杨镇中心幼儿园组织教师走进昌平农业嘉年华开展“观农业盛典，享花样年华”

活动。活动中教师感受到科技突飞猛进的发展为农业带来的新突破。创意农业体验、主题狂欢娱乐等趣味无穷。农味十足的群众互动性强的特色活动，给身处农村园的教师以深刻启发。 （段晓宇）

【开展新教师培训工作】 4月，杨镇中心幼

儿园开展新教师培训工作。针对新教师的不同情况和幼儿教师所需的素养，由六名工作五年以上的骨干教师作为指导教师，业务园长定期与不定期进班查看指导教师和实习教师工作情况；指导教师严格规范自己的言行，为实习教师作出示范和榜样，采取看——学——做——思——考模式进行培训，从观看对学习内容有初步的了解到带着问题学理论，然后模仿导师亲自实操，再到反思、调整，最后进行考核。 （段晓宇）

【举办"释放激情六月，享受美好童年"系列活动】 5月23至30日，杨镇中心幼儿园举

办"释放激情六月　享受美好童年"六一系列活动。一是快乐找笑亲子活动，家长与幼儿在幼儿园的祝福树上共同寻找孩子的笑脸，感受与亲人、伙伴共同寻找自己在幼儿园的快乐回忆；二是观看童话剧表演，通过观看真人表演的童话剧《想当狮王的小白兔》，激发幼儿进行表演创作的动机；三是欣赏哥哥姐姐的表演，借助周边学校资源，让幼儿欣赏到多种艺术表演形式，同时满足幼儿成长的愿望；四是会餐，使幼儿感受多种形式的进餐方式，培养幼儿进餐礼仪，享受进餐的快乐，培养幼儿自主选择的能力；五是节日礼物发放，体验节日的快乐。　　（段晓宇）

【举办"我和爸爸妈妈一起演"亲子故事大赛】 5月29日，杨镇中心幼儿园举办"我和爸爸妈妈一起演"亲子故事大赛。每班幼

儿自愿报名参加，本着民主、平等、公平、公正的原则，对参加的幼儿进行公开竞选，由家长和幼儿共同来演绎故事，依照"结合幼儿的特点""贴近幼儿成长的需要"和"贴近时代的要求"三项标准进行评选。比赛为幼儿营造了一个学说话、敢说话、会说话的氛围。该园的亲子故事大赛，培养幼儿大胆表现的能力，在感受亲情的同时也激发观看者参与的欲望。　　（段晓宇）

【举办"见证成长"大班幼儿毕业典礼】 6月27日，杨镇中心幼儿园举办以"见证成

长"为主题的大班幼儿毕业典礼。一、以孩子们自己命名、自己选音乐、自己创编动作、自己排练的《龙鼓舞》开场。二、观看PPT视频：以"我上幼儿园""快乐的六一""丰富多彩的园特色""好玩的泥巴""欢乐庆新年""热烈的运动会"和"我的大家庭"等几个板块，以幼儿的成长变化为主线，向家长进行展示。三、赠送礼物：孩子们自己设计制作联系卡，希望分开以后还可以常联系；设计作品礼盒、创作泥塑作品，互相赠送或者自己珍藏、留念；给弟弟妹妹们制作礼物。四、颁发毕业证：所有带过该届幼儿的老师，给孩子们颁发毕业证，和家长们一起见证孩子们的成长。感人的毕业歌，将毕业典礼推向了又一个高潮。五、展望未来：播放"杨镇中心小学校本课程展示"视频，丰富多彩的校本课程，激发孩子们想要上小学的热情和对未来的美好憧憬，冲淡了离别的忧伤。活动中，孩子们尽情地抒发自己对老师和小朋友的感情，师生之间真情流露，依依不舍。　　（段晓宇）

【科研课题结题】 7月9日，杨镇中心幼儿

园申报的科研课题《在泥塑活动中支持幼儿个性化表达的策略研究》顺利结题。该课题以泥塑活动为载体，形成支持幼儿个性化表达的有效策略，经过区专家团队的鉴定，准予结题。 （段晓宇）

【开展幼儿值日“三自主”活动】 7月，杨镇中心幼儿园开展幼儿值日“三自主”活动。

一是值日时间自己做主。将原来固定安排好的值日生时间表调整为互动环境墙饰，孩子自己计划来园做值日时间，提前将自己的值日牌插在相应的墙饰口袋中，从“要我做值日”转变为“我要做值日”。二是值日内容自己做主。让孩子自己决定班级值日生需要完成的工作内容，根据自己的能力和兴趣自主选择值日的内容。三是找值日伙伴自己做主。将原来的值日小组的固定搭配转变为自由组合的搭配方式，让孩子们自己寻找小伙伴共同值日。（秦连红）

【开展金秋游园活动】 9月30日，杨镇中心幼儿园组织大班幼儿到国际鲜花港徒步游园。游园分三个环节：一是“奇特的建筑”。

根据自制的游园路线图及图片，幼儿沿途寻找上海世博会、风车等鲜花港内的独特建筑，找到后由老师为幼儿讲解建筑知识。二是“淘气的园标”。教师提前将园标风车藏在隐蔽的地方，幼儿根据路线图提示，分组寻找，找到后请监护教师予以拍照留念。三是“美丽的菊花”。游园中，幼儿在赏花的同时总结出菊花的种类并做下记录。 （秦连红）

【开设双自主课程】 9月，杨镇中心幼儿园开设双自主课程。根据每位教师不同的个性

爱好和不同的专业特长，教师们自主申报课程，按计划，组织、实施特色活动，保证活动的质量。幼儿根据自己的喜好自主选择感兴趣的活动。 （段晓宇）

【开展幼儿入学成熟水平测查】 10月，杨镇中心幼儿园对大班幼儿开展幼儿入学成熟

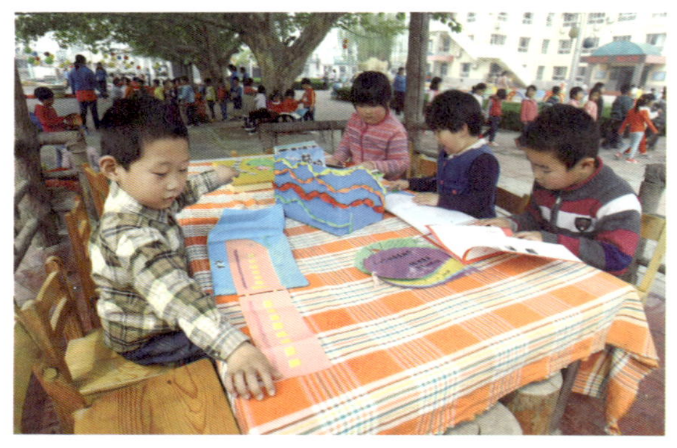

水平测查。一是以北师大钱志亮教授的《儿童入学成熟水平诊断量表》为工具，以视知觉能力、听知觉能力、知觉转换能力等八个方面学

习品质为测查内容。二是依据测查数据进行汇总分析，拟出全体幼儿的发展趋势图，分析幼儿的整体发展水平，分析每个孩子的能力结构，了解孩子在相似发展过程中的个体差异。三是根据测查数据为每个幼儿量身制定训练策略和训练游戏。四是将每个幼儿的入学成熟水平测查整合为入学档案——《让孩子有尊严的开始学习生涯》。 （秦连红）

【组织教师到示范园挂职培训】 10月，杨

镇中心幼儿园组织教师到示范园挂职培训。培训按照骨干教师、新教师、保育教师分批进行。挂职教师撰写挂职培训日志，记录挂职期间的反思与收获。挂职教师回园进行二次培训，分享自己的培训体验。 （秦连红）

【“农村幼儿园园长培训项目”走进杨镇中心幼儿园】 12月17日，“农村幼儿园园长培训项目”走进了杨镇中心幼儿园，围绕培训项

目开展顺义区、密云县区域交流活动。杨镇中心幼儿园业务园长汇报生存教育思想在幼儿园中的应用和系列主题泥塑活动；密云县教师进行案例交流；参与者观看杨镇中心幼儿园DV短片《泥巴乐》《小兔的新家》。通过观看短片，教师们看到孩子们活动的真实场景，体会到虞永平教授说的“我们的课程就是和孩子一起做事，就是做幼儿力所能及的、能感受挑战的、能感受到趣味的、有思维参与的事”。通过此次活动，教师们更加清晰地认识与理解“生存教育”的意义与重要性。 （段晓宇）

北京市顺义区杨镇第三幼儿园

【概况】 2014年，北京市顺义区杨镇第三幼儿园为教育部门办园类别，日托制。占地面积2710平方米、校舍建筑面积1741平方米。全年教育经费投入567.52万元，全部为国家拨款。固定资产107.21万元。图书室藏书8110余册，拥有教师备课室、音体专业室和图书资料室专用教室3个，普通教室6个。拥有计算机26台。多媒体教室座位40个。教职工37人，其中，教师31人，学历层次专科以上29人，专业技术职称中级职称以上6人；保健员2人，学历层次均为专科以上，职称层次中级职称以上1人。开设7个教学班，其中，小班2个、中班2个、大班2个、混龄班1个。幼儿入园76人、离园71人、在园246人。 （刘　峣）

【开展幼儿安全教育】 1月15日，杨镇第三幼儿园在各年龄班进行特色安全教育。该

园组织幼儿观看安全教育视频，学习安全标识，了解家电的安全使用常识。中班自制

《安全图书》作为节日礼物在幼儿之间互相赠与。同时向家长发放《致家长的一封信》，对幼儿进行假期生活安全教育。（刘　峣）

【开展基本功展示活动】 2月28日，杨镇

第三幼儿园举行教师边弹边唱、幼儿舞蹈和打击乐展示活动。该活动旨在推动同年龄班集体备课，提高年轻教师组织音乐活动的技能。园长亲自培训，指导教师科学制定半日工作计划，帮助新教师快速成长。（刘　峣）

【召开新学期家长会】 3月14日，杨镇第

三幼儿园召开新学期家长会。各班根据幼儿发展的优势和弱项有重点的开展活动：小班重点针对幼儿行为习惯培养；中班重点促进幼儿社会性的发展；大班关注幼小衔接。各班根据本班幼儿的实际情况向家长传授家教方法，使家长受益匪浅。（刘　峣）

【进行幼儿健康体检】 4月4日，杨镇第三幼儿园进行幼儿体检。为了更好地了解幼儿的生长发育情况，顺义区杨镇二院的医务人

员为该园幼儿进行全面检查，检查项目有身高、体重、视力、龋齿、血常规（血红蛋白测定）等。各班教师积极配合，使各项检查顺利完成。各项检查结果出来后，将结合幼儿的身高、体重对每一位幼儿进行综合健康评价，并及时与家长沟通。（刘　峣）

【召开幼儿运动会】 4月14日，杨镇第三

幼儿园举行以“我运动、我健康、我快乐”为主题的幼儿运动会。活动按三个年龄班分别进行，大班的项目是：“小蝌蚪找妈妈”“障碍运球”。中班的项目是：“拱小猪”“托球走”。小班的项目是：“拯救妈妈”“投投乐”。运动会还评选出“健康宝宝”“快乐宝宝”和“聪明宝宝”若干名。（刘　峣）

【开展疏散演习活动】 5月12日，杨镇第三幼儿园组织消防、地震疏散演习。活动前，针对幼儿火场和地震逃生、救援疏散等事项，精心设计一份详细的消防演练预案。本次紧急疏散演练强化了幼儿园的安全工作，增强

教职工的安全意识，以游戏的方式让幼儿懂得一些逃生常识，教职工在演练过程中掌握了保护幼儿逃生的方法。演练达到预期目标，取得圆满成功。 （吴连远）

【组织参观小学活动】 5月16日，杨镇第三幼儿园大班教师带领幼儿参观杨镇小学。

先后对小学的教室、操场和专用教室等设施进行参观，老师并分别为孩子们做讲解。小学老师还邀请大班的小朋友们体验一节数学课，让孩子们对小学的生活有了更深刻的认识。 （刘 峣）

【举办防汛知识讲座】 6月18日，杨镇第三幼儿园举办防汛知识讲座。顺义区人民政府防汛抗旱指挥部办公室选派富有丰富实践经验的刘海丰科长来幼儿园讲授防汛知识。刘科长首先组织教师观看防汛警示宣传片，然后从防汛的专业术语、防汛形势和防汛方法等，深入浅出地进行讲解。教师们普遍反映授课内容贴近实际、内容丰富、实用性强，具有很强的指导性和可操作性。刘科长还特

别为教师提出几条建议，对幼儿园做好防汛抢险准备工作具有很好的启示作用。

（刘 峣）

【举办教师运动会】 6月27日，杨镇第三

幼儿园举办教师运动会。全体教师按年龄班分组，进行“棍子不能倒”“合力传球”“踢毽子”等趣味游戏。活动使全体教师体会到童真的乐趣，增强了集体凝聚力。 （刘 峣）

【举办花样面点创意大赛】 10月21日，杨镇第三幼儿园举办花祥面点创意大赛。该园本着丰富幼儿膳食，办出特色，提高幼儿伙

食管理质量的理念进行比赛。1. 食堂全体工作人员参加，自己配料，根据幼儿年龄特点创作花样新颖的面点。2. 邀请家委会成员、教师、幼儿品尝面点。3. 根据面点是否符合参赛命题、观感、口感、味道、营养卫生五个方面进行打分评比。本次比赛丰富了膳食面点的花色品种，展现食堂工作人员的创新精神。（刘　峣）

【参观消防中队】 11月6日，杨镇第三幼儿园组织幼儿参观消防中队，受到了消防官

兵的热烈欢迎。大班的小朋友们在老师的带领下学习消防知识，感受消防文化。通过这次实地学习，孩子们不仅学到各种消防知识，还增强对消防员叔叔的热爱和尊敬之情。参观消防队是幼儿园“安全消防周”活动内容之一，接下来还进行一系列的活动：道路交通安全，电、火以及其他安全知识教育，以提高幼儿的自我保护意识，从根本上杜绝安全隐患。（刘　峣）

【举办科研月开放日活动】 12月25日，杨镇第三幼儿园迎来科研月开放活动日。该园

邀请区教科室副主任周靖彦，杨镇中心园、港馨幼儿园、龙湾屯幼儿园园长和骨干教师来园共同观摩研讨教学活动。（刘　峣）

北京市顺义区义宾幼儿园

【概况】 2014年，北京市顺义区义宾幼儿园为教育部门办园，日托制。占地面积2548平方米、校舍建筑面积1515平方米。全年教育经费投入400.8万元，全部为国家拨款。固定资产276.7万元。图书室藏书7903册，包括电子图书28册。拥有音体室专业教室1个，普通教室6个。计算机37台。学校信息化经费投入1万元。数字资源量105GB。教职工40人，其中，教师12人，专科以上12人，中级职称以上3人；保健员6人，其中，学历层次专科以上6人，中级职称以上4人。开设6个教学班，其中，小班2个，中班2个，大班2个。幼儿入园66人，离园56人，在园202人。（李　楠）

【齐佳老师喜获区故事大赛一等奖】 2月14日，义宾幼儿园齐佳老师参加区新幼儿教师

“我的教育故事”演讲比赛。她以《小天使，你能叫我一声老师吗?》为题，声情并茂地讲述一个三年来从未在幼儿园说过一句话的幼儿，经过老师的无限关怀、照顾，终于在大班毕业的时候，孩子说出了一句：“老师好”。齐佳老师的演讲深深感动了在场的每位老师。最终，在几位评委的一致认可下，齐佳老师获得本次大赛的一等奖。（李　楠）

【园工会主席作典型发言】 2月28日，顺义区教育工会2014年工作会在教育研究考试中心召开，义宾幼儿园工会主席田立荣在会

上作典型发言。她以《四个点儿建构和谐家园》为题，围绕“服务贴心点儿”“沟通真诚点儿” “合作密切点儿”和“活动丰富点儿”，进行工会工作的经验介绍。一年来，该园工会坚持从教职工需求出发，竭尽所能解决教职工困难，得到全园教工的认可。

（李　楠）

【开展读书交流活动】 3月7日，义宾幼儿园组织全体教职工开展“做书香女人”读书

交流活动。教师代表——准妈妈赵春雨老师以《净化心灵的秘籍》为题做了发言，她和大家分享作为新教师在刚刚走上工作岗位时，《干法》这本书给予她的帮助，并结合自己工作实际，分享工作中的点点滴滴。她幸福地表示：生活中，要当个幸福的妈妈；工作上，成为快乐的幼儿教师。最后，教师们相互交流，共享智慧。教师们通过与书本为伴，与经典为友，陶冶情操，丰富知识。在介绍、倾听、交流的过程中，大家一起收获阅读的快乐，体会成为书香女人的幸福。（李　楠）

【组织识别灾害风险掌握应急技能培训】 3月27日，义宾幼儿园邀请北京市防火中心王维廉教授为教职工进行识别灾害风险，掌握

应急技能培训。王教授通过一个个触目惊心的火灾案例，揭示消防安全的重要性，并针对“火灾现场如何逃生、如何自救、如何报警求救”进行重点讲解，最后为教师们介绍灭火器的种类及使用方法。培训结束后，老师们就相关问题向王教授请教。此次培训活动让老师们深有感触，消防安全意识显著提高，并初步掌握初期火警的扑救方法，对幼儿园和家庭的消防工作都起到一定的指导作用

（李　楠）

【开展早教进社区活动】 5月8日，义宾幼

儿园青年教师来到义宾南区社区中心，开展“早教知识进社区”活动。青年教师们组织小区0—3岁的婴幼儿开展丰富多彩的活动，她

们精心准备适合婴幼儿阅读的绘本、手工材料，组织社区的婴幼儿开展形式多样、内容丰富的游戏和学习活动。教师们充分发挥他们的特长，带领婴幼儿充分互动，活动中心充满了欢声笑语。另外，教师们还将提前准备好的《早教知识调查问卷》《儿童学习与发展指南》分发给社区的婴幼儿家长，满足0—3岁婴幼儿家庭接受高质量早期教育的需求，给社区家长提供更全面、更科学的早期保教服务。（李　楠）

【召开《指南》解读家长会】 6月20日，

义宾幼儿园为了让家长了解《3—6岁儿童学习与发展指南》的内容，召开“小孩子，大教育——《指南》解读”家长会。业务园长吴克艳从目标参照如何避免生搬硬套，“去小学化”如何转变理念与教育方式和家庭与幼儿园如何共育三个方面，将枯燥的理论通过一个个生动、具体、可操作的实例向家长一一阐述。家长们积极参与讨论，提疑惑，谈实践，收到很好的效果。此次活动不仅促进了家园共育工作的开展，同时对本学期保教工作的顺利开展也起到积极的作用。

（李　楠）

【开展党员过政治生日活动】 7月10日，义宾幼儿园全体党员开展党员过“政治生日”活动。支部书记高丽华首先明确党员过政治生日的意义。随后，全体党员重温入党誓词。最后，党员回顾入党前后的思想历程，分享进入组织后的工作生活历程。在活动过程中，大家开诚布公地进行思想交流，一方面更加

明确了“我是党员”的政治身份，鼓励和鞭策着党员同志更好地发挥先锋模范作用，另一方面，通过沟通交流和谈心谈话使党员感受到组织的温暖。（李　楠）

【组织党员开展批评与自我批评】 8月22日，义宾幼儿园组织全体党员开展批评与自

我批评活动。按照加强领导班子思想政治建设的要求，深入查找在开展党的群众路线教育实践活动中存在的突出的“四风”问题，以及在党性修养和作风建设方面存在的问题，深刻分析原因，提出整改措施，开展批评与自我批评。整个批评与自我批评活动在团结、紧张、严肃的氛围里进行着。通过开展此次活动，促进该园工作作风的转变和工作水平的提升。（李　楠）

【多形式做好新学期工作】 9月，义宾幼儿园多形式做好新学期工作。1. 组织一次安全大排查：开学前，组织安全小组成员对消防器材、园内设施、园内外环境进行一次安全大排查；2. 创设一个温馨、美好的幼儿园环

境：各班教师集思广益，为幼儿创设“欢迎小朋友入园”“我升中班了”“我们长大了”的主题墙饰，让小朋友能够在幼儿园感受到温暖；3. 共跳一次亲子操：为了缓解小班幼儿的入园焦虑，邀请家长和幼儿互动，共跳一次亲子操，缓解幼儿的紧张情绪；4. 向家长做一次反馈：教师将幼儿的在园表现以照片的形式向家长做一次反馈，让家长放心。　（李　楠）

【召开“十二五”课题结题会】　9月16日，义宾幼儿园召开“十二五”课题结题会。邀

请北京市学前教育学会研究会副秘书长王瑜元、区教科室副主任周靖彦、建南幼儿园和金汉绿港幼儿园园长来园指导。与会专家观看大班鼓乐活动，听取教师典型案例介绍和课题组负责人吴老师对课题的解读。在查看各种课题研究材料后，专家组首先肯定该园课题研究从幼儿兴趣、发展出发，工作严谨、细致，并提出建设性的指导意见。该园表示：将认真改进，力争使“十二五”课题结题工作取得可喜的成绩。　（李　楠）

【开展礼仪培训】　10月31日，义宾幼儿园邀请北京六加一礼仪教育咨询中心讲师郭向

楠，为全园幼儿教师进行《用礼仪品格教育打造教师卓越团队》的讲座。此次培训主要学习教师仪容、仪表、仪态三方面内容。通过学习让老师领会礼仪的意义和作用，掌握教师礼仪的原则、方法。教师们纷纷表示：要用礼仪准则规范言行，加强礼仪上的学习，不断进取，不断学习。　（李　楠）

【创新家园合作工作】　11月，义宾幼儿园在开展家园合作活动中，提出“重细节、讲实效、求创新”的要求。1. 开展家长教师共读一本书活动：选取多本儿童教育书目，发动家长、教师共同购买、共同阅读。2. 创建

宝宝博客：各班教师在安康网上创建的宝宝博客，受到了家长的欢迎，每天家长都会浏览、留言。3. 成立“家长助教工作站”：邀请医生家长、警察家长成为“家长助教工作站”的成员，定期为教师、幼儿讲解与幼儿生活

相关的专业知识。4. 举办家园同乐会：邀请家长代表参加，丰富家长们的业余生活，增进家长与幼儿园、教师、幼儿之间的情感。

（李　楠）

【接受区教育工会建家工作验收】　12 月 3 日，义宾幼儿园接受区教育工会建家工作验收。由顺义区教育工会主席率队组成的检查

小组，听取园长关于支持工会工作汇报和工会主席建家工作汇报，查阅近三年建家工作资料，查看“职工之家”文体活动硬件设施情况，组织教职工进行问卷调查。检查组充分肯定该园几年来在建家工作上的成果，并希望该园充分发挥“职工之家”的作用，更加贴近群众，成为广大教职工工作和生活贴心的港湾、贴心的家。

（李　楠）

北京市顺义区尹家府中心幼儿园

【概况】　2014 年，北京市顺义区尹家府中心幼儿园为教育部门办园类别，日托制。园所占地面积 14966 平方米、校舍建筑面积 5425 平方米。全年教育经费投入 605.7 万元，全部为国家拨款。固定资产 482.97 万元。拥有日托室、亲子活动室等专用教室 14 个，普通教室 12 个。教职工 86 人，其中，教师 55 人，专科以上 53 人，中级职称以上 19 人；保健员 2 人，其中，专科以上 1 人，中级职称以上 1 人。开设 14 个教学班，其中亲子班 2 个、小班 4 个、中班 4 个、大班 4 个。幼儿入园 162 人、离园 152 人、在园 438 人。（李　艳）

【加强培训提升教师专业能力】　3 月，尹家府中心幼儿园为提升教师专业能力，采取多

种形式开展有针对性的教师培训。一是知识扩展。为教师定制 2014 年春季明师科技网在线学习，组织教师在线学习阅读、音乐、数学、运动、游戏等教学内容。同时为不同层次的教师选书、有针对性地购买专业书籍提升理论基础和业务能力。二是聘请专业人员来园指导教师学习绘画、武术操、弹琴的技能技巧，采用面对面的学习形式使教师的互动性参与性更强，学习效果更明显。多种学习形式搭建不同层次教师成长平台，有效提高教师业务水平和专业能力。（李　艳）

【邀请专家走进园本教研】　4 月 3 日，尹家府中心幼儿园针对教师在开展生态体验区活

动中的困惑问题，邀请蒲黄榆第二幼儿园园长刘玉红来园参与教师现场教研。首先，园长向刘园长介绍生态体验区的开展情况，教师们提出活动中所遇到的问题，刘园长实地观摩生态体验区活动，深入了解活动中的具体问题。之后，刘园长对各项问题进行分析，

针对区前导入、区中指导、区后评价的策略，向教师们介绍幼儿园区域活动设计与指导的经验。本次“研训一体”的教研方式，针对性强，有效地提升教师行动研究的意识，教研的可操作性、时效性更强，从而推动园所“生态体验课程”的深入开展。（李　艳）

【开展亲子种植活动】　4月9日，尹家府中心幼儿园抓住春种时节的特点，在全园范围内开展亲子种植体验活动。首先，邀请家长来园向幼儿介绍这个时节适宜种植的作物及植物的特点、生长环境等，并做好班级种植园种植规划。其次，幼儿与家长一起来到种植园，家长介绍不同工具的使用方法，不同秧苗的种植方法，孩子们边看边学习，与家长一起共同体验着种植的乐趣。最后，孩子们为种好的小苗浇水。本次活动使孩子们学会各种工具的使用方法、秧苗的种植方法，也促进家园关系的融合。（李　艳）

【开展教师边弹边唱考核活动】　6月9日，尹家府中心幼儿园为提高教师边弹边唱水平，开展教师边弹边唱考核活动。1. 针对新教师边弹边唱基本功薄弱问题，邀请专业教师来园进行集体培训，如：弹琴的音阶指法、歌曲伴奏的方式、歌曲演唱的方法等。2. 按新教师组、班长组、教师组、保育员组进行分类考核。3. 考核前每名教师对自己所任年龄班教授的歌曲进行精心准备，一首自选、一首抽签，园领导任评委，对各岗位教师逐一进行边弹边唱考核。教师们通过考核活动增强了自信心，提升边弹边唱能力。（李　艳）

【区人大主任胡尚云一行来园慰问】　9月3日，顺义区人大主任胡尚云在区教育督导室主任李卫国陪同下，到尹家府中心幼儿园慰问。区领导首先观看幼儿园特色活动——生态体验区活动，了解幼儿园特色活动开展情况，然后听取园长关于幼儿园整体情况的汇报，与教师们进行亲切的交流，并与师幼合影留念。之后，又参观大孙各庄新建园，对新园址整体建设表示满意。胡主任对该园现代化的办园理念，幼儿园整体办园特色以及积极向上的教师队伍给予充分肯定，并对园所的发展给予厚望。镇党委书记卞云鹏、镇长马卫国、主管教育副镇长王玉红全程陪同。（李　艳）

【开展教师操节评比活动】　9月29日，尹家府中心幼儿园举行教师操节展示评比活动。活动分大、中、小班三个年龄组进行。事前，教师们根据幼儿年龄特点，精选幼儿操节内容：1. 乐曲节选，整个户外活动音乐贯穿始终。2. 精心设计每个环节活动。（包括入场

式、队列练习、幼儿徒手操、武术操、器械操动作设计、操后活动设计等）。活动中，首先，教师进行幼儿操展示，每个年龄班选12名幼儿当评委为教师现场投票；其次，师幼操环节展示，全体教师精神饱满，队列整齐，动作优美到位。打分环节：自评、他评与幼儿现场投票相结合。整个活动展现了教师积极向上的精神风貌，提高幼儿操节活动质量，增强师幼参与阳光体育活动的童趣、乐趣与兴趣。（李　艳）

【开展“快乐采摘”体验活动】 10月13日，尹家府中心幼儿园组织教师、家长和幼

儿开展“快乐采摘”体验活动。教师们利用来园离园、散步时间组织幼儿欣赏金秋校园的美景，观察园内金黄的果实，感知季节的变化。家长们则利用幼儿在家的时间与幼儿交流采摘工具的使用，各种果实不同的采摘方法等。采摘园里幼儿拿着自己采摘的果实，个个脸上洋溢着喜悦的神情。采摘活动，使家长和师幼共同体验收获的乐趣，培养幼儿爱劳动的好习惯，还发展了幼儿社会交往、合作、分享、语言等各方面的能力，增进和谐的师幼关系、家园关系。（李　艳）

【邀请专家进行家教讲座】 10月20日，尹家府中心幼儿园邀请北京市东方道德研究所

专家任宝菊来园，为家长开办题为《如何培养懂事的孩子》家教讲座。任老师分别从“学规矩比学知识更重要”“家庭教育比学校教育更重要”等几个方面介绍了家庭教育的重要性。通过讲座和互动交流，家长们解决了诸多的困惑和问题，促进家园关系的融洽。全园386名家长参加活动。（李　艳）

【多举措提升教师综合能力】 10月29日，

尹家府中心幼儿园针对园内师资队伍年轻人多、非专业教师多、专业技能薄弱等问题采取多项措施提升教师综合能力。1. 加强专业培训。为新教师提供外出学习培训的机会，回园后进行学习心得交流并进行实践。2. 推荐年轻教师积极参加区中心组教研活动与园内活动进行整合并实践。3. 坚持师徒帮带总结活动。每月底开展师徒帮带“一主题”经

验总结交流。4. 在教师中开展“我是明星”活动。以点带面提升教师自信心，搭建教师自我展示成长的舞台。（李　艳）

【接受“十二五”课题视导】　11月19日，区教科室副主任周静彦与部分园教科研负责

人及园长一行5人，对尹家府中心幼儿园进行“十二五”课题的视导。活动中，视导组观摩18个生态体验区，听取业务园长关于该园“十二五”课题开展情况的汇报及三名教师的课题专题案例分析，查看园所“十二五”课题开展的各种过程性资料。视导组充分肯定幼儿园教科研工作的成果。（李　艳）

【以“新年”为契机搭建幼儿节日体验平台】12月18日至元旦，尹家府中心幼儿园组织各

班老师充分挖掘教材的教育功能，让幼儿在看看、说说、做做、唱唱、跳跳的体验活动中，加深对元旦习俗的理解，感受元旦的欢乐。活动中，教师注重创设轻松活泼的节日氛围，让幼儿有自由表达和动手机会，使他们的语言表达能力、动手操作能力、感受能力和社会交往能力等都能得到培养。如：为家人、朋友制作贺卡，增加幼儿之间的友谊和亲情的链接；装扮新年环境，增添新年氛围；幼儿节目展示，让他们体验过新年的快乐，将教学成果呈现出来。（李　艳）

【大孙各庄分园迁入新址】　12月29日，尹家府中心幼儿园大孙各庄分园喜迁新址。楼层整体设计体现幼儿园生态体验教育特色，每一层的环境创设更加细致、系统，使幼儿的体验活动更加有针对性。（李　艳）

北京市顺义区裕龙幼儿园

【概况】　2014年，北京市顺义区裕龙幼儿园为教育部门办园类别，日托制。占地面积2713平方米，校舍建筑面积2733平方米。全年教育经费投入609.5万元，全部为国家拨款。固定资产109万元，图书馆藏书总数3286册。拥有音体室专用教室1个，普通教室10个。拥有计算机22台。多媒体教室座位50个。校园网出口宽带100Mbps，数字资源量230GB。教职工46人，其中，教师38人，专科以上学历35人，中级职称12人；保健员2人，其中，专科以上学历2人，中级职称以上1人。开设10个教学班，其中小班4个、中班3个、大班3个。幼儿入园144人、离园114人、在园259人。（赵鸿雁）

【抓好常规工作培养幼儿良好习惯】　3月4日，裕龙幼儿园召开新学期全园大会，将各班常规培养作为近期工作重点，做到严抓、

狠抓、贵在坚持。首先要求各班从幼儿年龄特点出发，结合本班幼儿实际情况，从幼儿入园、入厕、进餐、盥洗、集体活动等各个环节制定合理的常规，把幼儿的一日生活科学的组织起来。其次园领导通过“下班看”指导一日生活常规的重点环节与教师互动交流，共同发现问题，共同寻求解决问题的方法，从细节上真实地了解幼儿的一日生活常规情况，全面提升幼儿一日生活质量。

（赵鸿雁）

【研讨制定加强春季体育锻炼方案】 4月6日，裕龙幼儿园保健医通过例会与带班教师讨论制定加强春季体育锻炼的方案，将加强

户外体育锻炼作为四月份的工作重点。该园要求每天早上，孩子们一入园就做各种锻炼活动（如跑步、跳房子、跳绳等），同时根据季节的变化，科学调整课间操时间，调换小班和中大班的出操顺序，保证每个孩子都有充足的活动时间和场地；添置各种户外活动器械，要求教师们精心设计组织多种有趣的户外游戏活动，激发孩子们锻炼身体的兴趣。与此同时，幼儿园还适当调整幼儿食谱，为幼儿增加高蛋白、高热量、润肺止咳的食物，保证幼儿膳食营养均衡。（赵鸿雁）

【开展“多一点行动，添一份美丽”卫生月活动】 4月15日，裕龙幼儿园开展以“爱国卫生月”为主题的环境卫生整治活动。活动围绕三项内容展开：1. 做好宣传工作。充分利用网络、宣传标语以及印发宣传资料等形

式，宣传爱国卫生知识，提高师生的卫生意识，教育幼儿保持幼儿园的整洁。2. 开展清扫活动。首先组织党员、团员率先对幼儿园门外的围墙、宣传栏及大型玩具，进行了彻底的清洗。其次各班教师在对活动室、幼儿玩具及生活用品清洗、消毒的基础上着重对班级卫生死角进行打扫清理。3. 开展延伸活动。各班以儿歌、情景故事、进社区参加义务劳动等形式教育幼儿知道创建文明城市，靠你、靠他、更靠我，从身边小事做起，从现在做起。（赵鸿雁）

【召开伙委会】 5月6日，为让家长更好的

了解幼儿园伙食情况，裕龙幼儿园召开新学期伙委会。会议主要有三项内容：一是由韩园长介绍幼儿园伙食的开展情况及食堂的设施设备、食品采购及操作流程等情况。二是保健医生分别介绍幼儿园膳食管理概况、食谱制定原则、近期膳食营养及微量元素检测分析情况。三是家长们对幼儿园的伙食给予客观评价，留下宝贵意见，并与老师们一起

探讨如何让孩子爱吃饭、如何吃才营养等问题。（赵鸿雁）

【家园携手提升保教质量】 9月3日，裕龙幼儿园分大、中、小三个年龄班召开家长会。会上，各班采用PPT、照片、视频等方式向家长展现班级风貌、一日生活，以图文并茂的形式与家长共同回顾上学期的各项活动。随后大中小班教师分别就小班工作重点“幼儿自理能力的培养”、中班工作重点“幼儿良好品德、行为习惯养成”和大班工作重点“幼儿合作能力培养为入小学打基础”及新学期的工作重点、教学内容、各类活动的开展等做详细的介绍。最后教师结合本班实际情况重点就幼儿自我防护教育、安全接送、卫生保健等问题与家长进行交流，真正把幼儿工作落实在实处、细处。（赵鸿雁）

【举办“牵手相约工程”拜师会】 9月8日，裕龙幼儿园举行“牵手相约工程”拜师会。会上，韩园长宣布活动的内容和要求，师徒教师纷纷签订目标责任书。通过“传”“帮”“带”的方式，使青年教师能尽快胜任教育教学工作，度过岗位适应期，走上专业成长的成熟期。最后青年教师和老教师代表分别发表感言，师徒结对将会让师傅和徒弟在互相学习中取得双赢。（赵鸿雁）

【举办“小画笔·大世界”幼儿画展活动】 10月28日，裕龙幼儿园举办主题为“小画笔·大世界”的第一届幼儿画展活动。本次画展集中展示全园幼儿的400余幅作品，这些作品使用线描、水彩、油画棒、版画等多种表现手法，色彩鲜艳、主题鲜明、充满童趣。每个班的展板都体现出不同的特色，每幅作品充分体现孩子的大胆想像力、创造力，同时也抒发了孩子们美好的情感，突显了幼儿园“美术”特色的阶段性教育成果。本次画展，既增强幼儿的绘画兴趣，又提高幼儿的绘画综合能力，给孩子们搭建展示艺术才能的平台，推进幼儿园特色教育再上一个新台阶。（赵鸿雁）

【开展丰富多彩社会实践活动】 11月8日，裕龙幼儿园为让孩子们体验生活，开阔视野，

扩展他们的社会生活知识，有针对性地开展丰富多彩的社会实践活动。该园组织幼儿参观图书馆、蛋糕店、礼品店等多个地方。孩子们通过亲眼观察、亲耳聆听、亲自体验，丰富已有经验，教师引导幼儿将这些经验迁移到活动区中来，让体验式活动区得到进一步的延伸。（赵鸿雁）

【举办“比如世界”开业庆典】 12月8日，裕龙幼儿园举办“比如世界”体验式活动区

开业庆典。体验区内设有“小鬼当家摄影棚”“创意礼品屋”“图书馆”“风车小剧场”“爱婴馆”和“西点屋”等活动区域。庆典上各体验区的小朋友介绍本区的特色及玩法，最后小工作人员通过喊口号、表演节目、发放礼品等方式为体验区做大力宣传，庆典活动取得圆满成功。（赵鸿雁）

北京市顺义区张镇中心幼儿园

【概况】 2014年，北京市顺义区张镇中心幼儿园为教育部门办园类别，日托制。占地面积3770平方米、校舍建筑面积2418.27平方米。全年教育经费投入704.08万元，全部为国家拨款。固定资产85.14万元。图书室藏书0.8623万册，包括电子图书0.0205万册。拥有音体室和美术室专用教室2个，普通教室11个。计算机48台。学校信息化经费投入27.05万元，校园网出口总带宽100Mbps，数字资源量290GB。教职工55人，其中，教师49人，专科以上45人，中级职称以上14人；保健员2人，其中，学历层次专科以上2人，中级职称以上1人。开设11个教学班，其中，小班4个、中班4个、大班3个。幼儿入园110人、离园79人、在园318人。（方　玉）

【举办安全知识讲座】 3月20日，张镇中心幼儿园特别邀请北京永安宏泰防火咨询

服务中心解老师为家长作关于“认识火灾　学会逃生”为主题的消防安全知识讲座。解老师通过一个个真实生动的火灾案例，深入浅出地讲述消防安全的重要性，就防火、灭火、逃生、自救四个方面进行了重点阐述，并介绍了火灾的形成过程、火场中易出现的延误逃生时机的误区、自救逃生的方法以及灭火器的种类、操作使用方法等一系列消防安全知识。对家庭如何对火灾进行有效预防，如何在火灾发生后实施自救和互救等几个方面做精彩的讲解。本次讲座使各位家长及教师的消防知识和自防自救能力得到提高，290余名幼儿家长及教师参加。（方　玉）

【开展“爱生无小事”师德演讲活动】 4月1日，张镇中心幼儿园开展“爱生无小事”师德演讲活动，全体教师参加。活动中，老师们以饱满的热情、动人的故事、朴实的语言，并结合自身的教育实际，从小事说起，从细微处挖掘，以典型的事例、真挚的感情，阐释了对师德师风的见解和对幼儿无私的爱。

此次活动，大力弘扬该园教师“爱岗敬业、无私奉献”的职业情操和“教书育人、为人师表”的精神风貌。（方　玉）

【举办《培养儿童品格的三个秘密》专题讲座】　5月15日，美国麦道卫机构中国6A教育课程导师、儿童品格教育杂志《亲子·

根基》杂志执行主编罗坚老师到张镇中心幼儿园作《培养儿童品格的三个秘密》专题讲座。罗老师首先分析现在的孩子和父母成长环境的三大改变：缺少交流沟通、网络信息复杂、混乱的价值观。面对如此环境，培养孩子的首要目标就是帮助孩子形成受益一生的品格。讲座中罗老师深入浅出地向家长们揭晓培养儿童品格的三个秘密是“真爱、真管、婚姻第一”，以轻松快乐的学习体验方式，帮助家长掌握正确的教育体系，培养积极正面引导子女的教育心态，建立亲密美好的婚姻关系、亲子关系，享受家庭和睦与幸福。在分享环节，来到现场的家长们分享了家庭故事，并纷纷举手向罗老师提问，罗老师一一进行解答。参与活动的家长们纷纷表示受益颇深。（方　玉）

【区政协副主席闫志广到幼儿园慰问】　5月28日，区政协副主席闫志广在区教育督导室副主任李卫东、张镇党委书记等领导的陪同

下来到张镇中心幼儿园，为幼儿送上温馨的节日祝福。闫主席一行参观幼儿园的整体环境，观赏幼儿舞蹈《小跳蛙》和《猫和老鼠》，与孩子们亲切交谈，向园长详细了解了幼儿日常在园生活及活动情况、教师队伍建设情况及幼儿园办园理念，并提出殷切希望：教师要立足于提高幼儿的综合素质，关心每一个幼儿的身心健康，促进每一位幼儿健康成长。（方　玉）

【区教委主任刘克祥来园调研指导】　7月4日，区教委主任刘克祥等一行到张镇中心

幼儿园调研指导。刘主任实地查看幼儿园的整体环境，详细了解张镇地区幼儿入园

情况，查看幼儿园的基础设施及教育教学情况，询问在园幼儿的学习和生活情况，并针对存在的问题提出切实可行的解决方案。此次调研指导为张镇中心幼儿园今后各项工作指明方向，进一步推动教育教学工作的开展。（方　玉）

【“十二五”课题顺利结题】 7月4日，张

镇中心幼儿园举行“十二五”课题《在游戏教学中培养幼儿社会性的实践研究》结题会。区教育研究考试中心李主任，仁和镇教育助理王艳芳等领导以及该园园长和课题组的成员参加了会议。会议伊始，王利凤园长代表幼儿园课题组作了课题开展情况报告，就课题研究的认识、领导与管理措施、作用与成效、经验与体会、问题与努力方向作了细致的阐述。报告后，各位专家分别对课题进行了点评，对课题研究中取得的成果给予了充分肯定。此项课题的实践与研究，凝聚了老师们辛勤的汗水，取得了令人满意的成果。（方　玉）

【召开冬季教职工运动会】 11月24日，张镇中心幼儿园召开2014年冬季教职工运动会。

运动会共设立跳大绳、踢毽子、穿大鞋3个比赛项目，按部门及年龄班共分为4个小组。比赛中教师们团结协作、奋勇争先。此次活动增强教师们的集体荣誉感，锻炼身体，丰富教职工的业余生活。（方　玉）

【多种形式开展健康教育活动】 11月26日

张镇中心幼儿园开展形式多样的健康教育活动。为了避免单一枯燥的说教形式，各班教师结合幼儿的年龄特点，设计生动有趣的健康教育活动。如大班的舞台剧“没有牙齿的老虎”，小班的舞蹈“刷牙歌”“洗手歌”等。活动中教师注重对幼儿良好生活习惯的培养，让幼儿在活动中积累经验、体验乐趣。活动后，教师集体进行互评，并对今后如何更好的开展健康教育活动进行深入的探讨。

（方　玉）

【区教育工会检查组到园指导“职工之家”建家工作】 12月3日，区教育工会胡金凤到

张镇中心幼儿园检查指导“职工之家”建家工作。检查小组领导听取该园工会主席的建

家汇报，查看近三年来工会工作各项资料，抽取部分教师做“调查问卷”，并进行座谈和实地考查，观看“职工之家”活动室建设、公示栏、宣传栏设置及音体室娱乐、健身设施等情况。检查组对该园工会工作成效给予充分肯定。（方　玉）

【怀柔区教研室主任赵兰香来园参观】 12月10日，怀柔区教研室主任赵兰香来张镇

中心幼儿园参观共享活动区活动。孩子们在活动区内争当小主人，扮演不同的社会角色，有厨房小帮手、小医生、收银员等几十个角色。赵主任询问孩子的活动情况，并和孩子们愉快的互动。参观活动区后，赵主任又与老师们一起互动，对孩子的发展给予肯定，对今后如何更好的开展共享活动区活动进行深入的指导。赵主任还建议该园教师今后开展此类活动可以给幼儿适当的任务，提供有安全感的环境。（张爱心）

【开展第九届科研月活动】 12月11日，张镇中心幼儿园开展第九届科研月开放活动。

来自马坡二幼、尹家府幼儿园、龙湾屯幼儿园的园长及老师近20人参加活动。该园还特别邀请教育研究考试中心朱元兆老师对此次科研月开放活动进行点评。首先是大班观摩课“齐心协力快乐多”，授课教师通过引导、观看视频让幼儿了解什么是齐心协力，之后教师通过划船活动让孩子们在反复的实践中亲身去体验齐心协力。接下来是区域共享活动，打破年龄界限，让孩子们在活动区内争当小主人，扮演不同的社会角色，有厨房小帮手、小医生、收银员等几十个角色。活动后，授课教师和共享区域负责人进行自评，教师们积极踊跃发言，现场气氛热烈。听课教师深受启发，有效地促进幼儿教师专业化发展。最后专家对此次活动进行点评，对今后如何更好地开展共享活动区活动进行深入的指导。（方　玉）

北京市顺义区赵全营中心幼儿园

【概况】 2014年，北京市顺义区赵全营中心幼儿园为教育部门办园类别，日托制。占地面积7939平方米、校舍建筑面积3600平方米。全年教育经费投入491万元，全部为国家拨款。固定资产275万元。图书室藏书8436册，拥有保健室、教工之家、音体室和数字图书馆等专用教室4个，普通教室9个。计算机14台。数字资源量300GB。教职工38人，其中，教师27人，专科以上27人，中级职称以上7人；保健员1人，学历专科以上，中级职称以上。开设9个教学班，其中，小班3个、中班3个、大班3个。幼儿入园96人、离园115人、在园315人。

（刘　茜　张立梅）

【开展园本特色活动】 1至5月，赵全营中心幼儿园以“绿色教育”为理念，以三小种植活动为抓手，深入研究，开展园本特色活动。特邀区教科室主任赵文增1月16日和5月15日两次来园进行讲座、指导，使教师深入了解“绿色教育”的含义，明确如何将

“绿色教育”理念蕴含于三小种植活动中，使教师们深受启发。（刘　茜）

【备战一级二类幼儿园验收】　3至6月，赵全营中心幼儿园认真备战一级二类幼儿园验

收工作。3月13日邀请原东四五条幼儿园王晓萍园长来园，针对班级环境及教师组织的教育活动进行专项指导。5月24日邀请仁和中心幼儿园业务园长、馨港幼儿园业务园长对教师们如何撰写班级工作计划、幼儿观察记录进行一对一指导。5月27日区学前教研室的领导、专家来园，深入各班，细致指导班级环境建设，使教师获得更加系统、全面的班级环境创设的理念和知识。6月12日，邀请市级手拉手姐妹园新中街幼儿园刘主任及三名骨干教师来园分别对园内各班的主题活动进行逐一指导，并解答教师们提出的问题和困惑。6月16日迎来一级二类幼儿园验收工作。通过园领导及各位教师长时间的努力，园内环境、班级环境均获得市级验收专家组的一致好评。（刘　茜）

【开展群众路线教育活动】　4至10月，赵全营中心幼儿园积极开展党的群众路线教育实践活动。全体党员和积极分子认真学习习近平总书记的系列讲话和党的十八大重要精神，组织开展民主生活会。在群众路线教育实践活动中全体党员干部和积极分子切实提高了党性修养。（刘　茜）

【举行幼小衔接自理能力大比拼活动】　5至

6月，赵全营中心幼儿园为做好幼小衔接，举行自理能力大比拼活动。首先让幼儿整理自己的衣柜，然后整理被子，最后擦小椅子。活动中孩子们积极参与，自理能力有很大提高，为上小学做好各项准备。（郭立春）

【举办班级管理论坛活动】　5月3至4日，赵全营中心幼儿园就如何管理好班级，形成良好的班风，举办“班级管理论坛”活动。该园的三位资深老师一一发言，分别从幼儿安全管理、班级常规建设、教师之间团结协作等方面，与老师们进行交流。（郭立春）

【举办拜师会】　9月28日，赵全营中心幼儿园举办拜师会。会上，新教师和老教师分别介绍自己的学习目标和需求，并举行拜师礼。最后张雪梅园长对师徒寄予殷切的希望和嘱托，希望她们努力成为园内的优秀教师。（郭立春）

【迎接“十二五”科研课题视导工作】　11月13日区教科室副主任周靖彦、部分兼职科研员到赵全营中心幼儿园对“十二五”科研

课题“探索农村幼儿园三小种植活动促进幼儿发展”进行阶段性视导。视导组观摩三节科学活动课、听取业务园长的阶段性成果汇报、参观小种植角、查阅科研工作的过程性资料等，最后周主任从多个角度对该园科研工作进行指导。

（刘　茜）

【开展教师讲故事比赛】　11 月 23 日，赵全营中心幼儿园为进一步加强教师的基本功训

练，全面提高教师的专业素养，进行讲故事比赛。根据考核的内容和标准，老师们精心准备童话故事。比赛中，老师们从容地展示着自己的实力和风采，生动的肢体动作、抑扬顿挫的语调，使每一个故事都显得栩栩如生。

（郭立春）

【玩具图书馆开馆】　11 月，赵全营中心幼儿园玩具图书馆开馆，馆内投放玩具 360 套。开馆前园内首先组织全体教师进行培训，在熟练掌握每套玩具玩法后，玩具图书馆正式开馆，迎接园内所有幼儿。园内制定活动安排，每周每班都能进入图书馆进行活动。

（刘　茜）

【成立两个委员会】　12 月 17 日，赵全营中

心幼儿园成立工会委员会和福利委员会。由三名园长、两名会计和两名一线教师组成。两委会成员由全体教师民主投票产生。

（刘　茜）

【多种途径开展园本培训】　年内，赵全营中

心幼儿园针对非专业教师、新教师居多现象，采取多种途径开展园本培训，促进非专业教师基本功技能发展。一是手拉手姐妹园骨干教师来园指导主题活动、班级环境创设。二是多种形式组织开展国画、线描画、舞蹈、边弹边唱、手工制作等基本功技能培训。三是园内开展新教师讲故事比赛、教师绘画比赛等活动，使教师们将所学理论知识转化为实践，更好地应用于教育教学工作中。

（刘　茜）

【深入开展彩虹读书活动】　年内，赵全营中心幼儿园深入开展彩虹读书活动。该园各班都开展图书漂流、分享阅读、好书大家看等丰富多彩的读书交流活动。还成立小小朗诵

队，以《四季的路》参加区级大赛，获得一致好评。（刘　茜）

【召开优秀教师评选大会】　年内，赵全营中心幼儿园分别召开“区级骨干教师”、“区级

先进教育工作者”、“师德标兵”等优秀教师评选大会。全体教职员工参与，当众唱票，产生本年度各类优秀教师。（刘　茜）

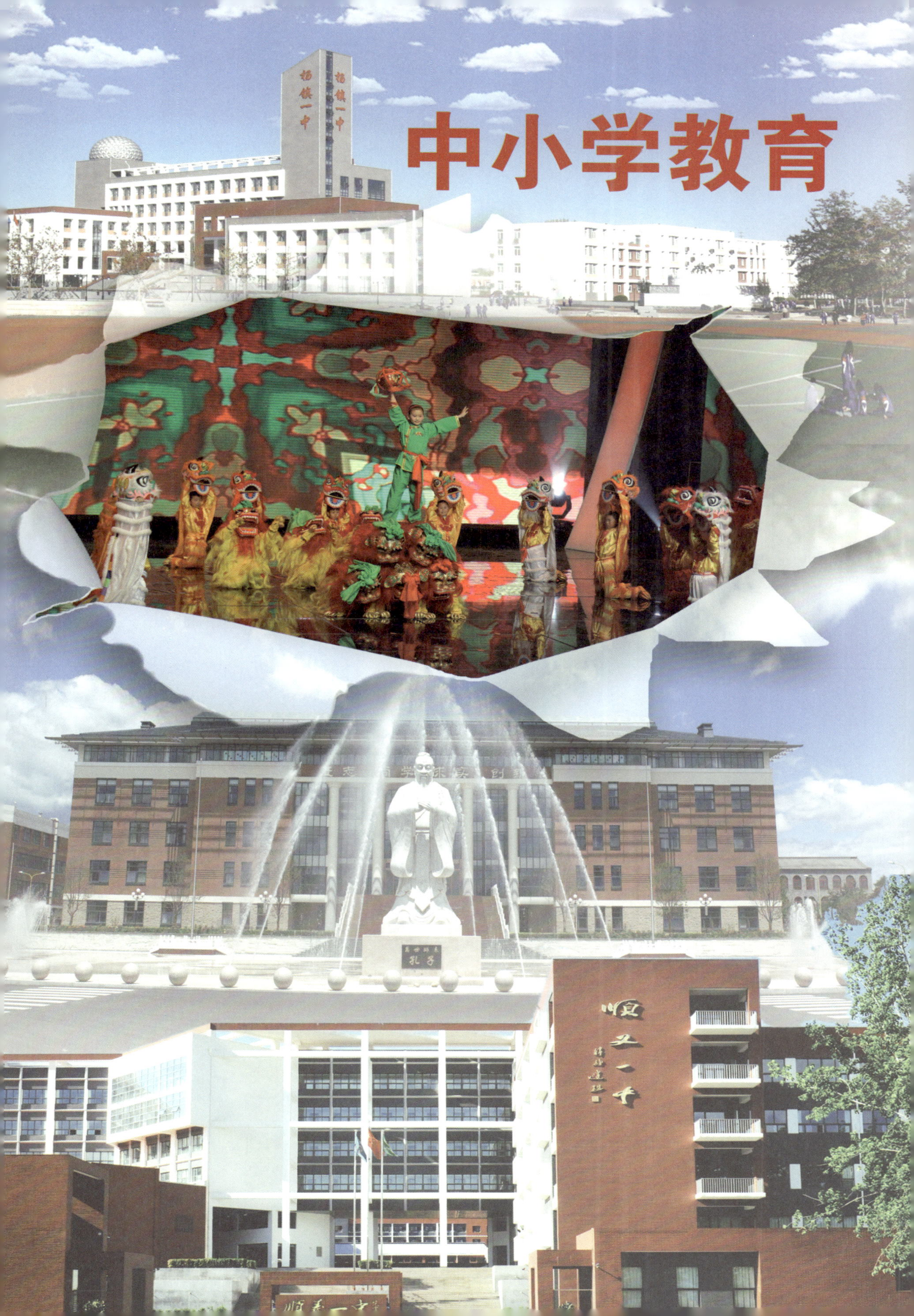
中小学教育
杨镇一中
孔子
顺义一中

概　述

2014年，顺义区有小学45所（不含一贯制学校小学部），其中教育部门办学42所；另外有8所一贯制学校小学部，（2所为教育部门公办一贯制学校小学部，6所为民办一贯制学校小学部）。教学班1147个（一贯制学校小学部98个班），其中教育部门公办1019个（教育部门公办一贯制学校小学部43个班）。毕业5440人（教育部门公办5308人），招生7517人（教育部门公办6796人），在校生40994人（教育部门公办38063人）。教职工2948人（教育部门公办2861人），其中，专任教师2851人（教育部门公办2438人）。小学入学率100%，巩固率100%，毕业率100%，及格率100%。顺义区有中学30所（其中职高附设班不计入中学数），其中教育部门公办24所（初中16所、完中2所、高中4所、九年一贯制2所），民办6所（九年一贯制学校1所、十二年一贯制学校5所）。教学班771个（教育部门公办630个），初中461个（教育部门公办365个）、高中310个（教育部门公办265个）。毕业9270人（教育部门公办7801人），初中5218人（教育部门公办4128人）、高中4052人（教育部门公办3673人）；招生9449人（教育部门公办7803人），初中5583人（教育部门公办4238人）、高中3866人（教育部门公办3565人）；在校学生27907人（教育部门公办22728人），初中16530人（教育部门公办12692人）、高中11377人（教育部门公办10036人），在校生中北京市户籍21747人（教育部门公办17609人），初中11545人（教育部门公办8524人）、高中10202人（教育部门公办9085人）。初中入学率100%，巩固率100%，毕业率100%，及格率100%；高中入学率95.6%，毕业合格率85.39%，应届毕业生高考录取率95.3%。学校教职工4506人（教育部门公办3609人），其中，专任教师2943人（教育部门公办2710人），初中1548人（教育部门公办1351人）、高中1395人（教育部门公办1252人）。特殊教育学校2所（教育部门公办1所），开设班19个（教育部门公办16个），结业8人、招生16人（教育部门公办16人），在校生220人（教育部门公办140人），小学174人（教育部门公办94人）；教职工134（教育部门公办74人），专任教师80人（教育部门公办63）；残疾儿童入学率100%、巩固率100%。全区教育部门公办中小学专任教师学历合格率100%，有北京市特级教师15人（小学1人、中学14人），高级专业技术职务教师908人（小学20人、中学888人）。校舍总占地面积3060564平方米（教育部门公办2515442平方米），总建筑面积1343186平方米（教育部门公办994073平方米）。图书馆藏书238.96万册（教育部门公办215.59万册）；固定资产总值218489.56万元（教育部门公办139837.79万元）；教育系统教育部门公办中小学全年教育经费投入205974.12万元，其中，国家拨款204193.92万元，事业收入及其他收入1780.2万元。

小学教育工作概述

【概况】　学生的道德素养得到夯实。以少先队建队65周年为契机，加强少年儿童理想信念教育，开展“红领巾相约中国梦”主题队日、“每日升国旗”等系列活动。开展“北京少年孝心榜样”评选活动，推选出40名北京少年孝心榜样。开展“社区文明小使者”志愿服务活动，评选出428名五星级优秀社区文明小使者。组织中学生“个人自由与社会公德”主题演讲比赛。举办全区“彩虹诵读”大赛，39家中、小、幼代表队参加决赛，优秀传统文化教育得到强化。

一、德育工作

2014年以“三爱”“三节”教育为主线，落实总书记“六一”讲话提出的16字要求，培育和践行社会主义核心价值观，通过典型带动、专题研究、评价引导等方式提高德育实效。

在全区小学开展“快乐假期——争当社区文明小使者”主题教育实践活动：动员广大小学生积极参与“社区小楼门长”“文明小宣传员”“文明小引导员”“环保小卫士”“爱心小使者”“家庭小孝星”等“六小”实践活动，共表彰了428名五星级优秀“社区文明小使者”。

开展“北京少年孝心榜样”评选活动，全区小学推选出40余名北京少年孝心榜样。

在北京市第二届班主任基本功决赛展示活动中，顺义区小学五名教师参加了情境问答、教育魅力展示以及主题班会说课展示。最后三人获一等奖，二人获三等奖。

组织20所学校在国际鲜花港和七彩蝶园开展了“彩虹假日炫”校本课程和社团展示活动。

在全区开展“唱响新童谣——弘扬和践行社会主义核心价值观”活动。其中双兴小学学生陈祎的《诚信歌》入选北京市新童谣宣传册。

在仇家店中心小学召开家校协同市级研讨会。与会专家肯定家长教师协会项目的研究工作，认为家校协同教育是有基础的研究、有问题的意识、有清晰的思路、有过程的研究成果。

北京市小学生综合素质评价现场会在南法信中小召开，为全市“综评”工作交流搭建平台，展现顺义区“综评”工作阶段性成果，促进“综评”工作的再思考，有效推进“综评”工作深入开展。

在全区小学开展“彩虹诵读大赛”。初赛由各校自行组织，复赛是以联盟组团为单位，每个联盟选出代表作品5个参加最后的决赛。共评选出特等奖5个，一等奖10个，二等奖15个，三等奖14个。

二、教育工作

2014年按照教委整体工作安排，围绕科学减负、提效增质，立足教师观念、教学方式转变，干部管理综合素质提升，以课堂和课程双轮驱动教学改革，引领学校健康、自主发展。

课堂教学改革，突出教学方式变革和教学目标制定两项重点工作，分别召开全区推进会议。教学方式变革主要以东风教育集团的体验教育理念指导下的体验课堂研究为点，引领全区干部教师走进东风教育集团的体验课堂，听取东风教育集团的体验课堂研究成果汇报，共同研讨区域教学方式的变革。

石园教育集团召开的《顺义区小学“教学目标的制定与落实”研究》推进会，邀请到市级教研员莅临指导。

在空港小学、马坡中小召开语文学案导学模式推广会。

课程建设突出学校的校本课程建设引领。提出校本课程是国家课程的延展与补充，学校要积极发挥教师资源优势，开发与国家课程相关的校本课程，积极利用专项资金引进优质社会资源支持学校校本课程建设。

教师队伍建设，开展“临空杯”青年教师成长课大赛活动，全区参加工作五年以下的教师全员参与说课和异地做课比赛，提升教师的专业素质。2014年暑假启动任课教师基本功培训项目，首先从学科课程标准的理解与应用进行培训，通过区级引领、专家解读、校级培训、自学自悟和区级统测活动，提升任课教师对课标的理解与应用能力。

开展吴正宪数学儿童思想推广研究项目活动，分别在9个基地校展示研究成果，在区域内提升了百名数学教师技能，并影响到区域数学学科教学改进。

开展与北京史家小学同课异构活动，多

所学校与史家小学的名师进行数学、语文、英语、美术、音乐同课异构。在与名师对弈中改变了教师教学观，提升了课堂教学效率。

教学干部培训。组织教学干部到东北师大进行浸润式培训两周。从课程的理解到课堂的指导与评价做深入细致的培训。

学生综合素质能力展示，在三、五年级分别开展作文、英语口语和数学思维能力的综合素质展示活动。

中学教育工作概述

一、扎扎实实做好高考工作

2014 年是北京市进行中高考试题改革的第二年，面对变革，中教科召开了全区高考政策调整视频会议，及时面向全区高中教师进行了政策宣讲，调整复习备考策略，加强了信息搜集，全力以赴应对高考变革。2014 年高考中，顺义区的本科上线率比 2013 年增加了 8 个百分点，本科升学率跨入 70% 的新高度。

二、立足改革，面向实际，同心协力推进课改工作

在推进学校评价标准改革方面，面对北京市中高考改革，中教科修改和完善《顺义区高三目标管理方案》，制定了《2014 年顺义区中考、初中毕业会考目标管理及奖励办法》，注重过程性评价，加大初高三过程性奖励的比例，基层学校普遍认为政策调整及时，起到肯定和激励一线教师的作用。

在推进课程建设方面，课程建设始终是中学教育工作的核心内容，中教科提出校长是学校课程建设第一责任人，明确课程建设的主体责任，要求各校制定符合本校实际的课程建设方案。坚持开足开齐国家课程，根据学生特点和教师实际广泛开设校本课程。仁和中学调整数学、物理的课程设置，利用分层教学和走班选课的形式，满足不同基础学生对学习的个性化需求；顺义三中在英语学科进行课程整合，为学生提供可选择的学习平台；牛栏山一中在深化“1 + X”课程体系方面进行大胆尝试，开设 ipad 科技实验班课程，开设语文、历史、地理三科教师同上一堂课的综合实验课程；顺义一中从高一年级开始给学生提供游学、戏剧表演、中华优秀传统文化、英语剧等广泛的校本课程。总体上看，顺义区在课程建设方面已呈现出丰富多彩的态势，为即将到来的大范围中高考变革进行有益的探索和尝试。

在深化课堂教学改革方面，中教科以《顺义区常态课堂评价标准》为依据，强调教与学方式的转变，通过学生问卷、教师座谈、定期下校听常态课、举办三大全国教学论坛等形式，集中力量促进课堂教学模式的转变。一年来，中教科调整下校视导方式，不再提前通知，只听常态课；调整高三月碰头会的固有模式，改为先听课、再研讨，增加了活动的实效性；中教科还广泛调动区内名师，到各校进行面对学生的学科讲座；邀请顺义区往届考入清华北大学生，直接深入高中校课堂，与在校生面对面交流，畅谈学习感受，交流学习方法；组织教研部门和学校教学领导，到上海各区教育学院和北京十一学校等处参观学习，吸取管理经验，拓展了办学视野。目前顺义区教学干部基本达成这样的共识，即课堂教学必须有学生的广泛参与；必须在以学生为主体的理念下进行教学；必须更多地利用现代信息手段，丰富课堂内容；必须为学生提供广泛的展示平台，通过不断激励，促使学生爱学习、会学习，进而提升学习效果。

三、坚持立德树人，提升育人质量

1. 深入开展“社会主义核心价值观”教育。坚持德育为首，全面落实《北京市顺义区教育系统培育和践行社会主义核心价值观实施意见》，加强师生爱国主义教育。顺义九中、南法信中学两所社会主义核心价值观行动研究实验校，以学校价值观教育调研为突破口，将社会主义核心价值观融入到学校的教育教学活动中，深入开展践行社会主义核心价值观主题教育活动。顺义区中学生“培育和践行社会主义核心价值观”专题推进会在顺义九中召开，学校介绍了培育和践行社会主义核心价值观的想法和做法。举办了“瞭望杯”北京中学生时事论坛、社会实践挑战赛系列活动，组织顺义区中学生“个人自由与社会公德”主题演讲比赛，学生的道德素养在活动中得到提升。组织顺义区中、小、幼“彩虹诵读”大赛活动，开展经典诵读，传承中华传统文化。

2. 班主任素质再提升。11 月 13、14 日，第四届“杨镇一中杯”全国班主任高峰论坛在杨镇一中举行。大会表彰顺义区参加北京市第二届班主任基本功大赛获奖教师、指导教师，请获奖教师做工作交流；并展示杨镇一中第七届班主任节活动。

3. 德育常态评估不松懈。12 月 3、4、11、12 日四天，对全区 25 所中学进行德育工作常态评估，通过看常态、听报告、评校园三个环节对学校德育工作进行了解和反馈，提炼工作亮点，提升德育工作实效性。开展学校德育课程建设的初步调研，摸清情况，深入推进。

4. 学校文化建设再创品牌。顺义二中承办北京师范大学项目组的专家现场评估活动，杨镇二中参加学校文化建设校长汇报答辩会，形成“一校一品牌”，彰显校园文化育人特色。完成北京市第二批学校文化建设示范校的申报工作。

5. 做实学生综合素质评价工作。学校做好学生综合素质评价云平台的升级和培训工作，确保学生的评价工作稳步推进。

6. 社会大课堂功效凸显。做好对各资源单位的前期调研、中期指导和后期评价的工作，发挥社会大课堂功效。在 2014 年北京市中小学生社会大课堂学习成果评选展示活动中，顺义十一中、南法信中学等校报送的学习成果分获市二、三等奖。积极引导学生主动走进社会大课堂，结合自己的爱好和成长需要主动体验学习，为学生相互交流学习成果搭建平台。

7. 心理健康教育示范引领。本学年在学校自愿申报的基础上，加强对全区心理健康教育的指导和创建工作，评选出牛栏山一中等顺义区首批中学心理健康教育示范校，以点带面，发挥示范引领作用。同时也为迎接 2015 年北京市心理健康教育特色校评选做好准备。

8. 家校共育形成育人合力。家校协同项目以家校协同机制校本化实施、评价跟进、成果评选等形式在全区中学全面开展。以牛一联盟和顺一联盟为引领的四所实验校完成家长教师协会组织的建立，陆续在班级、年级、校级开展系列活动。牛山一中实验学校的家校教师协会充分利用家长资源，将社会实践活动的组织交给家长。仁和中学、顺义一中等学校搭建家长现身谈规划的平台，拓宽学生视野。

四、重点工作回顾

一年来，中教科组织开展多项市区级师生参与的大型活动，主要包括：初二学生参与汉字听写大会、初高中学生综合素质展示、“临空杯”青年教师基本功竞赛、北京市班主任基本功培训与展示活动、高二学生成语大赛、顺义区中学生社团展演、英语夏令营活动、中高考研讨会、组织协调三次全国教育教学论坛活动、北京市中小学毒品预防教育交流会、顺义区中学生培育和践行社会主义核心价值观推进会、北京市学校文化建设现场评估会和校长汇报答辩会、北京市“双预”项目现场会、参加北京市中学生模联大会（杨镇一中获十佳地球村奖和最佳组织奖、牛栏山一中获得最佳代表奖，最佳组织奖）、参加北京市节能减排知识竞赛获二等奖等。

概　　况

2014年顺义区教育改革有序推进。1. 顶层设计更加清晰。初步制定《推进顺义教育综合改革实施意见》，提出教育综合改革的目标任务、工作重心和路线图。聘请21世纪教育研究院作为第三方，对区域联盟和组团工作绩效进行评估。成立教育资产管理服务中心、特殊支持教育中心、学生活动管理中心、教育财务管理中心，促进教育管理工作科学化、规范化、程序化、精细化。2. 城乡联动改革效益显现。积极推进北师大教育改革合作项目，组织“中小学干部领导力提升”培训，深入20余所实验校指导行动研究。推进联盟和组团建设，固化联盟建设成果，通过联盟级大课题带动各个学校参与专题研究。3. 教学改革稳步推进。一是科研引领，加强学校校本教研活动管理，开展“减负在教研”“减负在课堂”的专题研究，仁和中学、顺义三中、马坡二小、顺义一中附小等校进行分层教学和走班选课形式探索。二是课程促进，牛栏山一中开设iPad科技实验班课程、综合实验课程；顺义一中开设传统文化、戏剧等校本课程，满足不同层次学生需求。三是活动推进，9所“吴正宪儿童数学思想基地校”展示了研究成果；攀登英语实验项目在一至六年级全面展开，项目组两次集中视导，在三个联盟进行教学展示。四是学习助力，组织高中校干部教师走进北大附中和十一学校考察自主排课，举行“生本教育理论与实践研修班”。组织教师赴山东实地观摩慕课和翻转课堂，邀请专家作慕课和翻转课堂讲座。

素质教育

【裕龙校区为学生搭建体验小舞台】 2月

起，东风小学教育集团裕龙校区搭建体验小舞台。该校坚持落实集团体验特色，在每栋楼门厅各开设一个“体验小舞台”，不同年级学生有各自的展示空间。展示以班级为单位，由班级主持人组织，内容包括歌曲演唱、乐器演奏、诗歌朗诵、武术表演、书法绘画等。

（陈　静）

【顺义区为学生习作搭建平台】 2月，顺义区在《教育动态》上刊登学生习作78篇，并择优推荐到市级媒体，在《北京日报“小苗”周刊》上发表16篇，在《京郊日报》上发表14篇。9月20日，在“东方少年·中国梦”第二届新创意中小学生作文大赛颁奖会上，顺义区推选的145篇作品获全国特等奖1名，一等奖3名，二等奖3名，三等奖3名，其中龙湾屯中小学生赵维佳获命题组全国特等奖，杨镇中小学生王一为获命题组一等奖，10名同学全部被吸收为北京作协小作家协会会员，顺义教委，顺义文联，顺义三中等11个单位获组织奖。

（王艳霞）

【各单位开展多种活动促学生心智成长】 2至3月，顺义区各单位开展多种活动促学生心智成长。1. 天竺中学成立合唱、舞蹈、美术、武术、摄影、硬笔书法、晨风文学社、爱心志愿者、轮滑共9个社团，聘请8位校外专业辅导教师任教。2. 明德小学展示各年级、多学科优秀作业，班级集中观看、学生随时观摩，鼓励学生记录观看感言，及时交流。3. 南法信中小在升旗仪式中增加风采展示环节，各班以文明礼仪、幸福感恩、理想信念、生命安全为内容，采取诗朗诵、舞蹈、歌曲、快板等形式展示。4. 西辛小学教育集团西辛校区举办学生寒假优秀读书笔记展。

（徐振阳）

【开展“彩虹假日炫”社团展示活动】 9月27至30日，顺义区组织20所学校在国际鲜

花港和七彩蝶园开展“彩虹假日炫”校本课程和社团展示活动。“彩虹假日炫”以“推进学生社团建设、打造学校特色品牌”为指导，为学有所长的学生搭建了“展示自我、秀我所能”平台，充分展示了各校学生社团建设成果，并以此回报社会各界及家长对学校的支持与厚爱。此项活动的开展引领学校关注学生综合素质的提高，为师生提供了更广阔的展示平台。

（沈浩发）

【举办小学生成语文化龙门阵决赛】 10月23日，顺义区小学生“成语文化龙门阵”决赛在东风小学教育集团裕龙校区举行。决赛分必答题和抢答题两个环节，共设成语听写、看图猜成语、成语典故选择、团队拼成语等项目，寓教于乐，有很强的知识性、趣味性。最终，南彩第二小学拔得头筹，东风小学教育集团本部获二等奖，东风小学教育集团仓上校区、石园小学教育集团本部、李桥中心小学、后沙峪中心小学获三等奖。该活动共

分初赛和决赛两个阶段。初赛阶段，全区45所小学各自举行校内初选，每校6名获胜选手代表学校参加初赛，平均分前6名的学校进入区级决赛。本次活动历时5个月，全区17000余名小学生参与。

（高　凤）

【市小学生综合素质评价现场会在南法信中小召开】 11月28日，北京市小学生综合素质评价现场会在南法信中小召开。与会人员听

取学校作《小学生综合素质评价方法探索与实践》汇报；教师代表谈参与“综评”工作的做法和体会；课题区级负责人朱元兆作全区“综评”工作情况介绍；现场进行互动交流。现场会为全市“综评”工作交流搭建平台，展现顺义区“综评”工作阶段性成果，促进“综评”工作的再思考，有效推进“综评”工作深入开展。北京教育督导与教育质量评价研究中心主任赵学勤、北京教科院评价研究室主任杜文平，顺义区教委副主任张海东及来自全市各区县的领导、教师、家长

志愿者代表共计120余人参加此次活动。

（沈浩发）

【顺义区7名学生获市中小学生银帆奖】 12月12日，第28届北京市中小学生金帆奖、银帆奖颁奖典礼活动在北京市少年宫剧场举行。顺义区共有7名学生获得银帆奖。其中包括顺义一中孟云飞、徐瑞，杨镇一中刘一赛，杨镇二中马一凡，顺义四中申畅、王洁、崔炳松等同学。（刘美坤）

【举行区高中生成语大赛】 12月30日，区高中生成语大赛举行。牛栏山一中、顺义一中、杨镇一中、顺义二中、顺义九中、北京四中顺义分校、牛栏山一中实验学校各选派3名高二学生组队参赛。经过成语听写、成语填空、成语知识考查、成语运用、趣味成语等形式的现场比赛，最终顺义一中、杨镇一中代表队分获集体一等奖；8名选手获个人一等奖，其中顺义一中的杨成琳同学以总分140分的成绩获得一等奖第一名。此次活动由区教委、区教研中心联合举办，杨镇一中、诺亚舟优学派承办。（刘之海）

【俸伯中小多元引领开阔学生视野】 年内，俸伯中小多元引领开阔学生视野。1. 和作家

面对面。邀请儿童文学作家曹文轩、梅子涵先后来校作《阅读与写作》《阅读与心灵成长》讲座；每位作家指导一名学生习作，带一名优秀教师，指导写作教学。2. 与书画家手拉手。邀请著名书画家崔承顺一行十余人，指导师生绘画、书法技巧，题写书画作品数十幅。3. 听演奏家演奏。邀请北京交响乐团演奏家进校介绍各种管弦乐器，让学生感知每种乐器音色，并现场演奏《天空之城》《植物大战僵尸》等十余首学生喜爱的乐曲。

（李晓震）

【顺义区多举措激发学生读书兴趣】 年内，顺义区多举措激发学生读书兴趣。1. 以学校为单位，邀请郑渊洁、曹文轩等知名儿童文学作家进校园，举办讲座，与学生面对面交流。2. 组织成立文学社团、举办读书会，部分校长亲自带领学生读书、交流；以主办《当春》杂志为依托，在各中小学成立记者站，鼓励中小学生写作、投稿。3. 投入1200万元，根据各校需求，为学生购置课外读物，丰富图书室藏书。（徐振阳）

教学改革

【光明小学优化汉字教学】 2月起，顺义区光明小学优化汉字教学。1. 制定各年级写字

教学目标，强调汉字教学特点。2. 开展识字、写字、百字赛等趣味活动，通过欣赏书法、名人故事、猜谜游戏等方式激发学生写字兴趣。3. 常规作业适当加入日常易读错、易写错字的辨析，加深印象。4. 开设书法校本课程，溯源识字，运用字理识记汉字形和义，感受汉字构字规律和内涵。（谢桐良）

【市初中地理常态课教学研讨会在牛栏山一中实验学校举行】 3月5日，北京市初中地理常态课教学研讨会在牛栏山一中实验学校举

行。北京市教育学会地理教学研究会理事长林培英教授、北京市教科院基教研中心地理教研室主任李岩梅、各区县地理教研员和教师100余人参加了本次研讨会。与会人员聆听北京市特级教师、顺义区中学地理教研员卢凤琪作《东南亚》一课和《如何进行初中地理常态课教学》发言；听课教师和杨光副教授、张悦老师、李春旺老师等参与研讨，从课标的落实，多媒体与板书、板图运用，教学环节设置，学法指导等方面，对卢老师主讲的《东南亚》一课进行了评价与探讨。 （卢凤琪）

【东风小学教师获全国录像评优课一等奖】 4月，在中国教育学会小学数学教学专业委员会举办的第八届全国小学数学优化课堂教学

录像评优课活动中，顺义区东风小学裕龙校区翟万盈老师执教的《猜一猜》荣获全国一等奖。该课以教学内容层层推进的方式，针对不同学生设计不同的学生活动，关注学生思维的发展。经过北京市小学数学专业委员会初评、全国小学数学专家委员会终评，最终荣获全国一等奖。本次大赛共有来自全国各省、自治区、直辖市及新疆生产建设兵团报送的160多节课参赛。 （魏金辉）

【区"临空杯"青年教师成长课大赛数学现场课分赛活动在高丽营学校举行】 5月6日，顺义区"临空杯"青年教师成长课大赛分赛活动在高丽营学校拉开帷幕。来自空港小学、赵全营中小、北石槽中小、马坡二小、板桥中小和高丽营学校23名青年教师将于此后利

用4天时间进行数学学科现场课的精彩展示。考研中心副主任李广生、教委小教科王志良分别到分赛场进行巡视指导。 （贾凤兰）

【生本教育理论与实践培训班在顺义一中举办】 5月9至10日，顺义区生本教育理论与实践培训班在顺义一中举办。教研中心特邀生本教育理论创始人郭思乐教授及其团队来顺义主持生本教育理论与实践培训班。内容包括郭思乐教授生本教育学术报告和生本教育专家荆志强、白延刚实践报告，并进行三节（小学、初中、高中）生本课堂展示活动，分别由四川广元利州区南鹰小学黄梅、上西中学康仕平、河北青龙县一中刘春娟三位老师执教。参与人员一致认为，培训活动对更新教育观念、改进教育教学方式有很大的启发。教研中心领导、各中小学干部教师及外区县同行共计200余人参加。 （张红梅）

【"以研促教，提高教学有效性"课堂教学展示活动在高丽营学校举行】 5月15日，高丽营学校举行"以研促教，提高教学有效性"课堂教学展示活动。展示活动主要包括四方面内容：一是观看教师广场舞展示，参观学校楼道文化。二是观看课堂教学展示，学校1—8年级数学、语文、英语学科的课堂向与会者开放，展示常态课30节，与会者自由选课、听课。三是学校六个校级课题组成员与教研员以及联盟校的领导老师共同进行评课。四是召开"以研促教，提高教学有效性"研讨会。会上，该校主管科研领导介绍了市级课题《九年一贯制学校"三段六环节"课堂

教学模式探索与实践》申报立项和研究推进的过程及研究初步成效，两位课题组长介绍了语文、英语学科课题研究情况。联盟各校领导结合听课及课题汇报情况进行点评，提出建设性意见和建议。教科室主任陈惠明充分肯定了本课题的研究工作，并做了针对性的指导。中教科刘科长为学校的课改工作进行了方向上的引领。此次活动更加坚定了学校干部教师以科研促教改的信心，同时达到了联盟组团间相互学习，共同提高的目的。区教委副主任张海东、主任助理陈绪峰，教改办、中教科、小教科、考研中心等相关人员，顺义一中联盟组团各校领导老师及本校干部教师100余人参加活动。 **（贾凤兰）**

【举办“双预”“学习方式转变”项目研讨暨顺义一中联盟课改交流展示现场会】 5月22日，顺义区“双预”“学习方式转变”项目研讨暨顺义一中联盟课改交流展示活动在

赵全营中学举行。与会人员分别听初一语文教师彭艳华、初一数学教师王春伶、初二英语教师何新利、初二历史教师刘明做的现场展示课。听课后授课教师自评，其他兄弟校老师进行点评。区教委中教科胡伦权、区教科室陈惠明、教育学会李坚分别发言，充分肯定了学校的课堂教学改革。高丽营学校、张镇中小、昌平南口铁道北中学及顺义一中联盟校干部教师70余人参加。 **（史海英）**

【“有效设问，落实目标”语文区级主题教研在南彩学校举行】 9月24日，五年级区级语文主题教研“有效设问，落实目标”活动

在南彩学校举行，来自全区的50余位教师参加此次活动。活动中，南彩学校的侯艳强老师首先为与会教师现场做研究课《猫》，并以《阅读教学，抓住文本特点——得意得言得法入情》为题谈了自己对本课教材的理解和教学后的感受。随后，全体教师结合侯老师的研究课和课后小结，围绕“名家名篇如何教学”进行了充分讨论。教师们普遍认为：侯老师在“有效设问，落实目标”中，进行了有效探索，因而一致给予好评。 **（孙秋菊）**

【区生本教育专题研讨活动在高丽营学校举行】 11月19日，顺义区生本教育专题研讨活动在高丽营学校举行。区教委副主任张海

东、区教研中心主任张海、小教科科长王桂英、教科室主任陈慧明等领导及全区各小学领导老师一百多人参加活动。此次活动有两项内容。上午第一、二节课，由高丽营学校的钟素香、唐建新和王砚村三位教师分别上语文、数学和英语课，张镇中小教师张海平

上品德与生活课。四节生本课均体现了前置性学习、小组交流、班级汇报、总结巩固四个基本流程，遵循根本、简单、开放的原则，引领学生放飞思维。随后，教科室主任陈慧明作了《关于生本教育的学习和思考》主题交流，解读生本教育的基本理念，介绍生本课堂教学基本操作方法，以及践行生本教育典范荆志强老师的课改经验，让与会领导老师感知生本课堂的魅力。此次研讨活动，旨在引领教师树立生本教育理念，推动全区生本教育的研究与实践。（贾凤兰）

【顺义区小学“优化课堂教与学方式”论坛在东风小学教育集团举办】 11月27日，顺义

区小学“优化课堂教与学方式”暨东风小学“体验杯”课堂开放论坛活动在东风小学教育集团的四个校区展开。论坛活动共分为三个环节：环节一，分学科进行课堂教学展示，构建体验课堂，让课堂焕发生命活力；环节二，互动说课、评课，构建自主开放、合作探究、互动交流的研修平台；环节三，论坛共享研讨，理念与行为对接，促学习方式的变革。区教委小教科科长王桂英、考研中心副主任李广生、小学教研室主任杨树华及来自全区40余所学校的教学干部和骨干教师二百余人参加活动。部分学校领导还在活动中进行了课改经验交流。该论坛使各校进一步明确了课堂改革的方向，从而加快了全区“教与学方式”变革的进程。（于有民）

【光明小学重视教师自我反思提升课改实效】 年内，光明小学重视教师自我反思提升课改实效。一是自我诊断。每位教师观看自己的录像课，自我诊断课堂教学情况。二是课后反思。组织教师用课后记形式写出体会、见解和观点；在校园网上开辟教师论坛，每位教师每月至少参与两次案例讨论。三是分学科组织听评课。评课要求做到“三个一”，即赏析一个环节、提出一个质疑、给出一条合理化建议。（谢桐良）

招生·考试

【组织学生参加北京市春季高中会考】 1月8至10日，顺义区共有7558名考生参加北京市春季高中会考，全区设6个考点，143个考场。考试期间，区委、区政府主管领导及区教委副主任以上领导到各考点进行巡视。

（陈建龙　李冬山）

【审查中考考生报考资格】 3月25至31日，区教委组织相关人员对全区参加中考的考生进行报考资格审查，共有4463名考生符合中考报考资格。（中招办）

【完成2014年高招体检工作】 3月，顺义区完成2014年高招体检工作。共有4586名考生参加高招体检，体检有8大项目，分“到校抽血”和“上站体检”两个步骤进行，3月4日开始到校抽血，3月6日上站体检，3月11日体检结束，3月18日为特殊考生进行复检和补检，3月底公布体检结果。

（鲍　文　李冬山）

【完成2014年艺术类高考统测工作】 3月，顺义区完成2014年艺术类高考统测工作。全区共有44人参加北京市艺术特长生统测，合格人数为40人，其中一级6人，二级11人，三级23人，通过率为90.9%。全区有453人参加艺术美术类统测，305人通过本科线，通过率达68.5%；140人通过专科线，通过率为98.2%。2至3月部分通过统测考试的考生到报考院校参加校考测试。（鲍　文　李冬山）

【采取视频会议形式部署高中会考工作】 4月25日，顺义区采取视频会议形式部署高中

会考工作。该会议面向全部参加高中会考教师及考点校，实现工作方案和工作人员、考生零距离接触。会议部署本年度报名报考工作，强调各单位要细致认真地做好报名、报考工作，坚决做到不重报、不漏报。全区各高中校校长、主管领导、工作人员及计算机管理人员参会。（陈建龙　李冬山）

【完成2014年高职自主招生工作】　4月，顺义区完成2014年高职自主招生工作。高职自主招生有三点新变化：一是招生规模增加，招生院校共26所，比去年增加8所；招生人数7105人，比去年增加2625人。二是录取流程增设征集志愿，增加考生的录取机会。三是首次实行有条件注册入学方式，共计划招生200人。针对新政策、新变化，招办依据报考对象层次差别，于3月上旬到校宣传，进行动员部署工作；3月中下旬组织考生参加报名确认；3月29日院校初试；4月初开始录取，4月中旬征集志愿，4月底录取结束。

（鲍　文　李冬山）

【做好高考考务工作】　4至6月，顺义区全面做好高考考务工作。2014年全区共有4586名考生报名参加高考。4月，被高职自主招生录取357人；其后，4229名考生参加全市统一招生考试。全区共设152个考场，其中文科考生866人31场，理科考生3347人114场，单考单招16人1场。共设3个考点，牛栏山一中考点47场，杨镇一中考点63场，顺义一中考点42场。（鲍　文　李冬山）

【召开填报志愿会】　5月9日，顺义区招办在社区教育中心农广校报告厅召开2014年高考志愿填报工作会。会议首先通报高招计划及报名情况，解读2014年高考“平行志愿组”设置和录取规则，并就如何更科学、合理地应对填报高招志愿进行精心分析与辅导，为考生能够升入理想的大学奠定基础。各高中校和职业学校的校长、主管副校长、高三年级主任、高三年级班主任及考务工作人员共计150人参加会议。

（鲍　文　李冬山）

【召开高招电视电话会暨区联席会】　5月15日，北京市2014年教育招生考试工作电视电话会议暨顺义区教育招生考试委员会第一次联席会在区政府413会议室召开。会议共有两项议程，首先收看北京市教育招生考试电视电话会议；接下来召开区教育招生考试联席会，副区长于庆丰出席会议并作讲话。他强调：教育招生考试是政府行为，各相关单位要高度重视、积极作为、协同配合、狠抓落实，要做好人文服务，努力营造和谐温馨的考试环境，全力保障教育招生考试安全、平稳进行。

（鲍　文　李冬山）

【开展2014年本科填报志愿辅导工作】　5月上旬至中旬，顺义区采取措施开展2014年本科填报志愿辅导工作。一是区招办撰写《志愿设置调整后的应对方法》，文章刊发在《北京考试报》和《顺义教育》上；二是与区广播电台联系采取信息报道、问答访谈形式解析政策；三是与北京工业大学耿丹学院、北京工商大学嘉华学院两所高校联合召开志愿填报辅导大型咨询会，现场开展“新政解读志愿辅导”宣讲，面对面解答家长和考生问题。5月12至17日，顺义区顺利完成北京市高考考生填报志愿工作。（鲍　文　李冬山）

【召开区高考考务工作培训会】　5月28日，顺义区召开2014年高考考务工作培训会，会议由区教委主任助理张军堂主持。区教委副主任陈成国解读《顺义区2014年高校招生考试实施方案》和《区教委高校招生考试领导小组成员职责》。区教委主任刘克祥强调：一要坚持维护制度尊严、不能无为，实现零事件；二要坚持确保考试安全、不得有误，实现零事故；三要坚持程序规范做事、不得创新，实现零投诉；四要坚持联动机制有效、不得出岔，实现零突发；五要坚持和谐营造氛围、不得懈怠，实现零案件，确保2014年高考“科学、平安、公正”。招办就高考相关规定和考务关键环节进行讲解培训。全区各相关单位参与高考的工作人员共计150多人参加会议。（鲍　文　李冬山）

【市考试院领导检查高考考务工作】 6月3日，北京教育考试院领导到顺义区检查高考安全工作。市考试院副院长徐宝力、高招办副主任覃华听取顺义区高考准备工作情况汇报，实地查看中心保密室和视频监控室，对顺义区高考考前准备工作给予高度评价。

（鲍　文　李冬山）

【召开高考考前自查、检查情况汇报会】 6月4日，顺义区召开高考考前自查、检查情况汇报会。教委相关科室科长、考点负责人及相关单位领导共计20余人参加。区教工委书记冯义国、教委主任刘克祥、副主任陈成国、主任助理张军堂等领导，听取了赴考点科长代表、协调委办局科室科长考前检查及考点的自查情况汇报，并就目前存在的问题同与会人员进行交流。（鲍　文　李冬山）

【中考工作顺利完成】 6月24至26日，顺义区中考工作顺利完成。4463名考生参加中考。全区共设顺义三中、牛栏山一中实验学校和杨镇二中等5个考点150个考场。在公安、卫生、消防和城管等相关部门积极配合下，区教委严格管理、规范操作，圆满完成2014年高中招考工作。为全面做好中考工作，5月22至26日，区教委组织所有参加中考的考生网上填报志愿。6月17日，在区社区教育中心召开中考工作会议。会议印发《顺义区高级中等学校招生考试和高中毕业会考工作实施方案》《关于认真做好2014年顺义区高级中等学校招生考试工作的基本思路和规定》等文件，对2014年高中招考和高中会考工作进行周密部署。会议强调：1. 考试无小事，各有关部门和单位要高度重视，以维护安全稳定为出发点，切实做好中考及高中会考相关工作；2. 各有关部门和单位要以高考工作为标准，通力合作，责任落实到人，确保每项任务有人抓，有人管；3. 各项工作要求制度到岗、责任到人、措施到位，圆满完成组考工作，确保群众满意。

（康　谦　李冬山）

【完成高中会考工作】 6月24至26日，顺义区高中会考顺利完成。参加高中会考人数为4079人，共设6个考点111个考场。在公安、卫生、消防和城管等相关部门的积极配合下，区教委严格管理、规范操作，圆满完成2014年高中会考工作。（康　谦　李冬山）

【组织中考阅卷工作】 6月26日至7月2日，顺义区中考阅卷工作在教育研究考试中心进行。全体阅卷人员都是从教学一线教师中挑选的优秀教师，阅卷前经过严格培训。经过一周紧张工作，保质保量地完成了全区的中考阅卷任务。（康　谦　李冬山）

【召开中高考总结表彰暨“临空杯”英才表彰大会】 9月26日，2014年中、高考总结表彰暨“临空杯”英才表彰大会在区教育研究考试中心举行。会议肯定顺义区2014年中、高考的喜人成绩，对获得高中素质教育成果奖、初中中考成绩优秀集体奖的学校和高考学科成绩优秀奖、中考会考成绩优秀奖的教师及考入清北、北大的优秀学子进行了表彰。牛栏山一中、北京四中顺义分校、张镇中学分别代表优秀学校、先进学科作典型发言。初、高中教研员及各中学领导和教师代表300余人参加。（鲍　文　李冬山）

【召开2015年高考报名工作会】 10月30日，顺义区2015年高考报名工作会在区社区教育中心召开。会议解析了高考考生报名的相关规定，演示网上报名系统和高考综合业务管理系统的相关操作。2015年高考报名分三个阶段：第一阶段，2014年11月9至12日，进行高考报名申请（进城务工随迁子女申请时间为10月11至14日）；第二阶段11月17至20日，通过资格初审考生网上填报个人信息并缴费；第三阶段：11月21至30日，进行现场资格确认并完成电子照片采集。全区近4000名考生将进行报名。区教委主任助理张军堂强调：高考报名工作是高考的基础工作，各校一定要高度重视，制定切实可行的工作方案，严格审查，保证资格准确无误。全区各高中、职高校主管校长、年级主任、考务工作人员共计50多人参加会议。

（鲍　文　李冬山）

【顺义二中无人监考育诚信】 11月18至20日，顺义二中高二年级第一学期期中考试

实施无人监考举措，培育核心价值观。此前该项活动经过多方征求意见，向学生发出诚信考试倡议，由学生、家长和学生最信任教师共同签订诚信考试同意书，召开诚信考试誓师大会等工作步骤。考试时，教师只在收发试卷时在场，并每隔半小时进场解决学生疑问。考试后，学校通过调查问卷、学生座谈等形式了解学生感受，并对学生的良好表现给予充分肯定。

（付　征）

【顺义区高考报名工作结束】 11月30日，2015年高考报名工作全部结束。全区共有3985名考生参加报名，其中统考3892，单考93人。统考考生中，文史类858人，理工类3034人；应届考生3606，往届考生286人。

（鲍　文　李冬山）

【顺义区获市考务管理一等奖】 12月29日，北京市普通高等院校招生考试总结表彰会在顺鑫绿色度假村召开。顺义区获2014年普通高校招生区县工作目标管理一等奖和北京市高等教育学会招生考试研究会先进集体，顺义区招办鲍文两篇科研论文获奖。

（鲍　文　李冬山）

【区招办首次增加小学招生工作】 年内，顺义区小学招生工作首次由招办负责。原小学招生工作历来由教学教育科负责，2014年招办设立后，为全面规范教育行政，两委办公室决定逐步将幼儿园招生、小学招生、初中招生的全部职责归并到招办。6月开始小学招生工作即由招办全面负责。通过试运行效果显著。为依法保障适龄儿童在户籍地就近接受教育，区招办合理划定招生范围，有序确定入学对象，规范办理入学手续，坚持实行阳光招生。对于主城区无自购房，但“五证”合格的非京籍儿童，参加电脑派位，确保符合条件的来京务工人员随迁子女入学。区招办同时主动向社会公开相关信息，做好信访接待，及时回应社会关切，确保社会稳定。

（李冬山）

附表：2014年顺义区高考录取情况统计

年度	报名人数	录取情况				录取率	清华北大
		重点本科	普通本科	专科院校	总计		
2014	3998	1679	1437	725	3841	96.1%	22

（重点本科含提前批，普通本科含二本和三本）

课程教材改革

【首都学习科学论坛在四中分校举行】 4月26日，“科学学习　践行友善”第三届首都学

习科学论坛，在四中分校举行。论坛开幕的前两天有33名北京市各区县教师、7名南京市江宁区教师现场展示了他们的“友善用脑”课。本校张明珠老师参加了展示，她的现场课荣获一等奖。与会专家、学者和一线教师就友善课堂对推进课堂教学改革的实效展开了深入研讨，认为友善用脑造就友善课堂，

友善课堂培育具有创新意识、体现核心价值观的新人，能为全国中小学培育、传递、涵育友善少年提供有效的思路和做法。本届论坛由北京市学习科学学会副理事长兼秘书长李荐主持，顺义区教委副主任张军堂致欢迎辞。北京市社会科学界联合会党组书记韩凯出席论坛并讲话，他充分肯定此次论坛是开创北京、南京、河南各地，乃至中国教育教育内涵发展的"助推器"。（王　颖）

【多校积极探索课程改革新路】　6月，顺义区多校积极探索课程改革新路。顺义一中从

项目保障、培训学习、教学实践等方面推进英语教学改革，提高学生听说及应用能力。东风小学教育集团建新校区邀请有专长的家长和社会知名人士，走进学校举办"百家讲坛"，丰富校本课程内容。马坡二小将区非物质文化遗产——"五虎棍"项目纳入校本课程。（徐振阳）

【东风教育集团裕龙校区推出长短课时校本课程】　9月，东风小学裕龙校区推出长短课时校本课程。将每节课由原来的40分钟缩短为35分钟，上午四节课节省出来的20分钟作为短课时校本课程，内容包括：国学、思维、口语、写话、阅读等5门，学生全员参加；下午两节课节省出来的10分钟放在第三节课，组成50分钟的长课时校本课程，安排跆拳道、象棋、围棋、摄影、剪纸、快板、朗诵、主持等40余门课程，学生可根据兴趣自选参加。（陈　静）

【"评戏艺术欣赏"校本课程正式开课】　9月，高丽营学校校本课程"评戏艺术欣赏"

正式在小学三年级开课。学校所在的高丽营镇曾被中国文化部授予"中国民间文化'戏曲'艺术之乡"称号。为了传承戏曲文化，在高丽营镇政府的支持与协调下，高丽营学校聘请中国评剧院的专家们为学生开讲"评戏艺术欣赏"课程。在每周三的音乐课上，专家们为学生讲解评剧名称的由来、历史沿革、艺术特点、行当角色、伴奏乐器、名家名剧等相关内容。此课程注重学唱评戏兴趣的培养和评戏知识的普及，将为高丽营地区的评戏文化传承做出贡献。（贾凤兰）

【后沙峪中小《暮省优秀作品选》首发】　10月27日，后沙峪中小举行《暮省优秀作品

选》发刊仪式。校长任志梅为班级代表颁发《暮省日记优秀作品选》，教师学生代表分别发言畅谈暮省感受。本学期开始尝试长短课时改革。缩短课堂时间的同时，全校

增加晨读活动，三至六年级增加暮省时长。暮省时间，学生以日记形式记录一天所思、所得。每周每班推选2篇优秀作品上交，学校从中选出优秀作品印制成册，每月一期，发给学生阅读。第一期共收录作品108篇。 （刘子龙）

【市区校联动推进三级课程建设现场会在杨镇中小召开】 11月24日，市区校联动推进三级课程建设促进学校内涵式发展活动走进顺义区杨镇中心小学校。市区专家、领导，各校学科教师观摩9节常规课，欣赏金色时光管乐团的演奏。所开展的PAD引入课堂辅助教学、游戏促进课堂效益尝试、语文数学美术多学科整合等多项教学实践活动，均体现出国家课程的全面、高效实施。其他展示还有三年级学生走进国际鲜花港后述说出心中所思、所感，显见学生语文素养的提高；所画出最美的风景，流露出爱国、爱家乡的情感；曾经走出国门的龙狮队“快乐的小狮子”。使学校教育、课堂教学得到有效延伸，都表明学生能力的提升。 （任仲刚）

【顺义区加强传统文化教育】 年内，顺义区进一步加强传统文化教育。1. 传统艺术课程化，将京剧、书法、剪纸、篆刻、龙狮舞等蕴含传统文化精神的艺术与技艺，纳入校本课程，送进课堂、确保课时，由专职教师授课。2. 重视“非遗”传承，以区内曾庄大鼓、去碑营风秧歌等非物质文化遗产资源为依托，定位学校发展特色，引导学生个性培养，扩大“非遗”影响。3. 强化汉字教学，举办识字教学现场课，鼓励字源识字教学法。以赛代练，区内26所初中校初二年级的5700余名学生以集体听写方式参加第二届中国汉字听写大会顺义区初赛。 （徐振阳）

教育研究

【建新校区探求有效教研】 2月起，东风小学教育集团建新校区探求有效教研。一是聘请10位在班级管理、课堂教学和家校沟通方面经验丰富的教师组织定期讲座；二是利用单周教研活动开展大组教研，组织主题交流研讨；三是在教师“经验乐分享”例会时间展示优秀教研活动；四是抓住校外、校内培训机会，通过教研中心网络研修平台学习交流；五是及时总结经验举办区级主题教研活动。 （吕 婷）

【召开“十二五”中期教育科研总结表彰暨新学期科研工作会】 2月20日，顺义区“十二五”中期教育科研总结表彰暨新学期科研工作会在区考研中心举行。大会表彰中期教育科研项目近500项，其中一等奖90项，二等奖180项；邀请北京第二实验小学副校长华应龙作学术报告；汇报“十二五”期间教育科研开展情况，部署新学期工作；3名基层科研干部代表作典型发言。区教育学会常务理事、会员代表及中小学、幼儿园、职业学校科研负责人近300人参加。 （张红梅）

【区级语文教研活动在东风小学举行】 3月13日，顺义区五年级“学案导学，落实批注，

提高阅读实效”语文教研活动在东风小学举行。活动分三部分进行。一是现场展示课，由东风小学教师张小花执教《在炮兵的阵地上》，课后进行自评和互动研讨；二是东风小学高年级语文团队进行校本教研展示，该团队教师从研读文本出发、注重学法落实，从质量监控阅读中的问题出发，从课前备课入手进行课堂实施，从阅读的五大要素切入研读文本到聚焦语文阅读能力培养，从课后评

课反观课堂实效，形成了点面结合纵深发展的校本教研策略；三是评课与讲座，教研员结合展示课进行了画龙点睛的方法引领，最后作《把握教材，落实训练，追求实效》专题讲座。区小学教研室教研员、各校主管教学领导及全区五年级语文任课教师共计100余人参加。（于有民）

【组织小学课程负责人走进育英小学】 4月17日，区课程研究室组织全区小学课程负责人走进北京市育英学校（小学部）学习。与

会人员听取育英学校以“国家课程校本化推进与实施”为切入点的情况介绍，通过参观校园、课堂观摩、听教研组工作典型介绍和学校课程整体建设四个维度的课题建设汇报，参会者就学科课程整合、开发及国家课程校本化实施等方面的内容及困惑，分别与学校领导、学科教研组长进行有针对性的互动交流。培训学习使各校课程负责人明确了国家课程校本化实施与推进的重要性，同时也开阔了视野，打开了学校推进课程校本化实施的思路。区教委小教科、教研中心小教研相关领导及各小学课程负责人等50余人参加活动。该活动为学校课程建设系列培训内容之一。（王沛慧　张红梅）

【区级语文研究课暨“组学悦享”教研活动展示在马坡中小举行】 4月22日，顺义区四年级语文研究课暨马坡中小的“组学悦享”教研活动在马坡中小举行。来自全区各小学的语文骨干教师60余人参加此次活动。活动

分为两部分进行：区级研究课和马坡中小校本教研展示。首先，来自马坡中小的李金梅老师和东风小学的李珺然老师分别上了《西门豹》和《天鹅》两节课；课后马坡中小“组学悦享”教研活动进行展示，教研组成员从小组组建、小组文化、小组评价等多角度谈了课堂教学中小组学习的优势；最后，语文教研员魏淑媛与听课教师们针对两节语文课从注重语文能力的培养、阅读教学中加强对默读的指导、尊重学生个体体验等问题进行了交流研讨与评价。（张春菊）

【承办吴正宪儿童数学思想推广研究项目展示活动】 5月16日，顺义区吴正宪儿童数学思想推广研究基地项目展示活动在河南村中小举行。与会人员听取学校作《“小老师课

堂”我们在建设中》主题报告；教师王佳明作数学第10册《探索规律（三）》现场课；石园集团数学教师研修团队围绕“学习方案的制定”进行了现场教研。最后吴老师和教

研团队进行有针对性的研讨。活动推动了学校“小老师课堂实践研究”的发展，进一步更新了教师观念，使与会领导教师感受到课堂教学改革的魅力所在。北京教科院基教研中心特级教师吴正宪，顺义区考研中心副主任李广生，小学数学教研室全体教研员以及顺义区各小学近百名干部教师参加活动。

（杨小侠）

【顺义区“围绕核心概念组织教学研究课”在建新小学举行】 5月23日，顺义区“围绕核心概念组织教学研究课”在建新小学举行。

北京教育学院教授孟令红和顺义区考研中心科学教研室教研员高晓颖参加研究活动。活动中，该校于欣颖、马坡小学李霞两位教师分别进行了现场课和录像课展示。两位教师针对学生的认知水平和实验能力，均为学生准备了紧扣本课学习内容的观察探究材料。孟教授对两节课进行了点评：指出“教师的科学素养很高，通过生动的讲解、巧妙的设计、充分的材料准备引导学生亲自发现，主动探究，获取科学知识，极大地调动了孩子们的学习积极性”。课后，大家针对教学活动设计和课堂上的生成进行了研讨。

（吕　婷）

【少年宫召开课题成果征集研讨会】 10月11日，《顺义区青少年科技艺术拔尖创新人才早期培养的机制与模式研究》课题研究成果征集研讨会在少年宫召开，10个课题项目校主管教科研的领导参加会议。会议肯定课题组成员校前一阶段的工作，强调课题成果一定要反映工作实际，要做真做实，要全面细致，既是对前一时期工作的总结和提炼，又是对今后工作的梳理和提升。

（贾立新）

【顺义区四年级语文研究课和案例研讨活动在建新小学举行】 10月16日，顺义区四年级语文研究课和案例研讨活动在建新小学举行。

本次活动面向的是全区从教五年以下青年教师。活动中李桥中小肖启荣老师和建新小学闫萌老师分别执教了《麻雀》和《五彩池》语文课。两位青年教师的课堂分别突出了字源识字和拓展阅读的教学。课后教研员魏淑媛引领青年教师进行了课例研讨和案例分析。老师们在评课的过程中对两节课提出了中肯建议，并且对语文课时分配和一二课时衔接进行了进一步研讨。

（武　宁）

【石园小学承办区小学数学“有效设问”研究活动】 10月21日，顺义区小学数学“有效设问”研究活动在石园小学举行。听课环

节，由石园小学刘丽杰、后沙峪中小秦景分别执教《编码》《数量关系》两课。二位教师的课堂设计重在以学生为主，通过教师的有效设问、引导，启发学生观察、比较、猜测、探究，从而发现、掌握数学知识。两节课从教案设计到教学引领，处处体现“有效”的教学思想，挖掘了学生的巨大潜能。双兴小学庞莲就《等量代换》一课为大家说课，意在让学生通过学习经历感悟等量代换，从中提炼出解决问题的方法。课后，全体听课教师展开讨论，充分肯定这三节课的成功之处，也提出建设性意见，并分享了各自“有效设问”方面的经验。该项活动将有力提升教师的专业水平和教学能力。区考研中心小数组教研员、各小学数学教师近50人参加活动

（张　梅）

【城乡“同课异构”名师大讲堂活动在建新小学举行】 10至11月，建新小学联合北京史

家小学先后进行“同课异构”名师大讲堂活动。10月23日，进行科学学科的同课异构活动。活动以“围绕核心概念”组织教学。首先，建新小学于欣颖、史家小学李晶两位老师分别进行现场说课、做课的展示。随后，区小学教研室主任杨树华结合两节课对“小学科学课堂为什么要围绕核心概念组织教学？怎样才能围绕核心概念组织教学？如何围绕核心概念为学生搭建脚手架以及搭建的时机和呈现方式？”等问题进行了讲解。科学教研员高晓颖老师和50多名科学老师参加活动。10月28日，进行了品德与生活学科的同课异构活动。建新小学金志华和史家小学的李维两位老师分别执教《节约用水》一课。史家小学主任郭志滨结合两节课的特点，围绕“学生个性化作业的指导与设计”作了讲座，其中列举了很多史家小学教学中的具体做法。参加活动的有区教研中心教研员闫玉华及来自全区各校的学科任课教师40余人。11月20日，开展主题为“在阅读教学中提高‘一带一’阅读效益”的名师大讲堂活动。活动中建新小学青年教师李珺然和史家小学翟玉红老师分别执教了《美丽的北海公园》一课。两位教师的课堂均突出了“一带一”组合阅读，在引领学生品读感悟的过程中，训练了孩子学语文用语文的能力。课后，史家小学吴金彦老师围绕“一带一”阅读教学这一主题进行讲座。教研员杨雪莲老师在活动点评中指出：“要倡导老师们把课外阅读向课内引入，扩大学生阅读量，提高学生自主阅读的能力。”顺义区教研中心副主任李广生、孔凡艳和杨雪莲、魏淑媛、闫兴河三位教研员参加此次活动。

（武　宁　吕　婷　刘英华）

【区生本教育专题研讨活动在高丽营学校举行】 11月19日，顺义区生本教育专题研讨活动在高丽营学校举行。与会人员听取高丽

营学校钟素香、唐建新和王砚村上的语文、数学、英语课和张镇中小张海上的品德与生活课。四节生本课均体现前置性学习——小组交流——班级汇报——总结巩固四个基本

流程，遵循根本、简单、开放的原则，引领学生放飞思维。课后教科室主任陈慧明作《关于生本教育的学习和思考》主题交流，解读生本教育的基本理念，介绍生本课堂教学基本操作方法，以及践行生本教育典范荆志强老师的课改经验，让与会领导老师感知生本课堂的魅力。此次研讨活动，旨在引领教师树立生本教育理念，推动全区生本教育的研究与实践。区教委副主任张海东、考研中心主任张海出席，全区各小学领导和教师100余人参加。（贾凤兰　许冬梅）

【召开中小学“一师一课堂、一课一名师”活动启动会】 11月下旬，顺义区2014年度中小学“一师一课堂、一课一名师”活动启动会在教育研究考试中心召开。启动会上，考研中心副主任李广生作活动安排说明，要求每一位任课教师都要进行注册晒课活动，力争贡献出优质课；每位教研员都要注册建立教研工作室。辅导教师孔建斌具体讲解和示范操作方法。区教委副主任张海东强调：各校要从未来教育发展和对学生负责的高度认识此项工作的重要性，教研部门及学校要做好引领与服务。全区中小学主管教学领导、网管教师和学科教研员共200余人参加会议。（王志良）

【北京市语文教学与现代化第二届年会在东风教育集团召开】 12月22至23日，北京市

语文教学与现代化第二届年会在东风小学教育集团召开。活动安排四大板块：以《语用观指导下的小学语文课堂实践探微》为主题的专题报告；四大论坛汇聚名师的识字、阅读、写作、语文现代化研讨；展现教师基本功的语文素养竞赛；六位教师精彩的说课展示。最后大会公布年会获奖名单并颁发奖状。年会的召开，体现了语文教学与现代化的完美结合。首师大初等教育学院院长王智秋、语言大学教授博士生导师张维佳、顺义区教委主任刘克祥、顺义区人民政府教育督导室主任李卫国、顺义区教育研究考试中心主任张海、及来自全市各区县领导、教师350余人参加此次活动。（于有民）

【举办“组团教育资源共享机制”课题研讨】 12月24日，石园小学召开“组团校间学科教育资源共享机制的研究”区级课题研讨会。

集团校长李冬红致辞；随后，与会人员听取石园小学教科室刘晓霞作《课题前期调研分析》及教科研主任朱秀芹作《加强机制建设，促组团校间资源共享》课题进展情况汇报；与会人员观摩张冬霞、孙文颖、苏静三位老师分别执教的三年级语文《登上企鹅岛》、四年级数学《商不变的性质》及一年级音乐《动物说话》，课后进行研讨交流。市基教研中心主任贾美华作精彩点评，认为该课题带动研究，站位高——有利于教师专业成长；看得远——形成人力资源、学习资源、学科资源等共建共享机制；落得实——教师在课堂上能关注学生学习，注重点拨。区教工委副书记张海东肯定石园小学“课题带动研究”做法，希望石园小学教育集团成为顺义的“史家小学”。区教研中心副主任

李广生、区教委小教科、区教研中心教科室成员及全区各小学相关领导近百人参加活动。（张　梅）

教学管理

【各小学召开多种形式工作会】　2月下旬，顺义区各小学召开多种形式工作会，明确学期目标。一是质量分析类。如木林中小召开质量分析会，引领教师寻找差距、明确方向。二是新学期规划类。如北务中小部署新学期工作，组织教师观看美国教育片。三是业务培训类。如顺义一中附属小学组织教师聆听儿童阅读专家王林博士的“儿童绘本阅读”讲座。（王艳霞）

【区低年级语文“明确目标、有效达标的策略研究”活动在东风小学举行】　3月5日，顺义区小学低年级语文“明确目标、有效达

标的策略研究”活动在建新小学举行。会上，教研员苏静林结合精彩课例解读了教学目标的准确制定和有效落实的策略。建新小学的王秋梅、路亚芹老师和木林中小的苏萌老师分别从中观和微观的角度（单元备课指导、识字教学与阅读教学的训练）进行了解说，阐释了“有效达标”的策略。几位教师就“如何准确制定目标、精心设计教学环节”的问题与参会教师进行了交流。（武　宁）

【举办项目校专题培训】　3月23日，北师大教改合作项目在顺义第十一中学报告厅举行“学校中层干部领导力和执行力”提升培训。东城区广渠门中学副校长和北师大附中副校长分别围绕《构建生态校园，塑造优质生命》和《课堂教学的思考与实践——管窥学校教学管理》两个主题作专题报告。北师大教育管理学院院长鲍传友对全年教改合作项目工作进行部署。全区中小学校长、主管德育和教学工作领导、项目核心组教师200余人参加。（贾立新）

【区小学综合实践活动研讨会在东风小学举行】　4月16日，顺义区小学综合实践活动“三阶段六课型”研讨会在东风小学举行。活

动分为三部分。首先，由东风小学教师张金玲执教《走进中学》选题指导课；接着，全体教师互动交流，参与讨论的教师充分肯定东风教师们的研究成果，对教师的大胆创新给予高度评价；最后，区级学科带头人徐晓芳结合“综合实践活动教学指南”作《在综合实践活动准备阶段教师如何进行指导》的经验介绍，对教师如何指导学生提出问题、确定主题和制定活动计划等三方面进行深入浅出的讲解，与会教师受益匪浅。区考研中心教研员张景林及全区综合实践活动教师共计50余人参加。（于有民）

【张镇中学多举措做好毕业年级工作】　5至6月，张镇中学多举措做好毕业年级工作。1. 加强安全稳定管理。抓实遵规守纪教育，开展“尊师爱校、留下靓影”活动，树立毕业生好形象。2. 加强学生心理疏导。年级主任、班主任和学科教师缓解学生考前焦虑情

绪，提升学生自信。3. 提高课堂教学效率。多次召开单科质量分析会，寻求科学方法；强化集体备课，实施分层教学。4. 实行个性化辅导。作业分层布置、学生分层辅导，特别学生实行个体辅导。 **（陈爽秋）**

【举办顺义区教学目标制定与落实暨青年教师专业发展培训】 10月22日，顺义一中附小主办“顺义区教学目标制定与落实暨青年教师专业发展培训”活动。活动分为三

个板块：首先由顺一附小一年级李萌老师和贾晗老师分别执教《小彩笔》《十个朋友》；接着由刘秀清副校长和一年级五位老师共同开展校本研究；最后由教研员苏老师组织参训老师进行互动研讨。此次活动是该校一年级组系列校本教研活动的展示。活动的开展是师生心灵的碰撞，智慧的交织，老师们在研讨交流中得到了成长。参加活动的有全区五年级以下青年教师及中心组骨干教师。 **（刘秀清）**

德育工作

概　　况

全区学生道德素养进一步夯实。以少先队建队65周年为契机，加强少年儿童理想信念教育，开展“红领巾相约中国梦”主题队日、“每日升国旗”等系列活动。其他重要活动还有：“北京少年孝心榜样”评选活动，推选出40名北京少年孝心榜样；“社区文明小使者”志愿服务活动，评选出428名五星级优秀社区文明小使者；组织中学生“个人自由与社会公德”主题演讲比赛；举办全区“彩虹诵读”大赛，39个中、小、幼代表队参加决赛，优秀传统文化教育得到强化。

德育管理

【顺义十三中“阳光之声”校园广播站开播】 3月3日，顺义十三中“阳光之声”校园广播站开播。“阳光之声”校园广播站由该校学生

发展中心发起组织，各班的广播小组轮流具体负责。广播小组由组长、通讯员、两名播音员组成。组长全面负责稿件设定和播放工作，并做好相关记录；通讯员负责本班稿件撰写、收集和编辑；播音员负责播音工作。广播时段为每周一至周五中午11：50—12：10。共设五个栏目：《历史上的今天》，介绍历史上的今天发生的大事、趣事；《新闻直通车》，反映校园生活新动态、学校（班级）管理新举措，以及一些优秀班级师生的精神面貌；《先锋人物榜》，介绍校园内的好人好事；《文学大观园》，推荐师生优秀习作，介绍优秀学生学习方法、技巧；《校园音乐盒》，播出励志歌曲和校园歌曲，不定期由师生现场演唱。 **（王继红　杨　华）**

【港馨校区四举措加强文明礼仪教育】 3月起，石园小学教育集团港馨校区四举措加强

文明礼仪教育。一是营造氛围知礼仪。校园铃声设为文明礼仪歌曲，红领巾广播站每周播放文明礼仪歌曲，要求每人至少学会一首礼仪歌。二是树立榜样学礼仪。学校小记者团每天抓拍校园内好人好事，在橱窗或电子屏展示。三是教师示范引礼仪。每位教师要做学生表率，校园里经常看到教师率先垂范镜头。三是举行竞赛比礼仪。学校定期举行文明礼仪手抄报、文明班级评选活动。

（高艳玲）

【张镇中小“好声音”汇聚正能量】 年内，

张镇中小校园广播“好声音”汇聚正能量。内容共分四个栏目：《校园直通车》，根据学校周计划开展主题教育；《心灵驿站》，分享学习生活中的感受；《书海拾贝》，介绍一本好书；《“张小”好声音》，分为亮点播报和特长展示两部分，其中“亮点播报”宣传师生好人好事，“特长展示”为学生搭建展示平台，包括演唱、朗诵、快板等适合广播演出的艺术形式。各栏目面向全校同学征稿。该广播于2013年推出，每周三下午第三节课开播，每期20分钟，4至6年级每班轮流负责广播任务。

（陈亚梅）

【顺义区加强核心价值观教育】 年内，顺义区教育系统加强核心价值观教育。1. 全方位动员。区教委、教育工委出台具体实施意见，确保10余万师生应知尽知；抓好国庆节、国家公祭日等重要时间节点的教育契机，开展宣教活动。2. 注重针对性。不同学段采取不同教育方式，通过创编童谣、举办讲座、召开主题演讲比赛、情景剧表演等方式，促进学生内化核心价值观理念；组织干部教师参加核心价值观教育行动研究培训。3. 坚持实践引领。开展“做文明有礼顺义人”、诚信签名等活动，布置“我当一天家”等亲情作业，尝试无人监考诚信考试，鼓励有条件学校进行生态环境调研，同时，积极筹划假期主题活动安排。

（徐振阳）

德育活动

【各校开学典礼主题鲜明】 2月下旬，顺义

区各校开学典礼主题鲜明。一是表彰类。顺义十三中、马坡中小、仇店中小表彰上学期在各级各类活动中取得优异成绩的同学。二是文明礼仪类。东风小学教育集团仓上校区

开展文明礼仪教育，第二届“感动东风校园人物”获奖师生分别发言。三是读书类。东风小学教育集团裕龙校区发出“多读书、读好书”倡议，开展学生间好书互换活动。四是行为规范类。北石槽中小加强日常行为规范教育，表彰2013年度“校级骄傲人物”。五是寄语类。李桥中小为学生送寄语，组织师生聆听校园“幸运之星”故事。五是家校协调类。特教学校以“左手拉右手，携手向前走”为主题，邀请家长介绍孩子假期在家里的康复情况。 （王艳霞）

【沙岭学校加入顺义区燕山文化协会揭牌仪式举行】 3月10日，沙岭学校加入燕山文化

协会揭牌仪式在学校广场举行。首先，主持人赵喜堂宣布顺义区燕山文化协会会员单位沙岭学校揭牌仪式开始，燕山文化协会会长杨国礼、名誉会长爱新觉罗恒毅等步入会场。杨国礼致辞，爱新觉罗恒毅向校长颁发证书、铜牌和徽章。之后，毕业生代表史少雨以亲身经历给学生上了一堂生动的人生理想之课。最后，顺义作协会员李宝忠为师生做精彩的《我骄傲，我是中国人》朗诵。该活动，极大推动了沙岭学校文化氛围的形成和多项活动的开展 （高红伶）

【张镇中学开办师生开心农场】 3月，张镇中学开办师生开心农场。1. 耕作平台。在学校花园内开辟5块空地，在教师带领下，各班分别设计出有机绿色耕种项目，增强环保意识。2. 科技平台。生物老师和种植教师每周为学生做农耕科技教育培训。3. 德育平台。以耕地为载体，定期在学生中开展珍爱劳动

成果的德育活动。4. 实践共享平台。秋后将农耕果实分配到个人和食堂，共享劳动成果。 （陈爽秋）

【召开家校协同教育工作暨家长教师协会专题培训大会】 5月22日，顺义区德育研究室联合中小教科在教育研究考试中心召开顺义区中小学校家校协同教育工作暨家长教师协会专题培训大会。会上，德育研究室教研员皮丽芳介绍近几年来全区家校协同教育工作进展情况和后续工作要求。仇店小学德育副校长赵艳以《拓宽家校协同途径 提高学校德育实效》为题，介绍了学校在家校合作方面的经验。北京市家长教师协会项目执行负责人赵澜波老师围绕家校协同组织建设与职能作用发挥等方面作了讲座。中教科科长张旭东在肯定该项目工作的同时，表示行政会进一步关注和支持此项工作。全区中小学德育干部等150人参加。 （赵晓梅 张红梅）

【开学典礼上好开学第一课】 9月1日，顺义区各单位举行开学典礼上好开学第一课。高丽营学校以“百善孝为先”为主题，教育学生懂感恩知回报。东风小学教育集团本部组织教师代表、家长代表寄语学生：做诚实、勤奋、自信、有责任、懂感恩的东风人。西辛小学教育集团东校区举行“入学礼”，新生家长陪孩子走过“成长门”，并宣读成长宣言。后沙峪中小邀请驻地部队武警官兵举行升旗仪式，演示部队操练内容。东风小学教育集团建新校区邀请防空三团的解放军战士现场进行队列和军体拳表演。牛山一小高年级同学为新生赠送祝福卡，教师代表为新同学送上象征智慧的“金钥匙”。杨镇中小启动

“争星逐梦”成长档案记录活动。龙湾屯中小启动“三爱三节”活动，发出“爱学习、爱劳动、爱祖国；节水、节电、节粮”倡议，师生现场签名。（徐振阳）

【仁和中学多举措学习践行核心价值观】 9月起，仁和中学多举措组织师生学习践行社会主义核心价值观。1. 开展手抄报评比。学生全员学习社会主义核心价值观知识，绘制手抄报，优秀作品在宣传栏中展示。2. 开展“弘扬核心价值　传承中华文明”经典诵读美文大赛，配以刺绣、书法、弹奏等传统文化内容的表演。3. 开展践行社会主义核心价值观主题演讲，经班级初赛、校级决赛，推选优秀选手参加区级比赛。（宋永玉）

【板桥中小开学初多举措抓养成教育】 9月，板桥中小开学初多举措抓养成教育。一是借助开学典礼组织学生开展军事化训练。二是强化路队制，每天利用20分钟组织学生进行路队练习，熟悉校内行走路线。三是“红领巾”检查小组上岗，监督、提醒学生课间活动和文明礼仪。（张　晶）

【区培育和践行社会主义核心价值观专题推进会在顺义九中举行】 12月19日，区中学生培育和践行社会主义核心价值观专题推进会在顺义九中举行。该校作为项目实验校，展示了“践行社会主义核心价值观，做传递‘正能量’的使者”等四节主题班会课，举办了“社会主义核心价值观与校园篮球文化之我见”等两场主题讲座，学生自主管理委员会策划和组织“蝶舞杯”主持人大赛、为核心价值观代言等系列活动。市教委基教一处、北师大公民与道德教育研究中心及区教委领导出席，全区中学德育校长、班主任代表、任课教师代表共计90人参加。（单德芳　李海军）

【北小营中小多形式加强传统文化教育】 年内，北小营中小多形式加强传统文化教育。低年级学生以绘画形式绘出最喜欢的宗亲名人，用最喜欢的字体写名人介绍；中年级办家族名人手抄报，小组合作编辑完成；高年级学生开展家族名人演讲比赛、撰写家族名人调查报告。学校将学生作品汇编成册，出版《我的家族我自豪》教育活动成果集。（田红林）

【开展唱响新童谣活动】 年内，顺义区教育系统开展“唱响新童谣——弘扬和践行社会主义核心价值观”活动。创编和传唱新童谣是培育和践行社会主义核心价值观很好的教育形式，学生在创编中理解了社会主义核心价值观的内涵，明确了社会主义核心价值观的基本要求。经层层筛选全区共择优上交市里优秀童谣100篇，其中双兴小学陈祎同学的《诚信歌》入选北京市新童谣宣传册（全市共19首）。（沈浩发）

队伍建设

【参加市班主任基本功展示活动】 3月28

日，北京市第二届班主任基本功决赛展示活动在北京市黄城根小学举行。顺义区小学5名教师参加情境问答、教育魅力展示以及主题班会说课展示。最后三人获一等奖，二人获三等奖。通过展示展现了顺义区班主任的风采，促进了全区班主任专业能力的提高。（沈浩发）

【召开推行课外活动计划实施细则动员大会】 3月29日，顺义区教委召开推行课外活动计划实施细则动员大会。会上区教委副主任王彪解读《顺义区义务教育阶段中小学校推行

课外活动计划实施细则》，要求各个学校制定各自方案，组建学校领导小组，切实落实方案，有效开展课外活动，使每个学生掌握2项体育和1项艺术技能，培养学生体育、艺术、科技素质。全区中小学各单位主管领导及教师代表200余人参加。（刘美坤）

【第四届“杨镇一中杯”全国班主任高峰论坛举行】 11月13至14日，第四届“杨镇一

中杯”全国班主任高峰论坛在杨镇一中举行。大会邀请特级教师魏书生作《学校管理的民主化与科学化班主任队伍建设》和《如何当好班主任》专场报告。仁和中学陈水连、杨镇一中樊晓龙、北京四中分校韩亚茹、吉林省通榆县第七中学徐晓明和龙湾屯中小解建影、芜湖师范附属小学席绪岚等6位老师，在各分组中进行班主任工作交流和学习汇报。广渠门中学高金英老师、垂杨柳小学郑丹娜老师分别作《全面提高自身素质，做好新时期班主任工作》《全接纳，慢引导》主题报告。大会展示了杨镇一中第七届班主任节活动，表彰了顺义区在北京市第二届班主任基本功大赛中获奖教师、指导教师和集体优秀组织奖。区教委有关领导出席，来自北京、辽宁、吉林、安徽、河北等省市的教育专家、中小学优秀班主任共计400余人参加。

（单德芳　金　英）

三结合教育

【明德小学第一期家校报正式出版】 4月1日，明德小学第一期家校报《明德月报》正式出版。家校报共分五大板块：《多彩校园》，展示学校本月大型活动；《家教论坛》，刊登家教知识；红领巾舞台，展示学生风采、优秀文章等；《魅力教师》，每期介绍一名优秀教师；《简讯》，刊登本月教师、学生获奖情况。《明德月报》附有电子邮箱地址，家长可对学校工作、活动提出建议，学校定期回复。

（于建宇）

【仇店中小举办家长志愿者活动】 6月18日，仇店中小举办家长志愿者活动。此前，

学校制定了家长志愿者活动方案，家长报名参与。志愿者在不同岗位发挥作用：上学时在校门口迎接学生，放学时帮助维持学生过马路秩序；与学生一起听课；课间组织学生整理班务，或是在楼道、连廊、操场巡视；课外活动和学生一起投篮、跳“8”字长绳等。

（郑连霞）

【召开家校协同现场会】 11月19日，由北京教育科学研究院德育研究中心、顺义区教委、教研考试中心德育研究室联合主办，顺义区仇家店中心小学承办的北京市教委委托项目“国家体制改革背景下构建

家长教师协会运行机制”的主题研讨会在仇家店中心小学校召开。研讨会以“家长教师协会与提高学校办学软实力”为主题，分两个阶段进行。第一阶段，开设四个分会场，分别是两个家长教师协会会议，主题是“我的梦想谁来实现”“学生要不要在家里承担家务”；一个家长会，主题是“如何控制学生的肥胖”；一节家长讲堂。第二阶段由仇家店中小校长侯立坤从提高学校办学软实力的角度介绍本校家校合作，尤其是家长教师协会的推进历程；德育主任赵艳、班主任教师、家长代表和学生代表分别作了经验介绍。会议主持人北京教科院德育研究中心教研员赵澜波点评中对仇家店中小以办人民满意的学校为出发点，家长教师协会为平台，家校携手共同服务于学生健康成长的研究与实践给予肯定。首都师范大学蓝维教授对项目推进和学校工作进行点评，认为仇家店中小的家校协同教育是有基础的研究、有问题的意识、有清晰的思路、有过程的研究成果。此次研讨会，展示了该课题在顺义区取得的阶段研究成果，为其他区县下一阶段的工作推进提供了借鉴。北京教科院德育研究中心教研员冷雪玲、顺义区教委副主任张海东、小教科科长王桂英等领导、各区县德育领导及项目实验校教师150余人参加。

（沈浩发）

【开展“争当社区文明小使者”活动】 年内，顺义区教育系统开展“快乐假期——争当社区文明小使者”主题教育实践活动。活动主旨是：动员学生参与“社区小楼门长”“文明小宣传员”“文明小引导员”“环保小卫士”“爱心小使者”“家庭小孝星”等“六小”实践活动，争做树立和践行社会主义核心价值观的模范少年。期间还开展APEC知识宣传，组织“小手拉大手，当好东道主”——北京市中小学生“迎接APEC北京人精彩”有奖征文活动等。共评选出428名五星级优秀社区文明小使者并进行表彰，活动的开展加强了学生对社会主义核心价值观的理解。全区40余所小学全部参与。

（沈浩发）

法制教育

【开展法律知识竞赛活动成绩突出】 10月，顺义区教委开展由市教工委、市教委组织的

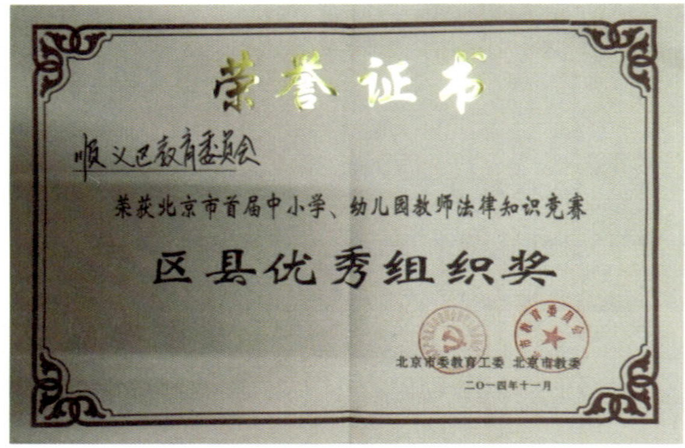
荣誉证书

顺义区教育委员会

荣获北京市首届中小学、幼儿园教师法律知识竞赛

区县优秀组织奖

北京市委教育工委 北京市教委

二〇一四年十一月

北京市首届中小学、幼儿园教师法律知识竞赛活动。顺义区参与率达到90%以上，85%的教师达到优秀等次，两名教师获北京市优秀选手奖，后沙峪中小、北小营幼儿园获北京市学校优秀组织奖，顺义教委获区县优秀组织奖。

（辛郝新）

【组织参加模拟法庭成绩显著】 10月，顺义区参加市教工委、市教委组织的北京市中

小学模拟法庭教育优秀课例征集活动成绩显著。顺义区选送10件作品，获奖率为100%，其中3件作品获一等奖，4件作品获二等奖，3件作品获三等奖。（辛郝新）

【开展法制文艺作品征集活动】 11月，北京音乐舞蹈学校选送的作品《替我叫一声妈

妈》，荣获北京市教委和北京市司法局举办的第二届青少年法制文艺大赛一等奖，并参加市司法局组织的展演活动。顺义区教委获优秀组织奖。（辛郝新）

【市中小学毒品预防专题教育培训交流活动在牛栏山一中举行】 11月28日，2014年度北京市中小学毒品预防专题教育培训交流活动在牛栏山一中举行。市教委副主任付志峰指出：要深刻认识禁毒工作的必要性和艰巨性，切实增强毒品预防教育的责任感和使命感；毒品预防教育是落实立德树人根本任务的重要组成部分，要大力培养学生向上、向善的优良品格，杜绝毒品对青少年健康成长的危害；各教育行政部门要紧紧围绕教育部中小学毒品预防教育专题纲要，做好工作落实和实施途径的有效探索，整合教育资源，形成强大的工作合力。牛栏山一中教师迟凤云展示观摩课，学生通过展板讲解、网络演示、情景剧表演等方式理解毒品预防知识；顺义二中教师张彦琼、天竺中学教师王秀红采取说课形式，展示毒品预防教育成效。区教委、牛栏山一中分别从区域和学校层面作典型发言。与会领导为2014年度毒品预防专题教育优秀教学课例获奖教师代表颁发奖状。市禁毒办常务副主任柳毅，区教工委书记冯义国等领导出席，市教委、市禁毒办、北京教育科学研究院、各区县教委相关负责人，部分中小学代表及媒体记者参加。（单德芳）

心理健康教育

【举办区级心理学科研讨活动】 4月10日，沿河中学承办区级心理学科研讨活动。教师

张立存作心理学科研究课，区心理中心组教师参与听评课。来自全区10多所学校的心理学教师参加了此次研究活动。（丰振生）

【区小学心理健康教育主题研讨会在杨镇中小举行】 6月6日，顺义区小学心理健康教育主题研讨会在杨镇中心小学举行。与会人员听取该校作《培育积极心理，成就活力人生》主题报告；观看学校校本课程展示；观摩4名教师的心理健康、语文渗透、数学渗透及体验式班会研究课，4节研究课充分凸现心理教育的课型特点，体现积极语言在课堂中的作用。

北京教科院德育心理研究中心白玉萍教授，教育部中小学积极心理品质调查研究课题组组长陈虹博士，区考研中心副主任李广生及心理教研室相关人员，全区小学主管心理工作干部、教师共计80余人参加研讨会。一直以来，杨镇中小借活力教育培育师生积极心理。一是构建活力课程体系，绽放生命潜能。制定三级课程实施策略，形成“以5带N”的课程体系，围绕艺术、科技等五种核心素养，开发了五大类40门校本课程。二是创建活力课堂，彰显生命活力。将游戏、分组研究讨论等形式引进课堂；规定教师使用激励性评价用语，帮助学生建立快乐向上的学习小组。三是构建积极环境，促进自主发展。设置竞聘海报区、国学精品区、读书文化区、校史文化区等十余个展示区，展示师生多方面特长，促进师生共同发展。

（孙志杰）

社会大课堂

【河北村民俗园被授予区社会大课堂资源单位】 10月14日，顺义区中小学生社会大课堂资源单位授牌仪式在河北村民俗园举行。顺义区教委副主任张海东代表区大课堂办公室为河北村民俗园颁发“顺义区中小学生社会大课堂资源单位”铜牌，区少先队总队辅导员为河北村党支部书记颁发“少先队校外辅导员”证书。河北村民俗园是以传承民间民俗文化为主题，以弘扬民族精神为主旨，通过爱国主义教育、法治教育、中华传统道德教育、民俗文化教育，让学生在潜移默化中领会中华传统文化，塑造学生正确的人生观，进而培育中小学生的社会主义核心价值观，是一个集传统教育、体验拓展、休闲娱乐为一体的田园体验式游览场所。北京市社会大课堂办公室副主任高付元、顺义区教委副主任张海东等领导和千余名师生参加授牌仪式。顺义区为进一步提高大课堂实效性，采取措施深入推进中小学综合素质提升工程。一是依据《顺义区中小学生综合素质提升工程项目管理办法》，在充分调研的基础上，执行师生对资源单位的评价制度，提高资源单位的服务质量。二是引导各校利用资源单位的教育元素充分发挥学生的潜力，激发求知欲，培养实践能力、创造精神和团队精神，全面提高学生的综合素质。

（沈浩发）

彩虹读书行动

【光明小学细化图书管理】 3月起，光明小学细化图书管理，深化读书活动。1. 新书快递。在教室及班级展示栏，张贴新书介绍，制作宣传图片。2. 集中推荐。根据年级划分不同类型新书展示区，宣传推介图书。向低年级学生推荐中外名著（简写版）、科普读物、童话、寓言等，向中高年级学生推荐中外经典作品、名人传记、散文、杂文、诗词等。3. 开放阅读。各楼层摆设开放书架，方便学生课间阅读。

（谢桐良）

【马坡二小多举措引领师生阅读】 3月起，马坡二小多举措引领师生阅读。1. 购置图书。依据教师需要和学生兴趣，增配图书700余

册。2. 增设阅读空间。开设教师图书阅览室，提供多种图书、杂志和报刊；加强对学生室内图书架、室外立体书箱和读书廊的管理。3. 安排集中阅读时间。早、午自习和周三下午的第三节课，为全校师生集体阅读时间。

（庞红丽）

【开展神尔国学听读机捐赠活动】 4 月 17 日，由教育部关心下一代工作委员会、中国

下一代教育基金会、爱心企业深圳市神尔科技有限公司共同举办的“中华颂·中国梦”国学经典教育工程暨神尔国学听读机万校万园捐赠活动启动仪式在顺义区十一中学举行。活动旨在帮助中国一万所学校开展国学经典教育。神尔科技代表唐迈通过中国关心下一代教育基金会向顺义区幼儿园、小学及部分中学捐赠200台神尔国学经典听读机和配套的国学经典诵读丛书。该活动以经典国学为载体，德育为目的，按照“国学经典育魂、经典音乐润心、德育故事明志”的宗旨，加深儿童、青少年的文化底蕴，提高道德修养，树立正确人生观和价值观。顺义区近200所中小学和幼儿园代表现场聆听《穷养、富养，都不如教养》主题报告。牛栏山一中学生刘悦在捐赠启动仪式上发言，讲述从小接受国学经典文化熏陶给自己成长带来的巨大变化。教育部关心下一代工作委员会常务副主任、中国下一代教育基金会副理事长孙成华在启动仪式上发表讲话，赞扬神尔科技勇于承担社会责任、积极奉献社会的行为。中国关心下一代教育基金会副秘书长文若鹏，北京教育系统关工委副主任线长久，顺义区教委副主任张海东，《中国德育》杂志社社长助理温建锋等出席；顺义区的中小学和幼儿园代表200多人参加启动仪式。

（沈浩发）

【杨镇二中举办中国梦系列读书演讲比赛】 6月19日，杨镇二中团总支牵头举办“中国

梦”系列读书演讲比赛。这是继“中国梦”主题校会之后的又一大型“中国梦”系列活动。活动主题是“读书，为精神打底，为人生奠基”。活动历时一个半月，覆盖了全体初一、初二学生。该活动先由班级推举选手到年级，年级再经过复选、培训，各推荐6名选手参加校级演讲比赛。聘请“中国梦”青少年读书活动指导中心张政勤担任评委。在决赛现场，选手们通过激情洋溢的演讲并配以生动的幻灯片和音乐，将自己与书结缘、追求梦想的经历娓娓道来，打动了现场每位师生。最终，初一年级解玖溪、初二年级王翠

翠等4人荣获一等奖；初一年级邓娴、初二年级孙安澜等8人荣获二等奖。各位领导亲手为获奖选手颁发奖品并佩戴金牌、银牌。

（张　娟）

学校文化建设

【北石槽中学参加市教育装备展示会】　3月20至22日，北石槽中学参加第二十五届北京教育装备展示会。展位上，学生们以废弃瓶盖粘贴的地图、废纸制作的青花瓷青铜器、废旧物品种植的盆栽等，展示学校节能减排成果。北石槽中学一直致力于创建国际生态学校，遵循“植根生活、关注生长、关爱生命”的办学理念，围绕“快乐学习、健康成长、幸福生活”的办学目标，以课程为引领，将节能减排理念迅速转变为行动，渗透到校园文化建设、硬件设施改造及日常管理等各方面。通过丰富多彩的主题活动引导师生关注环境、关注绿色、关注环保，让低碳环保作为一种生活方式浸润校园。

（屈丽丽）

【杨镇一中联盟校参加倖伯中小活动】　3月25日，杨镇一中联盟各小学部分师生在顺义第十一中学报告厅参加倖伯中小“‘作家进校园’报告会暨‘1+1+1’”活动启动仪式，该活动由倖伯中小联合北京西单图书大厦共同举办，请著名作家梅子涵作专题讲座。联盟校教师代表及学生近300人参加。

（贾立新）

【“北京中幡”文化教育传承基地在天竺中学建立】　3月26日，天竺中学承办“北京中幡”研讨会，并建立“北京中幡”文化教育传承基地。本次研讨活动围绕“北京中幡”的历史沿革、瞬间再现、现今状况、如何传承和再创辉煌五方面进行研讨和交流；“北京中幡”传人黄荣贵现场为天竺中学师生做展示。“北京中幡”是一门技高惊险，威武壮观，观赏性强的表演艺术。作为北京最具代表性的非物质文化遗产的民俗传统项目有着丰富的民俗学价值。目前，“北京中幡”这门绝技的传承和发展面临诸多问题，为做好“北京中幡”这一传统特色项目的保护和传承，天竺成立“北京中幡”文化教育传承基地。活动由顺义区文学艺术界联合会主办，著名民俗专家高巍、“北京中幡”传人李宝如、黄荣贵等共计30余人参加。

（杜　颖）

【马坡二小开设电影拓展课程】　3月起，马坡二小本学期尝试性地开设与阅读课程相结合的电影课程，让富有教育意义的动画片、电影走进学生课堂。1. 时间安排：本学期在阅读校本课程基础上，增设电影拓展课程，每周三下午第二三节课，每次一个年级。确保一至六各年级一学期至少有两次电影课程。2. 电影内容：共分两大类，一类是科教电影和纪录片，如《旅行到宇宙边缘》《火烧圆明园》等；另一类是优质动画片，如《疯狂原始人》等。3. 深化观影效果：一二三年级同学根据提示回答与电影有关的问题，将电影中的故事讲给父母和同学。四五六年级同学撰写观后感，学会综合运用电影课程提供的学习资源。

（庞红丽　晁中生）

【顺义五中三月文学社成立】　4月1日，顺义五中召开“展开梦的翅膀，迎接春的回归”三月文学社成立大会。顺义区作协主席高国镜、副主席刘振华、副秘书长王艳霞、李洪峰等出席。几位作家在会上作精彩发言。北京对联协会副会长申士海从外地打来贺电并赠贺联一副。会上，刘振华老师代表顺义作

协给三月文学社赠送牌匾和对联。顺义五中校长刘志文讲话，并为教师颁发校外辅导员聘书。（郝海丽）

【各校开展丰富多彩的校园活动】 4月上旬，顺义区中小学开展丰富多彩的校园活动。仁和中学举办首届学生艺术节汇演活动，节

目包括舞蹈、器乐演奏、校园情景剧、打击乐合奏、快板等。张镇中小开展文明礼仪知识竞赛。东风小学教育集团建新校区体育节拉开比赛帷幕，项目包括迎面接力对抗赛、跳短绳、跳“8”字长绳等。石园小学教育集团石园校区举行趣味体育比赛，项目有托球跑、同心协力、两人三足25米往返接力跑等。（徐振阳）

【各校学生活动丰富多彩】 4月，各校学生活动丰富多彩。顺义一中开展志愿捐赠活动，组织学生将书籍、衣物、文具、体育用品捐赠给孤残儿童和贫困地区孩子，并用便利贴写下美好祝愿。仁和中学组织学生开展“志愿服务，争创文明城市”实

践活动，清理地铁顺义站附近的小广告以及绿化带内的垃圾。北石槽中学开展气象科普进校园活动，请气象专家讲解天气预报数据收集过程及雾霾的形成与危害等气象知识。西辛小学教育集团西辛校区开展爱心家长进课堂，请十位家长根据自身职业特点、兴趣爱好、特色绝活为学生们讲述社会大百科。北石槽中小举行剪纸课程启动仪式，请民间剪纸艺术家郝兰英为学生讲解剪纸要领和技巧。（徐振阳）

【区级特色校建设现场会在南彩学校召开】 5月8日，顺义区特色校建设现场会在南彩学

校召开。该现场会得到北师大特色项目专家、区教委、区教改办、区考研中心以及部分学校校长、老师的大力支持，北师大教育管理学院院长鲍传友、教授徐志勇和区教委副主任张军堂专程参会。此次现场会分为观摩课间操、听课、汇报交流、专家点评及领导讲话五个环节，全方位地展示了南彩学校特色校工作情况以及推进效果。（张志纯）

【李各庄学校剪纸特色受到媒体关注】 5月14日，李各庄学校剪纸特色受到《现代教育报》、顺义电视台、电台、《顺义时讯》

等媒体关注。记者们观看了学校的校园文化；听取校长就关于学校六年来剪纸情况的汇报；走进各班观看剪纸课；采访参加剪纸学习的家长和学生并对校长作专访。该校剪纸从兴趣小组到学生社团，再到全校师生和家长参与，从而成为学校育人特色。其历程为：1. 重点突破。2008年将民间剪纸作为学校发展重点，组建剪纸兴趣小组，聘请“五花剪纸”第十二代传人为校外辅导员，打造剪纸核心团队，不定期与市内外剪纸特色校交流切磋。2. 普及提高。总结剪纸教学12步法，将剪纸兴趣小组升格为剪纸提高班，请提高班同学作为小老师，每周三下午第三节课到各班指导剪纸。3. 巩固创新。每学期利用橱窗、走廊、展板等平台展示学生创作成果，举办剪纸作品展；向家人、朋友及外国友人赠送剪纸作品，增强成就感。利用建党90周年、世博会、十八大召开等重大活动为契机，师生集体创作主题作品，深化剪纸教学成果。

（赵　鹏）

【北京市中小学学校文化示范校建设与评估现场会在顺义二中召开】 5月19日，北京市中小学学校文化示范校建设与评估现场会在顺义二中召开。北京市教委基教一处陈彦舟老师，北师大教授余凯、王啸，《中小

学管理》杂志社主任孙金鑫、通州区第二中学校长孟凡福、通州区中山街小学校长闫海霞、顺义区教委主任助理张军堂、中教科科长张旭东及全区各中学校长参会。现场会程序包括：校长汇报、课堂观察、干部师生座谈、校园巡视、交流反馈五个部分。与会专家和领导对顺义二中的学校文化建设给予充分肯定，并对学校文化建设向着更高层次发展提出具体指导意见。

（万　京）

校外教育

【顺义区建立校外兼职教师资源库】 5月，顺义区建立中小学课外活动校外兼职教师资源库。兼职教师主要来源：高等学校、具有资质的民办教育机构的教师；体育局、文委、科委、少年宫等校外机构的教练员及教师；运动员、教练员、艺术家、科学家等具有专业特长的各类人才；符合条件的民间艺人、志愿者等。兼职教师准入方式：一是学校自主申报，到教委备案；二是教委联合相关部门遴选。兼职教师薪酬从学校课外活动专项经费中划拨。学校按艺术、科技、体育三类上报用人需求。经审批后，用人学校与校外兼职教师签订工作协议。

（刘美坤）

【举办校外教师基本功评展比赛】 5至9月，顺义区举办校外教师基本功评展比赛。现场邀请北京市校外教育专家进行评判，共

有7名教师获得一等奖。市教委体卫艺处处长崔向红等参与活动。活动结束后，推选出4名教师参加11月26日在东城少年宫举办的北京市校外教师评展活动。亢青松获一等奖，刘岩获二等奖，蒋淑梅、汪丽获三等奖。另有5位老师参加了北京市校外教师评展汇演。

（刘美坤）

【李桥中学迎接市关于乡镇校外活动站情况调研】 9月11日，李桥中学代表顺义区校外

教育单位迎接市教委、市校外教研室对顺义区乡镇校外活动站的情况调研。与会人员听取顺义区教委关于全区乡镇校外活动站的工作情况汇报及李桥中学关于乡镇校外活动站的工作总结。市教委体卫艺处处长崔向红、市校外教研室主任周立奇等参加调研。

（刘美坤）

北京市顺义区少年宫

【概况】 2014年，北京市顺义区少年宫占地面积18864平方米、建筑面积10688平方米。图书室藏书0.3756万册，订阅杂志、报刊66种。固定资产总值5943.05万元。全年教育经费投入2191.52万元，其中国家拨款1218万元、自筹经费973.52万元。拥有计算机281台，多媒体教室座位30个，校园网出口总带宽100Mbps，数字资源量100GB。有专用教室43个。教职工52人，其中，高级职称10人、中级职称24人。专任教师47人；本科以上学历43人。全年开设50个专业、共计260个校外辅导班，接受校外辅导学生10050人。单位网址：http://www.sng.shyedu.cn/。

（秦莲红）

【区教育系统春节团拜会举行】 1月19日，在春节即将到来之际，“马到成功”2014年顺义区教育系统春节团拜会在牛栏

山一中大礼堂隆重举行。本次团拜会由顺义区教工委、顺义区教委主办，顺义区少年宫、小天使艺术团承办，牛栏山一中协办。区教工委书记冯义国、教委主任刘克祥代表两委班子成员向全区教师及少年儿童拜年，区教育督导室主任李卫国主持团拜会。全区中小幼领导和教师代表近千人欢聚一堂，共同迎接崭新的2014年。区教委主任刘克祥致辞。他充分肯定了过去一年顺义区教育事业蓬勃发展的成就，褒扬了全区广大干部教师辛勤的工作，憧憬

了教育未来的梦想，并向全区教职员工致以新春的祝福。团拜会既隆重热烈，又简朴节约。后沙峪中小的开场锣鼓和杨镇小学的管乐合奏，拉开团拜会演出的序幕。本次演出集演唱、舞蹈、器乐演奏于一体，既有少年宫小天使艺术团师生们的精彩表演，还有牛栏山一中的舞蹈、杨镇小学的龙狮舞和区教师合唱团优秀节目。演员们精湛的演技不时博得台下观众的阵阵掌声。团拜会充满了对顺义教育发展美好明天的共同祝愿！

（焦卫军）

【顺义区代表队参加第14届北京青少年机器人竞赛】　1月22至24日，顺义区5支参赛代表队参加了在朝阳区第八十中学举办的第

14届北京青少年机器人竞赛。在fll机器人挑战赛项目中，顺义少年宫代表队获得初中组一等奖，顺义一中代表队获得高中组三等奖，双兴小学代表队获得小学组二等奖。在ASC竞赛项目中，牛栏山一中实验学校代表队和双兴小学代表队分获初中组与小学组三等奖。

（张立平）

【积极开展清除积雪工作】　2月7日，北京迎来第一场降雪。为确保广大师生的正常出行，消除安全隐患，8日清晨，在少年宫李明伟主任带领下，干部、教师、保安和保洁人员分区清扫少年宫南北院及四周主干道的积雪。经过大家近两小时的共同努力，终于把道路清扫干净，确保了师生

安全出行。（焦卫军）

【被评为区教育系统2013年综治工作先进单位】　2月26日，顺义区教育系统2013年综合治理总结表彰大会在顺义八中召开，区教

委副主任王彪、综治科科长王宝刚及各单位主管安全领导参会。会议总结了2013年教育系统安全工作情况，对出现的问题进行了通报，并对优秀单位进行了表彰，少年宫荣获顺义区教育系统“2013年综合治理先进单位”称号，杨晓东主任获得“2013年综合治理先进个人”称号。（焦卫军）

【“小天使”舞蹈团团员选拔圆满结束】　随着少年宫“小天使”舞蹈团的发展壮大，继2012年初的重组选拔后，宫级舞蹈团在今年2月进行了新一轮的团员选拔。经过初选、复试等严格考核，最终选拔新舞蹈团员20名进入宫级后备团，其团员通过练习符合要求即可转入到精英团。目前宫级舞蹈团共有团员

50名，加上每位舞蹈教师的基础团共同构成了舞蹈团强大的梯队。（刘瑞红）

【召开课题项目负责人工作会】 3月5日，少年宫课题组项目负责人工作会召开。课

题组项目12位负责人参会。课题会的召开，使成员们进一步明确了任务，理清了思路，为下一步课题成果的形成奠定了基础。（李淑红）

【举行庆“三八”妇女节达人秀活动】 3

月7日，少年宫全体女教职工在五层多功能厅举行庆“三八”国际妇女节达人秀活动。活动的开展使女教师们缓解了工作压力，放松了心情，增进了友谊，同时，感受到了节日带给她们的喜悦和快乐。（高英梓）

【顺义区教师合唱团活动助教师成长】 3月12日，顺义区教师合唱团在少年宫进行了今年的首次排练。除中小学音乐教师，此次活动还吸纳了全区43所幼儿园教师代表参加。中国合唱协会会员、首师大合唱指挥费树发副教授担任指导。区教委幼教中心副主任单小红、顺义少年宫主任李明伟等领导到场。（武巍巍）

【组织教师生活着装和化妆知识讲座】 为提升少年宫教师的综合形象气质，3月12日，

少年宫工会组织教师生活着装和化妆知识讲座。该活动聘请新思路模特公司两位专家为教师们讲解如何穿衣、化妆来展现自己的形象。互动过程让老师们了解了衣著颜色选择和化妆方法。活动受到老师们欢迎。（李淑红）

【北京市第十七届学生艺术节顺义赛区合唱比赛圆满落幕】 3月14、15日，北京市第十七届学生艺术节顺义赛区合唱比赛在牛栏山第一中学成功举办。来自全区40余所中小学校，近2000名学生参加了校级、班级合唱比赛。中国合唱协会常务理事蓬勃、中国音乐家协会会员齐悦、费树发担任比赛评委。顺义少年宫主任李明伟、区教委体卫艺科副科

长刘美坤、区考研中心音乐教研员王众敬等观看了比赛。为提高教师辅导能力，促进全区学生合唱水平的提升，赛后，评委为各校辅导教师进行了点评，并回答了教师们提出的问题。（武巍巍）

【组织名师工作室交流活动】 3月19日，顺义区少年宫组织名师工作室交流活动。

会上就2013年名师工作室活动总结和2014年活动设想进行了交流。7个名师工作室均围绕本工作室的特点和活动情况做了认真总结。并对2014年在加强自我提升、催生研究成果、提高教学水平、开阔眼界等方面提出了各自的活动设想。（李淑红）

【开展“3·18”民主日活动】 3月20日下午，少年宫开展2014年3·18民主日活动。

首先由少年宫闫雨红会计对少年宫2013年9至12月和2014年1至2月的收支情况进行了通报。之后张广忠副主任对教师的合理化建议进行了逐条解答。此次民主日活动，使少年宫的各项工作更为透明化，进一步密切了干群之间的关系。（高英梓）

【区教委主任刘克祥来少年宫调研】 3月20日，顺义区教委主任刘克祥、副主任王彪、高山，体美科副科长刘美坤莅临少年宫进行调研。会上，宫主任李明伟汇报了少年宫的

发展历程和建设成就，展望了下一步的发展愿景。刘克祥主任充分肯定了少年宫取得的成绩，并针对少年宫的发展目标及需求性问题，从高端人才引进、补充完善设备设施、办学条件达标等方面作出重要指示。（焦卫军）

【举办少儿艺术班教学开放周活动】 3月26日，少年宫少儿艺术班教学开放周拉开帷幕。

通过开放周活动，家长既可以看到少儿在集体生活中的表现，又能和教师交流少儿近况。（李冬花）

【召开第四届教职工代表大会第八次会议】 3月28日，顺义少年宫召开第四届教职工代表大会第八次会议。会议主要讨论2014

年少年宫的各项预算，经过代表们的热烈讨论，最后一致通过了2014年少年宫的各项预算。（高英梓）

【少儿部开展教师专业培训】 3月起，

顺义少年宫陆续开设8项培训课程，包括教育管理、动手做、专注力培训、形体训练、分享阅读、唱歌表演、国学诵读等。培训分为三步：第一步，科学制定培训计划；第二步，组织教师全员参与专业理论、技能及教学实践培训；第三步，每项培训均严格考核，以促进教师专业水平的提升。（李冬花）

【积极落实合理化建议保障教育教学顺利开展】 3月，少年宫办公室就合理化建议所反映的问题，本着保安全、保运转、保发展的原则，对几项工作进行了整改。一、在教学楼一、四、五层分别安装过滤开水器；二、为两个舞蹈教室分别铺设地毯、地胶；三、对两个声乐教室音响设备进行升级，部分有音响设备的教室进行设备补充；四、对全宫照明设备进行筛查，更换部分灯管、灯泡；五、对消防设备进行全面检修。同时，准备为乒乓球教室安装两台大功率排风扇。维修工作本着上报、巡视相结合的原则，及时为广大教师排忧解难。

（李 军）

【《中国好歌曲》栏目音乐制作人来宫指导】 4月3日，央视《中国好歌曲》栏目、《直通春晚》栏目及电影《私人订制》音乐制

作人张毅、魏青应少年宫活动部副主任刘岩邀请来宫，为顺义区教师西乐团、少年宫音乐制作教师进行指导。指导活动务实、高效、接地气，受到教师们的欢迎。教师们表示，此次指导开阔了视野，发现了不足，因而激发了大家继续加强业务学习的热情。（刘 岩）

【英语组召开课题研讨活动】 4月3日，少年宫英语组全体教师就如何在课堂教学中实施美育举行研讨会。教研室左晓

茹主任参加研讨。此次研讨为学科教学有效实施美育，使学生们身心更健康发展、更快乐学习，奠定了坚实基础。

（赵建霞）

【顺义区“新星杯”词汇游戏大赛圆满结束】 4月12日，顺义区第十七届“新星杯”英语、汉语词汇游戏大赛在石园小学拉开战

幕。来自全区30所中小学校，近两千名学生参赛。“新星杯”大赛使同学们锻炼了思维、丰富了词汇量、巩固了拼音练习，也加深了亲子间的感情，因而得到师生和家长们的一致好评。本届区复赛结束后，成绩优异的同学将角逐市决赛。

（王嘉姗）

【区中小学生科技英语创意大赛团体表演赛圆满结束】 4月17日，2014年顺义区中小学生科技英语创意大赛团体表演赛在顺义少年宫举行。全区18所学校参赛。北京学生活动管理中心李晨，北京市海淀外

国语实验学校王金霞，北京航空航天大学任龙波，顺义区考研中心英语教研员王秀清、张炳宣，澳大利亚籍教师Jessica担任本次比赛评委。最终，李桥中小、空港小学、西辛小学、北京四中顺义分校（初中）、牛栏山一中实验学校、仁和中学、杨镇一中、顺义九中、北京四中顺义分校（高中）9个代表队成绩突出，将代表顺义区参加于5月举行的北京市比赛。

（武巍巍）

【邀请舞蹈专家指导舞蹈创编工作】 4月17日，舞蹈特级教师张先敏老师来宫指导舞蹈

教学工作。舞蹈组5位教师积极参与，并不时提出教学中困惑的问题向张老师请教。张老师毫无保留地把多年的经验所得与舞蹈教师一一交流。在讲到舞蹈基本功训练时，她还亲自示范动作要领，令老师们甚为感动。

（刘瑞红）

【左晓茹科研工作室开展读书研讨活动】 4月23日，左晓茹科研工作室开展了读书

研讨活动，在左老师的引导下，大家针对《为思维而教》一书中的观点，畅所欲言。此次活动，是本学年工作室活动的良好开端，大家将在新的一年里围绕《为思维而教》一书，对照自己的教学开展研究，并写出有价值的研究论文。

（左晓茹）

【邀请专家为一线教师作专题讲座】 4月24日，顺义区少年宫邀请区考研中心师训科安

贵增科长为一线专业教师作《有效沟通　真情赏识》专题讲座。讲座紧密结合校外教育的特点和少年宫教学现状进行，共分为沟通家长、教育学生、激活兴趣三方面内容。

（刘瑞红）

【清除部分树木枯枝消除安全隐患】 少年宫分部树木种类繁多，部分树木树冠过大枯枝较多，每遇大风天气往往出现枯枝坠落情况，极易对师生造成伤害。为此，4月26日，少年宫聘请10位园艺工人对甬路两旁树木进行修剪，共计修剪各种树木16棵，清运残枝枯叶5车，消除安全隐患18处。（郭宝华）

【活动部到部分学校进行调研】 4月28日，为了解各乡镇校外活动站的工作开展情况，

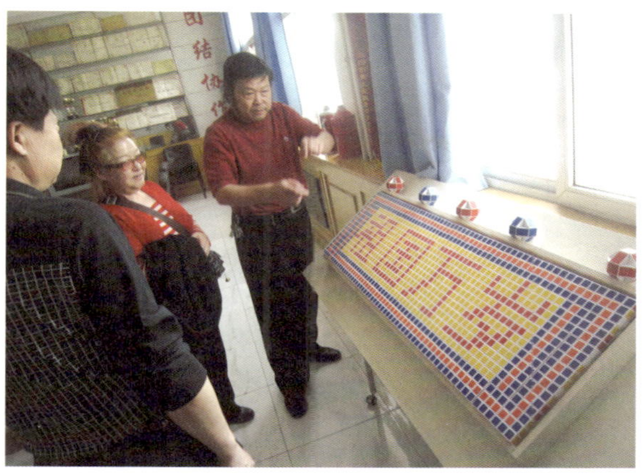

并选拔特色活动项目参加今年顺义区庆祝"六一"国际儿童节游园活动，少年宫活动部主任刘月娟、副主任刘岩特邀民族民间艺术家、游园活动总导演王玉玺、杨华到明德小学、龙湾屯中小、木林中小、高丽营学校、赵全营中小、东风小学、空港小学、西辛小学、特教学校等18所学校进行调研。

（刘　岩）

【举行开题报告会】 4月30日，顺义少年宫举行《以教师社团为抓手，提升顺义区艺术教师综合素质》开题报告会。会议邀请区教科室朱元兆主任和邢颖杰老师来宫指导。会上，课题负责人刘瑞红宣读开题报告，课题核心成员刘静针对教师民乐团的发展作典型发言。朱主任和邢老师对选题和已有的研

究成果予以肯定，并对开题报告中存在的问题作详细指导。最后，少年宫李明伟主任做总结发言，强调教师只有加强教育研究，才能在教育岗位上走得更远，进一步提高教育教学水平。本次开题报告会，为下一步更深入地科学研究奠定了基础，指明了方向。

（李淑红）

【党支部开展“五四”主题教育活动】 5月9日、11日，少年宫开展“回顾历史 面向

未来”党团“五四”主题教育活动，组织党员及教工团支部35岁以下青年教师参观在中国国家博物馆举办的“复兴之路”大型主题展览。在两个多小时的参观中，老师们深入了解了鸦片战争以来，陷入半殖民地半封建社会深渊的中国各阶层人民奋起抗争，为实现民族复兴进行的种种探索，特别是中国共产党领导全国各族人民争取民族独立、人民解放、国家富强、人民幸福的光辉历程。切实理解了是历史与人民选择了马克思主义、选择了中国共产党、选择了社会主义道路、选择了改革开放的道理。更加坚定了坚持中国特色社会主义道路不动摇，坚持中国特色社会主义理论体系不动摇的复兴之路的信心，也深刻感受了“中国梦”对中国特色社会主义事业建设的重要指导意义。

（陈 鹏）

【美术社团学生走进“798艺术区”】 5月18日，陈林老师带领美术社团的学生一行23

人来到北京798艺术区参观。798艺术区为原国营798厂所在地。艺术家和文化机构进驻后，租用和改造空置厂房发展成为画廊、艺术中心、艺术家工作室、设计公司、餐饮酒吧等，形成了具有国际化色彩的北京都市文化的新地标。孩子们被798艺术区的各种形式的艺术品所吸引。大家在“百雅轩”画廊参观了吴冠中先生作品，了解了版画制作工艺。参观画家盛万青的油画时，孩子们惊叹作者的写实能力和画家隐隐的乡愁。在“唐人”画廊，孩子们看到了王音的油画，有的孩子称赞画面的简单，有的孩子问画面主人公平静而哀伤表情背后的意义……最后来到黄永玉先生个展画廊，里面展出了很多老先生的国画、水彩、速写等作品。孩子们在老先生的雕像附近，纷纷拿出速写本，围坐在作品面前临摹写生，他们的认真态度不时引来很多参观者观看和拍照。

（陈 林）

【召开党的群众路线教育实践活动启动大会】 6月初，顺义区少年宫召开党的群众路线教育实践活动启动大会，区教育工委第十督导组组长张亚丽、少年宫领导班子成员、全体党员、教师代表等参加会议。大会由少年宫副主任张广忠主持。在动员大会上，参会人员

对少年宫领导班子及班子成员中的党员干部进行了民主评议。（焦卫军）

【走进七彩蝶乐园活动启动】 6月14日，由北京中小学生社会大课堂管理办公室主办，

顺义区教委和北京七彩蝶创意文化有限公司承办的"走进七彩蝶乐园　畅想美丽北京梦"大型免费公益活动在七彩蝶园正式启动。北京社会大课堂管理办公室主任史建华、副主任高付元、顺义区教委副主任张海东、区大课堂办公室主任李明伟、七彩蝶园董事长赵春生等领导参加启动仪式。本次活动紧扣中国梦和美丽北京主题，旨在让中小学生近距离观察蝴蝶，了解蝴蝶知识和蝴蝶所拥有的感恩、胸怀、坚持和梦想等七大优秀品质，在亲近大自然、感受大自然、探索大自然神奇奥秘和了解蝴蝶文化的过程中，从小就建立热爱自然、热爱生态，心怀美丽北京梦，长大后建设美丽北京的良好心态。（苏建鹏）

【组织学生参与机器人科学普及活动】 7月14至17日，机器人科学普及体验活动在顺义

区科协举办。顺义少年宫机器人俱乐部教师带领学员，并组织东风小学、双兴小学70余名学生参加了该活动。区科委主任、科协主席李长勇，区教委主任刘克祥，区知识产权局局长范玉岭，区科协副主席单银山，区教委副主任王彪、区科委副主任张德顺参加了闭幕式，并为获奖学生颁奖。通过本次体验活动，学生们不仅提高了动手动脑的能力，还认识到团队合作的重要性，深刻体会到一个团队中"合则强，分则弱"的道理。相信本次活动能够在孩子们成长过程中起到积极的推动作用。（张立平）

【顺义区代表队在第十六届"飞向北京—飞向太空"全国青少年航空航天模型教育竞赛总决赛中获佳绩】 8月3至5日，第十六届

"飞向北京—飞向太空"全国青少年航空航天模型教育竞赛总决赛在海南省三亚市体育中心举行。顺义区代表队由杨镇一中、北石槽中学、李桥中小、东风小学共10名参赛选手组成，分别参加了"美利达"遥控飞机追逐赛、"翼神"橡筋动力扑翼机竞时赛、"米奇1号"电动自由飞竞时赛、

"轻骑士"橡皮筋动力滑翔机竞时赛、纸折飞机直线距离赛、纸折飞机奥运五环赛六项赛事。在三天紧张角逐中，参赛选手不怕炎热，顽强拼搏，最终获得14个奖项：一等奖2个、二等奖4个、三等奖8个，并获得一枚铜牌，相较去年进步显著。其中，杨镇一中赵子涵同学获中学女子组"美利达"遥控飞机追逐赛铜牌；李桥中小孟奥伟同学获小学男子组"翼神"橡筋动力扑翼机竞时赛二等奖、纸折飞机直线距离赛一等奖；东风小学张浩南同学获小学男子组纸折飞机直线距离赛一等奖。（王嘉姗）

【顺义区代表队在第十五届"我爱祖国海疆"全国青少年航海模型竞赛总决赛中获佳绩】 8月18至22日，"我爱祖国海疆"全国青少年航海模型竞赛总决赛在黄岛新区举行。本届约有1200名来自全国各地的优秀选手同台竞技。顺义区有李桥中小、石园小学、高丽营二小、牛山三小、仓上小学共10名选手参赛，分别参加了航海模型拼装赛、遥控游艇模型环游赛、自航项目巡航赛、团体对抗赛、水上机器人创新赛和纸折船模型载重赛六项赛事。在三天激烈比赛中，参赛选手们，最终取得一等奖3个、二等奖6个、三等奖6个、优胜奖15个。其中，仓上小学王浩宇同学获"自由号"遥控游艇模型环游赛一等奖；高丽营二小姚岚同学和仓上小学张仲同学分别获纸折船模型载重赛一等奖；牛山三小刘鑫阳同学获"中国海警船"模型制作赛、巡航赛和纸折船模型载重赛3个二等奖。（武巍巍）

【召开党的群众路线教育实践活动专题组织生活会】 8月23日，区少年宫党支部召开党的群众路线教育实践活动专题组织生活会。

会议由少年宫党支部书记、主任李明伟主持，会上，党支部委员及领导班子成员在"四风"问题上带头自我剖析、自我批评。其他党员也结合自身实际工作情况积极反思、深刻认识自身存在的不足。在互评环节党员直言不讳、踊跃发言。批评者所提批评意见具有很强的针对性和建设性；被批评者态度端正，积极采纳批评意见。整体气氛非常融洽，原定三个小时的会时延长到了五个小时。全体党员对生活会效果非常满意，大家一致认为这次组织生活会没有流于形式，环节紧凑直切主题，解决了许多实际问题，对少年宫今后的发展会起到积极的作用。

（陈　鹏）

【2014年北京市校外教育机构教师专业评展顺义区专场活动圆满结束】 2014年北京市校外教育机构教师专业评展顺义区专场活动于9月11日圆满结束，少年宫14名教师进行了现场展示。莅临本次活动的有市教委体卫艺处处长崔向红，校外教研室主任周立奇，原校外教研室主任武迎选，原教育部基础教育司周长祐老师，顺义区教委体卫艺科科长张克深和副科长刘美坤。担任此次评委的有校外教育特级教师周放、西城区教研室常务副主任马新媛、西城区民乐名师工作室主持人杨凤桐、北京舞蹈协会少儿舞蹈委员会负责人郑丹、东城区美术教研组组长许巍巍。担任

本次活动的指导专家是王平老师和巴文丽老师。本次评展活动得到了市指导专家的较高评价，同时也提出了存在的问题，对今后开展优质教育活动提供了有力帮助。经过这次评展活动，教师的教育理念得到很大提升，设计实施活动、介绍活动等方面的能力有明显的提高。（李淑红）

【举办建筑模型竞赛辅导教师培训活动】 9 月 12 日，少年宫举办中小学生建筑模型竞赛

辅导教师培训活动。特邀原东城青少年活动中心高级教师、全国社会体育一级指导员杜亚川老师担任主讲。全区 22 所中小学校 23 名科技与美术辅导老师参加此次培训。培训开始前，少年宫副主任张广忠表示，活动部将会为大家做好服务工作，并鼓励各学校教师潜心研究、积极实践，力争在全国赛事中再获突破。（武巍巍）

【顺义区召开学生社会大课堂暨综合素质提升工程协调会议】 9 月 17 日，顺义区学生社会大课堂暨综合素质提升工程协调会议在顺

义少年宫召开。区教委副主任张海东、少年宫主任李明伟，教委小教科、综治科、学生大课堂管理中心相关领导，以及蓝天城、富国海底世界、中央电视塔、神笛陶艺村、汇源果汁、北京国际鲜花港、牛栏山一中、怀柔生存岛等 17 家市、区级资源单位和车辆运营公司负责人参会。会议由小教科沈浩发老师主持。会上简要总结了上学期大课堂工作情况，并听取了资源单位的亮点工作和经验介绍。教委张主任对大课堂工作给予了充分肯定，并对本学期工作提出了四点要求，一是安全。他强调要始终把安全问题放在首位。二是体验。学生体验源于社会，要注重社会主义核心价值观的树立与培养，同时，加强课程研发力度，推进顺义区学生综合素质提升工程。三是评价。要进一步完善评价机制，本学期拟将学生评价纳入其中。四是资源。资源单位要发挥各自优势，丰富活动项目，增强育人效果，为全区中小学生更好地服务。（刘　岩）

【召开 2014 年北京市校外教师评展活动顺义区反思交流会】 9 月 24 日，少年宫组织培训部召开了 2014 年北京市校外教师评展活动顺义区反思交流会。会议由教研室左晓茹主任主持。会议包括两项议题：一是参赛的教师们做活动反思，介绍自己在参赛过程中的想法、困惑。二是由专家评委周放对教师们的问题及困惑进行剖析。周主任还就如何介绍活动做了精彩讲座。少年宫主任李明伟就

校外教育的理念问题与周主任进行了探讨，帮助老师明晰了对校外教育的认识。此次反思交流会，时间抓得紧，任务布置快，教师们积极性高。对教师们更好地理解评展活动、写好社会实践活动方案有了进一步的帮助和提升。（李淑红）

【少儿艺术班举办家长开放日活动】 9月30日，少儿艺术班迎来本学期第一次的

“家长开放日”活动。活动主旨是：一、让家长走进少年宫，增进少年宫与家长情感交流，架起学校、家庭、社会教育的桥梁，共同为教育出谋划策，形成教育的合力。二、让家长走进课堂，了解孩子在校的生活学习情况，了解艺术班的教育工作，向家长宣传教育观、儿童观、新的课程改革理念，展示少年宫少儿艺术教育的成果。三、培养幼儿大胆的个性。感受与父母、同伴共同活动的乐趣，敢于在众人面前大胆表现自己，表达自己的创造性思维与能力。（李冬花）

【召开课题成果征集研讨会】 10月11日，《顺义区青少年科技、艺术拔尖创新人才早期

培养的机制与模式研究》课题研究成果征集研讨会在少年宫召开。区教改办主任贾立新和10个课题项目校主管教科研的主任参会。会上，课题组组长张广忠肯定了课题组成员前期的工作成绩，提出成果征集的材料范围包括：如研究报告、调查问卷、项目课程、案例、音像资料、学生成长档案、获奖证书等相关资料等，同时对各分课题如何呈现经典案例和推出优秀论文做出指导。之后，课题组成员分别就研究进展进行了汇报交流，研讨了如何才能更好地推出优秀成果。最后，贾主任强调：课题成果一定要做真做实，全面细致，提前做好结题准备。各项目校领导均表示将克服一切困难，鼓励参与教师，按照课题要求，圆满完成任务。（李淑红）

【“小黑马”爵士乐团二中分团启动大会召开】 10月17日，少年宫“小黑马”爵士乐团，在顺义区第二中学召开分团启动大会。爵士乐团团长乔达向在场的60多名教师与学生分享了小黑马爵士乐团多次对外比赛、交流情况，并就为什么发展爵士乐团，爵士乐团以后的发展方向等，同二中的师生们做了交流。与会的学生们在观看比赛和演出视频之后积极性高涨，老师们也纷纷表示对“小黑马”爵士乐团分团的发展充满信心。通过这次启动会，“小黑马”爵士乐团进一步扩大

了影响力，向“集全区优秀学生资源，打造国内具有特色的优秀学生爵士乐团”的目标又迈进了一步。（乔　达）

【第三十二届顺义区学生科技节在牛栏山一中隆重开幕】　10月29日，第三十二届顺义区

学生科技节在牛栏山第一中学隆重开幕。全区各中小学校科技主管领导、科技教师及600余名学生代表参加。区教委副主任王彪、区科委副主任张德顺、区科协副主席单银山、团区委副书记赵楠及区妇联、区环保局、区体育局有关领导出席。会议由区学生科技节办公室主任李明伟主持。科技节的主题为“快乐科技、梦想起航”。开幕式上，张德顺在《2014年顺义区科技教育工作总结》中指出，在过去一年中顺义区各项科技活动不断推陈出新，实现了由量向质、由外延向内涵的转变，激发了更多具有挑战精神的学生参与到科技创新中来，促进全区青少年科技教育工作沿着科学化、系统化、规范化的方向稳步发展。北京市科技教育示范校李桥中小校长胡翠荣、科技竞赛获奖学生代表牛栏山一中熊睿分别发言。王彪布置了此届科技节期间重点工作；强调各校要组织学生深入到科研院所、科技场馆和现代化企业参加科技实践活动，要不断更新观念，采取多种途径、多种形式，充分挖掘和利用好科技教育资源，共同营造全社会关心科技教育的良好氛围。随后，单银山宣布科技节开幕。会后，领导同师生们共同观看了索尼“探梦”实验室情景剧表演和自然博物馆互动展示体验活动。

（任立春）

【专业教师到十一中学指导兴趣小组活动】　10月29日，顺义少年宫舞蹈、美术、书法、

竹笛、跆拳道、武术、乒乓球7位专业教师，在培训部主任刘瑞红带领下，前往顺义区十一中学指导兴趣小组活动。十一中学校历来高度重视学生综合素养的提高，定为每周三下午第四节课作为小组活动时间，该校学生活动兴趣十足。7位专业教师也被师生的热情感动，非常珍惜到校指导的机会，事前认真备课、现场细心指导，得到了师生的一致好评。（刘瑞红）

【党支部召开党的群众路线教育实践活动总结会】　10月31日，顺义少年宫党支部召开党的群众路线教育实践活动总结会。少年宫全体党员、群众代表及教工委督导组成员参加，党支部书记、主任李明伟主持会议。会上首先由党员和群众代表对领导班子和党员领导干部开展民主评议。随后李书记代表班子对少年宫教育实践活动进行全面总结。最后教工委第十督导组组长张亚丽发言。

她充分肯定了少年宫在活动动员、学习部署、查摆问题、制定措施等各个环节扎实的工作，同时希望少年宫党支部在此基础上再接再厉，切实整改取信于民，警惕反弹常抓不懈，把握规律从严治党，进一步拉近党群关系，全面推进少年宫中心工作向前发展。（陈　鹏）

【2014 年顺义区中小学生智能控制（单片机）知识竞赛圆满结束】　11 月 6 日，顺义区 6

所中小学校在顺义少年宫参加了 2014 年顺义区中小学生智能控制（单片机）知识竞赛。区学生科技节办公室特邀市单片机协会常务理事边金泉老师担任现场评委。在数码管和三色管两个项目比赛中，12 名优秀选手脱颖而出，将代表顺义区参加北京市竞赛。

（张立平）

【暑期改造工程验收工作顺利完成】　11 月 13 日，顺义区少年宫对暑期改造工程进行竣工验收。由工程监理公司、各施工单位及少年宫办公室组成的验收小组，依照国家有关法律法规、工程建设规范标准以及设计文件

要求和合同约定内容，通过查阅资料、实地查看，对楼顶幕墙改造、楼顶防水改造、楼体外墙粉刷和楼体景观灯更新改造等四个工程项目进行了全面详细的勘察了解，每一组数据、每一个角落、每一处细节都经过认真分析，处处从安全大局及少年宫长远发展规划角度考虑，对不足之处提出改进意见。验收中，施工单位负责人介绍了工程具体实施情况，监理公司对工程验收情况作了详细总结，认为工程整体施工管理规范，各项指标符合设计和规范要求，工程质量合格。

（杨晓东）

【2014 年度顺义区中小学生电子技术竞赛圆满结束】　11 月 14 日，全区 10 余所学校的 90

余名中小学生到顺义少年宫参加顺义区中小学生电子技术竞赛。竞赛分为笔试和现场焊接两部分。笔试中同学们认真审题、反复验算，不放过任何细节。现场焊接中动作稳重熟练，足见学生们赛前准备之充分。此项赛事不仅锻炼了学生的动手能力，而且有助于

他们学习和积累电子知识。优秀选手将代表顺义区参加北京市中小学生电子技术竞赛。

（张立平）

【顺义区举办“培育价值观　共筑家乡梦”中小学生建筑模型大赛】　11月16日，“培育价值观　共筑家乡梦”2014年顺义区中小学

生建筑模型大赛在南彩第二小学隆重举行。全区38所中小学校1100名学生参加现场设计搭建比赛。该活动由区教委、区体育局主办，区少年宫承办，并得到区建筑设计所的大力支持。国家体育总局航管中心模型部主任姜玉龙、区体育局副局长杨金萌、区建筑设计所所长王志军、区教委体卫艺科科长张克深、副科长刘美坤、区学生科技节办公室主任李明伟等领导莅临赛场，观看同学们设计制作过程，并与他们热情交谈。大赛分个人赛和团体赛，设有缤纷童年、梦想家园、锦绣江南、巴黎春天、绿野春天、筑我长城（集体）、城市梦想（个人、集体）8个项目。比赛中，同学们展开想象，相互配合，熟练使用各种工具，将他们心目中的家乡新貌通过一件件“沙盘”作品展现在大家面前。本届大赛特邀区建筑设计所的设计师担任评委。

（武巍巍）

【“小黑马”爵士乐团进行市级经验交流】　11月21日，北京市教育系统校外教育机构学生社团开展公益活动研讨会召开。会议首先总结了社团调研的整体情况，随后有7家校外教育机构分别做了典型发言，顺义区少年宫“小黑马”爵士乐团负责人乔达老师

就乐团特色、乐团活动、乐团的对外交流，特别是爵士乐团从2012年建团至今的发展和提高，两年间开展的进学校、下社区、国内比赛、国外交流等系列公益性实践活动等情况作了经验介绍，给参会领导和同行留下了深刻印象，得到大家一致好评。

（刘瑞红）

【举办顺义区青少年科技创新大赛】　11月26日，顺义区青少年科技创新大赛现场评审活动在少年宫举行。全区共有297项创新作品

参赛，其中73项学生创新项目现场参评。经专家评审，全区遴选出的工程作品17项、论文项目50篇、科幻画40幅、科教创新成果10项、科教实践活动9项将参加市级竞赛。本届比赛一改往届大场面答辩形式，取而代之的是学生利用演示文稿和专家面对面进行交流。通过现场答疑，学生直接了解到自己作品的优点与不足，选手们倾听到专家的指点，对以后选择课题有很大帮助。大赛具有显著的示范意义，由于在活动内容、活动形式等各方面不断创新，形成了参与广、影响

大、基础实、有特色、成绩好的崭新局面，因而成为了推动全区科技教育活动发展的重要推手。（任立春）

【北京市金帆书画院顺义分院开展中小学美术教师培训活动】 11月28日、12月2日，

顺义少年宫——北京市金帆书画院顺义分院特邀市金帆书画院书画界专家来到顺义区，开展中小学美术教师培训活动。全区53所中小学校120余名美术教师参加了绘画、书法、工艺、摄影项目培训。北京金帆书画院主任徐晨明、副主任韩东生，顺义少年宫副主任张广忠出席开班仪式。本次培训分为四讲，分别由中国美协少儿美术艺委会常务副主任龙念南、北京电影学院教授金辅堂、人教社小学教材编委杨嘉栋和教育部中央教科所副研究员李鑫华担任主讲。培训中，教师们细心听、认真记，并不时拿起相机、手机，或拍摄，或录制培训内容。培训为教师们搭建了与专家面对面交流的平台，教师们均感受益匪浅。（王嘉姗）

【顺义区代表团参加全国青少年建筑模型总决赛获历史最好成绩】 12月5至9日，第十五届“我爱祖国海疆”全国青少年建筑模型教育竞赛总决赛在杭州市举行。该赛由国家体育总局、教育部、中国科协、共青团中央和全国妇联联合主办。顺义区东风小学、光明小学、李桥中小、北京四中分校等13所中小学校20名学生组成的代表团与北京、上海、浙江、广州、内蒙古等23个省市、自治区、直辖市，近40支代表团同场角逐。最终，顺义区6名学

生获全国一等奖，3名学生获二等奖，7名学生获三等奖，4名学生获优胜奖，其中东风小学的王子强、吴信一、吴忧夺得金牌，光明小学的郭益周获得铜牌。（武巍巍）

【迎接北京市全面实施素质教育综合督导】 12月17日，北京市素质教育督导专家组一行6人，到顺义区少年宫开展实施素质教

育督导评估，区教育督导室副主任盛得富、区教委副主任王彪、区教委体卫艺科科长张克深陪同。少年宫主任李明伟就办学条件、师资队伍建设、教育活动管理、特色建设等工作向督导组专家进行汇报，特别就“小天使”艺术团、书画院、科学院的活动品牌等工作作了详细介绍。随后，专家组与干部、教师座谈，查阅资料档案，实地查看环境设施，对少年宫实施素质教育工作进行了全方位督导评估。专家组认为：顺义区少年宫在近几年实施素质教育工作中，办宫理念和办宫目标明确；管理制度完善，落实到位；办宫行为规范，育人环境优良，取得了较好的社会效益。这

次督导评估，既是对少年宫各项工作的一次全面检查；又是对教职工的一次鼓舞。少年宫将以此为契机，进一步总结经验，同心协力，搞好特色创建，以更高的境界为全面推进素质教育贡献力量。

（秦莲红）

【举办亲子乐园圣诞化装舞会】 12 月 21 日，少年宫亲子乐园的家长和小朋友们在多功能厅参加了圣诞节亲子化装舞会活动。本次活动，本着“促进家庭和谐、家长孩子共同参与”的原则，按照亲子红毯走秀、展示家庭风采，亲子才艺展示、共赏歌舞表演，亲子游戏环节、体现家庭默契，圣诞老人派送圣诞礼物，抽取圣诞幸运小天使，颁发最佳创意奖、环保奖等几个环节有序进行。

（刘　伶）

【召开中小学科技、艺术素养培养论坛预备会】 12 月 25 日，少年宫召开顺义区中小学科技、艺术素养的培养论坛预备会。会上，课题组负责人张广忠主任就课题研究的进度和研究的基本思路发表讲话，课题组长左晓茹做出具体工作安排。预备会的召开，为顺义区举办中小学科技、艺术素养的培养论坛活动做好了铺垫。

（李淑红）

【举办迎新年教师联欢会】 12 月 31，顺义区少年宫全体教职员工欢聚一堂，举办了一场喜气洋洋的新年联欢会。会上，少年宫主任李明伟发表新年致辞，回顾了一年来通过全体教师的不懈奋斗，少年宫在各领域所实现的跨越式发展，并向大家送出了新年祝福。各个部门的老师纷纷展示了独具特色的才艺，深情的朗诵、优美的舞蹈、高昂的合唱、轻松小游戏……，不时赢得全场掌声与欢笑声；后勤组的滑稽舞蹈《咋了，爸爸》将联欢活动推向高潮。联欢会的成功举办，舒缓了全体教师一年来忘我工作的疲惫，凝聚了人心，为迎接新的一年做好了充足准备。（秦莲红）

概　况

2014 年，顺义区学校体育工作取得优异成绩。

1. 出台《顺义区中小学生体质健康监测实施方案》和《关于开展顺义区三大联盟校

课外活动的实施意见》，有效指导了学校体育各项工作。

2. 规范课堂教学管理，完善各项规章制度并形成有效机制；确保学生每天一小时体育锻炼时间；开展了中小学课间操评比活动。

3. 组织中小学体育教师专业技能培训与考核；组织体育教师参加北京市教学设计和教学评优课活动，获市一等奖3人、二等奖5人、三等奖3人；有12名体育教师参加北京市体育教师基本技能展示比赛；在第十二届全国学生运动会科学论文报告会上，顺义区有2名教师获奖并交流。

4. 组织顺义区第四届中小学生《国家学生体质健康标准》测试赛；举办顺义区中小学生中长跑比赛、春秋两季田径运动会和勇敢小伙伴比赛；暑假期间开展足球、篮球、乒乓球和羽毛球比赛；参加全国学生运动会、全国中学生田径锦标赛、北京市中小学生球类比赛及武术操、跳绳、街舞等二十余项比赛，均取得优异成绩。连续24年蝉联北京市中学生运动会郊区组团体总分、高中组团体总分、初中组团体总分三个第一名，并第一次获城区和郊区团体总分第一名；有17人次打破23项区纪录，2人打破两项市纪录；还被大会评为体育道德风尚奖和优秀组织奖，取得了精神文明和竞技比赛双丰收。在中华人民共和国第12届学生运动会田径比赛中，有7名学生代表北京市参加比赛，共取得金牌3枚、银牌1枚、铜牌2枚，2个第四名，第五、七、八名各1个的好成绩，为北京市获得团体第一名立下汗马功劳，被北京市授予“突出贡献区县”。在2014年全国中学生田径锦标赛中，杨镇一中荣获学校团体总分第二名，同时获得女子甲组团体第二名，男子乙组团体第二名；牛栏山一中荣获学校团体总分第四名；同时获得女子乙组团体第四名；杨镇一中刘一赛同学以11″77的成绩打破女子甲组100米赛会纪录，并夺得该项冠军。在北京市全运会田径比赛中，共获27金、26银、20铜的好成绩。在北京市奥林匹克教育学校体育后备人才培养基地田径运动会比赛中，杨镇一中以19枚金牌、15枚银牌、4枚铜牌，获得团体第一名；牛栏山一中以15枚金牌、8枚银牌、13枚铜牌，获得团体第三名；顺义一中以9枚金牌、6枚银牌、6枚铜牌，获得团体第六名。在北京市勇敢小伙伴比赛中石园小学和顺义五中分获小学组、初中组第一名。

5. 杨镇一中、杨镇二中、顺义一中、顺义四中有7名运动员获北京市中小学生银帆奖。

【参加阳光体育市中小学生长跑比赛获佳绩】 3月15日，阳光体育2014年北京市中小学生

长跑比赛在丰台区青龙湖公园举行。顺义区共有11所中小学校组队参加。杨镇二中获初中组团体总分第一名；牛栏山一中实验学校获初中组团体总分第六名。杨镇一中、牛栏山一中分获高中组团体总分第四、六名。东风小学获小学组团体总分第四名。 （李广文）

【参加区第十二届长跑比赛成绩显著】 3月

22 日，顺义区第十二届“后沙峪杯”春季长跑比赛在奥林匹克水上公园举办。比赛分为学校组、社会组，学校组共有 69 所中小学校 397 人参加。经过激烈的争夺，石园小学、东风小学、马坡二小分获小学组前三名；杨镇二中、顺义二中、仁和中学分获初中组前三名；杨镇一中、牛栏山一中、顺义一中分获高中组前三名。（李广文）

【李桥中小四举措落实课外体育活动】 3 月起，李桥中小四举措落实课外体育活动。1. 研讨制定课外体育活动计划，全校通报本学期体育重点工作。2. 根据年级特点，每天安排 1 小时趣味体育活动，专任教师轮流指导。3. 及时添置新型体育活动器材。4. 每月举行一次阳光体育运动展示活动。（霍艳华）

【马坡中小四举措激发学生运动积极性】 3 月起，马坡中小四举措激发学生运动积极性。

一是完善校园体育器材，购置沙包、板羽球、乒乓球、毽子等。二是成立乒乓球社团，聘请专业教练每周来校指导。三是保证课外活动时间，确保 600—1000 米跑、2 分钟跳短绳、踢 100 次毽子和 1 分钟仰卧起坐必做项目得到落实。四是每月举行阳光体育比赛，项目包括跳短绳、跳长绳、踢毽子等。（张春菊）

【尹家府中小被授予“老北京体育游戏传承教育学校”称号】 4 月 15 日，北京市中小学老北京体育游戏传承教育工作会在海淀区西山小学召开，北京市中小学体协主席白荣正，

秘书长李松龄出席会议。会上，尹家府中小与全市其余 15 所学校被授予北京市“老北京体育游戏传承教育学校”称号。尹家府中小也成为顺义区第一所被授予该荣誉的学校。“老北京体育游戏”包含跳绳、滚铁环、抽陀螺、跳房子等十余种项目。尹家府中小自 2006 年以来，以老北京体育游戏为内容，以游戏的创编、活动、展示为手段，以发展学生素质为目标，积极开展形式多样、丰富多彩的老北京体育活动取得可喜成绩。（张　怡）

【参加市学生街舞比赛成绩显著】 4 月 18 日，阳光体育 2014 北京市学生街舞比赛在北京市地坛体育馆举行。顺义牛栏山一中队员顽强拼搏，从 160 余支参赛队中脱颖而出，获得一等奖的好成绩。（李广文）

【举办顺义区中小学生春季田径运动会】 4 月 18 至 20 日，顺义区中小学生春季田径运动会在牛栏山一中举行，全区各中小学 2000 多名运动员分别参加了 6 个组别共 96 个项目的

角逐。运动会上共有小学传统校男子组垒球、高中重点校男子 400 米、初中传统校男子组 300 米栏等 15 项 18 人次打破区中小学生运动会纪录。 （李广文）

【顺义八中武术操获两项市级一等奖】 4 月 26 日，顺义八中武术健身操代表队参加在北

京市地坛体育馆举行的北京市中小学生武术健身操比赛，《功夫青春》和《英雄少年》两套操均获一等奖。 （蒙士奎）

【举办区第七届中小学生“勇敢小伙伴”比赛】 4 月 26 日，顺义区第七届中小学生“勇敢小伙伴”比赛在石园小学举行。比赛中伙伴们肩并肩、腿绑腿，为了一个共同的目标全速前进。最终石园小学、杨镇中小获得小学组第一、二名；顺义五中、杨镇二中获得中学组第一、二名。 （李广文）

【参加全国中学生田径锦标赛喜获佳绩】 5 月 1 至 4 日，全国中学生田径锦标赛在四川仁寿县第一中学举行，全国共有 177 所学

校 1900 余名运动员参加，顺义组队参赛，牛栏山一中、顺义一中、杨镇一中均派队参赛。经过 4 天紧张激烈的角逐，顺义区运动员取得金牌 7 枚、银牌 4 枚、铜牌 8 枚的优异成绩。杨镇一中荣获学校团体总分第二名，同时获得女子甲组团体第二名、男子乙组团体第二名。牛栏山一中荣获学校团体总分第四名，同时获得女子乙组团体第四名。杨镇一中刘一赛同学以 11″77 的成绩打破女子甲组 100 米赛会纪录，并夺得该项冠军。 （李广文）

【参加市体育后备人才培养基地田径运动会成绩喜人】 5 月 11 日，“北京市奥林匹克教

育学校体育后备人才培养基地”田径运动会在奥体中心体育场举行。全市 15 家成员校参加比赛，顺义牛栏山一中、顺义一中、杨镇一中均派队参加 5 个组别的比赛，比赛在雨中进行，运动员发挥顽强拼搏精神，取得优异成绩。最后杨镇一中以 19 枚金牌、15 枚银牌和 4 枚铜牌，获得团体第一

名；牛栏山一中以 15 枚金牌、8 枚银牌和 13 枚铜牌，获得团体第三名；顺义一中以 9 枚金牌、6 枚银牌和 6 枚铜牌，获得团体第六名。（李广文）

【开展小学课间操检查】 5 月 21 至 23 日，顺义区开展全区所有小学的课间操、眼保健

操随机检查评比。本次检查，随机抽查 30 所小学，对《七彩阳光》《希望风帆》、自编绳操和眼保健操进行检查。所查学校整体情况很好，主要反映在领导重视，分工明确，教师率先垂范，学生锻炼热情高涨。年初，在区体卫艺工作会上全面启动“跳起来，让人生更精彩”“两操一跳”活动，全区各中小学校立即行动起来，学生们主动走出教室，走向大自然，走到阳光下，展现自己的青春和活力，切实做到锻炼身体从自身开始。在本次检查中有后沙峪中小、牛山二小、尹家府中小、东风东校等多所学校表现突出。通过该活动，达到锻炼身体，增强体质的目的，为自己健康幸福的生活打下坚实的基础。（李广文）

【参加市中小学生绑腿跑比赛成绩喜人】 5 月 25 日，阳光体育 2014 年北京市中小学生绑腿跑比赛在海淀区第四实验小学举行。全市各区县均派队参加，石园小学、顺义五中代表顺义区参赛。比赛中伙伴们肩并肩、腿绑腿，奋勇拼搏，为一个共同的目标全速前进，最终石园小学、顺义五中包揽小学组、中学组冠军，同时都荣获最佳团队奖。石园小学连续八届获得本项赛事的冠军，受到大赛组

委会领导好评。（李广文）

【参加市中小学生轮滑比赛喜获佳绩】 6 月 15 日，阳光体育 2014 年北京市中小学生轮滑

比赛在北京师达中学举行。顺义区光明小学轮滑队第一次参加比赛，经过队员们奋力拼争，共有 6 人次获奖，敖雯蕾同学获小学女子甲组 300 米速滑第三名和 1000 米速滑第四名。（李广文）

【参加“老北京体育游戏”传承赛成绩喜人】 6 月 15 日，由市中小学体协、市教委、市体育局、北京奥运城市发展促进会联合主办，北京市中小学“老北京体育游戏”传承大赛总决赛在北京育才学校举行。全市有 24 所学校参加，共设有砍沙包、滚铁环、木头人、石头剪子布、抓羊拐等 10 个传统趣味项目，顺义区尹家府中小、李遂中小组队参加。在比赛中参赛学生发挥出色，李遂中小包揽了团体圈内踢毽 6 人集体、四人踢毽接踢集体甲乙组的第一名；踢毽个人获得甲组第二名，乙组第一、三名。尹家府中小获推铁环团体

第二名，圈踢团体第二名；夹包个人第一名；踢毽个人第一、二名。最终尹家府中小、李遂中小分获小学组团体总分第二、三名。

（李广文）

【参加市柔力球大赛成绩显著】 6月22日，顺义区空港小学太极柔力球代表队参加

2014年北京市柔力球大赛。在本届比赛中，同学们左右旋转、平旋转体、胯下抛接……这些高难动作被表演得美轮美奂，绿色的小球也随着孩子们的动作在球拍上跳舞。最终获得集体套路二等奖；一队、二队分别获得团体竞技比赛第四名、第五名；冯祥玉等6名同学获得个人竞技比赛第三名、第四名，混合双打第三名、第四名的好成绩。（李广文）

【参加市体育教师专业技能展示成绩显著】 7月5日，北京市首届中小学体育教师专业技能展示和比赛在北京八一中学举行。各区均派12名（小学6人，中学6人）选手参加篮

球、足球、排球的技能展示和比赛。顺义区选手分别来自于11所学校，他们在比赛中的出色表现，赢得评委和观众的一致好评。

（李广文）

【举办区中小学生乒乓球比赛】 7月10至11日，阳光体育2014年顺义区中小学生乒乓

球比赛在杨镇一中开赛，全区共有46支球队186名男女队员参赛。经过激烈的角逐，最终杨镇一中、顺义一中获得高中组男女团体冠军；杨镇二中获初中组男女团体冠军；东风小学获小学组男女团体冠军。（李广文）

【参加IFF中国第二期旱地冰球教练员培训】 7月11至13日，国际旱地冰球联合会中国区第二期教练员培训班在北大邱德拔体育馆进行。本次培训分为初级、中级和讲师级三个级别，顺义区6所小学参加初级培训，培训由国际旱地冰球联合会（IFF）常务秘书John Liljelund、新加坡国际教练Saravanan、新加坡国际裁判Carmen、中国国际教练陈新授课。课程以普及旱地冰球运动为目的，教授内容主要是旱地冰

球的相关知识、基本技术、旱地冰球教学、训练、竞赛组织等项目。顺义区6位学员均通过初级测试，由国际旱地冰球联合秘书长亲自颁发证书。该证书的取得填补了顺义区旱地冰球教练的空白，并为顺义区推广和普及旱地冰球运动奠定了基础。（李广文）

【举办区中小学生羽毛球比赛】 7月14至

15日，阳光体育2014年顺义区中小学生羽毛球比赛在体育局羽毛球馆举办。全区共有42支球队261名男女队员参赛。经过激烈角逐，最终牛栏山一中获得高中组团体冠军；牛一实验校获初中组团体冠军；东风小学获小学组团体冠军。（李广文）

【举办区中小学生篮球比赛】 7月14至16

日，阳光体育2014年顺义区中小学生篮球比赛分别在顺义五中、东风小学西校开赛，全区共有61支球队660名男女队员参赛。经过激烈角逐，最终杨镇一中、牛栏山一中分别获得高中组男女冠军；杨镇二中、顺义二中分获初中组男女冠军；西辛小学、马坡二小分获小学组男女冠军。（李广文）

【举办区中小学生足球比赛】 7月14至17

日，阳光体育2014年顺义区中小学生足球比赛分别在牛栏山一中实验学校、顺义八中、东风小学西校进行，全区共有33支球队，428名男女队员参赛。经过激烈角逐，最终顺义九中获得高中组男子冠军；顺义十一中、顺义三中分获初中组男女冠军；双兴小学、后沙峪中小分获小学组男女冠军。（李广文）

【参加全国学生运动会创佳绩】 7月28日至8月2日，第12届全国学生运动会田径比

赛在上海行知中学举行。顺义区7名学生代表北京市参赛。经过奋力拼搏，取得金牌3枚、银牌1枚、铜牌2枚，2个第四名，第五、

七、八名各1个的好成绩。其中刘一赛同学获得女子100、200米第一名；由居祝、孟一飞、程子超和其他区同学组队在4×400米接力赛中获得第一名；张帅获男子110米栏第二名。顺义区共获得67.5分，为北京市获得团体第一名立下汗马功劳，被市教委、市体育局、团市委授予突出贡献区县奖。 （李广文）

【举办顺义区中小学生秋季田径运动会】 9月26至28日，顺义区中小学生秋季田径运动

会在牛栏山一中举行，全区各中小学2000多名运动员分别参加了6个组别共96个项目的角逐。马坡二小、东风小学、顺义十三中、牛栏山一中实验学校、顺义九中和杨镇一中6所学校分列小学普通校组、小学传统校组、初中普通校组、初中传统校组、高中普通校组和高中重点校组团体总分第一名。运动会上共有高中女子100米、初中男子200米、初中女子标枪、高中女子跳远等7项打破区中小学生运动会纪录。 （李广文）

【参加市中小学生乒乓球联赛成绩显著】 9月27日和10月12日，北京市第八届“和谐

杯”暨北京市中小学生乒乓球联赛在北京市西城区德胜体育中心与北京市地坛体育馆举行。顺义区杨镇一、二中组队参加，运动员顽强拼搏获得初中男子组团体第一名、初中女子组团体第三名和高中男子组团体第四名的好成绩。 （李广文）

【举办区第四届中小学生《国家学生体质健康标准》测试赛】 10月17至18日，顺义区第四届中小学生《国家学生体质健康标准》

测试赛在牛栏山一中举行。此次测试赛随机抽取全区小学五年级、初中二年级、高中二年级的3080名学生参加测试。本届测试赛与往届相比，在测试项目和参试人数方面有所增加，测试形式也与以往不同。市教委体卫艺处张志华老师，怀柔区教委体卫科贾科长带领部分教师到测试现场参观。区教委副主任王彪亲临现场指导。本次活动得到承办单位牛栏山一中和各参赛校的大力支持。

（李广文）

【参加市第五十二届中学生运动会喜获佳绩】 10月24至26日，第五十二届北京市中学生

田径运动会在丰台体育中心举行。顺义区运动健儿团结协作、顽强拼搏，以22枚金牌、17枚银牌、12枚铜牌，奖牌总数51枚的成绩高居全市之首；以623分总成绩勇夺团体总分

第一名；分组赛中以273分获初中组第一名、以316分获高中组第一名。其中，杨镇一中学生刘一赛、马一凡分别打破高中女子200米和初中男子200米两项赛会记录。顺义区代表队还被大会评为“体育道德风尚奖”和“优秀组织奖”。 （张克深）

【顺义区多途径确保学生体质健康】 年内，顺义区多途径确保学生体质健康。1. 出台课外体育活动计划实施细则，每周至少开展课外活动3次，每次不少于1小时，每位学生每周至少参加1项课外活动。2. 开展“五个一”活动，即每天每人踢100次毽子、做1分钟仰卧起坐、跳1分钟绳、跑1000米，每月和家长一起进行一次野外郊游，培养学生坚持锻炼的习惯。3. 推广特色活动，结合花样跳绳、跆拳道、花毽等项目激发学生锻炼兴趣，全面启动“跳起来，让人生更精彩”“两操一跳”活动。4. 组织区中小学生《国家学生体质健康标准》测试赛，将测试成绩纳入学生综合素质评价，关注肥胖率和近视眼率等重点项目。截至目前，全区已有5万余名学生积极参与其中。 （徐振阳）

概　况

2014年，顺义区学校卫生工作稳步推进。

1. 做好传染病防控知识宣传与卫生普及工作。对全区中小学卫生保健教师进行专业知识培训4次；联合区卫生部门下发卫生知识宣传材料，采取多种形式普及卫生知识。

2. 加强对学校卫生的监督、指导，随机对学生的健康教育课进行抽查，发现问题及时提出改进意见，限时整改。对小学进行眼保健操抽查。开展“关注食品安全、读懂营养标签、促进学习与健康”主题活动，使学生对膳食营养有了进一步的了解和认识。举办顺义区中小学生“防近视控肥胖”征文演讲活动。

3. 积极认真做好争创市级、国家级卫生应急综合示范区的验收工作，受到市级专家组的一致好评并通过验收。完成国家卫生区第二次复审工作。配合卫生部门顺利完成慢性非传染性疾病防治示范区的创建工作并受到市级专家肯定。

4. 开展市中小学健康教育活动案例展评工作及健康课评优活动，使健康教育课程与教育活动相结合。开展“我的健康餐盘”食物搭配方案征集活动及校园平衡膳食健康促进行动。做好埃博拉疫情防控工作及来自疫区国家人员的调查统计工作，加强学校对疫区来京师生的监控管理。开展全国学生体质调研工作，对区试点中小学1830名学生进行了体质监测，提供准确、有效的学生调研数据。举办北京市“防近视　控肥胖”专家进校园科普知识讲座活动，向各小学发放《小学新生家长健康必读》手册5634本，并利用家长会对家长进行健康知识宣传和健康技能培训，近5千余名家长受益。利用健康宣传日开展形式多样的健康教育活动，开展2014年学校流感疫苗接种工作，学生接种43478人次，接种率72.46%，近视和肥胖率上升趋势得到有效控制。

5. 加强学校卫生制度建设，完善卫生档案资料。对中小学校进行卫生督导检查，继续开展北京市健康促进学校创建工作。

【开展小学低年段学生课堂坐姿情况调研】 3月，顺义区教委开展小学一至三年级学生课堂坐姿情况的调查。调研由体卫艺科负责，通过课堂现场评估和学生问卷调查两种方法进行分析研究，并就调查中发现的问题提出合理化建议，全区城乡17所学校4078名学生参与调研。通过调研，进一步了解顺义区低年段学生课堂坐姿现状，为有针对性培养学生正确卫生行为习惯提供科学依据。

（梁　芳）

【7所学校参与全国学生体质与健康调研工作】 9月17至25日，根据市教委、市卫计委、市体育局《关于开展2014年北京市学生体质健康调研的通知》（京教函

〔2014〕135号）精神，区教委体卫艺科联合有关业务部门分别对杨镇一中、杨镇二中、北京四中顺义分校、顺义五中、后沙峪中小、杨镇中小、石园小学的1830名学生进行形态发育和机能素质等19个项目测试工作。9月23日，市调研小组成员到顺义区进行现场指导检查，学生秩序良好，各测试项目操作规范，数据采集准确，受到市级领导好评。（梁　芳）

【开展防近视控肥胖健康科普讲座活动】 9月25日，顺义区教委、区卫计委联合，在双

兴小学启动“防近视、控肥胖”专家进校园健康科普讲座活动。采取在辖区内遴选视力保护、肥胖控制、体育运动等方面相关专家，借助家长会、家长学校或专题培训等形式，面向家长和教师现场授课，每校将至少安排一次。讲座内容围绕“防近视、控肥胖”主题，宣传爱眼护眼、预防控制肥胖、营养膳食、体育锻炼和成年期疾病早期预防等方面知识，传授基本技能。此次活动正式开启了顺义区“防近视，控肥胖”专家进校园活动序幕。市、区两级领导为本次活动揭幕，各区县学校卫生主管领导和工作人员、部分教师、家长和学生，共计200余人参加启动仪式。（梁　芳）

【北务中小重视食品安全工作】 年内，北务中小重视食品安全工作。1. 聘请北务镇食品药品监督所所长作如何辨别伪劣食品、食品安全十大误区等知识讲座。2. 观看食品安全知识宣传展板。3. 发放“小手拉大手，食品安全伴我走”倡议书，带动家庭、社会关注食品安全。（刘宏伟）

概　况

2014年，顺义区艺术教育实现重点推进，异彩纷呈。

1. 启动全国农村艺术教育实验区工作，召开顺义区申报课题研讨会。阶段性总结在全国农村艺术教育试验县（东片）现场推进展示会上进行材料交流。

2. 落实高等学校、社会力量参与小学体育、美育发展工作。中国合唱协会、中国舞蹈家协会与东风小学、双兴小学、后沙峪中小签约。通过师资培训、课堂教学、社团活动、成果展示等形式全面提高学生的歌唱、舞蹈素养和综合能力、健康的人格。现三所学校一年级学生均已开展了合唱、舞蹈校本课程，社团活动有声有色。

3. 加大培训力度，选派优秀教师参加市级各类艺术培训，课堂教学质量明显提高。开展教学基本功大赛和艺术观摩活动。音乐市级课题获得阶段成果二等奖；在北京市教学基本功大赛中2人获一等奖，2人获二等奖；3人获市级录像课一等奖。先后3人次在全国音乐教育教学比赛中获奖；4位美术教师作品入选2014年中国中小学美术教师及学生优秀绘画作品展，并出席画展开幕式。

4. 举办顺义区第十三届学生艺术节，23所中小学举办不同形式的艺术活动。如：仁和中学首届学生艺术节、顺义二中“青春·梦想”艺术节、杨镇一中首届“消夏音乐会”、马坡中小首届校园艺术节等。传承非物质文化遗产，杨镇中小的龙狮舞团、马坡二小的龙舞和五虎棍项目、明德小学和板桥中小、港馨小学的地秧歌、天竺中学的中幡、李各庄学校的五花剪纸、后沙峪中小的大鼓、竹竿舞等，已形成了学校的艺术教育特色。举办了市第十七届中小学生艺术节顺义赛区比赛。共获得市级一等奖11个，二等奖17个，三等奖32个；牛栏山一中、顺义三中、板桥中小校级合唱团参加了市第十七届学生艺术节调演，顺义三中、牛栏山一中获最佳艺术表现奖，板桥中小获优秀艺术表现奖；杨镇二中管乐团参加了北京国际青少年艺术周——行进管乐嘉年华园博园盛装游行活动。牛栏山一中合唱团获市艺术节展演郊区组第一名，并参加北京学生活动管理中心组织的与内蒙古地区艺术社团交流活动。

5. 积极开展丰富多彩的学生社团活动。顺义区3支集体舞社团参加首届全国校园集体舞展示活动，裕龙小学获一等奖，石园小学、顺义二中获二等奖。牛栏山一中合唱团荣获第五届中国魅力校园合唱节比赛全国一等奖。牛栏山一中舞蹈团《我心飞翔》揽获了“荷花少年”全国中小学校园舞蹈比赛四项大奖，荣获“星光·少年”称号。牛栏山一中实验学校合唱团到拉脱维亚里加参加第八届世界合唱节大赛，荣获国际银奖；其后又在北京中山堂音乐厅参加“首都学生演出季”合唱专场演出；该校民乐团还到中央民族乐团音乐厅参加亚洲青少年民乐比赛荣获金奖。杨镇中小金色时光管乐团赴韩国参加“五彩梦”中韩青少儿舞蹈才艺展演比赛获特等奖。

6. 开展民族艺术进校园活动。全年共申报15场，申请2场小专场演出，有18所学校观看艺术团体的演出。

7. 积极组织参加市美育协会的各项活动。东风小学在北京市中小学第二届校长美育论坛中发言。在第七届“京美杯”征文中，有21篇获一等奖，76篇获二等奖，113篇获三等奖。有两名老师的课例入选《中小学课堂教学实施美育案例精选》。

8. 顺利完成了小升初、初升高艺术特长生测试工作。

【参加全国陶艺现场创作比赛喜获佳绩】 1月19至24日，由全国城区少年宫工作研究会主办，广州市番禺区星海青少年宫承办的主题为“陶趣·美丽家园”2014全国青少年“淘陶乐”陶艺现场创作比赛在广州举行。顺义少年宫小天使书画院经过培训和初赛，选拔出36名、四个年龄段的优秀学生参与此次比赛，其中田宝嘉、杨雨佳、冯军政、张兆

仪、刘紫涵、赵祎晨、靳豪杰、董漪菲、李佳欣、白婧文10位同学获一等奖；李心怡等26位同学获二等奖。顺义区少年宫获优秀组织集体奖。（刘美坤）

【举行葛兰朗诵艺术团进校园启动仪式】 2月26日，葛兰朗诵艺术团进校园启动仪式在

东风小学教育集团仓上校区举行。仪式上，东风小学教育集团、石园小学教育集团和西辛小学教育集团三家单位被授予“葛兰语言艺术培训学校”校牌，并正式成为顺义区燕山文化协会会员单位；学校代表、学生代表分别发言。著名艺术家葛兰在致辞中肯定顺义区对语言文化工作的重视，并说明朗诵训练重在启发式教学，要在完全理解文章内容有所感受后进行朗诵培训。区教工委副书记、教委主任刘克祥出席。三个集团将分别选出50名学生参加葛兰朗诵艺术团。葛兰朗诵艺术协会定期派辅导教师到校授课，授课教程由葛兰亲自审定。截至年末该协会在东风小学仓上校区、石园小学和西辛小学共计授课40余次，每学期授课15次，授课将持续三个学期。（王志良　高　凤）

【开展民族艺术进校园活动】 3月26日起，顺义区全年共申报15场和2场小专场民族艺术进校园活动，18所学校观看艺术团体的演出。顺义一中迎来北京朗诵艺术团到校演出；顺义八中在学校体育艺术节之际，邀请中国评剧院的演员们到校与师生同台演出；牛山一小、双兴小学与北京“龙在天”皮影艺术团的小演员们欢聚在一起，享受皮影戏带来的快乐；南

彩二小、第十一中学的学生们欣赏北京交响乐团的高雅音乐；北石槽中小、南法信中小和裕达隆小学学生观看北京儿童艺术剧院小演员们的演出；高丽营学校、张镇中小观看北京曲剧团的精彩演出；牛栏山一中舞蹈队员们和北京现代舞团的团员们一起，感受现代舞的魅力；杨镇一中迎接北京老同学合唱团进校园演出，老艺术家们的敬业精神和艺术风采感染着每名师生；四中分校和后沙峪中小的学生们在四中分校礼堂共同欣赏了北京心灵呼唤残疾人艺术团的精彩表演，在感受美的同时，受到了励志、报恩教育；十三中的师生们迎来北京歌剧舞剧团民乐团专场演出，亲身体验民族乐器的魅力。（刘美坤）

【南彩学校多举措培训童声合唱队】 3月起，南彩学校多举措培训童声合唱队。1. 严格挑选队员。从五六年级中挑选具备一定识谱能力、听音能力与歌唱基本技能的学生进行训练。2. 科学划分声部。根据队员的音色特点，整理队形，划分高、低声部。3. 精选训练方法。根据学生实际水平重点训练呼吸与发声方法。4. 精心选择歌曲。选择《我爱米兰》等熟悉的歌曲，结合训练计划做提高训练。（田书敏）

【聘请专家对教师合唱团进行培训】 3月起，顺义区聘请专家对教师合唱团进行培训。一是聘请市级合唱指挥专家为教师合唱团进行排练及讲座；二是指导合唱团自主排练。5月，合唱团参加教师社团展演活动受到好评。

该合唱团由来自全区各中小、幼教师共60余人组成。

（刘美坤）

【举办市第十七届学生艺术节顺义赛区比赛】 3月至5月21日，市第十七届中小学生艺

术节合唱、戏剧类顺义赛区比赛在牛栏山一中礼堂举行。经此前预赛筛选，推选4所学校的室内乐和两个学校的行进管乐队参加市举办的艺术节比赛。近4000名学生参加各类比赛。共获得市级一等奖11个、二等奖17个、三等奖32个，顺义三中、牛栏山一中实验学校、板桥中小、东风小学和后沙峪中小获最佳指挥和最佳伴奏奖。

（刘美坤）

【启动全国农村艺术教育实验区工作】 4月3日，顺义区启动全国农村艺术教育实验区工作申报课题研讨会在区教委召开。会上通报市教委领导对顺义区实施方案的反馈意见，研读顺义区开展农村学校艺术教育

实验区方案，对重点研究的7个子课题进行逐一讨论。争取在三年时间内，出研究成果，推动顺义区艺术教育的进一步可持续发展。区教委体卫艺科科长张克深、副科长刘美坤、考研中心中小学音乐教研员、中学美术教研员及少年宫副主任等共10余人参会。

（刘美坤）

【木林中小与北大开展书法艺术共建活动】 4月24至27日，木林中小与北京大学书法

艺术研究所开展了书法艺术共建活动。北京大学书法艺术研究所教授李彬、办公室主任时胜勋现场指导学生书写，并颁发“北京大学书法艺术研究教学基地”铜牌。共建内容包括：研究所研究生班学员来校封闭学习，指导书法社团学生创作，开展“大手拉小手”结对指导，举办知识讲座、创作指导等活动。该活动深化了木林中小的书法艺术特色建设，开拓了师生视野及创作思路。木林中小书法社团学生和部分家长参与活动。

（侯秀芹）

【杨镇二中管乐团参加国际青少年艺术周活动】 5月4至10日，由北京市教委、市文化局、市政府外办、国家大剧院和东城区人

民政府共同主办的2014北京国际青少年艺术周——行进管乐嘉年华活动正式举行，顺义区杨镇第二中学行进管乐团参加园博园盛装游行活动。学生的精彩表演充分展示了顺义区青少年的艺术风采和精神风貌。

（刘美坤）

【区3所学校合唱团参加市学生艺术节调演】 5月21日，牛栏山一中校级合唱、顺义三中

校级合唱和板桥中小校级合唱参加北京市第十七届学生艺术节的调演，顺义三中、牛栏山一中获得最佳艺术表现奖，板桥中小获得优秀艺术表现奖。（刘美坤）

【市教委领导到顺义开展艺术调研】 5月27日，北京市教委体卫艺处副处长王军、徐春生来到顺义区石园小学、顺义五中，对两所学校的艺术教育工作进行实地考察。在石园小学观看艺术专用教室并随堂听音乐课。在

顺义五中查看艺体楼的设施设备及专业教室使用情况。（刘美坤）

【中国合唱协会与区两所小学签约】 6月14日，中国合唱协会与顺义区东风小学、双兴小学签署合作协议，确定中国合唱协会在东

风小学、双兴小学建立音乐工作室，以深度联盟方式合作，遵循“公平诚信、优势互补、互动双赢”原则，形成学校合唱艺术特色，进而带动顺义区小学艺术教育工作深层次、高质量发展。合唱协会理事长田玉斌，副理事长李小祥，参与学校教学的黄鸿、邵晓勇教授，区教委副主任王彪，东风小学校长刘金广、双兴小学校长负献臣等参加签约仪式。该活动系区教委为贯彻落实北京市教委关于高等学校、社会力量参与小学体育、美育发展工作的要求，发展小学教育事业，拓展小学教育渠道，开发教育资源，提升小学教育质量，推动学校美育工作科学、有序、和谐发展的重要举措。（刘美坤）

【北石槽中学组织学生走进今日美术馆】 6月28日，北石槽中学组织部分对摄影、绘画

有兴趣的同学走进今日美术馆，参观瑞士摄影艺术家汉内斯·施密德艺术展，内容包括F1赛车等多媒体系列作品、大型多媒体互动装置以及影像等。艺术家与同学分享艺术道路上的精彩瞬间及成功经验，并与同学互动。该展是施密德作品在亚洲的首次展览。

（屈丽丽）

【牛栏山一中实验学校参加第八届世界合唱节大赛获国际银奖】 7月9至19日，第八届世界合唱比赛在拉脱维亚首都里加举行，五

大洲73个不同国家的460支合唱队参赛。牛栏山一中实验学校合唱团41人在大赛中展现中国中学生的风采，赢得世界评委的好评，获得国际银奖。（刘美坤）

【牛栏山一中“清音”合唱团参加第五届中国魅力校园合唱节比赛获奖】 7月15日，“相约多彩贵州 为祖国放歌”第五届中国魅力校园合唱节比赛在贵阳落幕。牛栏山第

一中学“清音”合唱团57名师生参加比赛。参演团队分为小学组、中学组、大学组、教师组四个组别，共进行“校园如歌”“青春唱响”“放歌祖国”三场主题比赛，每支团队都向观众展示了和声的优美纯净和团队特有的风采。牛栏山一中“清音”合唱团凭借《水母鸡》《shall we go dance》两首作品荣获全国一等奖，教师赵颖楠荣获全国最佳指挥称号，并参加闭幕式获奖团队汇报演出。

（刘美坤）

【牛栏山一中“飞扬”舞蹈团揽获四项大奖】 7月21至22日，由中国舞蹈家协会主办的全

国（中学）校园舞蹈展演在北京大学百年讲坛成功举行。经过全国25个省市自治区直辖市初选，并经过专家评审委员会的严格评审，最终有30多个优秀作品入围参加。牛栏山一中“飞扬”舞蹈团创编的作品《我心飞翔》成功入围。北京市入围舞蹈只有2个。在激烈的竞争中，“飞扬”舞蹈团揽获四个奖项，荣获“星光·少年”称号，教师罗佳被评为优秀编导、

优秀指导教师，牛栏山一中获优秀组织奖。

（刘美坤）

【组织参加首届全国校园集体舞展示获佳绩】 7月21至22日，东风小学裕龙校区、石园小

学、顺义二中校园集体舞社团代表顺义区参加在北京举办的首届全国校园集体舞展示活动。活动由中国教育学会舞蹈教育专业委员会主办、“魅力校园”策划呈现。展演活动以“梦想中国、舞动校园”为主题，共有来自全国各地中小学校的30余支优秀团队参加。顺义区三支代表队以饱满的激情和精彩的舞姿，展现出顺义区中小学生积极向上的青春风貌。通过现场角逐，东风小学裕龙校区代表队获得全国一等奖，石园小学代表队、顺义二中代表队分别获得全国二等奖。（刘美坤）

【杨镇中小管乐团参加中韩青少儿舞蹈才艺展演获特等奖】 8月2至9日，顺义区杨镇中

心小学校师生一行33人应邀赴韩国参加“五彩梦”中韩青少儿舞蹈才艺展演，在近500名参赛小选手中，杨镇中小23名管乐演奏员激情演奏了《城市之光》《八月桂花遍地开》，精彩的演出博得在场千名观众阵阵掌声，赢得专家评委的一致好评，并荣获特等奖。

（刘美坤）

【参加中国青少年宫文化艺术节展演获金奖】 8月11至16日，顺义区少年宫“华彩合唱

团”参加由中国宫协主办，哈尔滨少年宫协办的“祝福祖国·放飞梦想”2014中国青少年宫文化艺术节展演活动，获得金奖；赵淑华、张瑜两位教师获得“优秀辅导教师奖”，顺义区少年宫获得“优秀组织奖”。

（刘美坤　刘瑞红）

【中国舞蹈家协会与后沙峪中小签定合作协议】 9月23日，中国舞蹈家协会参与小学

美育发展签约仪式在市文联大楼舞蹈家协会举行，协会与后沙峪中小签署合作协议。签约合同中就双方的责任、义务做出明确规定，主要内容为：通过师资培训、课堂教学、社团活动、成果展示等形式全面提高学生的舞

蹈素养和综合能力，特别是培养学生健康的人格。中国舞协分会党组书记罗斌、常务副主席冯双白、中国舞协中小学舞蹈教育专委会副主任赵士军、北京市教委体卫艺处项目负责人及顺义区教委相关人员、后沙峪中小校长等参加。中央电视台、中国教育电视台、凤凰卫视、人民网、新华网、光明网等媒体进行采访报道。（刘美坤）

【高丽营学校开设“评戏艺术欣赏”校本课程】 9月起，高丽营学校开设“评戏艺术欣赏校本课程”。课程以培养学生学唱评戏兴趣、普及评戏知识为目标，内容包括名称由来、历史沿革、艺术特点、行当角色、伴奏乐器、名家名剧等。授课对象为小学三年级学生，由中国评剧院专家主讲，每周三上课。（贾凤兰　李　波）

【牛栏山一中实验学校合唱团参加“首都学生演出季”专场演出】 11月23日，牛栏山一中实验学校合唱团参加在北京中山堂音乐厅举办的“首都学生演出季”合唱专场演出。该校合唱团由100名团员组成，学生演唱的多首曲目，得到观众阵阵的热烈掌声，唱出顺义区中学生的精神风貌，展现了顺义区中学生的合唱水平。（刘美坤）

【市金帆书画院专家为中小学美术教师培训】 11月28日、12月2日，为提高顺义区美术教

师辅导能力和业务水平，北京市金帆书画院顺义分院特邀市金帆书画院专家到顺义区开展中小学美术教师培训活动。培训分为绘画、书法、工艺、摄影四项内容，由中国美协少儿美术艺委会常务副主任龙念南、北京电影学院教授金辅堂、人教社小学教材编委杨嘉栋、教育部中央教科所副研究员李鑫华分别任主讲。全区53所中小学校120余名美术教师参加。（刘美坤）

【东风小学在市中小学第二届校长美育论坛中发言】 12月26日，北京市中小学第二届校长美育论坛在东直门中学举行。东风小学校

长刘金广及教师薛海红合撰的论文《学科教学中渗透美育策略初探》在大会作典型发言。石园小学、光明小学、牛栏山一中实验学校校长的论文被收集到《北京市中小学第二届校长美育论坛专辑》中，并作为大会的交流材料。市体卫艺处处长王军、市美育协会的领导及全市美育协会团体会员校领导和教师500余人参加会议。（刘美坤）

【中国合唱协会为2所小学师生上音乐欣赏课】 12月30日，中国合唱协会带领中国歌舞剧院管弦乐团音乐演奏家20人，来到顺义区双兴小学、东风小学，分别为两所学校的

师生上了1个小时的音乐欣赏课。该活动旨在更加有力地推进北京高校、社会力量参与小学体育美育的发展工作。课前，中国合唱协会副理事长李小祥为师生们作活动介绍，欣赏课由歌舞剧院管弦乐团团长主持。课中，学生了解了管弦乐器种类、音色、不同乐器组合、音乐家介绍、代表曲目等，并欣赏到世界名曲的演奏和演唱。场上不时爆发出热烈的掌声，学生均感受益匪浅。两校师生近1200人参加。（刘美坤）

【顺义区多方面提高学生审美素养】 年内，顺义区采取措施多方面提高学生审美素养。1. 丰富艺术教育内容，在部分中小学组建民乐团、管乐团、行进管乐队，组建健美操、拉丁舞等艺术类社团，扩大学生参与度。2. 重视各类文化课程建设，以音乐、美术、书法艺术学科为主，文理等学科为辅，在各学科教学中渗透审美意识。3. 搭建美育展示平台，组织参加市级各类艺术节，为学生举行书画作品展，举办学生新年音乐会，增强学生成就感。（徐振阳）

科技教育

概　况

2014年，顺义区科技教育成绩显著。

1. 举办市中小学生科技辅导员培训班（顺义班），提升科技辅导教师的科学素养和动手实践能力。打造“小天使科学院”，组织“仿生动物模型设计”“未来工程师”“科技动手做”等10余项科技类竞赛活动。在第66届IENA德国纽伦堡国际发明展中，顺义第一中学师生分别获得银奖和铜奖，其中《太阳光灯》获得中国赛区的创意金奖。

2. 组织顺义区第32届科技节及展示活动，开展不同形式的科学家进校园知识讲座、科技活动周、校内植物认领等活动。举办了顺义区模型类、航海航空类、机器人、新星杯英语词汇比赛、科技英语创意大赛、科技创新大赛等20余项区级赛事。组织参加了市第34届北京青少年科技创新大赛，3项获一等奖、8项获二等奖、15项获三等奖；科技辅导员科技创新成果项目2项获一等奖、2项获二等奖、1项获三等奖；科技实践活动1项获二等奖、1项获三等奖；科学幻想绘画3幅获一等奖、8幅获二等奖、23幅获三等奖；1名教师获十佳优秀科技辅导员称号；牛栏山一中荣获十佳科技教育创新学校；牛栏山一中的李子涵、刘启慧同学的科学建议被评为北京市中小学生科学建议奖，顺义区荣获优秀组织奖。

3. 组织参加第十五届全国青少年建筑模型教育竞赛总决赛，有6人获全国一等奖，3人获二等奖，7人获三等奖，4人获优胜奖，其中东风小学的王子强、吴信一、吴忧夺得金牌，光明小学的郭益周获得铜牌。

4. 牛栏山一中、李桥中小代表顺义区参加“快乐科技　梦想起航”北京学生特色科技活动展示暨第32届学生科技节闭幕式展示活动，顺义区获得科技节优秀组织奖。

5. 牛栏山一中金鹏团生命科学项目分团迎接了北京市金鹏科技团的验收评审。

【北石槽中学组织学生种蘑菇】 2月起，北石槽中学组织学生种蘑菇。一是“听得到”。

邀请北京市农业技术推广站高级农艺师为师生普及菌类文化知识，包括食用菌的分类、营养价值、药用价值、发展现状、食用方法

等内容。二是“摸得着”。专家演示“菇巢”乐栽盒、讲解菌棒知识，学生动手组装；选修生物校本课程的40名学生随专家走进智能温室，开展“开心蘑菇”实践种植活动，尝试温室蘑菇栽培。（屈丽丽）

【北石槽中小开展节水净水保护京城水脉科技实践活动】 3月22至28日，北石槽中小巧借资源开展“节水、净水，保护京城水脉”

科技实践活动。该校利用地处京密引水渠畔的教育资源，与李家史山水务管理所合作，举行“节水、净水，保护京城水脉”主题系列活动。1. 利用班队会时间，观看节水宣传片。2. 每班出一期“节约用水，从我做起”主题手抄报、画报。3. 节水小宣传员走进社区，发放宣传节水、护水资料。4. 组织学生走进李家史山管理所，参观南水北调相关设施，开展水质调查等科技实践活动。

（周仕磐）

【参加2014年北京科技创新大赛获奖】 3月27至30日，顺义区参加第34届北京青少年科技创新大赛。在本届大赛中顺义区共有5个项目入围总决赛，并参加为期3天的封闭答

辩与评审、公开展示与交流、科普报告会、中外师生论坛、专项奖颁奖典礼、“科学·梦的N次方”优秀科技成果展示及开闭幕式等活动。顺义区共申报学生竞赛项目45项，经过市级初评及最终决赛，3项获一等奖、8项获二等奖、15项获三等奖；申报科技辅导员科技创新成果项目7项，其中2项获一等奖、2项获二等奖、1项获三等奖；申报科技实践活动5项，其中1项获二等奖、1项获三等奖；申报科学幻想绘画40幅，其中3幅获一等奖、8幅获二等奖、23幅获三等奖；一名教师被评为十佳优秀科技辅导员；牛栏山一中荣获十佳科技教育创新学校称号；顺义区荣获优秀组织奖。（刘美坤）

【举办区中小学生新星杯英语汉语词汇游戏大赛】 4月12日，顺义区“新星杯”英语、

汉语词汇游戏大赛在石园小学举行。来自全区30所中小学校近2000余名学生参加比赛。

（刘美坤）

【后沙峪中小开展植物栽培认领活动】 4月14日，后沙峪中小举行峪秀园植物栽培培训活动。1. 开辟种植区域，由科学老师对百余

名学生种植组组长进行植物栽培方法、日常管理等培训。2. 学生认领种子回家种植，萌芽后移栽到学校指定区域内培育、管理。3. 建立植物生长手册，记录植物生长情况及种植心得。学校三四五年级100余名植物爱好者参与。（张　岩）

【举办区科技英语创意大赛团体表演赛】 4月17日，2014年顺义区中小学生科技英语创意大赛团体表演赛在区少年宫举行。全区18所学校参赛。组委会邀请由北京市学生活动管理中心、海淀外国语实验学校、航空航天大学、顺义区考试研究中心和澳籍教师5人组成的评委组，对参赛的作品进行评选，赛后推选9个代表队参加北京市比赛。（刘美坤）

【举办区中小学生航空模型比赛】 5月24日，顺义区中小学生航空模型比赛在杨镇一中举行，30余所中小学校的1200余名中小学生参赛，较去年人数增加50%。86名学生获得不同模型类的一等奖。（刘美坤）

【举行区中小学生航海模型比赛】 5月30日，顺义区中小学生航海模型比赛在国际鲜花港举行。比赛的海模型号包括梦想号、奋进号、自由号、极光号、海警号、温州号和“银河战士”等。全区40余所中小学校830余名学生参加，91名学生分获各项目一等奖。（刘美坤）

【北石槽中学推出科技课外活动套餐】 上半年，北石槽中学推出科技课外活动套餐。1. 量身定制。根据学生需求，设置“园艺师导学”“科普大讲堂”“竞赛我参与”和“种植管理体验”四项科技活动。2. 自主选择。学生通过“选择性开展”和“穿插交替开展”相结合的方式，自主选择，以年级和班级为单位分批分期参与。3. 专家指导。聘请赵各庄御杏园高级园艺师开办讲座，并现场指导。4. 亲身体验。组织学生为种植园除草，体验种植乐趣。（张金秋　屈丽丽）

【参加全国青少年航空航天模型教育竞赛总决赛成绩喜人】 8月3至5日，第十六届“飞向北京——飞向太空”全国青少年航空航天

模型教育竞赛总决赛在海南省三亚市体育中心举行。顺义区代表队由杨镇一中、北石槽中学、李桥中小、东风小学共10名参赛选手组成，分别参加了6个比赛项目，共获得一等奖2个、二等奖4个、三等奖8个。其中，杨镇一中学生赵子涵获中学女子组“美利达”遥控飞机追逐赛第三名，摘得铜牌；李桥中小学生孟奥伟获小学男子组“翼神”橡筋动力扑翼机竞时赛二等奖、纸折飞机直线距离赛一等奖；东风小学学生张浩南获小学男子组纸折飞机直线距离赛一等奖；其他参赛选手分获各自比赛项目二、三等奖。 （刘美坤）

【参加全国青少年航海模型竞赛总决赛喜获佳绩】 8月18至22日，第十五届“我爱祖国

海疆”全国青少年航海模型竞赛总决赛在山东省青岛市黄岛新区举行。本届约有1200名来自全国各地的优秀选手齐聚新黄岛，同台竞技。顺义区有李桥中小、石园小学、高丽营二小、牛山三小、仓上小学共10名选手参赛，分别参加航海模型拼装赛、遥控游艇模型环游赛、自航项目巡航赛、团体对抗赛、水上机器人创新赛和纸折船模型载重赛，最终获得一等奖3个、二等奖6个、三等奖6个、优胜奖15个。 （刘美坤）

【天竺中小与崇文科技馆开展手牵手活动】 10月20日，天竺中小与崇文科技馆开展“蒲

公英”手牵手活动。崇文科技馆的领导、教师走进天竺中小，为教师开展科技活动进行培训，为学生上动手制作、小实验等科普课程，受到师生的欢迎。天竺中小、后沙峪中小的科技教师还走进崇文科技馆，参观了科技馆的各项活动。 （刘美坤）

【顺义一中参加国际发明展获银奖铜奖】 10月28日至11月4日，第66届IENA德国纽伦

堡国际发明展举行。来自146个国家和地区的个人、院校、科研机构以及公司共计1642件发明作品参加展评。在中国青少年代表团参展的65件作品中，顺义一中学生李子杰和教师许实云共同设计的《太阳光灯》和《自动放充电器》分别获得银奖和铜奖，其中《太

阳光灯》还获得中国赛区的创意金奖。

（刘美坤）

【顺义区学生科技节开幕】 10月29日，顺义区第三十二届学生科技节在牛栏山一中开幕，本次科技节主题为“快乐科技、梦想起

航”。开幕式上总结了2014年科技活动，部署本次科技节期间的重点工作。李桥中小、获奖学生代表分别作典型发言。会后，与会领导同师生共同观看索尼探梦实验室情景剧，参加自然博物馆互动体验活动。区教委副主任王彪、区科委副主任张德顺、区科协副主席单银山、团区委副书记赵楠及区妇联、区环保局、区体育局有关领导出席。全区各中小学科技主管干部、科技教师及600余名学生代表参加。

（刘美坤　任立春）

【举办区中小学生建筑模型大赛】 11月16日，“培育价值观共筑家乡梦”2014年顺义区

中小学生建筑模型大赛在南彩第二小学举行。国家体育总局航管中心模型部主任姜玉龙现场观赛。大赛分个人赛和团体赛8个项目，全区38所中小学校1100名学生参加现场设计搭建比赛。活动围绕顺义新城区域产业、功能规划和环境保护与治理等方面内容，引导学生将学习城市建筑设计等相关知识与动手、动脑结合，作品展示了顺义新城的变化与发展，彰显了顺义少年的创新精神和扮靓家乡的美好愿景，进而达到宣传并培育社会主义核心价值观的目标。

（刘美坤）

【举办区青少年科技创新大赛】 11月26日，顺义区青少年科技创新大赛现场评审活

动在少年宫举行。本届比赛一改往届大场面答辩形式，学生利用演示文稿和专家面对面进行交流。通过现场答疑和专家点评，学生可直接了解到自己作品的优点与不足，对以后课题的选择很有帮助。全区共有297项创新作品参赛，其中73项参加现场评审。经专家评定，全区共遴选出工程作品17项、论文项目50篇、科幻画40幅、科教创新成果10项、科教实践活动9项参加市级竞赛。该项赛事作为一项大型的具有示范意义的青少年科技创新活动，在活动内容、活动形式等各方面不断创新，形成了参与广、影响大、基础实、有特色、成绩好的新局面，成为了推动全区科技教育活动发展重要载体。

（刘美坤）

【参加全国青少年建筑模型总决赛获历史最好成绩】 12月5至9日，第十五届“我爱祖国海疆”全国青少年建筑模型总决赛在杭州市举行。该赛由国家体育总局、教育部、中

国科协、共青团中央和全国妇联联合主办。顺义区东风小学、光明小学、李桥中小、北京四中分校等13所中小学校的20名学生组成的代表队与北京、上海、浙江、广州、内蒙古等23个省市、自治区、直辖市，近40支代表队同场角逐。最终，顺义区6名学生获一等奖，3名学生获二等奖，7名学生获三等奖，4名学生获优胜奖，其中东风小学的王子强、吴信一、吴忱夺得金牌，光明小学的郭益周获得铜牌。（刘美坤）

【2名学生获得市中小学生科学建议奖】 12月20日，第32届北京学生科技节闭幕式在北京工业大学体育馆举行。活动由北京市教委、科委、体育局、环保局、科协联合主办，北京学生活动管理中心承办，北京科技教育促进会协办。闭幕式举行"科学建议奖"颁奖仪式。牛栏山一中学生李子涵的《关于在房山区建立"石文化"博物馆的建议》、刘启慧的《关于国家版图意识宣传教育进社区的建议》获得2014北京市中小学生科学建议奖。全市共征集上交600多项科学建议，其中11项获得科学建议奖，顺义区教委获得科技节优秀组织奖。（刘美坤）

【李桥中小和牛栏山一中参加市学生特色科技活动展示】 12月20至21日，李桥中小7名师生、牛栏山一中4名师生代表顺义区参加"快乐科技·梦想起航"北京学生特色科技活动展示暨第32届学生科技节闭幕式。学生为到场观摩的市区县领导及与会师生展示并介绍科技小制作、特色科技教育的成果。（刘美坤）

特殊教育

概　况

2014年，顺义区特殊教育再上新台阶。随班就读工作更加科学、规范，168名残障学生在34所小学、17所中学随班就读，落实特教学生双学籍工作。召开区域融合教育推进会，邀请专家对学校随班就读工作进行理论指导。组织参加北京市随班就读教学设计评优活动，开展随班就读教学设计大赛、特教艺术节活动，收集作品100余份。

【顺义区推进融合教育现场会在木林中小召开】 5月20日，"翰墨飘香，学有特长"顺义区推进融合教育现场会在木林中小召开。市教委特教中心主任孙颖，市特教中心特聘专家周德林老师、宋晓华校长，海淀区特教中心主任王红霞，西城区特教中心主任姚兰，顺义区教委副主任张海东、小教科科长王桂英、中教科科长张旭东及顺义

区特教学校校长张晓宪，顺义区各中小学主管特教工作领导、教师参会。会上，张海东介绍了顺义区推进融合教育工作的阶段性情况。木林中小以培养一个听障学生的书法特长为案例，介绍了学校结合书法教育特色，推进融合教育的新思路。市领导及专家对顺义区及木林中小推进融合教育工作给予了高度评价。此次会议对推动融合教育工作的发展及提高教师工作能力起到促进作用。（富贵秋）

【承办北京市资源教室教研组教研活动】 6月27日，北京市资源教室专家和顺义区特教

中心及资源教师一行30多人走进顺义十三中开展教研活动。首先由十三中作《尊重关注　融合共生》工作汇报。顺义区特教学校的刘红老师为与会者作《结构化教学法》专题讲座，详细介绍了结构教学法对孤独症儿童的帮助及实际使用情况。北京市特教中心王善峰博士的专题讲座《我国资源教室研究现状及思考》，从文献情况介绍谈起，指出我国资源教室当前研究的一些薄弱环节，并提出几点思考。本次活动由区教委、区特教中心主办，顺义十三中承办。该活动对顺义区资源教室的建设和资源教师的专业成长提供了交流平台。（王继红　杨　华）

【市教育机关干部联系组开展调研活动】 9月17日，北京市教育机关干部联系中小学第三联系组第四小组相关领导到顺义区特殊

教育学校开展调研活动。特教学校校长张晓宪就第三联系组的四个议题进行发言。一是学校的基本情况；二是培育和践行社会主义核心价值观方面的情况；三是迎接国家义务教育均衡发展达标区县验收工作的准备情况；四是学校发展过程中存在的的困难和问题。与会领导就学校“需要专业教师、本校教师如何专业发展”的问题展开研讨。市教工委组织处处长部署了下一阶段的调研工作。海淀区教工委副书记、门头沟区教委副主任、石景山区教委副调研员、市教委离退处副处长及顺义区教委领导、特教学校领导12人参加此次调研活动。（武红静）

【举办随班就读教师培训】 10月21日，顺义区教委，区特殊教育支持中心在东风小学西校区举办“融合性课堂教学”讲座。北京市特聘专家周德林结合顺义区融合教育课堂教学的具体情况，介绍了融合性课堂的基本原则、融合性教学的方案设计及教学中应注意的问题。相关学校教师60余人参加。

（武红静）

【市教育机关干部联系组走进特教学校】 11月26日，北京市教育机关干部联系中小学第三联系组第四小组相关领导走进顺义区特殊教育学校，开展调研活动。学校领导与第三联系组进行了座谈，交流特殊教育的发展及顺义特教践行社会主义核心价值观方面的情况，观摩一节康复课。市教委离退处副处长王宇红、海淀区教工委副书记乔键、海淀区培智中心学校校长于文及特教学校领导教师10人参加此次调研活动。 **（武红静）**

【举办区资源教室专题研讨活动】 12月10日，在牛山三小开展资源教室学科补救研究课活动。本次活动共有三项活动内容，听课、研讨、培训。与会人员听了冯海燕老师的一节数学学科补救课。课后老师们进行研讨，取得的共识是：资源教室学科补救学习活动是由资源教师按计划在适宜的时间、适宜的区域，选择适宜的方法与辅助设施进行具体的教育训练。通过评估方法的培训，使老师们明白了学科补救要因人而异，每名学生的需求是不一样的，要通过评估为学生制定个别教育计划。 **（刘　红）**

【举行第六届随班就读课堂教学评优活动表彰会】 12月24日，顺义区第六届随班就读课堂教学评优活动表彰会在东风小学西校区举行。会上，区教委领导向获得随班就读课堂教学比赛获奖的教师及获得优秀组织奖的学校颁发证书。获奖教师代表唐璐、王梦实、张琳进行现场说课展示。区教委领导宣读《特教学校学生双学籍落实方案》。区教委信息中心教师陈曦讲解双学籍系统具体操作方法，要求各校切实做好特教学校学生双学籍落实工作。各中小学主管随班就读工作的领导及教师参加会议。 **（武红静）**

【多方位保障特殊学生教育权利】 年内，顺义区多方位保障特殊学生教育权利。1. 保障经费。每年拨付50多万元作为各项活动经费，每年向承担随班就读工作教师、资源教师发放特教津贴，全额承担此类教师培训学习费用。2. 确保教师质量。各校选派副主任以上干部为负责人。在评职、评优、晋级方面，条件相同情况下，优先考虑承担随班就读工作教师。2011年起，在各项评比中设立特殊教育专项。3. 不断提高业务水平。目前区内共有资源教室10个，成立资源教室教研组，定期开展教科研活动。本年3月，成立区特殊教育支持中心，促进随班就读工作更加科学、规范。截至年末全区有168名不同类型残障学生在34所小学、17所中学随班就读，近千名干部教师参与此项工作。 **（徐振阳）**

北京市顺义区特殊教育学校

概　　况

2014年，顺义区特殊教育学校占地面积6723平方米、建筑面积3500平方米。全年教育经费投入1372万元，全部为国家拨款。固定资产总值1351万元。图书馆（室）藏书0.8万册。有普通教室16个、专用教室15个。拥有计算机116台。多媒体教室座位22个。学校信息化经费投入530万元，校园网出口总带宽100Mbps，数字资源量13GB，“信息技术”课程21课时/周。教职工74人，其中高级职称6人、中级职称23人。专任教师63人，包括北京市骨干教师1人，本科以上学历59人。开设教学班16个，其中初中班5个、小学班11个。毕业8人，小学招生16人，在校生140人，其中小学94人、初中46人，全部为残疾学生。网址：http：//www. tj. shyedu. cn。（胡金侠）

【启动综合课程改革】 3月起，顺义区特教学校正式启动培智综合课程改革。把原来的生活语文、生活数学等学科课程合并为主题教学下的综合课程，保留音乐、美术、体育三门专业性较强的学科课。班级综合课程教学和管理由一名教师变为两名教师共同承担，两名教师要合力制定学生的个别化教育计划，根据学生实际情况制定学期主题、月主题教学内容和目标，并根据教学目标对学生进行月、学期教学评估。目前已形成“情景化、游戏化、结构化、生活化”的综合课程教学模式，梳理出课堂教学“整体——小组——个别化——整体”的教学流程和“整体——分化——统整”的教学结构。（王向辉）

【邀请台湾特教专家来校指导】 4月14至19日，顺义区特教学校邀请台湾特教专家鲍亦君教授来校指导。鲍教授深入课堂听课、评课、实操指导，还结合学校教学、课改情况进行“综合课程”“个别化教育计划”专题讲座。一周来，鲍教授与教师们一起开展各种活动，帮助教师们梳理了综合课程的教育理念、教学模式、个别化教育计划与课堂教学的内在联系及实施方法，使教师明确康复教育的方向，提升了教学水平。（武红静）

【举办第四届体育艺术节】 5月29日，顺义区特教学校在顺义五中体育馆举办校第四届体育艺术节。本次活动主题是：“激扬少年，放飞梦想”。活动设有艺术展示、亲子活动、各班特色展示、部门学生集体展示和教师风采展示五方面。此次活动不仅提升了家长与孩子的沟通能力，也让家长们看到了学生近来的变化与成长。师生及家长共计260人参加此项活动。（王　颖）

【开展名师献课活动】 4月14至17日，顺义区特教学校开展名师献课活动。活动由特教名师工作室全体成员集体献课，每天两节，特邀台湾特教专家鲍亦君教授参加评课指导，学校领导担任评委，并组织教师现场观摩。各位名师工作室成员结合学生实际情况，根据学科特点，精心设计教学内容和任务；授课过程中积极与学生互动交流、关注课堂生成，引导学生活动，较好完成教学目标，突显教学实效性。该活动展示了学校名师在综合课程改革中勇敢探索，努力提升自身业务

水平的教学成果，同时也鼓励名师要引领学校综合课程改革方向，提升学校课堂教学整体水平。（武红静）

【举办“兰馨杯”课堂教学评优活动】 4至9月，顺义区特教学校举办首届“兰馨杯”课堂教学评优活动。分三部分推进：一，4月份鲍亦君老师来校听名师工作室教师的展示课，逐一反馈，教师根据专家的意见进行课后反思，再备课，再上课，鲍老师再评课。二，新教师上汇报课，新教师在师傅的指导下上汇报课，学校领导评课，新教师进行二次备课、上课；全体教师参与评优活动，评优小组成员听课后进行一对一反馈。三，9月初召开总结表彰大会。全体任课教师参与。

（武红静）

【教师社团参加区教育系统专场演出】 5月24日，顺义区特教学校教师“鼓舞”社团参加区教育系统“放歌五月，炫舞风采”

教师社团专场演出。特教学校教师在学校领导的支持下，在闲暇之余以教职工社团的形式开展丰富多彩的文体活动，相继成立“特教骑兵连”社团、舞蹈社团、书画社团、“鼓舞”社团，并利用每年的新春团拜会或共建单位助演的形式为社团搭建展示平台。“鼓舞”社团的教师利用业余时间交流、排练，并参加此次专场演出，展现出特教教师的风采，构建了和谐向上的校园文化氛围。（武红静）

【召开群众路线教育实践活动动员大会】 5月28日，顺义区特教学校党支部召开党的群众路线教育实践活动动员大会。大会首先评

议学校干部党员，接着由党支部副书记张常增宣读活动方案；校长张晓宪作动员讲话：1. 加强学习；2. 不断反思、自省；3. 开展批评与自我批评；4. 树立形象。最后，由督导组郭亮主任讲话：希望大家要深入理解教育实践活动的意义，扎实搞好教育实践活动，坚持积极主动、从严标准、统筹兼顾，切实履行工作职责。动员会的召开，拉开了特教学校此次教育实践活动的序幕。

（张常增　武红静）

【开展六一庆祝活动】 5月29至30日，在六一儿童节来临之际，顺义区特教学校全校

师生一起开展庆祝活动。5月29日，全校师生在顺义五中体育馆举行“同在蓝天下　共享中国梦”第四届体育艺术节，各部门学生的文体艺术类节目依次进行展示；同时为各班学生发放市残联送来的节日蛋糕及礼物。30日，师生们到国际鲜花港参加区教委主办的庆六一游园活动，活动中，特教学生展示

了手语歌、太极扇、舞蹈及韵律操四个精彩的节目，得到观众的好评。（武红静）

【举行开学典礼】 9月1日，顺义区特教学校举行开学典礼，共同迎接新学期的到来。

在开学典礼上，首先举行升旗仪式，在庄严的国歌声中，国旗冉冉升起，学生敬礼；接着介绍了新同学、新老师；之后，张晓宪校长和王向辉副校长分别为学生们颁发“读书小明星”奖状和“优秀学生”小奖章；最后张校长在讲话中欢迎新同学来校，并希望新老同学一起努力，快乐成长。（武红静）

【召开教职工大会】 9月12日，顺义区特教学校召开2014—2015学年第一学期教职工

大会。会议内容为：一是校长张晓宪简要介绍上学期工作及取得的成绩，并为获奖干部教师颁奖。上学期，特教学校被评为区先进校；王颖主任被评为全国模范教师，并在人民大会堂受到习主席接见；12名教师分别被评为区级优秀学科带头人、园丁新星、骨干教师；1名教师获市级优秀课堂教学一等奖；1名教师被评为北京市“紫禁杯”优秀班主任；11名教师分获市特教优秀论文一二三等奖；27人获校评优课一二三等奖。二是副校长王向辉宣读本学期工作计划，布置本学期的常规工作及特色工作，特别强调学校工作要“以课题研究为引领”“推进融合教育”，学校将通过外出学习、专家指导、教学交流多举措鼓励教师专业发展，并继续深入推进综合改革。本次大会既对教师们的工作给予了鼓励和肯定，也对教师们提出了新的希望和要求。（武红静）

【召开校务公开大会】 9月12日，顺义区特教学校召开2014—2015学年“9·18”

校务公开大会。大会公开了政府采购教学设备、学校办公经费支出及食堂费用支出等情况，使老师们了解学校资金的流向。同时学校还通过宣传栏、电子公示栏等方式对学校事宜进行公开，体现公正、公平、公开的原则。全校领导教师60余人参会。

（武红静）

【组织登山活动】 9月19日，顺义区特教学校根据区教育工会转发的《顺义区健康促

进工作委员会的通知》精神，由工会牵头带领全体教师开展“健康生活我行动”五彩浅山登山活动。此次活动增强了教职工的健康意识，营造了和谐发展的团队精神，展现了教职工队伍昂扬奋进的精神风貌。学校领导、教师50余人参加活动。 （武红静）

【启动全员跟岗培训学习活动】 10月8日，顺义区特教学校启动全员跟岗培训学习活

动。此次活动时长一年，10至12月每周安排两位教师赴西城培智学校学习，深入课堂、教研组，参与教育教学活动，与名师深度交流，以提高自身康复能力和水平，并为顺义特殊教育的发展积蓄后备力量。

（王向辉 武红静）

【启动“爱心洗车场”校本课程】 10月10日，顺义区特教学校职业部开辟季节性课程

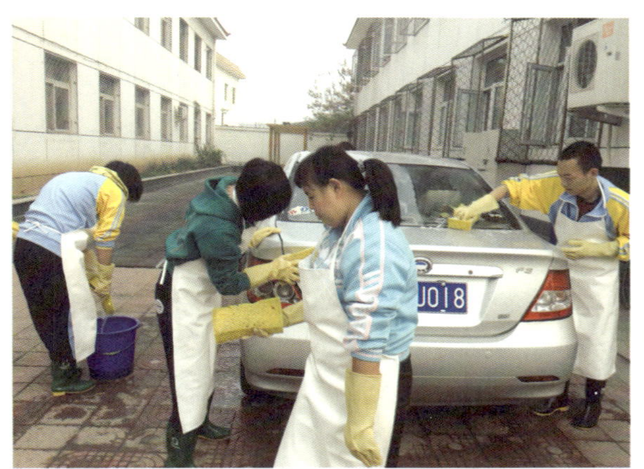

（冬季停止）“爱心洗车场”劳动实践基地。学校为洗车场配备适合学生操作的专业洗车工具，采取规范管理。每周一、二、四下午分别由三个职技老师邢福鑫、张艳凤和施冬梅带领，轮流到爱心洗车场有序开展劳动实践活动，以本校老师的车辆为教学资源，进行学习实践。经过前期准备（洗车工具的使用和洗车程序的学习），“爱心洗车场”轰轰烈烈“运营”起来，深受教师和学生喜爱。

（吴 靖）

【举行“清风竹韵”拜师大会】 10月11日，顺义区特教学校举行“清风竹韵”拜师

大会，十五位教师由此结成师徒关系。拜师会上，“徒弟”真诚敬拜“师傅”，“师傅”真心接受“徒弟”，会场洋溢着欢乐、融洽的氛围。刘爽老师代表“师傅”发言，表示要热情帮助青年教师，促进青年教师迅速成长；张金宝老师代表“徒弟”表态，感谢学校、感谢“师傅”，愿意在“师傅”的带领下，虚心学习，积极工作，早日成为促进学校发展的好教师。学校领导教师50余人参加活动。

（武红静）

【师生家长参加社会大课堂活动】 10月13日，顺义区特教学校师生、家长130多人

参加社会大课堂活动。师生和家长先是到富国海底世界，看到了多种多样的海洋生物，特别是可爱有趣的海狮表演，不时逗得孩子们开怀大笑。下午，大家又来到七彩蝶园，看到了美丽的蝴蝶，制作了蝶翅画，绘制了储蓄罐，孩子们非常快乐。一天的活动丰富多彩，真正让孩子们开拓了视野，沟通了关系，学到了知识，愉悦了身心。（武红静）

【举行秋季运动会】 10月16日，顺义区特教学校举行秋季运动会。在《运动员进

行曲》的乐曲声中，各班学生在班主任带领下，手举彩条、花环，喊着口号有序入场。运动会历时一天，共设置沙包掷准、足球射门等11个趣味项目，学生们全员参与，认真比赛。在最后的颁奖仪式上，学校领导为学生们颁发了奖品，学生们非常高兴。（王　颖）

【举办教职工趣味运动会】 10月17日，顺义区特教学校举行教职工趣味运动会。运动

会将教职工分为五个工会小组进行定点投篮、一分钟跳绳、一分钟踢毽三个集体项目的比赛，还安排了足球保龄、沙包掷准等个人趣味项目。教师们在活动中增强了沟通和集体合作的意识，体验了趣味运动的快乐。

（武红静）

【台湾专家指导康复教学】 10月20至24日，台湾著名特教专家鲍亦君教授到顺义区

特教中心，指导融合课堂教学。在这五天里，鲍教授上午听课，下午评课诊断，周二、四、五下午还结合课例组织教师研讨交流，针对教室环境布置、课堂教学结构、引起学生学习动机的方式方法及IEP计划的制定等内容进行分析。鲍教授的指导有较强的实效性，对顺义区特教教师的专业发展、康复教学能力的提升、融合性教学的推进起到明显促进作用。（王向辉　武红静）

【特教专家来校对学生进行跟踪评估指导】 10月28日，资深特教专家、重庆师范大学脑瘫康复培训中心专家胡涵到顺义区特教

学校，对上期评估的30名学生进行跟踪评估指导。评估过程中，胡老师结合学生情况介绍相关康复训练的知识，指导康复方法，并根据学生程度制定新的发展目标。

（武红静）

【党支部召开群众路线教育活动总结会】 10月31日，顺义区特教学校党支部召开群

众路线教育活动总结会。会议主要内容有：1. 民主评议。全体参会党员对学校党支部领导班子及党员干部分别进行评议、投票。2. 汇报工作。校长张晓宪代表领导班子对党支部开展群众路线活动的具体做法及整改实效进行汇报。3. 领导点评。教工委督导组第十四督导组组长对本次活动进行点评，肯定学校党支部在群众教育实践活动中的做法，并对今后工作提出建议。

（张常增　武红静）

【成立家长委员会并召开首次会议】 11月

6日，顺义区特教学校举行家长委员会成立仪式并召开首次会议。经过部门选拔和推荐，共有8位家长成为特教学校新一届家委会成员。会上，校长张晓宪为委员颁发聘书并讲话，教学部主任宣读家委会章程、介绍学期工作。随后召开家委会首次会议，各位委员结合学校工作进行交流，重点研讨招募“家长义工”等工作。家委会的成立，架起学校、家庭、社会的桥梁，形成了三位一体的教育网络，深度加强家校互动，将共同促进孩子的康复和发展。

（武红静）

【组织开展教职工登山活动】 11月6日，顺义区特教学校工会组织教职工开展登山活动。本次活动的主题是“爬舞彩浅山，赏浅山红叶”。在工会委员的带领下，教师沿着舞彩浅山的月明涧段一路行进到白毛峪段，欣赏着山上的红叶，感受着秋天的美景。活动进一步提升了教师运动健身的意识，增进了教师之间的沟通了解，还提高了学校的整体凝聚力，学校领导及教师50余人参加活动。

（武红静）

【出席市级信息技术年会并作经验介绍】 11月15日，顺义区特教学校出席北京市电教研究会特殊教育技术专业委员会第二届

年会。年会举行颁奖仪式，学校获优秀组织奖，上交的信息技术作品有20件分获一、二、三等奖。在大会交流环节，学校教师肖承强作了工作经验介绍。特教学校一直重视信息技术在特教课堂教学中应用的研究和实践，并取得较好成绩。在信息

技术与课堂教学有效对接的实践中，探索出更科学有效的策略，提升特殊教育课堂教学水平。（武红静）

【制作椅垫送温暖】 11月6日，顺义区特教学校学生将亲手缝制的椅垫送到学校教师

手中。为让智障学生能够更好地明白服务自己服务他人的含义，10月初职业13班手工课教学主题设定为“小小椅垫送温暖”，让学生学习制作椅垫，把技能学习的过程与社会情感的培养联系起来——为教师制作椅垫。在学习的过程中学生表现出极高的热情，每个椅垫的剪裁、包边、缝制都认真完成。（吴　靖）

【举行旱地冰球比赛】 11月中旬至下旬，顺义特教学校旱地冰球比赛，活动分为学生组、教师组、家长组。低年级组要求对门推杆入球；高年级组要求两班对打；教师组按照教研组抽签进行；家长组则与孩子组成亲子组对打。活动中，全校师生积极参与，气氛高涨，参与人员都在比赛中增强了竞争意识并体验到运动的快乐。师生及家长约200人参加此项活动。（王　颖）

【召开安全工作专题会议】 11月28日，顺义区特教学校召开主题为“敬畏生命　牢记使命　责任重于泰山”安全工作专题会议。本次活动邀请区教委综治科科长杨广田等出席。杨科长以《强化预防，落实责任，巧妙应对，确保安全》为题作了讲座，从学校安

全工作管理、学校重点岗位教师应具备的条件及具体工作中应注意的问题等方面结合学校特点做详细的说明，老师们均感颇有收获。特教学校领导、教师50余人参加活动。（武红静）

【北京星德宝汽车销售公司走进顺义特教】 12月17日，北京星德宝汽车销售有限公司

经理及员工一行5人走进顺义区特教学校，与特教师生开展主题为“北京星德宝‘悦关怀’爱心播撒阳光”活动。活动由星德宝公司倡议和组织，此次为特教学生送来文化用品、帽子围巾、图书等共计300件，体现对残疾孩子的关注和关爱。特教学校校长、主任及师生参加此次活动。（武红静）

【举行卡拉OK大赛】 12月19日，顺义区特教学校工会举行“炫我K歌”卡拉OK大赛。大赛项目包括合唱、独唱、对唱、男声小乐团表演唱等多种形式，学校领导及音乐老师担任评委。根据演唱水平、现

场表现分别评选出团体及个人一二三等奖。此次活动展现了教职工的艺术特长，加强了同事间的沟通，也展示出了顺义特教团结、和谐、健康、向上的精神风貌。

（武红静）

【举行教学故事演讲比赛】 12月26日，顺义区特教学校举行第二届“红梅杯”我

的教学故事演讲比赛。区教委小教科特教视导员王志良，中教科特教视导员葛军及考研中心小学教研室主任杨树华参加活动。本次演讲比赛共有15名教师参加，他们均是在前期两轮紧张比赛之后选拔出来的。在比赛现场，教师们结合多媒体技术手段，为大家呈现了精彩纷呈、鲜活灵动的教学故事，让全体教师欣赏到专业理论知识与技能在课堂上的精彩再现，感悟到教师们专业教学方法的有效提升。最后，举行颁奖式，15名教师分别获特等奖及一、二、三等奖。

（武红静）

城乡联动改革

概　况

2014年，顺义区教育系统全面贯彻党的教育方针，遵循教育发展规律，教育领域综合改革扎实推进。从制约教育事业科学发展的热点难点问题出发，深入分析问题产生的深层次体制机制障碍，初步制定了《关于进一步推进顺义教育综合改革的实施意见》，提出了教育综合改革的目标任务和工作重心。改革教育管理体制，推进政府职能转变和简政放权，落实依法治校，完善学校内部治理结构，推动教育系统去行政化改革。改革教师管理模式，深化教育系统人事制度改革，积极推进教师职称聘任制度改革。推进考试招生制度改革，创新人才培养模式，坚持立德树人，全面推进素质教育。改革资源配置方式，统筹城乡义务教育资源均衡配置，推进普通高中多样化特色办学，构建学前教育公共服务体系，提高教育公共服务水平。努力扩大教育对外开放，拓宽教育交流领域，提高教育国际化水平。创新办学机制，加强联盟组团工作机制研究，加强改革试点新型学校建设，引领全区基础教育改革深入开展。

积极推进北师大教育改革合作项目，组织中小学干部领导力提升培训，从提高干部教学管理能力、德育管理能力和综合素质等多个方面聘请名校专家作专题报告，全区中小学300多名干部教师先后参加两期总计4天的培训、交流、研讨。项目专家定期深入20所实验校指导工作，开展行动研究，在学校办学特色呈现、教学方式改进、学校德育创新等方面有明显进展。

坚持以教育管理方式和教育治理方式创新引领教育发展方式创新。围绕建立现代学

校制度，在全区校园长中开展办学思想大讨论，为中小幼提供了现代学校制度建设的政策理论依据和现实管理案例，引导学校从制定章程入手，深入研究现代学校管理体系建设，逐步扩大和落实学校办学自主权，推进依法治校。

统筹推进教育综合改革，积极探索符合实际的管、办、评有机结合的全新的教育管理体制，聘请21世纪教育研究院作为第三方社会专业组织和评价机构对顺义区联盟和组团工作绩效进行评估。以专业化的工作团队为依托，建立了以教育研究、教育管理、教育实践等多领域人员参与的工作团队，在相关政策文本梳理和理论研究的基础上，采取定性与定量结合的实证研究方法，从联盟组团建设的政策目标、政策需求、政策效益、政策监控和政策价值等几方面进行评价和评估，初步形成了顺义联盟组团建设工作模式，同时进一步明确了今后的发展思路和工作重点，为进一步深化教育领域综合改革和科学进行教育发展评价奠定了坚实基础。

【制定教改任务分解表】 1月，区教育改革办公室制定教改任务分解表。确定改革主要任务：全面推动城乡学校之间校长、教师有序流动、科学流动、合理流动，提高农村学校的管理和服务水平，促进义务教育均衡优质特色化可持续发展。坚持全面发展，加强和改进学校传统文化教育工作、体育工作和美育工作，促进青少年身心健康发展。近期至2016年的任务是，形成以政府办学为主体、全社会积极参与、公办教育和民办教育共同发展的格局。全面贯彻党的教育方针，坚持立德树人，通过“三爱”教育，弘扬社会主义核心价值体系。转变政府职能，理顺学校和教育管理部门的关系，实施管理创新和教育治理方式创新。加快现代职业教育体系建设，深化产教融合、校企合作，培养高素质劳动者和技能型人才。中远期的任务是，进一步完善基本公共教育服务体系，丰富基础教育、社区教育等各类资源，满足人民群众多样化入学需求等。（贾立新）

【举办项目组赴校专题培训】 3月23日，北师大教改合作项目在顺义十一中学报告厅

举行“学校中层干部领导力和执行力”提升培训。东城区广渠门中学副校长和北京师范大学附属实验中学副校长分别围绕《构建生态校园，塑造优质生命》和《课堂教学的思考与实践——管窥学校教学管理》两个主题作专题报告。北师大教育管理学院院长鲍传友对全年项目工作进行了部署。全区中小学校长、主管德育和教学工作领导、项目核心组教师200余人参加。（贾立新）

【杨镇一中联盟校参加俸伯中小活动】 3月25日，杨镇一中联盟各小学在顺义十一中报告厅参加俸伯中小“作家进校园”报告会——暨“1+1+1”活动启动仪式。该活动由俸伯中小联合北京西单图书大厦共同举办，著名作家梅子涵作专题讲座。联盟校教师代表及学生近300人参加。（贾立新）

【特色建设项目校赴成都学校考察】 4月11至15日，北师大教育管理学院组织“顺义区综合教育改革——特色学校建设项目”学校赴成都参加学校特色与文化建设案例研讨会，实地考察成都市七中、九中、金牛实验中学和草堂小学等4所特色建设学校。项目校干部教师30人参加。

（贾立新）

【牛栏山一中召开联盟会议】 4月17日，牛栏山一中在本校名师堂二层会议室召开联

盟工作会议，会上顺义区聘请的第三方教育评估机构——二十一世纪教育研究院专家与会。研讨了本年度联盟工作及联盟校交流展示活动，以及联盟工作绩效考核相关事宜。各校校长及改革工作负责干部20余人参加。

（贾立新）

【开展联盟组团工作绩效评估】 4月，顺义区教改办聘请21世纪教育研究院作为第三方社会专业组织和评价机构对顺义区联盟和组团工作绩效进行评估。以专业化的工作团队为依托，建立以教育研究、教育管理、教育实践等多领域人员参与的工作团队，采取定性与定量结合的实证研究方法，实地走访20余所学校，发放教师调查问卷302份，有效回收297份。从联盟组团建设的政策目标、政策需求、政策效益、政策监控和政策价值等几方面进行评价和评估，初步形成顺义联盟组团建设工作模式，同时进一步明确了今后的发展思路和工作重点，为进一步深化教育领域综合改革和科学进行教育发展评价奠定坚实基础。

（贾立新）

【举办项目校专题培训】 9月24至26日，“北京师范大学与顺义区综合教育改革项目”集中培训在牛栏山一中C座报告厅举行。北京市陈经纶中学原德育副校长朱洪秋、北师大高教研究所副所长洪成文、北师大教育技术学院教授马宁和北京中关村四小校长李晓琦先后做主题报告，顺义三中、杨镇一中、牛一实验学校、石园小学、杨镇中小和南彩学校代表项目校进行交流汇报。全区各中小学校长、项目负责人、主管德育和教学干部及骨干教师200余人参加。

（贾立新）

【少年宫召开课题成果征集研讨会】 10月11日，《顺义区青少年科技艺术拔尖创新人才早期培养的机制与模式研究》课题研究成果征集研讨会在少年宫召开，10个课题项目校主管教科研的干部参会。会议肯定成员校前一阶段的工作，强调课题成果一定要反映工作实际，要做真做实，要全面细致。该项研讨既是对前一时期工作的总结和提炼，又是

对今后工作的梳理和提升。

（贾立新）

【草拟教育综合改革方案】 年内，区教委草拟《关于进一步推进顺义教育综合改革的实施意见》。该方案立足制约教育事业科学发展的热点难点问题，深入分析问题产生的深层次体制机制障碍，提出教育综合改革的目标任务和工作重心，改革教育管理体制，推进政府职能转变和简政放权，落实依法治校，完善学校内部治理结构，推动教育系统去行政化改革，进一步完善义务教育均衡发展工作机制。改革教师管理模式，深化教育系统人事制度改革，积极推进教师职称聘任制度改革。推进考试招生制度改革，创新人才培养模式，坚持立德树人，全面推进素质教育。改革资源配置方式，统筹城乡义务教育资源均衡配置，推进普通高中多样化特色办学，构建学前教育公共服务体系，提高教育公共服务水平。努力扩大教育对外开放，拓宽教育交流领域，提高教育国际化水平。创新办学机制，加强联盟组团工作机制研究，加强改革试点新型学校建设，引领全区基础教育改革深入开展。

（贾立新）

义务教育均衡发展

概　况

2014年，顺义区改革资源配置方式，

统筹城乡义务教育资源均衡配置。以责任区建设为抓手，促进均衡成为义务教育督导的重点。结合三大联盟建立了6个督学责任区，并按照《工作手册》的任务和要求，参照《义务教育均衡发展专项督导方案》的指标，听取校长汇报，随机听课1480余节，进行学生问卷1860份，随机访谈教师600余人，观察校园文化环境建设，查看学校课程设置、课外活动、落实减负、开展核心价值观教育等资料，实地察看实验室、图书馆、计算机房等专室及体育器材等配备、管理使用情况。对全区所有义务教育学校开展专项督导，进一步规范了各学校办学行为，提升了督导促均衡、提内涵、创特色功能，为3月份迎接国家教育督导团对顺义区义务教育均衡发展区县认定工作打下坚实的基础。

【部署义务教育均衡发展工作】 4月4日，顺义区布置开展义务教育均衡发展专项督导工作，会议邀请区教委中教科刘之海科长就2014年中、高考招生考试政策进行解读和培训，为责任督学进校园、解答社会人士焦点问题提供依据。会议由教育督导室副主任李卫东主持，副主任盛得富会上讲话强调所有专兼职督学要在深入开展党的群众路线教育活动中，牢固树立服务理念，认真履职，明确督导标准，引领学校发展；要尊重学校、教师和学生，俯下身子，似导师、如专家，以高度的责任感、强烈的事业心，做好本职工作与兼职任务，高质量完成每项督导任务。专兼职督学四十余人参会。 （王跃文）

【开展义务教育均衡发展专项督导工作】 4月10至25日，顺义区教育督导室组织专兼职督学分赴六个督学责任区，依照《义务教育均衡发展专项督导方案》，对全区所有义务教育学校开展专项督导。各责任区督学全面把握督导标准，通过听取校长汇报，查看课程开设、减负情况等资料，实地检查计算机房等专室和体育器材配备及管理

使用情况，深入了解学校工作，对存在问题提出了限期整改意见。督导结束后，督导室副主任盛得富主持召开专项督导工作协调会。会议肯定了各学校在推进义务教育均衡发展方面取得的成绩，针对部分学校存在的硬件设备配备管理使用、学校特色不鲜明等问题，督导室将会同教育资产管理服务中心现场解决部分学校存在的困难。督导室副主任李卫东、区教委副主任高山等领导参加协调会。 （王跃文）

【开展义务教育均衡发展二次督导】 5月

28日至6月11日，顺义区教育督导室组织全体专兼职督学，按照六个督学责任区，对全区所有中小学校进行督导回访。回访重点是针对4月份督导给各校提出整改意见后的学校改进情况。6月13日，盛得富、李卫东两位副主任专门听取了各责任区二次督导情况汇报，并对各组提出的共性问题进行了梳理，为两委一室决策提供了依据。 （王跃文）

合作交流

概　况

2014年，顺义区教育合作与交流进一步加强。区教委组织部分科室干部和部分中小学校长赴广东、山东等地进行教育考察，交流两地教育改革的主要做法及成功经验，探索顺义教育综合改革的思路与任务，并草拟了《关于进一步推进顺义教育综合改革的实施意见》，思考如何破解顺义教育发展的瓶颈问题。在课程改革的大背景下，顺义——怀柔小学举行综合实践活动区域联动教学交流研讨会，两区教师通过听课、评课进行交流互动，增强小学综合实践活动区域间的合作与交流，有效推动了顺义区小学综合实践活动“三阶段六课型”的研究。顺义区少年宫“小黑马”爵士乐团师生远赴美国，参加由文化部主办的“第115届金龙大游行活动”交流演出取得圆满成功。少年宫民乐团赴法国巴黎参加“联合国教科文组织文化交流展演”，外出交流使得师生收获颇丰，大力弘扬了民族传统文化。

【爵士乐团赴美国交流演出圆满成功】 1月31日至2月11日，顺义区少年宫“小黑马”爵士乐团师生27人，在少年宫副主任张广忠、培训部主任刘瑞红、乐团团长乔达的带领下赴美国参加由文化部主办的第115届金龙大游行活动，与洛杉矶华人华侨一起庆祝中国农历新年。爵士乐团的美国之行，取得了圆满成功。学生们开阔了眼界、增长了知识，得到了锻炼和提升。 **（刘瑞红）**

【区少年宫民乐团赴法国参加联合国教科文组织展演活动】 2月5至18日，顺义区少年宫民乐团48人赴法国巴黎参加联合国教科文组织文化交流展演。在交流活动中，乐团学生们有幸与姜昆、陈爱连等老艺术家以及中国多家优秀艺术团体在联合国教科文总部同台演出。少年宫民乐团作为仅有的一支民族管弦乐团，完美地将中国民乐展示给了100多个国家的外交大使及华侨。参加外出交流，师生均感收获颇丰。 **（刘　静）**

【教委考察小组赴广东山东取经】 6月17至21日，顺义区教委组成由组织科、中教科、小教科、学前科等科室干部和部分校长参加的11人考察小组，相继赴广东顺德教育局及顺德职业学院、顺德一中、罗定邦中学、大良西山小学、伦教翁佑中学和山东潍坊市教育局及潍坊一中、潍坊市中新双语学校、潍坊市广文中学等学校考察学习，实地了解广东顺德教育局和学校在开展教育综合改革特别是简政放权方面的做法和经验，学习山东省潍坊市教育局在教育人事制度改革特别是实施校长职级制方面的先进做法。

（贾立新）

【顺义——怀柔小学综合实践活动区域联动教学研讨会举行】 11月25日，顺义——怀柔小学综合实践活动区域联动教学研讨会在东

风小学举行。与会人员观摩东风小学教师张金玲和徐晓芳分别展示的“聚焦一次性用品——小组活动情况中期交流”和“饮料的学问——交流完善小组展示方案”两节课；听取顺义区考研中心小学综合实践活动教研员张景林作全区小学综合实践活动“三阶段六课型”研究实施情况汇报；两区教师进行交流互动，怀柔区小学综合实践活动教研员昝荣亮对两节观摩课作精彩点评，并对顺义区开展的“三阶段六课型”的研究给予高度评价。该活动增强了小学综合实践活动区域间的交流，有效推动了顺义区小学综合实践活动“三阶段六课型”的研究。顺义区考研中心副主任李广生和小学教研室主任杨树华，两区部分学校教师代表共50余人参加活动。

（于有民）

北京市顺义牛栏山第一中学

【概况】 2014年，北京市顺义牛栏山第一中学占地面积181652.31平方米、建筑面积120943平方米，体育场（馆）面积35271平方米。图书馆（室）藏书9.81万册，电子图书9万册，订阅杂志、报刊448种。固定资产总值11240.86万元。全年教育经费投入11048万元，全部为国家拨款。全年学校信息化经费投入810万元，拥有计算机897台，多媒体教室座位3105个，校园网出口总带宽200Mbps，数字资源量10000GB，“信息技术”课程2课时/周。有普通教室69个、专用教室26个、实验室17个。教职工396人，其中高级职称133人、中级职称119人。专任教师303人，包括特级教师4人、北京市骨干教师15人、北京市学科带头人3人；本科以上学历362人。开设教学班49个，均为高中班。毕业699人，招生640人，在校生1951人，包括寄宿生1910人。高中录取分数线540分（本区），应届高考本科上线率96.13%。网址：www.nlsyz.com.cn/niulanshan/。

（许　坤）

【获评全国未成年人生态道德教育示范学校】 1月3日，牛栏山一中获评2013年度全国未

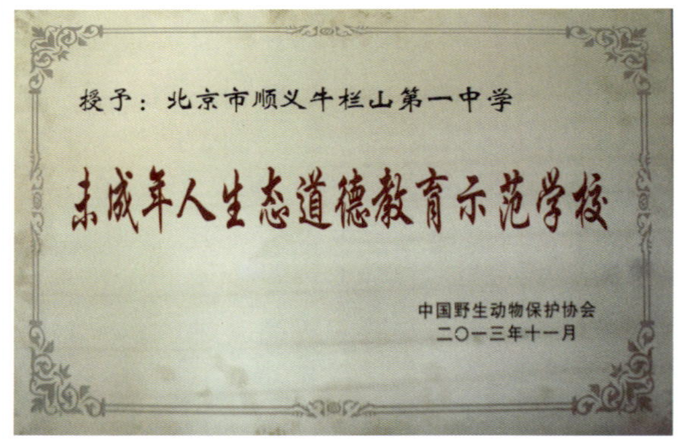

成年人生态道德教育示范学校。该评选由中国野生动物保护协会主办，面向全国中小幼学校，以申报形式参评。本次评选中，全国62所中小学校获此殊荣。该校生命探索小组10年来在生物教学、生命课题研究、生态道德教育等领域开展了30多项研究及探索，出版《飞翔的鸟》《科技教育成果集》《鸟类科技实践活动方案》《化学与环境》等书籍，在科技生态道德教育，科技育人等方面进行了积极探索并取得成绩。

（许　坤）

【参加“小院士”课题评选获奖】 1月3日，牛栏山一中师生在第九届中国少年科学院“小院士”课题评选活动中获奖。高二年级学生罗力卓、高三年级学生秦欣和刘文志荣获中国少年科学院小院士称号；高一年级学生龚迪菲，高二年级学生李馨婷、康雪雯、宋彦蓉、陈彦锟荣获中国少年科学院预备小院士称号；高一年级学生刘启慧、陶然，高三年级学生王子祺、李言蹊荣获中国少年科学院小研究员称号。李万成、林媛媛、龚志勇、杨晋科、杨西更、孙延涛老师荣获全国优秀科技教师称号。该项活动由中国少年科学院主办，全国少工委、中国科学院等单位支持。来自全国各省市的800多件入围作品参加展评，全国共评选出120位小院士。

（许 坤）

【实行“单元任务书”教学尝试】 2月18日，牛栏山一中在高一、高二年级的九大学科中，实行“单元任务书”自主学习教学改革实践。教师依据模板，结合学科单元教学目标设计出《单元任务书》，其目的是准确把握学情，在了解学生已有知识结构及思维特点上进行教学设计。学生依托《单元任务书》的考查目标，自学教材和课程资源，梳理单元知识网络、回答重点问题、完成基础检测，最后发现并提出问题。教师在课堂上针对学生的问题采取不同教学方式，提高课堂教学的针对性和有效性。

（许 坤）

【成立“名师堂”】 2月26日，牛栏山一中成立“名师堂”。“名师堂”是校长张华礼

倡导并组织实施的，旨在加强教师队伍建设，通过名师熏陶、研修培训、学术交流等方式，培养教育教学骨干，使教师由经验型教师向专家型教师跨越。来自北京市基教研究中心、北京市数学特级教师王燕春和首都师范大学张福彬教授成为入住“名师堂”的首批名师，当日成立顺义区第三期名师工作室——“王燕春工作室”；11月4日又成立“张福彬语文研究工作室”。今后，该校将根据学科发展和教师需求陆续聘请名师指导教学工作，会有更多的名师工作室入住“名师堂”。（许 坤）

【数字校园工程竣工】 3月25日，牛栏山一中数字校园工程竣工。该校数字校园工程

以“立足资源共享，拓展教育空间，构建数字创新校园”为目标，整合校内、校外资源，创建以师生成长、管理为中心的“学园”；以家校、后勤管理为中心的“家园”；以体卫艺

师生活动为中心的“乐园”；以一卡通、国际交流、行政管理为中心的“公园”，共计十二个中心，近80个系统平台。实现了管理、学习、资源的融合。为教师、学生在学习和生活上，构建了一个良性的立体的虚拟校园空间关系网，让知识学习、班级管理、师师之间、生生之间以及师生之间形成了一个有机的数字生态环境。（许　坤）

【多名化学教师获国家级奖项】 4月16日，牛栏山一中化学教师在2014年暨第九届全国

基础教育化学新课程（含初高中）实施成果评选及交流活动中获奖。本次活动由中国化学会化学教育委员会、北京师范大学化学教育研究所主办，《化学教育》杂志、北京凌伊动力公司共同协办。来自全国23个省市自治区的62名选手参加此次活动。该校9名化学教师在优秀个人评选，教学录像、教学设计、教学论文、习题研究、说课录课等项目中获得13个奖项。陈福钢老师的“电极反应式的书写”荣获现场说课比赛特等奖；林媛媛老师被评为2013年度全国基础教育化学新课程实施优秀个人。（许　坤）

【与东北师范大学签署合作协议】 4月12日，牛栏山一中与东北师范大学签署“开展教师培训项目”战略合作协议。协议约定东北师大在对牛栏山一中教师队伍现状进行有效诊断和评估的基础上，根据该校实际需求拟定教师培训课程框架，实施名师培养、骨干教师研修、短期培训、参观交流、合作研究、专家团队组建项目。牛栏山一中作为实践基地，将优先安排东北师大组织的教师实践培训活动。合同以三年为一个周期。（许　坤）

【举办首届校园文化艺术节】 5月11日，牛栏山一中举办首届校园文化艺术节。该艺

术节以“激扬青春，放飞梦想”为主题，采用汇报演出的形式，展现师生艺术才华，176名师生参演。该校清音合唱团、飞扬舞蹈团、弦音民乐团、五度室内乐团等社团及教师表演队演出了15个节目。国家一级演员、空政文工团青年歌唱家刘和刚到场献歌。节目展演间隙还举行了“牛中艺术之星”颁奖仪式。高一、高二年级师生及学生家长1000人观看演出。（许　坤）

【合唱团获全国一等奖】 7月15日，牛栏山一中由57名师生组成的清音合唱团在贵阳举办的第五届中国魅力校园合唱节比赛中荣

获全国一等奖。此次比赛由中国合唱协会主办，主题为“相约多彩贵州　为祖国放歌”，来自全国各地的39支优秀合唱团参赛。比赛

分小学、中学、大学、教师4个组别，该校凭借《水母鸡》《shall we go dance》两首作品摘得第五届中国魅力校园合唱节一等奖，赵颖楠老师荣获全国最佳指挥称号。（许　坤）

【舞蹈团获国家级奖项】 7月21日，牛栏山

一中由40名学生组成的飞扬舞蹈团揽获第二届“荷花少年”全国中学校园舞蹈展演两大奖项。此次比赛由中国舞蹈家协会主办，全国25个省市自治区直辖市中小学参赛，经过初选和专家评审委员会的严格评审，飞扬舞蹈团创编的作品《我心飞翔》荣获大赛星光少年奖和优秀组织奖，罗佳老师荣获优秀编导、优秀指导教师称号。该校“飞扬舞蹈团”由来自不同年级的40名学生组成。（许　坤）

【牛栏山一中实验学校宿舍楼竣工】 8月26

日，北京市牛栏山一中实验学2校宿舍楼竣工。该宿舍楼占地面积1418平方米，建筑面积14496平方米，为框架结构，地上九层地下一层，有学生宿舍146间，教师宿舍78间，可供1080名学生和207名教师居住。宿舍楼于2013年10月开工，总投资5378万元。该学校为民办寄宿体制，面向北京市招生。

（许　坤）

【牛一实验学校小学部招生】 9月1日，北京市牛栏山一中实验学校小学部招收的四、

五、六三个年级346名新生入学，共开设教学班12个，教职工83人。该校为民办体制寄宿小学，面向北京市招生。（许　坤）

【创建IT育英班】 9月1日，牛栏山一中IT育英实验班开课。该班为学校适应时代发

展和教育发展的需求，结合IPAD及学校已经建立起来的数字校园系统，依托中科院在该校建立的“智能科学与技术”和“智慧家庭物联网及其DIY科学探索”两个重点实验室，实施互动课堂教学，随时记录教师的教与学生的学的状况。通过数字化的教学，增强学生对IT的兴趣、提高学生IT技术素养及探究能力。通过参与IT项目的实战和管理，使学

生初步具备IT项目的策划、设计、开发、测试、推广、营销以及运维管理的能力和IT文化的独立、共享、互助、开放和创业创新意识，为学生未来从事IT方面的工作和自身发展搭建良好的平台。该班学生由经过选拔的45名2014级高一新生组成。师资包括校内、校外两部分，其中校外聘请了中国科学院自动化研究所、北工大耿丹学院及其他合作高校研究员、教授等授课。实验班实验周期截止到2017年8月。（许　坤）

【与西峡高中签订合作协议】 9月4日，牛栏山一中与河南省南阳市西峡县第一高级中

学签订合作协议。合作协议主要内容为通过“手拉手”“结对子”等方式，开展教育、教学和管理活动；双方教师挂职交流，开展教育管理和人员研修；定期举办教育论坛；互相开放网络资源，实现课程资源共享；加强对西峡县基础教育的支持，帮助引进北京知名大学和教育机构合作办学等。合作协议还对建立两地高中磋商机制，每年进行一次工作磋商，定期通报进展情况，落实合作事宜等方面做了相应的约定。合同有效期至2020年。西峡县第一高级中学系河南省示范性高中，南阳市市级文明单位。（许　坤）

【成立学术委员会】 9月16日，牛栏山一中成立学术委员会。委员会由主任委员、副主任委员、秘书长、副秘书长、委员组成，为非行政的全校最高学术组织。该委员会在校长办公会直接领导下，与学校相关处室相互配合，主要从课程建设、课堂实施和诊断评价方面开展学术指导、学术评估和学术审

牛栏山第一中学成立学术委员会

科研副主任　李冬梅

为提高学校整体教育教学质量，营造学术研究氛围，继承和发扬“严谨治学、辛勤育人”的教风，促进教师专业发展和教育教学能力的提高，推进学校教育事业的改革与发展，经校务会的充分研究与论证，决定成立“牛栏山一中学术委员会”。

学术委员实行申报评定制和主任推荐制。2014年9月16日，在个人申报与推荐的基础上，经校长办公会研究认定，产生了牛栏山一中首届学术委员会成员名单，并召开学术委员会第一次全体委员会议，讨论通过《牛栏山第一中学学术委员会章程》。

学术委员会是非行政的全校最高学术组织。学术委员会在校长办公会直接领导下，与学校相关处室相互配合，主要从课程建设、课堂实施和诊断评价方面开展学术指导、学术评估和学术审议等工作。学术委员每届任期3年，可以连选连任。首届学术委员会委员由九位师德高尚、教育教学水平高、科研能力强的教师代表组成。

牛栏山一中首届学术委员会名单

主任委员：张华礼

副主任委员：田向工、王培林

秘书长：徐立新

副秘书长：李冬梅、苏全

委员：梁继元、欧阳尚明、张亚安、杨巨环、纪铁岭、王培林（兼）、张秀娟、陈少飞、王洪玉

议等工作。委员产生实行个人申报评定制和主任推荐制，每届任期3年，可以连任。首届学术委员会由15人组成，审议并通过了《牛栏山第一中学学术委员会章程》。（许　坤）

【成立赛艇、皮划艇队】 9月17日，牛栏

山一中赛艇、皮划艇队成立。之前，该项目被纳入学校中长期发展规划。实际运行中，将分为三个梯队：一线队伍与北京市体育局芦城体校合作，以青年赛艇、皮划艇队员为主共建培养，积极参加全国性中学生、青少年比赛，成为赛艇、皮划艇国少队重要人才储备库，并承担相应的国际大赛参赛任务。二线队伍将以牛栏山一中在读学生为主进行自主培养。以赛艇运动为媒介，与国际中学名校展开校际双边、多边交流。为北京大学、清华大学、西安交大、上海交大、第四军医大学、武汉体育学院等高校输送一专多能的水上项目专业人才。三线队伍主要学习赛艇、皮划艇文化，选修相

关课程，重在参与。国家体育总局和北京市体育局的领导、顺义区教委主任、芦城体校的领导及教练员、运动员、学生代表100人参加成立仪式。（许　坤）

【完成校门改建】　9月20日，牛栏山一中完成校门改造项目。该项目由政府投资3321983元，东侧为长20米，宽3.3米红色砖墙，“牛栏山第一中学”七个大字镶嵌其上。西侧为占地面积为606.8平方米、建筑面积1213.35平方米的砖混结构二层楼房，具备办公、安保、行人通道等功能。中间为宽15米双向行车道，双向电动伸缩门及电子自动升降杆控制车辆进出，人脸识别系统管理学生出入，实现了行人与车辆分道，保障了出入通畅及行人的安全。该工程于2014年6月23日开工。（许　坤）

【苟仲文书记到牛栏山一中调研】　11月4日，北京市委常委、教工委书记苟仲文到牛栏山一中调研。苟书记视察了学校的校园环境，先后参观了元圣宫、图书馆、博学馆、体育馆等地，详细询问了学生管理和课程设置等情况。苟书记指出学校要以学生为本，在硬件条件无差别的情况下，提升软件无差异化水平，特别是利用开放式办学模式提升整体教学水平；要探索教师的多渠道培养和来源，利用国内、国际高水平培训方式提升教师队伍建设水平；在学生体育、美育工作上，要打破框架，把好的机构和教师请进来，让孩子得以全面发展。顺义区区委书记王刚、区委副书记卢映川，顺义区教工委书记冯义国、教委主任刘克祥等领导陪同。（许　坤）

【成立新一届工会委员会】　11月13日，由选举产生的北京市顺义牛栏山第一中学第九届工会委员会成立。委员会由主席、副主席、女工主任及委员共计12人组成，下设8个工会小组，有400余名会员。该委员会具有有表达和维护教职工的合法权益，参加学校的民主管理和民主监督，对教职员工进行爱国主义教育和职业道德教育等职责。经费审查委员会同时成立。经查，学校工会组织于1952年成立。（许　坤）

【校园市政工程竣工】　11月18日，牛栏山一中校园市政工程竣工。该工程共修建道路2486米，完成校园绿化、照明、交通、雨水、污水、供热、供气、供电、供水、消防等工程，总投资9888万元。于2013年3月开工。该工程的顺利竣工，保障了学校教育教学设施、设备的正常运转。（许　坤）

【协办国家女子乒乓球队选拔赛】　12月12日，“五粮液”杯中国乒乓球女队直通苏州世锦赛选拔赛在牛栏山一中体育馆举行。国家女队一线队由孔令辉带领，教练及队员共13人；二线队由阎森带领，教练及队员共51人。

此外国家乒乓球队总教练刘国梁、领队黄彪、已经退役国手马琳也悉数到场观赛。丁宁、刘诗雯、陈梦、朱雨玲、武杨五名选手展开单循环赛。最终，刘诗雯以四战全胜的成绩，拿到了首张世锦赛女单比赛的门票，将参加2015年4月26日至5月3日在苏州举办的第53届世界乒乓球锦标赛单项赛。本次比赛由中国乒乓球协会主办，牛栏山一中协办。顺义区教委领导、牛栏山一中校领导及师生500余人次观赛。 （许　坤）

【建成心理健康中心】 12月20日，牛栏山一中心理健康中心建成。中心由心理教研组

负责，中心设有动态心理教室、静态心理教室、心理辅导室等，建筑面积260平方米。由教学区、放松区、辅导交流区、仪器训练区和心理阅读自助区五大功能区组成。拥有音乐减压椅、跑步机、沙盘、沙画机、体感放松、注意力训练等心理放松与训练设备，及心理学相关的专业书籍3500册，可同时接纳120名师生开展心理教学、心理疏导等活动。该中心还开设了心理信箱，成立心理社团，建立"心声"心理微信平台供师生交流。 （许　坤）

【举办游学活动】 年内，牛栏山一中举办游学活动，分别在3月和12月组织学生230人，到河北省衡水中学和江西省景德镇

市进行学习交流活动。该项活动旨在通过社会实践活动提升学生学养水平，陶冶情操、增长见识、体验不同的自然和人文环境，提高学习兴趣，全面提升学生的综合素质。 （许　坤）

【邀请英国TNT剧团演出话剧】 年内，英国TNT剧团分别在4月22日、12月21日受

邀到牛栏山一中演出话剧《罗密欧与朱丽叶》和《哈姆雷特》。TNT剧团的演出吸引了全校师生，全程的英语台词表演，让师生们在领略了英式口语魅力的同时提高了视听能力，加深了对戏剧文化的了解，增进了对话剧艺术形式的兴趣。TNT剧团创立于1980年，是巡演国家和场次最多的世界级国际巡演剧团。牛栏山一中是剧团在2014年度中国巡演的最后一站，也是巡回演出进校园中唯一一所中学。 （许　坤）

北京市顺义区第一中学

【概况】 2014年，北京市顺义区第一中学占地面积66000平方米、建筑面积54396平方米，体育场（馆）面积23898平方米。图书馆（室）藏书11万册，电子图书480册，订阅杂志、报刊370种。固定资产总值9958万元。全年教育经费投入7255万元，全部为国家拨款。全年学校信息化经费投入849万元，拥有计算机545台，多媒体教室座位4096个，校园网出口总带宽160Mbps，数字资源量2000GB，“信息技术”课程2课时/周。有普通教室55个、专用教室30个、实验室16个。教职工289人，其中高级职称100人、中级职称85人。专任教师219人，包括特级教师7人、北京市骨干教师15人、北京市学科带头人2人；本科以上学历277人。开设教学班42个，均为高中班。毕业613人，招生600人，在校生1664人，包括寄宿生1008人。高中录取分数线521分（本区），应届高考本科上线率81.74%。网址：http://www.syyz.bjedu.cn/。（何雪莲）

【进行走班分科课堂教学改革】 2月10日

新学年伊始，顺义一中进行走班分科模式课堂教学改革。音乐美术教师在学期初详细介绍自己开设的学习内容与具体要求，每班学生了解后根据自己兴趣爱好进行选课，教师根据学生选课情况将每班学生分成两个教学班进行授课。经过一年的改革尝试，课堂上关注了学生的需求，为他们提供了满足个性发展需要的更多机会，学生们的上课积极性明显提高。（刘海辉　周林静）

【召开学年度第二学期青年教师培养工作会】 2月20日，顺义一中召开2013—2014学年度

第二学期青年教师培养工作会。处于考核期的21名青年教师参加会议。会议总结了上学期青年教师的培训考核工作，公布了考核结果。辛加伟主任对本学期青年教师的培训考核工作做出部署。见习期的7位青年教师将于4月上汇报课，考核期内的所有青年教师于5月中旬参加教育教学基本功考核。本学期还将举行青年教师系列学习沙龙、名师专题讲座与互动交流等青年教师互助研修项目。最后，辛主任代表学校提出要求，希望青年教师要扎实工作，认真备课，虚心向骨干教师学习，以更加积极的态度参与学校的教育教学工作与研究，争取早日成为教学与科研能力突出的名师。（李　勇　辛加伟）

【召开食堂食品卫生安全工作会】 3月7日，顺义一中召开食堂食品卫生安全工作会。

校长李冬，副校长王保利，食堂负责人安桂林经理，原区卫生监督所孙新同志出席并讲话。餐厅服务人员 90 多人参会。（乔柏双）

【开展 2014 志愿服务捐赠活动】 3 月 31 日，顺义一中开展“一本书、一件物、一辈

子的温暖”主题志愿服务捐赠活动。本次活动共有 42 个班，1700 多名师生参与。

（李俊文　何雪莲）

【全国自我教育理论学术研讨会在顺义一中召开】 4 月 3 至 4 日，全国自我教育理论学术

研讨会在北京市顺义一中召开，研讨会由中国教育学会教育管理分会自我教育委员会、中国教育学会“十二五”重点课题《在课程实施中培养学生自我教育和自我管理能力研究》课题组、顺义区教委、顺义一中联合举办，来自北京、河北、河南、上海、重庆、浙江等省市干部教师代表，顺义一中教育联盟干部教师代表，顺义区中小学部分干部教师 500 余人参会。华东师大李晓文教授作了专题报告，北京教科院、国家开放大学等单位的专家也莅临会议。（李　勇　辛加伟）

【召开联盟校“依托学生自主能力培养的小学、初中、高中德育工作有效衔接”实践研究项目研讨会】 4 月 9 日，顺义一中召开联盟校“依托学生自主能力培养的小学、初中、

高中德育工作有效衔接”实践研究项目研讨会。区教委副主任张海东，项目负责人皮丽芳、赵小梅老师，北京教科院耿申、白玉萍老师，顺义一中校长李冬，德育副校长刘艳梅，政教处主任曹绍红，仁和中学、顺义五中、河南村中小等 18 所联盟内中小学主管德育的领导和教师参会。与会者首先观摩了高二年级“责任助力自我成长”主题班会。皮丽芳老师介绍了项目研究成果。河南村中小李爱民，仁和中学蒋吉姝，顺义一中刘艳梅三位主管学校德育工作的领导分别作了汇报。河南村小学马立娟和仁和中学崔学冰两位班主任介绍了自己在课题研究中的做法和感悟，白玉萍和耿申两位市级专家做点评。张海东做总结发言。（乔柏双）

【举行教师职业发展专题讲座】 4 月 18 日，顺义一中邀请美国课程专家 Shelly 女士做教师

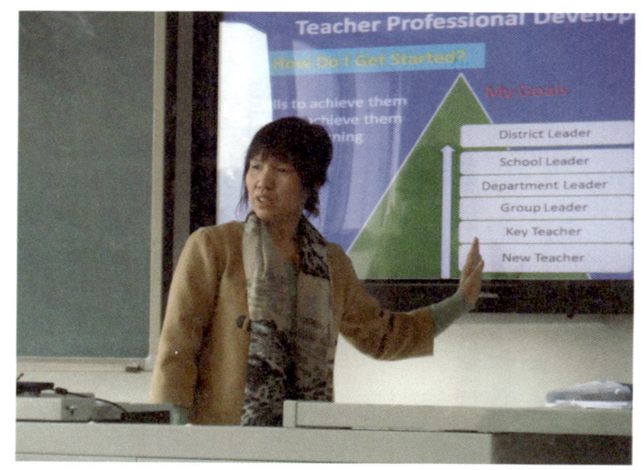

职业发展专题讲座。讲座内容分别为：1. 教师职业发展的重要性、必要性、可行性；2. 如何推动教师职业发展；3. 如何结合顺义一中的具体情况实施教师职业发展。Shelly 女士就其中对于教师职业发展的难点和对课堂教学有帮助的部分与老师们开展深入交流。本次讲座对更新课堂教学理念，引领今后的课堂教学有实践指导作用。（苏冠男　何雪莲）

【举办“思辨·青春”第一届校园辩论赛】 4 月 22 日，顺义一中“思辨·青春”第一届

校园辩论赛在报告厅激情开幕。辩论赛分为两场，第一场的辩题是人性本善还是人性本恶；第二场的辩题是外来文化对民族文化发展的利大于弊还是弊大于利。每一场均分为开篇陈词、盘问、自由辩论、总结陈词、观众看法、嘉宾点评等几个环节。最终，辩论赛最佳辩手由高一 6 班赵爽、高一 8 班周昊摘得；团体冠军由高一 2 班卢可玥、杨成琳、高一 7 班孙崇阳、高一 9 班刘思怡、高一 13 班刘奥所组成的团队获得。（申英利）

【“国学经典诵读与自我教育”学术报告会在顺义一中举行】 5 月 16 日，顺义一中教育联盟“国学经典诵读与自我教育”学术报告会在顺义一中举行。曾师从胡适先生的著名学者、国学研究家，92 岁高龄的何光荣先生莅临顺义一中，为与会者解读国学经典，纵论教育真谛。何先生从儒家性善论说起，介绍了儒家经典中对人性、人心和人情的论述，阐述了儒家思想的精髓，重点论述了中国当前的教育问题。他指出，我们必须端正教育

思想，不能用西方的教育思想办中国的教育，必须将国学精神注入到我们的教育中。

（辛加伟）

【高一年级校园话剧表演暨校本选修课汇报演出落幕】 6 月 5 日，顺义一中高一年级

“品味经典话剧，演绎多彩青春”校园话剧表演暨校本选修课“话剧欣赏与表演”汇报演出与结业式在报告厅圆满落幕。年级特别邀请演职人员家长与高一年级全体师生共同观看了演出。演出共有两类四个剧目，分别是现代励志话剧《青春蜕变》和《活下去》与经典剧目曹禺的《雷雨》（第四幕）、老舍的《茶馆》（第三幕）。此次活动得到李冬校长的高度肯定，称其为顺义一中历史上一场高水准的表演，具有开创性的意义。（申英利）

【顺义一中教育联盟举办“我身边的共产党人”演讲比赛】 6 月 12 日，顺义一中教育联盟“我身边的共产党人”主题演讲活动在顺义一中报告厅举行。42 名教师参加了本次演讲比赛。比赛共评出一等奖 5 名，二等奖

15 名，三等奖 22 名。（何雪莲　乔柏双）

【召开英语课堂教学改革总结研讨会】 6 月 26 日，顺义一中召开英语课堂教学改革总结

研讨会。美国课程专家 Shelly 女士应邀参会。会上，教学处主任吴娇朋从项目保障、培训学习、教学实践等方面对一年来英语课堂教学改革工作进行回顾，展示了教师在英语课堂教学项目中的成长经历。张军红等 4 位教师从学科组建设、“用教材教”的理念、学生能力的深层次挖掘等方面介绍了各自在课改中的感悟。文科督导教师姚振峰从理念与实践的角度，强调了课堂教学改革的紧迫性、可行性与发展性。加拿大籍外教 Stuart 谈了自己在顺义一中教学的感受。专家 Shelly 女士表示，顺义一中的教师学科素养良好、教学态度积极，短短一年时间取得了不错的成果，并对下学期课堂教学改革工作提出更严格的要求。高冬如副校长从工作与生活的关系出发，提出工作即生活，工作质量的提高必然促进生活质量的提高，教师要在行动中体会成功的快乐。李冬校长肯定了英语组、教育国际化办公室一年来的工作，指出顺义一中的课程体系建设，是以现行课程体系为主体，以教育教学本土化和国际化为两翼的建设。本土化也是学校个性化，只有使主体越来越强壮，才能促进国际化。将课程体系建设成为一个优质的生态型课程体系，就是顺义一中基于全球化背景下对于课程的思考。

（苏冠男　何雪莲）

【联盟校干部教师参加国学经典师资研习营】 7 月，顺义一中教育联盟与北京四海孔子书院

联合举办首届为期一周的国学经典教育师资研习营，顺义一中联盟校的 27 位干部教师参训。本届师资研习营是为贯彻落实教育部《完善中华优秀传统文化教育指导纲要》的精神而举办的，采取公办学校与民办学校合作的方式培养国学经典教育师资。培训期间，特聘中央教育行政学院何光荣先生担任总教习，指导学员研读《十三经》经文精要，书院的冯哲院长先后作了以《中国传统书院教育》和《认识孔子》为题的讲座。台湾中国文化大学的易学、针灸研究资深专家赖一诚博士为学员讲解《黄帝内经》。研习期间，学员们还参观了国子监和孔庙。（辛加伟）

【高一年级部分师生暑期赴西安敦煌游学考察】 7 月 16 至 25 日，顺义一中高一年级部分师生赴西安、敦煌进行文化考察游学活动。高一年级主任周丽荣带队，地理、语文、历史、心理等十余名学科老师与学生同行指

导。这是顺义一中历史上首次组织学生外出游学，近百名师生克服天气炎热、人员拥挤等多方面困难，圆满完成了此次游学活动。

（陈　曦）

【邀请教育专家 Shelly Chen 进行新学期课程培训】　8 月 24 至 26 日，顺义一中邀请教育专家 Shelly Chen 为全校英语教师进行新学期的课程培训。专家以杯水加入回形针实验为

突破口，提出 Problem-Solving 教学工作思路。Shelly 指出，教师要以学校特色为本，着眼于国际化教育，探索创新英语教学新思路；要明确教育目标，教师应将国家教育目标、学校培养目标和教师个人教学有机结合；力主建立教师专业化发展机制，加强校际交流，成立英语教师工作小组，继续开展英语教学改革工作。校长李冬会后总结，学校教育教学需要教科研紧密结合；学习不应只局限于本学科和自己教授的学生，要着眼于实践，着眼于拓展，使更多人受益。这次培训作为英语课堂教学改革的深化研讨，将英语教育教学新思想与教学实践进一步有机结合，是迈出国际化的重要一步。

（李学园）

【举办航空航天知识讲座】　9 月 18 日，顺

义一中举办航空航天知识讲座。学校领导和高一年级全体师生 600 余人全程聆听了此次国防和科技讲座。讲座的主讲嘉宾是中国航天科工集团测控中心常务副总经理、研究员、国防科技工业测试技术研究中心副主任马好东先生。马总百忙之中能来顺义一中普及航天知识，对学校师生来说，实属机遇难得。这场高水平的国防科普讲座为顺义一中师生带来了全新的学术视野，在普及航天航空知识的同时，也让师生们深切感受到敬业奉献的航天人的拳拳报国心和对基础教育的一腔深情，更在全体师生的心中埋下了追求中国梦、国防梦和航天梦的坚实种子。

（向新良　管　超　何雪莲）

【召开科技创新动员与培训会】　10 月 22

日，顺义一中召开科技创新动员与培训会。课程室主任向新良、信息中心主任张洪茹和部分高一、高二年级授课教师参会。会上，

向新良从课程建设的角度，鼓励大家将学生选修课与校本课程有机结合，体现学生学习过程；张洪茹从学校教学需求角度，建议各位教师积极参与科技创新大赛，推动学生记录自己学习过程，积累学习材料，展示学习活动和学习成果。主讲人许实云老师以《我也能创新》为题，从科研创新的目的、参与人员、时间、科研内容和具体指导等方面，结合具体实例详细介绍了科技创新活动的有关事宜，向参会教师展示以往参赛作品，为各学科教师开展科技创新活动提供参考，并针对学科教师提出的本学科的科技创新活动提供了可行的建议。各学科教师对科技创新活动有了更为明确的认识，纷纷表示要激发学生，积极参与，实现教学过程和教学效果的优化利用。（李学园）

【举办弘扬优秀传统文化与自我教育实践研究学术研讨会】 10 月 30 至 31 日，中国教育学会教育管理分会自我教育学术委员会、中

国教育学会“十二五”重点课题《在课程实施中培养学生自我教育和自我管理能力研究》课题组、顺义区教委、顺义一中联合举办 2014 年弘扬优秀传统文化与自我教育实践研究学术研讨会。研讨会主题为“弘扬优秀传统文化，推动自我教育研究与实践”。400 多名课题组成员和中小学干部教师参与研讨。中国教育学会教育管理分会理事长、北京教育学院党委书记马宪平、顺义区教委主任刘克祥、教委副主任张军堂、国家教育行政学院何光荣教授、自我教育研究专家贺乐凡教授与周韫玉教授、北京教科院冉乃彦副研究员、全国自我教育学术委员会主任、顺义一中校长李冬等领导、专家参加会议。（李　勇　辛加伟）

【举办四步互助研修系列活动】 11 月，顺

义一中举办 2014 年“四步互助”研修系列活动。“四步互助法”即：一、现状分析；二、提出问题；三、实践研究；四、总结交流。（其中第三步“实践研究”包含两轮的备课、自评、互评、反思改进）依据上面四个步骤，在同一个备课组教师的帮助下，让教师个人研究的小课题更容易开展与深入，这样的课题研究，更具有实效性、灵活性、深刻性和持久性。一年来，顺义一中安排高一年级、高二年级共 17 个备课组近 70 名教师参加了研修系列活动。（李　勇　辛加伟）

【心理教师陈曦承担市级研究课】 11 月 20 日，顺义一中心理教师陈曦承担了一节“我的人生我主导”市级研究课。北京市教育学院曾盼盼、林雅芳博士，顺义区心理教研员汪海龙老师和市、区兄弟学校 20 多名心理教

师参加活动。课后，大家进行研讨交流，对陈曦老师扎实的基本功给予充分肯定，认为本课教学设计流畅简洁，课堂活动充分，学生体验深刻，同时对教学环节的实施提出了中肯意见。本次活动是市教委组织的“积极心理教育大讲堂”项目的一部分，也是该校生涯规划课程建设的重点内容。（苏冠男）

【高二年级举办成语大赛】 12月9日，顺义一中首届成语大赛在学校报告厅举行。活

动由高二年级语文组承办。校长李冬、副校长高冬如、高二年级主任周丽荣和部分教师及高二全体学生现场观赛。本次比赛由初赛选出的28名同学参加，分为“怀瑾”“洵雅”“濯缨”和“慕枫”四队。比赛分为“必答题”“抢答题”“根据描述猜成语”和“成语接龙”四个环节。最后慕枫队获团体第一名，怀瑾队获第二名，洵雅和濯缨两队获了第四名，周丽荣主任分别为获奖队员颁奖。（司林林）

【北京大学宪法学教授张千帆走进顺义一中】 12月12日，北京大学法学院张千帆教授的《宪法是什么》主题讲座活动在顺义一中报告厅举行。学校三个年级部分师生500余人参加此次活动。讲座中，张教授从宪法的地位，宪法对法律制定的作用等方面向师生阐述宪法及法律对每一个人的意义。参会师生认真聆听，自觉记录。讲座后半程，张教授与在场学生进行互动。学生们提出法律与道德之间的关系、我国宪法在法制建设中的作用等方面的问题，张教授从法治建设和自身体验等方面，一一回答了学生的提问。讲座之前，

学校课程室针对高一年级学生入学时间短和主持演出机会少的情况，对选报的主持人进行了文稿撰写、场地适应、会场应变等进行点对点培训，以适应讲座要求，为将学生推向前台做好实践准备。（苏冠男）

【举办“高一英语·中澳交流”活动】 12月16日，“高一英语·中澳交流”活动在顺

义一中成功举办。本次交流活动从策划、筹备到举办历时四周。高一英语组10位教师在高一年级学生中广泛征集活动方案，最终形成参观游览、课堂会谈、中澳才艺交流派对、中澳学生篮球友谊赛和颁奖典礼五个部分的活动流程。本次活动给全体高一学生创造了有利的英语交流机会，让学生们在沟通与会话中体会到了英语学习的乐趣。沉浸在英语会话中的学生们不仅感受到了英语学科的独特魅力，还了解了澳洲文化，训练了英文思维方式，也在展示自我的过程中变得更加阳光与自信。（夏晶莹　管　超）

【高一年级举办诗歌朗诵比赛】 12月17日，顺义一中高一年级“诵经典华章　品古

韵诗情”诗歌朗诵比赛在报告厅举行。本次活动经过两周的班级选拔和年级初赛，最终有17个节目进入最后的决赛。本次比赛内容丰富、形式多样，选手们身着令人赏心悦目的服装，和着美妙的音乐，以或洪亮、或哀婉的声色带领全场观众进入诗歌的意境。学生们精彩纷呈的朗诵、落落大方的表现博得了在场评委和同学们的阵阵掌声。这次活动不仅为学生学习传统文化打下良好的基础，更使学生饱尝了视觉和听觉的盛宴，也给予心灵一次新的陶冶。 （管　超　李英姿）

【举行语文学科国家课程校本化项目研讨会】 12月18日，顺义一中举行语文学科国家课程

校本化项目研讨会。首都师范大学张彬福教授作专题讲座。课程室主任向新良、科研室主任辛加伟和全校语文教师参与研讨。会议首先由项目组核心成员马玉梅老师对项目的前期工作进行了总结汇报，张彬福教授对教材编写进行了专题指导，他充分肯定了顺义一中对国家课程校本化的探索，对项目组编辑完成的教材内容给予肯定，并对教材编写提出了中肯意见。语文组教师围绕教材编写及使用问题进行了深入研讨。项目牵头人辛加伟对项目今后的安排进行了布置。 （辛加伟）

北京市顺义区杨镇第一中学

【概况】 2014年，北京市顺义区杨镇第一中学占地面积266800平方米、建筑面积95422平方米，体育场（馆）面积9418平方米。图书馆（室）藏书97721万册，电子图书10GB册，订阅杂志、报刊216种。固定资产总值14503.74万元。全年教育经费投入8548.94万元，全部为国家拨款。全年学校信息化经费投入2500万元，拥有计算机765台，多媒体教室座位4800个，校园网出口总带宽160Mbps，数字资源量2000GB，“信息技术”课程2课时/周。有普通教室79个、专用教室14个、实验室24个。教职工432人，其中高级职称157人、中级职称135人。专任教师305人，包括特级教师1人、北京市骨干教师6人、北京市学科教学带头人2人；本科以上学历409人。开设教学班71个，全部为高中班。毕业939人，招生1043人，在校生2727人，包括寄宿生2423人。高中录取分数线504分（本区），应届高考本科上线率68%。网址：http://www.bjyzyz.net。 （李洪峰）

【参加北京市青少年体育工作会】 2月20

日，北京市青少年体育工作会在北京会议中心隆重召开。市体育局、市教委、市体育传统项目学校及北京队的领导、传统校校长、训练组组长等参加会议。会上，市体育局青少处处长颜纳新对2013年全市青少年体育工作进行了总结、对2014年全市青少年体育工作的思路和要点做了介绍和说明。杨镇一中副校长金海利作体教结合的经验发言并得到与会者的热烈掌声。**（陈连路）**

【接待昌平一中骨干教师观摩学习】 3月5日，昌平一中的部分教师走进杨镇一中，现

场观摩学习“253”高效课堂模式。杨一副校长王新生向他们介绍学校“253”高效课堂的实施和开展情况，以及取得的成绩。自主新颖的课堂，和谐热烈的气氛，热烈高效的讨论，积极自信的展示，生动智慧的点评，使昌平一中教师们露出了赞许的目光。课后，他们对学校的高效课堂给予充分的肯定，并真诚地表示不虚此行。**（王新生）**

【召开课题成果表彰会】 3月13日，杨镇一中召开课题成果表彰会暨教育学会会员会。会议由教科室主任刘加良主持，校长孙孟远、副校长王新生和杨一市、区、校三级课题课题组长以及区教育学会会员近60人参加。会议共三项内容：首先刘加良宣读在顺义区“十二五”教育科研课题阶段性成果评选中杨一课题获奖名单。杨镇一中共14项课题获奖，分别为一等奖6个，二等奖4个，三等奖3个，优秀奖1个，科研水平明显居于同类校前列，孙孟远和王新生为这些获奖课题组颁奖。

其后刘加良介绍了学校参加区教育学会活动情况，副校长陶淑莲和刘士忠等7名教师在区教育学会第四届会员代表大会上被评为先进会员，王越凤、李洪峰等9名教师被发展为区教育学会会员，刘加良和李永茂老师被聘为顺义区兼职科研员。最后刘主任总结了2013年杨镇一中教科研工作以及取得的成绩，并对本学期教科研工作做出安排。孙校长充分肯定了杨一在教科研和教育学会方面所取得的成绩，希望各课题在现有成绩基础上更加精益求精，锤炼打磨，打造精品，让课题成为教学的助力和动力。**（刘加良）**

【接受课题视导】 4月4日，杨镇一中三项市规划办课题接受区教科室视导。三项课题分别是刘士忠老师的《新课标下农村高中英

语学困生五步领学研究》、李永茂老师的《“611”语文课堂教学模式构建与实践的研究》和曹成立老师的《高中地理“图像——问题——导学”教学模式的构建与实践研

究》。本次活动由区教科室教研员单德芳主持，区教科室中学部主任赵连顺、朱宏老师，区教育学会李坚，顺义九中科研室主任童晓君，杨镇一中教科室主任刘加良，教科室全体教师和三个课题核心组成员以及部分课题组长参加活动。活动由三个部分组成：一是视导组前往预科（3）班听刘福林老师的课题研究课；二是三个课题组就课题进展和成果进行汇报；三是视导组针对杨镇一中课题组的总结给出反馈性意见。从汇报上看，三个课题进展顺利，研究成果明显，视导组均给予较高评价，普遍认为这些课题有价值、有方法、有成效、有阶段性成果，领导重视，课题研究务实，引领了全区科学实践研究。

（刘加良）

【召开党的群众路线教育实践活动启动大会】 4月14日，杨镇一中教育集团召开党的群众

路线教育实践活动动员大会，政府第九督导组组长张中茂、教工委书记冯义国、教委第八督导组组长葛军、副组长李波、杨镇文教办主任吴宝军参加。会上，杨一集团二中校长王玉辉宣读方案，一中校长孙孟远作动员讲话，张中茂作活动指示，葛军讲话中提出三点意见：一是深入理解党的群众路线教育实践活动的重要意义；二是扎实搞好党的群众路线教育实践活动；三是要广大党员干部确实要履行职责，推动学校各项工作。（刘加良）

【获2014年全国中学生田径锦标赛团体第二名】 5月1日，2014年全国中学生田径锦标赛在四川仁寿县第一中学拉开帷幕。教育

部学生体育协会联合秘书处秘书长、中国中学生体育协会专职副主席杨立国，四川省教育厅副厅长何浩等领导出席开幕式。杨镇一中共有16名运动员参赛，通过顽强拼搏，他们最终获得金牌5枚、银牌2枚、铜牌3枚，其中刘一赛100米以11秒77打破11秒85的女甲100米纪录。最终，杨镇一中以121分获学校团体第二名，同时还获得女子甲组第二名，男子乙组第二名，女子乙组第八名。常伟老师获优秀教练员称号，刘一赛获优秀运动员称号。（陈连路）

【获北京奥林匹克学校体育后备人才培养基地田径运动会学校团体第一名】 5月11日，

北京奥林匹克学校体育后备人才培养基地田径运动会在奥体中心体育场举行。杨镇一中选手通过顽强拼搏，共获19枚金牌，15枚银牌，4枚铜牌，将学校团体第一名揽入囊中。

（陈连路）

【和平街一中三次来校观摩学习】 4月至5月，北京和平街一中三次来杨镇一中观摩学

习“253”高效课堂。4月21日，和平街一中主管教育教学的领导和骨干教师来校全面系统地了解和学习“253”高效课堂教学模式。高一、高二年级的高效课堂展示了“253”教学模式的魅力和教学改革的成就。副校长王新生向他们介绍了四年来“253”高效课堂的实施、开展和建设情况以及取得的成绩。王立春老师代表班主任展示了“253”高效课堂教学模式下的班级管理和小组建设情况。5月16日，和平街一中的全体班主任共36人来校了解和学习“253”高效课堂教学模式下的班级管理和小组建设。在观摩高一高二课堂教学和班级小组文化建设之后，与会者共同进行探讨。杨一陆艳旗、王凤英两位班主任老师在座谈会上分别做了小组建设和班级管理的经验介绍，并回答了和平街一中教师们关于小组建设的提问。5月23日，和平街一中50多位骨干教师第三次走进杨一校园，实地了解高效课堂下的各学科教学操作程序和教学特点。现场观摩了高一“253”高效课堂教学模式下的课堂教学。座谈会上，杨一青年教师侯志军、熊君介绍了高效课堂教学模式下学科教学特点和小组建设；教务主任薛占武进行了答疑性介绍和补充；副校长王新生全面深入地总结了近四年来杨镇一中课堂教学改革的经验和成果，表示将利用这次展示和交流活动积极思考杨一教学改革发展方向和进一步的推进措施。（王新生）

【召开课题研讨会】 5月29日，杨镇一中召开由校长孙孟远主持的市学会课题《内地新疆班高中管理艺术探索与实践的研究》研讨会。课题组副组长书记白文亮，课题组核心成员副校长王新生、陶淑莲，副书记刘杰，预科、各年级课题相关负责领导，教科室主任刘加良以及科研室老师参加会议。会上，刘加良就该课题从2011年立项以来所做研究工作进行了总结回顾，同时对课题研究下一阶段任务作了详细说明。孙孟远强调了课题研究的重要性和必要性，要求所有课题组成员带动全校教师尤其是班主任大张旗鼓地进行研究，努力把对新疆班学生的管理提升到艺术性上来，促进学校的和谐发展。白文亮同时提出课题研究要有严谨治学的态度。本次研讨会，有序、有物、有量，为课题结题作了充分准备。（刘加良）

【“253”高效课堂教学达标活动结束】 5月，杨镇一中“253”高效课堂教学达标活动

结束。开学初，副校长王新生在教研组长和备课组长会上部署了本项工作。此次达标活动分为课堂教学和说课两部分，以教研组为单位，要求全员参与。从三月开始，各教研组精心准备。活动中，凸显了高效课堂特色，学生的主体性地位得到了突出，充分显示了四年来杨镇一中“253”高效课堂教学模式已日益成熟。该活动为杨镇一中教师提供了一次取长补短、博采众长的学习机会，将进一步促进高效课堂教学模式的不断完善。（王新生）

【获评全国航空特色校称号】 6月30日，由中国航空学会主办的首届中国航空科普教育大会在北京航空航天大学举行。杨镇一中

科技教育主管领导薛占武和航模辅导教师齐长安参加大会。大会由中国航空学会科普工委主任武哲主持，理事长刘高倬致开幕词。杨镇一中等一批为航空科普教育作出贡献和成绩的单位，被授予全国航空特色校、中国航空科普教育定点单位和中国航空科普教育基地的称号。授牌仪式后，徐善衍、魏钢等13位专家分别作了题为《科普，一个急需进一步探索创新的领域》《中国航空科普教育的回顾与思考》等报告或发言，就航空科普教育工作进行了深入的阐述和讨论。（王新生）

【参加奥星杯全国少儿乒乓球比赛创佳绩】 7月14至19日，由国家体育总局乒乓球、羽

毛球运动管理中心主办的红双喜“六年西凤”奥星杯全国少儿乒乓球比赛在西安市博迪学校举行。此次比赛分A、B、C、D、E、F六个组别。杨镇一中11名队员参赛。最终获得：B组男子单打第二名、A组男子双打第三名；B组男子团体第三名；A组男子团体第五名。（陈连路）

【参加第12届全国学生运动会创佳绩】 7月28日，第12届全国学生运动会在上海东方

体育中心开幕，为期6天。本届运动会共有来自全国各省、区、市三千多名中学生运动员参赛。运动会上共有26人17次打破赛会纪录，24名运动员达到健将标准，200多人达到国家一级运动员标准。上海、江苏、北京代表团分列奖牌榜前3位。田径赛场在行知中学田径场举行。杨镇一中四名队员所在北京代表队共获金牌9枚，杨镇一中常伟老师所带队员刘一赛夺得女子100、200米两枚金牌。另外，张帅获110米栏铜牌，阿不都分获5000米第四名和1500米第七名。（陈连路）

【参加北京市第十四届运动会获佳绩】 8月17至19日，四年一届的北京市第十四届运动

会经过3天激烈的角逐圆满落幕。顺义区代表团以27金26银20铜，团体总分802分的优异成绩位列全市第一。杨镇一中运动员在此次比赛中共获金牌24枚（包括接力），其中，

岳雪松同学在110米栏项目中，以13.98秒的成绩打破了北京市青少年纪录，展示出了杨镇一中运动员敢打敢拼的体育精神，为杨镇一中、顺义区争得了荣誉。（陈连路）

【参加市第九届民族传统体育运动会获佳绩】 8月19至24日，历经6天的北京市第九届民族传统体育运动会圆满落幕。此次运动会共有近7000人参赛。杨镇一中篮球队在赵连凯老师的带领下，代表顺义区参加珍珠球比赛，最终获得第四名。由孙鹏钊老师负责的推铁环代表队，获得两枚金牌、一枚银牌和三个第六名的好成绩，名列各区县之首（其中获得金牌的是中学女子组100米竞速的热米莱和中学男子组4x100米接力的阿力木江、艾散江、艾山江、依木兰）。（陈连路）

【A教学楼建成投入使用】 9月1日，由市区两级共同投资6088万元的杨镇一中A教学楼建成并投入使用。该教学楼为杨镇一中校舍安全工程项目，建筑面积14892平方米，其中地下2482平方米，设土壤源热泵中央空调机房、通用技术专用教室、总配电室、消防水池；地上12410平方米，设普通教室28个，教师办公室20个，舞蹈及形体教室、美术教室、书法教室各1个，计算机教室3个，录课室3个，工程全部按北京市办学条件标准设计建设。校园电视台、网络信息中心、学生电子档案中心设在此楼内，校园电视台设有录播室、编播制作室、音视频制作室、培训教室等。（孙立东）

【团中央学校部部长杜汇良来杨镇一中调研】 9月17日，团中央学校部部长杜汇良携学校部中学处副处长谭真来杨镇一中调研，区委常委组织部长车克欣、团区委书记郑晓博、区委组织部办公室主任张国宇、区教育督导室主任李卫国陪同，杨镇一中校长孙孟远、副书记刘杰、团委书记田伟和办公室主任刘加良接待。杜汇良一行参观杨镇一中校史馆，观看学校《跑廊翔龙》记录片，听取孙孟远关于学校概况、新疆班工作、学校办学特色以及学校团委工作的汇报，并进行座谈。座谈会由郑晓博主持，杜汇良重点询问了新疆学生融合的问题，表示赞同孙校长的新疆班管理理念，强调内高班工作的重要。（刘加良）

【学生社团在国际鲜花港开展公益演出活动】 10月1至2日，杨镇一中团委组织学生社团首次走进顺义国际鲜花港开展为期两天的公益演出活动。公益演出共有七个社团14个节目参加，学生演员达到100人。雪莲花舞蹈社的舞蹈、民乐社团的说唱、巴郎子乐队的吉他演奏、街舞社的现代舞、机器人社团的机

器人表演和树人诗社的诗朗诵《花与母亲》等丰富多彩的节目让众多游客驻足观看，观众为同学们的精彩演出欢呼、鼓掌。演出过程中同学们还和游客们展开互动，有很多游客朋友加入到演出中来，现场呈现出一幅欢乐、祥和的画面。（田　伟）

【北京高中物理实验改变课堂现场会在杨镇一中召开】 10月22日，北京市高中物理学科

“实验改变课堂”教学主题现场会在杨镇一中召开，全市18个区县近450人参会。北京教科院书记李子恒、顺义区教委副主任张军堂、中教科科长张旭东等与会。会上，北京教科院基教研中心主任陶昌宏介绍了本次活动的主题、安排，杨一副校长王新生代表学校感谢教科院领导为杨一师生搭建了一个学习、成长的平台。与会领导、教师分别听了杨镇一中物理组十位教师的研究课，并就地组织老师们评课。最后大家集中进行总结、点评。此次活动得到北京教科院领导的高度评价，北京二中的教导主任王平在点评中强调，实验不仅可以改变课堂，还可以改变一个老师。（王新生）

【“四月初”话剧社举办《雷雨》公演活动】 9月至10月，杨镇一中“四月初”话剧社在

报告厅先后举行七场汇报演出活动。其间，有区教委领导、教研中心教师和顺义一中五十名师生、杨镇一中毕业生及演员家长来校观看。该话剧社成立于2014年4月初，因之取名为“四月初”，正如林徽因在《人间四月天》里所说：“你是爱，是暖，是希望，你是人间的四月天！”春天的四月，美好而充满希望。取其言，意在吸取其独特韵味，更愿达成“万古人间四月天”的艺术传承与发展，希望杨镇一中“四月初”话剧社能有一个美好的未来；“初”字还象征着全新面貌的开始，学习旅程的新启，希望的开端，并且希望始终保有“初”心，虚心学习，不断前进。（田　伟）

【三个高标准录课中心投入使用】 10月，

杨镇一中三个高标准录课中心投入使用，它们是迄今同类校级别最高、面积最大、功能

最全的录课中心。（李洪峰）

【全校一卡通工程启动】 10月，杨镇一中一卡通工程启动。该工程做到学生人手一卡，完成门禁、寄存柜、图书借阅、用餐、超市消费、考勤、公交等工作生活的全部内容。（李洪峰）

【市首届英语骨干教师中长期培训评课总结会在杨镇一中召开】 11月13日，北京市首届

英语骨干教师中长期培训评课总结会在杨镇一中召开。来自全市的英语骨干教师代表参会，全国基础教育英语教学评价与指导学术委员会主任赵刚、胡国艳女士、副主任何士权与会并进行教学评价与指导。会议分六个环节：杨镇一中优秀青年骨干教师金娜、韩媛媛献课、说课；胡国艳女士和何士权先生做专业性点评；金娜代表学员进行专业水准极高的精彩发言，赢得了肯定与赞扬；副校长王新生和教务主任赵刚做总结性发言；会议最后为学员颁发结业证书。金娜老师、韩媛媛老师作为首届英语骨干教师中长期培训学员以优秀的成绩顺利结业，展现出了杨中教师的风采，为学校赢得了赞誉。（王新生）

【“杨镇一中杯”全国班主任高峰论坛举行】 11月13至14日，第四届“杨镇一中杯”全国班主任高峰论坛在杨镇一中举行。来自全国共计400多名中小学优秀班主任老师和各界教育专家参加活动。顺义区教委副主任张海东等领导出席大会。本次论坛分两天，13日由魏书生老师作报告，会后举行研讨；14日上午，论坛在杨镇一中报告厅正式开幕。校

长孙孟远及教委领导张海东分别讲话，希望大家借助班主任论坛的契机共同提高。接着对获得北京市班主任基本功大赛一等奖的顺义区9名班主任进行表彰。班主任展示按中学组和小学组分别进行，每组活动又由班主任展示和专家报告组成。参加中学组交流的教师有：顺义杨镇一中的樊晓龙、仁和中学的陈水莲、北京四中分校的韩亚茹、吉林省通榆县第七中学的徐晓明；专家报告由北京广渠门中学的高金英老师主讲，题目为《全面提高自身素质，做好新时期班主任工作》。参加小学组交流的教师有顺义龙湾屯小学的解建影、芜湖师范附属小学的席绪岚；专家报告由北京垂杨柳小学的郑丹娜老师主讲，题目为《全接纳，慢引导》。（金　英）

【教师宿舍楼建成并投入使用】 11月，杨镇一中教师宿舍楼建成并投入使用。杨镇一

中是全国最大的内地新疆高中班承办学校，现有内高班学生800人，对口班学生200人，在校新疆学生总数达到1000人，为保证他们在校期间每天有老师陪伴，学校所有老师都

有晚上和节假日值班任务，因而增建教师宿舍楼已势在必行。为此，2012年北京市将该项目纳入中小学三年行动计划。该工程建筑面积27966平方米，投资9855万元，由市区两级承担。建成后，老师在校期间住宿条件得到极大改善，促进了学校教育教学工作的进一步提高。（孙立东）

【运动员代表中国参加第48届国际少儿田径运动会】 12月8至10日，在澳大利亚悉尼市体育中心，杨镇一中初三学生肖天龙

代表中国参加第48届国际少儿田径运动会。本次比赛共有50多个国家及地区的运动员参赛，中国代表团共获4金2银2铜。（陈连路）

【承办市教育科学规划立项课题研究推进会】 12月26日，北京市教育科学规划立项课题研究推进会在杨镇一中召开。本次会议由顺义

区教育科学规划领导小组办公室主办，杨镇一中承办，学校教科室参与组织。北京教科院基教研所所长张熙，北京市教育科学规划领导小组办公室副主任郭秀晶，顺义区教委中教科科长张旭东，区考研中心科研室主任陈惠明，副主任赵连顺、朱元兆，杨镇一中副校长王新生、教科室主任刘加良等领导出席。全区各中小、幼市规划办课题负责人及科研主管校级领导、科研骨干教师共200余人参加大会。推进会由赵连顺主持。会上，刘加良介绍杨镇一中科研工作。四项课题展示交流中，杨镇一中占有两项，即曹成立老师主持的《高中地理“图像——问题——导学”教学模式的构建与实践研究》和冉英老师主持的《高中物理低成本实验教具辅助教学的研究》。张熙、郭秀晶分别对其中两项课题以及杨镇一中科研汇报进行了精彩点评。最后，张旭东进行总结，肯定了学校科研的价值和意义，建议学校抓好科研，教师做好科研。本次推进会的召开，得到了与会领导和教师的一致肯定，现场互动交流热烈，对杨镇一中教科研以及课题研究工作深入开展，有很大的促进作用。（刘加良）

【举办课题结题会】 10月至12月，杨镇一中区规划办课题、市规划办课题陆续举办结

题会。10月23日，崔艳娟老师主持的“十二五”区规划办立项课题《高中历史课堂教学有效问题设计的案例研究》召开结题会，经专家审定后顺利结题。11月14日，曹成立老师主持的《高中地理“图像—问题—导学”教学模式的构建与实践研究》和李永茂老师主持的《新课程背景下“611”语文课堂教学模式的研究》两项课题召开结题会。这两项课题同为市教育学

会课题和市规划办课题。11月28日，王天真老师主持的《在音乐实践活动中提高农村高中生音乐素养的研究》和李洪峰老师主持的《实践诗歌三维立体教学，提升高中生审美素养的研究》两项北京市教育学会“十二五”科研课题召开结题会顺利结题。12月17日，宫广才老师主持的《普通高中数字化生物实验的开发与利用》和叶勇老师主持的《小组合作学习在高中数学教学中的应用研究》两项“十二五”北京市教育学会立项课题召开结题会并结题。

（刘加良）

北京市顺义区第二中学

【概况】 2014年，北京市顺义区第二中学占地面积43462平方米，建筑面积24718平方米，体育场馆面积21843平方米。图书馆建筑面积2861平方米，图书馆（室）藏书总数63160万册，订阅杂志、报刊150种。固定资产总值5142.6万元。全年教育经费投入5011.97万元，全部为国家拨款。学校信息化经费投入65万元，拥有计算机500台，多媒体教室座位1805个，校园网出口总带宽10Mbps，数字资源量1024GB，“信息技术”课程1—2课时/周。有普通教室60个，专用教室14个，实验室8个。教职工248人，其中高级职称65人，中级职称90人。专任教师190人，包括市级骨干教师2人；本科以上学历243人。开设教学班51个，其中初中班15个、高中班36个。毕业学生592人，其中初中144人，高中448人；招生646人，其中初中169人，高中477人；在校生1805人，其中初中448人，高中1357人，包括寄宿生897人。高中录取分数线476分，应届高考本科上线率78.3%。学校网址：http：//58.133.252.9。（贾嘉昆　莽　娜）

【区教委领导慰问二中困难职工】 1月13日，顺义区教委领导到顺义二中慰问困难教职工。教委领导亲切询问了教师们的工

作及生活情况，了解他们在生活中的实际困难，并为困难职工送上了慰问金，表达了教委及领导对教师的问候与祝福。

（万　京）

【举行创建无烟校园暨控烟工作启动仪式】 2月17日，顺义二中利用周一升旗时间，举

行创建无烟校园暨控烟工作启动仪式。会上由高一（1）班向全校发出倡议，希望全校师生“拒绝吸烟，珍爱生命”，创建无烟校园，净化校园空气。班主任蒋世军老师带领全班学生到主席台上集体宣誓：从我做起，拒绝吸烟，珍爱生命。副校长李宝祥做动员讲话，要求领导教师带头控烟，为创建优美整洁校园做出表率。（万　京）

【成立环保社团】 2月27日，顺义二中环保社团开始活动。由于准备工作充分，各班积极响应，两天共收集矿泉水瓶近1000个。这项活动既增强了学生的环保意识，又美化了校园环境。此社团不限人数，只要是为校园班级环保出力的同学都可以随时加入进来。学校希望通过此举，让“拒绝乱扔，从我做

起”的活动能够顺利开展起来，使校园保持整洁优美。（莽　娜）

【连续召开安全会议】　3月3日和3月5日课间操时间，顺义二中分别召开了全校保安

人员安全工作会和全校值班人员及学校护校队安全工作会。会上，主任贾嘉昆进一步明确保安和值班人员工作职责，强化责任意识，确保校园安全稳定，确保“两会”的顺利召开。副校长高凤华和李宝祥分别提出工作要求。会后学校再次进行了安全隐患排查。（贾嘉昆）

【开展学习雷锋活动】　3月5日，在第51个学雷锋纪念日到来之际，顺义二中团委组织开展“学习雷锋精神，做负责的二中人”

主题活动。活动以“校园因我的弯腰而美丽”为口号。活动中，学生们为营造良好的学习和生活环境，对校园及校外街道、公共汽车站进行打扫，在寒风中形成了一道亮丽的风景线。该活动加深了学生对雷锋精神的认识和理解，更明确了自身时代责任，也加强了学校的精神文明建设。（万　京）

【第五届图书节圆满闭幕】　3月17至21日，顺义二中第五届图书节圆满闭幕。本次

活动共分为三部分：一、周一举行“阅读丰富人生　书香洋溢校园”主题升旗仪式，由高一4班做主题发言，发起倡议；二、周二至周四在砺志馆，与红日书店联合举办书市，初一年级同学有组织地进行旧书交换和售书活动；三、组织非毕业班开展“我的成长故事”主题征文活动。活动中，学生在砺志馆文明有序地观看、阅读、选购书籍，使校园呈现出浓郁的读书氛围。（马小芳）

【举办高中化学市级研究课】　3月19日，顺义二中化学组联合北京师范大学化学高端备课组、顺义区考研中心高中化学教研室、顺义区化学名师工作室共同举办了高中化学市级研究课。活动中王海宏、赵海洋两位教师分别展示了《影响化学平衡的外界因素》和《化学反应速度与限度》两节课，之后与会者从选题、教学设计思路等方面进行了交流。这两节课教学设计巧妙，有难度有深度，围绕教学重点层层递进，关注学生思维变化，引导学生主动探究、大

胆预测、实验验证、总结规律。学生活动充分，学科特色明显，充分体现了新课程自主、合作、探究的理念，受到听课专家与教师的一致好评。（刘学毅）

【召开教学经验交流会】 3月20日，顺义二中教学经验交流会在报告厅召开。初三语

文备课组长王霞、物理备课组长田冬云、高三政治备课组长王芳等三位老师分别作了精彩发言。她们的发言有理论指导，有实践感悟，有经验的累积和提炼，从研究备考、制定方案、稳步落实等角度谈了各自的所思、所想、所做，从而为每一位教师提供了很好的借鉴，达到了“交流学习，共同提升”的目的。（刘学毅）

【教师篮球队创佳绩】 3月21至23日，顺义二中教师篮球队在牛一联盟校“联盟杯”篮球小组赛中四战连胜，先后击败高丽营学校、十五中、顺义三中和牛栏山一中2队，以小组第一的成绩挺进决赛。赛场上，年轻人生龙活虎，老教师老当益壮，赛出了实力，

打出了气势，展现出顺义二中教师队伍同心向上、拼搏进取的精神风貌。（任　倢）

【科研中期视导活动圆满结束】 4月1日，区教科室对顺义二中马书媛老师承担的北京市教育学会“十二五”立项课题《指导学生进行“渗透式”自主学习高中物理的研究》的中期视导活动圆满结束。参加本次活动的有区教科室副主任赵连顺、教研员鲍立红、北京四中顺义分校主任周雪斌以及课题组成员。课题组教师于明宇首先做了一节带题授课展示，之后课题组长马书媛详细汇报了课题的研究情况。三位科研专家对课题给予了高度评价，一致认为该课题研究水平高，研究成果价值大，具有申报北京市基础教育科研成果的潜力；同时对课题的进一步完善提出了中肯建议，尤其在科研成果的梳理与表达方面，给予了细致入微的指导。（曹艳华）

【举行液晶多媒体使用示范课】 4月2日，顺义二中成功举行校级液晶多媒体使用示范课。主任白彦春、教师张琳昊分别以《甲烷》

和《功》为题，展示了液晶多媒体在化学、物

理教学中的应用。全校理化生教师进行现场观摩，其他学科教师在办公室收看校内网上直播。两位教师的授课精彩、生动，液晶多媒体使用娴熟，充分体现了信息技术与学科教学的整合。课后副校长高凤华进行点评，充分肯定两位教师的工作，并对液晶多媒体的使用提出建议。与会教师根据教学中的实际使用情况提出疑问，白彦春、张琳昊逐一进行解答。整个活动安排紧凑，效果显著，对学校液晶多媒体的使用起到很好的示范引领作用。（刘学毅）

【举办班主任工作论坛】 4月17日，顺义二中班主任个人工作论坛开坛。论坛主要聆

听王学青老师讲班主任故事，之后相互切磋，交流感悟。王老师是北京市“紫金杯”班主任，其工作细致耐心，在培养班集体凝聚力方面的成绩尤为突出。所带班级多次被评为区级优秀班集体，孩子们感到她像妈妈一样的亲切。该论坛计划分为五个部分：讲，班主任讲故事；谈，发挥班主任人格魅力；寻，发现班主任榜样；悟，案例分析分享；行，班主任技能展示。（莽　娜）

【举行高三年级成人礼】 4月28日，顺义

二中高三年级全体学生参加18岁成人典礼。典礼开始前，学校领导以及年级全体教师为学生赠送成人贺卡、佩戴成人徽章。典礼由副校长高凤华主持，学生代表李博文、彭禹森的家长，教师代表王冬老师和校长陈坤清分别发言，寄语本届学生。最后，典礼在学生的宣誓中圆满结束。（高新华）

【代表顺义参加全市新团员宣誓仪式】 5月3日，顺义二中38名初二年级新团员代表顺义区与其他十五区县共计1000名新团员代表整齐列队于中华世纪坛，参加了由团市委举办的“走向青春　追梦中国”新团员宣誓仪式。团市委副书记、市少工委主任黄克瀛代表团市委致辞，向新入团的团员代表表示热烈欢迎和美好祝愿。在团市委书记常宇的带领下，全体新团员代表庄严宣誓；随后，团中央和市委领导共同为各区县的新建团支部代表授团旗。活动在充满青春与激情的共青团团歌声中结束。（万　京）

【团委开展清洁校园橱窗活动】 5月13日下午第四节课，顺义二中团委联合高一年级两个班开展“给校园的橱窗洗个澡”活动。

清洁区域包括砺志馆东侧、田径场东侧及校门口的40余个橱窗及栏杆。活动前同学们自己准备了抹布和水盆；活动中，两人一组，认真清洗擦拭橱窗和栏杆上的每一块污渍。经过同学们40分钟的努力，学校橱窗的面貌焕然一新。同学们用自己的实际行动，践行了雷锋精神。（万　京）

【举办教职工趣味运动会】　5月20日，顺

义二中举办主题为“我参与、我运动、我健康、我快乐”的教职工趣味运动会。运动会中，有增强凝聚力的项目“齐心协力、易物接力和同舟共济”，有专门为身体较弱的教师准备的安全项目“沙包掷准”，同时还增加了民族体育项目“采珍珠”。紧张而又欢快的比赛，令教职工们充分放松了身心、展示了身手、活动了筋骨，达到了鼓励大家积极健身和促进校园文化建设的目的。（任　倢）

【艺术社团喜获丰收】　5月25日，顺义二中组织学校部分优秀社团参加在杨镇一中举行的顺义区第三届“魅力社团　缤纷梦想”

社团展演。康树杰老师指导的由翁新圆、张荣敬、赵彤、范帅同学表演的话剧《雷雨》荣获一等奖。孙旗老师指导的由周昕怡、聂安璐同学表演的傣族舞《女儿情》荣获二等奖；张淑红老师指导的由邢云等同学表演的纸膜服装秀《蝶舞飞扬》荣获三等奖。（莽　娜）

【第十二届校园文化艺术节圆满落幕】　5月29日，由校团委、政教处联合举办的为期三天的顺义二中第十二届校园文化艺术节圆满

落下帷幕。本次艺术节以“青春·梦想”为主题，意在展现同学们的朝气与活力。此前，师生们均投入了全身心的努力，大家牺牲休息时间，精心设计，用心练习，用完美的演出为大家奉献了一场场视听盛宴。其中，由高一年级老师出演的舞台剧，以及高二年级在顺义区中学生社团展演中获奖节目的再现更是将全场的热情推向高潮。本次文化节活动，展现了同学们的才艺和特长，展示了二中校园文化特色，丰富了校园文化生活，有力地推动了校园精神文明建设。（万　京）

【举办法制报告会】　6月12日，顺义二中召开“消除不良行为　培养良好习惯”法制报告会。报告会特请顺义公安分局内保大队李福国警官主讲，初中全体学生参会。李警官在报告中，列举了大量生动鲜活、触目惊心的青少年违法案例。通过对中学生常见的不良行为引发的违法犯罪行为的分析，使学生们懂得了养成良好习惯的重要性。最后李

警官鼓励学生，要遵纪守法、努力学习，考出理想成绩，报答学校、家人与社会。

（贾嘉昆）

【举办禁毒知识进校园活动】 6月19日，由市禁毒办、市禁毒教育基地、区禁毒办、区公安分局禁毒支队联合主办，区教委和顺义二中承办的“拒绝毒品 珍爱生命”禁毒知识进校园活动在顺义二中举行。活动中，学生们有组织地参观禁毒知识展，区公安分局禁毒支队、区教委以及顺义二中的领导为同学们发放了禁毒知识宣传手册和纪念品。随后，由市禁毒教育基地的工作人员进行禁毒知识讲座，与学生就如何抵制毒品诱惑等知识进行交流互动，并结合具体案例向学生解析如何提高自身的防范意识和能力。最后，在面对顺义电视台的采访中，同学们纷纷表示，要从个人做起，珍爱生命，拒绝毒品，人人争做禁毒宣传员。

（莽 娜）

【举办消防知识培训】 6月19日，顺义二中举办校园消防知识培训。培训由主任贾嘉昆主持，校长陈坤清、副校长李宝祥、主任周海江和全体宿管教师、全体保安人员参会。会上，贾主任为大家介绍了校园消防设施的分布和配置情况，讲解了常用灭火知识、灭火设备的分类、使用方法和使用注意事项等。培训后，参培人员进行了现场灭火实际操作，直到大家完全掌握应用要领，达到快速、安全、熟练使用状态。顺义二中历来重视校园安全消防工作，如聘请专家来校进行安全自救知识讲座，定期举办各类消防知识培训，组织学生开展安全知识竞赛和安全承诺签名活动，观看安全专题教育片，组织防火紧急疏散演练，设立“安全教育宣传周”等等，此次培训就是学校该项工作计划的内容之一。

（贾嘉昆）

【代表顺义区参加首届全国中小学集体舞展示获佳绩】 7月22日，顺义二中集体舞社团代表顺义区参加由中国教育学会舞蹈教育专业委员会主办、“魅力校园”策划的首届全国中小学校园集体舞展演活动。本次展演以“梦想中国、舞动校园”为主题，共有来自全国各地中小学校的30余支优秀团队参加。顺

义二中的校园集体舞《阳光季节》、自编舞蹈《秋日华尔兹》以饱满的激情和精彩的舞姿，获得了全国二等奖的好成绩，展现了顺义二中积极向上的校园文化和青春风貌。

（万　京）

【新学期为梦想起航】　9月1日，顺义二中举行2014—2015学年开学典礼。区教委主任

助理张军堂参会。典礼由副校长李宝祥主持。在举行升旗仪式后。副校长高凤华为新学期典礼致辞，总结了学校过去一年所取得的主要成绩，高度赞扬了全体师生团结一心、努力拼搏的精神，号召师生共同为辉煌的明天而奋斗。教师代表李丽、学生代表李宇擎在发言中憧憬了新学期的新愿景。会上还表彰了上一学年的三好学生、优秀学生干部，学习成绩优秀学生。最后张军堂讲话，他肯定顺义二中的过去，鼓励全校师生继续努力，创造二中新的辉煌。

（万　京）

【举办教师职业理想与幸福讲座】　9月18日，顺义二中举办师德讲座。主讲人为北师大博士、教育部“国培计划”专家、北京教育学院院长迟希新教授，讲座题目是《超越责任：教师的职业理想与幸福》。全校240余名教师现场聆听。迟教授用幽默风趣的语言，围绕新时期教师素质的现状、成就高素质教师的实践路径以及教师如何做最好的自己、做幸福的自己进行阐释。通过大量图片、鲜活的案例，论述了师德建设的重要性。整场讲座生动形象，引人入胜，发人深思，气氛

活跃，不时引起老师们的笑声和热烈掌声。讲座对推动广大教师专业发展和加强师德师风建设起到了积极推动作用。

（万　京）

【北京市学困生“双预”项目研讨会在顺义二中召开】　10月15日，“提高北京市群体干

预解决学习困难学生的预警跟踪及提升学习质量的行动实践”研讨会在顺义二中召开。市教委基教一处处长张凤华，北师大首都基教研究院执行副院长、项目主持人梁威，顺义区教委主任助理张军堂，顺义区考研中心主任张海，北师大教育学部课程与教学研究院硕士生导师、副教授卢立涛，顺义区考研中心教科室主任陈慧明，各区县项目负责人及实验学校代表，顺义区各初中校领导及教师200余人参加。会议由顺义区教委中教科科长张旭东主持。大会分为听课、评课、研讨三个环节。张凤华简要回顾了项目开展以来所做的工作，对项目取得的成果表示肯定，提出了四点期望，并就下一步项目的开展进行了具体部署。

（曹艳华）

【举行《当春》校园记者站启动仪式】 10月17日，顺义二中《当春》杂志校园记者站

启动仪式举行。副校长李宝祥、团委书记万京、《当春》杂志社主编林子及编辑部人员出席。仪式由顺义二中校园记者站负责人李丽老师主持。会上，林子首先发表讲话。讲话主要围绕当代中学生如何自觉地向记者发展，其中重要的是要学会观察，发现身边的一切美好或不美好的东西，培养是非的辨别能力，忠实于事实，能用自己的才华为《当春》杂志做力所能及的工作。她寄语校园小记者们，一切愿望的实现应该是以爱与责任为基础。最后李宝祥做了总结发言，他对经过学校认真筛选、以及严格笔试和面试而加入《当春》校园小记者队伍的同学们表示祝贺，殷切希望大家能通过自己的观察和思考，将学校宣传出去，也希望在不久的将来能在《当春》杂志上看到同学们精彩的文章。（万　京）

【女子橄榄球队勇摘全国桂冠】 10月18至19日，由国家体育总局小球运动管理中心、

中国橄榄球协会主办的中国橄榄球嘉年华活动在朝阳体育中心举行。成立仅半年，并多次接受中国橄榄球队教练团队辅导的顺义二中女子橄榄球队代表顺义区参加2014年全国触式橄榄球冠军赛。一举夺得全国中学生女子组碗级冠军；并受邀参加亚洲七人制橄榄球决赛垫场表演，从而为顺义区争得了荣誉。

（贾嘉昆）

【组织教师观看音乐会演出】 10月17日、22日，顺义二中工会组织教师到国家大剧院

观看演出。活动分为两次：17日活动为“热血寄乡思”国家大剧院合唱团纪念黄自诞辰110周年音乐会，大家感受了黄自先生对家乡故土的思念、保卫祖国的激情、忧国忧民的情怀。22日活动为“塞上弦鸣”中央民族乐团演奏的音乐会，交响序曲《醒狮起舞》激发了全场的欣赏热情。组织此项活动，旨在使教师在艺术的氛围中放松身心，得到美的熏陶。活动过后，教师们纷纷表示，这是一场视觉和听觉的盛宴，感悟到了艺术家们挚爱祖国、执着于艺术的深厚情怀；同时拓宽了自己的生活视野、提升了艺术修养。

（任　倢）

【成功实施诚信考试】 11月18至20日，顺义二中高二年级第一学期期中考试首次实施无人监考的诚信考试。年级希望通过这样的一个方式增强学生的自律意识，让学生明白，无论是考试还是做人，诚信都必须放在首位，这也是践行社会主义核心价值观的体现。调查显示，学生认为这种模式要比传统

模式好，有利于学生诚信品格的养成。教师们通过监控，对诚信考场的学生们的表现非常满意。大家认为，这样既解放了学生，又解放了老师；教师给学生以信任，学生必定还以诚信。鉴于此次诚信考试的成功，高二年级还将继续推广到工作的各个层面。

（付　征）

【“促进学生核心知识和关键能力发展课堂教学研究”座谈会召开】 11 月 26 日，顺义二中召开“促进学生核心知识和关键能力发

展课堂教学研究”座谈会。此次活动由北师大高端备课组及顺义区考研中心高中化学组组织，顺义二中承办。“高端备课”是北师大化学教育研究所研究项目之一，该活动以知识解析为本，促进学生认识发展，帮助教师的化学教学设计与实践向高水平跨越。会上，学校名师工作室成员赵海洋老师做典型发言，主要谈自己参加高端备课组的收获与体会，以期能够为更多的教师在备课、设计以及以学生为本方面提供更多借鉴。参加本次活动的有北师大王磊教授、区考研中心化学教研员李向红、谢立平两位教师以及顺义区全体高中化学教师。

（莽　娜）

【彩虹读书知识竞赛圆满落幕】 12 月 2 日，顺义二中“彩虹书韵”系列活动之彩虹读书

知识竞赛圆满落幕。活动由学校团委、电教室、图书馆联合举办。本次活动从开学初就开始了前期准备，历时三个多月，主要分为知识卡片制作和知识竞赛两个环节。学校印制了彩虹读书知识竞赛知识卡片，由师生共同读书命题，共收集知识卡片 2500 余张，包含人文、历史、科学、社会主义核心价值观、博物校园等 15 大门类。经过层层筛选，评出了知识卡片制作先进班集体和书海探秘之星。预赛分为初中组、高一组、高二组，其中每组前四名晋级校园总决赛。比赛由必答和抢答两个环节组成。经过近一周的激烈角逐，最终初二（3）班获得彩虹读书知识竞赛全校总冠军，初一（2）班获得亚军。随着总决赛的结束，顺义二中彩虹读书知识竞赛也圆满落下帷幕。

（万　京）

【彩虹诵读大赛成功举办】 12 月 9 至 11 日，顺义二中团委联合政教处组织主题为“弘扬核心价值　传承中华文明”的“彩虹书韵”系列活动之彩虹读书诵读大赛。本次活动是继彩虹读书知识竞赛之后的又一大书香校园活动。大赛相继进行三场。比赛以班级为单位进行，并配以动听的音乐、优美的舞蹈，诵读风格或是气势磅礴、激情豪放，或是温婉深情、悠远绵长，学生们抑扬顿挫、

声情并茂的朗诵让现场的观众们感受到了经典诗文作品的巨大精神力量，领略到了中华灿烂文化的无穷魅力，弘扬了社会主义核心价值观，精彩的比赛不时引来在场评委和同学们的热烈掌声。大赛，让二中校园弥漫着的书香气息更加浓重。（万　京）

北京市顺义区第三中学

【概况】 2014 年，北京市顺义区第三中学学校占地面积 20738 平方米、建筑面积 15613 平方米，体育场（馆）面积 5625 平方米。图书馆（室）藏书 3.68 万册，订阅杂志、报刊 53 种。固定资产总值 1950 万元。全年教育经费投入 3314.96 万元，全部为国家拨款。全年学校信息化经费投入 45.5 万元，拥有计算机 470 台，多媒体教室座位 2316 个，校园网出口总带宽 100Mbps，数字资源量 200GB，“信息技术”课程 1 课时/周。有普通教室 44 个、专用教室 4 个、实验室 7 个。教职工 165 人，其中，高级职称 29 人、中级职称 66 人。专任教师 129 人；本科以上学历 165 人。开设教学班 36 个，全部为初中班。毕业 360 人，招生 348 人，在校生 1320 人，无寄宿生。网址：http：//58.133.206.9。（余小强）

【举办彩虹读书交流活动】 3 月 19 日，顺义三中初二年级 14 个班 400 多名学生在学校大礼堂隆重举行“畅游书海，演绎佳作，共享读书之乐”彩虹读书交流活动。本次活动分三步走，第一步，寒假前布置作业，让同学们认真阅读名著，读完后写出自己的心得体会。第二步，开学后以班级为单位开展读书交流活动，各班评出最优秀的选手参加校级交流。第三步，开展校级彩虹读书交流活动。校级比赛中，参赛者要介绍所读书籍、主要内容以及心得体会。交流的形式可以是一人，也可以是生生组合、师生组合、父母与孩子多人的组合。表现形式也是多种多样。一人参赛的多采用演讲形式；多人参赛的，有采用情景剧表演形式的，有现场交替式问答形式的，还有采用话剧表演形式的。《完璧归赵》《重返狼群》《骆驼祥子》《汤姆叔叔的小屋》等古今中外优秀名著成了同学交流分享的主要内容。声情并茂的艺术演讲，优美动听的乐曲配音，巧妙构思的情景剧表演，无不深深吸引着在座的每一位同学，并不断报以阵阵掌声。最后，主任李学斌作总结，他对同学们精彩的展示给予充分肯定，勉励同学继续坚持多读书读好书，以书为伴，吸取营养，从而使自己获得更大程度的提升和发展。学校领导为获奖选手颁奖后，此次彩虹读书活动圆满结束。（余小强）

【参加社会大课堂实践活动】 3 月 26 至 27 日，顺义三中初一初二年级 800 余名师生先后走进社会大课堂实践基地——中国航空博物馆和老爷车博物馆，开展社会实践活动。航空馆是中国第一座对外开放的大型航博馆、亚洲最大的航空珍品荟萃地，目前共收藏飞机 91 种 163 架，导弹、雷达、高炮等武器装备 600 余种。学生们在山洞展厅中认识了中国

古代的航空发明、当代使用的高空高速歼击机、近代引进国外的航空器和国产的各种类型飞机。通过参观，学生们对我国乃至世界航空历史与现状有了一定了解，都为中华民族灿烂的航空事业而感到自豪和骄傲。在老爷车博物馆，导游介绍了每一款老爷车的名称、车型、外观、历史等知识，这里有世界上第一辆奔驰轿车的复制版，有各个时期不同车型的国产红旗轿车，甚至还有民国时代的消防车。同学们通过导游的讲解，了解到历史上许多关于汽车不为人知的小故事，各种造型奇怪的老爷车不禁让人大开眼界，同学们还在自己喜爱的车旁与之合影。很多同学表示，这个活动让自己了解了中国汽车工业的发展史、世界汽车的发展史，希望这样的活动能越来越多。此后，学校还将组织相关的征文比赛活动。 **（余小强）**

【举办第五届图书大集活动】 3月31日，顺义三中组织全校师生在校园操场开展“淘出精彩，分享智慧”第五届图书大集活动。

学校初一初二年级全体师生共1000余人参与。活动形式以班级为单位开展图书展销。每班摊位轮流选派图书导购员、收银员、记录员做好图书售卖工作。为了更好地吸引“顾客”，同学们把本班的书摊装扮得醒目、漂亮、独具特色，各摊位使出多种宣传手法：设计海报、广告、标语，吸引“顾客”的眼球；派出推销员“外出”推销；使用大喇叭吆喝；采用“买一送一” “买书送棒棒糖”“购书摸奖”等多种方式促销，营造了浓厚的“图书大集”环境氛围。同学们把家里自己看过的图书拿到学校的书市上进行交流，让书籍得以流通，实现了资源共享。现场图书在5折以下，同学们花很少的钱就可以购买到自己心仪的书。售书活动培养了同学们的市场竞争意识，增强了社会实践能力，拓宽了图书阅读渠道，分享了读书智慧。另外学校在1号教学楼内还开设了爱心图书交流园地，同学们可以把一些书捐赠到这里，随时去阅读。两个多小时后，书市活动闭幕，学生们捧着心爱的书，兴奋、满足和快乐久久洋溢在他们脸上。据不完全统计，“书市”上共有800余人次交换到自己喜欢的书籍。成交图书2000多本。成交金额7000余元。 **（余小强）**

【组织学生到区法院现场观摩庭审】 4月17日，顺义三中组织200多名学生到顺义区人民

法院旁听了一起盗窃案的审判。被告人因盗窃自行车一辆，并有犯罪前科，事实清楚，证据确凿。其行为已触犯《中华人民共和国刑法》，构成盗窃罪，被判处拘役5个月。庭

审后，大家与法官面对面进行交流，法官对同学们提出的问题做了细致解答。该活动使同学们增强了法律意识，明白了知法、懂法、守法的重要性。大体了解了法律诉讼的相关程序，也懂得了今后在自己受到伤害时，拿起法律武器保护自己的道理。（余小强）

【举行合唱艺术节比赛】 5月19日、26日，顺义三中先后举行“红五月”初二、初一年级“轻歌曼舞民族情，班歌校歌青春颂”合唱艺术节比赛。该活动通过中外民族歌曲演唱，班歌、校歌的展示交流，为同学们提供了展现风采的舞台，培养了学生的集体荣誉感和班级的团队合作精神，为整个校园营造了浓郁的文化氛围，也使广大师生接受了一次意义深远的爱国主义教育。（余小强）

【举办女生课堂】 6月9日，顺义三中举办女生课堂活动。本次活动由初二（10）班的

张佳烨和副校长孙海燕主讲。初一初二两个年级500多名女生全部参加。会上，张佳烨现身说法，讲述了自己过去逃学、不听父母话等种种不好的行为表现，以及转学后通过自己的努力，思想和行为发生天翻地覆转变的过程。在现场交流中，她还回答了同学们在成长中一些困惑的问题，给了同学们许多有益的启示。孙校长主要围绕女生青春期如何了解自我、把控自我、成就自我三方面做了精彩讲解。她告诫全体女生要有正确审美观，做智慧美女，做知识女性；要有宽容、大度之心；要学会换位思考，多角度考虑问题；正确认识自己的生理、心理变化，正确对待早恋；做到不打架、不喝酒、不抽烟。不沉迷于各种网络游戏和QQ聊天；和父母家庭搞好关系，做个自尊、自爱、自强、自信、有梦想的大女人，从而演绎出自己的精彩人生。女生课堂使同学们均感获益匪浅。（余小强）

【举办男生课堂】 6月16日，顺义三中举办男生课堂活动。会议由校长张春德主讲，

学校初一初二的男生全部参加。会上，张校长主要围绕男生青春期特点，从爱好与嗜好，尊人与自尊，个性与个色，遵纪与守法等方面，进行了精彩演讲，帮助同学们解决成长路上的种种困惑，以顺利度过青春期，彰显男儿本色，演绎精彩人生。男生课堂使同学们都感到获益颇大。（余小强）

【举办初一新生入学教育系列讲座】 9月18至19日，顺义三中举办初一学生入学教育系

列讲座。会议由初一年级主任张凯列主持，德育副校长孙海燕主讲。会上，孙校长从“三中人，三文人”和校训解读两个方面对初一新生进行了入学教育。教育学生做“三文

人”，即：文明之人、文雅之人、文化之人。文明之人，是指举止文明、语言文明、礼仪文明；文雅之人，是指着装大方得体，谈吐儒雅谦逊，做事踏实稳重，交往谦和诚恳。文化之人，是指要有文化素养即人文素养、科学素养、艺术素养。孙校长的校训解读，使新生对“温暖前行 且行且惜”校训有了初步认识。理解了校训中的“行”强调的是前行的过程；理解了校训中的“温暖”的前提是“思恩”。理解了校训中的“惜”，指珍惜、爱惜、惋惜、怜惜。学校在下一周还将继续开展对初一新生的入学教育 （余小强）

【开展国防教育讲座】 10月11日，顺义三中邀请93682部队军政教研室副主任邓军梅为

学校师生作国防教育讲座。邓主任分析了当前国内国际形势，对我国的国防建设、我国武装力量的构成、中国周边安全环境问题等国防知识进行了深入浅出的讲解，赢得了全校师生阵阵掌声。师生们一致认为举办这个讲座，是一次很好的爱国主义教育和解放军优良传统教育活动，均由此增强了责任感和使命感；纷纷表示一定珍惜大好时光，好好学习，努力使自己成为有用人才，为祖国的繁荣富强做出应有的贡献。 （余小强）

【举办交通安全教育讲座】 10月13日，顺义公安交通支队安监中队警官宋科学应邀来到顺义三中为全校师生作交通安全教育讲座，学校郭主任主持会议。宋科学讲述学校周边的交通现状并结合具体案例，讲解在日常生活中存在的一些常见交通违法行为及注意事

项；特别是他列举的近期发生在我们周围的一个个触目惊心的案例，给在座的每一个人敲响违反交通法规所带来严重后果的警钟。最后，郭主任作总结，再次向学生进行安全教育，提出具体要求，号召同学们能够珍爱生命，牢记交通法规。 （余小强）

【开展模拟法庭审判活动】 10月23日，顺义三中开展普法宣传教育活动。区教委处级

调研员刘忠广，区人民法院庭长陈英，区人民法院法官杜学禄，区人民检查院检查官任巍巍等应邀参加，学校初一、初二年级700余名师生与会。本次“庭审”完全模拟法院的庭审情景，再现了一场较为真实的法庭庭审程序。审判员、公诉人、书记员、辩护人、被害人、被告人和法警全部由初二7班的学生担任。书记员首先上场宣读法庭秩序，随后全场起立迎接法官入场。随着审判长法槌的一声落下，模拟法庭正式开庭。庭审案例选取一起未成年人伤害案，诉辩双方都深刻剖析了本案例被告人犯罪的原因与危害性，促使被告人受到感化，当

庭认罪。庭审活动使现场旁听的同学们感受到法律的威严，同学们不仅了解了庭审程序，增长了法律知识，还体会到“学法、懂法、守法、用法”的现实意义，提高了自觉抵制违法犯罪行为的意识。活动结束后，任巍巍检查官和陈英庭长分别对模拟法庭审理的案例进行了分析与点评，进一步引导同学们认真学法、守法，学会运用法律这个特殊的武器保护自己，争当阳光少年，用自己的努力描绘最精彩的人生。（余小强）

【举办科学家进校园活动】 12 月 1 日，顺义三中举办科学家进校园活动。本次活动特

邀中国地质学会副秘书长，中国石油学会常务理事、副秘书长，中国地质学会石油地质专业委员会秘书长、副主任戴进业教授，给同学们做讲座。戴教授主要从“你知道石油吗，地下真有油河油湖吗、你想成为石油科学家吗”三方面给同学们进行了石油知识科普宣传，他通过自己亲身经历，用一个个小故事，把枯燥乏味的石油知识绘声绘色地讲给同学们，现场互动效果良好。科普讲座极大地激发了同学们的爱国热情。（余小强）

【举办英语情境剧表演比赛】 12 月 5 日，顺义三中初二年级举办英语情景剧表演比赛。参赛的各班同学，在英语老师的精心指导下，根据课本、日常生活、著名童话故事编排并展示了一出出英语情景剧。同学们大方流畅的英语口语和活泼生动的精彩表演，不时赢得在场评委、师生的阵阵掌声。本次比赛，不仅使学生在特定的情景中感悟英语对话的

乐趣，增加了英语学习的浓厚兴趣，而且印证了顺义三中在新课程改革以及英语教学方面所取得的可喜成果。此次活动的最大亮点就是将课内和课外教学活动有机地结合起来，给学生提供了一个更广阔的学习和展示舞台，这也是学校积极倡导生活英语、交际英语教学特色的又一体现。（余小强）

北京市顺义区第五中学

【概况】 2014 年，北京市顺义区第五中学占地面积 40649 平方米、建筑面积 15754 平方米，体育场（馆）面积 21661 平方米。图书馆（室）藏书 3.9 万册，电子图书 2.6 万册，订阅杂志、报刊 100 种。固定资产总值 1674 万元。全年教育经费投入 2400 万元，全部为国家拨款。全年学校信息化经费投入 26 万元，拥有计算机 375 台，多媒体教室座位 1971 个，校园网出口总带宽 100Mbps，数字资源量 210GB，“信息技术”课程 1 课时/周。有普通教室 33 个、专用教室 25 个、实验室 10 个。教职工 144 人，其中高级职称 25 人、中级职称 60 人。专任教师 141 人，本科以上学历 139 人。开设教学班 30 个，均为初中班。毕业 303 人，招生 246 人，在校生 971 人。网址：http：//www. wzx，shy. bjedu. cn。

（高卫红 魏金凤）

【历史兴趣小组学生到顺义文物管理所学习】 3 月 12 日，顺义五中历史教师带领 20 多名历史兴趣小组的学生到顺义文物管理所参观学

习。在这里学生不仅粗知了顺义区的历史，还了解了各类文物及相关知识。以前学生只在课本上见到过文物的图片，在这里却可以近距离地接触和观察真正的文物，大家脸上不禁漾出了惊讶与喜悦，并不时用手中的纸笔和相机记录下了自己所感兴趣的内容。通过这次活动，学生们进一步增强了学习历史的兴趣。回校之后他们进行了成果展示，并为其他学生介绍自己的所见所闻，既锻炼了他们的语言表达能力，也让其他没去过的同学增长了见识。（李　军）

【三月文学社成立】　4 月 1 日，顺义五中召开“展开梦的翅膀，迎接春的回归”顺义五

中三月文学社成立大会。区作协主席高国镜、副主席刘振华、副秘书长王艳霞、李洪峰等老师莅临大会。几位作家在会上都做了精彩发言。北京对联协会副会长申士海老师也从外地打来贺电并写了一副对联对三月文学社的成立表示祝贺。刘振华老师还代表顺义作协给三月文学社赠送牌匾和对联。最后，校长刘志文作总结，并为几位老师颁发了校外辅导员聘书。（郝海丽）

【参加第二届北京市中小学生观鸟比赛活动创佳绩】　4 月 26 日，顺义五中生物兴趣小组同学到市奥林匹克森林公园参加由市教委主办的第二届北京市中小学生观鸟比赛活动。

比赛分为知识问答和实地观测两个项目。参赛同学在不打扰鸟类正常生活的情况下，利用望远镜和鸟类图鉴等，沿着比赛规定线路仔细进行观察。活动中，同学们学会了单筒望远镜和双筒望远镜的使用方法，知道了野外观鸟的注意事项及记录方法。知识答题赛中，顺义五中学生刘祺、郭松林获一等奖，闫泽宇、张子鸣获三等奖。（陈杰红）

【参加第十二届全国中学生绑腿跑比赛获佳绩】　4 月 30 日，顺义五中首次参加全国绑腿跑比赛创出佳绩。比赛要求是十男十女共

20 人 21 足进行绑腿跑，而该队之前参加的都是 12 人 13 足的绑腿跑比赛。为此，刘校长和张校长经常亲临训练场观看队员训练，询问

训练情况和训练的需求，并给了很多好的建议。正是在校领导的关心下，经过教练和队员们不懈努力，在克服了重重困难后，打造出一支实力强大的绑腿跑队伍。并在比赛中最终获得集体二等奖。（张卫国）

【开展党的群众路线教育实践活动】 5月至10月，顺义五中党支部按照上级指示精神，

开展党的群众路线教育实践活动。整个活动均紧紧围绕学校工作重点，严格按照“学习教育、听取意见，查摆问题、开展批评，整改落实，建章立制”三个环节及要求予以稳步推进，全体党员和领导干部进一步坚定了信仰追求，增强了担当意识，树立了为民情怀，始终保持改进工作作风的思想自觉和行动自觉之中。（高卫红）

【学生在市优秀中学生事迹报告会上作典型发言】 6月20日，顺义五中学生张楠因长期

无微不至地照顾身患小脑萎缩的同学张欣然，作为北京市优秀中学生代表，在“实现中国梦，青春勇担当——2014年北京市优秀中学生事迹报告会”上作典型发言。报告会在陈经纶中学举行。会上，张楠既没有娴熟的演讲技巧，也没有宽厚洪亮的嗓音，更没有夸张的表演；她只是用她稚嫩的童音把她每天都做的，并且坚持近一年的事情，向大家娓娓道来。张楠发言结束后会场上爆发出经久不息的热烈掌声。她的精彩汇报受到市教委副主任、市团委副书记等领导和在场师生们的一致好评。会后合影时，市教委副主任特意站在张楠的身后，并和她进行亲切的交谈。对她的事迹给予肯定并且鼓励她一定要坚持下去。（郝海丽）

【学生参加北京市第十四届运动会成绩显著】 7月19日，顺义五中冯志坤同学代表在北京市第十四届运动会上，分别取得女子丙组1500米、3000米和4＊400米田径比赛第一名、第二名和第三名的好成绩，并获得优秀运动员称号。此次比赛成绩的取得来自于教练员的科学指导和队员的刻苦训练。在他们身上体现了五中人团结向上的体育风尚，也是学校打造活力校园的群体工作迈上新台阶的精彩展示。（张卫国）

【开展常规教学全员练兵活动】 上半年，顺义五中为激发老师们对教学的研究，提高教师的教学水平，专门组织了“秀出我们的风采”全员课堂教学展示活动。活动共经过布置工作——自主申报——课堂展示——推荐优质——反思留痕五个环节。通过听评课小组的严格评审，最后评选出一等奖9人，二等奖11人。为了体现活动的实效性和延续性，下半年，学校将把推荐出来的优质课在全校组织观摩，以期发挥示范引领作用。这次活动使教师们都重新审视了自己的教学现状，促进了教师们对课标、学情、教材、教法更加细致、全面、深入的研究，进而提升了常态课整体的教学质量。展示活动的特点是：组织有序、评价有标（《顺义五中课堂评价标准》）、后续跟进、反思留痕。（张连双）

【设计课堂活动量化表】 9月起，顺义五中加强课堂教学评价的研究，使评价更全面、

更多元。为更好地践行“师生双自主，教学合为一”的教学理念，构建自主高效的教学模式，完善对课堂教学的评价，本学期顺义五中设计并使用了《课堂学生活动情况等级量表》《课堂学生活动记录量表》，内容包括学生学习兴趣、学习方式、师生关系等各方面，听课时，观察和评价的重点更多地转向学生，由领导和教师认真填写，并及时反馈给学生。此项工作大大地激发了师生的自主性，提升了课堂教学实效。（张连双）

【首师大乌兰察布市校长高研班到校参观学习】 11 月 20 日，首都师范大学乌兰察布市

校长高研班的 70 多位校长到顺义五中参观学习。校长们在首师大杨朝晖教授的带领下，首先观看《顺义五中我可爱的家》专题片，然后听取校长刘志文作的《发展中的顺义五中》主题发言，德育主任郝海丽作《让我们的校园成为学生成长的乐园》和教学副校长张连双作《培养骨干教师　深化教学改革》专题发言；其后又观看学校的课间操；听 10 节涉及 10 个科目的常态课；与五中领导进行互动交流；最后参观了校园。来宾们看到五中人为实现“为发展而教育，做发展的五中人”的办学理念所做的努力，也看到了 UDS 优质校建设带给顺义五中的深刻变化。

（高卫红）

【6 项市区级课题进入结题阶段】 9 至 12 月，顺义五中有 6 个市区级课题进入结题阶段。11 月 18 日，召开市学会课题《在初中物理实验教学中培养学生表述能力的研究》《在

思想品德学科中对初中生进行生命教育的探讨》的结题会；11 月 25 日，召开区级课题《利用“导学案”提高初中数学课堂教学有效性的研究》《乡土资源的开发与初中历史教学有效整合的研究》的结题会；12 月 23 日，召开市学会课题《开展积极心理健康教育　促进幸福班级建设策略的研究》的结题会。在各个结题会上，老师们和专家展开热烈的对话。老师们诚恳地提出困惑，兴奋地介绍自己的收获，各位专家则对每个问题做细致的评析，并提出中肯建议，从而为老师们今后的研究确定了明确方向。（李　军）

【教师开展丰富文体活动】 9 至 12 月，顺义五中围绕“重师、敬师、爱师”主题，以

构建五中和谐校园为核心，促进教育教学质量发展为目标，结合教师队伍建设和工会自身建设，开展了一系列丰富多彩的文化体育活动。五中工会先后组织全体教师参加的羽毛球、乒乓球比赛，增强了教职工的锻炼意识；篮球比赛增强了教师合作精神；书法社

团的活动增强了教职工的文化素养；尤其是教师舞蹈社团，她们每天坚持活动，因而在校体育节上展示了顺义五中教师的风采，在新年联欢会中为教师们带来欢乐。（曹殿越）

【学校被认定为区学习型学校先进单位】 年内，顺义五中被认定为顺义区学习型学校先进单位。该项认定是在学校提交申报表和自评报告的基础上，经区教委学习型学校先进单位评估工作领导小组以在线问卷、座谈及查看档案资料等形式进行综合考核之后予以确认的。其间，学校着力以变革学校管理模式为学校发展积蓄原动力，构建多层次、全方位的学习网络，建立相对完善的学习保障体系，营造求知、求新、求进的学习风气，广大干部带头学习，把学习作为经常化、制度化的行为，形成“学习——提高——创新——发展——再学习”的良性循环机制，从而丰厚了学校文化底蕴，提高了师生学习力与文化素养，促进了学校内涵发展。

（高卫红）

【学困生双预项目研究成果显著】 年内，顺义五中学困生双预项目研究成果显著。5月12日，顺义五中承办顺义区学困生双预项目成果展示交流活动，获得区教委、考研中心领导和兄弟校同行们的好评。这次活动利用每一个细节向与会者传递正能量；在课型的创新上采用小组合作学习的方法。在研究成果上，初步形成顺义五中的成果即干预项目小策略集锦。通过这些活动，促进了个人、团队（学研组）、学校几级层次的研究，并在实践中不断验证、修改、提高。10月15日，在顺义二中举办的北京市双预项目现场会上，顺义五中教学副主任陈杰红作了典型发言，并有三位教师的教案和论文收录在了顺义区学困生双预项目的成果集里。（陈杰红）

北京市顺义区第八中学

【概况】 2014年，北京市顺义区第八中学学校占地面积19000平方米、建筑面积12100平方米，体育场（馆）面积9700平方米。图书馆（室）藏书4.2966万册，电子图书99册，订阅杂志、报刊85种。固定资产总值2541.74万元。全年教育经费投入1952.42万元，全部为国家拨款。全年学校信息化经费投入113.65万元，拥有计算机388台，多媒体教室座位1800个，校园网出口总带宽1000Mbps，数字资源量536GB，“信息技术”课程1课时/周。有普通教室36个、专用教室12个、实验室5个。教职工134人，其中高级职称27人、中级职称55人。专任教师107人，包括特级教师1人、北京市学科教学带头人2人；本科以上学历130人。开设教学班24个，均为初中班。毕业309人，招生209人，在校生804人，包括寄宿生187人。网址：http：//58.133.214.9/。（蒙士奎）

【上好开学第一课】 2月16日，顺义八中重视开好头，力求德育取得实效。副校长刘满利用学校广播给学生上了“开学第一课”。首先借美国对中国的“10条戒律”和奥巴马在2010年的开学讲话激励学生为祖国而努力学习，之后解析了今年中考的改革点，为了配合这个改革，本学期“国旗下讲话”的主题定为“二十四节气”，以此丰富学生的相关知识。课后师生反响热烈，表示一定要加倍努力工作和学习。（蒙士奎）

【召开初三研讨会】 2月22日，顺义八中聚焦中考改革谋划初三发展，召开“2014届初三教学研讨会”。会上，首先由中考五科教师进行分组讨论，然后是初三各学科备课组长分别就本学科的现状进行分析，对中考改革的趋势和经过研讨完成的可行性措施进行说明，并确定了本学科教学的中考目标。接着各学科区骨干教师代表分别发言，谈方法，谈感受。最后，副校长荣淑印、校长何广林对教师工作提出建议和要求。会议在“坚持和发扬敢拼敢赢精神，再续八中中考辉煌”的誓言中结束。初三全体教师与学校领导、中考学科备课组长、区级骨干教师50人与会。

（蒙士奎）

【强化安全意识提升安全素养】 3月31日，在第19个“全国中小学生安全教育日”来临之际，顺义八中举行相关的教育活动。在当日的国旗下讲话中，主任刘长荣和副校长刘满分别以“强化安全意识，提升安全素养”为主题作了发言。刘主任对开展“安全教育日”的意义做了深刻阐述；刘副校长对同学们的日常行为规范提出殷切期望。全校师生1100余人参加该项活动。（蒙士奎）

【举办实用作文教学展示活动】 4月18日，顺义八中初三语文备课组长郑广全老师为全体初三学生上了一堂题为“站在巨人的肩膀上——实用作文教学”的作文复习课。这是2014届初三语文专题研究的又一次新尝试，郑老师从中考作文的分类、立意、材料选择等角度，用通俗的语言和形象的图示展示给学生，学生们认真聆听和记录，课堂不时爆发出阵阵热烈的掌声。初三300余名师生参加了此次活动。（蒙士奎）

【举办第三届书市】 4月18日，顺义八中“彩虹读书，书香满园”第三届书市开幕。该活动由学生生活指导中心策划，在学生代表回忆以往、展望今天的讲话后，副校长刘满一声

鸣锣，拉开书市帷幕。同学们把自己家中看完的各类书籍摆放在各班的摊位上，光顾书摊的同学们络绎不绝。本次书市不仅让同学体会到商品交易的乐趣，还增进了同学们的交流，无论是卖方还是买方，都完成了一次社会实践活动。全校900名师生参加了此次活动。（蒙士奎）

【举办“经典风采奔放飞翔”艺术节】 5月21日，顺义八中以“经典风采奔放飞翔”为

主题的第二届艺术节开幕。艺术节历时三天，分为三场进行：第一场是中国评剧院评剧表演，让教师、学生及家长感受到了中国戏曲的魅力。第二场是全校文艺汇演，师生们共同奉献了一场视听盛宴。第三场为班歌展示。此外，艺术节上还进行了班徽设计展示活动，各班同学全员参与，为艺术节画下浓墨重彩的一笔。全校1700人次师生及家长参加了此届艺术节活动。（蒙士奎）

【成立校园记者站】 5月29日，顺义八中成立顺义区教委主办的《当春》杂志记者站。当天，杂志编辑林子老师来到顺义八中，对新招聘的23名小记者进行辅导。林子老师讲解了杂志的版面、写作的方法等，让同学们对记者的工作有了初步了解。副校长刘满最后作总结，对同学提出殷切希望。学校200余名师生参加此次活动。（蒙士奎）

【举行主题开学典礼】 9月1日，顺义八中

新学期举行重实去华开学典礼。学校领导班子成员与全体师生见面，典礼由学生主持。本次典礼环节分别是：校长致辞、颁奖表彰、感谢师恩、教师寄语，整个开学典礼用时不足30分钟，充分体现了精简的原则，少花时间，多办实事，受到了师生的热烈好评。全校1000余名师生参加了此次开学典礼。

（蒙士奎）

【召开新一届教代会】 9月23日，顺义八

中顺利召开四届一次教代会。教代会由工会主席李光明主持，梁学军、荣淑印、刘满三位副校长和何广林校长分别就德育、教学、后勤工作和当前形势做了汇报，最后，各位代表对学校的工作公开情况做出了认真评议。24名教师代表出席教代会，9名班子成员列席参加。

（蒙士奎）

【举办“运·律”体育节】 9月30日，顺义八中第二届“运·律”体育节开幕。各班同学发挥集体力量，展示一场新颖别致的体育节入场式。会上学校管乐团、合唱团的合

演节目、独演曲目给全校师生带来了体现“律”的音乐视听盛筵。体育节的比赛项目既有竞技比赛，也有趣味活动，从而留给师生们一个难忘的回忆。全校1000余名师生参加了此次体育节。

（蒙士奎）

【举行“践行社会主义核心价值观做传递正能量使者”升旗仪式】 10月13日，顺义八

中举行“践行社会主义核心价值观做传递正能量的使者”升旗仪式。副校长刘满作主题国旗下讲话，倡导师生积极践行社会主义核心价值观。全校师生积极响应倡议，各班及时更新板报壁报；学生身边凝聚了干净天使李可欣、随手捡拾垃圾的刘灏、拾金不昧的胡明奥；不少敬业奉献的老师更是积极践行社会主义核心价值观的典型。

（蒙士奎）

【举行建队仪式】 10月15日，顺义八中举行“红领巾，我为你自豪”少先队建队仪式。

校领导班子成员列席会议，会议由少先队代表主持。在《中国少年先锋队队歌》声中，少先队员出队旗、唱队歌；中队辅导员为队员们佩戴队徽、授予队旗；大队辅导员主任黄国庆、副校长刘满以及新老队员代表先后发言，表达心声；最后，同学们在少先队大队长的带领下，整齐呼号，仪式圆满结束。此次仪式的举行，不但增强了队员们的自豪感，而且更让队员们感受到作为一名少先队员的责任感和使命感。校内240名师生参加此次活动。（蒙士奎）

【举办第四届书市】 10月17日，顺义八中举办第四届书市。本届书市继续由学生做主

导，从准备、主持到销售、售后，学生们都做得得心应手。书市结束后，各班都有不菲的收获。全校900余名师生参加此次活动。（蒙士奎）

【举办《舞动青春》广播操比赛】 10月26日，顺义八中为践行“每天锻炼一小时，幸福生活一辈子”的体育运动理念，举行初一、

初二年级的广播体操比赛。在欢快的《舞动青春》旋律中，各班同学圆满完成了广播操比赛。此次活动培养了学生竞争协作精神和集体荣誉感，展示了学生奋发向上的精神风貌！学校500余名师生参加此次活动。（蒙士奎）

【迎接市级控烟工作检查】 10月28日，顺义八中代表顺义区初中校迎接市教委、市卫生局等部门无烟校控烟工作检查。检查组听取了校领导关于校内近年控烟工作的汇报，查看了相关资料，检查了操场、食堂、教师办公室、教室、卫生间等处控烟的宣传海报及标识，检查组领导对学校的控烟工作给与了高度评价。（蒙士奎）

【开展校园绿化美化活动】 10月底，顺义八中为使校园更加美丽、环境更加整洁，启

动校园绿化美化工程。学校引进、移栽30棵梧桐树和其他五种共计45棵不同种类的大树。学校以此为契机，开展了“爱我学校，保护绿植”的宣传，倡议大家爱护环境，不乱扔废弃物。该项活动激发了全校师生爱护校园环境的热情。（蒙士奎）

【举办“学会适应”心理健康讲座】 11月3日，顺义八中为初一年级学生举办以“学会适应”为主题的心理健康讲座。讲座由心理教师赵玉娟主讲，利用校园电视台向初一年级全体学生进行直播。赵老师从学习、环境、社会角色的转变三个角度分别分析了学生的心理现状及改进方法。讲座后，

学生们纷纷剖析自己的现状，初步掌握了适应的方法，很多学生表示解决了自己面临的困惑。初一年级240余名师生聆听了此次讲座。（蒙士奎）

【家长参与监考共建家校合作】 11月14至15日，顺义八中进行为期两天的期中教学质

量检测，学校大胆创新，初一、初二年级每班邀请了3—4名家长走进考场，与1名教师共同担任监考工作。为此学校在考前进行了细致而周密的部署，召开了家长监考员培训会和全体教师考务会。家长通过监考工作零距离接触到了学校管理，不仅对学校、学生进行了监督，也更深入了解到学校、教师的工作，为今后更顺畅地进行家、校、生之间的沟通提供了平台。此次活动，绝大部分家长表示赞同和满意，并建议校方以后让更多的家长能够参与到更多的学校活动中来。（蒙士奎）

【加强校本课程建设满足学生发展需求】 年内，顺义八中加强校本课程建设，满足学生发展需求。一是增设特色校本课程，丰富资源内容。年内又实施了几门深受学生喜爱的新课程。所有校本课程均在全校公开张贴招生海报、报名确定人选，组织系列有序活动。截至年末全校已开设艺术类、竞技类、学科类、技能类四大类22个校本课程，共计500余名师生参与。其中四个课程是由学生自己组织管理。二是管理注重规范，教学注重实效。要求：1. 有明确的活动主题，校本课程辅导教师围绕学科特色和成员感兴趣的主题，积极开展体验活动。由学生自发组织的课程则定好负责人，认真开展课程活动。2. 每周固定时间，在相应的场地开展各色校本课程活动。3. 开展常规活动，更创新活动载体，注重富有特色的课程。三是为提升教师研发能力而提供有效保障。学校重视教师专业引领的提升，组织教师参加市区级以上培训达40余人次。学校着眼于社会资源的深入利用，为管乐、橄榄球、舞蹈、街舞课程外聘技能更为精湛的校外辅导员；着眼于课程活动的顺利实施，为音乐、美术组老师配备了教学活动所需的乐器、画器等专用器材；为生物科技论坛购进植物的种子、肥料；学校对成员外出参加活动的服装、交通、餐饮等都予以大力支持。仅2014一年，此类课程经费投入就达27.8万元。（蒙士奎）

北京市顺义区第九中学

【概况】 2014年，北京市顺义区第九中学学校占地面积66667平方米、建筑面积12196平方米，体育场（馆）面积22220平方米。图书馆（室）藏书9.162万册，电子图书216册，订阅杂志、报刊116种。固定资产总值8052.4万元。全年教育经费投入5556万元，全部为国家拨款。全年学校信息化经费投入358万元，拥有计算机560台，多媒体教室座位2759个，校园网出口总带宽100Mbps，数

字资源量902GB，“信息技术”课程2课时/周。有普通教室39个、专用教室14个、实验室11个。教职工223人，其中高级职称42人、中级职称80人。专任教师192人，包括本科以上学历190人。开设教学班38个，均为高中班。毕业352人，招生479人，在校生1438人，包括寄宿生1123人。高中录取分数线419分（本区），应届高考本科上线率32.1%。网址：http：//58.133.216.17/。

（包　茜）

【科技课程激发学生学习兴趣】　3月起，顺义九中建立实验与科技中心，陆续开设机器人制作、3D打印机制作、科学大讲堂、科技英语等诸多科技类课程。授课教师既有校内教师，又有外聘教师，聘请的英国皇家化学会北京分会会长David教授，清华大学航空航天学院力学专家高云峰教授，深受学生喜爱。科技校本课程激发了学生对化学、物理、英语科目的学习兴趣，也培养了实验、探究等多种能力。学生制作出3D打印机，组装出机器人，学生在参加全区高中学生理、化、生学科实验技能比赛中，显示出了超强的实验动手能力，获得了在场专家一致赞扬。科技英语课程让学生重获信心，在市区级科技英语竞赛中获奖。

（包　茜）

【首次开设免监考场】　4月，顺义九中为培养学生自我组织，自我管理的能力，增强学生的慎独意识，实现学生自尊、自信和自强的九中精神，专项推出免监考场制度。任何学生都可以申请考试免监，人数达到一定数目后即可开设免监考场。学校根据学生的申请情况，开设2个免监考场，实践证明了此举的可行性，是对学生的一种诚信教育，有力地培养了学生的自我管理能力。

（包　茜）

【徒步滨河森林公园开展定向越野活动】　4月23至24日，顺义九中分别组织高一、高二年级进行定向越野拓展活动。学生从学校徒步走到滨河森林公园，并在公园内开展活动。高一年级学生采取分组进行看地图，找规定位置盖章的形式进行竞赛活动。具体规则是：在公园比较明显的位置，如公厕、中心广场、各景点共设定14个规定位置，在每一个规定位置各安排负责印章的学生。将年级的学生分为44组，每组10到11人，发给学生带有14个规定位置的公园地图，按照收集印章多少快慢决定比赛结果。高二年级是以班级为单位自行设计活动方案。12个班级，设计了十二个活动方案，有的班进行男女生羽毛球对抗赛，有的班分组放风筝、有的班写生、摄影，有的班进行活动拓展。每个班的活动方案，从活动目的、活动时间、活动内容，到活动线路、活动注意事项与安全保障，都设计得清晰合理富有特色。拓展活动深受学生的认可与喜欢。收到了良好的预期效果。

（包　茜）

【举办“我的中国　我的梦”班级合唱比赛】　5月26至28日，顺义九中举行学校传统活动——班级合唱比赛。比赛中，各班均展现了各自的着装特色和表演形式特色，此前每个班都做了精心准备，学生的特长得以充分

体现，如会乐器的给班级合唱伴奏；朗诵好的在合唱中加入朗诵；唱歌突出的进行领唱。横幅、字牌等道具的运用普遍恰到好处。班级合唱比赛是提升班级凝聚力的有效手段，是学生才华展示的舞台。校级合唱比赛的开展为各班提供了艺术特色展示的平台，也培养了学生们的艺术素养。（包　茜）

【举办高三毕业典礼】 6月4日，顺义九中全体师生在操场隆重集会，举行2014届高三毕业典礼。典礼在庄重的升旗仪式中拉开序

幕，由两位高三毕业生主持。典礼中，全体学生齐诵《少年中国说》，振奋人心；高三年级主任吕雄伟致辞，真诚感人；高三学生代表发言，信心满满；校长王长存致辞，祝福殷切。典礼最激动人心的，就是高三学子们面对未来宣誓的时刻。（包　茜）

【装修改造工程竣工】 7月11日，顺义九中正式启动校园环境改善项目。学校当前校址从2003年至今已投入使用11年，部分设施出现老化或破损，给学生学习、生活及老师教学带来了诸多不便。为此，区教委投资近

亿元，鼎力支持学校六大工程建设之中首要的改善环境工程。本次工程改造，包括室内吊顶改造、门窗改造、水暖改造、室内地面及墙面改造、室内卫生间改造、外墙节能保温改造和电气改造等共9项内容。历经47天，500多位工人师傅的辛勤汗水浇筑，焕然一新的顺义九中魔法般地展现在众人面前：华丽大气的门厅，优质整洁的教室，设施完备的教学环境，便利舒适的办公环境。全校师生表示将更加珍惜维护这个美丽的家园。（包　茜）

【领导班子召开专题民主生活会】 8月6日，顺义九中召开党的群众路线教育实践活

动专题民主生活会，顺义区第九督导组副组长石晓清，组员刘强、王志良，区委组织部李亮和区纪检委李靖楠等同志到会指导。学校全体领导干部参会，会议由校长王长存主持。会上，13位领导成员依次进行自我对照检查，班子成员相互一一提出批评意见，批评意见开门见山、直言不讳。最后，刘强对

会议给予了高度肯定，认为会议准备工作充分、问题聚焦准确、整改措施实在，并提出了一系列有针对性的指导意见。为巩固专题民主生活会成果，王长存代表领导班子表态，将持续运用批评和自我批评这一利器，一步一脚印地抓整改，立说立行、即知即改，确保教育实践活动取得群众满意的实效。

（包　茜）

【开展走进学科组活动】　9月初，顺义九中为让不同学科备课组长、教研组长相互交流，

取长补短，进而促进学科组建设，特组织“走进学科组”活动。首先抽签确定走进哪些学科组，抽到的组提前准备，做一次理想的组内教研活动，供其它学科组观摩和借鉴。化学组的同课异构活动有声有色，生物组科学实验主题活动引起理科教师共鸣，语文组的阅读与写作切中时弊，解决了语言类教学的困境。组长们还重点走进美术组，观摩了高二、高三美术学科的期中考试及考后分析。该活动对美术生尤其是高三美术生触动很大，成绩出来后，学校加大对美术投入的力度，从而为今年美术联考造了势、鼓了劲。

（包　茜）

【组织观看天安门广场升旗仪式】　11月16日，顺义九中组织全校学生观看天安门广场升旗仪式。凌晨4点出发，7点观旗、8点瞻仰毛主席遗容、9点宣誓、10点进入国家博物馆参观，时间紧，活动多，但是学生的表现让所有带队老师都感到欣慰，他们不畏严寒，纪律好，听指挥，边看边记，大部队无

论走到哪里都很整齐。活动中，学生始终在严肃的氛围中感悟着国家的庄严。这次活动对学生既是一次爱国主义教育，更是一次深刻的自我教育。

（包　茜）

【召开社会主义核心价值观教育现场会】　12月16日，北京市价值观教育现场会在行动研

究试点校顺义九中召开。社会主义核心价值观教育是九中2014年的德育核心工作，也是亮点工作。现场展示活动包括主题班会、讲座、校长主题报告、图说社会主义核心价值观24个字（手绘版）短片、“蝶舞杯”主持人大赛评选展示、“我为核心价值观代言”主题活动。现场会很好地展示了学校一年来在价值观教育方面的成果，也引发了与会者更多的深入思考。

（包　茜）

北京市第四中学顺义分校

【概况】　2014年，北京四中顺义分校学校占地面积126000平方米、建筑面积53000平

方米，体育场（馆）面积20000平方米。图书馆（室）藏书5.68万册，电子图书22500册，订阅杂志、报刊129种。固定资产总值9464.65万元。全年教育经费投入4842万元，全部为国家拨款。全年学校信息化经费投入132万元，拥有计算机450台，多媒体教室座位2940个，校园网出口总带宽1000Mbps，数字资源量14GB，"信息技术"课程1课时/周。有普通教室72个、专用教室26个、实验室13个。教职工245人，其中高级职称61人、中级职称91人。专任教师172人，包括北京市骨干教师2人；本科以上学历234人。开设教学班52个，其中初中班24个、高中班28个。毕业544人，其中初中174人、高中370人；招生601人，其中初中307人、高中294人；在校生1679人，其中初中812人、高中867人，包括寄宿生923人。高中录取分数线397分，应届高考本科上线率43.9%。网址：http：//www.szsyfx.com。（王　颖）

【开展教师拓展培训】 2月22日，四中分校一行78名教师在顺鑫绿色度假村进行为期

一天的拓展培训。训练内容包括：蛟龙出海、智力接龙、与绳共舞、能量传输、不倒森林、动感颠球、激情节拍等几个团队项目。训练中，老师们相互鼓励、团结协作，大家不分性别，忘记了年龄，忘记了工作身份，全身心地予以投入。虽然天气还较凉，但训练场上气氛热烈，加油声、口号声、欢呼声此起彼伏。一天的拓展训练，老师们不仅锻炼了意志、体力，更重要的是感受到了团结协作是团队取得成功的关键，从而增强了对四中分校的集体归属感与责任心。（王　颖）

【举行首届青年班主任拜师会】 2月28日，四中分校举办首届青年班主任拜师活动。德

育副校长赵晶晶、主任蒋国宁、教师发展中心主任杨文玉等参会。会上，蒋主任公布了师徒结对名单并宣读了师徒协议，在为"师傅"们颁发聘书之后，李秀琴和石红梅两位教师分别代表师徒发言，她们表达出了师傅倾囊相授的诚心与徒弟虚心求教的诚意。接着，赵校长对结对教师表示了祝贺，阐明了此次拜师的意义。最后，杨文玉主任对"徒弟"提出希望，希望他们"要虚心学习师傅的精神、人格魅力和成长经验，做有特色的新型班主任"。此举不仅可以发挥学校优秀班主任的榜样示范和引领作用，使他们的经验得到推广，还为青年教师的迅速成长提供了沃土。（逯燕燕　王　颖）

【举办高一家长家风建设报告会】 4月4日，四中分校范晓红老师给高一家长做了题为《家风——塑造孩子的无形力量》的家风建设专题报告。范老师是高级教师、国家二级心理咨询师。为使讲座更有针对性，她预先对高一学生进行了问卷调查。讲座着重涉及三个问题：第一，家庭是子女的第一所学校，父母是孩子的第一位老师，当然要做以身作则的智慧家长。第二，孩子常见问题及家长的教育误区。第三，家长如何提升自己。讲座中，范老师打破常规，走下讲台，来到家长当中，边讲边和家长互动，通过提问启

发家长，并发放家风建设宣传画作为礼品。家长们非常欢迎这样的报告会，希望多开展这样的家长培训活动。（杨文玉　王　颖）

【高一年级举办汉字听写大赛】　4月17日，四中分校高一年级开展汉字听写大赛。大赛共分

两轮，循环淘汰赛和个人PK赛，中间还穿插进两次乐透环节来让全体同学参与，从而极大地调动了同学们的积极性，整个大赛在公平、友好的氛围中有序进行。经过激烈角逐，高一（2）班樊思莹、王梓雄，高一（6）班陈欣怡、石雨获一等奖，高一（1）班周长靖、张天、朱婷仪，高一（2）班吴佳琪，高一（5）班李琦，高一（8）班张金山获二等奖，高一（1）班仇鑫路、高一（3）班李扬、高一（7）班朱森获三等奖。大赛促进了广大师生对提高语言文字应用能力、弘扬优秀传统文化的认识，也促进了学生汉字书写水平的提高。（程　云　王　颖）

【举办优秀青年教师表彰会】　5月5日，四中分校在升旗仪式上对优秀青年教师予以表彰。受表彰的青年教师经个人申请，师傅和

部门领导推荐以及调查了解情况等环节推选而出，最后学校决定授予卢甜甜、申耀华、彭立卉、司素敏、江嫚“优秀青年教师”称号，授予宗晓菲“岗位青年新星”称号。此次表彰不光是一份奖励，还寄寓着四中分校未来发展的责任与使命、光荣与梦想，以及一份深切的期盼和信任。（王　颖）

【开展家长进校园活动】　5月5日，四中分校高一年级举办“沟通理解促发展　家校携

手育英才”家长进校园活动。活动先以座谈会开始，由副校长赵晶晶代表学校致辞，主任赵艳霞向与会家长介绍了开学以来的教育教学情况。家长们认真聆听，积极互动，纷纷提出自己的宝贵建议。随后，家长们走进课堂，与孩子们一起听课，还参观了美丽的校园。最后，各班分别召开班会，家长与师生欢聚一堂，敞开心扉，真诚交流，为本次活动画上圆满句号。（许亚婕　王　颖）

【开展“首届读书周”系列活动】　4至5月，四中分校开展“首届读书周”系列活动。

4 月 21—25 日，组织师生捐书、校园读书标兵评选活动，共收到捐赠图书 199 本，并推举张晓非老师为读书标兵，高一语文组为读书先进备课组。5 月 9 日，顺义一中向新良老师为全体教职工作读书报告。作为 2013 年北京十大读书人物之一，向老师在讲座中着重谈到了读书的实际好处：最小的投入却能与古今中外无数灵魂高贵、充满信仰和智慧的人对话；完全弥补当面聆听的路途之苦；把灵魂安顿好。北师大苏君阳教授建议老师们要把读书本身当作读书的意义，应在功利性阅读外，加强非功利性阅读。最后他还提醒老师们阅读中一定要有思考，从而享受读书的快乐，真正体会到人生的意义。（王　颖）

【举行高三年级毕业典礼】 5 月 19 日，四中分校高三年级全体师生举行毕业典礼。典

礼分为同学缘、父母恩、师生谊、母校情四个板块。同学缘环节，同学们用手机短信给同窗三年的好友送去真挚的祝福；父母恩环节，孩子们通过向父母鞠躬表达对家长的感恩；师生谊环节，庞龙老师的一番动情讲述使在场的师生、家长感动落泪，学生和任课教师的真情相拥更是将典礼的气氛推向高潮；母校情环节，张校长致辞并向全体高三学生颁发了学校特制的毕业证书。最后，典礼在同学们“青春无悔　人生无憾”的毕业誓言中落下帷幕。（侯　杰　王　颖）

【参加全国物理名师赛获佳绩】 9 月 26 至 29 日，四中分校马山、崔杨、白淑萍、庞龙老师参加了由中国教育学会物理教学专业委

员会在重庆市举办的学术年会暨第四届全国中学物理名师课堂教学展示与交流研讨活动。四位老师在展示活动中取得了一个一等奖、四个二等奖的好成绩。（马　山　王　颖）

【澳大利亚师生到校访问】 9 月 29 日，澳

大利亚 INOT 学校的师生一行到四中分校参观交流。学校高一与高二年级部分师生参与活动。活动伊始，高一学生代表陪同澳方师生参观了美丽的校园，他们用流利的英语向来访的客人一一介绍了宿舍楼、餐厅、教学楼和实验楼，同学们娴熟的英语会话给澳方师生留下了深刻印象。接着，两校学生举行了一场激烈的篮球友谊赛，很快拉近了彼此的距离。赛后，两校师生进行了长时间的交流，畅谈了各自的兴趣爱好、校园生活及理想，双方还进行了才艺表演，气氛十分活跃，不时有阵阵欢声笑语飘出窗外。最后，两校师生合影留念并互赠礼物。此次交流活动增进了两校师生间的友谊。（王　颖　蒙燕菊）

【区督导室专家来校督导】 10 月 14 日，顺义区督导室专家一行 3 人对四中分校就培育和

践行社会主义核心价值观和减轻学生过重课业负担问题进行专项督导。专家们通过随机听课，学生问卷访谈，观察校园文化建设、安全情况，查阅档案资料，检查学生作业、练习册、教辅资料等形式对学校义务教育阶段的相关内容进行了调查；对学校在开展培育和践行社会主义核心价值观，减轻学生过重课业负担方面的工作予以肯定，并对学校特色建设与培育和践行社会主义核心价值观相融合的课程建设思路给予高度评价。

（段伟伟　王　颖）

【举办西藏主题画展】 10 月 22 日，主题为“天路·心路”的西藏主题画展在四中分校综

合楼展出。4 月，美术组教师一行四人克服各种艰难困苦，到达了美与危险并存之地——西藏。在这里，她们得到了很多的创作灵感与人生启迪。行程收获的有美景，还有自由豁达的心情，更有激情迸发的艺术创作。最美的桃花，是雪中桃红；最美的阶梯，是通向千年巨刹的一步一景，花与雪合，人与景合；最美的画面是雪山之上杜鹃洒满金光，祥和沉醉；最美的色彩，是蓝天白云下巴松措宝石一样的蓝，熠熠发光，纯净深邃；最美的身影，是深夜八廓街叩首的朝圣者，光晕昏黄，坚定伟大……最终将点点滴滴记录在心田，感动在笔尖。（王　颖　刘建立）

【举办国学讲座】 11 月 19 日，四中分校高二学生济济一堂，共同聆听许亚婕老师所做

的题为《国学修身与文化传承》讲座。许老师结合自身的学习经历，以丰富的资料、生动的讲解，为同学们讲述了国学的内涵要义以及国学在我们生活中的指导作用。同学们从中扩展了知识视野，开启了国学修身之门。

（许亚婕）

【举行“一二·九”合唱比赛】 12 月 9 日，

四中分校初一年级举行纪念“一二·九”运动合唱比赛。八个班集体分别演唱了校歌《起航》和《祖国给我理想》《歌唱祖国》等

16首曲目。每支参赛队伍均着装统一、激情四射、形式多样，他们充满激情的表演、强劲有力的指挥、高难度的分声部唱法，将比赛一次次推向高潮。初一年级充分运用纪念“一二·九”运动合唱比赛等传统德育载体，大力加强爱国主义、集体主义教育，有效增强了同学们的社会责任感和集体荣誉感，提高了师生的艺术审美情趣。（邵　杰）

【开展走进太阳村活动】 12月10日，初二年级部分师生走进太阳村：学生们在太阳村

看望了那些没有父母的孩子们，给他们捐了书、本、米、面、油等。学生们在大厅里观看了太阳村的纪录片，参观了太阳村孩子们的宿舍等，此次活动带给学生们的触动很大，同学们纷纷表示要珍惜自己良好的学习、生活环境，好好学习，增长才干，将来为社会做出更大的贡献。（宋艳琴）

【组织物理教师聆听哈佛教授讲座】 12月16日，四中分校物理组白淑萍、王珺、屈鹏、

郭金权四位年轻教师到北师大英东礼堂聆听了同伴教学法创始人、哈佛大学著名教授 Eric Mazur 的讲座。同伴教学法（Peer Instruction 简称 PI）重在课堂教学中实现学生自主学习、合作学习、师生互动、生生互动，从而有效地改变了传统课堂教学手段、教学模式。PI 教学法最先应用于哈佛大学基础物理课程中，多年来 PI 教学方法已经广泛应用于世界许多国家和地区。Mazur 教授因此获得 2014 年全球教育学最高奖——Minerva 奖。四位教师在与专家的近距离交流中开阔了视野、增长了见识，他们表示将以此为契机，努力提高自己的教育教学水平，争取为四中分校的明天贡献自己更大力量。（马　山　王　颖）

【市督导室到校督导】 12月17日，北京市

督学室处长杨江林、主任马杏芳一行来到四中分校督查顺义区全面实施素质教育情况。校长张福利汇报了相关工作，数十位教师和学生分别接受了督学室的问卷调查，八位教师代表、学校人事领导及主管会计与督学就顺义区政府、区教委及学校在实施素质教育方面的工作和成效展开热烈的交流。督学们考察了校园环境及硬件条件，检查了教育教学档案，对学校的跨越式发展给予高度评价。顺义区教委副主任张军堂和中教科科长张旭东陪同督查。（周雪斌）

【初一年级开设家校互动课】 12月24日，初一年级全体学生与部分家长共同上了一节《我也追“星”》的综合性学习课，主讲人是

李文新老师。“追星”属于日常生活中的热门话题，而现在有些学生盲目融入“追星族”。李老师选择《我也追“星”》这个话题对现实生活有很强的针对性和实用性，也体现了对学生的人文关怀，它植根于学生的生活世界，能激活学生真切的表达需求。整节课主要分为星光灿烂、星际旅行、星路追踪、星海论坛四个板块，围绕这四个板块，学生们真正地参与进去，连家长们也融入到了整个课堂。

（王　颖）

北京市顺义区第十一中学

【概况】　2014年，北京市顺义区第十一中学占地面积52729平方米、建筑面积21470平方米，体育场（馆）面积20945平方米。图书馆（室）藏书4.1万册，订阅杂志、报刊54种。固定资产总值1234.4万元。全年教育经费投入1865.5万元，全部为国家拨款。全年学校信息化经费投入31.7万元，拥有计算机297台，多媒体教室座位1120个，校园网出口总带宽100Mbps，数字资源量748GB，“信息技术”课程1课时/周。有普通教室32个、专用教室21个、实验室9个。教职工89人，其中高级职称20人、中级职称40人。专任教师81人，包括北京市骨干教师1人；本科以上学历89人。开设教学班17个，均为初中班。毕业119人，招生220人；在校生545人，包括寄宿生294人。网址：http：//58.133.130.9。

（李中华）

【举办物理学科专项讲座】　1月7日，顺义十一中聘请北京市特级教师宋金平为物

理组教师做《初中物理概念教学》专题讲座，北师大教育管理学院院长鲍传友和顺义区考研中心干训科科长刘艳茹参与此次活动。活动的开展，加深了物理教师对本学科的认识，有效促进了学校的教学改革。

（赵景军）

【组织教师专业发展及生涯规划校本培训】　2月14日，顺义十一中开展“教师专业发展及其生涯规划”校本培训，北师大教育管理

学院院长鲍传友参与此次活动。活动的开展，进一步引导教师进行自我反思，提高了教师参与改革的积极性。

（赵景军）

【开展“骨干示范　引领教改”专题活动】　3月6日，顺义十一中启动“骨干示范　引领教改”专题活动。活动由10位骨干教师按规定时间上示范课，授课活动结束后，

听课的每位教师在学校《教学评价表》上进行打分，并完成课堂点评和自我反思表。通过示范学习研讨，教师们懂得了如何提高教学活动有效性，大大开拓了教师的教育思路，促进学校教育教学质量再上新台阶。（赵景军）

【组织教师工作坊研究专题活动】 3月11

日、19日，顺义十一中召开学校教研组长与北师大专家的“教师工作坊”研讨活动。北师大教育管理学院院长鲍传友和学校领导干部与会。专题活动为学科教研组提供了与专家交流的平台，充实了教研活动内容，为打造优秀的教研组奠定了基础。

（赵景军）

【举办市级课题视导活动】 3月18日，杨镇一中联盟组团内的市级课题《基于自主学习能力培养的课堂教学方式的研究》视导活动在顺义十一中举行。参加活动的有

区考研中心教科室主任陈慧明、副主任赵连顺、教研员单德芳、顺义九中、顺义八中、杨镇二中、沙岭中学、大孙各庄中学等校科研负责人及数学、历史学科教师近30人参加。本次科研视导注重实效，旨在帮助课题组找到问题，指明方向，从而为全面推进“自主课堂”教学改革打下坚实基础。（赵景军）

【接受区教科室课题研究指导】 5月14日，顺义十一中作为区教科室《学习方式变革》

课题实验校，迎来区教科室副主任赵连顺、教研员朱宏、实验校赵全营中学的书记崔建国和杨镇二中主任杨红雁等对十一中《新课程理念下转变学生学习方式的研究》课题的深入指导。活动的开展有效推进了课题的研究工作。（赵景军）

【开展自主课堂实践展示课活动】 5月13日，顺义十一中在开展“骨干示范 引领教改”专题活动的基础上，又在初一、初二教师中开展了实践展示课系列教改活动。该活

动深化了十一中“自主课堂”教学改革，为提高十一中教学质量奠定了基础。（赵景军）

【召开深入推进自主课堂教学改革动员会】 8月30日，顺义十一中召开全面深入推进

“自主课堂”教学改革动员会。动员会的召开使全校教师深刻认识到深化教学改革的必要性，明确了教学改革的总体目标，坚定了改革的必胜信心，为学校的可持续发展和打造教学改革特色学校奠定了基础。（赵景军）

【召开“自主课堂”教学改革班主任动员会】 9月3日，顺义十一中召开自主课堂教学改革班主任推进策略动员会。会上，首先由主管教学的领导针对学校的教学改革状况进行简要分析，总结了改革过程中存在的障碍，并向干部教师提出全身心参与到教学改革中的总体要求。之后是班主任发言，对学校的课改提出了各自的观点建议。班主任们均表示将积极投身到学校的教学改革中，为学校改革出力。最后是班主任孟庆荣老师以“小组文化芬芳四溢”为题，介绍了自己的成功做法。动员会的召开调动了班主任参与教学改革的积极性。（赵景军）

【组织教研组课改研讨会】 9月5日，顺义十一中组织召开教研组课改研讨会。会上，

各教研组针对本学科教改中存在的问题进行研讨，进一步明确本学科的教研工作的目标及深化学科教改的特色。研讨会为创新学科的改革特色奠定了良好基础。（赵景军）

【开展“教改大舞台，人人展风采”活动】 9月15日，顺义十一中为有效发挥学科教学改革纲要的指导作用，全面推进“自主课堂”

教学改革的深入发展，特组织了“教改大舞台，人人展风采活动”专题活动。全校干部教师积极参与。活动有序、有效的开展，营造了全校的教学改革的氛围，增强了师生参与学校教学改革的信心。（赵景军）

【承办教师工作坊研讨会】 10月9日，顺义区教师工作坊研讨会在顺义十一中召开，

参与研讨会的有北师大的鲍院长和中教科副科长刘艳茹，会议主要议程是针对教师工作坊的建立进行研讨，会上确定了教师工作坊的发展目标和实施策略。 （赵景军）

【开展教师基本功专项竞赛活动】 10月31日，顺义十一中组织全校所有任课教师参加

的教师基本功竞赛活动。活动之前，学校制定了详实周密的实施方案；成立了由校长李小波任组长的竞赛评审小组。本次竞赛，共评选出优秀教学设计15篇，并在全校进行展示、交流、研讨。该活动激发了教师们的教学热情，提高了教师的教育教学能力，为学校进一步深化课堂教学改革做了很好铺垫。

（赵景军）

【开展访学交流专题活动】 11月初，顺义十一中4名教师分别到北京陈经纶中学和北京

人大附中参加跟班学习和教育教学观摩活动。活动后，四位教师就“学习、感悟、思考、改变”和与会领导教师分别进行了详细的汇报和深入的交流。通过这次活动，大家都深切感受到“采他山之石以攻玉，纳百家之长以厚己”的作用，在分享的同时促进了自己的深入思考，并在自己的工作实践中融入学习的感悟。

【区教委纪检监察科领导到校调研】 11月4日，由顺义区教委纪检监察科、中教科等组成的顺义区“廉政文化进学校示范点”评估小组走进顺义十一中，对学校开展的廉政文化工作进行评估。评估组首先听取了学校副校长葛建从廉政文化融入课堂、融入环境、融入活动等方面的汇报，之后，评委们分头检查了学校上学年度和本学期的工作档案，听了冯迪老师上的一节“廉政文化融入课堂”的示范课，参观了校园的廉政文化环境。此次评估活动，对十一中进一步营造“风清气正，崇尚廉洁”的校园廉政文化氛围起到了促进作用。

（葛　建）

【与教科室携手开展同课异构活动】 11月20日，区教科室副主任赵连顺携《基于先行

组织者的初中课堂“大问题探究”的理性实践》课题组全体成员走进顺义十一中，与十一中携手开展了“同课异构展风采”的理性实践研究活动。学校领导干部和数学组教师全程参与此次活动，该活动使十一中的老师们得到一次很好的学习机会，有力提升了十一中数学教师们的教学水平。 （赵景军）

【北京交响乐团走进顺义十一中】 12月12日，北京交响乐团走进顺义十一中，为全校师生献上了一场精彩的演出。每表演一个曲

目之前，演奏者都会为师生介绍演奏曲目的作者和创作背景。乐团先后为大家演奏了《创世纪》《半个月亮爬上来》《公爵之歌》《游击队歌》《天赐恩宠》等十余首乐曲。音乐时而优雅细腻，时而凝重激昂，师生们完全沉浸在音乐的意境中。表演结束后，全体师生起立向艺术家们表示衷心的敬意。此次高雅艺术进校园活动，为全校师生搭建了亲近艺术、感受艺术魅力的平台，同时让学生初步了解了铜管、弦乐演奏的基本知识，提升了对高雅艺术的审美层次，激发了学生对交响乐的浓厚兴趣和好奇心。（葛　建）

【组织学科教师工作坊活动】　年内，顺义十

一中学先后开展了数学、物理、生物、语文等学科的教师工作坊活动，活动中，分别聘请了北师大教育学部与教学研究院教授徐智勇、杜霞，北京市陈经纶中学物理特级教师宋玉萍，西城生物教研员、市级学科带头人杜玉芬等10几位北京市名师作为教师工作坊的指导教师。教师工作坊通过同课异构、走进课堂听课、评课等多种形式组织开展了学科教研活动。（赵景军）

【加强学生社团建设】　年内，顺义十一中由初一、初二全体学生参加的乒乓球队、跆拳

道队、武术队、舞蹈队、绘画小组、软笔书法小组、笛子小组、硬笔书法小组等八个课外兴趣小组正式开展活动。为此，学校专门聘请了顺义少年宫八位专业教师亲自来校指导，老师们丰富的教学经验和高超的教学技巧提高了各社团课程的学习效果，受到了全体学生的欢迎。小组活动的开展充分体现了十一中的办学理念，丰富了校园课余文化生活，满足和激发了学生探求各种知识奥秘的兴趣，培养了学生的动手操作能力，提高了学生的审美情趣，学生的综合素质得到提升。（葛　建）

北京市顺义区第十三中学

【概况】　2014年，北京市顺义区第十三中学占地面积58956平方米、建筑面积26023平方米，体育场（馆）面积19400平方米。图书馆（室）藏书5万册，电子图书15册，订阅杂志、报刊17种。固定资产总值1516.2万元。全年教育经费投入1610万元，均为国家拨款。全年学校信息化经费投入23万元，拥有计算机340台，多媒体教室座位2160个，校园网出口总带

宽100Mbps，数字资源量1TB，“信息技术”课程1课时/周。有普通教室36个、专用教室24个、实验室10个。教职工170人，其中高级职称34人、中级职称89人。专任教师170人；本科以上学历155人。开设教学班27个，均为初中班。毕业256人；招生335人；在校生930人，包括寄宿生632人。网址：www.ssz.shyedu.cn。（林 芸）

【邀请首师大专家指导教师研修活动】 1月18日，顺义十三中邀请首师大专家来校指导

教师研修活动。会上，首先由主任王振丰作《西峡感悟》学习报告，与大家交流。之后，由副主任孙雪峰总结本学期备课组情况。第三项，全体教师收看视频《学校工作回顾》，反思一年来的教育教学工作。第四项，全校教师集体教研，主题是《学生主动学习，提高课堂效率》。首师大黄燕宁教授现场进行点拨。本次教师研修，是对刚刚结束的一个学期的工作反思，将为寒假过后的新学期教育教学工作打下良好的基础。

（王继红 杨 华）

【成立“阳光之声”校园广播站】 3月3日，顺义十三中“阳光之声”校园广播站正式广播。广播站开播时段为周一至周五每天中午11：50—12：10。广播站共设五个栏目：《历史上的今天》简介中外历史上当天所发生的值得关注的大事、趣事；《新闻直通车》播发校园生活的新动态、学校（班级）管理的新举措、一些优秀班级的精神面貌，一周内学校师生活动以及校园内

发生的重大事件；《先锋人物榜》宣扬发生在校园里的好人好事，学校优秀师生成长经历和令人感动的人和事；《文学大观园》介绍优秀学生学习的方法技巧、经验，推荐学校优秀师生习作；《校园音乐盒》播出励志歌曲和校园歌曲，或师生的现场演唱。

（王继红 杨 华）

【举行软木黑板评比大赛】 3月20日，顺义十三中举行主题为“新学期，新规划”的

软木黑板评比大赛。活动由各班宣传委员组织全班同学共同参与，课间同学们拥到学生发展中心征求老师们的意见，互相商讨黑板的设计、色彩……比赛过程充分展示了个人的才华。本次评比初一年级色彩丰富，布局构图合理；初二、初三年级整体思路开阔，绘画水平较高，逐渐走向成熟。3月24日，学校在升旗仪式结束后对获奖班级进行了表彰。

（王继红 杨 华）

【组织师生参加社会大课堂实践活动】 4月8日，顺义十三中组织全校师生1000余人参加社会大课堂实践活动，先后参观北京八达岭野生动物园和中国航空博物馆。在野生动物园，师生们首先乘旅游车进入猛兽区隔窗观赏。然后进入步行欣赏区，与动物近距离接触。同学们在置身于大自然的怀抱大饱眼福的同时，也深刻认识到保护动物的重要意义。在航空博物馆，同学们不但看到了我国各个时期具有代表性的珍贵飞机，也了解了中国空军诞生、成长、壮大的奋斗史，自豪之情溢满胸怀。（王继红　杨　华）

【开展教师卓越团队训练营活动】 4月12日，顺义十三中聘请北京思搏拓展培训学校为全校班主任和教研组长、备课组长做“教师卓越团队训练营”体验式培训。活动在学校体育馆举行，通过“破冰之旅”，各小组迅速创建了自己的队旗、队歌；通过“七巧板”“通天塔”“旋风跑”等拓展活动，极大地激发了老师们的潜能，让大家拥有了一个敬业、共赢、充满爱、负责任的良好心态。本次活动，学员参与度高，投入度强，让大家在体验与快乐中得到展现自我的机会。

（王继红　杨　华）

【承办学困生转化现场会】 4月24日，顺义十三中承办顺义区学困生转化现场会。与会人员听取了学校科研负责人的专题汇报，观摩了李兴林老师的数学课和马海莲老师的英语课。课后两位教师进行说课，各校科研负责人和教师进行交流，并对促进学困生主动发展工作提出很多宝贵意见，希望十三中能够结合本校实际进一步帮助学困生克服学习障碍。区教委中教科、教科室领导和相关教师共30余人参会。（王继红　杨　华）

【常务副区长林向阳到十三中调研】 4月25日，顺义区委常委、常务副区长林向阳到十三中进行调研。林副区长一行参观了体育馆、实验室、教室、宿舍等教育教学设施；听取校长李成文的工作汇报。顺义十三中是一所寄宿制学校，林副区长非常关心学生的在校安全，对食品安全、交通安全工作重点作出

了指示。他还非常关注学生的心理健康问题，参观了心理咨询室，并与心理教师进行了交谈。一同调研的有北小营镇党委书记马强、镇长朱新生、副书记李奇。

（王继红　杨　华）

【举办京剧进校园活动】　5月15日，顺义十三中迎来京剧进校园首场演出。参加演出

的是区内几位热爱京剧艺术，热心于传扬优秀民族文化的退休教师。张怀鹏老师用课件展示了京剧的基本知识，包括京剧历史、京剧行当、京剧流派和京剧音乐。四位女教师带来了《霸王别姬》《锁麟囊》《金龟记》和《苏三起解》的精彩选段。老教师们深厚的功底，精美的唱腔，充分展现了京剧的艺术魅力。本次活动，让同学们理解了京剧的美，因而深受师生的喜爱。（王继红　杨　华）

【《当春》主编辅导学校小记者】　5月22

日，《当春》主编林子老师来到顺义十三中，对35名小记者进行培训。林老师和大家谈了两个理念，第一点是认识，首先要认识自己，爱自己，延伸到爱自己脚下的这片土地和头上的这片蓝天；第二点是热爱，因为有了爱，能够温暖自己，才能够温暖别人，多发现他人的优点，用期盼的眼光看自己，用自己的行动感化别人，让世界变得纯洁、美好。林老师在培训过程中，也向小记者们布置了作业：建立班日志；展示中学生话语权《爱与责任》；PK你的笑；传播彩虹书韵。培训结束，林老师和小记者们合影留念。

（王继红　杨　华）

【举行首届合唱节】　6月3日，经过一个月的精心筹备，顺义十三中首届合唱节开幕。

在学校体育馆中，各班学生服装整齐，精神饱满，歌声嘹亮，都抒发了自己对祖国、对父母和对美好生活的热爱，更展示出健康向上的班级风貌。对首届合唱节，学校领导高度重视，班主任、音乐老师积极配合，同学们自选歌曲，曲目有恢弘激昂的大合唱，也有委婉动听的小合唱。合唱节为校园营造了一个人人开口唱、班班有歌声的音乐氛围。

（王继红　杨华）

【举行班主任研修活动】　8月21日，顺义十三中举行班主任研修活动。研修以分享班主任的小幸福为主题，旨在探讨班主任职责和工作方法，活动中，三位优秀班主任进行了认真的案例分析；在校园中进行的拓展活动热烈欢快；分组晒小幸福的环节生动感人，各组的展示都不约而同以向日葵为主题，阳光、健康、积极、向上成为活动的主旋律。首师大基础教育学院的两位教授全程参与本

次研修活动，并给予积极的评价。

（王继红　杨　华）

【举行体育拓展训练营开营仪式】　9 月 1 日，顺义十三中举行体育拓展训练营开营仪式。学生发展中心主任王成主持仪式，校领导、初一初二师生、怀柔国防教育训练基地 18 名教官共 700 余人与会。会上，首先由副校长王继红讲话，感谢 18 位教官的指导，具体阐述了本次拓展训练的目的和意义，同时要求各班老师与教官密切配合，学生听从教官的指挥，学校将在 9 月 5 日检阅训练成果——队列操展示并举行闭幕式。学生代表燕洁发言之后，教官带领全体同学庄严宣誓。顺义十三中为期5 天的体育拓展训练由此正式开始。

（王继红　杨　华）

【召开班主任工作交流会】　9 月 22 日，顺义十三中召开班主任工作交流会。会议由学生发展中心主任王成主持，副校长王继红和 27 位班主任参会。王主任对上学期的班主任工作进行回顾和总结，并对本学期的班主任工作作详细布置。仇艳霞、张娜老师分别作了班主任典型发言，就如何组建班集体、培养学生干部、学生自我管理等进行介绍。王副校长在总结发言中，对班主任们的工作给予充分认可并提出更高的期望和要求。

（王继红　杨　华）

【开展骨干教师献课活动】　9 月 15 日至 10 月 15 日，顺义十三中开展骨干教师献课活动。校内区级骨干教师总计献课 23 人次，涉及语文、数学、英语、物理、政治、历史、美术、音乐、体育、信息十个学科。活动中由两位副校长带领中层领导、教研组长和备课组长分文科、理科和艺术类三个组进行了听评课。该活动充分发挥了骨干教师的示范、引领和辐射作用，为教师之间的教学交流提供了良好平台。

（王继红　杨　华）

【召开少先队建队暨少年先锋团校成立大会】　11 月 24 日，顺义十三中召开少先队建队暨少年先锋团校成立大会。校领导、大队辅导员及初一年级全体师生参会。会上，大队辅导

员李小平老师宣布少先队建队暨少年先锋团校成立决议及大队长、中队长名单。各班中队长上台，接受少先队中队旗。少先队员代表为10位辅导员老师佩戴红领巾。随后，李小平公布少年先锋团校的规章制度和团课的具体安排；初一年级少先队员代表发言；学生发展中心主任王成讲话。大会气氛热烈，同学们感受到了党对少先队员的关心和爱护，进一步明确了前进的方向。　（王继红　杨　华）

【邀请北师大心理学教授作专题讲座】 12月1日，顺义十三中邀请北师大心理学院教授

寇彧为全校教师作题为《理解青少年成长》专题讲座。讲座中，寇教授从成长环境、成长特点和成长促进三个方面谈青少年的成长。强调教师、家长应正确关注学生的心理健康，积极引导学生走上知识和能力全方位发展的多行道。之后，北师大老师对初一、初二年级的同学进行了《北京市初中生社会态度》问卷调查。最后，寇教授向大家推荐了三本书《理解孩子的成长》《危机中的青少年》和《自信力——成为最好的自己》，供老师们参考学习。　（王继红　杨　华）

【举行“纪念一二·九”演讲比赛】 12月8至9日，顺义十三中为纪念“一二·九”运

动79周年，分年级举行“纪念一二·九爱国运动暨践行社会主义核心价值观”演讲比赛。赛场上，选手们普遍能脱稿演讲，抒发了对党、对祖国、对学校的热爱；评委们则从主题、内容、表达水平、演出台风、综合印象等方面进行认真评审，最终评出一、二、三等奖。举办本次演讲比赛，旨在促进全校师生进一步践行社会主义核心价值观，培养中学生的政治责任感和使命感以及积极向上、刻苦学习的新时代风貌。　（王继红　杨　华）

【健康大讲堂走进顺义十三中】 12月11日，由顺义区卫生局、区教委、区食药监局

发起并举办的“专家进校园健康大讲堂”走进顺义十三中。顺义疾控中心医学博士李永

进为在校初二年级学生作《青少年肥胖防治》营养健康讲座，内容涵盖肥胖症状的危害、成因及如何预防，给学生指明了健康的生活方式，深受大家的欢迎。（王继红　杨　华）

【邀请北师大心理学教授作专题讲座】　12月15日，顺义十三中邀请北师大心理学院姚

梅林教授为全校教师作《有效教学策略》的专题讲座。姚教授指出，学生学习有一定的机制和规律，教师的教学技巧及所用模式一定要尊重这个规律；有效教学策略，就是要让学生乐学、会学。通过讲座，教师们了解学生多元的学习动机，更清楚身为教师如何授之以渔，即利用学生已有经验，引领理解性学习。还进一步理解教师要不断丰富任职经验，精炼认知结构；外化教师思路，引领学生体验过程，掌握方法；整合学习内容，培养学生迁移能力等方面的教学理念。该讲座为学校实施高效课堂指明方向，提供了方法。（王继红　杨　华）

北京市顺义十五中

【概况】　2014年，北京市顺义区十五中学占地面积26379.8平方米、建筑面积11817.52平方米，体育场（馆）面积7600平方米。图书馆（室）藏书5.1181万册，订阅杂志、报刊26种。固定资产总值1441万元。全年教育经费投入909.5万元，其中国家拨款887万元、自筹经费22.5万元。全年学校信息化经费投入6万元，拥有计算机89台，多媒体教室座位1866个，校园网出口总带宽700Mbps，数字资源量700GB，“信息技术”课程1课时/周。有普通教室24个、专用教室16个、实验室5个。教职工59人，其中高级职称14人、中级职称27人。专任教师47人；本科以上学历53人。开设教学班12个，均为初中班。毕业62人；招生153人；在校生285人。网址：www.mpzx.shy.bjedu.cn。（赵淑华）

【举办班级200米男女混合接力赛】　3月27

日，顺义十五中举办主题为“阳光体育与祖国同行”200米接力赛。比赛以班级为单位，按照竞赛比赛规则，参赛各班组编男女混合队，每队报男女各4人。团体总成绩为男女8人成绩之和。团体成绩以年级为单位，取前2名。该项活动涉及11个教学班，共有男女88名学生参赛。初一年级冠亚军为2班、4班；初二年级冠亚军为2班、1班；初三年级冠亚军为2班、1班。（赵淑华）

【举办班级拔河比赛】　4月9至10日，顺

义十五中初一、二、三年级学生举行拔河比赛。比赛以班级为单位，按照比赛规则，参赛各班组编男女混合队，每队报男女各8人。各队抽签后决定参赛位置。比赛实行三局两胜制，采用循环赛，决出年级前2名。经过激烈角逐，初一年级冠亚军为1班、3班；初二年级冠亚军为2班、1班；初三年级冠亚军为1班、3班。（赵淑华）

【组织学生参加顺义区海模比赛】 5月30日，顺义十五中13名学生参加区少年宫在鲜

花港举办的海模比赛。经过激烈角逐，张义博、刘然、李浩、张琪等同学获得区级一等奖，张君钒等8名同学分获区级二、三等奖；杨凤玲、吴晓东老师分获区辅导一等奖。

（赵淑华）

【参加自我教育课题研讨】 11月20至21日，顺义十五中孙勇老师与课题组成员一起

参加在重庆市九龙坡区石新路小学召开的2014年自我教育学术研讨会暨《在课程实施中培养学生的自我教育与自我管理能力的研究》学术年会。该项目研究是中国教育学会“十二五”重点课题。会议议程有专家讲座、学术研讨、经验交流和教学展示。孙勇老师在会上代表学校参加课题组成果交流，同时做《天上的街市》课堂教学展示。（赵淑华）

【组织参加市区科技制作竞赛】 11月29日，顺义十五中初二年级学生皮子航、关珊

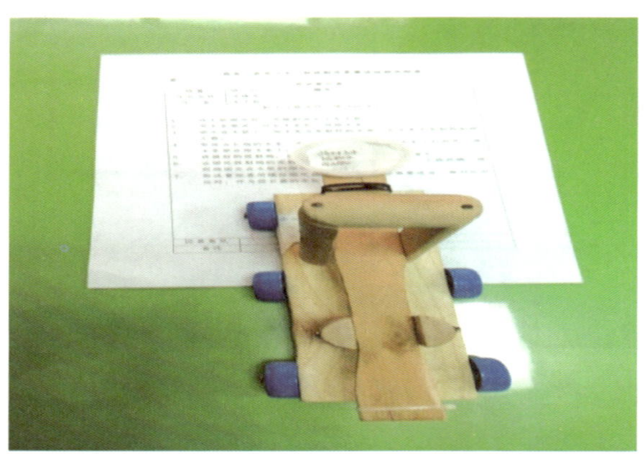

珊代表顺义区参加北京市“我有一双灵巧手”科技制作竞赛活动。此前他们分别制作的灵巧手科技作品《冲锋号》《老鼠》，经顺义区科技节评委会评选，均获一等奖。这是学校近年来在此项工作中的一个重大突破。

（赵淑华）

【组织微创新校级常态课展示】 12月15至

26日，顺义十五中8名教师代表各自年级组或教研组进行微创新校级常态课展示。该活动旨在进一步加强教学研究，推进课堂的微

创新，展示在小组课型中促进学生自主学习的十个“学会”（即学会思考、学会倾听、学会表达、学会讨论、学会尊重、学会宽容、学会欣赏、学会互助、学会相处、学会评价）的教育技术和策略。（赵淑华）

【举办班级男女篮球比赛】 12月18至30日，顺义十五中举办男女篮球比赛。该比赛

以年级为单位进行，要求参赛各年级组编男女两队，每队报10人，上场5人。男女比赛均采用循环制，各计成绩。该项活动涉及3个年级12个教学班，共有男女60名学生报名参赛。女子比赛初一年级获得冠军，男子比赛初二年级获得冠军。（赵淑华）

【举办2015年新年联欢会】 12月30日，

顺义十五中举办2015年新年联欢会，309名师生参加活动。本次活动主题是奏响青春之歌，展现艺术风采，欢欢喜喜过新年。活动以班级为单位上报节目，种类有舞蹈、小品、独唱、合唱、乐器演奏等，经过筛选，最后有18个节目参加演出。

【组织参加社会大课堂活动】 年内，顺义十五中组织学生参加社会大课堂活动五次。各年

级学生先后到顺义三高科技农业示范区、陶艺村、牛栏山一中、七彩蝶园、北京野生动物园、顺义汉石桥湿地、北京国际鲜花港等地区进行参观；其中初二学生还到怀柔的生存岛进行拓展训练。活动后学生们纷纷撰写感想，普遍认为他们的社会实践能力得到锻炼和提高。该活动共有480余人参加。（赵淑华）

北京市顺义区仁和中学

【概况】 2014年，北京市顺义区仁和中学（站前东街6号）占地面积43683平方米、建筑面积34987平方米，体育场面积15824平方米。图书馆（室）藏书3.9万册，订阅杂志、报刊160种。固定资产总值1605.68万元。全年教育经费投入2426.44万元，均为国家拨款。全年学校信息化经费投入106万元，拥有计算机150台，多媒体教室座位1091个，校园网出口总带宽100Mbps，数字资源量500GB，“信息技术”课程1课时/周。有普通教室51个、专用教室8个、实验室12个。教职工145人，其中高级职称24人、中级职称54人。专任教师94人；本科以上学历94人。开设教学班28个，均为初中班。毕业518人；招生365人；在校生1091人，包括寄宿生243人。网址：www.rhzx.bjedu.cn。

（孙红良）

【举办首届学生艺术节】 4月11日，仁和中学成功举办第一届学生艺术节。艺术节从3

月中旬开始准备。学校从三个年级报送的24个节目中精选出15个节目上场。艺术节举行之日，各年级的学生家长也纷纷前来参加。当日的节目形式多样，有歌曲、快板、朗诵、校园剧、笛子独奏、舞蹈和打击乐表演等，精彩纷呈的节目得到了家长和师生们的一致好评。 **（陈明英）**

【成立“仁和之声”广播电台】 10月9日，“仁和之声”广播电台正式开播。此前的9月16日，政教处发出一则“仁和之声”广播电台主持人招募的通知，广大同学积极踊跃报名，学校经过海选、初选和复赛等几个流程，最终确定了主持人。 **（陈明英）**

【成立家长教师协会】 10月31日，仁和中学举行家长教师协会启动仪式。成立该协会的目的是：进一步加强家校的沟通与联系，充分发挥家长对学校教育的参与和监督作用，进一步增强学校、家庭、社区共建力度，为

更好贯彻落实素质教育以及构建和谐社会夯实基础，办人民满意的学校。参加协会成立大会的还有：顺义区中学德育负责人单德芳，湖南省初中骨干校长北师大研修班的八位校长，来自顺义区兄弟学校的德育领导和班主任代表。 **（宋永玉）**

【开展第二届班主任基本功大赛】 11月1日，仁和中学召开第二届班主任基本功大赛。

参赛人员是全校现任并在去年也担任过班主任工作的教师，共20位。观赛的有8位湖南的“影子校长”和学校35岁以下青年教师。本次大赛共有两项内容：一是“我的教育故事”三分钟限时演讲，二是三分钟情境问答，规定每位选手提前抽取案例备场，在三分钟之内对案例情境进行问题判断，之后做出分析并说出自己的解决策略。教育故事演讲不仅考察的是教师的教育理念和教育智慧，同时还考察班主任的演讲能力和仪容仪表，即气质对学生的影响。大会评委有北京教科院家教研究与指导中心主任、《班主任》杂志法人代表王宝祥，区考研中心教研员杜学芬，

学校校长孟朝晖、副校长蒋吉姝、德育主任以及三位年级主任。大赛当场打分，最终评出一等奖7人，二等奖13人，其中最佳魅力奖1人，最佳智慧奖1人。（陈明英）

【学生在区教育系统主题演讲活动中创佳绩】

11月26日，在顺义区教委组织的中学生“个人自由与社会公德”主题演讲活动中，仁和中学初二年级金洋同学，作了题为《微行为，正能量》的演讲，在全区26所中学的参赛选手中脱颖而出，获得二等奖。金洋同学的演讲充分阐述如何以微小的行为体现正能量，做遵守公德的中学生。同时，学校的刘晶华老师获得本次活动的优秀辅导员奖。（陈明英）

【爱心送与大凉山】 12月22日，仁和中学全校师生开展向四川贫困地区大凉山捐书活

动。之前，学校与狮子会取得联系，议定通过该会向四川大凉山地区的孩子们捐献图书。该活动一经学校倡议，各个年级立即号召广大同学积极参与，同学们踊跃响应，所捐图书都是适合中学生阅读的书目。最终，全校同学共捐图书1100余本。之后，学校组织学生将图书分门别类地打包装箱，及时通过狮子会将图书寄出。（陈明英）

【邀请专家走进学校指导】 年内，仁和中学

邀请专家走进学校指导。一是2月15日，学校邀请首师大首都基础教育发展研究院副院长王海燕教授为教师作《坚守教学本质，促进学生发展》理论讲座。通过不断追问教育是什么、课程是什么、学生是什么、教学是什么、研究是什么，引导教师认识到教育要以学习者为中心，教师要站在学科视角上给学生学习方法，促进学生发展。二是4月8日，首师大张彬福教授来校指导一线教学。结合张新新、张亚凤两位教师的课，就语文课堂教学如何落实教师教什么的问题，为老师们引路。从而使教师们逐渐形成了一套打造高质量精品课的研讨模式，即“三二二一”模式：三次备课——两次说课——两次上课——一次总结。三是5月7日，市教研员李青霞两次来校指导教学工作。李老师先后听初二分层教学的3节课，她就数学教材教法，尤其是分层教学实施过程中的问题及对策与老师们进行研讨，为学校教学工作改进作出了有益指导。同月，首师大续佩君教授指导物理教学。作为中学物理教法专家，北京市物理学科带头人、骨干教师评审委员会成员、北京市青年教师基本功大赛评委。续教授对所听课做详细点评，并就物理分层教学以及实验教学设计中如何落实学生主体地位做深入细致指导。四是11月25日，张彬福教授再次指导语文教学工作。他在听取区级科研课

题《语文教学课内外资源的整合》的结题工作汇报后，提出宝贵建议。又和全体语文老师一起观摩了阎晶微、李小兵老师的语文课，并与教师们进行积极研讨。全体参与教师均感受益匪浅。 （许冬梅）

【开展“学身边人，邀同伴互助”活动】

年内，仁和中学开展“学身边人，邀同伴互助”活动。其间教师共献出121节校级公开课；10节骨干教师示范课，36节区级研究课；裴冬菊、展浩丽老师承担2节市级研究课；李钰、王晓丽等教师展示10节年轻教师汇报课。多次的听评课活动，促进了课堂的高效性。教师在观摩与分析案例的过程中，形成了“同说一课”——参与备课、听课、评课共同探讨的活动模式；由于教师们加强了集体备课，深入研读教材、新课标和中考说明，大大提高了备课质量。 （许冬梅）

【继续实施分层教学助推高效课堂】 年内，仁和中学继续实施分层教学助推高效课堂。为此，学校先后组织领导、教师去北京十一

学校及其它在分层教学改革方面走在最前沿的学校参观访谈，他们认为分层教学使每个学生的潜能都能得到最大程度的开发。分层教学是学校在2013年启动的，实施中先后召开领导、教师、班主任、学生、家长等不同层面论证会、协商会、研讨会、说明会，统一认识，理顺动态分层与统一考评的关系，分层教学与培优补差的关系。在学生选层“上可上、下必下”的基础上充分尊重学生的意愿，增强学生的自信心和求知欲，也调动教师的积极性和责任心。其间还邀请市教研员李青霞到校指导数学分层教学。自2013年9月学校开始在初二年级尝试数学分层教学以来成果逐步显现，2014年1月，期末数学成绩两率一平均居全区第一。2014年初，物理分层教学相继实施。当年7月期末统考，数学和物理两科六项指标均居全区第一。这些成绩的取得无疑主要得益于学校分层教学的实施。 （许冬梅）

【加强课程建设开展学科活动】 年内，仁和中学秉承“夯实基础、着眼未来、发展特长”

的办学理念，开足开齐国家课程，结合学校实际情况和学生特色成长需求，构建仁和中学课程体系。特色课程中，增设绘画、书法、动漫设计、机器人、韩国文化五门校本课程，开展英文歌曲大赛、汉字听写大赛、唐诗宋词背诵大赛等多彩的课外活动。 （许冬梅）

【教学成绩显著】 年内，仁和中学教学成绩显著。1月，仁和中学初三年级物理实验大赛获全区第一名。3月，在北京市青年教师基本

功大赛上，向新良、陈水连、贾玉全、纪月波，王建，展浩丽六名教师全部获得市级一等奖。7月，学校中考成绩再创佳绩；全区前10名中有4人，前100名有32人，前1000名有287人入列；中考平均分、及格率、优秀率21项指标全部位居全区第一，中考平均分为531.25分。示范高中录取463人，录取率达到89.38%；普通高中录取人数515人，录取率高达98.84%。（许冬梅）

北京市顺义区杨镇第二中学

【概况】 2014年，北京市顺义区杨镇第二中学占地面积49476平方米、建筑面积20800平方米，体育场（馆）面积16670平方米。图书馆（室）藏书5.1万册，订阅杂志、报刊106种。固定资产总值132.4万元。全年教育经费投入3598.01万元，均为国家拨款。全年学校信息化经费投入420万元，拥有计算机215台，多媒体教室座位2000个，校园网出口总带宽100Mbps，数字资源量2.3GB，“信息技术”课程1课时/周。有普通教室44个、专用教室20个、实验室18个。教职工187人，其中高级职称33人、中级职称65人。专任教师166人，包括北京市骨干教师2人；本科以上学历166人。开设教学班43个，均为初中班。毕业682人；招生556人；在校生1889人，包括寄宿生1239人。网址：ww.bjyzyz.net。（李红梅）

【参加第二届“中国汉字听写大会”成绩显著】 3月4日，第二届“中国汉字听写大会”选拔赛在三个教育联盟校中激烈进行。杨镇二中6名选手在54名种子选手中力战群雄，脱颖而出，获得本赛区的冠军。3月7日参加顺义区决赛，由于选手们准备充分，最后夺得顺义赛区决赛的冠军。北京选拔赛于3月30日在北京十五中举行。杨镇第二中学作为顺义区代表队与潞河中学、十一学校和北京12中四所中学代表队经过“16进8”、“8进4”的激烈角逐，挺进最后一轮“4进1”

的决赛。选手们冷静应对、表现出色，最后杨镇二中代表队代表顺义区获得北京市二等奖。赛后小选手表示今后将加倍努力学习汉字，不负传承文化的使命。（王玉辉）

【接受捐赠图书】 3月19日，杨镇二中接受中国梦全国中小学生读书教育活动中心的

几位领导为学生捐赠的200册图书，并举行捐赠图书仪式。捐赠仪式由团总支书记张娟主持，学生代表孙安澜讲述了自己与书结缘的美丽过程，表达了将自己伟大理想付诸实践的实际设想；教师代表杨镇一中胡晓明以”身体和灵魂总有一个在路上”为题，向同学们讲述读书的重要性。接着，中国梦全国中小学生读书教育活动中心的领导们向学生代表捐赠图书。最后，主任张政勤向同学们提出关于多读书、读好书，树立理想，为实现中国梦努力的希望。（张　娟）

【召开党的群众路线教育实践活动启动大会】 4月14日，杨镇二中召开党的群众路线教育

实践活动启动大会。顺义区委第九督导组组

长张中茂、区教工委书记冯义国、第八督导组组长葛君、副组长李波、王静以及杨镇教育助理吴宝军等到会。动员大会由副校长陶淑莲主持，校长王玉辉对活动工作方案进行解读。会上，葛君在讲话中提出三点意见：一是深入理解党的群众路线教育实践活动的重要意义；二是扎扎实实搞好本次活动，三是广大党员干部要确实履行职责，寓教育于服务之中，推动学校各项工作。（梁　艳）

【邀请海淀区兼职教研员为家长作指导】 5月16日，杨镇二中召开初一年级家长会，邀

请北京市海淀实验中学语文骨干教师、海淀区兼职教研员李华老师来校为家长作《我们和孩子共成长》的讲座。李华老师在语文教学方面有着很深的造诣，教育教学成绩优异。李老师从语文的功能、青春期学生的特点、小学与中学语文学习方式的异同、语文考试的功能、中高考改革的方向、语文课的教学理念、家长需要关注什么等几方面进行了幽默风趣、深入浅出的讲解，在理念上、方法上为家长做引领指导，家长们受益匪浅。

（王玉辉）

【参加区社团风采展示】 5月26日，顺义区社团风采展示大赛在杨镇一中报告厅举行。

杨镇二中“快乐小屋”社团和拉丁舞社团经过紧张的筹备成功通过初选，晋级展示大赛复赛。“快乐小屋”社团为迎接风采展示大赛，特地编排了一个群口快板《大世界》，里面不仅包含了朗朗上口的词句，而且加入了难度较大的绕口令，整个快板打起来令人眼前一亮。拉丁舞社派出两名最优舞者，合跳一曲自编拉丁舞，热情奔放的舞姿赢得场上阵阵掌声。大赛组委会举行现场颁奖，“快乐小屋”社团荣获一等奖，拉丁舞社荣获二等奖。指导老师表示会将节目再次润色，在明年的社团展示中再创佳绩。（张　娟）

【开展课改微课题研究展示课活动】 2至7月，杨镇二中在全校组织开展两轮课改微课

题研究展示课交流活动。任课教师全员参与，共献课154节。在教研组的组织下，各备课组针对课改中存在的问题或困惑，确定课改研究课题，然后全组教师依据研究课题进行第一轮展示课交流，课后每个人写出授课感受。接着进行第二轮展示课交流，并及时总结微课题研究成果，撰写微课题研究的相关论文或感想。最后学校在期末对微课题开展情况进行总结表彰，表扬在微课题展示课中表现突出的学科组和教师个人，并展示优质课教学片段。（王玉辉）

【召开党员民主生活会】 8月23日，杨镇二中全体党员召开党员民主生活会。会上，

党员之间相互开展批评和自我批评，真心提出问题，真正做到红红脸，出出汗；大家纷纷表示要接受同志的批评，重新认识自己，从实际出发，发挥党员先锋作用，做好群众的榜样。（梁　艳）

【家长走进课堂】 10月12日，杨镇二中初三年级（9）班部分家长走进课堂，坐在自己孩子身边认真听讲、做题，与孩子共同度过

非常有意义的一天。这是班主任李丽老师与科任老师的精心安排，目的是让家长了解孩子的上课状态，家校携手共同促进孩子成长。通过一天的课堂亲子学习活动及家长与教师的互动沟通，家长对老师们的课堂教学给予很高的评价，家长、教师、学生之间变得更加相互理解。（王翠芹）

【召开党的群众路线教育实践活动总结大会】 10月29日，杨镇二中召开党的群众路线教

育实践活动总结大会。校长王玉辉主持，书记孙孟远从三方面总结活动的开展情况：一是活动的主要做法；二是活动的主要特点；三是活动取得的成效和主要收获。总结不扬长，不避短，为巩固和深化教育实践活动成果进一步做好学校工作明确了目标。葛君组长对学校在本次活动中所做的工作和取得的成果给予充分肯定，同时指出存在的问题；对进一步加强党的作风建设，提出希望和要求，使全校党员干部深受鼓舞和鞭策。（梁　艳）

【开办心理体验课】 11月21日，杨镇二中为新组建的初三（15）班学生上了一次有意义的心理成长体验课。活动的主题是“凝炼团队·担当责任”，由开心妈妈屈开老师的团队指导进行。活动中，两个队的孩子们通过一次次失败的体验，一次次失败原因的分析，慢慢地体会到成功的喜悦来自身边朋友的支持与帮助，明白了团队的力量，明白了“担当”二字，懂得“没有优秀的个人，只有出色的团队”这一道

理。活动结束时，每个孩子都发自内心地说出自己的感受。（王翠芹）

【开展寻找杨镇二中好榜样活动】 12月，杨镇二中确定为开展寻找杨镇二中好榜样

活动月。活动策划由德育主任孙仲喜负责。旨在学生身边树立榜样，传递正能量。评选标准依据杨镇二中办学目标师生重品德中的学生“六做人”——诚实守信、有责任心、遵纪守法、尊师敬长、勤学善思、追求理想、身心健康。学校通过展板橱窗对榜样进行表彰宣传，激励他们继续追求卓越。（孙仲喜）

【参加“首都特色首届优质原创课程资源”评选活动并创佳绩】 年内，杨镇二中参加“首都特色首届优质原创课程资源”评选活

动。此前学校成立以校长为组长、11名成员组成的评审领导小组，召开所有学科教研组长和备课组长动员会，主管教学工作的刘校长作总动员；教学处彭主任作具体布置。此次评选活动中全区中学共上交作品96件，杨镇二中获市级一、二、三等奖的作品共25件，为全区之最，其中4个一等奖，13个二等奖，8个三等奖，市里对一、二等奖进行了奖励，杨镇二中受到区课程中心的表扬。此项活动激起了教师对原创作品资源的重视和创作的积极性，对提高教师各种教学能力起到积极的促进作用。（王玉辉）

【三次迎接区级督导】 年内，杨镇二中三次迎接区级督导。上半年两次接受区教学督导

室关于义务教育均衡发展的检查，副校长刘曙光作有关工作汇报，通过专家的检查、座谈、问卷等多种形式的了解，领导对杨镇二中的此项工作予以肯定。学校认真听取专家的意见和建议，进一步规范和落实相关工作的资料和档案管理。10月14日，杨镇二中再次接受区教学督导室开展的落实减轻学生过重负担督导检查，学校作《在“三品”目标引领下减负增质》的工作汇报，专家们对杨镇二中开展减负增质工作给予充分肯定。通过各项督导检查，促进了杨镇二中各方面的规范管理。（王玉辉）

【学校承接的顺义区规划办课题结题】 年内，杨镇二中四项区规划办课题结题。一是5月13日张臣老师负责的《初中数学课堂有效练习的实施策略研究》、张玉玲老师负责的《辩论式学习方式在农村初中校政史地学科教学中应用的研究》、田颖老师负责的《思维导图在初中化学中的应用》区规划办课题顺利结题。二是12月22日，杨镇二中区规划办课题《“打造书香校园”的实践研究》顺利结题。课题负责人为副校长刘曙光。12月26日，四项课题参加区规划办课题展示交流，受到与会专家的好评。（杨红雁）

北京市顺义区北务中学

【概况】 2014年，北务中学占地面积42354平方米、建筑面积12836平方米，体育场（馆）面积16418.13平方米。图书馆（室）藏书3.023万册，电子图书47册，订阅杂志、报刊27种。固定资产总值2037.8238万元。全年教育经费投入1111.5529万元，均为国家拨款。全年学校信息化经费投入8.5万元，拥有计算机189台，多媒体教室座位268个，校园网出口总带宽1000Mbps，数资源量256GB，“信息技术”课程1课时/周。有普通教室12个，专用教室8个，实验室6个。教职工73人，其中高级职称11人，中级职称38人。专任教师39人；本科以上学历70人。开设教学班8个，均为初中班。毕业93人，招生88人，包括寄宿生226人。网址：http：//www.bwzxshyedu. cn （杨恩同）

【书画艺术家进校园】 8月3日，顺义书画艺术家走进北务中学。为拓宽学生兴趣爱好，

拉近与老艺术家距离，学校在暑假期间与镇政府联合组织了“七彩假日”社会大课堂联谊活动。学校书法、篆刻小组的学生及部分教师参加了此次活动，老艺术家们现场挥毫泼墨，同学们也表现出了极高的兴趣。

（杨恩同）

【教育网络无线覆盖工程竣工】 12月18日，北务中学教育网络无线覆盖系统开始调试使用。11月15日，施工公司进驻学校，公司员工克服学校寄宿制特点，施工往往在晚

上9点以后进行，学校网管教师全程陪同。经过近一个月的紧张工作，最终保质保量地完成施工任务，全体师生开始享受到高速网络带来的便利。 （杨恩同）

【构建“一二三四五”校本教研模式】 年内，北务中学构建“一请二保三听四比五写”校本教研模式。“一请”是邀请专家与名师来校讲座或指导教学实践，学校先后邀请十一中、杨镇二中老师来校进行同课异构，聘请杨镇二中名师做科研月专题讲座。同时，学会借势借力发展，与市区学科专家名师建立联系，通过交流研讨拓宽教师视野。“二保”是确保校本教研工作在学校工作的中心和重心地位；确保校本教研工作务实高效。“三听”是做好三个层次的听课工作。即“诊断性听课”“指导性听误”“汇报性听评课”。“四比”是学校通过开设“青年教师汇报月”“骨干教师展示月”“教育科学研究月”“反思案例大家谈”等专项研究活动比活动组织情况、比活动形式、比工作方法、比活动效果。“五写”即写好“五张卡片”：教学问题卡、评课卡、课题登记卡、教研活动记录卡、教学金点子卡。该模式有力促进教师的专业发展。 （杨恩同）

【构建高效课堂】 年内，北务中学尝试引进先进教学理念，进行构建高效和谐课堂的课改实践。通过新型小组合作学习，把课堂还给每个学生，让学生成为学习的主人。课堂教学通过教师的引领，小组内学生进行互助合作学习，学习不再枯燥。学生由被动的

学变成自主的展示，学生课堂听讲状态、自习课状态明显好转，抄袭作业的现象大大减少。同时在教改实践中强调因材施教，实施分层作业，即：优秀生主要布置一些探究性作业，中等生的作业以巩固课上所学为主，需要适当动脑筋，学困生布置基础性作业。上述措施，大大提高了学生的学习效率。

（杨恩同）

【加强校园文化建设】 年内，北务中学加强校园文化建设。一是通过开展“墙壁说话”活动，充分发挥校园墙壁、橱窗和板报教育功能，让它们成为师生展示素质、发表见解、相互交流的场所，成为师生学习、心灵沟通的园地，潜移默化润物无声，让每个学生在不知不觉中接受教育。二是加强学校人文环境建设，创设优美和谐环境，以学生的发展为核心理念精心布置校园和班级展板，树立典型形象，为创建良好的校风、教风、学风营造积极的氛围。

（杨恩同）

北京市顺义区南法信中学

【概况】 2014年，北京市顺义区南法信中学占地面积12834平方米，建筑面积2523平方米，体育场（馆）面积7817平方米。图书馆（室）藏书25651册，电子图书2册，订阅杂志、报刊100种。固定资产总值463万元。全年教育经费投入700万元，均为国家拨款。全年学校信息化经费投入10.5万元，拥有计算机186台，多媒体教室座位316个，校园网出口总带宽100Mbps，数字资源量20GB，“信息技术”课程1课时/周。有普通教室24个、专用教室12个、实验室4个。教职工41人，其中高级职称7人、中级职称18人。专任教师31人；本科以上学历41人。开设教学班9个，均为初中班。毕业67人；招生121人；在校生298人。网址：暂无。

（徐连富）

【开展“庆三八”活动】 3月4日，南法信中学工会组织教职员工进行“快乐三八——

猜猜猜”活动。本次活动共分为四个环节：猜成语（我做你猜）；猜演员（我说你猜）；猜谜语（我讲你猜）；猜歌名（我唱你猜）。女教工们积极参与，男教工们服务周到。这次活动丰富教工文娱生活，深受大家的欢迎。

（张　辉）

【举办积极语言学讲座】 4月23日，南法信中学邀请《中小学心理健康教育》杂志社

副社长教授陈虹、区教师研修中心李立军来南法信中学给全体教师做《积极心理学在教学中应用》的讲座。教师从讲座中获知，教师可根据预想的积极品质特征，用积极语言给予学生正向、具体、有目标效果的引导，使预想、期待的积极品质可操作化。讲座收到良好效果。

（赵炳霞）

【成立学校记者站】 4月25日，南法信中学记者站与《当春》杂志编辑进行了交流。根据区教委的要求，南法信中学以《当春》杂志为平台，组建主要由初二年级学生参与的记者站，

小记者共有25名。记者站的同学们可以通过QQ在网上提交自己的稿件，编辑部择优刊登。记者站组建以来，南法信中学共有十余篇师生的文章被刊载。（施金娥）

【组织校级听写大赛】 5月16日，南法信中学初二年级全体学生举行汉字听写大赛。

为了给参加顺义区初中首届“中国汉字听写大会”选拔参赛选手，初二年级组织学生开展此次大赛，题目由初二语文老师拟定，比赛过程公开透明。最终选出的参赛学生还得到学校颁发的奖品——《现代汉语词典》。这次大赛提高了学生对汉字的学习热情和对祖国传统文化的关注。（施金娥）

【开展应急疏散演练活动】 5月16日，南法信中学全体师生进行一次防火应急疏散演练活动。演练之前，全校上下做了充分准备，校领导决定把演练活动和消防知识的宣传结合起来，活动邀请区教委有关领导和镇政府有关领导莅

临指导，聘请区消防支队领导给予业务指导并进行消防知识讲座。该活动获得圆满成功，达到预期效果。（姚立勇）

【燕山文化协会书画名家作品展进校园】 5月19日，燕山文化协会与南法信中学建立文

化共建揭牌暨书画名家作品走进校园启动仪式揭幕。此次活动得到顺义区燕山文化协会、区文联、区书协、区教委、南法信镇党委领导的高度重视和大力支持。燕山文化协会会长杨国礼与南法信中学校长贾文东共同揭牌。领导们参观校园文化建设，全体教师荣幸地观摩到书画名家现场创作，著名书法家贾文龙先生、画家张金生先生还为教职工留下多幅墨宝。该活动是教师们一次难得而珍贵的学习机会，推动了南法信中学书画艺术的发展。（张　辉）

【全员参加学科教师心理学培训】 5月，南法信中学教师全员参加学科教师心理学学

习。全体教师边读书边看网上视频，对学科心理学有了进一步的了解。经网上测试，全体通过。之后，大家结合自己的工作实际撰写学习体会，并在大会上进行交流。全体老师一致表示这次学习大有收获，希望以后多举行这样的线上线下结合的培训。（赵炳霞）

【举办教职工摄影比赛】 6月，南法信中学工会举办以“我们的诗意生活”为主题的教职工摄影比赛。广大教职工积极寻找顺义区优美的自然风光，用镜头记录下顺义天蓝、地绿、水净的美好家园，见证了顺义人健康、文明、环保的幸福生活。比赛活动共评选出一等奖17人，二等奖23人。（张　辉）

【举办教职工趣味运动会】 9月30日，南法信中学举办教职工趣味运动会。运动会比

赛项目包括：沙包开会、螃蟹赛跑、围圈踢毽等活动。运动会上担任裁判的学生们认真组织，做到公平、公正。全体教工们赛出水平，赛出风格。运动会展示了南法信中学师生良好的精神面貌，见证了贾校长提出的“让运动成为习惯，让生命更加精彩”的理念。（张　辉）

【学校操场竣工投入使用】 9月30日，南法信中学全体师生在新建成的标准塑胶田径场地成功举办运动会。长期以来，南法信中学缺少一块标准运动场地，校领导一直为没有一块学生标准运动场地而焦虑，多次向上级部门反应情况，并积极想办法解决实际困

难；2013年11月份，通过上级主管部门申请的《中小学三年行动计划——农村学校办学条件提升工程——中小学办学条件达标》市级专项资金，终于获得批准，拿到了顺义区财政局的预算评审报告；2014年上半年通过立项、招标等一系列手续，于8月准时开工建设，9月30日正式投入使用。（姚立勇）

【组织学生开展模拟法庭教育活动】 10月13日，南法信中学组织初一学生到顺义区法

院旁听一起关于未成年盗窃的刑事案件。参与旁听的学生认真观看审判过程。庭审以真实的案例教育在场的中学生，也让师生对庭审的基本程序有进一步了解。庭审结束后，区法院未成年审判庭负责人陈英带领学生进行现场的法庭模拟演示，同学们严肃、认真地进行学习。模拟结束后，同学们对法庭审判中不熟悉的问题向陈英进行咨询。回校后十一位同学利用法制宣传日开展少年模拟法

庭审理实践活动，庄严的法庭案件审理，让所有同学了解到法治社会的公平，增强了学生遵纪守法的观念。（秦晓晋）

【组织全体教工观看话剧】 10月24日，南法信中学工会组织全体教工到首都剧场观看

北京人艺演出的话剧《阮玲玉》。该话剧情节构思贴近生活，场景精致真实，演员演技到位，台词幽默、朴实、感人，灯光、音乐运用恰到好处，演员观众互动得体。教工们被舞台上阮玲玉短暂、凄美而坎坷的一生深深感染。在这种高雅的艺术氛围中，徐帆、濮存昕和众多人艺中青年演员的精彩表演令大家耳目一新。（张　辉）

【举办教师基本功竞赛】 10月31日，南法信中学全体任课教师参加校级教学基本

功竞赛。今年，区教委将组织顺义区第一届“临空杯”中学教师基本功竞赛。第一阶段的教学设计比赛为校级比赛项目。为此，各教研组长拟定各组教学设计的章节课题，在比赛现场公布。比赛中，教师可查阅相关资料，要求在三个小时的时间内完成一份完整的教学设计。任课教师对此均高度重视，教学设计全部上交，而且高质量完成。（施金娥）

【举办减负经验交流会】 11月24日，南法信中学任课教师开展减负经验交流活动。为切实减轻学生的课业负担，南法信中学提倡教师优化作业，精致课堂。任课教师每人撰写一份自己的减负经验介绍，在各年级组内进行交流。通过交流，教师更加关注课堂与课后对学生学习效果和效率的影响，认识到减负是增强学生学习兴趣，降低厌学情绪的必要的方式。（施金娥）

【学生获区演讲比赛第一名】 11月26日，顺义区教委举行“瞭望杯”北京中学生时事论坛——顺义区“个人自由与社会公德”

演讲比赛。南法信中学初一（3）班陈利源同学在魏攀老师的精心辅导下，经过激烈的角逐，最终以出色的表现脱颖而出，在全区选手中荣获演讲比赛一等奖第一名。（秦晓晋）

【组织师生观看影片《天河》】 11月27日，南法信中学组织初一初二全体师生260人到顺义区影剧院观看为庆祝南水北调中线工程竣工而创作的大型现实题材影片《天河》，该片以事关国计民生的南水北调伟大工程为故事主线，展现广大工程建设者的个人价值和中国梦密不可分的关系，

讴歌搬迁移民舍小家为大家的奉献精神。观影之后，师生们在所写的观后感中均表示，要以影片中模范人物为标杆，发扬不畏艰辛、拼搏奋斗、勇于牺牲、甘于奉献的精神努力工作和学习，践行社会主义核心价值观。（秦晓晋）

【举办第九届科研月活动】 12月，南法信中学举办第九届科研月活动。本届科研月主题为“让班会更富有实效”。学校领导深入九个班，听取有关践行社会主义核心价值观的主题班会。经了解，此次班会主要组织者和参与者均为学生，他们用小品、故事、诗歌等多种形式展示自己对社会主义核心价值观的理解。此后，学校针对班会的实效性，组织班主任展开研讨交流，为进一步开展好主题班会活动提供良好策略。（赵炳霞）

【开展践行社会主义核心价值观活动】 年内，南法信中学在学生中以实践为桥梁，以

活动为载体，广泛深入开展生动活泼、丰富多彩的实践活动。活动坚持从我做起，例如担任“小小邮递员”及开放式书架“图书管理员”的十几名志愿者利用休息时间为大家摆放图书，将新书上架，为各处室送报刊；对同学的读后感进行收集整理并张贴上墙等等，体现出学生作为学校主人翁的意识，随时随地在小事中践行着社会主义核心价值观。（秦晓晋）

北京市顺义区牛山第二中学

【概况】 2014年，北京市顺义区牛山第二中学占地面积49927平方米、建筑面积7817平方米，体育场（馆）面积23427平方米。图书馆（室）藏书3.5万册，电子图书40册，订阅杂志、报刊25种。固定资产总值541.7万元。全年教育经费投入1073.44万元，均为国家拨款。全年学校信息化经费投入20万元，拥有计算机115台，多媒体教室座位1080个，校园网出口总带宽10Mbps，数字资源量80GB，“信息技术”课程1课时/周。有普通教室27个、专用教室5个、实验室6个。教职工39人，其中高级职称12人、中级职称17人。专任教师38人，本科以上学历37人。开设教学班6个，均为初中班。毕业53人；招生65人。网址：http：//58.133.174.9。（祁　蕾）

【举办首届汉字听写大赛】 2月18至24日，牛山二中初二年级组织学生参加首届汉

字听写大赛。赛前由语文老师编写《七八年级常用字和常错字》，印发给每一名学生，作为备赛指南。本次比赛分预赛和决赛两个阶段。预赛由各班语文科代表组织班内学生进行汉字听写。2月24日下午决赛，由语文老师组织初二全体学生集体听写；最终评出一等奖6名，二等奖10名，三等奖18名。（石金华）

【举办女教师才艺展示】 3月6日，牛山二中举办“秀我才艺，炫我风采”女教师

才艺展示活动，由工会组长负责。有的女教师展示十字绣等手工作品、有的女教师展示电脑作品。最后评出一、二、三等奖。（石金华）

【教研员到校视导】 4月2日，牛山二中邀请区考研中心教研员来校进行视导。本次视

导的科目有政治、历史、地理、生物、音乐、美术、劳技。视导前，授课教师均做了精心准备，较为全面地展示了学校非中考科目课堂教学的实际情况。教研员深入课堂，认真听课，评课，对教师们自然的教态，处处以学生为本的思想，教学氛围的调动，教学效果的达成等方面都给予肯定，对教师在教学中发现的问题给予解答，同时对牛山二中的课堂教学也提出中肯的意见和建议。（石金华）

【举办首届达人秀活动】 5月19日，牛山二中举办首届体育、艺术“达人秀”展示活动。艺术类内容有：书法、绘画、摄影、手工

艺品；体育类内容有：双摇跳绳、踢毽子、跳体操垫；文学类内容有：汉字听写比赛、成语书写比赛。活动取得良好效果。（石金华）

【召开群众路线教育实践活动启动大会】 5月30日，牛山二中召开“群众路线教育实践

活动”启动大会。郭丽军主任结合学校工作实际解读《牛山二中开展党的群众路线教育实践活动工作方案》，要求党员干部结对帮扶一名困难学生或群众、承担一节校级以上公开课或讲座、撰写至少一篇教育教学理论文章或调研报告；集中学习和个人学习相结合至少25天；党小组长组织好谈心会、专题民主生活会、专题组织生活会。校长周立志做动员讲话，要求领导干部认真贯彻落实“照镜子、正衣冠、洗洗澡、治治病”的总要求。区督导组刘晓英肯定牛山二中的做法，认为符合中央、市区级的相关精神。最后与会人员对牛山二中领导班子成员及学校整体工作进行民主评议。区督导组、全体党员及群众代表参加。（石金华）

【区教委主任刘克祥到校调研】 7月2日，区教委主任刘克祥、副主任王彪、高山及相关科室领导到牛山二中开展调研工作。

针对学校基础建设、设施条件，2015年预算情况进行现场调研，并就进一步提升办学条件、办学品质，提出明确的改进意见。

（石金华）

【开展消防安全演练】 9月10日，牛山二中与牛山镇联合举办消防安全演练活动，

全校师生参加。活动的主要内容有：排查容易引发火灾的消防安全隐患；指导正确使用燃气、液化石油气的方法；火情紧急情况下的处置；鉴别灭火器是否有效和正确的使用等常识。演练结束，同学们又认真观看消防器材、学习消防知识，了解如何安全使用火，怎样在高层进行逃生等知识。

（石金华）

【举行拜师活动】 10月10日，牛山二中为使新上岗的张韩璐老师尽快提高教育教学能力，举行“拜师”活动。活动重点突出三个“新”字。其一是要拜的教师业务要求新，徒弟拜郭丽军老师为教学师傅，拜张艳秋老师为班主任师傅。其二是徒弟听郭丽军师傅20节新课，师傅对新收的弟子也要听10节新课，并检查其教学基本功；听张艳秋师傅1节班会，并在张老师

帮助下准备1节新班会。其三是签订新的师徒协议。

（石金华）

【开展骨干教师引领课活动】 10月30至31

日，牛山二中开展骨干教师引领课活动。此次引领课展示的是区级骨干教师宋慧娟和周素杰，两位老师涵盖的学科包括英语、物理。上课前同组教师集体备课修改；上课时全体教师参与听课；评课时做课教师先说设计意图和反思，全体教师参与评课。

（石金华）

【新老校长交接】 12月15日，牛山二中举行新老校长交接仪式。牛山镇文教组组长王

志军主持会议，区教委组织科科长侯亚军宣读任命书：免去周立志同志牛山第二中学和牛山第三中学校长职务，免去段克成同志牛山第二中学和牛山第三中学书记职务，任命李国祥为牛山第二中学和牛山第三中学校长。区教委副书记李卫国、审计科科长张智力出席会议并做简短发言，之后新老校长分别表态发言，表达今后工作的信心和决心。全体教师参加交接仪式。 **（石金华）**

【启动第九届科研月】 12月22日，牛山二中召开第九届教育科研月启动大会。会

上，首先由教导主任祁蕾介绍此项活动的安排：1. 本次科研月活动主题是“行动研究与我的教学”。2. 具体安排是（1）给北京市第四届“智慧教师”教育教学研究成果征文获奖者颁奖。（2）程芬、郭丽军、周建英、商连青、周素杰五位教师做“我讲我的教学研究故事”典型发言。（3）其他教师将“我讲我的教学研究小故事”上交到教科室。校长李国祥做总结，他号召全体教师要多读书、多实践、多反思，提升自己的教育教学水平和专业素养。区教科室主任陈惠明、副主任赵连顺出席会议并发言。 **（石金华）**

【参加区素质展示活动成绩显著】 12月，牛山二中在顺义区2014年学生综合素质展示活动中，初二年级有8人参加，其中张庆普获得普通校一等奖，司星、张小燕、王雪薇获得普通校二等奖，梁国伟、李俊达、何晋获得普通校三等奖；初三年级10人参加，其中柴长悦获得普通校二等奖，周炳武、周邱硕、

秦思博、张斯顿、刘子璇获得普通校三等奖。

（石金华）

北京市顺义区天竺中学

【概况】 2014年，天竺中学占地面积36783平方米、建筑面积15043平方米，体育场（馆）面积11175平方米。图书馆（室）藏书2.7万册，订阅杂志、报刊113种。固定资产总值1403万元。全年教育经费投入1201.8万元，其中国家拨款1059.3万元、自筹经费142.5万元。全年学校信息化经费投入79万元，拥有计算机169台，多媒体教室座位420个，校园网出口总带宽1000Mbps，数字资源量22.6GB，“信息技术”课程1课时/周。有普通教室12个、专用教室9个、实验室5个。教职工49人，其中高级职称5人、中级职称27人。专任教师41人；本科以上学历47人。开设教学班12个，均为初中班。毕业92人；招生117人；在校生309人。网址：http：//58.133.196.9。

（陈国清　李倩　钱国强）

【举办“让学习成为我们自己的事”主题讲座】 2月24日，天竺中学科研主任陈国清为全校学生做“让学习成为我们自己的事”主题讲座。陈主任从什么是“三学五环节”教学模式、各环节的学习策略、方法和应注意的问题等方面对学生进行培训，将各环节学习策略编成歌谣，如《自主预习歌》《合作学习“听、说、问、控、助、疑”六字歌》

《高效课堂展示歌》《高效课堂点评歌》等。

（陈国清）

【举行“舞动的青春”社团启动仪式】 3月3日，天竺中学举行“舞动的青春”社团启动

仪式。学期初，学校对学生的兴趣爱好进行调查，根据调查结果组建合唱、舞蹈、美术、武术、摄影、硬笔书法、晨风文学社、爱心志愿者、轮滑共9个社团。为切实发挥社团提高全体学生素质、活跃校园文化氛围、有效推进素质教育深入实施的作用，学校特于该日举行启动仪式。会上校长高路为社团辅导教师颁发聘书，并对社团工作提出要求，鼓励学生在社团活动中树立自信心、保持积极的心态，明确参加社团的目的，借助社团这一平台，展示自己、发现自己、精彩自己的人生；德育主任马为民宣读社团活动章程；学生代表程天娇向全体学生倡议，让更多的学生加入到社团活动中来。（杜　颖）

【建立“北京中幡”文化教育传承基地】 3月26日，“北京中幡”研讨会在天竺中学召开，同时建立“北京中幡”文化教育传承基地。本次研讨活动由顺义区文学艺术界联合

会主办，天竺中学承办，著名民俗专家高巍、“北京中幡”传人李宝如、黄荣贵等30余人参加。研讨活动从“北京中幡”的历史沿革、瞬间再现、现今状况、如何传承、再创辉煌五方面进行研讨和交流；会后，黄荣贵等为师生做展示。“北京中幡”作为北京最具代表性的非物质文化遗产的民俗传统项目有着丰富的无法替代的民俗学价值，但随着时代的发展，这门绝技的传承和发展面临诸多问题，为加强保护和传承，特在天竺中学成立“北京中幡”文化教育传承基地。（杜　颖）

【中考五科教研员集体到校视导】 3月31日，区考研中心语文、数学、英语、物理、化学组的七位教研员集体到天竺中学视导。

教研员们深入课堂听课，充分了解教师备课、上课、作业、辅导、评价等各方面的情况，听课22节。听课后各科教研员分别与学科教师进行交流，同时参与教研组、备课组的研讨活动，在教研组建设、学科教学、学法指导、作业布置、试卷编制等各方面共同交流，并针对初三毕业班工作做进一步的分析和讨论。最后，教研员们还与学校领导交换意见，向校领导反馈此次视导听课的信息，对学校

的教学、教研等常规工作提出中肯意见和建议，双方表示将更加密切合作，为切实提高学校教学质量而共同努力。（杜　颖）

【组织教师参加全国区域教育均衡发展论坛】7月11至15日，天竺中学17名“‘三学五环节’课堂教学模式研究”课题组成员赴内蒙古集宁一中参加全国区域教育均衡发展论坛——课堂改革创新与实践研讨会。期间听取集宁一中校长李一飞关于《新课程背景下教师要实现四个转变》的讲座；学习“三疑三探”课堂教学模式，平均听课7节；天竺中学有6位教师进行异地授课。（杜　颖）

【团总支组织志愿者服务活动】　3月，天竺中学团总支抓住纪念学习雷锋53周年契机，

开展“志愿服务我先行”系列活动：①团组织利用国旗下讲话时间宣讲雷锋事迹，宣读本校学雷锋活动实施方案，并向全校师生发出“向雷锋同志学习”的倡议。②以各班为单位召开“学雷锋，重实践”主题班会，并利用多媒体播放雷锋故事，在校园内开展美化校园环境的志愿服务活动。③走入杨二营康乐中心开展爱心行动，为孤寡老人送去水果，打扫卫生。④天竺中学绿色守护志愿服务队走入镇政府府前街捡拾白色垃圾。⑤以“三八妇女节”为教育契机，为妈妈写一封信，做一张贺卡，干一件力所能及的事。

（杜　颖）

【装修教学楼】　7至8月，天竺中学利用暑假对教学楼进行内部装修。此次装修，镇政府出资45万元、区教委出资12万元、学校出资2.5万元，共计59.5万元。装修项目包括粉刷墙壁、贴墙砖及三个楼层根据各年级的德育系列教育主题设计的文化墙，一层以“爱祖国”“爱集体”“爱老师”“爱父母”“爱自己”“爱传统美德”“爱劳动”“七爱”为主题，二层以“尊重之心”“忠心”“爱心”“信心”“孝心”“五心”为主题，三层以“责任”为主题。（陈国清）

【开展新生校史校情教育】　9月1日，天竺中学德育处、团总支联合组织初一新生参观

校容校貌。初二学生带领新生参观学校的“求索、明心、尚志、兴邦”主题文化墙、教学楼各个楼层的文化、荣展室、心理咨询室、舞蹈教室等各专业教室，向新生全面展示天竺中学历史与精神，引导新生了解天中的历史发展脉络，体悟天中深厚的文化内涵。

（杜　颖）

【区政协主席杨宝华慰问教师】　9月5日，

顺义区政协主席杨宝华在区教委纪检书记隋美荣、天竺镇党委书记宋鹏、镇长王伟、姚玉香等同志陪同下，来到天竺中学，代表区委、人大、政府、政协慰问全体教师。杨主席为学校带来了五万元教育书籍，视察校园，听取校长高路的工作汇报，并与教师们亲切座谈。向辛勤工作在一线的老师们致以节日的祝贺和亲切的问候，感谢园丁们的辛勤耕耘，高度赞扬教师们无私奉献的精神，对天竺中学教师们的工作热情、学校的办学水平和办学思路给予高度肯定，希望天竺中学继续保持上升势头，全体教师进一步发扬成绩，创新教学，勇于实践，在教育战线上贡献自己的青春和力量。 （杜　颖）

【开展骨干教师献课活动】 9月15至30日，天竺中学开展骨干教师献课活动。此次活动共献语文、数学、物理、英语、历史课6节，全校教师听课，课后分教研组进行研讨。研讨中，全体任课教师结合骨干教师观摩课，深入反思自己的“三学五环节”课堂，解剖自己的课堂教学，深入思考“如何让学生成为课堂的主角?”“我的课堂缺少什么?”“我的课堂的亮点是什么?”，会后结合具体课例撰写反思报告。10月初共上交反思报告41篇。 （陈国清）

【举办“十二五”区级课题结题会】 12月16日，天竺中学举办“十二五”区级课题结

题会。此次结题会特聘区督导室督学赵文增、区教科室副主任赵连顺、考研中心师训科赵科老师组成的专家组指导。会上，专家们听取《农村初中实施‘学、疑、探、讲、练、结、测’七字教学策略实践的研究》《在英语写作教学中培养初中生写作学习策略的研究》两个课题负责人的关于课题研究思路、采取的主要措施及研究成果报告，查阅课题开题报告、实施方案、成果主件、成果附件、阶段性研究成果及课题组成员的获奖论文和证书、参与研究教师的工作总结、成果应用证明等材料。几位专家肯定了研究成果，并提出修改意见，两个课题顺利结题。 （陈国清）

【开展教师赛课活动】 10至12月，天竺中

学开展全校任课教师赛课活动。本次赛课着重考查“‘三学五环节’课堂教学模式”在课堂教学中的实施情况，从有效组织学生自学、有效组织学生合作探究、有效组织学生交流展示、有效组织学生点评、有效组织测评拓展五个维度进行评价。为发挥教研组的作用，教师授课后以学科组为单位，以说课、听课、议课为主要形式，人人讲，人人议，通过自我反思、同伴互助、专业引领，促进每位教师教学业务的提高。本次活动共晒课41节，听课608节次，平均每人听课15节次，听课最多的教师达32节。本次活动还评选出13位示范教师为课改标兵。为进一步推进“三学五环节”课堂教学模式，打造高效课堂，实现减负增效树立了榜样。 （陈国清）

【举办课改论坛】 12月19日、12月26日，天竺中学举办“推进‘三学五环节’课堂教学模式，打造高效课堂”主题论坛活动。此次论坛自5月着手准备，组建19人的骨干教师研究小组，就“三学五环节”教学模式的各个环节

如何操作进行研究，撰写论文。8月底，又将本次论坛列入下半年学校工作计划，要求教师紧紧围绕主题，分“学案的设计和使用”“如何使学生学会自主学习”“如何合作探究学习”“怎样培训学习小组组长”“学生展示的研究”“学生点评的研究”“如何使学生学会质疑”“班级课改文化建设的研究”八个专题，探讨在“自主合作探究学习”的理念指导下，提出教育教学实践的思路、措施及实践过程中存在的问题和建议，撰写论文。论坛以大会交流演讲形式进行，课改论文获得一等奖的11位教师在大会上做典型发言。（陈国清）

北京市顺义区沿河中学

【概况】 2014年，北京市顺义区沿河中学占地面积39600平方米、建筑面积8851.61平方米，体育场（馆）面积13946.1平方米。图书馆（室）藏书1.919万册，电子图书800册，订阅杂志、报刊112种。固定资产总值824.62万元。全年教育经费投入829.89万元，均为国家拨款。全年学校信息化经费投入190.87万元，拥有计算机88台，多媒体教室座位570个，校园网出口总带宽100Mbps，数字资源量1310070GB，“信息技术”课程1课时/周。有普通教室9个、专用教室6个、实验室4个。教职工57人，其中高级职称11人、中级职称23人。专任教师46人；本科以上学历46人。开设教学班9个，均为初中班。毕业92人；招生105人；在校生255人。网址：http：//58.133.204.9。（丰振生）

【学校搬入新教学楼】 2月17日，沿河中学师生搬入新教学楼上课。本次校舍改造，

从2012年3月开始动工，在原址西侧操场兴建的实验楼和体育馆、师生食堂及在教学楼原址兴建的露天操场工程历经两年时间建设，现正式投入使用。实验楼共有五层，建筑面积5901.29平方米；体育馆和食堂是两层建筑，建筑面积2950.32平方米，其中第二层体育馆建筑面积1063平方米，一层食堂建筑面积1886.68平方米。室外露天操场面积12883.1平方米。未来操场将铺设塑胶跑道，实验楼南侧的教学楼工程目前正在筹备中。（丰振生）

【庆祝三八妇女节】 3月8日，沿河中学全

体教师共同祝贺女教师节日快乐。学校工会精心设计“挟球”“双背移球”“一人比划一人猜”等活动，老师们在参加活动过程中都很快乐。（丰振生）

【开展“校园是我家”活动】 3月14日，学校根据德育计划启动“校园是我家”系列

教育活动。目的是激发学生热爱校园、建设校园的热情。活动分成了解校园、建设校园两部分。活动将在11月结束。 （丰振生）

【教研员来校视导】 4月1日，顺义区教研

中心11名学科教研员来沿河中学对中考学科进行教学视导。教研员们深入课堂听课，课后与教师进行反馈交流，最后集中向学校领导介绍视导情况，提出指导性意见。

（丰振生）

【开展党的群众路线教育实践活动】 5月29至10月31日，沿河中学开展党的群众路线教

育实践活动。为落实党中央的指示精神，遵照上级党委的部署，沿河中学党支部开展以反对形式主义、官僚主义、享乐主义和奢靡之风为主要内容的整顿党的作风的群众路线教育实践活动。 （丰振生）

【镇领导为困难职工发放救济金】 8月15日，姚文光老师获得5000元救助金。2005年2月姚老师患肝硬化进行肝移植手术导致生活贫困，几年来学校多次为她找相关部门申请救济，区教育工会、区工会、区民政局、区劳动社保局都对姚老师进行过帮助。今年学校又为她申请困难党员救济金，得到镇党委的支持，由镇党委向区委申请，经考察和审核获得批准。 （丰振生）

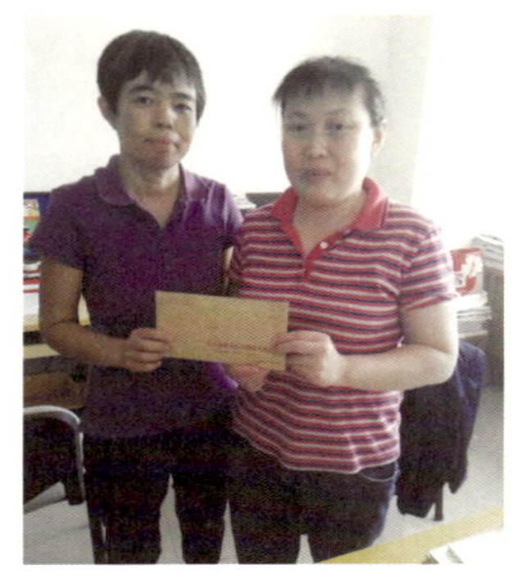

【开展教科研活动】 9月24日，沿河中学

开展教科研活动。为把课堂教学研究的重点落实在平时的教研活动中，各学科教研组在强化常态听课、评课的同时，重点落实教师平时在教学中成功的做法及教学中遇到的问题研究上。开展教学设计、教学问题的研讨、交流、反思活动。 （丰振生）

【考研中心教研员来校视导】 9月26日，顺义区考研中心5名学科教研员对沿河中学会考学科进行教学视导。教研员们深入课堂听

课，课后与教师进行反馈交流，研讨会考学科教改变化，最后集中向学校领导沟通了视导情况。（丰振生）

【组织“讲述书中的故事”演讲选拔赛】10月29日，沿河中学举办学生“讲述书中的

故事”演讲选拔比赛。9至12月，学校开展“彩虹读书活动”，历经读书、写心得、讲述书中的故事、演讲选拔比赛和决赛几个环节。（丰振生）

【参加区“临空杯”教师基本功比赛练兵】10月30日，沿河中学组织全体任课教师进行

校级教学设计比赛。为参加顺义区“临空杯”中学教师基本功比赛，学校结合学校实际和顺义区“临空杯”第一届中学教师基本功比赛要求，特组织此次基本功培训与展示等大练兵活动。（丰振生）

【开设阅读课】 10月31日，沿河中学开设阅读课。学校结合新课标和中考语文学

科扩大学生阅读量的要求，在三个年级开设阅读课，开放图书室，每个班一周专门拿出一节课时间，让学生徜徉在书海中。（丰振生）

【开展教师教案和学生作业展览】 11月26

至27日，沿河中学举办教案和作业展览。学校在本学期期中考试期间，特开展教师教案、优秀学生作业展示与交流活动，以期对师生的业务和学习有所帮助。（丰振生）

【开展“一日家长角色体验”活动】 12月9日，沿河中学在初二年级开展“一日家长角色体验”活动。此举旨在配合家长应对孩子

叛逆期出现的教育难题而设计，通过活动使学生体验到父母的不容易，学习理解父母、感恩父母，减少叛逆。（丰振生）

【教师参加说课展示活动】 12 月 19 日，沿

河中学举办说课展示活动。为提高课堂教学质量，学校对教师课堂教学的引入、新课教学质量的要求与把握、教学环节的掌控等进行培训和研讨，经过一段时间的准备，学校就如何上好一节课特组织此次说课展示。全校 46 名教师参加。（丰振生）

【支部班子换届】 12 月 26 日，沿河中学党

支部召开换届选举会议。遵照上级党委的指示，12 月底前各基层支部完成换届工作，选举出新一届班子。此次会议选举出新一届支部书记副书记和委员各一人。（丰振生）

【开展“我心中的好老师”“你是我的榜样”表彰活动】 12 月 31 日，沿河中学召开“我心中的好老师”“你是我的榜样”表彰会。

半年多来，学校加强对师生进行崇德尚礼、实践社会主义核心价值观教育，特在教师中开展“我心中的好老师”、在学生中开展“你是我的榜样”活动。活动从 5 月启动，12 月初全体师生参与评选，月底表彰。会上有 15 名教师获得“我心中的好老师”，9 名学生获得“你是我的榜样”荣誉称号。（丰振生）

北京市顺义区赵全营中学

【概况】 2014 年，赵全营中学占地面积 45000 平方米、建筑面积 14845 平方米，体育场（馆）面积 18266.4 平方米。图书馆（室）藏书 3.78 万册，订阅杂志、报刊 15 种。固定资产总值 3832 万元。全年教育经费投入 495 万元，均为国家拨款。全年学校信息化经费投入 0.5 万元，拥有计算机 116 台，多媒体教室座位 135 个，校园网出口总带宽 100Mbps，数字资源量 100GB，“信息技术”课程 1 课时/周。有普通教室 24 个、专用教室 8 个、实验室 3 个。教职工 51 人，其中高级职称 8 人、中级职称 14 人。专任教师 48 人，包括北京市骨干教师 1 人；本科以上学历 43 人。开设教学班 6 个，均为初中班。毕业 30 人；招生 85 人；在校生 210 人。网址：http://58.133.182.9。（史海英）

【初二年级任课教师为学生写寄语】 2 月 25 日开始，赵全营中学初二年级任课教师为每个学生写下新学期寄语。与以往不同的是，以前的学生评语都是班主任一个人写，现在

则是每位初二年级的任课教师都参与其中。任课教师结合学生在课堂上的表现，紧扣“寄”字，带着爱心、带着感情写下对学生的期望和寄托。收到寄语的学生认真阅读，下定决心在老师们的激励中不断进步。

（史海英　赵春海）

【初二年级举办首届汉字听写大赛复赛】 2月26日，赵全营中学初二年级举办首届汉字听写大赛复赛。此前，每班推出6名选手参赛，选手按上场顺序轮番参赛，由主考官读考题词汇，选手在30秒内书写答案，书写完毕后由裁判宣布结果。书写正确者进入下一轮比赛，书写错误者被淘汰。经过六轮比赛，初二（1）班代表队获胜。

（史海英）

【开展评选文明小使者活动】 3月5日，赵全营中学开展评选文明小使者活动。1. 各班利用班会时间组织同学认真学习《中学生守则》《中学生日常行为规范》和《学校一日文明化细则》。2. 通过学生自评、互评、教师评、家长评的形式，以同学投票的方式评选出班级“文明小使者”，每班再推荐一名作为学校“文明小使者”。3. 利用校园广播宣传“文明小使者”的先进事迹。4. “文明小使者”每天课间在校园各个角落，宣传文明礼仪，监督不文明的行为并及时纠正。

（史海英）

【初一年级组织部分学生去敬老院慰问】 3月5日，赵全营中学初一年级组织部分学生带着慰问品去敬老院慰问。到达后，院长带着同学们参观，并给大家讲了一些老人的情况。同学们为老人们送上慰问品，与老人们聊天，听他们倾诉，为他们送去温暖。

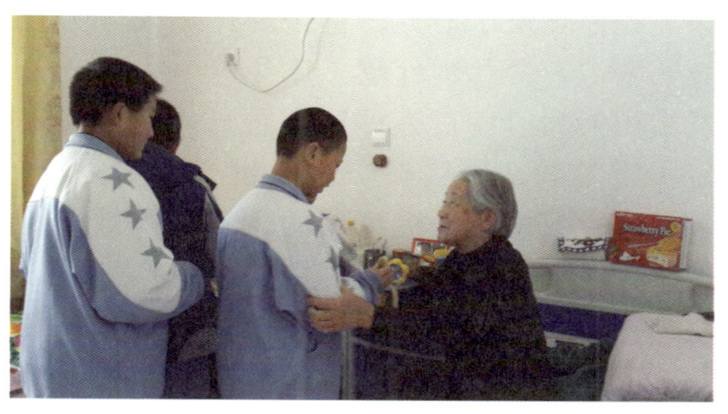

（史海英　董向民）

【干部赴昌平南口铁道北中学讲座】 3月17日，赵全营中学副书记崔建国赴昌平南口铁道北中学为该校教师作讲座。讲座的主题是《实施校本培训，培养良好习惯》。崔书记介绍赵全营中学的校本培训情况，从教师、学生两方面来谈：教师的培训主要是通过“三点一线”校本教研来进行。对学生的培训从三个方面进行：1. 一日生活文明化培训；2. 学习目标和方法培训；3. 合作学习培训。这是赵全营中学与昌平南口铁道北中学结成合作交流校以来又一次互动活动。

（史海英）

【开展有奖征集教师合理化建议活动】 3月18日，赵全营中学开展“学校发展靠大家，我为新校发展提建议”有奖征集活动和校长接待日活动。全校教师积极参与，结合学校实际情况，围绕新校区的投入使用提出有价值、可实施，操作性强的合理化建议共150余条。经领导班子研究，将合理化建议分为教育、教学、后勤、行政、工会等五大类，分发给相关部门负责人评定是否可操作，并确定实施时间，最后提交领导班子集体复审。领导班子根据教师提建议的数量和质量进行评奖，评出一等奖35名，二奖15名。

（史海英　董向民）

【中考学科教研员到赵全营中学进行视导】 3月20日，区考研中心中考学科教研员到赵

全营中学进行视导。视导分两天进行，20日视导语文、物理、化学、体育四科，21日视导数学和英语两科。教研员们听了所有中考学科教师的课，课后与授课教师进行面对面的交流。最后针对教师的课堂教学情况，向学校领导进行反馈，提出建设性的指导意见。

（史海英）

【区教科室到赵全营中学进行科研视导】 3月25日，区考研中心教科室主任陈慧明、副主任赵连顺等到赵全营中学进行科研视导。活动中，视导组听取赵全营中学科研工作汇报，然后深入课堂，听初一田立英老师的数学课题研究课，之后进行交流、研讨。交流过程中先由田立英老师进行课后自评，然后与本校老师共同进行评议，对本节课提出自己的建议和意见。陈慧明主任有两点突出的

感受：一是特别兴奋校长的全程参与与支持，课题研究的深入与见效，课上学生带给他的精彩与震撼；二是特别期待课堂教学能达到“生本课堂”的理想状态，在课堂教学和研究中能更多地关注细节。（张亚红　史海英）

【参加区初三学生实验技能展示获佳绩】 3月，赵全营中学参加顺义区初三学生实验技能展示的四名学生全部获奖，其中郭雨蒙、高飞、张继栋获一等奖，王鑫获三等奖。在参赛的27所学校中，学校总成绩排名全区第四，实验操作全区排名第十二，物理笔试全区排名第四，化学笔试全区排名第一。

（史海英）

【与昌平南口铁道北中学开展同课异构活动】 4月3日，赵全营中学与昌平南口铁道北中学

开展同课异构活动。由赵全营中学王严老师和昌平南口铁道北中学何聪容老师展示了《Unit 4 Seasons and Weather》的课例。听课后两校教师进行课后评议，先由授课老师自评，然后其他教师就两位老师的课提出自己的意见和看法。与此同时，两校的数学老师还听了赵全营中学初一、初二年级的数学课，并且进行课后评议。（史海英）

【区教工委书记冯义国、教委主任刘克祥到校调研】 4月14日，区教工委书记冯义国、

区教委主任刘克祥到赵全营中学调研。二位领导听取赵全营中学校长董铁强关于新校区建设施工进展情况汇报；询问施工方领导施工中存在的问题；同时要求施工方加快施工进度，以使学校师生尽快搬入新楼，保证教育教学正常活动的开展。 （史海英）

【区教育督导组到校进行专项督导】 4月15日，区教育督导室第三督导小组，在王森组

长的带领下，一行四人到赵全营中学进行义务教育均衡发展迎检专项督导。督导组听取校长董铁强的自查汇报；重点检查教师队伍、办学条件、课程改革、图书管理及信息宣传等材料；之后对学校工作提出改进意见。 （史海英）

【启动“搬家”程序】 4月24日起，赵全营中学全面启动“搬家”程序。1. 领导班子成员成立搬家领导小组，明确职责，负责各处室的搬家工作；2. 下发关于搬家工作的合理化建议提案表，广泛征求教职工意见；3. 搬家领导小组根据教师提案，制定工作计划；4. 公布教学楼、综合楼的办公室布局和各处室人员安排；5. 师生能搬运的物品在保证人身安全和财产安全的前提下自行搬运，不能搬运的由搬家公司搬运。 （史海英）

【组织党员和积极分子开展建校义务劳动】 5月7日，赵全营中学组织党员和积极分子开

展建校义务劳动。劳动前学校划分责任区域，制定劳动方案。在劳动过程中，全体党员和积极分子发扬不怕苦、不怕累、不怕脏的优良作风，积极投入到热火朝天的劳动中，用自己的实际行动树立党员先锋模范形象。 （史海英）

【《当春》杂志主编到校进行小记者培训】 5月19日，《当春》主编林子到赵全营中学进行小记者培训。学校组织全体小记者

参加此次活动。林子告诉同学们：作为小记者要具备两个能力：一是认识、认知的能力，二是热爱的能力，爱自己、爱他人。作为小记者要学会认真观察，认真学习。她还向小记者介绍了《当春》杂志及学生参与的版块，鼓励学生用自己的笔去展示对自己、对他人、对学校、对社会的认识。

（史海英）

【初一初二年级学生参加实践活动】 5月，赵全营中学组织初一初二年级学生参加社会

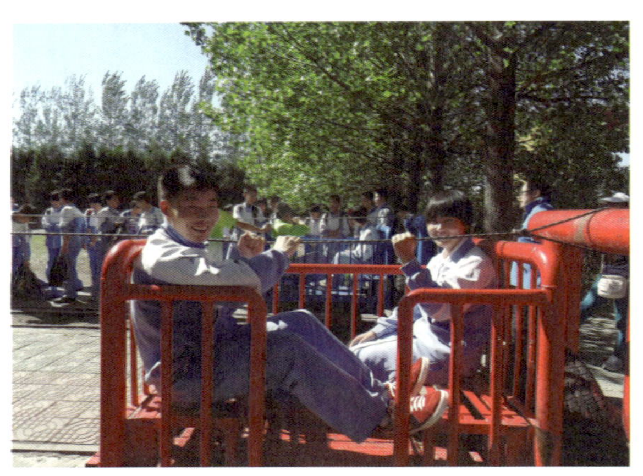

实践活动。5月20日，组织初二年级学生走进怀柔区生存岛开展实践活动。同学们在训练员的带领下，首先用一曲手语带动唱《中国人》，进行活动前的热身。接着，分别进行拉车、攀岩、极速飞降、爬网及水上项目的拓展训练，同学们还亲口品尝了新鲜出炉的美味蛋糕和当场制作的可口的酸奶冰激凌。最后大家带着自己的蜡染、扎染、插花等作品返程。5月26日，组织初一年级学生去陶艺村和“三高”科技农业试验示范区开展社会实践活动。在陶艺村同学们学习陶瓷理论，了解陶瓷历史，进行陶瓷彩绘实践。在“三高”基地同学们观看蝴蝶兰、特种西红柿、朱顶红、蔬香苑等展厅，增长了农业知识。

（史海英）

【召开题为“信念、习惯、勤奋、责任”期中考试总结会】 5月26日，赵全营中学初二年级召开题为“信念、习惯、勤奋、责任”总结会。会议由主管初二年级的副校长赵春海主持。初二年级全体学生和班主任参加。会上由初二（1）班学生代表张思佳和初二（2）班学生代表姚进行发言，两名学生各自介绍提高学习成绩的方法，如何面对即将到来的初三生活的想法。赵副校长从“信念、习惯、勤奋、责任”四方面对学生提出具体要求。

（史海英）

【召开党的群众路线教育实践活动动员会】 5月30日，赵全营中学党支部召开党的群众路线教育实践活动动员会。第四督导组组长

贾立新、副组长卢庆元参会。会上，全体党员和积极分子对领导干部进行评议，副书记崔建国宣读学校党支部关于《党的群众路线教育实践活动方案》，校长董铁强做动员报告，指出活动要坚持三个“立足”：立足党和国家大局、立足教育的改革、立足党员干部自身素质的提高。贾立新提出活动要求：1. 按要求完成规定动作；2. 活动要促进学校发展、教师发展、学生发展。

（史海英）

【开展“快乐暑假好书共享”活动】 7月3日起，赵全营中学开展“快乐暑假，好书共享”活动。学校为每位教师准备两本书，一本是郭思乐著的《教育激扬生命——再论教育走向生本》，一本是品墨著的《赢在认真》。要求每位教师认真阅读，撰写读书笔记，开学后进行读书心得交流，对于优秀读后感学校将给予表彰奖励。

（史海英）

【赵全营中学与北石槽中学高丽营二中合并】 8月23日，赵全营中学与北石槽中学高丽营二中合并，新并校后的赵全营中学召开全体教职工大会，校长董铁强强调：1. 融入与接纳；2. 责任与担当；3. 幸福与付出。区教工委副书记李卫国在讲话中指出：全体教师要适应形势，积极迎接教育布局调整带来的挑战；要团结协作，使学校各项工作保持良好状态；要振奋精神，使学校在新的起点得到更好发展。 （史海英）

【多举措做好合并校工作】 8至9月，赵全营中学多举措做好合并校工作。1. 注重住宿管理经验学习。邀请有住宿管理经验学校的干部教师来校作工作介绍；举办安全讲座，提升全体教师责任意识与岗位意识。2. 加强日常行为规范管理。邀请特警学院战士来校指导学生养成良好行走坐卧习惯，时间为期一周。3. 开展参观活动促学生融合。先后组织学生参观北汽分公司、北郎中花卉种植基地，促进学生在活动中和谐相处。 （史海英）

【成立学生环保社团】 9月15日，赵全营中学成立学生环保社团。社团的成员由各班卫生委组成。社团活动内容包括：1. 利用校园广播、板报、橱窗等平台宣传和普及环保知识，增强同学们的环保意识。2. 社团成员利用课余时间巡视校园，维护校内的环境卫生。3. 收集废旧饮料瓶、废旧纸张等可回收资源卖给收购站，所得钱款为同学们购买羽毛球、跳绳等体育用品。 （史海英）

【举办安全教育主题报告会】 9月18日，赵全营中学举办安全教育主题报告会。学校特邀请区教委综合治理科科长杨广田为全体学生做报告。杨科长采用典型事例，从课间活动安全、交通安全、食品卫生安全和自我防范意识、消防安全、发生矛盾和安全事故如何处理等五方面给同学们上了生动一课。报告结束时，杨科长给并校后的全体师生提出要求，要做到五个学会，即：学会包容、

学会谅解、学会互助、学会感恩、学会推功让誉。 （史海英）

【区督导室到校进行专项督导】 10月16日，区督导室三位督导在组长王森的带领

下到赵全营中学进行专项督导。督导组听取校长董铁强作《大力培育核心价值观，全面做好减负工作》的汇报，到班上听课，查看学校课程开设、增效减负、随班就读等情况的相关资料，在部分学生中进行问卷调查。督导组经过认真合议，对赵全营中学践行社会主义核心价值观工作和减负工作给予好评并提出中肯意见和建议。 （史海英）

【校本课程正式开课】 10月22日，赵全营中学校本课程正式开课，从而为学生搭建了全面发展平台。学校依据校本课程教学理念，结合学校实际情况，开设书法、素描、剪纸、围棋、单片机、足球、篮球、羽毛球、乒乓

球、跆拳道等十三门课程，让学生根据自己的兴趣、爱好、特长自由地选择课程。初一初二年级的学生全员参与，每周三下午三四节课为校本课程学习时间。除本校教师外，还聘请部分校外辅导员对所开课程予以指导。

（史海英）

【举办生本教育培训会】 10 月 23 日，赵全营中学举办生本教育培训会。会上邀请区教

科室主任陈惠明到校为全体教师做讲座。陈主任以《关于生本教育的学习和思考》为题，从为什么要做生本教育，生本教育是什么，生本教育是怎么做的，生本教育为什么要这样做四方面阐述自己对生本教育的理解。昌平南口铁道北中学的十一名干部参与了此次活动。

（史海英）

【开展班级文化建设拉练检查】 11 月 26 日，赵全营中学开展班级文化建设拉练检查。活动由校长董铁强亲自带队，班主任全部参

与，教育处对全校的班级文化建设情况进行检查。此次拉练检查主要检查班级的卫生情况、班级布置、黑板报等。活动后，董校长进行点评。他说，班级是学生的另一个家，班主任就是家长，要培养学生的良好习惯；使之进行自我约束、自我管理，最终实现自主发展。同行的班主任教师普遍感到从其他班级学到了班级文化建设的好方法，均表示要带领学生积极地建设富有特色的班级文化。

（史海英）

【科研月正式启动】 12 月 4 日，赵全营中学接待高丽营学校教师来校听课，自此赵全营中学科研月正式启动。科研月活动安

排为：12 月 4 日全体理科老师听韩艳芝老师的数学课。12 月 9 日，全体文科老师看语文教师彭艳华的录相课，课后上交评课意见。12 月 10 日，全体理科老师看数学教师王春伶的录相课，课后上交评课意见。

12 月 18 日全体文科教师听语文教师张亚红的课。12 月 15 日——26 日领导干部进入课堂评价，评价内容包括：讲授时长、前置学习、自主探究、小组讨论、全班展示（板演、讲解、补充等形式）、交流收获，总结提升等几个方面。 （史海英）

【举办板书硬笔书法比赛】 12 月 15 日起，赵全营中学利用为期一周的时间举办板书、

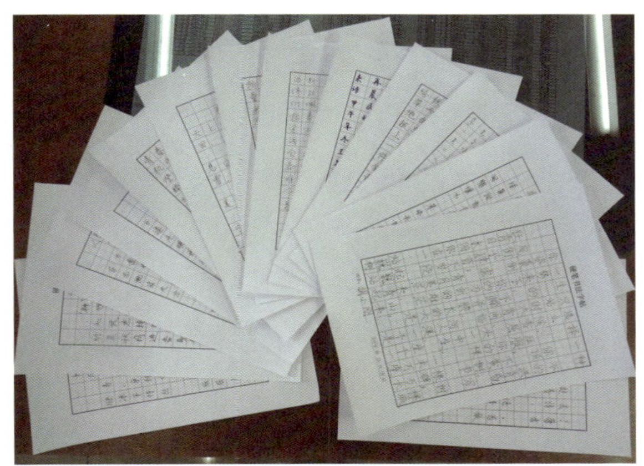

硬笔书法比赛。每位任课教师上交一份板书设计的照片，要求设计板书时目的明确，突出重点；条理清楚，层次分明；布局合理，构思巧妙；书写规范，用语正确；形式多样，造型生动。非任课教师上交一份硬笔书法作品，学校对板书和书法作品进行评选，对于优胜者给予表彰奖励。

（史海英 董向民）

【召开班级小组建设培训会】 12 月 16 日，赵全营中学初一年级召开班级小组建设培训会。初一年级所有小组长参与此次培训，会议由副书记崔建国主持。会上，崔书记与小组长们座谈，了解小组学习情况，并从小组建设、小组长作用、小组合作意义等几方面对全体小组长进行培训。

（史海英）

【邀请郭召良博士为教师做“幸福”讲座】 12 月 19 日，赵全营中学邀请郭召良博士为全体教师做主题为《做一个“幸福”的老师——幸福人生五个法则》讲座，郭博士从有得必有失、成功能带来幸福吗、什么

是幸福、幸福源于管控、守住你的幸福等五方面介绍如何做一个幸福教师。

（史海英）

【与昌平南口铁道北中学、高丽营学校联合举办班主任沙龙】 12 月 24 日，赵全营中学与

昌平南口铁道北中学、顺义区高丽营学校联合举办班主任沙龙。来自三所学校的三位校长及 20 余名班主任参与此次活动。沙龙活动的主题是“班级管理经验交流和个别生教育”，采用“听、说、看”的形式进行。听：昌平南口铁道北中学、高丽营学校干部教师听了赵全营中学老师的常态课；说：赵全营中学的王严、彭艳华、何新利，昌平南口铁道北中学的秦虹柳、安立琴、徐志荣等优秀班主任代表结合自身工作经验，采取案例加反思的方式，阐释各自在班级管理过程中如何做好班级管理及个别生的教育工作。看：观看学生大课间的活动情况。此次沙龙活动，

为各位班主任搭建了一个分享、交流先进教育理念的平台，拓宽了班主任工作思路，为提升学校教育教学质量起到积极促进作用。

（史海英）

【多项措施加强家校联系】　年内，赵全营中学多项措施加强家校联系：1. 各年级成立家

长委员会，定期召开会议，加强宣传力度。2. 不定期召开家长会，互相了解孩子在家在校情况。3. 利用家校通平台发消息，让家长及时了解学校工作动态。（史海英）

【召开党的群众路线教育实践活动总结大会】10 月 29 日，赵全营中学党支部召开党的群众路线教育实践活动总结大会。会上，校长董铁强总结学校群众路线教育实践活动情况。书记李丙录对学校今后工作提出要求：1. 切实整改，取信于民；2. 警惕反弹，常抓不懈；3. 把握规律，从严治党。（史海英）

北京市顺义区高丽营学校

【概况】　2014 年，北京市顺义区高丽营学校占地面积 73260 平方米、建筑面积 17616. 75 平方米，体育场（馆）面积 14260 平方米。图书馆（室）藏书 4. 3321 万册，电子图书 60 册，订阅杂志、报刊 154 种。固定资产总值 987. 45 万元。全年教育经费投入 2149. 720849 万元，均为国家拨款。拥有计算机 346 台，多媒体教室座位 1167 个，校园网出口总带宽 100Mbps，数字资源量 30GB，“信息技术”课程 1 课时/周。有普通教室 31 个、专用教室 24 个、实验室 8 个。教职工 112 人，其中高级职称 17 人、中级职称 41 人。专任教师 90 人，包括北京市骨干教师 1 人；本科以上学历 104 人。开设教学班 31 个，其中初中班 6 个（其余为小学班）。初中毕业生 22 人；招收初中新生 76 人；在校生 1167 人，其中初中生 209 人。网址：http：//58. 133. 188. 8。

（贾凤兰）

【成立女工社团】　高丽营学校关注女性健

康，3 月 8 日，成立女教工广场舞和乒乓球社团。学校为两个社团的女教工提供锻炼场地、音响设备和运动器械，并鼓励女教工在课间操和工会文体活动时间进行锻炼。这是学校在“三八”妇女节到来之际，为女教工做的一件实事。（贾凤兰）

【举行学生学法指导讲座】　3 月 12 日，高丽营学校邀请赵全营中学教师崔建国作《学

会—会学—乐学》学生学法指导讲座。崔老师以“学习是学生自己的事”为题，引经

据典，运用诙谐幽默的语言，从为什么学习、什么是学习、怎样学习这三个方面和学生们谈学习。在谈到怎样学习时，崔老师重点介绍思维导图设计应用和小组合作学习模式的应用。讲座帮助学生进一步树立了正确的学习观，使学生深刻认识到知识改变命运，学习成就未来，提高学习效率需要良好的习惯和科学的方法等人生道理。学校七、八年级学生及教师近200人参加。 （贾凤兰）

【举办“沟通无限，相伴成长”家长开放日活动】 3月28日，高丽营学校小学部举办

“沟通无限，相伴成长”家长开放日活动，250名家长应邀参加。活动分四项内容：一是家长们在报告厅听取学校领导汇报，了解本校师资水平、主要活动和学生整体素质。观看学校制作的《成长的足迹》纪录片，再现学生参与课内外活动的情景，感受孩子们成长的快乐。二是进入课堂与孩子共同听课。小学部上午的第二节、第三课全部对家长开放。50名老师做课，家长自主选择。三是由家长填写活动反馈信息表。通过信息表了解家长的教育理念、家教方法、对学校工作的满意度以及对当前学校教育、教学管理及班级建设的意见和建议。四是家长观看各班师生活动展板。展板包括《寻找春天》《三节活动》《多彩课堂》等专栏。此次家长开放日活动体现了学校推进素质教育的进程，实现了学校、家庭的良好沟通，提升了教育合力。

（贾凤兰）

【举办《第56号教室的奇迹》读书分享会】 3月28日，高丽营学校举办《第56号教室的

奇迹》读书分享会，102名干部教师参加。全员共读《第56号教室的奇迹》是高丽营学校专题学习的一项内容。为增强教师们的教育智慧，提高管理水平，在上学期寒假前，学校精心挑选了这本书，要求老师在寒假期间阅读，做3000字左右的读书笔记，撰写一篇2000字左右的读书体会。开学后学校对老师们的读书笔记和学习体会进行评奖。这次读书分享会是本次主题学习的总结与提升阶段的重头戏。三位老师分别以《教育无捷径》《奇迹来自爱与热情》《点燃孩子内心的激情》为题与老师们分享了美国教师雷夫的教育理想、教育智慧、教育方法，并谈了自己学以致用改进教育教学方法的体会与做法。分享会使教师进一步懂得教育是爱的事业，从而点燃了教师以爱心、智慧、快乐去培育学生的激情。 （贾凤兰）

【举办“生本课堂”教学研讨会】 5月27日，高丽营学校举办“生本课堂”教学研讨会。区教科室、课程研究室、赵全营中学、顺义十五中及校内领导老师30余人参加。学校两名教师分别做物理、英语学科的课堂教学展示；与会者以两节课为例，围绕如何让课堂走向生本进行研讨；教科室主任陈慧明对学校如何实施生本教育、打造生本课堂进行引领和指导。通过此次研讨，与会者认识到实践生本教育要坚持一切为了学生、全面依靠学生、高度尊重

学生、充分相信学生的理念，课堂上要依据学生特点进行大尺度、大幅度、大跨度的开放，从而实现快乐、素质、成绩三丰收。 （贾凤兰）

【举办“分享教育智慧、品味教育幸福”经验交流会】 8月28日，高丽营学校为推广本

校教师在教育教学工作中的新理念、新方法和新经验，更好地促进青年教师快速成长，举办以“分享教育智慧、品味教育幸福”为主题的教育教学经验交流会，112名干部教师参加。交流会上六名教师代表进行交流，有走进名校、深度考察学习的代表，有顺义区百名优秀班主任，有“临空杯”成长课大赛获奖者，有进驻教研组办公的教学领导，他们分享了名校的教学理念、教学模式、管理方法，介绍了自己在学生管理、班级建设、“三段六环节”教学模式的应用、教学常规管理等方面的所思所想、所得所悟，为教师们在本学期深入开展教育教学工作提供很好的借鉴。 （贾凤兰）

【举行新入职教师培训会】 9月10日，高丽营学校小学部举行主题为“了解、沟通、

融合”的新教师培训会。学校领导及新入职教师11人参加。培训会上，教学领导以《教师要成为学生成长中的贵人》为题，从师德、师爱、树立服务意识、博览群书、提升自己等角度与新教师们分享多个教育案例。学校园丁新星唐建新老师从勤、细、沟通、发展等方面谈自己多年来从事班主任及教学工作的体会。7名新教师就自己一周来的工作体验，提出在教学和管理方面存在的困惑和遇到的问题，领导与教师们共同研讨，制定解决问题的方案。于长明校长表示：学校领导班子将本着“服务、导航、修正”的宗旨，为新教师的成长搭建平台，并希望新教师珍惜教师这份职业，养成勤看、勤听、勤思、勤写的习惯，更好地胜任教师这个岗位。

（贾凤兰 张春燕）

【举办“沟通促和谐，携手共育人”爱心家访活动】 11月下旬，高丽营学校举办“沟通促和谐，携手共育人”爱心家访活动。50余名干部教师，利用两个双休日时间走进350名学生家庭，与家长进行深度交流，凝聚家校合力，提高育人效能。在家访中，干部教师向学生家长介绍学校开展的践行社会主义核心价值观、课堂教学改革、组建学生社团等主要活动，并对家长关心的热点问题进行了宣传解释。同时了解学生在家生活、学习的环境、行为习惯和存在问题。商议促进学生发展的教育措施、方法和手段，推广一些家

长的成功家教经验。家访中，干部和教师还希望家长注重学生良好习惯的培养，关注学生的身心健康，经常性地对孩子进行法律法规及安全教育，给学生创设一个温馨、和谐、健康、安全的家庭环境。最后，家长们还填写了反馈表，对学校工作提出一些建设性的建议和意见。（贾凤兰）

【举办“凝心聚力，展我团队风采”小组文化建设展示活动】 12月5至12日，高丽营学校举办“凝心聚力，展我团队风采”小组文化建设展示活动。小学部25个班的160个学习小组逐一进行了展示。为培养学生自主合作探究的意识，提高课堂教学实效性，自9月开学以来，高丽营学校倡导各班进行小组文化建设。小组文化建设包括制定组名、口号、组训、组规、组徽、组牌、组歌、目标等内容。中、高年级各个小组自主建设，低年级由班主任及科任老师辅导完成。在展示过程中，除展示以上规定的内容外，有的小组还出奇出新，展示个人欣赏的格言警句、小组的特色才艺，如舞蹈、课本剧、成语接龙、吟诵古诗等等。特别是学生设计的组徽，普遍制作精美、寓意深刻。显示出学生们的艺术创造力。通过小组文化建设展示活动，强化了合作学习小组的团队功能，增强了小组的自信心和凝聚力，激发了学生们勇于拼搏创新的精神，为提升课堂教学质量奠定了良好的基础。（贾凤兰）

【举办“人生远足，志在千里”励志讲座】 12月10日，高丽营学校邀请北京师范大学区域教育均衡发展研究中心执行主任黄坚

做《人生远足，志在千里》的励志讲座，学校老师及初中部全体学生300余人参会。黄主任的讲座以风趣幽默的“照镜子”游戏开头，围绕着“我是谁？读书为什么？活着为了什么”三个问题，通过解读《易经》等古代经典思想、介绍身残志坚励志大师约翰．库缇斯的事迹、观看“苹果树”视频、在《回家看看》情境中冥想等形式，使学生们认识到在人生路上有鲜花也有荆棘，在前行中一定要树立目标，坚定信心，锻炼自己顽强拼搏永不言败的意志，并且懂得感恩，用实际行动回报父母、师长及社会给予的关爱。（贾凤兰）

【举办“设计有价值的数学活动，提高课堂实效性”主题研究活动】 12月11日，高丽营学校举办“设计有价值的数学活动，提高课堂实效性”主题研究活动。小学部数学课题组成员、学校区级骨干教师及任教五年以内的年轻教师30余人参加。主题研究活动由戈海宁数学工作室成员海朋老师组织。首先由课题组的三位老师分低、中、高学段做研究课。内容是《钟表的认识》《重叠问题》《圆的面积》，然后进行主题研讨。老师们就数学活动设计的意义、原则、形式、实施策略等进行深度的交流探讨。最后为参加培训的年轻教师布置研究任务，要求五年以内的年轻教师精

心准备一篇突出学生活动的教学设计。此次活动既是学校《九年一贯制学校“三段六环节”课堂教学模式的探索与实践》市级课题的一次主题研讨活动，又是对校内五年以内的年轻教师的一次实践培训，提高了教师们的科研意识和能力。

（贾凤兰）

【举办首届彩虹读书课本剧汇报展演活动】 12月23至25日，高丽营学校举办首届彩虹读书课本剧展演活动。学生们在形体教室，按小学低年级段、中年级段、高年级段和初中段进行四场汇报演出，各年级段师生和近百名家长到现场观看了演出。本次活动采取自愿报名的方式，共有37个课本剧参演，涉及语文、数学、英语、音乐、综合实践、品德与社会等多个学科。学生邀请学科老师进行辅导，并自制道具。内容有：《卖火柴的小女孩》《晏子使楚》《龟兔赛跑》《鸡兔同笼》《长方形爸爸过生日》《塑料瓶上的秘密》《我和电脑的故事》《责任》等。开学以来，学校就提倡教师们在课堂上适当引导学生依据课本内容编演课本剧，通过表演创设情境，激发情感，强化学生对知识的理解与应用。编演课本剧，为课堂教学的有效实施提供重要的方式。在编演过程中，学生们用心灵与作者对话，与书中的人物为友，学生内心情感不断丰富，形象思维得以加强，创新能力逐渐提高，四场课本剧汇报展演非常成功，学生们精彩的表演博得同学、老师、家长阵阵掌声。

（贾凤兰）

【举办“童心绽放，展我风采”迎新年学生素质展示暨表彰活动】 12月31日，高丽营学校小学部举行“童心绽放，展我风采”迎新年学生素质展示暨表彰活动。活动在学校的形体教室举行，200名学生家长和300多名学生代表欢聚一堂，以学生素质展示的形式迎接2015年的到来。首先映入大家眼帘的是学校精心制作的校园纪录片《成长的足迹》，从尚礼、明智、博采、健体四个方面反映师生积极向上的精神面貌和丰硕喜人的各项成绩，然后由舞蹈、评剧、书法、古筝等20个社团的学生进行汇报展演，学生们通过优美的舞姿、动听的歌声、精彩的演奏、漂亮的书法来展示学习成果，同时给大家带来美的享受。在展示过程中，学校还表彰了道德榜样、孝心少年、礼仪标兵、优秀监督员、荣誉升旗手、进步之星等230名学生和25位优秀家长。

（贾凤兰）

北京市顺义区南彩学校

【概况】 2014年，南彩学校占地面积58000平方米、建筑面积22306平方米，体育场（馆）面积25031平方米，其中操场20681万平方米，体育馆4350平方米。图书馆（室）藏书2.153万册，订阅杂志、报刊25种。固定资产总值1316万元。全年教育经费投入3804万元，均为国家拨款。全年学校信息化经费投入58万元，拥有计算机315台，多媒体教室座位1440个，校园网出口总带宽100Mbps，数字资源量53GB，“信息技术”课程1课时/周。有普通教室35个、专用教室20个、实验室6个。教职工172人，其中高级职称39人、中级职称68人。专任教师110人；本科以上学历165人。开设教学班35个，其中小学班18个、初中班17个。毕业165人，其中小学95人、初中70人；招生367人，其中小学105人、初中262人；在校生1278人，其中小学596人、初中682人，包括寄宿生439人。网址：www.bjncxx.cn。

（张志纯）

【开展学期信息技术融入课堂展示周活动】 2月24日至3月7日的两周内，南彩学校中

学部开展信息技术融入课堂展示周活动，其间中学部所有教师分年级进行展示，人人参与展示，人人参与听课，教师间相互学习借鉴，此种润物无声的同伴互助方式极大程度激发了南彩学校教师教育教学的积极性，大家表示要用信息技术手段守住多元化的课堂。本次活动中教师共做课30节，其中9节与教研组的教研课结合，提高了展示课的质量。

（陈迎春）

【启动同年级同学科共同体建设】 3月11至21日，南彩学校针对中考科目教师的结构

（2人组合），开启同年级同学科共同体建设。同学科教师互相走进彼此的课堂，初一的重点为中小衔接，初二是常规保持，初三是分层教学。本次活动由年级主任约课推进，学校领导协同推进，活动有序开展，常态课教研得到很好的整合，推动了学科建设。

（陈迎春）

【初三学生理化实验比赛再获佳绩】 3月30日，顺义区对初三学生的理化实验进行了抽

测，理化笔试30分，实验操作30分。南彩学校从开学伊始就积极准备，多次召开专题会

议，最后的方案是将实验教师作为重点嵌入新授课和复习课中应对此项赛事。南彩学校共11人参加抽测，其中8人获一等奖，2人获二等奖。（陈迎春）

【五项举措在督导中受好评】 4月15日，义务教育均衡发展迎检专项督导组一行五人

在组长朱元兆的带领下，来到南彩学校进行为期半天的督导检查。检查过程中，督导组成员在听取李校长的汇报后，对档案资料、专室的设备及管理使用情况、相关数据以及校园环境进行认真细致的检查，并在检查之后进行了反馈。在反馈中，专、兼职督学们对南彩学校通过五项措施做好迎检工作给予充分肯定。（陈迎春）

【区镇领导到校进行蹲点调研】 4月22日，区委常委、纪委书记肖韵竹、副书记王文荣

在区教委主任刘克祥、镇政府纪委书记李建立、主管教育副镇长谢立琴等陪同下，来到南彩学校进行蹲点调研。首先，肖书记等区镇领导在李琦校长等校领导的陪同下，参观崭新的校园。肖书记等领导一行对富于特色的育人环境及先进的教育教学设备，给予充分的肯定。之后，李校长结合学校工作实际汇报学校办学、执行教育收费及惠民政策、师资建设和入学等方面有关情况。各位领导边听、边看、边记、边交流，调研非常细致认真。（张志纯）

【参加市第二届初中教师基本功培训与展示成绩显著】 6月，历时一年的北京市第二届

初中教师基本功培训与展示成绩揭晓，南彩学校教师全员参加培训，历史学科王爱霞、数学学科张秋香、物理学科徐凤霞、信息技术王升等老师获得北京市展示笔试活动一等奖，刘书文、郭德娟等9位教师获得区二、三等奖。（陈迎春）

【布局调整两所学校并入】 8月11日，大孙各庄中学和沙岭学校中学部并入南彩学校。南彩学校由此形成了新增两个学校后总人数达到172人的师资队伍，三个学校合并后的中学部学生人数猛增至710人，使学生总数达到1283人。其后，赵各庄学校的部分学生也选择来南彩学校上学，接受外地生约240人，生源可谓来自五湖四海。中学部目前设置17个教学班，11个为住宿班，班额均在40人左右。学校从此结束近十年的小班化教学，开启了大班额教学新起点；南彩学校也由此成为寄宿制为主的农村九年一贯制学校。

（张桂红）

【迎来首批住宿生】 8月31日，南彩学校迎来首批住宿生。根据区教委学校布局调整

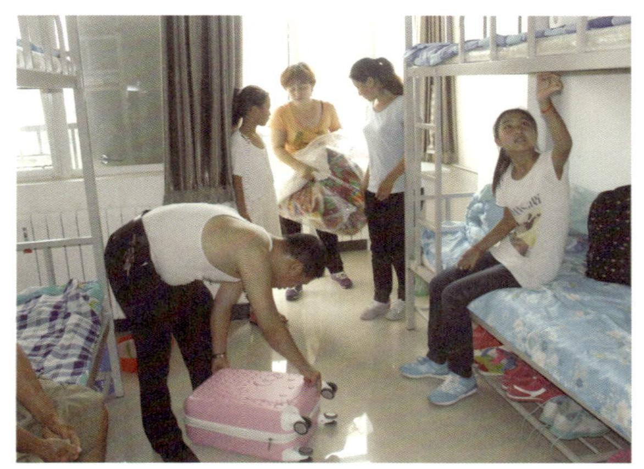

的统一安排，原大孙各庄中学、沙岭学校（中学部）、赵各庄学校（中学部）所属学生并入南彩学校学习，并实行住宿制。以住宿形式入学的437名学生在家长的陪同下，准时到校报到并办理入学和住宿手续。为使新生报到快速有序，学校采取各年级分时间段报到、全体干部和班主任分工合作、适时引导等多项措施为新生做好服务工作，同时，耐心解答学生及家长提出的问题，主动帮助那些有困难的同学和家长。使报到工作能够在最短的时间内顺利完成，受到学生及家长的赞许。（吴满海）

【2014届中考喜获佳绩】 9月，南彩学校在顺义区第一届“临空杯”中高考总结表彰会

上获得普九优秀集体奖和会考优秀集体奖。南彩学校数学、物理、体育，政治、音乐和美术六个学科共9位教师获得顺义区优秀学科奖。（陈迎春）

【开展学科联片大教研活动】 9月起，南彩学校与十一中和杨镇二中历史教师结成大教

研组，改组工作由教研员、区学科中心组组长王爱霞老师牵头。结成联片教研大组后，将定期开展大教研活动。本学期，南彩学校的区级骨干教师王俊伶、付胜利承担区级公开课，授课效果得到教研员的好评。（张桂红）

【教育系统老干部到南彩学校参观】 9月10日，顺义区教委退休老领导一行45人到南彩

学校参观。校长李琦向老领导们介绍学校特色校建设情况与新学期合并后的学校现状。之后，播放反映特色校建设工作进程的视频，加深老领导们对学校特色工作的了解。南彩之行让教育系统老干部深深感受到顺义教育的巨变。（张志纯）

【校田径队区级比赛有新突破】 9月26至28日，由原南彩学校、沙岭学校初中部、大孙各庄中学合并后组成的南彩学校田径队，在10名体育教师带领下，在阳光体育顺义区中小学生秋季田径运动会上取得初中团体普通校第二名的历史最好成绩，同时获得小学

团体普通校第四名。校领导对田径队取得的成绩表示非常满意，并鼓励他们戒骄戒躁，再接再厉争取更好的成绩。（杨春义）

【市教工委常务副书记刘建到南彩校调研】 9月28日，北京市委教育工委常务副书记刘

建率市教委机关干部联系中小学第三联系组第二小组到南彩学校调研。活动由第二小组组长东城区教委主任冯洪荣主持。调研组首先听取南彩学校李琦校长的专题汇报，了解学校的基本情况。围绕“编制”“培训”两个核心问题展开研讨，整个活动在真诚沟通与智慧碰撞中进行。通州区教育纪工委、昌平区教委、市教工委离退休干部处等领导随同调研。区教工委书记冯义国、教育督导室主任李卫国及南彩镇党委书记黄永志等陪同调研。（张志纯）

【成立学生管乐团】 10月15日，南彩学校与北京敦善文化艺术有限公司签订管乐团培训合同，成立南彩学校学生管乐团。学生管乐团由四至六年级中有一定经济基础和爱好的小学生组成，管乐团成员由学生自愿报名，学校遴选确定，将定期对学生进行专技培训

和音乐艺术教育，培养学生高尚情操和审美能力；使学生学习并逐渐掌握一种乐器的演奏方法。学校预计二至三年内打造出一支高品质的乐队。（杨春义）

【专家集体下校诊断提升特色品牌】 10月24日，南彩学校迎来北师大鲍传友、徐志勇

两位教授以及他们的研究生助理参加“学校特色校建设项目组专家集体下校”活动。来自湖南、湖北的11位校长参加此项活动。此次活动流程严密、内容丰富。有马力副校长的精彩汇报，有主题活动系列化的阐述，有新住宿生的视频展示，还有学生大课间活动的快乐表现。尤其是高质量的小学部语文、数学，中学部英语、政治、物理等学科的项目展示，不仅凸显了项目的主题，而且将社会主义核心价值观巧妙地融进南彩学校的养正课堂中，使与会专家和领导进一步了解南彩学校特色校建设的进展和成果。得到鲍教授的高度好评和湖南、湖北校长们的一致认可。（张志纯　吴满海）

【开展顺义区“临空杯”教师基本功校级初赛】 10月29日，南彩学校启动顺义区“临空杯”第一届中学教师基本功培训与展示

校级初赛活动。校长李琦对参赛的十三位教师做《如何上好一节课》的讲座，主管教学校长部署路线图与时间表，同时，以学科教研组为平台，为每一位参赛教师建构助赛团队。选手们在助赛团队中反复打磨试讲和多部门协作下，12月20日完成初赛。本次活动重构教师教研秩序。（张桂红）

【内蒙古教育同仁到校考察】 11月20日，

首师大杨朝晖教授率70余名内蒙古校长到南彩学校考察工作。在校长李琦的带领下，杨教授同内蒙古校长们简单浏览校园后，来到学校一层会议室听取校领导的工作汇报。李校长以“借大学之力，助推学校不断发展”为题，介绍首师大、北师大两所北京高校给学校工作带来的可喜变化。就学校的变化而言，杨教授用“蓬勃发展、赏心悦目”两个成语概括她的内心感受。此次内蒙同仁考察之旅，既给学校提供了展示平台，也给学校许多鼓励与启示。（张志纯）

【首迎区级科研视导】 11月26日，南彩学

校首次迎来顺义区“十二五”区级科研视导。在区教科室副主任赵连顺的带领下，顺义一中、杨镇一中和牛一实验学校等20余所中学的科研领导和部分教师参与此项活动。本次活动议程分为课题进展情况汇报、进班听课、观看班会、参观校园、观摩课间操、专家点评等环节，整个活动历时四个小时。视导中，与会的科研领导们听得认真、看得仔细、想得深入、评得精彩。各校科研领导发言之后，赵主任结合课题研究报告、养正课堂、养正班会以及大家的发言情况，进行总结。这次区级科研视导活动，使学校课题研究工作受益匪浅，使参与活动的师生受到一次难忘洗礼。（张志纯）

【建模比赛获佳绩】 12月5至9日，南彩学校学生刘雪平参加2014年全国青少年建筑模型教育总决赛获优异成绩，在“缤纷童年”涂装木屋组中学组中取得优胜奖。南彩学校初

中部美术教师杨新颖是建筑模型社团指导教师，利用课余时间对学生进行了精心辅导。（杨春义）

【启动“一师一优课，一课一名师”评推活动】 12月21日，南彩学校启动“一师一优课，一课一名师”评推活动。启动仪式上，副校长陈迎春作专项培训，要求每位

教师至少上好一堂课，每课至少有一位优秀教师利用优质资源。培训中明确晒课内容包括：完整的教学设计、课件、相关资源、课堂实录等，并提出具体的工作布置。

（张桂红）

【举办首届攀登英语展示】 12月30日，南彩学校小学部为学生家长举办首届攀登英语

展示。活动的内容主要有：一是副校长张亚珍结合当前改革形势谈英语口语的重要性。二是英语组组长李明丽向家长解读攀登英语的内涵，指导家长如何与孩子在家庭中进行互动学习。三是各年级攀登英语节目汇报展示。四是亲子互动游戏。五是表彰攀登之星并与家长合影留念。亲子互动游戏将此次活动推向高潮，家长和孩子们都积极踊跃参与。该活动为学生搭建一个展示自己的舞台，极大地调动学生学习英语的兴趣，增强自信心，提高他们口语表达能力。百余名学生家长参加。

（孙秋菊　吴满海）

东风教育集团

北京市顺义区东风小学

【概况】 2014年，北京市顺义区东风小学，学校占地面积11464.80平方米、建筑面积9131.48平方米，体育场（馆）面积6470平方米。图书馆（室）藏书2950万册，订阅杂志、报刊286种。固定资产总值1090.4024万元。全年教育经费投入3333.37万元，全部为国家拨款。全年学校信息化经费投入419万元，拥有计算机299台，多媒体教室座位1725个，校园网出口总带宽100Mbps，数字资源量10GB，“信息技术”课程1课时/周。有普通教室34个、专用教室12个。教职工121人，其中高级职称1人、中级职称85人。专任教师120人，包括北京市骨干教师1人。本科以上学历53人。开设教学班34个。毕业生828人、招生784人、在校生1375人。网址：http：//dfxx@ shyedu. cn

（刘长荣　于有民）

【举行开学典礼暨“感动东风人物”表彰会】 2月17日，东风小学举行隆重的开学典礼暨“感动东风人物”表彰会。大会在雄壮的国歌声中拉开帷幕。首先，校长刘金广作新学期致辞，他总结了不平凡的2013年，提出新学期的新要求；随后，进行“感动东风人物”的表彰和颁奖，获奖教师和学生分别作精彩发言；最后，各班代表

上台领取“新学期规划书”。全校1800余名师生参加。（于有民）

【召开年级质量分析会】 2月22日，东风小学召开“聚焦问题，提升质量，三线分析，

创优发展”主题年级质量分析会。本次会议共分为四个版块：一是三个学科教研组长分别进行上学期年级试卷分析，指出存在的问题，提出改进建议；二是主管领导结合各班平均分、及格率、优秀率的三线走势情况，进行年级质量分析，使教师在数据对比中“横向比较找方向——做进步的班级；纵向比较看变化——做最好的自己”；三是语、数、英三个学科的三位教师进行典型教学经验介绍；四是副校长佟红新进行新学期工作部署，对参会教师提出“潜下心来研读学生、踏下心来厚实自己”的要求和目标。会议打破以往单学科质量分析的模式，使语、数、英三个学科的教师了解学生综合发展状况，以便今后采取更有效的教育教学手段；同时也使教师们在反思中找到自己的优势和不足。学校干部、教师共40余人参会。（于有民）

【学生志愿者到公交站服务】 3月5日，东风小学为培养学生服务社会的志愿意识，积

极践行体验教育理念，结合周边资源开展“公交站旁学雷锋”活动。活动内容有：“我为您指路”“我为您倒杯水”“我维护乘车秩序”三项。30名志愿者通过走进社会、服务社会充分理解“雷锋”精神的内涵，把温暖传递给每一位乘客。（于有民）

【区人大代表检查贯彻落实交通安全法律法规情况】 3月27日，由区人大副主任吴建国

带队一行20余人，到东风小学检查宣传贯彻《北京市实施〈中华人民共和国道路交通安全法〉办法》及《北京市道路交通安全防范责任制管理办法》情况。首先由校长刘金广介绍学校基本情况；接着由副书记尤景华作《为学生生命历程奠基　营造安全和谐交通秩序》的专题汇报，汇报从“加强组织建设，构建校园安全管理体系”“开展宣教活动，深

化安全理念重实效”“警校共建为载体，认知体验助成长”三个方面介绍学校如何贯彻实施道路交通安全法律法规的情况。吴建国副主任充分肯定东风小学贯彻落实交通安全法律法规工作所取得的成效，认为东风小学交通安全工作领导重视，管理到位、措施有力，希望学校进一步做好交通安全法律法规宣传教育，为社会担当，保证学生健康成长；同时指出，要增强相互沟通，解决实际困难，共同做好监督工作。 （于有民）

【区委常委朱家亮到校调研】 4月28日，区委常委、区委办公室主任朱家亮在区教育

纪工委书记隋美荣陪同下，一行10人到东风小学调研。首先，听取校长刘金广关于学校基本概况、队伍建设、学校发展、办学建议等情况的汇报；接着，党员教师代表就和谐团队建设、学生德育实践活动、教学质量、家长助力教育、服务家长服务社会等方面与领导一起进行交流；最后，朱主任讲话，希望东风小学维护好发展好教育品牌，坚持以人为本、办出特色，不断提升治理能力，努力践行社会主义核心价值观，扎实开展好党的群众路线教育实践活动，办好人民满意的教育。 （尤景华　于有民）

【举行“吴正宪儿童数学思想推广”研究基地展示活动】 5月22日，“吴正宪儿童数学思想推广”研究基地展示活动在东风小学举行。本次活动主题为“基于学科本质的小学高年级数学复习策略的实践研究”。首先，由东风小学主抓教学的副校长佟红新作《学、

思、研、行，我们已启程——小学高年级数学复习策略的实践研究》报告。接着，五年级数学教研组长龚文凤结合自己的复习策略进行《短除式的复习》现场展示课。之后，五、六年级数学教研团队进行校本教研的评课和互动交流。最后是团队分享数学复习的典型策略。教研员魏金辉结合本次活动，对复习课的要求进行指导与提升；考研中心副主任李广生对活动提出建设性意见，希望复习课能够具有一定的整体性、构建性与整合性，能够让学生真正体验数学课堂的活动过程。区数学教研室教研员及东风小学五、六年级全体数学教师共计30余人参加。 （于有民）

【迎接区心理健康教育示范学校评估验收】 5月28日，顺义区心理健康教育示范学校评估组一行5人，对东风小学创建“顺义区中

小学心理健康教育示范学校”进行评估验收。专家组听取学校作《阳光·健康·梦想——为学生的幸福人生奠基》报告，参观“阳光小屋”心理健康咨询室，观摩教师陈金成心

理健康课，查阅学校心理健康教育的相关资料，并与师生进行座谈。专家组对学校的心理健康教育工作的做法和取得的成果给予肯定。区心理健康教育研究室主任李立军评价："东风小学在心理健康教育工作中，领导重视、机构健全、设备完善、档案齐全、活动丰富，做法和经验值得推广。" （于有民）

【举行党的群众路线教育实践活动启动大会】 5月30日，东风小学党支部举行党的群众路线教育实践活动启动大会。大会由党支委范玉霞主持，共四项议程：一是参会人员对领导班子成员进行民主测评，填写评议意见并投票；二是副书记尤景华宣读党的群众路线教育实践活动工作方案；三是党总支书记、校长刘金广作动员讲话，强调开展党的群众路线教育实践活动要以严的标准、严的措施、严的纪律坚决反对"四风"，推动思想认识进一步提高、作风进一步转变，与师生、群众关系进一步密切，要把活动中激发出来的热情与活力，转化为实现办好人民满意教育的无穷动力，为全面深化教育改革、实现中国梦汇聚起强大的正能量；四是督导组领导王志良讲话。他传达了上级有关指示精神，肯定了刘书记代表学校党总支对本次教育实践活动所作的动员，对学校开展党的群众路线教育实践活动提出具体要求和殷切希望。区教委督导组成员及东风小学党员、组长、积极分子、骨干教师共60余人参会。（于有民）

【中国合唱协会领导到校调研】 5月31日，中国合唱协会理事长田玉斌、秘书长智颖文、副秘书长房薇以及北京联合大学合唱指挥一行四人在教委体美科副科长刘美坤陪同下，到东风小学进行考察调研，共同商讨"中国合唱协会扶持东风小学学生合唱"项目合作事宜。研讨会上，校长刘金广介绍学校整体情况及办学理念；主管学校艺术工作的主任就学校近几年艺术工作状况及今后需求等做具体阐述；合唱协会田理事长就合作初衷、合作意向等作详细说明。研讨会在轻松愉悦的氛围中取得圆满成功。领导专家们观看学校合唱队的表演、查看合唱场地及校园文化建设等，对学校现阶段的艺术教育成果给予充分肯定。（薛海红　于有民）

【参加全国青少年航空航天模型设计总决赛成绩优异】 8月2至6日，东风小学学生航模小组参加在海南三亚举行的第十六届"飞向北京，飞向太空"全国青少年航空航天模型教育竞赛总决赛。3名同学全部通过了6个项目的激烈角逐，张浩南获全国一等奖和优胜奖，王嘉骏获全国二等奖和三等奖，吴松伯获全国三等奖。（薛海洪）

【举办干部培训暨骨干教师论坛活动】 8月15至17日，东风小学在东校区举办干部培训暨骨干教师论坛活动。内容包括：区教委主任作专题讲座，班子成员讲管理故事并进行执行力训练，举办教师行动研究讲座，听取石园小学副校长王淑珍讲座及东风小学班主任教师石雯工作汇报等。区教委主任刘克祥肯定东风小学的培训活动有意义、有效果，为顺义小学教育发展做出贡献。与会者一致

认为：在培训中分享精神大餐、进行思想碰撞，达到感悟教育、提升理念、收获知识、启迪思想的效果。该校市、区级骨干教师、学科带头人、园丁新星、教研组长、全体干部和刘金广校长工作室成员共140余人参加。

（于有民）

【区委常委朱家亮到集团慰问】 9月11日，顺义区委常委、区委办公室主任朱家亮到东

风小学教育集团进行教师节慰问。东风教育集团校长刘金广代表学校对领导的关怀表示衷心感谢，向领导介绍集团四校五址办学情况。朱主任充分肯定东风教师“人心思稳、人心求进”的工作热情，对学校的教育精细化管理给予高度评价。并指出，教育要紧跟顺义经济发展的步伐，在锻造自身的同时可以学习一些国际化学校的办学经验为顺义教育所用、为东风所用，要保持和发展东风集团顺义基础教育这块靓丽的品牌。

（单文松）

【举办教师读书分享会】 9月11日，东风小学举办“快乐阅读　沐浴书香”教师读书分享会。活动由副校长佟红新主持。与会教师分享《平凡的世界》《乔布斯》《老师怎样和学生说话》《第56号教室的奇迹》《好妈妈陪孩子走过初中三年的100个细节》和《我读小学数学教材》等作品。分享会上百花齐放，异彩纷呈。发言教师娓娓而谈，或叙说案例，或阐述观点，或畅谈体会，相互交流读书感受，发言均密切联系着教育教学实际，学以致用。读书交流会进行近两个小时，获得圆满成功。学

校干部教师共130余人参会。

（于有民）

【举办“践行核心价值观，携手共筑中国梦”暨庆祝建国65周年文艺演出】 9月30日，

东风小学举行“践行核心价值观　携手共筑中国梦”暨庆祝建国65周年文艺演出。活动分两个版块：一是各班书画作品展。以感恩祖国为内容的绘画、书法、手抄报等作品展现了学生积极向上、乐观进取的精神，激发了学生热爱生活、热爱学习、热爱校园、热爱祖国的情感；二是“文艺汇演”。演出在一首《金蛇狂舞》的民乐合奏中拉开序幕，节目内容丰富多彩，有《今天是你的生日，我的中国》《我是顺义文明娃》《红灯记》《童谣接龙大回旋》等十几个节目，形式上有歌曲、舞蹈、国学诵读、快板、京剧，器乐合奏等。

（于有民）

【召开党的群众路线教育实践活动总结大会】 10月31日，东风小学党支部召开党的群众路线教育实践活动总结大会。会议由总支组委范玉霞主持。总支副书记尤景华作总

结报告。区教委督导组就东风小学开展党的群众路线教育实践活动做点评，充分肯定学校在开展此项活动中取得的阶段性成果，同时进一步强调要建立长效机制，做好教育实践活动后续工作。之后，全体党员对学校领导班子和领导干部进行民主测评。最后，总支书刘金广讲话，他希望全体党员及领导班子成员借此次活动的强劲东风，广泛联系群众，转变工作作风，把教育实践活动的成果，转化成推动东风小学良好发展的态势，努力把东风小学办成学生喜欢、教师发展、家长满意、社会认可的特色学校。校领导班子全体成员，全体在职党员、积极分子、骨干教师及教研组长等共50余人参加会议。 （于有民）

【举行“枫韵文学社”启动仪式】 12月4日，东风小学举行“枫韵文学社”启动仪式。

大会由教学主任顾雪莲主持，顺义区作家协会副主席刘振华宣布“枫韵文学社”正式成立；校长刘金广致开幕词；顺义区作家协会四位领导分别讲话，希望小文学爱好者们能博览群书，关注生活，关注社会，积极写稿、投稿，展示自己的才华；第四项是授书仪式；文学社社长付怡凝代表“枫韵文学社”社员发言。该文学社是学校课程建设工程之一，其目标是围绕实施体验教育，丰富校园文化生活，推进语文课程改革，培养文学新人。区作协秘书长田也，副秘书长李洪峰、王艳霞，东风教育集团干部、教师、学生80余人参会。 （于有民）

【近千名艺术社团学生聆听专业音乐欣赏课】 12月30日，中国合唱协会聘请中央歌剧舞剧

院管弦乐团10余名团员，为东风小学近千名艺术社团学生上了一堂高雅、专业、生动的音乐欣赏课。中央歌剧舞剧院管弦乐团团长武旭海亲自上课。为便于学生接受和理解，欣赏课采取演奏、讲解、互动提问等多种形式，尽量选取学生比较熟悉的乐曲和唱段。期间就如何观赏音乐会、观赏中鼓掌和叫好的相关礼仪知识等内容作辅导。他们的精彩表演获得师生高度赞扬。活动中学生知道了弦乐是乐器家族中最老的一辈，而管乐则是最年轻的一辈；认识大号、小号、长号、大提琴、小提琴、黑管等十几种乐器；更欣赏到法国歌剧和世界著名音乐家的优秀作品，受到艺术的熏陶和感染。中国合唱协会副理事长李小祥、秘书长智颖文及东风小学干部教师近千人参加。 （范玉霞）

北京市顺义区建新小学

【概况】 2014年，北京市顺义区建新小学占地面积15196平方米、建筑面积7524平方米，体育场（馆）面积7656平方米。图书馆（室）藏书2.8万册，电子图书17.6GB，订阅杂志、报刊46种。固定资产总值773.5万元。全年教育经费投入1658万元，均为国家拨款。全年学校信息化经费投入7.2万元，拥有计算机225台，多媒体教室座位2380个，

校园网出口总带宽 100Mbps，数字资源量 1840GB，“信息技术”课程 1 课时/周。有普通教室 41 个、专用教室 8 个。教职工 122 人，其中中级职称 59 人。专任教师 108 人，本科以上学历 84 人。开设教学班 41 个。本学年度无毕业生、招生 334 人、在校生 1696 人。网址：www. dfxx. shyedu. cn （王秋冬）

【举办校本教研专题讲座】 3 月 7 日，建新

小学特邀区督导室督学赵文增作了《追求精彩，育人建新》校本教研专题讲座。讲座从“什么是课堂教学与课题研究的同构共生，为什么要推进课堂教学与课题研究的同构共生，怎样推进课堂教学与课题研究的同构共生”三方面展开，总结出“四点探索”“三点一线”的教研模式。学校全体教师和仓上校区部分骨干教师共 140 余人参会。

（武朝霞　吕　婷）

【启动“金点子”工作室】 3 月 7 日，建新

小学继学期初的“青蓝工程”，又正式启动由校内外各领域骨干教师参与的“金点子”工作室项目。工作室成员集体会诊新教师问卷中列举的学生习惯养成、班级管理、家校沟通、提优辅差等方面的困惑，帮助新教师进行梳理，找出问题的症结，提出解决的策略，利用每周五下午全体教师会上 3 分钟“金点子”时间段，与其他教师分享研究成果，帮助更多的教师解决工作中的实际问题，促进教师专业发展。 （武　宁）

【邀请家长进课堂】 4 月 2 日，建新小学

“百家讲坛”即家长进课堂活动再次展开，近百名家长走进课堂为孩子们奉献融知识性与趣味性于一体的自助式课堂大餐。与以往讲课内容相比较，此次学校引导家长们在内容选择上，更侧重于学生文体科学方面的培养。包括科技类：中国军队武器介绍、建筑材料的科学原理等生活中常见的科学原理；健康安全类：食品安全小常识，春季旅游小知识；艺术类：动漫的产生、科学幻想画绘制等等。

（武朝霞）

【召开学习型组织案例撰写现场工作会】 4 月 16 日，中国人民大学公共管理学院教授张璋、顺义区社区教育中心学习办副主任李银等一行 5 人来到建新小学，针对学校参与学习型组织典型案例征集工作进行现场指导。会上，校长杨玉松对学习型组织的思路及工作实施情况进行了汇报。结合汇报，张教授指出“学习、创建的过程就是摸索、学习的过

程”；明确“以‘体验教育’为切入点的案例撰写模式”；提出“促师生发展、家长认同学习型组织创建的努力方向”。本次活动建新小学干部全程参与。（吕　婷）

【“戈海宁名师工作室研究活动”在建新小学开展】　5月19日，顺义区“戈海宁名师工作室”在建新小学开展研究活动。东城区教

研中心教研员、特级教师戈海宁和顺义区考研中心数学教研室主任魏金辉参加研究活动。活动中，建新小学高筱娜、龙湾屯小学解建颖等五位教师进行现场课展示。课后戈老师和魏老师针对课堂生成进行点评，同时也对教师们上课、听课提出了更高的要求。

（武　宁）

【举行“颂中华美德，做有德之人”朗诵比赛】　5月21日，“颂中华美德，做有德之人”朗读比赛在建新小学教学楼前举行。参加比赛的是三、四年级21个教学班945名同学，分年级、按抽签顺序进行比赛。比赛中，

参赛班级都能做到服装整齐、精神饱满，选取内容健康向上。比赛共评出一等奖4名，二等奖6名，三等奖11名。（吕　婷）

【组织“六一”系列活动】　6月1日，建新小学“快乐体验，快乐成长”“六一”庆祝活

动拉开帷幕。活动分三个环节进行：1. 素质能力展示。以“体验教育”特色为切入点，在学校、班级开展“我的舞台任我秀”集体和个人展示。2. 游艺活动体验。学生在参与中熟悉游艺规则，在参与中体验游艺的快乐。3. 体验活动实践。在“变废为宝”小制作中增强学生动手能力，培养学生创新精神；在图书交换中通过图书大循环，提倡孩子多读书，读好书。（武朝霞）

【举行“梦想 责任 感恩”主题教育活动暨开学典礼】　9月1日，建新小学全体师生汇聚学校操场，举行“梦想 责任 感恩”主题教育活动暨开学典礼。活动中，防空三团的解放军战士现场进行了队列和军体拳表演；校长杨玉松致辞；一年级家长为孩子送上包好书

皮的新书，念寄语卡；新教师、一年级新生以及家长代表纷纷登台，将祝福、希望、梦想送给全体师生；学校就暑假期间东风教育集团美国游学活动的开展情况进行介绍并由参与同学现场演讲；区教育督导室主任李卫国发表讲话。教育督导室、关工委、防空三团、胜利街道、建南居委会、胜利派出所的有关领导参加开学典礼活动。

（武朝霞　吕　婷）

【举行"义方家长讲堂"启动会】　9月30日，建新小学举行"践行核心价值观携手共

圆中国梦"暨"义方家长讲堂"启动仪式，庆祝祖国65周岁生日。活动共分为三个环节：一、"义方家长讲堂"启动；二、"十一"庆祝活动；三、家长讲堂开课。区研究室主任皮立芳、教研员李小梅、一年级家长和三四年级家长代表及全校师生共2000多人参加了本次活动。

（武朝霞　吕　婷）

【举行党的群众路线教育实践活动总结大会】　10月31日，建新小学举行了党的群众路线教

育实践活动总结大会。督导组孙老师充分肯定建新小学群众路线实践活动取得的阶段性成果，希望学校在以后的工作中继续扩大和巩固活动成果，将群众路线教育实践活动做实、做细、做出新意。顺义区教育工委第二十督导组孙瑞芬老师和学校全体党员、团员、积极分子50余人参会。

（吕　婷）

【开展小学数学教与学方式变革的研究】　11月19日，低年级数学研究课在建新小学拉开

帷幕。活动中，建新校区高楚楚、裕龙校区李艳平两位教师进行现场课展示。课后，教研员王丽华对建新小学的学生给予高度评价：孩子们会听讲、会思考、会交流。上课老师做到心中有《课标》，心中有学生。

（吕　婷）

【开展"践行社会主义核心价值观征文"活动】　12月4日，建新小学开展践行社会主义核心价值观征文活动，寻找在践行社会主义核心价值观活动中爱岗敬业、依法施教、

文明守纪、无私奉献、团结协作的教师典型。全体党员、干部、教师用不同题材、不同写作方法进行撰稿，颂扬身边的榜样。本次活动共收到征文125篇，评出一等奖13篇，二等奖26篇，三等奖86篇。（吕 婷）

北京市顺义区裕龙小学

【概况】 2014年，北京市顺义区裕龙小学占地面积占地面积22440平方米，建筑面积5560平方米，体育场面积5104平方米。图书室藏书2.6122万册，电子图书99册（光盘），订阅杂志、报刊42种。固定资产总值990万元。全年教育经费投入850万元，均为国家拨款。全年学校信息化经费投入1.5万元，多媒体教室座位110个，校园网出口总带宽1000Mbps，数字资源量10GB，“信息技术”课程1课时/周。有普通教室48个、专用教室9个。拥有计算机150台。教职工139人，其中高级职称1人、中级职称69人。专任教师130人，包括北京市骨干教师1人、北京市学科带头人1人，本科以上学历124人。开设教学班48个，为1—4年级、招生481人、在校生2141人；网址：www.dfxx.shyedu.cn.（孙广赟）

【裕龙小学现代校区成立】 9月1日，坐落于原北京现代职业技术学院校址的裕龙小学现代校区正式投入使用。裕龙小学随着近几

年生源的大量涌入，教育设施逐步紧张，专用教室也逐年缩减。现代校区成立后，将一年级新生安排到此校区，大大缓解了这种压力，为更好地完成教育教学工作打下良好的基础。（孙广赟）

【顺义区小学生“成语文化龙门阵”决赛在裕龙小学举行】 10月24日，由顺义区语言文

字工作委员会、顺义区教育委员会、顺义区教育研究考试中心、顺义区东风小学教育集团、诺亚舟优学派教育电子共同举办的顺义区小学生“成语文化龙门阵”决赛在裕龙小学举行。该项活动旨在丰富学生们的词汇量，进一步加深孩子们对成语这种汉语文字形式的理解，加深对祖国传统文化的深刻认识。活动中，孩子们展示出扎实的基本功功底，妙语连珠、滔滔不绝，博得与会领导和老师的阵阵掌声。（孙广赟）

【北京市语文现代研究会第二届年会在裕龙小学举行】 11月22日，由北京市语文现代研究会、北京市教育学会语文研究会、顺义区教委组织的北京市语文现代化研究会第二届

年会在顺义区裕龙小学举办。与会人员来自北京市及各区县的教委领导和各校教师，首

都高校和相关科研机构的一些专家，大家就“面向语文现代化”这个主题进行深入讨论，并由参会的骨干教师做精彩的做课展示。

（孙广赞）

北京市顺义区仓上小学

【概况】 2014年，北京市顺义区仓上小学占地面积1.5万平方米、建筑面积0.56万平方米，体育场面积5059平方米。图书室藏书1.9952万册，订阅杂志、报刊37种。固定资产总值798.1566万元。全年教育经费投入156.9167万元，均为国家拨款。全年学校信息化经费投入35万元，多媒体教室座位1160个，校园网出口总带宽100Mbps，数字资源量800GB，“信息技术”课程1课时/周。有普通教室25个、专用教室10个。拥有计算机150台。教职工57人，其中中级职称37人。专任教师47人，包括北京市骨干教师2人，顺义区骨干教师9人，本科以上学历55人。开设教学班22个。毕业98人、招生189人、在校生868人。学校地址：顺义区五里仓小区；网址：暂无。

（王铁生）

【举办“葛兰语言艺术培训学校”启动仪式】 2月26日，顺义区燕山文化协会会员单位颁牌暨“葛兰语言艺术培训学校”启动仪式在

仓上小学举行。出席会议的嘉宾和领导有：著名的播音艺术家葛兰、北京市教育关工委副主任线长久、区教委主任刘克祥、区文联主席张中茂、区文委领导陈永祥、区燕山文化协会会长杨国礼及其他各界领导、有关学校师生代表。会上，葛兰老师鼓励同学们要“练好基本功，学好文化知识”。葛兰老师对顺义区的教育事业给予高度评价。最后，葛兰及几位领导为“葛兰语言艺术培训学校”颁牌。

（祖艳杰）

【参加北京市第十七届学生艺术节创佳绩】 4月16日，仓上小学学生参加北京市第十七

届学生艺术节暨第五届“炎黄杯”中小学师生美术、书法、摄影大赛并获优秀成绩，在绘画比赛中1名同学获一等奖；1名同学获二等奖；1名同学获三等奖。在硬笔书法比赛中3名同学获一等奖；1名同学获二等奖，3名同学获三等奖。学校合唱社团、艺术表演社团也取得了优秀奖。

（祖艳杰）

【参加区级航空航海比赛成绩喜人】 5月23至24日，仓上小学62名学生参加顺义区航空

航海模型比赛，取得喜人成绩。赛前，学校进行了大力宣传，并在校内举行了选拔赛，600余学生报名参赛，参与率达到80%。最终选拔出62名同学组队参加区内比赛。经过激

烈角逐，仓上小学 42 人获奖，获奖率达到 70%，其中一等奖 7 人，二等奖 14 人，三等奖 21 人。学校被评为航空、航海两项优秀组织奖。（祖艳杰）

【举办庆“六一”活动】 5 月 30 日，仓上小学在学校操场上组织了庆“六一”活动。

活动在校长热情洋溢的祝辞中开始，先是在阵阵掌声中进行一项项颁奖典礼，随后是丰富多彩的游艺活动。活动项目有贴鼻子、钓瓶子、掷准、足球射门、托球跑等，获奖的同学还可同场领到精美的奖品。（李雪芹）

【举办体育艺术节】 3 至 6 月，仓上小学举

办以“体育艺术携手 健康快乐同行”为主题的体育艺术节。一直以来学校秉承“健康第一”的指导思想，以提高学生的体质健康水平和艺术素养为着力点，落实学生体育锻炼“五个一”活动，提高学生身体素质，加强优秀文化传承，打造艺术特色学校，培养学生健康的审美情趣和良好的艺术修养，厚实校园文化的内涵，推动学校体育艺术教育的创新和发展。活动共分为体育、艺术两大类。艺术包括：班级朗诵比赛、学生硬笔书法比赛、体育艺术节摄影作品、体育艺术节征文比赛。体育包括：1—3 年级跳短绳比赛、4—6 年级跳长绳八字比赛、1—4 年级往返接力跑比赛、5—6 年级踢毽子比赛、4—6 年级田径比赛。整个比赛形式多样、内容丰富。（祖艳杰）

【参加全国航海比赛获佳绩】 8 月 18 至 23

日，仓上小学张仲、王浩宇两名同学在第十五届三圈霸道杯“我爱祖国海疆”全国青少年航海模型教育竞赛总决赛中技压群雄。王浩宇同学在“自由”号遥控赛小学男子组中以 14 圈的好成绩荣获全国一等奖；张仲同学在“纸折船”模型载重赛比赛中以 90 分的好成绩荣获全国一等奖；两人还分别在水上足球“自由号”遥控赛等比赛中荣获 4 个优胜奖，此成绩是学校近年来在科技比赛中取得的最佳成绩。（祖艳杰）

【举行开学典礼】 9 月 1 日，仓上小学举行“梦想、责任、感恩”2014—2015 学年度秋季开学典礼，864 名学生和 69 名教师参加了此

项活动。校长崔树昆在致辞中回顾了过去一年的成绩和对新学年的展望，并向师生提出了希望；新调入的12名教师分别发表开学感言；暑期赴美国夏令营的师生代表做精彩演讲，与师生分享自己的感悟和收获。李校长结合习近平总书记提出的“三爱、三节”向全体师生发出倡议。（李雪芹）

【让计算立体起来】 9月23日，“让计算立体起来”——顺义区五年级数学教研活动在

仓上小学举行。参加活动的有考研中心小学数学教研室主任魏金辉、教研员孙宝香、张秋爽，以及全区五年级数学任课教师60余人。活动分为四个板块。第一板块由仓上校区刘影老师执教《除数是整数的小数除法》，第二板块由徐宝霞老师进行《除数是小数的除法》说课，第三个板块由陈春芳、王俊红老师就小数除法的难点及小数乘除法的复习和教师们进行交流，第四个板块由马丽娟老师进行微格说课展示。孙宝香老师还组织大家就教学中存在的困惑进行交流、互动。她强调，备课时首先要读懂学生，不单纯是问卷调查，还要进行访谈；其次要读懂教材，明确每个例题承载的任务；授课中要关注知识形成的过程，使学生经历程序性理解——直观性理解——抽象性理解——形式上理解，真正内化知识。整个教研活动带给老师们许多新感悟，新思考。（张　萍）

【开展“十一”庆祝活动】 9月30日，仓上小学为弘扬和践行社会主义核心价值观，

培育民族精神，展示学生社团成果和个人才艺，举行“践行社会主义核心价值观，携手共筑中国梦”“十一”庆祝活动。活动专门邀请一年级全体家长参加。学校社团现场做精彩展示，旗舞、健美操、模特、合唱、朗诵等节目琳琅满目，最后，学生个人才艺做汇报表演。全体师生齐诵社会主义核心价值观12对核心词，将整个活动拉向高潮，从而使社会主义核心价值观深深植入每个人的心中。（李雪芹）

【举办“阳光体育绿色公益跑”活动】 10月13日，仓上小学在操场举行主题为“阳光体育绿色公益跑”启动仪式。大会由体育组

负责人主持。主管领导在动员讲话中，阐释本次冬季长跑活动的主题意义和活动方案，特别强调，此项活动是贯彻落实《全民健身条例》的具体行动，是提高广大青少年学生身体素质，培养他们顽强意志品质的有效途径，是进行爱国主义、集体主义教育的好形式。在教师代表和学生代表发言后，体育组

老师宣读该项活动的具体安排、要求。最后，校长亲自鸣枪“开跑”，全校师生在激昂的运动员进行曲中开始了2014—2015冬季长跑活动。 （王铁生）

【举办教师体验杯基本功大赛】 10月14日，仓上小学启动第三届体验杯基本功大赛

暨教师基本功与展示活动。该活动由区级学科带头人王拥军老师主讲美术课《画恐龙》拉开大赛帷幕。活动分为三个阶段，第一阶段课堂比武；第二阶段课后说课，第三阶段以教育叙事的形式进行反思。教师们课下精心准备，课上全情投入，课后反思改进。全校教师打破年级、学科界线，相互听课，交流研讨，借鉴启发。这次活动是仓上小学教师群体的一次教学大练兵，掀起了新一轮的教学研究热潮。 （张　萍）

【参加区级建筑模型比赛获好成绩】 11月8日，仓上小学40人参加区少年宫举办的建筑模型比赛，同学们的参与度达到60%。赛前，为了让孩子们对比赛有更清晰、全面的了解，在比赛中能取得好成绩，学校

特聘请辅导老师为学生指导。最终21人获奖，获奖率达50%，其中二等奖6人，三等奖15人。1人参加全国比赛，获全国优胜奖。

（祖艳杰）

【承办优化课堂教与学方式论坛】 11月27日，顺义区优化课堂教与学方式论坛暨东风

教育集团体验杯展示活动在各分校区展开。参加仓上校区活动的有顺义区教委副主任张海东、工教科长王桂英，教研中心副主任李广生以及其他学校主抓教学的领导和学科教师。活动分为三个板块，第一板块，学校呈现四个学科五节课：两节低年级语文、一节信息、一节美术、一节书法。第二板块是在教研员组织下开展评课活动。第三板块，由仓上小学主抓教学的张校长做《聚焦课堂体验，打造孩子喜欢的课堂——以体验杯基本功大赛为载体促教与学方式的转变》为题的主报告，随后大家自由发言进行论坛交流。教委领导、教学干部、教师、教研员也针对教与学的方式转变谈一些认识，或者自己学校的一些做法、感触，大家在交流中互相学习、借鉴并受到启迪。 （张　萍）

【承办信息技术课研究】 12月12日，以“21世纪课堂评价”为依托，仓上小学承办信息技术课研究活动。考研中心信息室马主任、教研员单海霞老师及牛一城一联盟片共30多位教师参加研讨。活动中首先由仓上小学杨立男老师执教五年级《用表格呈现信息》一课，建新校区的张璐熙老师执教四年级《天天学堂学本领》一课。全体教师听课后，在单老师组织下积极参与评课。大家针对两位

教师的课进行热烈地讨论。最后，马主任做点评，针对不同年级的要求提出中肯的意见，指出要加强学生基本能力培养，培养学生数据规划思想，让学生学会方法，学会知识的迁移。（张　萍　杨立男）

【长年开展体育月赛活动】　年内，为促进学校群体活动的开展，有效增强学生的体质，养成体育锻炼习惯，仓上小学开展体育月赛活动。每次比赛先由主管体育的领导作动员讲话，强调意义、目的。然后体育组长宣讲比赛要求、注意事项、赛事程序。比赛中，不但要赛体育成绩，还要由学生的“文明评价团”对各班参赛、观赛过程进行评价，最后评出“体育文明奖”，从而促进对“野蛮之体魄，文明之精神”的深刻理解。每次赛事结束后，由体育组小结并宣布获奖班级，主管领导颁奖。每当此时，获奖班级总会随着获奖名单的宣读爆发出阵阵喜悦的欢呼声。本年度的赛事计有：3 月 26 日，跑跳交替比赛；4 月 23 日，跳绳比赛；6 月 11 日，课间操比赛；10 月 29 日，30 米往返接力赛；12 月 3 日，一分钟跳绳赛；12 月 24 日，钻山洞比赛；12 月 31 日，运沙包投篮赛。

（王铁生　郭万奎）

【精心组织开展社会大课堂活动】　年内，仓上小学为丰富学生的社会实践活动，让学生拓宽视野体验成长，按照上级要求开展了丰富多彩的走进社会大课堂活动。为此学校详细制定安全预案和活动安排表，确保活动的顺利开展。领导小组组长为崔树昆，副组长为李雪芹，组员有宋柏林、刘英华、郭万奎、祖艳杰、段增联、王铁生。每个年级外出时均由两名领导带队，每个班配一名科任教师协助班主任组织。校医和会计每次都要全程参加。活动前还要提前开好预备会，强调活动要求，布置学生体验活动作业，要求家长填写知情同意书。今年学生先后去神笛陶艺村、蓝天城、富国海底世界、北京野生动物园、河北村民俗园、安全教育体育馆等地。（李雪芹）

石园教育集团

北京市顺义区石园小学

【概况】　2014 年，北京市顺义区石园小学为公办校，学校占地面积 18200 平方米、建筑面积 8073.6 平方米，体育场（馆）面积 9674

平方米。图书馆（室）藏书 3.1 万册，电子图书 230 册，订阅杂志、报刊 85 种。固定资产总值 1596.3 万元。全年教育经费投入 3113.6 万元，全部为国家拨款。学校信息化经费投入 2 万元，拥有计算机 300 多台，多媒体教室座位 160 个，校园网出口总带宽 1Mbps，数字资源量 380GB，“信息技术”课程 0.5 课时/周。有普通教室 48 个、专用教室 10 个。教职工 161 人，其中专任教师 136 人，本科以上学历 127 人，有副高级职称 2 人，中级职称 101 人，北京市骨干教师 2 人。开设教学班 51 个。毕业 411 人、招生 416 人、在校生 2244 人。网址：http：//www. syxx. shy . bjedu. cn。（朱凤齐）

【召开寒假干部教师培训会】 1 月 20 至 22

日，石园小学教育集团召开干部教师培训会。会议内容有：1. 邀请东风教育集团校长刘金广、特教中心校长侯亚军作专题报告，各校区干部、教研组进行学期工作总结反思；2. 组织外出培训、挂职、考察人员作学习汇报；3. 课程建设、德育教育、师德教育等主管领导做工作部署。集团校长李冬红作简要总结，希望全体干部要扎实抓好各项工作的落实，注重调查研究，努力提高教育教学质量和管理水平，为石园小学教育集团的稳步提高做出贡献。教委主任刘克祥出席并讲话，肯定了石园小学教育集团干部教师的学习成果。区教委领导、区考研中心干训科人员、集团三校区干部、教研组长、骨干教师以及杨镇小学等兄弟学校 80 余人参加。

【开展“千方百计让学生学起来”系列活动】 3 月起，石园小学教育集团开展“千方百计让

学生学起来”系列活动。一是举行小学语文学期规划晒单活动，晒单教师从语文学期规划——单元建构——课时目标整体设计思路，建立以一带一或以一带多的语文教学方式；二是开展集团内视导课活动，区考研中心部分教研员以及三校区相关领导对 11 个学科 31 名教师的课堂教学活动进行诊断指导，课后，与会人员进行分组研讨，充分肯定授课中的亮点，针对课堂中尚待改进的的问题提出建设性意见。随后，学校对诸项反馈意见进行汇总，提炼出目前教学中的共性问题，并初步制定出具体改进措施。“千方百计让学生学起来”，是石园小学教育集团落实学生观的抓手，也是课堂教学改革的方向，更是提高教学质量的有效途径。（张　梅）

【开展植树节系列活动】 3 月，石园小学教育集团开展“我是爱绿护绿小使者”植树节

系列活动。一是发出全校师生积极行动，争做爱绿、护绿的使者倡议。二是利用小百灵广播、板报、壁报介绍“植树节”知识，宣传植树造林的重大意义。三是号召各班级创办一个植物角，征集“环境保护”手抄报，为美化校园建言献策。四是将校园绿花带、花坛、风景树分配给各班级加以培育和养护。五是高年级同学每人在社区认领一棵小树，进行养护。全体师生参与活动。（张　梅）

【本部志愿服务小队成立】 3月26日，石园小学教育集团本部利用少先队活动时间召开志愿服务小队成立大会。会上大队辅导员

邵明珠介绍了志愿者知识和精神，解读了志愿服务小队活动执行方案，发出“我是校园小主人，快乐服务你我他”的志愿者口号。随后邵老师宣布志愿服务小队成立并为石小志愿者颁发上岗证，各小队代表发言并宣读小队职责。最后，德育主任希望‘红领巾志愿者’践行微笑服务团结协作，通过开展志愿服务岗活动，规范队员的日常行为，进而养成良好的习惯。活动在志愿者嘹亮的宣誓声中结束。（张　梅）

【举行体育节启动仪式】 3月31日，石园小学教育集团石园校区举行体育节启动仪式。首先，举行庄严的升国旗仪式，然后由主管体育的主任田开开致开幕词，宣读2014年体育节倡议书和实施方案，他号召全体师生积极参与到体育节中，从中享受到锻炼的愉快、竞争的刺激、合作的欢乐。本次体育节将组织校园田径运动会、趣味体育竞技比赛、广

播操比赛、阳光大课间等系列活动，是同学们展示自我、锻造自我、激励自我的一个良好契机。（张　梅）

【召开“干部领导力提升”培训启动会】 4月19日，石园小学教育集团召开“干部领导力提升”培训项目启动会。会议由干训科副

科长张文利主持。活动分两部分进行，第一部分举行开班仪式，首先由张科长从项目启动背景、培训实施以及培训成果等三方面解读该集团培训方案，接着举行领导赠书仪式、学员代表和集团校长分别发言，最后教育督导室主任李卫国作题为《抢抓机遇，迎接挑战，为顺义教育发展贡献力量》讲话，希望通过此次校组班的培训活动，能够全方位提高领导干部的综合素质和技能水平，更高位更全面服务师生。第二部分是上课环节，北师大教育管理学院院长鲍传友就如何理解领导、领导力的执行、如何培养中层领导力等方面研究成果与中层干部进行讲座。在座学员表示，一定将鲍院长所讲内容与本职工作

结合起来，用科学的方法来提升自己，不仅实现自己的期待，也实现石园小学教育集团对管理人员的期待。该项培训将历时两年。参加活动的还有区考研中心主任张海以及集团全体干部40余人。（张　梅）

【开展科研视导活动】　4月22日，石园小学教育集团石园校区举行《组团校间学科教育资源共享机制的研究》课题研究视导活动。活动首先由石园校区教师单畅执教《小山村》一课，课后教师进行自评互评，大家一致认为该课堂结构思路清晰，重点突出，目标制定与落实到位，能够针对学生年龄特点给予及时正确的评价，与会者同时提出具体的改进建议。之后，石园校区主任刘兵从集团教育现状、课题研究的目的意义、围绕课题开展的研究活动以及初步取得的研究成果等方面进行课题汇报。区教科室研究员从课题研究现状、组团联盟校间资源共享发展前景等方面进行精彩的点评，并指出本课题现研究阶段存在的问题。区考研中心教科室人员、西辛教育集团、杨镇中小科研领导及本集团内三校区相关干部教师50余人参加。

（张　梅）

【组织科技专家进校园活动】　5月13日，石园小学教育集团石园校区邀请中国地震局地球物理研究所研究员、硕士生导师林云芳教授为六年级全体师生做《神奇美妙的南极》科普知识讲座。林教授结合大量的视频资料，从南极在哪里、十个世界之最、神奇美丽的风光、丰富的资源、科学研究的天然实验室、南极探险和科学考察以及中国的南极科学考察等方面，为学生深入浅出地讲解相关的知识。严谨的科学理论辅以丰富的美丽图片、生动幽默的语言，同学们听得津津有味。此次活动使学生近距离地与科学家对话，了解到许多科学知识，尤其现场互动环节更是令孩子们意犹未尽，受益匪浅。（张　梅）

【迎接区级心理健康教育示范校检查】　5月21日，石园小学迎接顺义区心理健康教育示范校评估小组检查示范校创建申报工作。评审组专家听取石园校区德育主任作心理健康教育自查报告，观摩心理健康专职教师程静老师的心理健康教育课，参观“心灵小屋”工作室，与师生访谈开展学生问卷调查；随后进行检查反馈，专家们认为，石园小学十分重视心理健康教育，保障措施、活动开展准确到位，并对专职心理健康教师的工作给予充分肯定，同时对相关工作提出建设性意见。集团校长李冬红表示，石园小学全体教师将站在学生的角度用研究的态度进一步开

展心理课题研究，促进师生身心全面发展。

（张　梅）

【区低年级语文新教师汇报课在石园小学举行】　5月29日，顺义区低年级语文新教师汇报课在石园小学举行。石园小学单畅、沿

河中小张欢、北务中小贾新月分别执教《北京的夜景》、《会变的瞳孔》、《骆驼和羊》，教研员在讲评中，肯定新教师对教材的研读，与学生的亲近，对课堂的驾驭能力等方面的亮点，指出在教学中存在的问题和课堂中值得推敲的地方，让新教师受益匪浅。活动是继新教师成长课大赛后区考研中心小学语文教研室又一项推进活动。区考研中心小语教研员，石园小学、河东片相关学校干部教师50余人参加。

（张　梅）

【石园小学承办庆祝少先队建队65周年大会】　10月16日，顺义区中国少年先锋队建队65

周年庆祝大会在石园小学举行。会议由区少办主任赵恺主持。会议程序包括：少先队员向与会领导及嘉宾敬献红领巾，进行“千优带队”工作表彰，木林中小、石园小学港馨校区、石园校区三所学校的少先队大队辅导员作经验介绍，与会者观摩石园小学二年级427名新生入队仪式，一年级357名入队申请仪式以及少先大队大队委任命仪式，参观“小种植小养殖”生命教育课程成果展示；观看学生制作的“小种植小养殖”手抄板、绘画作品、摄影作品、观察日记以及学生养殖的小动物、种植的各类植物等。区教育督导室主任李卫国指出要高度重视少先队工作，始终加强理想信念教育，培养少年儿童对社会主义祖国的朴素感情，巩固党执政的少年群众基础。全区少先队辅导员近80人参加活动。

（张　梅）

【召开骨干教师外出学习交流会】　11月24日，石园小学教育集团召开骨干教师成长培

训系列活动之二——学习交流汇报会。三校区6名赴华东师大学习的骨干教师就“学习、感悟、思考、改变”和与会人员进行深入汇报和交流。区教研中心干训科长张文利从“站位高、关注广、观察细、会学习”等方面进行点评。校长李冬红以《继续放大人生的格局》为题围绕放大格局的首要就是继续做有追求的人、放大格局就是要勇于担当、放大格局还要把握本质立即行动等三方面为与会人员进行了一次深入培训，赠送《西点军校的22条军规》《读懂孩子》和《责任制造结果》三本书给集团干部、骨干教师、党员和教研组长。该校全体教师参加。

（朱凤齐）

【举办首届“扬帆杯”书法大赛】 11月27日，石园小学举办首届“扬帆杯”4至6年学生软笔书法大赛现场书写决赛。经过评委公平、公正地评审，最后，评选出一二三等奖各20名。并现场颁发奖状和奖品。活动共收集学生近百幅书法作品，进一步彰显学校书法教育特色，丰富了学生课外活动。 （刘 岚）

【开展一年级家长开放日活动】 11月28日，石园小学开展一年级家长开放日活动。

活动分为四大板块内容：学生队列及两操展示；精品教学微课展示；孩子们讲述“我的成长变化数学故事”；班主任与家长围绕习惯培养互动交流研讨。在学生队列及两操展示时，家长看到，入学短短两个月的孩子队列整齐，韵律操表演活泼优美。精彩的表现，令他们惊喜不已，纷纷拿出相机留下这美好瞬间。之后是室内的精品微课、数字故事分享、交流研讨环节，家长们始终全神贯注，积极参与，现场气氛极其热烈。参加活动的家长在反馈中表示，开放日的四个板块内容都非常好，让家长全方位地了解学生真实的在校生活学习情况，感受到学校以学生发展为本的教育用心与智慧。同时，家长建议学校增加家长开放日的次数，以利于家校协同沟通，希望增设网络互动平台将学生日常丰富的活动及时上传并互动研讨。近400名家长参加活动。 （张 娜）

【教育集团数学工作室开展教研活动】 12月12日，石园小学教育集团数学工作室开展课堂教学教研活动。低、中、高三个年级段

教师针对“数学百花园”内容作展示课；市基教研中心市级教研员贾福禄和工作室成员围绕三节课进行深入研讨。研讨重点是分析课堂中存在的问题，并就今后努力方向达成共识。通过活动，教师进一步认识到要把握数学的本质、学生的元认知以及数学课标的要求进行教学设计。区教委小教科、石园小学教育集团干部教师参加活动。 （陈春芳）

北京市顺义区港馨小学

【概况】 2014年，北京市顺义区港馨小学占地面积10000平方米、建筑面积8513平方米，体育场或体育馆面积5977平方米。图书馆（室）藏书2.96万册，电子图书14册，订阅杂志、报刊40种。固定资产总值443.67万元。全年教育经费投入332.53万元，均为国家拨款。全年学校信息化经费投入5万元，拥有计算机123台，多媒体教室座位800个，校园网出口总带宽100Mbps，数字资源量50GB，“信息技术”课程1课时/周。有普通教室24个、专用教室11个。教职工58人，其中高级职称1人、中级职称33人。专任教师49人，本科以上学历53人。开设教学班21个。毕业74人、招生140人、在校生729人。 （吴东柏）

【开设“升旗仪式”课程】 3月11日，港馨小学启动“升旗仪式”课程。开学初学校决定开设该课程，确定本学期升旗仪式主题为“文明礼仪教育”。大队部制定升旗仪式计划，各中队认真落实、严格执行，对升旗手

和主持人进行严格训练，确保升旗仪式更加规范庄严。新开设的“升旗仪式”课程增加了由本中队辅导员介绍升旗手事迹、班级风采展示等环节。（高艳玲）

【开展走进军营活动】 3月20日，港馨校区全体师生来到武警一师训练基地，参加军民共建实践活动。活动共分为三个部分。首先，同学们参观一师训练基地的文化墙，基地领导详细为同学们讲解文化墙的主要内容，随后，武警队员进行“整理内务”的展示，最吸引同学们眼球的是活动第三部分：武警队员为同学们进行队列、擒敌、散打表演，武警叔叔整齐划一的动作和嘹亮的口号，震撼了每一位同学，大家情不自禁地热烈鼓掌。表演结束后，同学们意犹未尽，并发自内心的高呼“向武警叔叔学习、向武警叔叔致敬”。组织学生学习观摩军风军纪，对学生良好习惯的养成、良好品格的形成具有积极的促进作用。（高艳玲）

【坚持每日升国旗，唱国歌，向国旗敬礼】 9月1日，港馨小学严格落实北京市“每日升国旗，唱国歌，向国旗敬礼”活动。为了保证活动的严肃性和规范性，活动前，学生处利用班、队会时间组织全体学生观看团市委下发的活动视频，并认真学习。在全校教师会上，组织教师观看活动视频并宣讲做好此项活动的重要性。此外，还利用橱窗、电子屏等对全校师生员工做好充分的宣传教育工作。活动开展以来，每天早晨，同学们只要听到预备铃响起，操场上、走廊里、教室里的师生都立即暂停所有活动，静静地站在原地，面向国旗或国旗标志物，等待国歌奏响。国歌响起，全体少先队员肃立、行队礼、唱国歌，教职员工行注目礼。曲毕，升旗仪式结束，师生恢复各自活动。每天严肃、规范的升旗活动对全校师生起到了很好的教育效果。（高艳玲）

【邀请区教研员来校指导】 9月5日，港馨

小学为促进教师专业发展，特邀请区教研员苏静林来校诊断语文课堂教学，结合学校课堂教学实际做《如何提高语文课堂教学实效》的讲座。 （闫宝利）

【建队日举行新队员入队仪式】 10月13日，在中国少先队建队65周年来临之际，港

馨小学隆重举行“立志向，有梦想，爱祖国”一年级入队仪式。参加活动的有顺义区少工委赵恺、一年级学生家长及港馨校区全体师生。在庄严的队歌声中，一年级138名家长为自己的孩子亲自戴上鲜艳的红领巾，并拥抱孩子送给孩子一句祝福语，全校师生感受到这一激动温馨的时刻。随后，全体少先队员庄严地举起右手跟随大队辅导员宣誓，决心遵照中国共产党的教导，好好学习、好好锻炼，准备着为共产主义事业贡献力量。最后，全体队员在队旗下呼口号，坚定的话语代表他们坚定的信念和对学习的挑战。 （高艳玲）

【美国世界艺术家协会走进港馨校区】 10月30日，美国世界艺术家协会中国区协会举

办艺术家走进港馨小学书画笔会活动。40余位书画名家现场挥毫泼墨即兴创作几十幅作品，石园小学教育集团本部和港馨校区的学生进行现场观摩。此项活动的开展不仅使师生近距离感受到书画作品艺术的魅力、提高了艺术修养、激发了对书画艺术的兴趣，而且弘扬了中华传统文化，让中国传统文化在校园内生根发芽。 （高艳玲）

【承办石园小学教育集团一年级课堂教学研讨会】 11月4日，石园小学教育集团一年级

课堂教学研讨会在港馨校区举行。会上，老师们听了港馨校区周月秋老师的数学“连加连减”、石园本部赵薇老师的语文“寻找秋天”两节课；课后老师们就这两节课进行自评、互评；就低年级教育教学中存在的问题进行探讨。 （闫宝利）

【迎接专家指导】 11月26日，教研中心副主任李广生到港馨小学做教学指导。李主任听了4节常态课后，与干部开展研讨活动，确定港馨小学“适学课堂”研究方向和主题。

他为全体教师做讲座，提出“适学课堂”三大要义：1. 理解课程——“教什么”的问题；2. 读懂学生——“教的有效性”问题；3. 认识自我——“怎么教”的问题，强调要把主动权、学习权、时间还给学生。（闫宝利）

【教科室走进港馨小学指导生本教育】 12月4日，顺义区考研中心教科室生本研究小组教研员走进港馨校区进行指导。教研员们听完教师的两节课后，与教师进行深入细致的交流，重点是鼓励教师多给学生机会。教科室主任陈惠明还为干部教师作生本教育讲座，精彩的讲座和案例分析为教师走近生本，了解生本，实施生本打下坚实基础。（闫宝利）

【燕山文化协会名家书画走进港馨小学】 12月12日，顺义燕山文化协会书画名家与港馨小学在学校书画展厅共同举办名家书画优秀作品展。来自不同地区的18位画家的73幅作品参加了展览。展览主题为“弘扬民族文化，加强美德教育”。港馨小学的师生参观了展览。书画家们还与师生交流书画创作体会，讲解书画艺术知识。（闫宝利）

【开展“庆祝祖国辉煌65周年”手抄报评比】 12月13日，港馨小学开展“庆祝祖国辉煌65周年”大型手抄报展示评比活动。全校700余名学生全部参与，作品以班级为单位在校内展出。活动后，共评选出一等奖三名、二等奖五名、三等奖八名，学校为获奖班级颁发了奖状。前来参加建队日大型活动的家长们也参观了学生作品，并为之赞不绝口。（高艳玲）

【举办“翰墨飘香迎元旦”师生书画作品展】 12月22日，港馨小学举行“翰墨飘香迎元旦”师生大型书画作品展。学校700余名学生及50余名教师全部参与，经过层层筛选，最终有100余幅书画被评为优秀作品参展。此次展出的作品内容丰富、形式各异，包括硬笔书法、软笔书法、水彩、素描等，每幅作

品都表达出师生对生活及大自然的热爱，展现了学校开展艺术教育的成果。众多优秀作品吸引了家长、师生的眼球，成为学校一道靓丽的风景线，把节日的校园打扮的更加绚烂多彩。（高艳玲）

北京市顺义区河南村中心小学校

【概况】 2014 年，北京市顺义区河南村中心小学校占地面积 14924 平方米，建筑面积 6505 平方米。体育场馆面积 5058 平方米。图书馆建筑面积 141 平方米，图书馆（室）藏书总数 34145 册，电子图书 96 册，订阅杂志、报刊 31 种。固定资产总值 766.97 万元。全年教育经费投入 870.3 万元，均为国家拨款。全年信息化经费投入 14.4 万元，拥有计算机 99 台，多媒体教室座位 715 个，校园网出口总带宽 10Mbps，数字资源量 200GB，“信息技术”课程 0.5 课时/周。有普通教室 19 个，专用教室 5 个，实验室 1 个。教职工 61 人，其中高级专业技术职务 2 人，中级职务 40 人。专任教师 61 人。本科以上学历 56 人；市级骨干教师 3 人。开设教学班 19 个。学校网址：http：//58.133.228.9。（杨永胜）

【区教育督导组到河南村中小进行专项督导】 4 月 23 日，顺义区教育督导室督导小组到石

园教育集团河南村校区进行义务教育均衡发展迎检专项督导。督导组听取校长王洪海的自查汇报，重点检查校园资产管理情况、办学条件改善情况、课程改革实施情况、专用教室建设及使用情况、档案管理及图书管理等材料。督导组对学校义务教育均衡发展总体状况比较满意，并对学校特色发展、专用教室使用及室内文化建设等工作提出改进意见。（屈建民）

【召开党的群众路线教育实践活动动员会】 5 月 28 日，河南村中小召开党的群众路线教

育实践活动动员会。区教育系统党的群众路线教育实践活动督导组组长李国祥校长等领导到会指导。会议由副校长王淑珍主持，河南村校区所有党员和群众代表参加会议。首先，校长王洪海传达区教委党的群众路线教育实践活动会议精神，同与会人员共同学习《河南村校区党的群众路线教育实践活动实施方案》，并剖析当前学校存在的突出问题，统筹兼顾地提出了对策。督导组组长李校长高度评价学校党的群众路线教育实践活动的准备和开展情况，并要求河南村校区做好以下三点：一、深入理解党的群众路线教育实践活动意义；二、扎实搞好各项活动；三、履行督导工作职责。最后，全体与会人员还对学校班子成员作风建设情况进行了民主评议，会议取得圆满成功。（屈建民）

【开展教师教育教学经验交流活动】 9 月 23 日，河南村校区开展“教育教学经验交流活动”。首先教学主任对本学期教学情况作系统分析和工作部署，然后外出培训学习的老师们分别针对自己所教学科以及外出学习的收获和体会作经验交流。其他教师谈体会和感

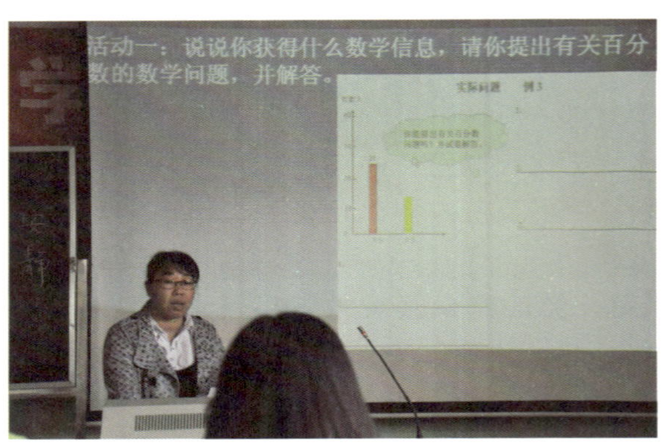

悟，大家均感收获很大。（葛旭芳）

【开展建队日庆祝活动】 10月13日，河南

村中小借庆祝中国少先队建队56周年契机开展“核心价值观我践行——发展新队员”活动。此次活动发展了40余名新队员，新建立3个中队，聘请3名中队辅导员。（屈建民）

【举行“小老师课堂”交流研讨】 12月5日，石园校区、港馨校区的科研负责人及班

主任教师来到河南村校区参加本次科研月活动。本次科研月的主题是“以高水平科研成果，助力课程改革深入实施”。会上，首先由学校科研负责人简单介绍河南村中小“小老师课堂建设”情况，接着，与会者共同听一节课题研究课，之后大家结合本节课以及“小老师课堂建设”情况展开热烈的讨论，最后由教学领导总结。此次科研活动是科研月系列活动之一，后续将陆续开展系列科研活动，以真正把教科研活动落在实处。小老师课堂建设是河南村中小近几年来着力打造、推广的生本课堂，在不断尝试和实践的过程中，积累了一些好的经验，但也存在一些问题，在今后的工作中，学校将不断探索和实践，以期能够真正打造出适合学生成长的生本课堂。（葛旭芳）

【河南邓州教师走进河南村中心】 12月12日，河南省邓州市13名干部教师在考研中心

师训科的陪同下走进河南村中小，开始一天的学习与考察。考察团首先听取校长王洪海作“一个就是一切”办学理念和“小老师”课堂模式汇报。其次，走进课堂分别听孙文颖作数学课商不变的性质，王佳明作百分数应用题复习课，张勇作劳技“变化的云雀结”，李宇作英语课Lesson 20四节课。课堂充分体现以学生为主体，学生带学生，学生教学生的小老师课堂教育理念。同时，考察团利用课间操时间观看绳操表演以及手语表演《爸妈感谢你》《中国人》。另外还同学生们一起参与军鼓社团、武术队、小足球训练营、舞龙舞狮社团、书法天天练等社团活动。考察团的干部教师被河南村中小深厚的文化

底蕴所吸引，充分肯定“小老师”课堂模式，并提出宝贵建议。（杨小侠）

【数学教研员走进课堂】 12月25日，中年级数学教研员张秋爽到河南村中心小学对中

年级青年教师进行面对面指导。她首先听两节“小老师课堂“教学模式的数学课：一节是三年级刘建坤老师的“搭配问题”，另一节是四年级刘伟老师的“运算定律复习课”。课后，张老师结合这两节课引领青年教师进行讨论，有针对性地进行学科教学指导。几位青年教师针对教学中存在的问题向张老师进行请教。学校干部及中年级7位青年教师全程参加活动。张秋爽对学校教学研究氛围以及年青教师的探究精神给予肯定，并提出进一步提升的要求。（杨小侠）

西辛教育集团

北京市顺义区西辛小学

【概况】 2014年，西辛小学教育集团占地面积35814平方米、建筑面积16348平方米，体育场馆面积13059.74平方米。图书馆（室）藏书8.6159万册，电子图书44册，订阅杂志、报刊79种。固定资产总值5536.97万元。全年教育经费投入3824.68万元，全部为国家拨款。全年学校信息化经费投入95.068万元，拥有计算机698台，多媒体教室座位2811个，校园网出口总带宽100Mbps，数字资源量30GB，“信息技术”课程0.5课时/周。普通教室63个、专用教室22个。教职工197人，其中，高级职称5人、中级职称122人。专任教师192人，包括北京市骨干教师4人、本科以上学历181人。开设教学班63个。毕业383人、招生384人、在校生2389人。网址：http：//www.xixin.bjshy.go。（关爱民）

【东校区举办亲子阅读专题讲座】 1月14日，西辛教育集团东校区特邀首都图书馆专业阅读推广人杨子湘老师为一年级家长作

《为孩子大声读书吧》亲子阅读专题讲座。讲座从“为什么要阅读、何时给孩子读书、读什么，怎么读以及什么是最适合低年级学生的童书”等几方面展开。讲座通过现场对家庭阅读现状的调查唤起家长对家庭教育常见问题的思考；通过让家长当一次孩子来听故事等环节，引领家长了解绘本，了解亲子阅读对建立亲密的亲子关系所起的重要作用；并介绍各种不同类型的绘本，引领家长认识绘本，感受绘本独有的魅力。（范腾艳　王　淼）

【“葛兰语言艺术培训学校”挂牌】 2月26日，葛兰朗诵艺术团进校园启动仪式在东风小学教育集团仓上校区举行。西辛教育集团是挂牌“葛兰语言艺术培训学校”的三所学校之一，并正式成为顺义区燕山文化协会会员单位。区教工委副书记、教委主任刘克祥出席。集团将从四年级学生中选出50名学生参加葛兰朗诵艺术团。葛兰朗诵艺术协会将定期派辅导教师到校授课，授课教程由葛兰亲自审定。（张凤荣）

【西校区举行学生读书笔记展览活动】 2月

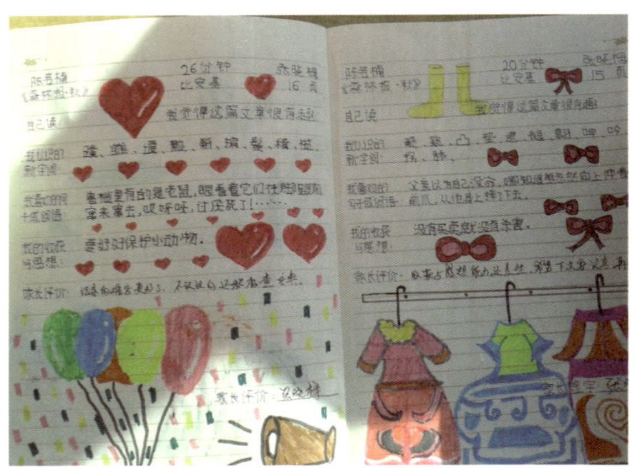

27日，西辛教育集团西校区组织学生开展以“阅读伴我成长”为主题的寒假优秀读书笔记展览活动，为书香校园建设再添一股浓浓的书卷气息。参展的读书笔记都是从各班读书笔记中挑选出来的精品：有的笔记字体工整，图文并茂，体现孩子们充满童真的内心世界；有的笔记内容精炼，体现了孩子们的阅读能力；有的笔记反思深刻，流露出自己的思考；有的读书笔记记录了家长的评价，充分看出家长对学生读书的重视。 （张凤荣）

【集团基本运行管理情况】 2月起，西辛教育集团实施1+3年级主任负责制。9月起，随着管理人员扩充，实行校长领导下矩形事业部制管理，实现每个教职员工多种角色互为促进、互相影响、共同承担的局面。东校区为一、二年级低年级部；西校区移到电大校区，为三、四年级中年级部；仁和校区为五、六年级高年级部。2013年8月，西辛小学和仁和小学合并成为西辛教育集团，下设东校区、西校区和仁和校区三个校区。集团以两大部门，下设三个校区，采取自上而下的级部式管理。 （关爱民）

【仁和校区启动学习雷锋月系列活动】 3月5日，西辛小学仁和校区少先大队利用周一升旗仪式召开学习雷锋月活动启动仪式，部署学习雷锋月系列活动相关内容，拉开该校学习雷锋活动的序幕。活动内容主要有：开展“续写雷锋日记、争当雷锋传人”活动；在社

区、校园内开展一次环保志愿服务活动；各中队开展以“雷锋精神伴我成长”为主题的黑板报、队报展活动；开展“向雷锋叔叔学习节约光荣　浪费可耻”主题征文活动；利用周一国旗下讲话向全校少先队员发出学习雷锋精神倡议书，全校齐唱《学习雷锋好榜样》歌曲。 （马红莲）

【葛兰走进西校区授课】 3月5日，中国第一代女播音员、著名播音艺术家葛兰走

进西辛小学教育集团西校区亲自为“葛兰朗诵艺术团”学生进行有关朗诵知识的培训。葛兰老师为孩子们讲授语音发声的方法，了解每位同学的发音情况，传授改正方法，讲解如何纠正、如何练习；绕口令辅助练习要达到发音准确、嘴皮子有力、吐字清楚、纠正乡音土语、普通话规范、自如、流畅、声音洪亮；艺术语言表达的技巧，要在理解稿件的基础上才能谈到表

达技巧，如重音、停顿连接、语气语势、感情等。

（张凤荣）

【集团邀请教研员深入低年级组进行主题教研】 3月14日，顺义区考研中心教研员苏静林老师深入西辛教育集团东校区一、二年

级教研组，对教学目标的制定和落实情况进行深入了解和指导。苏老师首先了解教师们在目标制定中的困惑与思考，对老师们课堂教学目标制定的亮点进行肯定，对不足之处提出有针对性的改进措施。针对小学低年级语文课时目标的科学性、主体性、可操作性与整体性原则，用生动的案例做深入的解读。通过苏老师的讲解与解读，使老师们明确了在低年级语文课中应如何制定目标并在课堂中做到有效的落实目标。

（赵　丽　申智辉）

【北师大特色项目组专家走进仁和校区调研】 3月20日，北师大特色项目组徐智勇教授等到西辛教育集团仁和校区调研。项目组专家就西辛教育集团成立后，如何将两校不同的文化、理念、制度以及特色整合成为集团统一的发展目标及方向，走集团办学的优质特色之路，进行深度的探讨。得到的共识是目前学校必须形成统一的办学目标、评价标准和规章制度，这是开展各项工作的前提和保障。关于这些统一的理念怎样形成，徐教授建议将两校之前的目标理念进行梳理、整合，这样既符合学校实际也有利于今后工作的开展。通过项目组专家的梳理，西辛教育集团

更加明确如何将三个校区的特色工作进行对接，这是承前启后的重要环节。

（曹　辉　马红莲）

【召开学校文化建设研讨会】 4月10日，西辛教育集团召开以“和谐·凝聚·共赢·

共进”为主题的学校文化建设研讨会。研讨会邀请考研中心副主任李广生、干训科科长刘艳茹、小教科的部分领导及部分家长、学生代表参加。研讨会上，西辛小学请来博通设计公司将学校就文化建设、办学理念、学校logo展开设计的4份设计稿的设计理念、设计图等向全体教师、学生、家长进行解读。与会师生从设计稿中挑选出大家中意的学校logo，按级组的形式开展汇报交流会。在“谁与争锋”板块中，各年级组的发言代表们通过PPT、视屏、图片、文字、诗歌等多种形式将本组激烈研讨后的结果向大家展示交流，大家各抒己见，

彼此启发，共赢共进。学校聘请参会领导为评委，评选出最佳原创奖、最佳口才奖、最佳风采奖、最具潜力奖、最佳拍档奖、最具慧眼奖、最具影响力奖、最佳团队奖，并为获奖者颁发了证书。学校文化建设研讨交流形式，让师生、家长们参与到学校的管理、建设中，为师生们搭建展示才华的舞台。 （范腾艳　马红莲）

【举行语文主题单元教学活动】 4月23日，

西辛教育集团仁和校区举办“语文教与学方式创新探索项目”主题单元教学展示活动。此活动由西辛小学和《中国教师报》中国特色品牌学校共同体语文课程建设项目组共同组织，山东潍坊市语文特级教师张云杰现场指导并作专题报告。中国特色品牌学校共同体小学基地联盟领导、牛栏山一中联盟各组团小学和其他参与此项研究的学校80人参加活动。 （刘学红）

【举行彩虹假日炫社团展示活动】 5月25日，西辛小学在七彩蝴蝶园举行“仁爱和

美·幸福西辛”彩虹假日炫展示活动，参加本次社团展示活动的有社团师生400人及400名家长代表。参加此次展示的社团有：管乐、击剑、太平鼓、美德歌曲、太极扇等12个社团，同学们精美的书法美术作品与精彩的演出博得家长的阵阵掌声。 （彭　伟　马红莲）

【召开办学理念与策略专题研讨会】 5月26日，西辛教育集团在仁和校区召开西辛办学

理念与策略专题研讨会。校长王阔就学校的办学理念与策略，提出集团成立后应承上启下，追溯学校发展的历史，从校史中挖掘学校的灵魂，将美德教育与幸福教育整合，立足于师生发展的需求，让学生快乐学习，让教师幸福工作，学生、教师、学校共同成长、和谐发展。原区教科室主任赵文增针对学校中层干部的发言做点评，并梳理出四大策略：理念引领、目标导向、载体落实、师生双发展。提出提升的五种方法：站在高处认识集团办学；落在实处践行集团办学；做在细处凸显集团办学；探在深处研究集团办学；创在新处拓展集团办学。研讨会从实践的角度剖析工作中的经验与不足，站在理论的高度对集团办学理念及策略进行思考。经过与会领导专家的诊断把脉，使学校办学的思路更加清晰。区师训科、区教委小教科的有关领导参加研讨活动。 （曹　辉　马红莲）

【优秀学生站首都少年先锋岗】 8月4日，西辛一行14名优秀学生到天安门广场人民英

雄纪念碑前站首都少年先锋岗。少先队员代表昂首挺胸走上人民英雄纪念碑北侧平台站定，为人民英雄站少年先锋岗。他们身姿笔直，表情严肃，用实际行动表达爱国情怀，践行北京精神，展现西辛小学学生积极向上的精神风貌，为学校赢得荣誉。14 名学生都是通过学校少年先锋岗队员中精心挑选出的优秀学生。他们利用休息时间进行站岗换岗训练，学生们对整个站岗过程从未知到熟练，并在每一次的训练中学习、了解人民英雄纪念碑的历史，通过岗前培训完美的完成站岗任务。

（彭　伟　马红莲）

【东校区举行“入学礼”上好开学第一课】 9 月 1 日，西辛教育集团东校区结合低年级学生特点及开学新生入学情况，设计以“幸福

起步，快乐成长”为主题的“开学第一课”。活动分为两个篇章：第一篇章是举行一年级新生隆重的“入学礼”仪式。此次“入学礼”，学校邀请一年级所有新生家长全员参与。仪式开始，家长牵着孩子的手，以班级为单位，从七彩气球组成的象征“幸福快乐”的“成长门”走过，把孩子送到班主任老师手里，由家长和老师分别为孩子们送出祝福。第二篇章是开展成长宣言活动，号召全体东校区学生在新学期能够快乐成长、慷慨分享、时刻感恩。此次“开学第一课”活动，拉近家长与学校的距离，也为新学期的家校协同工作奠定坚实的基础。

（张凤荣　王　淼）

【开展骨干教师献课活动】 9 月 17 至 25 日，西辛教育集团开展骨干教师献课活动。

活动以市、区级骨干教师为中坚力量，通过随堂课形式，以常态教学方式传授教学经验，教授青年教师如何将知识落到实处并带动他们积极参与课改从而促进青年教师成长。活动涉及的学科包括语文、数学、英语等。骨干教师们精心设计教学方案、精彩展现教学过程，灵活驾驭课堂，充分展示出骨干教师出众的专业技能和深厚的知识素养。学校聘请区教研室教研员闫兴河和魏金辉参与此次活动并对展示课进行指导。各教研组也积极组织教师进行听课，并在课后和教研员一起认真开展专题研讨。

（范腾艳　吕龙梅）

【开展少先队中队辅导员队课培训活动】 9 月 19 日，西辛教育集团组织开展少先队中队辅导员队课培训活动。大队辅导员主持，由参加北京市少先队大队辅导员培训的马建华老师主讲，主要针对在少先队活动课中所要进行的程序进行培训，对少先队活动课的形式、时间、内容进行讲解，并通过优秀队活动课例讲解活动课的全过程。培训结束后由

大队辅导员对全校的少先队活动课提出具体要求。

（马红莲）

【北师大教授参与主体单元结构教学课例研讨活动】 10月10日，西辛教育集团主体单元结构教学课例研讨活动在仁和校区举行，北

师大徐智勇教授带着助手参加活动。张丽丽老师做六年级第五单元精读课文成果展示课，8位教师根据课堂观察填写不同的观察量表，课后学生做问卷调查和课堂教学效果反馈卷，刘学红副校长和张老师进行问卷结果的汇总与反馈。研讨中，参与活动的老师分别发言，徐智勇教授做点评，对下一步的工作提出明确要求和建议。

（刘学红）

【开展主题单元教学联盟研讨活动】 10月15日，西辛教育集团在仁和校区进行语文主题单元教学联盟研讨活动。这是西辛小学人文素养培养项目和《中国教师报》中国特色品牌学校共同体语文课程建设项目。交流活

动中，西辛小学教师张丽丽、杨镇中小孙超分别执教语文第11册第五单元两篇课文和第5册第四单元的1+1阅读汇报课，山东省潍坊市寿光小学语文教研员李凤君、顺义区教育研究考试中心小语组闫兴河分别进行现场评课，针对教材和单元整合训练点进行深度指导。此次活动对学校今后进一步深化研究颇有裨益。中国特色品牌学校共同体小学基地联盟领导、牛栏山一中联盟各组团小学和参与此项研究的学校60人参加此次活动。

（刘学红）

【东校区营造书香校园阅读项目启动】 11月5日，西辛教育集团东校区与朱永新教授

（全国人大常委、中国教育学会副会长）创办的“新阅读研究所”合作的“打造书香校园”阅读项目启动。该项目由教师专业发展讲座、儿童阅读课程开发和故事义工培训三个系列组成。教师专业发展系列部分已经如期进行三次，先后有《教师阅读地图》作者魏智渊、

山东省作家协会会员胡志远以及丰台二中附属新教育实验小学骨干教师张春燕作培训。在11月5日的培训中，魏智渊结合张春燕的一节“阅读示范课”指出，绘本所呈现的图文并茂的故事，可以帮孩子组织自己的生命能量，孩子的内心会觉醒，自我也会得到发展和释放。胡志远老师就低年级如何把语文课与绘本相结合，开发学校特色的校本课程方面，给学校、老师提出建设性意见和建议。12月12日，培训系列之一的“新阅读‘领读者’计划之西辛小学故事妈妈培训”也拉开帷幕。近70位自愿报名成为西辛小学故事妈妈（爸爸）的家长成为此次培训的第一批学员。培训旨在开发家长资源，通过家长进班给孩子们讲故事推动绘本阅读，进而引导孩子爱上绘本，爱上阅读。12月15日，就有热心“故事妈妈”来到班级给孩子们讲故事，孩子们在故事中享受着当下的幸福，在“书香”中感受着童年的快乐。（王　淼）

【广东雍景园小学师生来校访学】 12月1日，广东中山雍景园小学四年级的师生30余

人来到西辛教育集团电大校区开展为期2周的访学活动。在欢迎仪式上，西辛教育集团书记董淑伶致辞，两校学生互赠亲手制作的礼物。手拉手家庭的学生走上台在热情拥抱后，走进各自的班级。雍景园学生吃住在电大校区里，和本校学生一同参加学校组织的各类活动，亲身体验南北方的传统文化和两校学生在学习、生活中的种种差异。12月7日，西辛小学与雍景园小学访学的师生到顺义神笛陶艺村开展社会实践活动。学习理论知识，了解陶瓷历史，并进行实践，体验彩绘、泥塑、拉坯等。12月10日开展“情牵你我，书画传情”西辛小学与雍景园小学书画联谊会活动。两校学生挥毫泼墨，展现自己的才华并形成五幅百米长卷。

（胡立利　马红莲）

【举行市规划办课题阶段研究汇报活动】 12月3日，西辛小学承担的北京市规划办课题

《在真实习作中培养小学生读者意识的研究》阶段研究汇报活动在仁和校区举行。与会人员听取学校课题负责人作课题开展研究情况汇报；观摩申静《走进长辈》习作教学；听取付秀芳以“三评一赏”为题介绍习作评改的做法；学生代表五（9）班陈梓诺介绍同学间互评互改习作的做法；家长代表六（2）班王景然同学父亲介绍是如何指导孩子学习语文的；赵丽老师介绍她在指导学生写话和发表写话方面的探索，限时作文的负责人、《希·新》校报主编马红霞谈自己从事作文研究的感悟，北京市基教研中心全国小学语文教学专家李英杰的点评。对如何进行习作评改，如何让学生树立读者意识提出了宝贵的建议，使参与活动者受益匪浅。西辛小学姊妹学校广东中山市雍景园小学参加访学活动的林校长和老师莅临会议，区教委、区教科室、区小学语文教研室相关人员，全区小学科研负责人和语文骨干教师，以及西辛教育集团干部教师90人参加活动。（刘学红）

【举办特色学校建设与校长领导力提升项目总结研讨活动】 12月8日，西辛教育集团特色学校建设与校长领导力提升项目研讨活动

在该集团仁和校区和东校区分别举行。主题是“优化课程，幸福成长”，展示的13节课，既有国家课程校本化实施的探索，又有学校的特色校本课程，同时在东校区分会场，西辛小学教师为部分家长作心理学讲座。项目负责人做项目回顾与总结，葛兰朗诵团学生进行诗朗诵表演。北师大教授徐志勇和院长鲍传友分别发言，充分肯定西辛小学三年来卓有成效的工作，赞扬西辛小学研究团队创新思考、务实工作的态度，提出中肯的建议和美好的祝愿。区教委小教科科长王桂英做总结并对课程设置、开发等方面提出中肯的建议。整个活动安排有序，注重实效，对促进学校特色建设起到重要作用。北师大教育管理学院院长鲍传友、教授徐志勇，区教委小教科、教改办、区教研中心干训科等相关人员及牛山一中联盟小学组团学校和项目校干部教师、西辛小学部分家长共计200人参加活动。 **（刘学红）**

【优化课程实施促进幸福成长】 年内，西辛教育集团以课程建设为突破口，优化课程实施促进学生幸福成长。实现孩子在小学六年至少掌握一项科技、体育、艺术技能的目标，以“积极情绪、投入、意义、成就和人际关系”五个纬度追求学校教育多元主体的多元幸福。学校充分利用社会资源、家长资源和

本校教师的优势在三个校区分别开展快速阅读、国学围棋、卡通漫画、数码钢琴、思维儿童舞、创意几何积木、管风琴、管乐+趣味音基、航模海模、小小梦想家、小牛顿科学实验室、太平鼓、击剑、篮球、网球、足球等46门校本课程。采取集中时间开设、走班制。5月25日，西辛教育集团在顺义区七彩蝴蝶园举行“仁爱和美　幸福西辛”彩虹假日炫社团展示活动，参加此次展示的有：管乐、击剑、太平鼓、美德歌曲、太极扇等12个社团，同学们精美的书法美术作品与精彩的演出博得家长的阵阵掌声。社团师生400人及400名家长代表参加本次社团展示活动。5月30日，西辛教育集团参加“鲜花在顺义绽放——七彩童年　七彩梦”2014年顺义区庆祝六一国际儿童节游园活动，学校太平鼓社团和击剑社团的学生进行展示。9月28日，西辛教育集团太平鼓社团在北京市第五届蝴蝶文化节暨中国蝴蝶产业发展论坛开幕仪式上做表演。 **（彭　伟　刘学红）**

北京市顺义区板桥中心小学校

【概况】 2014年，北京市顺义区板桥中心小学校学校占地面积21744.2平方米、建筑面积5178平方米，体育场馆面积8400平方米。图书馆（室）藏书1.9875万册，电子图书333册，订阅杂志、报刊37种。固定资产总值623.379万元。全年教育经费投入963万元，其中，国家拨款949万元、自筹经费14

万元。全年学校信息化经费投入5.28万元，拥有计算机104台，多媒体教室座位520个，校园网出口总带宽100Mbps，数字资源量650GB，“信息技术”课程0.5课时/周。普通教室13个、专用教室7个。教职工42人，其中中级职称27人。专任教师33人，本科以上学历30人。开设教学班13个。毕业67人、招生107人、在校生454人。网址：http：//www.bqxx.shyedu.cn。 （赵国臣）

【开展“阳光校园”我建言活动】 3月14日，板桥中小为更好的提升学校的办学品质，

打造阳光校园，将“实施阳光育人，奠基幸福人生”的办学思想落实到实处，学校开展“阳光校园我建言”民主日活动。活动分为四个步骤进行，首先是由两名学生和三名教师代表从“我看到”“我想到”两方面针对学校校园变化做发言。之后是由语数英三大教研组组长从“我想说”方面，代表本组针对校园发展发表各组的建议。然后，学校领导对合理化建议月活动中教师们提到的各项意见进行汇总、解答。最后，由李海霞校长做打造“阳光校园”总体规划工作汇报。

（张 晶）

【开展“如何打造阳光课堂”主题讲座】 3月17日，板桥中小邀请区教育督导室督学赵文增为全体教师作《如何打造阳光课堂》主题讲座。赵老师为教师们详细的解读“什么是阳光课堂?” “为什么要打造阳光课堂?” “如何打造阳光课堂?” 三方面内容，通过列

举案例、分析案例等形式的解读，让板桥中小的教师们深刻理解打造“阳光课堂”的重要意义。教师们通过认真的倾听与思考，对“阳光育人”教育理念，有了进一步理解，纷纷表示在今后的教育教学工作中，将更加积极的运用“阳光育人”教育理念，为板桥中小的“阳光事业”做出自己的贡献，将“阳光育人”的教育理念落实到实处。 （张 晶）

【区教育督导室到校督导】 4月24日，顺义区人们政府教育督导室督导小组来到板桥

中小进行专项督导工作。督导组对板桥中小的档案管理、专室建设与管理、体育设备设施、图书管理等多方面情况进行认真细致的检查，针对学校在检查过程中展现出的优点，给予充分的肯定，对不足之处提出改进意见。

（张 晶）

【进行阳光社团展示活动】 4月26日，板桥中小主题为“展阳光之姿，舞绚丽童年”

的阳光社团展示活动在“七彩蝶园”举行。135名学生先后进行了四个项目的展示活动，分别是：顺义区著名象棋教师龚晓明指导的象棋小组同学的现场对弈表演、四位风秧歌传承老艺人指导的风秧歌基础队、风秧歌精品队带来的风秧歌基本套路表演和现代风秧歌“赛鼓”表演该校音乐教师杜晓明、贾晓婉指导的舞蹈队表演的舞蹈“童心舞动”“加油加油”。一个个精彩的节目赢得了家长、领导的阵阵掌声。（张　晶）

【校合唱队参加学生艺术节调演】 5月21日，板桥中小合唱队参加在北京二十一世纪

剧院举办的“北京市第十七届学生艺术节”合唱节目调演。此次活动全市各区县按小学组、中学组、高中组为单位，各推荐一所学校参加调演，学生们的出色表现得到评委会老师的一致好评。（张　晶）

【开展“防汛避险知识讲座”与“防汛演习”】 6月24日，板桥中小请来顺义区水务局刘海峰科长为全体师生做了一次生动的防汛避险知识讲座。在观看防汛视频后，刘科长为师生们分别介绍了有关暴雨、大暴雨、

特大暴雨、局地强降雨、如何避险等防汛相关知识。通过“可能出现危险的五种情况”的介绍，师生们了解到了更多的在雨季来临时保护自己的正确方法。讲座结束后，学生们以班级为单位进行演习，全体教师分配到各班配合班主任引导学生避险，整个演习活动进行得井然有序。（张　晶）

【开展“青年教师在成长，阳光路上我同行”主题研讨活动】 7月7日，板桥中小邀请顺义区考试研究中心教科室主任朱元兆和课程

室教师沈振玉一起参加学校召开的“青年教师在成长，阳光路上我同行”主题研讨活动。活动分三个阶段进行：第一阶段，通过观看视频短片，回顾一学期以来全体教师在“阳光课堂”探索过程中的每一步足迹；第二阶段，由语文、数学、英语三大教研组结合“阳光课堂”教学模式进行交流分享。三大教研组组长李艳、卢万祥、程宝岩老师分别以“一掬甘露，滋养课堂”、“自主学习，自主探究”、“多彩活动营造阳光课堂”为主题进行

“阳光教学模式”的交流分享。之后由年轻教师万会怡、杨立芳、梁策、宁静、王微分别代表各组进行典型发言。第三阶段，主任朱元兆和沈振玉对各组的汇报情况做有针对性的点评，既有肯定又有希望，他们鼓励年轻教师“必须要有自信”，“成为研究型教师，不是遥不可及的事情”。（张　晶）

【邀请陈虹博士做“积极语言技术”讲座】 7月8日，板桥中小邀请“积极语言HAPPY

模式”首创人、心理学博士陈虹来校为全体教师做题为“积极语言技术”主题讲座。讲座伊始，陈博士通过询问“你幸福吗?”、“积极率的测量”、“拥抱传递幸福”等活动与全校老师进行互动，并对幸福五元素，幸福力等内容进行讲解，让教师深刻理解幸福的概念和意义。讲座中，陈博士通过对语言层次的划分，让教师们体会到：如何说话，说什么样的话，能引导自己或别人关注生活中美好的东西，同时能为自己，也能为他人带来愉快体验和愉快情绪。最后陈博士以生动的语言，趣味的活动和丰富的知识为大家详细地讲解积极心理学的相关理念及其运用，具有较强的实用性和可操作性，受到老师们的热烈欢迎。（张　晶）

【党支部为10名党员教师庆祝“政治生日”】 7月9日，板桥中小全体党员教师欢聚一堂，以“我的政治生日”为主题为10名新党员教师集体庆祝了“政治生日”。活动中，板桥中小党支部书记李海霞为10名党员

教师颁发“政治生日”纪念册，全体党员教师一起宣读了入党誓词。“政治生日”活动的开展，使全体党员教师更加珍惜“中国共产党党员”这个光荣称号。党员们纷纷表示，将自觉加强党性修养，充分发挥党员的先锋模范作用。（张　晶）

【邀请陈虹博士为教师做心理讲座】 8月29日，板桥中小继续邀请多次来校与师生进行

交流的“积极语言HAPPY模式”首创人、心理学博士陈虹老师来校为全体教师做题为《积极语言如何成就幸福校园》主题讲座。考研中心心理教研室主任李立军与老师刘爱萍也到校参加此次活动。陈博士巧妙地运用生活中经常发生的事例作为案例，向老师们讲解积极语言的运用对我们的生活所产生的积极作用。整个讲座在轻松愉快的情境中进行，让老师们在体验中思考，感受积极语言的魅力，思考着在今后的教育教学活动中如何灵活有效的运用积极语言，以促进学生积极情感的发展，形成乐观向上的人生态度。讲座

结束后，陈博士与学校领导商定本学期继续合作的计划，在接下来的几个月中，还将为板桥中小全体教师及学生家长进行积极语言方面的培训，使家校共建积极语言环境，让学生在激励与肯定中自信成长。（张　晶）

【召开“阳光路上我们 Happy 前行”教师节表彰庆祝活动】 9 月 10 日，板桥中小“阳光路上我们 Happy 前行”教师节表彰庆祝活动隆重召开。活动开始，一段十分钟的视频

带着全体教师回顾一年来的工作足迹：在李海霞校长的带领下，通过阳光课堂活动的开展、积极语言的运用，使板桥中小师生的精神面貌得到整体提升，学生们在教师的鼓励与赞扬中快乐健康成长，教师们在各种竞赛活动中硕果累累。为充分调动教师们工作的积极性，肯定一年来教师们的工作成绩，利用校长基金对有突出贡献的教师进行了现金奖励，2014 年被评为“顺义区园丁新星”的教师代表杜晓明老师和学校新教师代表肖娜老师分别发言，感谢学校领导对老师们工作的支持与肯定，感谢全体教师对她们个人发展方面的帮助，代表全体教师表达继续努力工作的决心。（张　晶）

【师生代表到镇敬老院慰问孤寡老人】 9 月 28 日，板桥中小 8 名学生代表在三位教师带领下来到赵全营镇敬老院，慰问这里居住的老人们。在过去的 24 年里板桥中小一直把重阳节到敬老院慰问孤寡老人这一活动传承至今，赵全营镇敬老院已经成为板桥中小重要的德育教育基地。重阳节即将来临之际，板桥中小全体学生

开展为敬老院老人捐赠零花钱活动，集资 2100 余元为老人们购买生活用品、营养品等礼物。此后师生代表来到敬老院，为老人们送上精心准备的礼物，敬老院领导向同学们介绍敬老院的相关情况后，带领大家来到老人们的寝室，与老人们聊天，为老人们送上节日的祝福，师生们的到来给老人们带来无限的快乐。敬老活动的开展不仅让敬老、爱老、孝老的意识深深扎根在学生心中，而且让学生们落实到了实际行动中，使敬老爱老成为一种风尚。（张　晶）

【举行骨干教师说课、做课、评课展示】 10 月 21 日，板桥中小骨干教师说课、做课、评

课展示活动正式启动。首先由学校两名区级园丁新星为全体教师做说课展示，接下来几天的活动中，陆续安排学校六名区级骨干教师分别为教师们进行说课展示，最后是新星、骨干教师的做课、评课环节。此次活动，充分发挥骨干教师的引领作用，促进学校课堂教学整体水平的提升，对新入职教师的快速成长起到引领和推动作用。（张　晶）

【举行“认识火灾，学会逃生”消防安全系列活动】 11月14日，板桥中小全体师生举行以“认识火灾，学会逃生”为主题的安全教

育系列活动。活动分为四阶段：第一阶段，对学生进行消防安全知识教育。各班组织学生观看《幸存者》生存训练系列教育光盘。第二阶段，组织消防安全疏散应急实战演练。在校长李海霞为组长的消防安全领导小组现场组织下，全校师生进行一次安全有序的消防安全疏散演习。第三阶段，现场灭火演习。全校师生在主任董崎山的带领下，了解灭火器的种类及适用范围后，进行现场灭火演习。第四阶段，进行防火安全知识讲座。讲座内容贴合学生生活实际，教育学生如何预防火灾和减少火灾危害。（张　晶）

北京市顺义区北小营中心小学校

【概况】 2014年，北京市顺义区北小营中心小学校占地面积22200平方米、建筑面积10007平方米，体育场体育馆面积7993平方米。图书馆（室）藏书2.1万册，订阅杂志、报刊27种。固定资产总值728.72万元。全年教育经费投入1321.77万元，全部为国家拨款。全年学校信息化经费投入6.6万元，拥有计算机70台，多媒体教室座位36个，校园网出口总带宽1000Mbps，数字资源量24.6GB，“信息技术”课程0.5课时/周。普通教室24个、专用教室13个。教职工74人，其中，中级职称52人。专任教师69人，包括北京市骨干教师1人，本科以上学历61人。开设教学班24个。毕业129人、招生133人、在校生783人。（许玉明）

【举办第一届“相亲相爱一家人”年会】 1月18日，北小营中小召开第一届“相亲相爱

一家人”年会。活动以用爱、用包容、用理解成为“相亲相爱一家人”为宗旨，为教师创建团结互助、宽松和谐的工作氛围。活动分三部分进行。分别为：欣赏与感谢、祝福与感恩、与知识同舞。通过讲述发生在身边真实感人的故事，增加彼此了解，和睦相处，快乐工作。（刘建军）

【邀请数学专家引领课堂教学】 2至5月，北小营中小邀请数学专家引领课堂教学。2月

24日，北小营中小邀请顺义区教育研究考试中心教研员张秋爽作《如何提升教师的命题能力》专题报告。5月26日，邀请顺义区教育研究考试中心主任魏金辉就作《课堂教学与评价方向走向》专题报告。在学校校本教研的基础上，两次邀请区教研员来校做诊断性指导，使教师们更加明确教学改革的方向，

对教师及学生的发展起到很好的引领作用。

（郭瑞清）

【开展“我的家族我自豪”主题教育活动】 4月2日，北小营中小开展“我的家族我自

豪”主题教育活动。在老师的引导下，同学们以“写家训，画家族、说名人，绘制家族名人手抄报，家族名人演讲比赛，撰写家族名人调查报告”等形式梳理家族脉络，了解家族概况，查找本姓氏家训，并寻访家族中的名人及事迹，在调查梳理的过程中，以家族中祖训严格要求自己，激发家族自豪感。在此基础上，以班级为单位交流调查成果，使学生了解更多的内容，相互学习，彼此激励。班级精选学生优秀的成果，进一步完善。同时，三、四年级结合具体活动过程以队会的形式统一进行展示评比。五、六年级开展“分享我的家族故事”为主题的家族名人演讲比赛。学校将优秀成果汇编成册，进行展示。

（田红林）

【开展社会实践活动】 4至11月，北小营中小组织全体学生开展社会实践活动。学生

按年级分12批次走进“野生动物园、河北村民俗园、神笛陶艺村、汇源果汁、富国海底世界、中央电视塔、怀柔生存岛、朝阳蓝天城”等12个实践基地，开展丰富多彩的实践活动。

（田红林）

【举办顺义区攀登英语展示活动】 5月14日，顺义区攀登英语展示活动（牛一盟）在

北小营中小举行。区教委小教科科长王桂英、考研中心副主任李广生、攀登英语项目组王教授及各校英语教师参加此次活动。会上北小营中小付秋丽、马坡小学秦继兰两位老师进行攀登英语课堂教学展示，东风东校、西校和明德小学分别作攀登英语教学经验介绍，项目组王教授、教委科长王桂英对此次活动进行点评和总结。

（刘建军）

【教师课堂教学展示活动圆满结束】 5月，北小营中小举办每学期一次的教师课堂教学展示活动。与以往不同的是，今年的展示活动邀请家长走进课堂。家长进课堂，既是对教师课堂教学改革的一个促进，也让家长了解到现在的学生课堂学习是如何开展的，家校协同，共同为学生的成长奠基。活动得到家长们的大力支持，家长对教师的课堂给予充分的肯定，提出中肯的意见。展示活动结束后，学校对本次活动做了总结。首先肯定教师的敬业精神及成功做法，同时也提出课堂教学中亟待解决的问题：1. 学生学习的主动性、积极性的调动与培养；2. 教师的放与扶，进与退的教学环节的设计与课堂生成时机的把握。

（郭瑞清）

【举办第二届“畅想童年梦，炫出我风采”展示活动】 5月29日，全校师生及部分家长齐聚美丽的国际鲜花港，召开“畅想童年梦，

炫出我风采”庆祝六一儿童节暨社团展示活动。庆祝活动以快乐、和谐为宗旨，为学生搭建张扬个性的舞台。活动共分两部分进行。第一部分以社团展示为主，充分展示学生个人魅力及才艺。师生们通过舞蹈、声乐、国学诵读、器乐、歌舞串烧、跆拳道等节目形式，表达自己的喜悦心情和彼此的祝福。

（田红林）

【教委主任刘克祥到校调研】 7月4日，

区教委主任刘克祥、副主任张海东到北小营中小调研。在校长裴艳玲等领导的陪同下，查看校园环境，听取裴校长的工作汇报。刘主任对北小营中小目前的工作给与高度肯定，并结合北小营中小的实际作出重要指示，提出殷切希望，为北小营中小今后的发展注入了强有力的催化剂。

（田红林）

【参加区足球比赛获得好成绩】 7月，在区教委、区体育局组织的全区小学生足球比赛中，北小营中小女子足球获区第三名，男子足球获第四名。

（田海生）

【举行第二学期表彰大会】 9月10日，北小营中小举行表彰大会。会上领导为在2013—2014学年第二学期学科竞赛、三、五年级学生素质展示活动中获奖的学生及二至六年级评选出的优秀生、进步生进行颁奖。本次受到表彰的共有150余人次。学校还利用周六时间组织获奖学生进行游学活动。

（郭瑞清　张　伟）

【开展“七彩少年读书行”活动】 9月，北小营中小结合学生实际，在全校范围内开展

了“七彩少年读书行”活动。活动共分“暑假读书乐、读书启航月、读书远航月、寒假读书乐、读书收获月”五个阶段进行。活动采取“阅读、绘制手抄报、板报、故事会、好书推介会、书签制作、图书漂流节、主题班会”等形式。此次主题教育活动有力地推进了学校的彩虹读书活动，在践行社会主义核心价值观的同时，拓宽学生的知识面，提高学生思想道德素质和文化素质，营造勤奋读书、努力学习、奋发向上的校园读书氛围，提高学生的阅读兴趣，引导学生享受读书的快乐。

（田红林）

【开展“七彩少年放飞梦想”建队日主题教育活动】 10月13日，北小营中小拉开了“七彩少年放飞梦想”建队日主题教育活动的序幕。活动包括“新队员入队”及“放飞梦

想”两部分。在嘹亮的队歌声中，133 名家长亲自为自己的孩子戴上鲜艳的红领巾，携手队员光荣地加入少先队组织。在家长写给新队员的信中，那一句句诚挚的祝福与殷切的期望使队员感动。全体队员洪亮的宣誓，体现出队员们成长的决心。在高昂的“超越梦想”歌曲声中，全体队员将亲手制作的“梦想卡”悬挂在校园的“七彩长廊”上。

（田红林）

【改造校园文化】 10 月，北小营中小进行校园文化改造。此次改造的目的是打造一个

具有统一主题、丰富内容、浓厚氛围的校园文化环境。学校在“生命教育”的指引下，注重发挥环境育人的作用，在校园内设置运动区、展示区、读书区、生活区、学习区等区域。并对“七彩长廊”及楼道文化进行完善，以环境熏陶，用文化浸润。灵动的育人环境塑造悦动的七彩人生，使学生在优美的校园环境中体验成长的快乐，在别具一格的花草树木、厅堂廊室中健康成长。（田红林）

【成立教师教学研究中心】 8 月，北小营中小成立教学研究中心。它是学校的教学研究指导机构，目的是增强教学管理力度，提高教学指导的针对性及时性，提升教学质量，根据教师队伍的现状。主要任务是研究指导检查日常教学。中心成员与教学领导通力合作，确保学校的教学工作能按计划，高质量的落实。学校以教研中心为龙头，以骨干教师为基础，以青年教师的培训培养为抓手，通过抓青年教师、骨干教师，带动辐射一般教师，努力提升教师的教育教学能力。

（郭瑞清　张　伟）

【采取延伸视导活动扎实改进课堂教学】 10 月 27 日，北小营中小接受顺义区小学教研室

的全学科教学视导。针对教研室反馈的视导报告，学校进行认真解读，分别从校级层面、教研组层面、教师个人层面制定行动改进方案。以此为契机，按照学科组、年级组分别召开“研读报告，改进教学”校本教研活动。活动让全体教师对“专业的读懂教材，用心的读懂学生，智慧的读懂课堂”有了进一步的认识。（郭瑞清　张　伟）

【开展系列教学活动助力新教师成长】 6 至 12 月，北小营中小开展系列教学活动助力新教师成长。学校 6 月有 5 名新教师入职，为加速新教师成长。学校制定新教师培养计划并开展系列教学活动。活动一：暑期培训。学习课程标准，熟悉教学常规，了解教材内容。活动二：上好开学第一课。教学领导、教学研究中心的老师一对一结对指导，让新教师

有一个精彩的亮相。活动三：师徒结对，为新教师的成长保驾护航。活动四：聘请特教教师定期到学校进行教学指导，提升指导的层次和水平。活动五：炫我风采，新教师课堂教学展示活动。系列活动为新教师营造出良好的教育生态环境。（郭瑞清　张　伟）

【开展系列校本教研活动提升教师的专业素质】 9至12月，北小营中小开展系列校本教研活动提升教师的专业素质。学校围绕“让反思成为一种习惯—如何写课后小结”、“合理利用错误资源”、“落实学科改进意见，提高课堂教学实效”等话题，组织全体教师进行学习讨论。这些教研活动既有微观层面的具体指导，又有宏观层面的方向指引，让教师明确了干什么——怎么干，提升了教师的专业素质。（郭瑞清　张　伟）

【开展党的群众路线教育实践活动】 3至10月，北小营中小开展党的群众路线教育实践活动。3月22日，学校分别召开党的群众路线教育实践活动专题民主生活会和专题组织生活会；10月29日，学校召开党的群众路线教育实践活动总结大会。15日督导组王学平组长，全程参与北小营中小的启动大会、专题民主生活会和总结大会。党支部通过精心组织、全力实施、狠抓落实、宣传到位，确保党的群众路线教育实践活动开展得有声有色，有质有量，全面完成了党的群众路线教育实践活动各阶段的工作。（刘建军）

【开展科研月活动助推新教师成长】 12月，北小营中小开展科研月活动助推新教师成长。10日开展“炫我风采——新教师课堂教学展

示”活动。12日开展主题为“提高课堂教学实效性——新教师与课堂教学”的科研沙龙活动。新教师结合展示课，谈这一学期来的收获和困惑。老教师对他们的展示课进行点评，帮助他们改进课堂教学，提高科研意识和能力。（许玉明）

【首师大初教院到校调研】 12月17至19日，首都师范大学初等教育学院“基于学校

发展方式转变的学校自主发展机制与政策保障实践研究”项目组，到北小营中小进行学校自主发展相关咨询、校本调研工作。学校为项目组的驻校诊断工作提供近五年来学校发展（各个方面）的大事记、近三年学校常规工作计划书、近五年来学校教师队伍发展情况及学生生源和毕业去向情况、学校宣传北小营中小的相关材料等等，以原生态的方式展示真实的学校情况。项目组采取听校长介绍学校发展的基本情况、参观学校（硬件设施、上课下课活动概况）、阅读校内资料、课堂观察、与领导教师学生访谈交流等方式进行调研，最后形成报告，为学校提供相应的专业支持，促进学校自主发展。（许玉明）

【采取措施为学生健康成长保驾护航】 年内，北小营中小为能够及时了解并掌握学生的身体发育状况，对有问题的学生实施有效的干预方法和措施，对学生进行一次全面细致的体检。学校请区保健所一行40名医生来校，为全校800名学生进行全面体检，体检项目包括身高体重、肺活量、视力、内科、外科、血色素、口腔、血压等十余项。同时对

体检异常学生发放告知书，便于学生去医院做进一步检查。（田海生）

北京市顺义区仇家店中心小学

【概况】 2014 年，北京市顺义区仇家店中心小学校占地面积 22475 平方米、建筑面积 9234 平方米，体育场面积 8000 平方米。图书馆（室）藏书 1.5 万册，电子图书 100 册，订阅杂志、报刊 40 种。固定资产总值 902.76 万元。全年教育经费投入 160.92 万元，全部为国家拨款。全年学校信息化经费投入 5.91 万元，拥有计算机 220 台，多媒体教室座位 80 个，校园网出口总带宽 100Mbps，数字资源量 50GB，“信息技术”课程 0.5 课时/周。普通教室 18 个、专用教室 12 个。教职工 63 人，中级职称 43 人。专任教师 61 人，包括北京市骨干教师 2 人。本科以上学历 45 人。开设教学班 18 个。毕业 60 人、招生 99 人、在校生 586 人。（侯立坤）

【仇家店中小召开项目启动会】 1 月 11 日，北京师范大学支持仇家店中小“以干部教师

专业成长，促进学校改进”项目启动会在仇家店中小举行。参加启动仪式的有北师大教授毛亚庆、顺义区教委副主任张海东等有关部门负责人以及顺义电视台的记者。启动会由科长刘艳茹主持。本次项目“以干部教师专业成长促进学校改进”为主题，计划在北师大教育学部的支持下 3 年完成。在启动仪式上，北师大的毛教授简要介绍项目的研究内容和团队的组成，以及项目实施管理的要求。校长侯立坤对学校的具体情况作汇报，同时代表学校对北师大对仇家店中小工作的支持表示感谢。区教委副主任张海东对项目的圆满完成提出殷切希望，表示将对此项工作给予一如既往地支持。之后，双方在欢乐的气氛下签署协议合影留念。北师大毛亚庆教授还与仇家店中小全体教师通过互动，重点进行了项目调研，为项目的顺利进行奠定基础。（魏秀娟）

【以民主日为契机推进校务公开】 3 月 18 日和 9 月 18 日，工会以召开教职工大会为主

要形式，开展“3.18”和“9.18”民主日活动，审议学校工作计划及与教职工切身利益相关的重要决策，答复教职工合理化建议的采纳情况，结合校园网、橱窗等形式，对学校财务收支、重大工程建设、业务招待费使用等情况，规范、全面地进行公开。活动的开展，推进了学校民主管理的进程，增强了教师们管理学校的责任感和使命感。（乔福江）

【开展安全教育日主题教育活动】 3 月 31 日至 4 月 4 日，仇家店中小以第 19 个“全国中小学生安全教育日”为契机，开展以“强化安全意识，提升安全素养”为主题的“四个一”安全教育周活动。一是开展一次以课间活动及上下学交通安全为主题的国旗下讲话。二是出一期安全教育板报。三是进行一次安全隐患排查活动。四是以班级为单位开

展一次安全教育主题班会活动。该校600名师生参加此次活动。（乔福江）

【开展“继承先烈遗志，争做美德少年”主题实践活动】 4月3日，仇店中小为深化“我的中国梦”教育实践活动、培育和践行社

会主义核心价值观，组织一、五年级全体师生及家长代表共计240余人到东府革命教育基地开展“继承先烈遗志，争做美德少年”主题实践活动。少先队员代表向烈士纪念碑敬献花圈，五年级三个中队结合北小营地区实际情况，分别进行讲述先烈英雄事迹、诗朗诵及歌曲演唱等文艺演出，以此来表达心声。一年级的小同学最值得骄傲了：30名家长代表及老少先队员代表亲手为他们佩戴上红领巾。全体队员在烈士纪念碑前庄严宣誓：时刻准备着，为共产主义事业而奋斗！最后，队员们在辅导员和家长的带领下参观基地展览室。（郑连霞）

【参加区小学青年教师成长课大赛活动】 4月8日至5月9日，顺义区在第一阶段说课的

基础上，开展第二阶段现场课比赛。仇店中小耿春阳和孙璐莹两位青年教师全程参与此次系列活动。在第一阶段校内准备过程中，学校在前期校内说课的基础上，认真总结经验，采取有效措施鼓励青年教师积极参与现场课活动，抓住契机，营造氛围，注重发挥学科团队和骨干教师作用。引导青年教师深化学科课程标准的学习、理解与运用，深刻把握教材，立足课堂实际，精心设计，在过程中锤炼教师基本功，切实提高青年教师课堂教学水平，为青年教师成长提供支持和保障。（赵　山）

【开展防灾减灾宣传周活动】 5月12日，是全国第六个防灾减灾日。为增强广大师生

的防灾减灾意识，仇家店中小将5月10日至16日定为防灾减灾宣传周，以“防灾减灾应急管理进校园”为主题，开展了“七个一”

活动，即充分利用国旗下讲话进行一次防灾减灾动员，校门口悬挂一幅“防灾减灾应急管理进校园”横幅，学校、班级各出一期防灾减灾知识板报橱窗宣传栏，每天下午第三节课利用广播进行一次防灾自救小常识宣传教育，进行一次夏季安全教育，组织一次全校师生应急疏散演练。通过系列活动的开展，提高了广大师生对防灾减灾工作的认识，学会了一些防灾减灾的知识，掌握了一些自护救护技能和应急管理办法。（乔福江）

【第九届体育节圆满成功】 5月25日，仇店中小第九届体育节拉开序幕。主题是“我

运动·我健康·我快乐”，侯立坤校长在开幕式上致辞。踏着运动员进行曲有力的节拍，首先步入会场的是仪仗队，他们郑重庄严地高擎着鲜艳的五星红旗；仪仗队的后面是学生的腰鼓队，随后，全校18个班的运动员们精神抖擞地依次从大会主席台前经过，接受检阅。他们的展示所带来的青春与朝气点燃了会场的激情。此次体育节，除常规田径项目比赛外，各班还展示特色活动项目，如：一（3）班的活力跳、五（2）班的车轮滚滚、六（1）班的风火轮让师生们一次次欢呼雀跃，最后趣味性十足的师生同场“西瓜搬家”把体育节推向了高潮，让运动场上升腾起拼搏向上、勇于挑战的体育精神。（赵小东）

【举行党的群众路线教育活动启动仪式】 5月29日，仇店中小举行党的群众路线教育实践活动启动仪式。区督导组和仇店中小24名

党员参加会议，督导组长王学平作重要讲话。仇家店中小为切实推进党的群众路线教育实践活动，保持党支部和党员的先进性，增强党的凝聚力和战斗力，党支部按照教委组织科的工作部署，根据教委做好党的群众路线实践教育活动的部署要求，按照“照镜子、正衣冠、洗洗澡、治治病”的总要求，组织领导班子成员和党员干部积极开展党的群众路线教育实践活动，严格按照规定程序，认真做好深化学习、听取意见、查摆问题、充分谈心、撰写对照检查材料，并针对在党的群众路线教育实践活动中发现的问题，进行认真梳理和研究，统一思想、理清思路，明确整改目标和方向，积极整改落实。（赵晓东）

【参加区攀登英语总结表彰大会】 6月27日，顺义区教委协同北师大攀登英语项目组

在顺义区考研中心召开顺义区攀登英语实验项目三年总结及表彰大会。仇店中小作为“实验项目先进单位”和“实验工作先进管理

者”参加大会。活动提升了教师参与实验项目的热情，积累了宝贵的经验，为攀登英语项目在仇店中小的进一步实施打下坚实的基础。 （赵　山）

【举行“梦想引领，争做仇小美少年”开学典礼】 9月1日，仇家店中小举行“梦想引领，争做仇小美少年”开学典礼。典礼共分为六大项：第一项是升国旗，在雄壮的国歌声中，五星红旗冉冉升起，师生们的心情为之振奋。第二项是侯立坤校长讲话，候校长在讲话中首先对新师生的融入表示热烈欢迎，接着对上学期取得的成绩给予肯定，最后对全体师生提出了新学期的殷切希望。第三项是迎接一年级新生的到来，由五年级的大哥哥大姐姐将精心制作的小礼物送给一年级的小朋友，并结成爱心小伙伴。第四项由新教师代表汤桂红发言，汤老师在发言中表达了对教育事业的热爱以及献身教育事业的决心。第五项是对上学期在各方面表现优秀的学生表彰奖励，获奖的学生表示要再接再厉，更上一层楼，未获奖的学生则暗下决心，向身边的榜样学习。最后一项，在赵艳主任的带领下，师生齐呼校训：文明勤学，求实向上！ （赵　艳）

【教师基本功校本培训系列活动】 9月19日，顺义区仇家店中小校级教师基本功培训系列活动全面启动。活动提出“以教师基本功培训展示为载体，切实提高课堂教学效率”为总体目标。遵循全员参与，注重过程，整体提升；全面培训，岗位练兵，突出实效；分层指导，培养骨干的活动原则。整个系列活动为期一学期，共分为三个阶段推进实施：第一阶段，学科基本理论素养的培训与考核。第二阶段，学科教学素质的培训与展示。第三阶段，现场说课，课堂教学展示与评优。整个系列活动坚持全员培训、全过程参与、全面提高，引领教师学习贯彻先进教育理念，立足教师专业水平发展，关注教师整体队伍业务水平的提高，促进了全体教师业务素质全面提升。 （赵　山）

【开展教师课程标准考核】 9月22日，仇店中小开展全校教师课程标准考核活动。活动由校长具体指导，教研处牵头组织，成立了考核领导小组、教务组、监考组。考核分科目、年级进行，考试内容分为四大块，即：填空、判断、简答和问答。此次考核活动，提升了教师素质，得到相关领导的认可。

（魏秀娟）

【参加顺义区“彩虹假日炫”活动展示】 9月27日，仇店中小部分师生参加在北京国际鲜花港举办的顺义区“彩虹假日炫”活动展示。活动开始后，首先登场的是学校的腰鼓队。紧接着，一首悠扬的古筝乐曲《渔舟唱晚》将观众们带入了渔民悠然自得、渔船随波渐远的优美情境。第三个展示的项目是王爽同学的桑巴舞。伴随着火辣、热情的桑巴舞曲，只见这位“巴西”小美女，时而舒肢展臂、扭腰甩胯，时而360度大旋转、精彩定格瞬间……漂亮的舞姿博得现场观众的热烈掌声。稚气未脱的二年级小朋友也紧随其后上场了，漂亮的服装、整齐的动作、奶声奶气的歌声，让歌伴舞《这是什么》给观众们带来耳目一新的感觉。与此同时，场地两侧的“葫芦电烫”和“蛋壳彩绘”也在有条不紊地进行着。件件精美的制作，博得观众的啧啧称赞。以展板形式展示的乒乓运动的展览也吸引了众多观众的眼球，受到称赞。在昂扬奋进的腰鼓声中，此次“彩虹假日炫”活动展示圆满结束。（赵　艳）

【积极开展“图说社会主义核心价值观”活动】 9月，仇店中小为深入贯彻落实党的十八大和十八届三中全会精神，积极培育和践行社会主义核心价值观，在全校掀起学习社会主义核心价值观的热潮。学校把宣传“图说我们的价值观”作为着力点，从细节着眼、从小处抓起，营造浓厚氛围。在学校门口滚动屏幕、宣传橱窗、连廊、教学楼楼道内张贴丰富的张贴画，面积达13平方米。用图文并茂的形式，向广大师生传递着文化氛围，营造“图上墙，价值观入心”的宣传氛围。在此基础上，各班召开一次“图说我们的价值观”主题班队会。同时，各班还把24字核心价值观作为各班的大课间跑步口号，使学生们牢记于心中。学校把培育和践行社会主义核心价值观融入学校教育全过程，把培育和践行社会主义核心价值观落实到教育教学的各个环节中。一个真诚微笑、一句礼貌用语、一次文明礼让，都处处传播着核心价值观的正能量。（赵　艳）

【开展“说好普通话，圆梦你我他”推普周活动】 9月，仇店中小积极开展“说好普通话　圆梦你我他”。第十七届全国普通话宣传周期间，学校结合实际情况，大力宣传，广泛动员，开展一系列丰富多彩的活动，使全体学生在活动中体验，在活动中学习，在活动中明理，并将这种影响力推及社会，形成教育的合力，取得了良好的效果。1. 开展课本剧、场景剧等表演。学校利用推普周周三下午的班会时间，以班级为单位举行“说好普通话，圆梦你我他”主题班会，学生们自编自演课本剧、场景剧等推普节目，将推普活动推向高潮。2. 结合“彩虹读书活动”，举行经典诗文诵读比赛。3. 组织学生开展“成语文化龙门阵”活动。九月开学初，学校举行了“成语文化龙门阵”初赛，选出成绩优异的6名选手组成学校代表队。4. 小志愿者外出，确保规范汉字的正确运用，全校师生积极开展“啄木鸟纠错”活动。（赵　艳）

【开展教师基本功系列展示活动】 10月18日，仇店中小组织开展教师基本功系列展示活动。活动分为学科基本理论素养的培训及考核、学科教学素质的培训及展示、现场课堂效果评优三个阶段。一词一句突理念，即：教师教学基本功展示系列活动之新课标考核；一构一思展技能，即：教师教学基本功展示系列活动之说课及课件制作；一姿一态显魅力，即：教师教学基本功展示系列活动之课

堂教学展评。本次活动历时一个多月，不仅为所有教师提供了展示才能的舞台，同时也为教师营造出相互学习、相互交流、相互促进的良好氛围。 （魏秀娟）

【六年级师生走进怀柔安全教育体验馆】 11月5日，仇店中小六年级全体师生走进怀柔安

全教育体验馆，进行社会实践活动。上午9时，师生一行到达位于北京怀柔境内的安全教育体验馆，在这里进行为期一天的安全教育体验活动。活动课程分为三节大课：野外急救、家庭急救和火场逃生。在“野外急救”课上，同学们掌握了在野外迷失方向后如何利用树木、手表指针等物体辨别方向，如何寻找水源、净化饮用水等方法。在“家庭急救”课上，同学们知道了如果遇到眼入异物、鱼刺卡嗓等情况应如何解救，体验了常见外伤处理、急救包扎以及伤者搬运的办法。在“火场逃生”课上，同学们认真听取讲解员关于火场逃生如何打绳结、遇到各种突发情况应该怎么办，并进行现场演练。这次社会实践活动，使同学们提高了自我保护意识，掌握了自我救助技能，达到了安全教育的目的。 （赵　艳）

【承办北京市家校协同教育研讨】 11月19日北京教育科学研究院德育研究中心联合顺

义区教育委员会、顺义区教育考试研究中心德育研究室在顺义区仇家店中心小学召开北京市教委委托项目“国家体制改革背景下家长教师协会建设与运行……家长教师协会与提高学校办学软实力”为主题的市级研讨会。会议由北京教科院德育研究中心项目执行负责人赵澜波主持，首师大蓝维教授、北京教科院德育研究中心冷雪玲为特邀专家，顺义区教委副主任张海东等有关方面负责人，北京各区县的德育领导和老师以及顺义区德育干部150人参加。会议的内容有班级活动展示（家长会、家长教师协会会议、家长带知识进课堂三类课程）和家校合作经验分享，北京教科院德育研究中心项目执行负责人赵澜波点评仇店小学以办人民满意的学校为出发点，家长教师协会为平台，家校携手共同服务于学生的健康成长。最后首师大教授蓝维肯定了家长教师协会项目的研究工作，她认为仇家店中小的家校协同教育是有基础的研究、有问题的意识、有清晰的思路、有过程的研究成果。 （赵　艳）

【开展首届“求实”杯课堂教学评优大赛】 11月24日，仇店中小在全校范围内开展首届

“求实”杯课堂教学评优大赛活动。本次课堂教学评优活动，进一步加强实施自主型课堂教学模式改革的探索，为全体教师创设展示自我的平台，为教师相互学习、共同成长、提升课堂教学能力的有效载体。活动遵循转变教学理念，深化学校办学理念及教学特色；聚焦课堂教学，提高课堂教学效率；深化校本培训，提高教师业务能力为宗旨，引导全体教师积极参与到课堂教学改革的过程中。学校成立以校长为组长，其他班子成员为组员的“求实”杯自主型课堂教学评优暨教师教学评估活动评价组，共同参与此项活动。大赛活动结束后，负责教学的主任赵山做全面总结。（赵　山）

【召开“家校共成长”优秀家长志愿者表彰会】　12月3日，仇家店中小召开“家校共成长”优秀家长志愿者表彰会。侯立坤校长肯定家长志愿者们对学校工作的支持以及做出的贡献，对2014年度优秀家长志愿者进行奖励。家长代表及教师代表纷纷畅所欲言，表示要再接再厉，共同做好家校协同教育工作，为孩子们的健康成长保驾护航。（赵　艳）

【举办第九届科研月活动】　12月5日，为进一步加强学校教育科研工作，激发广大教师的科研热情，积极营造“科研兴教”、“科研兴校”的良好氛围，学校举办了“以高水平科研成果助力课程改革深入实施”第九届科研月系列活动启动仪式。侯立坤校长做大会动员，提出学校科研工作的“坚持科研管理科学化、科研组织网络化、科研资料信息化、课题管理规范化、课题研究全员化、科研队伍层次化”六化原则。科研负责人徐宝霞老师具体解读科研月活动方案和具体的工作安排。系列活动包括：教师课堂与课题研究结合的探索；教师课题研究成长经验分享等。本次科研月活动促进了学校科研工作扎实有效的开展，对于提高学校教育教学质量，实现教育教学工作的深入开展提供了坚实的保障。（赵　山）

北京市顺义区大孙各庄中心小学

【概况】　2014年，北京市顺义区大孙各庄中心小学校占地面积77046平方米、建筑面积17225平方米，体育场馆面积15000平方米。图书馆（室）藏书3.6万册，订阅杂志、报刊38种。固定资产总值715.4万元。全年教育经费投入131.3万元，全部为国家拨款。全年学校信息化经费投入4.7万元，拥有计算机169台，多媒体教室座位80个，校园网出口总带宽20Mbps，数字资源量20GB，“信息技术”课程0.5课时/周。普通教室52个、专用教室17个。教职工79人，其中，中级职称57人。专任教师62人，本科以上学历65人。开设教学班22个。毕业130人、招生114人、在校生671人，包括寄宿生253人。（张　怡）

【邀请儿童文学作家王一梅走进校园】 5月6日，大孙各庄中小邀请著名儿童文学作家王一梅走进校园作《吟唱美丽童心》主题讲座。王一梅老师是中国作家协会会员，江苏省签约作家，苏州市作家协会儿童文学分会副会长。现就职于苏州大学社会学院。王一梅老师的讲座立意新颖、现代感强、幽默风趣。从观察、想象、情感等方面与学生交流互动，受到大孙各庄中小全体师生热烈欢迎。

（徐振军）

【大孙各庄中小与尹家府中小合并】 8月，顺义区大孙各庄镇原尹家府中小撤并到大孙各庄中小。原尹家府中小教师26人，学生270人，全部并入。 （张 怡）

【举办食品安全专题讲座】 9月25日，大孙各庄中小邀请镇食品药品监督管理所所长对学生和家长进行《远离美味陷阱，共创安全饮食环境》专题讲座，讲座围绕学生日常接触的食品，讲解十大垃圾食品、食品标识、“三无”产品等问题，并以食品安全知识问答的形式与学生开展互动交流，学生踊跃参与，热情高涨。讲座结束后，学生们纷纷表示此次讲座受益匪浅，对科学饮食、健康饮食有了更加清晰的认知，增强了日常饮食安全的防范意识。家长们也表示，今后将继续关注孩子们的健康成长，积极参与到学校的公益课堂当中，和孩子们一起健康成长。

（张 怡）

【开展建队日主题活动】 10月13日，大孙各庄中小举行“践行社会主义核心价值观”少先队建队日主题活动。仪式上，鲜红的队旗迎风飘扬，队员的歌声激情回荡。大队辅导员张老师宣读了新任大队委员和新队员入队名单。新当选的少先队大队委们依次和大家见面，发表各自的任职感言，该校领导为小干部们佩戴了大队委标志；在悠扬的《红领巾之歌》音乐声中，家长们为一年级的76名新队员戴上红领巾并合影留念；队旗下，队员们握紧拳头，进行宣誓，争做一名合格的少先队员。随后，少先队员代表向所有少先队员做了“青少年该如何践行社会主义核心价值观”的动员，全体少先队员齐诵践行社会主义核心价值观的24字。最后，德育校长讲述了少先队建队日的意义，激励少先队员为了实现中国梦，努力学习，脚踏实地，练好本领。此次建队日活动，大孙各庄中小以喜闻乐见的方式教育引导少先队员牢记社

会主义核心价值观24字并领悟其内涵，促使社会主义核心价值观的种子在少先队员心中生根发芽，收到良好效果。（张　怡）

【举办“如何让孩子赢到终点”家长讲座】

10月14日，大孙各庄中小邀请北京东方道德研究所副教授任宝菊为家长做“如何让孩子赢到终点”专题讲座。在讲座过程中，任教授准备了精美的幻灯片，具体形象，便于家长学习记录。她结合家长关心的问题，通过切身的体会真实的案例，从如何正确看待自己的孩子、如何正确看待成长与成绩以及如何培养孩子养成健康人格三个方面做深入浅出的讲解。讲座后，一些家长依依不舍，与任教授沟通咨询。此次活动不仅指导了家长如何科学的教育孩子，还为家校合作奠定了良好的基础。（张　怡）

【举办“加强校园安全，学会险境逃生”专题讲座】 11月26日，大孙各庄中小邀请take30儿童防侵害能力体系创始人、北京感恩公益基金会儿童防侵害项目特约培训师张永将为学生做“加强校园安全，学会险境逃生”专题讲座。讲座中，张永将老师就儿童侵害案件的特点、原因进行分析，提出预防此类犯罪的训练方法。还为同学们介绍运用法律维护自己合法权益、提高自我防范和保障生命安全能力的一些方法和策略，具有很强的针对性和实用性。张老师语言风趣幽默，所讲案例生动、典型，同学们在学到安全常识的同时也领悟到“防范于未然”的重要意义。

纷纷表示获益良多，学会在生活中预防、抵制违法犯罪行为，学到了如何进行自我保护。（张　怡）

【召开“践行核心价值观，争做文明孙小人”系列活动表彰会】 12月29日，大孙各庄中小召开“践行核心价值观，争做文明孙小人”

系列活动表彰会。在“践行核心价值观，争做文明孙小人”系列活动开展的过程中，同学们积极响应号召，以小学生日常行为规范为标准，进一步规范自己的言行。从点滴做起，力争每天进步一小步，十天进步一大步。经过宣传发动、自查自评、申报、事迹陈述、推荐等一系列准备环节，最终评选出44名文明礼仪小标兵，44名文明礼仪成长星，48名孙小好少年和22名文明志愿者。表彰会上，与会领导为获奖的同学颁发证书和奖品。副校长董万涛全面总结活动开展情况，对同学们的精彩表现给予充分肯定，对于同学们的行为变化给与高度评价。在学校德育处和少

先队大队部的精心组织策划下，经过两个多月的“践行核心价值观　争做文明孙小人”主题系列活动，使学生对“社会主义核心价值观”有了更清晰的认识。同学们纷纷表示要用自己的行动践行社会主义核心价值观，从身边做起，从小事做起。（张　怡）

北京市顺义区光明小学

【概况】 2014 年，北京市顺义区光明小学占地面积 20000 平方米、建筑面积 17061.33 平方米。体育场馆面积 7653 平方米。图书馆藏书总数 4.7 万册，电子图书 3421 册，订阅杂志、报刊 69 种。固定资产总值 16700 万元。全年教育经费投入 1458 万元，全部为国家拨款。全年学校信息化经费投入 80 万元，拥有计算机 380 台，多媒体教室座位 1800 个，校园网出口总带宽 100Mbps，数字资源量 1100GB，“信息技术”课程 0.5 课时/周。普通教室 40 个、专用教室 16 个。教职工 110 人，其中，高级职称 2 人、中级职称 87 人。专任教师 84 人，包括北京市骨干教师 2 人、本科以上学历 77 人。开设教学班 33 个。毕业 230 人、招生 201 人、在校生 1296 人。网址：http：//www.shygmxx.shyedu.cn。（谢桐良）

【上好“交通安全”开学第一课】 2 月 17

日，顺义交通支队宋科学警官和教委综治科领导来到学校，为全体师生做了“民警进校园，春季送温暖”交通安全知识讲座作为开学第一课。课上，宋警官为全体师生讲解交通安全知识，并进行现场提问和测试，学生积极踊跃答题。最后学生集体进行“争做文明交通小使者”宣誓。本次活动，全校师生深受教育，对本学期安全工作起到积极地促进作用。（赵德军）

【积极优化写字教学】 2 月 25 日，学校开

展优化写字教学，提高学生汉字书写能力活动。各年级制定写字教学目标，初步感受汉字形体美；通过欣赏书法、名人故事、猜谜游戏等方式开展识字、写字、百字赛趣味活动，激发学生写字兴趣；平时检测试卷适当加入日常易读错、易写错汉字的考核，逐渐积累，加深学生印象；开展书法校本课程教学，溯源识字，运用“字理”识记汉字形和义，寻找感受语言文字的规律和内涵。（付立忠）

【加强学生文明礼仪教育】 4 月 3 日，学校

以《守则》《规范》《礼仪常规》《一日常规》等为主要内容，利用安全法制课堂、主题班

会等组织学生学习、理解、朗读、背诵，引导学生熟悉规章制度内容、了解日常安全知识、把握行为规范要点；采用国旗下讲话、手抄报评比、向榜样学习等形式，组织开展丰富多彩的主题实践教育活动，激发学生主动养成良好行为习惯的意识；评选、表彰“文明班级”、“文明之星”，通过示范引领，形成学习先进、争当先进的局面；播放宣传文明礼仪、行为习惯的音乐，时刻提醒学生在校遵守日常规范，把“做人、做事、学习”的良好习惯融入日常活动中。（朱　薇）

【成立骨干教师工作室】 4月24日，学校成立“骨干教师工作室”。工作室成员由区级

以上骨干教师组成，学校业务干部负责组织工作室各项活动。制订个人研究计划：每周写一篇课改心得，每月上一节研究课，每学期在区级以上刊物至少发表一篇论文或随笔，一学年完成一个小课题研究。以校本教研为依托，每月组织开展一次骨干教师教学论坛和献课活动。建立师徒结对制度，每位骨干教师每学年重点带好一个徒弟，每周为徒弟上一节示范课，指导徒弟备一节课，听徒弟上一节汇报课。实施目标管理和评价，对骨干教师发展提出阶段性目标和要求，依据平时工作和完成目标情况对骨干教师进行评价奖励。（李　莉）

【举行消防疏散演练】 5月12日，为配合“5·12全国防灾减灾日”活动，学校进行一次全校性消防疏散演练。全校干部、教师、

学生总动员，齐上阵。学校楼道内、各楼梯口设专人把守、指导、疏散，学生排队顺序下楼，安静有秩序，快而不乱。通过这次演练，学生们懂得了当遇到火灾时，要用毛巾或手绢捂住口鼻再向楼外撤离；在学校、商场、剧院等人员较多的公共场所遇到火灾时，注意有序撤离；在楼房遇到火灾时，要向楼下撤离，勿向楼上跑；住在高层住宅的遇到火灾时，要从步行道楼梯下楼，决不能乘坐电梯等基本逃生知识。（赵德军）

【学校自编印发《班主任经验交流手册》】 5月29日，学校将班主任工作经验材料汇

集成《班主任经验交流手册》。有：《如何培养低年级小干部》、《分层管理营造温馨班级》、《和谐师生关系营建优秀班集体》、《构建完善班级自我管理体制》等数篇班级管理经验谈，为广大教师搭建相互交流学习的平台，相互取长补短，共同提高。

（李雪飞）

【吴正宪老师来校参加教研活动】 6月26

日，吴正宪老师一行来到我校参加“顺义区吴正宪儿童数学教育思想推广研究基地研究活动”。参加活动有：吴正宪老师、区教委副主任张海东、考研中心副主任李广生、考研中心数学教研室全体成员、教科室成员和杨镇一中联盟内的小学教学领导、教师共五十余人。我校是吴正宪儿童数学教育思想研究基地校，专家和领导们首先倾听李莉主任做的研究主题报告《读懂教材，关注学生解决问题中的审题策略》，之后观摩一节四年级《行程问题复习》现场展示课，最后吴正宪老师和教师团队交流并参加教研活动。此举促进了我校以及杨镇一中联盟数学教学工作的顺利展开，使教师数学教学技能得到进一步提高。 （李 莉）

【举行“家长开放日”活动】 9月25日，学校举行“家长开放日”活动。组织家长参

观校园环境和室内文化布置，由校领导介绍学校几年来软硬件建设情况及教育教学活动、特色创建、办学条件等方面取得的成绩。家长走进课堂听课，感受孩子课堂表现，一起体验新课改。学校向家长宣讲当前我区教育方针政策，并对家长进行家庭教育小方法、小窍门培训。进行“我最喜欢的教师”家长问卷调查，通过家长委员会收集整理家长意见与建议，促进学校发展。 （谢桐良）

【开展“书写规范字，弘扬民族情”系列活动】 10月21日，学校开展“书写规范字，弘扬民族情”系列活动。学校由区书法家协

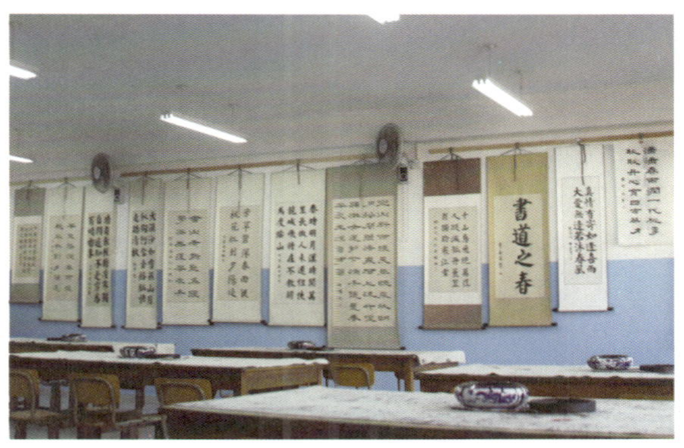

会会员张涵老师定期对全体教师进行软笔书法集中培训，当场练习，及时指导，为教师基本功打下良好基础。加强写字课教学，培养学生对汉字、书法作品的欣赏能力，激发学生对历史文化的热爱之情。学校统一设计、下发练字纸，明确时间，规范书写用笔，将国学经典作为书写内容，师生全员参与，每人每天练一张字，在一笔一划中培养师生才情修养和气质心境。加强学科渗透，语文课从笔画笔顺、书写规则、间架结构等方面做好板书与示范，培养学生良好的书写习惯。加强检查考核，将教师板书纳入课堂教学评价，完善各学科作业书写要求，抽查写字教学落实情况。定期举行教师钢笔字、粉笔字、毛笔字书写比赛和展示活动；教务处每周五对学生“每天一篇字”进行评价、展示和反馈；每学期末组织一次作业展览、教案展示活动。 （付立忠）

【“让真爱洒满人间”宣讲团走进校园】 10月29日，团中央、全国少工委争当四好少年宣讲团来到我校为1400余名师生及千余名家

长做了一场“争当四好少年，让真爱洒满人间”大型公益感恩演讲。宣讲团教授乔洋以“爱祖国、爱老师、爱父母、自立、自强”为内容做演讲，真实感人的案例以及师、生、家长间的互动，让在场的每一个人真切的感受到理解、感恩和爱的力量。活动促进了我校教师与学生、父母与孩子间的理解与沟通，对引导学生追求真善美，提高了学生知对错、辨荣辱、明是非的能力。 （谢桐良）

【开展诵读《弟子规》活动】 11月26日，学校开展诵读《弟子规》活动，培养和践行

社会主义核心价值观。利用教师例会、班主任会、晨会等时间，对师生进行宣传动员。借助活动创设情境，在活动中育人。各班围绕《弟子规》开展相应的感恩教育、礼仪教育、诚信教育等主题活动，通过学生的参与实践，赋予《弟子规》新的内涵，健全学生人格。鼓励学生在家与父母共同学习《弟子规》，并通过每天做一件力所能及的家务、向父母长辈说一句问候语、与父母做一次交流等方式积极践行，促进家庭和谐。通过诵读《弟子规》、讲《德育小故事》、唱感恩歌曲等对后进生进行教育，鼓励他们改正错误，树立自信。 （李雪飞）

【“幸福校园”建设项目在我校启动】 12月11日，国家教育部《中小学生积极心理品质

调查及应用研究》总课题——顺义子课题《积极语言在中小学教育教学中的应用研究》暨顺义区中小学“幸福校园”建设项目启动仪式在光明小学举行。到会的专家领导有教育部课题组组长教授陈虹、《现代校长》主编林定钟、北京市及顺义区20余位中小学校长，大家齐聚光明小学，交流研讨幸福教育和积极语言的功能，为顺义区中小学“幸福校园”建设指明了方向。 （谢桐良）

北京市顺义区空港小学

【概况】 2014年，北京市顺义区空港小学占地面积14000平方米、建筑面积8700平方米，体育场馆面积4750平方米。图书馆（室）藏书5.1万册，订阅杂志、报刊60种。固定资产总值599万1575.86元。全年教育经费投入1165.02万元，全部为国家拨款。拥有计算机231台，多媒体教室座位82个，校园

网出口总带宽 100Mbps，数字资源量 0GB，“信息技术”课程 0.5 课时/周。普通教室 24 个、专用教室 11 个。教职工 58 人，其中，中级职称 35 人。专任教师 58 人，包括北京市骨干教师 3 人。本科以上学历 48 人。开设教学班 23 个。毕业 86 人、招生 165 人、在校生 914 人。 （于立金）

【“吴正宪教育思想研究基地”开展活动】 3 月 20 日，顺义区“吴正宪儿童数学教育思想研究推广基地”活动——“空港小学数学

校本研究展示交流”活动如期举行。吴正宪老师亲自带领六十余位来自全国各地的教育专家，以及我区百余位教学领导、基地学员一起参加活动。活动由教研中心主任魏金辉主持，分三部分进行：首先由马艳芬老师执教平行与相交一课；接着空港小学数学团队，结合本节课的磨课和对概念教学的研究历程，进行了《三次备课两次打磨》的校本研究专题汇报；最后与会专家、教师就如何做好校本研究活动进行热烈的讨论。吴正宪老师对活动效果给予充分的肯定，并指出，校本教研活动要从“小”处做起，要关注活动过程中的生成，真正体现校本研究的针对性和实效性。区教委副主任张海东、小教科科长王桂英、考研中心主任张海、副主任李广生等领导参加了此次活动。 （王艳霞）

【举办杜永全教学风格研讨会】 5 月 21 日，杜永全语文教学风格研讨会暨 UDS 优质校成果展示活动在顺义区空港小学召开。首都师范大学初教院、教委小教科、考研中心师训

科、小学语文教研室等多位领导全程参与活动。会议分三个环节展开，第一环节由空港小学语文教师团队共展示 7 节现场课、3 节说课，第二环节由副校长杜永全展示一节语文课，最后专家、领导做现场点评。此次活动展示了教学领导的教学风格，起到了很好地引领示范作用；展示了空港小学语文团队的课堂风采，区教委副主任张海东对活动给予高度评价，并号召全区各小学中层领导能够始终坚持在教学第一线，提升自身执行力和领导力。 （杜永全）

【“彩虹假日炫”社团进行展示】 5 月 24 日，空港小学“彩虹假日炫，炫出我风采”

大型社团展示活动，在七彩蝶园成功举办。为了响应教委的号召，打造顺义区的学校品牌，展示学生的风采，空港小学有近 300 名学生、50 位家长、30 名教师共同参与此次活动。学校共有 10 个社团参与展示，其中有体育类的太极柔力球、空竹，艺术类的合唱、铜管乐、校园舞蹈、古筝、朗诵、美术、刻纸，科技类的航

模。这些学生社团，只是学校社团的一部分，是校本课程建设的缩影。活动中，学生尽情表现，张扬个性，参与热情极高；家长们也积极参与，并充分肯定社团活动。（杜永全）

【开展“9·18”民主日活动】 9月19日，

空港小学召开民主生活会，72名教职工参加此次会议。首先，学校会计对2014年上半年财务、校长基金使用情况进行公布；第二环节，校长李文明就新学年学校招生办学、队伍建设、绩效工资补发办法等教职工关注的重点、热点问题进行校务公开及通报；第三环节，德育、教学、后勤等领导解答教师提出的问题。本次民主日活动落实了教职工对学校办学情况的知情权、参与权、表达权、监督权，促进了学校的健康发展。（于立金）

【与河北专家共同研讨“变教为学”】 9月24日，首都师范大学初等教育学院副院长郜舒竹带领河北省邢台市教育专家一行48位同

仁莅临空港小学，共同研讨“变教为学”。顺义区教委副主任张海东全程参加此次活动。研讨会由郜舒竹主持。活动主要分四个环节：首先是“五学”教学模式的现场展示课两节：唐璐老师语文课《金色花》和主任马艳芬的数学课探索规律。然后空港小学副校长王艳霞代表学校做了《建构“五学”模式　实践“变教为学”》的主题汇报。在互动环节中，郜院长对空港小学“变教为学”的实践研究工作给予充分的肯定，与会专家、教师就“变教为学”进行深入的交流和探讨。最后，副主任张海东总结发言，在高度评价空港小学课改工作效果的同时，对“变教为学”的未来课堂充满信心。（王艳霞）

【举办我爱我班交流展示活动】 9月25日，空港小学德育处组织14名青年班主任开展班级文化建设交流展示活动。内容包括班级内板报、壁报、文化墙等。互相的交流和学习，不仅提高了青年教师的职业技能，而且增强了青年教师的工作动力。（于立金）

【成立青年班主任协作组】 10月14日，空港小学青年班主任协作组正式成立并开始活动。空港小学青年班主任占全校班主任队伍

的50%以上，他们毕业于不同的院校，班主任的管理水平急需提高，经调研后决定成立青年班主任协作组，邀请区教研中心德育课程室皮丽芳老师为协作组的导师，为空港小学和裕达隆小学的青年班主任进行培训。培训采用案例式、研讨式等方式，内容以教师们的需要为主，这种培训方式受到青年老师们的喜爱，为他们的成长搭建了平台。

（于立金）

【迎接减负增效督导】 11月6日，顺义区

督学室一行四人在何希国校长的带领下对空港小学“社会主义核心价值观和减负增效”进行专项督导。督导组听取校长李文明《核心价值观凝聚童心，减负增效造福学生》工作汇报，对学校开展的践行核心价值观活动给予肯定，认为减负增效工作做的扎实有效，利于学生发展，并对学校专用教室使用和社团的规划提出建议。 （于立金）

【开展登圣泉山比赛】 11月22日，空港小学组织全体教职工开展登山长走比赛活动，共

52名教职工参加。本次登山长走活动由学校工会组织，比赛分四个组进行：即40岁以上老年女子组、男子组，40岁以下青年女子组、男子组。在比赛中，大家团结互助。尽管登山的速度差异较大，但没有一位教师中途落下，在1个多小时的跋涉中，老师们发扬顽强拼搏的精神，最终全都坚持抵达了终点。通过这次活动，全体教职工深切感受到学校的关怀，增强学校的凝聚力和向心力。 （于立金）

【举行发现身边美演讲比赛】 11月24日，

空港小学举办“践行核心价值观，发现身边美”演讲比赛活动。活动分为征文和演讲两部分，全体学生积极撰稿，用不同题材，不同的写作方法，寻找身边的榜样，颂扬身边的榜样，营造学生中的正能量。本次活动共收到征文100余篇，评选出一等奖25篇；演讲比赛中，评出一等奖6人，二三等奖19人。 （于立金）

【接待河南邓州校长参观团】 12月9日，顺义区教研中心师训科科长安贵增，带领河南省邓州市16位校长来到空港小学参观交流，

与干部教师共同研讨“变教为学”课堂教学改革。活动分两项内容：首先，现场展示“变教为学”理念下的三节观摩课：牛英丽老师数学课多边形的面积，张艳梅、程田华老师的语文课《咱俩的秘密》和《它们怎样睡觉》。然后，两地干部教师就教育教学管理、课堂教学改革、课堂教学新模式探究等多个

话题展开深入的研讨。交流过程中，他们肯定了空港小学课堂改革新亮点，体验到学校“变教为学”活力课堂的巨大变化。惊喜地看到“师退生进”课堂，孩子们自主表现的感人场景。安科长对空港小学“变教为学”的实践研究工作，给予充分的肯定，与会专家、教师就“变教为学”，进行深入的交流和探讨。（王艳霞）

【开展课堂教学改革研讨】 12月12日，空港小学“周末大讲堂”在副校长杜永全的主持下如期开讲。会议主题为：“变教为学”理念下自主课堂推进研讨会。“大讲堂”的主角是空港小学全体教师。他们对《空港小学“五学”课堂教学三年推进方案》进行第三次研讨。会上，干部教师互动交流，台上台下各抒己见。共同探讨“变教为学”理念下的“五学”课堂教学模式改革的具体实施办法。重点针对方案中《空港小学自主课堂学生学习能力训练规划表》展开讨论。教师们结合自己所教年级和学科，就“独立探究能力”与“合作学习能力”中各项具体能力指标的描述，提出自己的意见和建议。（王艳霞）

北京市顺义区澜西园小学

【概况】 2014年，北京市顺义区澜西园小学（顺义一中附属小学）占地面积22113平方米，建筑面积17130平方米，体育场（馆）面积7532平方米。图书馆藏书15165万册，订阅杂志、刊物95种。固定资产总值606.55万元。全年教育经费投入936.7万元，全部为国家拨款。全年学校信息化经费投入93万元，拥有计算机141台，多媒体教室座位700个，校园网出口总带宽100Mbps，数字资源量100GB，“信息技术”课程0.5课时/周，普通教室33个，专用教室12个。教职工43人，其中高级职称2人，中级职称17人。专任教师35人，包括北京市骨干教师1人，本科以上学历39人。开设教学班16个。毕业生47人，招生169人，在校生498人。（贾　晗）

【举办儿童绘本阅读讲座】 2月18日，澜西园小学组织全体教师聆听王林博士关于儿童绘本阅读的讲座。王林博士从什么是图画书、图画书有什么了不起、图画书与亲子阅读和图画书进入语文课堂的形式四个方面进行详细的解读。讲座过程中穿插绘本故事分享，让教师们感受到了绘本阅读的魅力，也学到了如何利用绘本带领孩子进入阅读之门，用有趣的方式让孩子理解知识，感受多元的艺术，体会阅读的快乐。（贾　晗）

【举办自主实践课程展示】 2月24日，澜

西园小学春节自主实践课程展在学校体育馆内拉开帷幕。为响应号召，让孩子们度过一个愉快而有意义的假期，学校设计了包括读、写、画、唱、做、看、走、拍、攻击，共8类22项春节自主实践课程，同学们根据自己的实际情况有选择的完成。 **（程来顺）**

【与国际学校交流】 2至3月，澜西园小学与国际学校学生开展交流活动。2月28日，

来自国际学校的一百多名学生在老师的带领下到澜西园小学与学生们进行交流。活动中，学生们参观校园、进行文化展示、做游戏、交朋友，整个活动轻松快乐，其乐融融。本次活动，不仅促进了两校间的交流、学习，实现了教育资源共享，而且增进了两校间的友谊，对推动两校间全方位、更深层次的交流与合作奠定了良好的基础。3月18日，澜西园小学八十名学生在老师的带领下来到国际学校进行交流。活动中，学生们一同参观校园、听老师讲课、做游戏，感受不同文化背景下的教育环境，把亲手制作的具有中国传统文化特色的礼物送给国际学校的朋友们。这是两校学生间第二次交流活动。本次活动进一步促进了两校间的交流、学习，推动了两校间全方位、更深层次的合作。

（贾　晗　郝丽娟）

【迎接教研中心全学科协商视导】 4月14日，教研中心各科教研员到澜西园小学进行全学科协商视导。此次视导学科包含数学、英语、体育、音乐等11门学科，共18节课。课前，各科教研员及相关领导与学校领导进

行座谈，了解澜西园小学的办学理念及发展历程，讨论学校发展规划。课后，各学科教研员和学科教师进行研讨：就听课情况进行反馈，表扬优点，指出不足，提出今后改进的方向和措施。 **（贾　晗）**

【区小学综合实践活动系列研讨会在澜西园小学召开】 6月4日，顺义区小学综合实践活

动“三阶段六课型”研讨会在澜西园小学举行，区考研中心教研员张景林及全区的综合实践活动教师共计50余人参加研讨会。首先，澜西园小学古桂伶老师执教一节“饮料的学问”中期交流课；接着，全体教师进行认真地评课，交流各自的建议；然后，南法信中心小学王丽老师对“聚焦一次性用品”一课进行说课展示，向老师们呈现一个完整的综合实践活动；刘新老师结合“综合实践活动教学指南”做题为“在综合实践活动实施阶段教师如何进行指导”经验交流。区教育研究考试中心小学综合实践活动教研员张景林对上述两个活动进行点评。 **（古桂伶）**

【开展中年级语文名师大课堂活动】 6月10日，顺义区中年级语文名师大课堂活动在澜

西园小学举行。区考研中心小教科领导及全区中年级语文教师80余人参与了此次活动。活动分为四个板块。第一个板块由澜西园小学的郭艳春老师执教《小蝴蝶花》一课，史家小学的安然老师执教《巨人的花园》一课。第二个板块是先由执教老师说课，然后与会老师结合两篇童话故事的教学展开讨论。第三个板块由史家小学的杜建萍老师做《童话和童话教学》专题讲座．第四个板块是由教研员杨雪莲做点评。

（郭艳春）

【区教工委书记冯义国到学校调研】 7月1

日，区教工委书记冯义国到澜西园小学调研。冯书记向校长王晓芳询问师生搬入新教学楼后的情况，包括教学楼的使用、校园文化建设等，并对学校基础建设、设施条件，进行现场调研。冯书记还针对学校教师队伍的培养提出建设性意见，为澜西园小学今后的发展指明方向。

（程来顺）

【参加少年先锋岗活动】 8月6日，顺义区澜西园小学14名少先队员参加在人民英雄纪念

碑前站立首都少年先锋岗活动。这次站少年先锋岗活动分岗前选拔、站岗仪式、岗后教育三个环节，要求上岗队员统一服装，统一动作，并且是品学兼优、肯吃苦耐劳的优秀学生。虽然天气炎热，但每个同学都能坚持站好自己的岗位，精神饱满，而且在轮换到待岗区域内依旧保持挺立姿势，丝毫没有懈怠，展现出当代青少年良好的精神风貌。之后带队老师带领全体站岗队员参观毛主席纪念堂，瞻仰伟大领袖毛主席的仪容。最后，同学们集体登上雄伟的天安门城楼，感受天安门见证的沧桑历史，深刻地体会到祖国近年来的飞速发展和变化。

【顺义区中小幼交通安全第一课】 9月1日，开学第一天，“文明出行，平安上学——

顺义区中小幼交通安全第一课”在澜西园小学体育馆举行。顺义区教委政委刘忠广、综治科副科长辛郝新参加，顺义区交通支

队安检民警宋科学警官为小学生进行交通安全的讲座。宋警官从安全走路、安全骑车、安全乘车和手牵手共赢安全四个方面对全体学生进行安全教育，号召小学生注意交通安全，珍爱生命。最后，刘政委强调交通安全的重要性。本次讲座内容将制成光盘，向全区中小幼各单位进行发放，组织师生进行认真学习，共同为孩子们营造安全和谐的交通环境，确保孩子们安全健康地成长。 （程来顺）

【开展水务“秋风”进校园活动】 10月10日，水务局宣讲团走进澜西园小学，开展水

务“秋风”进校园活动。活动中，宣讲员刘海峰从如何避免溺水事件、节水护水知识、公民的责任和义务等三方面进行宣讲。最后，宣讲员与同学们进行互动，详细解答同学们提出的问题。通过这次活动，增强了同学们防溺水的意识，了解潮白河的现状，知道作为公民的责任。大家纷纷表示要把今天学到的知识与家长一起分享。

（程来顺）

【戈海宁数学工作室开展活动】 10月18日，戈海宁数学工作室在澜西园小学开展中年级数学教研活动。此次活动分为三个环节，即课例呈现、观点分享、交流提升。在“课例呈现”环节中，澜西园小学张新艳和马临颖两位老师分别执教三年级“角的初步认识”和四年级“角的度量”，两节课以相关联的知识点为教学内容，侧重研究如何把握教材的内在联系，读懂教材，选择适合的方式和策

略展开学习过程。接着由澜西园小学魏光玺老师和大家进行“观点分享”，她分享的主题是“今天我们该做怎栏的数学教师”。最后，由工作室主持人戈老师和教研室魏金辉老师组织老师们共同研讨“交流提升”。通过此次活动，老师们明确了备课要注意瞻前顾后，教书同时要育人，教师专业发展需要研究的态度和习惯。 （刘秀清）

【木偶艺术进校园】 11月17日，中国木偶

艺术剧院12位演员到澜西园小学开展民族艺术进校园演出活动。活动中艺术家们为学生表演《巧断案》、《咕咚来了》、《神缸》三个节目，还与同学们进行现场互动，受到大家的欢迎。澜西园小学500余名师生观看演出。此次演出寓教于乐，丰富、活跃了孩子们的课余生活，拓宽了视野，使学生们近距离的接受了一次深刻生动的民族传统文化艺术的欣赏和教育。 （程来顺）

【开展首届评优课大赛】 11月25日至12月2日，为了给教师搭建展示平台，进一步提

高教师的业务能力，澜西园小学开展以“构建自主高效课堂，提升课程教学内涵”为主题的首届课堂教学评优课大赛。学校要求各位任课教师自选主题、按照教学进度、学校拟定时间，自定课题进行上课，鼓励教师充分发挥自身的教学优势，展示各自亮点。教研组长认真组织好本组教师备课、说课、试讲，同组间互相帮助、合作共进。学校对所有课堂全程录像，并邀请教研员和学科专家进行评课指导，评选出首届课堂教学评优课“潜能奖”、“风采奖”“魅力奖”。 **（刘秀清）**

【举办顺义区小学青年体育教师观评课】 12月，顺义区小学青年体育教师观评课活动在

澜西园小学进行。体育教研员张子恒主持本次活动。澜西园小学柳洋老师执教“旱地冰球”，薛立志和田蜜老师上跳绳教学片段课。课后，授课教师进行说课，听课教师进行点评。张子恒老师对授课的三位教师给予充分肯定，并提出建议。最后，张老师对青年教师们做《体育教学大纲》的解读与培训，同时希望大家发扬年轻人的优势，主动学习，加强研究，切实领悟体育教学的本质，快速地成长起来。 **（程来顺）**

北京市顺义区李各庄学校

【概况】 2014年，北京市顺义区李各庄学校占地面积29782平方米、建筑面积4068平方米，体育场馆面积12963平方米。图书馆（室）藏书3.5337万册，订阅杂志、报刊30种。固定资产总值809万元。全年教育经费投入655万元，全部为国家拨款。全年学校信息化经费投入10万元，拥有计算机70台，多媒体教室座位172个，校园网出口总带宽100Mbps，数字资源量500GB，“信息技术”课程0.5课时/周。普通教室6个、专用教室6个。教职工30人，其中，高级职称1人、中级职称21人。专任教师30人，本科以上学历25人。开设教学班6个。毕业25人、招生36人、在校生172人。 **（夏占军）**

【民间剪纸社团展示】 4月26日，李各庄学校在北京国际鲜花港开展“彩虹假日炫—民间剪纸”社团展示。活动在区教委的安排下，李各庄学校1至6年级70余名学生和部分家长走进北京国际鲜花港，在幻花湖开展“彩虹假日炫，民间剪纸”社团展示活动。同学们精湛的剪功，精美的作品获得游客们称赞，学校还为游客准备了精美的小礼品——蝴蝶剪纸，游客们也都情不自禁的拿起剪刀，在李各庄学校师生的耐心指导下进行剪纸，

还有的游客留下联系方式，准备到学校进行系统的学习，就连外国游客也被同学们和游客现场剪纸的氛围所感动。（赵　鹏）

【媒体采访剪纸特色】 5月13日，李各庄学校剪纸特色接受了多家媒体的采访、报道。

现代教育报、顺义电视台、电台、顺义时讯等媒体记者及教委领导一行10余人来到李各庄学校，对学校的民间剪纸特色进行采访、报道。校长张忠就学校剪纸六年来的发展进行汇报，并接受媒体记者的专访；教委领导走进各班剪纸课堂，看望前来参加剪纸学习的家长和孩子；最后观看学校的校园文化。5月21日，《现代教育报》以“小剪子剪出大舞台”为标题进行整版报道；6月9日，《顺义新闻》播出此次报道。（赵　鹏）

【参加第二届全国儿童剪纸作品比赛”喜获佳绩】 5月30日，李各庄学校作为优秀组织单位，应邀参加了“第二届全国儿童剪纸作

品比赛”颁奖开幕式。李各庄学校积极组织学生参与由全国妇联儿童工作部、中国妇女儿童博物馆主办，教育部体育卫生与艺术教育司、文化部非物质文化遗产司指导的“2014年第二届全国儿童剪纸作品展童趣的飞翔”比赛活动，利用业余时间努力创作。经过学校优中选优，在被推荐的18幅优秀剪纸作品中，李凤丽同学的《乐园》获一等奖，6名同学分获三等奖和优秀奖。这是李各庄学校学生首次参加全国性的剪纸比赛活动。所有获奖作品将由中国妇女儿童博物馆收藏，并收集到由现代教育出版社出版的《童真的畅想》第二届全国儿童剪纸展作品集中。

（赵　鹏）

【开展学生课外体育活动】 9月3日，李各庄学校开始新一学年度的体育课外小组活

动。本学年的体育课外小组活动为达到锻炼身体的目的，全面提高学生兴趣，在开学初学校体育工作领导小组做了大量调查分析工作，并针对本学期开展的项目购置了活动器材。新的活动形式、新的活动器材、新的辅导教师极大地激发了学生的参与热情。

（夏占军）

【教师陈永丽参加市级微课程录制】 9月19日，李各庄学校教师陈永丽在北京市东城区教育研究学院进行团花剪纸微课程录制。录制前期，市教研中心的吴洋和区教研室的高冬梅老师对陈永丽的教学设计进行了多次指导，为降低难度，最后决定分三课时进行录制，分别是“折法研究、纹样设计、剪纸技巧”。这次微课程录制，陈老师作为全区唯

一一名劳技教师参加，在锻炼自己同时，也给其他任课教师起到示范引领作用。

（古立新）

【写“循环日记”促学生写作水平提高】 9月26日，李各庄学校开展“写循环日记，促

学生写作水平提高”表彰总结大会。目前小学生普遍存在的问题就是怕写作文，这是由于小学生生活经历不丰富，平时缺少积累造成的。针对这一问题，学校开展“写循环日记”促学生写作水平提高活动。活动分三个环节：第一，开学初，主抓教学的古立新主任进行循环日记方案的解读，包括什么是“循环日记”、具体操作办法、评价及表彰方式等；第二，月末进行优秀日记的评选，并进行全校性表彰；第三，利用校内广播，播放学生优秀日记。从九月份的总结表彰来看，达到预期的效果，孩子们敢于在日记中发表自己的所见所闻、所思所想。写循环日记成为家校沟通、师生沟通、生生沟通的有效途径。

（古立新）

【迎接区教研室教学视导】 10月13日，在区教研室主任杨树华的带领下，小学教研室的12个学科14位教研员来到李各庄学校进行

教学视导。首先由主抓教学的主任古立新进行视导方案的汇报，根据视导主题“课时目标的制定与有效落实”，分别从教师现状、课堂教学“目标的制定与落实”现状、校本教研三大方面进行解读；然后各位教研员进班听课；最后根据主题和听课情况进行有针对性的点评。此次教学视导为学校教师搭建了学习和交流的平台，为李各庄学校的教育教学管理提出更高的要求。

（古立新）

【开展“家长开放日，展师生风采”活动】 12月19日，学校开展“家长开放日，展师生

风采”活动。为了全面展示学校的办学特色、校园建设以及全体师生的良好精神风貌，让家长亲自感受子女在校的学习和生活，搭建学校、社会、家庭的友谊桥梁，李各庄学校开展了“家长开放日，展师生风采”活动。活动分为三项：一是召开全校的家长会，由主抓教学的古立新主任做家庭教育讲座。古主任结合当前家庭教育新问题，运用生动而具体的案例阐述

家庭教育应该注重学生兴趣、能力、习惯等方面的培养。二是优秀学生作文诵读展示。三是各班召开家长会，由班主任和任课教师从不同学科向家长展示学生的学业水平。此次活动，受到家长一致好评。（古立新）

【组织师生观看电影《天河》】 12月17日，李各庄学校组织全体师生来到顺义影院

观看电影《天河》。为庆祝和纪念南水北调工程通水而创作的影片《天河》感人至深，观看中，同学们全神贯注，没有一名同学随意走动。活动后，低中高年级分别以手抄报和观后感等不同形式提出倡议并表决心：节约用水，从我做起。（赵　鹏）

北京市顺义区李遂中心小学

【概况】 2014年，北京市顺义区李遂中心小学，占地面积22000平方米、建筑面积5000平方米，体育场（馆）面积12600平方米。图书馆（室）藏书4万册，订阅杂志、报刊5种。固定资产总值750万元。全年教育经费投入756万元，全部为国家拨款。全年学校信息化经费投入6.3万元，多媒体教室1个，校园网出口总带宽100Mbps，“信息技术”课程0.5课时/周。普通教室18个、专用教室8个。拥有计算机150台。教职工66人，其中，中级职称39人。专任教师59人，包括北京市骨干教师1人，本科以上学历59人。开设教学班18个。毕业120人、招生120人、在校生666人。学校地址：北京市南孙路李遂段17号；网址：http：//58.133.133.255。（单继友）

【组织师生参加校内军训活动】 8月下旬，

李遂中小全体师生开展为期2天的军训活动。学校聘请30余名教官，对全校二至六年级学生以及全体教职员工展开训练。训练过程中，教官严格要求，师生态度认真，在校长姚磊的带领下，全体教师积极参与。（单继友）

【开展专家进校园系列活动】 9月5日，李遂中小邀请考研中心副主任李广生作《漫话研究》专题讲座。李主任结合自己的成长、生活的经历进行理性的深度思考，阐述研究对于工作、学习的重要作用。他通过“为什么研究”“研究什么”“怎样研究”三个问题逐一展开，直击常态课堂，对教师如何教和怎样读懂学生进行层层剖析。此次讲座是李遂中小“专家进校园”系列活动之一。历时八十分钟的讲座引发了每位教师的思考，使大家深刻认识到：作为一名教师，只有愿意研究、肯于研究、坚持研究，才能让教师的教学生命持久与长青。（单继友）

【召开向幸福出发青年教师座谈会】 9月12日，李遂中小召开了五年以下青年教师、学校领导班子成员、教研组长参加的座谈会。会议肯定了青年教师的成绩、指出了不足、提出了具体要求；所有青年教师汇报了自己在教学管理方面典型成功案例及体会，提出本学期的工作目标和工作需求；领导班子成

员逐一对本组教师点评并结合工作岗位做出服务承诺。姚磊校长结合自己的成长历程向青年教师提出了“七有”“六不做”要求，期望他们早日成为合格教师。（单继友）

【组织骨干教师献课活动】 11月19日，李遂中小为充分发挥优秀骨干教师的引领作用，本着“聚焦课堂，以课代训”的理念组织骨干教师献课活动。祖志云、李红、李方亮、高文启老师上了四节风格各异的示范课。四位老师精心设计，巧妙组织，启发到位，提问合理，训练有效，借助多媒体教学课件展示了优秀教师的风采。课后，四位教师就自己在教育教学理论探索、教学实践创新等方面经验进行交流，学校领导组织教师进行认真的评课。通过“名优骨干教师献课”主题实践活动，有效地提高了教师的教育教学水平，对深入推进校本教研实践活动起到积极作用。（单继友）

【聘请外籍教师提升英语教学水平】 12月10日，三名英语外教来到李遂中小，走进课

堂。他们分别来自英国、加拿大和尼日利亚。这是李遂中小成立以来第一次聘请外教，从国外的教学方法中汲取有益的东西。外籍教师加入英语教学队伍，利用他们得天独厚的语言条件，可以起到事半功倍的效果。

（单继友）

【民革北京市委文化扶助基地揭牌仪式在李遂中小举行】 12月18号，中国国民党革命委员会（简称民革）北京市委员会文化扶助基

地揭牌仪式在李遂中小举行。民革北京市委秘书长蒋耘晨、顺义区统战部副部长贾睿及李遂镇相关领导一同参加了仪式。揭牌仪式后，民革向李遂中小捐赠了一台摄像机及图书一万余册，并观看了李遂中小的社团表演。最后，蒋秘书长转达民革对李遂中小全体师生的问候，并鼓励全体师生，认真践行社会主义核心价值观，努力工作，努力学习，为早日实现中国梦打下坚实的基础。（单继友）

【尝试HAPPY模式探索积极教育】 12月19日，心理专家陈虹博士走进李遂中小，与

全体任课教师一起，进行一次《积极挖掘我的班级优势》对话式讲座。老师们积极剖析班级和问题学生的自身优势，在准确把握学情的基础上发现有利条件，在具体行为上给孩子正确的指导、有针对性的引领。作为顺义区“积极语言实验学校”，为鼓励和引导教师尝试HAPPY模式，探索积极教育，李遂中小为每位教师配备了《教师积极语言在课堂中的运用》和《给老师的101条积极心理学

建议》两本书，并在科研的引领下，组织教师创编积极语言，挖掘学生的积极品质，营造积极的教学环境，激发学生的主动性，提高学生的思考能力。 （单继友）

北京市顺义区龙湾屯中心小学

【概况】 2014 年，北京市顺义区龙湾屯中心小学校占地面积 17750 平方米、建筑面积 4637 平方米，体育场馆面积 9169 平方米。图书馆（室）藏书 2.35 万册，电子图书 0.1 万册，订阅杂志、报刊 30 种。固定资产总值 599.66 万元。全年教育经费投入 1210 万元，全部为国家拨款。全年学校信息化经费投入 5 万元，拥有计算机 117 台，多媒体教室座位 805 个，校园网出口总带宽 1000Mbps，数字资源量 538GB，“信息技术”课程 0.5 课时/周。普通教室 15 个、专用教室 7 个。教职工 54 人，其中，高级职称 2 人、中级职称 26 人。专任教师 36 人，包括北京市骨干教师 1 人，本科以上学历 32 人。开设教学班 15 个。毕业 81 人、招生 78 人、在校生 463 人。网址：http：//www.lwtxx.shyedu.cn。（靳立武）

【举办自主课堂中学生口语表达能力培养策略专题沙龙】 2 月 28 日，龙湾屯中小举办自

主课堂中学生口语表达能力培养策略专题沙龙。副校长李海云首先带大家回顾 2013 年学校“有效教学小策略”研究情况，之后北师大远程教育研究所特聘研究员郭东歧教授主持沙龙活动，通过分组讨论、汇报交流，大家梳理归总课堂上学生不敢说、不爱说、不会说的现象、原因以及敢说、爱说、会说的训练策略。两个多小时的研讨，使与会者感受到“口语表达能力培养策略”研究惠及到教学的方方面面，口语表达能力的培养势在必行，它是龙湾屯小学追求“愉悦、主动”四字课堂理念，建构自主、高效课堂的切入点。最后，李海云对下一步研究工作进行具体布置。考研中心师训科科长方树东、副科长安贵增、教委小教科王志良与龙湾屯中小全体干部教师参加研讨。 （靳立武）

【多形式促教师发展】 自 2 月开始，龙湾屯中小以小问题研究为突破口开展校本教研工作，通过外请专家讲座交流、骨干教师引领、师徒互助共进、大小教研结合等形式提高教师的研究能力及合作意识。 （靳立武）

【召开青年教师座谈会】 4 月 10 日，龙湾屯中小借顺义区“空临杯”青年教师说课大赛落下帷幕的契机，召开青年教师座谈会。会上教师梳理了在准备过程中的点滴体会与说课前后的变化；之后请三位青年教师介绍各自的教学设计在课堂上的实施、思考预设与落实的差距；研讨中大家帮助总结出最佳的教学方案。经过说课——上课——反思——再设计的反复磨合，三位教师深感受益匪浅。 （靳立武）

【启动“三爱三节”活动】 9 月 1 日，龙湾屯中小利用开学典礼第一课启动“三爱三节”

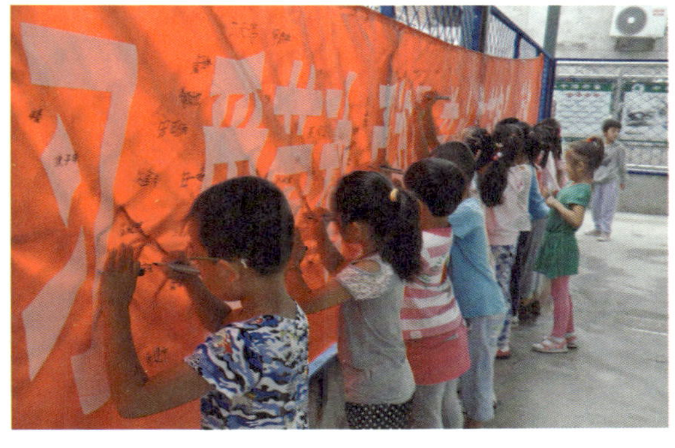

教育活动。少先队大队向全体少先队员发出了“‘爱学习、爱劳动、爱祖国；节水、节

电、节粮'——从我做起”倡议。全体教师、少先队员进行签名。为了将“三爱三节”活动广泛深入开展下去，学校后续将组织全校各班开展“三爱三节”之星评选活动，每月以民主选举的方式进行推选，由此掀起向榜样学习、争当榜样的热潮。同时学校每月利用升旗仪式对评选上的学生进行表彰奖励。

（靳立武）

【启动教师基本功培训与展示活动】 9月15日，龙湾屯中小“学习与分享暨龙湾屯小学

基本功培训与展示活动”举行启动仪式。会上，区级骨干教师孔祥春介绍参加郭华教授“活化教学基本功”培训学习的感受，副校长李海云提出“学习快乐，分享幸福”的教师基本功培训与展示理念，鼓励教师享受教师业务培训的过程，不断历练自己的业务能力，更好地为教学服务。此后学校将陆续举办教学设计培训、学用课标征文、教师说课与做课展示等活动，从而使学校教师基本功培训活动真正落到实处。（靳立武）

【召开课堂教学研究反思总结会】 9月15日，龙湾屯中小召开“课堂教学研究反思”总结交流会。此前学校要求每位教师均需结合课堂教学研究、专题教研活动撰写出精品教学反思，每学期不少于8篇。上学期共征集近300篇精品反思与案例。文章普遍围绕小组合作学习、口语表达、学习意识等专题研究或结合课堂得与失进行深入思考。会上，对教师上交的反思案例进行点评总结，并将优秀反思笔记进行展示。（靳立武）

【“数学加油站”启动仪式举行】 9月16日，龙湾屯中小举行“数学加油站”启动

仪式。启动仪式上，“加油站”站长——区骨干教师孔祥春宣读《数学加油站工作计划》。该计划让数学加油站成为每个成员互相交流、共同发展的平台，立足课堂，积极开展一系列的教学改革和课题研究工作，重点是发现并解决学校数学教学中存在的问题，促进数学教学的整体推进。会上校长、副校长均对教师提出希望与要求。该“加油站”以学校区级骨干教师为核心，数学教师全员参加。（靳立武）

【开展新教师拜师会】 9月17日，龙湾屯

中小召开新教师拜师会。会上，5名工作不满5年的新教师分别拜区级骨干教师与学校优秀教师为师，拉开了师徒互学互助、共同发展的序幕。此举将为学校形成金字塔型教师队伍结构，实现教师队伍素质的整体提升打下良好基础。（靳立武）

【小作者获“东方少年中国梦”作文大赛特等奖】 9月20日，顺义区龙湾屯中心小学学生赵维佳的习作从全国60万件作品中脱颖而出，荣获“东方少年中国梦”第二届创意作文大赛小学组的特等奖并获得北京小作家协会的入会资格。该奖项是龙湾屯中小“新芽文学社”成立以来获得的最高奖项。同时龙湾屯中小获“优秀组织奖”。指导教师关金如获“优秀指导教师奖”。（靳立武）

【参加顺义区运动会获可喜成绩】 9月26日，龙湾屯中小在顺义区中小学运动会上喜获佳绩。分别取得小学组团体总分第7名、跳绳比赛第5名的好成绩。（靳立武）

【强化班主任队伍建设】 9至12月，龙湾屯中小加强班主任工作的管理和指导，强化班主任队伍建设。该举措主要是利用培训、沙龙、经验介绍等形式开好每月一次的班主任主题论坛，本学期的论坛包括班级管理、小干部培养、家校协同、后进生转化、班级文化建设，通过培训、研讨、经验交流，使优秀的管理经验得以共享，此外学校还利用教师会开展评价手册使用、如何上好队课、外出学习反馈等培训，收到一定效果。（靳立武）

【召开全体家长会】 10月16日，龙湾屯中小召开全体家长会。会议分为两部分，第一部分全体家长在学校操场倾听中国家庭教育指导中心专家宋齐的家教讲座，第二部分家长进入各班教室参加班级家长会，此次家长会家长参与率达到80%。（靳立武）

【举办“新芽两年话芬芳”专题总结交流活动】 10月，龙湾屯中小“新芽”文学社喜庆两周年之际，学校举办“新芽两年话芬芳”专题活动。特邀请著名乡土作家王克臣，《京郊日报》编辑杨英，区作协副秘书长刘飞鹭，区音协副主席张振祥，区政协委员李保忠等嘉宾出席庆典活动。会上，文学社教师王国兰对上一年成绩进行总结。一年来，文学社社员在老师带领下，积极参加各项比赛，共有31人次分别荣获国家一等奖，市、区级一、二、三等奖。该社学生赵维佳的《大嘴怪的到来》从全国60万件作品中脱颖而出，荣获全国第二届新创意中小学作文大赛特等奖。之后，王克臣给孩子们做《如何写好日记》专题讲座，他用通俗易懂、幽默风趣的语言给孩子讲“写什么”“怎么写”这两个困扰孩子写作的难题；杨英深情寄语，表达出给孩子搭建写作平台意愿；李保忠激情朗诵的即兴创作，赢得热烈的掌声。（靳立武）

【重新编发《心之桥》家教月刊】 10月起，龙湾屯中小重新办起《心之桥》家教月刊。该月刊设有《校园快讯》、《学生风采》、《教师风采》、《家教知识》四个栏目，由学校负责供稿，找专业的广告公司设计印刷，版面阔大而精美，受到家长的普遍欢迎。

（靳立武）

【关注常态课堂教师岗位练兵】 11月中旬，龙湾屯中小举行40周岁及以下教师常态课录像评优活动。活动历时三周，共听课、录课23节，其中：数学8节、语文5节、英语2节、体育2节、音乐2节、美术1节、科学1节、信息1节、书法1节。可以确信，通过此轮评审，有效课堂成为学校的常态。

（靳立武）

【开展青年教师说课展示】 11月20日，龙湾屯中小举行五年内青年教师的说课展示活动。校长及全体干部参加此次活动。首先，副校长从师徒结对、师徒同课（同备、同上、同议）、青年教师引领课、学科教研员指导课等方面，总结前段青年教师的培养情况。接着，五位青年教师分别进行音乐、美术、信

息技术、科学、语文等学科的说课展示。说课虽显稚嫩但能够感觉到青年教师认真研读教材和学习学科课程标准的敬业态度，并能够较全面说出“教什么”“怎么教”“为什么教”这三个问题。说课后大家一同交流，氛围融洽。最后校长张炎提出希望与建议：1. 多学习，爱岗爱生；2. 多请教，站稳讲台；3. 多反思，稳中求升。今后，学校将多举措搭平台促青年教师不断进步。（靳立武）

【成立新一届校级家长委员会】 11月21日，龙湾屯中小由各班家长委员会主任组成校级家委会。会上，学校向每位家委会成员颁发聘书，校领导分别介绍各自工作，家长各抒己见为学校发展提出建议。家长一致认为应该多开几次这样的会议，真正架起学校与家长之间沟通的桥梁。（靳立武）

【小语教研室到校视导】 12月1日，区教研中心小语教研室全体教研员到龙湾屯中小进行语文学科全年级视导。此次视导，除一年级因参加大课堂活动外出，教研员共对其

他年级视导5节课，同年级教师随同听课、评课、交流。研讨后，每位教研员又分别解答教师提出的教学困惑，其中特别提出语文教学建议。如，树立大的语文教学观、学情意识等。此次视导，对学校语文教师课堂教学能力的提高和教学观念的转变，起到助推作用。从备课、视导过程中使教师感受有很大的收获，也体验出成长的快乐。（靳立武）

【开展流动法庭进校园活动】 12月10日，龙湾屯中小和龙湾屯镇司法所联合开展“流动法庭进校园”活动。活动采取现场“以案说法”形式将顺义法院未成年案件综合审判庭一起真实的寻衅滋事案件完整的法庭审理过程搬进校园，该活动有效提高了青少年遵纪守法意识。学校五、六年级150多名师生参加。（靳立武）

【聚焦常态课堂，探索构建四字课堂】 年内，龙湾屯中小通过录像课评优、领导跟踪听课、同伴互听研讨、师生互动交流等形式聚焦常态课，建构自主探究的“四字”（愉悦——主动）课堂形态。建构过程中，学校倡导教师发挥自身优势进行创造性研究，力求使课堂呈现学生愉悦主动学习的效果。在日常的听课与交流中，学校领导提醒教师“四带进”，即把“微笑、鼓励、表扬、信任”带进课堂。为学生的愉悦主动学习创设宽松的氛围。课堂中出现的“积分制”“争星制”“小老师制”等激励形式，使学生课堂上的积极性主动性大为提高。数学学科摸索出：“提出问题——合作探究——分享交流——总结拓展”的自主探究模式（孔祥春、尤学静、解建颖）；语文学科进行“拓展阅读”（郑玉玲）、“作文教学的研究”（关金如）、“识字教学小策略”（李燕平）等探索。另外，学生语文课堂教学与“新芽”文学社活动结合也实现了课内与课外的有效对接。即：课堂上照顾到全体学生，课外关注有特长或有兴趣的同学。由课外的“点”带动全体学生的“面”，使语文学习呈现出日益生动的局面。（靳立武）

【多途径开展校本教研】 年内，龙湾屯中小积极探索校本教研活动的有效形式。截至年末学校已摸索出教师乐于参与的形式有：专题沙龙式、学习分享式、追踪研究式。沙龙式包括“新课程背景下常态课专题沙龙”“自主课堂中学生口语表达能力培养策略研究”专题等。学习分享式是指骨干教师外出参加学习培训或教研活动回来后进行对照反思，把自己的收获分享给其他教师。追踪研究式主要是指“数学加油站”活动。融骨干教师引领、数学学科教研为一体提升数学教师的整体素质。本学年的主题是概念教学与计算教学，通过资料分享、课例研讨、反思交流等形式开展层层递进式研究。 （靳立武）

北京市顺义区南彩第二小学

（北京市顺义区俸伯中心小学校）

【概况】 2014 年，北京市顺义区南彩第二小学占地面积 66416 平方米（其中新校区 18175 平方米，老校区 28350 平方米，四村联校 19891 平方米），建筑面积 18819 平方米（其中新校区建筑面积 10772 平方米，老校区 5768 平方米，四村联校 2279 平方米）。体育场面积 9933 平方米（中心小学 6262 平方米，四村联校 3671 平方米），新建校区建有体育馆，体育馆面积 919 平方米。图书室藏书 31926 万册，电子图书 48 册，订阅杂志、报刊 200 种。固定资产总值 968 万元。全年教育经费投入 1892 万元，全部为国家拨款。全年学校信息化经费投入 11.2 万元，拥有计算机 268 台，多媒体教室座位 1865 个，校园网出口总带宽 100Mbps，数字资源量 58GB，“信息技术”课程 0.5 课时/周（指周平均课时数）。普通教室 25 个、专用教室 11 个。教职工 87 人，其中中级职称 65 人。专任教师 87 人，本科以上学历 65 人。开设教学班 25 个。毕业 138 人、招生 164 人、在校生 994 人。网址：http：//www.ncex.shyedu.cn/ （李晓震）

【开展“三八”节教育活动】 “三八”前

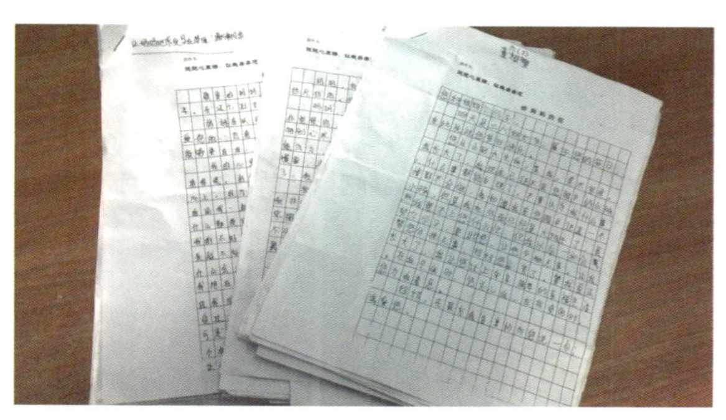

夕，俸伯中小开展“我的好妈妈”主题教育活动。活动分三个年级段展开：低年级进行“妈妈真漂亮，让我画画您”活动；中年级进行“妈妈辛苦啦，让我帮帮您”活动；高年级开展“说说心里话，让我亲亲您”——给妈妈写封信活动。学生通过帮妈妈画像和给妈妈写信，传达自己发自内心的热爱与尊敬；通过劳动体验，感受到了妈妈既要工作又要照顾家庭的辛苦。尤其是有的孩子，把平时当面不好说的心里话都写在信里，使母子间真正达到了有效地沟通。学校将以此次活动为突破口，积极开展感恩教育，努力搭建亲子沟通的桥梁，为学生身心健康成长营造和谐氛围。 （李晓震）

【开展“学雷锋”主题教育活动】 3 月，俸伯中小开展“学雷锋”主题教育活动。向全

校学生发出倡议，号召大家要积极行动起来，从身边的小事做起，学习雷锋精神，向粗鲁告别，向陋习告别，向坏习惯告别，力争把礼貌带进校园，把微笑带给同学，把孝敬带

给家长，把谦让带给他人。3 月 3 日，升旗仪式上进行学雷锋主题讲话，向全校师生提出开展学雷锋活动的倡议；3 月 5 日，三至六年级召开学雷锋主题班会；以年级为单位，组织开展学雷锋活动：一、二年级捡拾校园杂物，三、四年级每位学生为同伴或者老师做一件好事，完成活动记录表，三至六年级走出校园，捡拾校园外沥青路及两侧纸屑、包装袋等废弃物。此次活动的开展，旨在让雷锋精神永驻校园，使学校的校园环境、学生的学习风气和精神面貌都有一个质的提高。

（李晓震）

【承办城乡联动组团同课异构活动】 3 月 18 日，城乡联动组团同课异构活动在俸伯中小

举行。小店中小、双兴小学、俸伯中小 9 位教师分别参与英语、数学、语文三个学科的同课异构课堂教学研讨活动。课后，区考研中心数学教研员张秋爽、周爱东，语文教研员闫兴河分别组织听课教师进行互动研讨。通过互相研磨切磋，不仅讲课教师得到能力提升，听课教师也受益匪浅。随后，俸伯中小韩利主任做本联盟开展协作教研的经验介绍。为期半天的活动中，教师们进行思想上的碰撞与交流，既开拓了眼界，又增长了知识。顺义区小教科老师王志良、区教育改革办公室主任贾立新、三所联盟校的校长共同出席此次活动。（李晓震）

【举行“作家进校园”报告会】 3 月 25 日，俸伯中小联合北京西单图书大厦，在顺义区第十一中学报告厅举行“作家进校园”报告

会——暨“1 +1 +1”活动启动仪式。区教委副主任张海东、南彩镇主管教育副镇长谢丽琴、校长姚庆民代表学校向著名作家梅子涵教授颁发“读书大使”聘书，为首批参与活动的师生举行隆重的拜师仪式。最后，活动在梅子涵教授精彩的讲座《阅读与心灵成长》中结束。此次报告会为俸伯中小读书活动填上点睛的一笔，也拉开了学校下一阶段读书教育活动的序幕。杨镇一中联盟各校主管德育、教学的领导以及区内主要新闻媒体、低年级学生家长一同出席了此次活动。

（李晓震）

【迎接攀登英语项目组视导】 3 月 26 日，北京师范大学攀登英语项目组专家在顺义区

教育研究考试中心英语教研员贾秋林陪同下，到俸伯中小进行攀登英语视导。专家与教研员现场听取一、六年级的攀登英语课，并对所听课给予充分的肯定。随后，项目组专家与学校攀登英语实验教师进行深入的交流，提出一些建设性的意见，为学校下一阶段攀

登英语教学工作指明了努力方向。俸伯中小将以本次视导为契机，总结经验，发扬优点，克服不足，使学校的攀登英语工作再创佳绩。（李晓震）

【迎接顺义区科研视导】 3月26日，顺义

区教科室张红梅等一行3人到俸伯中小进行科研工作视导。本次视导活动的主题是“课堂教学启思性提问设计与实施观察活动”。视导组首先听取王倩老师和王晋龙老师的语文课题研究课及科学课题研究课，随后，听取韩利主任课题研究进展情况的汇报，最后，教研员与课题组教师一起，就这两节课进行充分研讨与交流，对如何更加有效地在课堂教学中实施启思性提问提出了指导性的意见和建议。本次科研视导对学校教育教学工作起到很大的促进作用，学校将以此为契机，将科研工作继续向前稳步推进。（李晓震）

【儿童文学作家曹文轩来校讲座】 4月4日，俸伯中小第二届“1+1+1”作家进校园

活动举行。1700余名学生、教师及家长用鲜花和掌声将当代著名儿童文学作家、北京大学博士生导师曹文轩教授迎进校园。在姚庆民校长致简短的欢迎词后，学校授予曹文轩教授“1+1+1”梦想之杯，将2名优秀师生代表推荐给曹教授为徒，希望两人在曹教授精心点拨、指导下，写作能力快速提升，成为学校的创作人才。随后，在全场期盼的目光中，曹教授走上演讲台，为大家做题为《阅读与写作》的精彩讲座。本次活动的开展，为俸伯中小的读书活动增添了一抹亮丽的色彩，让孩子们在写作的道路上重拾信心，也为孩子写作而发愁的老师、家长指明了方向，向打造书香校园迈进一大步。（李晓震）

【开展高雅艺术进校园活动】 4月4日，北京交响乐团的演员为俸伯中小四至六年级师

生送来艺术表演。首先，主持人用生动的语言为师生们介绍各种管弦乐器的名称，并通过分别演奏，让师生感知每种乐器的音色特点。随后，乐团演员们为师生奉上了《天空之城》、《植物大战僵尸》等十余首深受孩子喜爱的管弦乐曲，会场上掌声不断。（李晓震）

【心理学博士陈虹来校讲座】 4月8日，北京师范大学心理学博士陈虹应邀到俸伯中小，为全体干部教师做了题为《积极心理学理念下积极语言在教育教学中的应用》专题讲座。讲座中，陈虹博士通过具体的案例，全方位给老师们阐述了“双方面论”，带领老师们了解了5种语言风格及5个语言层次，并通过现场与老师互动的方式，让教

师体验到——坚持用积极的语言鼓励和激励学生，学生会变得愉快，产生积极的情绪。而积极情绪本身会让学生产生愿意去做某事的愿望和决心，激发学生自愿做某事的动机，从而形成良性循环。短短的一个半小时的讲座让老师们受益匪浅，为今后更好的教育管理学生提供了强有力的理论支撑。（李晓震）

【书画家来校与师生交流切磋】 4月13日，俸伯中小迎来著名书画家崔承顺一行，来校

共同交流切磋，拉开学校首届“大手拉小手艺术节展示活动”的序幕。浓浓墨香中，老书法家们精神矍铄，奋笔疾书，为学校师生题写了数十幅书画作品，并从小处着眼，对师生们的绘画、书法进行仔细的指导，使师生们受益匪浅。此次活动是俸伯中小“名家进校园活动”的重要组成部分。从本学期开始，学校本着“为师生服务、促师生发展、建文化校园”的宗旨，不断引进校外各方面优秀人力资源，为师生成长搭建平台，确保学校综合质量稳步提升与发展。（李晓震）

【学校正式更名为北京市顺义区南彩第二小学】 4月下旬，北京市顺义区俸伯中心小学校正式更名为北京市顺义区南彩第二小学。

学校于1950年3月建立，始称北京市顺义县河北村中心小学校，为公立完全小学。1989年暑假，河北村中小迁入教学楼，更名为北京市顺义县俸伯中心小学校。1997年撤销俸伯乡并入南彩镇。1998年撤县设区，学校更名为北京市顺义区俸伯中心小学校。目前学校有25个教学班，87名教师，996名学生。学校坚持“和实生物，读则日新”的办学理念，努力营造书香校园，滋润孩子的智慧童年。（李晓震）

【举行“我的中国梦”演讲比赛】 4月27日，南彩二小在开展“美丽中国，我的中国

梦”读书征文活动的基础上，举行“美丽中国，我的中国梦”主题演讲比赛。经过各班认真选拔，共有15名同学参加比赛。比赛中，参赛选手结合实际，围绕主题，热情洋溢的

描述各自心中的美丽梦想，表达了对建设好伟大祖国、建设好美丽家乡的美好期盼，把个人梦想融入到“中国梦”之中，励志用实际行动托起“中国梦”。同学们精彩的演讲，赢得同学以及评委的阵阵掌声。通过此次演讲比赛，同学们更加深切地体会到了什么是“中国梦”，作为一名小学生，怎样做才能更好的实现“中国梦”。（李晓震）

【儿童文学作家王一梅来校讲座】 5月6日，儿童文学作家王一梅走进南彩二小，为

全校师生及五、六年级家长带来一场精彩的文学创作讲座。王一梅教授用柔美的声音，动情地与孩子们分享自己从事儿童文学写作的体会和成长经历，并用生动的事例为孩子们传授了写作的三大法宝：观察、想象和情感。师生和家长们静静地聆听着，认真地记录着，不时为作家精彩的演讲报以热烈的掌声。随后，孩子们积极与王教授互动，王教授一一作了解答，并为这些队员赠送了精美的小书签。在“签名寄语”环节，孩子们抑制不住内心的喜悦，捧起王教授的一本本优秀儿童文学作品争先恐后签名留念。（李晓震）

【举办庆“六一”旧图书交易会】 5月30日，南彩二小举办旧图书交易会。各班纷纷展示了精心设计制作的宣传海报，打出了宣传打折、促销等标语，有的班级还表演起别出心裁的促销节目。在各班摊位上，还真能淘出不少的好书——《叮叮当当系列》，杨红樱的《非常爸爸》《非常老师》等，有的同学

还将八成新的闲置文具、自制的小工艺品摆出售卖，每个摊位前都被围得水泄不通，热闹非凡。各班特邀家长代表及学校老师也积极参与此项活动。（李晓震）

【李晓梦同学获全国演讲比赛二等奖】 7月29日，全国五好小公民“美丽中国，我的中

国梦”演讲比赛在重庆举行。来自全国的100余名小选手参加了小学、中学组的比赛。在小学组比赛中，南彩二小五年级李晓梦同学作为北京市选手登台演讲，她沉着冷静，以声情并茂的演讲获得全国二等奖的好成绩。她也将成为南彩二小学生的榜样，引领大家用实际行动知祖国、爱祖国，为早日实现伟大复兴的中国梦而努力学习。（李晓震）

【举行防火演练】 9月18日，为增强全体师生防火安全意识，掌握防灾减灾逃生技能，南彩第二小学组织全校师生进行火灾逃生演练。9点35分，教学楼内火警突然响起，990余名师生迅速有序撤离“火场”，仅用3分10

秒就全部到达操场集合完毕。（刘杰东）

【召开师德经验表彰交流会】 9月24日，南彩二小开展“身边的榜样师德经验交流

会”，充分发挥师德标兵的先锋模范带头作用，激发教师敢于创新的探索精神，不断提高全体教师的师德修养，将师德师风建设引向深入，促进学校在健康的轨道上蓬勃发展。师德经验交流会表彰5名校级师德标兵，校长向获奖老师颁发证书，3名标兵代表依次发言。他们立足自身工作实践，用一个个真实而鲜活的事例，诠释着自己爱岗敬业、无私奉献的高尚师德；用一个个真实而鲜活的事例，讲述着自己用师爱教育感化学生，学生用点滴行动回报老师的心路历程。他们鼓励教师要不断学习，乐于奉献，全面提升自身品德修养和专业素质，做一名受人尊敬的好老师，以更加积极向上的生活态度和不断进取的工作作风践行社会主义核心价值观。

（蔡　杰）

【获北京市校园小足球节一等奖】 11月22日，南彩二小少年足球队代表顺义区参加

2014北京市欢乐足球在校园小足球节活动。活动在石景山体育馆举行，参赛小队员从2—5年级选出，活动项目有“指尖足球”“狡猾的狐狸”等。出席活动的领导有前全国妇联主席顾秀莲，前足协主席年维泗等。在此次活动中，南彩第二小学少年足球队获一等奖。

（刘杰东）

【邀请专家为家长做讲座】 12月3日，南彩二小邀请北京市家庭教育指导中心专家宋

奇老师来校进行《和孩子一起成长》的家教讲座。会上，专家主要从家庭教育现状分析、当代家庭教育存在的误区、及家教方法策略等与家长进行沟通。虽然天气很冷，但家长们听得都非常认真，有的还记了详细的笔记。宋奇老师的演讲对学生家长有极强的针对性，亲切随和之中，不乏对家庭教育的真知灼见，受到广大家长朋友的欢迎。（蔡　杰）

【组织全体师生开展公祭日活动】 12月17日是首个南京大屠杀死难者国家公祭日，南

彩二小组织全体师生收看中央电视台举行公祭烈士活动的新闻，深切缅怀烈士的不朽功绩；利用国旗下讲话对师生进行爱国主义教育宣传；以学校的电子屏为载体宣传“铭记历史、勿忘国耻、奋发图强”；举行以“铭记历史、勿忘国耻、奋发图强”为主题的爱国主义教育主题班会，让学生了解国家公祭日的时间、意义；倡议家长孩子共读一本抗战历史书等。（蔡　杰）

【喜获北京市成语文化知识竞赛一等奖】 12月20日，南彩二小7名学生代表顺义区参加

北京市小学成语文化知识才艺竞赛活动。参加本次竞赛活动的共有来自全市的16支代表队．复赛两个环节，我校学生凭借深厚的功底，稳扎稳打，名列前茅，特别是经典古诗文诵读，小选手们情感丰富，情态自然，深深地感染了在场的每一位评委，以团体前六名的成绩进入决赛，最终荣获北京市小学成语文化知识才艺竞赛活动一等奖第一名。此次活动，对于提高学生语文综合素养有着极其重要的意义，学生们更加热爱祖国的语言文字，同时也锻炼培养了学生的语言能力。（韩利）

【邀请陈虹博士为家长做心理学讲座】 12月23日，北京师范大学心理学博士、《中小

学心理健康教育》副社长陈虹老师应邀来到南彩二小，为四至六年级家长做一场题为《和孩子积极对话，给孩子幸福童年》的家庭教育讲座。讲座中，陈老师积极与家长互动，会场气氛活跃。此次活动的开展，深受家长欢迎，大家纷纷表示：希望学校以后多开展此类活动，指导家长如何与孩子沟通。（李晓震）

北京市顺义区马坡中心小学

【概况】 2014年，北京市顺义区马坡中心小学校占地面积18892平方米、建筑面积5972平方米，体育场馆面积8000平方米。图书馆（室）藏书3.3953万册，电子图书60册，订阅杂志、报刊70种。固定资产总值925.30万元。全年教育经费投入1425.50万元，其中，国家拨款1407.50万元、自筹经费18万元。全年学校信息化经费投入50万元，拥有计算机169台，多媒体教室座位1400个，校园网出口总带宽100Mbps，数字资源量220GB，“信息技术”课程0.5课时/周。普通教室27个、专用教室10个。教职工73人，

其中，高级职称2人、中级职称35人。专任教师61人，包括北京市骨干教师2人，本科以上学历66人。开设教学班27个。毕业107人、招生243人、在校生1032人。网址：http：//58.133.176.9/。（李军庆）

【举行“阳光体育”活动启动仪式】 3月4日，马坡中小举行“阳光体育”活动启动仪

式，全校师生共同参加此次活动。为了更好的开展阳光体育活动，新学期学校加大投入，为学生们购置了形式多样的体育器材，供学生们在课间、课外活动的时间使用，目的是提高自我锻炼能力，掌握一项健身的本领。启动仪式上，首先向班级发放阳光体育锻炼的器材，学校的24个班级，根据年级的不同分别领取毽子、沙包、跳皮筋、小皮球、板羽球、乒乓球等器材；随后，学校主管体育工作的领导对开展阳光体育活动又提出了具体的要求和措施，号召全体师生都积极参与到活动中来，在运动中体会健康与快乐的学校生活。学校将搭建形式多样的活动和竞赛平台，激发广大学生的参与热情，不断提高学生的体质健康水平。（张春菊）

【举行“阳光体育”——冬季长跑比赛】 3月4至7日，马坡中小举行“争做阳光少年”——冬季长跑比赛活动。全校学生分年级进行比赛，4—6年级进行了男女1000米的比赛；1—3年级进行了20×200米接力赛。比赛中各班级学生为赛场上的运动员呐喊加油，充分体现了全体学生的竞争意识和团队

精神。经过激烈角逐，各年级按男女组分别录取团体前二名，个人长跑前六名。活动取得了令人满意的成绩，达到全员锻炼的目的，更好地落实了《国家学生体质健康标准》，树立“健康第一”的指导思想。此次比赛推动了学校“阳光体育冬季长跑”活动的深入开展，增强了学生的集体荣誉感和凝聚力，逐步形成了校园“我运动、我健康、我快乐”的健身氛围，使全体同学在拼搏中增强体质，在比赛中磨练意志。（张春菊）

【“自主探究，以学定教”校本教研课例研究走进马坡中小】 4月10日，“自主探究，以学定教”校本研究活动在马坡中小举行。

来自全区各学校一年级的数学骨干教师和5年以下青年教师60余人参加了此次活动。活动中，马坡中小的刘东宇副校长介绍了学校“自主探究，以学定教”的课程改革情况；随后，听了张丽老师执教的“两位数加两位数”的一年级数学课；课后，授课教师对本课进

行反思与交流；一年级的教研组长也对这次教研过程与大家进行了回顾介绍；最后，教研员王丽华对这节数学课进行点评。

（张春菊）

【举办体育节】 4 月 30 日，马坡中小举行春季运动会。本次运动会包括两部分：一是

举行了隆重的开幕入场式。裁判员队伍、家长志愿者队伍、跆拳道队伍和 24 个班级分别入场。篮球展示、跳皮筋展示、拉丁舞展示、少年拳展示、啦啦队展示…每个班级精彩各异，他们用鲜艳亮丽的服装、别出心裁的道具，整齐响亮的口号、自编创新的表演展示各自的风采。二是进行了激烈的体育比赛。从一年级到六年级，根据学生的身体特点，全部安排了运动项目，参赛人数多，同学们积极参与。30 多名家长参与了裁判、摄像、宣传等志愿服务工作。经过一天激烈的角逐，共有 6 个班获得各年级团体总分第一名的好成绩、10 个班荣获入场式优秀奖。“我运动、我快乐、我健康”的理念在这次运动会上得到了进一步的诠释。（张春菊）

【学校文化建设专家组现场评估活动走进马坡中小】 5 月 19 日，学校文化建设专家组现场评估活动走进马坡中小。北京市教委基教处陈彦丹老师、区教委副主任张海东、北师大教授余凯、小教科科长王桂英、中小学管理杂志社孙金鑫老师及通州第二中学、通州中山街小学的校长和顺义区各小学校长、中层干部百余人参加此次活动。活动中，马坡中小校长黄海军作题为《释放教育活力》学

校“享受教育”文化建设工作的汇报；随后参会人员参观学校；然后走进课堂分别听一年级张丽老师做的“探索规律”和五年级董英杰老师做的“异分母分数加减法”两节数学课；对教师、学生、学校中层干部进行访谈；最后，专家组对本次活动进行评估和反馈。此次学校文化建设专家现场评估活动，对学校文化建设进行一次全方位的检验。

（张春菊）

【顺义区吴正宪基地校展示活动在马坡中小举行】 5 月 21 日，作为吴正宪基地校的马坡

中小开展“自主探究，以学定教”课改展示活动。此次活动的主题是：体验、释放、分享。活动中，与会人员首先观看了学校课程改革的宣传片；随后听了五年级李朝霞老师的数学课“通分”；吴正宪老师亲自走上讲台，与学生们在课堂上亲切的讨论问题，给参与活动的老师们留下深刻的印象。课后授

课教师对自己的教学设计意图和教学反思与教师们进行交流；吴正宪老师和数学教研员、马坡中小课题组成员一起针对《体验、释放、分享》课题进行研讨交流。顺义区教研考试中心副主任李广生、小教研主任杨树华、数学教研员及牛一联盟的教学领导和骨干教师参加活动。（张春菊）

【举行主题队日活动】 5月28日，马坡中小举行“红领巾相约中国梦——今天我入队，争当好队员”一年级入队仪式，120位家长与同学们一起参与了活动。活动中，少先队大队干部高举党、团、队旗，向新队员们说明了少先队组织的重要性。大队辅导员宣读新队员名单、120位家长亲自为孩子们戴上鲜艳的红领巾，并与孩子们进行亲切的交流，勉励他们从今天起好好学习。新队员在队旗下庄严宣誓、新队员代表和家长代表分别讲话。最后，大队辅导员从升旗要求、文明礼仪、学会关爱、刻苦学习、环境保护、尊敬长辈和公益活动等方面向新队员们提出要求。此次主题队日活动，对孩子们来说是一次重要的教育活动，使他们更加牢记习近平总书记提出的“立志向，有梦想，爱学习，爱劳动，爱祖国”的嘱托。（张春菊）

【举行首届校园艺术节系列活动】 6月4日，马坡中小“童画校园，艺彩纷呈”首届校园艺术节系列活动之个人演唱和班级合唱展示落下帷幕。此次艺术节，共包括书法、绘画、个人演唱、合唱、舞蹈、器乐等六大项艺术活动，学生自愿报名，学校初选，最后进行展示，表彰。经过两次大型的展示，个人演唱项目共有《蜗牛与黄鹂鸟》《七色光之歌》《大风车》《点一盏灯》《小螺号》、《让我们荡起双桨》、《校园多美好》等40首儿童歌曲、校园歌曲被同学们传唱，一批校园小歌手脱颖而出。班级合唱展示，体现了每个班级的集体力量，《红旗飘飘》《我爱米兰》《中国范》等分别被评为最佳创意奖、最佳合唱奖和最佳精神奖，3名同学荣获了最佳小指挥奖，这也是本次歌曲艺术节最大的亮点。同时，学生们上交的美术作品、书法作品也进行了展示。（张春菊）

【举行2014届毕业典礼】 6月27日，马坡中小举行“告别母校，难忘师恩”2014届毕业生毕业典礼。活动中，孩子们首先欣赏了他们六年以来在学校生活的各种片段记录：在优美的音乐中，通过一幅幅熟悉的画面，同学们回想起小学生活的点点滴滴，感受到自己的成长和变化。接着毕业生、毕业班教师和家长代表分别做发言。学生代表的发言充满了对母校的依恋，对老师的感谢；毕业班教师代表在发

言中表达了对孩子们的祝福和牵挂；家长对孩子的希望和鼓励。学生代表向敬爱的老师们献向上美丽的鲜花，表达他们的感恩之情。学校领导给孩子们颁发了毕业证。黄海军校长代表学校致辞，黄校长在讲话里祝贺同学们顺利地完成了小学六年的学习任务，祝贺他们就要从一个新的起点开始人生又一段新的征程！同时，也向为孩子们的成长倾注了无数心血的老师们表示深深的敬意。校长还给孩子们提出了殷切的希望：希望他们学会感恩、学会做人；要有自己的人生目标、有自信有毅力。活动在全场师生高唱《感恩的心》的歌声中落下帷幕。

（张春菊）

【举行新学期开学典礼】 9月1日，马坡中小举行“一诺千金扬帆远航”新学期开学典礼暨开学第一课。马坡镇工会主席于海英、文教务组李桂茹和1000多名学生家长参加开学典礼。活动中，武警官兵举行的升旗仪式，让在场的每一位同学都受到心灵的震撼，每个人的心中都充满了爱国情怀；新教师，新同学的到来，为学校又增添新的生机与活力；教师、学生获奖预示着师生携手努力向新目标迈进；校长致辞与承诺，彰显学校的办学理念；阅读倡议，为每个孩子和家长提出多读书、好读书、读好书的希望；教师、学生、家长发言与承诺共同体现了马坡中小让每一个孩子健康、快乐、全面发展的育人目标。整个活动中，气氛热烈，得到家长的支持和关注，家校协同、师生携手，将推动马坡中小向着更高的目标前行。

（张春菊）

【参加2014年中国橄榄球嘉年华活动】 10月18日，中国橄榄球嘉年华活动在北京朝阳体育中心召开，马坡中小、马坡第二小学、双兴小学和仇店小学应邀参加此次活动。活动中，学生们不仅观看了精彩的国际橄榄球赛事，也观看了全国触式橄榄球冠军赛。比赛间歇，同学们亲自实践体验触式橄榄球的魅力，绕障碍、争球比多、传球接力、小比赛等一个个游戏活动吸引了每一个在场的孩子，他们积极地参与每一项体验活动。这次橄榄球嘉年华活动，不仅开阔了同学们的视野，更重要的是他们增长了知识。虽然他们对橄榄球接触的时间还不长，但这项体育运动已被孩子和家长们接受。学校也将以此次活动为契机，充分开展好橄榄球运动，让学生们真正受益终生。

（张春菊）

【召开市级校本研究专项课题开题论证会】 11月25日，马坡中小召开了北京市规划办立

项课题《以学习活动为契机的课堂教学模式校本研究》开题论证会。会上，学校主管科研工作的主任张杰重点从课题的研究背景、文献综述、研究设计、研究的重难点等方面向专家作学校《以学习活动为契机的课堂教学模式校本研究》的开题报告；随后，各位专家针对课题进行全面地研讨，对课题的理论依据、研究的目标、概念的界定、研究的形式等存在的问题给予详细的解答。此次开题论证会，对教师们既是一次很好的专家培训，也是一次对教育的再思考，学校也将以此次开题为教育活动契机，在充分参与课题研究的同时深入课堂、深入学生、深入研究，在全面提升教师专业素养的同时，促学校发展、促学生发展。北京市教科院基础教育研究所副研究员张礼智、首都师范大学初等教育学院教授、副院长部书竹、区教科室副主任朱元兆和学校课题组教师参加此次开题会议。（张春菊）

【举行第二届科技节活动】 12月5日，马坡中小“走进科技，创新未来”第二届科技

节拉开帷幕。本届科技节是学校联合北京科技报社共同推出的主题活动。一方面通过科技节，向学生传播科学思想，弘扬科学精神，普及科学知识；另一方面，通过各项科技体验活动来提升学生科学素养、丰富学生的校园科技文化生活、增强学生对科学的热爱与创新精神。此次科技节分为四部分：内容包括开幕式；科技展示区——学生科技作品展示、学校科技小组航模展示、奥秘世界科普展；科技体验区——3D打印、少年创客拼装、疯狂博士玩转科学、数字光学点阵笔白板展示、平衡车马球比赛等；科技互动游乐区，每一个项目都激发了孩子们的参与意识。活动中，同学们积极参与每一项体验活动，亲自动手、认真思考，体验着科技带给他们的快乐。虽然天气很冷，但孩子们意犹未尽，恋恋不舍。这次科技节带给孩子们的不仅仅是乐趣，更多的是给他们提供了参与的舞台，让他们在实践中感受到科技的无限魅力。（张春菊）

【举行“控肥胖”专家进校园活动】 12月11日，马坡中小邀请顺义区医院内分泌科主

任医师贾赛君来校进行“控肥胖”校园健康科普讲座活动。学校120余位肥胖学生的家长参与了此次活动。活动中，贾大夫就儿童肥胖症的含义、儿童肥胖的诊断、儿童肥胖的控制、肥胖发病的原因和危害、预防肥胖的方法与治疗、临床病例等内容向家长做详细的讲解。讲座结束后，许多家长积极与贾大夫交流学生的肥胖问题。此次讲座，不仅搭建了学校与家长沟通交流的平台，而且促进了家庭、学校、社会联动的学生防病工作模式的形成，使大家能够共同关注孩子的健康问题。（张春菊）

【召开“以学习活动为核心”课堂教学模式课改交流会】 12月16日，马坡中小召开改革交流会。活动由区教研考试中心小学教研室主任魏金辉主持。首先，马坡中小主管教学的副校长刘东宇作了“在改革中探索，在探索中前行”学校课改情况介绍；随后学校数

学课题组老师分别结合自己的教学案例进一步诠释教师主导作用在课堂教学中的体现；与会人员现场观摩学校胡小芬老师作的二年级“有趣的数”和李朝霞老师六年级“设计理财方案”两节展示课；课后吴正宪、范存丽两位数学专家与全体听课老师就两节课和课题研究过程进行互动交流，在肯定教师主导作用发挥有效的基础上提出今后要在学生质疑和关注全体学生角度方面进一步深化课题研究。此次活动，使老师们觉得这样的课堂学生真的说起来、辩起来、对起来、动起来，真正体现了以学生为主体，切实发挥了教师的主导作用。北京教科院基教研中心小学数学教研室范存丽、吴正宪基地校领导、骨干教师、区小学教研室主任杨树华、牛一联盟骨干教师60余人参与活动。 （张春菊）

北京市顺义区马坡第二小学

【概况】 2014年，马坡第二小学学校占地面积20237平方米、建筑面积5132平方米，体育场面积8550平方米。图书馆（室）藏书2.5404万册，订阅杂志、报刊13种。固定资产总值689万元。全年教育经费投入1022万元，全部为国家拨款。全年学校信息化经费投入33.1万元，拥有计算机126台，多媒体教室座位40个，校园网出口总带宽100Mbps，数字资源量300GB，“信息技术”课程0.5课时/周。普通教室18个、专用教室8个。教职工49人，其中，中级职称30人。专任教师44人，本科以上学历41人。开设教学班18个。毕业83人、招生100人、在校生604人。 （庞红丽）

【举行“养成良好习惯，护航孩子成长”家长会】 3月5日，马坡二小以“习惯培养”

为切入点，召开“养成良好习惯 护航孩子成长”校、班两级家长会，619名家长参加。学校旨在通过此次家长会让家长了解本学期学校重点工作的同时，与学校形成合力，为孩子的健康成长而携手努力。此次校级家长会上，由五位主管领导分别就学生的学习习惯、阅读习惯、卫生习惯、行为习惯、安全意识培养与习惯，与家长进行详实的交流。在交流中给家长呈现习惯培养的具体做法以及需要家长配合的方式。班级家长会安排了班级学情简介、家长育子经验交流等环节。此次家长会，受到家长一致好评，家长纷纷反馈留言，为孩子的成长献计献策。 （庞红丽）

【开展“庆三八，知权益”法律知识竞赛活动】 3月5日，马坡二小工会组织全体

女教师开展了以“庆三八，知权益”为主题的妇女相关法律知识竞赛，全校34名女教师全部参加此次竞赛活动。

（闫淑凤）

【多项举措“积聚集体智慧促学校发展”】 3月21日，马坡二小多项举措“积聚集体

智慧促学校发展”。1. 召开校、班两级家长会，让家长了解学校整体工作，并与学校形成合力；2. 召开教师研究沙龙，了解教师面临的教育困惑并共研究改进方法、策略；3. 充分搭建学科组教师团队发展空间，为其完善相关教学设施的同时，尊重教师智慧。例如，学校体育组教师创编的第三套绳操，目前在全校师生中推广，受到好评；4. 以3·18民主日为契机，积极采纳教师们合理化建议，改进学校管理。经过学校梳理，此次征集教师合理化建议内容包括学校教育教学、安全管理、教师队伍建设、考勤奖励、工会活动、校本课程六类35条，其中关于学生的即时评价、班主任常规工作、关注教师生活、学生安全等方面建议内容被学校采纳，本学期进行实施。

（庞红丽）

【举行六年级毕业誓师主题活动】 4月3日，马坡二小举行“致即将毕业的自己”六年级毕业誓师主题活动，旨在通过此次活动，传承清明文化精髓，对学生进行“明理言志”教育。此次活动以“立志、惜时、拼搏、成功”为核心内容，安排班级成长剪影回顾、

致即将毕业的自己书信、家长知心话、恩师感言、集体誓师等环节。六年级师生、家长代表、学校领导120余人参加此次活动。

（庞红丽）

【五年级数学教研活动在马坡二小举行】 4月1日，顺义区小学五年级数学“概念教学

研究”活动在马坡二小举行。参加此次活动的有全区小学五年级数学教师、教研员孙宝香以及所带领的数学团队成员和马坡二小王晓翠校长及学校的数学教师，共计70余人。活动分为三个板块，首先由教研员孙宝香老师做“数学概念的教与学”单元教材介绍；第二板块由马坡二小青年教师段金凤执教“认识因数”一课；第三板块是课后互动交流及骨干教师关于“概念教学”的说课活动。

（张淑玲）

【参加区级社团展示活动】 5月18日，马坡二小师生及部分家长200余人走进鲜花港进行主题为“灵动儒雅炫童年”社团展示活动。

马坡二小此次展示活动以学校若水学生的培养目标“灵动．儒雅”为展示主题。灵动于身，儒雅于心。诚以致雅，毅以达儒。分为“灵动扬个性”、“儒雅秀风彩”两个篇章：第一篇章，分别由学校的舞龙、诗朗诵、舞蹈、篮球、乒乓球、葫芦丝、五虎棍社团进行了动态展示。第二篇章，由美术童创、纸艺、书法、象棋社团进行静态展示。最后在架子鼓社团师生的伴奏下，全校师生共同演唱《我相信》。 **（庞红丽）**

【新校长培训项目启动会在马坡二小举行】 6月15日，顺义区教委、教育研究考试中

心与北师大教育管理学院联合举办的主题为“学校发展规划与教学领导力提升”新校长培训项目在马坡二小启动。此项目由干训科牵头，港馨小学、明德小学、澜西园小学、张镇小学、沿河小学、马坡二小六所小学参与。在项目推进研究中，将以马坡二小为个案，通过学校发展规划的研制和完善以及课堂教学改进方案的制定与实施，让学校干部教师掌握科学制定学校发展规划的方法与技能，以及提高课堂教学的诊断、分析与改进的能力，以促进学校教学质量的提升。会上，北师大教授苏君阳以“探求教师专业发展的基本路径”为题，从教师专业化发展的内涵、基本标准、发展的基本阶段、影响教师专业发展的内容因素等方面做深入浅出的互动式培训。老师参与积极性很高，并在学习中领悟到教师的专业化发展是教师成长的必经之路。顺义区教育督导室主任李卫国提出三点希望：希望马坡二小作为个案研究，采取跟进式培训，直面问题、耐心坚持；希望所有成员校要“真研究、真行动、见效果”，“学起来、做起来、有所得”，希望此项目合作对顺义区小学教育发展起到研究推进作用。区教委副主任张海东、区教研考试中心副主任李树栋，干训科、小教科、小教研等部门相关人员参加。

（庞红丽）

【区非物质文化遗产“五虎棍”项目传承授牌仪式在马坡二小举行】 6月25日，由顺义区文化委员会、顺义教育委员会、马坡镇人

民政府主办，北京市文化局非物质文化遗产处协办，顺义文化馆、马坡文化站、马坡二小承办的马卷村“五虎棍”传承仪式在马坡二小举行。参与此次活动的领导有区长助理任继宁、北京文化馆馆长石振怀、市非遗处领导、区委宣传部副部长张建国、顺义区文化委主任陈永祥、教委副主任张海东、王彪，马坡镇党委书记贾文禹及区、镇相关领导，

马坡二小全校师生和部分家长代表共计600余人参加此次活动。活动有以下几项议程：顺义区文化委陈永祥主任讲话；马坡二小校长王晓翠致欢迎词；传承老艺人代表马卷村郭友书记发言；区文化馆史红艳馆长与马坡二小代表授牌；交接传承仪式；市非遗处领导、区委宣传部副部长张建国讲话；最后是老艺人和马坡二小40名小学生进行传统五虎棍表演。马坡镇马卷村“五虎棍”项目自2012年10月被列为顺义区非物质文化遗产项目。它在马坡地区有悠久的表演历史，是最为出色的民间花会内容之一，也是顺义地区重要的民间文化风景。2014年4月，这个项目开始走进马坡二小的校园，成为马坡二小校本课程内容。此活动旨在通过“五虎棍”传承项目使孩子们既强身健体，又能悟到华夏精神，使这一灿烂的民族文化在马坡二小校园中传承。（庞红丽）

【增设“童趣健身角”】 9月22日，马坡二小增设的“童趣健身角”投入使用。“童趣

健身角”，是学校利用两座教学楼外墙过道设计加工成为体育器材便捷存放区，为学生放上跳绳、皮筋、板羽球、毽子等，孩子们课间在此自主选取器材进行游艺，充满了童趣。（庞红丽）

【分享东风小学班级管理经验】 10月10日，“马坡二小分享东风小学班级管理经验”主题交流会召开。此次受邀来校的东风小学裕龙校区老师石雯做了“用心智做教育，享

受教育幸福”班级管理经验交流，对马坡二小班主任教师起到“借鉴、引领”作用，教师们受益匪浅。（庞红丽）

【举行消防知识普及知识讲座】 11月14日，马坡二小全体教师一起聆听由北京市防治火灾中心王老师带来的消防知识普及专题

讲座，受益匪浅。王老师从鲜活的案例入题，讲述了近几年发生在我国的重特大火灾事故及其引发的原因，给我们带来震撼的同时也敲响了警钟。讲座还围绕消除火灾隐患、扑灭初期火灾、疏散、逃生、自救、报警等几方面，详细地讲述我们在生活中应该怎样做好预防和紧急救护。听这次讲座后老师们真正意识到“隐患险于明火防范胜于救灾责任重于泰山”。（刘宝东）

【举行“关注常态课，培养学生语文能力”主题研讨活动】 12月25日，马坡二小举行“关注常态课，培养学生语文能力”主题研讨活动，北师大苏君阳教授参与此次活动。上午听三节语文常态课，参与研讨。下午

就学校的办学理念进行进一步梳理。

（庞红丽）

【开展"学生解决问题策略的研究"主题教研活动】 12月26日，马坡二小开展"学生解决问题策略的研究"主题教研活动，校长

王晓翠及所有干部和数学团队的教师共同参与。同时聘请教研员张秋爽进行指导。活动中，第一环节听取张小燕、段珊珊两位数学老师分别执教的"解决问题"和"计算经过时间"的数学课。第二环节，参与干部教师进行研讨交流。首先是做课的两位老师谈自己的教学设计及课后的反思，然后干部教师针对两节课进行交流研讨。教师们各抒己见，交流听课的收获与平时教学中的困惑。第三环节是教研员张秋爽老师对两节课进行点评，她对教学活动的设计、教师有效的追问、课堂渗透数学思想与方法、让学生掌握多种解题策略等方面给予肯定，针对出现的问题诚恳地提出改进意见。对老师们研究中存在的困惑进行耐心地指导。本次的主题活动针对性强，教师参与的热情高。既有课堂教学实践的展示，又有教研员专家面对面的理论指导。学生已经掌握画图、列表、动手拼摆等解决问题的策略，展现出研究的成果。面对学生的表现，教师对"学生解决问题策略的研究"更加充满信心。

（张淑玲）

【系列举措推进"若水活动课程"】 年内，马坡二小为培养"灵动儒雅"若水少年，采取系列举措推进"若水活动课程"。1. 实施

"三个一"定位：即，一个理念：师生全员参与；一个思路：校内校外资源相结合；一个实施方式：年级滚动式推进，公共与自选课程相结合。2. 具体操作：开展师生双向调研，开设舞龙、舞蹈、葫芦丝、美术创意、书法等16门学生自选课程；结合学生年龄特点和综合素质提出要求，以年级方式开设公共必修课程。如，一年级：舞蹈；二年级：武术；三年级：乒乓球；四年级：橄榄球；五年级：五虎棍；六年级：旱地冰球。3. 活动时间：周一至周四下午第三节课1小时均为学生课程活动时间。学校旨在通过以上举措为学生成长搭建平台，让学生个性绽放，在校园生活中享受更多的快乐。

（庞红丽）

北京市顺义区木林中心小学校

【概况】 2014年，木林中小占地面积40000平方米，校舍建筑面积19615平方米，体育运

动场馆面积15000平方米。图书总册数2.642万册、电子图书200册，订阅报刊、杂志57种。固定资产总值1212万元。全年教育经费投入1600万元，全部为国家拨款。学校信息化经费投入200万元，拥有计算机120台，多媒体教室座位800个，校园网出口总带宽10Mbps，数字资源量600GB，“信息技术”课程0.5课时/周。普通教室30个、专用教室13个。教职工73人，其中，中级职称54人。专任教师47人，包括北京市骨干教师1人、本科以上学历54人。开设教学班21个。毕业82人、招生144人、在校生688人，包括寄宿生2人。网址：http://www.syqmlzxxxx.30edu.com/。 **（侯秀芹）**

【迎接区级科研视导】 3月25日，区教科

室到木林中小进行科研工作的专项视导。教科室的领导们通过听取学校汇报、查看资料、与教师座谈等形式了解学校的科研建设情况，对学校已经取得的成绩予以好评。 **（侯秀芹）**

【教师参加市班主任基本功大赛获奖】 3月28日，木林中小教师张琳参加北京市班主任

基本功大赛荣获一等奖。张琳先后参加三次顺义区班主任基本功大赛，均获得一等奖，3月份代表顺义区参加北京市班主任基本功大赛获奖。 **（侯秀芹）**

【迎接区级督导】 4月24日，顺义区教

育督导组到木林中小进行教育教学全面督导。通过实地考察、查看资料、听取汇报、座谈等形式了解学校教育教学整体情况。督导组的领导们对学校的各项工作给予高度评价，提出改进措施。 **（侯秀芹）**

【与北京大学开展联谊活动】 4月24至27日，北京大学书法研究院与木林中心小学校

在木林中小进行主题为“书法艺术共建”联谊活动。北京大学书法研究院院长王岳川带领30余名书法研究生与木林中小的师生进行笔会交流，将木林中小定位北京大学书法研究基地，王岳川教授亲自授牌，并题字“登高行远”。 **（侯秀芹）**

【迎接心理健康教育示范校督导】 5月23日，木林中小接受顺义区心理健康教育示

范校的督导检查。督导组一行4人分别对学校的心理健康教育的课程建设情况、资料整理情况、活动室建设情况等方面工作进行检查，并与部分教师、学生进行座谈，对学校的心理健康工作给予好评。

（侯秀芹）

【跟大师学书法】 5月25日，木林中小书

法社团学生参加宋庆龄儿童科学技术馆举办的“跟名家学书法”活动。活动当天，书法社团40多名学生在活动现场与大师一起挥毫泼墨，虚心向大师请教。在书写、展示、交流、学习的过程中，孩子们学习书法的热情再次被激发，收到良好的活动效果。

（侯秀芹）

【参加区随班就读评优课活动成绩显著】 6月，木林中小的张琳、王小明两位老师参加顺义区第六届随班就读评优课活动。12月均进入决赛，分获语文组和数学组一等奖。同时张琳还在随班就读评优课表彰会作说课展示。学校获得优秀组织奖。

（富桂秋）

【一名教师参加全国说课总决赛】 8月28日，顺义区木林中小教师苏萌赴山东济南参

加由教育部基础教育司主办的第十二届“全国中小学信息技术创新与实践活动”现场说课总决赛。在来自全国各地的80余位小学语文教师参与的角逐中，苏萌老师的《我是什么》一课最终荣获教学实践评优赛小学语文组二等奖。

（富贵秋）

【举行楹联学校授牌仪式】 12月15日，“北京市顺义区木林中小楹联学校授牌仪式”，

在木林中小举行。北京市楹联学会会长潘家农、副会长申士海、张铁京；区书协副主席张艳军；区教委副主任张海东等参加活动。仪式上，潘家农将“北京市楹联学校”牌匾授予木林中小校长刘向东；副会长申士海和张铁京向学校赠送楹联书籍。仪式上，潘家农会长、申士海副会长分别讲话，木林中小师生代表分别将自己学习书法与楹联的收获、感悟等与大家分享。最后，与会者一同走进木林中小的书法长廊、楹联长廊感受翰墨修身、书道育人的文化氛围。

（侯秀芹）

【市督导组到木林中小进行实施素质教育督导】 12月17日，市督导组及区教委领导一

行10余人，到木林中心小学进行素质教育专项督导。督导组到校后实地查看学校的基础设施、教育教学、服务保障等情况，听取学校工作汇报，与学校的干部、教师代表就学校的各项工作进行深入的座谈和交流。领导们对学校取得的成绩给予了高度的肯定。

（侯秀芹）

【投资1107万元优化校园环境】 年内，木林中小投资1107万元优化校园环境。一是操

场改造工程。2013年8月动工，2014年6月完工，工程总面积12000平方米，总投资约807万元。二是水井房、器材室改造工程。10月初施工，11月底竣工，建筑面积106平方米，总投资约40万元。三是操场周边绿化硬化工程。10月施工，12月初竣工，铺设透水砖1487平方米、种植草坪面积3798平方米，总投资约80万元。四是平房改造工程。9月施工，12月竣工，建筑面积608平方米，总投资约180万元。

（徐宝忠　侯秀芹）

北京市顺义区明德小学

【概况】 2014年，北京市顺义区明德小学学校占地面积20000平方米、建筑面积3980平方米，体育场馆面积10400平方米。图书馆（室）藏书2.08万册，电子图书14册，订阅杂志、报刊38种。固定资产总值1202.65万元。全年教育经费投入636.98万元，全部为国家拨款。全年学校信息化经费投入6.8万元，拥有计算机143台，多媒体教室座位466个，校园网出口总带宽100Mbps，数字资源量78GB，“信息技术”课程0.5课时/周。普通教室12个、专用教室6个。教职工37人，其中，高级职称1人、中级职称24人。专任教师37人，本科以上学历35人。开设教学班12个。毕业52人、招生67人、在校生335人。

（李俊龙）

【参加区教育系统“六一”展演】 5月30日，明德小学渔阳乐舞社团参加顺义区教育

系统在鲜花港举办的庆“六一”文艺汇演。明德小学渔阳乐舞社团136名学生、10名教师、6名家长在校长张立新的带领下参加本次展演。上午9时演出正式开始，明德小学的《渔阳乐舞》成为主会场开场节目，表演结束后，得到教委领导的好评。

（于建宇）

【攀登英语实验项目助力学校发展】 5月，在攀登英语实验项目中，明德小学李艳楠被评为先进实验教师、魏东全被评为先进管理

者，学校被评为攀登英语先进实验学校。成绩的取得源于日常工作中对攀登英语教学工作的重视和对学生发展、教师成长的关注。在日常工作中努力践行以下几点：1. 自我修炼，培训助力教师成长：攀英成员自我学习、反复实践，借助外力，提升底蕴。全员参加北师大项目组的培训，全部获得“上岗证”。2. 思路清晰，模式保障课堂实效：制订“教—扶—放”的实施计划，由专业英语教师为导师，指导班主任能够胜任攀登英语课堂。3. 引领先行，合力促进项目发展：迎来北师大明德项目组、教委领导的集体下校视导，输出课与常规英语有关内容整合，参与同伴引领、校际间的展示与交流，借鉴经验，反思课堂，在实践中积蓄，在磨练中成长。4. 家校协同，培养孩子良好习惯：召开攀登英语家长会，开展攀登英语家长开放日活动。引领家长们支持，撰写评价手册。5. 营造氛围，延伸攀英教学理念：精心布置班级教学环境和英语评价墙，每个班的评价墙都各具特色。 （胡秀杰）

【参加残疾儿童艺术节】 6月，明德小学四（1）班张鑫参加北京市第八届残疾儿童艺术节。之前，教师张淑君辅导张鑫同学朗诵诗歌《长征》，参加顺义区第八届聋儿诗歌大赛，获得比赛一等奖。参加北京市残疾儿童艺术节获得纪念奖。

（张淑君）

【参加区级运动会成绩显著】 9月26日，明德小学参加顺义区中小学生秋季田径运动

会成绩显著。六年级王鑫、王文杰同学分别获得铅球组第四和第六名。 （李立军）

【开展课堂主题研讨活动】 9月起，明德小学紧紧抓住课堂教学主阵地，开展课堂教学实践研究，落实课堂常规，结合校本教研，开展“三课三研讨”主题研究活动：1. “三课”——“骨干示范课”、“常态诊断课”和“师徒共研课”。通过骨干组长示范课活动，发挥骨干教师和教研组长的引领辐射作用，落实新理念、展示新方法；通过任课教师常态课，对学校整体课堂进行诊断，为教学常规管理和落实新的工作措施奠定基础；通过师徒共同磨课研究、同课异构，促进师徒之间的交流，相互启发，共同提高。2. “三研讨”——“教学模式研讨”、“习惯培养研讨”和“常态达标研讨”。通过开展“自主、合作、探究”课堂教学模式的研讨，借助课前预习、有效设问、小组合作、分层作业等形式，提升教师的学生意识；通过对倾听习惯、书写习惯、问答习惯培养的研讨，引导教师关注学生良好习惯的训练和养成，为学生的未来发展和终身学习做好铺垫；通过对课堂目标的准确把握，借助读一读、练一练、写一写等方式，及时把握学生对课堂内容的掌握情况，及时纠错及时改进，分层做好辅导，切实提升课堂实效。

（胡秀杰）

【迎接科研视导】 10月14日，顺义教育研究考试中心领导一行6人来学校进行科研工作

视导。在听取学校主抓科研干部工作汇报后，走进三（1）班教室听李艳南老师一节习惯培养研究课，课后观摩了学校科研核心组教师对本节课的讨论。最后，领导对科研工作进行点评，对学校科研工作的开展予以肯定，对工作中反映出的一些问题提出改进意见，并对以后工作提出建议。（李立军）

【全体教师参加市登山大会】 10月18日，明德小学全体教师参加北京市第五届登山大会。39名教师全员参加，登山路线起点为峪子沟停车场，沿峪子沟停车场—峪子沟西侧—四合院—佛爷山—[illegible]БОx子沟—峪子沟停车场，全程10公里。本次活动，教师走完全部登山路程，既锻炼了教师的身心，又凝聚了团队，给主办方留下了美好印象，树立了明德小学的良好形象。（段少永）

【参加市健康舞展演】 12月26日，明德小学代表顺义区参加在北京电子科技职业学院

举行的北京市第二届百姓健康舞展演。明德小学的97名学生、12名家长、11名教师在校长张立新的带领下，赶往位于大兴区的北京电子科技职业学院参加此次活动。晚上7时展演正式开始，顺义代表队位于第十个演出，经过激烈角逐，顺义区代表队荣获表演铜奖和优秀组织奖，舞蹈《渔阳乐舞》荣获银奖。（于建宇）

北京市顺义区南法信中心小学

【概况】 2014年，北京市顺义区南法信中心小学校，占地面积19685平方米、建筑面积8986平方米，体育场（馆）面积7817平方米。图书馆（室）藏书3.015万册，电子图书5315册，订阅杂志、报刊46种。固定资产总值900万元。全年教育经费投入1233万元，全部为国家拨款。全年学校信息化经费投入24万元，拥有计算机234台，多媒体教室座位1530个，校园网出口总带宽100Mbps，数字资源量20GB，“信息技术”课程0.5课时/周。普通教室19个、专用教室12个。教职工54人，其中，中级职称38人。专任教师42人，本科以上学历31人。开设教学班19个。毕业71人、招生122人、在校生658人。（刘东辉）

【开展“3·18”民主日活动】 3月18日，南法信中小工会组织全体教师参加“3·18

民主日”活动。活动共分为五部分，首先由工会主席邵淑英通报到会人数。然后由

校长张建柏做2013年学校校务公开工作报告。第三项，由总务处主任刘东辉做“2013年学校财务收支情况报告”。第四项，由工会书记邵淑英就合理化建议月活动进行小结。今年这次征集的合理化建议与以往不同，教职工们的建议由以往关注自身生活更多转向学校管理与教育教学改进方面的提案，积极性高，站位高，能站在学校发展的角度考虑问题。第五项，校长张建柏组织领导干部就教职工提出的建议或提案进行答复。最后一项是每位教职工填写《顺义区教育系统校务公开工作教职工满意度测评表》，对学校满意度测评打分。经过测评，教师们对学校一年来各项工作的开展、各种制度的建立都十分满意。

（邵淑英）

【邀请心理专家作讲座】 3月21日，南法信中小特邀请《中小学心理健康杂志社》

副社长、心理学博士陈虹教授做讲座。陈虹教授的讲座题目为《积极心理学在中小学的应用——积极语言技术》，陈教授语言风趣、生动，从积极语言表达、语言层次等方面，结合研究实例，深入浅出地进行阐述。两个多小时的讲座，室内不时传出笑声。南法信中小全体教师参加此次活动，在活动反馈中，教师们觉得很受启发，表示要把这种积极的语言技术，应用于教育、生活中去，并期待多组织这样的活动。

（王 冰）

【参加区“青年教师基本功展示”活动】 4月2日，南法信中小参加顺义区“临空杯”青年教师成长大赛。张曦、赵一平等3位新教师精心准备，参加说课、赛课活动，并荣获佳绩，分别获得说课、授课一二三等奖。

（杨 彦）

【迎接区科研视导】 4月24日，顺义区科研视导组到南法信中小进行科研视导。视导

组首先听取校科研负责人的汇报，参与学校科研成果交流会。专家们走进课堂，听了李亚静老师的一堂数学课——《分数的意义》。课后，由李老师结合课题说课，同伴借助我校制定的《课堂观察量表》进行评课；结合课题《运用多元评价、促进教师教学行为改变的研究》，课题组成员进行交流，谈自己是怎样借助《自信度问卷调查》、《我眼中的学科教师》等量表做科研的。专家们参与评课，认真听取了老师们的发言，和课题组老师进行交流。

（赵维敬）

【参加特色社团展示活动】 4月26日，南法信中小参加顺义区“彩虹假日炫”特色社团展示活动。内容包括合唱、舞蹈、武术、

绳操、沙罐操、经典诵读和绘画、纸工现场制作等。参加展示的学生有350人，展示时间长达1小时。学生在这个舞台上炫出了自己的风采，展示出南法信中小团结、健康、积极、向上的精神风貌。受到家长及众多参观者的一致好评。（赵维敬）

【举行市教科院基教所实验学校授牌仪式】 5月7日，南法信中小举行北京教科院基础教

育研究所实验学校授牌仪式。参加本次授牌仪式的有北京教科院基础教育研究所副所长佟德、教授朱懋勋，顺义区教委副主任张海东等。首先，由佟德副、朱懋勋、张海东、小教科王桂英为南法信中小揭牌。接着，朱懋勋教授宣读《实验学校协议书》，南法信中小校长张健柏宣读《实验学校实施方案》。刘东萍代表全体老师发言，表示要在专家引领下，虚心学习，不断进取，努力创新，勇于实践，使南法信中小的教育教学工作再上新台阶。最后，佟德副所长和张海东副主任做讲话，对实验校寄予厚望，提出具体要求，即目标明确，研究切入点要准；主动联系，加强沟通，有制度保证。（赵维敬）

【举办教师趣味运动会】 5至11月，南法信中小分别举办两场教师趣味运动会。5月15

日和11月6日的比赛均以工会小组为单位，共设8人换球接力赛跑、9人环形3分钟传球比赛两个集体项目，还设有趣味投沙包和定点投篮等个人比赛项目。（邵淑英）

【市随迁子女融入教育调研座谈会召开】 6月11日，北京市随迁子女融入教育调研座谈会，在南法信中心小学召开。南法信中小、仇

店中小等4个项目基地校的相关负责人介绍各单位融入教育的工作举措及出现的问题，项目组根据各校发言，进行点评，北京市基础教育研究所副所长佟德、基础教育研究所的融入教育项目组负责教师等提出融入教育相关建议。区教委副主任张海东主出席，学校全体教师及项目校部分干部教师代表参加。（王　冰）

【开展庆祝支部“政治生日”活动】 7月3日，南法信中小举行“庆祝建党93周年暨南

法信中小党支部‘政治生日’”活动。活动有以下内容：聆听国际歌、重温入党誓词、讨论中共预备党员张曦转正，最后支部书记张建柏做总结发言，勉励大家努力工作和学习，时刻不忘自己是一名共产党员，在全体老师中要起先锋模范作用。全体党员参加。

（刘东辉）

【学校迁新址】 9月1日，南法信中小迁

至顺三路3号，学校校名不变，新校舍已投入使用，并举行新校址首次开学典礼。

（赵维敬）

【市教科院专家朱懋勋教授到校指导】 9月25日，南法信中小落实教师基本功培训，特聘请北京教科院专家朱懋勋教授来校指导。朱教授听了两节语文课，然后和授课教师进行交流。下午，又为全体老师做了近两个小时的讲座，题为《教师、教学、教材、教参》。在讲座中，朱教授结合上午听的两节语

文课，对“语文教师应具备的基本功、如何用教材、教参、如何解读文本及教学中的一些方法”四个方面，进行深入浅出地讲解。

（赵维敬）

【庆祝少先队建队日活动】 10月13日，南法信中小少先队举行“为红领巾添光彩”主

题大队会，热烈庆祝少先队建队65周年。首先举行隆重的升旗仪式，接下来由少先队中队代表朗诵《我是飘扬的红领巾》，表达队员们对少先队组织的热爱和做好少先队员的决心。全体师生齐唱队歌把活动推向高潮。最后，由少先队大队辅导员王老师讲话。王老师首先祝贺少先队第65个建队日的到来，在简单回顾少先队光荣史后，向全体少先队员辅导员分别提出要求。希望新老队员携手，为红领巾添光彩。全校师生近700人参加。

（王　冰）

【迎接区督导室专项督导】 11月18日，顺义区人民政府教育督导室第一督导小组来到

南法信中心小学，对“培育和践行社会主义核心价值观和增效减负工作”进行专项督导。督导室副主任盛德富、督学孙孟远、桂凤霞等参加督导。督导组首先听取校长张建柏《全方位“增效”，多举措践行，有效促进学校内涵发展》的工作汇报，查阅了学校增效减负的措施及践行社会主义核心价值观等档案资料；随机听了两节课，进行了学生问卷调查、座谈。反馈时，督导组对南法信中小师生精神面貌、校园环境、文化建设、档案资料整理等方面工作予以充分肯定。（赵维敬）

【市综合评价现场会在南法信中小召开】 11月28日，北京市小学生综合素质评价现场会

在南法信中小召开。参加本次现场会的有北京教育督导与教育质量评价研究中心主任赵学勤、北京教科院评价研究室主任杜文平、顺义区教委副主任张海东、顺义区教科室主任陈惠明、副主任朱元兆、南法信镇主管教育副镇长王文杰等领导，以及来自全市各区县的领导、老师及家长志愿者代表共计120余人。主任王新颖代表南法信中小，做题为《小学生综合素质评价方法探索与实践》的发言；教师代表谈参与“综评”工作的做法和体会；顺义区教科室朱元兆副主任介绍我区“综评”工作情况；最后进行现场互动交流。本次现场会，为全市“综评”工作交流搭建了平台，展现了顺义区“综评”工作阶段性成果，促进“综评”工作的再思考，有效推进了“综评”工作深入开展。（王新颖）

【开展“宪法日”宣传活动】 12月4日，南法信中小开展多种形式的宣传活动。1. 利用电子屏、红领巾广播，提示全校师生“宪

法日”的到来。2. 利用广播会议，介绍确立“宪法日”的背景和意义，让师生了解国家重大决策。3. 组织少先队员代表，参加南法信镇活动中心大厅举办的大型法治书画作品展活动。4. 选择下载宪法序言及正文中的适当章节、条款，组织学生利用早读集体朗读，了解宪法知识。（王　冰）

【“家长讲堂”开课】 12月29日，南法信中心小学在组织学生收看电影《天河》之后，根据学生的需求，引导学生探寻南水北调的原因，深化教育效果，特邀请一年级二班邢美之同学的家长来校做讲座。本次讲座以《我们周围的水》为题，从了解水、认识水、利用水、珍惜水、节约水等方面向学生进行介绍。本次讲座具有科学性、趣味性，深受

学生的欢迎。180余名师生参加此次活动。

（王新颖）

北京市顺义区牛栏山第一小学

【概况】 2014年，北京市顺义区牛栏山第一小学学校占地面积25346平方米、建筑面积5355平方米，体育场馆面积4565平方米。图书馆（室）藏书3.339万册，电子图书50GB册，订阅杂志、报刊19种。固定资产总值1239.77万元。全年教育经费投入633万元，全部为国家拨款。全年学校信息化经费投入8.7万元，拥有计算机109台，多媒体教室座位687个，校园网出口总带宽100Mbps，数字资源量1170GB，“信息技术”课程0.5课时/周。普通教室18个、专用教室6个。教职工44人，其中，中级职称29人。专任教师31人，包括北京市骨干教师1人，本科以上学历38人。开设教学班16个。毕业71人、招生105人、在校生546人。

（庞永胜）

【布置开放性寒假作业】 1月19日，牛栏山一小各学科教师为学生布置开放性作业。1. 学科性作业显激励：优秀生不必做过多基础性作业，基础有待提高的学生与家长沟通后要每天限时限量做好基础性作业。2. 综合性作业显趣味：可围绕“过除夕、压岁钱、储蓄、家族谱（最有成就者的故事）”等相关内容设计中高年级学生的作业，可以用手抄报、故事、小调研报告的形式体现。3. 艺体类项目显创意：每个学生要学会或自创一项健身项目（健美操、武术、旱冰、各种球类等）；每个孩子要学会一项艺术技能，体现在：吹、拉、弹、唱（歌曲、戏曲）、跳（舞蹈、健美操）、说（快板、相声等）。4. 读书类作业要常伴：每天至少读一个故事，把名称做好记录，多者不限。

（傅德宽）

【召开新学期动员会】 2月16日，牛栏山第一小学召开全体教职工新学期动员会。会上，

校长杨文智结合区教委新学期工作会议的精神，作《认清形势，守住根本，抓住机遇，争创佳绩》的报告。报告的主要内容有三个方面：一是认清形势，增强紧迫感。二是守住根本，赢得未来。三是激发正能量，创造佳绩。要求全体教师更新观念，强化学习，同心同德，抢抓机遇，争创佳绩。

（傅德宽）

【组织“三八”节活动】 3月7日，牛栏山第一小学师生在升旗广场召开庆“三八”美文诵读风采展示会。会上有23名干部教师参加展示，赢得了全体同学热烈的掌声。此外，为迎接和庆祝“三八”国际妇女节的到来，

学校还开展了其它一些活动：一是撰写歌颂女性、母爱的征文，共征集美文作品22余篇，评出一等奖十篇；二是学校为每位女教师献上一份精美的礼品——怡口莲巧克力夹心糖；三是号召全体学生在“三八”节当天向妈妈说上一句感激或祝福的话，帮妈妈做一件家务或洗一次脚。（傅德宽）

【举办心理教研活动】 3月13日，顺义区教育研究考试中心心理教研室在牛栏山第一小学

开展小学心理教研活动。参加活动的有心理教研室李立军等三位教研员及全区各小学40余名心理教师。活动中李立军老师首先回顾了上学期心理教育的经验和不足，介绍了其它区县的一些先进做法，接着布置了本学期的工作，提出新的要求。然后大家共同观摩了牛栏山第一小学王玉英老师的一节题为《认准目标　踏实向前》的心理研究课，并进行了深入细致的研讨，教研员进行了点评。（张文勇）

【举办绘画大赛】 3月25日，牛栏山第一

小学举办以“校园梦　我的梦”为主题的师生绘画大赛活动。全校五百多名学生和四十多名教师参加了比赛。赛后评出一等奖21名，二等奖35名、三等奖50名。优秀作品在学校展出，并制成电子相册，发给学生留念。（张文勇）

【邀请专家为教职工做心理培训】 3月28日，《中小学心理健康教育》杂志社副社长、

心理学博士陈虹老师来到牛栏山第一小学对全校教职员工进行心理培训。培训的主题是“积极语言在中小学的应用”。陈博士从积极语言的概念、知识点及技能三个方面进行了介绍，重点阐述了知识点部分有关语言风格的技巧。（傅德宽）

【清明节缅怀革命先烈】 4月4日清明节，牛栏山第一小学少先队二年级全体学生和北

京卫戍区驻牛栏山66168部队30名官兵以及北京工业大学耿丹学院30名共青团员联合组

织，共同在尹家府抗战大捷纪念馆开展“缅怀革命先烈，继承先烈遗志”主题教育活动。在庄严肃穆的烈士陵园，全体学生、战士集体向党旗、团旗、队旗敬礼，向英雄纪念碑敬献花篮。小学生、大学生和解放军代表分别宣读了誓词。活动中还对部分优秀学生进行了表彰，最后组织学生和部队官兵共同参观尹家府抗日大捷纪念馆，接受爱国主义教育。 **（张文勇）**

【与东风西校青年教师说课交流】 4月14

日，牛栏山第一小学邀请东风西校4名青年教师到校开展说课交流活动。开展此项活动的目的为：加强农村校与城区校交流，进一步提高青年教师基本功水平。两校共7名教师登台说课，共展示了数学、语文、英语、音乐和信息技术5个学科的说课。青年教师精湛的教学设计和精彩的说课展示，给牛栏山一小全体教师留下了深刻印象。通过交流，老师们对教学设计和说课的认识有了进一步提高。这次说课是在顺义区说课比赛基础上开展的，7名教师均在区说课比赛中荣获一二等奖。 **（窦焕安）**

【北京儿艺来校演出】 4月24日，应牛栏山第一小学的邀请，北京儿童艺术剧院的演员们来校演出了一场精彩的情境剧《中国梦·少年梦》。精彩的剧情、精湛的表演，尤其是演员与同学们的互动，使演出一次次达到高潮。孩子们在笑声中受到了爱国主义教育，同时受到了高雅艺术的熏陶，体现了牛

山一小“多彩育人”的办学理念。 **（傅德宽）**

【举办班级文化评比活动】 4月，牛栏山第一小学举办班级文化评比活动。21日，校长杨文智和主抓德育和教学的干部一起走进各

班教室，观摩评比各班文化建设。评比的内容有：班训、班歌、班规、干部职责、学习园地、评比展示栏。要求：项目齐全、文化特色鲜明、图文并茂、整齐美观。各位班主任进行了自评和互评。 **（傅德宽）**

【开展“扮绿”校园活动】 4月，牛栏山第一小学组织全校学生开展了“扮绿”校园活动。学校为每位学生提供了一个花盆和几粒种子，让学生自己回家栽种，栽好后再拿回学校，各班自己设计造型，把花盆摆在指定地点。学生也可以不使用学校提供的种子，从家里移栽花草，或者种草莓、小西红柿等植物。同学们热情高涨，课后，各班都指定专人或轮班浇水看护，很多学生都驻足花盆

前，观看指点。课间秩序明显好转。

（张文勇）

【组织家校协同专家报告会】 5月17日，

牛栏山第一小学在耿丹学院礼堂开展家校协同活动，邀请北京师范大学心理学博士陈虹老师为全体家长做了题为《在家庭教育中运用积极语言》的讲座。陈博士深入浅出的讲解、列举各种事例，使家长学到了在教育孩子时哪些话不能说、哪些话该怎么说。会后陈博士现场解答家长提出的各种问题，500多名家长参加了活动。（张文勇）

【开展“彩虹假日炫”社团展示活动】 5月18日，牛栏山一小1至6年级学生、家长和教师共计280人走进顺义七彩蝴蝶园，开展“彩虹假日炫——‘多彩童年成就精彩人生’社团展示”活动。展示的节目内容有：旗语、军体操、古筝演奏、童话剧、情景剧、歌伴舞、小合唱、大合唱、小提琴演奏、街舞、

简笔画展示以及转魔方、悠悠球、花样跳绳等才艺展示。精彩的节目、精湛的演出不断博得家长热烈的掌声。演出后，借助蝴蝶园美丽的风光，学校又组织开展了学生及家长的亲子游活动。（傅德宽）

【举办毕业班典礼】 6月25日，牛栏山第一小学为六年级毕业班同学举办主题为“惜

别·感恩·起航”的毕业典礼。参加典礼的人员除了牛栏山第一小学的全体师生还有六年级毕业班的全体家长。典礼的内容分为“往事如歌”“师恩难忘”和“祝福明天”三个部分。典礼活动有：校长致辞、学生代表发言、家长代表和教师代表发言、文艺演出。学生王菘的家长为感激李辉老师的精心栽培，还亲自送上了一面锦旗。最后，每位毕业生在一面画有一棵“幸福树”的画布上深情地留下了自己的指纹与寄语，画布将被学校永久地保存。（傅德宽）

【举行开学典礼】 9月1日，牛栏山第一小学举行主题为“9·1——让我们带着梦想出

发”的隆重而热烈的开学典礼。参加典礼的除了牛栏山第一小学的全体师生还有学生家长及66168部队的部分官兵。典礼的主要内容有高年级同学为一年级新生赠送写满祝福寄语的贺卡、教师代表为新同学送上象征打开智慧之门的“金钥匙”、表彰获奖的优秀学生和教师、解放军战士队列表演、高举千纸鹤放飞梦想及歌曲演唱等。 （傅德宽）

【举办体育节】 10月14日，牛栏山第一小学召开“享运动、促健康”体育节暨田径运

动会。运动会的个人项目有立定跳远、双手前掷实心球、沙包掷远；30米、50米、100米和200米短跑；集体项目有20米迎面接力赛。全校学生562人全部参加了比赛。学校还邀请了部分学生家长参加了此次活动。

（傅德宽）

【举办教职工秋运会】 10月16日，牛栏山第一小学举办教职工趣味运动会。此项活动为教职工工会组织举办，目的是为了丰富教

职工的业余文化生活，促进教师的身心健康。运动会的项目有五项：踢毽子、沙包掷准、球拍托球赛跑、筷子夹乒乓球赛跑和双人背靠背夹球赛跑。每人任选两至三项，全校48名教职工参加了比赛。 （傅德宽）

【心理专家做家教讲座】 11月22日，牛栏山第一小学邀请北京师范大学郑日昌教育科

技发展中心主任、首席心理咨询师宗秀生教授为学生家长做题为《好习惯助孩子健康成长》的主题讲座。宗教授讲座的内容重点分为三个方面：一是儿童青少年心理健康的标准；二是家长的作用与责任；三是十大习惯助孩子健康成长。该校600名家长参加。 （傅德宽）

【开展“古风、古韵、绘古情”活动】 11月27至28日，牛栏山第一小学76名学生及部分家长在学校操场南侧百米文化墙上用油漆绘上76幅古诗词书配画作品，开展“古风、古韵、诵古情”活动。活动分三步：第一步，在全体学生中征集古诗词书配画设计小样，共征集作品540件。第二步，精选出76幅优秀作品，这些作品涵盖了小学课本中

全部的古诗词作品。第三步，同学们利用周六日休息时间，在家长的协助下，在学校操场南边百米文化墙上用油漆笔绘上作品。这些作品虽然略显稚嫩，但充满了童真童趣，成为学校一道新的靓丽的风景。（傅德宽）

【参加耿丹学院红歌会】 12月9日，牛栏山第一小学合唱团的28名同学参加北京工业大学耿丹学院召开的“红歌唱响，献礼耿丹”

红歌会。这次活动是耿丹学院为纪念伟大的“一二九”爱国运动专门组织的，牛栏山第一小学学生合唱团是作为特邀嘉宾参加演出的。他们演唱的曲目是《歌唱祖国》。从2013年9月开始，牛栏山第一小学为拓展校外教育资源，与北京工业大学耿丹学院建立了“小手拉大手，共建美好校园”合作关系。耿丹学院把牛栏山第一小学作为大学生校外教育实践基地，每周三下午3：00—5：30派遣十几位大学生到牛栏山第一小学指导合唱、街舞、轮滑和绘画等社团活动。（傅德宽）

北京市顺义区牛栏山第二小学

【概况】 2014年，北京市顺义区牛栏山第二小学占地面积13337平方米、建筑面积11000平方米，体育场（馆）面积5762平方米。图书室藏书10000册，电子图书10417册，订阅杂志、报刊21种。固定资产总值788.2万元。全年教育经费投入427.7万元，全部为国家拨款。全年学校信息化经费投入10万元，拥有计算机128台，多媒体教室座位880个，校园网出口总带宽1000Mbps，数字资源量110GB，“信息技术”课程0.5课时/周。普通教室24个、专用教室15个。教职工33人，其中，中级职称15人。专任教师31人，本科以上学历29人。开设教学班10个。招生122人、在校生345人。网址：http://www.nlsex.shyedy.cn。（李海妹）

【举办学困生家长座谈会】 2月27日，牛栏山第二小学召开一至五年级学困生家长座谈会，张振毅校长与家长们共同探讨孩子的

教育问题。首先张校长感谢家长的热情参加并明确了本次家长会的意义就是要解决孩子成长问题；然后张校长运用了大量的实例从学困生产生的主客观原因、转化策略等方面与家长进行了交流；最后家长们与各班班主任进行了深度交流，并制定出详细的辅导计划。（岳瑞兵）

【成立家长委员会】 3月19日，牛栏山第二小学召开2014学年度家长委员会成立大会，

学校领导、家长代表等25人参加了会议。会上，张振毅校长做了重要讲话，明确了学校办学理念，强调了成立家长委员会的必要性，对各级家长委员会成员的工作寄予厚望；一名家长委员会代表做了典型发言，表示要积极支持学校工作，为共同教育学生做出贡献；学校向每位成员征求了建议和意见，为下一步研究制订家委会工作方案打下了基础；同时为每位校级和班级家长委员会成员颁发了荣誉聘书，赠送一本好书《钱文忠漫谈人生》。成立家长委员会拓展了学校的工作面，延伸了教育的职能，为提升学校办学水平增添了新的活力。 （岳瑞兵）

【举办积极心理学专题讲座】 3月26日，心理学博士陈虹做客牛栏山第二小学，为全体教师做了一场题为《积极心理学在中小学

的应用》心理讲座。陈虹老师以全新的理念和视角，用生动的语言和丰富的知识讲解了积极心理学的三大使命、双方面论、积极性语言风格等，并通过具体事例，让老师体会到如何说话，说什么样的话，能引导自己或他人关注生活中美好的东西，能为自己和他人带来愉悦和幸福，具有较强的实用性和可操作性。陈虹老师的激情讲授受到与会老师们的热烈欢迎，加深了老师们对心理健康教育的认识。 （岳瑞兵）

【开展“清明祭英烈”活动】 3月31日至4月10日，牛栏山第二小学少先队开展“清明

祭英烈”系列主题教育活动。各中队采取“祭奠英烈”主题队会、征文演讲、诗歌朗诵、书写网上感言寄语、向先烈献花等不同形式，组织了“清明祭英烈”活动，表达对先烈、先辈的感恩怀念之情，累计参与的少先队员达120余名，书写感言寄语93条。通过活动，少先队员们接受了革命传统教育，感受到了英烈们的精神力量，增强了爱国之心、责任之感，激发了奋发向上、努力学习的决心，懂得了今天的幸福生活来之不易。

（岳瑞兵）

【开展节约教育】 3月，牛栏山第二小学为加强宣传校园节约用水，组织少先队员制作“节水手抄报”活动。队员们精心设计花边、内容、版式等，搜集节水内容和标语，共绘制手抄报110余份，向全体队员宣传节约用水的小窍门和做法。此项活动增强了少先队员

节约用水的意识，普及了节水常识，宣传了节约用水的重要性，培养了节约用水的习惯。（岳瑞兵）

【举办家庭教育报告会】 4月11日，牛栏山第二小学邀请著名教育专家宋奇老师做题

为《让生活充满爱——把快乐还给孩子》家教讲座，230余名学生家长参加了活动。宋奇老师的讲座通俗易懂，贴近生活，案例鲜明，话语激情飞扬、诚恳亲切，将事实和道理很好地结合起来，从“家庭教育现状”、“生活中的互动技巧”两个方面，引导家长树立“与孩子一起长大”的家庭教育观，启迪了家长教育子女的新理念、好方法，雷鸣般的掌声不断响起。家教讲座为家长们指明了怎样让孩子健康快乐成长的方向，为实现家校共同教育打下了良好基础。（岳瑞兵）

【开展消防疏散演练】 4月25日，牛栏山第二小学分年级组织火灾逃生演习。全校240余名师生进行了一场既真实紧张又有意义的消防演练活动。共用时53秒，有序疏散，撤离“火场”达到了疏散演练的要求。通过这次演

练活动，学生们学习和掌握了消防疏散的常识，消防安全意识进一步增强。（岳瑞兵）

【做好幼小衔接工作】 4月25日，牛栏山第二小学与牛栏山二幼联合做好小幼衔接工作。组织幼儿参观了操场、教学楼、专用教室等校园设施和环境。参观中，牛栏山二小的小导游向大家详细介绍了学校基本情况，并针对幼儿提出的问题做了耐心解答。此次幼小衔接活动，让幼儿对小学的情况有了初步了解，对小学生的学习、生活有了初步体验，增强了幼儿上小学的信心。（岳瑞兵）

【开展科技专家进校园】 5月13日，牛栏山二小邀请中国科学院植物研究所的关秀清教授，为全体学生作《奇妙的植物世界》科

普讲座。关教授用精湛的专业知识、形象的语言、生动的图片给孩子们上了一节从未感受过的集科技、教育、知识为一体的科技课。同学们受益匪浅，认识了各种有趣的、奇妙的植物，了解了更多的关于植物的知识，感受到了丰富多彩的植物世界。会上，同学们

积极踊跃和专家进行互动。关教授耐心回答了同学们的问题，会场气氛热烈。（岳瑞兵）

【召开新生培训和新生家长会】 8月23至24日，牛栏山二小对一年级新生进行常规培训并召开全体一年级新生家长会。校长张振毅从幼儿教育与小学教育的区别、学校的办学理念与目标、做人的9个好习惯和学习的9个好习惯四个方面和家长进行了交流和分享，会后家长们观看了培训的成果。家长们对学校的做法表示高度认可，并一致表示要和学校协同起来，共同教育好孩子。（岳瑞兵）

【多种形式迎接新学年】 9月1日，牛栏山第二小学举行迎新学生仪式。高年级学生告诉新生入学基本礼仪常识，并牵着一年级新生的手将其送到教室。七点半举行了新学年开学典礼，390名师生齐聚操场，张振毅校长做了热情洋溢的致辞，认真回顾和总结了过去一学年的工作和取得的成绩，对全体师生提出了新要求。新老教师和学生代表分别作了典型发言，同时对上学期获奖个人和集体进行了表彰。典礼后，教导主任利用广播从“安全从我做起”和“文明从今天做起”两个方面为学生上了开学第一课，激励学生用实际行动践行社会主义核心价值观。（岳瑞兵）

【开展“成语文化龙门阵”活动】 9月，牛栏山二小开展“成语文化龙门阵”竞赛活动。首先学校制定了活动方案，中、高年级全体学生参加此项活动，活动读本以小学语文教材、指定课外书目为主，参考用书为商务印书馆《汉语成语小词典》、《新华成语词典》。活动过程分六个阶段，第一阶段：把小学12册的成语汇总在一起共652个，学生抄写。第二阶段：整理分类，查出不理解成语的意思，把652个词语按照意思分类整理。第三阶段：根据给出来的意思，写出成语。考察学生对成语意思的掌握情况。第四阶段：成语接龙。每个学生完成30个成语接龙，每个成语接5个词。第五阶段：按照要求写出成语。比如写出四个描写冬天的成语。第六阶段：综合测试。9月27日参加了顺义区“成语文化龙门阵”活动笔试。孩子们在活动过程中收获很大，达到了活动的目的。（张春艳）

【开展诵读展示活动】 10月13至17日，牛栏山二小二至六年级各班开展了诵读展示活动。内容为从课外书中选择的经典篇目或现行语文教材中已学过的课文。评委依据评价标准进行打分。获得优胜奖的班级有四（1）班；三（1）班；二（1）班。三个班最优秀的学生在全校进行了展示。三（1）班的《中国娃》代表学校参加了牛一联盟的诵读展

示活动。主管领导召开了活动总结会，肯定了优点，提出了改进意见。通过此次活动，发现教师指导学生诵读的方法不当和能力不高，有待提升。（张春艳）

【开展评优课活动】 11 月 13 日至 12 月 19 日，牛栏山二小开展“打造生态课堂，促进

学生主动发展”为主题的全体任课教师评优课活动。任课教师自己决定课题、课型。教师积极准备、参与此项活动。评出一等奖 8 名，二等奖 12 人。一部分教师的课堂发生了改变，更多的时间留给了学生；合作学习、体验式学习方式在课堂上得到运用；进一步巩固了校本研修的成果，提高了课堂教学效率，促进了教师执教能力和运用现代化教育手段的能力的提高。（张春艳）

【邀请教研员走进课堂指导研修活动】 11 月 28 日，牛栏山二小邀请教研员走进课堂指导数学研修活动。先由佳新老师执教了《20 以内数的退位减法》；然后全体教师分成四个组进行讨论。讨论的问题有：教师采取了什么策略或方法促进学生主动学习？效果怎样？然后进行全体交流。教育研究考试中心副主任李广生和数学教研室教师

分别加入各小组讨论，并在最后进行了点评。活动之后，参与的每位教师提交了活动反思。（张春艳）

【举办家教讲座】 12 月 5 日，牛栏山第二小

学召开别开生面的家教讲座，710 名家长和师生参加了会议。会上，聘请的中国家庭教育指导中心讲师、心理专家李瑞彦老师为大家做了题为《关注孩子主动学习、主动生活的能力》的讲座。通过与学生和家长互动、案例分析，重点讲解了好习惯是主动做事以及培养孩子的六个步骤，让与会家长在家庭教育方式上豁然开朗。（岳瑞兵）

【校本研修活动结束】 12 月 12 日，为期一年的牛栏山二小“打造生态课堂”校本研修活动结束。该活动于 2013 年 11 月 21 日启动。活动期间学校陆续组织“关于学生作业形式”、“课堂教学有效提问及策略”、“改善教学行为，促进学生主动发展”、“学生试卷错例分析”、“吴正宪课堂教学”等主题的研讨学习。通过研修活动，教师们提高了认识，开阔了眼界，学到了灵活的教学方法，并注

意将学习到的方法运用到自己的实际教学过程中，提高了课堂教学效率。 （岳瑞兵）

【举办教科研培训】 12月19日，牛栏山第二小邀请顺义区教科室副主任朱元兆作《教

师怎样做科研》专题讲座。针对该校的实际情况，朱元兆主任从教育科研是一线教师人人会做的事情、适合教师的研究方法、尝试小课题研究、重视成果的积累与提炼等四个方面，列举了大量的实例，为全体教师作了一场精彩的讲座。在讲座过程中，教师们倾心聆听，认真记笔记，从思想上解决了老师们为什么要做科研、什么是科研、怎样做科研的迷茫和困惑。 （龚卫晶）

【外教走进牛山二小课堂】 12月23日，牛栏山二小迎来北师大攀英项目组外教走进课堂活动。两名教师Chattell和Justin分别上了两节别开生面的英语课，150余名孩子来到现场。课堂上，老师与孩子们共同表演唱英文歌曲《Nice to Meet You》，相互介绍名字、来自国家、最喜欢的食物、最喜欢的运动等，

在欢快的歌声和互动问候中展开了教学。活动中，Chattell和Justin分工合作，力求照顾到每一个孩子，用形象、生动的肢体语言和游戏等创设情境，极大地激发了孩子们学习英语的主动性和积极性，使孩子们完全沉浸在英语的世界中。一双双高举的小手、一个个精彩的回答、一个个手舞足蹈的动作，课堂气氛活而不乱。引入外教走入课堂是牛栏山第二小学建校以来首次开展的活动，此次活动提高了孩子的口语能力，促进了孩子大胆自信、乐于参与、敢于展现的积极品质的形成。 （张春艳）

【学校电视台正式开播】 2014年12月31日，牛栏山第二小学电视台正式开播。首播

仪式在校园电视台演播室隆重举行，两名少先队员主持了精彩节目。从前期招聘、组织培训到现场录制、后期制作，26名少先队员积极参与其中，并通过电视台与全校师生见面。在节目制作过程中，队员们的听说读写和动手能力得到训练，有效宣传了学校少先队组织。学校电视台将积极为全体少先队员搭建平台，提供更多的展示自我、提升能力的机会。 （刘爱军）

北京市顺义区牛栏山第三小学

【概况】 2014年，北京市顺义区牛栏山第三小学占地面积9995平方米、建筑面积8125平方米，体育场馆面积3058平方米。图书馆（室）藏书2.11万册，订阅杂志、报刊41种。固定资产总值441.24万元。全年教育经费投入1196.55万元，全部为国家拨款。全年学校信息化经费投入33.81万元，拥有计算机143台，多媒体教室座位1000个，校园网出口总带宽10Mbps，数字资源量2GB，“信息技术”课程0.5课时/周。普通教室20个、专用教室9个。教职工58人，其中，中级职称35人。专任教师46人，本科以上学历43人。开设教学班18个。毕业95人、招生118人、在校生642人。（王丽婷）

【举行跑操比赛】 3月14日，牛栏山第三小学举行了全校学生的跑操比赛。为贯彻落实学生阳光体育运动的精神，学校把“每天

锻炼一小时，健康工作五十年，幸福生活一辈子”的思想贯穿于大课间活动中，扎实开展了“阳光体育与快乐同行”冬季跑操活动。在铿锵有力的乐曲声中，老师们带领着本班学生，迈着矫健的步伐，喊着响亮的口号，以昂扬的精神面貌奔跑在操场上。“我运动、我健康、我幸福、我快乐”等口号展示了学生们积极进取、奋发向上的精神风貌。本次比赛主要从班级出勤率、班级口号、跑操质量、精神面貌等几个方面进行考核评比。（汪　俊）

【召开党的群众路线教育实践活动启动大会】 4月2日，牛栏山第三小学召开党的群众路线

教育实践活动启动大会。会上，校党支部书记汪俊给全体教职工党员和入党积极分子宣读了《中共顺义区教育工作委员会关于在教育系统深入开展党的群众路线教育实践活动的方案》，并部署了学校教育实践活动的具体安排。汪俊书记强调：全体教职工党员要统一思想认识，深刻理解开展教育实践活动的重大意义。刘春波校长要求全体教职工党员要全面贯彻落实区教委精神和要求，转变作风，密切党群、干群关系，树立为民务实清廉形象，为学校发展注入新的活力。（汪　俊）

【举办清明节朗诵演讲活动】 4月4日，牛栏山第三小学举办“美丽中国，我的中国梦”

清明节朗诵演讲比赛。此次活动分为三个阶段：第一阶段，学生在“美丽中国　我的中国梦”主题教育读书活动中广泛阅读并撰写征文；第二阶段，各班进行朗诵演讲活动并

评选出代表，参加学校展示活动；第三阶段，全校展示、评比。全校600多名师生齐聚操场，26名选手经过近2个小时展示，评选出一、二、三等奖。学生们在活动中受到教育，使自己能力得到提升，也以全新的形式表达了对烈士的哀思。（董向国）

【进行消防疏散演练】 5月12日，牛栏山第三小学进行以“防灾减灾”为目的的消防疏散

演练。当演练的警报声响起时，各班学生在任课教师的带领下，有秩序的迅速撤离教学楼。负责楼梯口疏导的老师坚守在自己工作岗位上，直到最后一名学生通过，才迅速撤离。疏散到操场的学生在班主任老师的带领下，整队、清点人数，全校学生无一人掉队，师生全部到达指定安全位置。5月12日是汶川地震6周年，也是我国的“防灾减灾日”，通过这样的演练，提高了全校学生在危险面前的反应能力，以及快速逃生的应变能力，使师生们再次熟悉了遇到紧急情况后，学校紧急疏散的程序和线路，增强了学生在突发事件中的自救意识与安全意识。（谢立彬）

【举办“奉献爱心　助飞梦想”“六·一”义卖活动】 5月29日，牛栏山第三小学举办“奉献爱心　助飞梦想”“六·一”义卖活动。学校600多名师生精心筹划与准备，并得到了家长们的广泛理解与支持，积极参与到活动当中。师生们从家中拿来图书、学习用品等参加义卖。义卖活动历时两节课，师生共募得善款8221.30元。顺义区慈善协会李秘书长和牛栏山镇政府冯镇长作为受赠方代表，接

受了捐赠，这笔款项将通过区慈善协会转赠给贫困地区的孩子，用以帮助他们改善学习条件。此次活动彰显了牛山三小师生关爱他人、乐于助人、乐于奉献的好品质，也充分体现了学校“我的活动我做主”的现代办学理念。（董向国）

【举行六年级毕业典礼】 7月3日，牛栏山第三小学举办“理想从这里扬帆起航”六年级

毕业典礼，送走了建校以来的第三届毕业生。首先刘春波校长为毕业典礼致辞，然后毕业生和家长、班主任交换信件，毕业生代表、教师代表、学生家长代表依次发言。最后刘春波校长为全体毕业生颁发毕业证书，谢立彬副校长为全体毕业生赠送毕业留念照片。（董向国）

【举行少年军校开营仪式】 9月4日，牛栏山第三小学举行少年军校开营仪式，拉开学校为期三周的军训序幕。学校开展少年军校活动，目的是为了弘扬爱国主义精神，让学生通过活动来学习国防知识、磨练坚强意志、锻炼强健体魄、塑造良好品格、增强团队意

识。这是对学生进行“爱国、爱党、爱军”教育和国防教育的有效形式。仪式上，牛山炮团官兵们的队列和军体拳展示，赢得了同学们的阵阵掌声。（董向国）

【学习总书记教师节讲话】 9月12日，牛栏山第三小学的全体教职工共同学习习近平

总书记在北京师范大学的讲话。刘春波校长对照习总书记“做好老师”提出的四点要求，希望全校教师认真学习领会，抓好贯彻落实，切实把思想和行动统一到总书记讲话精神上来，立足本职岗位，潜心研究，提高教育教学质量，既培养学生成人，又培养学生成才，将教书育人作为教师安身立命的根本，做一名“四有”教师。通过学习，全体教职工深受激励，决心按照总书记提出的好老师的标准，锤炼品质，努力学习，教好书，育好人，为祖国的未来培养更多人才，做一名党和人民满意的教师。（汪 俊）

【举办“青年教师自主成长沙龙”】 10月24日，牛栏山第三小学“青年教师自主成长沙

龙”成立。学校近两年由于师资所需，陆续引进的青年教师有10多人，占学校教职工人数的1/3。青年教师有很高的工作热情，他们热爱教育事业、热爱学习，努力追求做一名成功的教师，但他们缺少方法和指导。学校领导历来十分重视对青年教师的培养，根据年轻人的特点，决定以“青年教师自主成长沙龙”的形式，为青年教师的成长，搭建一个学习、交流及展示的平台，让他们更好的成长，这种形式受到年轻教师们的欢迎。（刘 洁）

【组织学生体验身边的民俗文化】 10月27日，牛栏山第三小学五年级学生走进“顺义

区河北村民俗园”，体验民俗文化。民俗园内的藏品，主要是近百年来顺义地区渔猎、农耕、纺织、瓦木等生产器具和居民衣食住行的生活用品用具及各种票证。孩子们被馆内一件件古朴稀奇的藏品深深吸引，不断地问老师和讲解员这些藏品的名字、作用等，忍不住动手摸摸、试试，体验一把过去人们劳

动的乐趣。这次参观，激发起孩子们对民俗文化的兴趣，让孩子们感受到民俗文化的巨大魅力。（董向国）

【在体验中培养学生的安全意识】 10 月 30 日，牛栏山第三小学六年级学生走进怀柔安全

教育体验馆，接受参与式安全教育。此次安全体验活动内容丰富多彩，形式新颖多样，主要包括：安全教育体验馆参观；地震情景模拟体验；火灾逃生场景体验，消防知识讲座及互动活动；心肺复苏培训与体验；观看交通安全知识讲授与安全事故警示片；消防器材现场操作演练；观看地震、火山喷发等自然灾害 4D 影片；食品安全视频讲解。通过亲自动手、亲身体验，同学们深刻地理解了安全的重要性，更快、更好地掌握了基本的逃生知识和技能，切实提高了大家的安全意识和应急避险能力。

（董向国）

【开展“11·9”消防安全知识讲座和演练】 11 月 3 日，牛栏山第三小学邀请顺义区公安

消防支队李响参谋，到学校为广大师生开展消防安全知识讲座和灭火器的使用演练活动。李响参谋从消防案例、火灾知识、应急措施、安全疏散及自救脱险的方法等方面，进行了讲解。在操场上，他为师生们演示了如何正确地使用灭火器，并指导师生们进行实际操作和演练。同学和老师们也积极参与了用灭火器将火扑灭的模拟演练。这次理论与实践相结合的安全教育活动，强化了师生的安全意识，大大增强了广大师生的自护、自救技能，将安全教育工作落在了实处，为学校创建“平安和谐校园”夯实了基础。（谢立彬）

【请专家为教师做阅读讲座】 11 月 20 日，牛栏山第三小学邀请 2013 年中国推动读书十大人物之一——海淀区教科所小学教育研究

中心主任张千萍，为全体教师做阅读专项讲座。张主任《读书—教师成长的源泉》的讲座，从阅读改变教师的生命状态，阅读是教师真正的备课，以及给教师的阅读建议三个方面，为教师们阐释了阅读对教师的重要意义，以及教师如何进行阅读的可行策略与方法。张主任还将《教育的目的》一书发到每位青年教师手中，鼓励他们多读书、读好书，更好的践行社会主义核心价值观，做一名智慧教师。精彩的讲座使老师们受益良多，他们找到了提升自身素养的途径——阅读。

（刘　洁）

【组织教师观看话剧《日出》】 11 月 21 日，牛栏山第三小学工会组织全体教师来到新清华学堂，观看话剧《日出》。学校工会一直倡导让教师们多参加高雅艺术欣赏活动，并通过参加高雅艺术活动，让教师们在休闲

状态下提高个人的艺术素养。大师的经典作品让教师们感到真正的艺术作品具有强大的艺术感染力与穿透力。教师们一致认为，学校工会组织这样的活动，让教师们在与艺术零距离接触过程中，增强了文化底蕴，陶冶了情操。（谢立彬）

【举办科研月主题活动】 12 月 4 日，牛栏山第三小学举办“创设问题情境，提高教

学实效”区级语文教研暨科研月主题活动。来自二十多所小学的教师和课题组负责人及学校语文组全体教师参加了本次活动。学校依托语文教研组的教研活动，通过观摩年轻教师的课题研究课，聆听魏淑媛教研员的说课、评课以及做课，将学校教师们基于课题研究，教与研的过程展示出来。本次科研月主题活动为学校的语文教学课题研究开拓了一种新的思路，推动了学校教科研活动向前发展，具有积极的实践意义。（刘　洁）

【顺义区特教中心组走进牛栏山第三小学】 12 月 10 日，顺义区特教中心教研组走进牛栏

山第三小学观摩特教工作。顺义区特教中心教研组在特教中心刘红主任带领下，首先检查了学校的特教资源教室和特教器材，随后听了一节由学校特教教师冯海艳做的数学知识补救课，并结合评课、辅导，为学校教师做了一次特教专题讲座。最后，特教中心的专家还对学校的三名学生进行了等级测试。（刘　洁）

【开展新岗教师汇报课活动】 12 月 15 日起，牛栏山第三小学开展为期一周的新入职

教师汇报课活动。本学期，学校有五名新入职的青年教师，举办本次活动是为了检验和提高新入职教师的教学水平，进一步夯实新入职教师教学基本功。新入职教师和辅导教师共同参与备课、上课、听课、评课全过程，各教研组长负责把关，为新入职教师的专业

成长搭建互动的交流平台，很好地促进了新教师的成长，同时也增进了教师间课堂文化的交流，营造了浓厚的校本教研氛围。

（刘　洁）

【举行迎新年合唱比赛】　12月31日，牛栏山三小举行第四届迎新年合唱比赛活动。全校18个教学班600多名学生参加了比赛。在比赛中，各班同学不仅服装整洁、阵容整齐、声音响亮，而且感情真挚、精神饱满。合唱的形式也极为丰富，齐唱、领唱、朗诵加演唱等多种形式相得益彰。通过高唱《童年》《外婆的澎湖湾》《旋转的童年》《送别》等歌曲，同学们用嘹亮、欢快的歌声，抒发了对幸福生活的热爱，对和谐校园的赞颂，以及对新年的憧憬。学校还特地邀请了来自内蒙古大草原的木淇日合唱团，让同学们在校园里就能欣赏到专业合唱团的演出。

（董向国）

北京市顺义区双兴小学

【概况】　2014年，北京市顺义区双兴小学学校占地面积20000平方米，建筑面积6633平方米。体育场馆面积8000平方米。图书馆（室）藏书总数2.5万册，订阅杂志、报刊26种。固定资产总值1107.1万元。全年教育经费投入329万元，全部为国家拨款。全年信息化经费投入30万元，拥有计算机194台，多媒体教室座位1480个，校园网出口总带宽100—1000Mbps，数字资源量1000GB，“信息技术”课程0.5课时/周。普通教室26个，专用教室7个，实验室1个。教职工75人，其中，副高级职称1人，中级职称48人。专任教师75人。本科以上学历67人；开设教学班26个。毕业人184、招生197人、在校生922人。学校网址：www. sxxx. shyedu. cn。

（王海红）

【召开新学期工作部署大会】　2月14日，双兴小学召开新学期工作部署大会。大会分为颁奖、传达学校各部门工作计划、集体学习和校长讲话四个版块。全体干部教师重温了过去一年辛勤劳动的硕果，认真领会了本学期学校的工作方向和重点，通过集体学习，再次深刻感悟了学校倡导的传统文化教育的内涵。

（王海红）

【举行新学期开学典礼】　2月17日，双兴小学近千名师生聚集操场举行隆重的新学期开学典礼。9：30分典礼拉开序幕，分为升国旗唱国歌、颁奖、齐诵国学《弟子规》和

《千字文》、领导讲话四环节。师生们用响亮的声音再次唱响《义勇军进行曲》，重温校本课程《弟子规》总序，收获着累累硕果，感受着校领导的殷切期望。这一切都为全体师生迎接新学期、鼓足新干劲、迎接新挑战增添了动力。（王海红）

【开展教师“彩虹读书”交流活动】 3月8日，双兴小学为进一步贯彻落实区教委关于

“彩虹读书”文件精神，开展“在读书中收获成长”教师“彩虹读书”交流活动。“彩虹读书”交流活动是学校始终坚持的一项活动，一方面是贯彻落实区教委的“彩虹读书”行动计划，另一方面是借助“彩虹读书”交流，为广大教师提供一个展示自我、交流分享、共同提高的平台。学校每逢假期都为教师们发放一本有益于教育教学、启迪心灵智慧的精品图书，目的是使教师们闲暇之余在书中寻求教育秘方，在阅读中收获成长。这次，学校为教师们发放的是著名教育大师季羡林的《中流自在心》一书，教师们以教研组为单位，先在组内进行交流研讨，再推选出教师代表参加学校交流活动。活动中，教师们纷纷将自己从书中学习到的鲜明的教育观点结合自己教育实例进行剖析与解读，在实践中寻找什么是修身养性。通过此次读书交流活动，教师们又一次将“读书”融入到自己的教育教学，再次从书中收获启迪与成长，收到了良好效果。（王海红）

【开展3·18民主日活动】 3月14日，双

兴小学全体教职工在学校多功能厅召开第四届第三次全体教职工大会暨3·18民主日活动。本次活动有五项议程：一是校长做2013年学校工作报告，强调2014年重点工作；二是由徐主任做2013年财务工作报告；三是通报3月的合理化建议征集情况并由相关领导进行答复；四是互动交流，教师提问，校领导答复；五是校长总结。本次活动透明度高，针对性强，时效性好。会上，大家围绕长短课时的调整及学校的特色项目开展等进行了交流，体现了坚持民主办学的思想，保证了全体教职工参政议政的权利。（王海红）

【城乡联动组团同课异构活动在俸伯中小举行】 3月18日，城乡联动组团同课异构活动在俸伯中小举行。小店小学、双兴小学、

俸伯中小9位教师分别参与了英语、数学、语文三个学科的同课异构课堂教学研讨活动。课后，区教育研究考试中心数学教研员张秋

爽、周爱东，语文教研员闫兴河分别组织听课教师进行了互动研讨活动。通过互相研磨切磋，不仅讲课教师得到了能力提升，听课教师也收获颇丰。随后，俸伯中小韩利主任做了本联盟开展协作教研的经验交流介绍。为期半天的活动中，教师们进行了思想上的碰撞与交流，既开拓了眼界，又增长了知识，受益匪浅。（王海红）

【开展国学校本课程评优课活动】 4 月 8 至 15 日，双兴小学以校本课程“学国文·诵经

典·习美德”为载体，开展了“读国学　诵经典”校本课程评优课活动。全校 25 个班级全体师生都参加了本次活动。在活动中，教师们将《弟子规》《三字经》和《千字文》中的内容与日常语文教学相融合，学生们将经典名句演绎成故事，在故事中明理感悟。一节节国学课展现了师生们“读经典、讲经典、悟经典”的精神风貌，一阵阵朗朗读书声为校园增添了一道亮丽的风景。为期 10 天的活动中，师生们诵读热情以及国学素养大大提高，自身行为也在悄然发生着变化，人人都能够用《弟子规》中为人处世的规范与道理严格要求自己，儒雅之气日益形成。（王海红）

【迎接义务教育均衡发展专项督导】 4 月 17 日，顺义区人民政府教育督导室对双兴小学进行义务教育均衡发展专项督导。此次督导分为三个板块。第一版块：由负校长汇报学校均衡发展自查情况。第二板块：督导人员

分组查看学校的硬件设备、专用教室、体育一小时及两操落实情况；查阅了课程开设、减负情况以及随班就读等相关资料；进行了学生专项问卷和统计。第三板块：各位督导人员集中反馈，督导组组长、区教科室朱元兆副主任根据大家的意见，形成了书面整改意见，并与学校领导进行了交流与反馈。（王海红）

【区小学舞蹈地方课程推进会在双兴小学召开】 4 月 22 日，顺义区小学舞蹈地方课程推进会在双兴小学召开。会上，双兴小学王佳杰老师从音乐（国家课程）与舞蹈（地方

课程）整合角度做了一节题为《布谷》的研究课。海淀区舞蹈教研员史渊萍对做课教师和学生的精彩表现给予了充分肯定，并结合海淀区舞蹈课程推进过程中的经验与成果做了舞蹈教学的思与行专题讲座。我区教研员王众敬做了“不断拓宽工作思路，全面推进

舞蹈课程”工作交流，为学校课程整合实施提供了新的视角。最后，教育研究考试中心李广生副主任从国家课程校本化实施和有效落实三级课程整合维度对本次活动给予了高度评价，并提出了关注教育本质、追求更科学的课程校本化实施的希望。此次活动为推进顺义区小学舞蹈地方课程，学校课程整合化实施开了好头。区教育研究考试中心张海主任、小教科、小教研、课程研究室及小学课程负责人、舞蹈教师共计100余人参加了本次活动。（王海红）

【与史家小学联合开展“语文名师大课堂”活动】 4月25日，北京史家小学与顺义区双

兴小学联合开展主题为“在个性化阅读中学习运用语言”语文名师大课堂同课异构活动。本次活动分为三个板块：一是同课异构。由双兴小学张海鹏与史家小学陈玉梅分别执教六年级语文《理想的风筝》。二是互动评课。三是专题讲座。北京市特级教师万平做《童心之花最美丽》主题报告。同一节课，两位老师采用了不同的教学模式，教学风格也各有千秋，真正体现了“同课异构”在对教材的把握和教学方法设计上强调的“同中求异、异中求同”本质。看到了不同的教师对同一教材内容的不同处理，不同的教学策略所产生的不同教学效果，并由此打开了教师的教学思路，彰显了教师教学个性，真正体现了资源共享，优势互补。（王海红）

【举行春季运动会】 4月30日，双兴小学春季运动会开幕。运动会场上，欢声雷动，为运动员加油，为比赛助威，各个班级奋勇争先；运动员奋力追逐竞技，努力拼搏，勇

于争先，一个个佳绩不断传来；运动员们赛出了成绩，赛出了风格，赛出了友谊。这次运动会项目齐全，参赛人数多，同学们积极参与、奋发向上的精神得到了充分展现，“友谊第一、比赛第二”的体育道德精神也得到了极致的发扬。经过一天激烈的角逐，共有6个班级获得了团体总分第一名的好成绩，“每天锻炼一小时，幸福生活一辈子”的理念在这次运动会上进一步得到了诠释。（王海红）

【师生走进社会大课堂】 4至6月，双兴小学1000名师生和部分家长参与社会大课堂活

动，分别走进“七彩蝶园”、“红星快乐营、升存岛”等场馆，将自己在社会大课堂中的所见、所闻、所感记录下来，进一步提高了自身的总结、整理、归纳能力。（王海红）

【举行“吴正宪儿童数学教育思想推广研究”展示活动】 6月10日，顺义区“吴正宪儿童数学教育思想研究推广基地”活动——“双兴小学《培养学生抽象思维能力的研究》校本研究展示交流”在双兴小学举行。本次

活动分为四个板块：首先由双兴小学数学团队做了主题汇报。其次尉蒙老师执教《长正方形的面积》一课。接着与会专家、教师就如何做好"培养学生抽象思维能力"的研究进行了热烈的讨论。教科院基教研中心刘延革老师对学校研究工作给予了充分的肯定，并从数学内容的抽象、研究方法的抽象、数学三个基本思想的整体推进等方面为今后的深度研究、丰厚成果指明了方向。最后教育研究考试中心李广生副主任为本次活动作了总结。

【开展专题组织生活会】 8月23日，双兴小学党支部开展了"党的群众路线教育实践活动"专题组织生活会。参加会议的有区教

工委第11督导组单科长、杨科长和双兴小学的全体党员干部共9人。会上书记代表党组织做领导班子对照检查发言，校长做个人对照检查发言，其他党员干部对校长进行评议，最后督导组组长单科长做了点评，肯定了双兴小学党支部一年来在党的群众路线活动中工作开展的扎实有效。最后校长代表学校表态，将以高度的政治责任感，严格按照实施方案中的要求来完成各项任务，既搞好教育实践活动，又要扎实做好本职工作，以实实在在的业绩确保教育实践活动顺利进行。

（王海红）

【区电视台到校采访】 11月4日，顺义区电视台到双兴小学采访报道学校与中国合唱协会合作情况。自6月11日双兴小学与中国

合唱协会为期六年的合作签定协议后，9月开始，由合唱协会委派的北京首都师范学院的教授邵小勇为一年级新生上合唱训练课，每周每班一节，还有进行合唱社团的训练活动，对学生进行更专业的指导。电视台就合作的发展与实效性采访邵教授，就合作对学校工作的意义采访双兴小学校长贠献臣，还就对合唱课程的喜爱程度采访双兴小学一年级的学生。此次报道在11月17日顺义新闻中播出，11月23日北京新闻再次播出。这次采访工作使社会与家长都更详细地了解了此项工作。

（王海虹）

北京市顺义区天竺中心小学校

【概况】 2014年，北京市顺义区天竺中心小学校为公办校，一校两址，分别为中心校区和翠竹校区。两址总占地面积46029平方米、建筑面积21472平方米，体育场（馆）

面积19700平方米。图书馆（室）藏书4.3016万册，电子图书3086册，订阅杂志、报刊112种。固定资产总值1056.09万元。全年教育经费投入1741.84万元，全部为国家拨款。全年学校信息化经费投入21.75万元，拥有计算机254台，多媒体教室座位2520个，校园网出口总带宽100Mbps，数字资源量560GB，“信息技术”课程0.5课时/周。有普通教室42个、专用教室21个。教职工82人，其中，本科以上学历67人。高级职称2人、中级职称49人。专任教师70人，北京市骨干教师2人、开设教学班24个。毕业134人、招生166人、在校生913人，网址：http：//58.133.199.9。（霍仲英）

【开展“做新世纪雷锋”教育活动】 3月5日，时值毛泽东主席“向雷锋同志学习”题

词五十一周年纪念日，天竺中小掀起学雷锋活动高潮。在少先大队动员之后，低年级同学将学雷锋活动与自理能力训练联系起来，开展“自己的事情自己做”活动。中高年级组建学雷锋志愿者小队，如：“校园护绿”志愿小队、“我和桌椅手拉手”志愿小队、“公共财物大家爱”志愿小队、“社区环境靠你我”志愿小队、“我是校园小主人”志愿小队，为学校和同学做好事。同学们还学习身边的榜样，如张佳梁同学连续多日参加希望家园社区的环保志愿活动，不但自己成为社区的一名小志愿者，而且通过“小手拉大手”行动让自己的爸爸妈妈也加入到志愿者队伍中。（段春宝）

【区小学教研室来校跟踪视导】 3月24日，顺义区小学教研室主任杨树华带领视导组一

行20人到天竺中小开展教学跟踪视导。教研员深入课堂听课36节，与授课教师做深入交流，针对每节课提出改进措施。本次活动是上学期11月18日“课时目标制定与落实”主题协商视导后的一次跟踪视导。本学期初学校组织教师认真研讨首次视导反馈报告中所反映出的重点问题，每位教师都将自己最困惑、最需要解决的一、两个问题写在应视导的教案封面上，请教研专家检查指导。本次视导进一步提高了教师的教学反思意识，助推了学校课堂教学实效性的研究。区教研中心李广生副主任参与了视导活动。（李冬青）

【开展学生才艺展示系列活动】 3月31日开始，天竺中小利用每周一升旗时间开展

“国旗伴我成长—我炫我精彩”活动。此项活动旨在丰富校园文化生活，张扬学生个性，培养学生特长，让每个学生都体验到成功与快乐。展示内容不限，形式上集体、个人均

可，限时10分钟。在少先大队的号召下活动陆续拉开帷幕：五（3）班许睿思朗诵的《藏羚羊跪拜》让很多同学热泪盈眶；二（2）班陶熙涵的葫芦丝演奏《荷塘月色》仿佛把同学们带入了一幅优美的画卷；四（2）班张岩松的快板《潮白美》更让同学们回味悠长……短短的10分钟展示起到了调节心理、锻炼胆量、增强自信的作用，一批阳光男孩、魅力女生更加绽放。 （李银霞）

【区小语骨干培训班走进天竺中小】 4月4日，顺义区小语骨干培训班走进天竺中小开展实践活动。学员们分别听了学校两位老师的字源识字研究课，张晓彤和张冬霞老师分别执教一年级识字课《不正就是歪》、四年级语文课《寓言二则·刻舟求剑》。在互动评课环节中充分发表意见，区小语教研员苏静林老师和培训班指导专家首师大初教院崔增亮教授分别从语文教学和汉字学研究角度对两节课表示肯定，并提出建议：1. 低年级识字课让学生初步了解会意字构字原理，无需强求学生归纳出构字方法；2. 中高年级语文课在多种识字方法灵活运用的基础上，通过字源进一步加强学生阅读理解的深度。最后学校汇报了所承接的市规划课题《小学字源识字教学实践研究》的研究重点和实施步骤，崔教授对学校以字源识字为主的多元识字研究方向充分认可，对全体学员提出了深入学习、勇于实践，努力成为顺义区小学识字教学方面专家型教师的希望。培训班学员、天竺中小领导教师共计62人参加本次活动。 （李冬青）

【"小学字源识字教学实践研究"课题获国家级教学成果二等奖】 9月，天竺中小《小学字源识字教学实践研究》课题获国家级教学成果二等奖。从"十一五"开始，学校针对识字教学缺乏科学性与文化性的现状开展小学字源识字教学研究，为积淀教师汉字学文化底蕴，编写出版了《字源识字教学手册》。为把教师的文化力和教学力转化成学生的学习力，学校课题组决定深化字源识字教学的研究，该项研究被立项为北京市规划办立项课题，2013年底完成开题论证。课题研究目标定位于：1. 了解汉字起源，认识汉字久远的发展史，对悠久民族文化产生认同和热爱。2. 激发学生学习汉字的兴趣，开发"汉字天地"校本课程，增强学生识字的自觉性、主动性，提高学生科学识字用字能力。3. 结合学校数字校园和信息技术优势，为学生创设自主学习的平台。此次获奖殊荣使课题组教师更加坚定了研究信心。 （李冬青）

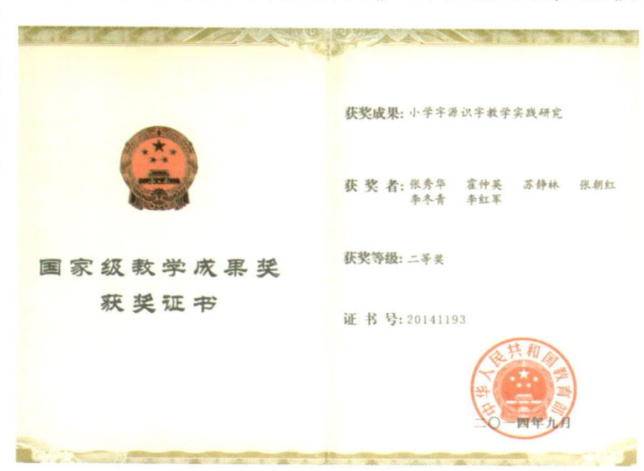

国家级教学成果奖

获奖证书

获奖成果：小学字源识字教学实践研究

获 奖 者：张秀华 霍仲英 苏静林 张朝红 李冬青 李红军

获奖等级：二等奖

证 书 号：20141193

中华人民共和国教育部

二〇一四年九月

【开展卫生知识进校园活动】 9月18日，天竺卫生院的李立平等医生到天竺中小为全校师生上卫生知识宣传课。李大夫首先进行《远离烟草，从我做起》卫生知识讲座。大量详实的数据和惊人的事例使学生们认识到远离烟草是每一个人的责任。面对当今污染的生存环境，生活如何更有质量的严峻问题，每位师生可以做的就是从我做起，影响他人，从而改善我们生活的环境。之后，李大夫又

宣讲了鉴别水痘与手足口病的相关知识，同学们从中了解了两种疾病的典型症状与致病原因，深刻认识到了传染病预防的重要性。本次讲座为师生带来了正确的卫生知识，提高了师生对卫生工作的认识。全校793名师生参加本次活动。（刘亚利）

【召开高年级学生好书推荐会】 9月25日，天竺中小学校图书管理员于海鑫老师组织召开高年级20余名师生新学期好书推荐会。由

18名学生组成的好书推荐大使分组介绍自己的假期读书情况，互相推荐自己读过的好书。于老师与大家深入探讨了中国古代经典名著的读书感受，倡导同学们做经典阅读、深度阅读的使者，成为各班名副其实的好书推荐大使。举行好书推荐会是学校开展彩虹读书活动的一项长期而重要的举措，本学期学校还将在中、低年级开展不同形式的好书推荐会，以带动全校师生阅读好书，营造书香校园。（李冬青）

【开展科普活动进校园活动】 10月20日，天竺中小联合东城区崇文青少年科技馆开展

科普活动进校园的牵手实践活动。活动内容一是进行教师培训：科技馆的两名主讲教师对学校科技老师进行创新发明项目和单片机与机器人项目介绍，教师们从中了解了项目发展的相关情况、学生培养的策略和学生活动过程中的注意事项。二是开展学生科普活动：一二年级在操场观看神奇有趣的低温表演；三至五年级在本班教室参与创意构建、橡筋飞机模型、拉线小车、主题绘画、竹签陀螺等动手实践项目；六年级在会议室进行车辆模型制作活动。北京市校外活动教研室领导，崇文科技馆全体干部教师和学校全体师生近千人参此项活动。（李银霞）

【广西字理识字专家黄亢美教授来校交流】 10月29日，广西师范学院初等教育学院教

授、著名特级教师、字理识字专家黄亢美老师来到天竺中小开展识字教学交流活动，同行的还有北京市朝阳区芳草地小学等字理识字实验校的领导和教师。天竺中小张晓彤老师执教一年级字源识字课《关心大自然》后，

黄亢美教授给二年级学生上了一节汉字活动课《人字家族——认识我们自己》，最后，黄教授和学校领导、教师围坐畅谈，认为天竺中小的师生确有一定的汉字文化素养，同时对学校字源识字研究提出了低年级适切性运用字理，中高年级字理析词、字理析文的阅读教学建议。该活动由顺义、朝阳两区小语教研员联合促成，对天竺中小字源识字教学实践研究课题的深入开展具有指导作用。字理识字专家和实验校代表及天竺中小领导教师共计26人参加本次活动。 （李冬青）

【邓州市教育考察团来校进行教学研讨】 12月11日，河南省邓州市教育考察团来到天竺

中小参观交流并进行字源识字教学研讨。考察团分三组听了低中高年级识字教学现场课6节，其中国家课程校本化实施研究课四节，分别为一年级刘新建老师《十个朋友》、张雅凡老师《爷爷和小树》、三年级李艳老师《我想发明》、五年级贾刘玉老师《白杨》，另外两节为学校字源识字校本课程，分别是二年级王秀杰老师《有趣的汉字》，四年级丁巳菊老师《人字族汉字》。之后，考察团与学校干部教师展开深入交流，他们对天竺中小教师文化底蕴提升工程给予充分认可，对学校多元识字课堂教学实践表示出极大兴趣。邓州市教育考察团成员、区师训科领导、天竺中小干部教师36人参与本次交流活动。

（李冬青）

【举办教师读书演讲活动】 12月12日，天竺中小举办了“读书·修身·立教”——教师读书演讲活动。此次活动旨在营造良好的

阅读氛围，分享阅读经验，提升教育智慧。活动分为三个阶段，每位教师在广泛阅读的基础上，分别撰写读书心得体会；以教研组为单位开展了组内读书沙龙活动；由各组推荐的12名教师参加校级读书演讲展示，活动评出一等奖4人，二等奖8人。最后，校长以“做一名学习型、研究型教师”为题做了本次读书活动的总结。教师们从活动中深刻地感受到阅读对于教师专业成长、对于自身文化素养提升的重要性。 （李银霞）

北京市顺义区小店中心小学校

【概况】 2014年，北京市顺义区小店中心小学校占地面积40847平方米、建筑面积4087.55平方米，体育场馆面积12936.39平方米。图书馆（室）藏书22986万册，订阅杂志、报刊8种。固定资产总值701.13万元。全年教育经费投入90余万元，全部为国家拨款。全年学校信息化经费投入51730万元，拥有计算机106台，多媒体教室座位40个，校园网出口总带宽1000Mbps，数字资源量800GB，“信息技术”课程0.5课时/周。普通教室10个、专用教室8个。教职工31人，其中，中级职称20人。专任教师30人，包括北京市骨干教师1人，本科以上学历29人。开设教学班8个。毕业26人、招生67人、在校生279人。 （段亚会）

【开展推门课活动全面诊断课堂教学】 2月19至28日，小店中小开展为期近两周的推门

课活动全面诊断课堂教学。学校设计、使用

教师课堂教学观察记录表、学生课堂学习观察记录表帮助教师发现、诊断教学中存在的问题。本次活动主要围绕三方面进行观察诊断：一是课堂常规的落实与学生的习惯养成，二是自主课堂的构建，三是学校师友互助课题研究的推进情况。本次推门课活动引领教师反思自己的教学，利用课堂观察表呈现的数据科学分析授课中存在的问题，从而有的放矢的改进自己的教学行为。活动共听课15节。（段亚会）

【举行教师诵读比赛】 3月3日，小店中小举办教师诵读比赛活动。活动以小组为单位

进行诵读展示，诵读内容一篇为必选篇目，一篇为自选篇目。作为指定的小学语文课本中的诗歌，必选篇目要求健康向上，弘扬正能量，在“三八”妇女节到来之际，以围绕“赞美女性，讴歌女教师”等主题自行确定。本次活动全体教师参加，对诵读展示从语言、感情、仪态等几方面进行综合评价，共评出一等奖两组、二等奖两组。通过诵读比赛，引导教师规范使用祖国语言文字，在品味经典中，提升人文素养。（段亚会）

【青年教师参加成长课大赛成绩喜人】 3至5月，小店中小青年教师参加顺义区青年教师“临空杯”成长课大赛。学校5名青年教师参加并喜获佳绩。大赛分为现场说课、现场做课2个环节，我校教师全部获奖。其中现场说课中，我校2名教师获一等奖、1人获二等奖，2人获三等奖；在现场做课中，3人获一等奖，2人获二等奖。（闻淑君）

【参加城乡联动杨一盟小学组团三校同课异构活动】 3月18日，双兴小学、俸伯中小、小店中小三校同课异构活动在俸伯中小举行。

此次活动展示了语文、数学、英语三个学科8节课，授课教师分别作了课后自评，参与教师与授课教师进行了评课互动活动，并请区教研中心教研员分别进行了点评。本次活动与区教研中心小语组联合围绕“同课异构促城乡语文教师共同发展”主题，推广了语文学科城乡共研、同课异构经验。小店中小副校长闻淑君在会上作“在共研中提高”主题交流，介绍了学校教师团队共同备课、集体

磨课经验。俸伯中小韩莉主任作“依托城乡联谊教研，促进教师共同发展”专题汇报，介绍了三校城乡联动开展同课异构活动的做法、经验与取得的成果。教研中心教研员闫兴河对三节语文课进行了现场点评，区教育改革办公室主任贾立新讲话，对今后活动开展提出了希望。区教委小教科相关领导和杨一联盟相关小学组团学校干部教师30余人参加了活动。（段亚会）

【学生社团活动全面启动】 3月，小店中小学生社团活动全面启动。学校社团建设工作

体现出以下特点：一是社团项目在充分调研的基础上确定。学校对学生的需求及教师的特长进行了调查，通过数据分析确立了五大类十四个社团。二是全员参与，社团活动进课表。每周二至周四下午第三节课为小店中小的社团活动时间，师生全员参与。三是集中与分散相结合。每周三为全体性社团活动，单周韵律操，双周阅读指导；每周二、四为分组社团活动。师生参与社团活动的热情很高。（段亚会）

【召开加强校园安全管理工作紧急会议】 6月19日，小店中小召开加强校园安全管理工作紧急会议。会议由学校负责安全的吴连宇主任主持。会议提出：由于近期全国治安形势严峻，又临近中考、高考会考及期末考试等工作，一定要在这非常时期将校园安稳工作高度重视起来。会议还重点指明了工作方向：一：加强领导，进一步落实校园安全责任。二：全面排查，进一步消除校园安全隐患。三：狠抓落实，进一步做好校园安全防

范工作。吴主任还强调了顺义区校园安全保障工作方案的主要内容。并明确校园重点部位岗位安全工作要求以及遇到突发事件处置程序及相关措施。（段亚会）

【区教工委书记冯义国到校调研】 7月1日，顺义区教工委书记冯义国到小店中小调

研。冯书记查看校舍建设情况，并和徐秋生校长及两位副校长进行了亲切交谈。他深入地询问了新校建设、教师队伍、学生发展及招生等方面的情况，并对学校工作提出了指导性意见：一是新校建设要加紧进行，努力改善师生发展环境；二是课程建设要做好顶层设计，让校本课程成为国家课程的有效补充；三是充分发挥学校优势，改革创新，办出特色、办出品牌；四是深入开展读书工程，为学生的终身发展奠基。（段亚会）

【开展健康“一二一”健步走活动】 9月12日，小店中小开展“日行一万步，吃动两平衡，健康一辈子”健康大步走活动。活动将教师分为中年组和青年组，并根据年龄、身体状况的不同确定了不同的路线和运动量。

在激情飞扬的音乐声中，教师们热情参与，情绪高涨。全校 29 名教师全员参与，坚持走完全程。通过本次活动倡导和传播了健康的生活方式，提高了广大教职工的健康意识。

（段亚会）

【开展安全演练迎国庆】 9 月 29 日，小店

中小开展安全演练迎国庆活动。警报响起，教师迅速指导学生从教室内按照规定路线撤离，整个过程用时不到 20 秒。活动不仅是对学校《校园突发安全事件应急预案》的一次检验，同时也提高了学校实际应对和处置突发安全事件的能力。（段亚会）

【获东方少年中国梦作文大赛优秀组织奖】 9 月，小店中小在北京市文学艺术界联合

会主办，北京作家协会、东方少年杂志社承办的“东方少年中国梦”第二届新创意中小学生作文大赛中，3 人获优秀奖，2 人获鼓励奖，学校荣获优秀组织奖。

（闻淑君）

【完成操场翻建—硬化工程】 10 月 26 日至 12 月 14 日，小店中小完成操场翻建—硬化

工程。区教委相关领导高度重视并给予各方面的支持与指导。教委高山副主任多次到现场和学校领导一起现场办公。并督促、提醒施工单位克服天气寒冷、原材料运输中遇到的各种困难，确保工程高质、如期完成。硬化后的操场适宜开展多种活动，如跳绳比赛、冬季中长跑等活动。

（段亚会）

【迎接区科研视导】 12 月 8 日，小店中小

迎接区科研视导。课题组骨干教师展示一节课题课——四年级数学《编码》，学校对“十二五”课题的研究进展情况进行了汇报。区教科室专家与授课教师和课题组核心成员进

行了互动，对学校参与的北京市教育学会十二五课题《农村小学师友互助式小班化课堂教学的研究》结题工作进行了针对性指导，帮助进一步梳理了成果。（闻淑君）

【第一本校本教材印刷出版】 2014年12月，小店中小自主编写的第一本校本教材《经典诗文诵诵诵——小学优秀古典诗文诵读篇目集锦》印刷出版。该教材由全体语文教师共同编写，包含新课标要求的小学阶段需掌握的全部古诗篇目和北京版教材的全部篇目，共计80余首，包含诗歌、注释、赏析三方面内容，并配有精美画面。全书共计5万余字，免费发放给全体师生。（闻淑君）

【参加彩虹诵读活动喜获佳绩】 12月，小店中小自编自导的诵读节目《少年中国说》通过联盟复赛，参加“顺义区中、小、幼彩虹诵读大赛”决赛表演。21名学生参加，表现出色。节目形式创新，诵读与武术结合，营造了浓厚的文化氛围。（闻淑君）

北京市顺义区裕达隆小学

【概况】 2014年，北京市顺义区裕达隆小学占地面积11863.68平方米、建筑面积4003平方米、体育场馆面积6711.64平方米。图书室藏书16421册，订阅杂志、报刊36种。固定资产总值910.9722万元。全年教育经费投入576.723693万元，全部为国家拨款。学校信息化经费投入46.445万元，拥有计算机104台，多媒体教室座位710个，校园网出口总带宽1000Mbps，“信息技术”课程0.5课时/周。普通教室12个、专用教室9个。教职工39人，其中，中级职称18人。专任教师38人，本科以上学历35人。开设教学班12个。毕业41人、招生66人、在校生406人。网址：http：//58.133.198.4。

（王　艳　郝　磊）

【举行春季开学典礼】 2月17日，裕达隆小学举行2013—2014学年第二学期开学典礼暨“规划自我，快乐成长——裕小风云人物评选”主题教育活动启动仪式。德育主任在开学典礼上表彰了上学期成绩优异的学生和教师，校长致辞对师生提出了更新、更高的期望。典礼结束后，全校师生欣赏寒假优秀主题作业展。（王　艳　郝　磊）

【参加市学生艺术节比赛】 3月22日，裕达隆小学学生参加北京市第十七届学生艺术节比赛。由学校师生自编自演的歌舞剧《猜猜我有多爱你》获得北京市二等奖，校园剧

《爸爸妈妈听我说》获得北京市三等奖，裕达隆小学获优秀组织奖。（徐晶辉　郝　磊）

【参加区科技英语创意大赛】 4月17日，裕达隆小学参加顺义区科技英语创意大赛。

在此次比赛中，裕达隆小学教师创编的科普剧《两个小女孩与死神》（Two girls and the God of Death）获得区二等奖。（郝　磊）

【举办区名师大课堂活动】 5月15日，顺义区低年级语文名师大课堂研讨活动在裕达隆小学召开，顺义区教委张海东副主任，考研中心李广生副主任和全区低年级语文教师

参加了此次活动。活动包括以下三方面内容：一是裕达隆小学王云老师和北京市史家小学白雪老师进行同课异构，对《黄山奇石》一课进行了不同风格的呈现。二是与会者对两节课进行交流研讨。三是由史家小学曹艳昕老师带来的以《在阅读中体味语言、运用语言》为主题的专题讲座。参加活动的老师表示：两节课各有侧重，一节是对文本进行分层解读，落实读写训练；另一节发挥文本的例子功能，为学生提供大量的语言实践机会。（王　艳）

【召开群众路线教育实践活动启动会】 5月28日，裕达隆小学召开党的群众路线教育实践活动启动会。会议由裕达隆小学教导主任

王艳主持，区教委的胡金凤、孙景柱、周红伟等同志和镇文教助理黄杰出席，裕达隆小学的所有干部教师参加了此次大会。学校党支部书记杨宏伟宣布群众路线教育实践活动正式开启，要求学校干部教师尤其是党员教师认真学习文件精神，严肃周密地查摆问题，科学实效地解决问题。（王　艳　郝　磊）

【评选第二届感动裕小风云人物】 5月29日，裕达隆小学举办了“规划自我——快乐

成长”暨第二届“感动裕小风云人物”评选主题教育活动。此项活动是结合本学期《顺义区小学教育工作要点》中指出的六大行为习惯培养而设计的。15 位候选人演讲，全校师生和部分家长投票。10 名学生获得“第二届感动裕小风云人物”称号，“六一”节日期间进行宣传并表彰。 （茹　娜　徐晶辉）

【举办庆“六一”活动】 5 月 30 日，裕达隆小学举办“我的快乐我做主”“六一”儿童

节庆祝活动。活动分四部分：文艺表演及表彰、跳蚤市场、京剧艺术进校园、快乐赠书。学生与家长收获颇丰：文艺表演获取快乐；跳蚤市场感受成功；京剧艺术表演汲取文化；赠书收获喜悦。 （茹　娜　徐晶辉）

【参加第三届首都学生外语展示】 6 月 16 日，裕达隆小学参加第三届首都学生外语展

示。在展示活动中，由裕达隆小学师生改编的绘本故事《猜猜我有多爱你》（Guess how much I love you）英语舞台剧获得优秀奖。

（徐晶辉　郝　磊）

【举行毕业典礼】 6 月 20 日，裕达隆小学举行六年级学生毕业典礼。学校领导和两个毕业班的师生及任课教师齐聚一堂，带着感

恩和不舍回顾 6 年的校园生活。校领导深情寄语毕业的学生，祝贺他们取得的成绩、激励他们在中学更加努力奋进；班主任和任课教师纷纷致辞；学生代表发言表达对学校及老师的感激之情。 （郝　磊）

【圆满完成招生工作】 6 月底，裕达隆小学 2014—2015 学年的招生工作正式结束。共招收 66 名学龄儿童入学。 （王　艳　郝　磊）

【召开幼小衔接家长培训会】 7 月 9 日，裕达隆小学邀请主修应用心理学、从事公益讲座《理解孩子的成长》的王辉老师为新生一

年级家长做专业培训，指导家长帮助孩子顺利走过幼小衔接的特殊成长阶段。讲座内容为 4 个问题：1. 学习习惯的培养；2. 教育的实现；3. 小学教育的核心；4. 家长的做法。为使一年级学生尽快适应学习生活，王辉老师建议家长：1. 让孩子扫地——锻炼手部纤细肌肉；2. 老师、学生角色互换——体验规则感；3. 木头人——培养学生注意力；4. 打乒乓球——训练眼睛追踪能力。这次幼小衔接培训会打开了家长育子之门，也为孩子们

享受绿色家庭学习氛围打下了坚实基础。

（茹　娜　徐晶辉）

【召开首届教学叙事分享会】　7月10日，裕达隆小学全体教职员工在多功能厅召开“尚爱杯”首届教育叙事分享会。《依托教育叙事，提高教师素质的实践研究》是裕达隆小学的区级立项课题，自2013年9月通过开题论证之后，全体教师积极思考、撰写叙事，2014年1月形成个人叙事集，在此基础上进行打磨、研讨，召开此次分享会。经过各教研组内分享评优，最终产生了10篇优秀教学叙事。（王　艳　郝　磊）

【确立学校文化体系】　8月10日，裕达隆小学确立以“尚爱教育”为办学理念的学校文化体系。经过精心提炼、多次论证通过的学校文化体系具体包括：以“尚爱立德，启智育贤”为校训，力争达到“自爱、友爱、仁爱、博爱”的育人目标，“助每一个成为更好的自己”的办学目标；树立“求真、尚美、至善、乐学”的校风、“修身、润行、善研、乐教”的教风以及“读书、进步、思考、成长”的学风。11月，学校通过了楼道、校园围墙的文化建设方案。（王　艳　郝　磊）

【举行秋季开学典礼】　9月1日，裕达隆小学隆重举行2014—2015学年第一学期开学典礼。全体师生和一年级新生的家长齐聚校园，聆听了校长对上一学年工作的总结和对即将开始的新学年的期许，以及德育主任从每一个细节提出的谆谆教导。随着二年级孩子牵着新一年级的小孩子的手，一一步入会场，开学典礼达到了高潮。大孩子寄语新生，家长代表、学生代表和新教师分别发言，一同拉开了新学年的序幕。（王　艳　郝　磊）

【首批区级骨干教师产生】　9月10日，裕达隆小学的7名干部教师获得顺义区骨干教师称号。经过申报材料、考核等环节，来自数学、语文、英语、美术等学科的7名干部、教师获得裕达隆小学首批区骨干的光荣称号。

（郝　磊）

【开展推普周活动】　9月15至19日，裕达隆小学围绕“说好普通话，圆梦你我他”的宣传主题开展一系列活动。第一、周一国旗下讲话发布倡议书，利用校园广播、宣传横幅、学生自制标语、班级文化栏等静态和动态结合的宣传渠道，营造校园推普氛围。第二、开展了“小手牵大手，说好普通话”的家庭推广以及师生校园纠错活动，创办主题手抄报、主题周记，举办“成语龙门阵”、硬笔、软笔书法大赛，让学生由说到写，全面体会祖国的语言文字美。第三、以此为契机开办中华经典诗文诵

读和自主阅读社团，实现推广普通话的长效发展。相信来自五湖四海的裕达隆小学学生及其家人，在这次活动中获益良多，找到了说好普通话的方法和信心。（茹 娜 郝 磊）

【开设校本课程】 9月22日，裕达隆小学校本课程以走班制的形式正式开启。以“尚爱教育”办学理念为指导，本着“以情启智”

的培养思路，以传统文化为核心，开设了学科拓展、艺术科技、体育三大类特色校本课程。学科拓展类课程：包括阅读兴趣班、数学思维兴趣班、英语兴趣班等。艺术类课程：包括威风大鼓、民族舞、拉丁舞、书法、美术等。科技类：包括航模设计课程。体育类课程：包括武术、足球、阳光体育等。师资构成分为两部分：本校教师师资和校外聘请师资。校本课程以菜单的形式提供给学生和家长，本着自愿的原则，学生选择喜欢的校本课程参与。上课采取走班制，到相应教室参加活动。（王 艳 郝 磊）

【区运动会获佳绩】 9月26日，裕达隆小学参加区运动会，取得普通校男、女垒球第一名、男子200米、400米第三名等各项荣誉。自学校独立以来，3名体育教师精心选拔、训练体育特长生，为备战区运动会做了大量准备工作，与学校独立之前相比有了大幅度进步。（郝 磊 王 熙）

【参加顺义区“彩虹假日炫”活动】 9月27日，裕达隆小学在七彩蝶园开展了“彩虹假日炫——尚爱校园·七彩童年”社团展示活动。顺义区教委张海东副主任等领导现场

指导展示，本校师生、来自兄弟学校的师生及家长们一同欣赏了丰富多彩的展示项目。展示采取动静结合的方式进行：台上有校园舞、绘画展、传统武术、广场舞、模特走秀；台旁有航模组装、现场绘画。

（茹 娜 徐晶辉 郝 磊）

【完成基础设施建设】 9月30日，裕达隆小学基础设施建设及改造完成。自2013年7

月至今，学校进行了铺设塑胶操场、翻盖学生厕所、加盖平房、拆除改造围墙、装修小会议室和多功能厅等一系列基础设施建设。在学校建设及改造的过程中，得到了教委领导及天竺镇政府的大力支持，区教工委李卫国副书记等领导多次来到施工场地指导视察，到9月30日，主体工程顺利完工，全部设施投入使用。（王 艳 郝 磊）

【中国儿艺文艺演出走进裕达隆小学】 10月20日，中国儿童艺术团演出团队走进裕达隆小学，为裕小400余名师生送上了一场精彩

的舞台剧。以“中国梦，少年梦”为主题的此次演出，汇集了话剧、舞蹈、歌曲等多种表演形式，用“火星梦”“明星梦”“足球梦”“大学梦”的小小少年梦的故事串联起一个小时的表演，将“做好学生，从小事做起，从自己做起”的少年中国梦践行方式传播给孩子们。演员精湛的表演技能、幽默风趣又贴近学生生活的语言，以及多次现场互动，一次次地掀起高潮。学校师生纷纷表示，在这次活动中受益良多，期待更多的好节目走进学校。（茹　娜　郝　磊）

【数学学科接受区教研员视导】 10月21日，区教研中心李广生副主任及小学数学教

研组一行6人走进裕达隆小学，对裕达隆小学数学课堂教学给予了全方位的指导和评价。教研员分组听了1至6年级的8节数学课，课后与任课教师进行面对面评课及教学指导。教研员充分肯定了裕达隆小学教师的数学素养及充分利用任务单关注学生学习的意识，张秋爽老师还邀请一位新教师参加区三年级数学教研活动，并在活动中进行说课展示。

（王　艳　郝　磊）

【举办艺术周活动】 10月27至31日，裕达隆小学举办第一届艺术周暨家长开放周活动。在一周的时间里，每天一个主题，开展了四场全校

师生和家长共同参与的大型活动。举办第二届“树叶节”活动：学生将提前收集的树叶现场制作成个性十足、寓意美妙的画作，展示于学校橱窗；开展变废为宝巧制作活动：易拉罐、水瓶、扑克牌、纸箱等身边随处可见的废弃物经学生及家长的奇思妙想，变成一件件堪称精美的艺术品或实用摆件；在周四的义卖活动结束之后，学生们自愿捐助爱心款2048.8元，为“太阳村”的小朋友们送上一份爱心；周五是团体节目展演，100多名孩子们在自己的舞台上尽情欢唱、舞蹈，表达心中对身边人、对校园的爱和感谢。

（茹　娜　郝　磊）

【举办区英语研究课】 10月30日，顺义区五年级英语教学研究活动在裕达隆小学举办。以《英语课堂中的教学设问》为研究主题，

来自赵全营中小的英语教师与裕达隆小学青年教师分别上了研究课。两节课后，区英语教研员杨红带领全区的五年级任课教师就研究主题进行点评、研讨。（郝　磊）

【召开群众路线教育实践活动总结大会】　10月31日，裕达隆小学召开党的群众路线教育

实践活动总结大会。自5月28日召开动员大会之后，裕达隆小学党支部积极部署，加强学习交流，组织党员干部认真撰写查摆问题，多次召开主题民主生活会，对照标准主动整改，建章立制，科学管理。在总结大会上，民主评议、书记总结，督导组组长周宏伟同志用“活动扎实、有序开展”高度评价了裕达隆小学开展的教育实践活动，并提出了日后工作的建议。（郝　磊）

【举办“核心价值观书法大赛”】　11月11日，裕达隆小学举办“核心价值观书法大

赛”。为进一步弘扬社会主义核心价值观，激发学生对祖国语言文字的热爱之情，特举办此项活动。近50名学生通过报名参加了此次大赛。参赛学生将熟记于心的24字核心价值观规范、工整地书写在田字格中。一笔一划、排版布局精心设计。一份份优秀的书法作品不但可以看到孩子们对汉字书写的热情，更体现出了一颗颗晶莹剔透、奋发向上的少年爱国心。（郝　磊）

【接受规范化办学督导】　11月13日，裕达

隆小学接受区规范化办学督导。督导组成员通过听取校长汇报、走进教室听课、查阅教育教学档案、检查办学条件等方式对学校教育教学的规范化办学工作进行全方位、多角度督导。（郝　磊）

【主题式推进校本教研】　12月10日，裕达

隆小学以干部赴广东学习交流攀登英语教学为契机，立足裕达隆小学攀登英语阅读教学实际，开展教研活动。教学主任王艳介绍赴广东学习的收获和体会。根据“审视课堂，归还学生的课堂话语权”的教研主题，探讨

适合裕达隆小学的攀登英语阅读教学模式。确定后续教研主题——提问式教学在攀登英语阅读中的应用。 （王　艳　郝　磊）

【举行“三爱三节好少年”评选决赛】 12月12日，裕达隆小学举行“三爱三节好少年”暨第三届感动裕小十大风云人物评选的决赛。经过班内推选、分组初赛两个阶段的预赛，最终有来自各年级的12名小候选人走上决赛的舞台。在慷慨激昂的竞选演说和妙趣横生的才艺展示以及最后紧张的拉票环节之后，观赛学生纷纷投票，选出自己心目中的好少年。本次活动的各个环节由学生投票和主持，竞选的演说稿全部来自候选人的真实生活和学习经历，孩子们在活动中深刻体会到自主、诚信、友善带来的快乐和收获。

（茹　娜　郝　磊）

【开展迎新年庆祝活动】 12月31日，裕达隆小学开展新年庆祝活动——包饺子和趣味游戏。上午9：40，全校师生和部分家长通力合作，在各班教室开展包饺子活动。11：30之前，所有学生吃上了自己动手包的热气腾腾的饺子。下午1：30—3：30是趣味游戏时间，全校师生在热闹喜庆、充满爱和自由的氛围中迎接新年的到来。 （郝　磊）

【扎实开展校本教研】 9至12月，围绕本学期“审视课堂，归还学生课堂权利”的校本教研主题，裕达隆小学扎实开展内容丰富、形式多样的教研活动。1. 他山之石，可以攻玉。英语教师分享暑期外教培训的收获和体会；在班主任基本功大赛中获得市级一等奖的老师汇报赴杭州参观学习情况。2. 记录新教师成长的足迹。今年新入职的3名教师进行课后说课展示。3. 不同学科间的探讨——音体美课程中的安全教育及启示。

（王　艳　郝　磊）

北京市顺义区张镇中心小学校

【概况】 2014年，北京市顺义区张镇中心小学校占地面积40187平方米、建筑面积10131平方米，体育场馆面积9777平方米。图书馆（室）藏书2.6万册，订阅杂志、报刊35种。固定资产总值776.18万元。全年教育经费投入1108.57万元，全部为国家拨款。全年学校信息化经费投入1.8万元，拥有计算机253台，多媒体教室座位1250个，校园网出口总带宽100Mbps，数字资源量460GB，“信息技术”课程8课时/周。普通教室25个、专用教室9个。教职工89人，其中，高级职称1人、中级职称54人。专任教师86人。本科以上学历63人。开设教学班24个。

毕业 86 人、招生 167 人、在校生 852 人。网址：http：//www. syzzzx. com。（陈亚梅）

【开设校本课程】 3 月，张镇中小开设立足于本校实际的校本课程。课程分为文艺类，体育类，科技类，学科类和人文类五种 28 小项。校本课程的建设经历了八个阶段：1. 广泛调研；2. 自主申请；3. 指导审批；4. 制定方案；5. 组建完善；6. 分工管理；7. 展示交流；8. 总结评价。通过校本课程的实施，促进了教师专业化发展，学生得到了兴趣和知识的满足，个性品质得到了提高，素质教育得到了真正体现。（张岐兵）

【远足祭先烈】 3 月 28 日，张镇中小组织五年级师生远足到焦庄户地道遗址祭奠革

命先烈。62 名学生、8 名教师凭借着自己的双脚和毅力，用 7 个半小时走了 56 里路。学生们观看了斗争图片展、地道遗址、抗战保留下来的民居当时的生活用品。通过参观活动，孩子们体会到了我们今天的幸福生活是前辈们用汗水和鲜血、生命换来的，感受到劳动人民的聪明智慧，同时又锻炼了学生耐力、毅力，培养了学生坚韧、吃苦耐劳的意志品质和心理素质。（高凤利）

【举办第五届文明礼仪知识竞赛活动】 4 月 10 日，张镇中小开展第五届文明礼仪知识竞赛活动。同学们按照《小学生守则》、《一日常规》和《首都中小学生十个文明习惯》的要求，认真答卷，最后依据竞赛成绩和平时

的行为表现，评选出 60 名文明礼仪小标兵和 6 个文明礼仪班集体。这次竞赛活动，有效地推进了张镇小学文明礼仪教育活动的深入开展，对教师、学生起到了很好的督促和激励作用，为学校工作的顺利开展又注入一针强心剂。（高凤利）

【《张小好声音》接受电视台采访】 6 月 4 日，《张小好声音》接受顺义电视台的采访。

它以张扬学生个性、宣扬学校亮点、激扬师生生命为目标，是张镇小学扬长教育的一个特色活动。主要分为《亮点播报》——传递身边的好人好事正能量的信息；《心灵驿站》——分享学习生活中种种感受；《书海拾贝》——推荐同学和老师自己喜欢的好书、好文章、好故事；《校园风铃》——声音表演展示四个部分。该活动给学生搭建一个展示的平台，让学生们各显神通，扬我所长、展我风采。（陈亚梅）

【体育成绩创新高】 9月26日，在牛山一中举办的顺义区中小学田径运动会上，张镇

中小取得了可喜的成绩。六（2）班李猛同学获得男子跳高第二名、男子跳远第五名。六（3）班金晓梅同学，获得女子跳高第五名。朱丞贤六（2）同学，在女子三项全能比赛中获得第五名，学校共获得13分。成绩的取得与体育教师平时训练密不可分，张靖宇、聂海英两位教师，在平时训练中既注重方法的指导，更注重队员兴趣的激发与意志力的培养，同时做好与班主任及家长的协调和沟通工作，尽可能地保证学习和训练两不误，从而提高了学生的综合素质。 （杨 桦）

【赵各庄学校小学部并到张镇小学】 9月，赵各庄学校撤销并入张镇中小。原赵各庄学校教学楼建于1988年，1989年投入使用。为落实校安工程确保师生校园安全，创办人民满意的教育，2014年9月，赵各庄学校小学部223名学生、23名教师合并到张镇中小。学生离家路途远，每天早晚由六辆班车接送，中午在校食宿。并校工作宣传到位，邀请家长到张小实地考察，家长对教育教学设施很满意，支持并校工作，孩子在这样的学校感到放心。 （杨宝林）

【举办第三届师生作品展】 10月10日，张镇中小举办第三届师生作品展。“扬我所长 展我风采”学生个人绘画作品展、师生书画展，极大地激发了师生扬长意识。本次作品展共收集了师生作品百余件，有师生的书法绘画、工艺美术、纸工线描等。师生作

品同时展出，增近了师生关系，同时也丰富了学校扬长文化内涵。 （杨 雪）

【开展“禁止体罚或变相体罚”教师承诺活动】 10月17日，张镇中小组织全体教职工集体学习《张镇小学关于禁止体罚或变相体罚学生的规定》，并进行公开承诺。《规定》对教师的从教行为、教育方法做出了规范，明确奖惩措施，凡有体罚或变相体罚学生行为的教师，根据情况，将给予严肃处理，直至解聘或开除。构成犯罪的，依法追究刑事责任。同时对各部门、领导职责做出了要求。之后开展了教师承诺活动，教师们郑重承诺：“加强师德修养，做到言传身教、为人师表，关心、爱护每一个学生，遵守《中小学教师职业道德规范》和张镇中小《关于教师禁止体罚或变相体罚学生的规定》，尊重学生的人格，维护学生的权益”。并将承诺书公示，活动的开展有效预防了教师体罚或变相体罚学生现象的出现。 （高凤利）

【召开打造个性化作业研讨会】 11月5日，张镇中小召开打造个性化作业研讨会。为减轻学生过重课业负担，大力推进素质教育，依据新课程理念，结合张镇中小“扬长教育”特色，张镇中小特提出“打造个性化作业”实施方案。旨在充分发挥学生的优势和特长，增强学生自尊心、自信心、成功感、快乐感，从而激发学生自信，促进学生主动学习、全面和谐发展，确保每一位学生全面健康成长。校长孟海芹、教学干部、全体班主任参加，

会议由杨雪主任主持。她从打造个性化作业的意义、宗旨、内容三方面进行讲解，就作业设计进行举例说明。最后孟校长总结，希望教师们精心设计作业，使学生从繁重的课业负担中解脱出来，充分展现自己的优势、特长。教师们群策群力，涌现出一大批有特色的作业，教师们也感受到了个性化作业带给学生的变化。（聂小华）

【“十二五”科研课题结题】 11 月 18 日，张镇中小召开十二五科研课题《依托扬长教

育，促学生发展的实践研究》结题会。学校聘请专家梳理扬长教育课题成果。在陈绪峰、陈惠明、朱元兆等专家的指导下，张镇中小 12 篇文章被收录进《顺义教育》专刊，8 篇文章市级获奖。参加结题的有顺义教委王志良科长和区教研中心教科室朱元兆副主任、干训科刘艳茹科长，以及张镇中小课题组干部教师。本次结题会首先安排了各位领导观看张镇中小社团活动，而后由四位教师分别在生本课堂、扬长课堂、扬长班会等方面做了结题汇报课。张镇中小教科室主任对课题研究工作做了总结性汇报，课题组成员进行补充，并对专家提出的质疑进行答辩，课题研究获得了领导专家的充分肯定，被批准顺利结题。（杨　雪）

【迎接区全学科视导】 11 月 18 日，张镇中小迎接区教委和教研室组织的全学科课堂教学视导工作。视导专家共计 21 人，对张镇中小教师 32 节常态课进行了听课、评课并参加

了研讨活动。此次视导，提高了张镇中小教师的课堂教学水平，特别是对体现扬长特色的课堂起到了指导作用，使教师对于扬长课堂体现“四个带进”，即把成功带进课堂，把探索带进课堂，把合作带进课堂，把微笑带进课堂有了更深刻的理解，为张镇中小打造扬长课堂奠定了理论与实践基础。（张岐兵）

【组织学生素质能力展示活动】 11 月 26 日至 12 月 5 日，张镇中小组织学生素质能力展示活动。为了进一步贯彻落实新课程理念，

促进学生素质全面发展，展示学生综合素质教育成果，通过评价促进师生发展、改进教学实践、提高教学质量，张镇中小分别对一至六年级学生进行了口算、朗读、限时写作、算理思维能力展示活动。最后按比例评出一、二、三等奖对学生进行鼓励。 （杨海宝）

【开展第九届科研月活动】 12月1至31日，张镇中小开展第九届科研月活动。本次科研月活动共安排了3次讲座，分别是区教委侯亚军科长的《做天天向上的自己—我的教育故事》、区教科室陈惠明主任的生本教育讲座、区教育信息中心编辑部的老师进行的写作培训等。此外，举办了两次活动，即扬长课堂展示课和“扬我所长，展我风采”元旦庆祝活动。在此次科研月期间，干部教师全员参与，极大调动了学生自我发展的积极性，学生更加阳光、自信。 （杨　雪）

【开展主题班会、板报教育评优活动】 12月1至5日，张镇中小组织“践行社会主义

核心价值观，做诚信、自信的阳光少年”主题班会、板报教育评优活动。各年级活动主题为：一年级：文明守纪；二年级：彩虹诵读；三年级：自救自护；四年级：扬我所长，展我风采；五年级：心理健康；六年级：社会主义核心价值观教育。全体师生参加了活动。教育评优活动过程中，老师充分启发、诱导和点拨，针对学生的认识给以集中、分辨、提炼和升华，使学生的认识有提高，行动有准则，前进有方向。学生明确了判别事物的善恶、美丑的标准，学会了理性的分析、判断。活动引起全体同学的触动或共鸣，达到不错的沟通和教育效果，既培养了班风，又有益于解决实际问题。 （高凤利）

【流动法庭进校园】 12月18日，张镇小学结合学校实际，开展了“流动法庭进校

园”法治实践活动。活动聘请了顺义区杨镇法院、张镇司法所、大孙各庄司法所的领导，审判专家和律师组成教育团，以学校常见的课间突发事件为案例，进行现场庭审。张镇小学六年级学生、班主任和大孙各庄中小部分师生参加了活动。活动中师生们认真聆听，认真记录。活动后，师生表示这是第一次参加庭审，受益匪浅，深有触动，不仅提高了自己的法律意识，而且在今后的学习生活中，也学会了用法律武器保护自己。这次活动，通过让师生“亲身、亲历”参与庭审活动，利用身边的案例对学生进行法制教育，增强学生法律意识、自我保护意识，同时也提高了他们分析判断、辨别是非的能力，让更多的学生关注法律，做一个真正的守法公民，进而建设和谐平安校园，形成人人知法、懂法、守法的校园氛围。 （高凤利）

【开展家长满意度问卷调查】 12月26日，张镇中小对全校24个班的852名学生家长进行了满意度问卷调查，同时征求了家长对学

校发展的意见和建议。本次共发放问卷852份，回收有效问卷845份。征求家长意见或建议95条。调查结果显示，张镇中小在课程开设、总体教育教学质量、校园环境及教学硬件设施、校园安全等方面取得了很大成绩，得到了家长的一致认同。对于家长不满意的或者不太满意的地方，学校积极整改，措施跟进，将家长的不满意变为满意，将家长的满意做得更好。活动使学校了解了在规范化建设以来，学校在各个方面工作取得的进步和存在的问题，为学校下一步的发展，提供了重要的参考和依据。（高凤利）

【开展感动校园人物评比活动】 12月，张镇中小对本年度做出突出贡献、感动校园的师生进行评比表彰活动。活动旨在奖励对学校作出突出贡献和辛勤工作、努力学习、感动他人的教职工和学生。通过对爱岗、敬业、诚信、友善的师生表彰奖励，促使其努力践行社会主义核心价值观，弘扬校园正气，传播正能量，促张镇中小和谐关系的形成，形成良好校风。此次活动对张海平、杜金燕等二十位努力辛勤工作、成绩优异的教职工和闫天俊、聂冰露等9名学生予以表彰。

学校号召全体师生向典型学习，学习他们勤于思考，勇于探索，热爱学生，创造性地开展工作的作风；学习他们立足岗位，扎实工作，无私奉献，创新业绩的精神，学习他们热情待人、谦虚和善的为人之道。（高凤利）

办学条件
杨镇一中
孔子
顺义一中

教育经费

概　　况

2014 年，顺义区教育事业投入共计 281296.36 万元，其中财政性教育经费投入 276134.68 万元，另外市级教育附加 23446 万元，区级教育附加 19718 万元。2014 年，供财政教育支出拨款 203645.7 万元，较 2013 年的 171876.7 万元增加 25769 万元，增长比例为 14.49%，高于财政经常性收入增长的比例 12%，增长 2.49 个百分点。（徐　冉）

【普教事业费逐年增长】 2014 年，顺义区教育事业费拨款 160481.65 万元，比 2013 年拨款 133697.96 万元，增加拨款 26783.69 万元，增长 20.03%。2014 年顺义区地方财政经常性收入 521024 万元，比 2013 年财政经常性收入 465200 万元增加 55824 万元，增长 12%。2014 年度供财政教育支出增长高于财政经常性收入增长 2.49 个百分点。2014 年生均教育事业费支出 20660.66 元，比 2013 年生均支出 17454.5 元，增加支出 3206.16 元，增长 18.37%。2014 年生均公用事业费支出 4024.55 元，比 2013 年生均公用支出 3899.76 元，增加支出 124.79 元，增长 3.2%。2014 年预算内教育经费 243570.28 万元，占财政支出 1678380 万元的 14.51%。2014 年教职工人均年收入 91500 元，比 2013 年的 91300 元，增加 200 元，增长 0.27%。

（徐　冉　雒宝林）

【市级专项资金投入重点突出】 2014 年，市级拨付顺义区经费 53737.89 万元，主要用于学生课外活动、中小学办学条件达标、综合素质提升、校园文化建设、校舍修缮和设备购置等；另外还用于学前教育新建改扩建、设施设备、办园条件达标、公众小建设等项目。（徐　冉）

校舍建设

概　　况

2014 年顺义区教育资产管理服务中心完成加固项目基本完成结算。建设完成中小学建设三年行动计划 5 所学校 5 个项目；完成 1 所配套学校装修改造任务；完成对现代职业技术学院、电大旧址的改造；新建、翻建项目涉及 28 所学校，34 个项目。总面积 48 万平方米，总投资 19. 9 亿元。已完成 20 所，建筑面积 315355 平方米，比例为 66. 4%；其中 2014 年完工 4 所，建筑面积 64046 平方米，占总完工面积的 20. 3%。牛一实验、第九中学综合楼、仁和中学宿舍楼、杨镇中心小学校二期、杨镇一中教师宿舍楼这几所学校翻建迁建后投入使用。顺义区校安工程于 2009 年开始，计划改造总面积 72 万平方米，预计总投资 25. 7 亿元，其中：市级 6. 6 亿元，区级 19. 1 亿元。（田海洋）

【修缮工作逐步规范】 6 月，顺义区教育资产管理服务中心制定《顺义区教育系统修缮项目管理补充规定》。随着国家政策及制度的逐步完善与规范，基建修缮项目的工作在 2014 年也进一步完善。顺义区教委 2014 年 6 月出台了《顺义区教育系统财务工作实用手册》，其中，《顺义区教育系统经济活动管理规定》（试行）、《顺义区教育系统修缮项目管理补充规定》等相关制度与要求，进一步规范项目流程，做到手续齐全，资料完备。2014 年全区中小幼修缮项目共计 259 项，其中高中 111 项，小学 119 项，幼儿园 19 项，直属单位 10 项。金额共计 36131.3404 万元。（田海洋）

【推进中小学建设三年行动计划工程】 年内，顺义区基本完成中小学建设三年行动计划工程。截至年末，已批复 13 个项目，期中，市级批复9个项目，区级批复4个项目，总建筑面积29.32万平方米，总投资18.38亿元，其中市级支持资金7.78亿元。2014年12月批复市级4个项目，总建筑面积18万平方米，占总比例的61.4%，总投资11.8亿元，占总比例的64.2%。2014年5个项目已完成，建筑面积43786平方米，占总比例的15%。（田海洋）

【完成配套学校接收工程】 年内，顺义区完成配套学校接收工程。依据《顺义区人民政府关于顺义区居住小区公共服务设施建设和管理工作有关规定（试行）》《关于本市教育系统土地登记发证工作有关问题的通知》（京教建〔2009〕4号）和北京市教育委员会等六部门《关于加强居住区配套幼儿园规划建设和管理的意见》（京教学前〔2011〕8号）等文件，顺义区教育资产管理服务中心认真做好居住区配套学校的接收工作，完成了《关于居住小区配套学校接收工作的实施方案》的草拟，并依据《关于印发北京市居住配套教育设施建设协议书的通知》（京教建〔2011〕1号）文件，规范移交协议的签订。2014年接收空港第一幼儿园，并对该园基础设施进行改造并达到示范园标准。（田海洋）

【优化教育资源配置增强学位供给能力】 年内，顺义区优化教育资源配置增强学位供给

能力。1. 扩大办学规模。接收三山小区、港馨B区小区配套幼儿园2所，增加学位720个；扩大西辛小学教育集团等3所小学幼儿园招生数量；前俸伯、大胡营等12所村办园基本建设完工，预计增加学位2900个。2. 鼓励民办教育发展。审批南彩四村联校、李桥半壁店学校，缓解外来务工人员子女入学难问题；批准牛栏山一中实验学校设立小学部，增加优质民办教育资源。3. 合理布局教育资源。制定《基础教育专项规划》，预留教育发展空间，调整规模过小农村中小学，本学期共撤并中小学6所。（徐振阳）

布局调整

概　况

2014年，对部分农村中小学进行布局调整，大孙各庄中学、沙岭学校中学部合并到南彩学校；赵各庄学校中学部合并到张镇中学；高丽营二中、北石槽中学合并到赵全营中学；尹家府小学合并到大孙各庄中小；赵各庄学校小学部合并到张镇中小。扩充裕龙小学、滨河幼儿园、西辛小学教育集团、望泉幼儿园4所学校（幼儿园）办学资源，优质教育资源得到充分利用，教育布局更加合理。（贾立新）

【赵全营中学多举措做好合并校工作】 9月上旬，赵全营中学多举措做好合并校工作。1. 注重住宿管理经验学习。邀请有住宿管理经验学校的干部教师来校作报告；举办安全讲座，提升全体教师责任意识与岗位意识。2. 加强日常行为规范管理。邀请特警学院战士来校，指导学生养成良好行走坐卧习惯，为期一周。3. 开展参观活动促学生融合。组织学生参观北汽分公司、北郎中花卉种植基地，促进学生在活动中融合。新学期开始，高丽营二中、北石槽中学整建制并入赵全营中学，两校只留2至3名看校教师。（史海英）

【张镇中学积极做好合并校工作】 9月上旬，张镇中学积极做好合并校工作。1. 注重沟通解释。分类召开会议，向师生及家长做好解释工作，鼓励他们以积极心态融入新团

队。2. 落实岗位职责。坚持公平公正、人尽其才原则，根据学校实际情况，妥善安排教师工作。3. 增强物质保障。调配办公设备、生活物品，确保教育教学工作正常运转。4. 注重心理调适。全体干部与部分教师深入座谈，消除顾虑。新学期开始，赵各庄学校中学部并入张镇中学。（陈爽秋）

概　况

2014 年，全区有资产数量 600 万件（套），总金额 21.21 亿元，资产管理工作涉及面广，责任重大，风险高，通过多种措施保障保证资产的完整性。一是建章立制，组织专家讨论、修订、完善《顺义区教育系统专用教室的使用与管理》等 17 个规章制度。二是队伍建设，中心内部队伍建设，明确职责和分工，通过学习加强对政策、制度和标准的把握。基层单位队伍建设，通过培训、参观、经验交流、自学等方式，使基层单位的资产管理员专业知识和专业技能等方面有明显提升。三是规范资产流程，强化资产入账依据、方式和时间，加强资产日常使用的评估，规范资产处置的流程、手续，通过网络监督和指导基层单位资产工作。（郭艳苹）

【完成手册编纂工作】 2 月 27 日，现教育资产管理服务中心完成《资产管理员使用手册》《资产手册——校长版》两本手册编纂工作，并在教育系统资产管理员培训会上下发。手册针对不同的使用人，采用不同编写方式。《资产手册——校长版》侧重软件的基本操作、不同资产处置的流程、报表的填写，以及一些具体案例分析。拥有两本《手册》的资产管理员可以随时查阅资产管理方面的资料。（冯　辉）

【完成教育系统资产产权登记工作】 12 月 19 日，教育系统各单位资产产权登记工作顺利完成。资产产权登记工作是顺义区财政局为贯彻落实财政部、市财政局部署的一项工作，自 2014 年 4 月 21 日开始。教育系统资产产权登记工作由教育资产管理服务中心负责组织全区 141 家单位的资产管理员，联系会计师事务所，并协调配合学校和会计师事务所完成此项工作。此项工作先后经历动员、培训、单位上报报表、会计师事务所到单位审计、修改报表、统一上报等环节。（冯　辉）

【开展固定资产调研工作】 年内，按照《顺义区教育委员会关于机关领导干部和各科室开展调研的工作方案》要求，审计科对下属基层学校固定资产的管理情况进行全面调研。主要涉及四个方面：1. 了解各单位当前土地、房屋及构建物的产权归属情况以及设备设施的账目处理情况；2. 了解各单位在固定资产购置、调拨、处置以及日常管理方面存在的问题；3. 了解各单位资产管理信息系统是否与账面的实际情况相吻合；4. 了解各单位是否对固定资产定期进行盘点，并从审计的角度提出意见建议。调研主要采取座谈、发放调查问卷以及查看账目与实物相结合的方式进行，经总结提出审计意见 10 条，并形成书面调研报告。同时，建议修订教育系统固定资产管理办法，完善和更新固定资产管理的相关制度规定，以促进各基层学校固定资产管理工作的科学化和规范化。（张智力）

概　况

2014 年，顺义区信息化建设不断加强。

完成全区教育网升级改造，6 所学校光纤接入，39 所学校无线覆盖，5 所学校视频融合，6 所学校数字校园建设。利用视频系统直播与转播 19 次大型会议。在全国中小学师生电脑作品评选活动中，4 名高中学生获全国一、二等奖，将获得高考 10 分的加分奖励。在市级以上评比活动中，顺义区师生获全国创新奖 1 件，国家级奖励 56 件，市级奖 162 件，师生信息素养得到有效提升。（王成效）

【区小学信息技术网络听评课活动在石园小学举行】 11 月 27 日，由顺义区教育研究考试中心信息技术教研室组织的顺义区小学信息技术教师网络听评课活动在石园小学举行。石园小学教师刘岳伟、杨琴燕，天竺中小王颖分别作四、五年级现场课。课堂实现通过网络直播，全区教师只需坐在办公室登录网络就可以看课，并在线使用文本评课交流互动。活动中，授课教师体现了扎实的基本功，学生也积极参与教学活动，取得较好的课堂实效。活动采用先进的信息技术，成功实施网上同步直播、实时评课，是顺义区信息技术学科教学的一次创新性尝试，充分体现小学信息技术课注重技术性和关注人文性的特点。

区信息技术教研室主任、教研员及 21 世纪教学评价学习班学员到石园小学参加现场活动，其他各校信息技术教师在各自学校参与。

（邵明珠）

组织团体
杨镇一中
共築中國夢
顺义一中
孔子

党建工作

概　　况

2014年，顺义区党建工作有效加强。结合庆祝建党93周年，在全区教育系统组织开展“好党员、好干部、好支部”评选及“我身边的共产党人”主题宣讲活动，评选出优秀宣讲者16名、好党员164名、好干部100名、好支部100个，切实发挥基层党组织的战斗堡垒作用和党员教师的率先垂范作用。完成187个基层党组织的换届选举工作，基层党组织建设更加规范。截止12月底，全区教育系统有195基层党组织，7个党委，7个党总支，181个党支部，3835名党员。党的群众路线教育实践活动深入开展。组织召开全系统党的群众路线教育实践活动动员大会、领导干部集中学习培训会和党风廉政建设工作会。全系统123家单位分批次召开了启动大会，对领导班子和党员进行民主评议，20个督导组全过程参与督导。执行各项规定，着力解决“四风”问题，落实办公用房、公务用车等规定。开设群众路线教育实践活动网页。教委机关带头开展调研工作，机关领导和科室负责人深入各学校围绕中高考改革背景下教育发展对策、学位资源状况、教育系统土地资源状况等进行调研。通过调研，了解情况，分析问题，提出解决问题的可行措施和建议。

【召开党的群众路线教育实践活动动员大会】 3月29日，顺义区教育系统党的群众路线教育实践活动动员大会在牛栏山一中礼堂召开。区教工委书记冯义国作动员报告，强调，全系统党员干部要深刻认识党的群众路线教育实践活动的重要意义，全面准确把握群众路线教育实践活动的工作要求，扎实有序地完成教育实践活动各项工作任务，确保教育实践活动取得实效。区教委主任刘克祥主持会议。区教育督导室主任李卫国解读《中共顺义区委教育工作委员会关于在教育系统深入开展党的群众路线教育实践活动的工作方案》，全面部署教育系统党的群众路线教育实践活动重点任务、活动安排及总体要求。区委教育实践活动第九督导组组长张中茂出席并讲话。他充分肯定教育系统党的群众路线教育实践活动方案，对教育系统活动开展提出三点要求：一要全面掌握中央、市委和区委的总体要求，严格落实各项政策要求；二要把思想理论武装放在首位，保持良好的精神状态，发扬务实的作风，统筹兼顾；三要紧紧依靠教工委开展好群众路线教育实践活动，以良好作风抓好督导工作。区委教育实践活动第九督导组、区教工委、区教委、区教育督导室、区教育工会领导出席，教委机关全体人员及近三年退休的老同志，各基层单位有正式任命的党员干部，教育系统市区两级人大代表、政协委员、党员代表及各镇（街道）教育助理共计900余人参加。

（徐振阳）

【区教育系统党风廉政建设工作会召开】 4月4日，区教育系统党风廉政建设工作会在北京现代职业技术学院报告厅召开。区教育纪工委书记隋美荣作了题为《全面贯彻落实党的十八届三中全会精神、深入推进我区教育系统党风廉政建设和反腐败工作》的报告。报告对教育系统2013年党风廉政建设和反腐败工作进行了全面总结，同时结合党的群众

路线教育实践活动，对深入落实中央八项规定、强化组织纪律和作风建设等2014年教育系统党风廉政建设七项主要工作任务进行了部署。区教工委书记冯义国，区教工委副书记、教委主任刘克祥等领导出席。教育系统各单位一把手、工会主席、纪委委员，各镇（街道）教育助理和教委机关各科科长近500人参加会议。 **（杨守丰　刘　强）**

【开展党的群众路线教育实践活动集中培训】 4月11至13日，顺义区教育系统党的群众路

线教育实践活动集中学习培训会在现代职业技术学院报告厅举行。区教工委书记冯义国同志作《增强党性观念，做一名优秀的共产党员》党课报告。他指出，党性不是与生俱来的，而是靠平时的学习、修养，日积月累形成的，教育系统每名共产党员要在不断的实践中加强党性修养，永葆党的先进性。主动从思想上接受一次群众路线的洗礼，牢记全心全意为人民服务的宗旨，把群众利益放在首位，端正为群众服务的态度，永葆党的纯洁性。要严守党的纪律，执行党的路线、方针、政策，切实发挥基层党组织的战斗堡垒作用，永葆党的战斗力。区委党校李伟分析顺义区“三个阶段性特征”“四个转型升级”的发展战略。区委党校彭春燕解读党的十八届三中全会精神。中国人民大学祁凡骅、秦惠民两位教授分别作《领导理念与执行力》和《中国教育发展基本问题和基本政策》报告。区教工委副书记、教委主任刘克祥，区政府教育督导室主任李卫国等领导出席。教委机关全体人员，中小学、幼儿园、职业学校、两个中心、现代学院和其他教育单位的一把手、专职正副书记、专职工会主席，各镇、街道教育助理300余人参加。 **（侯亚军）**

【区教育系统5家副处级单位党的群众路线教育实践活动动员会召开】 4月14日、15日，顺义一中、杨镇一中、顺义二中、北京四中顺义分校、顺义九中5家副处级单位，分

别召开党的群众路线教育实践活动动员大会。会上解读了各单位党的群众路线教育实践活动方案；全面部署了开展党的群众路线教育实践活动，提出了具体要求；开展了民意测评。区委第九督导组组长张中茂，区教工委书记冯义国，区教工委副书记、教委主任刘克祥等领导分别出席。教工委党的群众路线教育实践活动有关督导组负责人参加。

（王艳霞）

【区委领导到木林中小调研党的群众路线教育实践活动】 4月23日，顺义区委常委、区纪委书记肖韵竹一行6人到木林中心小学调

研，并征求群众的意见和建议。调研组实地查看学校的基础设施、教育教学、服务保障等情况，听取学校负责人刘向东校长的工作汇报，与学校的干部、教师代表就学校的各项工作进行了深入的座谈和交流，并通过调查问卷了解区委、区教委、区纪委等系统开展群众路线教育实践活动情况的评价。调研小组的领导们对学校取得的成绩给予了充分的肯定，对学校提出的实际问题给予了指导性的建议。并指出教育工作者提高教育服务能力，更好的为老百姓服务就是落实党的群众路线教育实践活动的根本途径。（富贵秋）

【区教工委区教委领导到基层学校调研】 4月下旬至5月上旬，区教工委区教委领导到部

分学校调研。区教工委书记冯义国到杨镇一中调研。他与干部教师代表座谈，希望大家抓住党的群众路线教育实践活动契机，深化教育改革，进一步提升办学质量。同时，他表示将进一步完善机关服务职能，努力为学校发展提供有力保障。区教工委副书记、教委主任刘克祥到顺义一中调研，听取干部教师代表提出的建议，表示将进一步解决好事关教师切身利益的问题。调研活动为教委机关全面开展调研活动的内容之一。

（李国祥　何雪莲）

【教育系统庆祝建党93周年暨我身边的共产党人宣讲大会举行】 6月30日，教育系统庆祝建党93周年暨我身边的共产党人宣讲大会举行。区教工委书记冯义国发表讲话。他希望全体党员牢记使命、尽心尽责，争当工作中的排头兵，带动全体教职工抢抓机遇，积极探索新时期教育工作的新形式、新方法和新途径，以饱满的工作热情，创新的工作思路，推进顺义教育稳步发展。7位宣讲员分别以《经历蜕变　收获成长》《让爱在党旗下熠熠生辉》等主题宣讲了7位优秀党员的先进事迹。区教工委副书记、教委主任刘克祥宣读表彰决定。区政府教育督导室主任李卫国带领全体党员重温入党誓词。区教工委、教委、区政府教育督导室、教育工会领导出席。各基层单位党员干部代表300余人在主会场参加庆祝活动；全区8000余名教职工在各分会场以视频直播形式观看大会。（李雪彬）

【召开党风廉政教育大会】 9月3日，教育系统党风廉政教育大会在区教研中心报告厅

召开。会议由区教工委副书记、教委主任刘克祥主持，与会人员首先观看反腐倡廉警示教育片；教育纪工委书记隋美荣通报近期中纪委网站曝光的违反中央八项规定案件，并对教育系统的党员干部提出增强政治敏锐性、

严守纪律规定、强化责任意识、严肃查处违规问题的要求；最后教工委书记冯义国讲话，要求教育系统所有党员干部认清反腐倡廉形势，自觉构筑思想防线，自觉抵制各种诱惑，不断坚定信念，一心一意考虑顺义教育发展，为办人民满意教育贡献力量。区教工委、教委、教育督导室、教育工会有关领导，教委机关正副科长、各街道（镇）教育助理、基层单位的书记、校（园）长、主管财务工作的领导共270余人参加会议。（刘　强）

【召开党的群众路线教育实践活动总结大会】 10月28日教育系统党的群众路线教育实践活动总结大会召开。区教工委书记冯义国作总结报告。区委第九督导组组长张中茂点评教育系统群众路线教育实践活动开展情况，他高度评价区教工委的活动成效，希望进一步巩固成果，继续走群众路线，坚持办人民满意教育。区教工委副书记、教委主任刘克祥主持会议。区群众路线第九督导组、区教育工委、教委、教育督导室、教育工会领导出席，各基层单位党员干部代表共200余人参加。（李雪彬）

概　况

2014年，顺义区教育工会认真落实市区工会工作精神，以“强基础、抓关键、出亮点”为工作思路，继续保持为基层服务的工作作风，扎扎实实为教职工办实事、解难事，提高了创新能力和凝聚能力，为顺义教育的优质均衡发展做出新的贡献。教职工参与管理意识更加强烈。全区教职工共提合理化建议4836条，采纳1405条，实施1013条。校务公开的深度和广度进一步拓展。统计表明，今年教职工对校务公开的满意率达94.66%。坚持开展送温暖活动。两级工会共慰问困难教职工524人，大病教职工10人，投入资金285万元。关注教职工体质健康。组织6个年龄段的240名教职工，参加11个项目的国民体质监测活动。从“小处”着手开展师德教育活动。组织30名教师参加“我们的教育故事”演讲比赛，展示师德风采。继续树立优秀教师典型。孔凡艳荣获全国五一劳动奖章（享受劳模待遇）和首都劳动奖章。召开培育和践行社会主义核心价值观暨师德事迹交流会，对60个优秀师德群体和167名师德标兵进行表彰，全国五一劳动奖章获得者以及优秀师德群体和师德标兵代表做事迹交流，出台《教育系统培育和践行社会主义核心价值观实施意见》。

截止2014年12月底，顺义区教育工会基层工会组织增加1个，达到了130个；工会会员增加368人，达到了11313人。2014年底，顺义区已建教工之家130个，其中“合格职工之家”124个，先进、优秀职工之家71个。2014年，杨镇中小、李桥中小被评为“顺义区模范职工之家”。

【召开2014年工作会】 2月28日，顺义区教育工会召开年度工作会。会议表彰星级职工之家、女工工作先进集体、和谐家庭与特色家庭，还对2013年工作进行全面总结，并部署2014年工作。三位优秀基层工会主席围绕“发挥组织作用，提高工作水平”介绍经验。区总工会副主席衣晶出席会议并在讲话中提出两点希望：一是希望工会组织能够牢牢把握我国工运的时代主题，做实做细服务职工工作。二是希望以党的群众路线教育实践活动为契机，加强基层工会组织建设和作风建设。基层工会主席和女工主任200多人参加了会议。（黄　杰）

【规范开展3·18民主日活动】 3月中旬，顺义区各基层单位广泛开展3·18民主日活动。各单位普遍召开教代会，将学校基建、采购和财务收支等教职工关注的重点、热点问题，向代表全面公开。对教职工合理化建议的采纳、实施情况，以及代表现场提出的问题，予以认真答复。各单位通过设立公开栏、校长信箱，组织代表对校务公开进行满意度测评等形式，自觉接受教职工的监督，将“公开从真、内容从全、监督从实”的要求落实到位，全区校务公开质量进一步提高，形成浓厚的依靠教职工办学的民主氛围。区政协领导参加怡馨幼儿园的民主日活动，对深入推进校务公开工作提出要求。

（黄　杰）

【开展师德征文活动】 3月中旬，顺义区教育工会开展“爱生无小事，小事大理念”师德征文活动。活动旨在引导全区教职工通过反思教育教学工作中的“小事”，更新教育理念，增强爱生情怀。经过教育工会与业务科室评选，一批优秀征文脱颖而出。

（黄　杰）

【举办“联盟杯”教职工篮球赛】 3月29日，顺义区“联盟杯”教职工篮球赛在牛栏山一中体育馆进行决赛。联盟内的6支中小学代表队参加决赛。队员们在赛场上切磋球技，传递友谊。该活动是区教育工会开展的丰富教职工业余生活的措施之一。

（黄　杰）

【走进基层开展民主管理调研】 3月底至4月初，顺义区教育工会走进多家基层单位，认真开展民主管理调研。通过组织教代会代表填答问卷，与校园长、工会主席座谈等方式，了解《学校教职工代表大会规定》（教育部32号令）的执行情况，以及教代会在校务公开中发挥作用的情况，对接受调研的单位进行了现场指导。

（黄　杰）

【教育系统获市“三八”红旗集体和“三八”红旗奖章】 4月9日，区2014年北京市“三八”红旗集体和“三八”红旗奖章获得者经验交流暨巾帼建功活动推进会召开。区教委获得“北京市‘三八’红旗集体”荣誉称号；裕达隆小学教师茹娜获“北京市‘三八’红旗奖章”荣誉称号。（胡金凤）

【举办教职工羽毛球团体赛】 4月26至27日，顺义区举办教职工羽毛球团体赛。来自基层单位的400多名教职工，踊跃参加教育工会举办的比赛，在激烈的对抗中彰显运动魅力。

（黄　杰）

【孔凡艳荣获全国五一劳动奖章】 4月28日，“国际劳动节暨全国五一劳动奖状奖章表彰大会”在北京人民大会堂举行。305个先进集体荣获全国五一劳动奖状，1218名先进个人荣获全国五一劳动奖章，1081个先进集体荣获全国工人先锋号。顺义区考研中心教师孔凡艳荣获全国五一劳动奖章。中共中央政治局委员、中华全国总工会主席李建国出席大会并讲话。

（黄　杰）

【教育工会召开二届九次全体会议】 5月7日，顺义区教育工会召开二届九次全体委员会议。区教育工会主席王玉英传达北京市工会第十三次代表大会精神，组织委员认真学习《中共北京市委关于进一步做好工会工作的意见》，并强调：要清醒地认识到工会正处于大有可为的重要战略机遇期，要在发挥主力军作用、维护教职工权益、构建和谐劳动关系、加强自身建设等方面，大胆探索、勇于实践、积累经验，不断探索新形势下工会工作的新途径新方法。

（黄　杰）

【举办单身青年教师联谊活动】 5月17日，顺义区教育工会与牛栏山一中工会共同举办“相约在春季”单身青年联谊活动。活动由精彩亮相、快乐登山、餐桌交流和相约未来四个环节进行。每个环节都给参与者充分展示自己、了解他人和面对面交流的机会，气氛十分活跃，给对方留下了美好印象。活动结束后相互留下了联系方式。来自教育系统、农业银行、顺鑫农业等多家单位的38名单身青年参加。教育工会举办单身青年联谊活动，旨在为单身青年搭建一个互相认识、交流、沟通的平台，帮助他（她）们解决婚姻问题，使他们能够扎根顺义、幸福生活、安心工作。

（胡金凤）

【举办教职工社团专场演出】 5月24日，顺义区教育工会“放歌五月，炫舞风采”教职工社团专场演出，在北京市新英才学校多功能厅举行。来自15个基层工会的教职工社团，表演了精彩的舞蹈、器乐、声乐、书法、武术等节目，赢得观众阵阵掌声。顺义区委宣传部和顺义区文联、文委、教委的领导，以及基层工会的教职工，共计400余人观看演出。年内教育工会以推进社团建设为重点，在资金和管理等方面加大支持力度，为教职工发挥特长、增强团队凝聚力搭建平台，提高幸福指数。（黄　杰）

【教育工会举办师德演讲比赛】 5月29日，顺义区教育工会与业务科室共同举办“我们的教育故事”演讲比赛。来自全区中学、小学和幼儿园的教师，以充满激情和人格魅力的演讲，展示了以爱为主旋律的师德风采。教育工会将推荐优秀教师组建第二届师德宣讲团，扩大教育活动的影响。（黄　杰）

【开展国民体质监测工作】 7月初，顺义区教育工会在东风小学开展国民体质监测工作。6个年龄段的240名教职工，兴致勃勃地参加了11个项目的监测，教职工对自己的体质状况有了更加全面、深入的了解。教育工会将充分利用监测结果，引导全区教职工树立健康意识，通过参加丰富多彩的健身活动，提高身体素质。（黄　杰）

【召开第三次代表大会】 11月16日，顺义区教育工会召开第三次代表大会。顺义区教育工会主席王玉英代表第二届委员会作《发挥工会团结凝聚作用，引导教职工在顺义教育现代化进程中建功立业》的工作报告。报告全面总结教育工会过去五年的工作，明确今后五年的目标任务。大会选举产生顺义区教育工会第三届委员会和经费审查委员会，审议通过关于三个报告的决议。北京市教育工会主席史利国，顺义区副区长于庆丰，顺义区工会副主席衣晶，分别在会上讲话，充分肯定教育工会在围绕中心、服务大局中取得的成绩，对教育工会依法维护教职工权益，引领全体教职工发挥主力军作用，为实现中华民族的伟大复兴建功立业，提出新的要求。顺义区教工委、教委、教育督导室领导，以及兄弟区县教育工会代表，顺义区教育系统群团组织代表，顺义区教育系统基层工会代表，共计160多人出席大会。（黄　杰）

【举办优秀书画摄影作品展览】 11月下旬，在教育工会组织的“十月金秋”活动中，展出教职工创作的70余件绘画、书法、摄影作品。作品以“追梦”为主题，经过较长时间的精心准备，大胆运用多种艺术形式，表达教职工对梦想的执着追求和健康的生活情趣。观看展览的文委领导和教职工对作品给予高度评价。（黄　杰）

【推进幼儿园职工之家建设】 12月初，顺义区教育工会走进44所幼儿园，检查职工之家建设工作。检查以听汇报、看资料和硬件设施、发放教职工问卷等形式为主，并现场进行指导。幼儿园的建家工作呈现出四个特点：一是园长对建家工作高度重视，在人员、资金等方面支持到位；二是建家档案比较规范，资料齐全；三是根据幼儿园房间少、场地小的特点，采取“见缝插针”的方式，建设教职工活动室、办公室、宿舍；四是强调将“家”建在教职工的心上，开展多种温馨的建家活动，教职工工作积极性高，向心力强。（黄　杰）

【现场订阅服务基层单位】 12月12日，教育工会与劳动午报社联合办公，现场为123个基层工会订阅报刊，提高工作效率，减少基层单位负担，圆满地完成市区工会布置的任务。（黄　杰）

【召开工会工作汇报会】 12月24日，顺义区召开工会工作汇报会。分为中学组、小学组、幼儿园组，在三个地点同时进行汇报。从汇报情况看基层工会工作务实、细致，很多亮点得到充分展现，起到交流的作用。来自基层单位的140多名工会主席参加。（黄　杰）

团队工作

概　　况

2014年，顺义区少工委基层少先队组织70个，辅导员1383名，共有队员48725名。以培养少年儿童对社会主义祖国的朴素感情为目标，以社会主义核心价值观为指导，以加强共产主义教育为主线。在队伍建设上以“千优带队”工作为引领，走专业辅导员发展道路。开展少先队大队辅导员实训活动，邀请国家级专家进行指导。通过参观神州数码科技城提高辅导员城市化素养。增强少先队员的组织归属感，开展每日升国旗唱国歌向国旗敬礼活动；在建队日开展少先队入队观摩活动，探索分批入队路径。在全区少先队广泛征集少先队研究成果120余篇，评选出一等奖30余篇，二等奖40余篇，三等奖50余篇。

2014年，顺义区团教工委基层团组织64个，团支部书记65名，共有团员11705名；学校业余党校6所，有学生党员14名，举办培训8次，培训326名党校学员，发展学生党员14人。以“中国梦”主题实践活动为核心，以团建十佳创建为主线，以六大品牌项目建设为抓手，全面促进基层组织建设，切实提升教育系统共青团工作品质，打造让党放心，让青年满意的优秀团组织。一是加强学习深化调研，确保团的基础工作稳健有序。开展“青春阅读季”活动。要求团组织要有相对独立的办公场所，办公地点悬挂团旗团徽等显著标志。二是高举旗帜全面育人，青少年理想信念教育有的放矢。举办顺义区第二届少年先锋团校团课大赛。深入开展“青春凝聚团旗下”主题团日活动。建全业余党校机制，拓宽教育途径，确保中学生业余党校工作深入人心。三是延伸手臂优化品牌，确保团的特色工作精彩纷呈。开展“魅力社团　缤纷梦想”顺义区第三届中学生社团文化展演活动。结合志愿北京网站指导各校认真做好平台使用、项目注册、服务计时等工作，确保非毕业年级学生注册率达到80%，活动参与率达到50%。结合3·5学雷锋日和12·5国际志愿者日等时点，开展“浓浓学子情　青年志愿行”中学生万人服务总动员行动。

【召开共青团工作会议】　2月28日，教育系统2014年共青团工作会议在社区教育中心召开。会议全面总结团教工委2013工作，系统部署2014年任务。区教育督导室主任李卫国出席并讲话，要求全体团干部要充分认识学校共青团工作在教育改革发展中的重要作用，将青少年思想引导工作做为教育系统共青团工作的首要职责认真推进，创新形式，丰富载体，拓展学校团工作吸引凝聚青少年的有效途径，全面提升教育系统共青团工作再上新台阶。团区委书记郑晓博指出，广大团干部要切实抓好学生团和教工团两支队伍建设，加强仪式教育、开拓进取，敢于担当，深入调研，大胆创新，切实提升教育系统共青团工作品质，打造让党放心，让青年满意的优秀团组织。团区委书记郑晓博，区政府督导室主任李卫国，团区委副书记仇海泉等出席会议，会议由中教科科长张旭东主持，教育系统中小幼职各单位团干部120余人参加会议。（王　静）

【区少工委为全区少先队大队配发辅导员工作用书】　3月13日，顺义区少工委投资2万元为全区少先队大队配发《中国少先队辅导员工作丛书》。该套少先队辅导员工作用书由北京少先队工作学会负责编纂，全套共10册。该书由全国知名的少先队工作专家、资深少先队工作者和优秀辅导员精心编撰而成。丛书将少先队基础理论与实际操作紧密衔接，是辅导员开展工作的实用工具书，同时也是

少先队工作的教科书。书中涉及《国旗下讲话》《小干部队伍建设》《少先队根本任务活动集锦》等多项内容，几乎涵盖全部少先队工作。（赵　恺）

【区少先队大队辅导员赴神州数码参观学习】 3月13日，顺义区少工委组织全区少先队大队辅导员赴神州数码“智慧城市，创新

中心”参观学习。在神州数码企业形象讲师的讲解引导下，辅导员们参观了涵盖中国信息化发展历程的IT长廊，分别在智慧城市展示区、移动互联展示区深入了解神州数码服务于行业客户、企业客户及小型办公和个人消费客户等各类型客户的最佳实践解决方案，亲身体验了各种信息化智能的应用。大家尤其对市民卡、智能视频监控在城市管理的应用及先进科技给生活带来的便利，产生了极大的兴趣。通过此次活动拓宽了大队辅导员的工作视野，提高了辅导员的城市化素养，为使少先队工作更好地服务于顺义教育城市化的发展奠定基础。（赵　恺　祖海艳）

【区少工委开展大队辅导员实训活动】 4月9日，顺义区少工委组织全区少先队大队辅导员开展实训活动。实训分为微队课和微

技能两个项目。大队辅导员们共分为五个小队，以小队为单位参加实训。实训结束后，中国少先队工作学会副秘书长、北京少先队工作学会副会长吴云清教授做精彩的点评，肯定辅导员们的队课形式和内容，并对队课设计的范围和层次提出了要求。通过此次活动，辅导员们形成了合理的专业知识结构，通过排练和展示的过程使辅导员们更加深入了解少先队活动课程和少先队工作的内容，为今后更好地开展少先队活动和少先队课程奠定实践基础。（赵　恺）

【团中央领导到顺义区学校调研】 9月17日　团中央学校部部长杜汇良、中学处

副处长谭真一行来顺义区调研，区委常

委、组织部长车克欣参加。杜汇良一行先后来到杨镇一中、牛栏山一中，实地考察学校环境，与干部教师座谈，分别听取学校整体情况及共青团工作介绍，并了解顺义区教育工作的基本情况。杜汇良部长充分肯定顺义教育事业的发展成就，对区委区政府大力支持教育事业表示赞赏。他要求团干部，要牢牢把握学校主阵地，始终把教育学生扣好扣准人生价值观的第一颗扣子作为开展工作的指导思想；要积极密切联系团员青年，在团员青年中特别是学生青年中弘扬正能量，加大社会主义核心价值观的教育力度。区教工委副书记、教委主任刘克祥陪同调研。 （王　静）

【顺义区召开庆祝少先队建队 65 周年大会】 10 月 16 日，顺义区庆祝少年先锋队建队 65 周年大会在石园小学举行。大会首先举行表彰“千优带队”争创工程优秀校；木林中小、石园小学港馨校区和石园校区三所学校的少先队大队辅导员分别作典型经验介绍。区教育督导室主任李卫国出席并讲话。与会领导观看 427 名二年级学生的入队仪式、357 名一年级学生的入队申请仪式和少先大队大队委任命仪式。区人民政府教育督导室、教委小教科、区团教工委、区少办领导以及全区少先队辅导员近 80 人参加此次活动。 （赵　恺）

老干部工作

概　况

2014 年，顺义区认真落实关于老干部工作的各项方针政策，提高意识，加强服务，扎实开展老干部工作，全面推进四项工程，即：健康工程、有为工程、学习工程、关爱工程；认真实施五个起来，即：老教师组织起来、活动起来、健康起来、快乐起来、作用发挥起来。主要开展以下工作：采取多种措施，全面落实老教师政治、生活待遇。开展重阳节活动和慰问活动。组织各类活动丰富老教师生活。动员老教师融入社区服务社区。组织开展春、秋季游艺活动，如：乒乓球、门球、棋类比赛，开展“迎国庆”“庆重阳”系列活动。组织召开老干部工作汇报交流会；通过交流经验，取长补短，提高基层老干部工作的水平。

【举办“大手牵小手·共话中国梦”活动】 5 月 29 日，顺义区老教育工作者协会走进龙湾屯中小开展“大手牵小手·共话中国梦”活动。老教师心系边远农村的教育，为学生献上一台精彩的演出。这些老教师虽然都已经是六七十岁，但风采不减当年，唱歌、跳舞样样精通，博得学生、家长及老师们的热

烈掌声。这次活动，给学生留下了深刻印象，度过了一个不一样的六一儿童节。区老教育工作者协会120名退休教师参加。

（孔晓齐）

【参加市教育关工委“美丽中国我的中国梦”演讲比赛成绩优异】 6月22日，由北京市教育关工委主办的“美丽中国我的中国梦”主题教育演讲比赛在门头沟举办。顺义区刘恩彤和李晓梦在比赛中，表现出色。经过角逐，最终分别获得中学组和小学组的一等奖。“美丽中国我的中国梦”主题教育读书演讲活动是教育部关工委开展“五好小公民”主题教育读书活动的主要内容，区教工委、教委对这一活动非常重视和支持，出资为学生购书，供师生阅读。全区中小学广泛开展演讲活动。并从5月15日到5月21日组织全区72所学校72名学生参加了演讲预赛，有2000多名学生聆听了演讲。预赛获一等奖的同学参加了5月29日举行的演讲决赛。区委宣传部和区文明办的领导出席决赛现场并讲话。经过决赛，牛栏山一中实验学校刘恩彤、俸伯小学李晓梦分别获得中学组和小学组冠军，获得参加市赛资格。

（张卫华）

【慰问离退休老干部】 9月28至29日，区教工委、教委、教育督导室、教育工会等领导慰问教育系统离退休老干部。区教工委副书记、教委主任刘克祥先后到双兴东区、牛栏山一中教师公寓，看望顺义二中离休教师

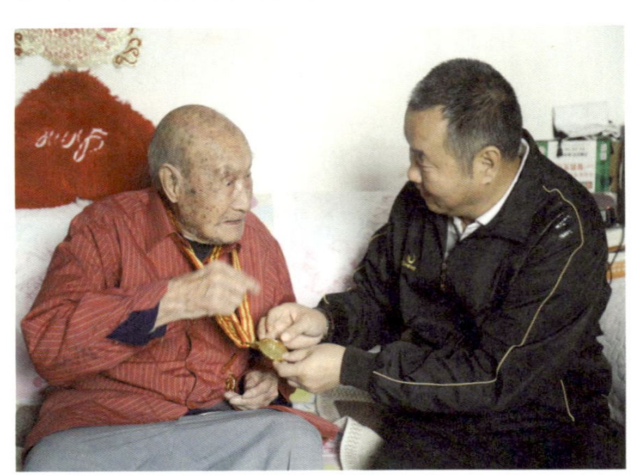

王泽洪和牛栏山一中老党员陈文江。在百岁老人王泽洪家里，刘主任与他亲切交流，了解老人生活状况，聆听老人介绍其晚年参与各项活动的经历，并祝老人身体健康。区教育督导室主任李卫国到北务中学退休教师付文清家中送上祝福，与老人拉家常、共话社会的变化。目前，我区教育系统离休干部教师共56人。区教工委、教委、教育督导室、教育工会等领导分别走访慰问离休老干部、老教师。各相关教育单位也安排专人看望离退休老同志。

（徐振阳）

干部·教师
杨镇一中
孔子
顺义一中

师德建设

概　　况

2014年，师德建设稳步推进，提升教师综合素质。为发挥榜样的示范作用，教育工会继续树立优秀教师典型。在教育工会的推荐下，考研中心教师孔凡艳荣获全国五一劳动奖章（享受劳模待遇）和首都劳动奖章。通过召开“培育和践行社会主义核心价值观暨师德事迹交流会”，对60个优秀师德群体和167名师德标兵进行表彰，全国五一劳动奖章获得者以及优秀师德群体和师德标兵代表做事迹交流，引导教职工将社会主义核心价值观内化为精神追求，外化为自觉行为。

【出台严禁教师违规收受礼品礼金的规定】 6月9日，为全面落实中央关于改进工作作风、密切联系群众的“八项规定”，进一步加强师德师风建设，努力办好人民满意教育，顺义区教委出台《严禁教师违规收受学生及家长礼品礼金等行为的规定》。《规定》主要针对人民群众反映强烈的教师违规收受礼品礼金等问题，重点列举收受礼品礼金、接受宴请、参加由学生及家长付费的娱乐活动、让学生及家长支付或报销应由教师个人或亲属承担的费用、通过商业服务获取回扣等5个方面的禁止性内容。通过严明纪律要求，教育引导广大教师要强化自我教育和约束，自觉抵制收受礼品礼金等不正之风，以实际行动塑造教师的良好形象，为全社会树立崇高的道德标杆。（杨守丰　刘　强）

【召开培育和践行社会主义核心价值观暨师德事迹交流会】 10月28日，教育系统培育和践行社会主义核心价值观暨师德事迹交流会召开。会议解读了《北京市顺义区教育系统培育和践行社会主义核心价值观实施意见》；宣读了优秀师德群体和师德标兵表彰决定；教育研究考试中心孔凡艳、石园小学教育集团本部杨金华、顺义十三中初三年级代表郭士江分别作典型发言。区教工委书记冯义国指出：广大教师要按照习近平总书记同北师大师生代表座谈时提出的四条标准要求自己，明确追求、夯实基本功，以仁爱之心做好本职工作。培育和践行社会主义核心价值观要让学生从熟知做起，加强理解、内化于心、外化于行。区教工委副书记、教委主任刘克祥，区政府教育督导室主任李卫国等区教工委、教委、教育督导室、教育工会领导出席。各基层单位负责人、专职书记、工会主席及师德标兵代表，区教育系统人大代表、政协委员、党代表，教委机关科长、教育助理参加。（王艳霞）

干部队伍建设

概　　况

2014年，区教委全面培养，多种措施优化干部队伍。一是采取公开招聘方式吸引有才能的人才参与管理工作，共招聘11名副园长、6名副校长。二是推动优秀管理人才城乡异地交流，全年交流调整干部共计35名。三是用培训方式促进干部队伍素质整体的提升，全年共委派362人次参加外出培训。

【南彩学校承办市级观摩活动】 4月17日，来自新疆、云南等九个省区的校长和骨干教师近80人，在北京教育学院夏素彦、柯丹老

师的带领下，在考研中心干训科科长张文利的陪同下来到了南彩学校。他们是“园丁计划——中国关心下一代教育示范基地校长和骨干教师研修班”的全体成员、当地关工委领导、园丁计划项目组成员，来到南彩学校开展观摩活动。活动以“特色学校建设引领学校持续发展”为主题，首先请来宾们分组观摩了中、小学部16位老师的养正课堂后，与授课教师进行了近距离的互动交流。接着李琦校长向来宾们介绍了学校的基本情况，现场回答了来宾提出的相关问题；带领大家参观了校园环境和软硬件设施并与来宾们合影留念。（吴满海）

【顺义区召开继续教育公共必修课启动大会】 4月22日，顺义区继续教育工作“公共必修课”启动工作会在现代学院报告厅举行。会议总结顺义区“十二五”继续教育工作开展的整体情况，并对“公共必修课”的课程设置和学习安排做详尽解读。市中小学教师培训中心主任汤丰林、顺义区教委、教研中心、各中小学领导及继续教育管理员、必修课辅导员近300人参加了此次会议。大会共发放17280册学习用书，全区有8640名中小学教师参加学习。（刘　琦）

【石园小学承办副校长管理实践研讨会】 7月10日，石园校区副校长王淑珍管理实践研讨会在石园小学举行。区小教科科长主持。与会人员观看《王淑珍校长的一天》专题片；听取王淑珍作《陪伴·发现·引领》汇报。王校长从“把管理做正、把管理做实、把管

理做强”等方面，运用大量事例与在座干部教师分享工作经验，并参与现场互动。全国核心期刊《中小学管理》杂志社主编沙培宁从“教育永远要把人当目的和在学校管理和教育中，应寓教于管，以管促教”角度，进行精彩的点评。最后，区督导室主任李卫国讲话，高度赞扬王淑珍校长用自己从事管理工作实践，为大家上了生动的一课，希望与会干部能够借此机会，以一种“学其人，悟其道，效其法，做其人”的发展态度，设计好自己的工作及发展路径。区教委、区教研中心领导，组织科、干训科相关人员及全区小学中层干部、后备班学员共计150余人参加此次活动。（张　梅）

【多层级加强队伍建设】 年内，顺义区多层级加强队伍建设。1. 重视校级干部提升。组织中小学校长赴华东师大参加课程领导力培训；42名新任校园长参加管理培训；45名园级干部赴南京师范大学参加后备干部培训。2. 注重中层干部培养。明确培养对象，组织德育、教学干部，分赴东北师大、史家小学，参加专业实践培训或挂职锻炼；110余名干部参加21个市级培训班学习。3. 锤炼教师业务素养。组织小学青年教师成长课大赛活动，40所小学360位入职五年以内的青年教师参加。与中国教育国际交流协会合作，连续8年举办英语教师暑期外教培训班，轮训一线英语教师。10月28日至11月8日。组织小学教学干部，到华东师大，浸润式学习一个学期，有考核、有实践。组织小学第三期业务

干部到名校深度挂职一个学期，确定 10 人去史家小学。幼儿园与北师大合作，组织 10 名园长，10 名优秀幼儿教师前去学习，三年一个周期。（徐振阳）

教师队伍建设

概况

2014 年，区教委本着德才并重原则，提升教师素质。一是区内引领，多种培训促成长。二是搭建平台，各种竞赛促提高。三是树典型，立师德，召开师德事迹交流会和“我们的教育故事”演讲比赛，组建师德演讲巡讲团。通过引领培训等措施使教师资源得到有效整合，搭建了合理化教师梯队。今年，共评选区骨干、区园丁新星、区学带等 1549 人；补充新教师 439 人；认定教师资格 355 人。

【各单位多举措提高教师综合素养】 2 至 3 月，顺义区各单位多举措提高教师综合素养。

一是专题讲座类。尹家府中小、北小营中小分别邀请教研员作《生态文明教育》和《让“评价诊断—调整教学—促进发展”形成良性循环》专题讲座。二是听评课类。小店中小开展听推门课活动，课后随机说课、评课。三是学科专项培训类。东风小学教育集团本部对教师进行语文教学专题培训；龙湾屯中小召开自主课堂中学生口语表达能力培养策略专题沙龙。四是基本功展示类。李桥中小举行女教师硬笔书法与诗歌诵读展示赛。（徐振阳）

【杨镇中小举办青年教师粉笔字展示】 3 月 5 日，杨镇中小举办青年教师粉笔字展示活

动。要求采取楷书形式展示粉笔字，教师、学生及家长参与品评，26 名青年教师参加。该校将写好“三笔字”——粉笔字、毛笔字、钢笔字作为促进青年教师专业成长的一个重要基本功，确定每周一下午下班前 30 分钟为习字时间；定期开展评比，展示优秀作品。除强化三笔字训练，学校还从以下方面促进青年教师基本功提高：一是关注教师课堂用语，听课笔记中对教师课堂语言设单独评议栏。二是开展小课题研究，教师结合课堂教学，以微课程、研究课的形式汇报研究成果，撰写研究心得。（任仲刚）

【建新校区成立“金点子”工作室】 3 月 7

日，东风小学教育集团建新校区成立“金点子”工作室。工作室邀请校内外各学科骨干教师参与。成员集体会诊新教师工作中的困惑，如学生习惯养成、班级管理、家校沟通、学业辅导等问题，帮助新教师找出症结并提出对策。新教师利用每周五下午全体教师会上的3分钟“金点子”时间，与其他教师分享研究成果。（武　宁）

【组织参加必修课辅导员培训】　3月17日，顺义区教研中心师训科组织相关科室教师及部分学校德育干部共计73人，参加北京教育学院组织的“十二五”公共必修课辅导员培训，接受《教师职业理想与道德》《学科教育心理学》的面授和上机培训。（殷海燕）

【表彰参加市初中教师基本功培训与展示获奖教师】　3月21日，北京市第二届初中教师教学基本功培训与展示活动在华中师大一附中朝阳学校召开。本次北京市初中教师基本功培训与展示，分学科说课、实验技能展示、网管教师基本功展示三部分。在学科说课比赛中，顺义区41位选手参赛，26人获一等奖，15人获二等奖，获奖率100%，一等奖获奖率全市第三；数学、历史、体育、信息技术四学科所有参赛选手均获一等奖。在实验技能展示中，5人获一等奖，9人获二等奖。在网管教师基本功展示中，全市8人获一等奖，顺义区有3人获奖，获奖率全市第一。

【光明小学四举措加快青年教师成长步伐】　3月起，光明小学四举措加快青年教师成长步伐。一是导师引领。骨干教师与青年教师签订拜师协议，制定双方职责和考核办法。二是课堂磨砺。规定青年教师每周上一节汇报课，及时查找问题。三是建立成长手册。将每位青年教师的培养纳入学校规划，定期总结评价。四是加强培训。通过专题研讨、教学评优、课件制作、“三笔字”培训等方式促进青年教师专业成长。（谢桐良）

【参加市初中教师基本功培训与展示活动获佳绩】　4月4日，顺义区参加第二届北京市初中教师基本功培训与展示活动获奖教师表彰

会在北京现代职业学院报告厅举行。会议总结顺义区参加北京市初中教师基本功培训与展示活动的经验；牛栏山一中实验学校教师万芊，顺义区教育研究考试中心初中教研室教研员穆怀茹作经验介绍；会议播放基本功展示活动访谈短片，同时部署小学教师基本功培训与展示工作。会议要求各校把教师基本功培训与展示作为学校培养教师队伍的重要抓手，做好教师专业化水平提升工作，设计开展好促进教师成长的系列活动，营造好教师成长的环境和氛围，进一步练好基本功，提升区域教学质量，办好人民满意的教育。区教工委书记冯义国，区教工委副书记、教委主任刘克祥，区教育督导室主任李卫国出席。区教委、区教研中心有关领导，各中小学校长、教师代表共400余人参加。北京市初中教师基本功培训与展示活动，分学科说课、实验技能展示、网管教师基本功展示三部分。在学科说课比赛中，顺义区41位选手参赛，26人获一等奖，15人获二等奖，一等奖获奖率全市第三；其中数学、历史、体育、信息技术四个学科，所有参赛选手均获一等奖。在实验技能展示中，5人获一等奖，9人获二等奖。在网管教师基本功展示中，全市8人获一等奖，其中顺义区有3人，一等奖获奖率全市第一。自2012年4月以来，顺义区坚持以训促研、全员参与的原则，分三个阶段推进各项准备工作。课标培训阶段，初中全部15个学科的所有教师集中参加2011版课标培训，学习课标、聆听专家解读、集体研讨交流。

通识培训阶段，全体教师学习通识培训资料汇编，全员接受测试。学科培训阶段，经过各学科全员培训，学科骨干得到锻炼提升，最后选拔出优秀选手参加展示活动，取得了优异成绩。（徐振阳）

【沿河中小锻炼队伍推出新举措】 4月起，沿河中小锻炼队伍推出新举措。在全体教师中开展全学科作业推介交流展示活动。展示内容有个人好做法推介和年级组教师共同研修成果。活动共分三个阶段：一是就各自作业设计意图、学生完成效果等情况进行诊断和研讨，并在实践中改进；二是分学科组、年级组开展“我的作业”推介交流活动；三是将优秀作业拍照，制成电子演示文稿，利用大教研活动时间，集中展示、交流，优秀作业教师做说明。（朱玉红　胡立利）

【板桥中小三举措助力新教师成长】 4月起，板桥中小实施三举措助力新教师成长。

一是为每名新教师安排“业务师傅”与“班级管理师傅”，师徒共同进教室，学习课堂教学、班级管理等方面知识经验；二是干部深入课堂了解新教师成长情况，完善青年教师培养对策；三是定期举办新教师说课练兵及阶段性成果展示等活动。（张　晶）

【区“临空杯”青年教师大赛数学现场课分赛活动在高丽营学校举行】 5月6日，顺义区“临空杯”青年教师成长课大赛分赛活动在高丽营学校拉开帷幕。来自空港小学、赵全营中小、北石槽中小、马坡二小、板桥中小和

高丽营学校的23名青年教师将利用4天时间进行数学学科现场课的精彩展示。考研中心副主任李广生、教委小教科王志良分别到分赛场进行巡视指导。（贾凤兰）

【召开小学青年教师成长课大赛总结大会】 8月26日，顺义区“临空杯”小学青年教师成长课大赛总结大会在牛栏山一中礼堂举行。获奖选手分批次上台领奖，并与颁奖嘉宾合影留念。4位获奖教师代表发言，畅谈参加比赛的收获与感悟，表达由衷的感谢。本次青年教师成长课大赛是近五年参加工作教师的一次教学基本功培训与展示活动，全区有364人参加。选手通过校级培训、联盟内说课、区级异地做课三个过程展示教学基本功。最终，327名教师分别获得说课、做课比赛的一、二、三等奖，东风小学教育集团、石园小学教育集团、西辛小学教育集团和杨镇中小等12家单位获得优秀组织奖。总结大会肯定了青年教师的成绩，激励青年教师不断学习，不断进步，早日成为名师；要求各学校要继续加大青年教师培养力度，搭建平台；表达了对教师家属默默支持教育的感谢。区教委、区教育研究考试中心有关领导出席，全区各小学中层以上干部、每位青年教师家属共700余人参加。（王志良）

【各单位采取多种措施提升教师素质】 9月，顺义区各单位多措施培训提升教师素质。顺义十三中开展“分享小幸福”研修活动，分析教育案例，探讨工作方法。顺义十一中召开全面深化推进“自主课堂”教学改革会，

分析教学改革推进工作现状。木林中小举行新教师拜师活动，为新入职教师配备指导老师。顺和花园幼儿园聘请幼教专家来园观摩指导音乐教学活动。金汉绿港幼儿园举办“我们共同成长”新老教师教学经验交流沙龙。（王艳霞）

【李遂中小多举措加强青年教师培养】 9月，李遂中小多举措加强青年教师培养。1. 组织青年教师观看“寻找身边最美的教师”等视频，激发岗位热情，引导树立正确的人生观和价值观。2. 每位青年教师拜一位区学科带头人或骨干教师为师，接受全方位指导。3. 指导青年教师定时观看BDS视频课程，形成书面教案，提高授课水平。4. 定期组织座谈会，青年教师分别汇报自己在教学和管理方面的经验、体会。5. 安排青年教师积极参加市区两级的考察、参观和培训活动，开阔眼界，提升素质。（单继友）

【顺义区“体验杯”课堂开放论坛活动在建新小学举行】 11月27日，顺义区优化课堂教学方式暨“体验杯”课堂开放论坛活动在建新小学展开。论坛活动共分为三个环节：环节一，分学科进行课堂教学展示，构建体验课堂，让课堂焕发生命活力；环节二，互动说课、评课，构建自主开放、合作探究、互动交流的研修平台；环节三，论坛共享研讨，理念与行为对接，促学习方式的变革。教委小教科科长王桂英、教研中心副主任李广生、小学教研室主任杨树华以及来自南彩学校、南法信中小等11所学校的教学干部和骨干教师一百余人参加本次活动。（吕 婷）

【光明小学培养骨干教师新举措】 年内，光明小学采取“五角色”培养骨干教师。一是做学习先进理论的模范。能精要阐述新课程标准及新课程理念，关注、吸纳最前沿的教改信息。每年精读一本教育教学理论专著，摘记业务学习笔记一万字，撰写心得体会三千字。二是做先进理论经验的传播者。以先进理论为指导，紧密结合当前课改现状及自己教学实际，每学期为全体教师作一次专题讲座。三是做教育科研工作的带头人。有自己独立的科研课题，并承担区级以上课题研究；加强对教育教学经验的提炼与总结，每学年有作品在区级以上刊物发表或获奖。四是做课堂教学改革的先锋。践行新的教学模式、方法，课堂教学创意新颖，个性鲜明；每学期为全体教师作示范课一节。五是做青年教师的导师。对青年教师的教学能力、科研水平等方面悉心指导，每人收两名青年教师为徒，每学期为徒弟作示范课三节，听徒弟课八节。（谢桐良）

【顺义区建立中小学课外活动校外兼职教师资源库】 年内，为进一步提升中小学生课外活动质量，满足学生个性特长发展的需求，顺义区教委建立中小学课外活动校外兼职教师资源库。兼职教师主要来自：高等学校、具有资质的民办教育机构的教师；体育局、文委、科委、少年宫等校外机构的教练员及教师；具有专业特长的各类人才，例如：运动员、教练员、艺术家、科学家等；符合条件的民间艺人、志愿者等。兼职教师有两种准入方式：一是学校自主申报，到教委备案；二是教委联合相关部门遴选。兼职教师薪酬从学校课外活动专项经费中划拨。学校按艺术、科技、体育三类上报用人需求。经审批后，用人学校与校外兼职教师签订工作协议。（徐振阳）

干部教师培训机构

北京市顺义区教育研究考试中心

【概况】 2014年，北京市顺义区教育研究考试中心，有教职工总数142名，其中，专任教师128名（高级专业技术职称0名，副高级职称68名，中级职称33名）。市级学科带头人9名，市级骨干教师35名，市级特级教师

6名。开展各级各类培训班275个，培训各级各类人员25683人次。普通教室12个，专用教室12个，实验室0个。学校占地面积12870平方米，建筑面积10600平方米。体育场（或馆）面积620平方米。图书馆（或室）占地面积45平方米，藏书总数1.7万册，电子图书107万册，全年订阅杂志、报刊150种。固定资产总值2974万元。全年教育经费投入1796万元，全部为国家拨款。全年信息化经费投入8万元，拥有计算机481台，多媒体教室座位1150个（指学校所有配备多媒体教室座位总数），校园网出口总带宽850Mbps，数字资源量920GB。网址：http://www.shyedu.cn/。（孙东昊）

【高中英语绿色耕耘班开学典礼】 3月14日，顺义高中英语绿色耕耘培训班在顺义教育研究考试中心举行开学典礼。北京教育学院语言与文化学院副院长张洲，顺义区教育研究考试中心副主任李树栋、师训科科长方树东参加开学典礼。本期培训内容涉及集中面授、实践研修、网络学习、课题研究等五大方面，350课时。会后教院专家对我全30名参训学员进行了首次培训。（方树东）

【顺义区第二期中学数学骨干教师培训开班】 3月19日，顺义区开办第二期中学数学骨干教师培训项目。该培训项目是北京市级农村中小学教师培训项目的子项目，由首师大基础教育发展中心李延林主任主讲，区教育研究考试中心师训科负责项目管理。在分析当前初中数学骨干教师现状的基础上，确定此次培训主题为：备课加理解。本期拟开12次集中面授课和教学实践活动。共有来自顺义区各中学的30数学骨干教师参加此项目。在认真总结第一期经验的基础上，将继续提供更加灵活多样、新颖实用、针对性强的培训课程，确保教师持续而有效的专业学习。

（孙东昊）

【教师培训专项课题结题】 4月1日，教育研究考试中心副主任李树栋主持的北京市2013年度教师培训专项课题《区校两级教师培训融合模式研究》顺利结题。该课题得到评审专家的高度评价，并被评为优秀课题。此课题于2013年4月由“市师训中心”立项，课题组在一年的时间内针对区校两级培训融合的校本培训模式、管理方式及工作流程、助推课堂教学改革的实践途径等问题进行了较为深入的研究，得出了“区校两级培训融合”不是特定的培训实施模式、有助于激活教师参训的内驱力、有利于解决工学矛盾的结论。在此课题的研究基础，课题组申报了2014年专项课题：《融合式培训的深化研究》，将对一些问题进行更深入的研究。

（赵　辉）

【“十二五”继续教育工作会召开】 4月22日，顺义区继续教育工作“公共必修课”培训启动工作会在现代学院报告厅举行。会议

总结了顺义区“十二五”继续教育工作开展的整体情况，并对“公共必修课”的课程设置和学习安排做了详尽解读。市中小学教师培训中心汤丰林主任、顺义区教委、教研中心、各中小学领导及继续教育管理员、必修课辅导员近300人参加了此次会议。

（孙东昊）

【召开中学生质量综合评价报告会】 4月，顺义区中学生质量综合评价报告会在教研中心报告厅召开，会议特邀大兴区教师进修学校教研员李学栋老师作专题报告。报告从评价建立的背景、政策依据、相关理论与评价指南几个方面进行了详细阐述，理论与实例

的结合使与会人员更深刻地理解了综合评价的意义。全区中学负责质量综合评价工作的领导和班主任200余人参加会议。（孙东昊）

【顺义区中小学班主任在北京市班主任大赛中勇创佳绩】 5月20日，第二届北京市中小学班主任基本功培训与展示活动总结会在北京教育学院召开。本届班主任基本功培训与展示活动的主题为“实践智慧、专业理性、教育情怀”，比赛分为主题教育活动设计、情境问答和教育魅力展示三项内容。顺义区10位班主任参与了市级展示活动，其中6人获一等奖，其余4人分获二三等奖，获奖比例位居全市首位。选手们表示：班主任基本功培训与展示活动对提升他们的专业能力和育人水平有着积极作用和重要意义，必将对自己教育生涯产生深远的影响。（杜学芬）

【顺义区2014年度两项教师培训研究课题顺利开题】 5月28日，顺义教育研究考试中心师训科申报的《区级培训机构在融合式培训中有效介入与评价方式的实践研究》和由师训科、教科室和杨镇中小三方联合申报的《小学非师范专业新教师培养策略的研究》两项教师培训课题在北京教育学院顺利开题。课题负责人李树栋副主任、刑颖杰老师分别对两个课题进行陈述。有关专家认为：两个课题分别具有：“问题聚焦、思考深入、内涵丰富、做法创新”及“小处着眼，小题大做，可操作性强”的特点，希望进一步进行有高度、有深度的持续性研究；建议课题组通过开展教育叙事研究，探索小学非师范专业新教师培养的有效路径与方法，提炼出培养策略。（顾军荣）

【开展党风廉政教育活动】 6月11日，教育研究考试中心党委组织党员干部115人参观了北京市反腐倡廉警示教育基地—大兴团河监狱。在警示教育基地讲解员的引导和讲解下，大家通过真实鲜活的案例、图文并茂的展板、发人深思的忏悔，受到了强烈的视觉、听觉冲击和心灵震撼。一件件详实的案例，深刻揭示了党员领导干部腐化堕落的恶果。大家普遍认为，这种形式的警示教育进一步丰富了反腐倡廉教育的内容和形式，让广大党员干部在参观的过程中潜移默化地接受廉政文化的感化和滋润，增强党纪法律意识，筑牢思想道德防线，进一步坚定反腐倡廉的信心和决心，在单位营造风清气正的发展氛围，使每一位参与者在参与中统一思想，提高认识，增强反腐倡廉的责任感和自觉性，对做好单位的反腐倡廉教育有很大启发意义。大家一致表示，将牢固树立正确的世界观、人生观和价值观，立足岗位，从细节做起，强化“反腐倡廉”思想，增强诱惑抵抗力，清正廉洁，扎实推进反腐倡廉工作深入开展。（孙东昊）

【暑期英语教师外教培训开班】 7月7日，暑期英语教师外教培训班开学典礼在教研中心报告厅举行，顺义区教育督导室主任李卫国、教研中心主任张海及七名外教、96名学员参加典礼。会上美方项目负责人李．克劳斯女士介绍了暑期英语教师外教培训项目，东

风小学董琦代表学员发言，李卫国主任对参训学员提出了希望与要求。这次培训共有五个小学班，一个中学班，培训学员涉及全区所有中小学，培训内容主要涉及英语口语、美国文化等。（方树东）

【教委领导到单位调研】 7月11日，区教

工委副书记、教委主任刘克祥，副主任高山、王彪，助理张军堂等带领教委机关相关科室人员来到教育研究考试中心进行调研。区教委领导听取了中心主任张海就中心发展建设的整体情况进行的汇报。刘主任对中心工作给予充分肯定，并对如何不断深化教育科研工作、加大对干部教师的培训力度、提升培训水平、将中心工作再上一个台阶，提出了新的要求。（孙东昊）

【北京教育学院顺义分院挂牌】 8月28日，“北京教育学院顺义分院”挂牌仪式在教研中心举行。与市教育学院的合作将进一步强化该中心的教育科研及培训职能，为顺义区干部教师的专业发展搭建更加广阔的平台。

（孙东昊）

【参加全国首届基础教育科研成果网络博览会成绩显著】 8月，由中国教育学会主办的全国首届基础教育科研成果网络博览会评审结果揭晓。顺义区获得二等奖1项、三等奖12项。经过个人申报、推荐申报和资格审查，全国共有699项科研成果进入评审环节。通过网络初评、专家复评和组委会审核，最终确定获奖成果342项，其中，一等奖35项，二等奖101项，三等奖206项。（张红梅）

【承担“京版”教材教师专项培训工作】 10月27日，北京市“京版”教材专项培训活

动在顺义区教育研究考试中心报告厅举办。此次培训为期三天，顺义区及周边区县的1000余人次小学教师参加了本次培训活动。来自北京教科院的几位数学特级教师围绕新版小学数学教材以及学生的认知起点分别做了不同单元的教材分析，同时给广大一线老师提供了很多相关教学课件，受到了老师们的热烈欢迎。这次京版教材教师专项培训活动，让一线教师更深入地理解了教材的编写意图，又丰富了老师们使用多媒体的技巧，为今后的教育教学实践提供了深刻指导。

（孙东昊）

【改革视导方式增强研究实效】 年内，顺义区教育研究考试中心改革视导方式，增强研究实效。在坚持小学协商式视导、初中的跟进式视导、高中驻校式视导、科研专题式视

导等方式的基础上，又增加学前教研的需求式视导等新途径。一年来，教研、科研、培训等部门共计集体视导176校（园）次，听课5830余节次，向学校提出合理化建议130余项，基本实现全区校（园）全覆盖，指导教师达到80%左右。组织各种研究课共计530余节次，直接在基层学校进行展示与研究。深入基层学校，直接面对课堂，解决实际问题，已经逐渐成为大家的共识和主要工作理念，必将给教科研等项工作带来新的发展平台。（孙东昊）

【加强业务学习与实践提升教职工工作智慧】 年内，教育研究考试中心加强业务学习与实践，提升教职工工作智慧。号召业务人员到基层，直接服务基层学校和一线教师，派出多名业务骨干到中小学全职或兼职工作。将研究与培训等工作与教育教学实际紧密结合在一起，有效地提高了工作效果。组织60余名业务人员赴华东师大进行了为期10天的高校浸润式培训。还进行了两次教职工“成功经验”“典型案例”交流展示活动，形成了相互学习、共享成功的良好氛围。这些工作的开展，丰富了教职工的专业知识，拓展了思路，丰富了工作方式，增强了信心，改变了过去研究、培训与一线相脱节的现象，提高了工作实效性，受到基层学校干部、教师的好评。（孙东昊）

【组织多项活动丰富教职工生活】 年内，中心工会利用新年联欢会、“三八节”“3·18”“9·18”民主日、庆祝教师节、“冬衣送暖”主题捐赠活动、观看正能量影片等契机，开展多种多样的活动，展现中心人的风采，营造和谐的团队氛围，提升了单位的凝聚力。（孙东昊）

【推进主题教研，提高研究质量】 年内，中心多举措推进主题教研，提高研究质量。以课题为核心，围绕主题开展研究，形成了研究方向明确、研究内容实效、研究方式稳定、研究质量提升的良性教研局面。“新课程背景下创新教研方式，引领校本教研的研究”“攀登英语实验项目”“吴正宪儿童数学教育思想推广研究基地”项目“幼儿园区域活动指导的有效性”“课时目标制定与落实”研究和“科学有效的过渡环节”研究等成为当前教研的主题，每项课题都紧紧抓住了常规教学中的突出特点和实际存在的问题，对提升研究质量与水平起到了关键的作用。人人有课题，研究有过程，方法更科学，结果求最佳已经成为大家的共识。科研已经渗透到各个领域与角落并成为工作常态。（孙东昊）

【采取措施促进教师成为教研主体】 年内，顺义区教育研究考试中心采取措施促进教师成为教研主体。一是在教研活动过程中，一线教师成为主讲台上的主角，教研员成为活动的组织者和指导者，职能定位更加准确，教师的主体地位得到体现。二是大力推进网络教研，为教师搭建起新的展示平台。通过网络，教师与教研员之间、教师与教师之间就教学研究、教学设计、课堂教学等诸多问题进行深入探讨、广泛交流，形成良好的研究学习氛围和高效的共享合作机制。三是教研员走上讲台作示范课，突出在学科教学中的带头和引领作用。（孙东昊）

【关注教师专业成长】 年内，顺义区教研考试中心采取措施进一步关注教师职业成长。一是传统项目持续推进。与首师大、北京教育学院等高校的合作项目深入开展，由原来的大模块综合培训过渡到以学科为单位的小范围针对性培训，涉及中小学多个学科。以校组班式培训、特级教师带教式培训、中小幼骨干教师培训、幼儿教师分层培训、新教师培训、暑期外教培训等项目稳步推进，增强了培训的实效性，结业教师700余人次。优质校建设项目有力推进，在空港小学等项目校召开了培训成果展示会，不断的深化培训，梳理培训成果，总结培训经验。从调研结果看，各项培训取得了令人满意的效果，学员满意率达到85%以上。二是“十二五”继续教育公共课学习顺利完成。3月26日，北京市中小学教师“十二五”公共必修课顺义区启动大会召开。市中小学教师培训中心汤丰林主任、顺义区教委、教研中心、各中小学领导及继续教育管理员、必修课辅导员近300人参加了此次会议，拉开了顺义区7000名中小学教师“十二五”公共必修课学习的大幕。在全体辅导员的精心组织和细心指导下，中小学教师通过网上学习、网上研讨、网上完成作业等环节完成了全部培训任务，合格率达到了96%。三是干部培训框架成型，分层推进。名校长工作室→现任骨干干部→后备干部→新任干部的梯次培训框架已经搭建起来，“菜单式选题培训”、“四位一体式培训”、“专题实践与交流共享式培训”、“高校理论浸润式培训”、“高校专家理论讲座式培训”等培训方式成为普遍采用且行之有效的工作方式，受到了学员的一致好评。共组织8个培训项目，对全区458名干部进行了培训，其中校级干部162人，中层干部296人，满意度超过98%，收到了很好的培训效果。另外，深入12所中小学，采取与校长、中层干部和教师座谈，加上通过网络问卷等形式，对全区中小学中层干部领导力现状及影响因素的调查分析，寻找旨在提高他们领导力水平的途径方法，为干部培训及管理提供依据。四是指导教师参加各种比赛成果显著。指导教师参加各种比赛，获市级及以上奖励369项，其中全国特等奖和一等奖两项。指导初中教师参加北京市基本功展示活动成绩显著，一等奖获奖率达到61.9%，位居全市第三名，继续保持在先进行列。

（孙东昊）

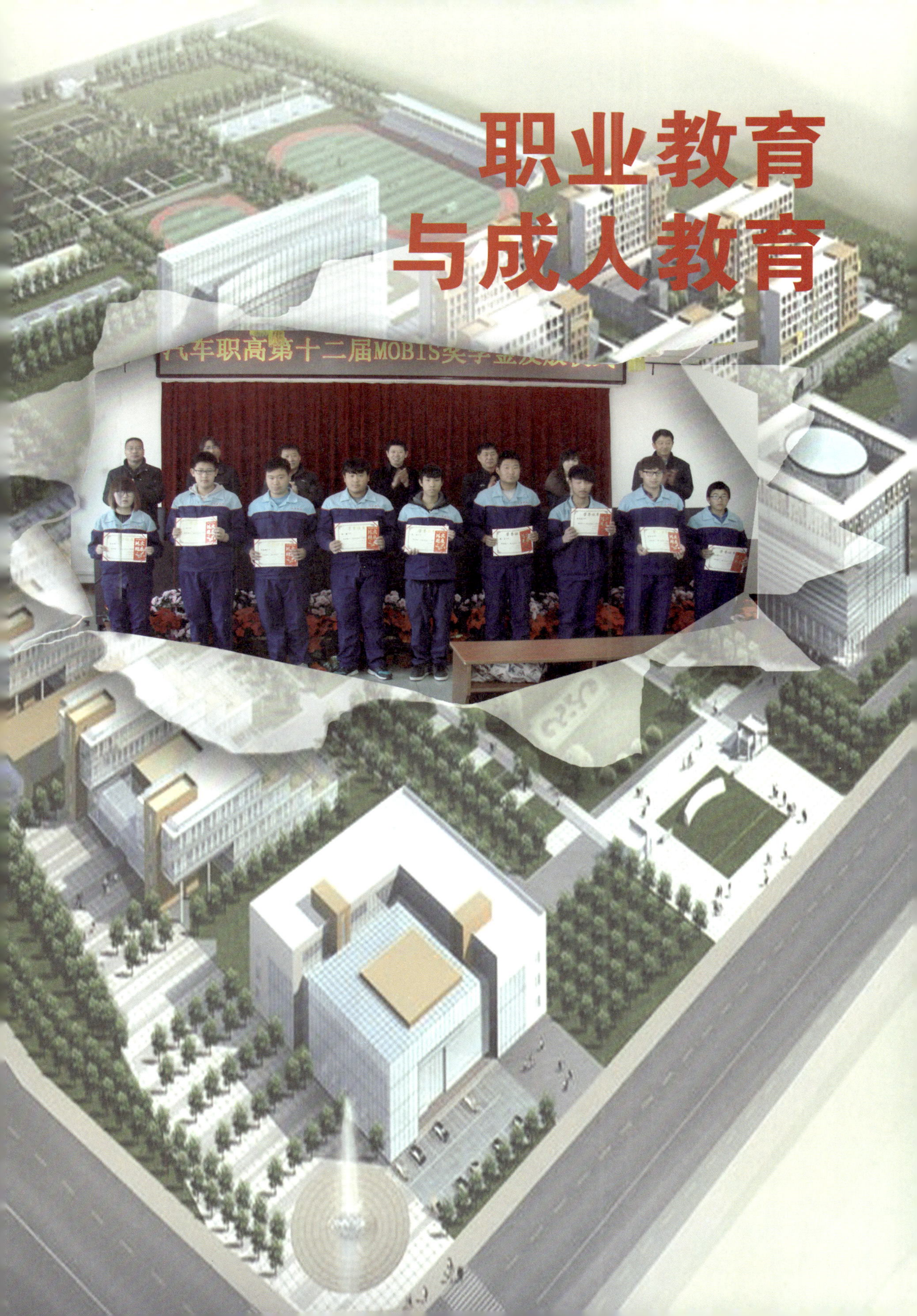
职业教育
与成人教育
汽车职高第十二届MOBIS

概　述

2014 年，顺义区职成教工作深入贯彻全国职业教育大会精神，坚持以服务为宗旨，就业为导向，努力构建符合顺义实际的职业教育体系，服务区域经济社会发展；不断完善终身教育和学习服务体系，以职教资源整合和学习型城市示范区工作为抓手，依据市区的工作要求，按照既定的工作计划和部署，平稳顺利推进了顺义区职业教育与成人教育事业的发展。

一、职业教育

1. 职业教育资源整合正在稳步推进。

历经十年的谋划建设，顺义区职业教育中心于 2014 年 10 月建成并正式投入使用。抓住此一契机，对顺义区现有的职业教育资源进行整合，整合方案经区政府常务会议和区委常委会审核通过，方案的实施纳入区政府为民办实事的折子工程。

2. 中高职实现高质量招生。

2014 年，顺义区职业院校创新招生形式，新增了汽车职高与现代学院“3 +2”中高职衔接班和顺义一职的综合高中班招生。中高职统一部署，协同开展招生工作，发挥中高职一体的优势，取得了良好的效果。现代学院高职统招 448 人，五年一贯制招 37 人。中职学校共招 410 人，超额完成了 350 人的招生计划（教育部对 2014 年各地中职校招生情况通报中可以看出，全国总体完成年度招生计划的 46.8%，北京完成 52.9%。）。其中，“3 +2”模式汽车运用与维修专业招生 58 人，综合高中班招生 30 人。

3. 就业质量得到提升。

加强对就业工作的领导和指导，中职毕业生就业质量不断提高，继续保持一次性就业率 100%。一是通过加强学生就业观、择业观的教育，帮助学生调整心态。二是通过教学重点强化了实操动手能力，多证书制度提升了学生的就业竞争力。三是通过完善实习管理制度、协议管理、签订保险等保障了学生的权益。2014 年，顺义区中职毕业生 763 人，91 人升入高一级学校，672 人参加工作；中职毕业生月平均工资为 2783 元。

4. 教师队伍建设进一步加强。

各职业院校积极组织教师参加各种培训、市区级竞赛及下厂实践等多种活动，努力提升教师业务水平。2014 年，在北京市农村成人教育基本能力竞赛和北京市中等职业学校公共基础课程教师教学能力竞赛中 9 名教师分获一、二、三等奖。12 名教师分别到北京任之行汽车维修有限公司（大兴）、三河市奔宝京通汽车服务中心等企业进行实践学习。参加其他形式学习培训 240 余人次。

5. 学生综合素质得到提高

各院校深入开展基于工作过程为导向的教学改革活动；广泛开展各种兴趣小组活动，激发兴趣，培养特长；积极组织学生参加各种市区级竞赛，以赛促练，重点提升学生的动手操作能力和职业素养。13 名学生在北京市中职学生技能大赛中分获一、二、三等奖。2 名学生在第十一届全国中等职业学校“文明风采”竞赛决赛中获优秀奖。“双证书”制度提高了学生就业的竞争力，95% 以上学生考取初级工或职业资格证书，119 名学生考取汽车维修工和装配钳工中级职业资格证书。

二、成人教育

1. 学历教育稳步发展。成人学历在校生 13800 人，顺义电大年招生数量连续第 9 年位列各分校首位。农广校、顺义电专、顺义成人学校不断实现教育新突破，办学层次从中专至硕士研究生满足学员们的不同需求。

2. 创设企业培训新品牌。开展第二批“顺义学习品牌”认定工作，三农研究会的“学助三农”被评为首都市民学习品牌，同时评选出顺检名家讲堂、顺义红盾讲堂、顺义节水大讲堂、慧企讲堂、市民七天乐等五个区级优秀学习品牌。“惠企讲堂”先后为天竺房地产、区供销社等企业开展培训1200人次。“创意设计大讲堂”举办讲座十一讲，培训超1500人次。“兴农讲堂”开展送教进军营活动，开设财会、计算机、企业管理等中专班，培训学员500余人，为官兵适应当前工作，复原转业打下基础。

3. 农民培训再拓新领域。实施新型职业农民培训工程，首批培训班200名学生；继续实施“文化驻乡工程”，培养乡土文化人才，在杨镇、北务镇、牛栏山镇、南彩镇聘请专业教师免费培训255名农民学员；开启农民信息员培训，提升农民文化水平；继续实施农村劳动力培训阳光工程项目；在全区范围内开展农业职业技能和农业专项技术培训，共开设培训班35个，培训学员1319人，涉及村级动物防疫员、蔬菜园艺工、畜牧繁殖员等四个工种。

三、学习型顺义建设取得新进展，社区教育工作不断推进

1. 顺利通过北京市学习型城市工作示范区验收。

12月，北京市建设学习型城市工作领导小组认定顺义区为北京市建设学习型城市工作示范区。评估组对顺义的创建工作给予高度评价：一是认识到位，高度重视创建工作。二是规划引领发展，政策和组织保障有力。三是创新工作机制，推动创建工作可持续发展。四是创新建设模式，努力打造日益完备的终身教育体系和终身学习服务体系。五是发挥网络优势，数字化学习服务体系建设取得较大发展。六是创新模式，学习型组织建设富有成效。顺义区被评为北京市示范区，标志着全区的学习型社会建设达到了更高的层次和水平。

2. 社区资源开放工作管理扎实有效。

加大了对社区资源开放工作的管理力度。为3个镇（街道）成人学校建设艺术（包括书法、绘画、剪纸、泥塑、布贴等）体验学习室和西点制作体验学习室，11月正式投入使用。编写了第二套社区教育教材——顺义新城建设之《环境保护篇》《公共秩序篇》《文明礼仪篇》《健康生活篇》《角色转换篇》。为6个镇成人学校配备了远程教育机房，改善了市民学习条件。

3. 学习载体建设有效推进。

顺义学习网增加了手机移动版功能；网站首页实时显示总点击量、当日点击量；新增故障自动探测系统；开展网站宣讲活动，累计培训530人次。目前，网站注册人数4.6万，点击量达600万。顺义区被评为“全国数字化学习社区先行区”。

4. 社区教育网络进一步完善。

为进一步方便社区教育工作的开展，经区编办批复同意，在杨镇、木林镇、赵全营镇、后沙峪镇四个镇所属的文体广电服务中心加挂了社区教育学校牌子。主要负责本辖区社区教育发展规划、计划的落实，建立和完善社区教育网络，开展社区教育服务等工作。

职业教育

概　况

2014年，顺义区各级各类职业教育学校8所，其中公办4所，民办4所，设置专业45个，开设教学班154个；毕业1427人，招生1249人，在校生4833人。教职工625人，其中，专任教师461人。全部职业学校占地115183平方米、建筑面积69841平方米，固定资产总值6880.46万元。公办中等职业学校全年教育经费投入15406.09万元，其中，国家拨款15370.71万元，事业收入及其他收入35.38万元。

【进行职高综合高中班改革试点】 3月，北京市顺义区第一职业学校物流服务管理与管理专业被批准成为2014年职高综合高中班改革试点专业。该试点有利于加强顺义区职业教育与普通教育的融合与协调发展。综合高中班实行职成科、中教科双重管理综合高中班的学生通过北京市中小学生学籍管理系统（CMIS）建立普通高中学生学籍，毕业生可报考高职院校或普通高校，也可由毕业学校择优推荐，双向选择，自主就业。9月开学，顺义区第一职业学校综合高中班迎来首批学生30人。（王乐欣）

【区人大代表到职教中心调研】 5月22日，顺义区人大常委会组织部分区人大代表视察职教中心建设和使用情况。区人大常委会副主任董占云领队。代表们实地查看了职教中心建设情况，听取教委关于职教中心建设和未来发展设想的汇报。代表们认为，职教中心建设是实现区内职业教育资源整合、加快职业技能人才培养、推动四个转型升级的战略举措，要高度重视职教中心建设和职业教育发展。代表们建议：1. 要进一步提高对职教资源整合重要性的认识，完善规划，加大投入，努力把职教中心建成北京东北部具有核心辐射作用的现代化职教中心。2. 要立足发展，明确定位，依法办好现代职业教育，不断满足人民群众接受职业教育的需求。3. 要完善学校周边交通、医疗、环境等公共服务配套设施，加快解决水、电、拆迁、资金等实际问题，确保职教中心如期投入使用。4. 要深化产教融合，促进课程设置与区内主导产业需求、理论学习和实地培训的有效对接，实现“政、校、企”三方合作共赢。（王乐欣）

【参加市中职公共课教学能力竞赛三名教师获奖】 10月23至25日，顺义区6名基础课教师参加由北京教育科学研究院和职成教育教学研究中心举办的第二届北京市中等职业学校公共基础课程教师教学能力竞赛，3名教师获三等奖。顺义区为促进中职学校公共基础课程教师深入开展教学研究，提高教学与教研水平，提高中等职业学校公共基础课程教育教学质量，区教委组织初赛，比赛内容涉及公共基础课程六个学科，顺义区第一职业学校和顺义区汽车职业高中8名教师参加比赛，最终选拔6人参加市级复赛。（王乐欣）

【顺义区职业教育中心建成并投入使用】 10月，顺义区职教中心正式建成并投入使用，北京现代职业技术学院迁入新址开学。顺义区职教中心位于杨镇地区，顺平路与木燕路交叉口北侧，于2012年4月开工建设。中心规划占地481亩，建筑面积14.7万平方米。目前，一二期13.2万平方米建筑完工。中心包括教学办公综合楼1栋，现代服务、电子科技、汽车、现代制造、都市农业、航空服务实训楼6栋，宿舍楼6栋和食堂、图书馆、报告厅共16个单体建筑，总投资达8.8亿元。（李建生）

【开展“三爱三节”主题征文比赛】 12月，顺义区举办全区中等职业学校学生“三爱三节”主题征文比赛活动。此次活动旨在深入贯彻习近平总书记向全国青少年提出的“爱学习、爱劳动、爱祖国；节水、节电、节粮”的号召，有效落实立德树人根本任务，进一步提高全区中职学生的综合素质。比赛共征集稿件近百篇，最终评选出一等奖8名，二等奖15名，三等奖30名。（李建生）

【进行“3+2”中高职衔接改革试点】 年内，北京现代职业技术学院与顺义区汽车技术职业高中进行“3+2”中高职衔接改革试点。2月，现代职业技术学院汽车检测与维修技术专业与汽车技术职业高中汽车运用与维修专业被北京市教委批准成为“3+2”中高职衔接试点专业。“3+2”模式是中高职学校发挥各自优势、与行业企业密切合作联合培养高技能人才的一种办学形式。“3+2”模式以培养目标、专业课程衔接为纽带，双方共同确立人才培养目标，制定人才培养方案，确定课程体系和课程内容，分学段组织实施教育教学及管理，共同完成职业人才培养工作的一种方式。即学生在完成3年中等职业教育的基础上，再接受为期2年的高等职业教育，毕业后取得相应中等和高等职业教育学历证书及相关职业等级（资格）证书的一种教育形式。在试点班就读的学生，前三年纳入中职学校的学籍管理，学生完成三年中职课程，可发中职毕业证。后两年或三年纳入高职学院学籍管理，毕业时获得高职（大专）毕业证。9 月开学，顺义区汽车技术职业高中迎来首批“3 +2”中高职衔接班学生 58 人。12 月，北京现代职业技术学院和顺义区汽车技术职业高中顺利通过市教委对“3 +2”中高职衔接办学改革试验工作的中期检查验收。

（李建生）

【高质量完成招生工作】 年内，顺义区职业学校创新招生形式高质量完成招生工作。新增汽车职高与现代学院“3 +2”中高职衔接班和顺义一职的综合高中班招生；中高职统一部署，协同开展招生工作，发挥中高职一体的优势，取得了良好效果。现代学院高职统招 448 人，五年一贯制招生 37 人。中职学校共招生 410 人，超额完成 350 人的招生计划。其中，“3 +2”模式汽车运用与维修专业招生 58 人，综合高中班招生 30 人。（王乐欣）

【顺义汽职高采取措施提高学生就业质量】 年内，顺义汽职高采取措施提高学生就业质量。一是学校在实习分配前，先进行实习单位意愿摸底调查，签订实习意愿协议书，力争按照学生就业的意愿安排实习工作，把学生去汽车生产企业实习、汽车 4S 店实习、自谋岗位实习、继续升学等情况进行分类统计后，予以针对性的安排。二是学校主动联系和甄选一些与学生所学专业对口的知名企业，引导学生向高效益、高薪岗位发展，提高分配质量。三是做好学生的就业指导工作，树立正确的择业观，处理好就业期望值。四是高度重视学生实习实训期间的风险管理工作，学校拿出资金给实习学生全部缴纳实习实训保险，以有效防范和妥善化解实习实训的责任风险。五是加强毕业生的跟踪管理工作。控制实习后的非正常离岗率。最终，安排就业学生 83 人，实习学生 60 人。分配率达到 100%，对口率为 91%，流失率大幅下降，截至年末流失率 5%。实习学生平均月收入 2600 元，达到就业率、对口率、就业质量和流失率的“三高一低”，从而得到了企业、学生及家长的高度认可。（陈丽辉）

北京市顺义区汽车技术职业高中

【概况】 2014 年，北京市顺义区汽车技术职业高中学校占地面积 0.9381 万平方米，均为非产权建筑面积。图书馆建筑面积 126 平方米，藏书 3.8 万册，其中，纸质图书 3.8 万册。固定资产总值 1488 万元，其中，教学、科研仪器设备总值 644 万元。全年教育经费投入 823 万元，均为国家拨款。拥有计算机 175 台，多媒体教室座位 160 个，网络信息点数 29 个，校园网出口总带宽 8Mbps，数字资源量 10GB。设有汽车运用与维修、汽车整车与配件营销和电子与信息技术等共 4 个专业，9 个教学班。教职工 55 人，其中专任教师 29 人，本科及以上学历占教师总数的 100%；高级专业技术职务 9 人、中级 12 人；聘请校外教师 3 人；“双师型”教师 8 人。毕业生 83 人，就业率 100%，职业资格证书取证率 98.5%；招生 218 人；在校生 260 人。网址：http：//syqczg. 51. net。（陈丽辉）

【教师参加汽车专题常规维修项目培训】 1 月，汽职高选派五名教师到昌平职业学校参加以科鲁兹汽车为专题的常规维修项目的培训，提升了教师的维修实际操作能力。

（陈丽辉）

【组织学生参观北京现代汽车有限公司和顺义区职教园区】 1 月，该职高分批组织学生

参观了北京现代汽车有限公司和顺义区职教

园区，让学生了解以后学习、生活、工作的环境。（陈丽辉）

【组织汽车修理工等级证书取证考试】 3月份，汽职高共组织了66名学生参加汽车维修工等级证书取证工作，参考学生全部获得中级工证书，一次通过率100%。行业证书的取得，为学生就业、择业、创业打下了坚实的基础。（陈丽辉）

【教师参加市职业学校汽修技能大赛比赛项目技能培训】 3月，顺义汽职高四名教师参加北京市职业技术教育学会汽车运用与维修专业委员会组织的2014年北京市中职学校汽修技能大赛比赛项目技术培训，提升了教师指导大赛的水平。（陈丽辉）

【接受“十二五”区级课题中期成果检查视导】 3月，区教科室到汽职高进行“十二五”区级课题《中等职业学校学生职业生涯规划教育的研究》中期成果检查视导工作。教科室领导对该课题的选题、研究的深度、论文撰写的水平、取得的成果给予了高度评价。（陈丽辉）

【学生在第七届全国中职教育技能大赛北京地区预赛中获奖】 4月，顺义汽职高组织学生参加第七届全国中等职业教育技能大赛北京地区预赛。在汽车维护团体组、机修个人组、车身涂装组、汽车空调组比赛中，3名学生获三等奖。（陈丽辉）

【参加汽车维修工考评员培训】 4至9月，高尚安等三名顺义汽职高教师参加北京市职业技能鉴定管理中心组织的汽车维修工考评员及高级考评员培训并取得中、高级考评员证书。（陈丽辉）

【参加汽车维修工考评员培训】 6月10至12日，顺义汽职高选派两名教师到江苏无锡观摩学习2014年中等职业学校汽车专业技能大赛，提升了专业教师指导大赛的能力。（陈丽辉）

【教师参加市中职学校公共艺术国家规划新教材培训】 6月，顺义汽职高赵平老师参加北京教育科学研究院职成教研中心组织的北京市中等职业学校公共艺术课程国家规划新教材培训，提升了教师的专业素质，为学校开设公共艺术课程教学提供了保障。（陈丽辉）

【教师参加汽车维修发动机和空调专项培训】 7月，顺义汽职高六名专业教师到北京任之行汽车维修有限公司（大兴）、三河市奔宝京通汽车服务中心企业进行奥迪发动机和空调专项培训。（陈丽辉）

【学校创建电子月刊《汽职风采》】 11月20日，顺义汽职高创建了电子月刊《汽职风采》，使学校师生活动及学校的各项重大工作都能及时报道。创刊后，师生投稿踊跃，学校从此有了一块展示师生文采的艺术天地。（陈丽辉）

【教师参加第二届市中职学校公共基础课教学能力竞赛获奖】 11月，顺义汽职高朱彤老师获得北京教育科学研究院组织的“第二届北京市中等职业学校公共基础课程教师教学能力竞赛活动”三等奖。（陈丽辉）

【颁发第十二届MOBIS奖学金】 12月5日，由现代MOBIS公司提供的第十二届奖学金发放仪式在顺义汽职高举行，公司领导及区教委领导为获奖同学颁发证书及奖学金。一等奖8人，奖金各1000元；二等奖14人，奖金各800元；三等奖18人，奖金各600元。奖学金总额共计30000元。（陈丽辉）

【召开家长会】 12月19日，顺义汽职高召开建校以来的第一次全校性的家长会，家长

到校人数、参会热情远超预期。这次家长会有力地展示了学校形象，为以后探讨家校合作的方式迈出了良好的第一步。（陈丽辉）

【采取措施提高学生就业质量】 年内，顺义汽职高采取措施提高学生就业质量。一是学校在实习分配前，先进行实习单位意愿摸底调查，签订实习意愿协议书，力争按照学生就业的意愿安排实习工作，按照学生去汽车生产企业实习、汽车4S店实习、自谋岗位实习、继续升学等不同情况分类统计，进行针对性的安排。二是学校主动联系和甄选一些与学生所学专业对口的知名企业，向高效益、高薪岗位发展，提高分配质量。三是做好学生的就业指导工作，树立正确的择业观，理性对待就业，处理好就业期望值。四是高度重视学生实习实训期间的风险管理工作，学校拿出资金给实习学生全部上实习实训保险，有效防范和妥善化解实习实训的责任风险。五是加强毕业生的跟踪管理工作，控制实习后的非正常离岗率。最终，安排就业学生83人，实习学生60人。分配率达到100%，对口率为91%，流失率大幅下降，截至年末流失率5%。实习学生平均月收入2600元，达到就业率、对口率、就业质量和流失率的“三高一低”，得到了企业、学生及家长的高度认可。（陈丽辉）

北京市现代职业技术学院

【概况】 2014年，北京现代职业技术学院完成校区搬迁，由原校区顺义区裕龙花园三区搬至顺义区杨镇三街木燕路东侧。原校区占地面积13.0289万平方米，产权校舍建筑面积7.276万平方米；新校区占地面积31万平方米，校舍建筑面积13.7万平方米。全年教育经费投入6079.65万元，其中国家拨款4944万元、自筹经费1135.65万元。固定资产总值1.73亿元，其中教学、科研仪器设备总值5113.53万元。图书馆建筑面积8476平方米，纸质图书17.07万册、电子图书1000GB。拥有计算机1108台，多媒体教室座位4800个。学校信息化设备资产1500万元，网络信息点2000个，校园网出口总带宽100Mbps，数字资源量1000GB，管理信息系统数据总量190GB。设有汽车工程系、机电工程系、经济管理系和基础部，开设汽车制造与装配技术、数控技术、民航商务、社区管理与服务等14个专业，建有航空服务、汽车、现代制造、电子科技、现代服务、都市农业等6栋理实教学一体化的实训楼。教职工226人，其中专任教师137人，教授2人、副教授12人，博士7人、硕士51人。毕业生一次就业率95%。招生519人（含五年一贯制学生40人）；毕业468人。高考北京地区提档线文科150分、理科150分。在校生1729人。网址：http://www.moderncollege.com.cn。（李跃谦）

【建成数字资源教学一体化平台】 6月份，现代职院建设完成数字资源教学一体化平台。平台主要包括数字化资源总库管理平台、专业教学资源库管理平台、课程中心建设平台、个性化学习空间四大管理系统。数字化资源总库管理平台为底层资源库，为专业教学资源库、课程中心建设平台、个性化网络学习空间提供源素材，具有资源管理、资源检索、学习交流等功能。专业教学资源库管理平台为专业建设提供专业级资源，主要包括专业建设库、技能大赛库和职业资格考试库等。教师可通过引用资源总库的资源到本专业，也可以上传自己的资源。课程中心建设平台为课程建设提供课程级资源，用于建设精品课程和网络课程，主要包括工学结合课程、工学结合优质课程、精品资源共享课程、精品视频公开课程、公共必修课和顶岗实习管理平台等。个性化网络学习空间以学习者为中心，各类学习者能够在基于网络的学习情境下自主式、协作式学习。系统主要包括个人资源中心、资源上传、资源推荐、网上退课选课、课程学习、学习互动管理等管理子系统。平台参照我国CELTS—31（教育资源建设技术规范）标准，资源建设符合网络课件的共享和流通标准。实现了资源统一标准化管理，避免重复建设和各自为政，实现优质教学资源共享；具有优良的人机交互特性，智能化搜索，体现以学习者为中心，满足个性化学习需求，拓展学习的时间和空间，促进学生自主学习。至6月底，平台资源已有9个模块、1423条资源、14个专业资源库、70门课程、2门公开课程。 （李跃谦）

【完成校区搬迁】 10月13日，随着在新校区开始新学期开学上课，现代职院完成校区

搬迁，由原校区顺义区裕龙花园三街搬至顺义区杨镇三街木燕路。新校区占地31万平方米，总建筑面积13.7万平方米，建有教学办公综合楼1栋，现代服务实训楼、电子科技实训楼、汽车实训楼、现代制造实训楼、都市农业实训楼、航空服务实训楼等实训楼6栋，图书馆、报告厅、食堂各1栋，学生公寓楼6栋，共16个单体建筑，总投资6亿多元。

（李跃谦）

成人教育

概　况

2014年，顺义区社区教育中心系统中高等学历教育招生4248人，在校生达11000人。组织实施了“惠企讲堂”“创意设计大讲堂”和“兴农讲堂”，开展农村劳动力培训“阳光工程”和“文化驻乡工程”。全年开展各类短期培训11000人次，圆满完成自考、成考、计算机等级考试等各项考试任务。

2014年顺义区各类成人学校4所，其中公办4所，在校生11662人；教职工131人，其中，专任教师87人。

【组织完成四项考试】 3月22、23日和29、30日，顺义区社区教育中心组织完成全国英语等级考试、幼儿园教师资格考试、职称英语考试和全国计算机等级考试等4个不同规模和级别的考试。其中，职称英语考试46场，全国计算机等级考试参考288人，开考一至三级。考办工作人员精心组织，周密安排，确保考试安全、平稳进行。 （贾变变）

【组织完成高等自学考试】 4月19、20、26、27日，顺义区社区教育中心组织完成2014年全国高等教育自学考试。本次考试全区自考考生共1430人，共计4010科次，设北京美国英语语言学院和区社区教育中心两个考点。之前，考办制定了工作实施方案和应急预案，发挥了区自考工作委员会的作用，统筹协调，形成合力，共同保障，确保了考试平稳顺利进行。 （贾变变）

【顺义电大召开首届手挽手进校园招生工作表彰会】 5月25日，顺义电大举办首届“手挽手进校园”表彰会。此前学校开展招生助学之星的评选，并设立宣传奖，活动旨在鼓励新学员来电大深造，奖励老学员参与学校招生工作。本次大会上，顺义电大评出“手挽手进校园”活动优秀学员37人，其中一等奖2人，二等奖9人，三等奖26人。顺义电大领导为他们颁发了获奖证书，并赠送书卡。2014年春，又有1000多名新生来到顺义电大充电学习。全体领导、教师及受表彰学员参会。 （张　静）

【电大顺义分校迁址】 8月，北京广播电视大学顺义分校由府前街贯通西路南侧原校址迁至北京市北京现代职业技术学院内。新址

教学区面积比原校区面积扩大近两倍，办学条件得到充分改善，学校布局更加科学合理，师生教学、就读环境更加优化，教育教学资源配置得以大大提高。（张　静）

【区农广校与区残联共同开展残疾人青壮年扫盲培训】 9月11日，区农广校与区残联共同举办“残疾人青壮年扫盲培训”启动仪式。会上宣布《顺义区残疾人青壮年扫盲培训实施方案》，区残联与区农广校签订培训委托协议书，扫盲培训领导小组向授课教师和辅导员颁发了聘书。（贾变变）

【参加市农村成人教育教师基本能力竞赛成绩喜人】 9月，顺义区参加市农村成人教育教师基本能力竞赛成绩喜人。教师1人获一等奖，3人获二等奖，2人获三等奖。该竞赛分为教学设计比赛和教学论文评比两个环节，共有10个郊区县的107名教师参加。（李建生　张　静）

【新型职业农民培育工程开班】 12月3日，区农广校举行2014年新型职业农民培育工程开班典礼。北京市农广校副校长邓银章，社区教育中心党委书记李宝东、主任陈成国，区农委副主任张显伟、杨镇副镇长桓秋利及顺义农广校领导等参加开班仪式。此次全区共培育新型职业农民200人，其中包括设施蔬菜生产经营型新型职业农民170人、社会服务型（全科农技员）新型职业农民30人。此次培训在培育模式、内容和管理方面均有所创新。（贾变变）

【顺义电大采取措施提升学生综合素质】 年内，顺义电大采取措施提升学生综合素质。

一是为学生搭建交流平台。如举办全校性的优秀学员座谈会，每班举办学期中的学员座谈会，以此加强学校与学生的交流。二是利用“五月鲜花”“十月金秋”活动月，为学生搭建展示的舞台。如举办“爱教师，爱校园”征文演讲比赛；聘请专业教师为在校生进行硬笔书法知识普及并开展以“美丽校园，点亮梦想”为主题的硬笔书法比赛。三是对学员取得成绩给予鼓励。如开展社区教育中心百名学习之星、优秀学员评选活动等。上述多种活动有力促进学员综合素质的全面发展。2014年，学校共有毕业生1479人，其中207名学员获得学士学位，毕业率和学位获取率较2013年均有明显提升。此外，164名学生获得各级各类奖项，其中35名学生干部获评校级优秀学生干部，63名学生获评社区教育中心百名学习之星；其他获奖还有：中央电大吴晗奖学金1人、中央电大华夏奖学金9人、“希望的田野上”奖学金2人、北京电大燕京助学金5人、北京电大红牛奖学金16人、国开优秀毕业生1人、北京电大优秀毕业生10人。（张　静）

【坚持“课堂育人”提高培训实效】 年内，顺义电大坚持“课堂育人”常抓不懈。重点抓好“面授课堂”“网上课堂”和“实践课堂”。一是面授课堂突出实效性。加大名师引进力度，加强课堂规范化督导，坚持试讲制和随堂听课制，新聘教师13人全部参加试讲；同时强化学生的课堂出勤管理。二是网上课堂提高参与度。网上教学是开放教育教学的重要环节，加强学生网上学习的引导与督促，是学校本学年重点工作之一。据统计，全校共3031人参与网上学习，上网时间累计1664091分钟，人均上网时间达到549分钟，在北京电大百名网上学习排行中占74%，师生网上互动有所提升，学生在网上总发帖量达到5926帖，比去年提高17.6%，本年度有23名学生被评为北京电大“网上学习之星”。三是实践课堂重在技能。学校加大专业实践教学力度，提升学生实践能力，如把会计专业《绩效管理实践》和《财务管理实践》课堂开到企业，156名学生到北京航天金税有限公司进行校外培训，其中132名学生取得“防伪税控企业操作员资格证书”；工商管理专业学生开展“企业工作案例”小组实践活动，把企业的实际工作案例带到课堂，通过小组实战性分析，提升学生分析和解决问题能力；学校还组织乡镇企业管理、观光农业、农村行政管理等专业学生60余人到顺义区新农村建设示范村马坡镇石家营村参观，培养学生收集整理信息能力。在满意度调查中，学生对学校实践课堂的安排和教学很满意，均感到自己的实践能力明显提高，与社会进行对接，对自己以后的工作有很大帮助。

（张　静）

北京广播电视大学顺义分校

【概况】 2014年，北京广播电视大学顺义分校占地面积2.66万平方米，非产权建筑面积1.2万平方米。图书馆建筑面积6000平方米，藏书12万册，包括纸质图书2万册、电子图书10万册。固定资产总值957.65万元，其中教学、科研仪器设备总值875.4万元。全年教育经费投入1324.13万元，其中国家拨款745.5万元、自筹经费578.63万元。学校信息化经费投入875.4万元，信息化设备资产875.4万元，网络信息点数307个，校园网出口总带宽20Mbps，数字资源量5.37GB。开设17个专业。教职工59人，其中专任教师37人，包括副教授5人。兼职教师140人，其中教授3人、副教授42人。毕业2014人，其中专科生1106人、本科生908人；招生1708人，其中专科生1164人、本科生624人；在校生6649人，其中专科生3694人、本科生2955人。全年短期培训4500人次。网址：http：//www.sydd.btvu.org。（张　静）

【瞄准“课程建设和全过程管理”两个教学重点】 3月6日，电大顺义分校召开2014学年春季教学工作研讨会。校长李建军、副校长李海英以及各处室主任、各项目负责人参加研讨会。会上，教务处、开放办、教研室、电教室等分别汇报了本部门的年度工作计划，围绕过程管理存在问题和需改进的工作展开讨论。李海英副校长强调要抓住两个教学工作重点：即“课程建设和全过程管理”，提供有效助学资源和服务，完善教学工作程序和质量标准；同时强调加大教科研力度，组织科研理论学习与研讨、实现课题人人化，切实提高教师自身科研能力和教学水平。最后，李建军校长作总结，提出各项工作的开展应突出重点、以点带面、持续跟进，围绕和重视教学的效果和质量；加强外聘教师队伍、导学教师队伍的管理，实现标准化、时间化、效率化、成果化；重点探索有效的遗留生管理工作流程、措施办法、重难点的突破等。

（张　静）

【举办中老年健康知识讲座社区教育活动】 3月11日，电大顺义分校在望泉街道社区开展中老年健康知识讲座教育活动，培训对象为望泉街道离退休、拆迁户等在家的100余名中老年人。顺义分校聘请区医院护士向中老年朋友，介绍了糖尿病的病因、保健、预防等，从科学的饮食、运动等方面，帮助居民们更加具体地了解糖尿病知识。该健康教育讲座对提高中老年人的心身健康水平起到了重要作用。

（张　静）

【召开科研课题结题论证会】 3月28日，电大顺义分校召开科研课题结题论证会。社区教育中心教研室主任蒋国峰、吴秀香老师，电大分校副校长李海英、教研室主任周海燕及课题组成员参会论证。课题分别是《泛在学习在英语网考教学中应用的研究》《财务会计课程实践资源开发与应用的研究》《开放教育模式下网上教学资源建设的研究》。会上，首先由各课题负责人做结题汇报，他们从课题提出的背景及意义、课题研究内容和方法、课题研究过程和措施、课题研究创新表现等方面作了汇报，并展示了课题成果。汇报结束后，蒋国峰主任进行了深入点评，向课题组成员进行质询探讨，对课题取得的研究成果给予充分肯定，同时在对理论上的总结概括、与学校教育教学活动的有机结合等方面提出宝贵建议，他指出这些课题对成人教育教学具有较大的指导作用，有较好的示范作用和推广价值，同意结题。

（张　静）

【开展“百名学习之星”评选活动】　4月5日，为营造浓厚良好的学习氛围，增强学员的学习意识，倡导学员养成积极的学习态度和良好的学习习惯，电大顺义分校开展“百名学习之星”评选活动，共评选出63名“学习之星”。在“学习之星”之中，有的学员品学兼优，在自己的岗位上学以致用，成为专业领域的行家；有的学员虽然年龄偏大，却依然选择继续学习，以实际行动践行终身学习的理念；还有的学员在基础薄弱的情况下，克服了常人无法想象的困难，坚持学习。学校将“学习之星”评选结果设置专栏公示，广泛宣传，并记入学习档案。这些“学习之星”的事迹也鼓舞和带动更多的学员自觉学习、努力提高自身素质和技能，成为顺义经济社会发展中的优秀人才。（张　静）

【召开疑难课程助学小组工作会】　4月17日，电大顺义分校召开本校导学教师、任课教师疑难课程助学小组工作会。会议主要内容是分享2013年疑难课程助学经验和汇报2014年助学工作计划，工作会由业务副校长李海英主持。2013年，《成本会计》《社会调查研究与方法》《物流管理定量分析方法》三个助学小组成果突出，获得了学校奖励，为此，小组成员结合工作实践和大家进行了经验分享。随后，11名小组负责人介绍了本小组2014年助学工作计划。最后，大家集体讨论了如何针对不同形式考试的疑难课程进行助学，相互提出建议。李海英副校长强调要做好过程管理，尤其注意资源质量把关和学生的报考、参考问题，同时希望各位老师能攻克难关，提高学生及格率。（张　静）

【开展摄影技能培训】　4月23日，电大顺义分校摄影技能培训在顺义区社区教育中心

一层多功能厅举行。分校160余名摄影爱好者参训。本次培训邀请了顺义区资深摄影师孟凡明老师为大家主讲，孟老师有十余年的摄影经验，他的作品也在国内知名摄影比赛上多次获奖。在两个小时的授课时间内，孟老师深入浅出地为大家讲解了照相机参数、构图、拍照的细节、后期处理等方面的知识。孟老师指出摄影作品要以形动人、以情感人，更要抓住特点，平凡中出新意，并结合具体的图片讲解摄影中光的种类、拍摄速度和拍摄角度等。学员们认真聆听讲授，拿着自己的摄影装备，针对不同的授课内容调试自己的相机，当堂实际操作，遇到问题和老师及时沟通，力求在最短的时间内有效提升自己的摄影技术。（张　静）

【南彩镇群众路线教育实践活动集中学习暨机关干部电大培训班开班】　5月5日，顺义分

校与南彩镇政府合作组织开展的“顺义区南彩镇群众路线教育实践活动集中学习暨机关干部培训班”开班。南彩镇处级领导干部、全体机关干部共180余人参训。开班仪式上，南彩镇党委书记黄永志做了开班动员讲话，希望全体参培学员珍惜培训机会，全身心投入到课程培训和学习中来，学有所获，学以致用；区社区教育中心副主任李建军发表了开班致辞，预祝此次培训圆满成功。随后中组部培训中心处长、清华大学特聘教授郭驰对大家进行了《塑造卓越领导力与执行力》的课程培训。此次培训时间安排为10个半天，培训内容设置了时事政治、素质能力提升两大模块，分为十个专题，涵盖学习习近平总书记系列讲话精神、有效管理与优秀团队建设、心理调适与压力管理、媒体宣传与应对、非财务人员的财务知识等不同方面内容，目的在于全面加强南彩镇政府干部团队建设，切实提升干部综合素质及管理能力，打造一支业务精、能力强、素质高的乡镇机关干部队伍，从而推动顺义区新农村建设事业更好更快的发展。 （张　静）

【召开优秀学员表彰会】 5月28日，电大顺义分校召开优秀学员表彰大会。分校开放办主任张淑兰、副主任崔旭红出席，学生活动中心各部部长、副部长及48名获奖学员参会。会上，崔旭红宣读了优秀学员获得者名单，其中吴晗奖学金获得者1人，红牛奖学金获得者15人，华夏银行奖学金获得者9人，燕京助学金获得者5人，获得优秀毕业生称号的学员18人。与会领导颁发了奖品，张淑兰代表学校对奖学金获得者表示了祝贺，鼓励学员们再接再厉，努力学习，将所学知识运用到工作实际中，为顺义区经济发展做出更大贡献。 （张　静）

【组织开展演讲比赛活动】 5月30日，电大顺义分校学生活动中心举办“爱校园，爱师生”演讲比赛活动。来自分校各级各专业

的39名学员参赛。经过此前的初赛选拔，最后角逐出12名选手代表进入决赛。担任本次比赛的评委为分校副书记李铭霞、副校长李海英以及学校各处室中层领导。参加决赛的选手在台上仪态自然大方，语言流畅，手势等肢体语言表达得体，演讲内容丰富多彩，选手们纷纷围绕热点话题，激情澎湃地宣扬了诚实守信、珍惜青春、爱岗敬业的价值理念。最后，李铭霞对演讲活动进行了总结点评，表扬了所有参赛选手积极向上的精神面貌。比赛当场评出了一等奖3名，二等奖4名，三等奖5名。 （张　静）

【学校迁入新址】 8月，北京广播电视大学顺义分校由顺义区府前街贯通西路南侧原址迁至北京市顺义区北京现代职业技术学院内。学校的教育教学环境由此焕然一新，新址教学区面积比原校区扩大近两倍，校容校貌犹如花园。办学条件得到充分改善，学校布局更加科学合理，教育教学资源配置得到大幅提升。这预示着顺义分校，将会获得宝贵的发展机遇，实现新的跨越式发展。

（张　静）

【举行教师节表彰大会】 9月15日，为更好地弘扬电大精神，促进教师发展，提高教师职业幸福感，电大顺义分校隆重举行第30个教师节表彰大会。顺义社区教育中心主任陈成国、书记李宝东出席大会。会上，校长李建军作2014年度上半年工作总结，重点介绍了分校以开放大学建设为契机，紧密围绕区域经济社会发展，坚持“终身、开放、公平、公益”核心理念，以“规范为本，质量为根，提升为魂”工作思路，重点落实招生与培训、教学与管理、服务与支持，实现学校规模发展、品牌发展和内涵式发展的办学思想。副书记李铭霞宣读表彰决定，对37名获得各级各类奖项的优秀教职工进行了表彰，并颁发荣誉证书。 （张 静）

【表彰优秀外聘教师】 11月15日，电大顺义分校表彰优秀外聘教师。对任文召、傅伟如、李良会等30名优秀外聘教师进行了表彰奖励。此前学校进行了网上投票活动，根据学生、导学教师投票结果以及学校日常督导反馈，最终评选出30名“我最喜爱教师”。多年来，分校在广大外聘教师的帮助和支持下教学质量逐步提高，得到了学生和社会的充分肯定。全校普遍认为外聘教师在引导学生自主学习、提高课程及格率、强化学生能力培养、打造电大高效课堂等多方面做出了卓越贡献。 （张 静）

【欢迎门头沟分校同仁来校交流座谈】 11月21日，电大门头沟分校校长李泽一行5人就招生及教学管理等方面工作到电大顺义分校交流座谈。顺义分校校长李建军等领导及4名骨干导学教师共10人参加会议，双方在融洽而热烈的气氛中进行了诚挚的交流。座谈会上，开放教育办公室主任崔旭红围绕教学管理工作进行汇报，对班主任管理、学员出勤、学生活动中心等项工作作了详细介绍。突出介绍顺义分校在班级管理过程中始终遵循的规范管理、细化环节、确保质量的原则，以及为了更加规范，学校所制定的《班主任岗位职责和工作标准》《学生网上学习监控管理办法》《关于学生出勤率的管理办法》等规章制度。校长李建军重点介绍了顺义分校开放教育管理工作近几年的探索、创新、改革，并将顺义分校已形成的各项体系指标和门头沟分校同仁们进行了交流分享。会上，双方还对各自的招生创新措施进行了认真研讨。 （张 静）

【学生活动中心召开茶话会】 12月14日，电大顺义分校学生活动中心召开学生干部茶话会，分校部分教师、学生活动中心4名部长及17名干部参加了茶话会。开放教育办公主任张淑兰、副主任崔旭红为新聘学生干部颁发聘书，执行负责人秦蓁老师具体阐述了学生活动中心各部门的职能。随后，各部门成员精心组织的表演将活动推向高潮，学习部的集体手语表演《感恩的心》、文体部的吉他独奏《风景》、宣传部的魔术、秘书处的即兴剪纸等等，都充分展示了顺义分校学员的风采。 （张 静）

概　况

年内，顺义社教中心继续加大对社区资源开放工作的管理力度。为3个镇（街道）成人学校建设艺术（包括书法、绘画、剪纸、泥塑、布贴等）体验学习室和西点制作体验学习室，11月正式投入使用。编写第二套社区教育教材——顺义新城建设之《环境保护篇》《公共秩序篇》《文明礼仪篇》《健康生活篇》《角色转换篇》。为6个镇成人学校配备远程教育机房，改善市民学习条件。经区编办批复同意，在杨镇、木林镇、赵全营镇、后沙峪镇四个镇所属的文体广电服务中心加挂社区教育学校牌子。

【开展“社区教育助推城镇化建设”视导活动】　3月12日，顺义区社教中心组织开展“社区教育助推城镇化建设”视导活动。项目组专家马成奎教授到仁和镇进行视导。马成奎听取马坡镇、仁和镇、石园街道三家单位的项目实施情况汇报，高度评价诚信小区、建设项目与年度计划等实施策略，并提出下一步工作的具体要求。区社教中心主任陈成国、副主任李长海及马坡镇、仁和镇、石园街道的主管领导和文教助理参加。

（贾变变）

【区社区教育中心开展教师进社区活动】　7月3日，顺义区社区教育中心开展教师进社区活动。中心教师鲍文为牛栏山镇第一居委会居民开展社区居民礼仪培训，为社区居民宣讲文明礼仪知识。贴合生活实际的礼仪知识培训获得社区居民的广泛好评。

（贾变变）

概　况

年内，顺义区学习办继续充实顺义学习网资源，满足市民多样化学习发展需求。举办“顺义书香”全民读书活动和“全民终身学习活动周”活动，评选出20个优秀组织奖和10个优秀项目奖，进一步营造“全民学习，终身学习”氛围，成功创建北京市学习型城市工作示范区。

年内，顺义学习网增加手机移动版功能；网站首页实时显示总点击量、当日点击量；新增故障自动探测系统；开展网站宣讲活动，累计培训530人次。目前，网站注册人数4.6万，点击量达600万。顺义区被评为“全国数字化学习社区先行区”。

12月，北京市建设学习型城市工作领导小组认定顺义区为北京市建设学习型城市工作示范区。评估组对顺义区的创建工作给予高度评价：一是认识到位，高度重视创建工作。二是规划引领发展，政策和组织保障有力。三是创新工作机制，推动创建工作可持续发展。四是创新建设模式，努力打造日益完备的终身教育体系和终身学习服务体系。五是发挥网络优势，数字化学习服务体系建设取得较大发展。六是创新模式，学习型组织建设富有成效。顺义区被评为北京市示范区，标志着全区的学习型社会建设达到了更高的层次和水平。

【召开2014年学习型社会工作会】　3月18日，顺义区召开2014年学习型社会工作会。区委副书记周颖博、副区长于庆丰出席会议。马坡镇、区动监局、区工商分局分别代表全国创建学习型乡镇示范镇、创建学习型组织先进单位和首都市民学习品牌主办单位作典型经验发言。于庆丰总结2013年学习型社会工作，提出2014年的工作重点。周颖博强调指出：一要提高认识，深刻理解创建学习型社会的重要性和必要性。二要突出重点，推动学习型顺义建设创新发展。三要强化领导，确保学习型社会工作取得实效。　（贾变变）

【区人大调研顺义建筑工程公司学习型企业建设工作】　3月20日，区人大调研顺义建筑工程公司学习型企业建设工作。调研组观看公司宣传视频，听取创建学习型企业和学习型组织建设情况汇报，对工程公司近年来的创建工作亮点和成效给予高度肯定，同时结合行业特点，对在创建过程中的施工任务紧、施工地点分散、集中学习难度大等难点和薄弱环节，有针对性的提出改进措施，并对今后的创建工作提出建议。　（贾变变）

【召开学习型在组织建设培训会】　4月3日，区学习办召开“深入推进学习型组织建设理论与方法”培训会。邀请北京师范大学教育学部谢浩教授授课，全区各单位主管领导、相关工作人员参加培训。谢浩在充分调研的基础上，从顺义区学习型组织建设的现状出发，深入浅出地讲解学习型组织建设的相关理论，重点介绍“构建学习空间”等行之有效的创建方法。通过培训，各单位进一步了解了深入推进学习型组织建设的新方法和新措施，促进了学习型组织建设。　（贾变变）

【召开学习型组织创建工作专家指导会】　7月10日，区学习办召开学习型组织创建工作专家指导会。邀请学习型组织指导组专家、北京师范大学谢浩到牛栏山一中、北京食品药品监察局顺义分局指导工作。谢浩听取两家单位学习型组织建设情况汇报，为牛栏山一中如何深入构建学习型组织网络提出建设性意见和建议，为食品药品监察局顺义分局今后如何拓展学习空间提出发展思路。通过专家指导，两家单位了解了创建的新思路和新方法，为促进学习型组织建设打下良好的基础。　（贾变变）

【组织召开顺义学习网使用经验交流座谈会】　7月16日，区学习办组织召开顺义学习网使用经验交流座谈会。会上，前进村副书记王亚东系统介绍该村利用学习网开展的系列学习活动及利用网络平台帮助拆迁村民实现由“村民”到“市民”角色转换的措施。马坡、仁和、北小营、南法信等镇的文教助理和部分村官参加座谈会，并介绍了各自镇、村使用学习网开展学习活动的情况。中心副主任李建军对大家的经验交流进行总结，并介绍日本、美国等国家的先进社区学习经验。　（贾变变）

【市学习型组织理论专家到顺义调研】　10月22日，北京市学习型组织理论专家到顺义调研。社区教育中心主任陈成国陪同原北京市社会科学院副院长马仲良到区委老干部局、区检查院、区食品药品监督管理局、中北华宇等单位调研学习型组织建设情况。被调研单位汇报多年来学习型组织建设的经验及成效，专家对几家单位的学习型组织建设工作给予充分肯定，并对各单位今后的发展提出了指导性建议。　（贾变变）

【顺义区被评为北京市建设学习型城市工作示范区】　12月11日，北京市学习办对顺义区建设学习型城市工作示范区的工作进行全面检查评估。经专家组审议，12月17日市建设学习型城市工作领导小组最终发文认定顺义区为北京市建设学习型城市工作示范区。北京市学习办专家组认为，顺义区建设学习型城市工作示范区的主要成绩与特色有：一是认识到位，高度重视创建工作。二是规划引领发展，政策和组织保障有力。三是创新工作机制，推动创建工作可持续发展。四是创新建设模式，努力打造日益完备的终身教育体系和终身学习服务体系。五是发挥网络优势，数字化学习服务体系建设取得较大发展。六是创新模式，学习型组织建设富有成效。　（贾变变）

【顺义学习网四项措施满足市民多样化学习需求】　年内，顺义学习网四项措施满足市民多样化学习需求。一是多形式宣传，提高网站知晓率和使用率。深入各乡镇街道开展网站功能介绍和使用培训，发放宣传手册和学习卡，在各（村）居委会张贴3000张宣传海报。二是多方协调，提高网站访问速度。实现专线专网、内网外网访问分离，提高网站访问速度。三是完善子平台，促进组织学习有效管理。近40家单位建立了学习管理子平台，各单位利用平台展示创建成果，实时查看本单位员工学习情况。四是培育引导学习团体，加强学习共同体建设。现有20个不同类型的学习圈子，共有7000多人参加。截至目前顺义学习网共拥有注册用户4.6万人，点击总量600万。在2014年11月《社区教育》杂志公布全国同类型网站点击增长量排名中居第2位。

（贾变变）

民办教育

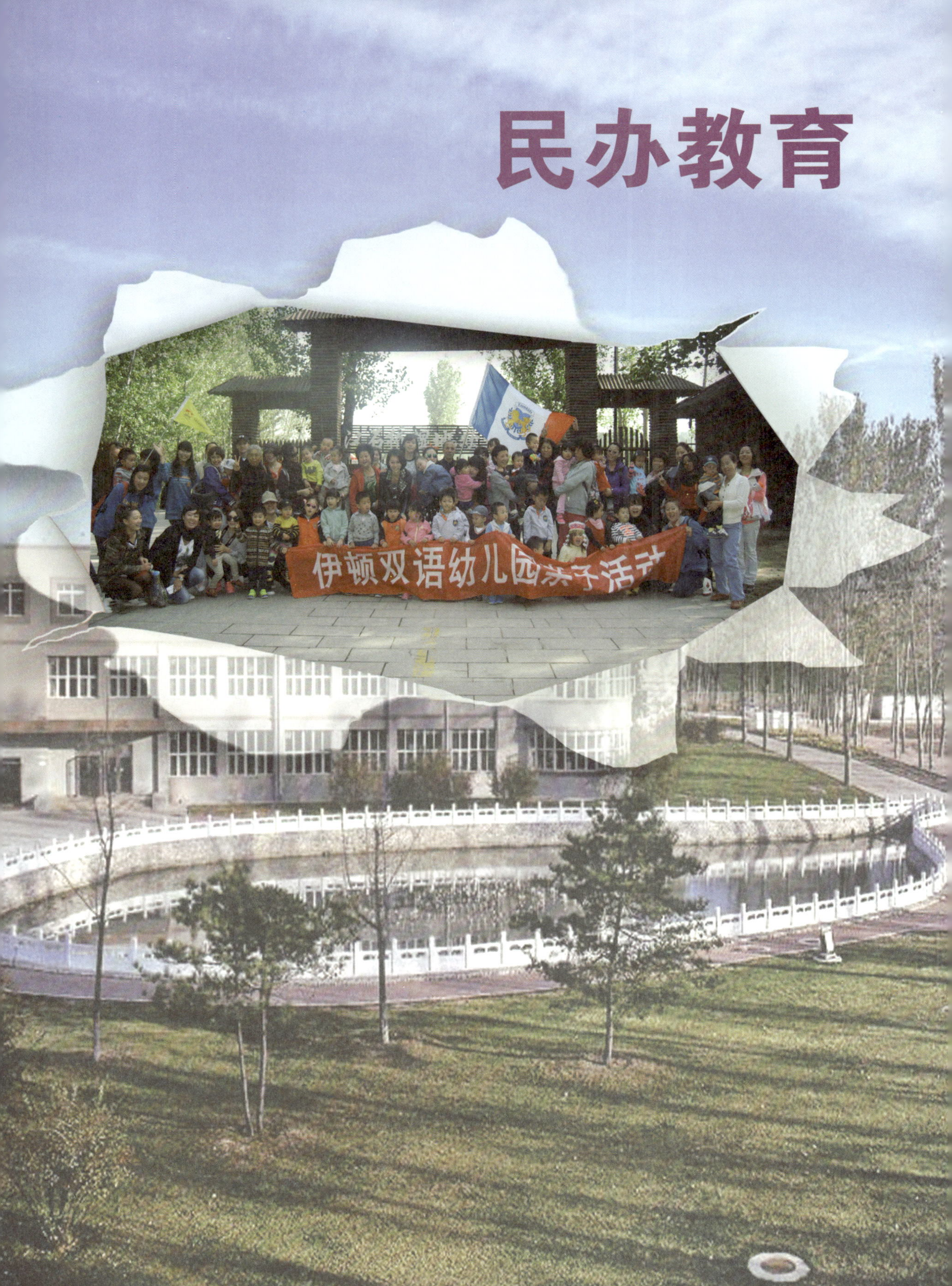

概　述

年内，顺义区继续认真贯彻执行《中华人民共和国行政许可法》《中华人民共和国民办教育促进法》，不断创新工作方式，促进民办教育健康、稳定、有序地发展。

加强顺义区民办教育网网站建设，及时更新相关信息。充分利用网站宣传民办教育的方针政策法律法规以及学校的办学信息。

依法进行行政审批工作。坚持原则和标准，认真审核申报材料，组织相关单位进行评估，建立“会签制度”，实行“一票否决”。积极地与属地政府、开发公司等部门进行多次协调、沟通，顺利完成了南彩实验、李桥半壁店两所学校从自办校到民办校的申报、审批工作。缓解了顺义区部分外地务工人员子女入学难的棘手问题。

完成民办学校、教育机构的年检工作。80所民办教育机构参加了年检，4所学校因审批不满一年、9所学校因长期停办未参加年审。年检结果已在顺义区民办教育网站公示。

完成了民办中小学、职业学校、幼儿园的综合考核评估工作，对考核结果优秀的单位进行了表彰。定期对民办培训机构进行检查。协助3所民办教育机构成功申请政府购买“枢纽型”社会组织服务项目。

进一步加强流动人口自办校安全管理工作，定期对自办校进行安全检查。2014年7月开展了为自办校赠卫生消毒用品活动，配发了“8.4”消毒液及洗涤灵80余箱。

配合赵全营镇政府，完成8所私办园的取缔工作，为顺义区取缔私办园和安置流动儿童提供了宝贵的经验。

开展“小学英语国际理解教育培训”支教助学活动。北京新英才学校，自2014年4月份开始到6月底，为全区所有公办小学英语教师300余人进行国际理解教育培训。

组织民办教育机构申报“顺义区社会组织公益行”活动，共上报“爱家乡，做保护环境的小卫士”。“热爱人民子弟兵　军学共建鱼水情”等5个公益活动。

概　况

【概况】　2014年，顺义区共有各级各类民办学校和教育机构98所，民办幼儿园14所，民办小学4所，民办普通中学6所（其中九年一贯制学校2所，十二年一贯制学校1所，十五年一贯制学校3所），民办职业高中4所；培训机构70所，主要培训内容为文化补习、外语、计算机、文体、艺术、汽车驾驶等。2014—2015学年度共培训各级各类人员59768人。固定资产327396万元，教学实习仪器设备资产值达到1065万元，教学用计算机960台，多媒体教室座位数2936个，占地面积175万平方米，教学行政用房建筑面积235万平方米，体育场（馆）面积11.2万平方米，图书藏量11.9万册。　（陈艳清）

【民办教育联合会组织开展公益行活动】　1至4月，顺义区贯彻落实《顺义区关于加强社会组织管理的实施意见》精神，充分发挥“枢纽型”社会组织的作用，全面促进民办教育的可持续发展。1月，组织民办学校、教育机构申报“顺义区社会组织公益行”活动，上报新英才学校“爱家乡，做保护环境的小卫士”活动、顺义区伟宁文化艺术培训中心的“热爱人民子弟兵　军学共建鱼水情”慰问演出等5个公益行活动。4月，老教协申报的“退休教师献余热，倾情服务为社区”项目被评为年度优秀公益活动。活动既提高民办教育机构参与社会、服务社会的综合能力，又展示民办学校师生良好的道德风貌。

（陈艳清）

【两次开展民办培训学校安全检查】　1月、7月，顺义区为加强安全教育，保障培训学校在校师生的人身安全，两次开展民办培训学校安全检查。区教育工会主席王玉英率队。

检查前给每所学校下发安全通知书并要求自查；检查中就容易出现安全问题的卫生、消防、防汛、用电等方面进行重点检查，对存在安全隐患的学校，提出明确整改意见并要求立即整改。检查组针对各校问题，提出具体要求；强调：1. 加强组织领导，明确责任分工，强化落实安全通知书的内容。2. 要求各校再次对安全隐患进行全面、细致的排查，不留死角。3. 如遇恶劣天气，采取停课、顺延放学时间等措施，避免安全事故的发生。4. 严格学生考勤制度，加强安全教育，进行紧急避险演练，遇紧急情况最大限度地减少生命财产损失。检查涉及9个乡镇、街道办事处，20所文化补习、艺术类学校。（陈　静）

【完成民办教育年审工作】 2至5月，顺义区完成区域内民办教育机构的年检工作，年审合格的各级各类学校共80所，其中，中小学6所、职业学校4所、幼儿园13所、各类培训机构55所；学历教育在校生10488人，幼儿教育在园儿童1790人，培训学校在校学生19085人，毕（结）业学生59768人；学历教育和幼儿园专兼职教师1542人，培训学校专兼职教师1232人。（陈　静）

【首次开展民办中小学职业学校综合考评活动】 5月12日至16日，顺义区首次开展民办中小学、职业学校综合考评活动。区教委

会同公安、城管、卫生等相关部门组成检查组，对新英才等7所民办中小学职业学校进行综合考核。主管民办教育工作的教育工会主席王玉英全程参与了考评工作。检查组通过查看资料、听课、师生座谈、参观校园环境等进行综合测评，量化等级，在充分肯定成绩的基础上，对存在问题和不足与校方领导面对面交流，提出改进意见，达到检查、监督、管理、规范、促进发展的目的。考评结束后，召开总结表彰会，成绩优秀的学校在会上做经验交流，起到了相互学习、交流借鉴、共同提高的作用。该活动立足进一步加强民办学校的管理，实现顺义教育“十二化”中表述的“民办教育规范化”目标，经过广泛的调研，2月，区教委民办教育科出台《顺义区民办中小学及职业学校综合评价指标体系》，从办学思想与办学条件、学校办学行为规范、教育教学管理、学生管理、学校安全管理、学校财务管理等多方面对民办中小学、职业学校提出明确要求。4月组织民办学校开展自查工作。（陈艳清）

【开展民办学校评优评先工作】 9月，顺义区为激励民办学校及教师创新争优，促进顺义区民办教育发展，使民办学校及教师享有同公办校同等评优评先权利，组织民办学校同公办校一起参评。经过严格评选，新英才学校、求实外语培训学校等5所民办学校被评2014年教育系统先进集体；6名教师被评为教育系统百优班主任；10名教师被评为顺义区教育系统骨干教师；30名教师被评为2014年顺义区优秀教育工作者。（陈艳清）

【完成15所民办幼儿园年度考核工作】 12月11至18日，顺义区教委、区妇幼保健院、区民政局等部门组成考核小组，对全区15所

民办幼儿园进行年度考核。考核内容涉及依法办园、财务管理、食堂及安全、教学管理、卫生保健、工会工作六个方面。检查组深入园所，通过“听”：听园长汇报；“看”：查看档案资料、财务账簿、食堂卫生、幼儿活动等；“问”：教师问卷、座谈；“评”：对照“考核评价标准及细则”认真评审、打分，对各园特色工作给予肯定，对存在问题逐一指出，并提出限期整改意见。考核结果表明：各民办园能够坚持依法办园、保障教职工的合法权益，财务管理规范，办园条件逐年改善，教育教学质量有所提高，保教活动丰富多彩，卫生保健符合要求，安全保卫方案详实、设施齐备。对民办幼儿园的年度考核是促进民办教育走向正规化、科学化的重要举措，也是民办幼儿园评优、评先的重要参数。

（陈　静）

【配合属地做好私办园清理取缔工作】　年内，顺义区未审批幼儿园187所，在园幼儿11908人，涉及全区各镇。私办园条件简陋，设备设施不完善；教师配备人数不足，且整体素质偏低；各项制度不够完善，存在一定的安全隐患；均未到区教委提交过办学申请，没有取得办学许可，无办学资质。为保障幼儿身心健康，10月，区教委配合赵全营镇政府，协同公安、工商等部门对该镇所辖8所私办园实施清理、取缔工作。教委出具《关于取缔赵全营镇非法幼儿园问题的报告》为顺义区取缔私办园和安置流动儿童提供经验。（陈　静）

【强化政策支持民办教育发展】　年内，顺义区教委为鼓励区域内民办教育的发展，根据相关政策争取市区两级资金，为民办学校下拨随迁子女义务教育阶段专项资金450.3万元；义务教育阶段学生杂费补贴134.39万元，课本费补贴137.34万元；投资11.8万余元为7所民办学校、15所民办幼儿园配备了儿童读物和玩具；夏季来临，为引导民办学校做好卫生防疫工作，有效避免食源性及其他传染病的发生，投资4千余元为各校配2000瓶“8.4”消毒液。（陈　静）

【完成民办学校行政许可审批】　年内，顺义区共受理并办结各种民办许可事项20件，其中审批事项7件（中小学3所、幼儿园2所、培训学校2所），变更举办者、法人、校园长12件，变更办学地址1件。与人力社保局、外事局、出入境管理中心等部门通力合作，完成温莎幼儿园、鼎石学校等5家机构的申请外教资质的审核、验收工作，使顺义区民办教育机构具有申请外教资质的单位达到12家，促进和保障了民办教育的规范发展。

（陈　静）

北京市牛栏山一中实验学校

【概况】　2014年，牛栏山一中实验学校占地面积24.55万平方米、建筑面积8.73万平方米，体育场（馆）面积6.75万平方米。图书馆（室）藏书2.29万册，订阅杂志、报刊198种。固定资产总值2.29万元。全年教育经费投入4343万元，其中，国家拨款615万元、自筹经费3728万元。全年学校信息化经费投入76万元，拥有计算机500台，多媒体教室座位3400个，校园网出口总带宽100Mbps，数字资源量100GB，“信息技术”课程1课时/周。有普通教室90个、专用教室15个、实验室12个。教职工337人，其中高级职称90人、中级职称79人。专任教师258人，包括北京市骨干教师4人、北京市学科带头人1人；本科以上学历328人。开设教学班90个，其中小学班12个、初中班68个、高中班12个。毕业1100人，均为初中生；招生1760人，其中小学360人、初中1200人、高中200人；在校生4360人，其中小学360人、初中3400人、高中600人，包括寄宿生3758人。高中录取分数线496分（本区）。网址：http://www.syxx.nlsyz.com.cn/。（董立华）

【召开管理表彰会】　2月28日，牛栏山一中实验学校召开班主任班级管理工作表彰会。对2013—2014学年第一学期班级量化评比中先进的班级及班主任进行表彰。班级量化管

理是对班级学习、纪律、卫生、生活等各方面的综合管理，通过对班级各方面的综合考评以展示班级全体学生的综合素养。在本次评比中，初一5班、18班、21班等11个班获得示范班集体称号；初二3班、7班、10班等23个班级获得文明班集体称号。田文燕、陈小昆等11位班主任获得班级管理一等奖，牟百杰、闫会福等23名班主任获得班级管理二等奖。（张立华）

【承办市地理常态课教学研讨会】 3月5日，北京市初中地理常态课教学研讨会在牛

栏山一中实验学校召开。北京市教育学会地理教学研究会理事长林培英、北京市教科院基教研中心地理教研室主任李岩梅、顺义区教委中教科领导、各区县地理教研员和教师100余人参加了本次研讨会。全体与会人员首先聆听了北京市特级教师、顺义区中学地理教研员卢凤琪主讲的《东南亚》一课；牛栏山一中实验学校副校长高凤兰致欢迎辞；之后，卢凤琪老师做“如何进行初中地理常态课教学”的发言。研讨会上，听课教师积极互动，杨光副教授、张悦老师、李春旺老师等争相发言，从课标的落实，多媒体与板书、板图的运用，教学环节的设置，学法指导等方面，对卢老师主讲的《东南亚》一课进行了评价与探讨。林培英教授对这节课从课堂教学的规范性和实效性等方面进行了精彩点评。参加研讨会的领导和教师高度评价了这节课的教学效果。（张立华）

【启动家长工作坊】 4月8日，牛栏山一中

实验学校举行家长工作坊启动仪式暨家教论坛。北京师范大学教育管理学院院长鲍传友，北京师范大学教科所副所长、家庭教育专业研究生导师陈建翔，顺义区教委中教科科长张旭东，牛栏山一中实验学校联盟校的领导和老师，以及外区县教委、学校领导，牛栏山一中实验学校初一年级的家长代表参加了此次活动。鲍传友院长和张旭东科长为工作坊进行揭牌，张旭东科长对工作坊的成立给予了高度评价，之后，坊主李艳娟老师及家长代表进行发言。大会第二项是做智慧型家长论坛，来自牛栏山一中实验学校初中三个年级的四位家长分别介绍了自己的教育经验，陈建翔教授对几位家长的发言进行了肯定，并为家长答疑解惑。会议结束后，家长们纷纷表示此次论坛对自己启发很大，受益匪浅。（张立华）

【科普讲座进校园】 5月13日，北京天文馆《天文爱好者》杂志社副编审李良来到牛栏山一中实验学校为初二年级1100名同学做

“认识我们的宇宙”科普报告。张教授用大量的图片、资料为同学们介绍了地球、月亮、太阳相关知识，解释了宇宙大爆炸理论、太阳黑子成因等，最后张教授还回答了同学们的提问，报告会丰富了同学们的天文知识、激发了同学们学习科学、探索科学奥秘的兴趣。（张立华）

【合唱团、民乐团再创佳绩】 5月，在北京市解放军军乐厅举办的北京市第十七届学生

艺术节中牛栏山一中实验学校合唱团、民乐团均荣获一等奖。合唱团演唱了《瑶山夜歌》《春回大地》《自由飞翔》等歌曲；民乐团演奏了《小镇》和《好汉歌》两个曲目。民乐团，合唱团的表演得到评委的一致好评，尤其是民乐团首次代表顺义区参加北京市民乐决赛，最终赶超了两个北京市金帆民乐团获得一等奖。（张立华）

【家长工作坊开展活动】 6月6日，牛栏山一中实验学校家长工作坊开展“用理智来表达爱——青春期亲子沟通方式漫谈”活动。

参加活动的有北师大教育管理学院院长鲍传友、牛一实验学校副校长魏绍友、顺义教研中心刘小英老师、部分初一年级学生及家长、全国中小学名师聂青华以及北京市优秀班主任工作室李艳娟、赵静云。活动由樊宏宇老师主持。活动主要探讨面对叛逆的青春期孩子，家长应该如何去做。老师们建议家长倾听孩子的心声，处理好自己的情绪再去教育孩子，并向家长们介绍了尊重、宽容孩子的错误，采取民主的教育方式，注意建立与孩子的平等关系等一些家庭教育原则。活动之后，很多家长久久不愿离开现场，认为此次活动对自己在教育孩子的方式上帮助很大，并期待工作坊继续举办这样对家庭教育具有指导意义的活动。（张立华）

【缔结友好学校】 7月4日，牛栏山一中实

验学校与美国曼蒂卡学区举行缔结友好学校签约仪式。会议由李士柱、张译方主持。曼蒂卡学区代表团一行参观了校容校貌，对牛栏山一中实验学校学生表现出的礼貌、热情

以及老师们大方流利的英语口语大加赞赏。该活动为牛一实验学校打开一扇面向国际现代化教育的窗口，开拓了师生们的广阔视野，双方期待在今后不断的合作和交流中，深刻领会中美学校各自教育理念的精髓，从而碰撞出教育改革耀眼的火花。美国曼蒂卡学区风险管理主任、伍德沃小学校长、塞拉高中副校长，牛栏山一中实验学校干部教师60余人参加。（张立华）

【科技大赛喜获全国奖】 7月28至30日，2014全国青少年电子信息与智能控制大赛暨

青少年科技体验活动在北京举行。牛栏山一中实验学校初一（15）班方志礼同学获Tick Tock智能闹钟全国一等奖，初一（1）班孙绍轩同学获得智能控制设计与制作竞赛全国三等奖，董明兴老师获得全国青少年电子信息与智能控制大赛优秀辅导奖。（张立华）

【新宿舍楼落成】 8月，宿舍楼E座完工并交付使用。该工程于2013年10月1日开工，建筑面积17000余平方米。该宿舍楼的落成使

牛栏山一中实验学校师生住宿紧张的状况得到彻底解决。（张立华）

【迎接校长国培班及市校长高研班等多位校长考察】 10月15日，教育部2014校长国培班、北京市中小学校长高研班、北京德威英国国际学校校长大卫先生共计70人来到牛栏

山一中实验学校进行参观交流活动。校长一行首先听取校长商夏青的学校整体情况介绍，然后听了牛栏山一中实验学校刘畅、万芊、吴长宝、张光伟、赵静云五位老师的课。课后副主任王健向来宾介绍了牛栏山一中实验学校开展高效课堂教学改革的情况。德威校长大卫先生对几位老师的课进行了重点点评，并就如何开展多元文化融合进行了一次微讲座。北京教育学院副院长李雯对这次活动进行了总结。（张立华）

【承办全国课改名家论坛活动】 10月31日，全国第五届不同风格与流派课改名家论坛暨“牛栏山杯”高效课堂教学展示交流活动在牛栏山一中实验学校举行，牛栏山一中

实验学校数学丁春雷、语文宋燕、物理赵春芳三位教师与来自顺义区及外省市教师共同开展了同课异构教学活动，课后进行了说课、评课和专家点评等交流活动，到场的老师们都感觉收获颇丰。（张立华）

【开展名师引路活动】 11 月 18 日，北京市

名师发展工程公开课展示活动在牛栏山一中实验学校举行。牛栏山一中实验学校教师王健首先为大家讲授《让自己的讲述更精彩》作文课。课后，王老师为大家作《初中语文作文问题的思考与实践》讲座。随后，景山学校教师周群、北京十八中特级教师孙衍明、北京市特级教师薛川东、首都师范大学孙素英与张彬福教授分别对王老师的课进行点评和宏观的指导，使听课老师受益匪浅。此次公开课展示活动，推动了牛栏山一中实验学校名优教师对青年教师的引领，对青年教师的专业成长起着重要的作用。（张立华）

【在区英语短剧评比中获展示成绩】 12 月 17 日，顺义区英语短剧片评比赛在牛栏山一

中实验学校举行。在近两个小时的角逐中，来自片区学校的选手们用自己的才情，尽情展现自我风采，赢得了评委们的频频点头和同学们的阵阵掌声。最终牛栏山一中实验学校初二(11)、(12) 班合演的《A Midsummer Night's dream》和初二(10) 班演出的《The Man Wants to kill the king》分别获得预赛的第一、第二名。其后，牛栏山一中实验学校这两个剧目在 12 月 25 日全区的决赛中以绝对优势获得一等奖。该活动不仅为同学们提供了锻炼英语口语及展现自我的机会，也提高了学生日常学习英语的积极性。（张立华）

【马来西亚艺术团来校访问】 12 月 18 日，马来西亚艺术团到牛栏山一中实验学校进行

艺术交流。在新楼 515，马来西亚民乐团演奏了《村》；牛栏山一中实验学校民乐团，合唱团，舞蹈团参与了交流活动：舞蹈团表演了朝鲜舞和傣族舞，民乐团演奏了《丝绸之路》和《西北组曲》第二乐章“闹洞房”，合唱团演唱了《山童》《咚咚喹》《Can you hear me》《Flying free》四个曲目。双方具有民族特色的演出都给对方留下了深刻的印象，通过相互学习，增进了两国师生的友谊。演出结束后双方互赠礼物并合影留念。牛栏山一中实验学校主任李士柱，副主任田丽香全程参加交流活动。（张立华）

北京市新英才学校

【概况】 2014 年，北京市新英才学校占地面积 12 万平方米、建筑面积 11.7 万平方米，体育场（馆）面积 4995 平方米。图书馆

（室）藏书5.2万册，电子图书5.5万册，订阅杂志、报刊147种。固定资产总值51672万元。全年教育经费投入15889万元，均为自筹经费。全年信息化经费投入1000万元，拥有计算机975台，多媒体教室座位115个，校园网出口总带宽100Mbps，数字资源量7000GB，“信息技术”课程1课时/周。有普通教室115个、专用教室10个。教职工660人，其中高级职称11人、中级职称56人。专任教师316人，本科以上学历331人。开设教学班94个。毕业423人、招生626人、在校生2192人，包括寄宿生1883人。网址：http：//www.bjnewtalent.com。 （赫英贺）

【举行第三届“感动校园十大人物”颁奖典礼】 1月17日，新英才学校举行“好人就在身边——第三届‘感动校园十大人物’”颁

奖典礼。该项评选定位于“感动校园”，着眼于发现平凡岗位上的不平凡者，致力于从平凡人、平凡事中发现感人至深的精神世界，挖掘催人奋进的精神力量。评选活动历时近两个月，经过各部门推选及师生民主投票选举等程序，最终确定了本届感动校园十大人物，他们是：幼儿园家长田裕权、小学部六（1）班集体、小学部卢晓光、艺体中心李海宁、设备科王纪强、剑桥国际中心“学生规划”团队、膳食处孙金根、校警队杨守宝、高中部党凤倩、初三年级教师团队。 （赫英贺）

【小学部师生代表赴法参加活动】 2月8日，新英才学校小学部36名师生代表应邀赴法国尼斯市参加由中国人民对外友好协会和法国尼斯市政府联合主办的“2014中法青少年荣耀出访活动暨中法青少年交流盛典”。活动促进了两国青少年文化艺术间的交流，增进了中法友谊。

学校代表在活动中荣获“2014中法青少年跨年度文化艺术交流盛典系列活动艺术小使者”荣誉称号。 （赫英贺）

【山西现代双语教育考察团来校交流】 3月5日，山西现代双语教育考察团一行19

人来到新英才学校交流学习。考察团随机走进学校初中部的课堂，以极自然的状态感受了学校初中不同学科的课堂教学。互动交流活动为学校与其他兄弟校搭建起相互学习的平台，取长去短，共同进步。 （赫英贺）

【华东师范大学慕课中心主任来校交流】 3月12日，华东师范大学慕课中心主任田爱丽博士亲临新英才学校，为教研组长以上管理人员、教师团队就慕课话题做了专题发言并与教师的进行深入交流。作为C20慕课联盟的发起者之一，学校在慕课的发

展、实践中不断努力探索、不断积累经验，为中国基础教育做出了积极贡献。

（赫英贺）

【54名中小学学生完成赴美交流学习项目】 4至6月，新英才学校54名中小学生代表赴美国进行为期两个月的交换学习活动。期间，学生们了解了当地文化、提高了英语口语表达能力，与美国同学们一起学习、一起生活，收获了成长，收获了异国友情。

（赫英贺）

【六周年校庆系列活动取得圆满成功】 5月23日，新英才学校“最是欢乐五月天”六周年校庆系列活动成功举办。校庆系列活动包括“合唱与戏剧”舞台演出、“校服新颖裁”首届师生校服设计作品展、刘一奇同学个人画展、师生美术作品“爱心义卖”、“校园文化”主题摄影作品展、六周年校庆演出暨艺术月系列活动颁奖庆典等内容，形式多样，内容积极向上。

（赫英贺）

【高中部2014届毕业生高考创造新佳绩】 7月，新英才学校高中部2014届毕业生高考再创佳绩，本科上线率达80%。其中，学校在艺体类高考中创造了前所未有的佳绩，17名参加艺考的同学全部通过统考和校考。

（赫英贺）

【剑桥国际中心2014届毕业生频传喜讯】 7月，新英才学校剑桥国际中心2014届毕业生喜讯连连。48名毕业生共获得来自英国、美国、澳大利亚、瑞士等国家和香港特别行政区的195封录取和预录取通知书。

（赫英贺）

【学生合唱团放声第五届世界和平合唱节】 7月27日，新英才学校学生合唱团应邀赴维也纳参加第五届世界和平合唱节，这是该校学生合唱团第三次站在维也纳金色大厅，为世界和平放声歌唱。

（赫英贺）

【举办《走向世界的新英才（2013）》新书发布会】 8月31日，新英才学校《走向世界的新英才（2013）》新书分享会在报告厅隆重举行。该书记录了学校剑桥国际中心2013届毕业生的成长之路、追梦之路；也展现了学校善于为学生规划职业生涯，制定人生目标

的办学特色。书中部分主人公亲临现场与师生、家长互动，分享心得与经验。（赫英贺）

【美国大学理事会副总裁、亚洲事务总裁特殊顾问王湘波博士莅临学校】 10月20日，美

国大学理事会副总裁、亚洲事务总裁特殊技术顾问王湘波博士莅临新英才学校，并在图书馆亲自为学校AP教学中心授牌。（赫英贺）

【洋娃娃曲艺团荣膺多元文化节八连冠】 10月，由新英才学校刘义汉工作室编创，汉语中心组织辅导，小学部携手打造的曲艺说唱节目《世界梦·北京情》在北京市教育委员

会主办的“2014北京市中小学外国学生多元文化节优秀节目展演”活动中排名榜首，获一等奖。这是新英才学校第八次摘得多元文化节展演第一名。（赫英贺）

【全国人大教科文卫委员会教育室主任叶齐炼来校参观指导】 12月2日，全国人大教科文卫委员会教育主任叶齐炼一行三人莅临新英

才学校参观指导。交流期间，结合民办学校所面临的实际问题，叶主任谈了自己的见解和看法，同时也为学校教师解除了一些疑惑。

（赫英贺）

北京市海嘉双语学校

【概况】 2014年，北京市海嘉双语学校占地面积45800平方米，建筑面积34399平方米。体育场馆面积4700平方米。图书馆建筑面积1275平方米，图书馆（室）藏书总数7.4万册。固定资产总值6263万元。全年教育经费投入4173万元，全部为自筹。全年信息化经费投入57万元，拥有计算机300台，多媒体教室座位91个，校园网出口总带宽50Mbps，数字资源量1024GB，“信息技术”课程1课时/周。有普通教室52个，专用教室37个，实验室6个。教职工192人，其中中级职称1人。专任教师148人。全部本科以上学历。开设教学班36个。学校网址：http：//www.bibachina.org。（张　颜）

【举办中国年庆祝活动】 1月24日，海嘉学校举行中国年庆祝活动。学校正门的舞狮表演

拉开了当天活动的序幕，幼儿园采用了传统的“赶集”形式庆祝新年，每个小朋友都有自己的“小摊位”，并在里面贩卖“商品”，所得的收益可以用来玩游戏或换购零食。小学部的所有师生当天都装扮成自己最喜欢或最熟悉的历史人物或角色，每个班都将自己的班级装饰成一个特定的朝代，并向来自己班级参观的同学讲述这个朝代的人物或故事。最后，中学部和小学部一起，在新体育馆观看了精彩的杂技表演。欢声笑语、色彩缤纷，同学们都度过了愉快的一天。 （张　颜）

【举办拼单词比赛活动】　2 月，海嘉学校举办拼单词大赛，经过两轮初赛后，最终的

胜出者将到上海参加决赛。第一轮比赛后有 15 名同学进入第二轮，经过第二轮更高难度、更激烈的竞赛，权度亨、苏丽雅和花蒙宽三位同学分获冠、亚、季军。 （张　颜）

【举办中文阅读启动仪式】　4 月 23 日，海嘉学校在世界阅读日这一天，举行独具特色的中文阅读月活动的启动仪式。启动仪式中，

学生代表倾情表演有滋有味的《石头汤》；家校联合会重磅推出《上下五千年，辉煌说不完》；中文老师声情并茂地配乐朗诵《黎明升起的地方》和《世界为谁存在》；著名阅读推广人阿甲老师亲临指导并分享《如何做一本书》；全校持续默读的环节更是让人感觉时间静止了。这一系列和书有关的“佐料”，把学生们阅读的“胃口”彻底打开。中文阅读活动历时一个月。 （张　颜）

【举办运动会】　4 月 30 日，海嘉学校在残奥

会运动管理中心体育场举办年度运动会，将近八百名学生和一百多名家长参加了运动会。运动会采用分组形式展开竞赛，蓝队、绿队、橙队、红队和黄队的同学分别穿着代表各自队伍颜色的服装，家长们也穿着与孩子所在队颜色一致的服装，参加了各类竞赛项目。当天的竞赛项目形式多样，既包括传统的田赛、竞赛、拔河等，也包括新颖的背靠背、海绵接力、袋鼠跳等。此外，每支队伍还表演展示了自己独具特色的 House 口号。 （张　颜）

【举办海嘉家庭日活动】 5月17日，海嘉双语学校举办家庭欢乐日活动，当天，整个校园划分为游戏区、美食区和幼儿游乐区三大主题

区域，为不同年龄段儿童量身定做各种游戏。他们也可以去旁边的美食区品尝美味小吃，家长们用手中的相机记录下每个孩子的精彩瞬间。精彩的才艺表演更是当天的重头戏，有20多名学生参加了才艺表演。小演员们落落大方，精彩出众的独唱、独舞等看上去明星范儿十足，受到观众热烈欢迎。（张　颜）

【新中学楼开放】 8月19日，以乐趣为宗旨的崭新的中学楼面向学生、教师员工和家

长们开放，有供戏剧、艺术、音乐用的专属空间，有实验室、信息技术&科学教室，有两层的图书馆。这幢大楼为BIBA的学生创造了很多新的而又激动人心的机会，而这些机会不只是在这些新的房间里，也存在于正被使用的课程体系中。（张　颜）

【家长工作坊启动】 10月8日，Leaven校长启动了旨在向家长介绍英文教学的系列家

长工作坊。到场家长了解到了课内英文写作是如何进行的。课内的写作坊不仅能够激发孩子创作，还能够帮助孩子们熟悉不同的文体。Leaven校长请家长们分享孩子们参加了写作坊后在家里的表现。一位父亲说他和女儿一起为她所创作的故事画插图，并读给家人听；另一位妈妈说她的儿子每天都带回精心描绘的故事展示给家人看。海嘉的小学生都有机会参加写作坊。家长们也可通过类似的讲座对这一行之有效的方法有更多的了解。（张　颜）

【参加国际学校辩论大赛成绩优异】 11月1日，在北京国际学校辩论赛中，海嘉代表队

与170多位各校代表展开唇枪舌战。在中学组比赛中，8年级的Sherry Kwon和Kelly Koh不负重望，获得并列第一。Sherry在说服性演讲中（persuasive speech）赢得第三。其他队员也因表现优秀获得裁判的好评。（张　颜）

【获最具品牌特色国际学校】 11月27日，一年一度的新浪网“教育盛典”在北京辽宁

大厦举行了隆重的颁奖典礼。本届教育盛典

从今年11月开始启动，主题为“大数据时代的中国教育”。整个盛典分为四大阶段进行，包括：活动启动、网民投票、专家评审及活动典礼。海嘉学校被提名为“最具品牌特色国际学校”奖，在28所来自全国各地的学校中，在网民投票阶段名列第二名，并最终成为获得该荣誉的四所学校之一。海嘉学校总校长高薇女士，代表学校上台领取奖牌。

（张　颜）

【阻止校园欺辱宣讲】　11月28日，小学部指导老师Stephen Zissermann先生和House and Service Learning Team一起主持了一场关

于反校园欺侮的宣讲。宣讲的主要内容为明确校园欺侮的定义——校园欺侮是指重复性的有目的地恐吓他人，或通过身体接触、口头方式、书面方式、电子传递方式实施或威吓他人，或伤害他人情感，包括对一个人或一个同龄人群的物品破坏；教师们表演了若干短剧；“呼叫和响应”程序旨在宣示在海嘉“我们是校园欺侮的克星”。海嘉致力于营造并保持一个安全有序的教育环境，使学生、教职员工、志愿者和来访者都免受骚扰、恐吓或欺侮。该项目得到家长的支持。

（张　颜）

【举办一年一度的万圣节活动】　11月30至

31日，海嘉双语学校幼儿园部举办一年一度的万圣节活动。本次活动历时两天，30日是全校范围内的“Trick or Treat”索糖活动。31日主题为“变装万圣节”的游乐活动，活动当天要求每位小朋友和家长都需要盛装出席并按班级举行盛装游行，并评选出了20位“变装明星”。万圣节的传统游戏和神秘的“鬼屋”是最吸引孩子们眼球的，孩子们在尖叫和兴奋中度过了这个西方的传统节日。

（张　颜）

【举办冬季音乐盛典】　12月12日，海嘉学校举办了冬季音乐盛典。前期师生倾情投入

排练和准备。合唱团、摇滚组合、器乐表演，聚光灯下的海嘉学生展现出过人的才艺。这个活动体现了海嘉学校的核心教育理念：责任——无论是排练还是演出，均以实现完美成果为目标，尽心尽力地领会和配合老师的指导；友情——同学之间互助互爱，团结协作；努力——时刻不停地向目标奋进；尊重——认真聆听和欣赏其他同学的表演。市场部总监 Lily Yang 和音乐总监 Dr. Good 承担了活动设计工作。（张　颜）

北京市顺义区泛美幼儿园

【概况】 2014 年，北京市顺义区泛美幼儿园为民办园，日托制。园所占地面积 1400 万平方米，校舍面积 1008 万平方米。全年教育经费投入 50 万元。其中，国家拨款 18 万元，自筹经费 32 万元。固定资产 200 万元。图书室藏书 1.6 万册，其中包括电子图书 0.5 万册。拥有普通教室 5 个。拥有计算机 16 台，多媒体教室座位 120 个。校园网出口总带宽 0Mbps，教职工 15 人，其中教师 10 人，全部为专科以上学历，保健员 2 人，专科以上学历，开设 5 个教学班，其中，亲子班 1 个、小班 1 个、中班 1 个、大班 2 个。幼儿入园 34 人、离园 41 人、在园 114 人。（陈金萍）

【举行亲子日“美工作品展示”活动】 3 月 28 日，泛美幼儿园举行亲子日，内容为“美术作品展示”。有 500 余幅作品参展，100 余名家长来园参观活动，孩子们个个兴奋地向

家长们介绍自己的作品。（陈金萍）

【参与地球一小时公益活动】 3 月 29 日，

泛美幼儿园 30 余名幼儿参加顺义区华联与顺义在线主办的“地球一小时公益活动”，小朋友们在活动现场表演了舞蹈《潇洒女兵》，歌曲《低碳贝贝》，受到与会者一致赞扬。（陈金萍）

【开展教师英语技能培训】 3 月 1 至 30

日，泛美幼儿园对全体教师进行幼儿英语技能培训。园所出资聘请资深英语教师为全体教师从基本语法、日常用语、幼儿英语课堂技巧、互动方式等进行培训。此举使全园教师幼儿英语技能均得到提高。（陈金萍）

【举办庆“六一”活动】 5 月 30 日，泛美幼儿园以“家园互动欢庆‘六一’儿童节”为主题开展了庆祝活动，100 余名家长在百忙之中抽出时间来园参加活动。泛美公司领导刘副总代表公司慰问小朋友，并为大家带来了节日祝福和礼物，下午园里

还为幼儿准备了丰富多彩的“六一”大餐，孩子们在兴高采烈的气氛中度过一个有意义的六一节。（陈金萍）

【参加第八届全国少儿书画摄影创作大赛喜获嘉绩】 6月15日，泛美幼儿园参加“快乐宝贝我是小画家”2014全国少儿书画摄影创作大赛活动，100余名幼儿参赛，其中一等奖25名、二等奖50名、三等奖25名，5名教师获得优秀辅导奖，园长肖文伶、副园长陈金萍获得最佳组织奖。（陈金萍）

【参加中国关工委办公室等单位联办的“妈妈您最美”颁奖仪式】 6月28日，泛美幼儿园参加中国关工委办公室等单位联合举办的“妈妈您最美”颁奖仪式，全园22份参赛作品均获得优秀奖。（陈金萍）

【骨干教师与新教师分别参加培训】 7月6日，泛美幼儿园两名骨干教师参加了北京市学前教育处举办的民办幼儿园骨干教师培训；8月10名新教师参加“市民办幼儿园新教师”培训，教师们深感受益匪浅。（陈金萍）

【金秋九月教师获多个奖项】 9月4日在第八届北京民办教育园丁奖颁奖典礼上，泛美幼儿园尹艳昆老师荣获优秀教师奖。9月10日，泛美幼儿园袁艳平老师被评为顺义区优秀教育工作者；陈金萍、尹艳昆两位老师被评为顺义区骨干老师。（陈金萍）

【连续举办观摩活动】 10月22日，泛美幼儿园10名教师分别进行了多媒体优秀课件展示，教师们技能熟练，课堂互动良好。10月26日，10名教师又分别做了户外阳

光体育活动观摩课，教师们准备户外体育器材充分，组织幼儿活动有序。两场观摩活动均得到在场领导和全体观摩教师的好评。（陈金萍）

【开展区域评优活动】 11月28日，泛美幼

儿园10名教师分别进行了区域评优活动，各班在主题墙、活动区观则的制定、活动材料的分类、投放、活动区记等方面都有了很大的提高。（陈金萍）

【迎接区级领导年度考核】 12月18日，泛

美幼儿园迎接顺义区教委、妇幼保健院、民政局等六大部门领导来园考核指导。考核组分别对园所依法办园、财务管理、安全管理、教育教学、卫生保健、工会工作等方面进行了全面考核。该园工作受到各部门领导的充分肯定和高度赞扬，并获得2014度年考核一等奖。（陈金萍）

【举办“庆元旦”活动】 12月30日，泛美

幼儿园举行了“亲子游艺、文艺汇演庆元旦活动”，150余名家长参加，小朋友们和爸爸妈妈分别表演了英文儿歌、儿童剧、打击乐、三句半、独唱、合唱等节目。（陈金萍）

北京市顺义区伊顿幼儿园

【概况】 2014年，北京市顺义区伊顿幼儿园为民办园，日托制。园所占地面积2000平方米、校舍建筑面积2000平方米。固定资产44.4万元。全年教育经费投入160万元，全部为自筹经费。全年幼儿园信息化经费投入14.5万元，拥有计算机8台，校园网出口总带宽1Mbps，数字资源量1GB。有音乐、美术和舞蹈等专用教室3个，普通教室4个。教室内设有计算机、图书资料和蒙氏教具等教学设施。教职工22人，其中，专任教师12人，全部为专科以上学历，保健员1人，专科以上学历，开设4个教学班，其中，亲子班1个、小班1个、大班2个。幼儿入园16人、离园13人、在园31人。网址：http://www.etonkids.com。（孙立骅）

【开展幼儿蒙特梭利工作】 1月起，北伊顿幼儿园指导幼儿开展蒙特梭利工作。在

课堂上，幼儿可以根据自己的意愿选择自己喜欢的蒙特梭利工作。在幼儿操作的过程中，教师们只可以在一旁观察幼儿的工作情况并进行记录。幼儿要自己动手完成整个工作，教师不可以进行打扰。国际班的幼儿选择了感官区“红色圆柱体”的工作。活动中，幼儿需要通过用手拿取红色圆柱体，学习比较大小的概念。该活动使幼儿提高了注意力，练习了数学知识。（孙立骅）

【开展英文circle活动】 2月起，伊顿幼儿

园在每日的教学活动中组织外教教师英文Circle活动。外教教师Richard在国际大一班的课堂中和幼儿一起围成圈，坐在地毯上讲故事。在整个讲故事的过程中，Richard教师使用英文和幼儿打招呼，做游戏，幼儿也能用

简单的英文跟教师进行沟通。Richard 教师给幼儿讲了《My Body》的故事，幼儿非常喜欢。每天，幼儿都可以听到教师讲的不同的故事，回家后也可以将白天听到的故事讲给爸爸妈妈听。（孙立骅）

【开展消防宣传演练活动】 3 月，伊顿幼儿

园多举措开展消防演习活动。为了使幼儿也能了解消防安全技能，伊顿阿凯笛亚幼儿园各园区都认真组织了消防安全宣传，并在园所进行实地演练，希望幼儿可以将这些安全技能带回家分享给爸爸妈妈，活动之前教师们都认真学习消防安全知识，同时也给幼儿普及了家庭防火知识和自救的基本常识。（孙立骅）

【举办食物品鉴会】 4 月 22 日，伊顿幼

儿园举办家长参加的食物品鉴会。该举措旨在让家长了解幼儿在园中的 2 餐 2 点的食物的制作口味。厨师邹师傅为家长制作幼儿在校园经常吃到的菜品，如百合芹菜，西红柿蛋花汤，红烧肉炖胡萝卜等。家长们参观了厨房，分餐室，看到了厨师烹饪的整个过程。同时，家长了解到幼儿园菜谱制定的规则，如菜品搭配，全面营养，少油少盐等。在加餐环节的食物品尝中，家长尝到了幼儿每天所吃的小点心。通过整个参观品尝过程，家长们更加放心幼儿在幼儿园就餐。（孙立骅）

【举行“六一”嘉年华活动】 5 月 28 日，

伊顿幼儿园在北京大隐剧院举行迎接“六一”国际儿童节的嘉年华活动。幼儿们非常重视这次演出，提前演练过很多遍，只为了将最好的一面展示给教师和家长们。阿凯笛亚幼儿园的幼儿此次表演的节目为舞蹈《兔子舞》，表演获得了教师和家长们的一致好评。幼儿们也度过了一个愉快的“六一”儿童节。（孙立骅）

【举行春季运动会】 5 月 30 日，伊顿幼儿

园在户外活动区举行全员春季运动会。在欢快的音乐声中幼儿们排着整齐的队伍入场，随后幼儿和教师一起进行了健身操，平衡木，短跑，跳远等项目的比赛。在整个运动会的过程中，幼儿玩得非常开心。运动会的举行不仅锻炼了幼儿的身体，也丰富了幼儿的课堂生活。赛前每个班的教师都为幼儿讲解了运动会的比赛规则，并在运动会后进行了颁奖仪式。保健医也参与到了运动会当中，一方面是为了确保幼儿在运动过程中的安全，另一方面也设计了一系列的活动对幼儿做了简单的体能测试。这些数据将作为幼儿在幼儿园的成长记录进行保存。（孙立骅）

【开展校园骑行活动】 5月起，伊顿幼儿园在阿凯笛亚庄园内进行滑板车骑行活动。幼儿骑上滑板车，在教师的带领下排好队，沿着顺义阿凯笛亚庄园小区内的车

道骑行滑板车。在骑行活动中，教师们不但为幼儿讲解了路标等相关知识，还告诉了幼儿骑车时需要排队，不能争抢等规则。阿凯笛亚庄园内风景秀丽，并设有小型动物园，幼儿看到了鸭子、鹅、小白兔等可爱的小动物，度过了非常开心的一天。（孙立骅）

【举办“我是小小艺术家”画展】 8月3日，伊顿阿凯笛亚双语幼儿园举办“培养非凡创造力，伊顿小小艺术家”活动。幼儿们和爸爸妈妈一起参观了主题画展，同时也参与了蒙台梭利艺术体验日活动。幼儿要和家长一起选出最喜欢的作品并投出宝贵的一票，得票最多的幼儿作品会有机会参加798展出。最后，教师为家长举办了以

《蒙台梭利环境的重要性》为主题的讲座，让家长们进一步了解到教室的物品，教具摆放的科学性，以及如何在家中为幼儿创造更好的蒙台梭利环境。（孙立骅）

【开展户外教学活动】 10月15日，伊顿幼

儿园邀请家长和幼儿一起到顺义区汉石桥湿地公园参加户外教学活动。教师带幼儿一起观察各种鸟类并精心准备了丰富的游戏。幼儿在玩耍的过程中了解到保护自然环境的重要性。（孙立骅）

【举办家长会】 11月22日，伊顿幼儿园各班级分别举办家长会。班级的主讲教师，中文教师和保育教师一起，给家长们介绍幼儿的学习成长计划，并总结上学期幼儿在各个方面的表现。除了学习方面，也提到了幼儿性格，自理能力等方面的问题。针对家长提出的意见和建议，教师跟家长进行了沟通，并记录在案。家长会后，园长分别跟每班教

师交流，进行家长会的总结及经验分享。（孙立骅）

【举办圣诞节活动】 12 月 19 日，伊顿幼儿

园阿凯笛亚校园在园内举办大型的圣诞节活动。每个班的幼儿都做了精心的准备。本次圣诞活动以 bingo 闯关形式进行，家长和幼儿一起参加了很多有趣的圣诞节游戏。游戏内容有：“亲子时光”“我的圣诞帽”“水果串起来”和“手工装饰”等。在”奔跑吧幼儿”环节中，幼儿们通过自己的努力，穿过层层障碍，最终将海洋球贴到了指定的位置，顺利完成任务后都得到了小丑姐姐亲手制作的气球。由家长扮演的圣诞老人将精心准备的礼物送给每一个参加活动的幼儿，整个校园洋溢着欢乐的圣诞节气氛。（孙立骅）

【开展图书阅读活动】 12 月 25 日，伊顿幼儿园为培养幼儿良好的阅读习惯，带领幼儿到墨盒子绘本馆进行图书阅读活动。对于幼

儿来说，书中人物的情绪引起了他们的共鸣。在这个绘本馆中，孩子们不仅看到很多图书，还观看了各种有意思的小视频。此外，幼儿园还开设“小伊书馆”，为幼儿创造了良好的阅读环境。（孙立骅）

教育督导
顺义区教育委员会

2014年即将过去，回顾一年督导工作的历程，概括为：牢牢把握住五个“抓手”，切实、有效地提高了教育督导实效。

一、以学习培训为抓手，队伍建设成为提高督导实效的支点

面向教育督导现代化，首先是督导队伍专业化。2014年，督导室着力打造学习型督学团队，创新管理模式。以督学月末大讲堂形式，针对教育及教育督导相关政策和理论，教育法律法规，道德品行和职业操守等进行通识培训；以全面实施素质教育为目的，针对社会主义核心价值观，中小学课业负担监测电子化录入等督导业务知识，有计划、分阶段开展了系列培训。初步建立了一支与教育督导任务和教育发展形势相适应的、知政通学的督导队伍，奠定了督导人才基础和智力支撑。每名督学都能结合督导中的实际问题，形成深度会谈机制，达到了学习型团队的基本要求，树立了学习即管理的理念。提升了全体专兼职督导人员的精神境界和业务水平，奠定了教育督导工作的基础。

二、以责任区建设为抓手，促进均衡成为义务教育督导的重点

为进一步创新督导模式，健全督学责任区制度，发挥督导的即时性、动态性、针对性和连续性的优势，使督导工作常态化、制度化。督导室印制了《责任督学工作手册》，明确了责任督学管理办法、工作流程、工作守则及要求，结合三大联盟建立了6个督学责任区，并按照《工作手册》的任务和要求，参照“义务教育均衡发展专项督导方案”的指标，听取校长汇报，随机听课1480余节，进行学生问卷1860份，随机访谈教师600余人，观察校园文化环境建设，查看学校课程设置、课外活动、落实减负、践行核心价值观等资料，实地察看实验室、图书馆、计算机房等专室、体育器材等配备及管理使用情况，对全区所有义务教育学校开展专项督导。进一步规范了各学校办学行为，提升了督导促均衡、丰内涵、创特色功能，为今年3月份迎接国家教育督导团对我区义务教育均衡发展区县认定工作打下了坚实的基础。

三、以督政报告书为抓手，依法治教成为督政工作切入点

一年一度的督政工作，我们一直坚持自评与督评相结合的方式进行，指导19个乡镇、6个街道和有关委办局完成了教育执法自查活动，并撰写了《顺义区人民政府教育法律法规执行情况自查报告》。重点是在督评方面，我们大胆尝试，年初制定了《顺义区督政工作报告书》，挂在网上，每个镇（街道）及时记录校园周边环境治理情况、领导联系学校情况、为辖区内教育办实事情况等等，到年终报告书自然形成，上传到督导室，从中看到平时的工作轨迹，实现了过程性管理。做到了两个转变：即变即时性的一次年终检查为经常性常态工作检查；变基于结果为基于目标的过程性考核。确保各镇、街道依法行政、依法治教落实到位。

四、以召开挂牌督导现场会为抓手，完善机制成为改进督导工作的创新点

为健全和完善督导制度，按照“顺义区中小学校责任督学挂牌督导实施方案”，2014年初我区在全市率先完成责任督学公示牌覆盖全区所有中小学校任务，初步形成了“双轮驱动、四级组织、多措保障，护航教育发展”的新常态。9月11日，在十一中承办了北京市中小学校责任督学挂牌督导现场会，得到了市政府教育督导室唐立军主任赞赏和各区县督学同行们的好评。11月5日《现代教育报——北京教育督导月刊》头版以《“三保障”、“三机制”落实挂牌督导责任区建设》为题，报道了我区督导工作的典型经验和做法；责任督学朱元兆、王志军、刘连清等同志的生动案例，刊登在现代教育报上。责任督学挂牌制度的实施，延伸了教育督导触角，及时发现和帮助学校解决问题，推动学校端正办学思想，规范办学行为，实施素质教育，提高教育质量，实现内涵发展。

五、以实施新方案为抓手，深入推进素质教育成为督导工作的根本点

为全面贯彻党的教育方针和“十八大”、十八届三中全会精神，落实国家和北京市教育发展规划纲要的要求，坚持立德树人，全面实施素质教育。依据国家、北京市有关教育法律法规、方针政策和《北京市区县政府、教委、中小学校、幼儿园全面实施素质教育评价方案（试行）》，结合本区教育改革发展的新情况和教育督导工作的新要求，教育督导室在认真总结实践经验的基础上，重新修订了《顺义区镇政府、学校（教育机构）全面实施素质教育评价方案实施细则》。

组织召开了深入推进素质教育培训会。邀请了市督导室专家对《北京市区县政府、教委、学校（教育机构）全面实施素质教育评价方案》修订的重要意义和主要内容等进行了解读，使各相关委办局、乡镇政府、街道办事处主管教育工作领导，各中小学、幼儿园、职业学校校（园）长，各镇（街道）教育助理，教委机关各科长以及全体专兼职督学，进一步明确了各自应该承担的职责，为全面深入推进素质教育指明了方向。并在12月17日，迎接了市政府教育督导室对我区全面实施素质教育综合督导检查，领导、专家给予了充分肯定。

一年来，督导室充分发挥现代信息网络的作用，进一步完善了能覆盖全区、沟通全市的顺义教育督导信息平台——《顺义区人民政府教育督导网》，将教育督导信息、典型经验介绍、教育法律法规宣传等方面督导信息及时地传送出去，及时反映督导动向，教育督导的影响力不断提升。

【完成镇政府街道办事处依法履行教育职责情况考核】 1月13至16日，顺义区教育督导室参加由发改委牵头、各相关委办局参与的对全区19个镇、6个街道办事处集中进行的绩效考核工作。检查内容包括校园周边环境综合治理和维护校（园）安全稳定情况、满足适龄儿童入园情况、社区教育基地建设及社区教育活动（重点是青少年校外教育）开展情况等。检查组通过查阅相关档案资料，组织辖区内校、园长问卷，调取辖区内幼儿入学情况资料等途径，广泛获取信息。检查结果表明，各镇、街道对此普遍高度重视，均加大校（园）维稳力度，建立长效机制，消除校（园）周边安全隐患；在开展社区教育工作中，创新工作模式，通过开展丰富多彩的文体活动提高市民素质；全区各镇配合市政府专项配套资金，共改扩建村办园19所，有效缓解当地幼儿入园难问题。

（王跃文）

【接受市级学前教育专项督导】 3月27日，市政府教育督导室副主任刘莉带领市学前教

育专项督导评价组一行15人，专项督导顺义区学前教育发展情况和《北京市学前教育三年行动计划（2011—2013）》落实情况。督导组听取燕瑛副区长汇报、查看顺义区学前教育工作档案资料；召开相关委办局、教委科室、幼儿园园长代表座谈会；实地考察牛山镇政府、港馨花园小区、石北幼儿园、66055部队幼儿园、新英才幼儿园、美畦畦幼儿园六家单位，深入了解顺义区学前教育年行动计划的落实情况。刘莉参加园长代表座谈和牛山镇政府的实地考察，充分肯定顺义区落

实《北京市学前教育三年行动计划（2011—2013）》各项工作，认为顺义区在学前教育方面真重视、重投入、用心管，学前教育体系健全、机制完善，为幼儿发展提供良好的教育环境。区教工委书记冯义国，区教工委副书记、区教委主任刘克祥，区政府教育督导室主任李卫国等领导参加座谈并陪同考察。

（王跃文）

【召开专兼职督学会】 4月4日，顺义区召开专兼职督学会。会议由教育督导室副主任

李卫东主持，会议部署开展义务教育均衡发展专项督导等2014年上半年重点工作，明确区域教育督导工作下一步发展方向。同时邀请区教委中教科副科长刘之海就2014年中、高考招生考试政策进行解读和培训，为责任督学进校园、解答社会焦点问题提供依据。教育督导室副主任盛得富参加会议并讲话，强调所有专兼职督学要在深入开展党的群众路线教育中，牢固树立服务理念，认真履职，明确督导标准，引领学校发展；要尊重学校、教师和学生，俯下身子，似导师、如专家，以高度的责任感、强烈的事业心，安排好本职工作与兼职任务，高质量完成每项督导任务。顺义区专兼职督学40余人参加。

（王跃文）

【两次开展义务教育均衡发展专项督导】 4至6月，顺义区两次开展义务教育均衡发展专项督导。一是4月10日至25日，顺义区教育督导室组织专兼职督学分别赴六个督学责任区，依照“义务教育均衡发展专项督导方

案”，对全区所有义务教育学校开展专项督导。各责任区督学全面把握督导标准，通过听取校长汇报，查看课程开设、减负情况等资料，实地查看计算机房等专室、体育器材配备，深入了解学校情况，对存在的问题提出了限期整改意见。督导结束后，教育督导室副主任盛得富主持召开义务教育均衡发展专项督导工作协调会。会议肯定各学校在推进义务教育均衡发展方面取得的成绩，针对部分学校存在的硬件设备配备管理不到位、学校特色不鲜明等问题，督导室会同教育资产管理服务中心现场处理解决部分学校存在的困难。教育督导室副主任李卫东、区教委副主任高山等领导参加协调会。二是5月28日至6月11日，按照六个督学责任区划分，对全区所有中小学校进行督导回访，回访重点是针对4月督导给各校回复意见书中提出整改问题之后学校改进情况。6月13日，督导室副主任盛得富、李卫东专门听取各责任区督导情况汇报，并对各组提出的共性问题进行梳理，为两委一室决策提供了依据。

（王跃文）

【开办月末大讲堂提升督学素质】 5月27日，顺义区政府教育督导室月末大讲堂开讲。讲堂针对当前小学入学、小升初相关政策进行宣讲；下发并解读北京市《关于进一步规范义务教育阶段教学行为的意见》（京教基〔2014〕4号）；有多年督学经验的何希国校长作《话说督学》讲座，他讲解开展督学工作的目标、任务、方法，还用自身实践与大

家分享自信自尊、自壮自强、自说自话、自干自事、自律自护等多年来完成督学任务的经验。月末讲堂由区政府教育督导室副主任李卫东主持。教育督导室副主任盛得富参加并讲话，希望全体专兼职督学认真学习相关法律法规，把思考过程当作提高过程，努力提升督学境界，做好本职工作，为教育事业发展保驾护航。（王跃文）

【开展幼儿园综合督导工作】 6月4日至7月8日顺义区教育督导室协同教委学前科和教研室，对全区所有幼儿园进行综合督导检查。通过听取园长落实《指南》专题汇报，与园长进行管理理念、办园思路、工作亮点及成效等方面座谈交流，开展幼儿家长问卷，查看幼儿园相关档案，实地查看幼儿园户外、班级、食堂和其他公共环境，全方位、多角度了解幼儿园贯彻落实国家、北京市教育发展规划纲要、《幼儿园教育指导纲要》《3—6岁儿童学习与发展指南》等情况。督评人员汇总分析各园情况，对每一所幼儿园提出有针对性整改意见，并限期整改。（王跃文）

【市督导室副主任关国珍到顺义调研挂牌督导工作】 6月12日，北京市政府教育督导室副主任关国珍一行到顺义区调研挂牌督导工作，顺义区副区长于庆丰和顺义区两委一室主要领导陪同调研。督导组首先听取区教育督导室主任李卫国关于顺义区挂牌督导工作汇报，然后与顺义区责任督学代表和中小学校长代表进行座谈。关主任对顺义区两委一室协同推进挂牌督导工作给予积极评价，认为顺义区的工作思路清晰，落实有力，有郊区特色，鼓励责任督学再接再厉。同时对顺义区挂牌督导工作也提出诚恳的建议，希望顺义区加强挂牌督导可持续性发展机制的研究，为北京市挂牌督导工作提供更有价值的借鉴。（王跃文）

【开展职成教育专项督导检查活动】 6月17至18日。顺义区教育督导室协同区教委职成科，依据《顺义区中等职业学校管理评价考核标准》和《顺义区成人学校评价考核标准》，对顺义一职、汽车职高、农广校、成人教育学校等7所职业、成人教育学校进行专项督导检查。督导检查组通过听取校长汇报、召开师生座谈会、查看学校档案资料，对各学校在加强学生管理、开展富有成效的教育活动、加强班主任队伍建设、推进教学改革、加强顶岗实习学生管理、提高学生技能等方面采取的措施、取得的成效、存在的问题及今后工作的设想等方面进行了重点检查。对各职成学校将德育与就业指导工作有机结合，树立多元人才观，发挥师生主观能动性、挖掘师生潜能，为顺义区经济社会发展做出贡献的有效做法给予肯定。（王跃文）

【北京市中小学校责任督学挂牌督导现场会在顺义召开】 9月11日，北京市中小学校责任督学挂牌督导现场会在顺义召开。顺义区政府教育督导室主任李卫国作《双轮驱动、四级组织、多措保障，护航教育发展》典型发言，介绍顺义区延伸教育督导触角，及时发现和解决学校问题，推动学校端正办学思

想，规范办学行为，实施素质教育，提高教育质量，实现内涵发展的举措。顺义区责任督学朱元兆、张永林、王志军、刘连清、谢爱军用生动的案例，分别讲述各自实施挂牌督导以来，做专家、架桥梁、善协调、解民忧、讲奉献的历程，受到与会领导、督学们的好评。市政府教育督导室主任唐立军、副主任关国珍、市教委委员李奕、北京教育学院院长李方、顺义区政府副区长于庆丰以及各区县教委主管领导、教育督导室主任、副主任、责任督学、校长代表等近300人参加会议。 （王跃文）

【召开全体专兼职督学会】 10月10日，顺义区召开全体专兼职督学大会。督导室科长范成海主持会议，副科长侯盛林回顾2014年上半年督导工作，部署下半年迎接北京市全面实施素质教育督导检查、做好挂牌督导争先创优等工作。张春旺督学针对下半年专项督导工作的内容、形式、程序、方法等进行培训，尤其是对培育和践行社会主义核心价值观和减轻学生过重课业负担等内容进行重点讲解。会议要求全体督学要认真学习全面实施素质教育评价方案，对义务教育均衡发展要再认识、再复习、再检查，对践行社会主义核心价值观要督促、指导，引领各校环境育人、实践育人、文化育人、管理育人、道德育人；挂牌督导责任督学要进一步提升自身素质，积累整理工作经验，提高为民办实事的本领，树立服务意识，加强工作指导，用新理念引领学校发展。 （王跃文）

【进行核心价值观和课业负担专项督导】 10月14日至11月18日，顺义区教育督导室开

展培育和践行社会主义核心价值观、减轻学生过重课业负担专项督导。督导内容包括学校培育和践行社会主义核心价值观情况，重点考察学生知晓和学校开展活动情况；学校落实区教委减轻学生过重课业负担的情况，含五个监测点，即课程计划执行情况、学生在校时间安排情况、教学管理规范情况、考试安排情况、课外活动达标情况。此次督导涉及全区62所学校，听取62位校长工作汇报，随机听课1480余节，发放学生调查问卷1860份，随机访谈学生600余人，查看校园文化环境建设，查阅课程表、学生作息时间表、学生教辅用书、教学进度安排、课外活动计划方案、减负制度经验等相关档案资料。督导中对一些学校减负增效经验以及学校在减负方面的探索——创新教学方式和作业设计等给予充分的肯定。 （王跃文）

【召开深入推进素质教育培训会】 10月17日，顺义区召开深入推进素质教育培训会。邀请专家对《北京市区县政府、教委、学校（教育机构）全面实施素质教育评价方案》修订历史、重要意义和主要内容等进行解读，使各有关部门进一步明确各自所应承担的职责，为全面深入推进素质教育指明方向。副区长于庆丰就贯彻落实依法行政、依法治教，全面深入推进素质教育工作提出了要加强领导、确保教育优先发展的战略地位等意见，要求各相关委办局、镇、街以及各级各类学

校深入领会、认真学习、落实到位。区教工委书记冯义国，区教委主任刘克祥，区政府教育督导室主任李卫国等领导及各相关委办局、镇政府、街道办事处主管教育工作领导，各中小学、幼儿园、职业学校校园长，各镇（街道）教育助理，教委机关各科室（部门）科长（负责人）以及全体专兼职督学等近300人参加培训。（王跃文）

【教育部督导办来顺义调研中小学挂牌督导工作】 10月24日，教育部督导办副主任周坚、督学管理处调研员唐保国、督学管理处

干部陈磊来到牛栏山一中，调研中小学挂牌督导工作。调研组成员首先听取顺义区教工委书记冯义国关于顺义区教育事业发展概况和实施挂牌督导工作做法、取得成效等工作汇报。然后召开挂牌督导责任督学代表和校长代表座谈会。北京市政府教育督导室副主任关国珍，顺义区委常委、副区长于庆丰等领导陪同。（王跃文）

【接受北京市全面实施素质教育综合督导】 12月17日，北京市政府教育督导室副主任刘

莉、综合督导处处长杨江林、副调研员高传霞以及市教委领导、市督导室督学等一行16人到顺义区进行全面实施素质教育情况综合督导。市督导组听取顺义区委副书记、政法委书记周颖博作《依法履职办教育，提升品质惠民生》全面实施素质教育工作情况汇报，分别召开相关委办局、教委相关科室（部门）负责人和学校（教育机构）主要负责人三个座谈会，查阅相关档案资料。实地考察港馨幼儿园、木林中小、北京四中分校、现代职业教育园区、少年宫和马坡镇政府6家单位。刘莉充分肯定顺义区把教育摆在优先发展的战略地位，形成“党以重教为先、政以兴教为本、企以助教为责、民以尊教为荣、师以从教为乐”的良好氛围。希望顺义区随着城市化进程的加快，积极面对人民群众对优质教育资源的强烈需求，努力办好每一所学校，让学生天性得到发挥，潜能得到开发，让每个孩子健康快乐成长。（王跃文）

【召开“十二五”教育评价与督导科研课题结题评审会】 12月30日，顺义区教育督导室组织召开“十二五”教育评价与督导科研课题结题评审会。督导室在初步审核基础上，从上报的60余项课题中筛选出17项课题参加评审。顺义一中副校长刘艳梅等课题负责人分别介绍“十二五”期间开展科研工作的历程和课题取得的研究成果，六位市、区专家对每一项课题进行质询，肯定17项课题的研

究成果，同时对部分课题存在的问题提出进一步改进意见。 （王跃文）

【采取多种措施提高督政实效性】 年内，顺义区教育督导室采取措施提高督政实效性。一是自评与督评相结合，指导19个乡镇、6个街道和有关委办局完成教育执法自查活动，并撰写《顺义区人民政府教育法律法规执行情况自查报告》。二是突出督评工作，年初制定《顺义区督政工作报告书》，挂在网上，每个镇、街道及时记录校园周边环境治理情况、领导联系学校情况、为辖区内教育办实事情况等等，由于每项工作均为即时性的，到年终报告书自然形成，实现了过程性管理。

（王跃文）

教育行政
顺义区教育委员会

概况

2014年，办公室全体人员圆满完成了全年各项工作任务。

一是建章立制，加强学习。坚持内外结合、横纵结合、自学与集体学习结合等原则，通过聆听报告、实地调研、业务培训、科室交流等形式，安排学习20次，提升机关人员整体素质。

二是规范行为，有序协调。办公室在原有制度、程序基础上进一步规范，细化各项工作流程，健全完善各项工作制度，形成各方协调运转，行为规范的工作机制。全年处理市区来文1975件，各级各类通知、简报1356件，领取区级领导批示84件，领取区委机要文件65件。全年制发公文174件。答复人大政协建议提案16件，收集、整理2013年文书档案、实物档案等共计300件，完成装订、编号、入库及输入计算机，接待查阅档案100余卷次。全年服务两委一室、主任办公会共计20次，做好议题征集印发，会议记录整理，现场服务协调等各项会务工作，撰写会议纪要。参与筹备诸如教师节庆祝等大型会议。妥善安排教委领导下校调研，确保衔接平稳、沟通顺畅。

三是精益求精，提升服务水平。首先，完善OA建设，研制推行机关工作周历，汇总科室一周工作动态，统一协调各项工作。推行科室重点工作落实情况季度检查机制，建立工作督查制度，做到工作有计划，有落实。其次，全面改版教委网站。改版后的教委网站版块更加清晰，突出了为民、公开、法制、高效，及时发布教育要闻、教育法规政策、教育信息。

四是做好宣传，树立良好形象。充分发挥“一报三刊”及顺义教育网等内部宣传平台的阵地作用，2014年出版《教育动态》13期，《顺义教育》6期，编发《顺义教育信息》33期，在顺义教育网站刊载动态新闻100余条、图片新闻几十条。通过宣传，在全系统营造和谐、进取、奉献的优良育人氛围。全年在各级各类媒体刊（播）出“北京教育新地图——顺义专版”等各类报道200余条。制播出电视专题节目6期。

【教委机关加强调研】 3月4日，教委机关

组织全体机关干部开展专题学习活动，解读《顺义区教育委员会关于机关领导干部和各科室开展调研的工作方案》，讲解了《怎样做调查研究》，主要目的在于推进科学决策，改进工作作风。学习活动揭开教委机关调查研究的序幕。3月到5月，教委机关从自主申报调研课题、确定课题、制订完善调研方案、开展调研、形成报告、交流展示等具体步骤着手，调研当今顺义教育改革难点、群众关注热点等问题。调研工作人人参与，副处级领导干部每人承担1项调研课题；5人以下的科室，承担1至3项调研课题；5人以上（含）的科室，承担2至4项调研课题。教委机关认真梳理调研中了解到的真实情况，分析发现的问题，提出解决问题的可行措施和建议，推动重点难点问题的解决，做到摸实情，讲实话，提实策，做到调研工作贴近基层，贴近群众，为扎实推进群众路线教育实践活动

打下坚实基础，切实推进顺义教育转型升级。

（秦学茹）

【组织干部学习违反中央八项规定精神曝光案件】 8月28日，区教委从8月18至24日中纪委曝光台曝光153件违反中央八项规定精神案件中，检索出教育系统各级各类学校违规案件25起和北京市查处的6起案件，下发到各基层单位和相关科室，组织各单位班子成员和机关科室人员认真学习。并明确要求各单位安排专人每周查看中纪委曝光台信息，及时组织学习最新曝光案件，从违规问题中吸取教训，要求广大干部时刻自重、自省、自警、自励，老老实实做人、踏踏实实干事，营造厉行节约、风清气正的育人环境。

（杨守丰　刘　强）

【报送政务信息】 9月起，顺义区教育宣传中心在《顺义区情》（普刊）发表信息34条，简报6期，涉及学前督导，群众路线，庆“六一”游园，慰问老干部，初中教师基本功等内容。

（徐振阳）

综合管理

概　况

2014年，顺义区教育系统进一步加强各方面规范化管理。

全面部署党风廉政建设工作。依据中央新修订的《关于实行党风廉政建设责任制的规定》，对我委《党风廉政建设和信访稳定工作任期责任书》进行修订。研究制定了《中共顺义区委教育工作委员会2014年顺义区教育系统党风廉政建设和反腐败工作主要任务分工》（顺教工发【2014】7号），明确了13项主要工作任务，确定了牵头部门和主管领导等责任人。组织开展党风廉政建设责任制年度考核，对考核情况进行总结，及时向学校反馈测评结果，督促学校就存在问题进行整改。进一步梳理和修改教委职权目录、项目流程图，推动廉政风险防控工作有序开展。年底，顺利完成区委对教工委落实党风廉政建设责任制情况的年度考核。

审计工作管理常态化。经济责任审计工作一直是重点工作，2014年，结合校长轮岗和教育布局调整的需要，对20位校（园）长及直属单位一把手任职期间的经济责任进行了审计，对离任校（园）长及直属单位一把手在履行经济职责方面给予了客观、公正的评价。按照《教育部关于加强和规范建设工程项目全过程审计的意见》要求，积极发挥内部审计作用，进一步加大基建修缮工程项目审计力度，印发《北京市顺义区教育系统领导干部经济责任审计实施办法》。邀请会计师事务所对9个基层单位2013年度及结转项目经费管理和使用情况进行专项审计，涉及资金1个亿。受理合同1363份，完成备案1287份，其中重大合同395份，充分发挥内部审计的监督作用。

财务管理持续规范。举办新会计制度、《行政事业单位内部控制规范（试行）》等培训活动。拟定《教育系统职工福利费管理办法（试行）》，规范了职工福利费的使用范围。研发“教育预算管理系统”，落实内部控制管理规范。

【教育系统春节团拜会在牛栏山一中举行】 1月19日，“马到成功”2014年顺义区教育系统春节团拜会在牛栏山一中大礼堂举行。团拜会由区教工委副书记李卫国主持，区教工委书记冯义国、区教委主任刘克祥代表两委班子成员向全区教师及少年儿童拜年。团拜会既隆重热烈，又简朴节约。集演唱、舞蹈、器乐演奏为一体，节目形式简洁新颖，内容丰富多彩。全区中小幼领导和教师代表参加。

（刘美坤）

【加强内部审计学习】 1月，审计科认真学习《北京市教育系统内部审计工作实施办法》和《北京市教育委员会关于进一步加强区县教育系统内部审计工作的意见》，进一步加强基层单位内审小组建设，不断加大对基层单位审计工作的日常检查和指导，合理安排重点审计和审计调查项目，促进资金使用效益和管理水平的提高。（杜鹏程）

【召开教育系统财务工作会】 3月上旬，顺义区教育系统财务工作会议召开。会议部署2014年财务重点工作，围绕预算管理、国库集中支付、经费统计及本年度会计科目设置等内容做专题培训。全区教育主管领导和会计共计230余人参加。（李　欣）

【举办教育系统《中小学校会计制度》培训会】 3月28日，顺义区教育系统会计人员培训会在社区教育中心电大楼报告厅召开。计财科科长徐冉就教育系统项目资金的管理流程进行强调和部署，同时对预算的编制及执行要求进行了再次强调。副科长聂树英对项目预算的支付提出具体要求。刘春波就预算调整做了工作部署。随后工作人员分别就新旧会计制度衔接；2014年电算化会计账的初始设置；资产类、负债类、收入、支出类、净资产类会计要素的科目变化及运用；财务报表等内容做了培训。各单位在岗会计人员共280余人参会。（李　欣）

【开展经济责任审计工作】 3月，顺义区深入开展领导干部经济责任审计工作。通过对领导干部近三年履职情况的审计，做出客观公正、实事求是的评价；对学校财务管理以及会计账务处理等方面存在的不足，提出审计意见和建议，进一步规范了基层单位的财务管理，充分发挥了资金的最大使用效益。通过开展经济责任审计，推动建立健全科学的干部考核、责任追究制度，促进领导干部增强财经法纪观念和管理意识。（张智力）

【区教育系统党风廉政建设工作会召开】 4月4日，顺义区教育系统党风廉政建设工作会召开。会议总结教育系统2013年党风廉政建设和反腐败工作，结合党的群众路线教育实践活动，部署了2014年教育系统党风廉政建设七项主要工作任务。会议要求教育系统各单位要认清形势，高度重视党风廉政建设工作；要深刻剖析风险点，全面落实反腐倡廉工作。区教工委书记冯义国，区教工委副书记、教委主任刘克祥，教育督导室主任李卫国等领导出席。教育系统各单位一把手、工会主席、纪检委员，各镇（街道）教育助理和教委机关各科科长500余人参加会议。（周晓娟）

【召开基建项目管理培训会】 4月9日，顺义区基建项目管理培训会在牛山一中召开。会议由基建科主办，邀请北京北咨工程咨询有限公司顺义分公司专家主讲。与会人员听取何晓光总工程师讲解投资建设项目管理相关知识，陈永辉经理讲解项目概算、结算、决算编制及评审相关知识。牛栏山一中主任邢立彬介绍校园整体规划经验。基建科科长冯长宝总结并强调：要学习基建项目管理相关知识，做好基建工作。全区中、小、幼工程建设项目单位共计83家、138人参加此次会议。（田海洋）

【区领导到部分学校调研】 4月下旬至5月上旬，区领导到部分学校调研。区委常委、

纪委书记肖韵竹一行到南彩学校、木林中小、教委机关调研。她查看学校基础设施、教育教学、服务保障等情况，分别与45名干部教师、20余名机关干部代表座谈；听取两所基层学校对教育系统开展党的群众路线教育实践活动情况的评价，以及对各自单位领导班子和党员干部履职情况、作风建设的总体评价。区委常委、常务副区长林向阳，

区委常委、区委办公室主任朱家亮分别到顺义十三中、东风小学教育集团本部调研。

（徐振阳）

【抽查基层单位落实中央八项规定情况】 5月1至3日，为落实中央、市区文件规定精神，区教育纪工委抽查教育系统内部各单位落实中央八项规定，查摆“四风”问题情况，重点查看领导干部办公用房及各单位公务用车节假日停放单位问题。抽查结果显示，中央《关于改进工作作风、密切联系群众的八项规定》发布以来，顺义区教育系统已经积极行动起来，认真贯彻中央、市区文件规定。多数单位在办公用房治理和公务用车使用管理等方面及时采取了相关措施，取得一定成效。

（刘　强）

【开展廉政文化作品创作征集活动】 5月12日，区纪委印发《关于开展廉政文化作品创作征集活动的通知》，在全区范围内开展“北京廉政故事”“廉政微短剧”创作征集活动。教育系统积极参与这次征集活动，共征集廉政文化故事60篇，廉政微短剧视频2个。该活动进一步推进教育系统党风廉政宣传教育工作，增强廉政教育的有效性，丰富廉政教育的多样性，引导广大干部教师积极参与廉政文化建设活动，在全系统形成风清气正、崇尚廉洁的文化舆论氛围。

（刘　强）

【区纪委调研教育工作】 5月17日，区委常委、区纪委书记肖韵竹，区纪委副书记、区监察局局长闫连恒，区纪委副书记王文荣，区纪委相关处室负责人等一行8人来到区教委调研教育工作。调研组听取区教委教育工作汇报，对顺义教育发展所取得的成绩以及教育系统加强廉政教育、强化纪检组织机构建设、规范财务管理等工作表示充分肯定，并针对当前群众关心和关注的热点、重点和难点问题，与区教委进行深入沟通。区财政局、审计局、发改委物价检查所等治理教育乱收费联席会议成员单位主管领导陪同调研，并结合自身职能，对规范教育收费相关问题进行全面研究。

（周晓娟　刘　强）

【区委副书记、区长卢映川等领导慰问少年儿童】 5月27日，区委副书记、区长卢映川到李桥中心小学慰问，为同学们送上节日的祝福，并赠送课外体育活动用品。他观看了精灵舞蹈社团、管乐团等校园特色文化活动，与科技社团的同学们互动，同小百灵合唱团的同学们共唱《我们是共产主义接班人》。他与师生代表亲切交谈，详细询问师生生活与学习情况。他强调：教育之本在于让每个孩子顺利步入社会，有一个完美的人生。作为教师，要用一颗爱心，教会孩子一生受益的知识，像爱自己孩子一样，爱每一个孩子。小学教育是打根基的教育，要培养孩子健全的人格，强健的体魄，以及受用终生的人生修养。“六一”期间，区领导胡尚云、杨宝华、周颖博、车克欣、林向阳、于庆丰、董占云、闫志广也分别到后沙峪中小、北小营中小、高丽营二幼、吉祥幼儿园、牛山二幼、龙湾屯幼儿园、杨镇一幼、张镇幼儿园慰问少年儿童。

（徐振阳）

【区政协主席杨宝华到北小营中小慰问】 5月29日，区政协主席杨宝华在北小营镇党委书记马强、区教委纪检书记隋美荣的陪同下来到北小营中小，为少年儿童送上节日祝福。杨主席参观了校园，并饶有兴趣地走进了五年级科学课堂，和学生一起探讨科学知识。学生精彩的演示，得到了杨主席的喝彩。随后，杨主席和教职工代表进行了座谈，对学校的校容校貌、设施设备、教育质量给予了充分肯定，并对学生提出了殷切希望。杨主席的到来使全体师生受到极大的鼓舞，更加坚定了为学校发展而努力的决心。

（刘建军）

【区委书记王刚一行视察高考工作】 6月7日，区委书记王刚到区教育招生考试中心视察高考工作。听取教委关于高考工作的简要汇报，详细询问各考点校安全保障等具体措施落实情况，查看试卷保密室人防和技防设施。随后，他们在区高考电子巡查指挥中心，查看三个考点的备考情况，了解待考区考生状态。区委副书记、区长卢映川，区委

常委、副区长于庆丰，区委常委、区委办主任朱家亮，区教工委书记冯义国，区教工委副书记、教委主任刘克祥等领导陪同。

（鲍　文）

【副区长盛德利慰问教育系统优秀党员代表】 6月30日，副区长盛德利来到教委慰问优秀党员侯亚军，为她送去了党和政府的问候，希望她再接再厉，多为地区教育事业做贡献。勉励教育系统全体党员争做时代先锋，引领广大干部教师为教育事业做出新贡献。区教工委书记冯义国，区教工委副书记、教委主任刘克祥陪同。（朱志敏）

【开展教育系统内部审计人员培训工作】 6月，为进一步提高内审人员的整体素质，加强队伍建设，教育系统共有78名内审人员参加岗位资格证培训，并通过内审人员岗位资格测试，获得中国内部审计协会印制的《内部审计人员岗位资格证书》。通过系统的培训学习，提高教育系统内审人员审计理论水平，扩充审计业务知识，开拓工作视野，提升内审人员的整体素质。（张智力）

【聘请会计师事务所加强项目资金审计】 6月，区教委聘请北京金诚立信会计师事务所有限责任公司对教委系统的9个基层单位2013年及以前年度结转的建设工程及修缮项目经费进行审计。6月9日召开项目审计工作会，参会人员有教育纪工委书记隋美荣同志、金诚立信会计师事务所副总经理杨霞、审计部经理吕晶以及9所学校主管财务的副职领导、主管会计。此次抽查审计重点为工程项

目立项、勘察、设计、招标、施工、竣工以及工程款结算等各个环节的运行状况和相关经济管理活动。力求及时发现问题，及时进行整改，以防止不严格履行建设审批程序、违规招标、监理工作不到位、工程款结算不规范等问题的发生，维护单位的合法利益，推动大中型工程项目建设的顺利实施。避免违规操作，充分发挥内部审计应有作用，建设“阳光工程”。（王秋鸿）

【副区长林向阳到双兴小学调研】 9月3日，副区长林向阳在区教委副主任张海东的陪同下，来到双兴小学指导工作。首先，负

献臣校长向区领导汇报近年来学校整体工作情况及今后发展方向。林区长对学校整体工作给予了高度评价，并就“小学阶段个性化教育、原创性创新能力的培养”等问题做了重要讲话，同时对学校全体师生提出了殷切希望。最后，林区长观看了学校的武术、版画、书法等特色社团展示，并与校领导及师生代表合影留念。此次调研指导为双兴小学今后各项工作的开展指明了方向。

【举行2014年教师节庆祝大会】 9月9日，

顺义区2014年教师节庆祝大会在杨镇一中举行。会议由区委副书记周颖博主持，区委常委、副区长于庆丰宣读表彰决定，授予牛栏山一中等65个单位为教育工作先进集体；授予孙孟远等29人为优秀校长；授予辛加伟等34人为优秀学科教学带头人；授予刘学毅等171人为学科带头人；授予刘红等119人为优秀班主任；授予初吉祥等140人为园丁新星；授予厉红霞等1204人为骨干教师；授予孙海燕等695人为优秀教育工作者。杨镇中小校长朱秋庭、牛栏山一中教师孙枫、北京临空经济核心区管委会主任张爱冬、牛栏山镇党委书记马朝龙分别做典型发言。区委副书记、区长卢映川发表讲话。他指出，要坚定改革信心，站在增进人民福祉的高度看待改革，敢于冲破思想观念的障碍，促进教育公平、惠民，实现教育同经济发展和社会进步更紧密的结合。要凝聚改革力量，最大限度集中全社会的智慧，最大限度调动一切积极因素，统一思想、统一行动。要贡献教育智慧，全体教师要用心从教，真心服务，用爱心育人，培养更多心理健康、体魄强健、学有所长的学生。区委书记王刚，区委副书记、区长卢映川，区人大常委会主任胡尚云，区政协主席杨宝华等领导出席。各委、办、局、中心、公司行政正职及主管副职，各镇、街道党政正职及主管副职，各中小学、幼儿园、职业学校校（园）长，优秀教师代表500余人参加。

（徐振阳）

【区委副书记、区长卢映川等领导慰问广大教师】 9月9日，区委副书记、区长卢映川来到杨镇二中，看望优秀教师代表，向他们赠送书籍，并通过他们向区内广大教职员工致以节日的问候。他观看了学校《“三品”沁芳》宣传片，听取学校负责人汇报，与干部教师深入交流。他指出，学校要重视学生身心健康教育，不断提高学生的综合素质，引导他们成长为遵纪守法的好公民；广大教师要把教书育人作为奉献社会的职责和使命，铸造爱岗敬业的高尚形象。他表示，区委、区政府将一如既往支持教育事业发展，为学生们健康成长创造良好环境。教师节前夕，胡尚云、杨宝华、林向阳、于庆丰、肖承继、董占云、闫志广等领导也分别到尹家府幼儿园、天竺中学、双兴小学、宏城幼儿园、石园小学、仇店中小、怡馨幼儿园等单位慰问广大教师。

（徐振阳）

【市教工委常务副书记刘建一行到顺义调研】 9月12日，北京市委教育工委常务副书记刘建，丰台区委教育工委书记宋金忠，西

城区教育督导室副主任翁乃彤等一行5人到北务中小调研。区副区长于庆丰、区教工委书记冯义国、北务镇书记宋学农、镇长张小军等领导一同前往调研。调研组听取学校工作汇报，参观校园环境、专用教室，欣赏学校部分社团学生作品，开展座谈活动。副区长于庆丰就教育资源、教育环境、城乡教育融合等提出展望；北务镇党委书记宋学农、教工委书记冯义国等同

志分别就城乡教育均衡发展提出期望。刘建代表调研组肯定学校的各项工作，并表示会进一步加强调研，为学校做好服务工作。 （刘宏伟）

【组织开展秋季收费检查工作】 9月中旬，顺义区治理教育乱收费联席会议办公室组织

开展秋季收费检查工作。依据市治理办《关于开展2014年秋季教育收费自查自纠工作的通知》要求，区治理办详细制定自查自纠工作通知和检查方案，分组检查中小幼职60所。检查组深入学校，通过座谈、查账、听汇报、实地检查等形式，对学校2013年秋季开学以来的教育收费、公示栏、资产管理和绩效工资执行情况等进行认真细致的检查。通过检查，及时指导和纠正学校存在的问题，进一步规范学校收费和财务管理工作。区纪委、发改委、财政局、审计局作为成员单位，派人参与检查工作。

（杨守丰 刘 强）

【顺利通过北京市秋季教育收费检查】 9月17日，北京市教委对顺义五中和第十三中学两所学校进行收费检查。通过审查帐目、学生座谈、学生问卷和实地检查等形式，监督和指导学校规范教育收费工作。检查内容涉及义务教育阶段是否存在择校生乱收费情况、食堂管理情况、执行教育收费公示制度等内容。通过收费检查总体情况良好，学校收费制度完善，学校的财务管理规范。没有违规收费现象。两所学校顺利通过收费检查。 （王秋鸿）

【接受市治理教育乱收费专项督查】 9月18日，市治理教育乱收费专项督查组到顺义区

检查工作。督查组深入顺义十三中和顺义五中，听取区教委工作汇报和两所学校自查汇报，检查学校收费公示栏和学校账目，组织部分学生问卷调查和座谈，并实地考察校园环境。区教工委副书记、教委主任刘克祥代表教委汇报工作，区教委相关领导与区纪委、区发改委、区财政局、区审计局四家单位相关人员陪同。 （杨守丰）

【市教工委常务副书记刘建到南彩学校调研】 9月28日，北京市委教育工委常务副书记刘

建率市教委机关干部联系中小学第三联系组第二小组到南彩学校调研。活动由第二小组组长东城区教委主任冯洪荣主持。调研组首先听取了南彩学校李琦校长的专题汇报，了解了学校的基本情况。围绕“编制”“培训”两个核心问题展开研讨，整个活动在真诚沟通与智慧碰撞中进行。通州区教育纪工委、昌平区教委、市教育工委市教委离退休干部处等领导随同调研。区教工委书记冯义国、

教育督导室主任李卫国及南彩镇党委书记黄永志等陪同调研。 （张志纯）

【开展后续审计工作】 9月，教委审计科对2013年度审计工作发现的问题整改情况进行跟踪检查。检查范围包括3所高中校、4所幼儿园、7所小学。通过后续审计工作的开展，促进被审计单位落实审计意见和建议，采取有效措施纠正违规违纪事项，有效完善内部控制制度，改进内部管理，防止“屡审屡犯”现象发生，达到“强管理、防风险、促发展”目标。 （李　波）

【完成秋季教育收费检查】 9月，为贯彻落实市治理办《关于开展2014年秋季教育收费自查自纠工作的通知》要求，顺义区组成治理教育乱收费联席会议小组，对2013年9月至2014年9月秋季教育收费自查工作进行重点抽查。在基层单位100%自查的基础上，对38个单位进行重点抽查。通过审查帐目、学生座谈、学生问卷和实地检查等形式，监督和指导学校规范教育收费工作。检查内容涉及义务教育阶段是否存在择校生乱收费情况、公办高中招收择校生执行“三限”政策的情况、幼儿园收费管理情况、执行教育收费公示制度等7项内容。通过审计检查完善学校收费公示栏公示的内容、规范学校的财务情况。 （李　波）

【开展“廉政文化进学校示范点”评选活动】 11月3至5日，区教委纪检监察科联合相关

区教委开展“廉政文化进学校示范点”评选活动

科室对申报“廉政文化进学校示范单位”的学校进行集中评估。通过座谈走访，听取汇报、查阅资料、参观校园环境等环节，全面系统的对申报校廉政文化进学校工作进行考核。十三中、木林中小、港馨幼儿园等9家单位被评为“顺义区廉政文化进学校联系示范点”。通过开展“廉政文化进学校示范点”创建活动，增强了干部、教师、学生的廉政意识，促进了师德、师风、校风、学风和执政能力的有效提高，对办人民满意的教育，做人民满意的教师有极大的引领作用。落实区纪委廉政文化“七进”活动，在教育系统营造“风清气正、崇尚廉洁”的人文氛围。 （刘　强）

【市委常委、教工委书记苟仲文一行到顺义区调研】 11月4日，市委常委、教工委书

记苟仲文一行调研顺义区教育情况。他视察了牛栏山一中、职教中心，在杨镇一中召开座谈会，听取全区教育工作汇报。苟仲文书记指出：教育要以生为本，敢于解放思想，可以通过政府购买服务等方式，充分利用社会资源，在硬件无差别化提升的基础上用开放办学的方式，提升软件水平。要努力探索教师的多渠道培训与使用，教师不能局限于在区内培训，要利用国内与国际最好的培训资源；加强与北大、北师大等高校的合作，同时可以借用国际学校引进教师的模式，探索引进台湾、香港、美国等国家和地区的优秀教育人才。要在保持现有高中数量基础上，注重提升现有高中校质量，特别重视语文教学，增加学生阅读量；全面办好义务教育，确保义务教育优质均衡发展，实现学生

体育、美育全方面发展。区委书记王刚等区委、区政府领导出席，区委副书记、区长卢映川主持座谈会。区教工委书记冯义国，区教工委副书记、教委主任刘克祥陪同。

（朱志敏）

【组织参观“以案为鉴，警钟长鸣——预防职务犯罪展”】 12 月 3 日、5 日，区教育纪

工委分四批组织教育系统领导干部和重点岗位人员参观“以案为鉴，警钟长鸣——预防职务犯罪展览”。展览活动由区纪委、区检察院、区法院联合举办，采取图片展形式，由 34 块展板组成，包括《剑指贪渎　案例聚焦》《高墙忏悔　发人深省》《反腐法规　行为指南》和《千万警惕　远离贪渎》四个部分，精选十八大以来全国、北京市、顺义区内具有较大影响和发生在身边的典型职务犯罪案例，以案说法，图文并茂，发人深省。教委机关干部、基层单位“一把手”和主管财务基建工作的领导，以及各单位会计人员等近 600 人参加活动。

（杨守丰）

【对区内信息员进行指导】 2013 年 12 月至 2014 年 1 月，6 名基层信息员来宣传中心跟岗学习，每人为期三周。这 6 人分别是杨镇中小任仲刚，吉祥幼儿园张婷婷，高丽营一幼魏飞，北石槽幼儿园李小鹏，馨港幼儿园李娜，马坡二幼尉静。编辑人员对其进行编写信息方面的指导，参与编辑《顺义教育信息》15 期。

（徐振阳）

【加强教育系统合同审核和备案管理】 至年底，顺义区审计科已收到所属基层单位送审合同 1363 份，律师出具法律意见书 1319 份，修改后进行备案的金额在 50 万以下一般合同 892 份，重大合同 395 份。重大合同均已在区法制办办理备案手续。通过对合同的审核备案管理，有效的规避合同纠纷，防止单位利益受到损害，从源头上减少法律风险的产生，保证合同的合法性，充分发挥事前法律监督与服务的作用，进一步推进依法行政和法治校园建设。较前两年各单位合同送审率和备案率有明显提高。

（杜鹏程）

【进一步规范审计工作制度】 年内，顺义区为推动单位内部审计工作制度化、规范化，保证内部审计工作质量，加强廉政风险防控机制建设。顺义区教委结合教育系统工作实际情况，制定并印发《北京市顺义区教育系统领导干部经济责任审计实施办法》。本办法遵循“全面审计、积极稳妥、重点突出、确保质量”的原则，从总体概论、组织协调、审计内容、审计实施、审计评价和审计结果运用等方面，对教育系统领导干部经济责任审计工作做出全面规定。《办法》进一步明确领导干部任期内对单位财务收支以及相关经济责任应当履行的职责和义务；细化审计实施的工作流程和步骤；强调领导干部经济责任审计的结果将作为领导干部任免、升降、奖惩和考核的依据；建立经济责任审计工作联席会议制度，加强内部管理，完善部门间合作。

（张智力）

【积极开展审计工作调研】 年内，顺义区为贯彻落实市政府办公厅关于《进一步加强内部审计工作的意见》（京政办发〔2013〕36 号），按照市内审协会和区内审协会的工作要求，教委审计科在全区教育系统内开展征文活动。征文主要对 2011 年以来，近三年单位内部审计工作的新变化、新成果、新收获进行总结、分享和展望。重点包括：单位在内部审计制度建设、机构建设、队伍建设和组织领导以及内部审计的职责任务、质量效率、信息化建设等方面有何新的举措，开展哪些工作，取得哪些可喜的进步，发生

哪些变化以及目前在贯彻执行《意见》中存在的问题和建议等。基层学校高度重视，积极踊跃参加，共收到征文15篇，择优向区内审协会推荐7篇。该活动对加强各单位间的沟通和交流，对审计工作的开展起到积极的促进作用。（王秋鸿）

【开展《中国内部审计》杂志征订工作】 年内，为提高审计人员理论素养和业务技能，促进单位财务工作规范管理，增强依法审计能力，教委审计科组织基层单位内审小组订阅2015年度《中国内部审计》杂志128份，并要求内审人员要认真学习，不断提高自身修养和依法审计的能力，为全面有效地开展好教育系统内审工作提供理论依据。（李　波）

【修订《安全稳定工作领导任期责任书》】

年内，顺义区修订《安全稳定工作领导任期责任书》。该工作由综治科牵头。《任务书》是教委与各单位一把手所签订，共涉及9项主要安全管理制度，包括岗位责任制、进出校园管理、公务用车、食品卫生、住宿生管理、突发事件处置等内容，具有要求更明确，可操作性更强的特点。（单继荣）

【编辑发行《教育动态》《顺义教育》】 年内，顺义区教育宣传中心充分发挥"一报三刊"（一报即《教育动态》，三刊即《顺义教育》《顺义教育信息》《顺义教育简报》）及顺义教育网络平台等内部宣传平台的阵地作用，编辑发行《教育动态》13期、《顺义教育》6期，并下发基层单位；编写发行《顺义教育》6期。涉及《教育关注》，《名师访

谈》，《管理》，《科研》，《德育》，《教学》、《专页》等7个栏目。在《顺义学习网》《顺义教育网》《顺义教育信息网》挂电子版《顺义教育》6期，《教育动态》13期。9月15日开始开辟教坛新秀栏目，宣传全区2014年被评为园丁新星的青年教师。在顺义教育网站刊载动态及图片新闻约150余条。2013年11月《教育动态》增加学生习作栏目，为学生搭建文学交流平台，印数由原来每期4000份增加到每期11000份，并根据学校规模分别以50份，100份，200份不等要求平均下发到各班。2014年做《顺义教育》合订本20本。《顺义教育》《教育动态》稿费2014年增至每500字20元。（王艳霞）

【编发《顺义教育信息》情况】 年内，顺义区教育宣传中心编发《顺义教育信息》33期，涉及教育活动概览、家校联合、教师队伍建设、校园活动、学前教育、德育工作、教学管理、校园简讯等内容。2014年共刊发教育信息740余条。（徐振阳）

【宣传中心刊发宣传专页】 年内，宣传中心在《顺义教育》为顺义二中、双兴小学、石园北区幼儿园、顺义八中、张镇中小、李遂中小、尹家府幼儿园、北务中小、东风小学教育集团本部、怡馨幼儿园10所学校和幼儿园做专辑。为小学数学教研室做专辑1期，初中基本功大赛两期。其中，顺义八中、顺义二中、尹家府幼儿园、李遂中小、双兴小学、怡馨幼儿园6所学校为彩封宣传。（李士文）

【宣传中心下基层指导】 年内，区教育宣传中心下基层指导工作。分别去高丽营一幼、

马坡三幼、张镇中小、北石槽幼儿园、馨港幼儿园、北务中小进行讲座。内容包括政务信息撰写、学生习作、教育教学论文、新闻报送等内容，受到基层老师的一致好评。

（王艳霞）

【对外宣传教育特色及成果】 年内，顺义区积极对外宣传教育特色及成果。与市区级媒体联手，详尽、全面地报道顺义区区教育系统特色活动。自2013年1月3日起与《中国教育报》合作宣传特色校1次；2013年1月6日至2014年12月与《现代教育报》合作报道教育系统各单位特色活动及成果，专版宣传特色校特色园的办学成果34次。在《北京日报》《北京晨报》宣传特色办学2次。（王艳霞）

【与区级媒体合作刊发教育新闻】 年内，区教委与顺义电视台、顺义电台、顺义网城等区内媒体加强合作，及时报道顺义教育系统的重大活动、典型人物、特色校园、教育成果等，截至目前，在顺义电视台播出新闻17条，在顺义网城刊发新闻49条。与《顺义时讯》合作宣传特色学校34次。（徐振阳）

【拍摄播出顺义教育驿站专题片】 年内，顺义区与区电视台合作为牛栏山一中，顺义一中等21所学校拍摄节目21期，并在顺义电视台播出。（李士文）

【订阅教育报刊】 年内，顺义区组织基层单位征订教育报刊《中国教育报》850份，《现代教育报》788份，《人民教育报》809份，《北京教育》798份，《中国教师报》724份。

（许立新）

机构建设

概　况

2014年，教委机关机构建设更加合理。设立办公室、人事科、组织科、纪检监察科审计科、计财科、基建科、综合治理科、中学教育科、小学教育科、学前教育科、职业教育与成人教育科、民办教育科、体育卫生与艺术科、教育工会、招生办16个科室及区人民政府教育督导室等办公机构。原顺义区教委教育技术装备部更名为教育资产管理服务中心、原顺义区教师之家更名为顺义区退休教师服务中心。成立特殊支持教育中心、学生活动管理中心、教育财务管理中心，促进教育管理工作更加科学化、规范化、程序化、精细化。

【顺义区教育资产管理服务中心正式运行】 4月18日，顺义区教工委副书记李卫国、教委组织科科长侯亚军在中心全体职工大会上

宣布顺义区教育资产管理服务中心正式运行。2011年6月21日顺义区机构编制委员会办公室〔2011〕14号文件，关于教委所属教育技术装备部更名及调整编制的函：顺义区教委教育技术装备部更名为教育资产管理服务中心。更名后，该中心仍为教委所属相当正科级事业单位，经费形式为全额拨款，核定编制22名，其中科级领导职数1正2副。该中心主要职责是：负责教育系统教育技术装备、中小学实验室、图书馆和各类功能教室的标准化建设、工程维修服务和技术咨询；负责教育系统各单位的水、电、暖、房屋维护工作；协助做好教职工公有住房修缮工作。（郭艳苹）

【教师之家更名为退休教师服务中心】 4月23日，北京市顺义区教师之家更名为北京市顺义区退休教师服务中心。更名后，该中心

仍为教委所属相当正科级事业单位，经费形式为全额拨款。该中心主要职责是：为教育系统退休教师提供娱乐、休闲、健身学习的场所，组织退休教师参加社会活动。2014 年该中心占地面积 13450 平方米、建筑面积 9370 平方米，体育场（馆）面积 665 平方米，订阅杂志、报刊 15 种。固定资产总值 916.1453 万元。全年教育经费投入 349.1552 万元，全部为国家拨款 349.1552 万元。教职工 13 人，其中，高级职称 1 人、中级职称 5 人。（雷　鹏）

【区招办承担教育事业统计工作】 5 月，区招办开始承担教育事业统计工作职能。该工作是教育部组织的全国性综合统计，统计范围涉及全区基础教育和中职教育所有单位，统计内容涵盖参统单位的学生、教职工、办学条件等方面。数据来源于基层学校，经过学校内部、教委各科室等部门的层层审核，做到数据真实、准确。为教委领导做出决策提供数据支持，为各科室及有关单位提供数据服务。主要工作是代码库的季度更新和年度更新，确定参加统计单位；基础教育和中职教育统计工作的培训、数据质量核查、科室预审报表、数据汇总筛查、校验分析、审核上报等工作。2006 年 4 月前该工作由发展规划科负责，4 月起由民办教育科负责，2007 年重新由发展规划科负责，2012 年 4 月该工作由计财科负责，2014 年 5 月起由招办负责。（李　欣　李冬山）

【草拟教育综合改革方案】 年内，教育改革办公室草拟《关于进一步推进顺义教育综合改革的实施意见》。该方案立足制约教育事业科学发展的热点难点问题，深入分析问题产生的深层次体制机制障碍。提出教育综合改革的目标任务和工作重心，改革教育管理体制，推进政府职能转变和简政放权，落实依法治校，完善学校内部治理结构，推动教育系统去行政化改革，进一步完善义务教育均衡发展工作机制。改革教师管理模式，深化教育系统人事制度改革，积极推进教师职称聘任制度改革。推进考试招生制度改革，创新人才培养模式，坚持立德树人，全面推进素质教育。改革资源配置方式，统筹城乡义务教育资源均衡配置，推进普通高中多样化特色办学，构建学前教育公共服务体系，提高教育公共服务水平。努力扩大教育对外开放，拓宽教育交流领域，提高教育国际化水平。创新办学机制，加强联盟组团工作机制研究，加强改革试点新型学校建设，引领全区基础教育改革深入开展。（贾立新）

【两委一室领导】 中共顺义区委教育工作委员会主任冯义国；北京市顺义区教育委员会主任刘克祥；北京市顺义区政府教育督导室主任李卫国。（周君姝）

其　他
"说好普通话　圆梦你我他"全国第十七届推普周活动
顺义区教育委员会

安全工作

概　况

2014年，综治科深入贯彻市、区安全工作的整体部署，坚持以确保校园安全为重点，以不发生安全责任事故为目标，结合新时期校园安全工作的特点，努力创新工作模式，强化教育管理力度，确保了教育系统的安全稳定。

一、完善管理体系，全力推进“平安校园”建设

一是以确保十八届四中全会及亚太经合组织会议的顺利进行为切入点，进一步做好各项安全基础工作。二是健全和完善安全防范规章制度。出台《校园安全保障工作方案》《顺义区校园及周边环境综合治理专项组工作意见》，并审核修订《顺义区教育系统安全稳定工作领导任期责任书》，使校园安全管理工作进一步规范化。三是严格落实责任制。分工负责，定岗定责，各单位一把手对本单位安全管理工作负总责，严格执行安全事故领导责任追究制度，坚持分级管理、层层负责的工作机制。

二、强化岗位安全责任制的落实

一是严格贯彻《中小学校岗位安全工作指南》。二是强化对保安员的管理，明确保安员三级管理网络：学校——保安公司——教委。进一步完善职责权限，切实发挥保安员的作用，把好校门口第一道防线。

三、安全教育常抓不懈

一是寓教育于活动之中。1. 开展“安全生产月”活动。制定《顺义区教育系统关于开展安全生产月活动的工作方案》。教育系统7万余人参与，召开动员部署会100余次，发放宣传教育材料近12万余张，设置宣传栏近5400余个，解答师生员工提出的问题5000余件。2. 开展“119”防火宣传日活动。教育系统各单位利用广播、电子屏幕、橱窗、校园电视台等媒体，采取主题班队会、演讲比赛、知识竞赛、观看消防安全教育光盘等形式，提高广大师生的消防安全意识和防范能力。3. 开展交通安全教育活动。以“传承交通文明，安全重在行动”“过马路看红绿灯，开车礼让斑马线”“文明出行，平安上学——顺义区中小学交通安全第一课”等系列活动，落实“安全教育日”。同时强化班校车司机的教育和车况的检查，对全系统80余名班校车司机进行培训，对全区46辆教师班车进行全面安检。4. 开展法制宣传教育活动。成立普法宣传广播小组，进一步提高广大师生的法律意识。开展法制文艺作品征集活动。北京音乐舞蹈学校选送的作品《替我叫一声妈妈》，荣获北京市教委和北京市司法局举办的第二届青少年法制文艺大赛一等奖；参加市教工委、市教委组织的北京市首届中小学、幼儿园教师法律知识竞赛活动，顺义区参与率达到90%以上，85%的教师达到优秀等次，两名教师获北京市优秀选手奖，两所学校获北京市学校优秀组织奖，顺义教委获区县优秀组织奖；参加市教工委、市教委组织的北京市中小学模拟法庭教育优秀课例征集活动，选送10件作品，获奖率为100%，顺义区教委获得区县优秀组织奖。

二是落实校园周边环境整治，确保稳定和谐校园周边环境秩序。区教委协调有关职能部门，调查、清理、整顿影响校园周边秩序的各种不安定因素，做好整治无照游商、打击非法客运、清除校园周边堆积物、规范校园门前三包、查处校园周边小广告等项工作。成立顺义区校园及周边治安综合治理专项组，着力解决影响校园及周边安全稳定的突出问题。

三是落实安全防范长效机制，确保校园安全。强化“三防”落实，对全区视频监控系统运行情况进行了全面调研，并形成调研报告。同时，加强单位保安员、学校护校队、值班领导的管理及物防设施设备的管控工作。目前已形成“人防、技防、物防”的防范网络。

四是完善食品卫生监督网络，确保用餐安全。1. 加强检查。依托网格化管理，通过部门联动，多查并举，确保检查力度，确保全面彻底，确保工作实效。2. 继续实行学生食堂大宗食品原材料集中采购，从源头到餐桌的全过程管理。3. 加强食品安全培训。就食堂量化分级管理的有关工作进行具体指导，提升管理者和从业人员的食品安全意识及管理水平。

【召开区教育系统综合治理工作会】 2月26日 顺义区召开教育系统综合治理工作会。会议总结2013年工作，明确2014年综治工作重点，强调要结合交通、消防、“两会”等重点工作，健全和完善管理机制、防控机制、应急机制、考核机制等“四项机制”，同时做到“七个预防”：制度预防、观念预防、全面预防、重点预防、科学预防、人人预防和创新预防。全区100余名主管综治工作领导参会。 （闫志杰）

【开展校园监控系统现状调研】 3月至10月，顺义区开展校园监控系统现状调研。

采取问卷和实地考察相结合的方式进行。问卷调查130余个基层单位技防系统基础建设和运行现状，实地考察112家单位。发现的问题有：前端设备品牌型号统一性差；招标设备等级档次不高；更新报批缺乏整体规划；技防设施覆盖面不足；售后服务缺乏有效监督。针对以上问题，提出加强顶层设计、统一规划、科学制定更新方案和后期维护监管的建议。该调研有利于全面掌握教育系统安全技术防范系统建设运行现状，进一步推进顺义区教育系统安全技术防范建设，夯实科技创安工作基础。 （闫志杰）

【顺义区为使用液化气学校加装安全辅助设施】 4至5月，顺义区为使用液化气学校加装安全辅助设施。加装内容为可燃气体报警联动系统，系统包括可燃气体探测器、报警装置、排风设备等。工期两个月，5月中旬结束。加装范围包括中小学、幼儿园、特教学校、民办学校、直属单位，涉及77家单位，共81个施工点。各校后勤主管领导及食堂管理人员现场监督，委派后勤管理人员学习报警设备使用方法。该工程为教委与区市政市容委共同实施。 （徐振阳）

【夜查学生宿舍】 5月14日和12月28日，顺义区两次对学生宿舍进行夜间突击

检查。主要内容有：门卫保安员值守情况；学校领导带班情况；疏散通道和安全出口是否畅通；应急灯和照明设备是否正常；宿管员尽职尽责情况和学生宿舍环境卫生等。对检查中发现的保安员履职不到位问题，与学校和保安公司进行沟通，并进行彻底解决。 （杨广田）

【召开教育系统班校车安全管理培训会】 6月17日，教育系统班校车安全管理培训会召开。与会人员观看了《交通安全警示录》视频；区交通支队安监中队警官宋科学从车辆安全隐患排查、驾驶员基本素养等方面做安全行车知识培训。会议要求，要严格遵守《道路交通安全法》，杜绝各种交通违法行为，确保行车安全。区教委、区交通支队主管领导出席。各校车辆主管干部及班校车司机200余人参加。（辛郝新）

【部门联动查供货商为APEC顺利召开保安全】 10月21至22日，顺义区教委联合区食药安办、区食药局，对教育系统学生食堂大宗食品原材料集中采购中标的供货商进行安全检查，并就配送价格、原材料质量、及时程度等一些实际问题进行调研。本次重点检查了11家供货商涉及生产、流通、市场、餐饮等方面的情况。检查的主要内容是：大宗食品原材料集中采购配送情况；供货商仓库的环境卫生情况；配送原材料的标志标识情况等等。发现的问题主要有：个别仓库环境卫生不够达标；原材料个别种类标志标识不规范。检查人员要求有问题的单位要立即整改，迎接复查。（单继荣）

【召开教育系统安全稳定工作会】 10月28日，顺义区教育系统安全稳定工作会召开。区教工委副书记、教委主任刘克祥同志指出：APEC会议召开在即，各单位要强化安全意识，深入排查各类安全隐患，做到底数清、情况明、数字准，在细节处下功夫，提高预见性，运用教育、协商、调整等方法，提高处理突发事件的能力，确保学校的和谐、安全、稳定。区教工委、教委、教育督导室、教育工会领导出席；各基层单位负责人、专职书记，区人大代表、政协委员、党代表，教委机关科长、教育助理参加。

（王艳霞）

【开展法律知识竞赛活动成绩突出】 10月，顺义区组织参加市教工委、市教委组织的北京市首届中小学、幼儿园教师法律知识竞赛活动。我区参与率达到90%以上，85%的教师达到优秀等次，两名教师获北京市优秀选手奖，后沙峪中小、北小营幼儿园获北京市学校优秀组织奖，顺义教委获优秀组织奖。

（辛郝新）

【参加模拟法庭】 10月，顺义区参加市教工委、市教委组织的北京市中小学模拟法庭教育优秀课例征集活动。顺义区选送10件作品，获奖率为100%，其中3件作品获一等奖，4件作品获二等奖，3件作品获三等奖。

（辛郝新）

【开展法制文艺作品征集活动】 11月，北京音乐舞蹈学校选送的作品《替我叫一声妈妈》，荣获北京市教委和北京市司法局举办的第二届青少年法制文艺大赛一等奖，并参加市司法局组织的展演活动。顺义教委获优秀组织奖。（辛郝新）

【修订《安全稳定工作领导任期责任书》】 年内，顺义区修订《安全稳定工作领导任期责任书》。该工作由综治科牵头。《任务书》是教委与各单位一把手所签订，共涉及9项主要安全管理制度，包括岗位责任制、进出校园管理、公务用车、食品卫生、住宿生管理、突发事件处置等内容，具有要求更明确，可操作性更强的特点。（单继荣）

【全面落实《中小学校岗位安全工作指南》】 年内，顺义区全面落实《中小学校岗位安全

工作指南》。一是综治科专门召开基层单位安全工作主管领导会，研究制定落实《指南》具体措施和监督检查办法。二是各单位以

《指南》为依据，结合本单位实际，将安全责任层层分解，做到责任到人。三是5月、10月，综治科率10个安全工作中心组，深入全区120余个单位，对落实情况进行检查；并提出问题限期整改。四是开展“安全生产月”活动。制定《顺义区教育系统关于开展安全生产月活动的工作方案》，教育系统7万余人参与，召开动员部署会100余次，发放宣传教育材料近12万余张，设置宣传栏近5400余个，解答师生员工提出的问题5000余件。

（杨广田）

教育救助

概　　况

2014年顺义区继续关心帮助困难群体，确保全区贫困家庭子女在九年义务教育阶段和高中教育阶段顺利完成学业、升入高等院校。全面落实《顺义区人民政府关于在中小学设立人民助学金实施意见和关于设立高等教育助学金实施意见的通知》和《在顺义区中小学设立人民助学金和高等教育助学金实施意见补充实施意见》文件精神。2014年顺义籍符合助学条件的有，51人享受高等教育助学金，发放金额38.97万元；362人次享受初中阶段人民助学金，发放金额38.2965万元；114人享受小学人民助学金，发放金额4万元。

【牛栏山三小举办庆“六一”义卖活动】 5月29日，牛栏山三小举办“奉献爱心·助飞梦想”庆六一义卖活动。师生从家中拿来书籍、学习用品等物品参加义卖，义卖活动历时两节课。顺义区慈善协会李秘书长和牛栏山镇政府冯镇长作为受赠方代表，接受了捐赠，这笔款项将通过区慈善协会转赠给贫困地区的孩子，用以帮助他们改

善学习条件。义卖活动包括：1. 充分动员。少先队大队委员商议并提出义卖方案，召开班主任会，说明情况，下发《致家长的一封信》，征求家长意见。2. 积极引导。义卖物品为学生使用过但比较新的图书和玩具，义卖品单价不超过10元，每名学生所携购物款建议不超过20元，分高中低年级三个学段，分别开设一个交易市场。3. 培养能力。低年级市场售货员由教师、家长志愿者担任；中高年级市场则由学生担任售货员、推销员、安保员、收银员。4. 捐赠善款。此次活动师生共募得善款8221.30元，学校联系镇民政科及区慈善协会，通过慈善渠道，将所得款项捐给贫困地区学生。学校600多名师生参与。

（宋鹏程）

【发放小学阶段人民助学金4万元】 年内，顺义区继续做好小学阶段人民助学金发放工作，发放对象为小学阶段低保家庭子女、区集中供养孤儿及烈士子女。执行标准为每人每年300元的补助；独生子女助学金金额在此基础上上浮20%。凡属顺义籍户口且在本区小学就读的学生，本人或父母享受农村最低生活保障待遇或城市最低生活保障待遇的均可申请人民助学金；区集中供养孤儿及烈士子女也可享受人民助学金。该助学金于每学年初由学生向学校提出申请，经区教委审批合格后可以享受。2014年顺义区共发放小学阶段人民助学金4万元，补助114名小学生。

（赵　恺）

民族教育

概　况

民族教育是教育工作的重要组成部分，顺义区以“民族教育融合化”为目标，结合学校的教育教学工作有重点、分层次、有针对性地大力加强民族团结教育，取得一定的教育和社会效果。目前，顺义区有回族、满族、朝鲜族三个少数民族学生；2014年杨镇一中内地新疆班与和田班继续开办，采取措施做好民族学生的各项工作；后沙峪中小召开民族体育艺术节等。顺义区将民族教育提升到大教育的高度着力发展，从而为做好民族教育、维护民族团进一步作出贡献。

【后沙峪中小举行民族体育艺术节暨春季趣味运动会】　4月30日，后沙峪中小2014年民族体育艺术节暨春季趣味运动会开幕。区民族侨办主任金良宣布民族体育艺术节开幕；顺义鼓韵社团、国旗方阵、校旗方阵、红旗方阵、民族团结方阵、鲜花方阵、鼓号队陆续通过主席台；民族团结方阵35名同学身着各民族特色服饰，他们的表演彰显了本次活动主题；随后的推铁环、篮球、小足球、竹竿舞方阵的表演展示出学校民族教育特色及社团建设成果；任志梅校长致辞并对运动员们致以衷心祝福。裁判员、运动员代表进行宣誓后，比赛开始。体育艺术节彰显民族特色，全校35个班级各选择一个少数民族作为本班主题，了解民族信息，设计班徽，制作手抄报、展板，并由身着该民族盛装的引导员引导入场。比赛项目除设有60米、100米、400米、800米、接力、往返跑等竞技项目外，低年级的“赶羊”、沙包掷准、跳绳，中年级推铁环、8字集体跳绳，高年级垒球、拔河等民族体育项目竞赛依然作为运动会重头戏。一年级亲子跳绳和投篮活动两项内容作为促进学校、家长与学生间相互了解沟通的一条纽带得到继承与发扬。艺术节为期5周，设置跳绳冠军赛、班徽设计赛、入场特色赛、活动征文赛、趣味运动赛等多个项目。其中，“跳绳冠军赛”成为保留项目，每个年级每月将产生男女生冠军各一名。区民族侨办主任、区教委、区体育局等部门相关人员出席活动。该校1500名师生参加。　　**（刘子龙）**

【积极做好新疆内高班工作】　年内，顺义区积极做新疆内高班工作。一是师生高度重视。学校强调大局意识，教职员工无私奉献，积极协作，发挥积极示范作用；二是加强思想教育。经常性地对学生进行维护祖国统一，维护民族团结教育，帮助学生认清“三股势力”的危害，旗帜鲜明地反对民族分裂。平时加强校园、网络舆情等方面监控。三是做好敏感节点摸排。近期几起暴恐事件发生后，及时摸清学生情绪变化，合理引导；侧面了解事件发生可能波及的学生家长情况。四是多部门协调配合。学校及时与教委、公安、反恐支队等相关部门沟通，介绍情况，与之形成合力。目前，全区内高班在校生870人，其中维吾尔族同学735人，分布在预科至高三共四个年级段。　　**（刘加良）**

概　况

语言文字工作扎实推进，成功举办第二届中国汉字听写大赛北京市顺义区选拔赛，26 所初中校初二年级 5717 名学生以集体听写的方式参加了校级听写预赛，三个联盟分别举行了联盟复赛。杨镇二中代表我区参加北京市选拔赛获二等奖。在全区小学生中开展“成语文化龙门阵”活动，42 所学校约 15000 名学生参与初赛，以成语听写、看图写成语、讲述成语典故、根据意思写出成语等形式，寓教于乐，具有知识性、趣味性。在北京市决赛中，南彩二小 7 名学生代表顺义区参赛，选手们凭借深厚的功底，获得北京市一等奖第一名的好成绩。

【举办第二届中国汉字听写大会顺义区决赛】 3 月 7 日，第二届中国汉字听写大会顺义区决

赛在牛栏山一中实验学校举行。6 支学校代表队参加，杨镇二中、仁和中学、牛栏山一中实验学校分获前三名。此前，区内 26 所初中校初二年级的 5700 余名学生以集体听写的方式参加校级预赛。牛栏山一中联盟、顺义一中联盟、杨镇一中联盟分别举行复赛，各联盟前两名学校晋级决赛。市教委委员、市语委副主任曹秀云，市语言文字工作处调研员邓鸿，语言文字学者袁钟瑞等专家出席，区教委领导与各代表队领队老师共 300 余人现场观看比赛。　（刘　强　王　健）

【石园小学承办区小学语文有效识字教学策略研究活动】 3 月 14 日，顺义区小学语文有

效识字教学策略研究活动在石园小学举行。与会人员观摩石园校区教师任丽蓉执教《锡林郭勒大草原》一课，该课突出教给学生识字记字方法及培养学生书写端正整洁汉字的习惯。市基教研中心小学语文教研员、特级教师王春明在点评中，肯定教师能灵活调整教学方案，关注所有学生发展，同时对本课提出了中肯的改进意见。最后，王老师从教材是怎样安排识字、小学生识字要求及方法、阶段目标的表述等方面为与会教师作《对话教材，把握目标；服务学生，落实目标》专题讲座。区教研中心小语组教研员、顺义一中联盟校干部教师以及石园小学教育集团三校区全体班主任、相关领导 100 余人参加此次活动。　（张　梅）

【杨镇二中获听写大会北京赛区二等奖】 3 月 30 日，第二届中国汉字听写大会北京选拔赛在北京十五中举行。杨镇第二中学作为顺义区代表与潞河中学、十一学校和北京 12 中四所中学经过“16 进 8”、“8 进 4”的激烈角逐脱颖而出，进入了最后一轮“4 进 1”的决赛。最后杨镇二中代表顺义区获得北京市二等奖。赛后选手纷纷表示在参赛准备和层层选拔的整个过程中，感受到

汉字中的文化和情感，感受到汉字的魅力，同时更明确了学习汉字，传承文化的使命。

（王柏珍）

【举办第十七届“说好普通话，圆梦你我他”展示活动】　9月19日，第十七届“说好普通话，圆梦你我他”推广普通话展示活动在

顺义区光明小学操场隆重举行。顺义区语委办公室主任张海东致辞，8所学校的师生以舞台剧、音乐剧、快板、剪纸、书法、合唱、成语接龙等多种形式进行了推广普通话的宣传。活动以语言文字示范校为依托，通过开展推普展示活动，激发大家热爱祖国语言文字，增强民族自豪感，陶冶审美情趣，提升文化素养，提高语言文字应用能力，收到很好效果。区政府办公室、区教委、区市政市容委员会、区工商分局、区商务委员会、区国资委等20家成员单位领导和8所展示学校师生以及光明小学家长代表共计900余人参加活动。

（高　凤）

【参加市小学成语文化知识才艺竞赛获第一名】　12月20日，顺义区南彩二小7名学生

组成的代表队在北京市小学成语文化知识才艺竞赛中喜获佳绩。赛场上他们的经典古诗文诵读《少年中国说》被评为优秀节目进行展演；在历经笔试、才艺展示和现场抢答激烈的比赛后，顺义区代表队获得一等奖团体第一名的好成绩。顺义区语委办公室对该项活动高度重视，联合考研中心小语组对选手进行指导。该项活动使学生更加热爱祖国的语言文字，同时也为学校开发古诗文校本课程开拓了新思路。

（高　凤）

文件与专文

北京市顺义区人民政府办公室
转发顺义区教委关于推进中小学校体育卫生工作三年行动计划（2014—2016年）的通知

北京市顺义区人民政府办公室文件
顺政办发〔2014〕16号

各镇人民政府，地区和街道办事处，区政府各委、办、局，各区属机构：

区教委制定的《顺义区推进中小学校体育卫生工作三年行动计划（2014—2016年）》已经区政府同意，现转发给你们，请结合实际，认真贯彻落实。

北京市顺义区人民政府办公室
2014年5月12日

顺义区推进中小学校体育卫生
工作三年行动计划（2014—2016年）

为进一步加强学校体育卫生工作，提高学生体质健康水平，促进青少年学生健康成长，根据《北京市人民政府办公厅转发市教委等部门关于推进中小学校体育工作三年行动计划的通知》（京政办发〔2013〕34号）和《顺义区中长期教育改革和发展规划纲要（2010—2020年）》，结合全区中小学校体育卫生工作实际，制定本行动计划。

一、指导思想和工作目标

（一）指导思想。牢固树立以人为本、健康第一的理念，把增进学生身心健康作为现阶段学校教育的重要任务来抓，把增强青少年体质作为促进顺义未来经济社会发展的基础性工作来抓，作为提高人才质量培养的重要手段来抓，作为办好人民满意教育的重要任务来抓。完善学校、家庭、社会多方参与的青少年健康联动机制，深入推进学校体育卫生工作，培养身心健康、体魄强健、意志坚强、充满活力的合格人才。

（二）工作目标。利用3年时间，使本区学校体育卫生工作的管理水平明显提升，青少年体质健康的基本公共服务水平明显提升，体育与健康教育教学水平明显提升；确保本区100%中小学校落实学生每天1小时校园体育活动，确保85%以上的中小学生达到《国家学生体质健康标准》及格等级以上，并掌握至少两项体育技能；全区中小学生视力低下和肥胖检出率的增长幅度得到抑制和下降。

二、工作任务和主要措施

（一）实施四项工程

1. 实施师资队伍配备与提高工程。各学校要积极引进优秀的高校毕业生、退役运动员等从事学校体育工作，利用3年时间，确保在编制标准内多渠道、足额配备体育教师，鼓励有条件的学校按照工作实际需要，增加学校卫生专业人才的配备。从2014年开始，区教委采取统一招聘的形式，重点加大对农村地区中小学校体育教师的引进力度；加强对体育骨干教师、学科带头人及农村地区体育教师的培训。加大对校长、各学科教师健康知识和理念的培训力度，区教委在制定校长和教师继续教育培训计划时，要专门安排健康知识模块，提高全体教师对学生身心健康教育重要性的认识，并掌握提高学生体质健康水平的手段和方法。

2. 实施学生体质健康监测与干预工程。全区中小学校要配齐《国家学生体质健康标准》测试仪器，每年必须对全体学生进行《国家学生体质健康标准》测试，以校为单位上报测试数据，并建立学生体质健康档案制度。区教委要将中小学生体检和体质测试所需场地、器材、人员相关经费列入生均公用经费，每年要对中小学生的体检和体质测试数据进行分析和比对，并向区政府报告学生体质健康状况。每年举办《国家学生体质健康标准》测试赛，对上报数据及测试赛数据等进行科学分析，形成《顺义区学生体质健康状况年度报告》，并向社会公布。从2014年开始，区教委、区卫生局要通过对学校卫生相关政策及标准的普及、中小学生健康月、中小学生视力分段管理、中小学生家庭健康管理、小学新生家长健康指导等工作，加强对家庭健康教育的引导，注重对孩子健康生活方式的宣传和普及；探索科学有效的防近视、控肥胖综合干预措施，全面实施防近视、控肥胖专项工作，实行区、校（托幼机构）两级管理，学校、家庭、社会多方合作的防控机制。

3. 实施体育场馆设施共享与建设工程。从2014年开始，统筹区域内体育设施资源，公共体育场馆及运动设施在节假日应向周边学校和有组织的学生社团免费或优惠开放，提高利用效率，为中小学生开展体育锻炼活动提供更多的健身活动场所及资源保障。全面落实我区全民健身实施计划，积极推进“两馆一场”（体育馆、游泳馆、体育场）标准化建设；新建、改扩建体育场馆设施应符合国家及北京市有关建设标准和规范，改建和扩建学校要根据区域功能，整合利用地上和地下空间，扩大体育场地面积。

4. 实施体育工作督导与评估工程。区政府教育督导室要进一步加强体育工作专项督导制度建设，将《顺义区普通中小学全面实施素质教育评价指标体系》中的体育卫生工作的评价权重提高到20%。坚持实施初中毕业升学体育考试及高中体育会考工作。利用3年时间，区教委要完成辖区内每所中小学体育工作评估，评估结果作为学校教育工作绩效考核的重要内容。对学生体质健康水平持续3年下降的学校，在教育工作评估和评优评先中实行“一票否决”。

（二）落实七项措施

1. 努力营造“全员体育、全员参与”的氛围。促进学生身心健康发展是一项系统工程，必须突出全员参与，把“健康第一”的指导思想渗透到学校管理的各个方面。学校要将中小学生每天1小时校园体育活动纳入教学计划，列入学校作息时间，组织学生开展大课间体育活动，在学生没有体育课的当天下午必须安排1节课外体育活动。要科学安排学生在校的一日生活，合理调配学生在校生活节奏和学习状态，将健康教育理念渗透到教育、教学的每一个环节中。特别是在课程设置与实施、作业布置与检查、考试评价与反馈环节中，切实减轻学生过重的课业负担，指导学生树立健康意识，养成健康的生活习惯。学校要将保证学生的身体健康作为每个教职员工的岗位职责和任务，努力形成“全员体育、全员参与”的良好氛围。

2. 促进教师专业化发展。区教委等部门要加强对体育教师专业技能和教科研能力的培训，制定体育课程教学质量标准，到2015年底要完成一轮专职体育教师的全员培训和专业技能考核，将其结果作为中小学体育教师职称、晋级和评优评先的条件。要加快中青年骨干教师的培养，为体育教师的发展搭建平台，提高体育教师的教育教学和教科研能力。

3. 开足开齐，保质保量上好体育课。中小学校要严格执行国家课程设置计划，依据国家课程标准，合理使用国家和市级审定的教材，加大体育课程改革力度，科学规划和创新教育教学内容。探索体育与其他学科课程的互通，实现体育与德育、智育、美育有机融合。体育教师要做好备课、上课和评价等教学环节，保证课堂教学的有效实施，科学安排体育课的运动负荷，切实增强学生的体能，教会学生运动恢复与保护，努力提高体育课堂教学质量。要按照个体差异和年龄特点，开发学生喜爱的运动项目，着力培养学生运动兴趣和技能，帮助学生养成终身体育锻炼的习惯。区教委等部门要研究制定体育与健康教学质量标准，加强教学质量监测。各中小学校要制定特殊气候条件下中小学体育教学和活动方案，确保学生健康、安全地参加体育锻炼。

4. 提高课外体育活动的实效。学校要因地制宜、因校而异，创新和丰富大课间、课外及校外体育活动项目和形式，合理增加运动负荷，广泛开展群众性体育运动，提高体育锻炼的实效性。鼓励建立体育社团和青少年体育俱乐部，积极引导学生开展家庭体育锻炼，形成学校、社区、家庭联动机制，培养学生自觉参与体育锻炼的意识和能力。教师要探索通过体育作业的形式引导学生在课外、校外参加体育锻炼。

5. 进一步完善阳光体育联赛机制。区教委要会同区体育局进一步完善阳光体育联赛机制，建立符合不同类别学校特点的阳光体育联赛体系，鼓励开展不同规模、不同层级的学生体育比赛。要处理好普及与提高、群众性体育与竞技性体育的关系。开展阳光体育展示活动，引导学校积极开展丰富多彩的阳光体育运动，形成“人人有爱好、班班有项目、校校有特色”的格局，让每一个学生都能掌握终身受益的两项体育技能。加大对竞技体育项目的布局和规划，完善对体育传统项目学校、奥林匹克教育学校体育后备人才培养基地的管理办法，逐步形成中、小学相衔接的体育后备人才培养模式。

6. 健全学生体质健康服务指导体系。要强化中小学卫生保健所的管理和服务职能，做好每年全体学生的体检工作，开展学生体检和体质健康测试同步试点，结合实际增加体检和体质健康测试项目；建立中小学生体质健康档案，针对学生体质状况开具“运动处方”。建立中小学生视力和肥胖预警机制，制定切实可行的政策措施，指导学校开展体育卫生工作。

7. 制定并实施顺义区学校体育安全管理规范。区教委要会同有关部门加强对学校体育安全工作的指导和监督。做好中小学校及幼儿园校方责任保险工作，为学校投保校方无过失责任保险，有效控制学校组织学生参加校内外体育锻炼和实践活动的风险。制定并实施学校体育安全管理规范，健全安全应急工作预案，降低学校体育工作安全风险。

三、加强组织领导和责任落实

（一）建立学校体育卫生工作报告公示制度。全区中小学校每年要认真做好学校体育工作年度报告，将体育课开课率、阳光体育运动开展情况、学校体育经费投入、教学条件改善状况、教师队伍建设和学生体质健康状况等作为报告的主要内容；要把学生的体质健康水平作为育人的重要指标，每年召开体育工作专题校务会，分析和研判学生体检和《国家学生体质健康标准》测试结果，部署学校体育工作。要利用公告栏、班会、家长会和校园网等平台，定期通报学生体育活动情况和体质健康状况，并向社会公布学生体育工作方案、基本要求和监督电话。

（二）落实部门职责，协调推进学校体育卫生工作。区教委等部门要研究制定保障体育卫生教师待遇的具体办法，使体育教师在职务评聘、福利待遇、评优表彰等方面与其他学科教师享受同等待遇。对体育教师组织学生开展课外体育活动以及组织学生体质健康测试等工作，要纳入教学工作量。要统筹安排体育工作经费，并随公用经费标准提高而逐步增加；要通过督导评价等方式对各部门进行绩效考核，共同推进体育各项工作。各中小学校要制定相应的学校体育卫生工作三年行动计划并报区教委备案。

（三）充分发挥顺义区青少年体育卫生工作联席会议的作用。坚持每年召开一次青少年体育卫生工作联席会议，研判学校体育卫生工作和学生体质健康状况，协调制定有关政策和措施。由区教委牵头做好学校体育卫生工作的政策制定和总体协调；区政府教育督导室负责修订学生综合素质评价方案，组织对学校体育卫生工作的督导检查；区体育局要会同有关部门制定和实施公共体育场所向学生团体开放的工作方案，配合区教委积极组织开展竞赛活动、师资培训和课余训练指导；区卫生局负责对学校和托幼机构的学校卫生防病工作进行指导和监督检查；区财政局统筹学校体育卫生工作经费，保障所需经费的投入；区人力社保局和区编办要协助区教委做好配齐配强体育卫生师资的工作；区发展改革委、市规划委顺义分局、区住房城乡建设委等部门要统筹规划青少年体育场地设施建设；区委宣传部负责通过各类媒体加大对青少年营养与健康的宣传和引导。

中共顺义区委教育工作委员会
北京市顺义区教育委员会
北京市顺义区教育督导室
2014年教育工作意见

顺教工发〔2014〕1号

一、指导思想

坚持科学发展观，深入贯彻十八届三中全会精神和《中共中央关于全面深化改革若干重大问题的决定》，进一步落实“三大规划”和“四个行动计划”，落实科教兴区和人才强区战略，把握教育发展的阶段性特征，遵循教育规律，全力推进教育改革，解放思想，抢抓机遇，促进顺义教育转型升级，实现各级各类教育全面、协调、可持续发展，满足人民群众对多样化、高质量教育的需求，为“打造航空中心核心区”做出新的更大的贡献。

二、工作目标

（一）总体目标：

按照教育部、市教委和区委区政府的部署，对顺义教育进行顶层设计，深化教育领域改革，调整教育布局，优化教育结构，合理配置资源，处理好公平、均衡、减负、质量的关系，推进素质教育，提升顺义教育的品质与活力，以内涵发展促均衡发展，以特色创建促品质提升，打造顺义绿色生态教育强区，促进教育发展成果惠及百姓，提高教育品质赢得各界尊敬。

（二）具体目标：

1. 扩大教育供给。应对学龄人口增加的挑战，加快制定并实施《基础教育设施专项规划》，储备教育资源。

2. 落实教育公平。推进义务教育学校标准化建设，大力推行学区化管理、集团化办学、名校办分校等举措，多方位缩小教育差距。保障符合条件的随迁子女入学。

3. 提高教育质量。以立德树人为导向，深入开展课程研究和教材研究，提高课堂效率，减轻学生过重课业负担，全面提高教育质量，力争让所有的孩子“上好学”。

4. 改革考试招生制度。坚持义务教育阶段免试就近入学，完善示范高中招生名额分配制度，有效开展高中学生综合素质评价。积极争取有利于我区的高考高招政策，优化教育体系和成才通道。

5. 改进教师管理。深化人事制度改革，探索校长职级制和教师编制配置改革。探索促进教师城乡间流动的方法措施。

6. 激发学校活力。积极探索管、办、评分离的办学体制和管理体制，进行扩大学校办学自主权的探索。

三、工作任务和措施

（一）加大改革创新力度，打造教育改革新亮点

1. 加强教育体制机制改革。以促进城乡学校发展和提高教育质量为核心，巩固国家级教育体制改革实验成果，进一步激发学校发展活力，形成有利于教育事业科学发展的体制机制。探索教育管理方式和教育治理方式创新，引领教育发展方式创新。总结北师大教育综合改革项目合作经验，提炼借助高校发展基础教育的有效模式，推出学校典型、教师典型和特色校发展经验。深入推进义务教育均衡发展项目实验研究，进一步加强联盟组团工作机制探索，强化城乡学校资源共享、融通共建。科学规范地进行教育改革资金项目实施绩效的过程性管理，加强活动监督与指导和项目档案收集与管理。探索管、办、评有机结合的全新教育管理体制，统筹推进教育综合改革，扩大学校办学自主权。（责任部门：教改办）

2. 深化人事制度改革。深入开展调研工作，探索教育系统人事制度改革新途径，促进教师由“学校人”向“系统人”转变，探讨“区聘校用”管理机制。优化选人制度，完善用人制度，加大职称改革力度，完善中小学高级和小中高职称评定中“自愿申报、专项考试、差额评选”等环节。落实北京市中小学（幼儿园）教师资格改革方案和定期注册方案。完善干部、教师交流制度。（责任科室：组织科、人事科）

3. 推进学校评价标准改革。确立全面发展的质量观、价值观，研究办学质量评价标准，增加评价主体，拓展评价维度，丰富评价方法，重视过程性评价，构建以实施素质教育为核心、学校自评和外部评价相结合、学校自主发展与多元监督指导相统一的新型发展性学校评价模式。引导学校自主发展、发挥学校自评作用、关注学校教育教学过程、注重学校发展增值。（责任科室和部门：督导室、教改办、中教科、小教科、学前科、职成科）

4. 推进课程改革。对课程建设进行整体规划，优化课程结构，鼓励学校推进国家课程的校本化、班本化、个体化实施，凸显学校课程特色。不同学段的课程改革各有侧重，高中阶段要创造条件开设丰富多彩的选修课，初中阶段要不断开发和完善符合学校实际的校本课程，小学要体现课程的整合化。（责任科室和部门：中教科、小教科、教研中心）

5. 深化课堂教学改革。优化课堂结构，提高课堂教学效率，减轻学生负担，增强学生自主学习能力。强化对课堂教学的诊断、跟踪和改进。探索信息化条件下课堂教学改革的新方向。结合教学实践开展课题研究，提高教学研究的针对性和实效性。进行自主课堂建设，通过解决问题的学习方式促进教师转变教的方式。以《顺义区常态课堂评价标准》为依据，加强课堂教学的研究与实践。鼓励有条件的学校探索翻转课堂的实施和教学微视频的制作与应用。进行自主排课试验。（责任科室和部门：中教科、小教科、教研中心）

（二）完善终身教育体系，实现教育发展新跨越

6. 推进学前教育质量提升。研究制定《顺义区第二期学前教育三年行动计划（2014—2016年）》。贯彻落实《3—6岁儿童学习与发展指南》。搭建交流平台，强化级类管理，开展区级示范园创建工作。加强教育研究，深化园所特色创建，推动学前教育内涵发展。实施家园合作衔接教育，开展家园共育主题活动。加强对幼儿健康水平的监测和评估，切实提高幼儿园办园质量。（责任科室和部门：学前科、民办科、教研中心）

7. 促进义务教育优质均衡发展。继续推行“阳光招生”制度，保障入学机会公平。落实《关于进一步提升小学教育品质的意见》，着力完善和探索“六个建设”。完善中招名额分配制度，促进初中校内涵发展，提升办学水平。培育和宣传一批校本课程、教师和校园文化深受学生喜爱的魅力学校。（责任科室和部门：中教科、小教科、教育宣传中心）

8. 促进高中教育优质发展。突出文化立校和内涵建设，牢固树立“质量第一”意识，加强高中教育教学管理。立足学生个性化和学校多元化发展，深化高中课程改革，推进学校特色创建工作。鼓励学校加大对高校自主招生政策的研究力度，采取措施使高校自主招生录取成为高中教育发展新的增长点。（责任科室：中教科）

9. 加快职业教育资源整合。推进现代职业技术学院重组，加快职业教育资源整合。做好资源整合后的运转模式和管理体制设计，细化队伍管理和招生就业工作。构建现代职业教育体系，深化产教融合，构建与区域产业紧密对接、动态调整的专业和课程体系，促进中高职专业有效衔接。完善校企合作制度，创新人才培养模式，探索构建人才培养立交桥，为产业发展培养应用型技能人才。（责任科室和部门：职成科、现代职业技术学院）

10. 促进成人教育服务社会发展。提升成人学历教育质量，完善与首都高校合作办学模式，引进更多优质专业，汇集名师资源，提高办学水平。继续加强“慧企课堂”“兴农讲堂”“创意设计大讲堂”等教育品牌建设，发挥品牌优势，面向全区农民、企业职工和创意产业人才开展培训。建立成人教育分中心，扩大成人教育覆盖面。扩大继续教育资源，发展现代远程教育和开放教育规模。开展农村实用技术培训和农村劳动力转移培训，服务“三农”，培养新型农民，为区域经济社会发展服务。（责任科室和部门：职成科、社区教育中心）

11. 推进学习型顺义建设。围绕“建设学习型顺义”战略目标，以争创北京市建设学习型城市工作示范区为契机，深入推进学习型城市建设，培育一批在北京市乃至全国具有示范作用的创建典型单位。不断完善学习服务载体，推进顺义学习网建设。举办全民终身学习活动周和“顺义书香”全民读书活动。培育优质市民学习品牌，评选学习型学校，筹建市民学习体验中心。（责任科室和部门：职成科、社区教育中心）

12. 促进民办教育发展。按照“扶需扶特，促优促强”原则，促进民办学校向高层次、高水平、高质量、有特色的方向发展，培养一批适应社会发展、满足社会需求的民办品牌学校。健全民办学校安全稳定工作机制，加强监督管理工作。依法对民办学校进行行政审批，建立联合汇签制，实行一票否决制。搭建民办学校与公办学校、国际学校教育教学交流平台，促进顺义教育整体发展。（责任科室：民办科）

13. 提升特殊教育工作。落实《特殊教育提升计划（2014—2016年）》，制定《顺义区融合教育行动计划》《顺义区随班就读工作意见和管理办法》，启动特教学校学生到普校开展融合活动计划。建立特殊教育资源中心，辐射全区随班就读教师培训、家长咨询、专业指导、教研科研等工作。以特殊教育工作室为载体，开展市区级研讨、展示活动，培养和打造市区特教名师；继续高标准建设、运作资源教室。启动特教学校课堂教学改革。实行特教学校学生双学籍制度。（责任科室：小教科、中教科）

（三）深化素质教育实施，促进教育质量新攀升

14. 重视学校文化建设。继续创建“和谐校园”“书香校园”“绿色学校”，择优参评北京市第二批“学校文化建设示范校”，参与“北京市幼儿园文化建设优秀园所”展示活动。重视学校文化建设，形成共同愿景，张扬学生个性，凸显教育价值。（责任科室和部门：中教科、小教科、学前科、职成科、民办科、基建科、装备部）

15. 创新德育工作。加强社会主义核心价值体系教育，完善中华优秀传统文化教育，形成爱学习、爱劳动、爱祖国活动长效机制，增强学生社会责任感、创新精神、实践能力。开展区域德育精品建设工作，推进中小学生心理健康促进工程和中小学生心理健康教育。建立沟通交流平台，强化养成教育，重点围绕文明礼仪教育、自我教育、感恩教育，完善社会、家庭、学

校三位一体的德育工作体系。建立“以学生为中心，有利于学生发展”为标准的科学评价体系，对学校德育工作的过程和效果做出科学评价。以市班主任基本功竞赛为契机，加强培训、深化管理，切实提高德育管理队伍业务水平。探索利用网络技术开展德育工作的研究。（责任科室和部门：中教科、小教科、职成科、综治科、教研中心）

16. 深入开展社会实践活动。促进综合素质提升工程、彩虹读书行动课程化，社团活动常规化，全面提高学生素质。开展综合素质提升工程教案评比活动，丰富学生社团建设。举办“魅力社团 缤纷梦想”“彩虹假日炫”等学生社团展演活动。开展讲文明树新风活动月、学雷锋志愿服务、法制教育、诚信教育、文明风采比赛等活动，注重活动精细化设计、挖掘活动育人价值。（责任科室：中教科、小教科）

17. 加强体育、艺术、科技、校外、卫生和国防等教育。贯彻落实《北京市推进中小学校体育工作三年行动计划》，实施义务教育阶段体育艺术“2+1”工程，切实提高学生的体质健康水平和艺术素养。大力推进“阳光体育运动”，确保学生每天锻炼一小时。规范体育课堂教学管理，建立体育教师培养体系，开展新一轮体育教师培训和技能考核。做好全区学生体质调研工作。落实《学校艺术教育工作规程》，改进美育教学。启动《顺义区关于开展农村学校艺术教育实验区工作方案》，做好农村地区器乐进课堂工作，开展丰富多彩的艺术活动，提高学生审美素养和人文素养。创新科技教育普及活动，组织参加各类科技竞赛，提高科学素养和创新能力。贯彻落实《北京市教育委员会关于在义务教育阶段推行中小学生课外活动计划》，全面提升中小学生综合素质。加强传染病、常见病预防教育和防治工作。普及生命教育，改进青春期生理、心理健康教育。深化国防教育，规范高中学生军训工作。（责任科室和部门：体卫艺科、少年宫、装备部）

18. 完善教科研工作。促进教师专业发展，通过“问题研究——实践引领——反思提升”，推进教研、科研、培训、信息等领域的创新和整合。全面把握考试改革动向，整体构建应对策略，以考试改革为突破口，促进课程结构和教学方式不断优化。积极发挥科研先导作用，加强德育和心理健康教育研究，推广应用优秀科研成果。（责任科室和部门：中教科、小教科、学前科、教研中心）

（四）秉持人才强教意识，构筑教育人才新高地

19. 强化师德师风建设。实施师德建设工程，贯彻师德规范，建立长效机制，强化师德教育。落实教育部《中小学教师违反职业道德行为处理办法》，健全师德监督考核机制。加大优秀师德群体和个人宣传力度，学习顺义区首届十大师德楷模事迹，组建第二届师德报告团，开展“师爱无小事，小事大理念”征文活动。（责任科室和部门：中教科、小教科、学前科、职成科、人事科、教育工会）

20. 加强干部队伍建设。完善干部管理制度，拟定出台《中共顺义区委教育工作委员会事业单位领导干部选拔、任用、管理办法》。加大干部交流力度，促进干部队伍管理水平均衡化。完善校长考评方式方法，切实加强干部管理水平监控。采取专家引领、交流考察、挂职学习、专题论坛等形式强化干部专业能力培训。健全后备干部选拔、培养、管理、使用机制，促进后备干部尽快成长。（责任科室和部门：组织科、中教科、小教科、学前科、职成科、教研中心）

21. 扎实推进教师队伍建设。落实《教育部关于深化中小学教师培训模式改革全面提升培训质量的指导意见》（教师〔2013〕6号）和《北京市教育委员会关于进一步加强区县教师培训机构建设的意见》（京教人〔2013〕19号），加大教师专业培训和校本培训，引领教师专业成长。选派部分教师出国培训，积极组织全体教师参加“十二五”继续教育公共必修课、专业

选修课培训。注重名师培养工作，继续与北师大、首师大、教育学院等高校合作，继续开展“绿色耕耘”、中小学骨干教师、骨干班主任等研修培训。做好第三期名师工作室培训，实施打造名师工程，扎实做好区级骨干教师评选工作，选派部分区级学科带头人、骨干教师向市内外名师拜师学习或到市内外名校挂职，到高校做访问学者。（责任科室和部门：人事科、中教科、小教科、学前科、职成科、教研中心）

22. 做好老干部工作。落实离退休老干部政治待遇和生活待遇。引导老干部继续关心教育，为教育事业发展建言献策。启动顺义区退休教师服务中心建设工作，做好离退休老干部各项活动组织和服务保障工作，开展走访慰问活动，重点帮扶有特殊困难的老干部。（责任科室：组织科）

（五）加强基础设施建设，打造顺义教育新环境

23. 推进基本建设。落实《国务院办公厅关于规范农村义务教育学校布局调整的意见》（国办发〔2012〕48号）、《市政府办公厅印发关于推进北京市城乡中小学建设工程意见的通知》（京政办函〔2012〕87号）、《顺义区2010—2020年中小学校布局调整规划》（顺政发〔2010〕3号），提升校舍安全标准。制定《顺义区基础教育设施专项规划》（2012年—2020年），高标准实施学前教育和中小学建设三年行动计划，进一步提高基础教育服务能力。积极引进城区名校开办分校，深化教育联盟合作，推进城乡教育优质均衡发展。完成职教中心一期建设并投入使用。（责任科室：基建科、中教科、小教科、学前科）

24. 提升装备和管理水平。根据《北京市中小学校办学条件标准》，加强经济实用型设备研究，从源头提高设备使用效益。依托数字化校园建构理念，加强新型仪器设备研究与配备。探索新的资金管理体制下的设备采购模式。加强特色化、个性化装备研究，推动学校特色发展。规范资产管理制度，完善资产管理人员队伍建设。（责任部门：装备部）

25. 推进信息化建设。执行信息化政策和规章，强化培训，提高师生网络信息素养和检索有效信息能力。逐步丰富网络教育资源，提升与完善网络基础设施，推进教育网升级改造工程。加强信息技术研究，促进信息技术与教育教学实践深度融合。继续推进教育资源网、中小学管理信息系统使用，加强教学服务系统、教育视频综合服务平台研究与应用。做好市级数字校园实验校建设工作，积极开展中小学师生电脑作品评比等活动。（责任部门：信息中心、教研中心）

（六）规范教育管理，依法依规办好新教育

26. 规范财务管理。深入推进财务改革，加强预算管理，完善财务基础工作达标指标体系、教育经费绩效考评指标体系，健全财务管理相关办法及实施细则，规范财务管理流程。加强培训，提高各校财务管理水平。做好预算公开准备工作。（责任科室：计财科）

27. 保障校园安全。落实《顺义区教育系统住宿生安全管理工作意见》及补充规定，预防为主，实施综合治理。完善车辆管理，加强公车驾驶员常规管理，强化隐患排查，发挥“行驶记录仪”监督和保障作用。加强安全宣传教育，开展突发事件应急处置、逃生演练和“安全隐患大家找”活动。贯彻《学校食堂与学生集体用餐卫生管理规定》，落实校长、主管领导、食堂管理员三级管理责任制等，把好食品采购关、贮存关、加工关、餐用具消毒关和从业人员关。（责任科室：综治科）

28. 加强党风廉政建设。强化党风廉政建设责任制，落实“一岗双责”。严明党的纪律，加强重大决策部署落实情况监督检查。深化惩防体系建设，广泛开展反腐倡廉宣传教育，扎实推进廉政风险防控管理。强化信访矛盾排查，积极协调解决问题，促进教育和谐稳定。（责任

科室：纪检监察科）

29. 推进依法治校。推进“六五”普法工作，落实教育部《全面推进依法治校实施纲要》。落实北京市学校章程建设工程，健全、完善学校（园所）规章制度。加强教育系统领导干部法制教育，提高依法决策能力和执行能力。依托3·18和9·18民主日活动，推进民主管理。做好教师和学生申诉、行政复议等工作。（责任科室和部门：中教科、小教科、学前科、职成科、人事科、教育工会）

30. 加强审计工作。坚持“全面审计、突出重点、深化内容、规范程序、提高质量、扩大成效”原则，发挥内部审计“免疫系统”功能。健全内部审计规章制度，推进预算执行审计常态化。加强领导干部经济责任审计，开展后续审计。加强合同审核备案管理。采取购买服务方式，聘请会计师事务所，加大对培训、考察、招待、基建等经费支出的审计力度，更好地发挥审计监督与服务职能。（责任科室：审计科）

31. 做好考试工作。深入研究中高考考试改革方案，提出切实可行的应对措施；强化考务工作，提升管理水平，做到科学化、制度化、程序化、精细化；创新工作方法，提升服务水平，做到程序简化、责任下放，方便基层、方便考生；高质量完成中考、高考和初中、高中会考及成人高考、自学考试、社会化考试工作。筹备成立考试中心，规范考试工作。（责任部门：考办、社区教育中心）

（七）坚定人民满意目标，树立教育行业新形象

32. 加强党建工作。贯彻十八届三中全会精神，加强党的思想建设、组织建设、作风建设。扎实推进学习型党组织建设和党务公开工作，充分发挥党组织的政治核心、监督保证作用和党员的先锋模范作用。规范基层党建工作，争创学校党建工作品牌。加强党务干部培训，提升理论素养与工作水平，增强大局意识，强化服务意识。以“围绕发展抓党建，抓好党建促发展”为目标，推动顺义教育科学发展。（责任科室和部门：组织科、中教科、小教科、学前科、职成科、民办科、纪检监察科、教研中心）

33. 开展群众路线教育实践活动。开展第二批教育实践活动，认真贯彻落实中央、市区文件要求和习近平总书记系列讲话精神。以“为民、务实、清廉”为主题，落实中央八项规定和《党政机关厉行节约反对浪费条例》，以“反对‘四风’、服务群众”为重点，真正做到“党员干部受教育、科学发展上水平、人民群众得实惠”。（责任科室和部门：组织科、中教科、小教科、学前科、职成科、民办科、纪检监察科、教研中心）

34. 完善资助救助体系。贯彻落实国家救助政策，按照规定标准开展学生救助工作，按时足额发放各项救助资金。加大资助政策宣传力度，对受助学生进行指导和教育，保证救助政策的最大效力。（责任科室：计财科、中教科、小教科、职成科、学前科）

35. 加强精神文明建设。落实《中共中央关于加强社会主义精神文明建设若干重要问题的决议》和《公民道德建设实施纲要》，提高教职工思想道德素质。深化精神文明创建活动，开展“做文明有礼的北京人”主题实践活动（含“学雷锋活动”“垃圾分类”“文明交通”等）。（责任科室：办公室、中教科、小教科、学前科、职成科）

36. 加强教育宣传工作。编辑刊发《教育动态》《顺义教育》《顺义教育信息》《顺义教育简报》《顺义教育年鉴》。更新顺义教育网“教育动态”“图片新闻”“视频新闻”等栏目，继续办好教育专栏节目。加强舆情监测，处理好负面舆情。深入基层单位，指导教育信息宣传工作，培训基层单位信息员。（责任科室和部门：办公室、教研中心、教育宣传中心）

37. 加强语言文字工作。贯彻落实《北京市语言文字工作“十二五”规划》，组织开展第

17 届全国推广普通话宣传周活动。在初中校做好第二届“中国汉字听写大会”参赛队伍选拔工作。开展语言文字规范化示范单位、示范校创建活动，推进普通话测试工作。（责任科室和部门：语委办、中教科、小教科、教研中心）

38. 加强督政工作。修订《顺义区镇政府全面实施素质教育评价方案》和《顺义区相关委办局履行教育法律法规、全面实施素质教育的职责》，完善督导检查结果公告制度和整改制度。实施经常性常态工作督导，变结果考核为过程性考核。（责任科室：督导室）

39. 强化督学工作。贯彻《国家教育督导条例》，探索建立行政监督、科学评价、民主管理相结合的中小学、幼儿园和职业学校办学质量督导评估机制。按照全面修订的中小学、幼儿园、职业学校全面实施素质教育评价方案，引导学校更新办学理念，加快改革力度，进一步提高素质教育质量。加大义务教育阶段学校均衡发展督导复查力度，迎接北京市学前教育三年行动计划专项督导和教育部义务教育均衡发展验收工作。加强特殊教育、职业教育、校外教育督导；落实社区教育督导评价方案，深入推进社区教育督导。探索成人教育督导模式，促进区域全民教育体系的构建。完善督学责任区制度，落实市、区两级挂牌督导方案，把责任区工作和经常性督导、专项督导紧密结合，提高教育督导工作质量。（责任科室：督导室）

名词解释

1.《中共中央关于全面深化改革若干重大问题的决定》中有关深化教育领域综合改革的论述：全面贯彻党的教育方针，坚持立德树人，加强社会主义核心价值体系教育，完善中华优秀传统文化教育，形成爱学习、爱劳动、爱祖国活动的有效形式和长效机制，增强学生社会责任感、创新精神、实践能力。强化体育课和课外锻炼，促进青少年身心健康、体魄强健。改进美育教学，提高学生审美和人文素养。大力促进教育公平，健全家庭经济困难学生资助体系，构建利用信息化手段扩大优质教育资源覆盖面的有效机制，逐步缩小区域、城乡、校际差距。统筹城乡义务教育资源均衡配置，实行公办学校标准化建设和校长教师交流轮岗，不设重点学校重点班，破解择校难题，标本兼治减轻学生课业负担。加快现代职业教育体系建设，深化产教融合、校企合作，培养高素质劳动者和技能型人才。创新高校人才培养机制，促进高校办出特色争创一流。推进学前教育、特殊教育、继续教育改革发展。推进考试招生制度改革，探索招生和考试相对分离、学生考试多次选择、学校依法自主招生、专业机构组织实施、政府宏观管理、社会参与监督的运行机制，从根本上解决一考定终身的弊端。义务教育免试就近入学，试行学区制和九年一贯对口招生。推行初高中学业水平考试和综合素质评价。加快推进职业院校分类招考或注册入学。逐步推行普通高校基于统一高考和高中学业水平考试成绩的综合评价多元录取机制。探索全国统考减少科目、不分文理科、外语等科目社会化考试一年多考。试行普通高校、高职院校、成人高校之间学分转换，拓宽终身学习通道。深入推进管办评分离，扩大省级政府教育统筹权和学校办学自主权，完善学校内部治理结构。强化国家教育督导，委托社会组织开展教育评估监测。健全政府补贴、政府购买服务、助学贷款、基金奖励、捐资激励等制度，鼓励社会力量兴办教育。（指导思想）

2. 三大规划：即《国家中长期教育改革和发展规划纲要（2010—2020 年）》《北京市中长期教育改革和发展规划纲要（2010—2020 年）》和《顺义区“十二五”时期教育事业发展规划》。（指导思想）

3. 四个行动计划：《北京市学前教育三年行动计划》《北京市中小学建设三年行动计划》《北京市中小学德育工作行动计划》和《北京市中小学融合教育行动计划》。（指导思想）

4. 翻转课堂：从英语“The Flipped Classroom”翻译过来的术语，一般被称为“反转课堂式教学模式”。学生在家完成知识的学习，而课堂变成了教师与学生之间和学生与学生之间互动的场所，包括答疑解惑、知识的运用等，从而达到更好的教育效果。课堂和教师的角色发生了变化，教师更多的责任是去理解学生的问题和引导学生去运用知识。翻转课堂具有教学视频短小精悍、教学信息清晰明确、重新建构学习流程、复习检测方便快捷等优点，近几年在世界范围内引起了广泛的关注。目前华东师范大学慕课中心已经组织上海、江浙、深圳等地200多所学校参与“翻转课堂”试验，取得了不错的效果。(第5条)

5. “六个建设”：多彩课程建设、教师团队建设、自主课堂建设、学校文化建设、家校社协同建设、展示平台建设。(第7条)

6. “八项规定”相关文件：指《十八届中央政治局关于改进工作作风、密切联系群众的八项规定》(中发〔2012〕11号)、《贯彻落实〈十八届中央政治局关于改进工作作风、密切联系群众的八项规定〉实施细则》(中办发〔2012〕30号)、《中共北京市委办公厅北京市人民政府办公厅贯彻落实中央政治局关于改进工作作风密切联系群众八项规定的实施意见》(京办发〔2012〕30号)、教育部《贯彻落实中央改进工作作风密切联系群众〈八项规定〉和〈实施细则〉的实施办法》和《顺义区委区政府关于贯彻落实中央市委文件精神进一步改进工作作风密切联系群众的实施意见》等文件。(第33条)

7. 反“四风”相关规定：反“四风”是指反对形式主义、官僚主义、享乐主义和奢靡之风。为此，国家对公务用车、办公用房等都有相关的规定。(第33条)

中共顺义区委教育工作委员会
北京市顺义区教育委员会
北京市顺义区教育督导室
2014年2月10日

2014 年教育工作月安排表

月份	序号	主要工作	负责科室（部门）
1 月	1	中、小学教学服务系统试运行	信息中心
	2	“四园建设推进顺义教育城市化发展项目” 高端咨询会	教科室
	3	《拔尖创新人才早期培养》课题工作会	体卫艺科、少年宫
	4	幼儿园发展规划、文化建设培训	学前科
	5	北师大教改合作项目例会及教改合作项目校假期教师集中培训	教改办
	6	“我的教育故事” 演讲比赛决赛——区级展示活动	学前科
	7	校园长考评、述职述廉，党风廉政建设责任制考核	组织科、纪检监察科
	8	中、小学期末考试	中、小教科
	9	2014 年春季高中会考	考办
	10	2014 年高考艺术考生专业报名、考试	考办
	11	2014 届高三第一次模拟考试、阅卷及质量分析	高中教研室、中教科
2 月	1	教育系统教育培训大会	组织科
	2	开学检查	各科室
	3	二月新春文化活动	教育工会
	4	中考招生计划及名额分配	考办
	5	召开顺义区 “十二五” 中期教育科研工作会议、教育学会会员代表大会	教科室
	6	编制工程量、预算清单、工程招投标（1—12 月）	基建科
	7	民族艺术进校园活动	体卫艺科、少年宫
	8	启动素质提升工程	小教科
	9	少先队大队辅导员实训	小教科
	10	对 2013 年审计中发现的问题实施后续审计	审计科
	11	初中校第二届 “中国汉字听写大会” 参赛队伍选拔	中教科
	12	体卫艺工作会	体卫艺科
3 月	1	民办教育机构年审	民办科
	2	评选市、区级 “三好学生”“优秀学生干部”“优秀班集体”	中教科、小教科、职成科
	3	全国文明风采大赛动员与工作交流会	职成科
	4	北京市第二批数字校园实验学校项目实施	信息中心
	5	“三八” 节庆祝活动	教育工会
	6	合理化建议月活动、“民主日” 活动	教育工会
	7	中、小学生长跑比赛，小学课间操评比活动	体卫艺科
	8	组织区代表队参加第 34 届北京青少年科技创新大赛	体卫艺科、少年宫

月份	序号	主要工作	负责科室（部门）
3月	9	启动首师大、北京教育学院各种培训班培训工作	人事科
	10	接受“城乡教育联动背景下的教师队伍建设”课题研究工作评估验收	督导室、教改办
	11	开展全区资产管理员业务培训，下发资产管理人员使用手册	装备部
	12	迎接教育部均衡发展综合督导、市教委、市政府教育督导室学前教育专项督导	督导室、学前科
	13	走进《指南》试点园活动	学前科
	14	高三研讨会	中教科
	15	高职院校自主招生报名、确认、录取	考办
	16	2014年中考报名	考办
	17	2014年高考考生体检	考办
	18	教师基本功培训	小教科
	19	普通话水平测试	语委办、小教科
	20	组织教师参加北京市班主任基本功竞赛	中教科、小教科
	21	《收费许可证》年审换证工作	审计科
	22	2014年财务工作会	财务科
	23	北京市第17届学生艺术节（顺义赛区）比赛	体卫艺科、少年宫
4月	1	高中体育会考	体卫艺科、考办
	2	筹备民办中小学手拉手教育教学共建活动	民办科
	3	顺义区中小学生春季田径运动会、“勇敢小伙伴”比赛	体卫艺科
	4	全国白板课例大赛获奖教师上课、说课展示活动	信息中心
	5	中小学教职工羽毛球团体赛	教育工会
	6	廉政警示教育活动	纪检监察科
	7	启动操场改造工程（4—11月）	基建科
	8	2015年预算项目征集统计	基建科
	9	彩虹假日炫活动	小教科
	10	顺义区第18届中小学生“新星杯”英语词汇大赛、第15届语言技能技巧大赛	体卫艺科、少年宫
	11	北京市市级示范幼儿园展示活动	学前科
	12	中、小学学生课业负担专项督导	教育督导室
	13	2014年招生摸底工作	学前科、小教科
	14	小学、初中高中教学视导、常态课指导	中教科、小教科
	15	2014届高三第二次统练考试、阅卷及质量分析	中教科、教研中心
	16	《中小学会计制度》培训	计财科

月份	序号	主要工作	负责科室（部门）
5月	1	民办中小学校综合考核评估工作	民办科
	2	推荐北京市“紫禁杯”优秀班主任	相关科室
	3	审计基层单位实施预算执行和财务收支	审计科
	4	春季教师资格认定评审	人事科
	5	公开招聘教师	人事科
	6	五月鲜花文化活动、红五月系列活动	教育工会、组织科
	7	首届教职工艺术节	教育工会
	8	初三毕业体育现场考试	考办
	9	顺义区规划课题阶段成果交流展示	教科室
	10	研究招生制度，推进牛栏山一中实验校办学体制改革试验	教改办
	11	结合5·12防灾减灾日，开展“定岗不定人”式应急疏散演练活动	综治科
	12	中小学生《国家学生体质健康标准》测试赛	体卫艺科
	13	区级体育学科评优课活动	体卫艺科
	14	顺义区青少年未来工程师博览与竞赛、顺义区青少年航海模型竞赛	体卫艺科、少年宫
	15	中、小学生艺术特长生认定	体卫艺科、少年宫
	16	幼儿园开放式督导	教育督导室
	17	群众路线教育实践活动	组织科
	18	“亲子故事秀”“师幼自制图书文化交流”活动	学前科
	19	“魅力社团，缤纷梦想”中学生社团展演活动	中教科
	20	高三统练，中考、高考考生填报志愿	中教科、考办、教研中心
	21	三、五年级学生综合素质展示	小教科
	22	少先队课程评优	小教科
	23	2014年夏季高中会考报名	考办
	24	《行政事业单位内部控制规范》培训	计财科
6月	1	评选民办教育机构先进集体、先进个人	民办科
	2	优秀师德群体、师德标兵评选	教育工会
	3	区级骨干教师评选	人事科
	4	“六一”国际儿童节庆祝活动	体卫艺科、少年宫
	5	建党93周年庆祝活动	组织科
	6	2014届中职学校毕业生资格审核	职成科
	7	“安全生产月”和“6·26”禁毒日宣传教育活动	综治科
	8	“十二五”市教育学会课题结题工作	信息中心

月份	序号	主要工作	负责科室（部门）
6月	9	牛栏山一中数字校园市级验收	信息中心
	10	暑期外语教师口语培训	师训科
	11	职业教育中心一期验收	基建科
	12	“12年一体化德育工作体系研究”项目中期评估	教改办
	13	中小学体育教师专业技能考核	体卫艺科、考研中心
	14	迎接北京市五年级学生质量监控工作	小教科
	15	六年级学生素质展示	小教科
	16	全国统一高考、北京市中考	考办、中教科
	17	内审人员《内部审计资格证书》取证培训工作	审计科
7月	1	2014届毕业生就业情况研讨会	职成科
	2	2013—2014学年度教职工考核	人事科
	3	中小学生足球、篮球、乒乓球、羽毛球等比赛	体卫艺科、体育局
	4	“小天使”艺术团夏令营活动	体卫艺科、少年宫
	5	全区中小学图书馆教师业务培训	装备部
	6	《3—6岁儿童学习与发展指南》交流汇报	学前科
	7	幼儿教师基本功大赛——边弹边唱	学前科
	8	中考统招录取	考办
	9	中考工作交流会	中教科
	10	北京市夏季高二、高三年级9科会考	考办
	11	二、四年级学生素质展示	小教科
	12	中、小学期末考试	中、小教科
	13	全国统一高考录取及专科填报志愿	考办
8月	1	暑期教育系统培训大会	组织科
	2	2014年职称评审	人事科
	3	中考录取数据统计分析，考生档案整理	考办
	4	高中各学科教师暑期培训	高中教研室
	5	2015届高三教学研讨会	高中教研室
	6	中、小学生课外（校外）教育专项调研	教科室
	7	职业教育中心两栋实训楼验收	基建科
	8	组织参加全国中学生田径锦标赛	体卫艺科
	9	高三工作交流会	中教科
	10	开学检查	各科室
	11	全国统一高考专科录取，整理、发放考生档案及农转非工作	考办

月份	序号	主要工作	负责科室（部门）
9月	1	毕业生就业情况统计和分析	职成科
	2	组织学校完成新生电子学籍数据录入和完善，发放新生学生卡	信息中心
	3	师德群体、师德标兵事迹宣传活动	教育工会
	4	“民主日”活动	教育工会
	5	30年教龄联谊活动	教育工会
	6	教师节庆祝活动	相关科室
	7	统计分析成绩，进行中、高、会考年度总结	考办
	8	启动首师大各种培训班、北京教育学院各种培训班（9—12月）	人事科
	9	组织参加北京市中学生运动会	体卫艺科
	10	新任园长培训	学前科
	11	启动教师评优课活动，常态课堂指导	小教科
	12	组织第十七届全国推广普通话宣传周系列活动	小教科
	13	教育系统内审人员继续教育年检注册工作	审计科
	14	组织开展秋季收费检查工作	纪检监察科
	15	全国学生体质调研	体卫艺科、保健所
10月	1	高中会考报名	考办
	2	中、高考及高中会考考务工作总结研讨会	考办
	3	中学视导	中教科
	4	“十月金秋”书法绘画摄影比赛	教育工会
	5	第六届教职工运动会	教育工会
	6	职业院校“三爱三节”征文、演讲比赛，优秀课件评比	职成科
	7	市、区级课题的立项、开题、视导、结题工作	教科室
	8	中小学体育一小时专项督导	教育督导室
	9	借力式高中特色发展专项督导	教育督导室
	10	顺义区2014年高考评价报告讲座	高中教研室
	11	全区中小学生秋季田径运动会、中学课间操检查评比	体卫艺科
	12	顺义区第32届学生科技节	体卫艺科、少年宫
	13	北京市示范幼儿园展示活动	学前科
	14	德育常态评估	小教科
	15	党员干部培训	组织科
	16	德育体系经验交流	中教科
	17	语言文字规范化示范单位、示范校创建评估活动	小教科
	18	建队日庆祝活动	小教科

月份	序号	主要工作	负责科室（部门）
10月	19	后备干部异地挂职	干训科
	20	市拨教育专项经费审计调查工作	审计科
	21	2015年全国统一高考进城务工人员子女申请、审核、报名	考办
	22	2014年健康教育课评优活动	体卫艺科、保健所
11月	1	中职新专业审核和申报工作	职成科
	2	秋季教师资格认定、2014年专业技术人员备案	人事科
	3	2015年高考网上申请、报名、缴费、现场确认	考办
	4	迎接北京市教育收费专项检查	纪检监察科
	5	幼儿园建家验收	教育工会
	6	中小学校长课程领导力高校培训	组织科
	7	高二、高三尖子生综合素质展示	高中教研室、中教科
	8	组织参加北京市《国家学生体质健康标准》测试赛	体卫艺科
	9	顺义区青少年科技创新大赛（科技论文、创造发明、科幻画、机器人创意）	体卫艺科、少年宫
	10	2015年设备采购预算	装备部
	11	校外教育专项督导调研	教育督导室
	12	校园文化建设交流	中教科
	13	少先队研究成果征集	小教科
	14	2015年春季高中会考报名（高二、高三年级）	考办
12月	1	高考艺术特长生统一测试	考办
	2	全国英语竞赛决赛（高一、高二）	高中教研室
	3	顺义区第十三届中小学生艺术节	体卫艺科、少年宫
	4	“体验科技北京，畅想世界城市”系列活动	体卫艺科、少年宫
	5	北京市青少年机器人智能大赛	体卫艺科、少年宫
	6	《指南》优秀案例专家现场点评活动	学前科
	7	高中教师基本功教学技能比赛	高中教研室
	8	第九届科研月	教科室
	9	北师大教改合作项目年终总结	教改办
	10	义务教育均衡发展改革试验项目年度工作总结	教改办
	11	年底总结和对账工作，处理全年未进行处置的资产和未完成的手续	装备部
	12	教育教学检查评价活动	小教科
	13	2015年高考艺术特长生、艺术考生全市统一测试	考办

中共顺义区委教育工作委员会 2014年顺义区教育系统党建和思想政治工作意见

顺教工发〔2014〕5号

一、指导思想

以邓小平理论、“三个代表”重要思想、科学发展观为指导，深入贯彻落实党的十八大、十八届三中全会精神和市、区全会精神，以党的执政能力建设、先进性和纯洁性建设为主线，以推进教育改革发展为主题，以深入开展党的群众路线教育实践活动为重点，以建设学习型、服务型、创新型党组织为目标，不断加强党的思想建设、组织建设、作风建设、反腐倡廉建设和制度建设，从而推动党员干部教师队伍建设，努力提高党建科学化水平，为全面深化基础教育综合改革、努力办好让人民满意的教育、加快实现顺义教育向优质、多元、开放的城市教育转型升级提供思想、组织和政治保证。

二、工作任务

（一）党的建设工作

做到“三深入”：（1）深入理论学习，学习内容紧密结合政治形势，学习形式灵活多样，学习人员范围全员覆盖，学习效果学以致用、融会贯通，学习考核纳入年终校长评估考核工作；常抓不懈、形式创新、力求实效；（2）深入制度建设，组织建设规范到位、周密严谨、发挥优势；（3）深入教育活动，做到教育活动围绕中心工作，大力弘扬“实干高效、敢为人先、服务至善、奉献教育”的精神，要主题鲜明、注重成效。

（二）思想政治工作

遵循“三结合”：（1）结合“十二五”教育规划纲要，开展顺义及顺义教育发展的形势教育；（2）结合“三名工程”，开展岗位奉献、打造品牌的思想政治工作示范引领教育；（3）结合中心工作，开展职业道德教育，深入贯彻落《中小学教师职业道德规范》。

（三）法制宣传教育工作

教职工法制宣传教育工作“三提升”，即提升教职工法律法规政策水平；提升教职工模范遵守法律法规水平；提升教职工主动宣传法律法规政策能力，在全系统努力倡导和弘扬为教育改革与发展遵规守纪、爱岗敬业、无私奉献的工作精神。

（四）群团共建工作

做好党建带团建、队建、妇建、工会等群团工作，为顺义教育科学、民主、和谐、稳定的发展营造文明有序的氛围，进一步团结一致，开拓创新，推进顺义教育改革与发展。

三、工作目标

（一）深入学习十八届三中全会和市、区全会精神，推动基层党建二作

认真学习贯彻党的十八大报告精神，结合本单位工作实际，利用各种形式，推动广大党员

干部深化对党的十八大报告、党章修正案和习近平总书记一系列讲话等精神的理解，将“中国梦．教育梦”转化为工作的干劲和动力，以开展“学习型、服务型、创新型”三型党组织为目标，不断提高基层党组织建设和党员教育管理能力，进一步提升党员素质，进一步提高思想政治工作水平和服务群众的能力。

1. 坚持做到党的理论学习常抓不懈

继续抓好领导干部理论学习，真正加强并深入落实党的理论学习任务，党员集中学习每年不少于12次，保证隔周一次党员政治理论学习。要组织广大党员教师学习十八大报告，学习《党章》和习近平总书记重要讲话，力求全面准确地把握党的十八大精神，进一步坚定理想信念，进一步坚持走中国特色社会主义道路，进一步增强自觉遵守、维护党章的意识。要加强理论联系实际，做到学有成效、学以致用、学有所获、学有所思、学有所长。（根据《2014年顺义区教育系统思想政治学习方案》安排，加强学习、创新学习方式、巩固学习成果、推广学习经验）

2. 坚持做到基层组织建设规范到位

（1）加强领导班子建设

一是加强学习型领导班子建设，完善学习制度，健全领导班子定期务虚制度。坚持学以致用，要针对当前教育管理工作中热点、难点问题开展合作事业发展课题调研，校级干部每年至少要完成一篇调研报告，年底开展调研成果交流，为教工委科学决策提供重要参考依据。

二是及时健全和完善基层党组织，健全党支部领导班子。开好上、下半年2次民主生活会，着力打造一支学习型、创新型、务实型、服务型、廉洁型的领导班子队伍。把反腐倡廉、廉洁从政教育纳入党员干部教育体系，通过报告会、讲座、问题解答、短信平台、答卷等多种形式开展学习教育。（民主评议党员干部1年至少2次）

（2）加强党员队伍建设

一是探索建立党员发展质量保证体系，努力提高青年教师、骨干教师党员数量。直属各基层党组织按照要求5月底前完成党员发展工作，镇、地区办事处所辖党组织要积极争取地区党委的领导，做到发展有计划、程序规范。

二是完善党员思想状况动态调研机制，各基层党组织要以过“政治生日”为契机，开展党员职业生涯规划，及时掌握党员思想状况。深入开展党员承诺、党员责任区、设岗定责等活动，创新党的活动载体、丰富党内活动形式、激发党员队伍活力，充分发挥党员的先锋模范作用。

三是认真做好教育管理服务工作，坚持“三会一课”制度，认真开展民主评议党员活动。完善党内激励、关怀、帮扶机制，做深做细做实思想政治工作，最大限度地调动广大党员干部工作的积极性。（党员在教职工中述职一年至少2次）

四是做好党员信息维护工作，各单位要挑选并固定熟悉信息技术工作的优秀党员作为信息维护更新人员，按期进行党组织及信息维护更新工作，直属基层党组织每年维护2次。各单位要做好党组织及党员的信息登统、完备工作，镇、地区办事处所辖党组织也要及时取得联系并做好党员转入（出）等工作。

3. 加强党员教育活动

区教育工委将在2014年以迎接建党93周年为契机，以“办人民满意教育”为目标，加强基层组织建设，提升党员干部素质，继续深入推进《顺义区城乡联动教育改革实验方案》，全系统广大党员干部教师一定要统一思想认识，进一步明确自身工作的重要性、艰巨性和紧迫性，焕发起更大的热情，投身教育改革，投身于教育工作。

各基层单位要在教育活动中坚持党的群众路线，密切联系群众，切实组织好全体党员在立足岗位、提升党性修养、建功立业等活动中发挥示范作用、先锋作用，推动党建工作科学化水平有新的提高。开展好五项教育实践活动。一是党员教育活动：通过“模范践行十八大 立足岗位争先锋”征文研讨、短信评选、观看红色作品、歌唱红色歌曲、重温入党誓词、走访老党员、优秀党员、生活困难党员及实践活动等形式，教育广大党员干部和广大师生系统把握全会精神。充分发挥基层党组织的政治核心作用，组织广大党员紧紧围绕推动基础教育综合改革，广泛开展“强作风、比贡献、谋改革、促发展”活动。二是开展“三学三强”活动：召开“学党章、强作风；学历史，强素质；学业务，强本领”“三学三强”活动推进会，认真总结经验，巩固已有成果，建立长效机制。三是举办党建创新案例展示活动：加强党建创新和党建研究工作，推进党建信息化建设，不断拓展党建工作平台。发挥党的科学化研究水平引领作用，为加快顺义教育的发展奠定坚实的科研基础。四是开展“一校一品”品牌创建活动：各基层党组织要创出自己的党建工作品牌。要牢固树立“人无我有、人有我优、人优我特”的理念，让党组织成为创新主体，让党员教职工成为创意个体。加大对特色工作的考核力度，鼓励各基层单位开动脑筋，根据自身特点，把党建特色工作做亮。五是党员群众心连心活动：探索构建灵活高效、贴近需求的基层党组织服务体系，党员干部要参加多重组织生活，根据实际情况参与好在职党员回社区活动。深入推进党员志愿服务，以帮扶身边的师生和群众为重点，要深入开展“四个一活动”，即领导干部联系一名党员或群众、帮助一名困难党员或一名困难群众，党员联系帮助一名群众或一名学生，教师联系帮助一名困难学生活动，党员干部教师上、下半年至少参加一次党员回社区活动。各单位要结合实际工作，深入开展党员活动，要把党员活动作为密切联系群众、切实转变工作作风、加强基层调研的重要途径之一，强化落实，扎实推进。教育工委将结合庆祝建党93周年契机树立、宣传、学习典型的活动。

各基层党组织要在实践中牢固树立科学发展观，努力争创发展优势，不断提升各级党组织的战斗力。把关心群众、维护群众利益作为一切工作的出发点，自觉转变工作作风，确立“以人为本”的思想，扎扎实实为群众办实事、办好事，以良好的党风、政风带动民风，更好地为群众服务、为区域经济发展服务。各单位要寻求适合工作实际独具特色、内涵丰富的党建工作新载体，不断提升党建工作科学化水平。

（二）深入加强思想政治工作，打造和谐文化校园

以促进教育稳定、和谐发展为目标，深入推动城乡教育均衡、优质发展，进一步加强和提升教职工思想政治工作。

1. 强化学习，统一思想：严格执行《2014年顺义区教育系统思想政治学习方案》部署，做到学习不放松、思想不放松、措施不放松，确保时间、内容、地点、形式、人员、效果六落实；同时要不断创新学习形式，强化学习实效、注重学习交流。教育工委将采取多种形式进行监督检查。

2. 丰富活动，引导为主：各基层党组织要通过读书、研讨、交流、拓展、讲演、承诺、评议、述职等多种形式丰富广大党员干部职工活动，以正面引导为主，增强广大职工的政治责任感、归属感、荣誉感；并通过本单位思想素质高、业务能力强的党员、群众骨干典型为主力，带动大家营造比、学、赶、帮、超的良好氛围，在学习工作中发现典型、树立典型、学习典型，促进各项工作水平的提高。

3. 依托载体，创新品牌：发挥党员、干部、骨干教师的模范作用，扎实开展党员、干部结

对子和“一帮一”等活动，做到以人育人、以人带人、以人聚人，把思想政治工作与促进本职工作相结合。通过学习型组织的打造、党员工作室的发挥等活动载体，深入贯彻党的十八大报告精神，不断创新思想政治工作。

（三）加强教职工法制宣传教育工作，提高依法执教能力

2012 年 11 月，教育部印发了《全面推进依法治校实施纲要》，要求各级各类学校全面落实依法治国要求，大力推进依法治校。广大党员干部教师要进一步明确教师法制教育的内容，完善教师法律知识培训、检查制度。要围绕教师工作与生活的实际，在系统学习《义务教育法》、《教师法》等基本的教育法律法规的同时，要切实加强《治安处罚法》、《信访条例》等法律法规的教育培训。要让教师知晓自己的合法权益的同时，更要知晓自己应负的法律责任和义务。要采取多种教育方式，不断提高教职工学法的自觉性，提高教职工依法执教的能力。

（四）深入开展党的群众路线教育实践活动，形成清正教育环境

教育系统广大党员干部教师都要以中央的八项规定为指南，认真落实市、区《关于改进工作作风的若干规定要求》，统一思想，从我做起，一致行动，共同反对形式主义、官僚主义、享乐主义和奢靡之风，以“照镜子、正衣冠、洗洗澡、治治病”为总要求，以党章为镜，对照改进作风要求，在宗旨意识、工作作风、廉洁自律上查问题、找差距、明方向；按照为民务实清廉的要求，勇于正视缺点和不足，严明党的纪律特别是政治纪律，敢于触及思想、正视矛盾和问题，从自己做起，从现在改起，端正行为，自觉把党性修养正一正、把党员义务理一理、把党纪国法紧一紧，树立顺义教育系统的良好形象，形成风清气正的顺义教育环境，为教育事业改革发展提供坚实的政治保证。（具体安排见中共顺义区委教育工委深入开展党的群众路线教育实践活动工作方案）

四、工作要求

（一）加强领导，规范建设

各单位要高度重视党建工作，切实加强领导，抓好工作落实，确保各项工作取得实效。进一步完善党的组织建设、制度建设，丰富教育活动，在总结好 2013 年党建工作的基础上，结合本单位工作实际、本地区工作特点做好 2014 年党建工作计划。各单位于 2014 年 4 月 1 日前将本单位 2014 年党建工作计划电子版发送至教委组织科邮箱 zuzhike2009@ 163. com。

（二）围绕中心，引领发展

各单位要结合实际，围绕中心工作落实党建工作任务，以教育教学工作为核心，爱岗敬业、立功奉献，不断加强党的组织建设、丰富党建工作形式，创新党建工作载体，提升党建工作水平，深入实施顺义教育城乡联盟教育改革，以精优的品质、精湛的业绩学习、贯彻、落实党的十八大精神。

（三）创建品牌，打造特色

各单位要积极打造党建品牌，提升党建工作影响力。要结合教育实际，遵循党建工作基本规律，探索符合本单位和时代特点的党建工作新办法、新举措，研究党员发挥先锋模范作用的新思路、新领域，思考党建工作服务服从于学校和师生发展的新形式、新途径，努力打造出一批创新意识强、主动发展好、活动特色明、工作实效大以及党员和群众满意度高的党建工作品牌项目。

各基层党组织要坚持围绕发展抓党建，抓好党建促发展，围绕办好人民群众满意的目标，开拓教育改革和发展的新局面，为顺义教育跨越式发展做出更大的贡献！

附件：1. 2014年顺义区教育系统思想政治学习方案
2. 2014年顺义区教育系统党建和思想政治工作安排

中共顺义区委教育工作委员会
2014年3月21日

附件1

2014年顺义区教育系统思想政治学习方案

一、指导思想

以迎接中国共产党成立93周年为契机，深入学习宣传贯彻党的十八大精神、贯彻落实国家和北京市中长期教育发展纲要、顺义区十二五发展规划等，以邓小平理论和“三个代表”重要思想、科学发展观为指导，以推动顺义教育事业发展为中心工作，以提高教育系统广大党员干部教师思想政治素质、推动学校科学发展为目标，紧密结合实际工作，不断增强政治理论学习的针对性、指导性和实效性，大力加强和谐校园建设，扎实推进学习型党组织建设。

二、学习时间

2014年3月—12月

三、学习安排

每周学习时间：政治学习、业务学习交替安排

四、学习内容

学习内容分为理论知识、区情形势、法律法规和业务知识、选修部分以及推荐书目六部分内容（具体见附件）

五、学习要求

（一）创新学习形式，提高学习效率

方案中学习内容设置的理论知识、区情形势、政策法规、业务知识作为必学项目，同时要结合本单位校本培训进行菜单式学习，必学、选学和自修相结合。坚持集中学习与个人学习相结合。各基层单位要勇于创新学习形式，运用学习讲坛、读书交流、征文演讲、知识竞赛及网络学习平台等手段，构建多层次、全方位、立体化的学习网络，引导党员干部、群众加强理论学习和研究，确保学习成效。

（二）严格学习制度，加强督促检查

各单位要高度重视思想政治学习工作，充分认识学习的重要性，确保学习做到“六有”，即有计划、有专人负责、有措施保证、有专门学习笔记、有学习成效、有学习反思。要确保学习时间充足，做到“两全、六到位”：“两全”即学习做到全员参与、内容力争全面系统；“六到位”即思想认识到位、组织机构到位、学习制度到位、时间保障到位、学习成效到位、指导检查到位。理论、业务学习时间每月集中学习至少两次，每次学习时间不少于1.5小时。因公未参加学习的人员，要通过自学及时补学。各单位要按照教工委的学习安排，根据实际认真制

定学习计划，精心组织学习并保证学习任务的完成，认真做好学习记录，学期结束时备查。

（三）理论联系实际，增强学习实效性

各基层党组织要按照本安排方案中所列学习专题，紧密结合学校改革发展实际以及党员的思想实际，认真查找在思想观念、精神状态、发展思路、工作作风等方面存在的突出问题，准确分析和把握我校改革和发展中带有全局性、战略性、前瞻性的重大问题，注重解决师生关心的热点难点问题，学以致用，用以促学，把理论学习的成果转变成推动学校发展的强大动力，从而真正达到武装头脑，指导实践，推动工作的目的。

（四）上报学习情况，及时整理归档

各单位及时报送学习计划、学习情况简报、学习总结等学习材料；建立健全学习档案，按学习阶段及时将学习资料整理归档，以备查。学习前、后及过程中的照片和文字资料发送到教委组织科邮箱，邮箱地址 zuzhike2009@163.com，区委教育工委将在适当时机给予宣传报道。（照片要以 .jpg 格式报送，切忌插入 word 文档）。

另附《2014 年思想政治工作学习内容》

中共顺义区委教育工作委员会办公室

2014 年 3 月 21 日

2014年思想政治工作学习内容

一、理论知识学习

1. 2014年全国两会报告
2. 《习近平关于中华民族伟大复兴的中国梦论述摘编》
3. 《十八大报告辅导读本》
4. 《中国共产党党史》
5. 《中国共产党简史》
6. 《中国共产党新时期简史》
7. 《中国共产党党章》（新修订版本）
8. 《中国共产党十八大全会报告》
9. 《北京市第十一次党代会报告》《北京市十一届三次、四次全会报告》

二、区情形势学习

10. 顺义区第四届党代会王刚书记工作报告
11. 顺义区人大会议区长报告
12. 顺义区十二五发展规划

三、法律法规学习

13. 《中华人民共和国义务教育法》
14. 《中华人民共和国教育法》
15. 《中华人民共和国教师法》
16. 《中华人民共和国预防未成年人犯罪法》
17. 《治安处罚条例》
18. 《 国家和市区信访条例及相关工作要求》
19. 《信访条例》 及相关信访知识
20. 《教师职业道德》
21. 《教师师德意见》
22. 《公民道德实施纲要》
23. 《教育系统落实党风廉政建设责任制相关要求》

四、业务知识学习

24. 国家中长期发展教育规划纲要
25. 十二五规划纲要
26. 2014年顺义教育工作意见
27. 教工委书记冯义国的重要讲话和专题报告《适应顺义城市化进程 加速顺义教育城市化发展》《加强学校文化建设 提升顺义教育品位》
28. 教工委副书记、教委主任刘克祥的专题报告《关于顺义教育综合改革的一些思考》
29. 《顺义教育》《教育动态》 一刊一报

五、选修部分学习

1. 每人读2本红色经典书籍（1本/学期）
2. 每人读2本业务书籍（1本/学期）

3. 每人读 2 本工作沟通书籍（1 本/学期）
4. 每人读 2 本心理释压书籍（1 本/学期）

六、推荐书目

1. 《正道沧桑》光盘
2. 《毛泽东年谱（1949—1976）》（1—6 卷）
3. 《中国特色社会主义学习读本》
4. 《马克思主义哲学十讲》
5. 《六个“为什么”——对几个重大问题的回答（2013 年修订版）》
6. 《科学发展案例选编》
7. 《雷锋》
8. 《幸福就这么简单》
9. 《享受工作的员工才是好员工》
10. 《中国 2014：寻找真实的成长》
11. 《为什么——美国盛产大师》
12. 《必要的革命——第五项修炼接力之作》
13. 《教师德育——专业化读本》
14. 《第三次浪潮》
15. 《55 条班规》
16. 《点燃孩子的学习热情》
17. 《卓越教师的十一条素质》
18. 《后茶馆式教学》
19. 《走向专业的听评课》
20. 《不抱怨的世界》
21. 《学生自我发展之心理学探究》
22. 《教师成长的 40 个现场》
23. 《文明与法治 寻找一条通往未来的路》刘哲昕
24. 《精英与平民》刘哲昕（即将出版）
25. 《Word 2003 在教学中的深度应用》马九克
26. 《PowerPoint2003 在教学中的深度应用》马九克
27. 《Excel2003 在教学中的深度应用》马九克
28. 《救救清华的这些孩子吧》（网文）
29. 《热血教师》（电影）

此项工作由各单位统一推荐或教师自己选定，但需确保每学期读 2 本书，并由单位适时组织读书心得交流活动，教育工委将适时组织优秀心得交流活动。注：以上学习安排内容为推荐必学内容，学校可结合实际自定学习内容。如有重要、相关内容，教育工委将及时通知并下发学习材料。

附件 2

2014 年顺义区教育系统党建和思想政治工作安排

月份	工作任务	展现形式	参与单位
三月	1. 召开 2014 党务工作培训会议 2. 党建文化建设 3. 群众路线教育实践活动	1. 部署 2014 年党建工作 2. 通过学校电子屏、橱窗、党建园地等形式展示	全区教育系统各基层单位
四月	1. 评选优秀党课 2. 支部好案例展示活动 3. 党员信息维护更新工作 4. 入党积极分子培训	1. 开展基层党组织专职书记、一把手上党课 2. 征文 3. 网上信息录入维护 4. 根据报名集中培训	1. 全区教育单位 2. 教育工委下辖党组织
五月	1. 发展党员筹备工作 2. 党建品牌创建活动	1. 答卷 2. 做好党员发展工作 3. 上报党建创新项目	1. 区教育工委下辖党组织 2. 全区教育系统
六月	建党 93 周年大会	七一总结大会	全区教育系统各基层单位
七月—八月	党组织读书、学习征文	读书、撰写征文	教育系统基层党组织
九月	1. 党员信息维护更新 2. 征文评选	网上信息录入维护 2. 征文交流	1. 区教育工委下辖党组织 2. 全区教育系统
十月—十一月	课题成果总结	党建课题交流	全区教育系统
十二月	工作总结	上报、交流等	全区教育系统基层党组织

中共顺义区委教育工作委员会关于在教育系统深入开展党的群众路线教育实践活动的工作方案

顺教工发〔2014〕6号

根据中央和市委、区委部署，按照《北京市开展第二批党的群众路线教育实践活动的实施方案》（京群组发〔2014〕4号）和《中共顺义区委关于深入开展党的群众路线教育实践活动实施方案》（京顺发〔2014〕2号）的相关要求，从2014年1月开始，在全区教育系统各级党组织和党员干部教师中深入开展党的群众路线教育实践活动，到9月基本结束。结合教育工作实际，制定本方案。

一、总体要求

全面贯彻落实党的十八大精神和习近平总书记系列重要讲话精神，始终贯彻“照镜子、正衣冠、洗洗澡、治治病”的总要求。紧紧围绕保持党的先进性和纯洁性，紧密结合顺义区“把握三个阶段性特征、推动四个转型升级”工作要求，以“为民务实清廉、办好人民满意教育”为主题，以“深化教育改革、推进教育发展、提升教育品质”为主线，以贯彻落实中央八项规定精神为切入点，按照十八届三中全会对深化教育综合改革的总体要求，结合顺义教育“十二五”发展规划的具体任务，推进素质教育，提升顺义教育品质与活力，切实加强作风建设，着力优化校风、教风和学风；切实加强能力建设，全面提高新形势下服务师生、服务学校、服务社会的能力；切实加强制度机制建设，促进办学模式、学校管理模式和人才培养模式的新突破，为打造教育强区、促进区域发展提供坚强保障，真正让顺义区教育系统群众路线教育实践成果惠及百姓落到实处。

二、重点任务

（一）着力解决“四风”突出问题

抓住反对“四风”这个重点不放，通过反对形式主义、官僚主义、享乐主义、奢靡之风，突出党的作风建设。处级以上领导干部要重点解决放松政治、组织和财经纪律要求问题，基层党员干部教师要重点解决放松组织纪律要求问题。在教育系统中重点解决个别党员干部教师工作中目标不明，流于形式；高高在上，联系师生不实；贪图享乐，艰苦奋斗不够；吃拿卡要，廉洁自律不严等问题。主要查摆影响和制约教育发展的重点难点问题破解不到位等现象。紧紧围绕深化教育改革，围绕提高教育质量，围绕提高群众满意度，以实际行动体现作风改进，不断提高党员干部教师全心全意为人民服务的宗旨意识。

（二）着力解决群众反映强烈的切身利益问题

教育是群众最关注的民生工程之一，本着为民、利民、便民的原则，注重解决群众身边的不正之风，把改进作风的成效真正落实到基层，把整改措施和制度规定传导到“神经末梢”。落实好教育惠民政策，切实解决教育领域较为突出的问题：一是着力推进教育领域综合改革，全面推动思想观念、发展方式和工作作风的转变；二是着力提升教师职业道德水平，建设一支为人师表、严谨治学的党员干部教师队伍；三是着力提升教师专业素养，促进学生全面发展；四是着力优化教育资源配置，科学调整教育资源布局，促进教育优质均衡发展。

（三）着力解决联系服务群众“最后一公里”问题

坚持“资源向基层倾斜、好事让基层干、荣誉让基层得、威信在基层立”的导向，各基层党组织要做到有资源、有能力、有场所为群众服务，让群众话有地方说、事有地方办、困难有人帮、问题有人管。聚焦基层服务型党组织建设，要创新服务手段，建立健全上级党组织为下级党组织服务、党组织为党员服务、党员为群众服务的工作体系，着力完善体制机制，提高区域教育发展水平。充分发挥党员干部教师在教育教学及管理中的先锋模范作用，把联系群众工作做扎实，切实加强教育系统党的作风建设。在全系统党员干部教师中开展“三个一”活动，即结对帮扶一名困难学生或群众、承担一节校级以上公开课或者讲座、撰写至少一篇教育教学理论文章或调研报告。

三、活动准备

（一）成立领导机构和工作机构

成立区教育系统教育实践活动领导小组及办公室，负责全区教育系统教育实践活动的组织领导和具体实施。成立20个教育实践活动督导组，督促指导所属各单位开展活动。

（二）制定工作方案

在广泛调研的基础上，根据我区开展党的群众路线教育实践活动的实施方案，结合顺义教育实际，教工委制定全区教育系统教育实践活动工作方案，明确教育实践活动的总体要求、参加范围、重点任务、具体流程和步骤。各单位制定本单位的工作方案，经督导组审阅后，报区教育系统教育实践活动领导小组办公室备案。

（三）建立活动联系点

处级干部结合实际建立联系点，把指导联系点工作作为深入基层、联系群众、脚踏实地开展工作的重要形式，深入联系点开展调研，听取党员群众意见，参加联系点专题民主生活会等重要活动，对联系点教育实践活动进行指导。

教委机关党员干部每月深入到困难较多、情况复杂的学校调研，听取党员群众意见，参加联系点专题民主生活会等重要活动，指导帮助基层学校研究问题、解决困难、总结经验。

四、活动环节

本次教育实践活动安排学习教育、听取意见，查摆问题、开展批评，整改落实、建章立制三个环节，统一部署、梯次展开、压茬进行。

（一）学习教育、听取意见

1. 召开动员部署会。3月底，召开教育系统党的群众路线教育实践活动动员部署会，动员部署教育系统教育实践活动工作。机关党员干部、各单位主要负责人和专职书记、市区人大代表政协委员和党代会代表、退休老同志等参加会议，并配合区委督导组对两委一室领导班子及成员进行民主评议。基层单位按照教育实践活动领导小组办公室部署完成启动工作。

2. 开展学习教育。重点是搞好学习宣传和思想教育，使党员干部教师提高思想认识，增强宗旨意识和群众观点。

（1）积极组织学习。认真学习党的十八大和十八届三中全会精神、习近平总书记系列讲话精神和《党政机关厉行节约反对浪费条例》《党政机关国内公务接待管理规定》、中央八项规定等中央、市、区改进作风相关文件；学习郭金龙同志在全市党的群众路线教育实践活动第一批总结暨第二批部署会议上的讲话，王刚同志在顺义区党的群众路线教育实践活动动员部署大会上的讲话等系列讲话；学习关于深化教育改革的系列文件和专题报告；学习党的光辉历史和优良传统，开展理想信念、党性党风党纪和道德品行教育，开展马克思主义群众观点和党的群众路线专题讨论活动。处级干部集中学习时间不少于20天，基层单位党员干部教师集中学习时间不少于25天，其中学习习近平总书记系列重要讲话精神不少于5天。各级党组织书记要结合教育实践活动为党员干部教师讲党课。教委机关每周一下午集中学习，各基层单位每周三下午4：30到6：00集中学习，要充分利用周末等业余时间开展集中学习、集体研讨。抓好自学，建立学习制度。

（2）扎实开展教育。教育系统党员干部教师要紧紧围绕世界观、人生观、价值观这个“总开关”，突出坚定理想信念这个根本要求，以党章为镜、以群众期盼为镜、以先进典型为镜、以史为镜，通过参观、学习、交流等方式教育引导党员干部教师重温党的光辉历史和优良传统，联系思想和工作实际进行深刻反思和思想交流，自觉加强党性修养和品德修养，增强党纪观念，努力提高辨别能力、政治定力和实践能力。教育系统党员干部教师要充分运用好“一助一”结对帮扶、在职党员回社区（村）、党员“过政治生日、争做十表率”等党建工作有效载体，自觉参加各类公益活动、志愿活动，主动联系服务身边群众，在直接联系服务群众中受教育、转作风，在服务教育发展中树形象、聚力量。

（3）深入学习交流。在认真组织学习的基础上，结合教育系统工作实际，重点围绕群众路线的时代内涵，围绕“四风”的具体表现和危害，围绕“为民务实清廉”的具体要求，围绕“办好人民满意教育”的目标，组织党员干部教师开展交流学习心得，进行党性分析活动，进一步强化宗旨意识、群众观点，相互学习、相互促进、共同提高。

3. 听取意见建议。各级党组织领导班子和党员领导干部教师以恳谈、问卷调查、召开座谈会等方式广泛征求群众的意见；深入开展“三步走”活动，使党员干部教师真正“走出去、走下去、走进去”，广泛征求学生、家长、教师的意见，为对照检查、开展批评和解决问题打好基础。完善信访接待制度，重视来信、来访等送上门的意见，统筹做好征求意见工作。

4. 边学边查边改。对于听取意见中发现的问题要从活动一开始就改起来，从具体事抓起、从身边事做起、从群众最不满意的事改起，坚持边学边查边改，坚持即知即改、立行立改，着力解决突出问题，让群众看到变化、见到成效。

（二）查摆问题、开展批评

1. 找准找实突出问题。对照学习材料中提到的各类讲话、文件、规定等要求，查找“四风”问题具体表现，注重从关系群众切身利益的问题中查找问题。要自己主动找，对照党章，对照廉政准则，对照改进作风要求，对照群众期盼，查找宗旨意识、工作作风、廉洁自律方面的差距，特别是要找出“四风”问题的具体表现、典型事例。要对照典型找，既要对照先进典型对标定位，找出差距和不足，提出学习先进的措施和办法，又要对照反面典型，深刻剖析，深入查找群众观念不强、作风不正、工作不实、行为不廉等问题，汲取教训，避免重犯类似错误。要突出重点找，聚焦“四风”、抓住要害，既要查找共性问题，更要紧密结合实际，有针对性地查找个性问题。

结合征求干部群众意见和个别谈话等情况，督导组在专题民主生活会前，要向单位主要负责人通报班子及班子成员的作风和党风廉政建设情况。对反映存在问题较多的领导干部，由督导组会同单位主要负责人进行谈话提醒。

2. 开展谈心活动。谈心范围：各单位主要负责人与班子每名成员之间，班子成员之间，班子成员与基层党员之间，基层党员和群众之间要深入开展谈心交心活动。谈心内容：各单位主要负责人与班子成员谈心谈话，主要是向班子成员反馈征求到的领导班子作风建设情况、存在的突出问题以及对班子成员个人的意见建议，听取班子成员对自己的批评，并督促班子成员做好相互谈心工作；班子成员之间相互谈心谈话，主要是进行深刻的批评与自我批评，坦诚地征求意见；班子与分管部门负责人、其他成员之间谈话，主要是征求对自身存在的“四风”问题的意见和改进的建议。谈心要求：谈心时间要安排充分，既要肯定成绩，又要指出问题和不足，要敞开心扉、坦诚相见，红红脸、出出汗，多作自我批评，有话讲在当面，力求谈开谈透。对拟在专题民主生活会上开展批评的问题，要在谈心过程中充分沟通和交流意见，取得共识，把矛盾化解在民主生活会之前。同时，领导班子成员要主动接受党员干部教师和群众的约谈，征集群众意见，与群众协商，并以适当的方式，反馈或公布群众意见采纳处理情况。

3. 撰写对照检查材料。各单位要按照衡量尺子严、查摆问题准、原因分析深、整改措施实的要求，认真撰写对照检查材料。单位对照检查材料由单位主要负责人亲自主持起草，党员干部教师的对照检查材料自己动手撰写，经单位主要负责人把关后，于民主生活会召开前 15 日报督导组审阅。

4. 召开专题民主生活会。各单位领导班子成员要以“为民务实清廉、办好人民满意教育”为主题，以反对“四风”、服务群众为重点，召开 1 次高质量的专题民主生活会。做到严肃认真、实事求是、民主团结，促进党员干部教师牢固树立宗旨意识和马克思主义群众观点，切实改进工作作风，提高群众工作本领，进一步把领导班子建设成为坚定贯彻党的理论和路线方针政策，坚持深化教育改革，善于领导教育科学发展的坚强领导集体。

专题民主生活会上，班子成员要开展严肃认真的批评和自我批评，每人发言时间不少于 30 分钟。民主生活会期间，领导班子成员不得请假，不安排外出等任务。

各单位主要负责人主持起草班子专题民主生活会情况专项报告，并于专题民主生活会召开后 7 日内报督导组，按照反馈意见进行修改完善，经督导组审阅同意后，于专题民主生活会召开后 15 日内，将修改后的专项报告由督导组报教育实践活动领导小组办公室。

5. 召开专题民主生活会情况通报会。各单位主要负责人主持召开通报会，在全体党员中通报班子专题民主生活会情况，党员少于 10 人的基层党组织，可邀请积极分子、骨干教师等人员参加。

6. 开好专题组织生活会。各单位要认真组织党员干部教师开好专题组织生活会，开展民主评议党员工作。专题组织生活会上，党员要围绕转变工作作风，服务学校、师生、教学，立足岗位等方面交流思想和认识。针对征求意见中存在的问题提出改进措施和办法。党员领导干部除参加专题民主生活会外，还要以普通党员身份参加所在党支部的专题组织生活会，并在会上进行发言。

（三）整改落实、建章立制

1. 抓好整改方案的制定和落实。

（1）制定整改方案。各单位主要负责人亲自主持制定整改方案，提交领导班子集体审议。领导班子成员要梳理个人整改措施，形成书面材料。整改方案与督导组协商，在全体党员中予以公布。

（2）落实整改任务。在边学边查边改的基础上，围绕群众反映强烈的突出问题，发扬钉子的精神，逐项进行整改。确保整改成效让群众看得见、感受得到、大多数人满意，确保新形成的制度行得通、指导力强、能长期管用，确保整个教育实践活动善始善终、善作善成。整改不到位的不放过，群众不满意的不放过。整改全过程要置于群众监督之下，并通过召开全体教师大会等形式向群众公开，请群众来监督和评判。

2. 开展专项整治。把专项整治作为整改落实的重中之重，不折不扣地抓好北京市和顺义区开展“四风”突出问题专项整治方案中确定的各项整治任务的落实，以重点突破推动作风整体好转。特别结合基层单位提出的“会议多、检查多、上交材料多”等问题一项一项整治，一个一个突破。对于条件具备的，立行立改；对于经过努力能够在短期完成的，加大整改力度，限期完成；对于情况复杂需要一段时间研究解决的，尽快启动研究和摸底工作，提出具体工作计划，积极推进各项任务的落实。

3. 加强制度建设。在各单位主要负责人主持下，进一步对现有制度进行全面梳理，完善已有制度，制定新的制度，废止不适用的制度。围绕解决“四风”突出问题，制定改进作风制度建设计划，推动改进作风常态化长效化。强化制度执行，提高党员干部教师依法依章依纪办事意识，加强对执行制度情况的督促检查，坚决纠正有令不行、有禁不止等无视制度的问题。

4. 强化正风肃纪。加强领导班子建设，严格教育管理干部。对存在一般性作风问题的干部，立足教育提高，促其改进；对群众意见大、没有明显改进的干部，进行组织调整；对在活动中发现的重大违法违纪问题的干部，依法依纪严肃查处。

5. 做好总结工作。认真总结教育实践活动取得的思想认识成果、实践成果、理论成果和制度成果，实事求是地对教育实践活动成效作出评价，客观指出工作中存在的问题和不足，深化对作风建设的规律性认识。通过访谈、召开座谈会、问卷调查等多种方式，听取普通党员、群众的意见。根据测评情况，进一步完善整改措施，继续解决在教育实践活动中尚未解决的突出问题。

各级党组织要做好工作总结，形成领导班子教育实践活动总结报告、开展“四风”突出问题专项整治情况报告、改进作风制度建设情况报告。适时组织召开总结会，通报教育实践活动开展的总体情况、查摆的突出问题、整改措施和今后工作的努力方向。

总结大会上，参会人员配合督导组对领导班子及党员干部教师开展教育实践活动的情况进行民主评议。

五、工作要求

开展教育实践活动是一项重大的政治任务，也是推动我区经济社会转型和教育事业发展的广阔平台和有力抓手，区教育系统各级党组织要按照中央、市委要求和区委部署，切实加强组织领导，确保活动取得实效。

（一）加强组织领导

教育实践活动在区教育系统教育实践活动领导小组领导下开展。各单位主要负责人要高度重视，认真负责，切实履行第一责任人的职责，要带头示范作表率，带头开展学习，带头开展批评和自我批评，带头落实整改措施，带头联系群众，为领导班子和党员干部教师做出榜样。对教育实践活动走过场的，要追究主要领导责任。

（二）严格工作标准

教育系统教育实践活动，要始终坚持严的标准、严的措施、严的纪律，防止文山会海，力戒形式主义，做到不走过场，做到“不虚、不空、不偏”。对活动的每一个环节要严把质量关，切实做到思想认识上不去的不放过，查摆问题不聚焦的不放过，自我剖析不深刻的不放过，整改措施不到位的不放过，人民群众不满意的不放过。教工委督导组要以务实的作风、严谨的态度、严格的标准督促抓好每个环节各项工作落实，要面对面开展工作，及时发现和解决问题。

（三）抓好宣传引导

要广泛开展理论研讨，组织撰写理论文章，开辟理论专栏，开展征文等活动，推动理论研究工作深入开展。充分运用教育系统已有的宣传渠道，通过新闻报道、先进典型宣传、言论评论、工作综述、专题专访等形式，充分反映全系统教育实践活动的进展和成效。加强正面宣传和舆论引导，善于发现、挖掘和宣传先进典型，使广大党员干部教师学有榜样，行有示范；强化舆论监督，加强案例教育，加大反面典型曝光力度，发挥警示警醒作用。把握好舆论引导的时机、力度和效果，更好地发挥评论、言论的作用，营造良好的舆论氛围。

（四）坚持统筹兼顾

要把全系统开展教育实践活动与贯彻落实党的十八届三中全会精神、中央一系列重要会议精神、市委十一届三次、四次全会精神和区委四届七次全会精神结合起来，认真做好今年的各项教育工作，把活动成效体现在促进区域教育事业现代化水平不断提高上；要解决好事关人民群众切身利益的教育问题，把活动成效体现在促进民生改善上；要充分运用党员承诺、党性分析、评议党员等载体开展活动，激发党员干部教师的工作热情，把活动成效体现在促进党员干部教师履职尽责上，确保做到两手抓、两不误、两促进。

在顺义教育网开设“党的群众路线教育实践活动专栏”，用于发布相关文件、领导讲话、活动简报等，设立宣传报道组邮箱 syjwqzlx2014@163.com。各单位要随时关注，及时下载学习相关精神，及时上报活动进展情况，按要求扎实推进教育实践活动。

附件：1. 党的群众路线教育实践活动领导小组名单

2. 党的群众路线教育实践活动工作机构及职责

3. 党的群众路线教育实践活动“两委一室”处级领导干部联系表

中共顺义区委教育工作委员会

2014 年 3 月 26 日

附件 1

党的群众路线教育实践活动
领导小组名单

组　长：冯义国　区教工委书记
副组长：刘克祥　区教工委副书记、区教委主任
李卫国　区教工委委员、区教育督导室主任
组　员：丁久库　区教委副主任、现代职业教育学院党委书记
陈成国　区教委副主任、社区教育中心主任
隋美荣　区教工委委员、区教育纪工委书记
张海东　区教工委委员、区教委副主任
高　山　区教工委委员、区教委副主任
王　彪　区教工委委员、区教委副主任
王玉英　区教工委委员、区教育工会主席
盛得富　区教育督导室副主任
李卫东　区教育督导室副主任

附件 2

党的群众路线教育实践活动
工作机构及职责

一、领导小组办公室

主　　　任：侯亚军
常务副主任：张天勇
副　主　任：杨守丰
成　　　员：教委办、组织科、纪检科、干训科、宣传中心和信息中心的人员
主要职责：

1. 负责制定教育系统开展教育实践活动方案，制定领导机构和工作机构的职责。

2. 负责落实领导小组关于教育实践活动的总体要求和工作安排。

3. 负责制定教育实践活动各阶段活动计划。负责起草教育实践活动各环节进展情况的有关材料。

4. 负责做好动员大会、总结大会筹备，督促协调好其他会议。

5. 负责指导协调各工作组开展工作，统筹协调各工作组落实各项工作任务。

6. 负责做好与区委督导组的联络、协调等工作。

7. 负责有关资料的整理归档和相关数据的收集、整理、汇总、上报工作。

8. 完成领导小组交办的其他工作。

二、宣传报道组

组　长：马亚军

副组长：陈惠明　张自江　贾立新　李士文

组　员：宣传中心人员、信息中心人员

主要职责：

1. 负责起草教育实践活动动员、总结及其他讲话。

2. 负责起草教育实践活动的自查报告、整改方案、参加教育实践活动有关情况的总结汇报等材料。

3. 负责教育实践活动宣传报道、舆论引导工作的整体部署，负责通过典型宣传、工作综述、专题专访等有效形式，加强教育实践活动宣传。负责做好中央、市、区媒体的沟通协调工作，广泛宣传报道教育系统教育实践活动的工作和经验成果，特别是活动中涌现出的先进典型。

4. 负责编辑、印发教育实践活动简报、专报，并报送区委教育实践活动领导小组办公室、区委督导组，发送全区各系统各单位。

5. 完成领导小组办公室交办的其他工作。

三、督导联络组

组　长：侯亚军　张天勇

组　员：教委各科室人员、教育基层单位人员、教育助理

主要职责：

1. 负责指导制定工作计划，定期召开例会，部署有关工作，了解掌握工作进展情况。

2. 负责协调基层各单位配合区委督导组和教工委督导组开展工作，了解掌握各单位领导班子、领导干部及各单位开展教育实践活动的有关情况，并及时向区委教育工委教育实践活动领导小组办公室汇报。

3. 完成领导小组办公室交办的其他工作。

附件3

党的群众路线教育实践活动
“两委一室”处级领导干部联系表

姓名	联系点
冯义国	杨镇一中
刘克祥	顺义一中
李卫国	北京四中顺义分校
隋美荣	石园小学
张海东	西辛小学
高　山	装备部
王　彪	东风小学
王玉英	顺义九中
盛得富	顺义二中
李卫东	怡馨幼儿园

中共顺义区委教育工作委员会关于开展“好党员、好干部、好支部”展评活动方案

顺教工发〔2014〕9号

为隆重纪念中国共产党成立93周年，顺义区教育工委将以学习贯彻党的十八大精神为主线，紧密结合教育系统全面贯彻落实党的群众路线教育实践活动，以建设学习型、服务型、创新型党组织为目标，在全区教育系统开展“好党员、好干部、好支部”（以下简称“三好”）系列活动，大力宣传优秀共产党员、优秀党务工作者和先进基层党组织的先进事迹，引导广大党员进一步坚定信念，激励广大党员自觉投身于教育改革与发展，在全体党员干部中进一步统一思想、鼓舞干劲、振奋精神、凝聚力量，更好的服务人民群众，服务顺义教育。

一、指导思想

以“三个代表”和习近平总书记全面贯彻落实党的群众路线教育重要思想为指导，深入落实以加强基层服务型党组织建设为重要抓手的党的群众路线教育活动，以群众是否满意为根本标准，以坚持党员干部的先锋模范作用开展形式多样、切合实际的主题活动为抓手，以建设更加坚强的基层党组织和更高素质的党员队伍为目标，发挥基层党组织的战斗堡垒作用和党员先锋模范作用，为建设现代文明和谐新顺义，提供坚强的组织保证。

二、活动目标

为进一步推动教育系统群众路线教育实践活动的深入开展，树立宣传党员教师的先进典型人物和先进基层党组织，教工委决定，大力宣传“三好”的先进事迹，以真实的典型感染人，用身边的榜样激励广大党员、群众自觉投身于教育改革与发展，在全体党员干部中弘扬先进、鼓舞干劲、凝聚力量。开展“三好”主题系列活动要达到以下目标：

1. 惠及人民群众。基层党组织和党员服务群众的意识进一步增强，人民群众的利益得到更好实现、发展和维护。教育事业进一步发展，教育质量进一步提高。

2. 加强组织建设。有效发挥基层党组织在推动发展、服务群众、凝聚人心、促进和谐的作用。要紧密结合党的群众路线教育实践活动，切实推进教育改革。

3. 提高党员素质。切实增强党员的宗旨意识、党员意识、大局意识和责任意识，进一步提高党员学习的自觉性，不断提升政治素质和业务能力素质，立足本职岗位，争创一流业绩，影响和带动广大群众坚定改革信心、共促教育发展。

三、活动内容

（一）“好党员”（中共正式党员）的基本条件

推选出的好党员要在开展教育教学、参与学校管理、服务师生和参加在职党员回社区等公益活动中，充分发挥模范作用。

（二）“好干部”（党务工作者）的基本条件

推选出的好干部要在服务教育发展、服务师生、服务教育改革、服务党员中，充分体现基

层党组织带头人的优良素质和时代风采。

（三）“好支部”（党委、党总支）的基本条件

推选出的好支部要在推进基层党组织在党的群众路线教育实践活动中，充分发挥基层党组织战斗堡垒作用和共产党员先锋模范作用。

四、工作安排

各基层党组织要围绕教育系统群众路线教育实践活动和“三好”展评活动的目标要求，结合单位实际，组织引导党员积极投身教育改革，密切联系群众，切实组织好全体党员，开展提升党性修养、立足本职岗位、建功立业活动。要努力提升教职工党员为民服务意识、业务工作能力、技术创新能力，注意抓好廉洁从教教育和管理，推动党的建设和科学化水平有新的提高。从2014年6月—12月开展“三好”活动，具体分为两个时段进行：

（一）2014年6月初—7月，“好党员”推荐展评交流宣讲阶段

结合“三好”主题系列展评活动，在教育系统中开展“我身边的共产党人”演讲比赛活动。通过请身边人讲身边事、用身边事教育身边人，在全系统范围以演讲比赛的形式，开展评选展评宣讲。

时间安排：

1. 2014年6月1日—6月8日，各基层党组织结合群众路线教育实践活动采取个别访谈、召开座谈会、发放问卷、群众评议党员、征求意见等方式评议出本单位的优秀共产党员1—3人，从中选出1名由他人讲述，以第三人称撰写文稿，叙述身边党员干部教师的典型事迹，参加联盟内的演讲比赛，时间为每人6—8分钟。此次推选的“我身边的共产党人”作为好党员入选名单。

2. 2014年6月9日—6月15日，分别在牛栏山一中、顺义一中和杨镇一中组织召开各联盟范围的主题演讲展示。

3. 2014年6月16日—7月1日，在建党93周年之际，进入决赛的选手参加教育系统“我身边的共产党人”主题演讲比赛活动。

本阶段具体要求：

“好党员”各单位民主评议推荐。有100名以上（含100名）正式党员的党组织推荐2—3个；有31—99名党员的党组织推荐1—2个；30名以下（含30名）党员的党组织推荐1个。教工委汇总评选后，推荐好党员的典型事迹组织基层党员、教师、学生进行宣讲。（民办学校党组织推选党员必须有正式组织关系或流动党员证）

这个阶段主要抓住“三个环节”：一是评议，组织好教职工、学生、家长、社会人士的评议、推选工作；二是展示，展示党员教师的风采；利用校园媒体、家长会、党员教师参与校内外的各项活动，宣传党员教师的事迹，扩大影响面；三是宣传，对优秀党员重点进行宣传，树立典型，形成学习先进、争当先进的良好氛围。

（二）2014年6月—12月，好支部（党委、党总支）及好干部（党务工作者）推荐展评交流阶段

各单位要按照“三好”活动目标要求，设计载体平台、丰富实践内容，开展具有本单位特色的主题实践活动，使工作作风在为民服务的实践中得到加强和改善。各基层党组织要按照“好支部”和“好干部”的标准，自主申报参加评选。

时间安排：

1. 2014年6月—7月，各基层党组织结合群众路线实践活动以座谈会、群众评议党员、征

求意见等方式对领导班子进行民主测评，综合测评结果“好”要达到95%以上。

2. 2014年6月—12月，各党组织落实书记上党课、三会一课、书记述职党建、党员教育管理等工作制度，打造组织特色服务平台和党建品牌。

3. 2014年10月中旬各单位自主申报“好干部”和“好支部”，参加系统内评选。基层党组织和党务工作者的先进典型将在年底党建总结会上进行交流。

本阶段具体要求：

一是围绕中心工作开展。设计好载体平台、丰富实践内容、创新实践形式、保证活动效果；二是保证党员参与率；三是活动形式要有特色。既可以是集体、有规模的大型活动，也可以是以党小组为单位的分散活动，还可以是以党员个体为主的访谈类、公益类的活动。总之，要根据时间、地点、内容创新活动类型；四是注重活动实效。活动要立足于密切党群干群关系的要求，切实改进工作、服务群众，真正做到办实事、解民忧、纾民难，让群众摸得着、看得见；五是注重总结经验，及时查找不足；六是要注意宣传典型事迹。不断树立党组织、党员干部教师在群众中的形象，形成影响力、凝聚力。

五、上报标准、方式及截止时间

“好党员”主要突出以下方面：

1. 理论信念坚定。以邓小平理论 、“三个代表”重要思想和科学发展观为指导，积极践行党的群众路线活动，学习中国特色社会主义理论体系，坚定共产主义理想信念，牢固树立马克思主义世界观、人生观和价值观，认真贯彻党的路线方针政策，政治立场坚定，大局意识强，宗旨意识强；

2. 发挥作用明显。求真务实、埋头苦干、勤奋敬业、勇于开拓、善于创新、清正廉洁，模范履行党章规定的各项义务，在推动顺义教育发展中冲得上、作风硬、做出自身贡献；

3. 群众广泛认可。密切联系群众，真心服务学生，得到学生家长的广泛认可。

上报方式及截止时间：

“好党员”以第三人称撰写文稿，叙述身边党员干部教师的典型事迹，主题为“我身边的共产员人”，限制2000字以内。同时，以视频、图片等方式上报“好党员”的教育工作、学校及社会活动和日常生活的精彩镜头和语录，如交图片，请附30字以内的文字说明，如有视频，时长一般不超过3分钟。截止时间：2014年6月15日前。

“好干部”主要突出以下方面：

1. 信念坚定、勤政务实。认真贯彻执行党的路线、方针、政策，热爱党务工作，特别是党的建设理论，全面贯彻落实党的群众路线教育实践活动，解放思想，务实创新，在加强和改进基层党组织建设工作中成绩突出；

2. 敢于担当、清正廉洁。党性强、作风正，坚持原则，廉洁奉公，敢于同违反党纪、政纪的现象作斗争，带头组织和完成上级党组织交办的各项任务；

3. 为民服务、模范带头。密切联系实际，全心全意为人民服务，严于律已，率先垂范，深得党员、群众的信赖和拥护。

“好支部”主要突出以下方面：

1. 领导班子和党员队伍积极向上。班子坚强有力，贯彻党的教育方针，团结协作，勤政廉洁，能发挥好政治核心和战斗堡垒作用。领导班子思想解放，求真务实，开拓创新，团结党员干部教师为学校的发展贡献力量，得到群众的拥护，群众满意率高。政治面貌积极向上，能够充分发挥先锋模范作用；

2. 党建工作制度和运行机制规范完善。制度机制完善，管理措施到位，保障机制落实，工作运行规范有序；

3. 群众口碑好。学生及家长满意度高，能密切联系群众，工作作风和成效得到群众的公认，组织好本单位党员干部教师回社区服务活动，受到群众好评和拥护。

上报方式及截止时间：

“好干部”及“好支部”采取自主上报。各参评单位填写申报表，并撰写1500字参评材料上报组织科，同时制作宣传片（光盘）上报本单位在服务型党组织建设中的典型事迹和特色活动，时长一般不超过10分钟。截止时间：2014年10月15日前。

注：“好党员”“好支部”及“好干部”申报表及单行事迹材料纸质版盖章，同时以电子版形式上报发至电子邮箱 zuzhike2009@163.com。

六、工作要求

（一）高度重视，精心组织

评选宣传工作将与先进基层党组织、优秀共产党员、优秀党务工作者相结合，希望各单位党组织要高度重视，精心组织，按照区委教育工委年初党建工作意见的部署，切实把评选推荐申报工作抓实抓好，同时在本单位精心组织的基础上进行推荐申报。

（二）发扬民主，严格程序

在推荐过程中，要紧密结合实际，广泛听取党内外群众意见，严格工作程序，首先在本单位开展评选校级优秀共产党员、先进党组织等活动，要把推优工作作为学习先进、树立先进、宣传先进的重要工作进行。在单位评选优秀之后自下而上申报，把推荐申报工作当作一次组织全体教职工和党员干部学习的过程。同时要将各单位推荐上报的先进典型在单位党务公开栏目进行公示，做到公平、公开、公正。

（三）强化宣传，营造氛围

各单位党组织要借助橱窗、板报、电子屏幕等平台进行广泛宣传，通过各种形式大力宣扬先进典型事迹，激励大家以饱满的政治热情，高昂的进取精神，一流的工作业绩，为顺义教育发展做出应有的贡献！

附件：顺义区教育系统“三好”推荐申报表

中共顺义区委教育工作委员会
2014年5月30日

附件

顺义区教育系统“好支部”（党委、总支）推荐申报表

党组织名称	
党组织负责人	
主要事迹	
曾受表彰 奖励情况	
基层党组织 意见	（盖章） 年　月　日
党（工）委 意见	（盖章） 年　月　日
备注	

顺义区教育系统“好党员”“好干部”推荐申报表

<table>
<tr><td>姓名</td><td></td><td>性别</td><td></td><td>出生
年月</td><td></td><td>民族</td><td></td><td>政治
面目</td><td></td></tr>
<tr><td>文化
程度</td><td></td><td>参加工
作时间</td><td></td><td>职务</td><td></td><td></td><td></td><td></td><td></td></tr>
<tr><td colspan="2">拟参评名称</td><td colspan="8"></td></tr>
<tr><td colspan="2">主要事迹
单位：</td><td colspan="8"></td></tr>
<tr><td colspan="2">曾受表彰
奖励情况</td><td colspan="8"></td></tr>
<tr><td colspan="2">基层党组织
意见</td><td colspan="8">（盖章）
年　月　日</td></tr>
<tr><td colspan="2">党（工）委
意见</td><td colspan="8">（盖章）
年　月　日</td></tr>
<tr><td colspan="2">备注</td><td colspan="8"></td></tr>
</table>

中共顺义区委教育工作委员会 北京市顺义区教育委员会 关于印发《严禁教师收受学生及家长礼品礼金的规定》的通知

顺教工发〔2014〕10号

各单位：

为进一步规范教师廉洁从教行为，纠正教育行业不正之风，维护学校和教师的良好形象，区教工委、教委研究制定了《严禁教师收受学生及家长礼品礼金的规定》，现印发给你们。请各单位结合各自实际，对教师进行宣传教育，严格贯彻落实。

附件：严禁教师收受学生及家长礼品礼金的规定

中共顺义区委教育工作委员会
北京市顺义区教育委员会
2014年6月9日

附件

严禁教师收受学生及家长礼品礼金的规定

为进一步贯彻落实加强师德师风建设的有关要求，大力推进廉洁校园建设，规范教师廉洁从教行为，引导教师立德树人，为人师表，树立为民、务实、清廉的良好教师形象，营造风清气正的校园环境，依据《教师资格条例》《中小学教师职业道德规范》和《中小学教师违反职业道德行为处理办法》等，特制定本规定。

一、严禁有关行为的规定

第一条　严禁教师收受学生及家长赠送的礼品、礼金、支付凭证或有价证券等。

第二条　严禁教师以任何借口向学生及家长索要或变相索要礼品、礼金等财物。

第三条　严禁教师参加学生及家长的宴请，不得参与学生及家长邀请的娱乐、休闲等活动。

第四条　严禁教师让学生及家长报销或支付应由教师本人及家庭成员承担的任何费用。

第五条　严禁教师其他以教谋私的行为。

二、严肃查处违规违纪行为

第六条　凡违反上述规定的教师，一经查实，在当年评优、评先、晋升、职称评定等方面实行师德问题一票否决制，当年年度考核定为不合格，扣除当年学年绩效奖。

第七条　对于情节较重的，给予警告或记过处分。

第八条　对于情节严重造成恶劣影响的，给予降低专业技术职务等级、撤销专业技术职务或者行政职务处分，直至给予开除处分，区教委按规定撤销其教师资格，收缴其教师资格证。

第九条　对于构成犯罪的，要移送司法机关，依法追究其刑事责任。

第十条　对于违反上述规定的教师所在的学校，要在一定范围内进行通报批评，问题严重造成恶劣影响或处置纠正不及时的，要追究相关领导责任。

三、加强社会监督，畅通信访举报渠道

区教委鼓励社会各界投诉举报教师收受礼品礼金的违规行为，教育系统各单位要加强对单位教职员工的教育和管理，组织学习并宣传本规定，同时向社会公开投诉举报电话，及时受理和查处教师违规违纪行为。

区教委监督举报电话：81499598

中共顺义区委教育工作委员会办公室

2014 年 6 月 9 日印发

中共顺义区委教育工作委员会 2014年深入开展廉政文化进学校活动实施方案

顺教工发〔2014〕11号

根据市区党风廉政建设工作会议精神和区纪委《2014年顺义区党风廉政建设和反腐败工作任务分工》要求，为进一步加强廉政文化建设，特制定如下实施方案。

一、指导思想

以邓小平理论、“三个代表”重要思想、科学发展观和党的十八大精神为指导，以敬廉崇洁为主题，以校园文化建设为载体，不断增强学校党员干部和广大教师爱岗敬业、廉洁从教的意识，培养和树立青年学生正确的世界观、人生观、价值观和崇高的道德情操，进一步营造“崇尚廉洁”、“以廉为荣、以贪为耻”的社会风尚和廉政文化氛围，建设和谐校园。

二、基本原则

（一）与群众路线教育相结合

认真学习落实市区改进工作作风密切联系群众的意见，开展好以“为民务实清廉”为主要内容的党的群众路线教育实践活动，用自身的实际行动树立党员领导干部良好形象，推动校园廉政文化建设深入开展。

（二）与师德师风建设相结合

把廉政教育贯穿于师德师风建设之中，强化教师职业道德和诚信教育，引导教师践行职业道德，潜心教书育人，以崇高的师德风尚立德树人，做学生的廉政典范。

（三）与学校课程改革相结合

充分挖掘现有教材中蕴含的廉政教育资源，开发具有学校特色的廉政文化校本课程，把廉政教育融入课堂教学，使学生既学到文化知识，又得到廉政文化的体验。

（四）与学校文化建设相结合

结合实际建设以廉政文化为主题的校园景观，有的放矢地开展校园廉政文化活动，激发学生的廉洁意识，增强廉政教育效果。

三、工作措施

（一）明确途径、定职责

根据学校工作特点，“廉政文化进学校活动”要从党组织工作、德育工作、教学工作、团队工作四个方面深入拓展。

1. 党组织线：制定学校“廉政文化进校园活动”工作计划，指导学校“廉政文化进校园活动”相关工作，并负责编定教师廉政文化学习资料，组织领导班子进行廉政文化学习，监督班子成员廉洁自律的情况，及时纠正偏差。

2. 德育线：组织廉政文化为主题的学生社会实践活动，编写各年级廉政文化教育资料，督促廉政文化教育内容在各年级各班按学校计划认真落实，并检查廉政文化教育在各班德育工作的渗透情况。

3. 教学线：在语文、社会、思品等课程中融入廉政文化内容，督促教师每学期上一至二节廉政文化教育课，检查各科教师在学科教学中渗透廉政文化教育的情况。

4. 团队线：积极配合学校德育工作，开展好廉政文化主题活动，并指导团队工作合理融入廉政文化元素。

（二）全员参与、抓落实

学校在工作安排中要重视干部、教职工、学生等各层面全员参与廉政文化教育。在领导班子中开展“坚定信念、廉洁自律”主题教育活动；在全体教职员工中开展“学为人师、行为世范”主题教育活动；在学生中开展“敬廉崇洁、诚信守法”主题教育活动。狠抓落实，从廉政文化融入课堂、环境、活动三个方面开展“廉政文化进学校活动”。

1. 廉政文化融入课堂。学校要根据学生身心发展的特点结合学校所在地的特点，推进廉政教育进教材、进课堂。各学校要结合实际，按年级对中小学语文、社会、历史等相关课程中与廉政教育有关的知识点进行梳理和挖掘，在教育教学中进行重点讲解和有机渗透，使学生既学到文化知识，又受到廉政文化的熏陶，培养学生崇廉拒腐的意志品质。

2. 廉政文化融入环境。学校要根据校园自身实际，对校园廉政文化建设内容、建设范围、建设布局、实施步骤等都要做出具体科学地规划。如在校园内设置廉政文化主题宣传窗，在教室内板报中设置廉政文化角（格言、警语、漫画、装饰标语等）。充分利用校园广播等形式开展廉政文化宣传，宣传本校先进事迹等。

3. 廉政文化融入活动。廉政文化的渗透力、凝聚力需要在喜闻乐见的文化活动中不断彰显。要结合师生员工的文化层次特点，努力提高廉政文化建设的渗透力和感染力，精心设计和组织丰富多彩的文化活动，使师生员工在参与和欣赏之中提升品味、陶冶情操、净化心灵。

四、活动安排

（一）制定计划

各单位制定“廉政文化进学校”活动计划，7 月 8 日前发到纪检监察科邮箱（邮箱地址：jwjj111@126. com）。

（二）开展活动

各单位根据区里要求，结合各自实际组织师生开展廉政文化宣传教育活动，并做好相关活动的档案整理工作：

1. 领导干部提炼一句“廉洁从政”格言，教师、学生收集一条“清正廉洁”警句格言。

2. 组织党员干部进行廉政文化知识学习，协助区纪委组织党员干部参加廉政文化知识测试。

3. 召开党员干部“廉洁从政、勤俭办学”民主生活会。

4. 开展“北京廉政故事”、“廉政微短剧”创作征集活动。

5. 开展教师“有偿家教”、“收受礼品”自查自纠活动。

6. 开展领导干部述职述廉活动。

（三）示范创建

开展“廉政文化进学校联系示范点”创建工作，在学校自愿申报的基础上，与区纪委、团区委一同评选“廉政文化进学校联系示范点”，充分发挥“示范点”的示范带动作用，以点带面，积极推进全区廉政文化进学校活动。

1. 学校申报。学校自愿申报，填写《2014 年廉政文化进学校联系示范点申报表》，申报表交教委纪检监察科（教委 203 室），截止日期 2014 年 9 月 16 日。

2. 评估验收。区纪委、团区委、区教委将组织人员，下校指导、评估验收，时间安排在2014 年 9 月下旬。

3. 颁牌展示。对验收合格的示范点，统一颁牌，并组织走进“廉政文化进学校示范点”展示交流活动，时间安排在 2014 年 10 月。

五、工作要求

（一）加强组织领导

各单位要成立领导小组，学校主要负责人担任领导小组组长，明确一名分管领导具体抓好廉政文化进校园工作。学校要建章立制，以确保此项活动长期有效地开展，并加强督导评估，建立表彰奖励机制。

（二）营造廉政环境

学校要积极营造有利于开展戒奢节俭、敬廉崇洁教育的环境，积极利用报刊、网络等传媒对此项活动进行宣传报道，让社会、家庭都了解关注这项活动，构建学校、社会、家庭三位一体的教育模式。

（三）加大宣传力度

学校要确定一名联络员，做好与上级部门的及时联系，定期向区教委报送信息、汇报工作进展情况，注意收集相关活动资料，及时发现并解决存在的问题，为此项活动长期有效地开展打下基础。

（四）强化检查考核

各单位要依据工作方案定期检查廉政文化建设活动落实情况，及时调整工作进度和方式方法，总结工作经验和活动成果。区教工委将此项工作列为党风廉政建设责任制落实情况年度考核项目，年底一同进行检查、考核。

附件：1.《2014 年廉政文化进学校联系示范点申报表》

2.《顺义区创建廉政文化进学校示范点考评细则》

中共顺义区委教育工作委员会

2014 年 7 月 1 日

附件 1

2014 年廉政文化进学校联系示范点申报表

申报单位（盖章）： 联系人： 申报日期：

学校名称			
学校联系人		学校联系方式	
廉政文化 进学校工作 特色			
备注			

附件 2

顺义区创建廉政文化进学校示范点考评细则

________________学校　　　　　　　　　　　　　　　　评价人：________

A 级指标	B 级指标	评估要素	分值	自评	考评
A1 班子教育 20 分	B1 领导体制	成立“廉政文化进校园示范点”创建活动领导小组（1 分）；制定工作方案，有计划地开展廉洁教育（2 分）；将廉政文化建设纳入校园文化建设的整体规划（1 分）	4		
	B2 宣传活动	支持并自觉参与廉政文化建设，主动成为廉政文化的创造者和参与者（1 分）；载体多，形式多样（2 分）；工作成效明显（1 分）	4		
	B3 廉政机制	廉洁教育渗透到学校党建、教育管理和师生日常管理各个领域（1 分）；廉政制度健全，形成廉洁教育长效机制（1 分）；无乱收费、违纪违法等行为（2 分）	4		
	B4 民主管理	民主管理制度健全（2 分）；教代会和校务公开工作制度化、规范化（2 分）	4		
	B5 廉政素质	学校领导班子成员守廉践廉（2 分）；自觉接受监督（1 分）；从政为民、勤政廉洁，成为师生的楷模，表率作用发挥好（1 分）	4		
A2 教师教育 20 分	B6 廉洁意识	廉洁教育列入教职工政治学习、思想教育和师德师风教育中（2 分）；教师的职业道德高、廉洁意识强，无师德问题（2 分）	4		
	B7 依法执教	组织学习法律法规、政纪条规和校规校纪，自觉依法执教，无违法违纪现象（2 分）；参与学校民主管理，主动参政议政（2 分）	4		
	B8 德育工作	向学生宣传廉政文化，并纳入学生德育工作考核范围，结合教学内容组织廉洁教育课，开展廉洁教育班会活动等（2 分）；家校联系，形成教育合力（2 分）	4		
	B9 教学实践	廉洁教育纳入学校教学工作，挖掘学科教育资源，进行有效、有序、动态的整合（2 分）；制定具体的廉洁教育教学计划，并按计划组织实施，在课堂教育过程中适时渗透（2 分）	4		
	B10 廉洁从教	不接受家长的礼金、宴请或请家长为自己办私事（2 分）；不进行有偿家教，不乱收费和乱订资料等，经常组织教师开展自查自纠、互查互纠，树立廉洁从教、诚信服务、无私奉献的道德风尚（2 分）	4		
A3 学生教育 20 分	B11 常规教育	通过班团队活动、黑板报、演讲比赛、征文、故事会等有效形式，提高青少年对戒奢节俭、敬廉崇洁重要性的认识。（按开展常规教育的次数及效果计分，2 次以上效果好得 4 分）	4		
	B12 学科渗透	按年级在中小学主题班会课、语文课、品德课、社会课等相关课程中，对廉洁教育有关的知识点进行重点讲解和有机渗透。班会课有廉政教育内容记录（2 分），其他学科教案有廉政教育内容（2 分）	4		

A级指标	B级指标	评估要素	分值	自评	考评
A3 学生教育 20分	B13 课外阅读	利用课外阅读时间，引导学生阅读古今中外的廉洁自律小故事和典型事例，在阅读的过程中接受熏陶，悟出道理。有活动记录（2分），有读书体会（2分）	4		
	B14 主题活动	结合学校团队建设、革命传统教育等，组织开展符合学生身心特点的廉政主题教育活动1—2次，有较好成效（4分）	4		
	B15 实践活动	开展有实际意义的敬廉崇洁社会实践活动和廉洁文化宣传教育活动（2分）；组织学生对过生日送礼、乱花家长的钱、追求高档名牌等现象进行辩论，培养学生“颂清官、敬清廉、学做真正小公民”的意识（2分）	4		
A4 廉洁环境 15分	B16 周边环境	配合加强对网吧、书店、OK厅等的治理整顿，防止不健康的文化侵蚀师生的思想，影响学校教育的效果（2分）；充分利用家长学校和关工委，构建新型的廉洁教育网络（3分）	5		
	B17 校园环境	学校醒目位置建有固定的廉政广告牌和宣传橱窗，悬挂固定的宣传标语（3分）；办公室、教室、楼道等场所悬挂著名清廉人物的画像和反腐倡廉格言警句等，营造浓厚的廉洁教育氛围（2分）	5		
	B18 宣传载体	广播、黑板报或墙报、校园网或校刊报等开辟宣传阵地（3分），并以图文并茂、生动活泼，师生喜闻乐见的形式开展廉政教育活动（2分）	5		
A5 工作创新 15分	B19 信息交流	及时上报各种书面材料和信息，以及好的经验与做法（3分）；积极探索和解决在活动中遇到的新问题，改进工作方法，不断丰富充实廉政文化进学校工作内容（2分）	5		
	B20 争创特色	采取师生喜闻乐见的内容和形式，开展针对性强、实效明显的活动，形成有本校特色的工作经验并得到推广（5分）；充分挖掘丰富的廉政文化资源，加强课程开发，编写有区域（学校）特色的廉洁教育读本（5分）	10		
A6 档案管理 10分	B21 管理规范	有完整的廉政文化建设档案资料。每次廉政文化活动和班级廉洁教育班会和黑板报有详实的记录，文字材料，照片或录像及时收集归档，记录齐全、管理规范。（10）	10		
合计			100		

中共顺义区委教育工作委员会
北京市顺义区教育委员会
关于印发《北京市顺义区教育系统培育和践行社会主义核心价值观实施意见》的通知

顺教工发〔2014〕18号

各单位：

为深入学习贯彻党的十八大、十八届三中全会精神，落实党中央、教育部和北京市委、市政府关于培育和践行社会主义核心价值观的部署和要求，区教工委、教委研究制定了《北京市顺义区教育系统培育和践行社会主义核心价值观实施意见》，现印发给你们。请各单位结合实际，制定本单位的实施方案，对全体师生进行宣传教育，严格贯彻落实。

中共顺义区委教育工作委员会
北京市顺义区教育委员会
2014年10月22日

北京市顺义区教育系统
培育和践行社会主义核心价值观实施意见

为深入学习贯彻党的十八大、十八届三中全会精神，落实党中央、教育部和北京市委、市政府关于培育和践行社会主义核心价值观的部署和要求，切实把立德树人作为教育的根本任务，结合顺义区教育实际，制定本实施意见。

一、指导思想

以党的十八大、十八届三中全会和习近平总书记系列重要讲话精神为指导，紧紧围绕实现中华民族伟大复兴“中国梦”的远大目标，通过宣传教育，让师生熟知社会主义核心价值观的内容，理解“富强、民主、文明、和谐，自由、平等、公正、法治，爱国、敬业、诚信、友善”的内涵，通过把社会主义核心价值观与各项教育工作紧密结合，引导师生将社会主义核心价值观内化为精神追求，外化为自觉行为。

二、重点工作

（一）加强宣传教育，让师生铭记社会主义核心价值观的内容

1. 利用多种方式宣传内容。利用电子屏幕、宣传栏、黑板报、校报、学校广播、学校电视台、校园网、顺义学习网等多种方式，借助国旗下讲话、入党入团入队、开学典礼、毕业典礼等契机，加大社会主义核心价值观的宣传力度，使人人熟记熟背社会主义核心价值观的内容。

2. 利用好重要时间节点。充分挖掘节庆日、纪念日的文化内涵，抓住端午节、五四青年节、建党节、国庆节、抗日战争胜利纪念日、烈士纪念日、南京大屠杀死难者国家公祭日等重要节日、纪念日，开展社会主义核心价值观主题宣传教育活动，引导学生弘扬民族精神，增进爱国情感。

3. 加强交流讨论，促进理解提升。发挥少年先锋团校、中学生业余党校的教育功能，充分利用《社会主义核心价值观青少年读本》《核心价值观托举中国梦——北京市新童谣优秀作品选》等书籍，加强社会主义核心价值观的学习。利用班会、座谈等形式，引导师生正确理解社会主义核心价值观的内涵。鼓励师生运用诗歌、感言等形式分享感悟，交流心得。

4. 营造良好家庭教育氛围。加强家、校协同教育，充分利用家长学校、家长工作坊、家长委员会等平台，举办家庭教育专题讲座，组织家长论坛和家庭教育经验交流会。开展学校开放日、晒家风等主题活动，引导家长以身示范，用正确思想、正确行动、正确方法教育引导孩子，将社会主义核心价值观教育融入家庭，不断提高家庭教育水平，让家长自觉承担起加强学生思想道德建设的责任。

5. 树立典型榜样。组织学生开展寻找身边的榜样人物、评选“最美孝心少年”等活动，邀请科学家、作家、劳动模范、航天英雄、顺义区道德模范等先进典型代表走进校园与师生交流，形成发现榜样、尊敬榜样、学习榜样的氛围。

（二）抓好“九个结合”，把培育社会主义核心价值观工作融入到各项工作中

1. 与党的群众路线工作相结合。对照践行社会主义核心价值观的要求，引导广大党员干部带头树立务实为民的宗旨意识、提升教育惠民的服务意识、强化廉洁从教的自律意识和推动教育发展的进取意识。以爱国为核心，积极推动单位民主管理，推动党员教师发扬学术民主、课堂民主，打造和谐校园，和谐教育，巩固党的群众路线教育实践活动成果。

2. 与师德建设相结合。将师德作为教师考评、聘任的首要内容。引导教师增强教书育人的荣誉感、责任感和幸福感，带头践行社会主义核心价值观。通过开展评树活动、“学生喜爱的班主任”、“学生喜爱的教师”等评选活动，树立师德先进典型。利用教委网站、《顺义教育》等宣传先进典型和事迹，发挥教师的示范引领作用。

3. 与学校文化建设相结合。进一步加强学校文化建设，注重学校文化的熏陶作用，发挥文化育人功能。将社会主义核心价值观融入校园物质文化、精神文化、制度文化、行为文化之中。精心设计和组织开展内容丰富、形式多样、吸引力强、师生参与度高的校园文化活动，为广大师生搭建讲述核心价值观、书写核心价值观、感悟核心价值观的交流展示平台。组织开展学校文化巡回展示活动，促进各单位间交流学习。

4. 与课堂教学相结合。充分发挥课程的德育功能，将社会主义核心价值观的内容细化落实到各学科课程的德育目标之中。教师依据课程标准和教学实际情况，设计相应的教学活动，在传授知识、培养能力的同时，将积极的情感、端正的态度、正确的价值观融入课程教学中。鼓励有能力的学校编写校本教材，丰富社会主义核心价值观教育教学资源。

5. 与心理健康教育相结合。贯彻落实《中小学心理健康教育指导纲要（2012 年修订）》（教基一〔2012〕15 号）和《北京市中小学心理健康教育工作纲要（修订）》（京教基一〔2014〕3 号）文件精神，加强心理健康方面的课程建设。合理安排教育内容和时间，开展学生团队心理辅导和个别心理咨询，培养学生健康的心理品质。加强生命教育、青春期教育和生涯规划指导工作，促进学生身心和谐发展。

6. 与综合素质提升工程相结合。实施“一十百千工程”①，每个学生在中小学学习期间至少参观一次天安门广场升旗仪式，分别走进一次国家博物馆、首都博物馆、抗日战争纪念馆。学校要建立志愿者服务组织，原则上每学年度至少组织学生参加一次社会公益活动或志愿服务活动，将学生参加公益活动、志愿服务情况记入成长记录，纳入学生综合素质评价。每月观看一部优秀影视作品，阅读一本优秀图书；每月学习了解一位中外英雄人物、先进人物的典型事迹和优秀品格。区教委协助市教委和有关资源单位完善社会大课堂建设机制，通过政府购买服务等方式在图书馆、博物馆等千余个社会资源单位培养和聘用千名课外辅导教师。中小学校各学科平均应有不低于10%的课时在社会大课堂进行，活动前精心设计、活动时认真组织、活动后及时总结，充分发挥社会大课堂的育人功能，促进学生素质提升。

7. 与市民教育相结合。充分发挥成人学校的教育功能，将社会主义核心价值观作为成人学校教学的重要内容，引导学员做合格的现代市民。在学习型组织创建工作中，注重社会主义核心价值观的学习和交流，以知促行。

8. 与公民意识教育相结合。培养公民美德，弘扬社会公德。引导广大学生了解公民的基本权利和义务，促进学生树立社会主义民主法治、自由平等、公平正义的理念。

9. 与热爱家乡教育相结合。组织学生到焦庄户地道战遗址、汉石桥湿地公园、国际鲜花港、七彩蝶园、现代汽车基地、燕京啤酒厂、空港物流基地等地开展实践活动，感受顺义发展的巨大变化，激发热爱顺义的情怀。

（三）自觉从小做起，在学习、工作、生活中践行社会主义核心价值观

1. 传承中华优秀传统文化。继续推进彩虹读书行动，各学校、幼儿园组织开展彩虹诵读大赛初赛，推荐优秀选手参与区决赛和展演。继续开展红五月、经典诵读、美德故事宣讲、成语大会、汉字听写大赛等活动。继续在顺义电视台开设《国学动漫城》和《师说日》栏目。鼓励有条件的学校组织师生开展文化考察活动。鼓励学校继承和发展中华传统技艺，如学习民族乐器演奏、舞龙、剪纸等。

2. 为生态文明建设出力。加强大气、土地、水、粮食、矿藏资源的基本国情教育，有条件的学校可以组织学生开展生态环境方面的调查研究、生态种植、养殖等活动。引导师生从珍惜一粒粮、一滴水、一度电、一张纸等衣食住行的小事入手，养成勤俭节约、低碳环保的行为习惯。引导师生参与环保宣传、垃圾分类回收等实践活动，树立生态文明意识，为建设美丽中国、绿色北京出力。

3. 文明上网。引导师生正确对待虚拟网络，科学合理使用互联网，文明上网，分辨不良信息，坚决抵制网络低俗之风，不沉迷于网络。培养师生依法使用网络意识，抵制网络不法行为，不造谣、不信谣、不传谣。使用网络文明语言，营造良好的网络环境。

4. 开展“做文明有礼顺义人”教育实践活动。以“做文明有礼顺义人”为主题，以加强学生行为习惯养成教育为主要载体，着眼于全面提高师生的思想道德素质和文明礼仪素养，倡导“日常行为讲规范、人际交往讲礼仪、社会活动讲文明”的新风尚。学习宣传各种礼仪知识，深化、细化师生文明礼仪的具体要求。

5. 开展诚实守信教育实践活动。组织开展诚信主题班会、诚信格言征集等活动，增强学生

① “一十百千工程”的内容：每个学生在中小学期间至少参加一次天安门广场升旗仪式，分别走进一次国家博物馆、首都博物馆和抗日战争纪念馆；至少参加十次集体组织的社会公益活动；观看百部优秀影视作品，阅读百本优秀图书；学习了解百位中外英雄人物、先进人物典型事迹和优秀品格；邀请千名传统文化名家、非物质文化遗产传承人进校园、进课堂。

对诚信品质的认识和领悟。开展“我承诺我诚信”签名、诚信考试等活动。

6. 开展“知恩于心、感恩于行”教育实践活动。以“孝敬，从每一天做起”为主要内容，孝敬长辈、体验亲情。通过“我为长辈做一件事”“我当一天家”等形式的亲情作业，使学生理解长辈、感谢长辈，培养孝心，学会感恩。

三、保障措施

（一）加强组织领导

成立以教工委书记、教委主任为组长，主管领导为副组长，各科室科长为组员的领导机构，负责统筹协调全区教育系统培育和践行社会主义核心价值观工作。各单位成立以一把手为组长，主管德育的领导为副组长的领导机构，结合本单位实际，针对不同层次、不同类别学生身心特点和教职工情况，制定本单位培育和践行社会主义核心价值观实施方案，指导本单位开展培育和践行社会主义核心价值观工作。

（二）强化监督检查

督导室和教委各科室将培育和践行社会主义核心价值观工作纳入教育综合督导、督学和德育常态评估、教育教学大检查的工作范畴，将督导、检查结果作为评优评先的重要依据之一。深入开展实地调研和督导，及时发现问题，总结先进经验，树立典型，开展交流研讨活动。

中共顺义区委教育工作委员会办公室
2014 年 10 月 22 日

北京市顺义区教育委员会关于印发《教育系统职工福利费管理办法（试行）》的通知

顺教发〔2014〕1号

教委所属各中小学、幼儿园、职业学校、其他教育单位：

为规范福利费的管理、使用，根据市人力社保局“关于进一步做好我市机关工作人员福利工作有关问题的口头通知”，结合教育系统实际工作情况，制定了《教育系统职工福利费管理办法（试行）》，经2014年第4次两委一室办公会审议通过，现印发到各单位，请参照执行。

特此通知！

北京市顺义区教育委员会

2014年4月15日

（联系电话：69444034）

教育系统职工福利费管理办法（试行）

根据市人力社保局“关于进一步做好我市机关工作人员福利工作有关问题的口头通知”，结合教育系统实际情况，为规范福利费的管理、使用，特制定本办法。

一、提取标准

各单位职工福利费提取标准为每人每月 150 元，区教委按在职教职工每人每月 34 元标准提取统筹使用。

二、使用范围及原则

职工福利费使用范围在原有用途的基础上，以帮助解决工作人员家庭生活困难和补助集体福利事业为主；也可用于工作人员健康体检及女工特殊需求以及离退休等人员的慰问等。

（一）用于个人福利的支出

1. 职工生病住院慰问
2. 身患重病在职教职工慰问
3. 直系亲属过世慰问
4. 对家庭发生意外事故受到重大损失在职教职工的慰问
5. 单亲教职工的慰问
6. 女工产后慰问
7. 离、退休教职工的慰问
8. 其他需要慰问教职工的支出（如按规定支付献血人员的补助）。

（二）补助集体福利事业的支出

1. 本单位食堂补贴
2. 本单位浴室、办公场所美化
3. 职工之家、宿舍等小型设施设备支出

（三）严禁下列支出

1. 严禁用于请客送礼及巧立名目等支出
2. 严禁用于发放职工津、补贴（含临时工资）
3. 严禁用于其他非福利费使用范围内的支出

三、组织机构

教育系统成立教委福利委员会和基层单位福利委员会，各基层单位福利委员会接受教委福利委员会的监督。

（一）福利委员会的职责

贯彻上级有关部门的方针、政策；了解教职工家庭收入情况和实际困难；制定福利费实施方案；研究、决定本单位福利费支出；上报重病困难职工情况。

（二）基层福利委员会的人员组成

福利委员会一般由五至七人组成，行政一把手任主任，工会主席、后勤负责人任执行主任，其他人员由女工主任、一线职工代表组成。委员需经民主程序产生，并报教委福利委员会备案。

（三）教委福利委员会职责及组成人员

教委福利委员会统筹使用提取的资金，主要用于职工体检和重病、特困职工慰问支出，适当用于职工生活中遇到的困难。

人员组成：

主　　任：刘克祥

执行主任：李卫国　王玉英　王　彪

成　　员：侯亚军　杨春茹　张天勇　张连合

　　　　　徐　冉　杨守丰　张智力　范成海

教委福利委员会办公室设在中国教育工会北京市顺义教育委员会（教育工会）。

四、审批程序及权限

（一）基层单位福利费审批程序及权限

1. 本人提出申请，填写审批表（单位参考教委审批表自制），并附必要的单据或材料。

2. 基层单位福利委员会审核或集体表决或教代会，根据规定和申请人的困难大小决定慰问金额。

3. 基层单位福利费审批支出权限为：福利委员会主任审批权限为1000元及以下；5000元以下（含5000元）由福利委员会集体表决通过；5000元以上由福利委员会提请学校教代会通过。

（二）教委福利委员会审批程序及权限

1. 特困职工（重病患者及自费药超过3万元以上教职工）本人提出书面申请上报本单位福利委员会（附必要的单据或材料）；

2. 基层单位福利委员会审核本单位特困职工情况后填写审批表（见附件），上报教委福利委员会办公室。

3. 教委福利委员会办公室审批权限为10000元及以下福利支出，执行领导审批；10000元至30000元的福利支出，由教委福利委员会集体表决通过，主任审批；超过30000元以上的福利支出，需经教委主任办公会票决。

五、财务管理

福利费要做到预算管理，基层单位需制定本单位的《福利费使用方案》，经学校教代会讨论通过，报教委福利委员会办公室备案。福利费收支要严格遵守财务制度，依规合理使用，不得挪作他用。对福利费支出应公开、透明，并纳入校务公开范畴，定期公示。

六、监督检查

教委定期对基层单位福利费管理使用进行监督和检查，落实一把手负责制和责任追究制度。对检查中发现不按规定发生的支出行为，将给予严肃查处，情节严重的依法追究相关责任人的责任。

七、实施时间

本办法自2014年1月1日起执行。

附件：福利费审批表

北京市顺义区教育委员会办公室

2014年4月15日

福利费审批表

年　　月　　日

申请人姓名	
申请人所在单位 名称（公章）	
申请事由	
基层单位福利委员会 审核意见	主任：　　　　　　年　月　日
教委福利委员会 审批金额	￥＿＿＿＿＿＿元； 大写：
教委福利委员会 办公室意见	执行主任：　　　　　　年　月　日
教委福利委员会 意见	主任：　　　　　　年　月　日
教委主任办公会 意见	附：主任办公会会议纪要　　　　　　年　月　日
附件	共＿＿＿＿＿＿张

北京市顺义区教育委员会关于顺义区 2014 年普通高校招生考试工作有关规定

顺教发〔2014〕2 号

根据 2014 年教育部和北京市教育招生考试工作电视电话会议精神以及市考试院文件精神，全面实现“安全保密、阳光公正”的考试工作目标，确保高校招生考试“科学、公平、安全”，现对我区考试工作做出以下规定：

一、基本情况

全区共有 4229（含新疆班 175）名考生参加高考，安排 3 个考点，152（含备用）个考场。其中统考考生 4213 人，文科 866 人，31 场，理科 3347 人，114 场；单考考生 16 人，1 场。每个考点设置 2 个备用考场。

考点名称	赴考单位	考生数	考场数	主考	联系电话
牛山一中	牛一、牛一实验、四中分校	1330	47	张华礼	69411142
杨镇一中	杨一、杨一新疆、顺九	1776	63	孙孟远	61451055
顺义一中	顺一、顺二、新英才社会、一职	1123	42	李　冬	69444448
合计	—	4229	152		—

全区统一调派监考员，由区高招办统一随机编排。

实行多校循环监考方式。2014 年顺义一中、顺义二中教师赴牛山一中考点监考；杨镇一中、顺义九中教师赴顺义一中考点监考；牛山一中、四中分校教师赴杨镇一中考点监考。每场考试结束轮换监考员，具体安排由招办联络员在每科开考前 1 小时交给考点负责人。

二、考试时间

（一）普通高考考试时间

日期	6 月 7 日	6 月 8 日
上午	9：00—11：30	9：00—11：30
	语文	文科综合/理科综合
下午	3：00—5：00	3：00—5：00
	数学	外语

（二）单考单招考试时间

日期	6月7日	6月8日
上午	9：00—11：30	9：00—11：00
	语文	外语
下午	3：00—5：00	
	数学	

三、组织机构及职责要求

（一）顺义区成立教育招生考试工作委员会

负责领导、组织、管理2014年教育招生考试全面工作（具体职责见顺义区2014年普通教育招生考试实施方案）。

（二）区教委成立高校招生考试工作领导小组

组　长：刘克祥

副组长：陈成国　张军堂

成　员：李卫国　隋美荣　张海东　高　山　王　彪
　　　　盛得富　王玉英　李卫东　刘忠广

职责：负责对区高校招生考试各项考务工作进行领导、组织、协调、指导、检查与监督，确保考试工作顺利实施。

领导小组下设6个办公室，即：高校招生考试办公室、安全保卫办公室、后勤保障办公室、卫生防疫办公室、宣传办公室、督查办公室（具体职责见附件）。

（三）考点成立以校长为主考的高考工作领导小组

副主考由考点主管领导、镇教育助理、教委赴考点科长、监考员领队等组成，成员为考点校相关领导。实行主考负责制，校长为第一责任人，负责考试全面工作。

遵循统一指挥，责任到人，属地管理的原则，加强考试工作的领导，制定详尽工作方案及应急预案，实施考试全过程风险管理。遇有突发事件，反应迅速、信息畅通、指挥得力、处置规范、措施有效。

考点设立考点指挥室，下设考务组、保密组、监控组、设备组、保卫组、医务组、宣传组、后勤组8个工作小组，组长由考点高考工作领导小组成员担任。

1. 考务组：负责考试的组织与实施。

（1）考试楼内应设置考务办公室、保密室、医务室和“封闭式”监考员专用通道。

（2）考务办公室必须满足发领、回收试卷及试卷装订、密封条件要求；必须设立一部考试专用电话，专人值守，任何与考试无关的人或事不得占用；必须为监考员准备好黑色字迹签字笔、2B铅笔、橡皮和胶水等监考用具；必须在醒目位置张贴本考点代号、考试科类代号、考试科目代码和试卷复核人姓名及所负责的考场号。

（3）提前整理好考场。场内桌椅按5列6行排列，前后左右充分拉开，相互间距均等，多余桌椅全部移出考场。课桌桌面要平整，没有字迹。考场内做到“五净”，即墙面净、桌面净、课斗净、椅面净、地面净。

（4）6月6日下午2：30，对所有工作人员进行岗前培训，使其明确岗位职责及工作流程。

要求严格执行《考试实施程序》，使用《考试实施过程中的规范化用语》，依据《监考工作标准程序》、《考试监控工作标准程序》和《试卷、答卷装订密封规程》实施，如遇偶发事件，严格按照《考场偶发事件处理办法》处理。合格者，发给《培训合格证》方可上岗。

（5）培训结束后，监考员到考场将准考证号、门贴、封条贴好，并进行广播试听。考生准考证号贴在桌面右上角，以讲台左侧的第一个座位为起始号，纵向S型排列。门贴贴在门口的墙壁上。广播系统如有问题，及时上报，考点当即整改。

（6）在每科考前的培训中须统一发布时间，司铃、电子巡查系统、广播、监考等相关工作人员必须核对校准时间；提示、检测监考员等有关工作人员禁止携带违禁物品进入考场；引导、带领监考员经“封闭式”专用通道进入考场。

（7）考试中，每个考场必须保证2名监考员在场，场外设有流动监考员（由备用监考员与联络员组成），负责楼层联络和协助监考员工作。

（8）每科开考前和考试结束前，一名考务副主考必须到司铃控制室进行统一铃声的监督，保证时间准确无误。

（9）协助主管领导处理考试相关事宜，并利用“考务综合管理平台”完成缺考、违规等相关工作的报送。

2. 保密组：负责试卷接送、收发和保密、保卫工作。

（1）保密室安全与保卫

①保密室硬件要求：保密室就近于考务办公室设置。具备防盗、防火、防潮、防鼠功能，配备铁门、铁窗、铁柜和报警、视频监控、备用灭火器等设备。

②保密室人员要求：考点2名保密员，教委2名保密员，1名公安人员。

③保密室工作规定：保密人员和保卫人员要认真履行职责。在试卷存放期间，保密室内必须有2名以上保密员值班。试卷必须存放在保密室铁皮柜内并锁好。

（2）接送试卷过程中的安全与保卫

①接送试卷人员要求：5名保密、保卫人员共同负责试卷接送过程中的安全与保密。

②接送试卷时间和要求：

• 提前检修接送试卷所用车辆，车内须配有灭火器，保密人员应熟练掌握使用方法。

• 6月7、8日早7：00，到区高招办保密室（社区教育中心院内）领取试卷，必须专人专车，凭高考专用车证出入。

• 保密员佩戴保密员证，持考点介绍信和《领取试卷交接单》，到区高招办保密室领取试卷。要求5人同时当场核实考试科目，清点答题卡和试卷袋数量，检查密封情况，严格履行交接手续，填写交接清单。

• 接送试卷过程中要注意交通安全，保护好试卷，不要发生人为因素导致答题卡、试卷袋破损现象。

• 试卷到考点后，试卷保密负责人立即将试卷运送情况报区指挥中心（联系电话：69449719）。

• 每科开考前40分钟，两名保密员共同将试题送至考务室，在负责纪检工作的科长监督且视频监控下分发答题卡、试题袋，与两名监考员共同办理交接手续。

• 考试结束后，在教委负责纪检工作的科长监督和视频监控下，保密员进行答题卡、试卷的回收与整理，无误后按顺序将密封好的答题卡袋、试题袋、考场记录表等材料与备用试题袋和备用答题卡袋一起，送回区高招办保密室。

3. 监控组：负责按照《北京教育考试远程电子巡查指挥系统使用管理规定》和《考试监控工作标准程序》对考场考试情况进行实时监控、图像资料存储、调取、回放等工作。

（1）监控组负责人全面负责远程电子巡查系统监控室工作。

（2）监控室内负责纪检工作的科长与考点考务管理员一起，按《考试监控工作标准程序》，对所有考场的监考教师和考生进行有效视频监控。考前，重点巡查待考区、考务室情况，了解考生入场及分发试卷情况；考中，观察考场动态，检查考场秩序，有针对性地加强巡视特殊考场，并填写好《监控工作日志》，如发现异常情况，及时向主考汇报，并做好文字和录像记录；考后，重点巡查考务室回收试卷情况。教委纪检人员到考务办公室参与试卷的回收与整理。

（3）系统管理员 1 人，负责监控系统的正常运行和数据备份、保存、图像资料存储、调取和回放等工作。

（4）监控室实行封闭式管理，除佩带巡视、主考、副主考、联络员、系统管理员、监考员的有效证件者外，其他人员一律不得进入。

4. 设备组：负责保障广播、英语听力、视频监控设备正常运转。

（1）提前对线路和各种设施设备进行检修与维护，发现问题，及时整改。

（2）在试卷到达考点后的任何时段、任何方位，保证具有 2 个以上摄像头实施全程视频监控。

（3）制定并落实应急预案，充分做好应急准备工作。

5. 保卫组：负责考点安全保卫、车辆停放及校园环境秩序的管理。

（1）考点大门外设置车辆停放地点，门口安排 2 名安保人员与公安人员共同协作，严防侵害考生人身安全事件发生。

（2）门卫要严格把关，考生及所有工作人员进入考点大门必须出示准考证、工作证等相应证件。除试卷车、接送监考员、考生车辆和具有高考专用车证的车辆外，其他车辆一律不得进入。

（3）记者到考点采访，未征得教委同意不可进入。采访内容凡涉及考试安全、试卷保密的事情，未经授权一律不得解释与回答。

（4）考点要根据实际设立考试封闭区，停止一切可能影响考生答题的行为，无证件人员不得进入封闭区内，保证考场周边安静。

6. 医务组：负责考试期间工作人员和考生突发疾病的处理。

考点在考前要主动与当地卫生院联系，确定联系方式和保障措施。如遇到不能解决的突发病情可直接拨打 120。教委保健所派出 1 名医务人员，协助考点工作。

7. 宣传组：负责解答考生的疑难问题，做好宣传工作。

（1）考点大门上方拉有横幅，内容为："全国普通高等学校招生考试××学校考点"，两侧有标语。

（2）考点大门内明显位置摆放考场平面图、《考试规则》、《国家教育考试违规处理办法》、考试时间表、投诉电话（81499598）和指示路标等。

（3）考点统一使用广播系统宣读《考试规则》，使用"考试实施过程中的规范化用语"统一指挥考试。

（4）对高考中涌现出的好人好事和人文关怀等，进行大力宣传，并上报教委信息室。

8. 后勤组：负责安排考试用车、考生休息、物品存放和提供安全饮食、饮水等后勤保障工作。

（1）提前安排好接送试卷和派出监考员的车辆，提前进行检修维护，保障车辆的安全运行。

（2）负责安排好监考员的早餐、午餐及午休场所。

（3）为赴考考生提供车辆停放、考生休息场所和安全饮水等后勤工作。

（四）报名学校成立由校长任组长的高考工作领导小组

职责：

1. 严格执行回避制度，认真选派遵纪守法、责任心强、身体健康、当年无直系亲属或利害关系人参加高考、从事教育教学工作的正式员工且非高三任课教师和班主任做监考员和工作人员。

2. 加强监考员与工作人员业务培训和遵纪守法教育。认真组织、学习高考工作文件，全面掌握相关政策、考试程序和岗位要求。进一步加强职业道德和法纪警示教育，增强安全保密意识和守法意识。

3. 加强考生诚信教育、纪律教育和安全教育。组织考生认真学习《国家教育考试违规处理办法》及《考试规则》，教育考生诚信考试、注意人身安全和交通安全。

4. 集体组织考生赴考，租用教委招标的“北旅时代”和“银建国旅”交通运营公司车辆，并将租用车辆单位、数量（须一辆备用车）、车况于6月1日前上报区教委综合治理科审核、备案。赴考时，第一车放“正式车证”，其他车辆放置贴有“高考”字样的标识（A4纸打印，黑体，加盖学校公章）的自制车证。

5. 协助考点高校招生考试工作领导小组，处理本校考生在考试过程中出现的各种问题。

6. 完成顺义区高校招生考试工作领导小组交办的其他任务。

四、工作要求

（一）高度重视

招生考试工作关系到广大考生的切身利益。各校要高度重视，从维护社会稳定，维护考试公平、维护考生及家长利益的高度出发，充分认识考试的重要性和紧迫性，周密安排，精心制定好考试工作方案和应急预案（请于6月3日前交到高招办），全面保障考试工作平安、顺利进行。

（二）明确责任

严格按照“谁主管，谁负责”的原则，进一步明确责任，健全制度，加强方案、制度的执行与检查，切实做到工作无缝衔接，责任层层把关，制度全面落实。

（三）人文服务

坚持以考生为本，牢固树立服务意识，积极为考生营造安静、温馨、和谐的考试氛围，多为考生做实事，做好事，为考生发挥优异成绩创造良好条件。

附件：1. 顺义区高校招生考试工作领导小组成员及职责

2. 顺义区高考违规考生处理程序

北京市顺义区教育委员会

2014年5月26日

附件 1

顺义区高校招生考试工作领导小组
成员及职责

一、高校招生考试办公室（考务工作指挥中心）

主管领导：陈成国　张军堂

主　　任：张长征

职　　责：负责高考考务、试卷保密、工作人员培训等工作，检查、监督高校招生考试各项工作的落实情况，确保各相关单位、人员协调配合。

成　　员：区高招办全体人员

联系电话：69443035

（一）考务组，负责人：鲍文

联系电话：69443035

职责：

1. 制定考务工作实施规定，安排落实好各项考务工作。
2. 设置高考考点、考场，安排落实监考员及工作人员。
3. 安排区教委、社区中心赴考点工作人员。
4. 负责对考点领导小组及考务工作人员进行考前培训。
5. 制定试卷安全保密、保卫和试卷接送方案及人员安排。
6. 配合市考试院及高校招生办公室做好高校招生录取的综合协调工作。
7. 遇有突发事件，及时协助领导处理并上报。

区招办派往各考点的联络员：

牛山一中：李明春

杨镇一中：茹晓明

顺义一中：刘金起

职责：负责考试过程各项考务工作的技术指导。

（二）保密室，负责人：鲍文、白树新

保密室电话：69449719

职责：

1. 按照《试卷保密人员职责》、《保密室值班人员职责》和《试卷保密管理规定》的要求，认真履行职责。
2. 全面负责考试期间存放试卷的安全保卫、保密工作。
3. 负责试卷的接收、保管和发放工作。在接收和发放试卷时应当面清点试卷袋数，核实科目，检查试卷袋密封情况，严格履行交接手续，认真填写试卷接收和发放记录。
4. 鲍文负责保密室内试卷柜钥匙，白树新负责保密室隔断门钥匙。
5. 不得以任何理由开启试卷密封包装。
6. 不得将试卷保密室的钥匙转交他人或者互相代管，不得泄露密码。

7. 拒绝他人索用试卷保密室门、铁柜钥匙，拒绝代领试卷。

8. 值班期间严禁在试卷保密室内会客、吸烟、饮酒、进行文娱活动、私自使用电话等。

9. 在试卷保管期间，及时向北京市高校招生考试办公室上报试卷的安全保密情况。

10. 及时提出需要解决的问题，对突发事件及时处理并逐级上报。

（三）系统组，负责人：张自江

成　　员：区教育信息中心全体人员、考点校网管人员

联系电话：69420914

职责：

1. 完成视频图像的调取、存储和回放，实现考场巡查、考试指挥、突发事件处理、考试预警、考务综合管理及视频会议等功能。

2. 高考前，对系统网络设备进行全面维护，发现故障及时逐级上报并组织抢修处理、解决。

3. 从考试前 1 小时开始直至当日考试结束，做好限制与考试巡查指挥无关的网络数据流量的技术处理，确保考点至市考务指挥中心网络畅通。

4. 协助考试管理部门采取有效措施保证巡查指挥系统的链路安全和传输信息安全；加强网络系统安全管理，改善网络系统的安全策略设置，减少安全漏洞；做好系统记录，定期检查、及时发现和解决网络系统存在的隐患和问题。

5. 采取病毒监测、查毒、杀毒等技术措施，提高网络的抗病毒能力。

二、安全保卫办公室

主管领导：刘忠广

主　　任：杨广田

联系电话：69442695

职责：

1. 负责与相关部门联系，在考前和考试过程中，检查落实考点周边环境建设和安全保卫工作，重点做好考点大门内外考生安全保卫工作。

2. 负责与市公安局顺义分局联系，共同检查落实区高校招生考试办公室及考点保密室软硬件设施、周边环境是否符合标准。

3. 负责协助顺义二中、顺义九中、四中分校、新英才学校，做好考生赴考点车辆租赁、安全教育及安全保障工作。

4. 制定试卷存放和运送过程中的保卫工作预案以及安排落实相关公安保卫人员。

5. 对突发事件及时处理并逐级上报。

成员：综合治理科全体成员和 2 名公安人员

职责：

1. 负责区高招办保密室试卷及保密室外围的安全保卫，对试卷保密室周边进行全面检查，并做详细的值班巡逻记录。

2. 昼夜值守，实时监控试卷保密室的情况。

3. 随时向安全保密负责人报告保密室的情况。

4. 禁止无关人员进入试卷保密室。

5. 对突发事件及时处理并逐级上报。

三、后勤保障办公室

主管领导：陈成国　王　彪

主　　任：郭　亮　王德仑　拜晓勇

成　　员：机关办公室全体人员

联系电话：69444324、69443449

职责：

1. 备好运送高考试卷所用的厢式封闭车。
2. 负责安排赴考点的教委工作人员车辆。
3. 安排考试期间备用车辆。
4. 安排试卷保密人员、保卫人员饮食等后勤保障工作。
5. 对突发事件及时处理并上报。

四、卫生防疫办公室

主管领导：王　彪　刘忠广

主　　任：杨广田　张克深　贾福岐

成　　员：综合治理科、体卫艺科、保健所全体人员

联系电话：69442695、69449704、81491450

职责：

1. 负责处理考试期间突发性疾病、大面积传染性疾病及食物中毒事件，迅速调遣医务人员进行现场救治，控制疫情的扩散。
2. 协助考点做好患病学生的治疗工作。
3. 负责监督、检查考点内食品、饮水等卫生条件。
4. 与考点所在镇卫生院联系，应对突发疾病。
5. 对突发事件及时处理并逐级上报。

五、宣传办公室

主管领导：李卫国

主　　任：郭　亮　马亚军　拜晓勇

成　　员：机关办公室全体人员

联系电话：69444324、81490086、69443449

职责：

1. 向各级领导报送2014年招生考试有关文件。
2. 联系新闻媒体对我区高考及人文关怀情况进行宣传、报道。
3. 联系有关单位，对各考点环境建设及考风考纪工作落实情况进行巡视、检查、指导。
4. 及时上报巡视过程中发现的问题。

六、督查办公室

主管领导：李卫国　隋美荣

主　　任：杨守丰

成　　员：纪检监察人员及负责纪检工作的派出科长

联系电话：81499598

职责：

1. 负责接听、接待考试过程中的来电、来访。

2. 负责试卷在区高招办保密室保管期间6小时视频监控回放检查工作。

3. 负责在考试实施过程中运用远程电子巡查系统对考点、考场考风考纪情况进行巡视、监督、检查。

4. 负责对考试过程中发生的违规违纪事件、突发性责任事故和群众反映的问题进行调查，及时记录并逐级上报。情节严重的，移交司法机关处理。

附件2

顺义区2014年高考违规考生处理程序

第一步：发现考生违规，收取违规物证和违规考生准考证（允许其继续考试），并立即上报考点主考。

第二步：待违规考生交卷或考试结束，由流动监考员将违规考生带往考务办公室接受处理；认定违规事实，填写《违规考生登记表》；考场监考员、违规考生、考点主考分别在《违规考生登记表》上签字。

第三步：填写《北京市普通高校招生考试违规考生通知单》，上联存根留下，下联通知单发给违规考生本人。

第四步：退还违规考生准考证。违规材料扣留，贵重物品拍照后再退还考生。

第五步：考点将《违规考生登记表》、《北京市普通高校招生考试违规考生通知单存根》及相关违规物证一同交区高招办。

北京市顺义区教育委员会办公室

2014年5月26日印发

北京市顺义区教育委员会防汛应急预案（试行）

顺教发〔2014〕4号

为建立与上级防汛应急指挥部高效衔接的防汛应急体系，提高教育系统各单位应对暴雨、雷电、洪涝等突发自然灾害的快速反应能力和应急处置能力，最大限度地降低损失，保障师生生命安全和学校财产安全，依据《北京市防汛应急预案（2013年修订）》《北京市教育系统防汛应急预案》和其他有关法律法规，结合本系统实际，按照以防为主、防抗结合的原则制定本预案。

一、适用范围

本预案适用于本区内所有中小学校、幼儿园、职业学校、直属单位应对暴雨、雷电、洪涝等防汛突发事件的预防、预警、响应和应急管理工作。民办学校和教育机构可参照此预案执行。

二、预警分级

汛情分为四个预警响应级别，由轻到重顺序依次为一般（蓝色）、较重（黄色）、严重（橙色）、特别严重（红色）。

三、预警发布与解除

区教育委员会防汛应急指挥部办公室接收到市教委、区政府防汛应急指挥部汛情预警发布与解除指令后，向领导小组组长报告，并根据领导小组指示，通过文件签收系统、短信群发平台、电话等方式及时发布与解除预警信息。

四、应急措施

（一）一般（蓝色）

1. 各单位提醒在建工地采取有效防御措施，落实防汛各项准备工作。

2. 如遇假期，各单位要启用信息传达机制，将有关信息、通知及时传达到全体师生。

（二）较重（黄色）

在实施蓝色预警响应的基础上，采取以下措施：

1. 区教委防汛应急指挥部抽查有关单位领导上岗情况，询问实时汛情、险情和灾情。

2. 各单位提醒师生员工尽量减少外出，停止露天集体活动；根据汛情发展情况，汛情影响区域内各单位可视情调整上下学时间，并上报区教委防汛应急指挥部备案。

3. 各单位加强对临时建筑、在建工地、边坡基坑、地下工程、危旧房屋的巡查；加固户外装置，拆除不安全装置，切断室外电源；提醒高空作业人员采取保护措施，必要时可以暂停作业；通知有关人员做好避险准备。

4. 各单位组织抢险队待命，对易受洪涝、雨水侵蚀的设备、图书等要做好转移工作。要重新检查门窗关闭情况、化学物品保管情况和用电安全情况，发现异常，马上整改，及时消除隐患。

5. 根据需要，配合政府防汛指挥部门提供校舍安置当地避险群众。

（三）严重（橙色）

在实施黄色预警响应的基础上，采取以下措施：

1. 各单位领导和工作人员全部上岗到位。

2. 各单位提醒师生员工尽可能不要外出，防止高空坠物伤人。停止一切户外活动，停止室内大型集会，必要时调整上下学时间；根据汛情发展情况，汛情影响区域内各有关单位可自行采取全面停课措施，并上报区教委防汛应急指挥部备案。

3. 加强安全巡查力度，重点巡查锅炉房、配电间、危险品仓库、图书馆、计算机房、实验室、学生宿舍、单位内高架电线等部位防风、防水、防雷、防漏电等准备工作。

4. 各单位内的建设工地按照区建设行政主管部门的规定和要求停止施工，并落实相关安全措施，尤其是对塔吊、脚手架等建设设施进行加固或拆除；工地临房、危棚简屋等处人员按预案撤离转移至指定安全地带。

（四）特别严重（红色）

在实施橙色预警响应的基础上，采取以下措施：

1. 区教委防汛应急指挥部严格落实市教委和区防汛应急指挥部的统一部署，组织好教育系统各方面力量做好系统内防汛工作。

2. 各单位根据市政府的决定，采取停课或其它专门的保护措施，并派专人负责管理已到校的学生和已入园的儿童，确保师生安全。

五、工作职责

（一）区教委职责

1. 区教委防汛应急指挥部

（1）在市教委和区政府防汛应急指挥部的领导下，负责指导、协调、监督本区内中小学校、幼儿园、职业学校、直属单位的防汛工作，研究制定本区教育系统防汛应急预案。依法组织、配合做好防汛突发事件应急处置工作。

（2）按照上级要求，指导本区内中小学校、幼儿园、职业学校、直属单位调整上下学时间、停课，并指导做好复课及后续教育教学工作和课程安排。

（3）指导、监督、实施本区内中小学校、幼儿园、职业学校、直属单位危险校舍的排查和解危工作，督促制定防汛预案，落实防汛各项措施。

（4）负责指导本区内中小学校、幼儿园、职业学校、直属单位开展防汛知识、避险知识和安全警示等宣传教育工作。

（5）指导本区内中小学校、幼儿园、职业学校、直属单位开展灾后自救和重建工作，配合卫生防疫部门做好卫生防疫工作。

（6）在市教委和区防汛应急指挥部的统一部署下，配合政府将相关学校设施作为度汛临时避险场所。

2. 办公室

（1）负责接收市教委和区防汛应急指挥部预警发布与解除指令；负责组织发布与解除预警信息；负责信息报送及有关协调工作，督查预警响应落实情况。

（2）安排汛期教委值班工作，组织教委机关防汛抢险队，根据市教委和防汛应急指挥部的预警信息做出应急响应，组织落实区教委防汛应急指挥部的决定，通知抢险队人员及时到位。

（3）将防汛避险知识的相关内容纳入到暑假期间工作安排的通知中。

3. 教育资产管理服务中心

（1）根据市教委和区防汛应急指挥部要求，制定区教委防汛应急预案。

（2）汛前部署本区内中小学校、幼儿园、职业学校、直属单位等开展防汛准备工作及防汛应急物资装备指导；对本区内中小学校、幼儿园、职业学校、直属单位的汛前准备和度汛工作落实情况进行指导、检查和监督。

（3）汛中负责防汛物资应急配备，汛后负责受灾学校基础设施重建及受损教育教学设备的采购工作。

4. 综合治理科

（1）指导各单位做好汛前安全教育，定期组织师生做好防汛突发事件的应急演练工作。

（2）发生灾情后，配合公安部门做好现场的保护及对现场的调查工作，及时将阶段性信息上报，指导各单位做好各项善后工作。

5. 纪检监察科

配合有关部门对未按要求履行防汛职责的单位和责任人进行责任追究。

6. 财务基建科

按照区教育资产管理服务中心申报的防汛专项预算，及时拨付资金。

7. 体卫艺科

协同卫生防疫部门组织灾后疫情防治工作。

8. 中教科

（1）组织、指导中学开展防汛安全宣传教育活动，负责本区中学停课应对安排的预警响应。

（2）通知中学安排、组织学生去应急避难场所，指导开展复课及后续教育教学工作和课程安排。

9. 小教科

（1）组织、指导小学开展相应的宣传教育活动，负责本区小学停课应对安排的预警响应。

（2）通知小学安排、组织学生去应急避难场所，指导开展复课及后续教育教学工作和课程安排。

10. 学前科

（1）负责全区幼儿园停园应对安排的预警响应。

（2）安排、组织幼儿去应急避难场所，指导开展复园及后续教育保教工作和课程安排。

11. 职成科

（1）组织、指导职业学校开展防汛安全宣传教育活动，负责本区职业学校停课应对安排的预警响应。

（2）安排、组织学生去应急避难场所，指导开展复课及后续教育教学工作和课程安排。

12. 民办科

负责指导本区经审批的民办中小学、幼儿园以及辖区内国际学校制定停课预警响应预案；负责民办学校、幼儿园停课应对安排的预警响应。

13. 顺义区教育信息中心

配合相关部门，确保汛期网络系统、设备的正常运行。

（二）教育系统各单位职责

1. 成立防汛工作领导小组，落实防汛安全责任制，制定和完善本单位防汛应急预案，领导、组织、协调本单位防汛工作。

2. 做好隐患排查整改工作，加强应急物资储备和抢险救援队伍建设，加强信息报告和预警措施。

3. 组织本单位开展防汛知识、避险知识和安全警示等宣传教育和应急演练工作。汛期内（6—9月）在本单位的显著位置，悬挂横幅。利用好电教设备，组织教职员工收看一堂“避险知识”课，扩大传播的范围（横幅和避险知识的内容由区防汛办提供）。

4. 对于防汛突发公共事件的信息，2小时内将详细情况上报区教委防汛应急指挥部办公室。在开展先期处置工作的基础上，依法采取必要措施防止或减轻事件危害、控制事态蔓延。发生重大汛情、灾情的，按照就近、快速、有效的原则开展人员疏散、抢险救灾和先期处置工作，并及时向区教委防汛应急指挥部办公室报告。

5. 汛后，对损失情况按要求汇总后及时上报区教委防汛应急指挥部办公室。针对防汛工作的各个方面和环节进行总结分析和评估，积累经验，查找问题，提出改进措施，完善防汛应急预案。

6. 在预警响应期间确保指挥小组领导和相关人员在岗，并保持24小时通讯畅通。

六、表彰与惩罚

区教委对在防汛突发事件应对工作中表现突出或做出贡献的先进集体和个人按照有关规定进行表彰；对因工作失误造成损失，或因玩忽职守、失职、渎职等违法违纪行为延误防汛突发事件处置，造成重大影响的，会同相关部门，对有关责任人进行行政处分，构成犯罪的，依法追究刑事责任。

七、预案管理

（一）预案制订

本预案由北京市顺义区教育委员会负责编制和解释。

（二）预案实施

本预案由区教委组织实施，实施过程接受区防汛应急指挥部的监督、指导。

本预案自印发之日起实施。

附件：顺义区教育委员会防汛应急指挥部领导小组名单

北京市顺义区教育委员会

2014年6月4日

附件

顺义区教育委员会防汛应急指挥部领导小组名单

总 指 挥：刘克祥　区教委主任
副总指挥：高　山　区教委副主任
成　　员：郭　亮　区教委办公室副主任
张天勇　区教育资产管理中心主任
杨广田　区教委综治科科长
杨守丰　区教委纪检监察科科长
徐　冉　区教委财务基建科科长
张克深　区教委体卫艺科科长
张旭东　区教委中教科科长
王桂英　区教委小教科科长
陈民强　区教委学前教育科科长
单增安　区教委职成科科长
冯长宝　区教委民办科科长
张自江　区教育信息中心主任
防汛应急指挥部办公室设在区教委办公室，联系电话：69444324。
负责领导：高　山　区教委副主任
联 系 人：郭　亮　区教委办公室副主任

北京市顺义区教育委员会关于2014年顺义区进一步规范教育收费工作的意见

顺教发〔2014〕5号

根据市教委等五部门《关于2014年北京市进一步规范教育收费工作的意见》（京教办〔2014〕11号），经顺义区治理教育乱收费联席会议研究，结合我区实际，现就2014年顺义区进一步规范教育收费工作提出如下意见：

一、主要任务

（一）严格治理义务教育阶段择校乱收费

严格执行区教委《关于2014年义务教育阶段入学工作的意见》，坚持义务教育阶段免试就近入学，运用小学入学服务系统和初中入学服务系统，严格信息采集和学籍管理。教育行政部门、有关单位和学校不得以任何名义收取与学生入学挂钩的款（物），坚决查处以捐资助学、借读等任何名义变相择校乱收费行为，切实解决“以钱择校”问题。坚决禁止学校私自招生，坚决禁止初中校违规在小学非毕业年级提前招生。教育行政部门和公办学校均不得采取或者变相采取考试、测试、面试等形式选拔学生，不得将各种竞赛成绩、奥数考试成绩、奖励、证书等作为学生入学的依据，不得单独或和社会培训机构联合举办以选拔生源为目的的奥数班、“占坑班”等各类培训班，坚决杜绝“以分择生”的行为。抵制招生过程中打招呼、递条子等不正之风，坚决拒绝说情请托、权学交易等“以权入学”不良行为。逐步减少特长生招生学校和招生比例，除市教委批准的可招收体育、艺术和科技特长生的学校原则上面向本区县招收特长生以外，其他学校一律不得以特长生的名义招收学生并收取费用；招生学校要向社会公布特长生招生计划。

（二）坚决治理中小学补课乱收费

严格执行国家课程计划和课程标准，切实减轻学生课业负担。严格执行《严禁在职公办教师有偿家教和违规办班补课的意见》（顺教发〔2013〕1号），坚决治理“课堂内容课外补”、学校组织参与有偿补课、教师在社会培训机构对学生有偿补课、学校通过社会培训机构变相开展有偿补课、以家长委员会等形式组织有偿补课等问题。学校、教研机构、校外培训机构等不得在课余时间、双休日、寒暑假和其他法定节假日组织在校中小学生集体补课或上新课并收取费用；严禁公办中小学教职工在校外教育机构兼职、组织或参与有偿补课；严禁公办中小学通过家长委员会组织学生补课收费；公办中小学不得违反国有资产出租出借管理规定，向校外培训机构提供补课场所和设施等。

（三）坚决治理公办高中违规招生及乱收费行为

严格执行《顺义区关于做好2014年高级中等学校考试招生工作的意见》，从2014年起，全面取消普通高中招收择校生，同时停止公办高中择校生收费，各高中校应按照规定到价格主管部门办理《收费许可证》变更手续。

（四）加强对幼儿园收费行为的监管

幼儿园除可按规定向幼儿家长收取保育教育费、住宿费和代办服务性收费外，不得向幼儿家长收取其他任何费用。在正常工作时间内，幼儿园不得以开办实验班、特色班、兴趣班、课后培训班和亲子班等特色教育为名乱收费，不得以任何名义向幼儿家长收取与入园挂钩的赞助费、捐资助学费、建校费、教育成本补偿费等费用。幼儿园不得收取书本费。

二、主要措施和要求

（一）强化责任机制，形成治理工作合力

各有关部门要高度重视规范教育收费工作，坚持“谁主管、谁负责”和“管行业必须管行风”的原则。完善治理工作责任制，健全责任落实和倒查追责的有效机制，把治理工作责任层层落实到行政部门和各级各类学校。业务主管部门要承担起治理工作的主体责任，加强职责范围内工作的监管。教育纪检监察部门要负起监督责任，加强监督检查和组织协调，督促业务主管部门及时纠正教育领域存在的突出问题。各级各类学校校长是规范教育收费第一责任人，要依法办学，规范收费。继续发挥市区两级治理教育乱收费联席会议的作用，定期研究、会商、解决治理工作中遇到的突出问题，进一步形成治理工作的合力。

（二）加强财务管理，严格财经纪律

任何部门和学校不得自行设立收费项目，制定或调整收费标准，扩大收费范围。进一步规范服务性收费和代收费的管理，严格执行市教委等三部门印发的《北京市公办学校代收费、服务性收费管理办法》（京教财〔2010〕29号）。

对未纳入中小学和高等学校代收费项目目录、幼儿园代办服务性收费项目的费用，学校或幼儿园一律不得代收。义务教育阶段不得收取军训服装费、伙食费，高中学校不得收取军训服装费和伙食费之外与军训有关的任何费用；代收学生儿童大病医疗保险费必须按代收费管理要求及时入学校财务账，不得私自存放或直接交社保中心；学校、幼儿园不得代办学生、幼儿商业保险，也不得为商业机构入校、入园办理商业保险、“校讯通”等提供便利条件。学校、幼儿园及保健所不得将社会机构引进学校、幼儿园，对学生、幼儿进行有偿检查和治疗。

禁止将教育教学活动、教学管理范围内的事项纳入服务性收费和代收费。不得将图书馆查询和电子阅览费、午休管理服务费、课后看护费、自行车看管费等作为服务性收费和代收费事项。加强学校食堂的财务管理，严禁与学生伙食无关的费用从伙食费中列支。

（三）加强监督检查，加大案件查办和责任追究力度

通过经常性检查、专项检查、重点督查、直接查办等多种形式，加大督促检查和指导力度。市教委将以中小学学籍信息管理系统为手段，逐区县、逐校开展择校乱收费问题的排查。同时，继续开展全市性的春秋两季规范教育收费的专项检查，重点查处上级部门的督办件以及群众关注、反映强烈、媒体曝光的乱收费问题。

对于违规收费行为，由价格主管部门依据相关法规处理，能退还学生的，要全额退还，确实无法退还的，收缴财政，并予以罚款。对相关责任人，由纪检监察部门根据《中国共产党纪律处分条例》、《行政机关公务员处分条例》有关规定，给予党政纪处分，对典型案件要通过新闻媒体实名曝光。

对于中小学校、教师补课乱收费行为，依据《教师法》、《中小学教师违反职业道德行为处理办法》等法律法规，严肃追究相关教师、学校以及教育行政部门领导的责任，并一律进行公开实名曝光。

北京市顺义区教育委员会
2014 年 7 月 1 日

北京市顺义区教育委员会
关于进一步加强教育事业统计工作的意见

□顺教发〔2014〕6号

为加强和改进我区教育事业统计工作，提高教育事业统计的数据质量，使其能更好地为我区教育事业的改革与发展服务，根据有关法律法规，结合我区实际，提出如下工作意见。

一、指导思想

深入贯彻党的十八大精神，推进教育现代化建设，适应新形势下教育改革和发展的需要。全面落实国家《统计法》及其他相关法律法规，努力使教育事业统计工作做到有法可依、有章可循。充分发挥教育事业统计服务于科学决策的重要作用，推动教育事业统计工作的发展。

二、基本原则

（一）坚持依法统计原则

牢固树立依法统计的思想，增强统计法制意识，依法规范统计行为。以客观、公正的科学态度开展统计调查，真实、准确、完整、及时地提供统计数据。

（二）坚持数据一致性原则

高度重视教育事业统计数据的法律效力，充分发挥其在事业发展中的作用，确保教委各部门、各科室使用、公布、上报数据的一致性。

（三）坚持数据服务性原则

把做好教育事业统计工作与教育事业科学发展紧密结合起来，充分发挥统计工作在教育事业发展中的预警作用和服务功能，促进全区教育事业的改革与发展。

三、组织机构及职责

教育事业统计工作实行统一领导，分级负责的管理体制。成立由教委主任任组长、教委有关副主任任副组长、相关科室科长为组员的领导小组（见附件1），下设教育事业统计工作办公室，办公室设在招生办。各单位成立教育事业统计工作校级领导小组，校（园）长任组长，做到分工明确、责任到人。

（一）区教委领导小组主要职责

1. 认真贯彻落实国家《统计法》及相关法律法规，监督、检查各级各类学校执行国家各项统计法规情况。

2. 结合上级文件精神，对教育事业统计的报表布置、数据核查等制定工作意见。

3. 指导全区教育事业统计队伍的建设工作。

4. 监督、检查、总结本《意见》的贯彻落实情况，定期研究教育事业统计工作存在的问题，采取措施，加以解决。

（二）区教育统计工作办公室主要职责

1. 每年9月1日前，由中教科、小教科、学前科、民办科、职成科审核确认参加当年教育统计的单位。

2. 按照区教委领导小组要求，每年定期召开教育事业统计报表培训布置会。

3. 负责协调相关科室对各校的教育事业统计报表相关数据的预审工作。

4. 认真做好统计数据的整理、审核、汇总、上报、存档工作。

5. 协调组织各科室对基层单位教育事业统计数据质量的核查工作。

6. 负责基层单位教育事业统计的评优工作。

7. 做好数据分析工作。

8. 完成领导小组临时交办的其他工作。

各学校要结合区教委领导小组和统计工作办公室的主要职责，制定出本单位的校级领导小组和统计工作办公室的各自职责，并严格贯彻实施。

四、主要工作

（一）加强教育事业统计工作基础建设

1. 建立教育事业统计工作责任制度

教育统计数据质量实行“一把手”负责制，对统计数据负有法律责任。要进一步明确各类人员统计工作职责，健全各种原始数据登记制度及统计报表审核、上报、备案制度，建立“谁填报、谁把关、谁负责”的统计责任制度。

教育统计报表的预审工作实行各业务科室科长负责制。各业务科室科长及相关部门负责人应责成专人对各单位上报的教育统计报表有关内容进行预审，确保填报数据真实、准确。

2. 加强教育事业统计队伍建设

建设一支具备良好职业道德、具有较强统计能力、相对稳定的专兼职统计人员队伍，并多渠道为统计人员提供业务培训、继续教育等机会，不断提高统计队伍整体水平。各单位应明确统计工作负责人，配备持有《统计从业资格证书》的专（兼）职统计人员，支持并督促统计人员参加业务培训，采取有效措施保证统计人员相对稳定。

（二）推进教育事业统计工作规范建设

1. 规范数据采集

各单位统计工作人员应认真研究各类统计指标及其解释，数据来源有依据，不可臆造数据，不可擅自修改统计数据，有关数据填报要主动与各主管科室核实确认，切实确保源头数据质量。报表上交前要对所有数据进行认真审核，防止出现数据误填、错填、漏填等。

为保证数据准确性，避免重要指标数据（在校生、教职工、基建数据、装备数据等）出现重大偏差，学校统计数据要与上学年度相应数据进行对照，增减超过上学年数据20%以上的，必须进行核查确认并写出情况说明。对经验校验提示的问题也要逐一核实，并在基表112数据核查说明栏内逐条录入原因。对把握不准、情况不明的统计数据，统计人员要及时请示有关领导确认，经批准后方可填报。

2. 规范数据上报

各单位上报的统计数据必须与纸质报表数据一致，报表应由单位负责人签字，并加盖公章。各单位教育统计报表须经各业务科室审核并加盖科室公章后，方可上报。

各单位上报统计资料如存在差错，应在统计制度规定的更改期内进行更正，写出情况说明并签字盖章。

3. 规范数据应用

使用统计数据要正确理解指标含义，注意指标口径。提供和公布反映本区教育事业发展的主要数据时，须经主管领导批准，重要数据须经教委主任批准。教委各科室上报、公布、使用数据时，凡涉及到教育统计报表中指标，应请示主管领导确认。

4. 规范数据分析与归档

各级统计工作人员在完成年度教育事业统计工作任务后，应及时对统计数据进行综合分析，上交工作总结。按规定做好教育事业统计资料的整理归档工作，并妥善保管。

（三）开展教育事业统计工作数据核查

按照教育部《教育事业统计数据质量核查工作方案》及《指导手册》要求，教委将围绕社会关注的热点问题、反映教育事业改革和发展的主要指标和重点数据，每年定期开展常规性数据质量核查。根据相关科室负责业务情况，对统计数据质量核查工作进行分工（见附件2），按照参与当年教育事业统计的各级各类单位10%的比例随机抽取学校，组织相关科室人员按照核查内容（见附件3）进行抽查。对抽检情况进行总结，发现问题及时采取有效措施，使教育事业统计工作落到实处。

五、工作要求

（一）加强对教育事业统计工作的领导

教育事业发展进程中的每一项重大决策的研究、制定和实施都离不开统计数据的有力支撑。全区教育系统各级领导应充分认识在新形势下加强统计工作的重大意义，增强做好统计工作的使命感和责任感，切实解决在统计工作中存在的问题及困难，在人员配备、硬件保障等方面给予支持。

（二）落实统计工作人员持证上岗制度

各单位应保证教育统计人员队伍的基本稳定，指派专兼职人员负责具体统计工作，统计人员应持《统计从业资格证书》上岗，具备高尚的职业道德、强烈的责任心，以及深入实际的工作作风和实事求是的工作态度。

（三）建立教育统计工作奖惩制度

本《意见》纳入各单位、科室和个人职责范围，实行年度考核和责任追究制度。

1. 凡认真贯彻本《意见》，全年未发生统计数据差错的单位，优先参加年度评优，统计数据有误的单位评优一票否决。

2. 凡对统计工作不重视，责任制度不健全，数据质量把关不严，出现重大差错的单位和有关科室人员，视情况给予警告。

3. 按照统计数据上报的及时性、准确性、完整性等情况，对各单位统计工作进行评优，并对优秀集体、优秀个人给予表彰。

4. 各单位虚报、瞒报、错报、漏报、迟报统计数据，或在数据质量核查中出现重大问题的，在教育系统内部进行通报批评、取消该单位评优资格，构成犯罪的由司法机关依法追究责任。

本意见自2014年9月1日起施行。

附件：1. 顺义区教育事业统计工作领导小组名单

2. 相关科室核查统计数据任务分解表

3. 表A：基础教育和中等职业教育校级管理工作核查项目

表B1：幼儿园校级数据核查指标

表B2：小学校级数据核查指标

表B3：初中校级数据核查指标

表 B4：高中（职高）校级数据核查指标

北京市顺义区教育委员会
2014 年 9 月 18 日

附件 1

顺义区教育事业统计工作领导小组名单

组　长：刘克祥
副组长：李卫国　张海东　高　山　王　彪　王玉英　盛德富　李卫东　刘忠广　张军堂
成　员：顺义区人民政府教育督导室
顺义区教委中学教育科
顺义区教委小学教育科
顺义区教委学前教育科
顺义区教委职业与成人教育科
顺义区教委民办科
顺义区教委人事科
顺义区教委体育卫生与艺术教育科
顺义区教委综治科
顺义区教委组织科
顺义区教育资产管理服务中心
顺义区教育信息中心
顺义区招生办公室

附件 2

相关科室核查统计数据任务分解表

序号	科室	抽调人数	核查内容	核查办法
1	督导室	1	公办校班数、班额、义务教育学校均衡情况	实地查看结果与报表对照
2	中教科	1	公办中学在校生及学生变动情况	实地查看、当月花名册、各种学生变动原始材料
3	小教科	1	公办小学在校生及学生变动情况	实地查看、当月花名册、各种学生变动原始材料
4	学前科	1	公办幼儿园入园、在园、离园幼儿数情况	实地查看，当月花名册、托保费收据等
5	职成科	1	公办职业高中在校生及变动情况	实地查看、当月花名册、各种学生变动原始材料
6	民办科	1	民办各类学校统计报表全部数据	实地查看、当月学生、教职工花名册、各种变动原始材料，其他原始填报依据
7	人事科	1	公办中小幼职教职工、专任教师、骨干教师数、专任教师培训等	实地查看、查验各类花名册及相关原始填报依据
8	体卫艺科	1	公办中小学、中职体质健康测试情况、专职校医及保健人员情况、体育场馆达标情况	实地查看、查验各类原始填报依据
9	综治科	1	安全保卫人员、在校生中死亡情况	查看有关材料
10	资产服务中心	2	公办中小幼职供水、厕所情况，占地、建筑、运动场地面积等；公办中小幼职器材配备达标情况、图书、计算机、固定资产、仪器设备值等	实地查看、查验各类原始填报依据
12	信息中心	1	公办学校互联网、校园网情况、带宽、数字资源量，信息化人员及培训情况	实地查看各类原始填报依据
13	组织科	1	公办学校教职工、专任教师党团员情况	实地查看各类原始填报依据
14	招生办	1	制定方案、培训布置、提供学校报表原始数据、情况汇总、上报	各类材料准备、汇总
合计		14		

附件 3

表 A：基础教育和中等职业教育校级管理工作核查项目

核查学校名称（盖章）：		核查年度：____学年初	总分：	
项目	内容	核查情况	得分	核查人
学生学籍管理制度建设情况（10 分）	有（完善、不完善）、没有			
统计岗位工作人员情况（5 分）	填表人有无统计证、人数、专职、兼职、工作量（兼职比例）			
统计用计算机设备配备情况（5 分）	专用、兼用、机型、联网情况			
参加上级部门年度报表布置、培训情况（10 分）	是、否			
每年学校基表按期存档情况（10 分）	是、纸质文档、电子文档、否			
存档的学校基表与上报数据库的一致性（10 分）	是、否			
统计台帐建立情况（10 分）	有（完善、不完善）、没有			
教职工花名册建立情况（10 分）	有（完善、不完善）、没有			

表 B1：幼儿园校级数据核查指标

核查学校名称（盖章）：			核查年度：______学年初			
指　　标	编号	当年报表数	当年核实数	核实数与报表数差值	得分	核查人
甲	乙	1	2	3	4	5
学前教育班数（15 分）	01					
学前教育幼儿数（15 分）	02					

附表 B2： 小学校级数据核查指标（二）

核查学校名称（盖章）：			核查年度： 学年初			
指　　标	编号	当年报表数	当年核实数	核实数与报表数差值	得分	核查人
甲	乙	1	2	3	4	5
小学班数（5 分）	01					
小学在校生数合计（15 分）	02					
其中：一年级	03					
二年级	04					
三年级	05					
四年级	06					
五年级	07					
六年级	08					
复学学生数	09					
休学学生数	10					
转入学生数	11					
转出学生数	12					
其他增加学生数	13					
其他减少学生数	14					
教职工数（5 分）	15					
其中：专任教师数（5 分）	16					

表 B3： 初中校级数据核查指标

核查学校名称（盖章）：			核查年度： 学年初			
指　　标	编号	当年报表数	当年核实数	核实数与报表数差值	得分	核查人
甲	乙	1	2	3	4	5
初中班数（5 分）	01					
初中在校生数合计（15 分）	02					
其中：一年级	03					

核查学校名称（盖章）：			核查年度： 学年初			
二年级	04					
三年级	05					
复学学生数	06					
休学学生数	07					
转入学生数	08					
转出学生数	09					
其他增加学生数	10					
其他减少学生数	11					
教职工数（5分）	12					
其中：专任教师数（5分）	13					

表 B4： **高中（职高）校级数据核查指标**

核查学校名称（盖章）：			核查年度： 学年初			
指　　标	编号	当年报表数	当年核实数	核实数与报表数差值	得分	核查人
甲	乙	1	2	3	4	5
高中（职高）班数（5分）	01					
高中（职高）在校生数合计（15分）	02					
其中：一年级	03					
二年级	04					
三年级	05					
四年级及以上	06					
复学学生数	07					
休学学生数	08					
转入学生数	09					
转出学生数	10					
其他增加学生数	11					
其他减少学生数	12					
教职工数（5分）	13					
其中：专任教师数（5分）	14					

北京市顺义区教育委员会 北京市顺义区社区教育中心 关于印发《2014年顺义区全国成人高校招生考试和全国高等教育自学考试工作实施方案》的通知

顺教发〔2014〕7号

各相关委办局，各有关部门：

经区主管领导同意，现将《2014年顺义区全国成人高校招生考试和全国高等教育自学考试工作实施方案》印发给你们，请按方案要求落实相关职责，确保成人高考和高等教育自学考试安全平稳顺利进行。

北京市顺义区教育委员会
北京市顺义区社区教育中心
2014年10月8日

2014年顺义区全国成人高校招生考试和全国高等教育自学考试工作实施方案

为深入贯彻落实教育部《关于做好2014年成人高等学校招生全国统一考试考务工作的通知》和北京教育考试院《关于组织2014年北京市高等教育自学考试考务工作的通知》文件精神，全面加强我区考试环境综合整治，严肃考风考纪，维护考生合法利益，确保全国成人高校招生考试与全国高等教育自学考试工作的“科学、公正、安全、规范”，确保我区两项考试工作平稳顺利进行，现结合我区实际，制定本实施方案。

一、基本情况

全区共有成考考生3210人，9761科次；自考考生1341人，4105科次；成人高考设四个考点，自学考试设两个考点。具体安排如下：

（一）成人高校招生考试

考点名称	考生数（人）	考场数（场）	考点地址	主考	联系电话
顺义三中	688 （专升本）	27	顺义府前东街	张春德	13701199920

考点名称	考生数（人）	考场数（场）	考点地址	主考	联系电话
顺义五中	737 （高起专、本）	27	顺义石园西区	刘志文	13601290577
顺义八中	694 （高起专）	25	光明北街双兴小区东侧	何广林	13911312988
顺义九中	1091 （专升本）	38	顺义河南村西侧	王长存	13701157125

考试时间及科目：

1. 高起本、高起专

日期 时间	10 月 25 日	10 月 26 日
9：00—11：00	语文	外语
14：30—16：30	数学（文科） 数学（理科）	史地（高起本文科） 理化（高起本理科）

2. 专升本

日期 时间	10 月 25 日	10 月 26 日
9：00—11：30	政治	大学语文　艺术概论 高数（一）　高数（二） 民法　生态学基础 教育理论　医学综合
14：30—17：00	外语	—

（二）高等教育自学考试

顺义社区教育中心考点（共 107 场，2780 科次）

考试日期	考试时间	考场数	考生数（科次）	主考
18 日	9：00—11：30	17	421	李银 13611089699
	14：30—17：00	12	342	
19 日	9：00—11：30	15	386	
	14：30—17：00	13	307	
25 日	9：00—11：30	15	373	
	14：30—17：00	13	345	
26 日	9：00—11：30	11	315	
	14：30—17：00	11	291	

北京美国英语语言学院考点（共82场，1325科次）

考试日期	考试时间	考场数	考生数（科次）	主考
18日	9：00—11：30	13	190	李长海 13661295530
	14：30—17：00	11	131	
19日	9：00—11：30	13	212	
	14：30—17：00	11	146	
25日	9：00—11：30	8	140	
	14：30—17：00	10	170	
26日	9：00—11：30	9	172	
	14：30—17：00	7	164	

二、加强领导，明确职责，统筹协调，形成合力

（一）顺义区成人高校招生考试工作委员会（应急处置工作领导小组）职责

顺义区成人高校招生考试工作委员会（成员名单见附件1）全面负责顺义区成人高校招生考试工作和顺义区高等教育自学考试工作；统筹协调各单位对考点校周边环境和道路交通的整治；做好试卷保密、安全保卫、水电供应及突发事件处理；保障电子巡查指挥系统及考场监控设备正常运转等。从2014年10月14日至10月17日，各单位要对有关场所、设施等进行检查，发现问题及时整改，为考生营造一个良好的考试氛围，确保成人高校招生考试与高等教育自学考试工作顺利进行。

顺义区成人高校招生考试工作委员会下设考试现场指挥部，负责对参与成考和自考相关工作各单位履行职责及应急处理的统筹协调、监督指导。

总 指 挥：于庆丰　区政府副区长

副总指挥：刘克祥　区教委主任

陈成国　区教委副主任　社区教育中心主任

何　跃　市公安局顺义分局副局长

李　银　社区教育中心副主任

1. 区教委、区社教中心职责：

（1）负责制定成自考工作实施方案、应急预案及有关规定。

（2）负责安排考点、视频会议、抽调及培训监考员、试卷取送及保密、组织考试实施。

（3）综合协调招考委各成员单位，强化多部门联防联控机制，明确各部门、各岗位职责和安全管理双重职责，确保考试顺利进行。

2. 区委宣传部、区广电中心职责：

（1）联系有关单位，对各考点校环境和考风考纪落实情况进行巡视、监督。

（2）组织、联系各宣传部门和新闻媒体，对我区考试情况和考生人文关怀等进行宣传报道。

（3）制定考试宣传工作方案。

社区教育中心主管领导：李　银

联系人：拜晓勇　联系电话：69443449　13810711455

3. 北京市公安局顺义分局职责：

（1）配合社教中心在接送试卷过程中，做好安全及保密工作。

维护各考点周边治安。在各考点校内外安排足够警力，处理突发事件和打击在考试过程中的违法犯罪行为，重点防范打击扰乱考场秩序的行为。

（2）负责在区成招办、考点校接送试卷过程中的交通疏导和考点校周边的交通治安，特别是考生入场、退场时的交通疏导。

（3）考试期间随时监控互联网上与成人高考和自学考试相关的有害信息，并及时向区成人高校招生考试委员会汇报；配合相关部门依法打击利用无线电扰乱考试安全的违法犯罪行为。

（4）制定安全保卫工作方案及应急预案。

具体时间安排：

（1）10月16日前，公安人员对各考点校内外交通、治安等进行治理、整顿。

（2）10月16日、23日早7：00，协助区成招办人员前往指定地点领取试卷，需1辆警车和2名公安人员护卫。

（3）10月16日至19日、23日至26日试卷存放期间，社区教育中心2名考务人员和1名公安人员到保密室24小时看守试卷，社区教育中心大院安排保安人员24小时巡逻。

（4）自考10月17日、成考24日下午，公安人员到安排的考点报到，熟知考点工作岗位，熟悉周边环境，并对考点保密室的防火、防盗、防水等安全设施进行检查。

（5）10月18日至19日；10月25日至26日，公安人员全程护卫考点校试卷的取送，保卫试卷安全，另配备足够警力负责考点安全，在各考点校校门口要安排2名公安人员，严防发生侵害考生人身安全的案件。

（6）10月18日至19日、10月25日至26日：

①每日早7：00，赴考点的公安人员到社区教育中心（考办楼），分别护卫试卷到安排的考点。

②上午考试结束后，赴考点的公安人员分别护卫试卷返回社区教育中心（考办楼），并领取下午试卷。

③下午考试结束后，赴考点的公安人员分别护卫试卷返回社区教育中心（考办楼）。

（7）10月19日、26日考试结束后，试卷送市考试院，需配1辆警车和2名公安人员。

社区教育中心主管领导：李　银

联系人：刘金起　联系电话：69447801　13651177125

4. 区保密局职责：

（1）10月16日前，对区成招办保密室的软硬件设施及接送试卷车辆进行检查指导。

（2）在成人高考和自学考试期间，对区成招办、各考点校试卷保密情况进行监督检查。

（3）制定保密工作方案及应急预案。

社区教育中心主管领导：李　银

联系人：刘金起　联系电话：69447801　13651177125

5. 区卫生局职责：

（1）18日至19日、25日至26日，备好快速到达各考点校的急救车辆和医务人员，以应对突发疾病。

（2）制定救护工作方案及应急预案。

社区教育中心主管领导：李　银

联系人：姜卫宾　联系电话：69443449　13601227405

6. 区环保局、区城管执法监察局职责：

（1）在考前及考试过程中，负责对考点校周边静态交通秩序的整顿、卫生环境的整治、流动商贩的清理、噪声污染源的监管，确保无噪声。

（2）制定环境整治工作方案及应急预案。

社区教育中心主管领导：李　银

联系人：秦兆勇　联系电话：69443449　13691012978

7. 顺义供电公司、自来水公司职责：

（1）10 月 17 日前，对社区教育中心和各考点校供水、供电情况进行检查，发现问题，及时整改。

（2）考试期间（10 月 18 日至 19 日、10 月 25 日至 26 日），确保社区教育中心和各考点校水电正常供应。

（3）制定供水供电工作方案及应急预案。

社区教育中心主管领导：李　银

联系人：姜卫宾　联系电话：69443449　13601227405

8. 区信息中心、经信委、联通顺义分公司、歌华有线顺义分公司职责：

（1）协助考试管理部门，采取有效措施，保证网络畅通，确保巡查指挥系统的正常运行。

（2）考试期间协助公安和考试管理部门处理利用无线扰乱试安全的行为。

（3）制定考试期间相关突发事件应急预案。

社区教育中心主管领导：李　银

联系人：张自江　联系电话：69420914　13910067899　拜晓勇　联系电话：69443449　13810711455

王燕辉　联系电话：69444324　13716085981

9. 区应急办职责：

协助区领导协调处置成人高考和自学考试期间突发事件。

社区教育中心主管领导：李　银

区应急办联系人：张　涌　电话：69434500

社区教育中心联系人：拜晓勇　电话：69443449

以上各成员单位要将工作方案及应急预案于 10 月 16 日前报社区教育中心办公室；各单位要建立应急通报机制，在施考过程中如遇突发事件，须在第一时间报社区教育中心办公室。

社区教育中心联系电话：69443449　69447801

（二）社区教育中心成人高校招生考试工作领导小组及职责

组　长：陈成国（教委副主任、社区教育中心主任）

李宝东（教委副主任、社区教育中心书记）

成　员：李　银（社区教育中心副主任）

李长海（社区教育中心副主任）

李建军（社区教育中心副主任）

张长征（区高等学校招生办公室主任）

社区教育中心成人高校招生考试工作领导小组负责对招生考试工作的落实情况和各项考务

工作进行监督、检查、指导，调配各科室人员赴考点校协助工作。

领导小组成员分别负责一个考点，在考前和施考过程中，对考点进行全面有效的监督、检查、指导、协调，配合考点主考做好组考工作，确保招生考试顺利进行。

李银同志负责顺义五中成考考点，社区教育中心自考考点；李长海同志负责八中成考考点、美语自考考点；李建军同志负责顺义九中成考考点；张长征同志负责顺义三中成考考点。

（三）考点校成人高校招生考试工作领导小组及职责

主考由各考点校校长担任，副主考由考点校主管副校长1人、社区教育中心科长1人担任。

职责：

1. 遵循统一指挥、责任到人、属地管理的原则，制定本考点工作方案及应急预案，发现问题，及时处置并上报。

2. 负责本考点试卷取送的安全与保密。考点校安排专用车辆，由社区教育中心和考点校各派出两名保密员负责试卷取送、收发，制定本考点试卷的运送、存放、保密和保卫工作预案。

3. 加强考试管理，严格执行《北京教育考试考务管理暂行规定》，做好各项考务工作及监考员、工作人员的岗前培训工作。

4. 组织和验收试卷的装订和密封，每科考后对本考点施考情况进行总结，并提出下科考试中需注意的问题。

5. 根据要求共同完成视频图像的调取、存储和回放，实现考场巡查、考试指挥、突发事件处理、考试预警、考务综合管理及视频会议等功能。

6. 同有关部门密切配合，做好安全保卫、车辆供应、交通安全、食品卫生、后勤保障等工作，尤其是做好考点校大门内外考生安全保卫工作。

7. 按规定处理考试期间的一般性问题，遇有突发事件，必须及时采取措施，并立即按程序上报区成人高校招生考试办公室（联系电话：69447801）。

考点校根据本方案制定考务、安全、保密等各项具体工作实施方案与应急预案，于10月16日前报送社区教育中心成人高校招生办公室。区成招办联系人：刘金起 联系电话：69447801

2014年是全面深化改革的开局之年，也是我区党的群众路线教育实践活动的开展之年。我区成人高校招生考试和高等教育自学考试工作将继续坚持“充分准备、精心设计、逐级负责、责任到人、平稳推进、重点突破、细化管理”考试工作要求，各单位要高度重视，充分认识成人高校招生考试的重要性、复杂性和艰巨性，各单位行政正职要对本单位的工作负总责，精心制定各项工作方案及应急预案，明确岗位职责，责任到人，全力以赴做好成人高校招生考试与高等教育自学考试工作，让人民满意。

附件：1. 顺义区成人高校招生考试工作委员会成员名单

2. 顺义区成人高校招生考试工作领导小组办公室成员及工作职责

北京市顺义区教育委员会

北京市顺义区社区教育中心

2014年10月8日

附件 1

顺义区成人高校招生考试工作委员会成员名单

主　任：于庆丰　区政府副区长
副主任：刘克祥　区教委主任
　　　　陈成国　区教委副主任　社区教育中心主任
　　　　李宝东　区教委副主任　社区教育中心党委书记
　　　　何　跃　市公安局顺义分局副局长
成　员：李　黎　区委宣传部副部长
　　　　梁春山　区保密局副局长
　　　　王永宝　区信息中心主任
　　　　郭崇峰　区应急办主任
　　　　宋顺杰　区经济信息化委副主任
　　　　陈雪清　区卫生局副局长
　　　　张晓第　区环保局副局长
　　　　刘德志　区城管执法监察局副局长
　　　　张海泉　区广电中心副主任
　　　　韦凌霄　顺义供电公司总工程师
　　　　王金海　区自来水公司副经理
　　　　赵宝玉　北京联通顺义分公司副经理
　　　　李　洁　歌华有线顺义分公司副总经理

附件 2

顺义区成人高校招生考试工作领导小组办公室成员及工作职责

一、成人高校招生考试办公室（考务工作指挥中心）

主　　任：陈成国
副 主 任：李　银
职　　责：负责成人高考和自学考试考务、试卷保密、工作人员培训等工作，并检查、监督考试各项工作的落实情况，确保各领导小组、各考点之间的相互协调配合。

（一）考务工作负责人：张志明
成　　员：成招办、中招办与高招办人员
联系电话：69447801、69433656

职责：

1. 制定考务工作的实施规定，安排落实好各项考务工作。

2. 设置成考、自考考点与考场，安排落实监考员及工作人员。

3. 安排社区教育中心各科室赴考点工作人员。

4. 负责各考点领导小组及工作人员的考前培训工作。

5. 制定试卷安全保密、保卫和接送方案及安排相关人员。

6. 遇有突发事件，及时协助领导处理并上报。

考试办公室派往各考点的联络员：

成人高考

顺义三中：陈建龙

顺义五中：刘金起

顺义八中：李东山

顺义九中：康　谦

自学考试

美国语言学院：茹晓明

社区教育中心：田　杰

（二）保密室工作具体负责人：刘金起

保密员成员：成招办、中招办与高招办人员

保密室电话：69449719

职责：

1. 按照《试卷保密人员职责》、《保密室值班人员职责》和《试卷保密管理规定》的要求，认真履行职责。

2. 全面负责考试期间存放试卷的安全保卫与保密工作。

3. 负责试卷的接收、保管和发放工作。在接收和发放试卷时应当面清点试卷袋数，核实科目，检查试卷袋密封情况，严格履行交接手续，认真填写试卷接收和发放记录。

4. 刘金起负责保密室试卷柜钥匙，田杰负责隔断门钥匙。

5. 不得以任何理由开启试卷密封包装。

6. 不得将试卷保密室的钥匙转交他人或者互相代管，不得泄露密码。

7. 拒绝他人索用试卷保密室门、铁柜钥匙，拒绝代领试卷。

8. 值班期间严禁在试卷保密室会客、吸烟与饮酒，禁止私自使用电话。

9. 及时向市考试院成招办和自考办上报试卷安全保密情况。

10. 对突发事件及时处理并逐级上报。

（三）远程电子巡查指挥系统负责人：张自江

成　　员：区教育信息中心人员、考点校网管人员

联系电话：69420914

职责：

1. 完成视频图像的调取、存储和回放，实现考场巡查、考试指挥、突发事件处理、考试预警、考务综合管理及视频会议功能。

2. 考试前，对系统网络设备进行全面维护，发现故障及时逐级上报并组织抢修处理、解决。

3. 从考试前1小时开始直至当日考试结束，做好限制与考试巡查指挥无关的网络数据流量，以确保各考点至市考务指挥中心网络畅通。

4. 协助考试管理部门采取有效措施保证巡查指挥系统的链路安全和传输信息安全；加强网络系统安全管理，改善网络系统的安全策略设置，减少安全漏洞；做好系统记录，定期检查、及时发现和解决网络系统存在的隐患和问题。

5. 采取病毒监测、查毒、杀毒等技术措施，提高网络的抗病毒能力。

二、安全保卫办公室

主　　任：李　银

副 主 任：秦兆勇　刘金起

成　　员：校园管理科人员

联系电话：69443449

职责：

（一）负责与相关部门联系，检查落实各考点周边环境建设和安全保卫工作，重点做好考点校校门内外考生安全保卫工作。

（二）负责与市公安局顺义分局联系，共同检查落实区成招办及各考点校考务室软硬件设施与周边环境。

（三）制定试卷存放和运送过程中的保卫工作应急预案，安排落实相关公安保卫人员。

（四）负责区成招办保密室试卷及其外围的安全保卫，对试卷保密室周边进行全面检查，并做详细值班记录。

（五）昼夜值守，实时监控试卷保密室。

（六）随时向安全保密负责人报告保密室情况。

（七）禁止无关人员进入试卷保密室。

（八）对突发事件及时处理并上报。

三、后勤保障办公室

主　　任：李　银

副 主 任：单小红　姜卫宾

成　　员：办公室与计财科人员

联系电话：69443449

职责：

（一）备好取送试卷所用的箱式封闭车。

（二）安排赴各考点校区工作人员的车辆。

（三）安排考试期间的备用车辆。

（四）安排考务工作人员用餐。

四、卫生防疫办公室

主　　任：李　银

副 主 任：姜卫宾

成　　员：办公室人员

联系电话：69443449

职责：

（一）负责处理考试前和考试过程中发生的突发性疾病及大面积传染性疾病以及食物中毒

事件，迅速调遣医务人员进行现场救治，控制疫情扩散。

（二）协助考点校做好患病学生的治疗工作。

（三）与各考点校所在镇卫生院联系，应对突发疾病。

（四）对突发事件及时处理并逐级上报。

五、宣传办公室

主　　任：李　银

副 主 任：拜晓勇

成　　员：办公室人员

联系电话：69443449

职责：

（一）负责报送2014年有关招生考试文件。

（二）联系新闻媒体对我区考试情况及考生人文关怀情况进行宣传。

六、督查办公室

主　　任：张长征

副 主 任：鲍　文

成　　员：成招办与高招办人员

联系电话：69447801　69433656

职责：

（一）接听、接待考试过程中的来电来访。

（二）负责对考试过程中发生的突发事件和群众反映的问题进行调查，及时记录并逐级上报，对情节严重者移交司法机关处理。

北京市顺义区教育委员会
北京市顺义区财政局
关于调整顺义区基础教育公用经费定额标准的通知

顺教发〔2014〕8号

教委所属各单位：

为进一步加强我区基础教育工作，推进基础教育均衡发展，按照市教委、市财政局《关于调整本市基础教育公用经费定额标准的通知》京财文〔2012〕2428号文件精神，结合我区基础教育改革与发展的实际，经区政府批准对我区基础教育公用经费定额标准进行调整。现通知如下：

一、调整后的公用经费定额标准为维持学校正常运转的最低标准，为确保学校和有关单位运转基本需要，财政部门按照实际在校学生人数、教职工人数、校舍面积等因素和定额标准，在年度预算中足额安排经费。

二、基础教育公用经费调整后，各单位要进一步加强财务管理，严格执行相关经费开支标准，统筹安排，确保将增加的公用经费用到教育教学方面，改善办学条件，提高教学水平。

三、学校应接受财政、审计、教委的监督和检查，注重公用经费使用效益。

四、本通知自2014年度起执行，原“顺教发〔2013〕22号”文件同时作废。

附件：顺义区基础教育公用经费定额标准（财政预算标准）

北京市顺义区教育委员会
北京市顺义区财政局
2014年10月9日

附件 1

顺义区基础教育公用经费定额标准（财政预算标准）

金额单位：元

<table>
<tr><td rowspan="20">学校日常定额</td><td colspan="2">项　　目</td><td>拨款单位</td><td>学校预算额度</td><td>教委预算额度</td><td>说　　明</td></tr>
<tr><td colspan="2">职业高中</td><td>生/年</td><td>716</td><td>84</td><td rowspan="6">以各类学生实际在校人数核定，用于：办公费、水费、电费、印刷费、邮电费、租赁费、专用材料费、零星设备维修、零星购置、教师参考资料和报刊、垃圾清运费、信息化运维费、学生活动费、教学业务费、会议费、绿化费、招生经费（初中、高中）、体检经费、校方责任险、义务教育免杂费、教科书循环使用更新、小学课后班等</td></tr>
<tr><td colspan="2">高中</td><td>生/年</td><td>1385</td><td>115</td></tr>
<tr><td colspan="2">初中</td><td>生/年</td><td>1445</td><td>115</td></tr>
<tr><td colspan="2">小学</td><td>生/年</td><td>1315</td><td>145</td></tr>
<tr><td colspan="2">特教</td><td>生/年</td><td>5900</td><td>100</td></tr>
<tr><td colspan="2">幼教</td><td>生/年</td><td>1940</td><td>60</td></tr>
<tr><td colspan="2">职工培训费</td><td>人/年</td><td>350</td><td>1420</td><td>用于教师培训经费，包括：会议费、培训费、专家劳务费、交通费等</td></tr>
<tr><td colspan="2">残疾人保障金</td><td></td><td></td><td></td><td>按有关政策规定执行</td></tr>
<tr><td colspan="2">其他单位</td><td>人/年</td><td>11000</td><td></td><td>按照编制内实有人数核定公用经费，用于单位履行职能所发生的公用经费。</td></tr>
<tr><td rowspan="3">取暖费</td><td>油、气、电</td><td>元/平方米</td><td>42</td><td></td><td rowspan="3"></td></tr>
<tr><td>燃煤</td><td>元/平方米</td><td>50</td><td></td></tr>
<tr><td>付供暖费</td><td>元/平方米</td><td>42</td><td></td></tr>
<tr><td colspan="2">机动车燃料维持费</td><td>车/年</td><td>27000</td><td></td><td>按照编制内实有车辆核定，用于车辆维修费、加油费、保险费及杂费</td></tr>
<tr><td colspan="2">物业管理费</td><td></td><td></td><td></td><td>按照区（县）有关规定执行。</td></tr>
<tr><td colspan="2">修缮费</td><td>元/平方米</td><td>10</td><td>20</td><td>校级经费用于小规模室内外维修，电气、五金、排水、消防维护和保养等。区县经费用于具有规模的房屋修缮、加固、配电增容、锅炉改造等。校级经费在以上范围内的原则上不得再申请专项资金。</td></tr>
<tr><td colspan="2">信息中心</td><td></td><td></td><td></td><td>按照实际发生费用，主要用于区（县）信息中心区域内信息平台搭建、升级改造、运维，包括：端口、光纤租用费、信息中心设备运维、电费、网络教师信息技术技能培训等</td></tr>
</table>

	项　　目	拨款单位	学校预算额度	教委预算额度	说　　明
市级专项定额	中小学生素质提升	生/年	200		按照现有管理办法规定使用,每生年标准,城区150,郊区县200,市级负担。
	校园文化			250000	按照区(县)管理办法规定使用,市级负担。
	国际合作与交流	区(县)/年		3000000	市级负担,由区(县)教委统筹使用。用于聘请外教、外事接待、学生教师赴境外参加交流、举办国际会议等内容。

注： 1. 按照实际在校学生人数计算，实际在校学生人数不足400人按400人计算（幼儿园、特教、工读学校按实际在校生人数计算）。

2. 寄宿学生定额增加20%。

3. 分址办学的定额增加20%。

北京市顺义区教育委员会关于印发《北京市顺义区教育系统领导干部经济责任审计实施办法（试行）》的通知

顺教发〔2014〕9号

各单位：

为贯彻落实财政部《关于印发〈行政事业单位内部控制规范（试行）〉的通知》（财会〔2012〕21号）、《教育部关于做好教育系统经济责任审计工作的通知》（教财〔2011〕2号）、北京市人民政府办公厅《关于进一步加强内部审计工作的意见》（京政办发〔2013〕36号）以及《北京市教育系统内部审计工作实施办法》（京教审〔2005〕21号）等文件要求，推动单位内部审计工作制度化、规范化，保证内部审计工作质量，加强廉政风险防控机制建设，结合顺义区教育系统实际工作情况，制定了《北京市顺义区教育系统领导干部经济责任审计实施办法》，现印发给你们，请遵照执行。

特此通知。

北京市顺义区教育委员会

2014年12月9日

北京市顺义区教育系统领导干部经济责任审计实施办法（试行）

第一章 总　则

第一条　为了贯彻《教育部关于做好教育系统经济责任审计工作的通知》（教财〔2011〕2号），落实《北京市实施〈党政主要领导干部和国有企业领导人员经济责任审计规定〉的办法》（京办发〔2011〕22号）和《北京市教育委员会直属单位领导干部经济责任审计实施办法》（京教工〔2011〕73号）精神，健全和完善顺义区教育委员会所属单位领导干部的管理监督，推进党风廉政建设，根据《中华人民共和国审计法》和《教育系统内部审计工作规定》（教育部2004年第17号令）等有关法规，制定本办法。

第二条　本办法适用于按照干部管理权限，由区委教育工委和区教委管理的所属单位领导干部经济责任审计。本办法所称经济责任，是指所属单位领导干部在任职期间因其所任职务，依法对单位的财务收支以及相关经济活动应当履行的职责、义务。

第三条　所属单位领导干部经济责任审计的对象为：所属单位的行政正职领导干部（包括主持工作的领导干部主持工作期间）和负有经济责任的主管领导干部。

第四条　所属单位领导干部履行经济责任的情况，应当依照本办法接受审计监督。审计覆盖领导干部整个任职期间，任职时间较长的，以近三年为主。同时，对所属单位的经济关联单位可以有重点地进行延伸审计。根据干部管理监督工作的需要，可以在领导干部任职期间进行任中经济责任审计，也可以在领导干部不再担任所任职务时进行离任经济责任审计。

第五条　区教委依据有关规定和本办法实施对所属单位领导干部经济责任审计，任何单位和个人不得拒绝、阻碍、干涉，不得打击报复审计人员。

第六条　根据审计工作需要，区教委可委托会计师事务所实施对所属单位领导干部经济责任审计，所需经费列入区教委年度部门预算予以保证。

第七条　审计机构和审计人员对经济责任审计工作中知悉的依法应予保密的事项，负有保密责任。

第二章　组织协调

第八条　为加强对经济责任审计工作的领导，区委教育工委和区教委应建立经济责任审计工作联席会议（以下简称联席会议）制度。

（一）成立联席会议领导小组，组长由区教委主任担任，副组长由联席会议成员部门主管副职领导担任，成员由联席会议成员部门主要负责人担任。

（二）联席会议成员部门包括：审计科、组织科、纪检监察科、财务基建科和教育资产管理服务中心，根据实际工作需要，可增减成员部门。

（三）联席会议的主要职责是：

1. 研究制定有关经济责任审计制度；

2. 指导协调和监督检查经济责任审计工作开展情况；

3. 交流、通报、听取经济责任审计情况和审计结果运用情况；

4. 研究、解决经济责任审计中的困难与问题。

第九条　联席会议办公室设在审计科，负责日常工作。办公室工作人员由联席会议各成员部门指定的联络员组成。联席会议办公室的主要职责是：

（一）起草有关经济责任审计制度和文件等；

（二）研究提出年度经济责任审计计划草案；

（三）总结经济责任审计工作经验；

（四）督促落实联席会议决定的有关事项；

（五）负责联席会议的日常工作；

（六）办理其他有关事项。

第十条　经济责任审计应当有计划的进行。联席会议各成员部门要认真履职，相互配合，遵循“全面审计、积极稳妥、突出重点、确保质量”的原则，共同做好经济责任审计工作。

审计科负责推进经济责任审计具体实施工作；

组织科负责根据干部管理监督的需要，按所属单位领导干部任期建立经济责任审计计划，并及时送交审计科；

纪检监察科负责根据纪检监察年度工作重点、群众信访工作情况以及党风廉政建设需要等提出审计工作重点；

财务基建科负责在财务管理工作中，协助落实审计意见，制定和完善财务管理制度，并指导有关单位加强内部管理；

教育资产管理服务中心负责在资产管理工作中，协助落实审计意见，指导有关单位加强固定资产管理。

第三章　审计内容

第十一条　经济责任审计以促进领导干部推动本单位科学发展为目标，以领导干部守法、守纪、守规、尽责情况为重点，以领导干部任职期间本单位财务收支以及有关经济活动的真实、合法和效益为基础，主要包括以下内容：

（一）预算执行、决算和其他财务收支的真实、合法和效益情况；

（二）重要投资项目的建设和管理情况；

（三）重要经济事项管理制度的建立和执行情况；

（四）对本单位其他部门涉及有关经济活动的管理和监督情况；

（五）有关内部控制制度的建立和执行情况；

（六）国有资产的管理和使用情况。

第十二条　在审计中重点关注领导干部在履行经济责任过程中的下列情况：

（一）贯彻落实科学发展观，推动本单位科学发展情况；

（二）遵守有关经济法律法规、贯彻执行党和国家有关经济工作的方针政策和决策部署情况；

（三）制定和执行重大经济决策情况；

（四）与领导干部履行经济责任有关的管理、决策等活动的经济效益、社会效益和环境效益情况；

（五）遵守有关廉洁从政规定情况等。

第四章　审计实施

第十三条　区教委根据经济责任审计计划，制定审计工作方案，并组成审计组实施审计。

第十四条　组织实施领导干部经济责任审计按照以下程序进行：

（一）制定审计工作方案并报区教委主任审批；

（二）送达审计通知书；

（三）召开进点见面会；

（四）实施审计，编制审计工作底稿；

（五）完成并出具审计报告；

（六）进行后续审计。

第十五条　在审计组实施审计过程中，被审计领导干部及其所在单位，以及其他有关单位应当提供与被审计领导干部履行经济责任有关的下列材料：

（一）领导干部在任期内单位的财务收支资料，包括预算批复文件、会计账簿、凭证、报表、银行对账单和固定资产明细账等；

（二）领导干部任期内单位涉及财务收支的会议记录、会议纪要、重大经济合同、协议书、投资项目的论证与决策资料、考核检查结果、业务档案等；

（三）单位内部财务管理制度和有关经济活动的内部控制制度；

（四）领导干部任期内有关经济监督部门及检查机构对单位做出的重大事项检查结果、处理意见及纠正情况的资料；

（五）审计需要提供的其他有关资料。

第十六条　被审计领导干部及其所在单位应当对所提供资料的真实性、完整性负责，并做出书面承诺。

第十七条　审计报告主要包括以下内容：审计依据、实施审计的基本情况、被审计单位和被审计领导干部的基本情况、财政财务收支及有关经济活动的真实性、合法性、效益性，领导干部履行经济责任的情况，审计中发现的主要问题，责任界定、审计评价和建议，需要反映的其他问题等。

第十八条　审计组审计工作初步完成后，应将审计报告书面征求被审计领导干部及其所在单位的意见。被审计领导干部及其所在单位应当在收到经济责任审计报告征求意见书之日起10日内，提出书面意见；在规定期限内没有提出书面意见的，视同无异议。对被审计领导干部及其所在单位书面反馈的意见，审计组要认真研究、核实，如有必要，应当修改经济责任审计报告。

第十九条　联席会议办公室依据相关法规和制度规定的程序，对审计组提交的审计报告进行审议，核实确认经济责任审计报告。

第二十条　经济责任审计报告需由被审计领导干部及其所在单位主管会计进行签字认可并加盖单位公章。

第二十一条　联席会议办公室应将审计结果汇总通报联席会议有关成员部门，并将经济责任审计结果作为领导干部考核的依据。

第五章　审计评价

第二十二条　根据审计查证或者认定的事实，依照法律法规、国家有关规定和政策，对被审计领导干部履行经济责任情况做出客观公正、实事求是的评价。

第二十三条　审计评价要层次分明，详略得当。

（一）真实性评价。是指对被审计单位的会计处理遵守相关会计准则、会计制度的情况，以及相关会计信息与实际的财务收支相符合的程度作出的评价。

（二）合法性评价。是指对被审计单位的财务收支是否符合相关法律、法规规章和其他规范性文件，是否遵守了有关的财经法规。

（三）效益性评价。是指被审计单位财务收支中资金的使用效益，以及对经济活动的经济、效率和效果的评价。

第六章　审计结果运用

第二十四条　审计结果运用应坚持“实事求是、客观公正，依法办事、有责必究，惩防结合、重在预防，协调运作、成果共享”的原则。

第二十五条　审计科根据法律法规和有关规定，充分运用审计结果：

（一）对于经济责任审计查出的领导干部所在单位违反国家规定的财政财务收支行为，按照国家的法律、法规、规章和财务制度提出处理建议；需要被审计单位纠正和改进的，提出整改意见和建议；

（二）对经济责任审计中查出的涉嫌犯罪的线索，按规定程序移交相关部门；

（三）完善审计结果综合分析制度，对审计中发现的突出问题或普遍性、倾向性、苗头性的问题进行归纳、总结，形成专题报告并提出审计建议；

（四）对被审计领导干部及其任职期间所在单位存在违规违纪问题但不构成处分的，经区委教育工委委员会或区教委主任办公会议批准后，以两委的名义进行通报批评；

（五）建立被审计领导干部经济责任审计档案，及时将组织科提供的领导干部基本情况和相关的审计情况，存入经济责任审计档案。

第二十六条　组织科在所属单位领导干部职务任免、升降、奖惩和考核工作中，将审计结果作为参考依据之一：

（一）被审计领导干部对其任职期间所在单位发生的重大损失或严重违规违纪问题负有直接责任、主管责任或重要领导责任的，按有关规定建议区委教育工委和区教委给予通报批评、调离、引咎辞职、免职处理等；

（二）被审计领导干部任职期间履行经济责任存在违规违纪问题但不构成党纪政纪处分的，根据联席会议决定和有关规定，采取诫勉谈话、限期改正的措施；

（三）将审计结果作为被审计领导干部年度考核、综合考核和职责绩效考核的参考指标；

（四）有关审计结果运用情况的材料，归入被审计领导干部本人档案。

第二十七条　纪检监察科应在党风廉政建设和反腐败工作中，充分运用审计结果：

（一）对审计报告反映的被审计领导干部违规违纪问题，按照职责权限依纪依法及时做出处理；

（二）将审计结果纳入党风廉政建设责任制考核和廉政风险防范管理考核的评价系统；

（三）结合审计结果，必要时对被审计领导干部进行廉政谈话；

（四）对审计结果反映的苗头性、倾向性问题，及时研究分析，提出对策和建议；

第二十八条　财务基建科在财务管理工作中，有效运用审计结果：

（一）协助落实审计意见；

（二）针对经济责任审计工作中发现的普遍性、多发性、倾向性问题，制定和完善财务管理制度，并指导有关单位加强内部管理，防止和堵塞漏洞。

第二十九条　教育资产管理服务中心在资产管理中，有效运用审计结果：

（一）协助落实审计意见；

（二）针对经济责任审计中普遍存在的资产管理的相关问题，制定相关制度机制，加强对固定资产管理人员的培训，并指导相关单位加强固定资产管理工作。

第三十条　被审计领导干部所在单位应当认真落实审计意见，积极运用审计结果：

（一）在党政领导班子内通报审计结果及审计整改要求，及时制定审计整改方案，提出具体审计整改措施，明确整改工作的责任部门、责任人，保障整改工作顺利开展；

（二）对审计整改意见，应当在收到已签章的审计报告十五个工作日内，将整改意见的执行情况书面报告审计科；

（三）根据审计结果反映的问题调查有关责任人员的责任，根据调查结果确定是否给予必要的处理；

（四）根据审计建议和有关部门的整改要求，结合廉政风险防范管理的要求，全面检查本单位内部控制制度的建立健全及执行情况，完善内部控制制度。

第三十一条　建立和完善审计结果整改督察报告制度。联席会议成员部门按职责权限对被审计领导干部及其任职期间所在单位的审计整改情况进行检查，并及时向联席会议报告检查情况。对不认真整改的，责令立即纠正；拒不整改的，给予通报批评或依据有关规定追究相关人员的责任。

第七章　附　　则

第三十二条　区教委所属单位可以根据本办法制定内部管理领导干部经济责任审计具体办法，并由单位内审小组组织实施。

第三十三条　本办法由区教委经济责任审计工作联席会议办公室负责解释。

第三十四条　本办法自印发之日起施行。

北京市顺义区教育委员会
关于印发《北京市2015年春季高中会考
顺义区考试工作实施方案》的通知

顺教发〔2014〕10号

各相关单位：

为全面贯彻落实北京教育考试院关于高中会考工作会议精神，严格执行市考试院提出的有关政策和规定，创造人文、和谐、安静的考试环境，实现安全、公平、有序的工作目标，结合我区实际，特制定了《北京市2015年春季高中会考顺义区考试工作实施方案》（以下简称《方案》）。现将《方案》印发给你们，请各相关单位及学校认真贯彻落实。

北京市顺义区教育委员会
2014年12月24日

北京市顺义区
2015年春季高中会考工作实施方案

为进一步贯彻落实2015年北京教育考试院会考工作会议精神，加强我区教育考试环境综合整治力度，提高考试安全保障能力，确保2015年春季高中会考安全、平稳、顺利进行，实现“安全保密、阳光公正”的工作目标，结合我区实际，制定本实施方案。

一、指导思想

以北京教育考试院会考工作会议精神为指导，以保障教育考试安全和维护考试公平为主线，加强领导、部门联动、强化管理、严肃考纪，全力营造平安、和谐、公正的考试环境。

二、机构设置

顺义区成立教育考试工作委员会（成员名单见附件1），负责领导、组织、管理2015年教育考试全面工作，确保考试工作顺利进行。

委员会下设教育考试现场指挥部（应急处置工作领导小组），负责对相关单位履行职责及应急处理的统筹协调与监督指导。

总 指 挥：于庆丰　区政府副区长

副总指挥：刘克祥　区教委主任

何　跃　市公安局顺义分局副局长

陈成国　区教委副主任

张军堂　区教委主任助理

三、部门工作职责

1. 市公安局顺义分局

职责：

（1）配合区教委完成接送试卷工作，并做好试卷安全及保密工作。

（2）负责维护各考点周边治安。在各考点内外安排足够警力，负责考点安全保卫、处理突发事件和打击在考试过程中的违法犯罪行为，重点防范打击扰乱考场秩序的行为。

（3）负责区招办、考点接送试卷过程中的交通疏导和考点校周边的交通治安。特别是开考前、考试结束后疏导考点大门外的交通。

（4）配合互联网管理部门对利用网络传播与考试相关的有害信息者依法进行处置。

（5）配合相关部门依法打击利用无线电危害教育考试安全的违法犯罪行为。

区教委联系科室：综合治理科

联系人：杨广田；联系电话：69442695。

2. 区保密局

职责：

（1）考前一周，对区招办和各考点保密室的软硬件设施及接送试卷车辆进行检查指导。

（2）在考试期间，对区招办和各考点试卷保密情况进行监督检查。

区教委联系科室：综合治理科

联系人：杨广田；联系电话：69442695

3. 区卫生局

职责：

制定应急工作方案，根据考点安排，在相应医疗机构安排好急救车辆和医务人员，以应对考试期间的突发疾病。

区教委联系科室：综合治理科、体卫艺科、保健所

联 系 人：杨广田、张克深、贾福岐

联系电话：69442695、69449704、81491450

4. 顺义供电公司

职责：

对各考点、区社区教育中心和区教育信息中心的供电情况进行检查、检修，确保电力正常供应。

区教委联系科室：教育资产管理服务中心

联系人：张天勇；联系电话：69433295

5. 区经信委、北京联通顺义分公司、歌华有线顺义分公司

职责：

（1）协助考试管理部门，运用技术手段，采取有效措施，加强无线电、网络的管理与监控，保证无线电信号、网络及远程巡查指挥系统的正常运行和信息安全。

（2）随时监控无线电、互联网上与考试相关的有害信息并及时配合有关部门进行处置。

区教委联系科室：区教育信息中心、教育资产管理服务中心

联 系 人：张自江、张天勇

联系电话：69420914、69433295

6. 牛栏山镇、仁和镇、杨镇、后沙峪镇、旺泉街道办事处

职责：

（1）协调相关部门，密切配合，确保辖区内考点考试工作顺利进行。

（2）确保光缆正常传输，网络畅通。

区教委联系科室：区教育信息中心

教育资产管理服务中心

联 系 人：张自江、张天勇

联系电话：69420914、69433295

四、工作要求

（1）提高认识。考试工作关系到广大考生的切身利益，涉及面广，社会关注程度高，各单位“一把手”要亲自抓、负总责，高度重视考试工作，要把平安考试作为第一位政治责任。

（2）齐抓共管。要统一行动，联防联控，协调配合，请于1月9日前根据工作职责对有关场所、设施设备等进行安全检查，发现问题及时纠正，切实承担起治理考试环境、维护考试安全、整肃考风考纪的责任。

（3）细化管理。要制定工作方案及考试安全突发事件应急处理工作预案，做到制度健全、操作规范、措施到岗、责任到人。

（4）建立机制。建立应急通报机制，在施考过程中如遇突发事件，须在第一时间报至区教委办公室。联系人：张雄飞；联系电话：69444324。

各单位要提高对考试重要性、复杂性和艰巨性的认识，全力营造和谐良好的考试环境，确保考试工作万无一失，进一步提高人民群众对教育的满意度，维护社会和谐稳定。

附件：1. 顺义区教育考试工作委员会成员名单

2. 考试时间及考点安排

附件1

顺义区教育考试工作委员会成员名单

职务	姓名	单位	单位职务	联系电话
主任	于庆丰	区政府	副区长	69443788
副主任	刘克祥	区教委	主任	69444324
	何　跃	市公安局顺义分局	副局长	69421750
	陈成国	区教委	副主任	69443449
	张军堂	区教委	教委主任助理	69461390
成员	宋顺杰	区经信委	副主任	69441064
	梁春山	区保密局	副局长	69444839

职务	姓名	单位	单位职务	联系电话
成员	陈雪清	区卫生局	副局长	89453152
	韦凌霄	顺义供电公司	总工程师	63674010
	赵宝三	北京联通顺义分公司	副经理	69446000
	李　洁	歌华有线顺义分公司	副总经理	69461528
	王振刚	旺泉街道	副主任	61409507
	张春利	仁和镇	副镇长	69441537
	皮艳平	牛栏山镇	副镇长	69414132
	桓秋利	杨镇	副镇长	61451174
	王　雪	后沙峪镇	副镇长	80496835

附件 2

考试时间及考点安排

1. 考试时间

日期	1 月 14 日（星期三）		1 月 15 日（星期四）		1 月 16 日（星期五）	
上午	8：00—9：30	10：30—12：00	8：00—9：30	10：30—12：00	8：00—10：00	10：30—12：00
	地理	历史	物理	化学	语文	政治
下午	2：00—4：00		2：00—4：00		2：00—3：30	
	英语		数学		生物	

英语听力考试时间为 1 月 14 日下午 2：00—2：20（1：55 开始播音预告）。

2. 考点基本情况

考点名称	赴考单位	主考	联系电话	考点校地址
牛栏山一中	牛一、实验	张华礼	69411142	牛栏山镇
杨镇一中	杨一	孙孟远	61451055	杨镇三街
顺义一中	顺一	李　冬	69444448	双河大街 15 号
顺义二中	顺二	陈坤清	69421643	前进花园小区
顺义九中	顺九	王长存	89498802	仁和镇河南村
四中分校	四中分校、新英才、君诚、音乐舞蹈	张福利	80416138	后沙峪镇双裕街

特载与纪实
馬到成功
2014年顺义区教育系统
春节团拜会
顺义区教育委员会

在第30届教师节庆祝大会上区长卢映川的讲话提纲

中共顺义区委副书记、区长　卢映川

（2014年9月9日）

各位老师、同志们：

今天，我们在美丽的杨镇一中隆重集会，共同庆祝第30届教师节。这是你们的节日，也是我们的节日，是我们的感恩节，因为我们每个人都是现代教育的受益者，都是在老师的启蒙传道授业之下开始人生的起航，越是这样的时刻越激起我们对老师的感恩之情。刚才，大会表彰了全区2013年度涌现出来的先进集体、优秀校长、优秀教师。先进集体代表、优秀教师代表、功能区代表和乡镇代表分别作了典型发言，表达了对教育的一往情深，表达了继续支持教育、投身教育的高尚思想情怀，他们的发言让我们深受感动。在此，我代表区委、区人大、区政府和区政协，向受到表彰的先进集体和优秀教师表示热烈的祝贺！向辛勤耕耘、默默奉献的全区广大教育工作者致以节日的问候！向关心和支持顺义教育事业发展的各级领导、各界人士表示衷心的感谢！

今年来，顺义区各项事业发展势头良好，城市化发展步伐加快，综合服务能力进一步增强；环境整治深入开展，生态文明建设取得新成效；各项惠民政策措施扎实落实，民生服务持续改善。特别是教育事业继续保持了良好的发展势头，优质教育资源总量不断扩充，两支队伍建设取得实效，学生综合素质整体提升，终身教育体系进一步完善。学前教育三年行动计划、中小学建设三年行动计划进展顺利，一批新建、翻建学校和幼儿园投入使用。全区学校的硬件、软件水平得到了很大提升。杨镇职教中心投入使用，顺义职业教育将迎来新的跨越式发展。

在看到成绩的同时，我们也清醒地看到，顺义教育与城区相比，与人民群众的期盼相比，还存在着一些不足和差距，特别是学前教育学位供给不足，义务教育发展不够均衡，职业教育服务经济发展能力不强，名学校、名校长、名教师数量还偏少。

破解这些难题，就要坚持用改革的办法来解决。党的十八届三中全会提出了“深化教育领域综合改革”的总体要求，为加快教育发展指明了方向，为做好下一步全区教育综合改革工作，我讲三点意见：

一、坚定改革信心，加强观念引领，明确改革方向

党和国家有深化改革的坚定决心和毅力，我们必须有实施改革的坚定信心和勇气。只有改革才能发展，只有改革才有出路，我们要以强烈的历史使命感和责任感，站在促进国家发展、增进人民福祉的高度看待改革，敢于啃硬骨头，敢于打硬仗，敢于冲破思想观念的障碍，敢于突破利益固化的藩篱。顺义区委区政府特别重视综合改革，结合国家、北京市的改革精神和顺义区的实际情况，今年3月出台了全面深化改革的意见，制定了我区全面深化改革的路线图。我区将通过改革破解制约顺义发展的瓶颈难题，获取发展新优势，抢占竞争制高点，保持首都郊区科学发展领先地位。

教育领域改革是我区综合改革的重要组成部分。教育改革的出发点和落脚点就是要办人民满意的教育，就是要提升教育品质，促进教育公平惠民；就是要千方百计增加优质教育的供给，努力保障人民接受教育的权益，满足人民丰富多样的教育需求；就是要牢固树立教育为人民服务的最高宗旨，实现教育同经济发展和社会进步更紧密的结合。顺义教育综合改革的重点任务有以下八项，包括学前教育与义务教育资源配置、基础教育招生制度、校长与教师交流轮岗机制、管办评教育管理体制、人事制度改革、教师职称聘任制度改革、职业教育产教融合与校企合作等。

上述教育改革的重点工作过中，涉及到人事改革就有4项，人事改革是教育改革的首要任务。为破解这一难题，首先，区委区政府将给予政策支持，研究“单位人”变“系统人”，研究职称、评价等具体问题。区编办、人力社保和教育部门要打开政策突破口，拿出具体的教育系统人事制度改革方案，结合区域实际引进人才，培养人才，建立一支充满活力的教师队伍。第二，区委区政府今年拿出400多套廉租房，用于引进优秀人才。我区要建立一套引进人才机制，编办、人力社保、住建等部门要研究优厚的条件，通过提供住房、提高待遇等措施把更多的人才引进顺义，留在顺义。

二、凝聚改革力量，协同推进改革，满足百姓需求

改革是一项系统工程，关联性很强。任何一项改革都可能“牵一发而动全身”，单兵突进式改革已难以奏效，需要我们具备系统思维、全局视野，需要我们凝聚力量、协同推进。教育综合改革，离不开各部门和全社会的支持与协作，唯有最大限度集中全社会的智慧，最大限度调动一切积极因素，统一思想，统一行动，才能确保改革取得实效。

随着单独二孩政策的放开、异地高考政策的逐步实施，顺义教育面临着资源总量不足的巨大挑战。尤其是学前教育和义务教育阶段，新城地区和经济发达镇域面临着巨大的学位压力。

为破解这一难题，首先，区委区政府将给予政策支持，研究“单位人”变“系统人”，研究职称、评价等具体问题。区编办、人力社保和教育部门要打开政策突破口，拿出具体的教育系统人事制度改革方案，结合区域实际引进人才，培养人才，建立一支充满活力的教师队伍。

教委和规划部门已经制定了《基础教育专项规划》，规划、发展改革、建设、土地等部门要严格落实《专项规划》的相关要求，确保《专项规划》顺利实施。各镇、街道要严格履行属地管理职责，新建小区必须严格按照相关规定建设教育配套设施，确保配套设施及时移交给教委使用。卫生和计划生育部门要摸清适龄儿童数量及分布情况；教育部门要做好研判，科学规划，合理布局，保障教育资源更好地满足需要。

三、贡献教育智慧，提升业务水平，争当改革先锋

今年8月18日，习近平总书记主持召开中央全面深化改革领导小组会议，提出要深化考试招生制度改革，形成分类考试、综合评价、多元录取的考试招生模式，要健全促进公平、科学选才、监督有力的体制机制，构建衔接沟通各级各类教育、认可多种学习成果的终身学习立交桥。

面对改革的强烈信号，我们要以实现好、维护好、发展好最广大人民根本利益为依归，以立德树人为根本任务，以促进教育公平、提高教育质量为主线，以改进政府教育管理方式、激发释放学校办学活力、构建全民终身学习体系为重点。

改革对广大教育工作者提出了更高的专业要求，全体教师要关心改革，拥护改革，投身改革。一要用心从教，增强教书育人的荣誉感和责任感，不断提高师德水平，始终保持蓬勃的朝气、昂扬的锐气，用智慧点燃智慧，用生命影响生命，争做人民满意、学生尊敬的教师。二要真心服务，树立“人人成才、人人成功”的观念，更新教育理念，拓宽知识结构，把握教育教学规律和学生身心发展规律，创新教育教学方法，提升教育研究水平，培养更多心理健康、体魄强健、学有所长的学生。三要爱心育人，陶行知先生曾说：“爱是一种伟大的力量，没有爱就没有教育”，教师要敞开爱的心扉，走进学生心灵，关爱学生成长，用爱鼓励学生，温暖学生，帮助学生。

各位老师、同志们，知识改变命运，教育成就未来。教育关系着国家的发展，关系着社会的稳定，关系着家庭的幸福。发展好教育，是我们党、政府和全体人民的共同愿望。区委、区政府将继续把教育摆在优先发展的地位，依法足额保障教育经费投入，创造良好环境，吸引更多优秀教师投身教育。衷心希望社会各界继续多关注教育改革，多宣传教育改革，多支持教育改革，为教育改革和事业发展营造良好氛围。

最后，祝全体教育工作者节日快乐，身体健康，工作顺利，阖家幸福！

谢谢！

在教育系统2014年寒假教育培训大会上的讲话

中共顺义区委教育工作委员会书记　冯义国

（2014年2月11日）

老师们、同志们：

在马年新春的喜庆气氛中，我们又迎来了顺义区教育系统寒假培训大会。在此，我代表教工委、教委、教育督导室、教育工会，向大家致以新春的祝福！祝大家合家安康、马年吉祥；万事顺意、马到成功！

近些年来，我们坚持组织寒暑假培训大会，本着跳出教育看教育的思路，邀请各方面的专家、学者作报告，讲国际国内形势，讲市情区情现状，目的在于开阔干部教师的视野，树立大教育观，把教育放到整个社会大系统中去看待、去思考，从而更好的认识教育的目的、使命和规律。我们还安排了一些知名校长、教师以及我区基层学校的干部教师作报告，讲他们的办学实践，讲他们的成长经历，目的是为我们提供学习的典型和身边的榜样，使学习内容贴近我们一线的工作，帮助我们拓展工作思路。

今年的培训大会，在有关部门的共同努力下，给大家安排了丰富的学习内容，既有宏观的形势观察，又有微观的教改实践，既有思想作风的教育，又有具体工作的安排，视角多样，层次分明，内容丰富，希望全体干部教师珍惜这次学习机会，真正做到学有所获。

为了搞好这次培训，使培训活动切实产生实际的效益，结合当前的政治形势和教改任务，这里，我讲两点意见。

一、深刻把握顺义教育当前发展的阶段性特征

“十一五”以来，我们以顺义教育“十二化”为目标，全面推进区域教育科学发展，取得了令人瞩目的成绩。在教育投入方面，坚持财政预算的教育优先原则，教育投入逐年增长，公共财政预算教育经费从2006年的8.3亿，增长到2013年的21.2亿元，教师收入从2006年的3.23万元，增长到2013年的9.13万元。在学校建设方面，高水准实施校舍安全工程、学前教育三年行动计划、中小学建设三年行动计划，学校布局更加合理，硬件水平大幅提升。在两支队伍建设方面，深入实施名教师名校长工程，在全员培训的基础上着力加强高端培训、高端研修，“人才强教”战略得以有效落实。在课程改革方面，坚持素质教育主题，以提高学生的综合素质为目标，减负与提质并重，深化教学研究，优化教学方式，推出了师说日、国学动漫城、彩虹读书行动、社会大课堂等有影响力的教育载体，努力实现让每一个学生得到最好的发展。在终身学习体系建设方面，本着“统筹兼顾、突出重点、关注热点、化解难点”的方针，有效破解入园难、入园贵、入学难、择校热等热点、难点问题，各级各类教育健康和谐发展，学前教育保持全市领先水平，职教园区即将建设完工，民办教育规范发展，社区教育被评为全国先进。顺义百姓对教育的满意度保持在较高水平，在全市各区县位列前茅。顺义教育成为顺义区一张靓丽名片，成为区域软实力和投资环境的重要组成部分，为地区经济社会发展做出了重要贡献。

当前，顺义区经济社会发展表现出“三个阶段性特征”，即：经济发展进入提水平、上档次的新阶段，城市发展进入完善功能、提升品质的新阶段，社会建设进入深化服务、创新管理的新阶段。区委区政府按照北京市建设中国特色世界城市的战略部署，牢牢把握区域发展的“三个阶段性特征”，以全面深化改革为根本动力，加快推动“四个转型升级”，即：加快推动临空经济区向首都国际航空中心核心区转型升级；加快推动现代制造业向创新创造转型升级；加快推动经济发展向投资、消费协调拉动转型升级；加快推动城乡发展向城乡一体化转型升级。

作为区域社会系统的子系统，顺义教育进入了完善功能、提升品质、深化服务、创新管理的新阶段。我们要深刻认识顺义教育的这些阶段性特征，着力推进顺义教育从相对封闭的农村教育和相对落后的郊区教育向优质、多元、开放的城市教育转型升级，把每一所学校建设成为探索求知的学园、生动活泼的乐园、充满亲情的家园、美丽多姿的花园，切实提升顺义教育的品质，为地区百姓提供更加优质的教育服务，实现顺义教育在新阶段的跨越式发展。

什么是优质的教育？就是要为学生提供最优质的教育资源，使学生得到最好的发展，潜能得到最大的开发。一方面是设施设备优质：提供充足、优质的教育教学设施设备，使学生乐学、善学；另一方面是师资队伍优质：提高教师队伍素质水平，当好“知识的传授者、智慧的启迪者、道德的示范者、人生的引路人”。

什么是多元的教育？就是要尊重差异，因材施教，按需施教，以学定教，为学生的潜能开发和个性化发展提供广阔的空间。一方面实现课程多元：为学生提供丰富的课程，增强课程的选择性，使学生各取所需；另一方面实现特色多元：促进学校的多样化、差异化、特色化发展，使学生各得其所，最终实现学生“各美其美，美美与共”。

什么是开放的教育？就是要学习借鉴区内外、市内外乃至国内外一切优秀的教育发展经验，还要树立大教育观，“跳出教育看教育”。主要着力于两个方面：一方面是国际化：增强教育发展的国际化眼光，大力学习发达国家先进的教育思想、理念和方法。另一方面是信息化：以信息化促进现代化，加快提升我区教育的现代化水平。

二、扎实推进顺义教育新形势下的跨越式发展

推进顺义教育新形势下的跨越式发展，要坚持以科学发展观为指导，深入贯彻落实十八届三中全会精神，以改革创新为动力，以人才强教为根本，以课程改革为重点，以优化资源配置为基础，以完善教育体系为保障，切实推进教与学方式的变革，高标准提升学生综合素质，大面积造就优秀人才。

这里，我着重强调两个问题。

一是进一步落实人才强教战略，提升干部教师能力素质。

大楼建成后，更需要有大师。顺义教育新时期的跨越式发展，如果没有一大批优秀的教师，一切都将成为空谈。优秀教师从哪里来？我想，既要靠外部环境，也要靠内部因素，其中，内因起决定性的作用。无论我们搞多少次培训，组织多么高端的研修，如果没有对事业对岗位的强烈的成就动机，没有自主的发展意志，那么就很难收到好的效果。

从教育管理者的角度来说，要深入基层，贴近教师，了解教师的需求，创新管理机制，破解一些政策困境，为基层教师创造良好的生活条件和宽松和谐的工作环境，营造自主发展、追求卓越的团队氛围。

从教师自身来说，要脚踏实地、潜心研究、积极进取、敢于创新，努力成为名师、大师。要把握好每一次学习提升的机会。有人说，一个人是否有所成就，取决于晚上8点到10点之间做什么。鲁迅曾说过：哪里有什么天才！我不过是把别人喝咖啡的时间用于工作罢了。当前，自主学习、个性化学习成为未来学习的基本趋势，微阅读、碎片化学习逐渐占据了我们越来越多的时间。在这种形势下，集中学习的时间和机会更值得珍惜。希望全体干部教师，充分认识集中培训的重要意义，以高度认真的学习态度，克服困难，最大限度地投入学习活动；排除干扰，最大限度地集中思想精力；畅通眼耳，最大限度地获取培训信息；平静心情，最大限度地领会学习内容；放空头脑，最大限度地汲取知识精华。**要自主构建科学的理论体系。**理论是行动的先导。没有革命的理论，就没有革命的实践。一个人要有所成就，必然有其关于人生、关于事业的深刻思想。一个优秀的教师，必然有一整套关于人生、关于教育的思想体系。有人说，如今理论满天飞，我们最不缺的就是理论。但是，道听途说的理论，一知半解的理论，其实都不是我们所真正拥有的理论，都不能发挥指导我们行动的真正力量。理论的力量源泉在于我们真正的理解。这种真正的理解，来自于我们深入的思考和主动的建构。希望全体干部教师，在学习的过程中，加强思考，加强交流，使外在的培训能够助力我们自主的建构，以清晰的理论认识指导好我们正确的改革实践。

二是进一步推进改革创新，全面提升顺义教育的品质。

党十八届三中全会作出了《中共中央关于全面深化改革若干重大问题的决定》，吹响了新时期全面深化改革的号角。可以说，改革就是当前我国的总形势、主题词。《决定》对于深化教育领域综合改革，做出了总体部署。教育部、北京市相继推出一系列重大改革举措。教育改革的力度之大，前所未有。对此，我们要有清醒的认识。要以高度的政治敏感性和政治责任感，学习好、贯彻好上级文件、会议精神，结合顺义教育实际，以这次教育综合改革为契机，全面提升顺义教育的品质。

要积极投身改革，勇于担当，增强教育改革的紧迫性。教育领域综合改革，主要体现四个关键词：公平、均衡、减负、质量。解决这些问题，既是民生也是国计：公平和均衡问题，关乎每个孩子的健康发展，关乎每个家庭的切身利益，减负和质量问题，关乎民族复兴、国家昌盛，中国梦的实现。这些方面的问题，同每个教育工作者的日常工作息息相关。因此，我们要抓住这次改革的契机，尽早出台并实施《顺义区基础教育综合改革方案》，从扩大教育供给、落实教育公平、创新育人方式、改革考试招生制度、改进教师管理、激发学校活力等方面，全面推进顺义教育在新的历史时期转型升级，实现新的跨越式发展。我们要把政策公开，让每一位教育工作者都成为改革的宣传者；我们要把过程公开，让每一位教育工作者都成为改革的参与者；我们要把困难公开，让每一位教育工作者都成为改革的理解支持者；我们要把结果公开，让每一位教育工作者都成为改革的贯彻执行者。全体干部教师要积极主动，不等不靠，认真、深入、系统地学习党中央、教育部、北京市关于基础教育综合改革的系列会议、文件精神，更新观念，改进行为，减负增效，把落实素质教育、提高学生综合素质作为一切教育教学和管理工作的最高宗旨，要站在中华民族伟大复兴的高度，增强改革的责任感和使命感，提高改革的行动力和执行力。

要科学实施改革，立足实际，提高教育改革的实效性。改革是个系统工程。我们既要系统思考，顶层设计，又要脚踏实地，重点出击。教育改革牵扯面广，一些问题根深蒂固、错综复杂。因此，要充分认识改革的复杂性、艰巨性，充分考虑各项改革举措的关联性、协同性、利弊两面性，一定要加强调查研究，立足实际情况，既要解放思想，大胆尝试，又要稳妥推进，防止走极端，切实做到兴利除弊，取得实效。

要廉洁推进改革，克己奉公，保障教育改革的公正性。改革是利益的重新调整。改革已经进入深水区，其着重点是打破利益固化的藩篱，实现更广泛的社会公平。教育领域的问题，很多是社会因素导致的，但是，我们教育人自身脱不了干系，我们不能一说教育存在问题，就都是别人的问题，把自己置身事外。教育改革是要推进社会公平，提升社会正义，那么我们教育工作者首先要出于公心，站稳立场，确保改革的公平正义。2014 年，第二批群众路线教育实践活动即将在我区全面推开。我们要把群众路线教育实践活动与教育综合改革结合起来。各级各类学校、全体教职员工，都要以中央的八项规定为指南，认真落实北京市和顺义区关于改进工作作风的若干规定要求，统一思想，从我做起，一致行动，共同反对形式主义、官僚主义、享乐主义和奢靡之风，树立顺义教育系统的良好形象，形成风清气正的顺义教育环境，为教育事业改革发展提供坚实的政治保证。

老师们、同志们，新年伊始，万象更新！经历了短暂假期的调整，希望大家以新的精神面貌投入到新的奋斗征程，在教育事业改革发展的火热熔炉中，挥洒激情，奉献智慧和力量，实现自己人生新的价值。

谢谢大家！

关于顺义教育综合改革的思考

——在教育系统2014年寒假教育培训大会上的讲话

中共顺义区委教育教工委副书记、顺义区教育委员会主任　刘克祥

（2014年2月13日）

教育改革是永恒的主题，教育改革是教育事业发展进步的不竭动力。党的十八届三中全会和《中共中央关于全面深化改革若干重大问题的决定》提出了“深化教育领域综合改革”的总体要求，再次掀起了全面改革的热潮。《决定》是部署，也是宣言；是规划，也是承诺。《决定》紧紧围绕党的十八大报告提出的“深化教育领域综合改革”总体要求，明确了教育改革的攻坚方向和重点举措，对促进教育事业科学发展、努力办好人民满意的教育，具有极为重要的指导意义。作为最重要的民生之一，教育担负着政府的重托和人民的期待。深化教育领域综合改革，是每位教育工作者不可回避的大问题；深化教育领域综合改革，广大干部教师既是设计者，也是参与者，更是实践者。

我们提出顺义教育综合改革主要是基于对中国教育的三点认识：一是中国教育是以知识教育为主的教育；二是中国教育是以筛选教育为主的教育；三是中国教育是以政府供给为主的教育。要破解教育存在的问题，改革是唯一的办法。我们要以深化改革为主题，以立德树人为根本任务，以推进义务教育优质均衡发展为主线，以促进内涵发展、质量提高为目标，全面提升基础教育的科学发展水平。

这里，我主要讲两方面的内容：一是我区教育综合改革当前的形势和今后的任务；二是我区教育综合改革的有效保障机制。

第一方面：我区教育综合改革当前的形势和今后的任务

一、顺义教育综合改革的形势和基础

一是顺义教育以“十二化”为目标，全面推进区域教育科学发展，取得了令人瞩目的成绩。

二是在教育投入方面，坚持财政预算教育优先原则，教育投入逐年增长，最大限度地满足顺义教育发展的需要。

三是抢抓机遇，高水准实施校舍安全工程、学前教育三年行动计划、中小学建设三年行动计划，学校布局更加合理，硬件水平大幅提升。

四是两支队伍建设卓有成效。深入实施名教师名校长工程，在全员培训的基础上着力加强高端培训、高端研修，“人才强教”战略得以有效落实。

五是深化课程改革，坚持素质教育主题，以提高学生的综合素质为目标，减负与提质并重，深化教学研究，优化教学方式。

六是构建终身学习体系。本着“统筹兼顾、突出重点、关注热点、化解难点”的方针，有效破解“入园难、入园贵、入学难、择校热”等热点、难点问题，各级各类教育健康和谐发

展。顺义百姓对教育的满意度保持在较高水平，在全市名列前茅。顺义教育已经成为顺义区一张靓丽名片，成为区域软实力和投资环境的重要组成部分，为地区经济社会发展做出了重要贡献。

到教委工作4个月，我去了42个基层单位进行调研，结合调研中发现的必须引起我们高度重视的教育发展问题，谈以下几点：

一是还有固步自封倾向，主要表现在一个“满”字上。首先，“满”反映在工作要求上是低标准。无论在办学条件较好的学校，还是在办学条件稍差的学校，都或多或少地存在，已形成了习惯。“差不多”“过得去”的思想严重，当“差不多先生”。其次、“满”表现在工作推进上小成即满、未成先满。再次，“满”体现在工作成效上就是吃老本。

二是不会用好“三把尺子”、算好“三笔帐”。用“纵尺”量——分析区位优势，利用有利条件，盘点好学校改革和发展取得的前所未有的进步和振奋人心的“成绩帐”；用“横尺”量——创造机遇，开阔视野，研究我市教育发达区县的成功经验，盘点好我们发展过程中的差距和不足，更加冷静地审视我们发展中的“长短帐”；用“总尺”量——就是必须将教育发展纳入顺义社会经济发展目标的大局来定位，将学校发展纳入顺义教育在北京是第一集团、在全国是第一方阵为目标的大局来定位，心里牢牢记住“使命帐”。

三是观念还有些滞后，主要表现在一个“旧”字上。在个别学校，校长和教师的思想观念、教学方法、管理方法依然陈旧，还不科学。“教育就是服务”“管理就是服务”的意识还很淡薄，粗放多、精细少，还缺少“春风化雨”“润物无声”的感觉。

四是进取心还有待增强，主要表现在一个“浮”字上。个别学校个别同志思想浮躁，在问题面前，不善于理性思考和深入研究；在困难面前，不愿下苦功夫、下大气力，不善于抓具体、具体抓。有些同志头脑简单，面对新的形势、新的起点，不善于研究新问题、新情况，不善于改革创新，只看现象，不看本质，抓不住要害，习惯于老一套。甚至有个别校长官僚气十足，把自己混同于普通的行政官员，不深入课堂，不研究课堂教学，不研究课程建设问题，不研究教育改革的问题。在学校管理过程中，也有个别校（园）长，往往首先考虑的是自己任职期间如何使学校迅速办出“声誉”，常常自觉不自觉地被一些传统教育观念或急功近利的短视行为所支配，而不去考虑学校整体的、长远的发展，特别是不会从培养未来人才的高度规划学校发展、改革教育教学工作。

五是深入一线的时间和精力还略显不足，主要表现在一个“虚”字上。在开展各项工作之前，个别单位往往不做深入细致的调查研究，对学校心中无数、家底不清，靠拍脑袋决策；开展工作是为了应付检查，用文件落实文件，用会议落实会议，热衷于喊口号、发号施令，不考虑具体措施；工作有布置无检查，有检查无反馈，有问题不整改，基层反映强烈。

六是职业倦怠，主要表现为“缺乏硬功夫”。有的校长只看到别人学校的优势，看不到自己学校的潜力，凭老经验办事，失去应有的生机和活力。个别校长甘于守成，缺乏啃硬骨头、打硬仗的勇气，面对工作中的困难与挫折不是迎难而上，而是畏首畏尾；对于别人的进步、自己的落后，不是深刻反省，而是强调原因。个别校长放松学习，懒于动脑，导致江郎才尽，工作上想不出新办法。部分老师以评上高级职称为终极目标，评上高级职称后整个人的奋斗精神全面松懈，能力上没有大长进，工作缺乏主动性和创造性。

七是缩手缩脚，主要表现在一个“难”字上。尽管我区各学校有很多办学优势，但毕竟也存在着诸多困难。机关个别科室、部分校长习惯于用传统的思维方式想问题，“等、靠、要”思想严重。实际上，“等”是没有出路的；“靠”，也不是办法。只能我们自己想办法克服、下功夫改进。有的校长畏难发愁，不思进取，缺乏克服困难的勇气，更缺乏争创一流的锐气。其实，强者和弱者主要存在一条差距，就是在遇到困难挫折的时候，强者不低头，不气馁，坚信“办法总比困难多”，有坚忍不拔的毅力，百折不挠，勇往直前。

八是坐井观天，主要表现在一个“小”字上。就是思想封闭保守，小打小闹，得过且过，不敢闯，不敢试，不敢改革创新，看不到外面的精彩世界。不要说我们的教师，就是机关科室干部和学校领导班子成员的思想也长期封闭在机关里、学校里，信息闭塞，思路狭隘，难以更好地为基层、为师生服务。

同志们，纵比增信心，横比找差距，总比上台阶。我们应该把成绩看淡一点，把问题看重一点，把标准提高一点，把眼光放远一点。我们应该充分认识到：看不到差距就是最大的差距，意识不到危机就是最大的危机，感觉不到不发展就是最大的落后，发展慢了也是落后。

上述这些问题是当前束缚我们教育发展和制约学校教育质量提高的最主要因素。通过教育综合改革，我们要再查深、查透、查全、查实，深刻分析、深度思考，不作表面文章；透彻见底、追根探源，不留盲点死角；全员参与、全面开展，不搞形式主义；扎实有序、力求实效，不搞“花架子”。我们的要求是：在教育综合改革中大胆解放思想，人人想招数；在改革方案顶层设计中提出解决的思路，人人有招数；在论证、制定综合改革目标与任务的过程中拿出解决的办法，人人出招数。

二、顺义教育综合改革的思路和主要任务

一是把握机遇，正视现实，以综合改革的意识，实现思想大解放。

实事求是、与时俱进是我们党的思想路线，是科学发展观的精髓，也是我们应对前进道路上各种新情况新问题、扫除障碍、引领发展的重要法宝。顺义教育综合改革中，我们必须解放思想，把握机遇，迎接挑战，充分认识我区教育综合改革的重要性和必要性。

党的十八届三中全会的决定，给我区的教育事业带来了前所未有的发展机遇和挑战。怎样用好各种机遇，迎接各种挑战，实现全区教育事业科学发展，真正办好让人民满意的教育，实现教育现代化，建设教育强区，着力推进顺义教育从相对封闭的农村教育和相对落后的郊区教育向优质、多元、开放的城市教育转型升级，把每一所学校建设成为探索求知的学园、生动活泼的乐园、充满亲情的家园、美丽多姿的花园，切实提升顺义教育品质，为地区百姓提供更加优质的教育服务，实现顺义教育在新阶段的跨越式发展，是摆在全区教育工作者面前的一个重大问题。我们必须以教育综合改革为契机，大胆解放思想，正确看待顺义教育的优势和差距，坚决贯彻落实区委、区政府关于顺义区“十二五”教育规划的重大决策，努力做到一切有利于顺义教育发展的思想、做法都要积极借鉴和采纳，做到一切妨碍顺义教育发展的思想观念、一切束缚顺义教育发展的做法和规定、一切影响顺义教育发展的体制弊端都要革除，深入领会教育综合改革的重要意义。

这次我区教育综合改革的目的就是要进一步提升广大干部教师的信念、理念、观念，形成新的冲击波，扫除一切阻碍教育发展的思想障碍，打破一切影响教育发展的制度瓶颈，力求通过改革取得实效，并转化为谋划工作的思路、促进工作的举措、领导工作的本领。教育综合改革离不开思想大解放，古人说，“境由心造，事在人为”。思想是行动的先导。解放思想、更新观念，是永恒的主题。什么人、什么时候，都不能说自己的思想不需要解放了、观念不需要更新了。要看到，按照党的十八大和十八届三中全会精神的要求，我们还有很大的差距。

顺义教育综合改革需要解放思想。解放思想需要永不自满。安于现状、不思进取、因循守旧、固步自封、惧怕困难、畏首畏尾等，都是思想不解放的表现。我们不能拘泥于传统的思维，不能止步于已有的成绩，不能束缚于现成的经验，必须在不断解放思想中把事业持续地推向前进。思想僵化，因循守旧，看摊守业，必定落伍于时代；小进即止，小成即骄，必定成不了大业，这样的校长不是我们所需要的。

解放思想需要的是无私无畏的精神。只要是对党的教育事业有利、让老百姓受益的事，看准了就大胆地试、大胆地闯、大胆地干，要有那么一股敢为人先、敢开风气的锐气，一股迎难而上、知难而进的勇气。如果校长一事当前老是考虑自己的荣辱升迁，畏首畏尾，满足于四平八稳当“太平官”，肯定是庸庸碌碌、无所作为的。

顺义教育综合改革需要善于抢抓机遇，借势发展。机遇听之无声，望之无形，机遇可遇不可求，但却是最宝贵的发展资源和实现跨越的跳板。我们要牢固树立机遇意识，敏锐地发现机遇、深刻地认识机遇、果断地抓住机遇，创造性地用好机遇，这是每位同志都必须重视的问题。我们必须坚决摒弃“没有政策等政策、有了政策等意见、有了意见等经验、有了经验等扶持”的思想。

顺义教育综合改革需要科学精神和创新精神。解放思想归根结底是为了加快发展，要把解放思想的成果转化为教育改革创新的动力，着眼于教育新的发展和新的实践，不断增强创新意识、提高创新本领、探索创新途径，以新的思路来谋划发展，以新的举措来推动发展，不断开辟发展的新天地。

大家必须明白，这次教育综合改革的解放思想，不是改革开放初期的解放思想，而应该是新时期、新阶段更高层次、更高平台的解放思想。作为教育系统，要解放什么思想，就要研究我区经济社会总体发展目标对教育的要求是什么，研究我区老百姓对教育的期待是什么，研究我们师生在思考的是什么，还必须研究我区教育发展与全市先进区县的差距在哪里，研究我区教育处在全国教育发展的什么阶段和水平上。这是一项十分重要的工作，我们要高度重视，加大研究的力度。各基层学校也要注重研究工作，真正实现教育发展不断有举措、有突破。大胆解放思想、大抓发展要务、大转工作作风、大力提倡教育创新，以思想大解放促进全区教育大发展。

二是顺义教育综合改革是完成今年我区教育工作总体目标的迫切需要。

党的十八届三中全会确定的教育领域综合改革是我们今后一段时期的工作指南。历史的经验和先进地区的实践告诉我们：思想决定思路，思路决定出路。只有不断解放思想，创新实干，与时俱进，才能适应时代潮流；科学规划未来，才能长久地立于不败之地。

在教育的综合改革实践中，我们必须要站在促进顺义经济社会协调发展的高度，从顺义社会事业大局出发，以科学发展观为统领，以解放思想为先导，以学习讨论和调查研究为主要形式，切实解放好教育系统各级领导干部和广大教师的思想，广开言路、广纳良言、广求良策，寻求教育与经济社会协调发展的新思路，着力克服制约我区教育事业科学发展、快速发展的思想障碍和体制机制障碍，着力破解影响我区教育事业发展的各种难题，努力探索实现教育事业科学发展的新思路、新途径、新举措，发扬敢闯敢试、领先一步、勇立潮头的锐气，进一步加大教育综合改革的调研力度，特别是加强对综合改革的宣传宣讲，使各级各类学校都有新的发展目标、新的工作思路、新的创建项目、新的研究课题、新的办学特色、新的定位、新的品牌、新的经验，全面推动我区教育事业有新突破、大发展。

三是教育综合改革是建设一支高素质的教育管理干部队伍和教师队伍的迫切要求。

随着教育综合改革的不断深入，我们必须拥有一支高素质的校长队伍。**一要防止“假把**

式”，主要表现在：一来“工作总结式”，芝麻、黑豆摊一场，学校特色、亮点缺深度挖掘；二来“广告宣传式”，大红大绿重渲染，校长的办学思想、教育观念缺提炼升华；三来“文字游戏式”，过分完美的汇报，与基层单位的实际情况和工作状况不太相符。这些涉及的虽然只是个别单位，也必须引起高度重视。**二要做“傻把式”，**“傻把式”表现为：一来“有招数”，思路新，进入角色快，教师的认可度高；二来“出实招”，举措硬，机遇意识强，工作推进力度大；三来“求实效”，有的校长规划学校讲科学，引领学校教育质量上台阶。我在调研过程中发现，有几所学校的校长和老师就是这样的傻把式。**三要当“真把式”，**“真把式”表现为：一来抢抓机遇，借“势”发展；二来瞄准优势，借“机”发展；三来营造氛围，借“媒”发展，会用宣传报道这一工具，不光会实干，还要敢真说。

通过我区教育综合改革方案的顶层设计，要切实解决我区教育工作者管理理念、思想作风、创新意识、责任意识、组织纪律、工作作风、领导力、执行力等方面存在的突出问题，切实解决师德师风、教育思想、教育教学手段等方面存在的突出问题。教育综合改革成败的关键在校长，各位校长应是深化教育改革的组织者、决策者、实践者。校长对教育综合改革的理解力和执行力直接影响着教育改革的广度和深度，决定着教育改革和教育事业走科学发展之路的成败。因此，各位校长要把“解放思想、深化改革”体现在工作中，落实到解决问题上。区教委将一如既往地鼓励支持校长放开手脚去探索，宽容和包容校长在探索实践中出现的失误，确保校长们的一切创新理念得到尊重、创新举措得到肯定、创新才能得到发挥、创新成果得到推广。各位校长要确立新的教育理念，既要有扎实的学术功底、广阔的学术视野，还要有不断更新知识、追逐学术前沿的意识，更要有把握教育真谛、了解教育发展规律、掌握现代教育信息技术的能力，担当起办好每一所学校的历史重任。作为一校之长，不仅要做管理上的强者、业务上的高手、教学上的专家，更要做教育教学改革的实践者、示范者、引领者，敢为师先，真正成为老师的老师，为我区教育综合改革添砖加瓦。

老师们，教育改革不断深化，对教师专业化发展提出了新的更高的要求。一个仅仅具有学科知识、知识面狭窄、知识系统单一的教师，是不可能在教育的综合改革中游刃有余、融会贯通的，也不可能对教育教学有深入的理解和追问。教育的综合改革必然要求教师们转变观念。首先，同志们需要加强学习，学习是提高教师自身素质的新的“增长点”。学习不是追随，而是要有自己的参与；学习不是被动的接受，而是要有自己的创见；学习不是仰视，而是要有自己的发现；学习不是揣测，而是要有自己的判断；学习不是遵从，而是要有自己的批判。要想成功，必须“多一些书卷气，少一些烟酒味”。其次，一个真正的人应当在灵魂深处有一份精神宝藏。对一个教师而言，要牢记学习是学校中的永恒话题，学习就是最好的备课，贵在自觉、重在行动、恒在反思。只有这样，才能逐渐成为一个有文化、有修养、有思想、有独立人格的优秀教师，才能是教育综合改革的最大受益者。

四是教育综合改革的目的就是科学发展教育。

不发展，教育就没有出路；不改革，教育就难以取得又好又快的发展。教育是培养人的事业，发展人、提高人、改造人，都离不开教育。

历史经验告诉我们：“一个地区的落后，表现出来的是经济的落后，实质上是教育的落后。”顺义教育已经成为顺义一张靓丽的名片，但我们也要解决这张名片背后的问题，对已经存在、积累、形成现实的困难和矛盾不要怕，更没有必要去埋怨、指责，而要认真面对现实，尽心分析现实，科学解剖现实，更要凝心聚力，一心一意，聚精会神，从上到下，纵向到底，横向到边，精心设计我区教育综合改革方案。

教育质量是学校的生命线，是教育的永恒主题。教育质量的进一步提升，主要通过改革的途径来解决。下面，我就这个问题谈几点认识：

一要树立“质量就是需要”的意识。

教育教学质量的高低，不仅关系到一个学生的一生，关系到一个家庭的幸福，而且关系到社会的和谐、民族的进步、国家的富强。因此，提高教育教学质量，应该成为每一位教育工作者的自身需要，应该成为每一位家长的迫切需要，应该成为每一位领导、教师的职责需要，更应该说是建设学习型、创新型社会的需要。我们要重视教育教学质量问题，要抓好教育质量的提高，要努力营造并形成学校狠抓教育教学质量、家长支持学校抓教育教学质量、全社会拥护和关心学校抓教育教学质量的新氛围。

二要树立“质量就是满意”的意识。

办成学生满意、家长满意、社会满意的教育，是我们的目标。满意的基础就是质量，就是幸福，就是快乐。质量越高，人们的满意度就越高，幸福感就越强，快乐就越多。所以，我们要站在办好让人民满意教育的高度，真抓实干，全面提高教育教学质量，让教师教得舒畅，让学生学得快乐，让全社会都感到满意。

三要树立“质量就是发展”的意识。

就一所学校而言，实现了学生、教师、学校三者的共同发展才叫真正的发展。从某种意义上来说，学生是我们教育的一种特殊“产品”，“产品”的合格率高说明教育的质量就高；教师是办学的关键，没有教师的发展就不可能有学校的发展；学校是教育的细胞，每一所学校都办好了全区教育就发展了。所以，每所学校必须以提高教育教学质量为根本，努力实现学生、教师、学校的同步发展。

四要规范德育工作管理，以德树人。

德育是在学生的柔软细腻的心灵深处的暖人工程，其成败关键在于情感的投入量及投入技能。古语云“智不力者志不达”“感人心者莫乎于情”。我们要设法以情激趣、以情导行、以情践行，让学生带着神圣自豪、幸福满足、乐观自信的积极情感投身到德育的实践中去，用感恩的心去待人、去处事。做到不迁就、不放弃，刚柔相济，严慈互谐，共同推进，协调发展。

五要深入研究课程，构建优秀的学校课程。

课程改革和课程建设给我们带来了种种困惑，主要表现在：一是软硬件建设与新课程要求不协调；二是教育内部与外部大环境对新课程的认识不协调；三是新课程的基本理念与教师的实际行为不协调；四是教师培训与教学操作不协调；五是课程评价与教学内容不协调。但是，我区的课程改革和课程建设出现了良好势头：一是干部教师认识到了误程改革和课程建设能给学校发展带来新机遇；二是新课程理念逐渐得到了师生认同；三是与新课程相关的学校管理制度正在创新与重建；四是传统的教学方式正在悄悄发生变化；五是广大干部教师已经认识到课程改革和课程建设将成为学校差距的航标。

六要打造领导力。

领导力就是影响力。真正的领导者能影响别人，使别人追随自己，使别人参与进来，跟自己同甘共苦、同舟共济。领导者能鼓舞周围的人朝着他的理想、目标和成就迈进，能给予别人成功的力量。

领导力的基础在信任。第一，靠言行一致产生信任感；第二，靠能力产生信任感；第三，靠过去成功的经验产生信任感。这三者缺一个，就不能算是优秀的领导者。

领导力的三要素是眼界、胸襟、实力。眼界：读万卷书加行万里路，眼界一定会更宽广；胸襟：包容比你强的人，包容与你有矛盾的人，感谢包容你的人；实力：要有能一次次承受失败击打而站起来的能力。

宽广的眼界是领导干部必备的观察问题的视野和方法。眼界宽，才能看得远，想得深；眼界宽，才能识大体，顾大局；眼界宽，胸襟才能阔，实力才能强。勇于面对新形势、善于把握新起点，这一点对我们校长尤其重要。宽阔的胸襟是领导干部必备的政治修养：一是要有为民造福的胸襟，不去追求那些可怜的、自私的、有限的乐趣；二是要有求真务实的胸襟，心怀坦荡，不唯书，不唯上，只求实；三是要有清正廉洁的胸襟，在思想上筑起一道抵御腐蚀的坚固堤坝，永葆清正廉洁的精神家园不受污染。

超常的毅力是领导干部必备的基本素养。一个成功的领导者，常常扮演着四种角色：愿景领导者、价值领导者、变革领导者、潜能领导者。从不把领导看作职位，而当作一种影响的过程；常常要求自己做个“闹钟”，通过敲击自己去提醒别人、告诫别人、影响别人；常常用心修为，潜心明悟，以自己所具有的能力和魅力，通过不同的方式引领别人；常常在预测和创造着变化，一流的领导主动变化，二流的领导适应变化，三流的领导被动变化，末流的领导顽固不化；常常把团队放在心中，领导的对象永远只有一个，那就是人；衡量领导成功与否的标志永远只有一个，那就是人心。说到这里，同志们应该明白一个道理：领导者的成功与失败，很重要的一点就在于他的眼光好不好；一个成功的领导者最重要的能力，就是要看得比别人早，看得比别人远，看得比别人仔细。

成功的领导者能让跟在身边觉得很踏实，也会吸引更多的人不断的追随。领导者的成功，取决于是否有更多优秀的人愿意跟随你，以及领导者是否能够复制出更多的领导者。如果你能做到这两点，你已经是一个优秀的领导。希望各位校（园）长都要朝这方面努力，在不久的将来，一定会涌现出一个又一个更优秀的校（园）长来。

七要强化执行力。

一个单位的发展，往往并不是缺少好的思路，而是缺少抓落实的力度和解决问题的办法，也就是执行力欠缺。为了强化与提高工作执行力，必须抓好以下几点：

首先，要建立一套强化执行力的机制。为什么执行力不强或执行力不到位？关键是执行人员不知道如何去执行，不清楚执行到什么标准，往往以为已经执行到位，而实际还相差很远。所以，应该对执行人员进行执行前的强化培训，让执行人员明白自己要做什么，该做什么，达到什么目标，这样才能目标一致，执行到位，各尽其责。其次，要对执行人员的执行结果检查、评估。当执行人员清楚执行目标并去执行时，是否执行到位，是否与执行目标一致，我们的督导部门及相关科室要及时检查、强化监督。不但要对执行结果检查，而且要对执行过程进行监督。这样就能在执行过程中发现执行是否正确、目标是否一致，及时发现偏差，并给予纠正，确保工作顺利推进。

再次，提高整体执行力需要营造一个良好的工作氛围，建立一个良好的沟通环境。提高整体执行力的核心是有效的沟通。如果每个基层学校及机关每个科室人员的执行力都很强，但不能有效沟通，其执行结果也往往大打折扣。比如，科室之间的交叉职能、科室工作安排的重复现象、基层的疲于应付等，都是缺乏沟通惹的祸，有领导层的原因，也有科室的责任。所以，整体执行力的提高，科室间的有效沟通是基础，人员的交流合作是保证。只有创设一个良好的工作氛围，执行人员才能有效沟通，才能提高整体执行力。

要提升机关科室的执行力，必须要靠相关科室和工作人员的配合，不是只靠个人执行就叫有效执行了。机关、基层也要有行之有效的操作流程，二者结合在一起才能说这个机关与基层的执行力强。关键点又回到了团队配合，就像新的木桶理论，现在看木板不能只看短长了，如果所有木板都长了，但板与板之间拼接得不紧，水也装不满。

做好工作靠责任心，完成目标任务靠执行力。要着重解决有令必行、令行禁止问题，强化制度管理、强化责任意识，破除应付思想。定下来的事情必须无条件、无阻力、无障碍地坚决执行，迅速落实。做到说了算、说了干，来事能办，办事能成，正确的做事，做正确的事，高效率、快节奏，强力推动各项工作的落实。要少讲“不能办”，多想“怎么干”，把照章办事和学校实际相结合，既服从大局，又符合实际。对下负责就是最好的对上负责。

八要明白懂团结是大智慧，会交流是大本事，真合作是大境界。

团结是领导班子的生命，是一个重大的政治问题。实践证明，开展工作靠创造力，发挥作用靠凝聚力。学校领导班子只有搞好团结，才能出凝聚力、出战斗力，讲话有人听、做事有权威；才能出智慧、出成绩，什么压力都可以化解，什么难题都可以解决；才能出干部、出人才，有健康成长的沃土，有成就事业的舞台。大家在一起共事，是事业的需要，是组织的重托，是群众的期望。我们一定要用高尚的人格增进团结，用坚强的党性保证团结，用共同的事业维护团结，像爱护自己的眼睛一样爱护团结，像珍惜自己的生命一样珍惜团结。只要学校“一把手”想精诚团结，班子成员和衷共济，整个团队的和谐之路就会越走越宽广。

在交流交往问题上，最能看出一个人的党性，也最能看出一个人的品行。学校班子成员、教师来自五湖四海，工作经历、认识水平、性格特征各不相同，看问题难免有意见分歧，干工作难免有磕磕碰碰。我们要学会与人交往、与人沟通，还要加强党性修养和师德修养。校（园）长以高尚的人格魅力为班子、教师营造心情舒畅、和谐共处的良好环境。沟通是维系团结最好的纽带和粘合剂。各位校（园）长要有宽广的胸襟，虚怀若谷，从善如流，懂得尊重和欣赏别人多姿多彩的个性，谅解和包容别人的缺点和不足，做到容人、容言、容事。

在合作共事上，要坚持大事讲原则、小事讲风格。在大是大非面前不含糊、不和稀泥；在一般问题上讲感情、讲友谊，使班子成员之间成为政治上志同道合的同志、思想上肝胆相照的知己、工作上密切配合的同事、生活上相互关心的挚友。私心是影响合作的大敌，也是导致不团结的主要根源。凡事都要出以公心，把师生的利益看得重一些，把个人的得失看得淡一些，不图名，不争利，不谋权，心底无私天地宽，合作共事就会有一个坚实的基础。

大家走到一起，是一种难得的缘分、一段难忘的经历。岗位是短暂的，事业是永存的，友谊是珍贵的，而团结又关系到党的事业兴旺，关系到一个地方的发展，关系到一方百姓的福祉。既已同舟，则当共济。

九要知道作风就是形象。

作风就是形象，就是力量，就是保证。一个学校的工作，成在校长作风，败也在校长作风；校长的形象，好在作风，坏也在作风；广大师生对校长的态度，敬佩的是作风，不满的也是作风。组织把一名同志放到校长这一重要的岗位上，就是要校长时刻把师生的安危冷暖放在心上，想问题、办事情、作决策，都要把广大师生的呼声作为第一信号，把人民群众的需要作为第一选择，把广大师生利益放在第一位置，把人民群众满意作为第一标准。凡是人民群众和广大师生愿意办的事，千方百计去办好；凡是不满意、不愿办的事，坚决不办。要始终把解决民生问题放在突出位置，下大气力解决好人民群众最关心、最现实、最直接的利益问题，努力让人民群众得到实实在在的教育利益，共享教育改革发展的成果。要努力塑造务实的形象。为政、为教不在多言，贵在实干。把简单的事情做好就是不简单，把平凡的工作做好就是不平凡。只有把嘴上说的、纸上写的、会上定的，变为具体的行动、实际的效果、人民的利益，我们的工作才算做到了位、做到了家。机关各科室要大力弘扬求真务实的精神，坚持讲实话、出实招、办实事、求实效，做到一本经念到底，一件事抓出头，不摆花架子，不搞形式主义，不做表面文章，不给基层添麻烦。各基层学校的校长要狠抓落实，定下来的事情就雷厉风行地干起来，一抓到底。重要的工作，要身先士卒，靠前指挥，抓好抓实。对那些师生急需的事、师生受益的事、打基础的事、涉及全局的事、起长远作用的事，都要一件一件地抓，抓一件成一件。要坚持干部在一线工作，决策在一线落实，问题在一线解决，创新在一线体现，成效在一线检验，用实实在在的业绩，一步一个脚印地把我们的事业推向前进。

第二方面：我区教育综合改革的有效保障机制

推进教育领域综合改革，是党中央《决定》的重要要求，是高标准落实《国家中长期教育改革和发展规划纲要（2010—2020年）》和《“十二五”时期教育事业发展规划》的重要抓手，也将是顺义教育再发展、再腾飞的有利契机。任务艰巨，责任重大。为保障教育综合改革的推进，必须做好以下几个方面的工作：

一要加强领导。在区级层面，要成立由常务副区长和主管教育副区长挂帅，政府相关部门和各镇负责同志参加的教育综合改革领导小组，全面领导、规划、实施教育综合改革各项工作。领导小组不定期召开专题会议，解决改革中的具体问题。领导小组办公室设在区教委，由教委主要负责人兼任办公室主任，负责领导小组日常事务。要取得区编制、发展改革、财政、人力资源、社会保障等各个部门的支持与配合，共同研究破解改革中的难题。

教委成立教育综合改革办公室，全面协调各科室、各部门工作，统一思想，步调一致，落实教育部和市教委相关政策，结合我区实际深入推进综合改革实践的各项工作。

二要完善政策。要完善各项配套政策，落实改革措施。深化教育综合改革的各项政策将陆续出台，下一阶段，相关科室、部门，各中小学要认真组织学习、研讨。结合上级政策，研究制定我区中小学教师编制管理、职称和校长职级制改革实施意见，制定配套改革方案和政策措施，并抓紧实施。

三要加强督查指导。成立教育改革和发展专家咨询委员会，在领导小组领导下开展工作。负责研究、掌握国家教育改革和发展战略、政策、法规动态；参与研究制定我区教育体制改革方案和政策措施；指导各部门、各级各类学校开展工作；对改革中的重大问题、敏感问题进行深入研究并提出咨询意见；配合领导小组定期对改革推进情况进行督导检查。

四要加大宣传力度。坚持以发展和稳定为前提，强化依法行政意识，科学把握改革力度、节奏和社会可承受能力，加大改革措施公开力度，加强重大教育改革政策风险评估。加强政策宣传，营造全社会重视、关心、支持教育综合改革的良好舆论氛围，创造良好的发展环境。

教育改革与发展使命艰巨、任重道远。围绕教育领域综合改革，教育部和市教委今年将出台一系列政策文件，一些工作和一些部署还要以文件为准。但是我们可以看到，教育综合改革是大势所趋，不是可改可不改，而是必须改、一定要改。全体干部教师不是旁观者，而是参与者、实践者。

2014年是贯彻落实党的十八届三中全会精神、全面深化改革的第一年，是全面完成“十二五”规划目标任务的关键之年。当前和今后一个时期，全系统广大干部教师要深刻领会十八届三中全会和《决定》的精神，按照区教委的统一部署，统一思想，抢抓机遇，锐意进取，攻坚克难，积极投身教育改革的浪潮之中，扎扎实实开展教育改革实践，开拓顺义教育改革和发展的新局面，推进教育转型升级，为经济社会发展做出更大的贡献。

同志们，聪明的孩子能够知道答案，带着兴趣去听课，能够理解别人的意思；能抓住要领，完成作业好而且快，乐于接受且擅长操作，长于记忆，喜欢自己学习。智慧的孩子能够提出问题，表达有力的观点，能概括抽象的东西，能演绎推理，会寻找课题，运用知识，长于出击，善于发明，长于猜想，善于反思反省。

让我们迎着教育综合改革的春风，教出既聪明又有智慧的孩子吧！

增强党性观念，做一名合格的共产党员

——党课提纲

中共顺义区委教育工作委员会书记　冯义国

（2014 年 4 月 13 日）

同志们：

今天党课的主题是“怎样做一名合格的共产党员”。

首先请大家思考两个问题：为什么当前中央要如此高规格的重新强调群众路线？为什么群众路线教育实践活动要聚焦“四风”问题？

大家知道，中国共产党成立 93 年来，团结和带领全国人民，完成了新民主主义革命和社会主义革命，实现了民族独立、人民解放，开创了中国特色社会主义道路，进行着改革开放新的伟大实践，取得了无可比拟的丰功伟绩。无数优秀的中华儿女，加入到中国共产党，在中国这片古老的土地上，书写了人类发展史上惊天地、泣鬼神的壮丽史诗。事实证明，中国共产党不愧是伟大的党，中国共产党员不愧是中华民族的先锋战士。

然而，党的发展历史，充满艰难曲折。在全面建成小康社会的决定性阶段，我们党肩负着光荣而伟大的历史使命，也面临诸多挑战和风险。这种挑战和风险，有的来自国际，有的来自国内，但最根本的来自党内。概括地说，就是党内存在精神懈怠、能力不足、脱离群众、消极腐败的种种危险，存在与党的性质和宗旨格格不入的种种问题，存在一些人民群众反映强烈的突出问题。

党的群众路线教育实践活动领导小组办公室在深入调研的基础上，对群众反映的党员干部在作风方面存在的突出问题进行了认真梳理分析。具体有 22 种表现。这里摘录两段：

高高在上，脱离群众。有的公仆意识淡薄、群众感情淡漠，在机关颐指气使，下基层架子很大，不关心群众，对群众的疾苦和诉求麻木不仁，对实际情况不了解不关注，不愿深入困难艰苦地区，不愿帮助基层和群众解决实际问题，甚至不愿同基层和普通群众打交道，怕给自己添麻烦。有的对上吹吹拍拍、曲意逢迎，对下吆五喝六、横眉竖目。有的官气十足、独断专行，老子天下第一，一切都要自己说了算，拒绝批评帮助，容不下他人，听不得不同意见。有的不相信群众，不依靠群众，不做群众的思想政治工作，甚至把群众看成“刁民”，把党的惠民利民政策当作“恩赐”，把同群众的关系由“鱼水关系”搞成“蛙水关系”“油水关系”，甚至搞成“水火关系”。

不负责任，不敢担当。有的对待上级部署囫囵吞枣、断章取义，执行上级决定照本宣科、等因奉此（例行公事），或者照猫画虎、生搬硬套，以前怎么做就怎么做，别人怎么做就怎么做，完全不顾本地本部门实际情况。有的工作上敷衍塞责、推诿扯皮、得过且过。有的饱食终日、无所用心，在位不在岗、在岗不尽责，见到荣誉抢着要，碰到难题往外推，遇到矛盾绕着走。有的奉行“好人主义”，回避矛盾、是非不分……

习近平总书记强调，实现党的十八大确定的各项目标任务，进行具有许多新的历史特点的伟大斗争，关键在党，关键在人。党员是党的肌体的细胞。党的先进性和纯洁性要靠千千万万党员来体现，党的执政使命要靠千千万万党员来完成。如果我们党员身上存在的那些人民群众反映强烈的突出问题得不到及时有效解决，将严重损害党的形象，严重削弱人民群众对我们党执政的信心，严重动摇党的执政基础。因此，习近平总书记强调，贯彻党要管党、从严治党方针，必须扎实做好抓基层、打基础的工作，使每个基层党组织都成为坚强的战斗堡垒；必须落实到党员队伍的管理中去，使每一名党员都做到，平常时候看得出来、关键时刻站得出来、危急关头豁得出来，充分发挥先锋模范作用（这就是我们常说的：一个支部就是一座堡垒，一名党员就是一面旗帜）。

具体到教育系统，我们也可以说，教育的事情，关键在党，关键在人。在当前教育领域综合改革不断深化，人民群众对优质教育需求越来越高的现实情况下，我们教育工作者承担着无比重要的责任和使命，能否完成好这艰巨的任务，关键在我们教育系统各级党组织，关键在我们教育系统的全体党员干部。因此，我们每个党员都要不断追问自己，是否能做到“平常时候看得出来，关键时刻站得出来，危急关头豁得出来”？是否在学习和工作中，发挥了先锋模范作用？简单地说就是问，自己是不是一名合格的共产党员？

怎样做一名合格的共产党员？

我认为，作为一名党员，最根本的要求是党性要强。就像大家入党宣誓的那样：拥护党的纲领，遵守党的章程，履行党员义务，执行党的决定，严守党的纪律，保守党的秘密，对党忠诚，积极工作，为共产主义奋斗终身，随时准备为党和人民牺牲一切，永不叛党。

每一名共产党员，都应当不断加强党性修养，增强党性观念，只有这样，才能与党组织保持思想上的高度统一，行动上的高度一致，才是一名合格的共产党员。

当然，党性观念具体有哪些内涵，对这个问题，大家应该都会有自己的认识和理解。在此，我跟大家交流一下自己学习、思考和实践的体会，与大家共勉。

首先，做一名合格的共产党员，就要坚持党员标准，自觉地始终不断地加强党性修养，永葆党的先进性。

坚持党员标准，是对一名共产党员的基本要求。

在座每个人在入党前都上了党课，接受了专门的培训，集中学习了党的章程等基本知识，比较系统地了解了党的理论、纲领、路线，并且都经过了严密的组织程序，通过了党组织严格的考验，宣了誓，最后光荣地加入了党组织。从这个意义来说，大家都达到了党员标准。

（一）什么是合格党员的标准呢？

党章规定了党员的基本标准。党章第一条规定：年满十八岁的中国工人、农民、军人、知识分子和其他社会阶层的先进分子，承认党的纲领和章程，愿意参加党的一个组织并在其中积极工作、执行党的决议和按期交纳党费的，可以申请加入中国共产党。党章第二条规定：中国共产党党员是中国工人阶级的有共产主义觉悟的先锋战士。中国共产党党员必须全心全意为人民服务，不惜牺牲个人的一切，为实现共产主义奋斗终身。中国共产党党员永远是劳动人民的普通一员。除了法律和政策规定范围内的个人利益和工作职权以外，所有共产党员都不得谋求任何私利和特权。党章还规定了党员的义务和权利。毫无疑问，符合党章这些规定的，就是合格的共产党员。

同时，我们要看到，**党员标准应该是历史的、具体的，不同的时期有不同的内涵。**不同时期党的主要任务不同，对党员就有不同的要求。在不同的历史时期，不同的具体情境下，党员标准应该是长期性和阶段性的统一、继承性和发展性的统一、普遍性和特殊性的统一。

革命战争年代，党的主要任务是领导全国人民推翻“三座大山”，实现民族解放和国家独立，合格党员的主要标志就是冲锋在前、不怕牺牲。无数革命英烈，为了党的事业，抛家舍业，出生入死，顽强斗争，英勇牺牲。（图片）

新中国成立初期，我们党面临着艰苦创业、建立和巩固新生政权的任务，合格党员的主要标志就是吃苦在前、享受在后。例如，优秀共产党员，铁人王进喜，舍“小家”顾“大家”，响应党的号召，到最艰苦的地方去工作，战天斗地采石油。（图片）

在改革开放不断深化、全面建设小康社会的今天，衡量一个党员是否合格的标准，除了继续保持不怕牺牲、攻坚克难的革命精神外，合格党员的标准主要体现在立场坚定，牢记“两个务必”（务必保持谦虚、谨慎、不骄、不躁的作风，务必保持艰苦奋斗的作风），抵御各种腐蚀诱惑，始终保持共产党人的崇高气节；体现在思想解放，积极学习践行科学发展观，掌握现代本领，善于干事创业，勇于改革创新；体现在服务群众，恪尽职守，在平凡的岗位上默默奉献，谱写不平凡的人生。

（图片）全国劳动模范李素丽，在平凡的岗位上，把“全心全意为人民服务”作为自己的座右铭，真诚、热情地为乘客服务，在十米车厢中创造了举国瞩目的业绩，成为飘扬在全国公交行业的一面旗帜。她最大的特点就是注重与乘客的情感交流，靠真挚的感情来换取乘客的真情，用自己火热的心来温暖乘客的心。

在新的时期，我们教育系统也涌现出许许多多优秀的共产党员。

2013 年全国十大师德楷模，陈斌强，浙江省磐安县实验初中语文教师。他坚守山区教学 20 年，山区学校缺什么教师，他就教什么，先后教过 9 门课程，被称为“万金油”；他教的两个班，语文成绩连续多年蝉联当地联考第一名。2007 年，母亲患上老年痴呆症，他将母亲绑在身后，骑着电瓶车每周往返于 30 公里的山路中，以强大的毅力坚持照顾母亲和教学工作两不误。（念完后播视频，约 3 分钟）

2013 年最美乡村教师廖占富、张兴琼：他们是一对教师夫妻，分别在四川凉山深处两所隔山相望的小学执教，一人撑起一座学校，让大巴山深处走出了二十多名大学生。当年，高中毕业的张兴琼在村长父亲的劝说下，当上了乡村教师，一人一校干了 8 年。8 年后，父亲为了留住乡上派来的代课老师廖占富，撮合两人成婚。婚后，两个志同道合的年轻人一干就是二十多年。三年前，丈夫被派到对面山头小学，在一间废弃寺庙里教 14 个山村孩子。两个山头，两所小学，之间是两个多小时的山路，从此夫妻二人一人守住一所小学，隔山相望，一周见一面。他们用自己的分离和坚守，守住了大巴山深处孩子的未来。（念完后播视频，约 1 分钟）

像这些典型人物一样，在新的时期，无数优秀的党员干部教师，在自己平凡的工作岗位上，爱岗敬业，踏实进取，用实际行动诠释着合格党员的标准，体现着党员的先锋模范作用。

（2007 年 8 月 31 日）胡锦涛同志在全国优秀教师代表座谈会上提出，广大教师应该自尊自励，努力成为无愧于党和人民的人类灵魂工程师，以人民教师特有的人格魅力、学识魅力和卓有成效的工作赢得全社会的尊重。他希望广大教师爱岗敬业、关爱学生，刻苦钻研、严谨笃学，勇于创新、奋发进取，淡泊名利、志存高远。胡总书记的这些要求和希望，正是我们教育系统合格共产党员的标准。我们每一名党员都要努力做到，不断提高政治思想觉悟和业务素质，更新教育观念，积极投身改革，勇于探索创新，走在教育改革的前沿，为推进教育改革、提高教育质量、办人民满意的顺义教育，不断做出新贡献。

（二）坚持党员标准，自觉加强党性修养

顺义教育系统的党员干部教师，总体表现是好的，长期以来，能够自觉贯彻党的教育方针，认真做好本职工作，赢得了全社会广泛赞誉和普遍尊重。在他们身上，集中体现了学为人师、行为世范，默默耕耘、无私奉献的高尚精神，为全社会树立了好的榜样。但是，也有少数党员干部，不能用党员标准严格要求自己，把自己混同于一般群众，甚至在政治觉悟和思想道德水平上还落后于一般群众，他们在工作上拈轻怕重，不负责任，不敢担当；在待遇上患得患失，斤斤计较，贪多怕少；在生活上追求安逸，贪图享乐，不思进取。在全区上下大力推进教育改革的过程中，他们不是冲锋在前，而是在后面扯改革的后腿，怕改革给自己添麻烦，怕改革给自己的利益造成损害，而一旦觉得改革对自己不利，就不依不饶，不讲组织纪律，丧失了最基本的党性原则，跟组织对着干，闹纠纷……诸如此类种种现象，在我们顺义教育系统的某些党员干部身上，确实是存在的。对这些现象，我们要高度重视，认真加以纠正。我们每位党员都要加强党性修养，对照这些现象反观自己，有则改之，无则加勉。

马克思说：人是一切社会关系的总和。共产党员不是从天上掉下来的，而是从社会中产生的，具有各式各样的人生经历、思想观念和行为风格；我们每个人都和社会各种不同的阶层有千丝万缕的联系，都会或多或少地带有社会生活中一些不好的思想意识和习惯。我们虽然在组织上入了党，但是在思想上、行动上是否真正入了党？是否是一名真正合格的共产党员？这些问题值得深入追问。同时，人类社会总在不断发展变化，社会的变化对共产党员不断地提出新的要求，反过来，共产党员在改造自然、改造社会的过程中，自身的思想和行为也会不断地发展变化。昨天是一名合格的共产党员，今天是否依然是一名合格的共产党员？明天是否继续是一名合格的共产党员？这些问题也应该持续不断地由我们自己追问，并伴随我们终身。只有这样自觉地持续不断地追问，持续不断地反思，持续不断地加强对自身的改造，并经过实际工作的检验，我们才能具有作为一名共产党员的自信，才能理直气壮地说：我是一名合格的共产党员。

毛泽东在与斯诺的谈话中提到，自己当年就是认为当个老师，从事教育，可以改变人的思想。但因为时代、社会、个人抱负等多种因素，才让他一点一点走上了革命的道路。他在写给郭沫若的信《关于甲申三百年祭》中说：我虽然兢兢业业，生怕出岔子，但说不定岔子从什么地方跑来；你看到了什么错误缺点，希望随时示知。

可见，党性不是与生俱来的，而是靠平时的学习、修养，日积月累形成的。刘少奇在《论共产党员的修养》中写道：共产党员不要把自己看作是不变的、完美的、神圣的，不需要改造的、不可能改造的。要用共产主义的世界观去同自己的各种非共产主义的世界观进行斗争；用无产阶级的、人民的、党的利益高于一切的原则去同自己的个人主义思想进行斗争。

那些优秀的共产党员在关键时刻所表现出来的英雄气概、牺牲精神，背后是深厚的思想基础和精神道德修养积累。

【案例】2002 年“感动中国”人物郑培民，以三件遗物和一句遗言让无数人为之感动。这三件遗物是一个防腐账本、一本廉政记录和几十本日记。他最后的遗言是一句普普通通的话语——不要闯红灯。有人说，这平平常常的五个字，正是郑培民一生官风人格最好的总结和诠释。他从来不搞特殊化，从来不做违规事，两袖清风做了几十年官，光明磊落做了一辈子人。

（念完播视频，约7分钟）

郑培民的日记清晰记录了他坚持不懈的进行自我修养、自我磨练、自我警示的过程。我们可以看出，郑培民之所以始终保持者共产党员的高尚情操，与他坚持不懈的学习、修养是分不开的。

相反，很多人年轻时，当先进、模范、岗位标兵，但走上领导岗位后，放松了党性修养，逐步被拉拢腐蚀，走上违法犯纪的错误道路。

【案例】中关村三小窝案（图片）

中关村三小原党支部书记兼校长王翠娟，曾在加拿大进修学习，被评为海淀区模范校长，海淀区第八届政协委员。她工作能力很强，极富凝聚力和感染力，把一所教学质量相对薄弱的学校办成了全市一流学校。但是，王翠娟和她的班子集体却罔顾法纪，用账外资金组织旅游、收取巨额“择校费”、收取赞助费没有收据。虽然出色的办学能力和对教育工作的热情无法抹杀，但她们最后却受到法律的制裁，令人扼腕叹息。

【案例】黄城根小学校长截留学生择校款受审（图片）

再看另一个例子。原西城区教委副主任胡建华，在担任西城区黄城根小学校长期间，伙同副校长王志刚，利用负责招生的职务便利，多次将所收的捐资助学款私自截留，并存入以王志刚姐姐个人名义开立的银行账户中，作为该校的账外资金使用。2006年6月，双方预谋后，从该账户中各自提取70万元人民币，据为己有，用于购买基金、理财产品等。案发后，尽管两人退赔了赃款，但依然受到法律的制裁。2008年，胡建华被免去西城区教委副主任的职务。

……

正反两方面的例子深刻地启示我们，党性修养必须时时注意，长期磨练。

大家不要认为这些事情跟自己关系不大。其实，很多违法违纪的事情就发生在我们身边。据中纪委统计，自2012年12月4日八项规定实施到2013年底，全国共有30420名领导干部，因违反八项规定被处理。其中，乡科级干部达28802名，占比94.68%。在座的同志们手中大小都有一定的权力，稍有不慎，就有触犯党纪国法的危险。因此，每一名党员干部都要从现在做起，自觉地加强党性修养，一辈子坚持党性修养。要始终坚持党员标准，用党员标准作镜子，上上下下、里里外外、反反复复地照照自己，正好衣冠，树好形象。要认认真真地洗洗澡、治治病，深入学习马克思列宁主义的立场、观点和方法，并且运用到自己的实践中去，运用到自己的生活和工作中去，不断地改正、清洗自己头脑中一切落后的、错误的、与党员标准不相符合的思想意识，增强共产主义的信仰、意识和品质。只有这样，才能做到始终符合党员标准，才能始终保持党的先进性。

其次，做一名合格的共产党员，就要牢记党的宗旨，全心全意为人民服务，永葆党的纯洁性。

（一）能否做到全心全意为人民服务，是共产党员区别于非共产党员的重要界限。

全心全意为人民服务，是党的根本宗旨，是无产阶级政党区分于其他政党的根本标志。也是共产党员区别于非共产党员的重要界限，是对共产党员的根本要求。

共产党员没有个人私利。党章规定，除了法律和政策规定范围内的个人利益和工作职权以外，所有共产党员都不得谋求任何私利和特权。

毛泽东同志说：共产党员无论何时何地都不应以个人利益放在第一位，而应以个人利益服从于民族的和人民群众的利益。革命烈士张思德，是一名普通的共产党员、一名普通的战士。

然而，他却得到党的高度赞扬，成为亿万军民学习的楷模。这是因为在张思德的身上，体现了中国共产党全心全意为人民服务的宗旨，而坚持这个宗旨，正是我们党和军队战胜一切敌人、战胜一切困难的力量所在。毛泽东同志说过张思德同志是为人民利益而死的，他的死是比泰山还要重的。

新中国成立以来，在中国大地上出现了千千万万个像张思德那样的人：全心全意为人民服务的雷锋、带领兰考人民战天斗地的焦裕禄、带领湘西人民改革致富的郑培民、把一腔热血洒在西藏高原的孔繁森、保一方平安英勇献身的任长霞等。他们都在用自身的行动实践着为人民服务这一根本宗旨。

（二）能否做到全心全意为人民服务，是共产党员经常遇到的关键考验。

江泽民同志说，入党、参军、当干部、做领导工作，究竟是抱着什么动机和目的，是为了党、国家、民族、人民，还是为了自己个人、家庭，也就是为公还是为私，这是经常要遇到的考验。

党的利益高于一切，这是我们党员思想和行动的最高原则。一个共产党员，是否能够做到在任何情况下，个人利益绝对地、无条件地服从党的利益，是考验这个党员是否忠诚于党、忠诚于革命事业的标准。一个共产党员，在任何时候、任何问题上，都应该首先想到党的整体利益，都要把党的利益摆在前面，把个人问题、个人利益摆在服从的地位。

特别是当个人利益同党的利益、人民的利益不一致的时候，党员必须能够做到毫不踌躇、毫不勉强地服从党的利益，牺牲个人利益。这就是我们所说的“党性”原则的最高表现。

【赵一曼】革命烈士赵一曼，作为一个母亲，她爱自己的家庭，爱自己的孩子，但为了革命，毅然决然做出牺牲，抛家舍子，慷慨就义。

她在赴刑场的路上留给孩子的遗书写道：

宁儿：

母亲对于你没有尽到教育的责任，实在是遗憾的事情。母亲因为坚决地做了反满抗日的斗争，今天已经到了牺牲的前夕了！母亲和你在生前是永远没有再见的机会了。希望你，宁儿啊！赶快成人，来安慰你地下的母亲！我最亲爱的孩子啊！母亲不用千言万语来教育你，就用实际来教育你。在你长大成人之后，希望你不要忘记你的母亲是为国而牺牲的！

一九三六年八月二日你的母亲赵一曼于车中

亲爱的我的可怜的孩子：

母亲到东北来找职业，今天这样不幸的最后，谁又能知道呢？母亲的死不足惜，可怜的是我的孩子，没有能给我担任教养的人。母亲死后，我的孩子要替代母亲继续斗争，自己壮大成人，来安慰九泉之下的母亲！你的父亲到东北来死在东北，母亲也步着他的后尘。我的孩子，亲爱的可怜的我的孩子啊！母亲也没有可说的话了。我的孩子自己好好学习，就是母亲最后的一线希望。

一九三六年八月二日

【孔繁森】1979 年，国家从内地抽调一批干部到西藏工作，时任地委宣传部副部长的孔繁森主动报名，并写下了“是七尺男儿生能舍己、作千秋鬼雄死不还乡”的豪迈诗句。1988 年、1992 年，孔繁森又两次选择留在西藏工作。面对人生之路一次又一次重大选择，他毫不犹豫地服从了党的决定、人民的需要。

刘少奇同志说，党员的个人目的必须和党的利益相一致。党员不应该有离开党的利益而独立的个人目的。每一名党员，要把学习马列主义理论，加强工作能力作为自己的目的，把为党做更多的工作作为自己的目的。

相反，如果共产党员不能做到这一点，我们就不能说自己是中国最广大人民群众利益的根本代表，我们党就失去了根本的执政基础。

前苏联解体前，苏联社会科学院做过一次问卷调查。被调查者认为苏共仍能代表工人的仅占4%，仍能代表全体人民的仅占7%，认为代表官僚、干部和机关工作人员的却高达85%。一个不再代表人民利益的执政党，注定要“雨打风吹去”。——摘自人民日报《苏联解体，殷鉴不远》。（念完后播视频，约5分钟）

目前，全国党员人数占总人口的比例为6.3%，顺义区党员人数占全区总人口的比例为6.2%，而顺义教育系统党员人数占全系统教职工总人数的比例高达38.8%。全系统共有基层党组织136个，党员3873人，占全区党员总数的10%以上。可以说，教育系统党组织和党员干部教师的整体表现，对全区党组织在群众心目中的地位和形象具有至关重要的影响，对此，大家要提高认识，增强责任感和使命感，用我们自身的思想和言行，来践行为人民服务的根本宗旨，夯实党的执政基础。

（三）这次党的群众路线教育实践活动，就是要让全党同志从思想上接受一次群众路线的洗礼，从根本上牢记党的宗旨，牢记党员的使命和责任。

1. 始终坚持把群众利益放在首位

坚持群众路线，任何时候都坚持把群众利益放在首位，与群众同甘共苦，保持最密切的关系，不允许任何党员脱离群众，凌驾于群众之上。

郑培民、焦裕禄、孔繁森、沈浩……因为他们对群众充满了感情，才能做到全心全意为人民服务，才能得到群众的认可和挂念。

人们在料理孔繁森的后事时，看到两件遗物：一是他仅有的8元6角钱；一是他去世前4天写的关于发展阿里经济的12条建议。这就是孔繁森留下的遗产，体现出一名共产党员的高尚情怀。

在外人眼里，一个共产党的中高级干部生活如此清贫真难以想象。1993年，妻子到西藏探亲，去的路费由自己筹措。由于看病，妻子将返程的路费花光，只好向孔繁森要钱，他东挪西借才勉强凑了500元，而回程机票当时是每个人800元。妻子不忍心让丈夫为难，就自己找熟人借了一些。回到济南后，他妻子去看上大学的女儿，女儿一见面就对妈妈说：“学校让交学杂费，我写信给爸爸，爸爸让我跟您要。”他妻子一听，眼泪刷刷地流了下来——自己身上剩下的钱，连回家乡聊城的车票还不够，哪里还有钱给女儿交学费！

近年来，教工委和教委始终坚持把群众利益放在首位，努力回应群众诉求，有效解决入园难、入学难、入园贵、择校热等问题，满足广大百姓对教育公平和优质教育的需求。在市教委发布的北京市区县教育满意度调查中，顺义百姓对教育的满意度高于全市平均值，连续多年居全市前列。

我们也十分注重解决教职工的实际困难，千方百计提高教师的收入水平，想方设法改善农村学校教师的工作、学习和生活条件，为农村教师配备了班车，改造了办公室、餐厅、午休室、洗浴室。这些做法赢得了广大教职工的普遍认可。

今后，我们还要继续努力，进一步解决公平、均衡、减负、质量等群众关心的热点难点问题，进一步改进教师的工作和生活条件，进一步提高教育质量，进一步推进全区教育的均衡发展、优质发展、特色发展、多样化发展，为实现学生健康发展这一教育根本目的而不断努力，不断探索，办好人民满意的顺义教育。

2. 端正为群众服务的态度

在我们身边，有的党员干部缺乏为群众服务的基本态度，官僚主义习气比较重，“官”不大“谱”不小，遇事打官腔，踢皮球，对群众的需求爱理不理，对群众的期盼置若罔闻，对群众要办的事情找各种理由拖沓搪塞，让群众“跑断腿、说破嘴、伤了心”；有的党员教师缺乏为群众服务的基本观念，没有把学生和学生家长当作自己的服务对象，对学生颐指气使，高高在上，不能平等对待每一名学生，或者工作不负责任，不务实，搞花架子，上课不认真，敷衍了事；有的党员教师搞有偿家教，甚至向学生家长索要礼物；有的班主任教师对学生家长呼来唤去，态度恶劣，缺乏起码的尊重；有些窗口部门人员（包括学校值班室），不讲礼貌，不能谦虚地对待来访人员，接电话口气生硬，接待群众咨询很不耐烦，等等。

作为党员，尤其是党员干部，要对群众心怀感恩、满怀感情。只有感情到位，认识才能到位，行动才能到位，才能真正用感恩之心为群众服好务、办好事。要始终把党的宗旨体现到自己的行为中，落实到自己的行动中，处处发挥先锋模范作用。

一是端正上级党组织为下级党组织服务的态度，要做到“五少五多”：少指示命令，多倾听意见；少文山会海，多解决问题；少条条框框，多创造条件；少搞一刀切，多分类研究；少一些形式主义，多一些调查研究。

二是端正党组织为党员服务的态度，要做到“三帮助”：政治上帮助提高觉悟；工作上帮助提高能力；生活上帮助解决困难。

三是端正党员为群众服务的态度，要做到“五多”：多一张笑脸，多一声问候，多倒一杯水，多让一个座，多尽一份心。

3. 甘愿为党的事业做出奉献和牺牲

全国优秀共产党员郭明义，靠自己微薄的收入，资助了100多名贫困儿童上学。为了挤出钱资助贫困儿童，在很长一段时间，郭明义不吃午饭；上个世纪90年代，献血给点营养补助，这个钱他也捐了；连组织上给的各种奖励钱，他也捐了出来。后来，单位怕给他钱就捐，干脆给办成购物卡，然而，他找同事、磨妻子，还是将购物卡换成现金捐出去。记者在他家采访时，看着还是水泥地面、没有任何装修的“陋室”，劝他也要善待自己和家庭。郭明义略加沉思地说：“接触不同的社会群体，就会有不同的人生思考。我经常接触孤儿院的孤儿、上不起学的孩子、生活困难的职工，和他们相比，我就感觉自己非常富足，我就非常想去帮助他们。”（念完后播视频，约4分钟）

像郭明义这样的优秀党员还有很多，他们为了党的事业，为了群众的利益，甘愿做出奉献和牺牲，体现了一个共产党员的高尚情操，体现了党的根本宗旨。

特别是，当自己的利益同群众利益、局部利益同整体利益、眼前利益同长远利益发生矛盾和冲突的时候，共产党员要不计个人得失，主动放弃个人利益。能否做到这一点，是检验我们党性强弱的试金石。

当前，教育改革不断向纵深发展，教育改革的一个瓶颈，是人事制度改革。此项改革为什么难度大？因为牵扯到每个人的切身利益，很敏感，很复杂。改革的根本目的是要改变那些制约教育事业发展的体制机制，进一步激发广大干部教师的积极性、创造性，从而推动事业的发展。怕出问题，不改革行不行呢？不合理的既然存在，就让它继续不合理地存在下去；过去怎么干，今后还是怎么干；你好我好大家都好，相安无事，按部就班……这样行不行呢？我们说，在改革开放的年代，在社会转型发展的时期，不改革，显然是不行的。不改革，损失的就是事业的发展。

改革必然导致利益的调整，在改革的过程中，一部分人会有所受益，另一部分人会有所损失。当个人利益与集体利益发生冲突的时候，作为党员，我们应当怎么办？

个人利益服从党的利益，地方党组织的利益服从全党的利益，局部的利益服从整体的利益，暂时的利益服从长远的利益，这是共产党员必须遵循的基本原则。

当改革逐步进入深水区，当涉及到自身利益调整的时候，作为共产党员，就要眼界远一点，境界高一点；就要做到他人为先，群众为先；想群众之所想，把快乐留给别人；急群众之所急，把艰苦留给自己。只有这样，我们党的事业才能不断推向前进。

第三，做一名合格的共产党员，就要严守党的纪律，执行党的路线、方针、政策，永葆党的战斗力。

（一）一个组织，只有严守铁的纪律，才能产生强大的战斗力。党的纪律是实现党的纲领的重要保障，是确保党的战斗力的前提条件。

在革命战争年代，我们党具有强大的战斗力，这种强大的战斗力，一方面来自信仰的力量和顽强的革命意志。大家都是提着脑袋干革命，入党，就意味着随时会牺牲生命，因而信仰不坚定，革命意志不坚定的人，自然就加入不了党的队伍。另一方面来自严密、严格的组织纪律。在严酷的生存条件下，党像军队一样高度组织起来，形成了严密的组织、严格的纪律，从而使整个组织在思想上高度统一，行动上高度一致。

在和平时期，保持党的战斗力，也必须坚持严密严格的组织纪律，这种组织纪律集中表现为“四个服从”，即：个人服从组织，下级服从上级，少数服从多数，全党服从党的全国代表大会和中央委员会。每个党员都要做严格遵守纪律的先进分子。用党章党规党纪，来指导、规范、约束自己的言行，从而达到思想认识高度统一，行动步调高度统一。

习近平总书记说，党要管党，才能管好党；从严治党，才能治好党。从现实情况看，一些地方和部门之所以存在纪律松弛、组织涣散，正气上不来、邪气压不住，消极腐败现象滋长蔓延等问题，很重要的原因是管党不力、治党不严，失之于宽、失之于软。这些情况说明，在当今中国，治国必先治党，治党务必从严。这是党增强自我净化、自我完善、自我革新、自我提高能力的客观要求。严，才能弘扬正气、打击邪气，转变作风、遏制腐败；严，才能巩固组织、提高队伍、锻炼干部，增强党的创造力凝聚力战斗力。

习近平总书记强调，党要管党，首先是管好干部；从严治党，关键是从严治吏。对党员干部从严从紧管理，讲认真、讲规矩、不含糊，党内许多问题就会迎刃而解。“群众看党员，党员看干部。”严的规定、紧的约束，首先党员干部要自觉遵守，要求别人做到的自己首先做到，要求别人不做的自己坚决不做，这才能从严管干部，从严带队伍。如果自己不严管自己，自己管不住自己，你怎么去管别人，别人怎么会听你管？因此，要把从严管理干部贯彻落实到干部队伍建设全过程，让每一个干部都深刻懂得，当干部就必须付出更多辛劳、接受更严格的约束。

（二）加强组织纪律，反对自由主义

在我们顺义教育系统，有一些这样的党员干部，只要自由，不要纪律；个人第一，集体第二；上有政策，下有对策；我行我素，各行其是；组织涣散，软弱无力。这些不良现象必须改变，否则，党的凝聚力、战斗力会被严重削弱。

毛泽东同志在《反对自由主义》一文中描画了 11 种自由主义的表现，这篇文章尽管是 70 多年前写的，但依然有很强的现实针对性。我们每个人都对照看看，自己有没有这些表现。

（挑选一部分，加粗的）

因为是熟人、同乡、同学、知心朋友、亲爱者、老同事、老部下，明知不对，也不同他们作原则上的争论，任其下去，求得和平和亲热。或者轻描淡写地说一顿，不作彻底解决，保持一团和气。结果是有害于团体，也有害于个人。这是第一种。

不负责任的背后批评，不是积极地向组织建议。当面不说，背后乱说；开会不说，会后乱说。心目中没有集体生活的原则，只有自由放任。这是第二种。

事不关己，高高挂起；明知不对，少说为佳；明哲保身，但求无过。这是第三种。

命令不服从，个人意见第一。只要组织照顾，不要组织纪律。这是第四种。

不是为了团结，为了进步，为了把事情弄好，向不正确的意见斗争和争论，而是个人攻击，闹意气，泄私愤，图报复。这是第五种。

听了不正确的议论也不争辩，甚至听了反革命分子的话也不报告，泰然处之，行若无事。这是第六种。

见群众不宣传，不鼓动，不演说，不调查，不询问，不关心其痛痒，漠然置之，忘记了自己是一个共产党员，把一个共产党员混同于一个普通的老百姓。这是第七种。

见损害群众利益的行为不愤恨，不劝告，不制止，不解释，听之任之。这是第八种。

办事不认真，无一定计划，无一定方向，敷衍了事，得过且过，做一天和尚撞一天钟。这是第九种。

自以为对革命有功，摆老资格，大事做不来，小事又不做，工作随便，学习松懈。这是第十种。

自己错了，也已经懂得，又不想改正，自己对自己采取自由主义。这是第十一种。

毛主席深刻地指出：要用马克思主义的积极精神，克服消极的自由主义。一个共产党员，应该是襟怀坦白，忠实，积极，以革命利益为第一生命，以个人利益服从革命利益；无论何时何地，坚持正确的原则，同一切不正确的思想和行为作不疲倦的斗争，用以巩固党的集体生活，巩固党和群众的联系。只有这样，才算得一个合格的共产党员。

（三）执行党的路线、方针、政策，切实发挥基层党组织的战斗堡垒作用

基层党组织是党的全部战斗力的基础。基层党组织是否坚强有力、班子成员的素质如何，关系到党的先进性在基层能否得到充分发挥，关系到党的形象和威信能否在广大群众中树立起来，关系到党的重大决策能否在基层得到有效的贯彻落实。

当前，群众路线教育实践活动正如火如荼地进行，每个党员同志都要认真对待，不走过场，务求取得实效。通过教育实践活动，要切实提高党员的党性标准，增强党员的宗旨意识，提高党员的执行力和战斗力，切实发挥出基层党组织的战斗堡垒作用和党员的先锋模范作用。教委机关干部要重点解决庸懒散拖、推诿扯皮，工作不落实、服务不主动等问题。基层单位党组织重点解决软弱无力，服务群众意识和能力不强，办事不公等问题。普通党员重点解决纪律涣散，宗旨意识淡薄，先锋模范作用不强等问题。要以教育实践活动的实际成果，为推进教育改革、提高教育质量奠定坚实基础。

在推进教育领域综合改革的过程中，各单位党组织要发挥政治核心和战斗堡垒作用，加强对改革的组织和领导，团结和带领广大干部教师，坚定不移地走素质教育之路，不断提高教育质量，办好人民满意的教育。党员干部教师要发挥先锋模范作用，加强学习，积极进取，积极投身课程改革，勇于探索科学高效的教学方式，切实为学生减轻课业负担，为学生健康快乐地成长奉献自己的智慧和汗水。

（结束语）

同志们，在顺义教育深入推进综合改革、努力实现转型升级的背景下，在党的群众路线教育实践活动深入开展的过程中，我们教育系统每一名共产党员都要努力做到，坚守党员标准、坚守党的宗旨、坚守党的纪律，永葆党的先进性、纯洁性、战斗力，切实发挥党组织的领导核心和战斗堡垒作用，切实发挥每一名党员的先锋模范作用，为推进顺义教育又好又快发展、办人民满意的教育做出自己最大的贡献！

谢谢大家！

中共顺义区委教育工作委员会
顺义区教育委员会
关于党的群众路线教育实践活动汇报提纲

中共顺义区委教育工作委员会副书记、顺义区教育委员会主任　刘克祥

（2014 年 4 月 24 日）

各位领导：

上午好！

我代表教工委、教委热烈欢迎肖书记百忙之中前来调研，感谢肖书记长期以来对教育工作的大力支持。下面我就教育系统党的群众路线教育实践活动开展情况向领导做汇报。为了增进大家对顺义教育的了解，我先介绍一下基本情况。

一、顺义教育的基本情况①

全区有中小学、幼儿园、中职、高校和其他教育单位 178 所、公办成人学校 3 所、培训机构 68 所。其中幼儿园 78 所、小学 42 所、初中 23 所、九（十二）年一贯制学校 7 所、高中 5 所、完中 3 所、中职 6 所、高职 1 所、特教学校 2 所。其他教育单位 11 所②。基础及中职、高职教师 9991 人、学生 87552 人③。（不包括其他高校、未经审批的幼儿园、学校和各类培训机构的教师、学生）

共有基层党组织 136 个、党员 3873 名，教育工委下辖党员 2137 名。按隶属关系划分，教工委直属基层党组织 47 个、镇属基层党组织 89 个；按组织级别划分，党委 6 个④、党总支 6 个⑤、党支部 124 个。

二、顺义教育取得的成绩

在区委区政府的正确领导下，“十一五”以来，我们紧密围绕“打造教育强区，实现全区教育全面、协调、优质、均衡、可持续发展，加快教育城市化发展进程”的总体目标，提出了“教育十二化”和“四园建设”的奋斗目标，采取了一系列强有力的措施增强教育活力，提升教育品质。

1. 办学条件显著改善。通过实施初中建设工程、小学规范化建设工程、校舍安全改造工程和学前教育三年行动计划，全区绝大多数公办校都进行了改扩建或迁建。学校建设水平不断提高，实现了硬件配备高端均衡，绝大多数教室都安装了电子白板，新建教室安装了以触摸式液

---

① 数据为 2013 年 12 月统计的结果。

② 11 所其他教育单位：少年宫、少年之家、装备部、教师服务中心、保健所、教研中心、信息中心、教育宣传中心、劳技校、人才中心、社区教育中心。

③ 所有学校、幼儿园、培训机构在岗和离退休教师总数为 17404，学生总数为 141694。

④ 6 个党委：考研中心、社区教育中心、现代学院、牛栏山一中、顺义一中、杨镇一中。

⑤ 6 个党总支：顺义二中、顺义九中、北京四中顺义分校、东风小学、石园小学、西辛小学。

晶屏为标志的多媒体设备，整体硬件水平居北京市前列。正在建设中的职业教育中心占地450亩，总建筑面积约13万平方米，设计容纳中职生3000人、高职生3000人。建成后每年可完成培训5.5万人次，将成为北京北部最大的职教中心。目前一期工程已接近完工，预计今年9月投入使用。

2. 人事制度改革稳步推进。我们完善了教师招聘机制与流程，经过综合笔试、面试、考察等程序，近两年公开招聘教师628人，其中博士研究生6人、硕士研究生85人，教师队伍得到了进一步的充实。与北师大、首师大合作，对顺义十一中（原俸伯中学）、顺义十三中（原北小营中学）进行了岗位聘任改革试点，教师自主申报选岗、竞聘，专家评聘，岗位聘任工作取得了突破性进展。

3. 教师队伍建设卓有成效。注重名师培养工作，与教育学院等高校合作，开展“绿色耕耘”、中小学骨干教师、骨干班主任等研修培训、做好名师工作室培训，实施打造名师工程，选派部分区级学科带头人、骨干教师向市内外名师拜师学习或到市内外名校挂职，到高校做访问学者。现有市级学科带头人22人、市级骨干教师110人。参加北京市初中教师基本功竞赛，学科说课比赛，我区26人获一等奖，一等奖获奖率居全市第三；实验技能比赛，5人获一等奖，9人获二等奖；网管教师基本功比赛，全市8个一等奖，我区有3人获奖，获奖率全市第一。

4. 学生素质不断提升。我们坚持稳步推进课程改革，高标准实施国家课程，自主实施地方课程和校本课程，先后实施了“彩虹读书行动”“社会大课堂”“攀登英语”等项目，举办了社团展示活动、艺术节、科技节等活动，在顺义电视台播出《师说日》《国学动漫城》等节目。一系列工作的开展，使学生综合素质不断提升，在市级、国家级各类比赛中频频获奖。连续23年获北京市中学生田径运动会郊区组第一名，先后两人次获北京市高考文理状元桂冠，累计为大专以上院校输送8万名优秀毕业生，其中为清华大学、北京大学输送916人。职业学校学生一次性就业率连续多年保持100%。

5. 城乡教育一体化进程有效推进。2010年启动了第三次中小学布局调整规划，引进了北京四中、北京八中、东直门中学、实验二小、史家胡同小学等名校在区内开办分校，与北师大、首师大开展合作办学。同时，成立了以3所示范高中为龙头的三大城乡教育联盟，搭建资源共享平台，促进联盟内学校共同发展。2012年，我们顺利通过了市教委、市政府教育督导室对我区义务教育均衡发展情况的验收，并在第一批验收的11个区县中名列第一，代表北京市在全国义务教育均衡发展经验交流会上做了典型发言。今年3月底，北京市政府教育督导组来我区督导学前教育工作，对我们给予了高度评价。

顺义教育在快速发展的同时，也面临着前所未有的挑战，随着顺义人口的增长，学位供给面临的压力越来越大①；属地百姓对优质教育的渴求越来越强烈，区域经济社会发展对人才的需求越来越多样，教育自身改革发展的追求越来越迫切。顺义教育已经进入了改革发展的攻坚阶段和关键时期。

---

① 根据《顺义新城规划（2005年—2020年）》，到2020年顺义总人口规模将达到144万左右。届时，学龄人口将达到15.7万，这个数字是2011年在校学生总数的两倍多。预计2014年9月小学一年级入学人数将突破10000人，比2013年增加3200人。2015年9月小学一年级入学（正在上幼儿园中班）人数突破12000人，2016年9月小学一年级学生（正在上幼儿园小班）将达到13700多人。另外，根据相关单位公布的单独二孩政策调整后老百姓生育意愿的调查结果，顺义区共有一万对夫妻符合单独二胎的生育政策，其中70%有生育二胎的意愿，出生率将增加30%，每年将新增两三千新生儿。学位压力、师资压力都很大，需要我们立即采取措施加以应对。

三、党的群众路线教育实践活动工作进程汇报

教育系统党的群众路线教育实践活动从一开始就有明确的定位，要通过教育实践活动使广大党员群众受到教育，提高对教育改革的认识水平，成为教育改革的促进者和参与者，提升教育系统的战斗力、凝聚力、创造力，切实解决好人民群众关心的教育热点问题，促进教育科学发展。

教育系统群众路线教育实践活动将紧紧围绕保持党的先进性和纯洁性，紧密结合顺义区“把握三个阶段性特征、推动四个转型升级”工作要求，以“为民务实清廉、办好人民满意教育”为主题，以“深化教育改革、推进教育发展、提升教育品质”为主线，结合顺义教育“十二五”发展规划的具体任务，推进素质教育，提升顺义教育品质与活力，切实加强作风建设，着力优化校风、教风和学风；切实加强能力建设，全面提高新形势下服务师生、服务学校、服务社会的能力；切实加强制度机制建设，促进办学模式、学校管理模式和人才培养模式的新突破，为打造教育强区、促进区域发展提供坚强保障，真正让顺义区教育系统群众路线教育实践成果惠及百姓落到实处。

我们严格遵照中央和市委、区委的工作部署，按照规定动作分处级单位、副处级单位、科级单位梯次展开群众路线教育实践活动。

（一）已经开展的工作

1. 建立组织机构，提供组织保障。

成立了教育系统群众路线领导小组、宣传报道组、督导联络组等组织机构，各组织机构都有具体的职能、分工、制定了工作要求，为群众路线教育实践活动提供强有力的组织保障。成立了教育系统群众路线办公室，专门负责系统群众路线实践教育活动的组织协调工作。成立了20个督导组，每个督导组有3名成员和1名联络员，分别负责督促6—7家基层单位开展教育活动。

2. 加大投入，提供经费保障。

启动以来，4月初支出6800元，购买了《之江新语》（机关人手一册）、《深入学习习近平同志系列讲话精神》（机关领导人手一册）等书籍，《之江新语》人手一册，其他书籍以科室为单位集中借阅。制作了群众路线专用笔记本，人手一本，专门用于记录教育实践活动学习情况。刻录教育活动学习光盘11张×200份，下发到每个基层党组织。制作了教育实践活动专题网页，开设“党的群众路线教育实践活动”栏目，内设“最新动态、通知公告、工作简报、基层活动、学习资料、邮箱（投稿箱）、机构”等板块。

3. 深入调研，提供基础保障。

制订了《顺义区教育委员会关于机关领导干部和各科室开展调研的工作方案》，组织了调研方法的专题讲座。教委机关人员将按着自主申报调研课题、确定课题、制订完善调研方案、开展调研、形成报告、交流展示等具体步骤，调研当今顺义教育改革难点、群众关注热点等问题。实现了人人参与调研，副处级领导干部每人承担1项调研课题；5人以下的科室，承担1—3项调研课题；5人以上（含）的科室，承担2—4项调研课题，力求做到摸实情、讲实话、提实策，贴近基层、贴近群众，为扎实推进群众路线教育实践活动打下坚实基础，切实推进顺义教育转型升级。

4. 加强学习，提供思想保障。

搭建多个学习平台，开展多层面的学习教育活动。

一是领导班子层面。每周四晚上6:30—9:00，两委一室班子成员集中学习两个半小时，截止到目前已经开展两次，分别学习了《之江新语》、习总书记兰考讲话和其他重要讲话，观看了《周恩来的四天四夜》和《焦裕禄》等影片。建立议事前先学习的制度，由班子成员主讲，目前开展一次，内容是“三严三实”。

二是机关干部层面。每周一下午4：00—6：00，组织机关全体干部集体学习。由办公室根据教育实践活动学习要求和实际工作需要，确定学习内容和形式，组织全体党员干部集中学习。

三是教育系统层面。2月和8月，分别召开视频会议，组织教育系统8000余名干部教师参加学习，共6天。2月11至13日，邀请了国务院参事汤敏、国防大学教授李莉、延安干部培训学院副院长雷万青、北京育英学校校长于会祥等专家教授对全系统干部教师进行了培训。4月11至13日，教工委组织教委机关全体人员和基层单位党组织专职书记、副书记、校长（园长）、工会主席参加集中学习。另外，在2013年组织了部分党员干部赴井冈山干部学院和延安干部学院参加学习培训。

四是基层单位层面。印发了思想教育工作意见，对政治学习提出了具体安排和要求，在此基础上，又要求126家科级单位每周三下午学生放学后集体学习。

5. 活动跟进，提供任务保障。

教育系统严格按照部署开展各项工作：3月29日，召开了全系统党的群众路线教育实践活动动员大会；3月29日，机关党员干部（包括机关近三年退休的老干部）、各校校长、人大代表、政协委员、党代表对教委处级领导进行了民主评议；4月14—15日，5家副处级单位都相继召开了动员大会；4月13日，冯义国书记讲党课，主题是《增强党性观念，做一名优秀的共产党员》，教委机关全体人员、各学校（幼儿园）的校长（园长）、专职书记、副书记、工会主席集中听党课学习。

（二）即将开展的工作

1. 5家副处级单位4月15日前召开启动大会。

2. 教育系统20个督导组的85名督导联络人员接受学习培训。

3. 两委一室领导到联系点调研、开展谈心、征求意见活动。

借助此次群众路线教育实践活动契机，通过学习教育、听取意见，查摆问题、开展批评，整改落实、建章立制三个环节的活动，我们将顶层设计顺义教育发展，深入推进教育改革，努力扩大教育供给，改进教师管理，改革考试招生制度，激发学校活力，提高教育质量，办人民满意的教育。

谢谢大家的倾听，请各位领导对我们的群众路线教育实践活动提出宝贵意见。

高扬改革创新旗帜
在推进教育现代化道路上迈出新的步伐

——在教育系统2014年暑假教育培训大会上的讲话

中共顺义区委教育工作委员会副书记、顺义区教育委员会主任　刘克祥

（2014年8月25日）

老师们、同志们：

顺义教育取得了很好的成绩，但是成绩只代表了过去，我们面临的任务还很艰巨，顺义教育何去何从，怎样才能更快更好的发展，一直是我们教育人思考的问题。今天我与大家分享《高扬改革创新旗帜 在推进教育现代化道路上迈出新的步伐》，讲三个问题。

一、统一思想，明确方向

2014年教育工作的关键词、核心词是深化教育综合改革。党的十八届三中全会对教育综合改革提出了明确的要求，改革是必然的，不能等，不能靠，不能推，不能诿，我们顺义教育人要身先士卒投身改革。我们要争取成为北京市教育综合改革试验区，在综合改革方面领先一步。通过改革突出重围。抓好教育的综合改革，既是全体教育工作者面临的紧迫任务，也是全区经济社会发展的需要，更是领导的重托、人民的期盼、工作的需要。今年顺义区委区政府成立了综合改革领导小组。顺义教育改革的集结号已经吹响。

教育在顺义各行业中发展态势不错，受到了各行业人员的肯定，这是鼓励，也是鞭策，我们还任重道远。就拿今年的高考来说，总体不错，但是尖子生的培养力度不够大，方法不够多，措施不够好。尖子生的培养需要学生的不懈努力，也需要指导教师具有高超的水平。教育考试研究中心是教育系统的中枢和大脑，是全区教育教学工作的引领者。教育考试研究中心将教育综合改革作为试点，通过改革提高工作效率，提升服务基层能力。

大家对马俊教授关于中国国际形势和周边安全的报告很感兴趣，因为马教授的报告信息量很大，信息差很大，所以容易引起我们的兴趣。我们老师上课也是如此，需要掌握足够的信息。我们要关注国家、教育部的改革精神，关注党的方针政策，关注国家的发展，关注顺义的经济社会发展现状。

第一，要密切关注十八大和十八届三中全会的重要精神。党的十八大对教育工作有一个全面的要求，十八届三中全会则重点对深化教育领域综合改革提出了明确的要求，强调要把“立德树人”作为人才培养模式改革的重点，以及深化招生制度改革、推进管、办、评分离等。十八届三中全会吹响了全面深化教育综合改革的号角，吹响了全面深化社会各个领域改革的集结号，标志着“改革再出发”，对于指导我们做好今后的工作指明了方向和目标，同时也对教育工作提出了明确的要求和任务。我们一定要深入践行十八届三中全会精神，力争在全面深化教育综合改革方面有新突破，以改革的率先来赢得发展的领先。

第二，要密切关注教育部提出的“加快推进教育治理体系和治理能力现代化”。今年的1

月15日，全国教育工作会议在京召开，袁贵仁部长指出，今年工作总的要求是“坚定方向、保持定力，深化改革、狠抓落实，统筹兼顾、突出重点，积极稳妥、务求实效”。他着重强调，当前要以构建政府、学校、社会新型关系为核心，以推进管、办、评分离为基本要求，以转变政府职能为突破口，建立系统完备、科学规范、运行有效的制度体系，形成政府宏观管理、学校自主办学、社会广泛参与，职能边界清晰、多元主体“共治”的格局，更好地激发学校的活力，更好地发挥社会的作用。我们要关注改革的大趋势。比如说，2017年高考英语实行社会化考试，将来高考将分为技能型考试和学术型考试。得到这些信息后，我们需要立即有所反应，有所动作，未雨绸缪，否则会错失良机。

二、正视问题，认清形势

顺义教育这几年跃上了新的发展台阶，值得自豪与骄傲。但是，面对当前机遇与挑战，特别是标兵前进的步伐越来越快，追兵超越的脚步越逼越近，顺义教育如何在新一轮发展中抢占新的制高点，这是对顺义教育人胆量与智慧的考量。同时我们也要清醒地看到，当前在教育系统里，有的同志在千方百计“想教育”，有的同志在踏踏实实“干教育“，也有的同志在浑浑噩噩“混教育”。三种境界，差别很大。在当前形势下，顺义教育必须要高端定位，保住其位，争先进位。高标准谋划，高水平实施，高质量达成，优质高效地推进教育发展。“高端定位”，就是要放宽发展视野、抬高发展标杆，用高远目标激励自己、鞭策他人、感召师生。特别是要在关注顺义经济社会发展的宏观背景下，多关注国家、北京市教育改革发展的主流趋势，关注深入实施素质教育的时代要求，关注师生全面发展的人本需求。发展定位要准确，前进方向要明确，工作目标要精确。所谓“保住其位”，就是要保持求实的态度，弘扬崇实的精神，采取扎实的措施，提高教育工作的落地率、到位率、合成率。特别要紧盯重大目标、紧咬重大活动、紧抓重大事项，高质量地一步一步推进，高水平地一件一件达成，确保一项一项地谋划到位、部署到位、落实到位，确保每一件事情不打折、不落空。所谓“争先进位”，就是我们的工作都不能局限于本区、本校或本园，而要敢于着眼全国、放眼全市，聚焦周边、关注先进，快步跟进、快速超越，工作争一流，北京争进位，国内创影响。传承提升既有优势，打造放大新的优势，提高工作档次，提升发展层次，真正做到心中有目标，手中有典型，面上有样本，每项工作确保不退位、努力保住位、力争再进位，进一步提高顺义教育的社会享誉度、全市知名度和全国知晓度。

三、锐意进取，改革创新

关于落实改革精神，促进顺义教育发展，提升顺义教育品质，我谈五点意见：

一是从“教育管理”向“教育治理”转型。从“教育管理”向“教育治理”转型既是趋势，也是方向。加快现代学校制度建设，大力推进以“依法办学、自主管理、民主监督、社会参与”为核心的现代学校制度设计和实践探索，进一步落实学校办学自主权，完善现代学校法人治理结构，建立健全学校决策、执行和监督机构，即将启动现代学校制度框架下学校章程建设。好校长才能带出好的学校。我们将加大办学自主权的开放程度，但是一所学校的校长和领导班子，有没有先进的教育理念、科学的管理方式、超前的思维能力，也是能不能落实好办学自主权的重要制约条件。校长们需要深入思考加大办学自主权后，学校的发展何去何从，如何让师生满意，如何让人民满意。比方说教师培训，学校要发挥教师的内驱力，让老师变要求为需求，自己主动要求培训，要求学习，要求成长，要求发展。

二是要提振信心，坚定毅力。开弓没有回头箭，改革是没有终点的“接力赛”，也是没有退路的“攻坚战”，打好这场改革攻坚战，关键在人，特别是全体校园长和干部队伍的工作作风和精神状态十分重要。我们要把实现顺义教育率先发展、走在前列作为共同的价值追求和愿景，并围绕这一共同愿景，勇于追梦、先行先试、争创一流、追求卓越。要有“舍我其谁”的担当意识，有接力以进、敢为人先的精气神，有攻坚克难、勇往直前的进取劲，坚定不移地深化教育改革创新，全力抓好各项改革任务的落实，尤其是对看准认准的改革大胆探索实践，善作善成，确保改革举措能真正落到实处、取得实效。我们将以问题引领，顶层设计为抓手，组织专家队伍，深入调研，进行顶层设计。

三是要继续解放思想，迸发活力。思想解放程度决定着发展的出路，改革创新力度决定着发展的速度。纵观顺义教育，每一次的重大提升发展都是靠改革创新和政策突破来实现的。改革创新就好比一粒种子，这粒种子一定要有阳光雨露和肥沃土壤，才能生根发芽、茁壮成长。我们要在全区教育系统上下，积极营造支持改革、鼓励创新、允许试错、宽容失败的舆论导向和良好氛围。激发教育系统每个人投身改革的积极性、主动性、创造性，尊重校长、师生的首创精神，凝聚广大干部和教职员工的智慧和力量，努力让改革活力迸发、创新源泉涌流的良好态势。我们要解放思想，破除固有的保守的思想。世界上本来就有路，人走多了，就无路可走。大家都沿着同一条路线去拥挤，就会习惯于平常、平庸、平凡、平淡，工作肯定不会独树一帜，不会取得突出成绩。

四是要统筹谋划，增强合力。深化改革，越到深水区、越是硬骨头，越要求我们注重改革的系统性、整体性、协同性。当下，教育领域的许多改革都面临着“两难”甚至“多难”问题，有些还与经济社会因素相互影响、新旧矛盾交织叠加，其复杂程度和艰巨程度，可谓牵一发而动全身。因此，教育改革要想取得深化，指望单兵突进式的“一招鲜、吃遍天”已然不现实，我们必须具备系统思维、全局视野，坚持以“加快推进教育现代化”为主线，强化对推进教育综合改革的顶层路线设计，聚焦重点，集中精力，勇于破解困难，力争率先在教师人事制度、学校内部治理结构、经费绩效考核等重要领域和关键环节改革上取得新突破，以此牵引和带动其他领域改革。做到环环紧扣、统筹谋划，形成合力，协同推进。

五是要智慧推进，干则必成。不干则已、干则必成，这是顺义教育人应有的胆略与气魄。创建教育现代化和教育生态，我们还面临一些难题，特别是面对兄弟区县的跨越赶超，我们既要有人力、物力的投入，更要有体力、智力的投入，始终保持研究的品质，运用科学的方法，落实精致的举措，努力提高教育工作的智慧化水平，想方设法把教育改革工作干上去、干到底、干成功。我们要继续保持研究的品质，就是要崇尚研究、学会研究、善于研究，研究教育规律，研究教育同行，研究教育问题，从书籍中吸取智慧，从名师中吸纳智慧，从师生中凝练智慧，从实践中生成智慧，从反思中提升智慧，并用这些智慧去思考教育、实践教育、突破教育。运用科学的方法，就是要追求科学发展、实践科学发展，坚持发展为要务，坚持以人为本，坚持统筹为主，特别要改变传统的心智模式，换一种视野和视角，换一种思维和思路，换一种方式和方法，摒弃老思路、摆脱旧套路、探寻新出路，努力在工作谋划上体现新创意，在工作推进上落实新措施，在工作实践上打开新局面。

同志们，让教育更具活力、让校园更加生态、让教师更感幸福，让学生更能成功，应为顺义教育人的共同的理想！

谢谢大家！

在反腐倡廉会议上的讲话

中共顺义区委教育工作委员会书记　冯义国

（2014年9月3日）

同志们：

大家好！

今天是新学期开学第三天，开学前后这段时间大家头绪多，事情杂，十分繁忙。可为什么这么忙还要千方百计挤出宝贵的时间召开这次会议呢？中秋节、教师节、国庆节，三节集中在一个月里，如何过好廉洁的、有意义的节日，是今天召开会议的主题。刚才，我们观看了《代价》视频，发人深省，我们要从中吸取教训。刚才，隋书记对最近工作进行了部署，我完全赞同，大家要认真落实隋书记的讲话精神。下面结合教育系统实际，我讲三点意见：

一、认清反腐倡廉形势，自觉构筑思想防线

最近一年的重要会议上，我反复跟大家强调要认清反腐倡廉的形势，我理解体现在三个方面：**一是法规政令密集出台。**八项规定、公务用车用房治理、禁止公款购买贺卡、送年历、禁止公款相互宴请、严禁用公款送月饼送节礼等等……规定越来越细致，越来越具体，从中我们也感觉到了国家治理腐败问题的坚定决心。暑假培训时马骏教授分析国内外形势时也提到，咱们新的中央领导集体把反腐败作为重要大事来抓，而且会一抓到底。**二是监督队伍不断壮大。**纪检、审计，这些部门的力量不断增加，内部结构也在不断调整，监督方式方法越来越科学。**三是老虎、苍蝇批量落马。**每天，我们的手机报都能接到这个接受审查那个被处理的信息，每每听到这样的新闻或消息，有震惊、有惋惜，更应该有反思！从这三点可以看出，制度——监督——惩治，我国的治理制度已经逐步健全，不让腐败分子有可乘之机。

我们在座的各位，有书记、校园长、主管财务干部，有科长、教育助理，大家的工作决定了你们手里或多或少掌握着一些权力，我们都是党员、是干部，如何看待这些权力，如何为民谋权、为民谋利？在这个敏感阶段，在这个社会大背景下，再次跟大家强调，就是要再一次的提醒大家，我们要坚决贯彻执行各项文件规定，坚决做到令行禁止，任何人不得以任何理由违反相关规定！顶风违纪，后果是害了自己，害了家庭，害了单位，也害了顺义教育。任何人都千万不要有侥幸心理！有的人可能认为，我官大，地位比较稳。你大得过政治局常委吗？大得过军委副主席吗？有人觉得我官小，学校也没啥大事，不会引人注意。最近8月18至24日，一周时间内中纪委曝光台曝光了153件违反中央八项规定精神案件，其中教育系统各级各类学校案件25起，占总数的16.3%，比例很大呀。这25起中有校长、党员教师大操大办儿子婚礼、孩子生日宴、升学宴的；有在组织订购高考复习资料过程中，向供应商收受好处费的；有校长公车私用、滥发津补贴、福利、用公款购卡送礼、大吃大喝、组织教师旅游的；有召开全校班主任工作经验研讨会，参会人员聚餐后在酒店健身、泡温泉、游泳的；有教师打牌赌博、违反工作纪律的。被处分的有学校领导，也有普通的党员教师，还有教育局机关科员。相关规定出台之前，我们可能有涉及到这些方面的问题，但是从今往后再也不能发生了。往年现在正是办升学宴的时候，我们各位领导自己有孩子升学的不要宴请别人，别人宴请的别参加。订购资料，学校不要直接参与，我们有的学校就让学生自己到书店去买，有这个意识，这就很好。一旦学校老师直接参与，即使你只是为了方便学生，没有拿好处，也说不清了。不要利用组织会议的机会组织娱乐活动，很多学校假期研讨工作都在校内开会，参会人员自己回家用餐，回家住宿，这就很好。这样的校长、书记是严格按照相关规定办事的领导，思想政治觉悟高，警惕性强，值得表扬和学习。以前教师节可能有的个别学校组织教师聚餐，现在就不要聚了。我们要做到大事不糊涂，小事不马虎，熟事不大意，生事不自我。中央三令五申，为什么还有顶风违纪的？都是心存侥幸，都是糊涂马虎大意造成的。我们做事要三思而行，要筑牢思想防线，相关规定是高压线，不得触碰。

二、借群众路线契机，完善规章制度

几年以前，市教委就提出了规范校章，我们也在每年的工作意见中强调校章的重要性。尤其是现阶段，群众路线教育实践活动进行到整改阶段，关键是做好建章立制工作。

腐败是滋生在不健全的制度上的，我们要借助党的群众路线教育实践活动，查找、反思工作中的问题，把已有的制度都拿出来“翻翻、晒晒”，精心辨证取舍，取精华去糟粕，对机制缝隙和制度漏洞“缝缝、补补”，发扬严谨求实的精神，更新务实管用的内容，让违规乱纪行为无缝可钻。要有未雨绸缪的意识和思维，不断制定防范未然、强基固本的制度和规定，经常“回头看”，做到及时更新和完善，让制度经得起时间和实践的检验。比如：学校的总务管理，领取、使用各种物品，是否有登记？登记是否有分类？易耗品怎么管理？贵重物品怎么管理？比如：公务车管理，使用、维护、停放等，是否符合上级规定？再比如：中国社会是人情社会，几千年历史留给我们的随礼文化，该如何处理？上面提到的25起教育系统各级各类学校案件，就有因生日宴、升学宴、乔迁宴被处理的，我们身边也有很多同事的孩子升入了理想的学校，作为同事，我们可以分享快乐，可如果举办宴请性质就变了，我们是否可以在单位内部口头约定，简单意思不再宴请，恢复原有的买些小吃儿，大伙儿乐呵乐呵就好了。

在健全制度的基础上，具体到贯彻落实，我们还要做到思想不放松、标准不降低、力度不减弱，切实维护制度的严肃性和权威性。对违反制度规定的要追究责任，发现一起查处一起，解决和防止“破窗”效应，不能使制度成为空架子，以铁的执行力确保各项规章制度贯彻落实。

三、常怀感恩之心，学会保护自己

我区历来有尊师重教的传统，教师收入水平不断提升：2009年，我区教师实行绩效工资，绩效部分是46300元；到2012年，绩效部分达到了78000元，平均每年递增1万元；2013年，教师的实际年收入平均达到91500元。北京市要求义务教育阶段实施绩效工资，我区中小幼职教师全部享受，除此以外还享受教师节过节费800元。我们为什么要为老师争取这些？因为我们知道大家工作在一线，承担着各种责任，非常辛苦，不容易。

同样，作为学校的领导干部，你们也考虑到了教师的疾苦，心里也惦记着教师，也想为老师谋福利，想给老师发两块月饼，想让老师吃上香梨润润喉咙，我们的出发点是好的，可是政策是不允许的，不要搬起石头砸自己的脚！

我常说：“教育要多出人，不死人，不丢人。”多出人是多培养优秀学生，多出人才；不死人是不能出现重大安全责任事故；不丢人是不能出现影响教育声誉的事情。在座的任何一位领导、老师违反相关规定，就是有损教育的声誉，就有损咱们教育的口碑，有损顺义教育形象，也会影响顺义教育的发展。我们要像爱护眼睛一样爱护教育的声誉，要为顺义教育的形象代言。

那么如何破解物质激励呢？现阶段，教育领域综合改革进入攻坚阶段，人事制度改革是其中重要组成部分，是盘活教育队伍的重要措施。我们要向改革要效益，探索管办评教育管理体制、教师职称聘任制度改革，通过改革实现多劳多酬、优劳优酬，进一步激发干部教师的职业幸福感、成就感，凝聚人心、办好教育，这才是我们最终的追求！

同志们，反腐倡廉是本届政府重点关注的大事，是我党治理的重要举措，是纯净我们心灵的基本要求，我们作为基层共产党员，要自觉抵制各种诱惑，能干事，会干事，干好事，不出事，不断坚定信念，一心一意考虑顺义教育发展，为顺义教育改革、区域社会进步贡献力量！

谢谢大家！

调研与报告
花儿剧场
顺义区教育委员会

关于顺义区中小学幼儿园教师培训需求调研的报告

顺义区教育委员会人事科　顺义区教育研究考试中心师训科

为认真落实《北京市中小学教师“十二五”时期继续教育规划》《顺义区中小学教师“十二五”继续教育规划》精神，准确了解我区中小学、幼儿园教师的培训需求，使培训工作更具前瞻性、针对性、实效性，以确保更好地完成“十二五”继续教育工作。由顺义区教育委人事科、教育研究考试中心师训科联合组建调研组，对全区部分中小学、幼儿园进行“十二五”教师继续教育需求调研。

一、顺义区中小学、幼儿教师培训需求的调研的基本情况

1. 调研时间：2014 年 5 月 12 日、14 日、19 日、21 日共 4 天。

2. 调研范围：本次检查采取按联盟组团分组抽样调研的方式进行，分别在牛栏山一中、顺义一中、杨镇一中三大联盟中，按高中、完中、九年义务教育一体校、小学抽取调研样板，共计 21 所学校。其中：

牛栏山一中联盟抽取：牛栏山一中、牛一实验学校、第十三中学、顺义二中、南法信中小、东风小学、木林中小等为调研样板校；

顺义一中联盟抽取：顺义一中、仁和中学、四中分校、李桥小学、石园小学、北石槽小学、高丽营学校等为调研样板校；

杨镇一中联盟抽取：杨镇一中、杨镇二中、南彩学校、顺义九中、俸伯小学、顺义八中、光明小学等为调研样板校。

3. 调研方法：

（1）听取主管领导汇报；

（2）查看继教档案材料；

（3）教师问卷；

（4）校长座谈；

（5）教师座谈。

4. 调研内容：通过听取主管领导汇报、查看继教档案材料、教师问卷、座谈等方式，对学校“十二五”继续教育工作的组织管理、校本培训、成果资源、档案材料等方面进行了较为全面的了解，同时对学校的成绩给予充分肯定，对学校提出的及我们在检查中发现的问题给予解答和纠正指导。

调研组构成及任务分工：本次调研由顺义区教委人事科委派三位教师会同教育研究考试中心师训科全体教师组成调研组。调研组分为三个小组，每组包括：教委人事科领导 1 人、教育研究考试中心师训科领导 1 人，师训科教师 4 人。分别以指定的某一联盟内样板校为调研对象开展培训需求调研活动。三个调研小组具体分工如下：

（1）全组集体听取主管领导汇报。

（2）2 名教师查看继教档案材料。

（3）人事科领导带领2名教师做教师问卷和教师座谈。

（4）师训科领导与校长座谈。

5. 调研任务：

（1）全面了解学校“十二五”继续教育工作的组织管理、校本培训、成果资源和档案材料现状。

（2）了解校长、教师对前期培训工作的满意度。

（3）了解校长对今后培训工作的要求。

（4）了解教师的培训需求。

二、顺义区中小学、幼儿教师培训需求的访谈调研结果分析

（一）“十二五”教师培训工作基本现状

1. 各校统一认识，高度重视教师培训工作

“十二五”继续教育工作开展以来，每一所学校都高度重视继续教育工作，成立了继续教育领导小组，配有专职领导和负责人，明确了工作的具体分工，建立了各项规章制度保证继续教育工作的有序开展。各校已经达成一致共识：学生的发展离不开学校的发展，学校的发展离不开教师的发展，而促进教师发展是继续教育工作的重中之重。实践证明，继续教育是全面提升中小学教师整体素质和促进教师专业化发展的有效途径，是实施素质教育、提高教育教学质量的关键。

2. 各校科学规划，精心策划教师培训工作

各校在认真贯彻落实“十二五”继续教育方针的同时，针对学校教师队伍的年龄结构、知识构成和教学能力素质等特点，以及教师实际需求和学校发展需要制定出继续教育总体规划。各校依托市、区、校三级培训精心策划继续教育工作具体方案，寓教师培训于教育、教学研究活动中，从改变教师的教育教学行为，实现理念与行为的有效对接，到提升教师的教育教学技能，实现课堂与质量的高效统一，再到构建学习型教师团队，实现教师与学校的内涵发展等一系列活动，均有力促进了教师专业化发展，提升了教师业务水平，使教师队伍保持并发扬良好的可持续发展态势。

3. 各校健全管理机制，扎实推进教师培训工作

各校通过考勤制度、奖惩制度、检查制度、考核评价制度、资金支持等各种管理机制，确保了继续教育工作扎实推进。从档案资料看，各种档案材料详实，校本培训材料丰富，过程管理到位。如顺义九中设计了班主任手册、教育日志、教师手册等，帮助教师记录培训中的成长足迹；光明小学的“三笔字培训、电子白板培训”等有讲义、有作业、有考核。但个别学校也有欠缺，如：杨镇二中有些资料没有及时归档；俸伯中小的继教负责人刚接手此项工作，资料整理没有做到分门别类，条理性不强；顺义八中资料整理的也比较粗放，需要细化。

（二）顺义区中小学、幼儿教师培训需求调研的访谈结果分析

通过访谈中我们发现，校长、教师们从培训内容、培训形式和培训时间安排等方面提出了具体需求和建议。

1. 关于培训内容

教师们希望强化案例式培训，增加贴近教学实际，针对性、指导性、启发性、共享性强的培训内容，如同课异构、一课多讲、精品课评析等。

希望培训内容与教师在课堂上面临的真实问题相关联，是培训学习与课堂教学改进紧密结合。

希望增加“小问题研究”“教学改革新模式”等内容，进一步丰富可供教师借鉴的学习资源。

青年教师希望开设以“教学设计与实施”为内容的培训课程。

校长希望进一步强化音乐、美术等小学科培训。

骨干教师希望增强以经验总结、思想梳理、成果编著为内容的培训活动，或开展聚焦学科教学的培训。

龙头学校领导、教师希望组织开展以理论熏陶为主要内容的脱产培训或高校集中培训。

2. 关于培训方式

校长、教师最为认同的培训方式是“以校组班”的融合式培训方式。

76% 的受访教师表示“愿意”或“非常愿意”参加网络培训。希望增加网络培训课程。

示范高中教师希望开展“访问学者”式培训。

3. 关于培训时间安排

教师普遍希望培训不要占用休息时间，希望集中培训与校本培训有机整合，增加可供教师自由选择的网络培训课程。

（三）受访校长培训总结折射出的培训需求

三大联盟组团的二十一所学校历史发展背景，办学理念，教师队伍发展状况，生源情况等因素存在较大差异，因此各校继续教育工作发展状况也不尽相同。本次调研通过校长对前期培训的反思，折射出如下培训需求：

1. 区校两级融合式培训

受访校长普遍认同“校本培训是一所学校发展的原动力，做好校本培训是实现学校发展、教师成才，学生发展的前提”。也不同程度地认为自己学校优质培训资源有限，“心有余而力不足”成为普遍感受。希望发挥区级培训部门的资源优势，结合学校发展需要，开展区校两级融合式培训，有效提高培训整体效能。例如，杨镇二中参加了区级培训部门组织的 UDS 优质校建设项目，在项目团队的支持下利用四年时间，全面推动了学校的整体发展。在校本教研中践行“超越”思想，落实“三品”办学目标，实施“452”模式教研：以学校教研、年级教研、学科教研、专题教研为四级教研形式，通过引路课、示范课、研究课、评优课、常态课五种途径，同课异构、专家名师进校园两大活动跟进，解决课堂模式改革中出现的真问题，探寻课堂改革有效方法和途径，提高教师专业水平，打造高效课堂，推动课堂改革深入可持续发展。与北京市西城区初中教研室取得联系，每周定期组织语、数、英、物、化学科教师参与他们的教研活动，使老师们的专业能力及教研能力均得到了提高和发展，受到了老师们的欢迎。

2. 校本培训系统设计指导

教师专业发展得到了学校重视，并被融入学校文化中。校本培训成为促进学校整体发展的有力推手。受访校长一致认为“系统设计是使校本培训具有前瞻性、科学性、实效性的关键。”

石园小学“顶层设计引领 + 机制保障 + 有效落实三位一体的‘十二五’继续教育规划”总结折射出学校对“校本培训系统设计指导”的需求。石园教育集团结合一校三址的特点，秉承着“打造师生主动和谐发展的乐园”的共同愿景，立足校本开展“研训一体化”的继续教育培训模式。通过问卷调研诊断教师发展现状，结合教师实际需求，自下而上设计培训课程，提升教师参与培训的学习内驱力；通过建立健全制度保障机制、投入保障机制和奖励宣传机制等三种机制调动教师参加继续教育学习的积极性；通过组建三方领导团队，即“教学领导、德育领导、继续教育负责人”共同拟定“十二五”教师培训规划，顶层设计统领年度培训方案，由继续教育负责人负责培训的具体组织和落实工作，继续教育工作小组负责监督检查老师们的出勤，提高了教师培训实效；通过开展四课活动，即“随机推门诊断课——科研专题研究课——全员参与评优课——榜样示范观摩课”，观摩、听评课等活动有效提升了教师的授课水平；通过行动研究系列培训，包括：错例行动研究、识字写字行动研究、英语口语提升行动研究和班级管理行动研究四个方面，帮助教师在培训中提升认识，在研究中记录、反思工作方式方法的实效性，有效提升了教师的行动研究能力；通过开展有效教学专项培训，借助北师大专家资源、区教研室资源，以课题研究为统领，分三步对教师的课题研究能力进行培训：第一步，PCK 理论培训；第二步，核心小组前期研究；第三步，区教研室三个研究点递进式培训，力求在“十二五”期间完成“课时目标的制定与落实——学生意识）有效设问”的研究；通过“系列论坛”等参与体验式培训形式，组织优秀班主任、骨干教师、老教师、新教师四类教师走上论坛宣讲席，教师现场点评、现场答疑互动，为教师提供展示自我、互学共进的平台，为教师自主发展提供了动力之源。

3. 参与体验式培训

受访校长普遍认识到“专家引领”“案例示范”“骨干带动”“实践体验”对培训效果具有重大意义。从顺义一中创建“学习型组织”经验中可折射出教师对参与体验式培训的期待。

顺义一中以创建“学习型组织”，促进全体教师自愿学习，乐于交流和研讨的氛围，将全员参与体验式学习过程作为校本培训的理想状态，以提高教师的专业素质为目标追求。学校通过建立学习和研讨的机制，如领导干部每周例行理论学习，科研成果报告会，高三对口研讨会，班主任工作经验交流会等多种形式，倡导“终身学习”“全员学习”“全过程学习”“团队学习”的学习型组织理论，构建学习型校本培训环境，实现全体教师在学习中与学校一起成长，实现生命的价值，体悟生命的意义。其中“教、研、训”三位一体的学习型组织通过开展参与体验式培训，将培训效果有效转化为教师行为的改进。以校本培训为核心，以有效课堂教学为研究主阵地，以学科教研组为研究与培训的主体，以“课例研究”为行动研究的载体，组织每位教师在研究课、展示课、同课异构等实践课程中，参与磨课、说课、观课、议课、上课等一系列的体验式培训，学会在真实情境中反思并改进自己的教学行为。

（四）访谈调研发现的问题与思考

1. 校本培训课程化有待加强

调研中我们发现一些学校的校本培训课程化程度较高，例如，杨镇二中有计划、有主题、有系列的落实开展干部、教师、学生、家长四条线的全方位立体式培训活动；南彩学校开展“班主任教育故事”“养正课堂”“基于学情有效设问”等校本培训；顺义九中采取的“大课题引领、树典型引路、促全面发展”的培训策略，以点带面，逐步推广，全方位促进教师发展；顺义八中落实“以竞赛促训练、以训练促学习、以学习促提高”的目标，有效提高了教师基本素质及业务水平；俸伯小学围绕“提升教师行动研究力”为主题，立足校本开展“小学课堂教学启思性提问设计与实施的研究”校本化研修；光明小学拜师结对，以老带新共同提高一对一培训等。但多数学校对校本培训的认识尚属“朦胧”，把培训与日常工作简单等同的现象较为严重。因此，应加强校本培训负责人队伍建设，在稳定队伍的同时，明确对校本培训的认识，提升培训活动设计、实施、管理、评价水平。

2. 培训课程系统化建设有待加强

受访校长认识到学校工作整合的意义，就培训课程系统化建设而言确有一些较为成功的经验。例如，牛栏山第一中学确立了“以终身教育理念为指导，以教师专业发展为根本，以创新培训模式为手段，打造牛栏山一中的筋和骨，提升神和气”工作理念；由北小营中学、木林中学和龙湾屯中学三所中学合并的第十三中学“坚持教师全面发展，关注教师个性发展，倡导教师自主发展”的工作理念；东风小学教育集团以提高办学效益为目标，以行动研究为载体，以参与式、任务型培训为主要培训方式的龙头学校的新理念，都使我们切身感受到学校工作理念对系统化设计培训课程的指导意义。但就整体而言，学校还缺少围绕办学理念、教师发展需求设计开发培训课程体系的思想。绝大多数学校的教师培训都缺少整体设计，培训内容零散，缺少前瞻性的系统化设计。如果能将教师培养思路与各校办学理念、办学特色有机结合，形成教师培训课程体系，制定出教师培训效果评估方式，既有利于校本培训的具体化实施，也许有利于培训效果的有效达成。

3. “教、研、训三位一体”培训模式有待推广

调研中我们发现，学校制定的校本培训手册记录的内容涉及师德、教育教学理论、法律法规、时事政治、教师职业倦怠、教师心理、论文撰写方法、课题研究等多方面内容。但由于教师工作量越来越重，培训过程明显掺杂功利化成分，教师逐渐缺少了参与的热情。因此，以研究课堂真问题为培训主线，以培养教师自主发现问题、解决问题，提高问题研究能力目标指向，以学科教研组为基本活动单位的“教、研、训三位一体”培训模式应加大推广力度，使之从我区的研究成果转化为工作变革。

三、顺义区中小学、幼儿教师培训需求的问卷调研结果分析

（一）问卷调研的基本情况

教师问卷涉及教师基本情况、前期培训效果，后期培训需求等内容。

参与此次问卷调研的教师中，年龄在30—45岁之间的女教师占到79%，教龄在16—25年的占到56%，除去音乐、美术两科以外，覆盖了其余所有学科的教师，其中85%的教师具有本科学历，50%的教师具有中学一级或小学高级职称。

65%以上的教师喜欢参加网络培训、新课程培训、以校组班培训；68%以上的教师认为工学矛盾突出，利用双休日培训直接影响效果。建议多开展利用工作日培训、半脱产培训、脱产培训、研修工作站式培训。四成以上的教师希望继续开设教育学、心理学、学生管理、学科专业知识、教材教法分析、教学设计与组织、信息技术辅助教学、学生测试与评价、教育科研等内容的培训。85%的教师喜欢参与现场观摩与交流的培训形式；57%的教师喜欢将培训内容与教学研究相结合；78%的教师希望能聆听一线优秀教师的授课。

（二）调研结果分析

在调研结果反映了教师对培训的各种需求，以及解决问题的具体建议。归纳如下：

1. 区校两级融合式培训破解工学矛盾难题

利用休息日培训势必造成工作与学习在时间分配上的冲突，造成工作与学习效果关联性的缺失。这种缺失并不是二者完全的不相干，而是不具备能让教师意识到的显性关联。如果加强“区校两级培训融合”，在学校里使教师的工作与学习实现了时间层面、效果层面的统一。将学校作为培训的主阵地，带领学员一起多听常态课、多与学生和教师互动交流，使工作成为学习过程中的实践体验，学习成为工作改进的设计、论证过程。同时也破解了长期以来的工学矛盾问题。例如，魏淑媛、张秋爽老师的培训，就是在学校的真实情境中捕捉培训素材。既有讲授，又有跟岗追踪指导，很受一线教师欢迎。

2. 减少面授，增设网络、微信研修平台便于教师移动学习

将面授课程缩短为半天学习，半天下校活动体验，在具体情境中，发现真实案例，进行追踪指导，通过案例研究带领学员在实践体验中学会研究。开辟网络继续教育专栏，可随时参与自主学习；多利用网络进行授课，便于分享，通过跟帖互动等形式的研修学习更具有针对性。例如，延长“吴正宪数学网络研修”平台的开放学习时间，北京四中远程培训等。

3. 开发多样化培训渠道满足教师个性化发展需求

教非所学转岗教师希望参加相关专业培训；英语教师希望参加国外口语培训；班主任教师希望参加家访培训；新教师希望参加岗前适应性培训；青年教师希望参加绿耕、研修工作站、学科骨干班、班主任骨干班、脱产培训、半脱产培训；中年教师希望参加减压拓展体验式培训。

4. 构建一线教师学习型组织，树立终身学习观念

部分教师对继续教育认识不足，终身学习意识不强，学习和研究的过程不主动，忽视学习成果的转化，以及思维方式和行为方式的转变。如果通过自选主题、自愿组合形成20人左右的学习型组织结构，由培训部门组织成员自主确定研修主题、研修时间和实践场所，培训部门负责聘请相关专家随时进行现场诊断指导，跟岗追踪教师在行动研究中完成研修任务情况，先由学员做出自我评价，再由培训人员做出效果评估。在学习型组织中，学员通过亲身参与体验行动研究的过程，会切身意识到：学习可以增加工作的理性，而工作又激活了学习的需求，使二者互为促进走向良性循环，从而在不知不觉中带领教师走向了自主研修之路，养成了终身学习的习惯。

通过此次调研我们惊喜的发现，每一所学校、每一位校长、每一位教师面对继续教育这个话题，都有着自己不同的认识、不同的做法，并生成了不同的效果。学校和教师都已经不同程度地走上了自主发展的道路。回首“十二五”继续教育前半程所走过的历程，我们认识到：营造学习氛围，用文化感染与熏陶引领教师，有机整合各方资源，拓宽教师视野转变思维方式，推广教、研、训一体化运作模式，形成合力促进教师行为方式转变，对我区教师队伍建设具有非常重要的意义。

顺义区幼儿教师专业素养现状及发展需求调研的报告

顺义区教育委员会学前教育科

一、调研背景与意义

《国家中长期教育改革和发展规划纲要（2010—2020）》确定了到2020年基本普及学前教育的发展目标，国务院印发了《关于当前发展学前教育的若干意见》（“国十条”），出台了一系列加快发展学前教育的重大举措，顺义区制定并实施完成了第一个学前教育三年行动计划，学前教育步入了跨越式发展的历史新阶段。

目前，全区共有各级各类幼儿园87所，收托幼儿近两万名。自2011年，全区园所急剧增加了30余所，招聘新教师年均超过200人，其中大部分为非专业教师。另外，随着园所增加，许多刚刚成为骨干的教师被选拔到管理岗位。学前教师队伍结构发生了较大变化。

为更好地了解我区幼儿教师结构、专业发展现状及需求，为全区幼儿教师培养决策提供参考依据，更好地促进幼儿教师专业成长，实现区域学前教育的健康优质发展。2014年5月起，学前科通过问卷调查、访谈等方式，对全区各类幼儿园教师开展了调研。

二、调研过程及方法

1. 调研对象

对我区所有教育部门办园、民办园、部门办园及已经开园的村办园教师进行问卷调研。共回收问卷1300份，绝大部分为一线带班教师；有效问卷1249份（其中教办园教师1037人，民办园教师109人，部门园教师20人，村办园73人），有效率为96%。

2. 调研工具

主要通过问卷调查进行。本调研所使用的调查问卷共分为五个部分，第一部分为基本情况，第二部分为单选题，第三部分为多选题，第四部分为李克特五点式量表，第五部分为开放题。力求从不同角度较全面地了解幼儿教师专业发展现状及需求。

3. 数据处理

本调研运用SPSS19.0统计软件进行统计，对调研所得数据进行描述性分析、方差分析和相关分析，进一步得出调研结论。

三、调研结果及分析

（一）顺义区幼儿教师队伍的基本特点

1. 幼儿教师队伍年轻化，男女比例悬殊。

表1.1　幼儿教师年龄及性别分布

变量	类型	频率（数量）	百分比（%）
性别	男	33	2.6
	女	1216	97.4
	合计	1249	100.0

变量	类型	频率（数量）	百分比（%）
年龄	20岁及以下	32	2.6
	21～25岁	404	32.3
	26～30岁	337	27.0
	31～35岁	133	10.6
	36～40岁	194	15.5
	41～45岁	96	7.7
	46～50岁	45	3.6
	51岁及以上	8	0.6
	合计	1249	100.0

从上表可以看出，幼儿教师以女性为主，男女教师比例为1：37，男性仅占2.6%。1249名幼儿教师中，21～25岁的占32.3%，26～30岁的占27.0%，31～35岁的占10.6%，36～40岁的占15.5%，41～45岁的占7.7%，46～50岁的占3.6%，51岁及以上的占0.6%。也就是说，96%的教师是45岁以下的教师，30岁以下的教师占61.9%，35岁以下占72.5%。这充分反映出，随着园所数量和规模的扩展，幼儿教师数量急剧增加，幼儿教师呈现年轻化的特点。这一方面反映了我区幼儿教师有青春活力，发展潜能，适合学前教育行业特点，同时也反映出我区教师年龄结构存在一定不合理性，在一定程度上影响梯队成长。

2. 非专业教师比例大，最高学历中专业教师比例有所提高。

无论是第一学历还是最高学历，我区幼儿教师非专业教师比例都占半数以上。但最高学历中学前专业比例提升了将近4个百分点，这表明，部分非专业教师在学历提升时，选择了学前教育专业，但是这一比例不高。详见表1.2。

表1.2　幼儿教师专业分布情况

变量	类型	频率（数量）	百分比（%）
第一学历专业	学前专业	435	35.4
	非学前专业	677	55.0
	师范非学前专业	118	9.6
	合计	1230	100.0
最高学历专业	学前专业	488	39.3
	非学前专业	698	56.2
	师范非学前专业	56	4.5
	合计	1242	100.0

3. 第一学历专科以下近半，最高学历层次提升幅度较大。

我区幼儿教师中，第一学历中专比例最高，占41.2%，专科占26.3%，本科占24.4%，本专科的共占50.7%；而最高学历中，本科达59.4%，专科28.5%，本专科共占87.9%。这表明我区很多幼儿教师都注重在职学习，提高自己的学历层次和水平。硕士比例第一学历占0.1%（1名），最高学历占0.2%（3名），均为民办幼儿园教师。这表明，与北京市城区相比，我区仍缺乏高学历的幼儿教师。此外，年轻教师第一学历水平较高，30岁以下的教师第一学历本科人数为282人，占第一学历为本科教师总数的92.1%；第一学历为专科的人数为266，占第一学历为专科人数的81%。

表1.3　幼儿教师学历分布情况

变量	类型	频率（数量）	百分比（%）
第一学历	中专以下	23	1.9
	中专	514	41.5
	高中	68	5.5
	专科	328	26.5
	本科	305	24.6
	硕士	1	0.1
	合计	1249	100.0
最高学历	中专以下	6	0.5
	中专	67	5.6
	高中	27	2.2
	专科	355	28.5
	本科	740	59.4
	硕士	3	0.2
	合计	1246	100.0

4. 教龄5年以内的教师占半数以上，职称结构比较合理。

从教龄上来看，教龄和幼教教龄在5年内的均占60%，教龄在15年以上的教师占24.7%（其中15—20年的教师占16.2%），而幼教教龄在15年以上的占12.6%（其中15—20年的占7.5%），这表明，转岗教师大部分工作年限都在15年以上，其中以15—20年的居多。教龄5年内的本科人数为273人，占第一学历本科人数的89.8%，占最高学历本科人数的52.7%；专科人数为259人，占第一学历专科人数的80.7%，占最高学历专科人数的71.3%。这表明，第一学历中，本、专科主要为5年以内的新教师；而最高学历中5年以内新教师本、专科比例有所下降，这表明许多教师开展了在职学历提升。

幼儿教师职称结构中，幼高（小高/中一）占24.2%，幼一（小一/中二）占26.5%，幼二（小二/中三）占14.5%，管理级占10.9%，未定职称23.9%。由此看出我区幼儿教师职称结构比较合理，未定职称的主要为民办、村办园教师以及一年以内的新教师。

表 1.4　幼儿教师教龄及职称情况

变量类型	频率（数量）	百分比（%）	人数
教龄	1 年以内	18.3	228
	1～3 年内	26.3	328
	3～5 年内	14.0	175
	5～10 年内	9.5	118
	10～15 年内	5.6	70
	15～20 年内	16.2	202
	21～25 年内	5.3	66
	25 年以上	3.2	40
	合计	100.0	1248
幼教教龄	1 年以内	17.5	218
	1～3 年内	26.9	336
	3～5 年内	13.9	173
	5～10 年内	14.7	183
	10～15 年内	8.2	102
	15～20 年内	7.5	93
	21～25 年内	3.4	42
	25 年以上	1.7	21
	合计	100.0	1248
职称	幼高（小高/中一）	24.2	274
	幼一（小一/中二）	26.5	328
	幼二（小二/中三）	14.5	179
	管理级	10.9	135
	未定职称	23.9	295
	合计	100.0	1236

5. 在编教师居多，教师资格证持有率高。

此次调查中，在编教师占 72.8%，长聘教师占 13.2%，临聘教师占 12.8%。数据显示，我区幼儿教师在编率较高，相对较为稳定。但是还有一种情况是，参加此次问卷调查的教育部门教师大部分为在编教师，教育部门办园中的非在编教师很大一部分没有统计进来。关于教师资格证书的拥有率，参与调查教师中，幼儿教师资格证持有率为 75.9%。

表 1.5　劳动关系类型及教师资格证情况

变量	类型	频率（数量）	百分比（%）
劳动关系类型	在编教师	908	73.6
	长聘教师	165	13.4
	临聘教师	160	13.0
	合计	1233	100.0
教师资格证	有	948	76.3
	无	295	23.7
	合计	1243	100.0

6. 总体收入水平与北京市在岗职工月工资水平基本持平，工作强度正常。

月收入中，71%的幼儿教师月收入为3500～5500元，其中3500元～4500元的占54.7%，未包括公积金等收入。2013年度北京市职工月平均工资为5793元。由此看出，我区幼儿教师总体来说收入水平与市平均工资基本持平，能满足生活所需，能促进教师的自我发展。工作时间上，72.3%的教师认为自己的工作时间为每天8—10小时，工作强度较为合理。

表 1.6　顺义区幼儿教师的基本情况

变量	类型	频率（数量）	百分比（%）
月收入	1500元以下	25	2.0
	1500—2500元	201	16.1
	2500—3500元	90	7.2
	3500—4500元	683	54.7
	4500—5500元	203	16.3
	5500—6500元	12	1.0
	6500元以上	6	0.5
	合计	1249	100.0
工作时间	8小时以下	207	16.6
	8—10小时	902	72.3
	10小时以上	125	10.0
	合计	1248	100.0

（二）顺义区幼儿教师职业观念调查结果及分析

对于幼儿教师职业观念的调查主要是从入职动机、对职业形象、专业素质的认识、职业发展规划以及教师评价观念五个方面开展。

1. 大部分幼儿教师主动选择幼儿教师职业

表 2.1　幼儿教师的入职动机

选项	频数	百分比
喜欢孩子	710	56.85
喜欢当老师	236	18.9
没有其它选择	81	6.485
想在幼儿教育领域发展	192	15.37
其它	21	1.681
N	1249	100

从表 2.1 可以看出，幼儿教师选择这个职业的原因排在首位的是“喜欢孩子”，占近 60%，其次是“喜欢当老师”，占 18.9%，选择想在幼儿教育领域发展的有 15.37%，这说明大部分幼儿教师选择幼儿教师职业是比较主动的，但仍有小部分教师是迫于无奈才选择这一行业，这可能会导致其对自我职业认可度不高，自我发展动力不足。另外主动选择这一职业的原因大部分是喜欢孩子，而非喜欢教师这一职业，这也一定程度上反映出教师这一职业的吸引力并不是很强。

2. 幼儿教师认为自身职业形象是“服务型”和“奉献型”

表 2.2　幼儿教师对幼师形象的认识

	频数	百分比
“春蚕”般的奉献型	474	38
具有幼教专业知识和能力的专家型	113	9.1
为社区、家长和幼儿服务的服务型	621	49.8
教育幼儿和家长的权威型	25	2
其他	7	0.6
N	1247	100

由表 2.2 看出，近 50% 的教师认为幼儿教师是“为社区、家长和幼儿服务的服务型”，38% 的教师认为是“春蚕”般的奉献型，只有 9.1% 的教师认为是“具有幼教专业知识和能力的专家型”。这表明，在我区幼儿教师观念中，更多认为自己是服务者，是奉献者，对自己专业知识和能力的认可度和专业自信心不是很强。

3. 各项专业素质中，师德最重要，其次是专业能力。

在多选题“关于幼儿教师专业素质的描述”中，我区幼儿教师对各选项的选择频数和百分比如表 2.3.1 所示。从选择人数看，排在前三位的是“善于观察儿童，根据儿童的年龄特点进行教育”“理解尊重幼儿”和“高尚的职业道德”。

表 2.3.1　幼儿教师专业素质频数选择

变量名	C1_ A	C1_ B	C1_ C	C1_ D	C1_ E	C1_ F	C1_ G	C1_ H	C1_ I	C1_ J
频数	1098	1110	1058	1110	912	955	818	702	712	542
百分比	91.2	92.2	87.9	92.2	75.7	79.3	67.9	58.3	59.1	45

注： C1_ A，C1_ B，C1_ C，C1_ D，C1_ E，C1_ F，C1_ G，C1_ H，C1_ I，C1_ J 分别代表选项 A. 高尚的职业道德　B. 理解尊重幼儿　C. 善于与幼儿、家长、同事和领导沟通　D. 善于观察儿童，根据儿童的年龄特点进行教育　E. 良好的课程设计能力　F. 恰当的活动组织能力　G. 适宜的评价方式方法　H. 优秀的作品分析能力　I. 经常反思自己的教学行为和观念　J. 良好的教研科研能力。

根据幼儿教师对选项按重要程度排序情况，确定选择次序的权重，对数据进行重新编码。在本问卷重要程度计算中，只取重要性程度排前三位的数据。将排序为 1、2、3 的依次确定权重为 5、3、1，重新赋值得到重新编码的数据。经过二次编码后，对全部数据做行列转换。得到数据文件的如表 2.3.2 所示。再定义新变量 Sum = sum（V0001 to V1249），比较 Sum 的分数即得到各个备选选项的重要性排序。

表 2.3.2　幼儿教师专业素质重要性选择

	SUM	VAR0001	VAR0002	VAR0003	VAR0004	VAR0005	……	VAR1249
C1_ A	4962	5	5	5	5	5		5
C1_ B	3562	3	3	3	3	3		3
C1_ C	1007	1	1	1	1	1		1
C1_ D	988	0	0	0	0	0		0
C1_ E	133	0	0	0	0	0		0
C1_ F	137	0	0	0	0	0		0
C1_ G	22	0	0	0	0	0		0
C1_ H	14	0	0	0	0	0		0
C1_ I	69	0	0	0	0	0		0
C1_ J	70	0	0	0	0	0		0

由上表可以看出，从我区 1249 名幼儿教师对幼儿教师专业素质的重要性选择来看，排在前三位的依次是“高尚的职业道德”“理解尊重幼儿”“善于与幼儿、家长、同事和领导沟通”，这与选择频数有一定出入。由重要性程度可以看出，我区幼儿教师认为在幼儿教师的专业素质中，师德最为最要，其次是儿童观、然后是沟通能力和其他专业能力。

4. 幼儿教师对于个人职业规划了解度高，有明确规划教师比例较高。

对于个人职业规划，有 45.3% 的幼儿教师“了解并有明确规划”，31.5% 的教师“了解一些但未做过规划”，14.6% 的教师“只有过类似思考”，7.1% 的教师“不了解”。数据显示，我区幼儿教师对于个人职业规划了解度较高，且有明确的规划的教师占到近半数。这一方面反映出我区幼儿教师专业发展主动性较强，规划明确，同时也与我区幼儿园重视教师队伍建设是分不开的，大部分幼儿园建立了幼儿教师成长档案，其中有教师三年或一年发展规划。

表 2.4　幼儿教师职业规划情况

	频数	百分比
了解并有明确规划	565	45.3
了解一些但未做过规划	393	31.5
只有过类似的思考	182	14.6
不了解	89	7.1
其他	3	0.2
N	1247	100

5. 教师评价注重师德及教学，相对忽视从幼儿角度来评价教师。

关于教师评价角度，我区幼儿教师对各选项选择的频数和百分比如表 2.5.1 所示。从选择人数看，排在前三位的分别是 A“教师职业道德”、D“平时的教学活动”及 B“教科研情况”。

表 2.5.1　幼儿教师评价角度频数选择

变量名	C12_ A	C12_ B	C12_ C	C12_ D	C12_ E	C12_ F	C12_ G	C12_ H
频数	981	746	571	945	680	463	657	228
百分比	79.3	60.3	46.6	76.9	55.5	37.9	53.6	35.1

注：C12_ A，C12_ B，C12_ C，C12_ D，C12_ E，C12_ F，C12_ G，C12_ H 分别代表选项 A. 教师职业道德，B. 教师教科研情况，C. 幼儿的喜欢程度，D. 平时的教学活动，E. 幼儿的发展，F. 和领导、同事的关系，G. 家长的评价，H. 每学期固定的同级观摩

根据幼儿教师对选项按重要程度排序情况，重新赋值，二次编码和行列转化后得到新的数据文件的如表 2.5.2 所示。再定义新变量 Sum = sum（V0001 to V1249），比较 Sum 的分数即得到各个备选选项的重要性排序。

表 2.5.2　幼儿教师评价角度重要性选择

	SUM	VAR0001	VAR0002	VAR0003	VAR0004	VAR0005	……	VAR1249
C12_ A	4205	5	0	0	5	3		0
C12_ B	1700	0	0	0	3	1		0
C12_ C	935	0	0	0	0	0		0
C12_ D	1675	3	3	3	1	0		0
C12_ E	756	0	0	0	0	0		0
C12_ F	373	0	0	0	0	5		5
C12_ G	393	0	0	0	0	0		0
C12_ H	360	0	5	3	0	0		3

由上表可以看出，从我区 1249 名幼儿教师对幼儿园评价教师时主要看哪些方面的内容按

重要性程度选择来看，排在前三位的是“教师职业道德”“教科研情况”和“平时的教学活动”。与选择频数相比，后两项位置互换。

从教师的选择来看，幼儿的发展、幼儿的喜欢程度都未进前三，这与我们关注幼儿，以幼儿为主体的教育理念和评价观念有所出入，应引起行政教研部门和各幼儿园的注意。

（三）顺义区幼儿教师职业行为调查结果及分析

对幼儿教师职业行为的考察主要从教师参加专业活动的积极性、专业学习方式、参加各项专业活动情况、教研情况、工作反思等方面进行了解。

1. 幼儿教师参加专业发展活动的积极性非常高

表 3.1　幼儿教师参加专业发展活动积极性

	频数	百分比
1	1042	83. 5
2	80	6. 4
3	103	8. 3
4	8	0. 6
5	6	0. 5
N	1248	100

从表 3. 1 可以看出，我区绝大部分幼儿教师（83. 5%）都愿意积极参加促进教师专业发展的活动，觉得没必要参加的仅占 0. 6%。有 6. 4% 的教师认为无所谓，有 8. 3% 的教师由于平时工作太累，不愿意参加。这表明我区幼儿教师主动参加专业发展的意愿强烈。

2. 各项专业活动参与情况

（1）参加区级（含）以上大赛的比例较高。参加过区级（含）以上教育技能大赛或公开课的占 35. 4%，超过 60% 的教师未参加过此类比赛。这表明我区为幼儿教师创设了展示的条件和机会，参加区级（含）以上大赛的机会较多。参加区级（含）以上教育技能大赛或公开课的教师中，1 次的占 54. 1%，2 次的占 21. 7%，3 次的占 8. 7%，4 次及以上的占 15. 5%。

表 3. 2. 1　教师参加区级教育大赛的情况

	频数	百分比		频数	百分比
有	441	35. 4	1 次	356	54. 1
无	776	62. 3	2 次	143	21. 7
N	1245	100	3 次	57	8. 7
			4 次及以上	102	15. 5
			N	658	100

（2）现代教育技术应用较广。我区绝大多数幼儿教师能够应用现代教育技术。其中能够熟练应用的占 40. 8%，一般的占 55. 4%，从来不用的仅占 1. 8%。这表明我区幼儿教师应用现代教育技术的范围较广，这与我区幼儿教师年轻化、学历层次较高有一定关系。

表 3. 2. 2　教师应用现代教育技术的情况

	频数	百分比
熟练	506	41. 6
一般	687	56. 5
从来不用	22	1. 9
N	1215	100

（3）科研活动参与度高，科研成果转化能力仍需加强。

我区幼儿教师参加过科研课题的占 62. 8%，其中参加国家级课题的占 3. 5%，省/市级的占 13%，区级的占 11. 5%，园级的占 32. 9%。

表 3. 2. 3. 1　幼儿教师参加科研课题的情况

	频数	百分比
1	44	3. 5
2	162	13
3	143	11. 5
4	410	32. 9
5	463	37. 2
N	1245	100

超过半数的幼儿教师没有发表过任何级别的论文，1 ~ 2 篇的占 25. 9%，3 ~ 5 篇的占 8. 9%，6 ~ 10 篇的占 5%，10 篇以上的占 4. 7%。这表明我区幼儿教师思考教育工作并转化为文字的能力仍显不足，也提醒我们应进一步为教师创造这方面的机会，提供相应的培训。

表 3. 2. 3. 2　幼儿教师发表论文情况

	频数	百分比		频数	百分比
无	684	54. 8	国家级	92	16. 5
1 ~ 2 篇	323	25. 9	省/市级	239	42. 8
3 ~ 5 篇	111	8. 9	区级	179	32
6 ~ 10 篇	62	5	园级	48	8. 7
10 篇以上	59	4. 7	N	558	100
N	1248	100			

在发表过论文的教师中，获奖论文的级别比例分别为：国家级 16. 5%，省/市级 42. 8%，区级 32%，园级 8. 7%。这表明发表论文的教师，能积极踊跃地参加各种级别的征文，向高级别刊物投稿，也体现出我区部分幼儿教师理论水平较高，文字功底较强。

3. 幼儿教师专业学习方式多样，幼儿园业务学习是最主要方式之一。

幼儿教师平时专业学习方式的选择方面，我区幼儿教师对各选项选择的频数和百分比如表

3.3.1 所示。从选择人数看，排在前三位的分别是“幼儿园组织的业务学习”“上网收集信息”及“阅览期刊报纸”。也有近半教师参加过进修活动，约 30% 的教师参加过区级以上的教研活动。

表 3.3.1　幼儿教师专业学习方式频数选择

变量名	C5A	C5B	C5C	C5D	C5E
频数	660	598	374	913	1032
百分比	62.3	49	30.7	74.8	84.6

注： C5A、C5B、C5C、C5D、C5E 分别代表选项 A. 阅览期刊报纸，B. 参加进修活动，C. 参加区级以上的教研活动，D. 上网收集信息，E. 幼儿园组织的业务学习。

根据幼儿教师对选项按重要程度排序情况，重新赋值，二次编码和行列转化后得到新的数据文件的如表 3.3.2 所示。再定义新变量 Sum = sum （V0001 to V1249），比较 Sum 的分数即得到各个备选选项的重要性排序。

表 3.3.2　幼儿教师专业学习方式重要度选择

	SUM	VAR0001	VAR0002	VAR0003	VAR0004	VAR0005	……	VAR1249
C5A	2187	0	0	0	0	0		3
C5B	1689	3	3	3	0	1		0
C5C	795	5	0	0	1	3		0
C5D	2292	0	1	1	0	0		5
C5E	3199	1	5	5	3	5		1

由上表可以看出，从我区 1249 名幼儿教师对平时专业学习的主要方式重要性程度选择来看，排在前三位的仍然是“幼儿园组织的业务学习”“上网收集信息”及“阅览期刊报纸”。

4. 影响参加教研的原因主要是工作累、教研难和无回报。

对于影响幼儿教师参加教研的原因，我区幼儿教师对各选项选择的频数和百分比如表 3.4.1 所示。从选择人数看，排在前三位的分别是“平时工作太累，不想增加自己负担”、“太难了，不知道怎么做”及“没有教研氛围”。

表 3.4.1　影响教师参加教研原因频数选择

变量名	C11_ A	C11_ B	C11_ C	C11_ D	C11_ E	C11_ F	C11_ G
频数	321	229	563	612	325	104	109
百分比	26	18.6	45.6	49.6	26.3	8.4	8.8

根据幼儿教师对选项按重要程度排序情况，重新赋值，二次编码和行列转化后得到新的数据文件的如表 3.4.2 所示。再定义新变量 Sum = sum （V0001 to V1249），比较 Sum 的分数即得到各个备选选项的重要性排序。

表 3.4.2　影响教师参加教研原因重要度选择

	SUM	VAR0001	VAR0002	VAR0003	VAR0004	VAR0005	……	VAR1249
C11_ A	1136	0	0	0	3	3		0
C11_ B	661	0	0	0	0	1		0
C11_ C	2158	5	5	5	0	0		5
C11_ D	2199	0	0	0	5	5		0
C11_ E	941	0	3	3	0	0		0
C11_ F	90	0	0	0	0	0		0

由上表可以看出，从我区 1249 名幼儿教师对影响教研原因按重要性程度选择来看，排在前三位的是“平时工作太累，不想增加自己负担”“太难了，不知道怎么做”及“做了也没有什么实际利益的回报”。

5. 绝大多数幼儿教师都会进行课后反思，反思方式多样。

表 3.5.1　幼儿教师课后反思情况

	频数	百分比
1	734	58.9
2	466	37.4
3	24	1.9
4	18	1.4
Total	1247	100

从表 3.5.1 可以看出，我区 58.9% 的幼儿教师在每次上完课后都会进行教学反思，37.4% 的幼儿教师有疑问时会进行教学反思，不进行反思的仅占 1.9%。由此可见，反思在我区幼儿教师中已经普遍存在，在和幼儿园园长和教师交流中发现，幼儿园一般都会要求教师写课后反思，因此，这么高频率的教学反思一方面和教师的教学主动性有关，另一方面与幼儿园对幼儿教师的要求有关。

幼儿教师最常用的工作反思方式方面，我区幼儿教师对各选项选择的频数和百分比如表 3.5.2 所示。从选择人数看，排在前三位的分别是“与其他老师一起讨论教育教学的问题”“经常写教育教学随笔”及“善于根据幼儿的实际情况及时调整教学目标”。选择频数和百分比最低的是“总结经验与教训并写成文章”，这表明我区幼儿教师总结归纳能力和文章撰写积极性和能力还有待提高。

表 3.5.2　教师常用的工作反思方式的情况

变量名	C6A	C6B	C6C	C6D	C6E	C6F
频数	743	456	974	577	639	704
百分比	60.2	37	78.9	46.8	51.8	57.1

注：C6A、C6B、C6C、C6D、C6E、C6F 分别代表选项 A. 经常写教育教学随笔，B. 总结经验与教训并写成文章，C. 与其他老师一起讨论教育教学的问题，D. 定期对自己的工作做出评价，E. 积极分析领导、教师与家长对本人教育教学工作提出的意见和建议，F. 善于根据幼儿的实际情况及时调整教学目标。

根据幼儿教师对选项按重要程度排序情况，重新赋值，二次编码和行列转化后得到新的数据文件的如表 3. 5. 3 所示。再定义新变量 Sum = sum （V0001 to V1249），比较 Sum 的分数即得到各个备选选项的重要性排序。

表 3. 5. 3　教师对工作反思重要性的选择情况

	SUM	VAR0001	VAR0002	VAR0003	VAR0004	VAR0005	……	VAR1249
C6A	2733	5	5	5	5	0		0
C6B	997	3	0	0	0	0		0
C6C	2888	1	1	1	3	5		1
C6D	931	0	0	0	1	0		3
C6E	1150	0	3	3	0	3		0
C6F	1384	0	0	0	0	1		5

由上表可以看出，从我区 1249 名幼儿教师对常用的工作反思方式重要性程度选择来看，排在前三位的仍然是“与其他老师一起讨论教育教学的问题”“经常写教育教学随笔”及“善于根据幼儿的实际情况及时调整教学目标”。

（四）顺义区幼儿教师职业满意状况结果及分析

对幼儿教师职业满意状况的考察主要从教师的工作胜任度，专业成长满意度，稳定性及需要解决的问题四个方面进行了解。

1. 幼儿教师工作胜任感较高

表 4. 1　幼儿教师工作胜任感

	频数	百分比
完全胜任，形成教育特色	122	9. 8
能够胜任，有自己的思考	695	55. 8
基本胜任，完成教学任务	358	28. 7
有点吃力，需要别人帮助	57	4. 6
难以胜任，不知如何是好	7	0. 6
其他	2	0. 2
N	1246	100

从表 4. 1 可以看出，我区幼儿教师大部分认为自己能够胜任，并能有自己的思考（55. 8%），基本胜任的占 28. 7%，完全胜任并形成自己教育特色的占 9. 8%，有点吃力，需要帮助的占 4. 6%。这表明我区幼儿教师工作胜任感高，绝大多数教师认为自己能够胜任本职工作。有将近 10% 的教师认为自己形成了自己的教育特色，这部分教师是名师培养的基础之处。当然，我们也应该关注近 5% 认为有点吃力，需要帮助的教师的需要，促进其专业发展。

2. 幼儿教师专业成长满意度有待提高，满意及以上的接近 60%。

幼儿教师专业成长满意度选择中，非常满意的占 11. 1%，比较满意的占 46. 1%，一般的占

36.8%，比较不满意的占5.5%，非常不满意的占0.5%。如表4.2所示。

表4.2 幼儿教师专业成长满意度

	频数	百分比
1	137	11.1
2	567	46.1
3	453	36.8
4	68	5.5
5	6	0.5
N	1231	100

3. 幼儿教师相对稳定，但仍需对稳定性及影响其稳定性的原因给予关注。

多数教师会再次选择幼师职业，但也有近40%的教师不再选择或犹豫。表4.3.1显示，在有机会重新选择职业时，会再次选择幼师职业的占58.7%，23.5%的教师表示犹豫，16.8%的教师明确表示不会再选择幼师职业。

表4.3.1 重新选择幼儿教师职业情况

	频数	百分比
会	732	58.7
不清楚	293	23.5
不会	210	16.8
N	1247	100

关于如果辞职，原因可能性的选择方面，我区幼儿教师对各选项选择的频数和百分比如表4.3.2所示。从选择人数看，排在前三位的分别是“工作压力大”“收入低”及“个人能力无法得到发展”。

表4.3.2 幼儿教师辞职原因频数选择

变量名	C10_A	C10_B	C10_C	C10_D	C10_E	C10_F	C10_G	C10_H	C10_I
频数	946	334	695	321	528	400	193	386	1326
百分比	76.3	26.9	56	25.9	42.6	32.3	15.6	31.1	26.3

注：C10_A，C10_B，C10_C，C10_D，C10_E，C10_F，C10_G，C10_H，C10_I分别代表选项A. 工作压力大，B. 园里评价不合理，C. 收入低，D. 幼儿园没有前途，E. 个人能力无法得到发展，F. 不喜欢当教师，G. 同事间关系紧张，H. 业余生活单调，交际圈小，I. 工作内容单调乏味。

根据幼儿教师对选项按重要程度排序情况，重新赋值，二次编码和行列转化后得到新的数据文件的如表4所示。再定义新变量Sum = sum（V0001 to V1249），比较Sum的分数即得到各个备选选项的重要性排序。

表 4.3.2　幼儿教师辞职原因重要性选择

	SUM	VAR0001	VAR0002	VAR0003	VAR0004	VAR0005	……	VAR1249
C10A	3981	5	3	3	5	5		0
C10B	726	0	0	0	0	3		3
C10C	1858	0	0	0	3	1		0
C10D	471	0	0	0	0	0		1
C10E	1077	1	1	1	0	0		5
C10F	753	0	0	0	0	0		0
C10G	147	0	0	0	0	0		0
C10H	545	0	0	0	0	0		0
C10I	367	3	5	5	1	0		0

由上表可以看出，从我区 1249 名幼儿教师对可能辞职原因重要性程度选择来看，排在前三位的仍然是“工作压力大”“收入低”及“个人能力无法得到发展”。

4. 幼儿教师工作中需要解决的问题主要是教育教学能力及福利提高。

幼儿教师目前工作中需要解决的问题方面，我区幼儿教师对各选项选择的频数和百分比如表 4.4.1 所示。从选择人数看，排在前三位的分别是“提高教学研究的能力”“强化教学技能”及“加薪”。

表 4.4.1　幼儿教师工作中需要解决的问题频数选择

变量名	C4A	C4B	C4C	C4D	C4E	C4F	C4G	C4H	C4I	C4J	C4K	C4L
频数	828	819	714	489	307	195	317	507	98	373	196	157
百分比	66.5	65.8	57.3	39.3	24.7	15.7	25.5	40.6	7.9	30	15.7	12.6

注： C4A－C4L 分别代表 A. 提高教学研究的能力，B. 强化教学技能，C. 加薪，D. 工作时间长，E. 提高职称，F. 解决编制，G. 提高工作热情，H. 增加进修机会，I. 缓和同事关系，J. 了解教育科学和相关学科的最新发展，K. 家长期望值过高，L. 教学观念、方法不适应教学要求。

根据幼儿教师对选项按重要程度排序情况，重新赋值，二次编码和行列转化后得到新的数据文件的如表 4.4.2 所示。再定义新变量 Sum = sum（V0001 to V1249），比较 Sum 的分数即得到各个备选选项的重要性排序。

表 4.4.2　幼儿教师工作中需要解决的问题重要性程度选择

	SUM	VAR0001	VAR0002	VAR0003	VAR0004	VAR0005	……	VAR1249
C4A	2948	5	5	5	1	0		0
C4B	2351	3	3	3	0	0		3
C4C	1650	0	1	1	0	5		1
C4D	928	0	0	0	3	3		0
C4E	390	1	0	0	5	1		0
C4F	384	0	0	0	0	0		0

	SUM	VAR0001	VAR0002	VAR0003	VAR0004	VAR0005	……	VAR1249
C4G	364	0	0	0	0	0		5
C4H	666	0	0	0	0	0		0
C4I	26	0	0	0	0	0		0
C4J	388	0	0	0	0	0		0
C4K	209	0	0	0	0	0		0
C4L	143	0	0	0	0	0		0

由上表可以看出，从我区1249名幼儿教师目前工作中需要解决的问题，按重要程度排序，排在前三位的仍然依次为“提高教学研究的能力”“强化教学技能”及“加薪”。

（五）促进幼儿教师专业发展途径结果及分析

了解促进幼儿教师专业发展的途径及影响其专业发展的不利条件，并就培训和园所激励进行细致分析。

1. 促进教师专业成长的途径

促进幼儿教师专业成长的途径方面，我区幼儿教师对各选项选择的频数和百分比如表5.1.1所示。从选择人数看，排在前三位的分别是“多参加教研活动”“多请前辈或名师指点”及“多参加培训活动”。

表5.1.1　促进幼儿教师专业成长途径的频数选择

变量名	C8_ A	C8_ B	C8_ C	C8_ D	C8_ E	C8_ F	C8_ G
频数	812	977	668	445	899	923	759
百分比	65.7	79.1	54.1	36	72.8	74.7	61.5

注： C8_ A、C8_ B、C8_ C、C8_ D、C8_ E、C8_ F、C8_ G分别代表选项A. 多看业务书，B. 多参加教研活动，C. 多承担教学任务，D. 提高学历，E. 多请前辈或名师指点，F. 多参加培训活动，G. 自我反思。

根据幼儿教师对选项按重要程度排序情况，重新赋值，二次编码和行列转化后得到新的数据文件的如表5.1.2所示。再定义新变量Sum = sum（V0001 to V1249），比较Sum的分数即得到各个备选选项的重要性排序。

表5.1.2　促进幼儿教师专业成长途径的重要性选择

	SUM	VAR0001	VAR0002	VAR0003	VAR0004	VAR0005	……	VAR1249
C8_ A	2127	0	0	0	0	0		0
C8_ B	2567	5	5	5	1	1		0
C8_ C	1193	0	0	0	0	0		5
C8_ D	439	0	0	0	0	0		0
C8_ E	1725	3	3	3	5	5		1
C8_ F	1517	1	1	1	3	0		3
C8_ G	977	0	0	0	0	3		0

由上表可以看出，从我区1249名幼儿教师对促进幼儿教师专业成长途径的重要性程度选择来看，排在前三位的是“多参加教研活动”“多看业务书”“多请前辈或名师指点”。由此可以看出，我区幼儿教师认为主动学习，多看书在促进其专业成长上起着极为重要的影响作用。

2. 影响幼儿教师专业发展的不利条件

影响幼儿教师专业发展的不利条件方面，我区幼儿教师对各选项选择的频数和百分比如表5.2.1所示。从选择人数看，排在前三位的分别是“参加教研进修机会少”“缺少专家指导”及“教师间欠缺合作、交流的氛围”。

表5.2.1　促进幼儿教师专业成长途径的频数选择

变量名	C7_ A	C7_ B	C7_ C	C7_ D	C7_ E	C7_ F
频数	587	648	774	273	234	750
百分比	47.5	52.5	62.7	22.1	18.9	61.5

注： C7_ A、C7_ B、C7_ C、C7_ D、C7_ E、C7_ F分别代表选项A. 主观不努力，B. 教师间欠缺合作、交流的氛围，C. 参加教研进修机会少，D. 领导不重视，E. 幼儿能力差，F. 缺少专家指导。

根据幼儿教师对选项按重要程度排序情况，重新赋值，二次编码和行列转化后得到新的数据文件的如表5.2.2所示。再定义新变量Sum = sum （V0001 to V1249），比较Sum的分数即得到各个备选选项的重要性排序。

表5.2.2

	SUM	VAR0001	VAR0002	VAR0003	VAR0004	VAR0005	……	VAR1249
C7_ A	2345	1	5	5	1	5		0
C7_ B	1992	0	3	3	5	0		3
C7_ C	2268	0	0	0	3	1		0
C7_ D	449	3	1	1	0	0		5
C7_ E	438	0	0	0	0	0		0
C7_ F	1961	5	0	0	0	3		1

由上表可以看出，从我区1249名幼儿教师对影响幼儿教师专业发展的重要性程度选择来看，排在前三位的是“主观不努力”“参加教研进修机会少”和“教师间欠缺合作”、交流的氛围”。由此可以看出，我区教师认为主观因素在影响专业发展上起着极为重要的影响作用，然后是教研进修及同伴互助。

3. 幼儿教师培训情况

（1）绝大部分教师入职后接受过幼儿教育相关培训。

90%以上的教师入职后接受过有关幼儿教育的培训，如表5.3.1所示。没有参加培训的教师，主要原因是园里提供的机会太少，只有极少数人表示是个人不愿意参加，还有小部分表明原因是刚到岗等。

表 5.3.1　我区幼儿教师接受培训情况

	频数	百分比		频数	百分比
没接受过	107	8.6	0	1026	83.5
接受过	1131	90.7	园里没有提供	41	3.3
N	1247	100	提供机会太少	125	10.2
			个人不愿意参加	12	1
			其他	25	2
			N	1229	100

（2）幼儿教师培训满意度高。

表示非常满意的占 26.7%，比较满意的占 50.5%，一般的占 13%，不满意的占 1%。

表 5.3.2.1　幼儿教师对培训的满意度选择

	频数	百分比
非常满意	330	26.7
比较满意	624	50.5
一般	160	13
较不满意	10	0.8
非常不满意	2	0.2
N	1235	100

对于培训效果满意的方面，我区幼儿教师对各选项选择的频数和百分比如表 5.3.2.2 所示。从选择人数看，排在前三位的分别是“改进了教学方法”“提高了工作效率”及“提高了研究能力”。

表 5.3.2.2　幼儿教师对培训满意方面的频数选择

变量名	C2_ 4A	C2_ 4B	C2_ 4C	C2_ 4D
频数	693	800	985	751
百分比	56.8	65.6	80.7	61.6

注：C2_ 4A、C2_ 4B、C2_ 4C、C2_ 4D 分别代表选项 A. 改进了工作态度，B. 提高了工作效率，C. 改进了教学方法，D. 提高了研究能力。

根据幼儿教师对选项按重要程度排序情况，重新赋值，二次编码和行列转化后得到新的数据文件的如表 5.3.2.3 所示。再定义新变量 Sum = sum （V0001 to V1249），比较 Sum 的分数即得到各个备选选项的重要性排序。

表 5.3.2.3 幼儿教师对培训满意程度选择

	SUM	VAR0001	VAR0002	VAR0003	VAR0004	VAR0005	……	VAR1249
C2_ 4A	2106	1	1	5	5	0		0
C2_ 4B	2366	0	3	0	1	3		3
C2_ 4C	3433	5	5	3	3	5		1
C2_ 4D	1341	3	0	1	0	1		5

由上表可以看出，从我区 1249 名幼儿教师对各项培训培训效果满意程度选择来看，排在前三位的依次是“改进了教学方法”“提高了工作效率”及“改进了工作态度”。由此看出，在培训效果重要性方面，改善工作态度得以体现。

对于培训效果不满意的方面，我区幼儿教师对各选项选择的频数和百分比如表 5.3.2.4 所示。从选择人数看，排在前三位的分别是“培训机会少”“培训模式陈旧”及“内容与日常教学脱节”。另外，不满意方面的选择频次远远低于满意方面的选择频次。

表 5.3.2.4 幼儿教师对培训不满意方面的频数选择

变量名	C2_ 5A	C2_ 5B	C2_ 5C	C2_ 5D	C2_ 5E
频数	186	692	427	289	484
百分比	15.1	56.1	34.6	23.4	39.3

注： C2_ 5A、C2_ 5B、C2_ 5C、C2_ 5D、C2_ 5E 分别代表选项 A. 个人负担的费用过高，B. 培训机会少，C. 内容与日常教学脱节，D. 对工作实际没有益处，E. 培训模式陈旧。

根据幼儿教师对选项按重要程度排序情况，重新赋值，二次编码和行列转化后得到新的数据文件的如表 5.3.2.5 所示。再定义新变量 Sum = sum（V0001 to V1249），比较 Sum 的分数即得到各个备选选项的重要性排序。

表 5.3.2.5 幼儿教师对培训不满意程度选择

	SUM	VAR0001	VAR0002	VAR0003	VAR0004	VAR0005	……	VAR1249
C2_ 5A	446	0	0	0	5	0		0
C2_ 5B	2812	0	5	0	0	1		1
C2_ 5C	1383	5	1	5	3	5		0
C2_ 5D	672	0	0	3	0	3		3
C2_ 5E	1709	3	3	1	1	0		5

由上表可以看出，从我区 1249 名幼儿教师对各项培训培训效果不满意程度选择来看，排在前三位的仍然是“培训机会少”“培训模式陈旧”及“内容与日常教学脱节”。

（3）培训内容丰富多样，培训途径以园级和区级为主。

我区幼儿教师对培训内容各选项选择的频数和百分比如表 5.3.3.1 所示。从选择人数看，排在前三位的分别是“幼儿发展（儿童心理、作品分析、儿童观察、评价等）”“教学方法（课程设计、活动组织等）”及“教学技能（琴、舞、唱等）”。

表 5.3.3.1 幼儿教师参加培训内容频数选择

变量名	C2_ 1A	C2_ 1B	C2_ 1C	C2_ 1D	C2_ 1E	C2_ 1F
频数	879	406	820	827	803	366
百分比	73.7	34.1	68.8	69.4	67.4	30.7

注：C2_ 1A、C2_ 1B、C2_ 1C、C2_ 1D、C2_ 1E、C2_ 1F 分别代表选项 A. 幼儿发展（儿童心理、作品分析、儿童观察、评价等），B. 信息技术，C. 教学技能（琴、舞、唱等），D. 教学方法（课程设计、活动组织等），E. 教育理论，F. 研究方法的培训。

根据幼儿教师对选项按重要程度排序情况，重新赋值，二次编码和行列转化后得到新的数据文件的如表 5.3.3.2 所示。再定义新变量 Sum = sum （V0001 to V1249），比较 Sum 的分数即得到各个备选选项的重要性排序。

表 5.3.3.2 幼儿教师参加培训内容重要性选择

	SUM	VAR0001	VAR0002	VAR0003	VAR0004	VAR0005	……	VAR1249
C2_ 1A	3381	3	0	0	0	0		1
C2_ 1B	799	0	0	0	0	0		5
C2_ 1C	2024	5	1	5	3	5		3
C2_ 1D	1912	1	5	3	1	0		0
C2_ 1E	1492	0	3	1	5	3		0
C2_ 1F	218	0	0	0	0	1		0
C2_ 1G	75	0	0	0	0	0		0

由上表可以看出，从我区 1249 名幼儿教师对各项培训培训内容频次多少选择来看，排在前三位的依次是幼儿发展（儿童心理、作品分析、儿童观察、评价等）”“教学技能（琴、舞、唱等）”及“教学方法（课程设计、活动组织等）”，这与选项百分比前三位内容一样，不同在于后两项的顺序不一致。

培训途径的选择方面，我区幼儿教师对各选项选择的频数和百分比如表 5.3.3.3 所示。从选择人数看，排在前三位的分别是“园本培训”“外出培训”及“区级培训”。

表 5.3.3.3 幼儿教师培训途径频数选择

变量名	C2_ 2A	C2_ 2B	C2_ 2C	C2_ 2D	C2_ 2E
频数	1080	493	682	355	729
百分比	88.3	40.3	55.8	29	59.6

注：C2_ 2A、C2_ 2B、C2_ 2C、C2_ 2D、C2_ 2E 分别代表选项 A. 园本培训，B. 学历教育，C. 区级培训，D. 市级培训，E. 外出培训。

根据幼儿教师对培训频次排序情况，重新赋值，二次编码和行列转化后得到新的数据文件的如表 5.3.3.4 所示。再定义新变量 Sum = sum （V0001 to V1249），比较 Sum 的分数即得到各个备选选项的重要性排序。

表 5.3.3.4　幼儿教师各培训途径频次多少选择

	SUM	VAR0001	VAR0002	VAR0003	VAR0004	VAR0005	……	VAR1249
C2_ 2A	5003	5	1	5	5	5		5
C2_ 2B	1364	0	3	0	1	0		1
C2_ 2C	1412	3	5	0	3	3		0
C2_ 2D	387	0	0	0	0	0		0
C2_ 2E	1389	1	0	3	0	1		3
C2_ 2F	68	0	0	0	0	0		0

由上表可以看出，从我区 1249 名幼儿教师对各项培训培训途径频次多少选择来看，排在前三位的依次是“园本培训”，“区级培训” 和 “外出培训”。且园本培训频次的得分远远高于其他途径。

（4）幼儿教师培训方式多样

我区幼儿教师对各选项选择的频数和百分比如表 5.3.4.1 所示。从选择人数看，排在前三位的分别是“讲座”“观摩” 及 “研讨”。

表 5.3.4.1　幼儿教师培训方式频数选择

变量名	C2_ 3_ 1A	C2_ 3_ 1B	C2_ 3_ 1C	C2_ 3_ 1D
频数	1032	859	993	609
百分比	85.3	71	82.1	50.3

注：C2_ 3_ 1A，C2_ 3_ 1B，C2_ 3_ 1C，C2_ 3_ 1D 分别代表选项 A. 讲座，B. 研讨，C. 观摩，D. 师带徒。

根据幼儿教师对选项分别按运用频次多少和作用大小排序，重新赋值，二次编码和行列转化后得到新的数据文件的如表 5.3.4.2 及 5.3.4.2 所示。再定义新变量 Sum = sum （V0001 to V1249），比较 Sum 的分数即得到各个备选选项的重要性排序。

表 5.3.4.2　幼儿教师培训方式运用频次多少选择

	SUM	VAR0001	VAR0002	VAR0003	VAR0004	VAR0005	……	VAR1249
C2_ 3_ 1A	3680	0	0	5	5	3		5
C2_ 3_ 1B	2483	1	1	0	1	1		1
C2_ 3_ 1C	2573	5	3	3	3	0		0
C2_ 3_ 1D	1066	3	5	1	0	5		3

由上表可以看出，从我区 1249 名幼儿教师对各项培训培训方式频次多少及作用大小选择来看，排在前三位的都仍然是讲座、观摩和研讨。

表 5.3.4.3 幼儿教师培训方式作用大小程度选择

	SUM	VAR0001	VAR0002	VAR0003	VAR0004	VAR0005	……	VAR1249
C2_ 3_ 1A	2386	0	0	5	1	0		1
C2_ 3_ 1B	2206	5	3	0	3	3		3
C2_ 3_ 1C	3223	3	1	3	5	5		5
C2_ 3_ 1D	1283	1	5	1	0	1		0

（5）幼儿教师期望通过培训改进教学，期待专家指导。

幼儿教师对培训的期望方面，我区幼儿教师对各选项选择的频数和百分比如表 5.3.5.1 所示。从选择人数看，排在前三位的分别是“了解新的教学方法和教改实验成果改进自己的教学”“现场观摩课例，共同讨论，专家做点评”及“系统总结教学实践，在理论和实践结合中加以升华”。

表 5.3.5.1 幼儿教师培训期望频数选择

变量名	C3A	C3B	C3C	C3D	C3E	C3F	C3G
频数	624	1011	851	941	486	560	476
百分比	51.1	82.9	69.8	77.1	39.8	45.9	39

注： C3A、C3B、C3C、C3D、C3E 分别代表选项 A. 接受师德教育，提高从教使命感和责任心，B. 了解新的教学方法和教改实验成果改进自己的教学，C. 系统总结教学实践，在理论和实践结合中加以升华，D. 现场观摩课例，共同讨论，专家做点评，E. 由专家开办各种讲座，组织专题研讨会，F. 同一领域的教师共同参加教学研讨，互听互评，G. 工作若干年后可申请带薪休假，以参加继续教育。

根据幼儿教师对选项按重要程度排序情况，重新赋值，二次编码和行列转化后得到新的数据文件的如表 5.3.5.2 所示。再定义新变量 Sum = sum（V0001 to V1249），比较 Sum 的分数即得到各个备选选项的重要性排序。

表 5.3.5.2 幼儿教师培训期望频数选择

	SUM	VAR0001	VAR0002	VAR0003	VAR0004	VAR0005	……	VAR1249
C3A	2295	0	0	5	1	0		0
C3B	3446	5	5	3	0	0		3
C3C	1605	3	0	1	5	1		5
C3D	1707	1	3	0	0	3		0
C3E	309	0	0	0	0	0		0
C3F	422	0	1	0	0	0		0
C3G	492	0	0	0	3	5		1

由上表可以看出，从我区 1249 名幼儿教师对幼儿教师培训期望重要性重要程度选择来看，排在前三位的依次是“了解新的教学方法和教改实验成果改进自己的教学”“接受师德教育，提高从教使命感和责任心”“现场观摩课例，共同讨论，专家做点评”。在重要性认识中，师德

的位置得到了较大幅度的提升。

（六）顺义区幼儿教师专业发展的维度特征结果及分析

1. 幼儿教师专业发展各维度总体情况

在此次调查过程中，运用李克特量表考察了幼儿教师专业发展的四个维度：专业态度、专业知识、专业能力和专业发展意识。以下是各个维度的均值分析：

表 6.1 顺义区幼儿教师发展各维度均值

	专业态度	专业知识	专业能力	专业意识
均值	4.2326	3.8018	4.0102	3.9183
标准差	0.65127	0.65621	0.69013	0.68501

将专业发展各个维度的总得分除以题项数，得到各维度的平均得分（最高分为 5 分），得出顺义区幼儿教师专业发展的总体情况。从表 6.1 中可以看出，在幼儿教师专业发展的各个维度中，专业态度的均值最高，为 4.2326 分，专业知识的均值最低，为 3.8018 分。专业能力、专业意识的均值分别为 4.0102、3.9183 分。从结果可以看出，我区幼儿教师专业态度、专业能力、专业意识和专业知识都较强，其中得分最高的是专业态度，相对较弱的是专业知识。

2. 幼儿教师专业态度情况分析

从专业态度的各分项统计结果来看（见表 6.2.1），我区幼儿教师热爱教师职业，能尊重、爱护、平等对待幼儿，有着高度的责任感，能自觉遵守教师职业道德，其中得分相对较低的是“从事幼儿教育工作能够充分发挥我的特长”（见表 6.2.2），平均得分为 3.9 分，虽然高达 67% 的教师认为是“符合”或“非常符合”，但选“完全不符合”的有 9 名，占 0.7%；“不符合”的有 53 名，占 4.3%，“基本符合”的 345 名，占 27.7%。这反映出我区有部分幼儿教师不认为幼教是最适合自己的事业。

表 6.2.1 幼儿教师专业态度

	D01	D02	D03	DC4	D05
平均数	4.2	4.38	4.38	3.9	4.31
标准差	0.852	0.724	0.774	0.922	0.841

表 6.2.2 “从事幼儿教育工作能够充分发挥我的特长”选项分布

类型	频数	百分比
完全不符合	9	0.7
不符合	53	4.3
基本符合	345	27.7
符合	465	37.3
非常符合	369	29.6
总计	1245	100

3. 幼儿教师专业知识情况分析

从专业知识的各分项统计结果来看（见表6.3.1），大部分教师都认为“学习教育学科类知识很有必要（D10）”，平均得分为4.12分。其他各项“我具有广博的科学文化知识（D6）”、“能正确认识幼儿学习和发展的规律（D7）”、“能将幼儿教育学、心理学知识很好地运用于实践（D8）”、“在工作中积累了丰富的经验，形成了实践性知识（D9）”得分相对较低，也是幼儿教师专业发展各维度当中得分相对较低的部分，各选项的频数和百分比见表6.3.2。由此可以看出，我区幼儿教师对专业知识的重要性认识到位，但知识广度、学前专业知识及实践性知识掌握程度仍有待提高。

表6.3.1　幼儿教师专业知识

	D06	D07	D08	D09	D10
平均数	3.57	3.87	3.72	3.76	4.12
标准差	0.853	0.805	0.834	0.886	0.846

表6.3.2　专业知识维度中各条目选项分布情况

	D06		D07		D08		D09		D10	
	频数	百分比	频数	百分比	频数	百分比	频数	百分比	频数	百分比
完全不符合	6	0.5	4	0.3	2	0.2	6	0.5	4	0.3
不符合	86	6.9	19	1.5	41	3.3	45	3.6	8	0.6
基本符合	502	40.3	348	27.9	451	36.2	394	31.7	233	18.7
符合	476	38.2	610	49	527	42.3	543	43.7	543	43.7
非常符合	172	13.8	258	20.7	218	17.5	244	19.6	445	35.8
总计	1246	100	1246	100	1246	100	1243	100	1243	100

4. 幼儿教师专业能力情况分析

从专业能力的各分项统计结果来看（见表6.4.1），我区幼儿教师对自己的专业能力自信较高，其中得分较高的包括依据儿童经验确定教学内容（D13）、良好心理环境创设（D17）、师幼互动（D15）和个体差异关注（D16），得分相对较低的是教育内容选择（D12）、幼儿行为观察和指导（D11）、教学方式选择（D14）以及突发情况处理（D18）。

表6.4.1　幼儿教师专业能力

	D11	D12	D13	D14	D15	D16	D17	D18
平均数	3.95	3.96	4.16	3.9	4.14	4.06	4.15	3.81
标准差	0.831	0.829	0.847	0.861	0.825	0.834	0.819	0.834

各选项的频数和百分比见表6.4.2。

表 6.4.2　专业能力维度中各条目选项分布情况

	D11		D12		D14		D15		D16		D17		D18	
	频数	百分比	频数	百分比	频数	百分比	频数	百分比	频数	百分比	频数	百分比	频数	百分比
完全不符合	3	0.2	4	0.3	2	0.2	3	0.2	4	0.3	3	0.2	4	0.3
不符合	9	0.7	12	1	29	2.3	4	0.3	11	0.9	10	0.8	24	1.9
基本符合	306	24.7	294	23.7	309	24.9	209	16.8	240	19.4	190	15.3	372	29.9
符合	596	48.2	606	48.8	593	47.7	574	46.2	590	47.6	587	47.3	591	47.5
非常符合	312	25.2	317	25.5	298	24	441	35.5	385	31	442	35.6	242	19.5
总计	1237	100	1243	100	1243	100	1242	100	1240	100	1242	100	1243	100

5. 幼儿教师专业能力情况分析

从专业发展意识的各分项统计结果来看（见表 6.5.1），我区幼儿教师发展意愿强烈（D24，均值 4.26 分），同伴互助意识较强（D23，均值 4.07 分），接下来得分由高到低依次为反思意识（D22，均值 3.94）、教科研意识（D21，均值 3.92）、问题意识（D20，均值 3.86）、运用新理论意识（D28，均值 3.79）和自主学习意识（D27，均值 3.74），也就是说在我区幼儿教师专业发展意识各分项中，自主学习意识和运用新理论意识相对较低。教师专业发展目标中，为了增进专业知识和能力的得分（D25，均值 4.1）要远远高于提高学历、晋级加薪（D26，均值 3.69）。

表 6.5.1　幼儿教师专业发展意识情况

	D20	D21	D22	D23	D24	D25	D26	D27	D28
平均数	3.86	3.92	3.94	4.07	4.26	4.1	3.69	3.74	3.79
标准差	0.86	0.865	0.839	0.86	0.836	0.892	1.053	0.922	0.871

专业发展意识各选项的频数和百分比见表 6.5.2。

表 6.5.2　专业发展意识维度中各条目选项分布情况

	D20		D21		D22		D23		D24	
	频数	百分比	频数	百分比	频数	百分比	频数	百分比	频数	百分比
完全不符合	5	0.4	4	0.32	5	0.4	5	0.4	4	0.32
不符合	31	2.5	20	1.61	17	1.37	13	1.05	7	0.56
基本符合	322	26	317	25.5	297	23.9	241	19.4	178	14.3
符合	598	48.2	577	46.5	604	48.6	562	45.3	477	38.4
非常符合	273	22	312	25.1	309	24.9	408	32.9	567	45.7
总计	1240	100	1242	100	1242	100	1240	100	1242	100

表 6.5.3　专业发展意识维度中各条目选项分布情况（续表）

	D25		D26		D27		D28	
	频数	百分比	频数	百分比	频数	百分比	频数	百分比
完全不符合	6	0.48	23	1.85	8	0.64	5	0.4
不符合	22	1.78	118	9.51	56	4.51	46	3.71
基本符合	204	16.5	318	25.6	402	32.4	362	29.2
符合	550	44.4	479	38.6	502	40.4	573	46.2
非常符合	443	35.8	290	23.4	263	21.2	245	19.7
总计	1238	100	1241	100	1242	100	1241	100

我区幼儿教师专业发展四个维度中，专业态度均值最高，专业知识和专业发展意识得分相对较低，表明我区幼儿教师专业知识还有所欠缺，并且自己意识到了这一问题，专业发展意识，尤其是自主学习意识和运用新理论意识有待提高，这与我区幼儿教师年轻化、非专业化有一定关系；专业能力得分相对较高，这一方面表明我区幼儿教师知道什么行为是适宜的教育行为，能够有意识地开展适宜的教育，同时反映出我区幼儿教师自信心较高，对自己教育行为、专业能力的评价较高，而这可能与实际现状存在一定的出入。

（七）顺义区幼儿教师支持情况的维度特征结果及分析

在本研究中，顺义区幼儿教师所获得的支持包括幼儿园支持、他人支持和社会支持，以下是各维度的均值比较（表 7.1）：

表 7.1　幼儿教师获得支持情况各维度的均值

	园所支持	他人支持	社会支持
平均数	3.82	3.84	3.28
标准差	0.78	0.8473	0.84
N	1242	1242	1242

从表 7.1 可以看出，幼儿教师的支持系统中，园所支持（3.82）和他人支持（3.84）的均值都较高，而社会支持（3.28）均值最低。

园所支持的各因素包括教学资源（D30）、办公条件（D31）、领导关心（D32、D35、D38）、丰富的活动（D33）、同事支持（D34）、良好的奖励机制和管理制度（D36、D37）、对不同群体教师的关心（D39、D40）等。园所支持各因素均值和标准差见表 7.2。从表中看出，在幼儿园中，教师感受到最大的支持来源于同事，相对较低的是办公条件和丰富的活动。

表 7.2　幼儿教师获得园所支持情况各维度的均值

	D30	D31	D32	D33	D34	D35	D36	D37	D38	D39	D40
平均数	3.72	3.59	3.84	3.69	4.13	3.89	3.74	3.83	3.90	3.89	3.86
标准差	0.938	0.99	0.99	1.04	0.94	0.91	0.98	0.93	0.93	0.94	0.93

他人支持包括重要他人支持、家庭支持，他人支持各因素均值和标准差见表 7.3。重要他人支持各维度得分值相当，且都比较高。

表 7.3　幼儿教师获得他人支持情况各维度的均值

	D41	D42	D43	D44
平均数	3.82	3.93	3.85	3.76
标准差	0.96	0.93	1.03	1.06
N	1241	1240	1241	1241

社会支持包括良好的社会舆论和氛围，工作收入和福利待遇，政府重视、政策支持等，各因素均值和标准差见表 7.4。在所有支持系统中，社会支持各因素均分都较低，其中最低的是“对福利和补贴感到满意”（D47）及“幼儿教师社会地位高”（D48）

表 7.4　幼儿教师获得社会支持情况各维度的均值

	D45	D46	D47	D48	D49	D50
平均数	3.33	3.27	3.20	3.2	3.32	3.62
标准差	1.10	1.1	1.11	1.14	1.20	1.05
N	1241	1241	1241	1241	1242	1156

从幼儿教师支持状况各维度来看，园所支持感最高，社会支持感最低，这可能是因为，幼儿教师在幼儿园工作，直接感受到的是来自幼儿园的帮助和支持，每天在幼儿园工作，受到幼儿园规章制度约束，得到园所领导的关心和支持，与同事朝夕相处，这些都直接体现在教师身上；同时，教师能得到家庭和重要他人的支持和帮助，因此，园所支持和他人支持更加显性，幼儿教师体会更加深刻。社会支持均值较低，一方面是由于与教师每天的实际生活距离较远，教师感受没有那么真切；另一方面也反映出教师对于目前的工资收入、工作福利、社会地位、社会关心、政府重视等方面存在一定程度的不满意，社会支持感较低。

（八）不同因素中幼儿教师专业发展水平的比较

1. 不同年龄的幼儿教师专业发展水平的比较

为了考察不同教龄的幼儿教师专业发展水平的差异，首先对数据进行描述性统计分析，然后做单因素方差分析，研究结果如表 8.1.1、表 8.1.2 所示。

表 8.1.1　不同年龄幼儿教师专业发展各维度的描述统计量

年龄	N	专业态度		专业知识		专业能力		专业意识		专业发展水平	
		均数	标准差	均数	标准差	均数	标准差	均数	标准差	均数	标准差
20 岁及以下	31	4.26	0.65	3.77	0.74	3.94	0.63	3.95	0.56	15.91	2.36
21～25 岁	404	4.25	0.69	3.81	0.63	4.03	0.65	3.96	0.65	16.04	2.33
26～30 岁	337	4.24	0.57	3.74	0.61	3.97	0.63	3.91	0.62	15.84	2.12
31～35 岁	133	4.21	0.6	3.8	0.65	4	0.67	3.91	0.64	15.92	2.18

年龄	N	专业态度		专业知识		专业能力		专业意识		专业发展水平	
		均数	标准差	均数	标准差	均数	标准差	均数	标准差	均数	标准差
36～40 岁	193	4.17	0.7	3.89	0.68	4.07	0.8	3.93	0.81	16.06	2.65
41～45 岁	96	4.24	0.77	3.84	0.8	4.01	0.81	3.85	0.78	15.93	2.96
46～50 岁	44	4.26	0.57	3.75	0.71	3.94	0.85	3.72	0.84	15.49	2.88
51 岁及以上	8	4.23	0.69	3.85	0.73	3.89	0.74	3.74	0.53	15.7	2.48
合计	1246	4.23	0.65	3.8	0.66	4.01	0.69	3.92	0.69	15.94	2.39

表 8.1.2　不同年龄教师专业发展各维度的单因素方差分析

	F	Sig.
专业态度	0.3217	0.94
专业知识	1.0497	0.39
专业能力	0.5512	0.79
专业意识	0.9523	0.46
专业发展	0.4805	0.85

从表 8.1.2 可以看出，不同年龄幼儿教师在专业发展及各其维度专业态度、专业知识、专业能力、专业意识上的水平均没有显著差异（sig＞0.05）。这表明，年龄对我区幼儿教师的专业发展没有重要影响。

2. 不同教龄幼儿教师专业发展水平的比较

通过描述性统计分析和单因素方差分析来考察不同教龄幼儿教师专业发展水平的差异，结果如表 8.2.1 和 8.2.2 所示：

表 8.2.1　不同教龄幼儿教师专业发展各维度的描述统计量

教龄	N	专业态度		专业知识		专业能力		专业意识		专业发展水平	
		均数	标准差	均数	标准差	均数	标准差	均数	标准差	均数	标准差
1 年以内	227	4.21	0.62	3.67	0.66	3.88	0.76	3.86	0.75	15.55	2.5
1～3 年内	328	4.19	0.67	3.75	0.63	3.99	0.58	3.92	0.59	15.86	2.14
3～5 年内	175	4.29	0.56	3.78	0.57	3.98	0.67	3.9	0.68	15.9	2.22
5～10 年内	118	4.31	0.65	3.92	0.63	4.1	0.62	4.03	0.61	16.36	2.25
10～15 年内	69	4.13	0.87	3.81	0.84	4.03	0.9	3.9	0.86	15.87	3.19
15～20 年内	202	4.27	0.59	3.95	0.58	4.15	0.62	3.99	0.65	16.35	2.12
21～25 年内	66	4.24	0.83	3.91	0.85	4.09	0.84	3.88	0.83	16.13	3.17
25 年以上	39	4.28	0.54	3.8	0.72	3.89	0.91	3.66	0.84	15.64	2.65
合计	1245	4.23	0.65	3.8	0.66	4.01	0.69	3.92	0.68	15.94	2.39

表 8.2.2 不同教龄教师专业发展各维度的单因素方差分析

	F	Sig.
专业态度	0.946	0.470
专业知识	3.792 * *	0.000
专业能力	2.977 * *	0.004
专业意识	1.400	0.069

从上表可以看出，不同教龄幼儿教师在在专业态度、专业意识上差异不显著（sig >.05）；但在专业知识、专业能力维度上存在显著差异（sig < 0.01）。这表明，教龄对我区幼儿教师的专业发展有着影响作用。事后多重比较分析结果如表 8.2.3 所示：

表 8.2.3 不同教龄教师专业发展各维度事后多重比较分析

变量	I	J	MD（I－J）	Sig.	变量	I	J	MD（I－J）	Sig.
专知	1	2	－0.075	0.182	专能	1	2	－0.115	0.054
		3	－0.103	0.115			3	－0.105	0.13
		4	－0.244*	0.001			4	－0.222*	0.005
		5	－0.137	0.127			5	－0.145	0.124
		6	－0.272*	0.000			6	－0.267*	0.000
		7	－0.234*	0.010			7	－0.215*	0.026
		8	－0.125	0.268			8	－0.014	0.905
	6	1	0.2716*	0.000		6	1	0.2673*	0.000
		2	0.1965*	0.001			2	0.1526*	0.013
		3	0.1682*	0.013			3	0.1624*	0.022
		4	0.0279	0.712			4	0.0456	0.567
		5	0.1349	0.138			5	0.1219	0.203
		7	0.0374	0.685			7	0.0526	0.589
		8	0.1465	0.199			8	0.253*	0.035

* The mean difference is significant at the.05 level.

由上表可以看出，在专业知识和专业能力方面，1 年以内的教师与 5～10 年，15～20 年，21～25 年的教师有显著差异，1 年以内教师在专业知识上的得分均值明显低于其他年龄段。各年龄段中得分均值最高的是教龄为 15～20 年的教师，其在专业知识上的得分均值显著高于 1 年以内，1～3 年和 3～5 年的教师。如图 1、图 2 所示。

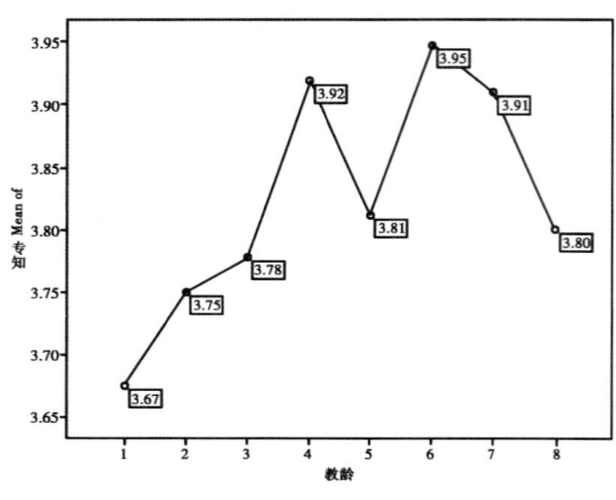

图1　不同教龄段教师专业知识比较

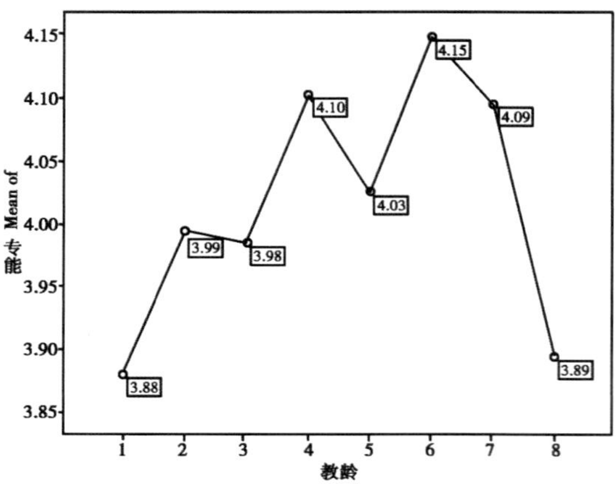

图2　不同教龄段教师专业能力比较

1 年以内的幼儿教师专业发展各方面均值都最低，这一阶段的教师仍处在入职适应期，在适应工作过程中会遇到这样那样的问题，可能影响她们全身心的投入工作，再加上教育教学经验匮乏，从而影响专业发展。15～20 年的教师在专业知识、专业能力、专业意识上的得分均值都最高，这一教龄段的教师年龄在 35～40 岁之间，她们已经完全熟悉了幼儿园的各项工作，达到了较高的能力水平，有的成长为骨干教师，而且家庭及生活负担相对也较轻，可以全身心投入工作，这使得她们不断追求进步，不断创新，思考和改进自己的教育教学，专业发展好。第二的是教龄为 5～10 年的，这部分教师已经逐渐度过职初期，得到较快成长，逐渐成为成熟期教师，且还保持着较高的专业发展动力和热情，在专业发展各维度上得分都较高，在专业态度和专业意识两个维度得分排名第一，在专业知识和能力两个维度得分排名第二。

3. 不同学历幼儿教师专业发展水平的比较

通过单因素方差分析来考察不同学历幼儿教师专业发展水平的差异，结果如表 8.3.1 和表 8.3.2 所示：

表 8.3.1　不同学历幼儿教师专业发展各维度的描述统计量

学历	N	专业态度		专业知识		专业能力		专业意识	
		均数	标准差	均数	标准差	均数	标准差	均数	标准差
1	22	4.218	0.6616	3.764	0.782	3.926	0.782	3.95	0.718
2	512	4.267	0.6567	3.862	0.671	4.063	0.703	3.942	0.6919
3	68	4.212	0.575	3.75	0.714	3.895	0.918	3.758	0.8929
4	328	4.204	0.6518	3.752	0.617	3.966	0.603	3.886	0.6159
5	305	4.203	0.6635	3.77	0.645	4.003	0.656	3.947	0.6549
6	1	5	0.	4.8	0.	5	0.	5	0.
Total	1246	4.233	0.6513	3.802	0.6562	4.010	0.6901	3.918	0.6850

表 8.3.2　不同教龄教师专业发展各维度的单因素方差分析

	F	Sig.
专业态度	0.787	0.58
专业知识	1.681	0.122
专业能力	1.599	0.144
专业意识	1.427	0.201

从上表可以看出，不同学历幼儿教师在专业发展各维度专业态度、专业知识、专业能力、专业意识上的水平均没有显著差异（sig＞0.05）。这表明，学历对我区幼儿教师的专业发展没有重要影响。

4. 不同园所性质幼儿教师专业发展水平的比较

通过单因素方差分析来考察不同园所性质幼儿教师专业发展水平的差异，结果如表 8.4.1 和所示：

表 8.4.1　不同园所性质幼儿园教师专业发展各维度的单因素方差分析

	F	Sig.
专业态度	6.357	0.000
专业知识	13.699	0.000
专业能力	12.947	0.000
专业意识	9.683	0.000

从上表可以看出，不同园所性质的幼儿教师在专业态度、专业知识、专业能力、专业意识上存在显著差异（sig＜0.01）。这表明，园所性质对我区幼儿教师的专业发展有着影响作用。事后多重比较分析结果如表 8.4.2 所示：

表 8.4.2　不同园所性质幼儿园教师专业发展各维度的事后多重比较分析

专业态度				专业知识				专业能力				专业发展意识			
I	J	MD（I－J）	Sig.	I	J	MD（I－J）	Sig.	I	J	MD（I－J）	Sig.	I	J	MD（I－J）	Sig.
2	1	0.28901*	0	2	1	0.19891*	0.002	2	1	0.19924*	0.003	2	1	0.19924*	0.003
	2	0.16275	0.331		3	0.12917	0.409		3	0.27385	0.096		3	0.27385	0.096
	4	0.42437*	0		4	0.68755*	0		4	0.61969*	0.000		4	0.61969*	0.000
				4	1	－0.48864*	0	4	1	－0.51130*	0	4	1	－0.42045*	0
					2	－0.68755*	0		2	－0.71724*	0		2	－0.61969*	0
					3	－0.55838*	0.001		3	－0.56007*	0.001		3	－0.34583*	0.043

注：1 为教育部门办园，2 为民办园，3 为部门办园，4 为村办园。

事后多重比较分析结果显示，在专业发展四个维度，民办幼儿园教师得分均值显著高于教育部门办园和村办园教师；在专业发展的专业知识、专业能力、专业发展意识维度，村办园教师得分均值显著低于其他各类型幼儿园教师。如图 3～6 所示。

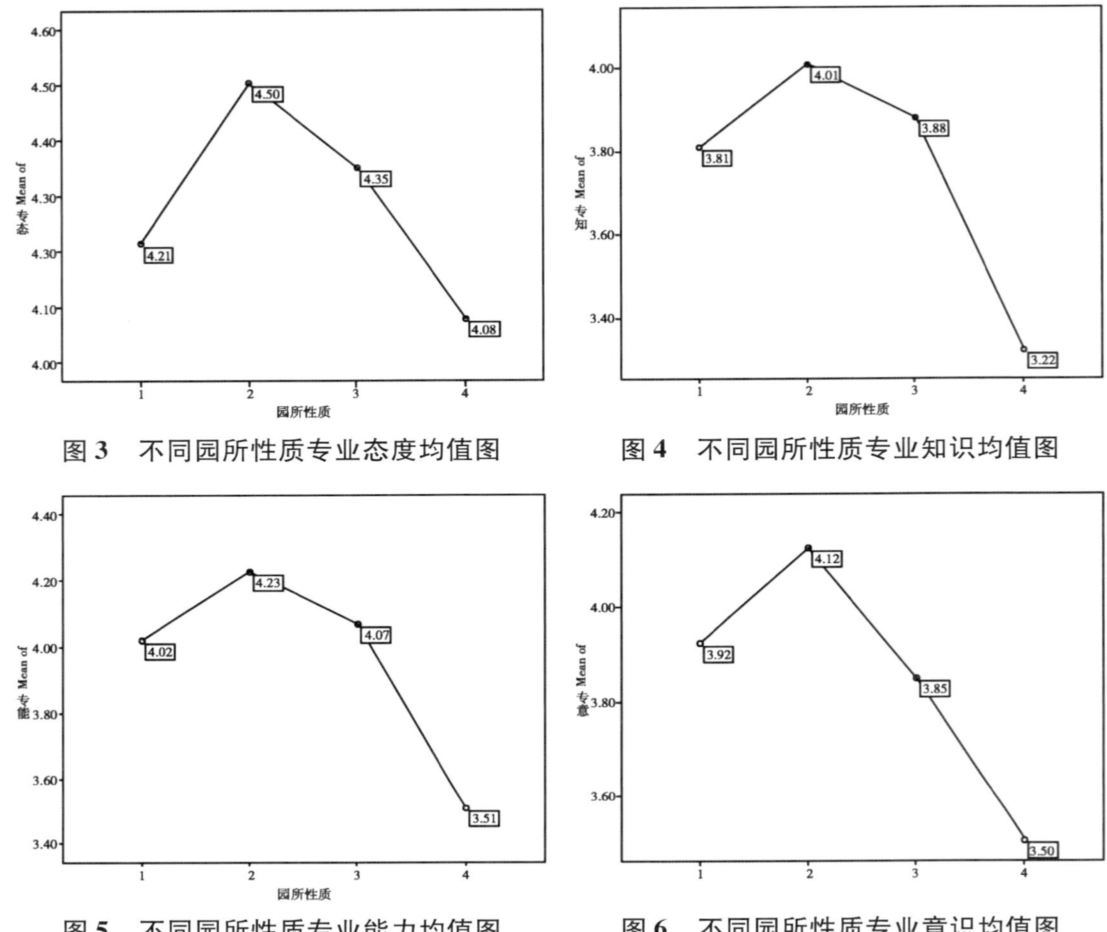

图 3　不同园所性质专业态度均值图

图 4　不同园所性质专业知识均值图

图 5　不同园所性质专业能力均值图

图 6　不同园所性质专业意识均值图

民办幼儿园教师在专业发展各维度得分均值均显著高于教办园和村办园，一方面可能是因为民办园中学前教育专业教师比例高，另一方面也提示我们，应进一步研讨民办幼儿园的培训体系、管理机制，如何更好地促进幼儿教师专业发展。

村办幼儿园教师在专业发展的专业知识、专业能力、专业发展意识方面均显著低于其他各类型的幼儿园，这体现了村办园师资在我区幼儿园教师整体中相对较弱，应思考如何进一步加强对村办园教师的培养，提升村办园教师专业素质。

5. 不同劳动关系类型幼儿教师专业发展水平的比较

通过单因素方差分析来考察不同劳动关系类型幼儿教师专业发展水平的差异，结果如表 8.5.1 和表 8.5.2 所示：

表 8.5.1　不同劳动关系类型幼儿园教师专业发展各维度的描述统计分析

劳动类型	N	专业态度		专业知识		专业能力		专业发展意识	
		平均数	标准差	平均数	标准差	平均数	标准差	平均数	标准差
在编	905	4.216	0.650	3.81	0.650	4.032	0.657	3.928	0.654
长聘	165	4.349	0.653	3.87	0.672	4.073	0.633	4.008	0.608
临聘	160	4.21	0.649	3.66	0.670	3.796	0.871	3.750	0.896
共计	1245	4.232	0.651	3.80	0.656	4.010	0.69	3.918	0.685

表 8.5.2 不同劳动关系类型幼儿园教师专业发展各维度的单因素方差分析

	F	Sig.
专业态度	3.024	0.049
专业知识	4.894*	0.008
专业能力	8.797*	0.000
专业意识	6.247*	0.002

从上表可以看出，不同劳动关系类型的幼儿教师在专业知识、专业能力、专业意识上存在显著差异（sig<.01）。这表明，劳动关系类型对我区幼儿教师的专业发展有着影响作用。

表 8.5.3 不同劳动关系类型幼儿园教师专业发展各维度的事后多重比较分析

专业态度				专业知识				专业能力				专业发展意识			
I	J	MD（I-J）	Sig.	I	J	MD（I-J）	Sig.	I	J	MD（I-J）	Sig.	I	J	MD（I-J）	Sig.
1	2	-0.1327	0.016	3	1	-0.1539*	0.006	3	1	-0.2359*	0.000	3	1	-0.2359*	0.000
	3	0.0063	0.909		2	0.2139*	0.003		2	-0.2773*	0.000		2	-0.2773*	0.000

事后多重比较分析结果显示，在专业知识、专业能力、专业态度上，临时聘任教师得分均值均显著低于在编教师和长期聘任教师。如图7～10图所示：

图 7 不同劳动关系类型专业态度均值图

图 8 不同劳动关系类型专业知识均值图

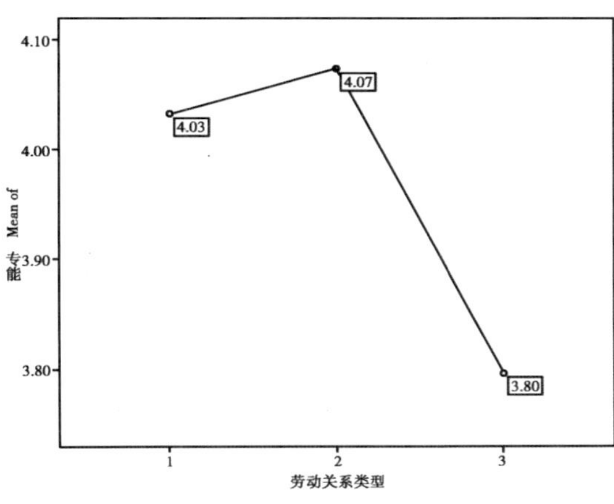

图 9 不同劳动关系类型专业能力均值图

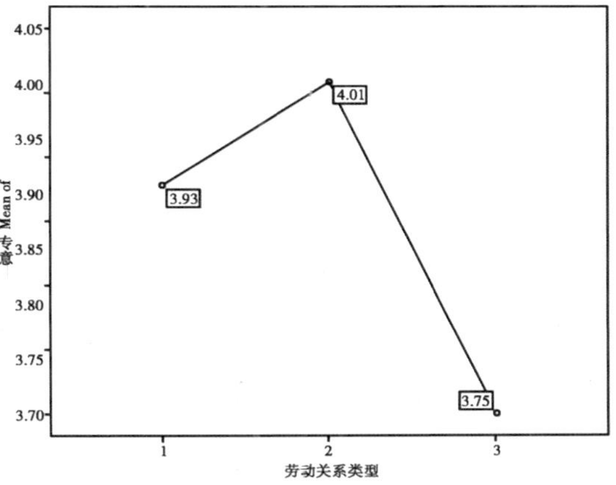

图 10 不同劳动关系类型专业意识均值图

通过单因素方差分析来考察不同劳动关系类型幼儿教师专业发展水平的差异，结果如表8.6.1和表8.6.2所示：

表8.6.1　不同劳动关系类型幼儿园教师专业发展各维度的描述统计分析

	N	专业态度		专业知识		专业能力		专业发展意识	
		平均数	标准差	平均数	标准差	平均数	标准差	平均数	标准差
学前专业	435	4.273	0.666	3.905	0.652	4.11	0.624	4.007	0.627
非专业	675	4.204	0.633	3.734	0.634	3.94	0.685	3.872	0.677
师范非学前	117	4.212	0.689	3.797	0.745	4	0.882	3.818	0.875
Total	1227	4.229	0.651	3.801	0.656	4.01	0.689	3.914	0.684

表8.6.2　不同劳动关系类型幼儿园教师专业发展各维度的单因素方差分析

	F	Sig.
专业态度	1.536	0.216
专业知识	9.086*	0.000
专业能力	8.206*	0.000
专业意识	6.526*	0.002

从上表可以看出，不同专业的幼儿教师在专业知识、专业能力、专业意识上存在显著差异（sig<.01）。这表明，专业对我区幼儿教师的专业发展有着影响作用。事后多重比较分析结果显示，学前专业教师在专业知识、专业能力上的得分均值显著高于非学前专业教师；在专业意识上的得分均值显著高于非专业教师和师范非学前专业教师。如11～14图所示：

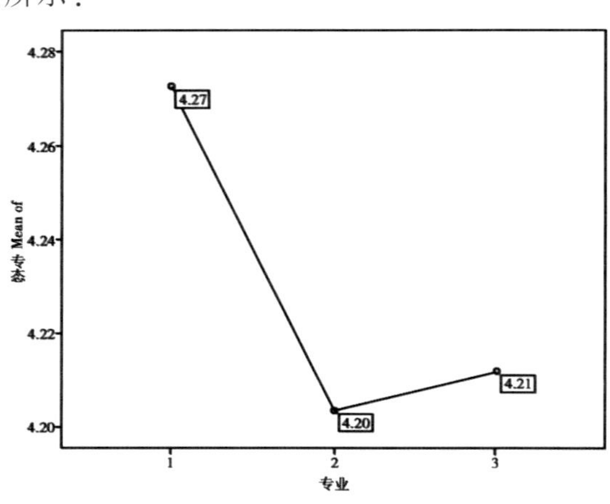

图11　不同专业类型专业态度均值图

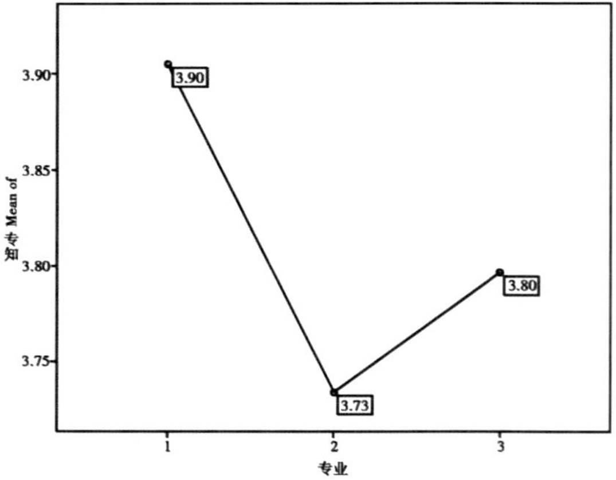

图12　不同专业类型专业知识均值图

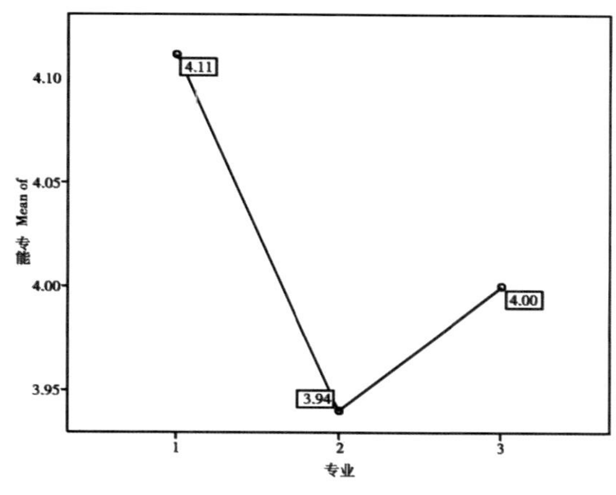

图 13　不同专业类型专业能力均值图

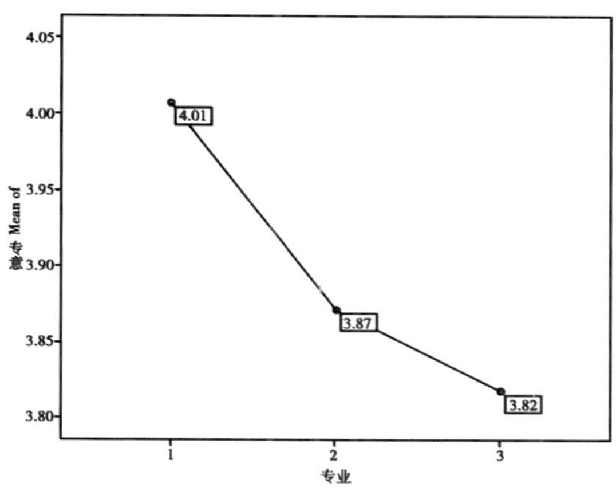

图 14　不同专业类型专业意识均值图

由此可以看出，专业对幼儿教师专业发展具有重要的影响作用，总体来说，学前教育专业教师的专业发展各维度要强于非专业教师。因此，应加强对非专业教师的专业补偿培训，提高非专业教师的专业素养。

（九）不同因素中幼儿教师所获支持情况的比较

通过单因素方差分析来考察不同年龄、教龄、学历、园所性质、劳动关系类型、专业的幼儿教师专业发展水平的差异，结果发现不同年龄、学历、专业的幼儿教师所获得的支持均差异不显著。不同教龄、园所性质、劳动关系类型的幼儿教师所获得的支持有所差异，具体如下：

1. 不同教龄幼儿教师所获支持情况的比较

表 9.1　不同教龄幼儿园教师所获支持各维度的描述统计分析

	F	Sig.
园所支持	0.898	0.507
他人支持	0.880	0.521
社会支持	2.491	0.015
总体支持	1.575	0.139

从表 9.1 可以看出，不同教龄的幼儿教师在获得的总体支持上差异不显著，只在社会支持获得上存在显著差异，事后多重比较发现，10～15 年的教师及 25 年以上的教师感觉到的社会支持明显低于 5 年以内的教师，见图 15。这可能与这两个阶段的教师对社会支持的期望较高有关系。

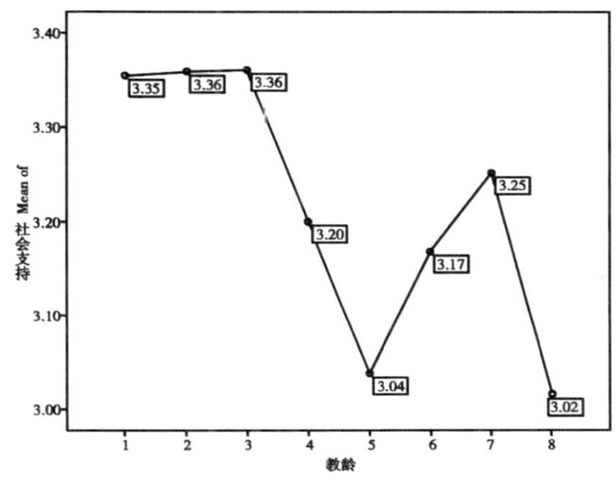

图 15　不同教龄所获社会支持均值图

2. 不同园所性质幼儿教师所获支持情况的比较

表 9.2　不同园所性质幼儿园教师所获支持各维度的描述统计分析

	F	Sig.
园所支持	12.840	0.000
他人支持	5.838	0.001
社会支持	13.292	0.000
总体支持	11.862	0.000

从表 9.2 可以看出，不同园所类型的幼儿教师在获得的总体支持和各项支持上均差异显著（sig <.01），事后多重比较分析结果显示，在园所支持和他人支持方面，村办园教师所感受到的支持明显低于教办园和民办园；在社会支持方面，其他部门办园和村办园教师感受到的支持明显低于教办园和民办园，而民办园低于教办园。如图 16 ~ 19 所示。

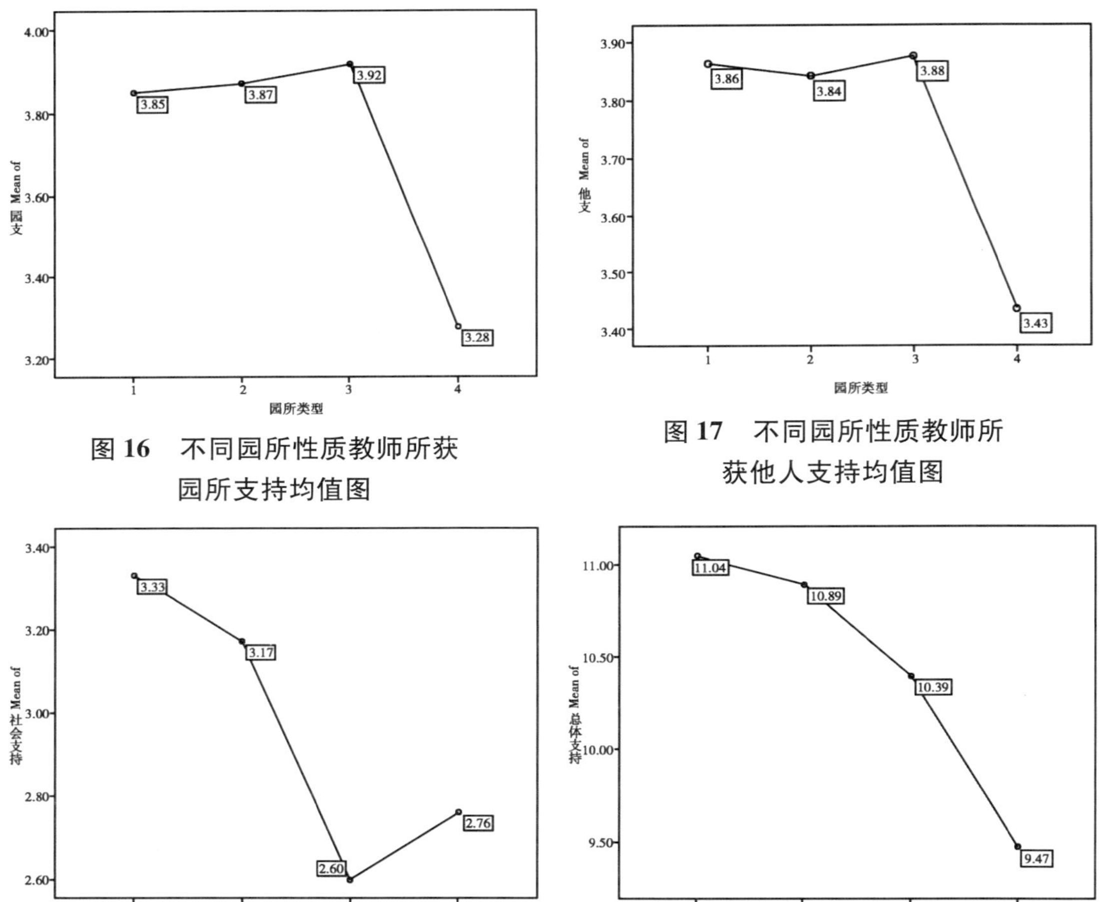

图 16　不同园所性质教师所获园所支持均值图

图 17　不同园所性质教师所获他人支持均值图

图 18　不同园所性质教师所获社会支持均值图

图 19　不同园所性质教师所获总体支持均值图

3. 不同劳动关系类型幼儿教师所获支持情况的比较

表 9.3　不同园所性质幼儿园教师所获支持各维度的描述统计分析

	F	Sig.
园所支持	0.736	0.479
他人支持	1.039	0.354
社会支持	8.099 *	0.000
总体支持	3.311	0.037

从表 9.3 可以看出，不同劳动关系类型的幼儿教师在获得的园所支持和他人支持上没有显著差异（sig >.05)，但在社会支持（sig <.01）和总体支持（sig <.05）上均差异显著。事后多重比较分析结果显示，在园所支持和总体支持方面，在编教师感受到的支持明显高于临时聘任教师。如图 20～21 所示。

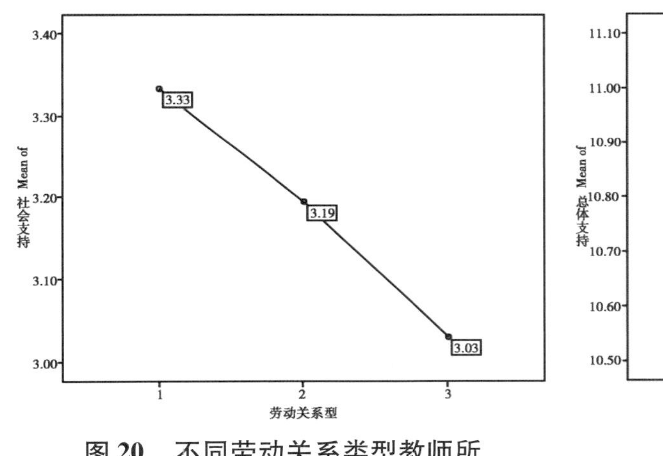

图 20　不同劳动关系类型教师所获社会支持均值图

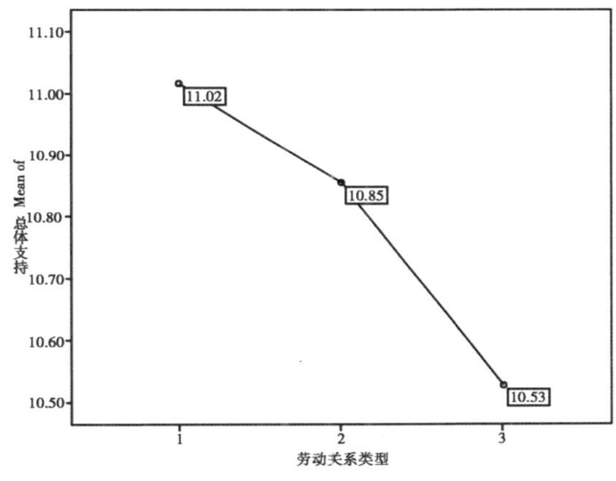

图 21　不同园所性质教师所获总体支持均值图

四、促进我区幼儿教师专业素养提升的建议

1. 提高幼儿教师自主发展的能力，主动寻求专业发展

幼儿教师的专业发展，归根到底是要激发幼儿教师的自主性，提高专业自主发展的能力。英国课程专家斯腾豪斯（1975）提出："教师专业拓展的关键在于专业自主发展的能力。专业自主发展有三个途径：①通过系统的自学；②通过研究其他教师的经验；③在教室里检验已有的理论"①。因此，幼儿教师应该主动进行各种方式的学习、实践、反思、规划来促进自己的专业发展。

（1）加强专业学习和实践。包括加强专业理论学习，提升专业理论修养；参加继续教育，提高学历水平，完善知识结构；与同事讨论、通过观摩、研讨等多种形式与同行交流；养成观察的习惯，提高观察能力；善于发现问题，针对教育教学中的实际问题进行研究；勤于总结，多写教育随笔、教学经验总结和学术论文。主动探索并实践，将理论应用于实践，在实践中检验理论，并不断修正、更新。

① 于漪：《现代教师学》，上海：上海教育出版社，2001。

（2）提高反思的主动性和反思的能力。

林崇德等学者研究认为，反思能力是教育教学能力的核心成分，它不仅是教育教学活动的控制执行者，而且是教育教学能力发展的内在机制，是教师能力的重要表现。[①]。叶澜曾说，“一个教师写一辈子教案不一定成为名师，如果一个教师写三年的反思，有可能成为名师”。反思对幼儿教师专业发展的重要作用可见一斑。此次调查及平时接触幼儿教师过程中发现，虽然我区幼儿教师反思频率高，但大部分教师的反思是在园所的要求下进行的，反思的主动性并不高。另外在教学目标和教学内容的完成度、儿童的学习效果方面，反思的面比较窄，大部分幼儿教师没有深入探讨现象背后的原因，大部分只是停留在记录现象及经验教训上。因此，幼儿教师反思的质量仍有待提高。①不同发展阶段的教师反思的内容和要求要有所区别。刚入职的教师主要应反思的是对岗位的适应和对一日生活的组织、教学活动设计等问题；而有经验的骨干教师反思的重点在于对儿童发展存在的问题、课程实施中的存在问题等进行思考和寻找对策，提出建议，如何创新的开展教育，如何建立教育机智反应体系等。②进行专业发展规划，确立清晰的长远目标和阶段目标；建立教师成长档案，记录成长的足迹，总结经验，找准发展的方向。③注重教师的群体反思。鼓励每一位老师大胆地发表自己的见解，收获别人的经验，促动自己的思辨。

（3）提高教师教学独立性

从调查和访谈中看出，我区幼儿教师教学独立性还较为欠缺，很大一部分教师希望能够有系统的教学内容，包括教材、配套教具等，认为自己独立设计教学内容的能力不够；另外大多数教师过度依靠观摩其他教师的教学活动来提升自己的教学活动，通过现有的教学参考书或者网络进行教案的设计。这些都表明，我区幼儿教师教学独立性还不够，应通过逐步放手、提供多种资源组合、鼓励尝试创新等方法不断提高教师的教学独立性。

2. 强化课程建设，构建有利于教师专业发展的培训课程体系

建构科学的培训课程体系要求科学的前期调研、周全的课程设计及过程中的不断反思与调整。在培训的内容与方式上，应当特别重视教师年龄、学历、兴趣的差异性，充分尊重并采用他们喜欢的培训方式进行。

在培训内容上，结合幼儿教师专业特点以及从调研中反映出来的教师的需要，可以从四个方面层层递进。（1）现代教育教学理论及心理学理论。包括学前教育课程观、儿童观、教师观、课程观、国内外先进的学前教育理论以及不同年龄儿童的心理发展特点等方面。（2）专业知识和技能。包括幼儿园教育活动的设计、一日生活的流畅进行、幼儿园五大领域教学活动的开展、钢琴、舞蹈、音乐、美术、手工等必备技能的学习等方面。（3）教育科研理论与技能培训，内容包括科研基本理论、行动研究法理论及操作体系、微型课题研究的思路与操作培训、如何进行教育教学反思等。（4）针对不同年龄阶段教师的心理状况、自我意识、人际交往等情况，同时关注个体，对教师进行心理减压、积极情感辅导、人际交往及沟通方面的培训等。

在培训形式上，宜采取集中培训、分组研讨、自主学习相结合的方式。在集中培训时，应采取专家讲座、名师交流、课堂观摩、问题研讨、外出参观等多种方式，注重将理论和实践相结合，将知识渗透和活动参与相结合，提倡以问题为中心的参与式培训，加强现场互动，充分激发幼儿教师思考、交流的激情。在分散培训中，可采用推荐阅读书目、师徒结对、写教育日记、举办阅读沙龙、主题征文等方式，以提高学习效率。

---

① 林崇德：《教育与发展》，北京：北京师范大学出版社，2002。

3. 整合区域资源，带动和引领幼儿教师发展

调研发现，大多数幼儿教师都期望能够得到更优秀教师的指导，新教师希望得到园内有经验教师的指导，有经验的教师希望得到区、市级名师指导。希望能多观摩名师开展教育活动，能得到专家实践中的现场点评和指导，多方面、多层次地得到专家的帮助。因此，在幼儿教师专业培训中，应当充分发挥我区教研员的专业引领作用，发挥骨干教师的辐射、示范作用，尽可能让他们参与到区域性的研修活动和指导教师发展中来。可以采取以下几种方式：一是骨干教师总结并交流自己的教育教学经验；二是针对教育教学中的具体的、实际的问题进行互动探讨；三是互相观摩教学活动，新教师和经验型教师观摩骨干教师、名师的教学活动，学习先进的经验；骨干教师、名师观摩新教师和经验型教师的活动，现场诊断、现场指导。

构建“专业发展共同体”也是有效整合资源的一个重要途径。让幼儿教师在集体和团队中共同成长。我区5年以内教龄的新教师多，大多数教师都是80、90后，这些教师多为独生子女，个性鲜明，孤独感较强。专业发展共同体的建立有助于将教师们纳入到共同成长的大家庭中，体验共同进步、共同分担的快乐，有利于促进幼儿教师的专业成长。可以根据不同教师所处的专业发展阶段、能力倾向、发展意向、个性特征等因素，由幼儿园或区级教研机构牵头，构建形式多样、融洽高效的不同类型的专业发展共同体。每个“共同体”有负责的园所、专门的召集人，不同层次的“引领者”，让“共同体”成员在召集人和引领者的组织、引导下，有目的、有计划地开展教学研讨、问题研究、案例交流等活动。以沟通、合作的方式，引导教师保持开放的心态，合作学习；园所和区级教研机构实施跟踪、适时参与“共同体”的活动，并定期进行总结和评价。

4. 重视园本学习和培训，提供必要的制度保障和激励措施

在教师专业发展过程中，幼儿园的制度支持和氛围营造起着十分重要的作用。从调研中看出，园本学习和培训是促进幼儿教师专业发展频率最高，也是效果最明显的方式之一。为做好园本学习和培训，幼儿园应制定必要的制度，并给予应有的激励。首先，幼儿园应制定队伍培养规划和园本学习 & 培训计划，针对本园教师的实际情况，分层次、分类别，有针对性地进行培养。并在此基础上，引导每位幼儿教师根据自身实际制订个人三年发展规划和年度发展计划；第二，营造进取、温馨、团结、高效的园本研修氛围，在团队研修中促进幼儿教师的专业发展；第三，实施发展性评价，制定激励性措施。重视过程评价、发展性评价，鼓励自主评价，以评价促进专业发展；同时制定激励性措施，运用多种方法对幼儿教师进行激励，如报酬激励法、目标激励法、荣誉激励法、榜样激励法、参与激励法、群体激励法等，使有进步、有发展的教师能得到相应的物质和精神上的激励，从而进一步激发自主专业发展的热情；第四，为幼儿教师外出学习提供经费和时间上的保障，鼓励教师外出学习，开阔视野。

总之，幼儿教师是我区教育事业的重要力量，是幼儿园生存与发展的希望，促进他们的健康成长与发展，是提高教育质量的动力。同时，教师的专业发展不是一个轻而易举、一蹴而就的过程，而是一个长期的、充满着困难和艰辛的过程，是一个需要不断实践、反思、调整、再实践的螺旋式上升发展的过程。调研组将在今后的工作实践中，进一步作认真细致的探索。

顺义区小学“三级课程”建设情况现状调研的报告——校长情况调研的分报告

顺义区教育研究考试中心教科室　邢颖杰执笔

课程改革、课程建设是当前教育领域倍加受关注的话题，也是我区教育改革的关键和重点。受区教委的委托，为了了解学校三级课程建设情况，了解学校课程建设的基本需求，进而为区域课程开发和课程政策的制定提供数据支持，我们进行了顺义区“三级课程”建设情况现状调研。此次调研的形式主要有学生、教师、家长问卷调查，学校校长访谈。

本报告是基于校长访谈资料的数据分析撰写而成的，采取了夹叙夹议的方法。

一、访谈内容

1. 对“三级课程”之间关系的基本认识
2. 学校在推进“三级课程”建设上的具体做法、问题与困惑
3. 对国家课程校本化的实施的基本认识
4. 学校在国家课程校本化实施中的做法、问题与困惑

二、访谈方式和资料收集

围绕访谈内容，我们召开了两个校长访谈会，访谈对象依据地理位置分布，采取分层抽样的形式，共抽取了14所学校的校长进行访谈，其中包括九年一贯制学校一个。访谈会采用集体访谈的形式，收集了第一手的访谈资料。

通过对原始资料的反复阅读，寻找话语意义，设计了每一个群体访谈内容的编码系统，设置整个访谈内容的母编码系统，最后依据编码之间的类属关系从不同的角度建构出对“三级课程”实施现状的认识和做法。

三、报告撰写的理论框架

本报告中涉及了“三级课程”整体推进和国家课程校本化实施两大主题。对于国家课程校本化实施的划分，不同学者的认识各不相同。有的将其划分到校本课程的领域，有的将其划分在国家课程的领域。笔者认同第二种观点，即国家课程校本化实施是国家课程实施的一个重要且有效的策略，而不是校本课程开发。故本文将独立的校本课程开发和国家课程校本化实施作为两个问题来讨论。

四、访谈资料的解读

对“三级课程”关系的认识现状

通过访谈我们了解到对“三级课程”关系的认识可以分为以下几个阶段：

1. 概念解读阶段

对于三级课程关系的认识处于依据名称进行解释的阶段，缺少自我的思考和建构。如：国家课程体现国家意志；地方课程体现地方意志；校本课程体现学校特色。三级课程不能相互代替。[①] 国家课程体现了学科知识体系的完整性。地方课程、校本课程的有益补充。[②] 三级课程目

---

① 来自于H校长的访谈。

② 来自于J校长的访谈。

标一致，只是点不同。[①]

2. 概念解读和自我建构相融合的阶段

这一阶段的解读既有对概念的把握，也有自我的思考，属于二者融合的阶段。如：以国家课程为主体，落实好国家课程的基础上，再做好学校的特色建设、开发好校本课程。校本课程为辅，校本课程为学有余力的学生进行选修[②]；国家课程是基础，体现人的基础发展，地方、校本是补充、细化和发展。国家是根本的，不能打破的。校本课程决定了一个人多面体的摆放的支点，学校要考虑怎么摆放更适合学生的需求[③]；国家课程就是质量标准，行为准则。同时各学科的目标也体现在地方、校本之中。三级课程不是截然分开的。学校课程就是国家课程校本化实施，校本课程特色化推进。课程特色决定了学校特色。[④] 以上的访谈资料显示了关于"三级课程"的相互关系，校长们都基于概念特征做了自我解读，而且传递了一个声音：国家课程是学校的主阵地，校本课程是学校的特色建设的载体。

3. 自我建构的深入思考阶段

这一阶段的突出特点就是关于课程关系，经历了概念解读和概念解读与自我建构相融合的阶段，校长有了自己的建构，有了自己的"说法"。

如，课程就是教师指导下为学生提供的全部学习经历。只有课程改变才能为学生提供不一样的服务，才能有不一样的学校。课程要指向学生认知能力的提升，精神世界的丰富，关注其习惯、品质和能力。教育者要培养孩子的社会责任感和创新能力。三级课程有行政区域的级别，聚焦到受教育者身上是不一样的。三级课程的关系就像三个字，"众"属于国家课程，体现国家的意志；"从"属于地方课程，体现区域的需求；"人"属于校本课程，体现对于个体的关注。同时，三者又像菜的说法，菜系，相当于地方课程；招牌菜，相当于学校的一个个课程。又像一座座高楼大厦，地基上楼房和色彩就是校本课程……能够促使学生成长的课程就是好课程。课程的一个核心是促进学生的发展与成长；两翼是国家课程校本化实施和学校校本课程建设。[⑤] 课程为教育的载体。有课程才会有教育的发生。对学生而言是机会和营养。国家课程为正餐、地方课程为加餐、校本课程为自助餐。[⑥]

学校推进三级课程建设的操作方法和存在的问题及困惑

（一）学校推进"三级课程"建设的操作方法

1. 机构的设置

调研中各校在课程建设中，都成立了课程室，而且设置了专门的课程负责人。部分学校对于课程室的设置有自己的理解，如：学校成立课程室，教研室在课程室之下[⑦]。机构的设置和对机构的理解反应了学校对于课程建设的基本认识，也决定着课程建设的实际意义。

2. 学校课程的整体设计

访谈中部分校长对于学校课程的整体建构也提出了自己的想法，并努力做到用课程带动学校的整体运转和发展。如，有的校长谈到学校因师、因家、因校外资源，坚持站在课程高度、

---

① 来自于M校长的访谈。

② 来自于B校长的访谈。

③ 来自于I校长的访谈。

④ 来自于D校长的访谈。

⑤ 来自于C校长的访谈。

⑥ 来自于F校长的访谈。

⑦ 来自于A校长的访谈。

学生角度、用研究态度为学生提供菜单式的校本课程……在学校课程开发中坚持3+3+3策略，即“三种课”：科学课程、写字课程、德育课程；“三类人”：孩子的成长、教师的发展、家长及校外人士的介入；第三个“三”，即每类人用课程支撑。如教师成长课程包括新教师课程培训；骨干教师课程；中年教师课程；学生成长课程包括通识课程（安全、心理、人际交往）；单选课程（如课程超市）；整合课程（定向培养）；定制课程（一个孩子一个课表，多导师带领等）……家长课程主要是了解孩子成长的特点……课程实施中坚持校本化、师本化、生本化。如，把中高年级比较优秀的孩子放到社会大课堂之中，进行榜样教育；又如依据孩子的兴趣特点建立课程基地，孩子进行走班式学习。① 也有的校长谈到学校课程建设经历了2个阶段以后，目前着力于学生素养的培养，形成了以五带N的课程体系，注重学生五种素养的实践。课程实施中坚持学生全面发展与个性发展相结合，坚持师生共同发展相结合。

3. 独立的校本课程开发

（1）课程目标

调研中各个学校都谈到了课程开发的背景，但是只有部分学校能清晰地表述出来课程开发的目标和目标产生的背景。如，有的校长谈到学校75%的外地借读生，本地孩子仅有110人，学校以心理健康教育作为出发点。将积极心理学引入课堂，实施“阳光育人，奠基幸福人生”的育人目标并且构建“阳光育人”课程体系建设。② 又如，有的校长表示我们学校要着重培养孩子的自主学习能力，培养孩子自我保护的能力，培养孩子自我发展的能力，培养孩子自我管理的能力。两项素质，身体素质（视力）、人文素养，围绕这六个方面去做课程建设。③ 也有的校长谈到学校要办一种都能拥有自信成功快乐的教育。学生要成为有国际视野的孩子，学生做事有序、学习有法。④ 再如，还有的校长谈到，学校的校本课程是在校训的指导下，设计了诚信、善知、博学、课程体系框架，社团活动归结到不同的课程体系中，并且安排了课程实施时间。⑤

（2）课程内容

调研中各个学校根据自身情况特点开发了独立的、具有本校特色的校本课程。如，有的学校根据学校特点开发了民族传统节日的校本课程、阳光育人课程；有的学校依托墙壁文化、班级文化、学校的橱窗展示、小舞台等开发了学校的隐形课程；还有的学校依托引进的项目（义教项目、科技项目开展人文与科技融合的教育）开发课程；也有的学校是把社团转向为课程内容；还有的学校开设了以国学、舞蹈、艺术体育、写字等为主要内容的校本课程。

（3）课程推进

设计了学校课程开发的目标和内容，各学校在课程推进的实施中又采取了不同的办法。如，学校围绕自我管理能力设置班队活动时间，进行班级规则的制定、班级小干部竞选、生活自理能力的培养等。每个年级段提出最简单的能力目标。⑥ 又如，有的学校谈到在课程设计上体现办学理念、办学目标、学校特色、育人目标。具体行动中提前一两个月的规划、研讨交流

---

① 来自于F校长的访谈。

② 来自G校长的访谈。

③ 来自B校长的访谈。

④ 来自于C校长的访谈。

⑤ 来自于D校长的访谈。

⑥ 来自于B校长的访谈。

提出切入点、搭建平台激发潜能、固化成果办理网站、视频。也有的学校谈到，学校依据课程内容进行了教师培训，教材开发等活动。还有的学校谈到，学校以心理健康教育为切入点，组建了语文、数学团队，共同融入智慧进行阳光课程的梳理……农村教师眼界不宽，干部与老师一起做校本教研的活动，先研究数学学科的阳光课程研究。数学做了，语文再做，语文组展示带动其他组的研究……新教师作为推动阳光课堂建设的主体。班主任做管理的师傅；学科教师作为业务的师傅。新教师任班主任，学科教师进行指导，建立积极语言的语言模板。[①] 还有的学校将校本课程写进《课程表》以确保实施。纵观整个调研情况，关于课程推进的方法可以概括为以下几种：目标任务分级、分解；主题活动承载；教师培训、教材开发；以点带面，典型引路；干群共研；不同类型教师合理配置……

（4）课程评价

关于课程评价，调研中很少被提到，仅有的评价方式为：学生展示（主要的方式）、家长参与评价。

（5）课程资源

通过访谈了解到，关于课程开发中人力资源的运用主要包括以下几个群体：本校教师、家长资源、社区资源、高校专业人士以及外聘的校外工作者。这些资源在学校的课程实践中担当着不同的角色，有的是课程的开发者，有的是课程实施中的指导教师、有的是课程的监督和评价者，也有的仅仅是参与者。比如，B 校在引进人力资源时，涉及到了社会中的成功人士、社区中的特色人物（太极、抖空竹、TOMI 的口语交流的特色人物等），同时他们让家长参与活动，参与评价。又如，C 校依据学校内科任教师比较强的特点，开发民族传统节日课程，盘活综合学科的教育。还有的学校依托校外机构挖掘校内资源开设人文、体育、信息、艺术、科技等几大类社团，由社团逐渐走向课程。

（二）学校推进“三级课程”建设中的问题及困惑

通过调研我们对学校在推进“三级课程”建设中的问题及困惑进行了梳理：

认识方面：

在课程开发中部分学校谈到了因为认识不到位，致使学校在课程实践中缺乏体系的建构，不知如何统筹国家、地方、校本课程。

时间方面：

课程的开设需要时间，因为大课间的介入打乱了原有的设计，致使时间没有保障。

人力方面：

关于中层，这是调研中被提及到最多的一个群体。主要问题集中在课程开发意识和能力不足；事务性的工作过多（事情多、会议多），无暇顾及课程开发。

关于教师，主要问题集中在观念亟待更新，需要具备整体的课程观和育人观；能力和专业性急需提高，开设的校本课程没有专业的老师执教或者执教效果不理想，出现结构性缺编状态；师资数量需要解决。

评价方面：

主要表现在校本课程本身缺乏评价的设计；课程改革需要有外在评价系统的支持（督导的评价、教研员的评价是否支持学校的课程改革等）

另外，在访谈中还有少数校长提到了校长的课程领导力需要提高的问题。

---

① 来自 G 校长的访谈。

对国家课程校本化实施的理解

关于“对国家课程校本化实施的理解”的调研中，出现了两个关键词“因需而变”、“整合”。

因需而变：如在调研中有的学校谈到国家课程校本化应该是这次课程改革的关键，它源于以学生为本的理念……国家课程校本化要考虑如何根据学校的实际、教师的实际、学生的实际进行研究。课程如何延伸，不同的学校有不同的理解。[①] 也有的学校谈到国家课程校本化要做到“三明确”，即明确课程价值和课程标准；明确6～12岁孩子的认知心理；明确孩子可以接受和喜欢接受的方法。基于此再进行变革。[②]

整合：调研中很多学校都提到了国家课程校本化实施的重要途径是整合。其主要表现在目标的修改、内容的调整包括学科内和不同学科间的整合、教学方式的整合。

另外，访谈中也有的学校认为国家课程校本化包括四个方面：一是课程的改编，目标与内容的修改；二是课程的补充，在原有的基础上补充声像资料等；三是课程的拓展，以国家课程为目的，进行再开发；四是课程的整合，打破学科界限和学科内的顺序。[③]

学校在推进国家课程校本化实施中的操作办法、需求及困惑

（一）学校在推进国家课程校本化实施中的操作办法

1. 内容的设置

关于课程内容的设置，在调研中最突出的做法就是“整合”。其中包括学科内的整合，如语文单元的整体教学，也包括学科间的整合，还有阅读与学科的整合。

学科内的整合：通过访谈，可以发现目前各校关于学科内的整合大部分落脚点在于语文单元教学或主题教学的设计，在此基础上建立相应的阅读体系。

学科间的整合：关于学科间的整合，不同学校做法各有特点。有的学校把对孩子自我保护能力的培养与品德与社会、品德与生活加以整合；有的学校以主题组织品社、语文、综合实践、美术课等多学科的整合，如以圆明园为对象的多学科的整合；还有的学校把多学科之间的整合作为国家课程的拓展和延伸，单独设置时间。

阅读与学科的整合：访谈中有学校提到用阅读补充和支撑国家课程。学校谈到通过将阅读理念融入教学引领下的国家课程校本化，用以满足学生个性化的需求。语文学科，课型改革，既有精读一带一的课型，也有单元梳理的课型；数学学科整合中融入数学文化的阅读；英语低年级利用读歌词、唱歌词的形式，中高年级看连环画，写英语日记，课上进行交流，英语课抽出五分钟，进行双语阅读……[④]

2. 课时的调整

调研中，不少学校对课时校本化的处理。如，某学校以语文学科为主，进行单元整体教学的改革。低中年级，主要是课型的变化，如一二课时整体识字，三课时为书法、四课时导读、五六七课时一带一，第八课时是单元汇报课；高年级模式，一课时预习成果搬入课堂、二课时初读课时的呈现课、三课时为自主学习课、四课时精读课文展示、五六课时为拓展课。[⑤] 也有的学校将一天的课时通过每节课压缩时间的方式，由七节调整为九节。还有的学校设想以主题

---

① 来自L校长的访谈。

② 来自F校长的访谈。

③ 来自于A校长的访谈。

④ 来自N校长的访谈。

⑤ 来自于A校长的访谈。

为内容，进行课时的联排。另外，有些学校单独设立学科间整合的课时时间。如有学校谈到自己的做法时，说到不同的学科整合在一起进行大课时。美术25分钟、科学25分钟、写作25分钟。一般下午第三节课上，这是延伸，不是教材内容的重整。一周一次，学科内容拓展。①

3. 教学方式的变化

访谈中，根据课程内容的调整，学校也都进行了教学方式的变革。如有的学校采用了“师退生进”的教学方式，同时将思维训练融入到学生学习方法之中，让学生快乐的体验；有的学校进行了“五学”教学策略改革，变教为学，变讲为导、研；还有的学校研究和实践了先学后教的模式（2345模式）。

4. 教材的处理

调研中，不少学校对于教材的处理方式基本属于多版本教材的比较和运用。也有的学校通过引入其他教材的方式，补充国家课程。如有的学校在低年级引入言语识字的教材，并设计了言语课、写字课，为学生阅读打基础。

5. 课程的评价

关于课程的评价，调研中很少有校长谈及，这可能与国家课程有统一的监控部门负责相关。但是也有个别校长谈到了本校对于课程评价的改革，坚持多元化评价，淡化选拔以激励为主；综合学科实行口试、动手体验的评价；学校对教师的评价关注其态度……②

6. 教师的培训

调研中，有些学校关注到了课程实施者——教师的培养。依托校本教研和课题研究，对学校青年教师进行培养。但多数学校没有提到课程改革中教师队伍建设的问题。

7. 资源的运用

国家课程校本化实施中，关于人力资源的运用主要有以下几种情况，学校领导的引领作用；校内名师的带动作用；高校团队的指导作用。

（二）学校在推进国家课程校本化实施中的需求及困惑

1. 需求专业人员的引领

访谈中，不少学校都提到了课程改革需要专业人员的引领。其内容涉及到课程设计、课程操作、课程评价等方面。

2. 需求评价改革的跟进

关于课程评价的变革，多数学校都提出了需求，主要表现在对教研和行政评价的期待。比如有的学校说教研也需要跳出学科站在课程的角度进行思考，从学科素养、学科本质的高度去备研究课。这样区内的研究课也是一种引领。③ 也有的学校反映现在的质量监控的试卷跟不上改革的步伐。④ 也有的学校提到学校在学科整合做，教研在分着做，学科整合的教研是否可以探讨？⑤ 还有的学校提到自我开发的课程整合起来比较容易，国家开发的整合起来比较难，因为会跟不上进度，评价过不了关……⑥

① 来自M校长的访谈。

② 来自L校长的访谈。

③ 来自A校长的访谈。

④ 来自A校长的访谈。

⑤ 来自D校长的访谈。

⑥ 来自E校长的访谈。

3. 需求教师能力的提高

访谈中不少学校都提到了课程实施的主体——教师素质和能力的提高问题。具体表述如下：教师的能力，学科特点，专业素质不能满足课程的需要，需要加强对教师的培训；学校教师结构性缺编不能满足课程改革的需要；教师之间合作能力的欠缺也不能满足课程改革的需要……

4. 需求体制的支持

访谈中也有学校提到了需求体制上的支持。比如，从教育部到地方到区域再到学校应该有一致的价值追求；盘活区域内教师的流动机制，解决学校的结构性缺编问题；鼓励校际间组合，整合课程资源，并进行组团的整体评价……

五、结论及建议

（一）结论

优点

1. 认识到了课程开发的重要性和必要性

调研中显示，无论是三级课程的整体建构，还是国家课程的校本化实施，每个学校都认识到了课程建设的重要性，并且一致认为课程建设是学校改革成败的关键，是学校特色的体现，是育人目标实现的重要载体。对于课程开发重要性和必要性的认同是学校能否积极、有效从事课程改革的前提。

2. 课程开发中关照了育人目标

调研中，每个学校谈到自己所开发的课程时，都渗透了学校对于要培养什么人的思考。有的学校关注科技与人文素养的培养，有的学校关注自理能力的培养；有的学校关注国际视野的培养；也有学校关注积极心理的培养……明确的育人目标，确保了课程建设的方向和价值。

3. 课程开发在行动中

通过调研，我们欣喜地发现各个学校的课程改革都在行动中。无论是从课程目标的设计、课程内容的选择、课程的实施等环节，学校都进入了实际运行的阶段。课程开发在行动中，将为课程深入改革提供充分的经验支持。比如有的学校进行了单元主题教学内容的重构；有的学校进行了课时的调整等。

4. 课程开发与学校特色建设对接

课程开发在某种程度上彰显着学校的办学特色，尤其是独立的校本课程开发。调研中，每个学校都能结合自己的特色，开发相应的课程。比如，结合学校的多民族特点，开发民族传统节日课程；结合学校的书法特色，开发学校的书法校本课程；结合小种植特色，开发以小种植为主题的，多学科整合课程。

5. 课程开发中充分利用各种资源

资源的充分、合理运用也是课程开发的必要条件之一。调研中，我们发现每个学校都能关照自己具备和可能具备的资源，并对其开发和运用。比如有的学校利用社区资源设计课程内容和聘请执教者；有的学校利用家长资源，参与学校的课程评价；有的学校利用高校资源助力课程的实施等。

6. 探索出了课程整合的模式

关于国家课程校本化实施，我区探索出了一种课程整合的模式——学科本位的课程整合。主要特点是依据学科知识的相关程度进行整合，包括学科内整合和学科间整合。

7. 独立校本课程的开发比国家课程校本化实施做得深入

通过调研，可以清晰地感受到所有学校对校本课程的开发要比国家课程校本化实施做得深入。分析其原因，可能与学校对课程开发的自主权有关；也可能受评价体制的限制，独立的校本课程没有行政或监控的评价，而国家课程有这方面的评价。

不足：

1. 不同学校对于课程的认识所处的阶段不同

通过调研，可以发现学校对于课程的认识是处于不同阶段和不同层面的。有的学校能从整体建设和系统建构的角度思考学校的课程设计，有的学校能从局部思考课程的建设，有的学校只能从笼统地为学生发展的角度设计课程内容。对于课程认识程度的不同，将决定课程改进的深度、速度、效度。

2. 课程开发中缺少对学校现状的分析

无论是独立的校本课程开发还是国家课程校本化实施，都需要课程领导者对学校的现状做具体、深入的分析。其中包括对学生的分析、对教师队伍的分析、对学校资源的分析等等，但是在调研中，很少有学校对自己的现状进行细致、深入地分析，这也是导致课程与人的发展相脱节的原因。

3. 课程开发缺少系统设计

透过调查我们发现，大部分学校在课程开发上还处于点状分部。基于经验，觉得阅读能力重要，就开设阅读课；觉得信息素养重要就开设信息课；觉得英语重要就开设口语课；觉得艺术重要就开设舞蹈、茶艺、围棋课。学校的各类课程之间没有建立关系，也没有对育人目标的整体把握和理解。

4. 独立的校本课程开发中缺少评价的研究

课程是实现目标的载体。目标是否达成，课程实施的过程是否有效是需要课程评价作为保障的。但是调研中，我们发现很少有学校谈到课程评价的问题，尤其是独立的校本课程的开发更是缺少评价的研究。

5. 缺少对课程实施者（教师）的分析

教师是课程的实施和推进者，对教师情况的把握，将决定着课程能否推进和推进的程度。现有调研中发现，很少有学校对自己的教师队伍进行分析，找到队伍的优势与不足，大多数学校对教师的分析，仅限于能力不足、专业素养不够等笼统的评价，缺少对教师能胜力的分析。同时，更没有发现课程设计学校依靠教师的痕迹。

（二）建议

1. 提升校长的课程领导力

对于学校来说，课程领导力是指校长领导学校全体教师创造性地实施新课程，全面提升教育质量的能力；它是学校对课程规划、建设、决策、引领、实施、管理和评价的能力。包括对国家课程的正确理解和对学校课程的准确定位、相互补充与整体功能的思考；包括发展和完善各种实施策略，建立健全各种保障系统，保证课程政策与要求落到实处；包括对学校内外教育教学资源的挖掘、组织和整合；包括对学校课程文化的建构能力等等。[①] 可见，校长的课程领导力决定了课程改革的方向和课程改革的成败，也决定着学校课程体系的建立。

---

① 王月芬，徐淀芳.《学校课程计划与课程领导力的实现》[J].《中小学管理》.2009.05。

2. 深入做好学校的背景分析

学校背景分析是学校研制课程计划的基础与起点。只有将课程计划的研制建立在科学分析本校经验优势、传统特色、面临问题和存在困难的基础上，课程计划才可能具有针对性和有效性。再精美的设计如果脱离了学校实际也将是无源之水，无本之木，显得苍白而没有意义。学校背景分析可以借助于学校发展的 SWOT 分析法。学校在运用 SWOT 法进行背景分析时，可从学校的基本概况、学生情况、教师情况、行政管理和家长情况等方面来进行。每个方面建议从不同的角度进行分析，详见下表①：

学校背景 SWOT 分析建议表

	优势（strength）	劣势（weakness）	机会（opportunity）	威胁（threat）
基本情况	建议从学校规模（包括学校教师人数、学生人数等）、硬件设备、学校历史、文化传统、地理环境特点等角度分析。			
学生情况	建议从学生家庭情况、个性特点、行为习惯、整体能力水平等角度分析。如果学校具有一定的研究能力，建议运用科学的测评方法，从学生科学发展水平、能力水平与差异等角度分析			
教师情况	建议从教师年龄、职称、学历结构，教师专业水平、课程设计与建设能力、科研能力、学科教师间能力差异等角度进行阐述			
行政管理	建议从行政年龄层次、课程领导力、管理策略与风格等角度考虑			
家长情况	建议从家长学历、职业等角度阐述			

3. 重视校本课程开发中的评价研究

课程评价是指检查课程的目标、内容和实施是否实现了教育目的，实现的程度如何，以判定课程设计的效果，并据此作出改进课程的决策。课程评价对象的范围很广，它既包括课程计划本身，也包括参与课程实施的教师、学生、学校，还包括课程活动的结果，即学生和教师的发展。调研中，我们发现关于课程的评价学校在校本课程建设中提及的并不多，这就提示我们要加强校本课程开发中的评价研究。比如可以采用柔性的管理方式，定期与学生进行访谈、教师座谈、问卷调查等及时了解发现并处理课程实施过程中的问题。

4. 校本课程的开发要适度

通过调研我们发现学校在开发校本过程中投入了极大的热情和精力，校本课程在各校呈现出红红火火的状态，这里提醒要防止校本课程的过度开发。学校在课程实施中，首先必须保证国家课程的内容、结构、课时、目标等各方面的落实，然后才能根据学校和地方的特点，进行校本课程的开发。

5. 鼓励各学科教师的通力合作

课程的开发和重构需要各科教师的通力合作。每位教师为学校的课程开发注入智慧，也是学校课程领导力的重要组成部分。比如，我们都知道有些问题的解决不只是一个学科知识就能彻底解决的，它可能牵涉到地理的知识、历史的知识等。某些学科之间乍看起来似乎并没有什么关联性，但事实上却并非如此。同时，一个人的发展也必然不是仅仅依靠其中某一科就可以

① 王月芬，徐淀芳.《学校课程计划与课程领导力的实现》[J].《中小学管理》. 2009. 05。

的。所以，整合的工作需要各学科教师的协作和共同努力。

6. 关注体制改革

任何一项改革需要大的背景支持。课程改革也需要相应的体制变革，比如对学校发展评价的改革；对课程效果评价的变革；对人力资源配置的调整；对教师专业化发展的引领等。

六、问题的讨论

本报告的数据来源是校长群体访谈的访谈资料，在资料的解读中借助了一些编码，力图使解释尽量客观。但质性研究的解读，追寻对意义的多元建构，势必会受研究者个人经验背景的影响，因此本文不追寻标准化和统一的结论。若文章能给读者带来不同的启迪和感受，这也将是笔者的一大收获。

顺义区小学国家课程校本化实施调研的报告——教师情况调研的分报告

顺义区教育研究考试中心课程室　王继霞　王沛慧执笔

一、调研目的

为了解我区小学三级课程建设的现状及存在问题，征求学校在推进“国家课程校本化”建设与实施中的意见和建议，掌握各学校“三级课程”整体推进的落实情况，针对学校提出的需求和建议，进一步确定区域性课程建设推进策略，以使区域三级课程建设更加科学、规范、优质，为推动区域三级课程建设向纵身发展提供科学、客观的决策依据，特开展本次调研。

本报告是在对此次调研数据整理分析的基础上撰写而成的。

二、调研内容

（一）基本信息

（二）教师对国家课程校本化概念、实施关键、核心价值、课程规划及校本课程的认识

（三）教师对国家课程校本化实施策略、管理措施、资源开发及成效的了解与做法

（四）教师对国家课程校本化实施的困惑和需求

三、调研方法

2014年5月上旬，在全区内选取14所课程建设项目校，分别包括县城地区、县城周边地区、边远地区；其中涵盖一所九年一贯制学校和一所集团式学校。

教师选取包括班主任、科任教师，其中班主任和科任教师覆盖了低、中、高3个学段，涵盖了老、中、青3个群体，包括了参与课程建设与为参与课程建设的两个群体。

此次调研使用的工具为《顺义区小学课程校本化实施情况调研问卷（教师问卷)》，由区课程室编制，征求了区教科室科研人员、区课程建设先进单位负责人的意见。

问卷共发放400份，回收398份，回收率99.5%，有效率100%。

四、调研数据及分析

（一）基本信息

问题	选项及百分比						
年龄	A. 30岁以下	B. 31～40岁	C. 41～50岁	D. 50岁以上		未做答	无效率
	17.59%	53.52%	25.13%	3.52%		0.25%	
职称	A. 小学三级或未定级	B. 小学二级	C. 小学一级	D. 小学高级	E. 中学高级	没做	无效率
	9.55%	6.78%	33.92%	48.99%	0.25%	0.50%	
教龄	A. 5年以下	B. 6～10年	C. 11～15年	D. 16～20年	E. 20年以上	没做	无效率
	15.83%	4.52%	13.32%	38.19%	27.89%	0.25%	
任教学科	A. 语文、数学、英语	B. 音乐美术、体育、书法	C. 品德、信息、劳技、科学	D. 其他		未做答	无效率
	63.57%	14.07%	16.08%	4.77%		0.75%	0.25%

从上表的结果可以看出，参与问卷调研的教师无论从年龄、职称、教龄、任教学科等方面都涵盖了小学教师的各类情况，因此调研的结果带有一定的普遍意义。

另外，从上表中还可以发现，此次参与调研的教师的主要特点是：年龄多集中于 31 ~ 40 岁（53.52%），小学高级参与率 48.99%，教龄在 16 ~ 20 年（38.19%），20 年以上的 27.89%，任教学科数学、语文、英语的占 63.57%。这样一个被调查群体的特征，也将是参与国家课程校本化实施主群体的特征，因此他们的认识将是我区课程建设实施情况一个重要的参考因素。

（二）国家课程校本化实施

1. 概念的认识

问题	选项及百分比					
1. 国家课程校本化实施的认识	A. 按照国家课程标准在常规教学中进行有效落实	B. 依据学校特点及资源，对国家课程进行二次开发使之更能适合学校实际情况	C. 国家课程是国家规定的课程不可以改变	D. 可以在部分学科中实施，但不宜在所有学科中实施	未做答	无效率
	23.37%	61.31%	2.01%	12.31%	0.25%	0.50%

从上表中可以看出，61.31% 教师认识到了“依据学校特点及资源，对国家课程进行二次开发更能适合学校实际情况”，23.37% 的教师认为按照国家课程标准在常规教学中进行有效落实即可。因此，从教师主观认识上可以看出，多数教师对国家课程校本化实施有较高的认识，但还有部分教师没有认识。

2. 实施关键与核心价值认识

问题	选项及百分比					
3. 国家课程校本化实施关键	A. 数字化校园环境以及专用设备充分	B. 师资力量的充足和专业技能的水平	C. 学校领导具有较强课程领导力和执行力	D. 区域层面的整体规划并推进	未做答	无效率
	10.55%	53.77%	21.11%	13.57%	0.25%	0.50%
4. 国家课程校本化实施核心价值	A. 促进教与学方式的转变	B. 使国家课程在学校层面得到高效落实	C. 减轻学生教师的学习及工作负担	D. 彰显学校活力，促进学校办学特色的形成		
	23.12%	21.86%	17.34%	36.68%	0.25%	0.50%

总体来看，教师们认为国家课程校本化实施的关键是干部教师的课程领导力和执行力；36.68% 的教师认为彰显学校活力，促进学校办学特色的形成是国家课程校本化实施的核心价值，仅有 17.34% 的教师选择了减轻教生负担，说明教师对国家课程校本化实施有较深入的认识。

3. 课程规划认识

问题	选项及百分比					
12. 您认为学校进行三级课程整体推进的首要工作	A. 整体规划学校课程	B. 构建有学校特色的课程体系	C. 干部、教师、学生及家长的认同	D. 改变目前的评价机制	未做率	无效率
	20.85%	46.23%	18.84%	12.81%	0.75%	0.50%
19. 您认为学校课程规划应具有哪些特点？	A. 以学校和学校所有成员为主体	B. 必须以国家课程为基本依据与指导	C. 面向的是学校内部的课程	D. 涉及课程设计、实施、评价等全过程	E. 依据学校、学生和教师的实际情况进行	无效率
	46.23%	65.58%	28.64%	47.49%	70.85%	2.01%

从上表中可以看出，仅有20.85%的教师选项了“整体规划学校课程”，由此反应出教师对课程建设规划的重要性认识不够，学校在三级课程整体推进及国家课程校本化具体实施上存在一定问题。但从19题选项的趋势中说明教师对课程规划的特点有认识。

4. 校本课程认识

问题	选项及百分比					
18. 您认为成熟的校本课程应具备的基本特征	A. 有明确的办学思想和育人目标	B. 有完整的文本或其他材料	C. 有相应的评价标准和评价方式	D. 有固定的师资和时间保障	E. 有确定的名称	F. 有条理清晰的课程结构
	74.12%	56.78%	59.30%	60.05%	25.38%	51.76%

从上表中可以看出，教师对成熟校本课程的特征有较高认识。

（三）国家课程校本化实施的具体做法

1. 政策落实

问题	选项及百分比					
13. 您知道区域层面对学校开展国家课程校本化的要求吗？	A. 知道但不明确具体做法	B. 不知道没听说过	C. 知道并进行初步尝试	D. 我校尝试的做法与区域要求相契合	未做答	无效率
	40.20%	20.35%	15.58%	23.37%	0.50%	

从上表中可以看出，近80%的教师知道区域层面对学校国家课程校本化的要求，由此说明多数学校做了宣传，近40%的学校已经有所落实，但仍有60%的学校没有明确的做法。

2. 具体尝试

问题	选项及百分比						
2. 国家课程校本化实施上做过哪项尝试，并取得了一定效果	A. 教材的校本化处理	B. 学校本位的课程整合	C. 教学方法的综合运用	D. 差异性多样化学生评价	E. 其他	未做答	无效率
	33.17%	21.86%	27.89%	13.57%	2.51%	0.25%	0.75%
8. 您校在三级课程整合推进上的具体做法是	A. 三级课程分层实施	B. 三级课程整合推进	C. 基本按照上级主管部门要求做	D. 以国家课程有效落实为主	E. 其他	未做	无效
	16.58%	28.14%	22.36%	30.90%	0.50%	0.75%	0.50%

问题	选项及百分比			
16. 您校教师在课程“二次开发”上做了哪些尝试?	A. 对课程标准的校本化注释	B. 对教材的重组与创新	C. 用模块整合教学内容	D. 对国家课程进行校本化开发
	39.95%	55.53%	36.43%	51.26%

总体来看，33.17%教师选择了“教材的校本化处理”表明：教师在国家课程校本化实施上有能力，且进行了教材的重组与创新尝试，对国家课程进行校本化开发的较多；但从学校在三级课程整合推进的具体做法上来看，一半以上的教师选择了“基本按照上级主管部门要求做”和“以国家课程有效落实为主”反应出学校更多的关注国家课程的有效落实。

3. 形成模式

问题	选项及百分比						
9. 您校在国家课程校本化实施中采用的模式	A. 课程整合模式	B. 课程调试模式	C. 课程创新模式	D. 说不清楚	E. 其他	未做答	无效率
	51.26%	8.29%	25.88%	12.81%	0.00%	0.75%	0.75%

从上表中可以看出，大多数学校都做了国家课程校本化实施且采用了不同的模式尤以整合模式居多。这与8题中教师较多的选择了“学校三级课程整合推进”综合来看，学校在课程建设上是有整合意识。

4. 管理措施

问题	选项及百分比						
17. 您校在国家课程校本化管理上重点做了哪些工作？	A. 梳理办学理念、明确办学目标	B. 开发课程资源	C. 聘请专家讲座、开展相关培训	D. 进行管理与监控	E. 成立课程建设领导小组	F. 制定课程建设规划	G. 提供资金保障
	53.52%	53.52%	59.80%	21.61%	39.20%	30.90%	0.00%
20. 您校国家课程校本化实施过程中采取的评价措施有	A. 组织专题教研活动	B. 进行评优课的评比展示	C. 开展阶段性研究成果交流研讨会	D. 评选课程开发与实施优秀团队	E. 申报北京市课程建设优秀成果		
	65.83%	56.03%	65.08%	31.41%	13.82%		

总体来看，学校对国家课程校本化的管理能够从学校办学理念出发，注重资源开发与教师培训，采取多样的评价方式；但在17题中仅有21.61%的教师选择了对国家课程校本化的管理与监控，由此反应出学校在落实国家课程校本化实施过程的监控与管理不足；30.90%教师选择了制定课程建设规划，反应出学校缺乏顶层设计意识；20题中申报北京市课程建设优秀成果仅有13.82%选择，由此看出学校课程建设成果梳理意识不强。

（四）对国家课程校本化实施的需求

问题	选项及百分比					
5. 在学校进行国家课程校本化实施的研究中，您愿意接受的方式是	A. 依据学校统一安排进行研究	B. 赋予教师更多自主权	C. 借鉴成功的成果模式	D. 依据区级教研层面统一要求进行实施	未做答	无效率
	21.86%	49.25%	15.83%	12.06%	0.50%	0.50%

从上表中看出，49.25%教师选择“赋予教师更多自主权”表明：教师对自己有信心，相信自己有能力进行国家课程校本化实施，教师有自主发展意识。给教师多搭建平台提供更多的空间。

问题	选项及百分比						
10. 您认为学校目前国家课程整合化实施可以做	A. 教材整合	B. 学科内各类课程的整合	C. 学科间整合	D. 学习能力整合	E. 不具备整合的能力	未做答	无效率
	14.57%	39.95%	33.92%	7.79%	2.51%	0.50%	0.75%

从上表中看出，39.95%教师选择“学科内各类课程的整合”，33.92%选择“学科间整合”，表明：学科间及学科内整合是教师目前认为可以做的；2.51%教师选择“不具备整合的

能力”表明教师对自己没有信心；14.57%选择“教材整合”表明：教师认为教材整合难度还是大。

问题	选项及百分比					
14. 您认为教师在课程建设与实施上最需要的培训	A. 课程开发方案及纲要的撰写	B. 校本教材的编写	C. 教学方式、教学评价等实施层面的学习	D. 课程成果的打造提升	未作答	无效率
	17.84%	17.09%	55.28%	7.79%	1.01%	18.09%

从上表中看出，55.28%的教师最需要“教学方式、教学评价等实施层面的培训”，表明教师急切需要的是实践层面的培训；7.79%的教师选择课程成果的打造提升，说明教师的课程成果意识不强。

（五）国家课程校本化实施的现状

问题	选项及百分比					
6. 您校国家课程校本化实施的现状	A. 按照国家规定开齐开足课时	B. 组建了国家课程校本化实施团队，对国家课程二次开发	C. 部分学科制定了校本化实施方案，进行初步尝试	D. 在国家课程开齐开足的基础上开展了教学方式变革研究	未做答	无效率
	27.64%	16.58%	29.65%	24.87%	0.25%	1.01%

从上表中看，近70%的教师选择了国家课程不同层度的校本化实施，表明：学校做了尝试，但还是有27.64%学校按部就班没做校本化实施。

（六）国家课程校本化实施的资源开发

问题	选项及百分比						
7. 您校在课程建设上最有力的资源	A. 师资力量强且骨干教师多	B. 学校硬件设施齐备先进	C. 学校周边课程资源丰富	D. 家长素质较高对课改有一定的理解和认同	E. 学校自身文化的积淀	未做答	无效率
	34.67%	31.41%	12.81%	5.78%	13.82%	0.75%	0.75%

从上表中看出，34.67%和31.41%的教师认为师资和硬件设备是目前学校进行国家课程校本化实施最有利的资源。

开放题一：国家课程校本化实施措施与成效

* 进行教学方式的变革，提升了学生自主学习能力，提高了课堂教学效率。

* 利用学校周边资源开发了凤秧歌校本课程与音乐舞蹈课程整合提升了学生艺术素养。

* 学校在科技方面校本化实施较成功，有相应计划、配套教材；

* 学校采取了学科内与学科之间的整合实施，语文进行的是单元整体主题教学，数学立足复习，进行单元知识的重新建构，美术音乐书法等学科之间的整合，地方课程校本化实施为学

生搭建展示平台；

＊ 学校请来跳绳、围棋、书法等教练开展活动，丰富学生生活促进学生发展；

开放题二：国家课程校本化实施困惑与需求

＊ 教师对国家课程校本化不太清楚，需要专业人士引领，区教研部门顶层设计及相应培训；

＊ 学科内与学科间如何整合或融合？怎样发挥其最大功效？

＊ 教师在有效时间内完成教学任务，课时课程设置、课程资源欠缺、学生个体差异较大怎样更好地兼顾？

＊ 如何使校本课程系统化更符合学生身心发展规律需要引领及管理；

＊ 独特的地域资源为课程开发提供了可能性，提升干部教师的课程领导力与执行力势在必行；

＊ 确定特色目标系统开展保证人员、课时及适度监管，有专门领导小组，给师生展示平台；

＊ 欠缺相应的评价体系。

四、结论与建议

（一）结论

1. 国家课程校本化实施的有利因素

（1）国家课程校本化实施适应我区教师发展需求及现状；

（2）国家课程校本化实施是教师学科专业化发展的途径；

（3）国家课程校本化实施是提升学校教学质量，形成学校办学特色的重要组成部分；

（4）国家课程校本化实施有利于学生综合素养的形成。

2. 国家课程校本化实施存在的问题

（1）学校对国家课程校本化实施规划认识度不够，缺少顶层设计；

（2）学校及教师成果意识淡薄，实施过程中积累意识不足，不利于经验的形成；

（3）教师时间和精力有限是阻碍国家课程校本化实施的重要因素；

15. 您认为学校进行三级课程整体推进所面临的最大困难	A. 各层次人员的认同感不强	B. 教师专业技术能力有限	C. 学校财力、物力等资源有限	D. 学生学习能力有限	E. 缺少理念支撑方法引领	F. 教师时间和精力有限	未作答	无效率
	10.55%	17.59%	7.04%	10.80%	18.09%	33.92%	1.26%	0.75%

（4）国家课程校本化实施的方法和策略不足，是其难以落实的最大困惑；

11. 您在学校课程建设上的最大困惑是	A. 作为学科老师应该怎样开发课程	B. 什么是三级课程，怎样整合推进	C. 国家课程有效落实与校本化实施的关系	D. 其他	未作答	无效率
	44.22%	12.56%	39.20%	3.02%	0.75%	0.25%

（5）教师对国家课程校本化理论认识不足，闭塞了其进行国家课程校本化实施的思路。

（二）建议

1. 深化培训，提升教师的课程意识和执行力

在已有培训经验的基础上，需继续加大教师课程开发力、课程执行力的培训力度，进行课程开发的系列培训，结合面授培训、实地培训、校本培训等多种方式，提高培训实效。培训部门要把课程培训纳入教师“十二五”继续教育序列，学校要进一步完善校本培训制度，鼓励教师积极探索和实践，形成不同的教学风格和特色。在培训中，既要重视思想认识的培训，也要重视方法和技术的培训。

2. 注重过程管理，形成课程建设研究团队

成立研究小组，提供政策与物力支持，加强学校课程管理与监控尝试建立科学合理的监控体系，对教师的评价工作应落实到平常，使评价真实而具体，充分发挥评价的导向功能，而不仅仅是学期末的监督检查。教育管理部门应完善延迟、综合评价制度。

3. 加强教科研研究，注重课程成果的提升与积累

以科研课题或教学研究方式推进研究确立研究主题，及时梳理课程成果不断形成经验。结合“顺义区中小学生学习方式变革的实践”项目，以校本研训为切入点研究三级课程相互整合的方式，进一步加强课堂教学的研究。对学生学习方式、学习行为变革下的教学设计与实施暨“教与学方式”进行探索研究，鼓励和促进教师基于学情和学科特点、尊重和保护学生的学习兴趣和求知欲，持续开展有效教学研究，使教育科学向纵深推进，提升教师素质和生命品质。

4. 制定奖励政策，为教师搭台促教师发展

采取精品课程与讲课费、参赛奖励、区域共享、交流展示、加入专家团队等多维方式，激励教师有规划、有目标地打造精品课程，切实达到循序渐进，为学生提供多样化课程选择、真正为学生兴趣爱好、个性特长的发展提供可能，为学校成就文化特色，形成课程品牌奠基。

学校的办学思想和育人目标最终是通过教师的辛勤劳动和出色工作达成的。一支高素质、高品味的教师队伍是办学成功的关键。提升教师的综合素养，是教育教学工作的重中之重。伴随着三级课程建设工作的深入开展，我们离课程改革的目标、离老百姓对教育的需求、离学生成长发展的要求还有较大距离。可以预见，新的问题还将随时出现，这就需要我们及时发现，深入研究，科学解决。

顺义区小学国家课程校本化实施调研的报告——学生情况调研的分报告

顺义区教育研究考试中心教科室　张红梅执笔

一、调研背景及目的

《基础教育课程改革纲要（试行）》明确指出，要“改变课程结构过于强调学科本位、科目过多和缺乏整合的现状，整体设置九年一贯的课程门类和课时比例，并设置综合课程，以适应不同地区和学生发展的需求，体现课程结构的均衡性、综合性和选择性”。同时，国家还提出“小学加强综合课程，初中分科课程与综合课程相结合，高中以分科课程为主。”的课程发展方略。（【中发〔1999〕9 号）和《国务院关于基础教育改革与发展的决定》（国发〔2001〕21 号）】）

对于课程而言，真正的主人是学生，我们的课程都是为学生的发展服务的。学校是为学生而存在的，学生的兴趣与需要，个性的充分发展，是课程开发与实施的重要依据。也可以说，学生是课程开发最终的载体，课程最终要落实到学生身上，被学生所体验。因此，学生的兴趣、爱好和对于课程的需求是促进课程开发与实施的最直接因素。本调研试图通过了解课程实践的基本情况，在实践中发现问题、解决问题，为国家课程校本化实施提供一些有建设性的意见。

二、调研的内容、方法、过程

（一）调研内容

1. 学生的基本信息

2. 学生方面

（1）学习目的认识

（2）对校本课程的认识、态度及对自己学习的影响

（3）课余安排及想法

（4）理想的学习方式与现状

（5）学生期望的评价方式及学习收获

3. 辐射方面

（1）校本课程开设现状的调研

（2）教师教学方式现状

（3）关于教材使用情况

（4）学校开设的课程与学生喜欢的课程

（二）调研方法

问卷调查法。此次调研使用的工具为《顺义区小学国家课程校本化实施学生问卷》。调研对象为顺义区 14 所学校，调查样本的选择考虑到地区的差异、学校的差异、学段的差异等。分别抽取四、五、六年级部分学生参与，采取不记名方式实施，问卷共发放 1050 份，回收 1048 份，回收率 99.81%，有效率 100%。

（三）调研过程

在教委小教科的组织下，课程室、科研室与小教研等人员充分研讨交流后，教科室设计问卷。由14所学校科研负责人组织本校参与学生的问卷。教科室组织收集问卷并集中进行统计，计算机录入问卷选项，对数据进行统计与分析，得出相关数据与判断。

三、调研的数据统计结果与分析

（一）参与调研对象的基本信息

参加问卷的学生基本信息包括：学校所在的位置、性别和所在的年级段。

表1：

1. 你学校所在的位置	A. 县城地区	37.21%
	B. 农村地区	62.79%
2. 你的性别	A. 男	45.42%
	B. 女	54.58%
3. 你所在的年级	A. 中年级	29.2%
	B. 高年级	69.94%

通过表1的调查结果可以看出，参与问卷调查的学生中，37.21%为县城学生，62.79%为农村地区的学生；男女生各占45.42%和54.58%；中年级段的学生比例为29.2%，高年级段为69.94%，无低年级段学生参与调研。

（二）学习目的

表2：

1. 你认为学习的目的是	A. 获得知识，回报社会。	68.80%
	B. 考出好成绩，回报父母。	27.77%
	C. 学好知识，回报老师。	2.10%
	D. 年纪小，只能读书。	0.76%

对于"学习目的"的认识，由统计结果可以看出，有68.8%的学生认为学习是为了获得知识，回报社会；27.77%的学生认为是为了考出好成绩，回报父母；还有2.1%的学生认为学好知识，回报老师，但也有8个人认为学习是无奈之举，因为年纪小，只能读书，占总人数的0.76%。由此可见，不管是为了回报社会还是回报父母，绝大多数学生的学习目的还是明确的。

（三）学生对校本课程的认识、态度及对自己学习的影响

表3中的2题主要是考察学生对校本课程的认识，结果显示：只有20.42%的学生认为"武术、茶艺、美文欣赏"为校本课程；有高于65%的学生把"数学、语文、英语、劳动、信息、科学、音乐、美术"等国家课程当作是校本课程；还有13.74%的学生把"舞蹈、顺义我可爱的家乡"这些地方课程视为校本课程。可以看出，学生对校本课程的认识还远远不够。这将影响到我们第6小题的调研结果。

表3：

2. 根据自己的经验，选出是校本课程的一组是	A. 数学、语文、英语	36.26%
	B. 武术、茶艺、美文欣赏	20.42%
	C. 舞蹈、顺义我可爱的家乡	13.74%
	D. 劳动、信息、科学、音乐、美术	29.10%
6. 你喜欢学校开设的校本课程吗？	A. 很喜欢	66.22%
	B. 较喜欢	24.81%
	C. 一般	7.35%
	D. 不喜欢	1.15%
7. 你认为参加校本课程的学习对自己在校学习的影响	A. 能提高学习成绩	65.46%
	B. 没有影响	27.10%
	C. 会降低学习成绩	1.05%
	D. 说不好	6.30%

第6小题本意是考察学生对校本课程的认可程度，但由于学生对校本课程认识不够，有的学生把国家课程当校本课程，有的把地方课程视为校本课程等，因此此题的调研结果我们无法得出学生对校本课程的态度如何，但我们却可以把它作为学生对在校学习的认可程度。由上表数据可以看出，66.22%和24.81%的学生很喜欢和较喜欢学校开设的课程，但也有8.5%的学生认为开设的课程一般，甚至不喜欢。

关于参加校本课程的学习对自己在校学习的影响，从7小题统计数字看，有65.46%的学生认为课程（校本课程）的学习能提高学习成绩，说明大部分学生还是比较认可校本课程的作用，认为校本课程的开设对他们的学习是有帮助的。但也有近35%的学生认为课程（校本课程）的学习对在校学习没有促进作用，甚至还会因为学习那些课程而降低学习成绩。

（四）学生的课余安排及想法

表4：

3. 你的课余时间主要用来做什么？	A. 根据自己的兴趣爱好，深入做自己喜欢的事情	67.18%
	B. 做作业、参加补习班	24.33%
	C. 上网玩游戏、看电视、看课外书籍等打发时间	6.30%
	D. 无所事事	1.72%
4. 在学习文化课以外，你是否愿意花一定在校时间去学习才艺、生存技能（烹调、理财）等一项特长，或参加一个社团、一项课外活动	A. 愿意，这样生活更快乐	86.16%
	B. 无所谓，听老师安排	8.97%
	C. 不愿意，影响学习	2.29%
	D. 家长反感，怕影响学习	2.48%

由表4的调研数据可以得知，关于课余时间的安排，其中67.18%的学生能够根据自己的

兴趣爱好，深入做自己喜欢的事情；有近四分之一的学生课余时间主要被作业和课外辅导所占用；当然也有在于8%的学生课余时间主要是靠上网玩游戏、看电视、看课外书籍等打发，包括个别无所事事的学生。

关于学习文化课之余，是否愿意学习一些才艺、技能等问题的调查，高达86.16%的学生愿意参与这样的学习，仅有5%的学生认为会影响到学习。由此可以看出，绝大多数学生还是特别期望参与一些才艺、技能、社团等可以作为校本课程内容的学习。

（五）校本课程开设现状的调研

表5：

8. 你校校本课程开设的时间及形式是	A. 每周一次，全员参与，校本课程上课表、社团、小组活动集中	41.22%
	B. 每周一到二次，全员参与，主要是社团、小组活动	32.16%
	C. 时间不固定，部分学生参与，社团为主	16.41%
	D. 时间不固定，部分学生参与，小组活动为主	9.35%
9. 你参与学校开设的校本课程时间为：	A. 每周一节	32.25%
	B. 每周两节	38.65%
	C. 每周三节	18.70%
	D. 没参与	9.64%

上表的统计数据显示：41.22%的学生认为学校校本课程开设的时间及形式为“每周一次，全员参与，校本课程上课表、社团、小组活动集中”；32.16%的学生认为“每周一到二次，全员参与，主要是社团、小组活动”，可以看出大多数学校校本课程的实施还是很规范的，时间比较固定，并且能够全员参与。但也有高于25%的学生认为校本课程时间不固定，仅有部分学生参与，主要是以社团或小组活动为主。由此可以看出，还有超过四分之一学校的校本课程实施管理不到位，还是以部分学生的兴趣小组形式出现。

关于学生参与学校校本课程时间的调研结果显示：90%以上的学生都不同程度地参与了学校开设的校本课程，或每周一节、两节或三节；但也有少部分学生没有参与校本课程，占总人数的9.64%。

（六）学生理想的学习方式与现状及教师教学方式现状

表6：

5. 在学校学习中，你最喜欢的学习方式是？	A. 以教师的讲课为主，我们主要是听，记住老师让记的知识	22.23%
	B. 以小组讨论为主，教师指导我们学习一些学习方法	26.53%
	C. 在课堂学习的基础上，适当参加一些社会实践活动，提升能力	35.50%
	D. 以我们自己学习为主，不会的时候向同学、老师请教	14.98%

5. 在学校学习中，你最喜欢的学习方式是？	A. 以教师的讲课为主，我们主要是听，记住老师让记的知识	22.23%
	B. 以小组讨论为主，教师指导我们学习一些学习方法	26.53%
	C. 在课堂学习的基础上，适当参加一些社会实践活动，提升能力	35.50%
	D. 以我们自己学习为主，不会的时候向同学、老师请教	14.98%
12. 你上课的时候主要采取哪种学习方式？	A. 听老师讲授为主，课堂上基本不动笔	7.06%
	B. 边听课，边练习	23.57%
	C. 在老师提问后自己先学，再小组讨论，最后全班交流	23.57%
	D. 课前先预习，课上交流研讨，听老师总结后完成部分练习	42.08%
（多选）13. 你喜欢哪些学习方法？	A. 听老师讲授	44.37%
	B. 自己学习为主，不懂的请教老师或同学	44.14%
	C. 同学之间合作学习	61.26%
	D. 围绕某个问题进行探究学习	31.97%
	E. 其他，如____________	4.58%

表6中，关于学生喜欢的学习方式数据显示，35.5%的学生喜欢“以在课堂学习的基础上，适当参加一些社会实践活动，提升能力”，可以看出三分之一以上的学生特别希望参加社会实践活动作为课堂学习的补充；还有26.53%的学生喜欢“以小组讨论为主，教师指导我们学习一些学习方法”，说明部分学生喜欢小组讨论的形式，教师给予方法上的指导即可；甚至还有14.98%的学生喜欢“以我们自己学习为主，不会的时候向同学、老师请教”，也就是说以自学为主，教师只充分答疑解惑的角色；当然也有22.23%的学生喜欢“以教师的讲课为主，我们主要是听，记住老师让记的知识”。可以看出只有少部分学生还喜欢“你讲我听”的传统学习模式，大部分孩子都愿意通过参加社会实践活动、小组讨论、自学等方式来学习。

对于学生目前主要采用的学习方式现状调查得知，42.08%的学生认为目前主要采取的是“课前先预习，课上交流研讨，听老师总结后完成部分练习”和23.57%的认为“在老师提问后自己先学，再小组讨论，最后全班交流”；还有23.57%学生是“边听课，边练习”，即学练结合；仅有7.06%的学生是“以听老师讲授为主，课堂上基本不动笔”的形式来学习的。由学生学习方式的现状，也反映出教师的教学方式，可以看出多数教师还是有学生主体意识，能够根据学生的意愿组织实施教学的。

表6中的13小题本意是对上面两个题目的印证，从结果不难看出：61.26%的学生喜欢“同学之间合作学习”和31.97%的学生喜欢“围绕某个问题进行探究学习”，以及44.14%的学生喜欢“自己学习为主，不懂的请教老师或同学”，这些数据反映了学生不喜欢老师课堂上唱主角戏、一言堂的传统教学模式，渴望做学习活动的主人。但也有44.37%的学生对“听老师讲授”这种学习方式也是很喜欢的，这可能是长期受传统讲授教学方式的影响。

（七）关于教材使用情况

表7：

11. 学校老师在上数学、语文、英语、美术等学科时是怎样用教材的？	A. 按照教材编排的内容一课一课上。	38.65%
	B. 在上教材编排内容的同时还会选择一些别的内容来上。	45.23%
	C. 有些教师打乱教材编排的顺序按照自己的编排上。	9.73%
	D. 基本上不用教材，都是老师自己编排的内容。	4.68%

关于“教材使用情况”的调研，表7的数据显示，45.23%的学生认为教师“在上教材编排内容的同时还会选择一些别的内容来上”；9.73%的学生认为教师打乱教材编排的顺序按照自己的编排上课；还有4.68%的学生认为教师基本上不用教材，都是教师自己编排的内容，可以看出60%左右的学生都认为，教师能够根据实际情况对现有教材进行补充或简单的整合等创造性使用教材；但也有38.65%的学生认为，教师是按照教材编排内容一课一课上。

（八）学校开设的课程与学生喜欢的课程

表8：

（多选）14. 规定课程以外，你校目前开设了哪些方面的课程？	A. 课程补充类（英语会话、作文写作指导等）	63.26%
	B. 课程拓展类（数学思想、唐诗欣赏等）	54.20%
	C. 课程整合类（灾后心理辅导、首都志愿者等）	21.95%
	D. 新编类课程（校史教育、“我与花博会”等）	13.55%
	E. 其它，如	13.74%
（多选）15. 你喜欢学习下面哪些课程？	A. 课程补充类（英语会话、作文写作指导等）	44.27%
	B. 课程拓展类（数学思想、唐诗欣赏等）	51.24%
	C. 课程整合类（灾后心理辅导、首都志愿者等）	31.68%
	D. 新编类课程（校史教育、“我与花博会”等）	23.19%
	E. 其它，如	12.02%
10. 在进行校本课程选择时，你希望	A. 根据兴趣爱好和学校提供的课程自主选择	43.32%
	B. 根据兴趣爱好和学校提供的课程，必选和自主选择相结合	22.71%
	C. 根据自己的兴趣爱好，组织志趣相投者和老师一起开发课程	30.15%
	D. 无所谓	2.10%

表8中，关于学校开设的校本课程中，63.26%和54.20%的学生认为开设了补充类（英语会话、作文写作指导等）和拓展类（数学思想、唐诗欣赏等）课程；还有21.95%的学生认为开设了整合类（灾后心理辅导、首都志愿者等）课程；以及13.55的学生认为开设了新编类（校史教育、“我与花博会”等）课程；当然还有13.74%的学生认为开设了以上课程之外的其它课程。由此可以看出，学校开设的校本课程还是多种多样的，尤其是补充类和拓展类居多；

整合类和新编类课程及其它课程相对少一些。

对于喜欢学习哪些课程的调查结果显示，有44.27%的学生喜欢补充类课程，但却有63.26%的学生认为该校开设了补充类课程，这说明还是有一部分学生不喜欢学校开设的补充类校本课程的。有关拓展类校本课程的调查中，有51.24%的学生表示喜欢。还有31.68%的学生喜欢课程整合类和23.19%的学生喜欢新编类课程；甚至还有12.02%的学生喜欢其它课程。由此可以看出逐渐地学生开始对整合及新编类的课程感兴趣，除了这些以外，还有多于12%的学生喜欢更多的课程开设，可见虽然现在的校本课程已经种类很多，却还是未能完全满足学生的需求。

如何选择校本课程的问题，以上数据表明，其中43.32%学生希望根据兴趣爱好和学校提供的课程自主选择；22.71%希望根据兴趣爱好和学校提供的课程，必选和自主选择相结合；还有30.15%的学生愿意根据自己的兴趣爱好，组织志趣相投者和老师一起开发课程。可以看出，大多数学生希望在校本课程选择中有充分的自主空间。，部分学生对校本课程内容的关注度也比较高，兴趣浓厚。

（九）学生期望的评价方式及学习收获

表9：

（多选）16. 你希望学校怎么评价你的学习成绩？	A. 纸笔考试	47.81%
	B. 根据平时表现	51.34%
	C. 答辩	16.22%
	D. 根据实践操作	27.67%
	E. 展评成果，师生共同评定等级	33.49%
	F. 其它，如	2.96%
（多选）17. 你希望从参与的课程学习中收获更多的是？	A. 开拓视野与知识延伸	69.66%
	B. 提高动手操作能力	48.00%
	C. 思维方法的改变	41.32%
	D. 提高创新与探究能力	39.22%
	E. 习惯培养与团结协作能力	45.80%
	F. 其它，如	2.39%

表9的调研数据显示，关于学生期望的学习成绩评价方式，有51.34%的学生希望根据平时成绩，占总人数的一半以上；也有47.81%学生希望通过纸笔考试来评价学习成绩；还有33.49%的学生展评成果，师生共同评定等级；以及16.22%的学生希望通过答辩的方式和27.67%的学生愿意通过实践操作来评价成绩等。由此可以看出，学生已经不仅仅局限于纸笔考试这种传统的学习评价方式，他们期待更多的综合评价形式，尤其是根据平时表现来评价，是更多的学生愿意接受的。

17题的结果前五项相对均等，可以看出学生对课程的需求向多元化发展，这对我们现行的国家课程、地方课程、校本课程提出了更高的要求。如何有效、高效地实施，是摆在我们面前的重要问题。

（十）开放题目

1. 你在学校的学习中，最喜欢哪门课？为什么？

2. 现在的学习负担重吗？为什么？

第一个问题学生的回答比较均衡。喜欢什么科目的学生都有，比如语文、数学、英语、综合实践、体育等等。理由主要有以下几点：

喜欢数学，可以锻炼思维；喜欢科学，因为能让你走向你不知道的秘密；喜欢数学语文，因为数学能让我们思考。语文能让我们分享知识；喜欢体育课。因为可以增加身心健康；喜欢音乐课，因为个人很喜欢，可以让人很开心；都喜欢。每科都能长知识。

关于第二个问题学习负担的统计：70%左右的学生认为学习负担不重，有充足的时间做自己喜欢的事情；20%左右的学生认为负担有点重，理由是周末要上各种各样的辅导班学习；10%左右的学生认为负担很重，主要来源于毕业班的压力以及家长传统的唯分至上思想熏陶。由此可见，目前学生的压力和负担主要集中在家长方面，各种周末辅导班占据了学生的休息时间。

四、结论及建议

（一）结论

优势：

1. 学生们已经认识到校本课程的重要性，也大都愿意接受。

2. 学生们已经喜欢上校本课程，学习的积极性很高。

3. 学生们愿意接受一定的作业和测试，更说明大部分学生是以积极、昂扬的情绪在接受，为校本课程的加强提供了一定的保障。

不足：

1. 学生缺乏对校本课程的认识。

2. 在学习方式上，部分学生对教师的依赖性较强，希望老师多讲。这其实是受国家课程教授时所用方法影响。

3. 部分学生的学习负担比较重。

（二）建议

★ 总体建议：

1. 掌握学生发展总体目标

我们应该清醒地认识到：我们教育的根本是学生发展，如果对教育的总体目标不明确，那么所有的教育教学行为将是模糊的、没有意义的。随着时代的进步和发展，我们应该用发展的与时俱进的眼光审视和认识学生的发展目标，将其定位于未来的生活和工作中，并认真加以理解和内化。

2. 注重学业评价过程的管理和监控

小学生的学业评价更应该注重评价的过程，多重视平时测评，淡化期末考试，重视学生的课堂提问评价，作业评价，单元练习，分散评价的时间、分散评价的方式。注重学生学习过程的发展，从纵向评价学生的学业。也可以采取弹性的多次评价策略、多层评价策略，自主评价策略，使处于不同发展水平的学生都能及时看到自己的进步和成功，都能在原有的基础上有不同程度的发展和提高，使学生自觉地将考试评价作为自我反馈、自我调整的重要手段，使学生在深刻的自我感悟、自我认识中积极主动地寻求发展。因此，作为学校，应注重的是教学和考试全过程的监控，建立起教学管理与质量分析的科学系统办法，使之既能调动教师的积极性和主动性，又能有效监管和提高教学质量。

★ 给学校层面的建议：

1. 把握课程开发的宗旨。校本课程的开发和实施要能够照顾学生的个别差异，满足学生多样化的需要，很好地弥补国家课程、地方课程不能满足学生不同需求的缺陷，提高课程对学生的适应性。

2. 建立完善的课程体系。协调好国家、地方、学校三类课程的关系，形成学校独特的办学风格。

3. 要努力调动教师创造性实施课程的积极性，形成课程创新的氛围。

4. 有效的管理和监控。充分分析学校所处的环境和学校内部的状况，逐步提高认识，形成明确的开发校本课程思路和校本课程的管理方法。

★ 给行政层面的建议：

1. 对国家课程校本化有着桥梁和纽带的作用，其职能不仅仅是上传下达，更重要的是做好研究和宏观指导，连接国家层面与学校层面，将国家课程实施与本地区教育现状、教育需求联系起来。

2. 要为学校的校本化课程实施提供政策、资源等条件支持。比如关于课程评价的改革与跟进、教师资源的补充、学习资源的连片整合等。

顺义区小学国家课程校本化实施现状调研的报告——家长情况调研的分报告

顺义区教育研究考试中心教科室　王　薇执笔

国家课程的校本化开发与实施是课程改革的重要途径，其过程又是一个复杂、整体的动态过程，涉及到教材的调整、组织方式的改变、知识内容的拓展等多个方面。那么，要想很好地进行国家课程的校本化开发与实施，了解、掌握我区小学三级课程建设和国家课程校本化实施的现状及存在问题是首要任务。因此，笔者希望通过此次调研分析，整体把握我区小学三级课程建设的现状，进一步确定区域性课程建设推进策略，使区域三级课程建设更加科学、规范、优质。

一、调研的目的、内容、对象与方法

（一）调研的目的

我区 14 所小学在区教委小教科、教科室和课程室的指导下，对学校三级课程建设和国家课程校本化实施的现状进行调研，该调研分别以学校校长、教师、学生及学生家长为主体，获取真实、客观的学校课程建设信息，以调研结果的数据为事实依据，肯定成绩，发现问题，为学校和区县教育行政部门制定进一步推进区域性课程建设的决策提供信息。

（二）调研的内容

1. 调研信息搜集对象的基本情况

2. 学校三级课程建设现状

（1）学校国家课程建设现状

（2）学校地方课程建设现状

（3）学校校本课程建设现状

3. 学校国家课程校本化实施现状

（1）对国家课程校本化内涵的认识情况

（2）学校国家课程校本化实施效果

（3）学校国家课程校本化实施的资源运用情况

（三）调研的对象

我区 14 所小学的四、五、六年级的部分学生家长参加此次调研，学校分布我区的城区及农村地区。此次调研共发放问卷 1050 份，收回有效问卷 1035 份，回收率 98.57%。

（四）调研的方法

调研信息均采用问卷调查法采集；选取我区 14 所小学四、五、六年级学生家长分层抽样；使用 Excel 2010 软件进行数据处理；问卷编制、印刷和数据分析均由区教科室人员负责完成。

二、调研的数据结果及分析

（一）调研信息搜集对象的基本情况

1. 家长与学生的关系

从调研结果来看（见图 1），调查的学校家长中，学生的母亲占 66%，学生的父亲占 31%，其他家长角色占3%。可见，母亲对学生学业的关注度最高。

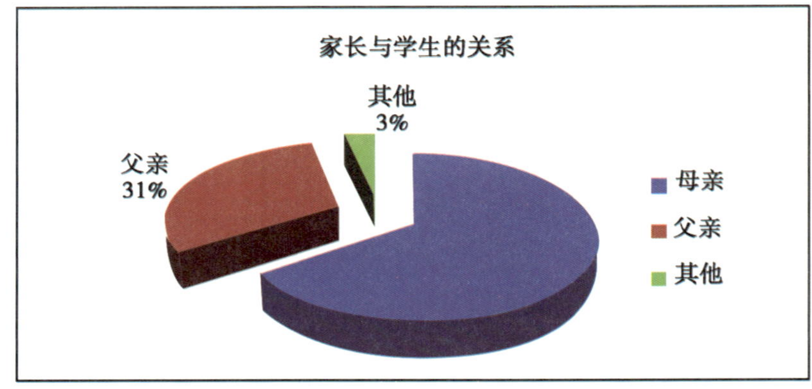

图1　学校家长角色分布

2. 家长的年龄

从调研结果来看（见图2），学生家长的年龄主要集中在30到40岁，占78%，40岁以上的占20%，30岁以下的仅为2%。

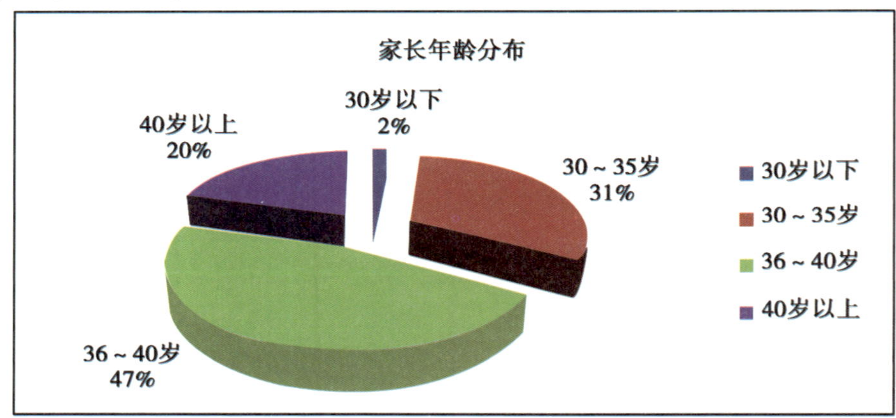

图2　学校家长年龄分布

3. 家长的文化程度及职业

表1　家长学历及职业分布

题号	题目	选项	比例（%）
基本信息3	您的学历为	大专以下	58.74
		大专	17.97
		本科	17.97
		本科以上	2.71
基本信息4	您的职业为	机关事业单位工作人员	12.46
		企业工作人员	30.43
		自由职业	39.90
		农民	15.27

由表1可见，学生家长的学历层次并不高，多集中在大专以下，占58.74%，本科以上的仅占2.71%。学生家长的职业多为企业工作人员和自由职业，比例分别为30.43%和39.90%，农民占15.27%，机关事业单位工作人员占12.46%。这与我区的经济发展程度与地理位置有一定的关系，学生家长的受教育程度普遍偏低，从事自由职业的比例相应较高。

（二）学校三级课程建设现状

1. 学校国家课程建设现状

表2 学校国家课程建设现状调研的统计结果

题号	题目	选项	比例（%）
单项选择6	目前学校的课堂教学主要采取哪种教学方式	以学生小组合作学习为主	32.56
		以学生自主学习为主	19.03
		以教师讲授，学生接受学习为主	47.05
多项选择1	目前学校教育中，您认为学生应多加强哪些方面的训练	习题练习	34.40
		实验动手能力	65.99
		探究创新能力	50.34
		社会实践能力	65.41
多项选择2	目前学校教育中，您认为应丰富哪些方面的知识	自然科学探究	32.85
		社会人文知识	42.51
		艺术鉴赏和表现	27.15
		文明礼仪与成功社交	56.62
		学习方法	51.50
		职业体验	18.16
		生命意识和身心健康	54.49

从调研结果来看（见表2），目前大部分学校课堂教学仍采取“以教师讲授，学生接受学习为主”的教学方式，占47.05%，“以学生小组合作学习为主”的方式占32.56%。由此可见，目前学校的课堂教学方式仍然是教师讲授为主的方式。

学生家长认为，学生还应加强实验动手能力、社会实践能力、探究创新能力的培养①。在知识储备方面，家长希望丰富学生文明礼仪与成功社交、学习方法、生命意识和身心健康方面的知识。在家长的意识中，学校教育主要体现为国家课程，家长对学校教育的需求，则反映出学校国家课程建设方面的欠缺。以上方面的不足，希望引起学校的关注，在国家课程校本化开发中得以改善。

① 多项选择题的比例统计为选项出现的频次，选项之间的比例不具有排他性，只与非此选项的比例排他。

表3　学校国家课程建设效果调研的统计结果

题号	题目	选项	比例（%）
单项选择1	目前学校开设的课程中，您认为对学生最有益的是	人文素养类	23.57
		科学素养类	11.79
		学科拓展类	20.97
		生活技能类	12.56
		身心健康类	29.95
单项选择3	您认为学校教学中，最注重对学生哪方面能力的培养	获取知识，掌握知识	35.94
		自主学习，交流合作	14.49
		发现问题解决问题	19.32
		创新精神和实践能力	27.15
		搜集和处理信息	1.35
单项选择4	您的孩子最喜欢上哪种类型的课	国家课程，如语文、数学、英语等	55.65
		地方课程，如舞蹈、我可爱的家乡顺义、攀登英语、书法	17.49
		校本课程，如乒乓球、棋艺、古诗文诵读等	25.60

从调研结果来看（见表3），家长认为学校的国家课程中，身心健康类和人文素养类课程对学生最有益。这说明，此类课程开展的效果最好，学生的收获最显著，也是家长最满意的课程。

家长认为学生最喜欢上的课是国家课程，比例占55.65%。这个统计结果出乎笔者的预设，笔者认为学生会喜欢趣味性更强的校本课程，甚至是地方课程，而不会是肩负重重考试的国家课程。调研结果生成的原因可能是多重的，一是，家长认为在学校教育中，最重要的为国家课程，潜意识中就认为学生最喜欢国家课程。这种意识的形成与家长的受教育程度和教育子女的观念是有一定的关系。二是，学校在国家课程建设方面的确很科学、规范，符合学生发展的需求，进而获得了学生的喜爱和肯定。

在学校国家课程对学生能力培养方面，家长认为国家课程最注重对学生获取知识，掌握知识能力的培养，这体现了国家课程的基本任务与功能。27.15%的家长认为注重对创新精神和实践能力的培养，可见，学校国家课程也很重视对学生创新精神和实践能力的培养。

2. 学校地方课程建设现状

从调研结果来看（见表4），大部分学校都按要求开设了顺义我可爱的家乡、舞蹈、攀登英语和书法的地方课程。

表4　学校地方课程建设现状调研的统计结果

题号	题目	选项	比例（%）
多项选择3	您了解学校开设了哪些地方课程	顺义我可爱的家乡	52.56
		舞蹈	43.38
		攀登英语	49.76
		书法	52.37

3. 学校校本课程建设现状

从调研结果来看（见表5），家长最希望学校增设艺术类和科学技术类的课程，最希望学校增设动手实验和体验参与形式的课程。可见，家长认为学校还应该开设以上类型和形式的校本课程。这说明，学校目前开设的校本课程在以上几个方面是有不足的，希望学校加强艺术类和科学技术类型、动手实验和体验参与形式的校本课程的建设。

表5　学校校本课程建设现状调研的统计结果

题号	题目	选项	比例（%）
多项选择4	您认为学校还需增设哪些类型的课程	体育类	36.14
		艺术类	46.57
		信息技术类	38.74
		人文类	35.65
		科学技术类	46.18
多项选择5	您认为学校还需增设哪些形式的课程	动手实验	65.22
		体验参与	62.32
		教师讲授	19.13
		交流展示	45.02

从调研结果来看（见表6），57.39%的家长认为校本课程开阔学生视野利于激发学生思维，37.87%的家长认为校本课程可以提高学生的学习兴趣，不会使学生增加学习负担。可见，学生家长对学校校本课程实施的效果是很满意的。

表6　学校校本课程建设效果调研的统计结果

题号	题目	选项	比例（%）
单项选择5	您认为学校开发校本课程对学生的影响是	开阔学生视野利于激发学生思维	57.39
		占据了很多时间造成学生成绩下滑	3.57
		可以提高学生的学习兴趣，不会使学生增加学习负担	37.87

（三）学校国家课程校本化实施现状

1. 对国家课程校本化内涵的认识

从调研结果来看（见表7），大多数家长认为学校课程开发要符合本校学生的特点，满足学生需求。同时，大多数家长认为学校课程开发要根据学生自我发展的需要。可见，家长对学校课程开发的认识多是以学生作为核心，基于学生的需求展开的。这种对课程开发的认识还不够清晰、深入，希望学校在这方面加强对家长的宣教，使其对课程开发实施的认识不断深入。

表7 对国家课程校本化内涵认识情况调研的统计结果

题号	题目	选项	比例（%）
多项选择6	您认为学校课程开发的价值是	挖掘教师潜能	35.65
		符合本校学生的特点，满足学生需求	77.49
		彰显学校办学特色	43.86
多项选择7	您认为学校课程开发的主要根据是	学校的实际情况	40.58
		学生升学的需要	28.70
		学生自我发展的需要	65.41
		教师的专业发展需要	17.58
		学校的教育教学理念	54.88
		教育资源的多少	12.27

2. 学校国家课程校本化实施效果

从调研结果来看（见表8），59.23%的家长期望的课堂教学方式是教师讲授为主，学生接受学习的方式。这种观念的产生可能与家长的受教育程度和教育子女的观念有一定的关系，多数家长还没有接受学生自主学习的方式，没有认识到接受式学习的弊端。

表8 学校国家课程校本化实施效果调研的统计结果

题号	题目	选项	比例（%）
单项选择2	您认为学校课堂教学应以哪种教学方式为主	以学生小组合作学习为主	28.02
		以学生自主学习为主	11.50
		以教师讲授，学生接受学习为主	59.23

3. 学校国家课程校本化实施的资源运用情况

从调研结果来看（见表9），72.86%的家长愿意参与课程的开发与实施，28.12%家长愿意为学校推荐课程资源。但41.26%的家长选择用其他的方式参与课程的开发与实施，这部分家长可能对课程开发与实施的认识还不是十分清晰，并不知道以何种方式参与。可见，学校对学生家长在课程开发与实施方面的宣教还不够深入，希望学校加强对家长的宣传和教育。家长也是学校课程开发的重要资源之一，积极开发家长的资源，对于学校课程建设工作可以起到事半功倍的作用。

表9 学校国家课程校本化实施资源运用情况调研的统计结果

题号	题目	选项	比例（%）
单项选择7	如果学校招募一批有志于参与课程开发实施的家长志愿者，您是否愿意尝试成为其中一员	非常愿意	29.86
		愿意	43.00
		无所谓	15.46
		不愿意	9.47
单项选择8	如果愿意成为志愿者，您希望以怎样的方式为学校提供帮助	提供一次讲座	10.24
		每周一次连续几周为一部分学生讲课	11.30
		可以为学校推荐课程资源	28.12
		培训教师，为教师进行课程开发作指导	5.99
		其他	41.26

（四）家长的建议

为了促进学校课程建设的优质开展，本次调研通过设置“在学校课程设置方面，您有哪些期望和建议”的开放题，征集了学生家长对学校课程建设方面的一些建议，将家长的回答结果整理如下：

1. 对国家课程建设的要求和建议

（1）希望学校增加国家课程的课时

希望学校增加国家课程的课时，尤其是语文、数学等主科的课时，有效抵制校外教育，减少学生课业负担。

（2）希望学校增加动手实践形式的课程。

（3）希望学校加强一些课程的建设

希望学校加强思想品德、心理健康的教育。体育课多增加球类的训练。

（4）希望学校丰富课程评价的方式

希望学校构建多元化的学生评价方式，如对思想品德课的评价，不能只依靠成绩，同样要关注学生的品德水平。

2. 对地方课程建设的要求和建议

希望学校加强舞蹈课程的建设，建议与校外专业机构合作，聘请专业性更强的教师，提升课程的专业性。

3. 对校本课程建设的要求和建议

（1）希望学校合理安排校本课程时间

希望学校系统合理安排校本课程的时间，建议在暑期、周末开设校本课程。

（2）希望学校加强一些校本课程的开发

希望学校加强乐器课程、社会实践课、生活技能课、国学课程、文明礼仪、社会交际、安全教育、生命意识校本课程的建设。

（3）希望学校校本课程的设置更稳定

希望学校校本课程、兴趣小组的开设能够长期坚持，不要频繁变化。

三、调研的结论及建议

（一）结论

1. 主要成绩

（1）国家课程注重对学生创新精神和实践能力的培养

学校国家课程不仅完成了学生获取知识，掌握知识的基本任务，同时也比较注重对学生创新精神和实践能力的培养。

（2）学校按要求开设地方课程

大部分学校都按要求开设了顺义我可爱的家乡、舞蹈、攀登英语和书法的地方课程。

（3）学校校本课程实施效果显著

学校校本课程的设置对于开阔学生视野、激发思维、提高学习兴趣起到了显著的作用。学生家长对学校校本课程实施效果很满意。

2. 问题

（1）学校课堂教学方式单一

目前，我区大多数学校的课堂教学方式仍然是接受式的，学生被动学习，导致学习积极性不高，难以收到良好的教学效果。

（2）学生家长教育观念陈旧

我区地处郊区，受到经济发展水平的制约，学生家长的受教育程度普遍不高，对于子女教育问题的认识不够深刻，观念比较陈旧。

（3）学生家长对学校课程开发的认识不够清晰、深入。

（二）建议

1. 整体规划学校课程

学校要加强艺术类和科学技术类课程的建设，注重对学生动手实践能力、探究创新能力的培养和社交礼仪、心理健康方面知识的丰富。针对这个问题，学校在课程建设方面要加强整体规划，一是明确学校发展特色，为国家课程校本化实施找准契合点；二是应结合本校学生的实际情况，积极开发课程资源；三是要调动教师创造性实施课程的积极性，形成课程创新的氛围；四是要对课程实施的过程进行有效的管理和监控。

2. 构建发展性学生评价体系

对学生的评价方式要实施发展性的评价，其中要注意三个基本的问题，一是要遵循学生身心发展的基本规律，选择适应学生发展的评价策略；二是要遵循学生发展的个体化差异，依据学生差异的多方面表现，选择适应不同学生发展的评价策略；三是要注意评价过程中维护学生的尊严和人格，考虑学生的心理承受能力，尽可能采取分段实施的评价模式。

3. 丰富课堂教学形式

目前，学校课堂教学仍以接受式的教学方式为主，针对这个问题，要积极引导教师学习教育理论，改进教学方法，不断更新教学观念，逐步树立以学生为主体的思想，提倡“启发式”、“探究式”教学，通过启发学生思考，激励学生思维，实现课堂是师生间的双向交流。

4. 逐步提升家长对课程开发实施的认识

课程改革不仅是学校内部教学的改革，不仅与学校校长、教师和学生有着密切的关系，同样与学生家长紧密相关。提高家长对学校课程开发实施的认识，逐步转变陈旧的教育观念，充分挖掘利用家长的课程开发资源，对于课程改革工作的深入开展，具有积极的推动作用。

顺义区小学“三级课程”建设现状调研的报告——建议情况的报告

顺义区教育研究考试中心课程室、教科室 沈振玉 朱 宏执笔

课程改革、课程建设是当前教育领域倍加受关注的话题，也是我区教育改革的关键和重点。受区教委的委托，为了了解学校三级课程建设情况，了解学校课程建设的基本需求，进而为区域课程开发和课程政策的制定提供数据支持，我们进行了顺义区“三级课程”建设情况现状调研。此次调研的形式主要有学生、教师、家长问卷调研，学校校长访谈。

本报告是基于学生、教师、家长问卷调研，校长访谈资料的数据分析，提炼四个报告的建议撰写而成的。

一、做好课程建设，要把握“国家课程的校本化实施”

从课程管理的角度看，建议决策者和教育者要明确国家课程、地方课程、校本课程和三者关系；更要把握“国家课程的校本化实施”。

从国家课程、地方课程和校本课程各自的含义和目的以及我国的国情来看，当前我国基础教育应以国家课程为主，地方课程和校本课程为辅。语文、数学、英语等学科具有国家统一的课程标准，属于国家课程，在实施过程中具有统一性和强制性，这类课程不属于校本课程。“国家课程的校本化实施”是从课程实施的取向上来说的，由于国家课程的共同要求并不具体，而且具体的改革目标还存在很多争议，各地的教育发展也很不平衡等多方面的条件限制，国家课程很难统一、强行实施，那么为了解决国家课程的有效实施问题，就有必要以校为本，对国家课程进行校本化改造，对国家课程进行二度开发。这里，国家课程校本化实施的主导的价值追求则是课程实施中国家与学校、学校与环境的相互适应和调整。可见，国家课程校本化实施是国家课程实施的一个重要且有效的策略，而不是校本课程开发。

①国家课程校本化实施条件包括：在国家层面上，国家课程要给校本化课程实施留下空间和余地；地方政府需要为学校的校本化课程实施提供政策、资源和科研等的支持、扶持和协助；学校需要具备校本化课程实施的能力和文化氛围。

课程校本化开发与实施：学校要结合本校学生的实际情况，不能只是根据学校和教师的情况去开发课程资源；不是学校、教师在设计“校本课程”的主题及内容，而是让孩子参与校本课程的开发；学校、教师对课程校本化实施的过程进行有效的管理和监控，要建立一套有效的发展性评价体系等。

二、做好课程建设，在课程设计上要着力整合

学校除了应力求各学科即各个领域之间的整合、正式课程与潜在课程之间的整合、活动课程和学科课程之间的整合之外，还需力求学生校内所学知识与其校外的社会生活密切联系起来。因为学生的学习离不开学生自身的学习和生活经验，只有如此，才能真正实现现代学校课程所特别强调的培养学生综合实践能力的目标要求。

① 潘娟．浅谈校本化实施中的评价［J］．教育导刊，2006（4）。

学校管理层面要对课程开发与实施的整体规划；对“课程”的理解，不能简单地把课外小组当成是校本课程；很多所谓的“校本课程”，比如音乐、美术、舞蹈等，只是把课内的知识搬迁到小组里来上，要有系统的教学内容等。

课程计划的研制建立在科学分析本校经验优势、传统特色、面临问题和存在困难的基础上，课程计划才可能具有针对性和有效性。学校要加强艺术类和科学技术类课程的建设，注重对学生动手实践能力、探究创新能力的培养和社交礼仪、心理健康方面知识的丰富。针对这个问题，学校在课程建设方面要加强整体规划，一是明确学校发展特色，为国家课程校本化实施找准契合点；二是应结合本校学生的实际情况，积极开发课程资源；三是要调动教师创造性实施课程的积极性，形成课程创新的氛围；四是要对课程实施的过程进行有效的管理和监控。要求学校校本课程的设置更稳定，学校校本课程、兴趣小组的开设能够长期坚持，不能频繁变化。

学校要增加动手实践形式的课程；学校要加强舞蹈课程的建设，建议与校外专业机构合作，聘请专业性更强的教师，提升课程的专业性。学校要系统合理安排校本课程的时间，建议在暑期、周末开设校本课程。

学校要加强一些校本课程的开发，例如乐器课程、社会实践课、生活技能课、国学课程、文明礼仪、社会交际、安全教育、生命意识校本课程的建设。

三、做好课程建设，要深化培训，提升教师的课程意识和能力

要更新课程观念问题，要调动教师积极主动地参与到课程校本化开发与实施中来。在已有培训经验的基础上，需继续加大教师课程开发力、课程执行力的培训力度，进行课程开发的系列培训，结合面授培训、实地培训、校本培训等多种方式，提高培训实效。培训部门要把课程培训纳入教师“十二五”继续教育序列，学校要进一步完善校本培训制度，鼓励教师积极探索和实践，形成不同的教学风格和特色。在培训中，既要重视思想认识的培训，也要重视方法和技术的培训。

区域课程建设需要将培训、教研、科研等部门的培训视角与着力点有机整合，将课程建设内容融入其中或在培训中开设相关学科课程建设方面的内容，使教师逐步提升课程意识，树立大课程观念，学会从课程的视角反观教材与课堂，真正理清课程、教材、课堂三者之间的关系。课程建设合力培训定会弥补我区干部教师课程意识的不足，有助于提升我区干部教师的课程领导力、开发力与执行力。

四、做好课程建设，要制定奖励政策，为教师搭台，促教师发展

例如，采取精品课程与讲课费、参赛奖励、区域共享、交流展示、加入专家团队等多维方式，激励教师有规划、有目标地打造精品课程，切实达到循序渐进，为学生提供多样化课程选择、真正为学生兴趣爱好、个性特长的发展提供可能，为学校成就文化特色，形成课程品牌奠基。

五、做好课程建设，须凸显适切性、特色化建设新格局

课程是学校的办学品牌，是学校发展的原动力，是学生发展的重要载体，课程结构决定学生的素质结构。我区需在全面贯彻教育部有关新课程改革与实施基本精神的基础上，本着国家课程统一安排、地方课程自主选择、校本课程特色开发的基本思路，积极构建彰显地域特色、符合学生实际的课程体系，并把课程建设和学校特色建设结合起来，确立“以课程促学校的特色发展，以学校特色发展促师生的可持续发展”的办学思路，形成一校一品，特色化建设适合教育新格局。如突显民族特色、与学科课程整合的系列化学校课程校本化建设。

六、做好课程建设，需构筑信息化课程建设新平台

运用信息化的快捷高效功能，提升课程的管理水平。我们可以研究开发涵盖学校的地理位置、基本概况、资源特色、课程建设等情况的覆盖全区的课程资源地图。通过课程资源地图的检索、呈现和统计等功能，可以直观了解我区课程建设的进展情况，及时研究分析课程建设中存在的问题，为区域课程管理和决策提供参考依据。

七、做好课程建设，须加强区域一体化建设

为了实现区域教育均衡发展，我区可以“一体化”建设为抓手，加强“城乡联动一体化”、“中小学‘十二年’一体化”、“学生综合素质培养一体化”和“课程德育一体化”建设。

城乡联动一体化，将打破城乡间学校各项资源配置不均以及城乡校际间的壁垒，开展城乡学校手拉手活动，均衡化实现教育公平与均衡。中小学“十二年”一体化建设将依托联盟和组团，建立跨学段、跨学科课程整合、重组、开发与实施的建设机制，探索联盟之间以及联盟内小学、初中、高中各学段相互衔接的课程教材建设体系，建立适合学生特点、利于学生成长与全面而有个性发展的无缝衔接的课程结构，实现“学生跨校走班”、“教师跨校送教”、“同类课程资源共享”的区域教育新格局。学生综合素质培养一体化则依托我区区域课程建设所提出的“人文、科技、信息、艺术、体育”的五大素养，构建区域课程整体结构和管理路径，形成各具联盟特色、相互融通、共同构建的课程体系框架。“课程德育一体化”则将课程建设与德育建设有机融合，充分挖掘学科课程中德育教育资源，有效利用校内外资源开发丰富多彩的德育课程，举办学生喜闻乐见的德育社团活动，在课程中、活动中滋养学生的习行德操。

此外，在区域地方课程建设上，须构建以一门课程如顺义——我可爱的家乡或以顺义经济腾飞为抓手规划开发的具有统领全局作用的新一门课程为统领，顺义地理、顺义生物等等其他课程为子领域的区域地方课程的课程群，充分发掘区域家乡的各项优质资源，以促使我们的孩子在“知家乡、爱家乡”的基础上，树立起建设家乡的理想信念。

八、做好课程建设，必须深思的几个重点问题

（一）重在顶层设计

要做好区校两级课程建设的顶层设计，首先要弄清楚两个问题：一是“培养什么样人的问题？”二是“怎样培养人的问题”。回答好这两个问题，课程建设的顶层设计就迎刃而解了。我们所设计的课程建设方案就不只是应付差事，而会真正成为区校两级加强课程建设的有力抓手。

（二）重在理清关系

思考好上述两个问题，学校要加强课程建设还应理清如下几对关系。

1. 学校办学理念、育人目标、办学特色等与学校所开设的课程、所发生的教育是一种什么样的关系？

2. 学校学情、师情、校情与学校所构建的课程结构体系是一种什么样的关系？

3. 学校开设的国家课程、地方课程、校本课程三者之间又是一种什么样的关系？

4. 学校课程校本化与学校所拥有的人、财、物、环境等有何关系？

理清这几对关系，学校课程建设的构架就出来了，散落到学校的课程珍珠就会自然而然地连接起来，形成网络。

（三）重在强强联合

我们都知道，火车跑得快全靠车头带。但当今的动车就打破了这一神话，有车头的作用，也有各节车厢自有的动力。学校拥有干部、教师、学生、家长等强大的教育队伍，应极大发挥所拥有的教育队伍中各色成员的强势智慧，做好学校课程建设的各项工作。

（四）重在上下一致

上下一致才能得胜利。

顺义区中学任课教师情况调研的报告

顺义区教育委员会中教科

本次调研采取发放调查表的形式进行，共 33 家单位参与。分别是：北石槽中学，北务中学，大孙各庄中学，高丽营二中，高丽营学校，李桥中学，李遂中学，木林中学，南彩学校，南法信中学，牛一实验，牛山二中，仁和中学，沙岭学校，顺义八中，顺义三中，顺义十三中，顺义十五中，顺义十一中，顺义四中，顺义五中，天竺中学，沿河中学，杨镇二中，张镇中学，赵各庄学校，赵全营中学，顺义一中，顺义二中，顺义九中，牛山一中，四中分校，杨镇一中。

全体人数 3622 人，初中 2036 人，高中 1586 人。其中初中任课教师 1501 人，高中任课教师 1246 人，下面就全区及每所学校进行情况分析。

初中任课教师：

男 467 人，女 1034 人，大致比例为 1：2。

年龄段：平均年龄 39.6 岁。男教师年龄分布：

男 55 岁及以上	男 50～54 岁	男 45～49 岁	男 40～44 岁	男 35～39 岁	男 30～34 岁	男 30 岁以下
2	21	95	154	130	39	26

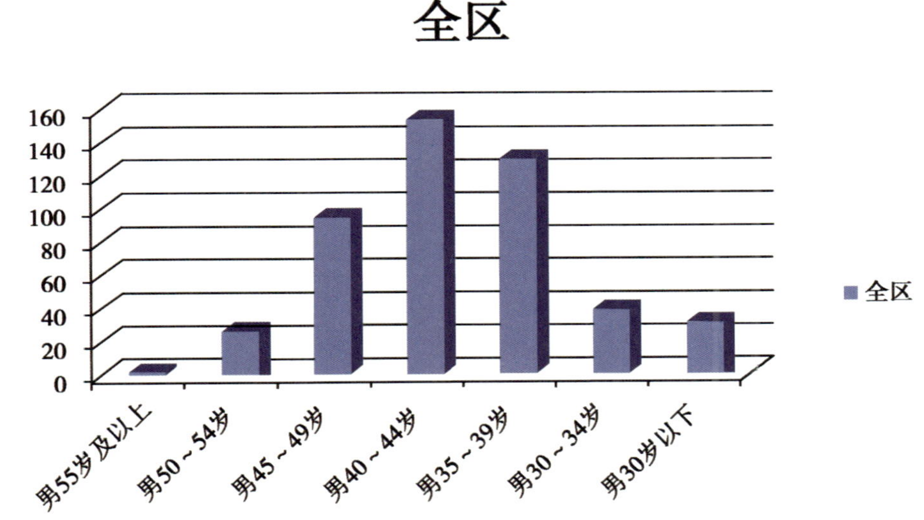

女教师年龄分布：

女 50 岁及以上	女 45～49 岁	女 40～44 岁	女 35～39 岁	女 30～34 岁	女 30 岁以下
35	198	261	360	131	49

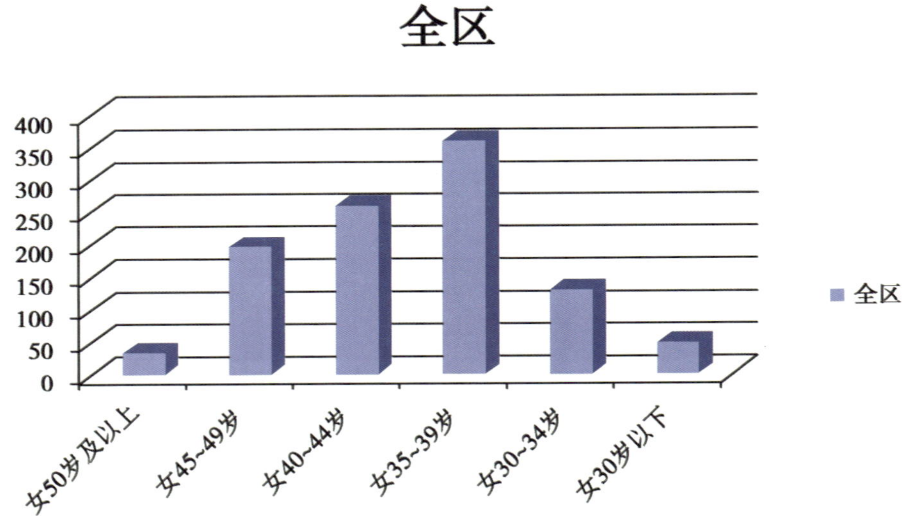

第一学历情况：

博士、硕士研究生 18 人，占 1.2%；大学本科 356 人，占 23.7%；大专 825 人，占 54.9%；高中及中专 303 人，占 20.2%。分布如下：

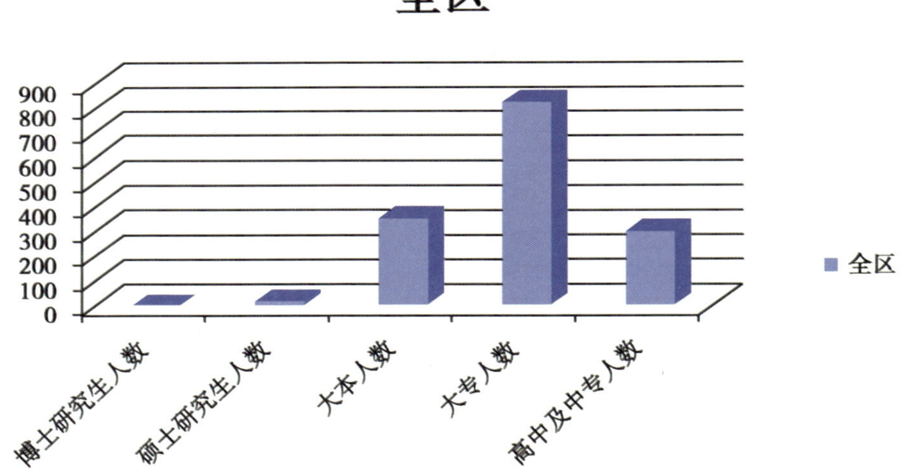

职称情况：

中学高级 296 人，占 19.7%；中学一级 662 人，占 44.1%；中学二级 519 人，占 34.6%；未定级和管理九级 24 人，占 1.6%。分布如下：

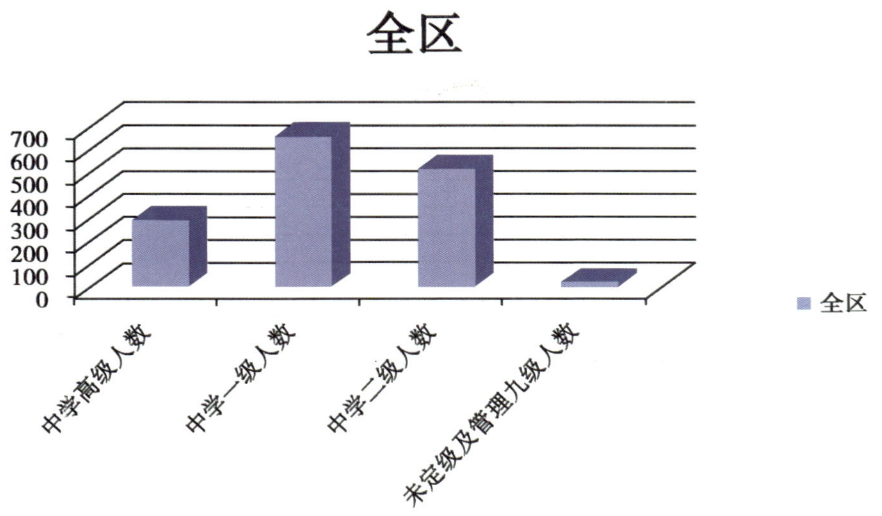

中学高级年龄分布：

50 岁及以上	40～49 岁	39 岁及以下
37	244	15

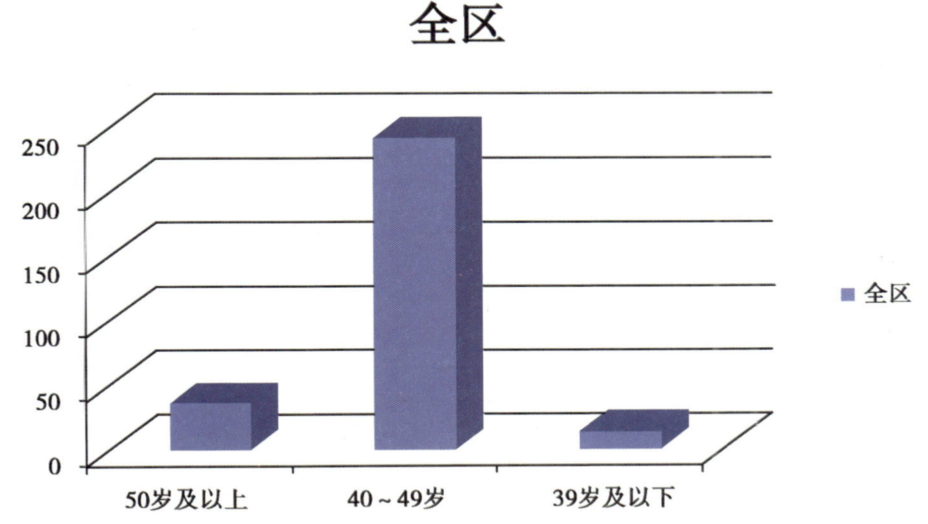

中学高级任职年限分布：

15 年及以上	5～14 年	5 年以下
4	217	74

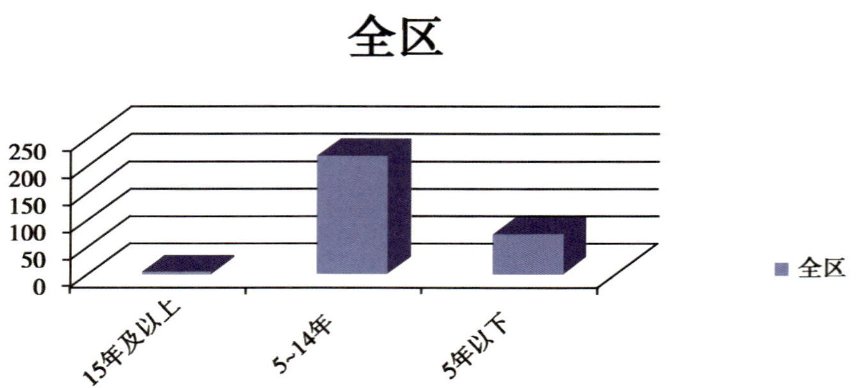

一级教师年龄分布：

其中 50 岁及以上	45～49 岁	40～44 岁	35～39 岁	35 岁以下
21	146	249	214	32

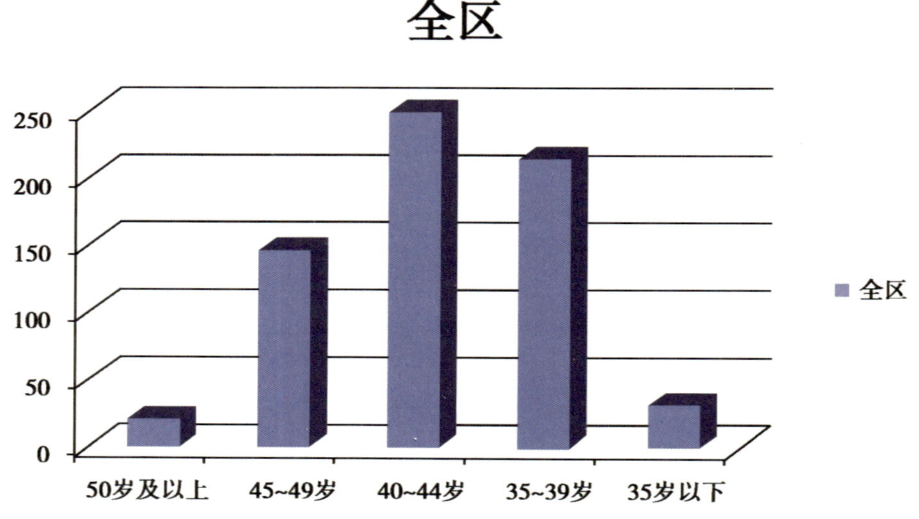

一级教师任职年限分布：

20 年及以上	5～19 年	10～14 年	5～9 年	5 年以下
5	117	260	213	67

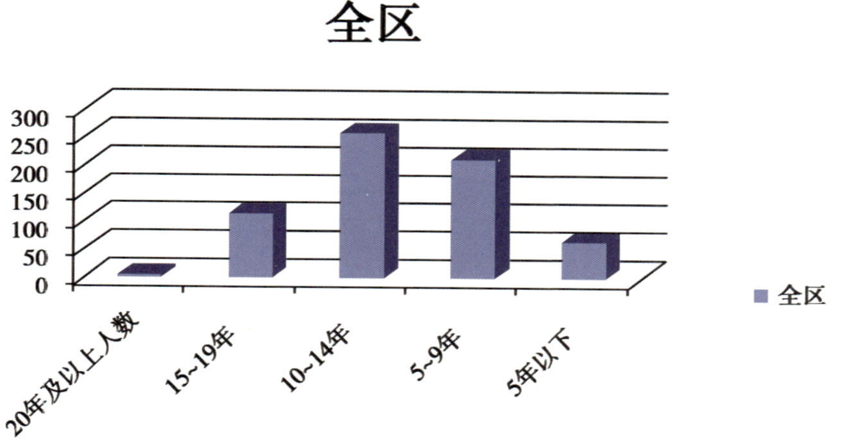

二级教师年龄分布：

50 岁及以上	45～49 岁	40～44 岁	35～39 岁	35 岁以下
0	12	58	260	188

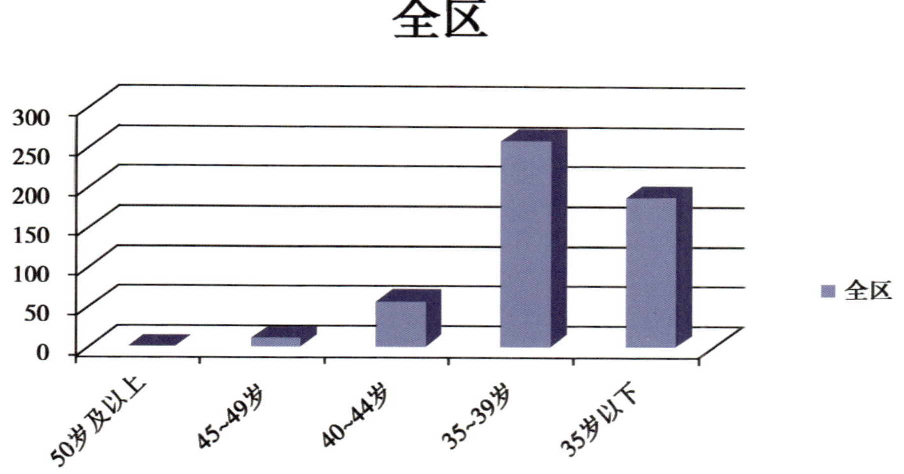

二级教师任职年限分布：

20 年及以上	15～19 年	10～14 年	5～9 年	5 年
7	67	292	91	62

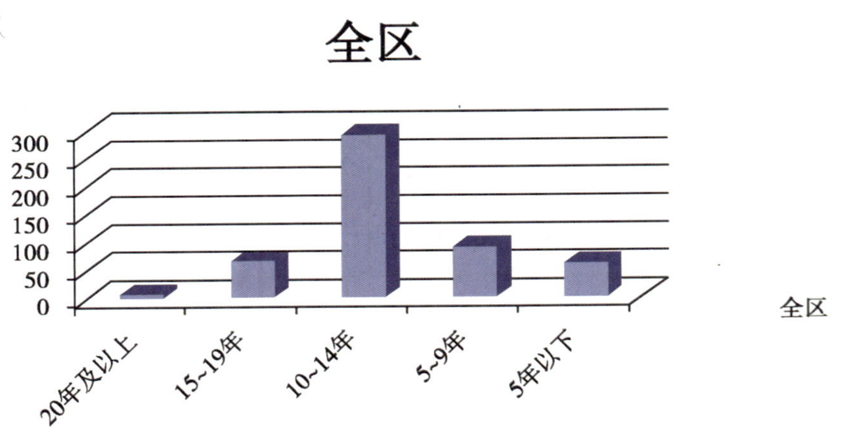

教非所学总人数为236人，占15.7%，分布如下：

语文	数学	英语	物理	化学	思品	历史	地理	生物	音乐	美术	劳动	体育	信息	综合	其他
20	17	22	17	11	17	23	26	19	2	4	15	3	27	1	12

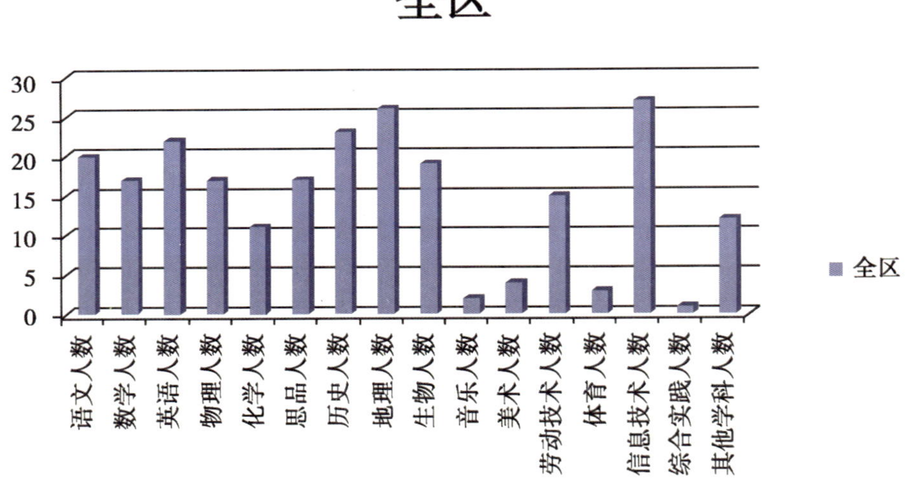

初中任课教师婚姻及身体状况分布：

未婚人数	离异人数	丧偶人数	身体不健康
62	18	1	6

语文任课教师240人，年龄分布如下：

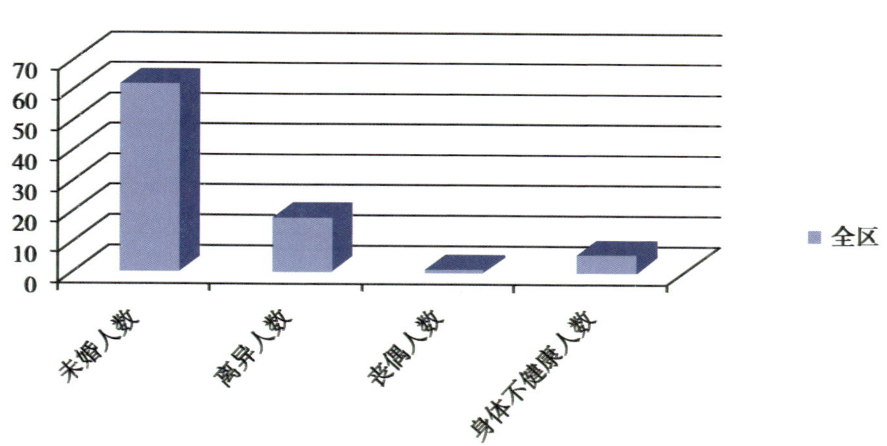

50 岁及以上	45～49 岁	40～44 岁	35～39 岁	30～34 岁	30 岁以下
11	53	65	86	21	5

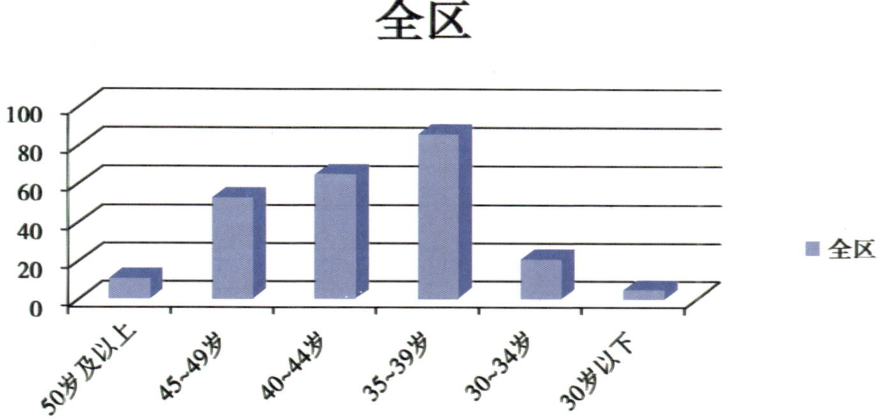

语文任课教师职称分布：

高级数	一级数	二级数	未定级或管理
61	113	62	4

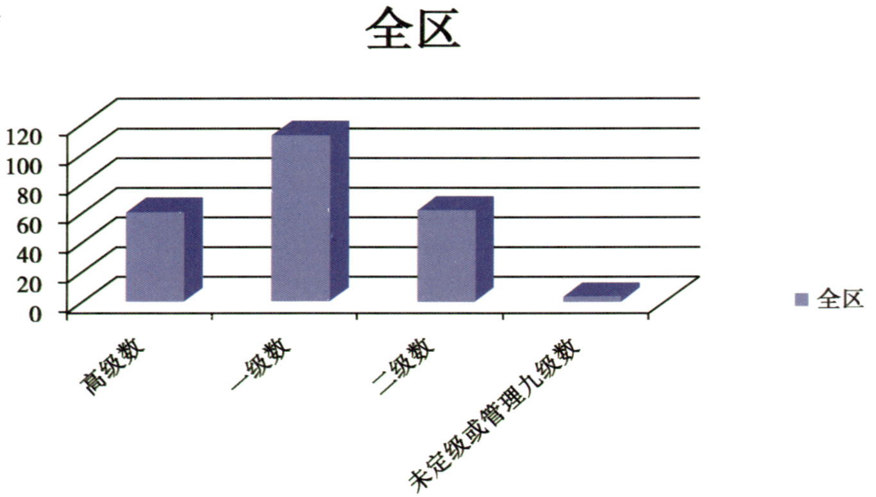

数学任课教师 248 人，年龄分布如下：

50 岁及以上	45 ~49 岁	40 ~44 岁	35 ~39 岁	30 ~34 岁	30 岁以下
7	49	81	74	31	6

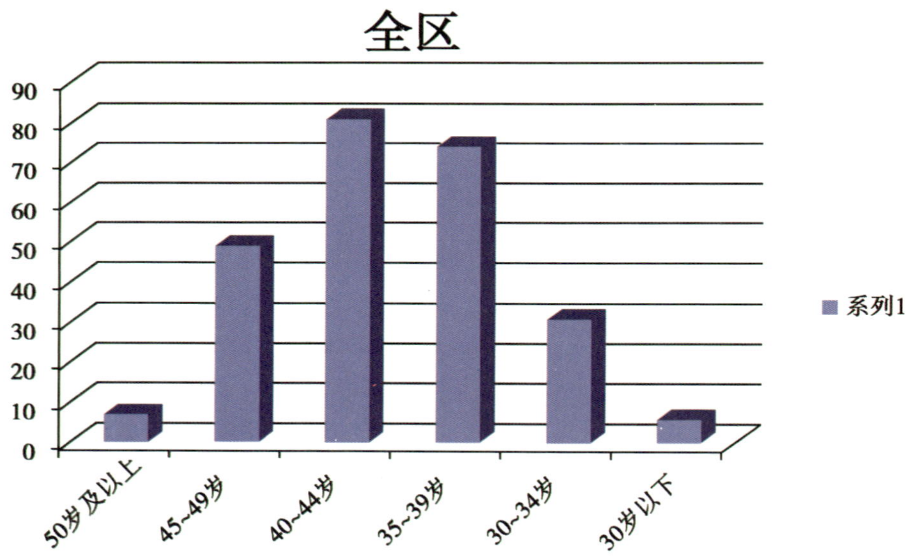

数学任课教师职称分布：

高级数	一级数	二级数	未定级或管理
61	124	61	1

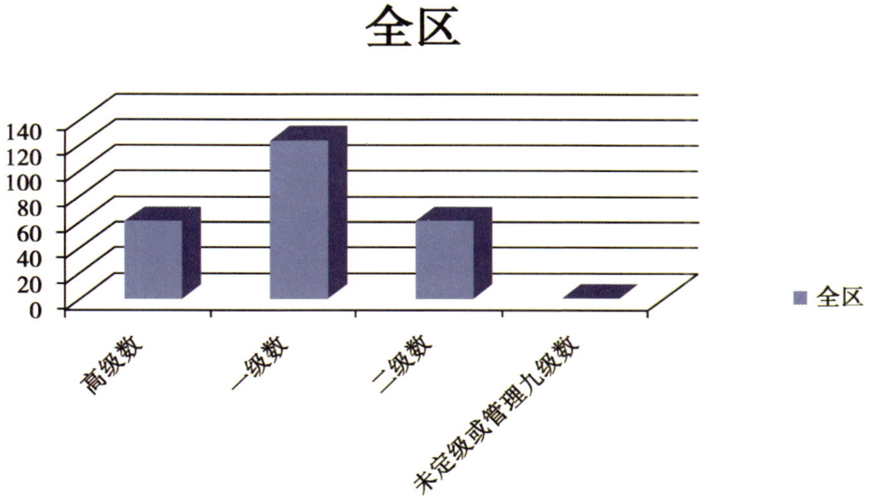

英语任课教师241人，年龄分布如下：

50岁及以上	45～49岁	40～44岁	35～39岁	30～34岁	30岁以下
11	40	67	84	24	7

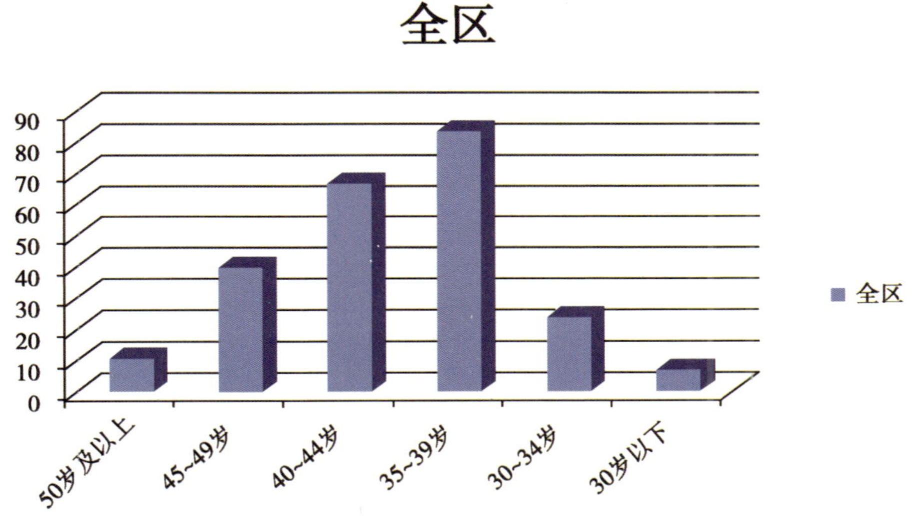

英语任课教师职称分布：

高级数	一级数	二级数	未定级或管理
51	112	77	1

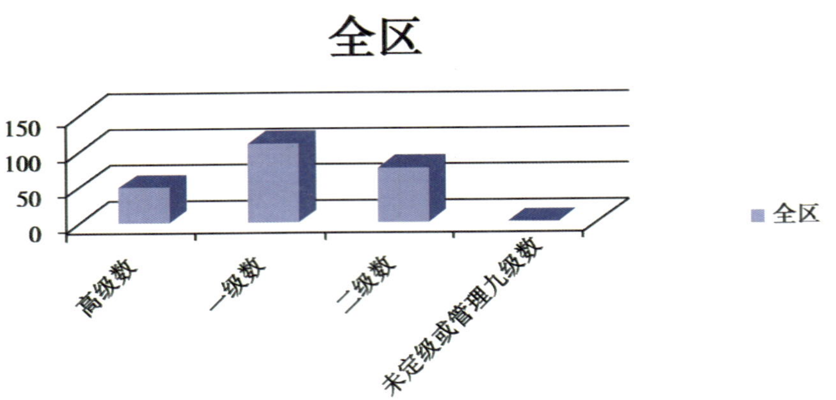

物理任课教师 125 人，年龄分布如下：

50 岁及以上	45～49 岁	40～44 岁	35～39 岁	30～34 岁	30 岁以下
6	35	37	24	14	8

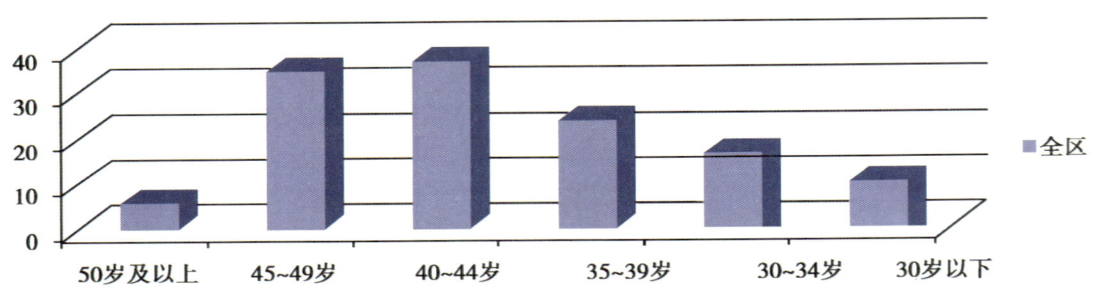

物理任课教师职称分布：

高级教师	一级数	二级数	未定级或管理
31	53	40	1

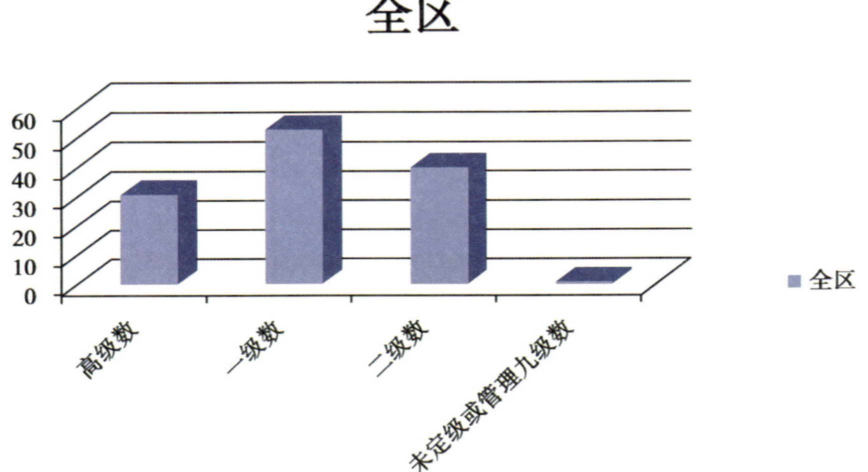

化学任课教师 73 人，年龄分布如下：

50 岁及以上	45～49 岁	40～44 岁	35～39 岁	30～34 岁	30 岁以下
0	14	23	22	9	5

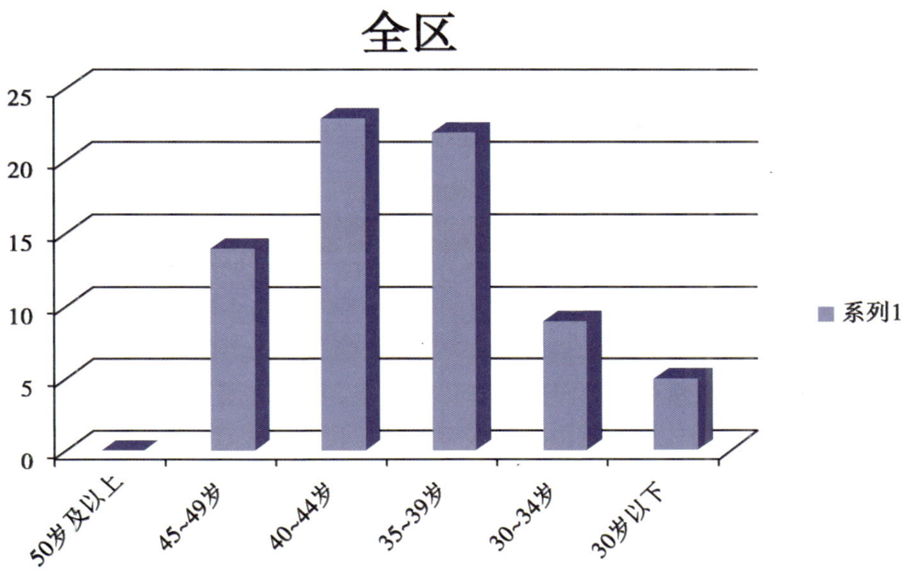

化学任课教师职称分布：

高级数	一级数	二级数	未定级或管理
13	32	25	2

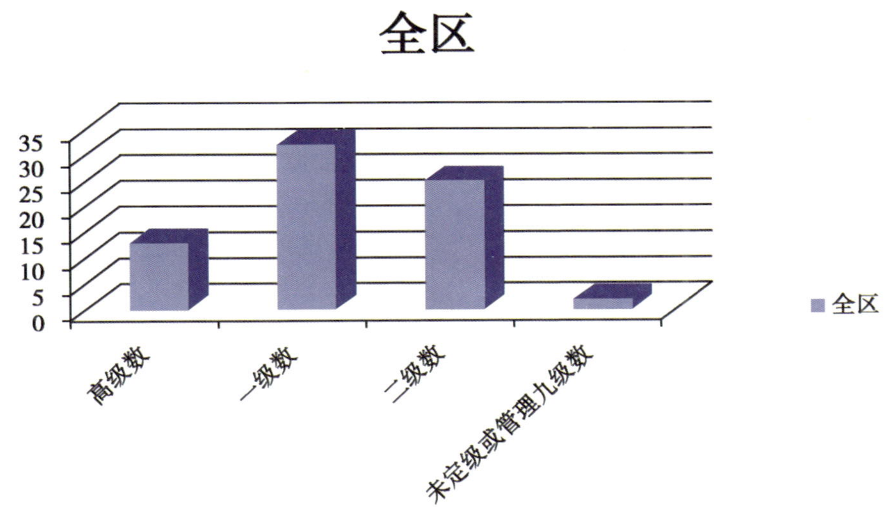

思想品德任课教师 92 人，年龄分布如下：

50 岁及以上	45～49 岁	40～44 岁	35～39 岁	30～34 岁	30 岁以下
7	26	25	27	4	3

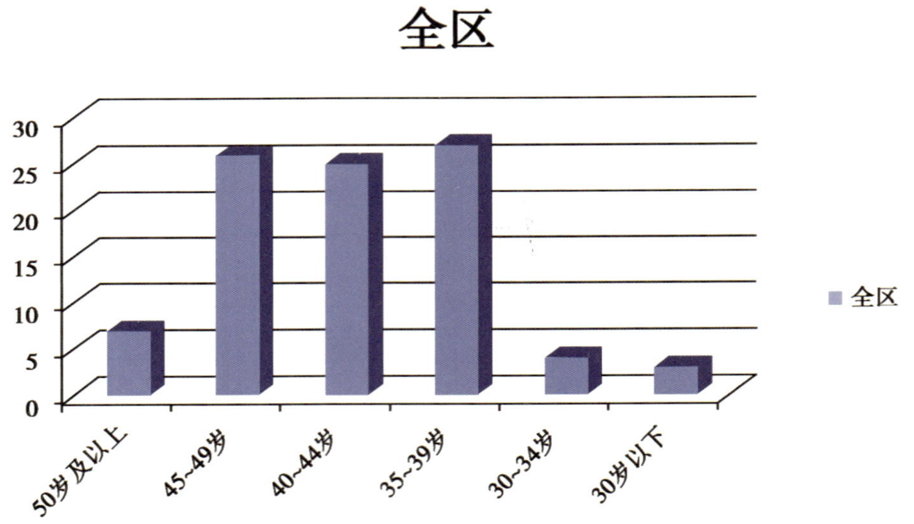

思想品德任课教师职称分布：

高级数	一级数	二级数	未定级或管理
21	46	25	0

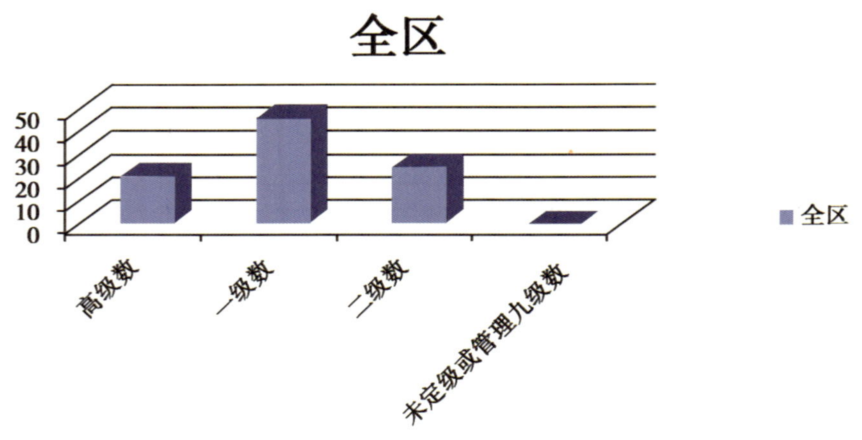

历史任课教师 66 人，年龄分布如下：

50 岁及以上	45～49 岁	40～44 岁	35～39 岁	30～34 岁	30 岁以下
5	10	17	23	7	4

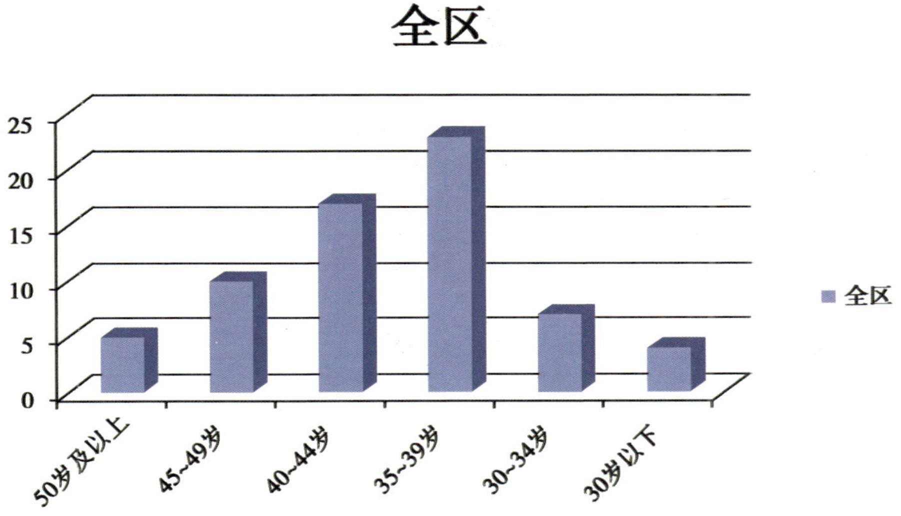

历史任课教师职称分布：

高级数	一级数	二级数	未定级或管理
7	27	31	1

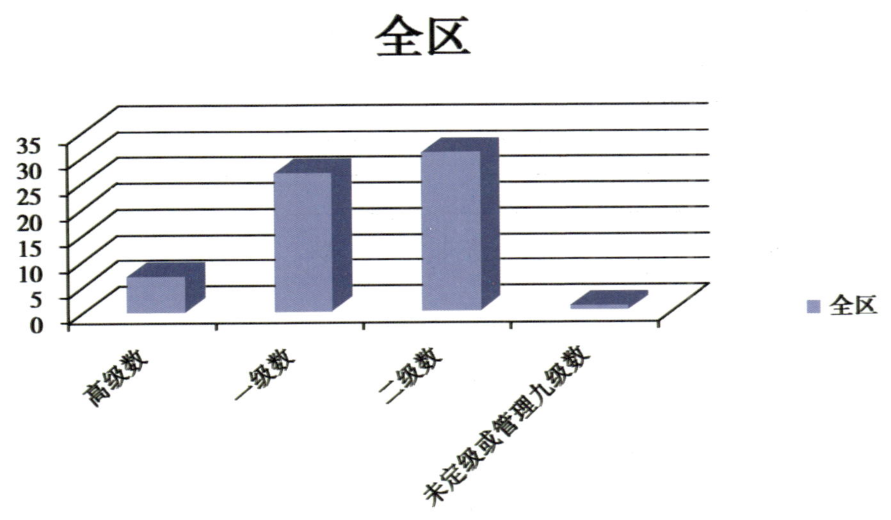

地理任课教师 55 人，年龄分布如下：

50 岁及以上	45～49 岁	40～44 岁	35～39 岁	30～34 岁	30 岁以下
0	12	14	21	5	3

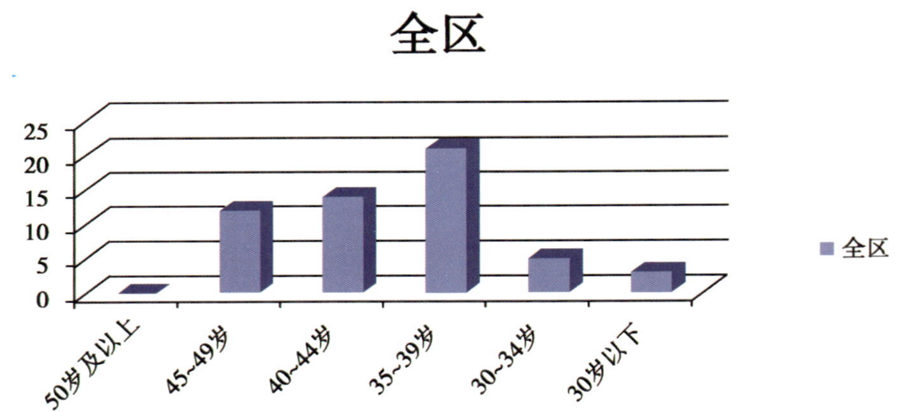

地理任课教师职称分布：

高级数	一级数	二级数	未定级或管理
7	23	24	1

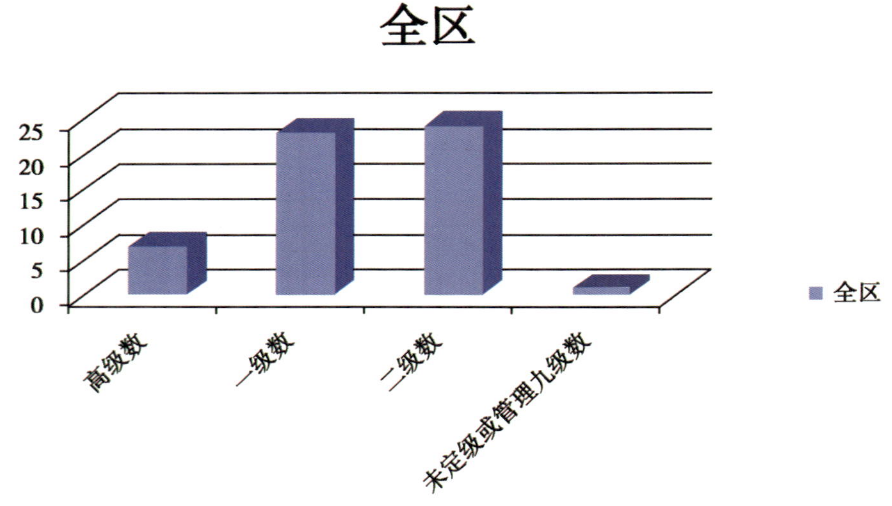

生物任课教师 62 人，年龄分布如下：

50 岁及以上	45 ~ 49 岁	40 ~ 44 岁	35 ~ 39 岁	30 ~ 34 岁	30 岁以下
5	13	10	18	8	8

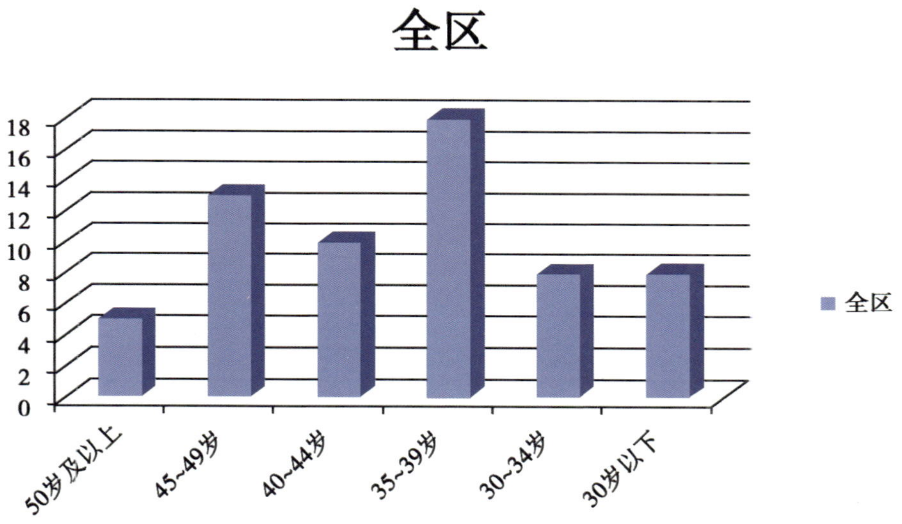

生物任课教师职称分布：

高级数	一级数	二级数	未定级或管理
5	21	33	3

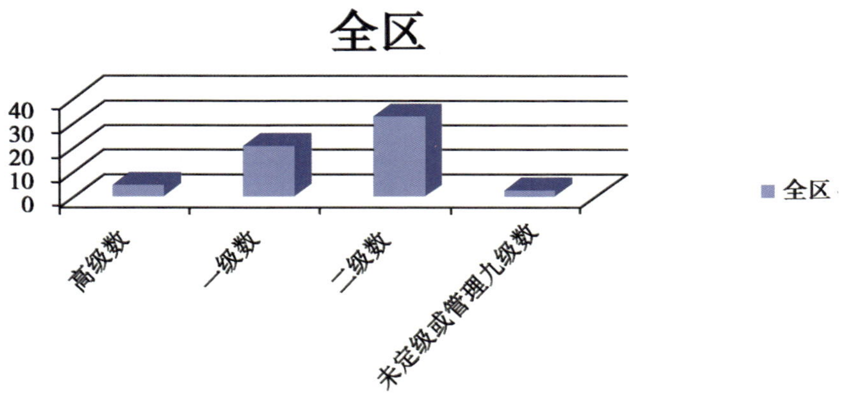

体育任课教师 118 人，年龄分布如下：

50 岁及以上	45～49 岁	40～44 岁	35～39 岁	30～34 岁	30 岁以下
3	24	33	29	13	16

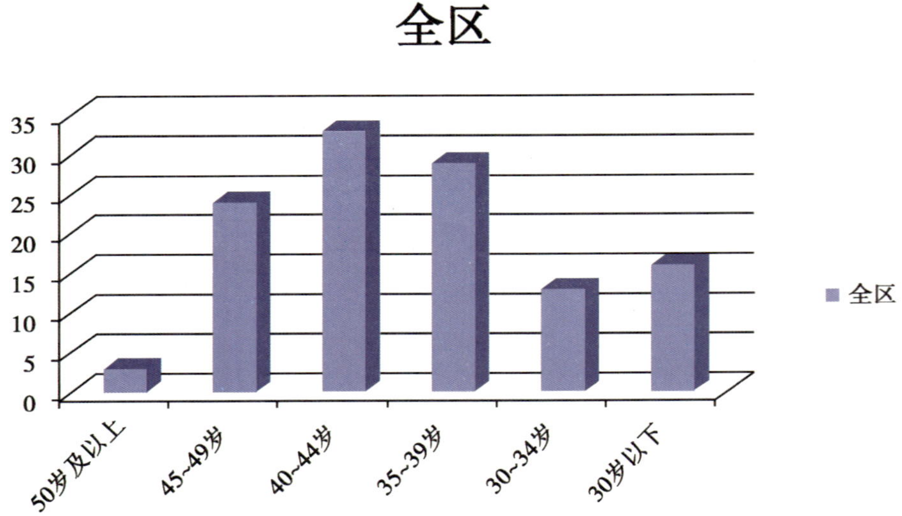

体育任课教师职称分布：

高级数	一级数	二级数	未定级或管理
23	47	45	3

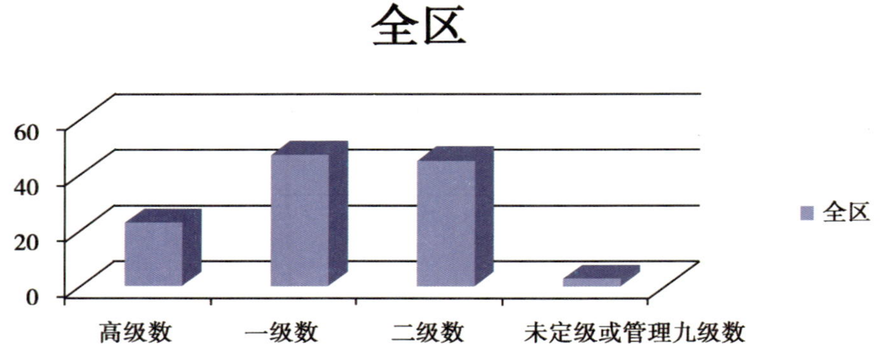

音乐任课教师45 人，年龄分布如下：

50 岁及以上	45 ~49 岁	40 ~44 岁	35 ~39 岁	30 ~34 岁	30 岁以下
0	7	15	14	8	1

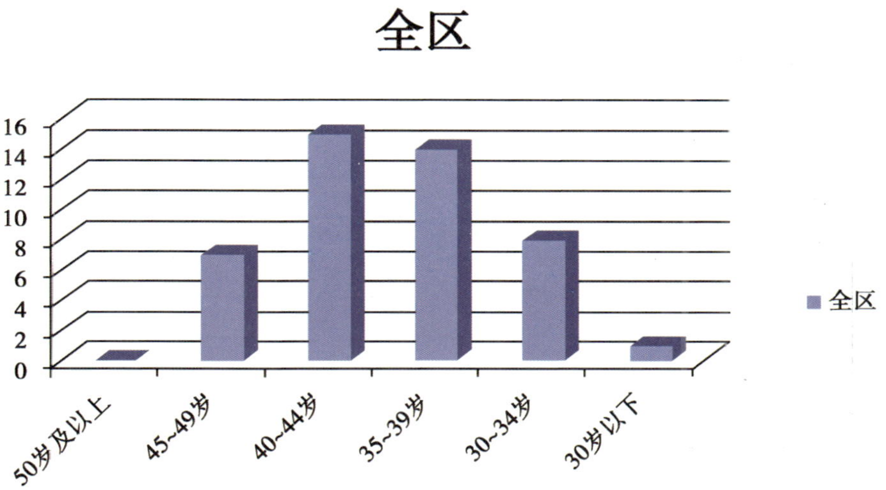

音乐任课教师职称分布：

高级数	一级数	二级数	未定级或管理
5	19	20	1

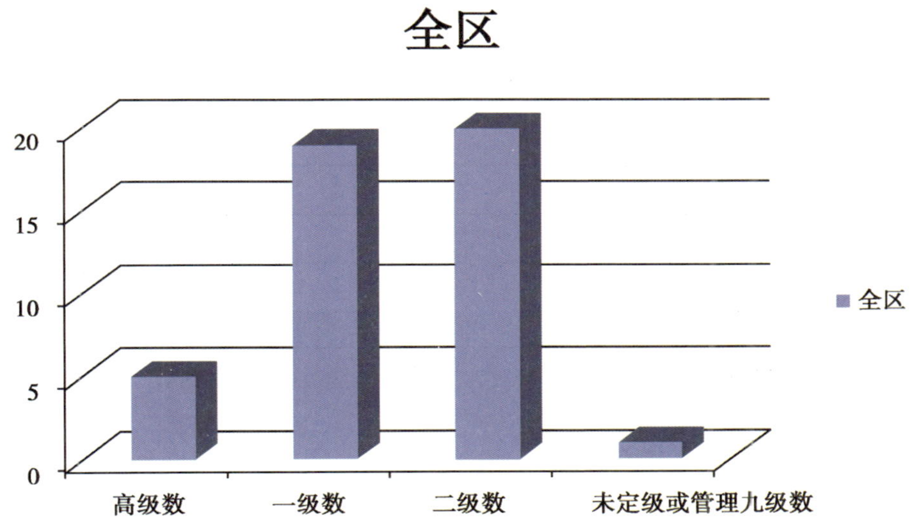

美术任课教师 41 人，年龄分布如下：

50 岁及以上	45～49 岁	40～44 岁	35～39 岁	30～34 岁	30 岁以下
0	3	7	18	10	2

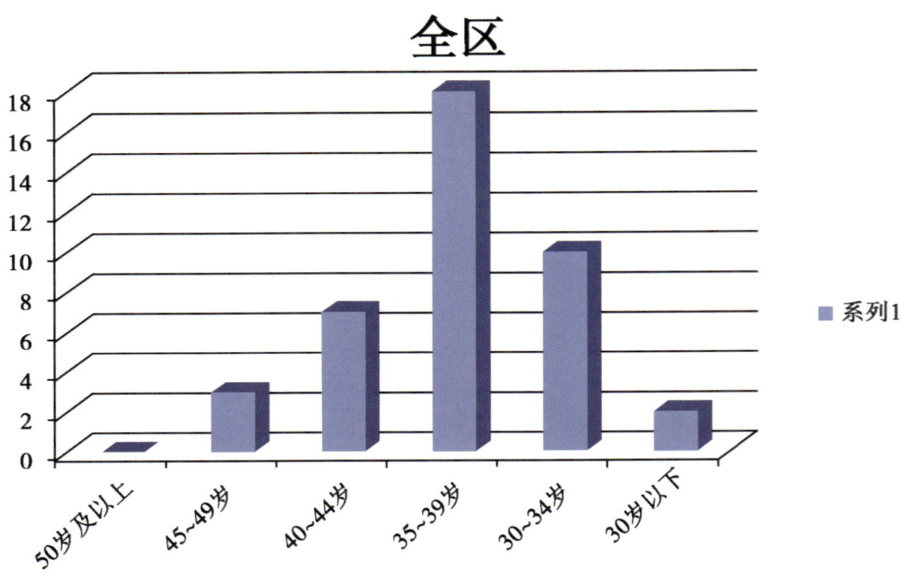

美术任课教师职称分布：

高级数	一级数	二级数	未定级或管理
1	17	21	2

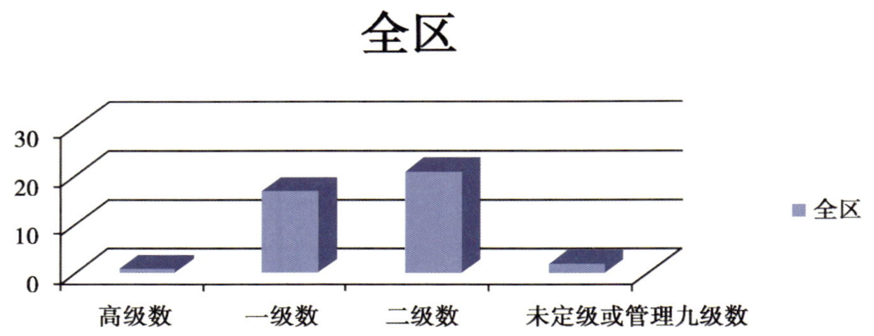

劳动技术任课教师 23 人，年龄分布如下：

50 岁及以上	45～49 岁	40～44 岁	35～39 岁	30～34 岁	30 岁以下
0	3	5	11	4	0

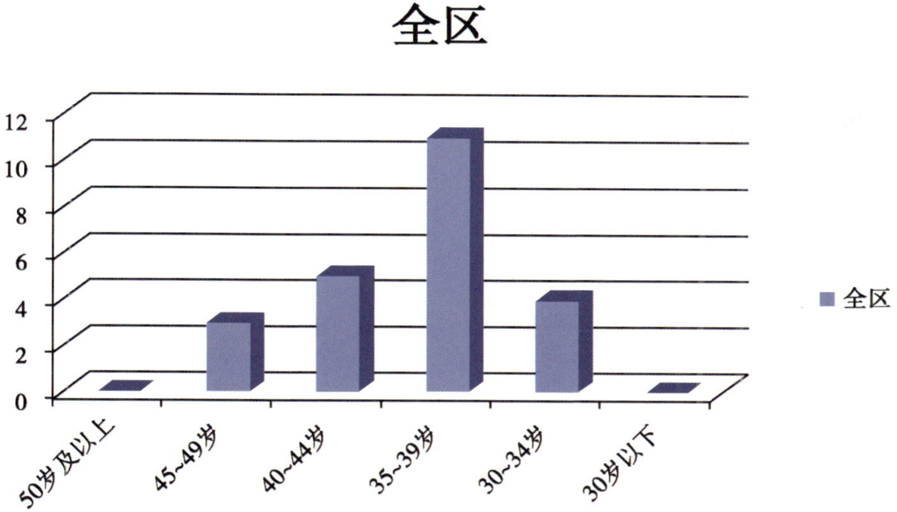

劳动技术任课教师职称分布：

高级数	一级数	二级数	未定级或管理
5	5	13	0

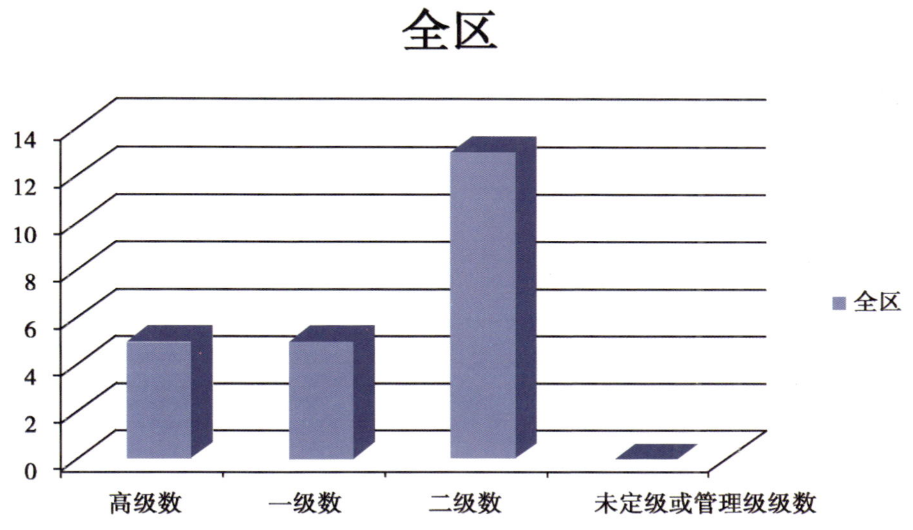

信息技术任课教师 43 人，年龄分布如下：

50 岁及以上	45 ~ 49 岁	40 ~ 44 岁	35 ~ 39 岁	30 ~ 34 岁	30 岁以下
0	3	12	19	5	4

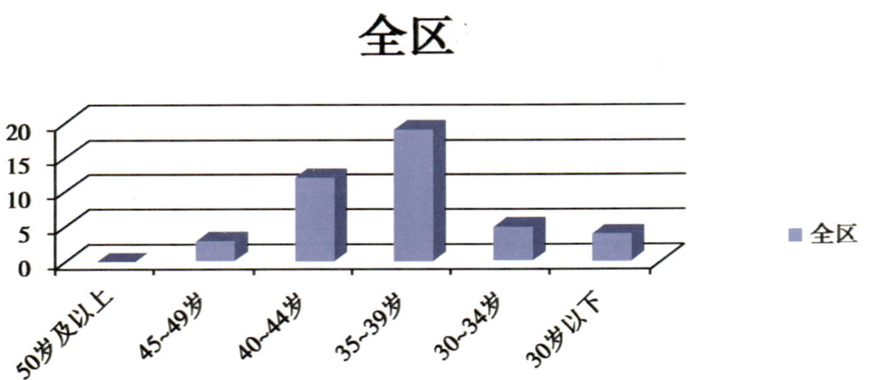

信息技术任课教师职称分布：

高级数	一级数	二级数	未定级或管理
1	16	25	1

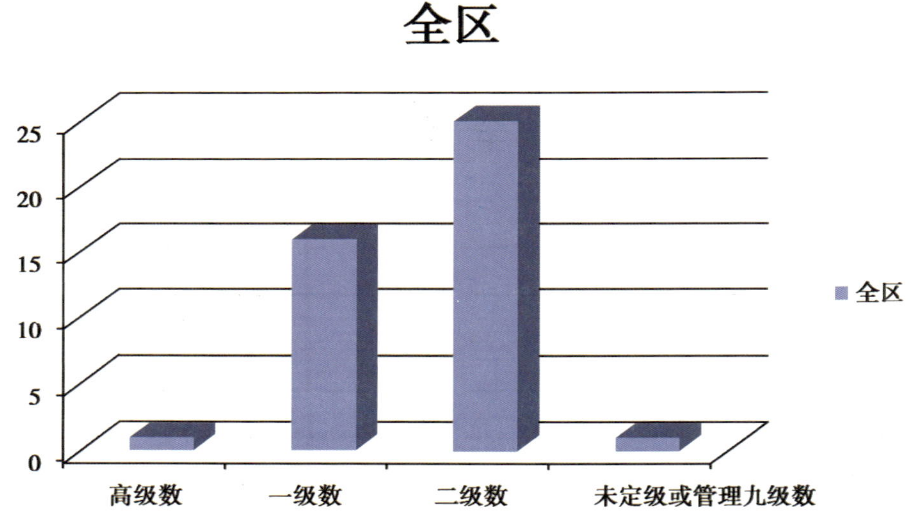

综合实践任课教师6人，年龄分布如下：

50岁及以上	45～49岁	40～44岁	35～39岁	30～34岁	30岁以下
0	1	1	4	0	0

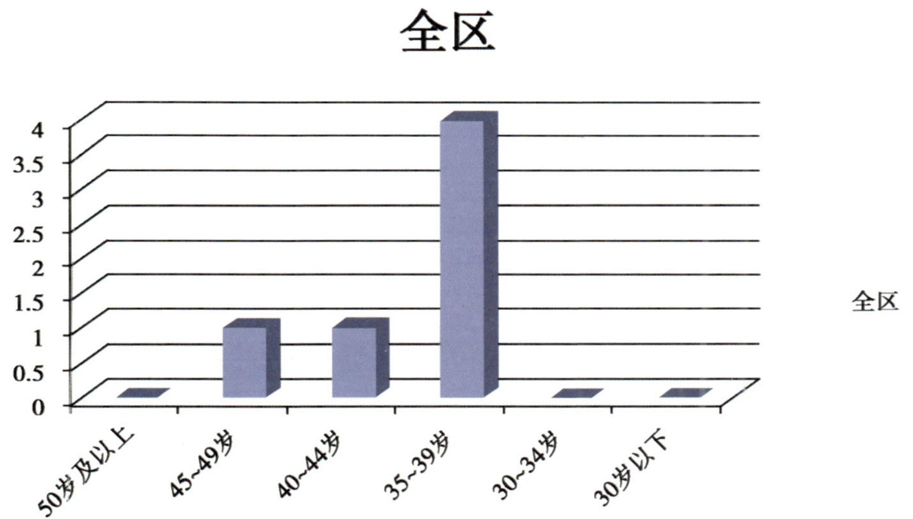

综合实践任课教师职称分布：

高级数	一级数	二级数	未定级或管理
0	2	4	0

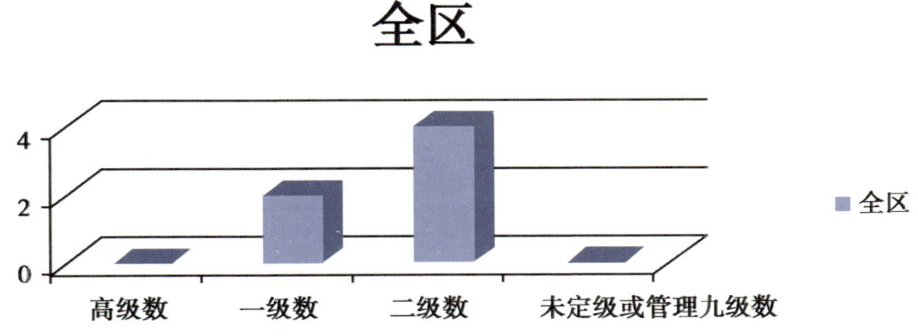

初中教师在整体超编的情况下，存在比较严重的结构性超编与缺编情况，结构性超编情况分布：

语文	数学	英语	物理	化学	思品	历史	地理	生物	体育	音乐	美术	劳动	信息	综合
43	13	20	6	1	4	0	0	4	3	3	1	0	0	0

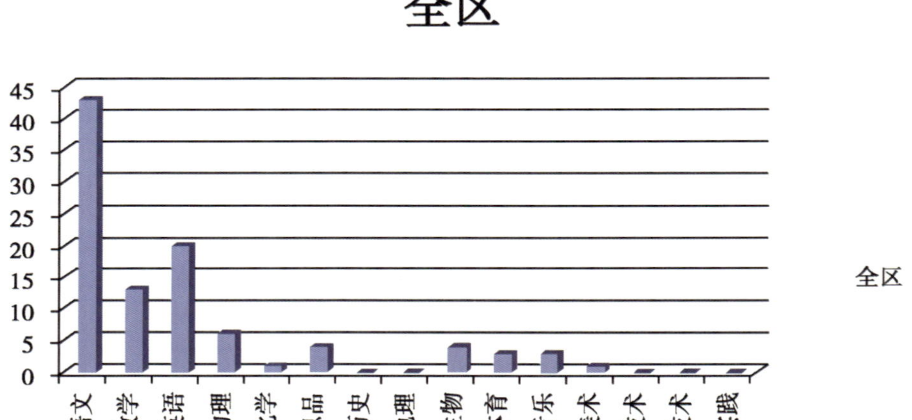

结构性缺编情况分布：

语文	数学	英语	物理	化学	思品	历史	地理	生物	体育	音乐	美术	劳动	信息	综合
22	19	17	24	12	8	13	11	13	14	13	7	9	10	20

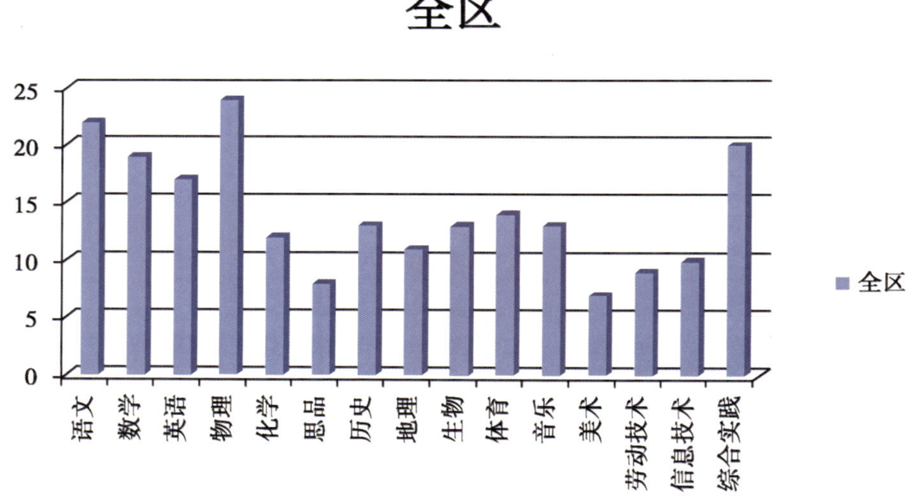

分析及建议：全区初中教师平均年龄 41.1 岁，平均年龄超过 43 岁的有四家单位：牛二，45.8 岁；八中，43.8 岁；十五中，43.7 岁；五中，43.4 岁。平均年龄不到 40 岁的也有四家单位：杨二，39.5 岁；牛一实验，38.4 岁；仁和，38.2 岁；四分，37.7 岁。初中任课教师整体年龄结构偏大，40 岁及以上的男教师（272 人）占男教师总数（467 人）的 58.2%，40 岁及以上的女教师（494 人）占女教师总数（1034 人）的 47.8%。按学科分布，40 岁及以上的教师所占比例分别为：政治：63.1%；物理：62.4%；数学：55.3%；语文：53.8%；体育：

50.8%；化学：50.7%；英语：49%；音乐：48.9%；历史：48.5%；地理：47.3%；生物：45.2%；信息技术：34.9%；劳动技术：34.8%；综合实践：33.3%；美术：24.4%。第一学历偏低，硕士研究生占1.2%，大本占23.7%。近五年所评高级教师占高级教师整体的25%，有9所学校近五年没有任课教师评为高级，高级教师按学科的比例为：语文25.4%，物理24.8%，数学24.6%，政治22.8%，劳动技术21.7%，英语21.2%，体育19.5%，化学17.8%，地理12.7%，音乐11.1%，历史10.6%，生物8.1%，美术2.4%，信息技术2.3%，综合实践0%；近五年所评的一级教师占10.1%，有16所学校近五年没有任课教师评为一级，任一级教师十年及以上比例为57.7%，一级教师任职年限最长的是20年；近五年所评的二级教师占11.9%，有13所学校近五年没有任课教师评为二级，任二级教师十年及以上比例为70.5%，二级教师任职年限最长的是22年。教非所学教师占任课教师总数的15.7%，按学科分，非常严重的有：劳技，65.2%；信息技术，62.8%；地理，47.3%；历史，34.8%；生物，30.6%。其次就是思品、化学及物理。按学校分，教非所学教师占任课教师比例在20%以上的学校有：沿河，41.3%；高丽营二中，37%；赵各庄，36%；赵全营，35.9%；十五中，35.4%；沙岭，33.3%；四中（体校），30%；张镇，27.3%；南法信，26.5%；北务，25%；牛二，24%；天竺，22%；十三中，21%；北石槽，20%。

根据以上统计，全区初中教师队伍建设急需加强。第一是年龄结构偏高；第二是职称制度成为教师发展的瓶颈；第三是教师的专业化水平急需提升，全区应付的情况非常严重；第四，根据预测，5年后初中在校生人数将由17261增加到22381，增数5000人，按正规编制的师生比（农村11.8：1，城镇12.8：1），应至少增加教师400人。而近5年退休和即将退休的任课教师为256人，为保持平衡，应每年至少增加100人左右。

高中任课教师：

男443人，女803人，大致比例为1：2。

年龄段：平均年龄37.4岁。男教师年龄分布：

55岁及以上	50～54岁	45～49岁	40～44岁	35～39岁	30～34岁	30岁以下
14	31	84	85	80	102	47

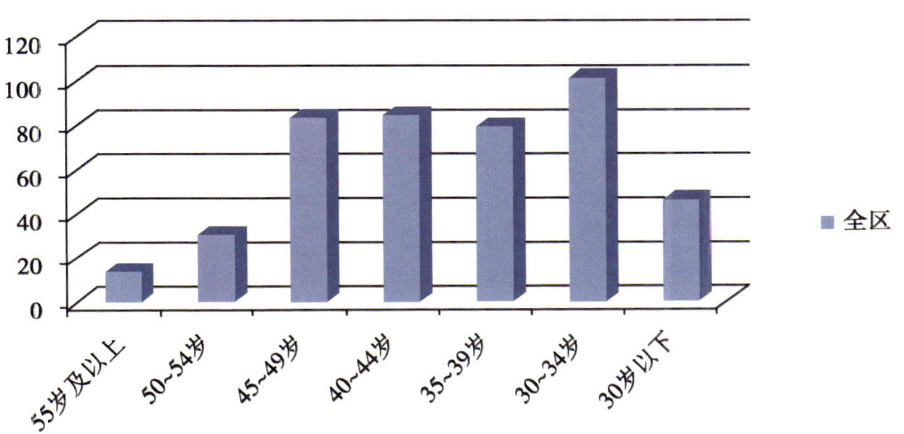

女教师年龄分布：

50 岁及以上	45～49 岁	40～44 岁	35～39 岁	30～34 岁	30 岁以下
27	123	118	142	287	106

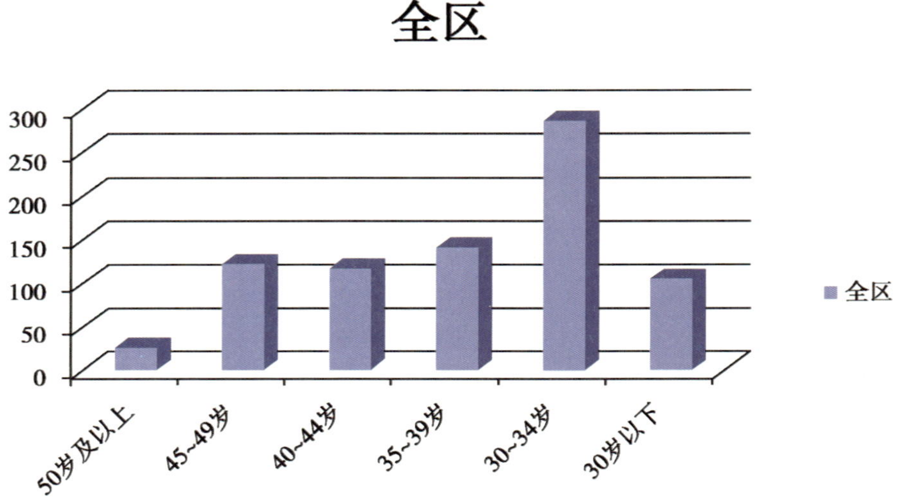

第一学历情况：

研究生 164 人，占 13.2%；大学本科 926 人，占 74.3%；大专 136 人，占 10.9%；高中及中专 20 人，占 1.6%。分布如下：

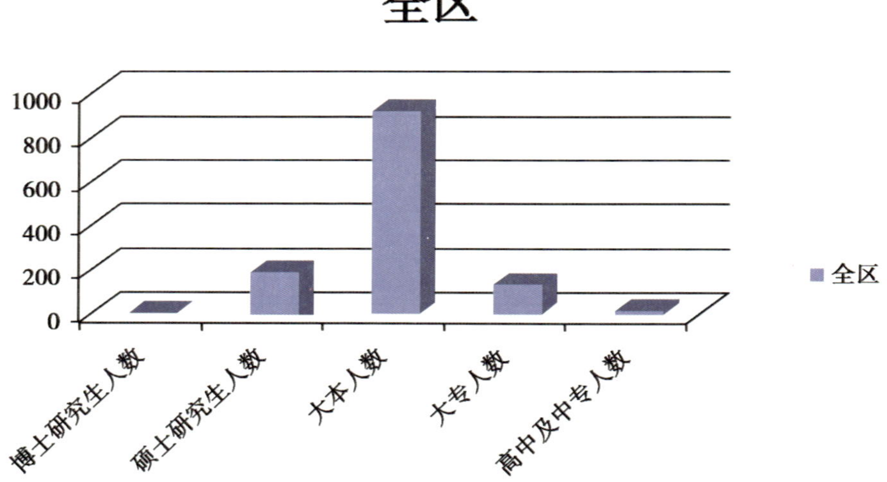

职称情况：

中学高级 412 人，占 33%；中学一级 429 人，占 34.5%；中学二级 349 人，占 28%；未定级和管理九级 56 人，占 4.5%。分布如下：

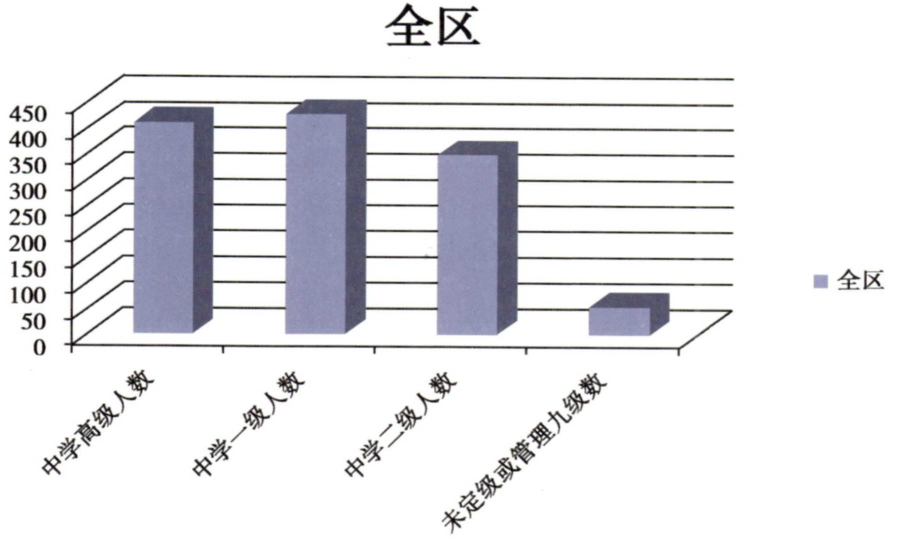

中学高级年龄分布：

50 岁及以上	40～49 岁	39 岁及以下
65	306	41

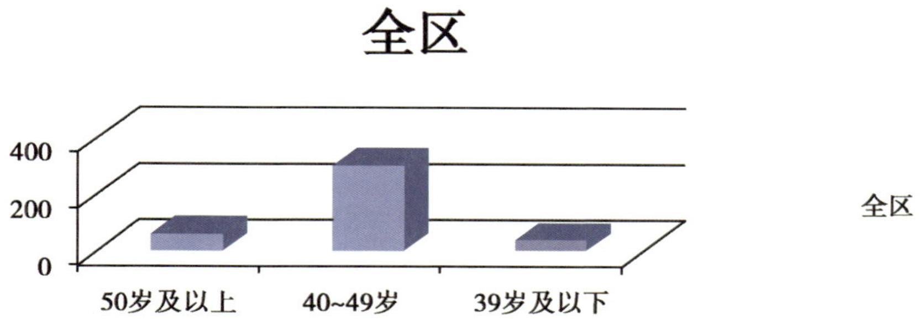

中学高级任职年限分布：

15 年及以上	5～14 年	5 年以下
40	294	78

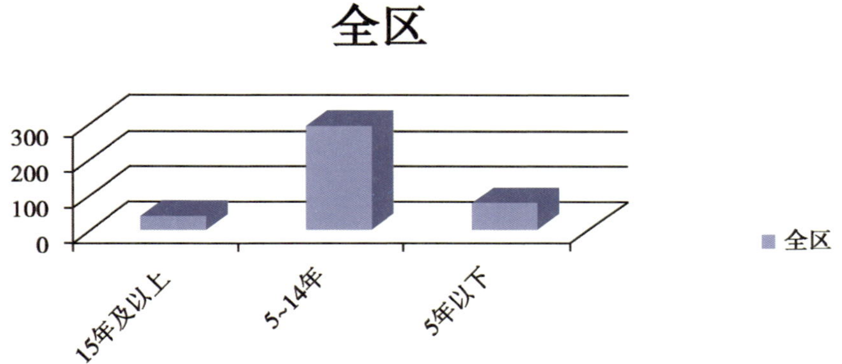

一级教师年龄分布：

50 岁及以上	45～49 岁	40～44 岁	35～39 岁	35 岁以下
6	21	67	132	203

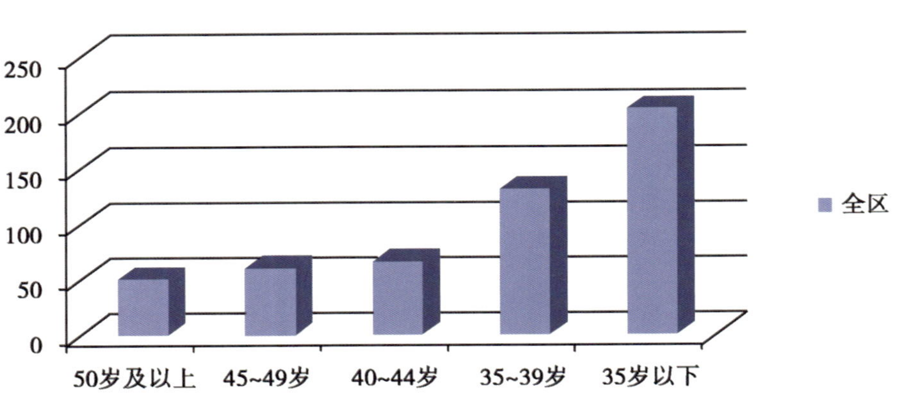

一级教师任职年限分布：

20 年以上	15～19 年	10～14 年	5～9 年	5 年以下
5	15	60	227	122

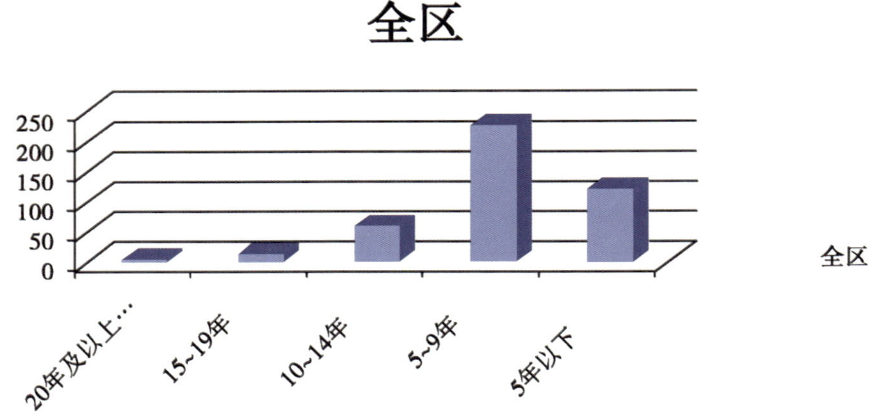

二级教师年龄分布：

50 岁及以上	45～49 岁	40～44 岁	35～39 岁	35 岁以下
1	9	7	36	296

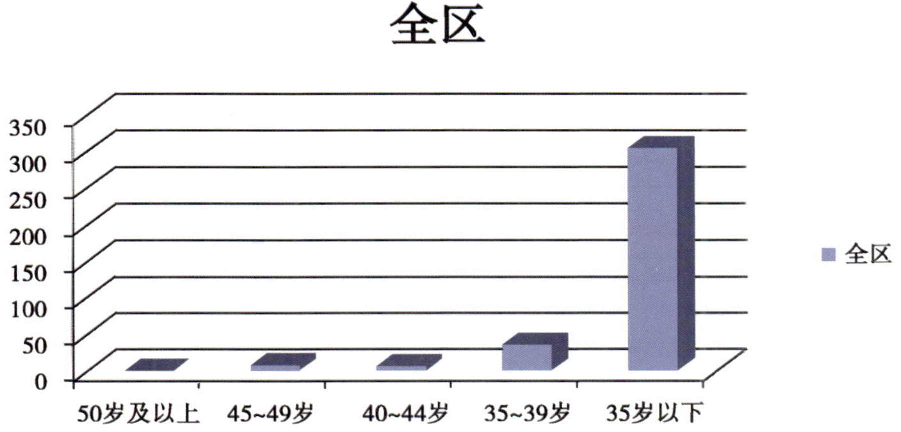

二级教师任职年限分布：

20 年以上	15～19 年	10～14 年	5～9 年	5 年以下
11	7	46	171	98

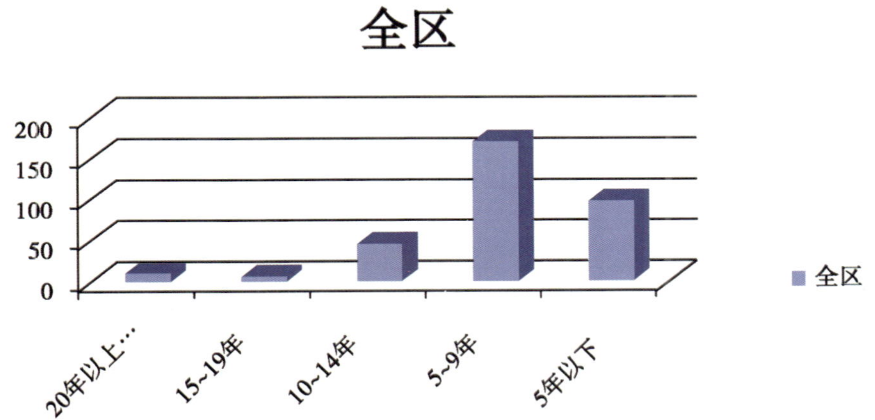

教非所学总人数为 12 人，占 0. 96%，可忽略不计。

高中任课教师婚姻及身体状况分布：

未婚	离异人数	丧偶人数	身体不健康
84	11	0	2

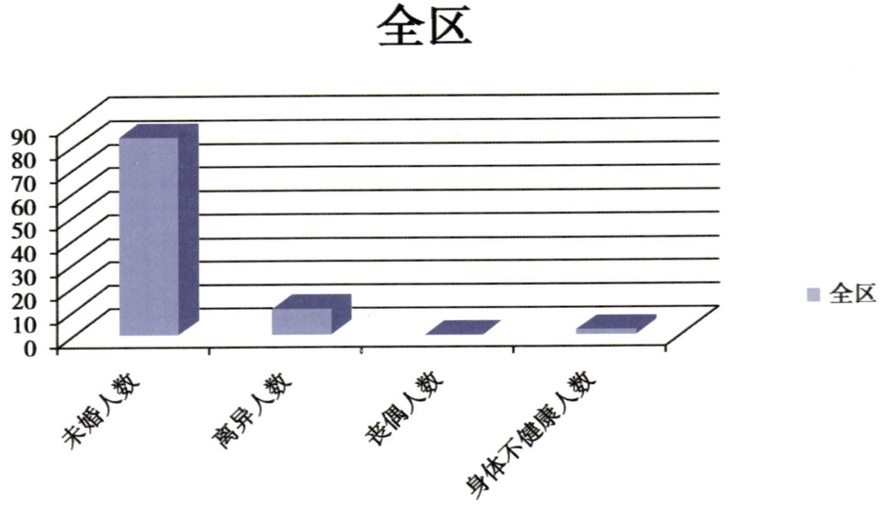

语文任课教师 195 人，年龄分布如下：

50 岁及以上	45 ~ 49 岁	40 ~ 44 岁	35 ~ 39 岁	30 ~ 34 岁	30 岁以下
12	30	39	26	69	19

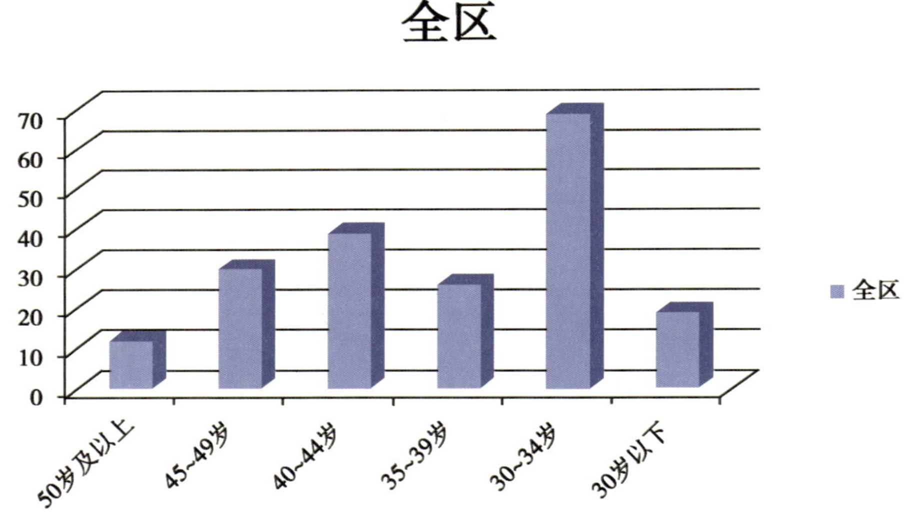

语文任课教师职称分布：

高级数	一级数	二级数	未定级或管理
67	67	55	6

全区

80
60
40
20
0
■ 全区
高级数 一级数 二级数 未定级或管理九级数

数学任课教师 182 人，年龄分布如下：

50 岁及以上	45～49 岁	40～44 岁	35～39 岁	30～34 岁	30 岁以下
14	38	28	30	60	12

全区

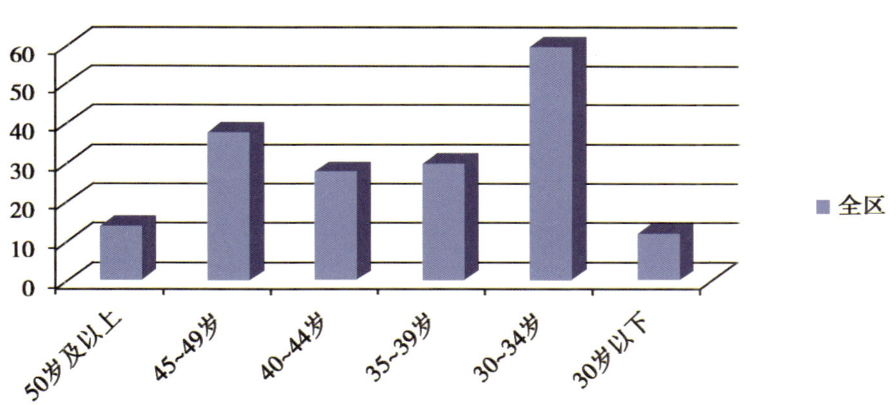

数学任课教师职称分布：

高级数	一级数	二级数	未定级或管理
75	61	41	5

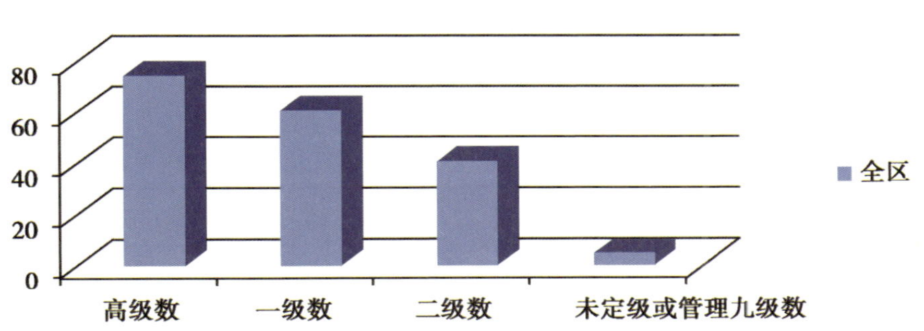

英语任课教师 180 人，年龄分布如下：

50 岁及以上	45～49 岁	40～44 岁	35～39 岁	30～34 岁	30 岁以下
6	29	23	33	61	28

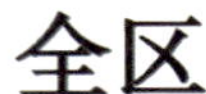

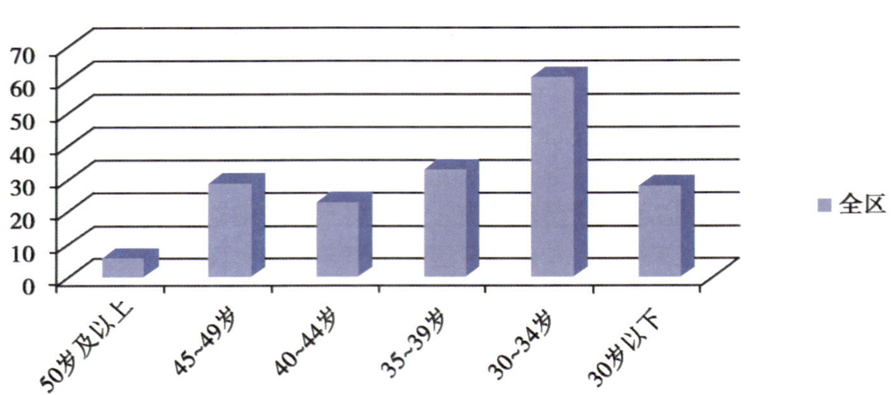

英语任课教师职称分布：

高级数	一级数	二级数	未定级或管理
55	62	53	10

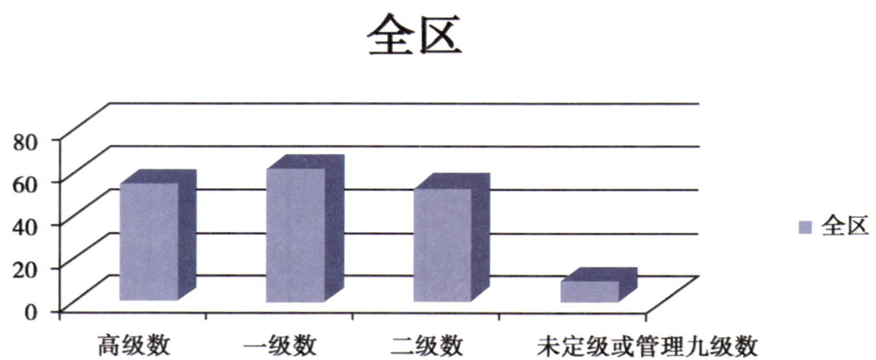

物理任课教师 131 人，年龄分布如下：

50 岁及以上	45～49 岁	40～44 岁	35～39 岁	30～34 岁	30 岁以下
7	20	29	25	35	15

全区

40
30
20
10
0
50岁及以上
45~49岁
40~44
35~39岁
30~34岁
30岁以下
全区

物理任课教师职称分布：

高级数	一级数	二级数	未定级或管理
48	41	26	5

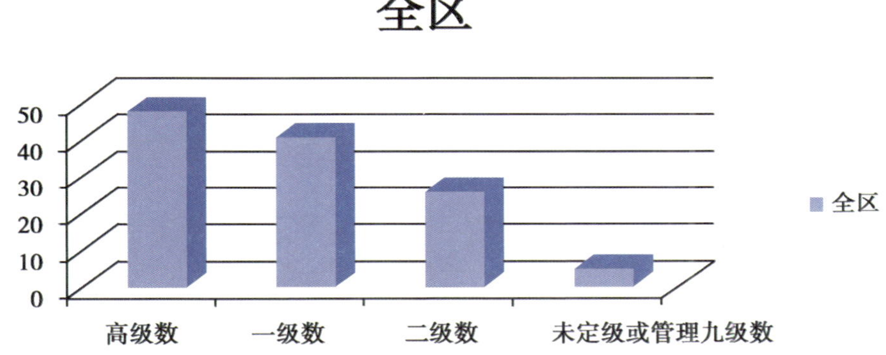

化学任课教师 127 人，年龄分布如下：

50 岁及以上	45～49 岁	40～44 岁	35～39 岁	30～34 岁	30 岁以下
6	20	26	23	36	16

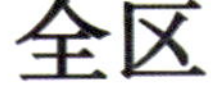

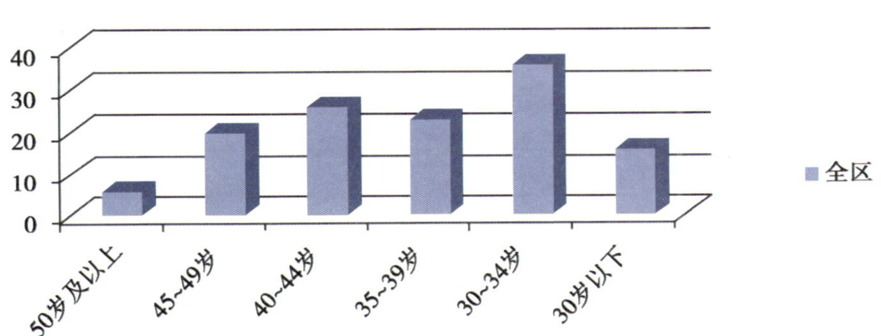

化学任课教师职称分布：

高级数	一级数	二级数	未定级或管理
53	35	34	5

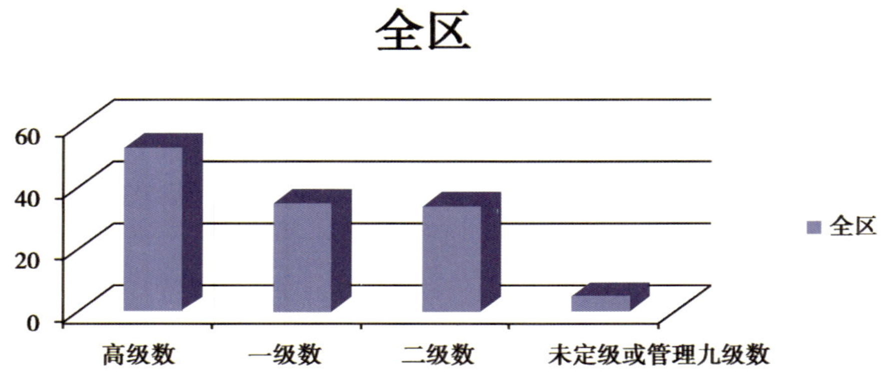

思想品德任课教师 65 人，年龄分布如下：

50 岁及以上	45 ~ 49 岁	40 ~ 44 岁	35 ~ 39 岁	30 ~ 34 岁	30 岁以下
5	13	11	13	20	3

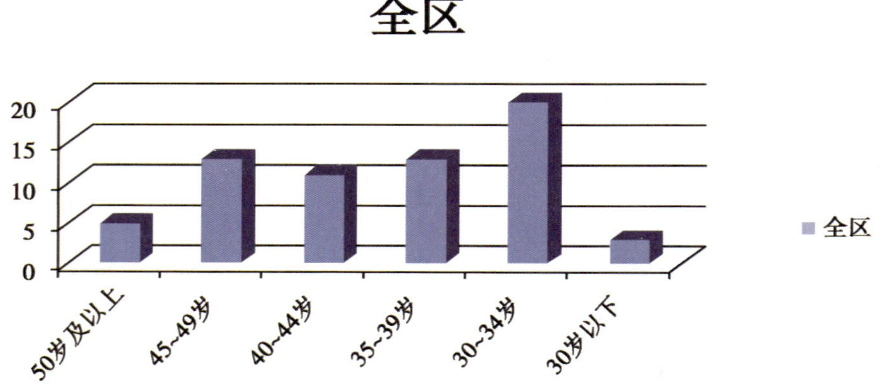

思想品德任课教师职称分布：

高级数	一级数	二级数	未定级或管理
23	28	12	2

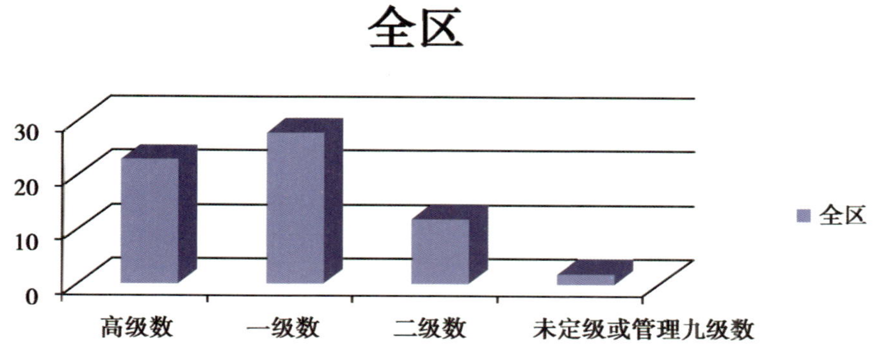

历史任课教师61人，年龄分布如下：

50岁及以上	45～49岁	40～44岁	35～39岁	30～34岁	30岁以下
6	10	10	17	8	10

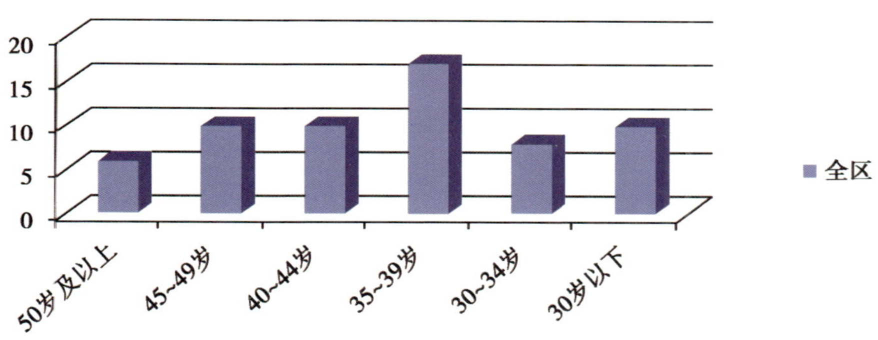

历史任课教师职称分布：

高级数	一级数	二级数	未定级或管理
23	16	21	1

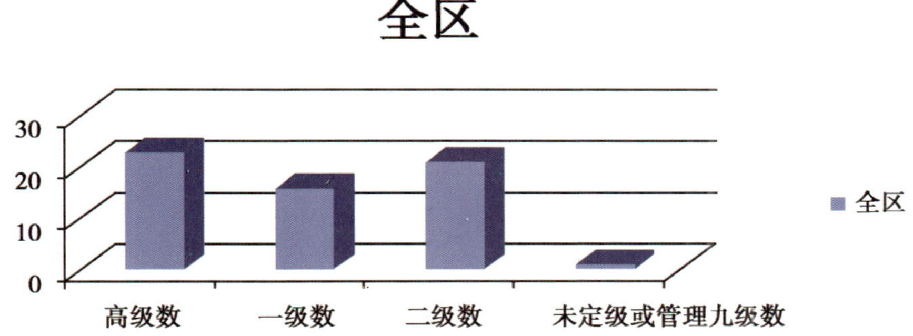

地理任课教师58人，年龄分布如下：

50 岁及以上	45～49 岁	40～44 岁	35～39 岁	30～34 岁	30 岁以下
3	7	8	11	24	5

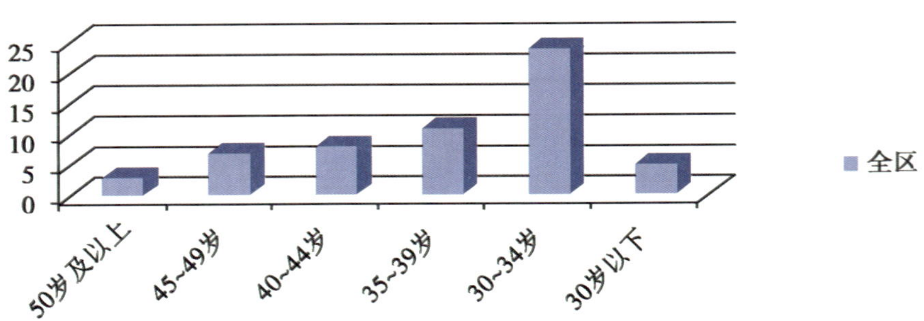

地理任课教师职称分布：

高级数	一级数	二级数	未定级或管理
17	25	14	2

全区

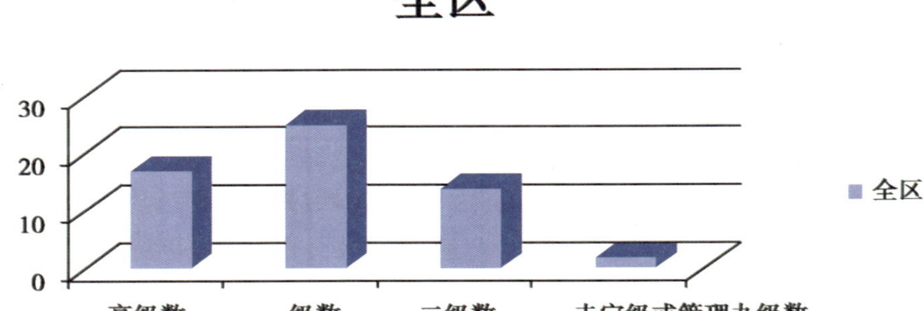

生物任课教师 78 人，年龄分布如下：

50 岁及以上	45～49 岁	40～44 岁	35～39 岁	30～34 岁	30 岁以下
6	10	7	11	32	12

全区

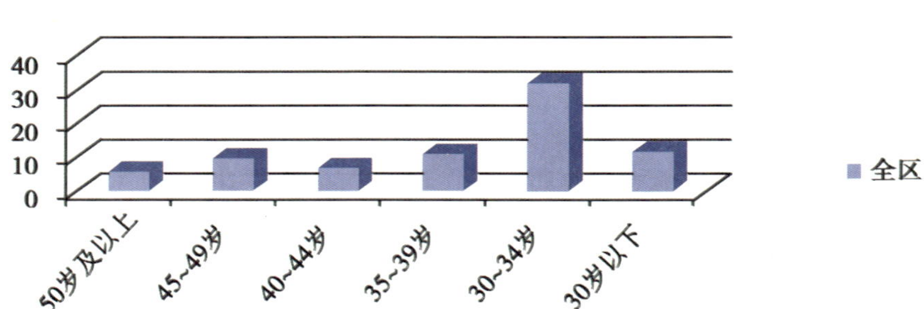

生物任课教师职称分布：

高级数	一级数	二级数	未定级或管理
15	33	24	6

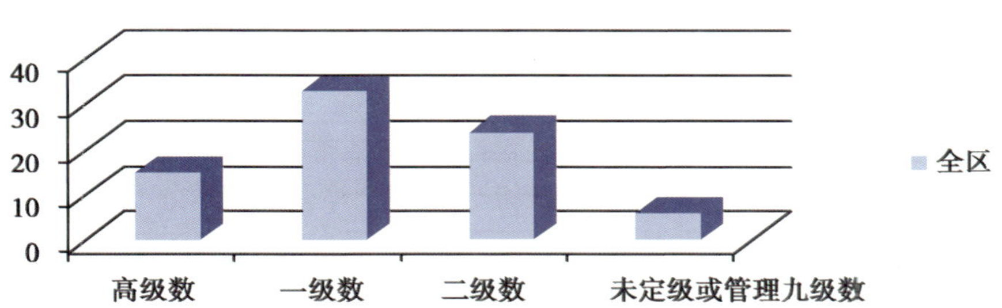

体育任课教师 77 人，年龄分布如下：

50 岁及以上	45 ~ 49 岁	40 ~ 44 岁	35 ~ 39 岁	30 ~ 34 岁	30 岁以下
3	15	16	12	11	20

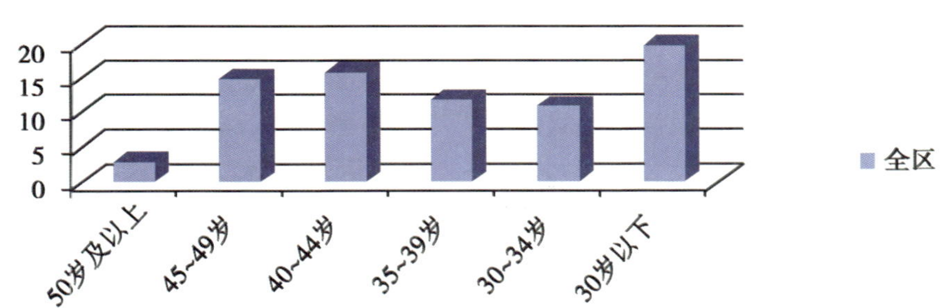

体育任课教师职称分布：

高级数	一级数	二级数	未定级或管理
22	25	27	5

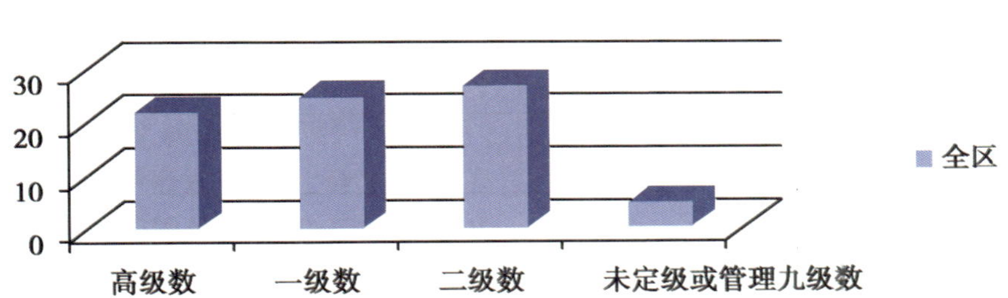

音乐任课教师 12 人，年龄分布如下：

50 岁及以上	45～49 岁	40～44 岁	35～39 岁	30～34 岁	30 岁以下
0	2	3	0	3	4

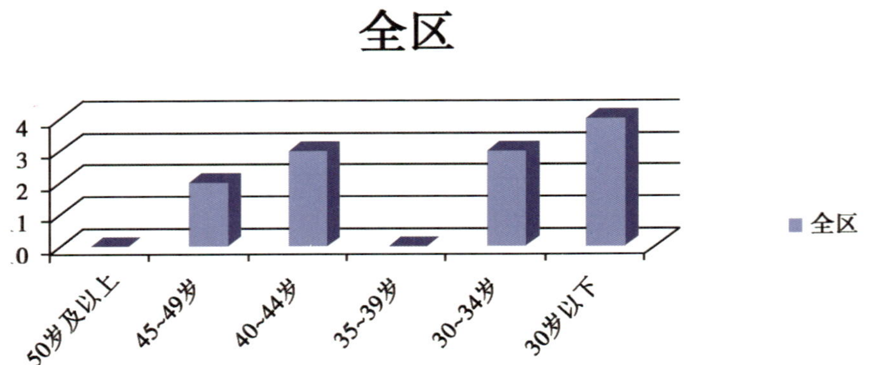

音乐任课教师职称分布：

高级数	一级数	二级数	未定级或管理
1	3	6	2

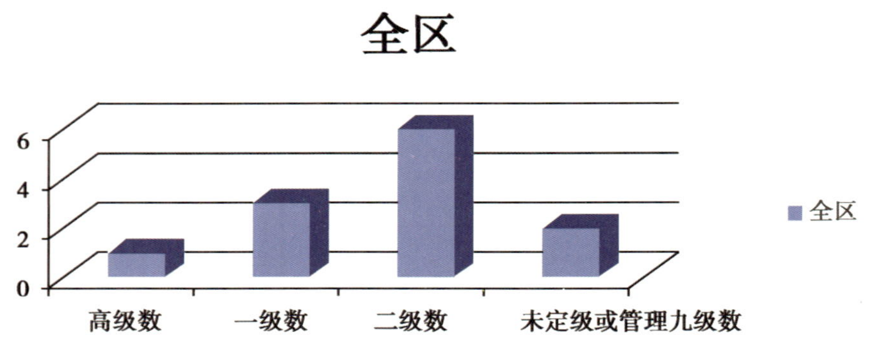

美术任课教师 20 人，年龄分布如下：

50 岁及以上	45～49 岁	40～44 岁	35～39 岁	30～34 岁	30 岁以下
1	2	7	2	5	3

全区

8
6
4
2
0
50岁及以上 45~49岁 40~44岁 35~39岁 30~34岁 30岁以下
全区

美术任课教师职称分布：

高级数	一级数	二级数	未定级或管理
4	6	9	1

全区

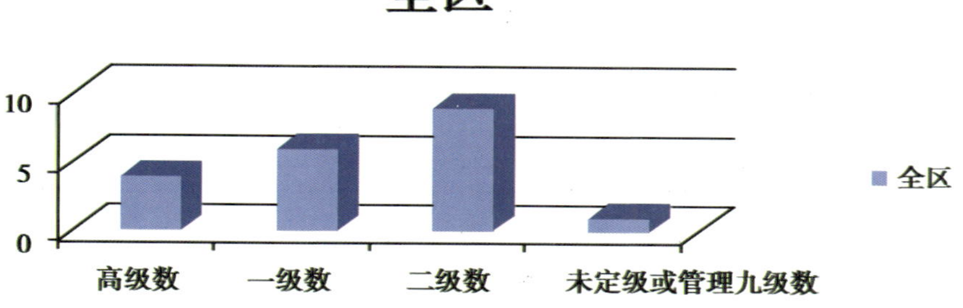

劳动技术任课教师 12 人，年龄分布如下：

50 岁及以上	45 ~ 49 岁	40 ~ 44 岁	35 ~ 39 岁	30 ~ 34 岁	30 岁以下
1	3	2	2	4	0

全区

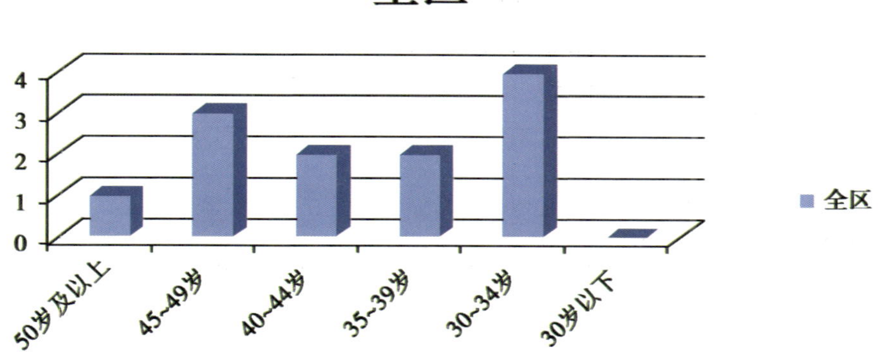

劳动技术任课教师职称分布：

高级数	一级数	二级数	未定级或管理
1	6	4	1

全区

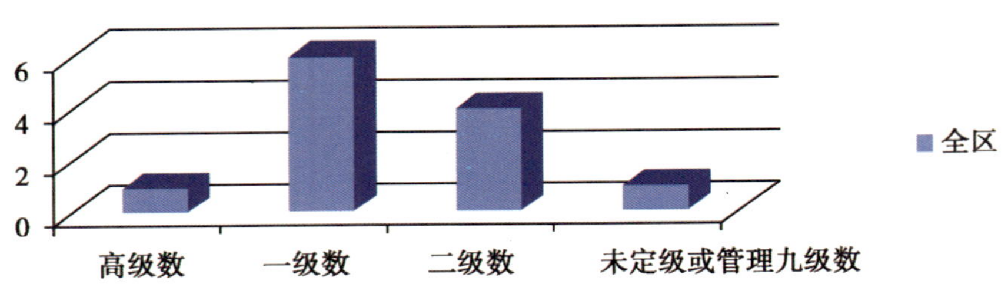

信息技术任课教师21人，年龄分布如下：

50岁及以上	45～49岁	40～44岁	35～39岁	30～34岁	30岁以下
0	0	1	8	9	3

全区

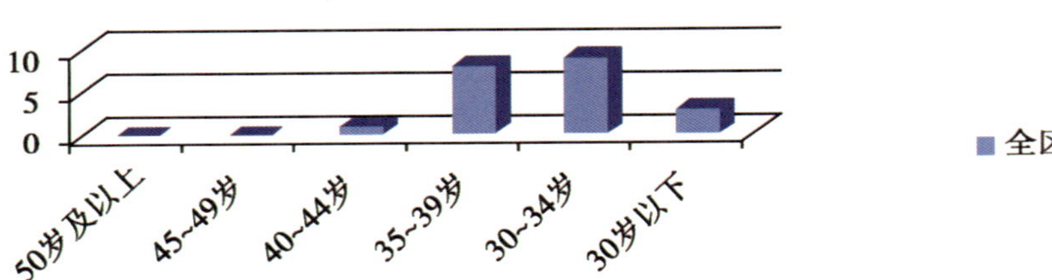

信息技术任课教师职称分布：

高级数	一级数	二级数	未定级或管理
2	9	8	2

全区

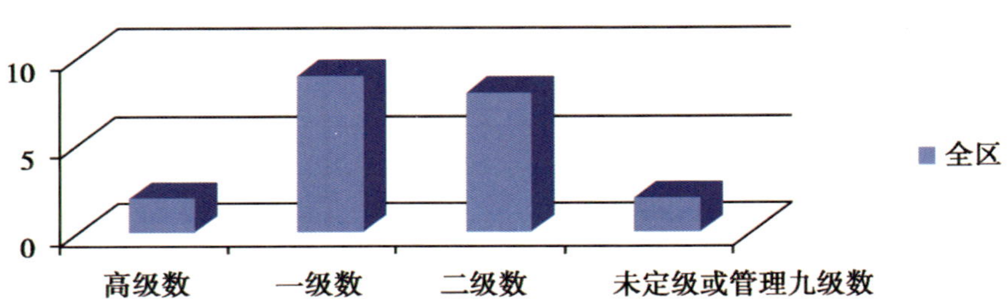

综合实践任课教师11人，年龄分布如下：

50岁及以上	45～49岁	40～44岁	35～39岁	30～34岁	30岁以下
1	1	1	3	3	2

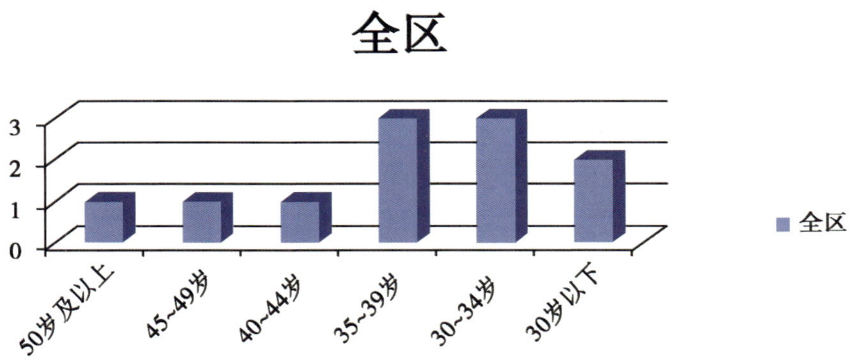

综合实践任课教师职称分布：

高级数	一级数	二级数	未定级或管理
1	4	5	1

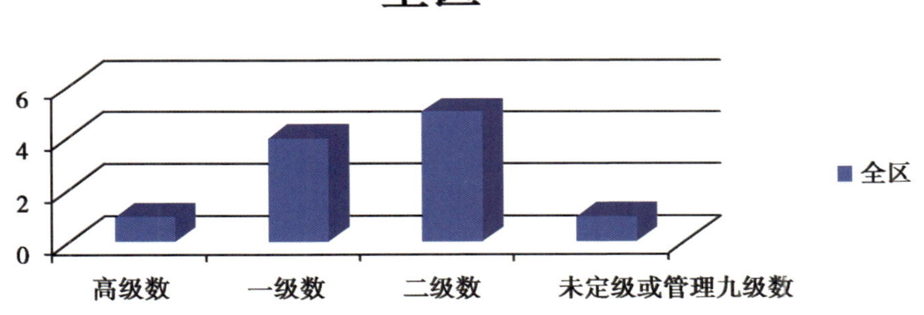

高中教师不存在结构性超编情况，结构性缺编 15 人，情况分布：

语文	数学	英语	物理	化学	思品	历史	地理	生物	体育	音乐	美术	劳动	信息	综合
2	0	1	4	3	2	1	1	0	1	0	0	0	0	0

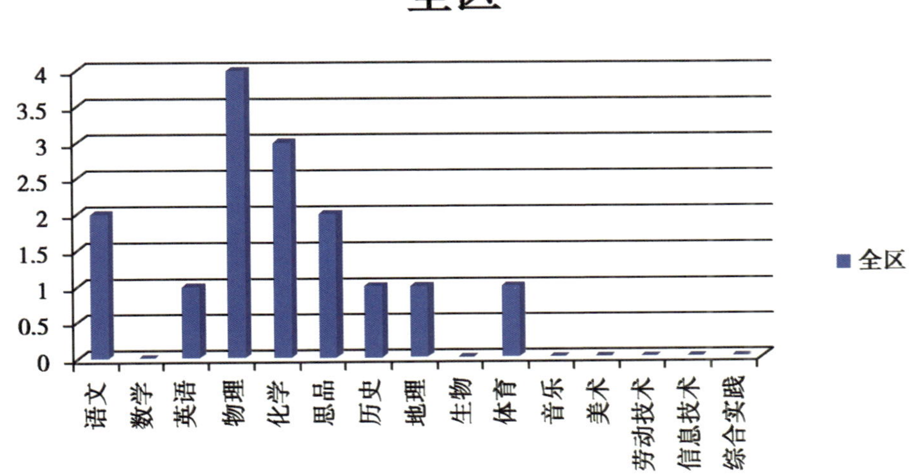

分析及建议：高中任课教师整体年龄结构趋于合理，男女教师的年龄段众数均在 30 ~ 34 这一段。40 岁及以上的男教师（214 人）占男教师总数（443 人）的 48.3%，40 岁及以上的女教师（315 人）占女教师总数（803 人）的 39.2%。按学科分布，40 岁及以上的教师所占比例分别为：美术：50%；劳动技术：50%；政治：44.6%；体育：44.2%；数学：44%；物理：42.7%；历史：42.6%；音乐：41.7%；语文：41。5%；化学：40.9%；英语：32.2%；地理：31%；生物：29.5%；综合实践：27.3%；信息技术：5%。第一学历合理，研究生占 13.2%，大本占 74.3%。职称分布较合理，高级教师占教师整体的 33.1%，高级教师的比例按学科分布为：化学 41.7%，数学 41.2%，历史 37.7%，物理 36.6%，政治 35.4%，语文 34.4%，英语 30.6%，地理 29.3%，体育 28.6%，美术 20%，生物 19.2%，信息技术 9.5%，综合实践 9.1%，劳动技术 8.3%，音乐 8.3%；近五年所评的一级教师占 28.4%，任一级教师十年及以上比例为 18.6%，一级教师任职年限在 20 年以上的 5 人，最长的是 23 年；近五年所评的二级教师占 28.1%，任二级教师十年及以上比例为 18.3%，二级教师任职年限在 20 年以上的人数为 11 人，最长的是 26 年。

顺义区民办中小学及职业学校综合评价指标体系完善与运用调研的报告

顺义区教育委员会民办教育科

一、顺义区民办中小学及职业学校基本情况分析

目前，经教委正式审批的民办中小学及职业学校共14所，其中，中小学10所，职业学校4所，在校生总数9671人，其中，外籍学生579人（北京市鼎石学校、顺义区博华外国语学校为新审批单位，2014年9月招生）。基本情况如下：

序号	学校性质	学　校　名　称	学生数
1	十二年一贯制	牛栏山一中实验学校	4473
2	学前、十二年一贯制	顺义区君诚学校	217
3	学前、十二年一贯制	北京市新英才学校	1867
4	九年一贯制	北京市新京华实验学校	123
5	学前、十二年一贯制	北京市海嘉双语学校	462
6	小学	顺义区李桥半壁店学校	860
7	小学	顺义区南彩实验学校	400
8	小学（特教）	自强学校	48
9	职业高中	顺义区新大方职业学校	377
10	中等职业学校	顺义区水木年华艺术学校	待定
11	中等职业学校	北京市音乐舞蹈学校	738
12	高等职业学校	北京国际标准舞研修学院	106
13	十二年一贯制	北京市鼎石学校	待定
14	小学	北京顺义区博华外国语学校	待定

二、调研的背景、目的及意义

依据《中华人民共和国民办教育促进法》对民办学校的年度检查是民办教育科的常规工作，意义在于彻底规范办学，努力维护民办学校的合法利益，促使民办教育健康、有序、稳定的发展。通过年检发现一些不利于学校发展的办学行为，如：个别举办者法制观念不强、董事

会形同虚设、个别学校财务管理不规范、在招生中虚假夸大学校师资力量、不注重教育教学水平的提升等问题。为了进一步加强民办学校的管理，实现顺义教育十二化中表述的“民办教育规范化”的目标，今年民办教育科拟出台《顺义区民办中小学及职业学校综合评价指标体系》，在办学思想与办学条件、学校办学行为的规范、教育教学管理、学生管理、学校安全管理、学校财务管理等方面对民办中小学、职业学校进行综合考核评估，发现问题，及时改进。对评估结果进行分析，对于规范办学、有办学特色、教学成绩突出的学校进行奖励。评估结果将作为该校评优、评先的重要依据。

三、调研步骤

1. 2月26日召开2013年检工作和2014年工作部署会，以此为契机，下校实地考察，了解掌握基本情况。（考察法、数据统计法）

2. 3月3日，民办科依据《北京市民办中小学综合评价指标体系》，草拟《顺义区民办中小学及职业学校综合评价指标体系》。北京市民办中小学综合评价指标体系涉及：办学指导思想与学校发展、党建和行政管理、办学行为、教育教学质量、学生管理五个一级指标，共计300分。结合顺义区民办学校实际情况，在设计一级指标体系中增设学校安全工作和财务制度管理，共计考评7个一级指标，46个测评要素，82个测评点。为便于学校自评和操作，改用100分计分法。（文献查阅法、对比法）

3. 3月5日，民办科组织召开由新英才、海嘉、君城等7家中小学校和北京音乐舞蹈学校、新大方职业学校、国际标准舞研修学院等共10家单位，参与“顺义区民办中小学综合评价指标体系”研讨，就一级指标、二级测评要素以及诸多测评点的设立是否科学、全面，表述是否清晰，是否具有可操作性等广泛争求与会者意见。（座谈法、讨论法）

4. 进一步修改、完善指标体系。在广泛征求民办学校的建议和意见，特别是征求中教科、小教科、职成科、综治科、审计科等业务科室的意见上，将指标体系调整为更易于操作的6个一级指标，34个二级测评要素以及77个测评点。（文字叙述法、对比法）

5. 3月13日草拟出台《民办中小学及职业学校综合评价考评方案》，依据《顺义区民办中小学及职业学校综合评价指标体系》对民办学校进行评估及具体安排。（文字叙述法）

6. 4月1日—11日收集、审核年审材料，依法依规监督民办校办学行为。10所民办学校全部参加年检并合格。（收集、整理、汇总材料法）

7. 5月8日召开了考评准备会，下发了考评具体时间和流程安排。

8. 5月12—16日，考核组实地考查学校，通过查看资料、听课、师生座谈、参观校园环境等进行综合测评，量化等级，进一步规范办学行为。（实地考察法）

9. 6月16日完成了评估总结，整理调研相关材料，8月底形成调研报告；9月初进行交流、表彰，推广学校的典型经验。（归纳、总结法）

四、年检校改进情况

参与评估的民办学校认真对照《顺义区民办中小学及职业学校综合评价指标体系》进行自查，规范学校各项规章制度，对存在问题深刻反思，及时采取各种补救措施。例如君诚学校在自查“学校财务管理”这项指标中，因一校多址，收费标准没在顺义区发改委备案。学校领导十分重视此项工作，多次与教委和发改委价管科人员沟通、协调，递交申请，认真准备相关材料，并于5月初邀请有关领导实地检查学校财务状况和收费备案依据，最终顺利完成收费标准在有关部门备案的合法手续。评价指标体系的出台，为进一步规范民办学校的办学行为提供了理论依据和实践标准。又如北京国际标准舞研修学院，因艺术学科特点学生大多注重音乐舞蹈专业素质的提高，忽视校园和宿舍卫生环境的整洁和爱护。在前期下校检查中，针对学生宿舍脏、乱、差的现象，我们严厉的批评了学校的管理人员，责令立即对校园和学生住宿环境进行整改。校方依据《顺义区民办中小学及职业学校综合评价指标体系》中“学校安全管理工作”的指标要求，对学生进行安全、卫生教育，重新聘请了责任心强、管理到位的宿管人员。我们再次来到学校时，展现在我们面前的是整洁、亮丽的校园环境，宿舍物品摆放规范，楼道安全疏散通道开启、监控到位，校园环境焕然一新，师生整体素质有了进一步的提升。

五、评估检查结果分析

5月16日，按照计划完成7所学校的实地考评工作。从教委层面，领导和相关科室十分重视此项工作，主管领导工会王主席，全程参与考评活动，民政局社会管理科魏科长、督导室、审计科、综治科、中小教科、工会等业务科室人员，以《顺义区民办中小学及职业学校综合评价指标体系》为标准，对学校的办学指导思想与学校发展、办学行为、教育教学质量、学生管理、学校安全工作和财务制度管理等进行认真核查，翻阅大量档案资料，对应相应测评点逐项打分，在充分肯定成绩的基础上，对存在问题和不足与校方主管领导面对面交流，提出改进措施，达到检查、监督、管理、规范、促进发展的目的；各参与考评学校也非常重视此项工作，把对学校的综合评估看作是对学校整体工作的一次全面检测和梳理、反思、提升办学行为的极好时机。参与校的举办者和校长全程参与考评，新英才、君诚、新大方等派两名领导参与活动，达到了相互参观学习、交流借鉴共同发展提高的活动目的。

（一）学校办学行为规范

各民办校决策体制健全、教学理念明确、育人目标、教学特色显著；落实制度严格、责任分工明确。认真执行了行政备案登记制度，组织机构健全，能充分发挥职能作用。严格执行聘任制度，按照法律法规与教师签订了劳动合同，为教职工缴纳了“五险一金”，保障了教职工的合法权益，人事管理达到了规范化、制度化、法制化。

（二）办学思想明确，办学条件优越

七所民办校办学条件优越、资金充足、环境优美、师资优质，师生比高（新京华达到2：1远远高于公办校标准，小学20.8：1）办学特色明显。

1. 新英才：是一所集双语幼儿园、精品小学、优质初中、多远高中、剑桥国际、国外大学预科、汉语中心为一体的十五年一贯制的寄宿制国际化学校。学校建立“爱与创造”为核心精神的育人目标体系，致力于为学生提供卓越的与世界同步的教育课程及体验，通过多元文化课程及特色主题课程，让孩子成为有爱心、有社会责任感、有创造力、有国际视野、有民族自信的新英才。

2. 海嘉双语学校：通过构建和实施将中、西方教育哲学充分融合的课程体系，使学生们成为具有责任感、同情心的优秀人才，并对学习产生毕生的兴趣。海嘉致力于提供一个安全健康、积极向上的双语学习环境，为孩子们营造多元化、全球化的社区氛围。

3. 新京华学校：培养身心健康，具有独立思考能力，具有国际视野和民族情怀的现代公民。教育策略方面：以品格塑造为根基、以兴趣培养为核心；以习惯养成为目标、以能力训练为主线；以知识学习为载体、以游戏活动为手段；全面开发脑潜能，系统提升学习力。

4. 君诚学校：面对80%的外籍生源，学校把培养学生通晓和悦纳中西文化精髓，以适应多元文化的世界为使命，关注每一个孩子的身心与个性发展，课程覆盖五大领域—语言、艺术、科学、健康、社会，鼓励孩子学会思考问题、解决问题、勇于付诸实践，勇于面对挑战。

5. 国际标准舞研修学院中专部：成立于2003年，以“面向社会，立德树人，培养特长，协调发展”为办学理念，以“文舞搏进，德艺双馨”为校训，凝练出“舞出美好心情，舞出强健体魄，舞出精彩人生，舞出和谐团队”的办学特色。

6. 音乐舞蹈学校：建校16年来，以“学生为首位，以管理为中心，以教学质量为生命线，多出人才，出好人才”为办学目标，开设舞蹈、音乐和影视专业。在课程设置上，专业课和文化课的课时比例为1：1，文化课按教育部制定标准开设，学生参加北京市普通高中会考，成为中等职业艺术学校的典范，创造了高考升学率90%的优异成绩。

7. 新大方职业学校：成立于1994年的傻大方成人职业高中，历经风雨20年，现更名为新大方。学校秉持“培养有社会主义觉悟，就业有优势，升学有希望，创业有能力，终身有基础的一线劳动应用复合型人才”的办学目标，注重校企合作，采取半工半读、工学交替的新型教育模式，重点培养生产、管理一线高品味的劳动者。学校开设中餐烹饪与营养保健、家政服务与管理等五大类十八个专业。

（三）教育教学、学生管理特色明显

各学校教育教学规章制度健全、教学课堂评价体系科学、学生社团活动多样；中小教、职成科深入课堂，感受双语、开放、活力激情的课堂。

1. 感受海嘉学校阅读的力量：每天全校性的、全员参与的15分钟默读；课内海量阅读，英文：（AR系统，MAP）中文：（全校默读，班级图书馆，图书交换，好书推荐，专家推荐，作家画家指导创作，绘本创作，海报创作，团队创作…）图书馆：（课程，借阅量…）等，正在把阅读当成一种习惯。

2. 新英才开设体育类、艺术类、语言类、益智类等各种社团46个，丰富学生校园生活，尤其在今年4月开展了“校服新颖我，我秀我风采”的校服征集评比活动，极大地鼓舞了学生的参与热情，为学生提供了展示才华、秀出风采的舞台。

3. 音乐舞蹈学校的课堂内容丰富：从学生步入课堂对教师的亲情问候，到武功课的侧空翻、维族综合步伐组合、傣族快板组合的民间舞教学的展示，学生情绪饱满，动作整齐规范，表现音乐节奏准确，师生课堂互动和谐，表现出教学基本功扎实，日常管理严格、规范的教学特色。

（四）安全管理工作扎实推进

坚持依法治校，各校建立健全各项安全管理制度，岗位职责明确，日常管理有序。学校治安、消防、食品卫生、环境卫生、宿舍管理工作符合有关要求，管理到位。加强了日常安全管理，及时消除安全隐患；对学生进行安全教育，增强自我保护能力。各重点部位安全防范设施、设备齐全、有效；“人防”确保充足，“技防”逐年提高。校园周边环境良好，校门口秩序井然。

（五）学校财务管理严格、规范

学校严格执行国家财务管理制度，各项财务管理规范。体现出收费项目合理，伙食费专款专用，做到账实相符，账表相符，账目清楚，无违规项目。认真履行财务人员配备制度，都配齐了专职会计，会计人员全部持证上岗。严格执行收费管理程序，学校收费实行成本核算制度，严格执行区发改委审批的收费标准，收费项目合理。无违反财经纪律和教育乱收费问题。

（六）存在问题及工作建议

1. 民办学校应加强学校教代会职能，教师参与学校重大决策，充分发挥民主监督作用；学校多采纳教师合理化的建议；应注重学校年度工作计划、总结的精细化和具体化。

2. 在安全管理方面，有些学校档案资料只求有，针对性、实用性不强，材料凌乱、堆积没有系统性；食堂人员对食品卫生常识欠缺，固有的环节出现明显问题：如留样冷冻不及时清理、库房摆放随意；餐饮证不及时变更等；消防：灭火器过期，个别图书室无烟感报警系统；安全制度重点部位制度不上墙，对责任人缺乏行为的规范，应强化管理。

3. 财务管理方面，个别学校学费与伙食费收入没有分别入账；伙食费教师与学生没有实行独立核算；没有根据出勤天数收费；只是一收一支，没有设置其他会计科目；有个别三联入账现象；财务报表不齐全等。

（七）考核结果

经过三个月的准备、学校自查、下校考察，综合各部门的意见、建议，整理各部门和参与校的打分统计，各学校得分和获奖如下：

新英才：192.3 分　　海嘉双语：189.8 分

君诚学校：185.4 分　　新京华学校：184.3 分

音乐舞蹈学校：191.4 分　　新大方学校：190.7 分

国标舞研修学校：187.9 分

一等奖：新英才、海嘉学校、音乐舞蹈学校

二等奖：君诚学校、新京华学校、新大方学校、国际标准舞研修学校

今后，我们将对《顺义区民办中小学及职业学校综合评价指标体系》逐步的修改、完善，以此作为评价民办学校办学行为和办学成果的重要依据。对民办学校的评估考核是实现民办教育规范化的重要手段之一，也将纳入民办科的常规工作，活动将长期开展下去，彻底规范办学，促使民办教育健康、有序、稳定的发展。

附件：1. 顺义区民办中小学及职业学校综合考核评价方案

2. 顺义区民办中小学及职业学校综合评价指标体系

3. 顺义区民办中小学及职业学校综合考评教师问卷

4. 顺义区民办中小学及职业学校综合考评学生问卷

5. 顺义区民办中小学、职业学校考评工作准备会材料

附件 1：

顺义区民办中小学及职业学校综合考核评价方案

为进一步规范顺义区民办中小学及职业学校的办学行为，打造民办教育优质品牌学校，实现顺义教育十二化“民办教育规范化”的目标，依据《中华人民共和国民办教育促进法》、《北京市实施〈中华人民共和国民办教育促进法〉办法》以及北京市教委相关文件的要求，制定此方案。

一、综合考核评价的目的

依据《中华人民共和国民办教育促进法》对民办学校的年度检查，目的在于规范办学行为，促进民办教育健康、有序、稳定的发展。通过年检发现一些不利于学校发展的办学行为，如：个别举办者法制观念不强、董事会形同虚设、个别学校财务管理不规范、在招生中虚假夸大学校师资力量、不注重教育教学水平的提升等问题。为了进一步加强民办学校的管理，督促民办学校依法依规的办学，2014 年区教委民办教育科制定了《顺义区民办中小学及职业学校综合考核评价指标体系》。依据指标，对民办中小学、职业学校进行综合评估，发现问题，及时改进。对评估结果进行分析，对于规范办学、特色办学、教学成绩突出的学校进行表彰。同时，将此次评估结果作为年度评优、评先的重要依据。

二、考核评价内容

依据北京市教委《民办中小学、职业学校综合评价指标体系》相关内容及要求，制定《顺义区民办中小学及职业学校综合评价指标体系》在办学思想与办学条件、学校办学行为的规范、教育教学管理、学生管理、学校安全管理、学校财务管理等六方面，设立 6 个一级指标，34 个二级测评要素以及 77 个测评点。（具体见附件 1）

三、考核对象

顺义区域内取得办学许可满一年的民办中小学及职业学校。

四、考核领导小组及考评工作组

成立以区教委分管领导王玉英主席为组长的考核工作领导小组及考评工作组，具体负责及落实考核评价工作。

1. 领导小组：

组　　长：王玉英　教育工会主席

副 组 长：冯长宝　民办教育科科长

　　　　　王建会　区民政局社会管理科科长

　　　　　范成海　教委督导室主任

成员单位：区民政局社团科、区教委中教科、小教科、职成教育科、综治科、审计科、教育工会。

2. 考评工作组：领导小组成员单位及被考核单位委派人员。

五、考核形式

1. 听：学校整体工作的汇报；深入课堂听一节课。

2. 看：依据考核评价体系相关测评点，查看档案资料、查看重点部位及校园环境。

3. 师生座谈。

六、考核时间安排

1. 3 月初召开考核评价动员会，研讨评价体系初稿。

2. 3 月中旬，广泛征求各学校及教委相关业务科室对评价体系的意见，并不断完善。

3. 4 月初召开考核评估工作部署会。

4. 4 月各民办学校开展自查，进一步做好迎检工作。

5. 5 月 12 日—16 日检查组下校考核。

6. 5 月 19 日至月底，汇总考核评估结果，对综合评估活动进行总结。

七、评估表彰

依据考核工作小组对各民办学校的综合测评，依据评价分值，评选出一等奖 3 名、二等奖 4 名并给予表彰奖励。

顺义区教委民办教育科

2014 年 3 月 13 日

附件 2

顺义区民办中小学及职业学校综合评价指标体系（总分 100 分）

指标	测评要素		测评点	分值	得分
办学思想与办学条件15分 督导室	1－1	认真执行《中华人民共和国民办教育促进法》及有关法律法规政策。办学许可、法人登记、工商注册等手续齐全。学校有定期发展规划且认真落实，确保办学条件逐年改善，办学水平逐年提高，办学规模稳步发展	1. 办学许可、法人登记、工商注册等文本齐全　1 分 2. 学校发展规划详实　1 分 3. 办学条件改善（办学水平、办学规模）投入情况　1 分	3	
	1－2	学校办学理念、办学目标明确，坚持育人为本，注重素质教育和育人质量，注重社会效益。办学在区域经济建设和社会发展中发挥积极作用	1. 学校办学理念、办学目标解读　2 分 2. 推进素质教育课程建设，开设课程汇总　1 分 3. 办学特色阐述　1 分	4	
	1－3	举办者资金投入充足、到位，学校的占地面积、校舍面积、教学实验仪器的配备、图书资料等条件符合或者超过国家设置条件标准，并与办学规模相匹配，校园绿化、卫生条件好，环境优美	1. 举办者资金投入情况　1 分 2. 生均办学条件符合或者超过国家、北京市规定的基本要求　2 分 3. 校园布局合理、环境优美　1 分	4	

指标	测评要素		测评点	分值	得分
办学思想与办学条件15分督导室		学校教师队伍稳定。专兼职教师配备齐全，其中专任教师的配备符合或者超过市区设置标准，并与办学规模相匹配。注重骨干教师的培养	1. 专、兼职教师队伍统计明晰；专任教师的配备情况；师生比例合理　2分。 2. 有骨干教师培养计划、措施齐全　2分	4	
学校办学行为规范16分民政局	2－1	决策体制健全，决策机构运转正常。决策意见符合国家法律、法规的规定和学校章程的规定，科学、可行。能够得到落实	1. 学校董事会、理事会章程规范，会议记录详实　1分 2. 决策意见符合学校实际，具有可行性　1分 3. 近三年决策意见落实情况　1分	3	
	2－2	领导班子健全，分工明确，管理得力，责任落实，运转顺畅，校长符合规定的任职资格条件	1. 领导班子岗位分工明晰表　1分 2. 各领导岗位职责明确　1分	2	
	2－3	学校组织机构健全，合法设立章程。	1. 学校章程经核准备案　1分 2. 提供现有学校章程　1分	2	
	2－4	招生广告、简章内容（包括运用互联网发布的信息）符合规定，手续齐全	近三年的招生简章　3分	3	
	2－5	学校建立符合北京市相关规定的收退费管理制度和办法	1. 收退费管理制度　1分 2. 查看收退费公示栏　1分	2	
	2－6	学校有教代会、学校重大决策能够在校内广泛听取教师及代表意见，发挥民主监督作用	1. 教代会名单、会议记录详实　1分 2. 合理化建议实施情况　1分	2	
	2－7	教职工的工资及承诺的奖金、福利等按时足额发放。按国家规定为职工缴纳“保险”	1. 无拖欠教师工资行为，承诺的奖金、福利按时发放　1分 2. 为职工缴纳“保险”情况统计　1分	2	
教育教学管理30分中小教、职成科	3－1	学校教育教学管理规章制度健全，并贯彻落实	1. 具有健全完善的教育教学管理规章制度　2分 2. 有教育教学工作日志记录　2分	4	
	3－2	学校教学计划、课程设置、教材符合国家规定标准，结合学校特点及实际开足、开齐课程	1. 学校教学计划、教材使用情况、教师教案情况　2分 2. 课程表汇总　1分 3. 使用国外教材应符合国家规定要求　1分	4	

指标	测评要素		测评点	分值	得分
教育教学管理30分中小教、职成科	3－3	教学组织工作认真、细致、教学检查制度规范，教师授课认真负责，教学质量好	1. 教学计划落实情况　1分 2. 教学检查制度、检查记录　2分 3. 教学质量良好，参加市区统一考试的合格率、优秀率统计分析　2分	5	
	3－4	建立和完善学校课堂教学评价体系、教学常规检查等教学质量监控制度，教学秩序良好，定期召开教学工作会议，促进教学质量提高，推动学校整体教学工作	1. 学校课堂教学评价体系细则　2分 2. 教学质量分析会及教学研讨会材料　2分 3. 教研组（或备课组）活动情况　1分	5	
	3－5	依据有关规定，开展课内外相结合的美育、科技教育活动，培养学生健康的审美情趣、科学态度和创新精神	开展美育、科技教育活动计划、活动资料、活动记录、总结　4分	4	
	3－6	多数学生具有自己的兴趣和爱好，学校有一定比例特长的学生	1. 学生社团活动统计　2分 2. 学生活动成果展示材料　2分	4	
	3－7	建立和完善教学工作档案条理清晰、材料齐全	教学档案归档齐全、规范　4分	4	
学生管理12分	4－1	树立“以德树人”的理念，注重学生的思想教育，注重德育工作	1. 学校德育工作计划、总结　1分 2. 开展教育活动材料　1分 3. 有切实可行的学生管理条例　1分 4. 家校合作育人情况　1分	4	
	4－2	依据北京市中小学生学籍管理办法，为学生建立学籍，规范管理学籍	1. 电子学籍系统专人管理　2分 2. 学生升学、转学、毕业等学籍是否按时办理手续　2分	4	
	4－3	学生生活管理认真落实	1. 学生生活管理制度　2分 2. 学生考勤统计　1分 3. 多年来未发生责任事故　1分	4	
学校安全管理工作15分综治科	5－1	坚持依法治校，建立健全各项安全管理制度，岗位职责明确，日常管理有序	1. 各项管理制度齐全，装订成册，且重点部位制度上墙　1分 2. 岗位职责明确　1分	2	
	5－2	学校治安、消防、食品卫生、环境卫生、宿舍管理工作符合有关要求，管理到位	1. 学校成立治安、消防、卫生领导小组（提供名单）　1分 2. 各项安全检查记录　1分	2	
	5－3	执行有关安全规定，健全和完善各项应急机制，处置事故（事件）依法依规	1. 有突发危机事件紧急处置预案及紧急情况疏散方案　1分 2. 紧急情况疏散演练的方案及活动资料　1分	2	

指标	测评要素		测评点	分值	得分
学校安全管理工作15分综治科	5－4	加强日常安全管理，及时消除安全隐患；对学生进行安全教育，增强自我保护能力，无重大安全责任事故	1. 领导班子成员定期研究学校安全工作，解决安全工作中的问题，有记录　1分 2. 定期加强对学生安全教育，有活动记录　0.5分 3. 全年无重大安全责任事故　0.5分	2	
	5－5	各重点部位安全防范设施、设备齐全、有效；“人防”确保充足，“技防”逐年提高	1. 安全防范的各项设施设备齐全、有效（实地检查）　1分 2. 人防、物防、技防落实到位（实地检查）　1分	2	
	5－6	校园周边环境良好，校门口秩序井然	1. 校园周边无影响教育教学的各种问题　1分 2. 校门口无拥堵及摆摊设点，影响师生出行的现象及问题　1分	2	
	5－7	三年内无师生违法犯罪及教师严重体罚学生的行为	有一起扣除本项全部分数　3分	3	
学校财务管理12分审计科	6－1	严格执行国家统一的会计制度，内部控制制度健全，按相关会计制度规定，如实、恰当的反映学校的经营、往来状况	1. 财务管理制度健全，且上墙　1分 2. 会计帐目清晰、如实反映学校经营状况　1分	2	
	6－2	依法设置会计机构，配备会计人员；会计人员持证上岗	1. 配备专业财会人员　0.5分 2. 财会人员持证上岗　0.5分	1	
	6－3	按照《中华人民共和国会计法》、国家统一规定的会计制度及民办非企业单位财务管理规定进行会计核算，编制年度财务报告。学校的经营正常，无资不抵债的现象；办学资金及时到位，固定资产及时、准确登记入账；学校无抽逃资金、挪用办学经费或侵占民办学校各种资产等行为	1. 有会计师事务所出具的2013年财务年度审计报告　0.5分 2. 学校经营状况良好，无资不抵债的现象，有持续经营能力。（三年财务审计报告）　0.5分 3. 办学资金有保障，学校资产登记入帐记录　2分 4. 无抽逃办学资金、挪用办学经费的现象；无侵占民办学校资产的问题　1分	4	
	6－4	严格执行收费管理程序。学校收费实行成本核算制度，严格执行区发改委审批的收费标准，收费项目合理	1. 有区发改委审批的收费批文　1分 2. 收费项目明确，严格执行审批的收费标准　1分	2	
	6－5	学生的伙食费要与教职工的伙食费独立建账，专款专用，全年伙食费盈亏不超过2%，管理规范	1. 学校教职工的伙食帐目与学生的伙食帐目分开　1分 2. 伙食费盈亏不超过规定标准　1分	2	

指标		测评要素	测评点	分值	得分
学校财务管理12分审计科	6-6	无违反财经纪律和教育乱收费问题；无向学生推销或变相推销商品、服务等方式谋取利益的现象	1. 无教育乱收费现象　0.5分 2. 无变相向学生及家长收取其它费用的现象　0.5分	1	

附件3

顺义区民办中小学及职业学校综合考评教师问卷

为了更好地规范民办学校的办园行为，增强依法办学、依法治教的意识，提高民办学校教育教学质量和社会影响力，现将此调查问卷发给您，请认真审阅填写，是划（√），否划（×）。

1. 学校是否为教职工缴纳五险一金？（　　）
2. 您对学校给您的工资待遇满意吗？（　　）
3. 您对学校教职工的常规管理是否满意？（　　）
4. 学校是否注重教学观念的更新和教学基本功的训练？（　　）
5. 学校是否加强学生德育管理？（　　）
6. 学校是否注重对学生心理健康教育？（　　）
7. 学校教科研工作是否对教育教学有促进作用？（　　）
8. 学校是否加强骨干教师和青年教师的培养？（　　）
9. 学校开设的课程是否能满足学生需要？（　　）
10. 您对自己的工作岗位和工作环境是否满意（　　）
11. 您对学校的办学理念、办学目标、办学特色是怎样理解的？

12. 您对学校发展有何意见和建议？

2014年3月

附件4

顺义区民办中小学及职业学校综合考评学生问卷

为了更好地规范民办学校的办园行为，增强依法办学、依法治教的意识，提高民办学校教育教学质量和社会影响力，现将此调查问卷发给你，请认真审阅填写，是划（√），否划（×）。

1. 学校是否为每位学生建立了学籍？（　　）
2. 你对学校开设的课程是否满意？（　　）
3. 学校对学生的管理你是否满意？（　　）
4. 学校是否注重教学观念的更新和教师基本功的训练？（　　）
5. 学校是否注重学生德育管理？（　　）
6. 学校是否加强学生心理健康教育？（　　）
7. 你觉得本校师生关系是否融洽？（　　）
8. 你觉得学校收费标准是否合理？（　　）
9. 学校现有社团活动是否能满足学生需求？（　　）
10. 你在这个学校学习、生活是否快乐？（　　）
11. 本校你最喜欢的老师是谁？什么样的老师才是好老师？

12. 你想对学校、老师说的话？（你的愿望）

2014 年 3 月

附件 5

顺义区民办中小学、职业学校考评工作准备会材料

各民办中小学、职业学校：

按照《顺义区民办中小学及职业学校综合考核评价方案》的统一部署，5 月 13 日～15 日将对民办学校进行入校考核，具体要求如下：

一、按照考核领导小组及考评工作组的职责要求，请各参加考评单位推荐一名领导，全程参与考评工作，以达到学习、借鉴、交流，相互促进、共同发展的目标。

二、考核流程

1. 听：学校整体工作的汇报；深入课堂听一节课。
2. 看：依据考核细则相关测评点，查看档案资料、重点部位及校园环境。
3. 问：召开师生座谈会。

三、具体要求

1. 5 月 8 日前将参加考评领导名单上报民办科。
2. 学校自定听课年级、学科并将教案提前打印 3 份。
3. 学校信息提前填写并将教师、学生问卷各印 5 份备座谈使用。
4. 考核学校具体时间（初定）：

<table>
<tr><th colspan="2">安排
时间</th><th>学校名称</th><th>参加考核人员</th></tr>
<tr><td rowspan="2">5月13日</td><td>上午8：30</td><td>新英才学校</td><td rowspan="7">区民政局领导
区教委小教科
中教科
职成科
综治科
审计科
教育工会
督导室
民办科
参评学校领导</td></tr>
<tr><td>下午2：00</td><td>君诚学校</td></tr>
<tr><td rowspan="2">5月16日</td><td>上午8：30</td><td>海嘉双语学校</td></tr>
<tr><td>下午2：00</td><td>新京华实验学校</td></tr>
<tr><td rowspan="3">5月14日</td><td>上午8：30</td><td>国标舞研修学院</td></tr>
<tr><td>上午10：00</td><td>音乐舞蹈学校</td></tr>
<tr><td>下午2：00</td><td>新大方职业学校</td></tr>
</table>

民政局：魏　玮 13641283369　　督导室：何希国 13641070966

新英才：王建霖 13911511931　　君　诚：孟　根 13811591621

新京华：张恒飞 15810523366　　海　嘉：高　薇 13501276980

顺义区校外教育情况调研的报告

顺义区政府教育督导室

一、调研背景

校外教育是与学校教育相互联系、相互补充，共同促进青少年全面发展的实践课堂，是服务、凝聚、教育广大未成年人的活动平台，是加强思想道德建设、推进素质教育、建设社会主义精神文明的重要阵地，在教育引导未成年人树立理想信念、锤炼道德品质、养成行为习惯、提高科学素质、发展兴趣爱好、增强创新精神和实践能力等方面具有重要作用。现代社会需要人们具有创新意识和实践能力，校外教育的内容和形式在提高青少年适应环境的技能和本领方面，具有不能替代的作用。

然而现阶段优质教育资源紧缺的矛盾还很突出，丰富多彩的校外教育资源还很短缺，全面实施素质教育还存在一定困难。因此，努力增加校内、外教育公共资源并实现公共资源的合理配置，促进校内、外教育协调发展，是教育行政部门和教育督导部门面临的一项重大而迫切的任务。

伴随我国教育督导制度恢复重建而产生的教育督导工作，长时间内呈现以下特点：一是督政方面重投入，轻统筹规划、政策导向、信息服务、育人环境创设等；二是督学方面，重学校的行政管理，轻学校的教育教学；三是督导评估重终结性评估轻形成性评估，重统一标准，轻学校自主发展和可持续发展；四是督导过程重被督单位内部活动，轻社会与家庭的参与，忽视中小幼、普职成纵向贯通；五是督导结果较注重考核与奖惩、评优挂钩，轻督导的助推和服务功能必须承认，在当时条件和环境下，教育督导工作发挥了重要的作用。但是，随着国家和北京市中长期教育发展规划纲要的出台，随着教育发展战略地位的落实和教育督导地位的提升，构建校外教育督导机制，促进青少年健康成长的研究就成了必需。顺义区人民政府教育督导室正是从办人民满意教育、率先实现教育现代化的角度确定此项调研。

二、调研目的、意义

（一）调研目的

1. 开展顺义区校外教育基本情况的调研是深入推进首都校外教育发展、实现校外教育科学管理的重要保障，是为领导加强校外教育工作决策提供参考依据。

2. 通过开展调研，推动校内外教育有机结合，为实现青少年学生寒暑假、周末离校不离教奠定基础。

（二）调研意义

开展顺义区校外教育基本情况的调研，是贯彻落实中共中央办公厅、国务院办公厅《关于进一步加强和改进未成年人校外活动场所建设和管理工作的意见》（中办发〔2006〕4 号）和中共北京市委办公厅、北京市人民政府办公厅《关于进一步加强和改进未成年人校外教育工作的意见》的（京办发〔2006〕21 号）需要，是坚持科学发展观和现代教育思想，坚持一切从实际出发，积极探索强化校外教育督导职能，提高校外教育督导实效性的途径，对努力构建以实施素质教育为核心、以未成年人校外教育基地建设为基础，以全区齐心协力加快推进未成年人校外教育为目标的督导评价模式具有重要的意义。通过调研，为教育行政部门发展校外教育决策提供依据，为校外教育机构提供切实可行的指导和帮助，从而促进青少年健康成长，全面推进素质教育。

三、相关调研现状述评

督导工作要发展，构建科学的教育督导机制是关键。在工作实践中，各地致力于教育督导机制的创新和构建，促进了教育工作的和谐健康发展。但是，国内督导机制构建主要停留在完善“两基”年审制度、建立乡镇人民政府教育工作督导评估制度、建立教育经费专项督导检查制度、学校督导评估制度、教育热点难点督导制度、督学任期制度、规范教育检查制度等基本督导制度的建立健全上；北京市虽然最近新出台了校外教育机构综合督导实施办法，但对政府各层面在校外教育方面应该履行的职责却没有明确，所以开展校外教育基本情况调研，构建校外教育督导机制，促进青少年健康成长方面的研究目前还找不到。

四、调研的主要内容

（一）核心概念界定

校外教育：泛指由各镇、街道、有关委办局、企事业单位开办的少年宫、青少年活动中心、青少年科技馆、少年之家等校外教育单位在寒暑假、周末时间，针对青少年学生开展的学习、参观、娱乐等活动。

（二）调研的具体内容

制定校外教育调研方案，摸清全区校外教育在人、财、物等方面的基本情况，为开展校外教育督导和加强校外教育建设提供参考。

五、调研人员

由教育督导室副主任盛得富、李卫东牵头，成立由范成海、王跃文、侯盛林、何希国、张亚丽、张桂梅、张春旺组成的调研小组，开展调研任务。

六、调研时间：2014 年 5—6 月。

七、调研方法及对象

（一）问卷调查法

下发并回收马坡等 19 个镇，石园等 5 个街道，发改委、文委等 20 个相关委办局，体卫艺 3 个机关科室，1 个校外教育机构少年宫等有效问卷计 48 份。

（二）实地考察法

深入马坡、仁和等重点镇、文化馆与图书馆等相关单位进行了实地走访。

（三）专项督导法

对少年宫进行了校外教育情况调研式专项督导。

八、顺义区未成年人校外教育基本情况及分析

中共中央办公厅、国务院办公厅《关于进一步加强和改进未成年人校外活动场所建设和管理工作的意见》（中办发〔2006〕4 号）和中共北京市委办公厅、北京市人民政府办公厅《关于进一步加强和改进未成年人校外教育工作的意见》（京办发〔2006〕21 号）均明确提出了加强和改进未成年人校外教育工作的重要性和总体要求，强调未成年人校外教育是社会主义教育事业的重要组成部分，是实施素质教育的重要手段，是加强和改进未成年人思想道德建设的有效途径，在加强社会主义精神文明建设、引导未成年人树立社会主义荣辱观、坚定理想信念、加强道德修养、锤炼意志品质、养成良好行为习惯、发展兴趣爱好、提高科学素养、增强创新精神和实践能力等方面发挥着重要作用。进一步加强和改进未成年人校外教育工作，确保未成年人德、智、体、美全面发展，是全面落实科学发展观，确保党和国家事业后继有人、长远发展的一件大事。要充分认识做好这项工作的重要性，抓紧抓好，抓出实效。

（一）未成年人校外教育活动场所建设情况

中共中央办公厅、国务院办公厅《关于进一步加强和改进未成年人校外活动场所建设和管理工作的意见》（中办发〔2006〕4号）明确提出："适应新形势新任务的要求，切实加强和改进未成年人校外活动场所建设和管理工作，是关系到造福亿万青少年、教育培养下一代的重要任务……要采取切实措施，加强薄弱环节，解决存在问题，努力开创未成年人校外活动场所建设和管理工作的新局面。"

1. 规划先行，未成年人校外活动场所建设提上议事日程

区发改委结合自身工作职能，针对当前参与审批可用于校外活动场所的项目工程情况，将城南体育中心项目、文化中心项目、重点镇文体活动中心项目等列入发展规划，并加强项目监督管理。以上项目建成后，可为当地村民以及全区人民进行文化体育活动提供高质量保证，多种活动场所及球馆可满足不同村民市民的娱乐需求，也可作为当地青少年学生的校外活动场所。

规划分局在城市老旧小区改扩建和新建居住小区时严格按照《北京市居住公共服务设施规划设计指标》及区政府相关要求进行审批，其中小区室外活动场所及文体活动站已考虑与未成年人共同使用。

2. 一枝独秀，少年宫承载校外教育主要使命

顺义区现有真正意义上未成年人校外教育活动场所仅一家——少年宫（含少年之家），属于区教委直属单位。占地面积18864平方米、建筑面积10688平方米；现有专室声乐、器乐、舞蹈、美术、体育、曲艺、科技、阅览、多功能厅、录音棚、影像采集、亲子会议室、机房、配电室、服装道具室、监控室等53个专室。艺术类配备民乐团设备1套、爵士乐团设备1套、活动室设备配备齐全；有价值50万元录音设备1套、价值80万元移动音响设备1套、移动舞台车1辆。科技类机器人俱乐部配有乐高、中鸣、广茂达等机器人器材40余套，动手做俱乐部配有激光切割机、车床、曲线锯、铣床等10余种电动工具。信息技术类有台式电脑161台，笔记本电脑99台，打印机29台，投影机31台，复印机1台，速印机1台，摄像机1台。保障类装备了中央空调，采用地源热泵取暖制冷系统，安装了全方位监控和消防系统。可容纳716个青少年同时开展活动。本学期有398个中学生、3020个小学生利用周末时间来此活动。上学期寒假有206个中学生、2860个小学生来此活动。

3. 多元发展，各镇、街道校外教育基地初具雏形

（1）10个区级以上挂牌的青少年校外教育基地：

顺义区各镇现有尹家府抗战大捷纪念馆、七彩蝶园、寺上美术馆、焦庄户地道战遗址纪念馆、潮白烈士陵园、北京国际鲜花港、汉石桥湿地等10个区级以上挂牌的青少年校外教育基地（见附表1）。

（2）33个镇、街命名、挂牌的青少年校外教育活动站：

顺义区部分镇、街道自己命名、挂牌了北务敬老院、庙卷青少年俱乐部、马卷青少年活动中心、北京国际鲜花港、汉石桥湿地、驻马庄青少年活动基地、北郎中校外教育活动站、葛代子中小学影视基地、牛栏山酒厂、裕龙花园社区青少年校外教育活动站、石北一居委会、石北三居委会仓山小区居委会、马坡花园一区居委会、马坡花园二区居委会等34个校外教育活动站（见附表2）。

（二）积极开展未成年人校外教育公益活动

1. 密切协作，各委办局积极配合开展校外教育活动

区司法局联合区政法委、法院、教委、检察院、团区委探索推行学生旁听庭审活动的常态机制，2013 年 6 月 17 日七家单位联合会签活动方案。通过法庭走进校园开庭和中小学生走进法庭旁听庭审的形式，以案说法、以法育人，提高学生法律意识和行为规范意识。活动覆盖全区 33 所中学和 36 所小学，并对顺义区校外教育情况自查报告学生旁听率、年度活动场次等任务目标进行量化，“流动法庭”进校园法治实践活动效果显著。司法局还设立未成年人刑事法律援助“绿色通道”，多渠道畅通未成年人维权通道，提高未成年人法治意识，推进预防青少年违法犯罪宣传工作。

区图书馆作为全区唯一的一座综合性公共图书馆，承担着服务全区读者的职责，其中青少年读者的服务工作更是工作的重心。作为未成年人校外教育基地，图书馆始终贯彻落实《关于进一步加强和改进未成年人校外教育工作的意见》和《关于进一步加强和改进未成年人校外教育工作的意见》精神，以满足广大青少年校外学习、教育需要为目标，凭借图书馆自身的优势、特色，全年免费开放，节假日照常为读者提供服务，对内服务小读者，对外开展活动，积极探索、精心组织，努力为青少年打造一片校外学习、娱乐、休闲的空间。2014 年，图书馆结合北京市红领巾读书活动，开展了“亲子阅读·阅读体验”主题亲子阅读节、“百姓读书大讲堂”读书活动、“弘扬传统文化　争做美德少年”红领巾讲故事比赛、青少年科普剧比赛、“我的藏书票”设计比赛、“中国梦 北京情”摄影比赛、第十五届“读书小状元”评比活动、北京市红领巾读书活动推荐书目等活动。

区文化馆全年对未成年人开展辅导、培训、非物质文化遗产项目传承等活动，参加人数近 5000 人次，辅导主要集中在学校、社区、文化馆进行，也有走进社区、学校等辅导培训工作。在文化馆内的培训主要有美术、笛子、音乐、舞蹈，顺义区凤秧歌非遗项目在港馨小学传承，曾庄大鼓在杨镇小学传承，马卷五虎棍在马坡二小传承，活动效果良好，社会、学校、家长均丰富未成年文化活动。在赵全营中小、牛栏山文化广场、区文化馆展厅、大胡营文化广场，针对未成年人开展了花会表演、清明节展演、六一儿童画展、大胡营高跷表演等活动，参加人数 2000 余人，广大中小学生参与到传统文化的传承中来，丰富了课外生活，同时又对中国传统文化加深了了解。文化馆全年对未成年人免费开放，今年文化馆进行了房屋修缮，进一步改善了服务环境，正在向社会征集文化志愿者，以提高师资力量，开展针对未成年人的免费培训辅导工作。

区环保局充分重视未成年人校外教育工作。将中小学生演讲比赛等校外教育活动列入本单位宣传工作计划，专人负责落实，每年开展。

区水务局调水中心于 2008 年 10 月 17 日被顺义区授牌为中小学生社会大课堂资源单位，2010 年 10 月被区教委评为顺义区社会大课堂建设优秀资源单位。中心依托资源单位这个平台，向更多的中小学生们宣传珍惜水资源、保护水资源的理念。特别培训了 2 名职工，为前来参观的学生讲解保护水资源的重要性及水处理过程工艺。授牌以来，为 1000 余名中小学生提供了参观学习服务。参观高峰时每天接待中小学生 200 余人。中心充分发挥普及推广节水意识，针对未成年人的身心特点，组织策划和广泛开展经常性、大众化、参与面广、实践性强的校外活动。结合学校课程设置和改革，通过通俗易懂的解说词向广大未成年人介绍中心情况，使广大未成年人培养节水的意识。

区卫生局积极配合大型青少年校外教育活动，较好完成了活动现场疾病预防控制和医疗急救保障工作。

2. 典型引路，各镇、街道丰富校外生活

近一年来，部分镇、多数街道通过多种途径，组织开展了很多面向青少年的校外教育活动，丰富了学生的课余生活。如北务镇政府出资，聘请校外辅导员，在北务中小、幼儿园组织彩虹假日社团活动，开展了舞蹈、绘画、象棋、少儿电子琴等兴趣培训班。马坡镇政府开展了“暑”你最精彩——假期安全训练营志愿服务活动。庙卷村开展了青少年学习网培训活动，开设了未成年人暑期英语培训班。光明街道滨河一区居委会、温馨家园组织了“绿色低碳 变废为宝”DIY 作品展、“安全在身边 快乐过假期”、集体跳绳比赛、“做一个健康快乐的追梦少年”演讲比赛、“好书伴暑假”等多彩的活动，丰富了学生的假期生活。胜利街道各居委会根据区关工委部署的主题开展暑期夏令营活动，有专题报告、文体活动、读书活动、公益活动等，活动有计划、过程有记录，总结有表彰（见附表3）。

另外，部分村、居委会涌现出很多在周末、寒暑假开展针对青少年的校外教育活动典型，如北务镇北务、郭家务、南辛庄户三个村利用兼职大学生村官在图书室、计算机房、书法室进行网络知识、计算机知识培训和书法辅导，图书室免费对青少年开放。南法信镇南卷村和华英园居委会利用志愿者组织学生开展读书、画画、手工制作等教育活动。牛山镇范各庄、富各庄、官志卷、史家口村在村会议室开展文明礼仪教育、健康教育、环境保护教育、法制教育。龙王头、金牛村在村活动站、广场组织青少年开展趣味运动会、乒乓球比赛。仁和镇复兴村、平各庄村妇联、政工干部兼职，组织开展了绘画大比拼、捡拾垃圾、爱护环境从我做起、安全教育知识讲座、读书伴我行等主题活动，增强了青少年环保意识，提高阅读能力。张镇驻马庄村利用兼职或外聘人员，开展网络教育、家庭教育讲座、心理辅导活动。马坡镇庙卷、石家营村利用兼职村官开展英语辅导、学习网学习、讲解村史等活动，学生喜欢、家长满意。赵全营镇北郎中、赵全营、燕华营；后沙峪镇董各庄、回民营、铁匠营利用兼职村官开展活动，效果较好。光明街道裕龙花园社区有专职校外辅导员毛玉华，开展青少年演讲、结合交通安全表演三句半等活动，还利用社区公益金为青少年发奖品，提高了交通安全防范意识；幸福东区、滨河一区、裕龙五区开展了法律安全讲座、“易物会”、绘画、社会实践等活动，增强了青少年安全意识，培养了学生兴趣，丰富了青少年课外生活，幸福东区还获得2013年度未成年人校外教育先进单位荣誉称号。胜利街道建南一居委会聘请市、区心理专家开展专题辅导、沙盘游戏等活动，提高学生心理素质。石园街道石北一区、石园东苑；双丰街道马坡花园一区、马坡花园二区；旺泉街道宏城社区、牡丹苑、前进花园等社区开展了读书交流会、趣味运动会、讲座、参观等活动，购买图书和奖品，探索着校外教育的办法（见附表4）。

3. 活动龙头，少年宫组织安排校外教育活动

少年宫作为校外教育活动的龙头，认真贯彻中办发4号和北京市21号校外教育文件精神，严格遵守有关教育工作的法律法规，始终坚持“依法治宫，质量立宫，科研兴宫，文化强宫”的工作思路，以全面落实《北京市校外教育机构工作规程》、《北京市校外教育机构办学条件标准》和迎接北京市校外教育专项督导为契机，整合区内外教育资源，打造顺义区校外教育的特色和品牌，提高办学水平，推进校外教育的整体发展，为全区少年儿童搭建更好更大的成长平台。在全体干部教师的共同努力下，少年宫先后荣获中国文化夏令营基地、北京市校外教育先进集体、顺义区教育系统先进集体等荣誉称号，当选为北京市校外教育协会常务理事单位和全国城区少年宫工作研究会常务理事单位，整体工作水平不断提升。

在区校外教育联席会办公室指导下，少年宫根据市活动安排，下发参会通知，组织中小学校开展文艺、科技等方面校外教育活动，开展多样化的专业兴趣小组培训，为学生提供机会和平台；成立多个学生社团，组织丰富多彩的实践演出，提高学生综合素养。每年围绕科技节和艺术节，组织科技和艺术教师培训，学生竞赛（见附表5）。

4. 开阔视野，中小学生社会大课堂提升素质

从2012年起，市政府按每生200元下拨中小学综合素质提升工程活动经费，同时市教委出台了《中小学综合素质提升工程实施方案》，我区抓住契机，制定了《顺义区中小学生综合素质提升工程项目实施方案》，创新活动模式，采取了区级统筹管理、学校自主运作的组织形式，充分挖掘和利用社会资源，组织学生走进社会大课堂，开展实践活动，每年完成一年级至高三年级每生两次共10万多人次外出实践活动，使学生开阔了视野，增长了才干，增强了动手实践能力和创新能力，提升了学生综合素质，受到教师、家长、学生的普遍欢迎。

（三）校外教育活动经费保障

财政局积极贯彻落实中央、市、区关于加强和改进未成年人校外活动场所建设和支持乡村学校、少年宫建设的有关精神，严格按照《北京市乡镇校外活动站及乡村学校少年宫管理办法（暂行）》，加强对活动站与乡村少年宫的财力保障与支持。2013、2014年市级补助乡镇校外活动站建设560万元，其中，2013年，市级补助10所中小学资金220万元；2014年，市级补助9所小学乡镇校外活动站建设资金270万元，补助少年宫落实《北京市校外教育机构办学条件标准》资金70万元。

区财政加大对未年人保护工作，2013、2014年安排未成人保护专项经费92.5万元，其中，安排团委青少年事务发展工作经费（未成年人保护委员会工作经费）70万元，安排文明办未成年人思想道德教育宣传活动经费22.5万元。2014年，区财政为图书馆拨款免费开放保障经费50万元（包括活动经费20万元），其中10万元用于未成年人活动经费。区文化馆经费来源主要是财政拨款，每年10万元左右。

（四）校外教育队伍建设情况

区编办在2009年区政府机构改革时，为区教委的体育卫生与艺术教育科加挂校外教育办公室的牌子，负责制定校外教育工作规划和年度计划并组织实施，指导学校开发利用校外教育资源。人事科负责校外教育机构设立、变更、撤销等申报工作。2012年，为区文明办的综合科加挂未成年人思想道德建设工作科牌子，主要负责拟定全区开展未成年人思想道德建设的规划、措施；负责未成年人思想道德建设工作的组织协调、监督检查、经验推广；负责对未成年人思想道德建设情况进行调研分析，提出对策建议等。事业单位分类工作中，拟将区教委所属的少年宫、少年之家划分为公益一类，保障其公益性职能。

区教委直属少年宫作为我区唯一一所校外教育机构，现有教职工总数102人。其中，在职在编专任干部、教师50人，在职在编职工3人，本学期固定外聘专任教师34人，外聘职工15人。

（五）校外教育基地发展展望

区发改委结合自身工作职能，针对当前参与审批可用于校外活动场所的项目工程情况做出了预期：

1. 城南体育中心项目。位于顺义区仁和镇，总建筑面积17038平方米，包括体育场、体育馆等建设，总投资11851万元，争取市固定资产投资7723万元。该项目手续齐全，于2011年底开工建设，目前已完成工程量的60%。该项目列为区级重点工程。

2. 文化中心项目。位于顺义区仁和镇，总建筑面积59902平方米，包括区级公共图书馆、文化馆、博物馆、影剧院等建设，总投资40787万元，争取市固定资产投资14914万元。该项目手续齐全，于2011年开工建设，目前已完成工程量的70%。

3. 重点镇文体活动中心项目。在高丽营、赵全营、杨镇、李遂镇域内建设文体活动中心，总投资4793万元，争取市固定资产投资3357万元。（对重点镇建设文体活动中心市发改委有政策支持，人口大于4.5万人的支持3000平方米建设，每平米约2760元，建设资金除市固定资产投资外（70%），其余由镇自筹（30%））。目前实施方案已批复，正在进行可研批复前期准备工作。项目建设分室内、外功能区（多功能厅、健身室、篮球场、演出广场等）。

区司法局在河北村建设“顺义区青少年专项法制宣传教育基地”，基地整体占地面积100余亩，并建有青少年法制教育长廊、现代法庭、古代衙门等，将法治元素与自然景观、人文景观相融合，寓教于乐、寓教于景，成为全市第一家集参观、教育、拓展、实践于一体的青少年法治实践活动基地。目前基础设施建设已全部完成，即将挂牌投入使用（司法局宣教科电话：69443457）。

九、顺义区校外教育发展存在的问题

（一）未成年人校外活动场所的公益性质不彻底

中共中央办公厅、国务院办公厅《关于进一步加强和改进未成年人校外活动场所建设和管理工作的意见》（中办发〔2006〕4号）第6条明确指出：“由各级政府投资建设的专门为未成年人提供公共服务的青少年宫、少年宫、青少年学生活动中心、儿童活动中心、科技馆等场所，是公益性事业单位。要始终坚持把社会效益放在首位，切实把公益性原则落到实处。”尽管少年宫作为全区唯一一所校外教育机构面向中小学生开展了大量公益活动，但所有开设的兴趣小组、特长班均为收费项目，公益性质没有完全发挥。

（二）校外活动与学校教育的有效衔接待加强

中共中央办公厅、国务院办公厅《关于进一步加强和改进未成年人校外活动场所建设和管理工作的意见》（中办发〔2006〕4号）第16条明确指出：“积极探索建立健全校外活动与学校教育有效衔接的工作机制。各级教育行政部门要会同共青团、妇联、科协等校外活动场所的主管部门，对校外教育资源进行调查摸底，根据不同场所的功能和特点，结合学校的课程设置，统筹安排校外活动。要把校外活动列入学校教育教学计划，逐步做到学生平均每周有半天时间参加校外活动，实现校外活动的经常化和制度化。要把学校组织学生参加校外活动以及学生参加校外活动的情况，作为对学校和学生进行综合评价的重要内容。”区共青团、妇联、科协等配合教委做了很多工作，但对校外教育怎么配合有些茫然；区各中小学利用市级资金每年开展两次社会大课堂活动，极大地调动了学生参与的积极性，提高了学生综合素质，但是一年两次实在显得单薄。部分学校把校外活动列入教育计划，采取分散和集中相结合的办法，也无法保证平均每周有半天时间组织学生参加校外活动，真正把校外教育与学校教育有效衔接起来的并不多。

（三）未成年人校外教育活动场所的规划和建设待改进

中共中央办公厅、国务院办公厅《关于进一步加强和改进未成年人校外活动场所建设和管理工作的意见》（中办发〔2006〕4号）第20条明确指出：“各级政府要把未成年人校外活动场所建设纳入当地国民经济和社会发展总体规划。各地要认真贯彻落实建设部、民政部《关于进一步做好社区未成年人活动场所建设和管理工作的意见》，在城市的旧区改建或新区开发建设中，配套建设未成年人校外活动场所。人口规模在30000～50000人以上的居住区要建设文化活动中心，人口规模在7000～15000人的居住小区要建设文化活动站，重点镇和县城关镇要设置文化活动站或青少年之家。社区文化活动中心（站）中都要开辟专门供未成年人活动的场地。”我区在城市老旧小区改扩建和新建居住小区时按照《北京市居住公共服务设施规划设计指标》及区政府相关要求进行审批，其中小区室外活动场所及文体活动站仅是考虑与未成年人共同使用。即将建设的城南体育中心、文化中心、重点镇文体中心也仅是成年人与青少年共用，并没有开辟专门供未成年人活动的场地计划。

（四）未成年人校外教育工作队伍有待加强

中共北京市委办公厅、北京市人民政府办公厅印发《关于进一步加强和改进未成年人校外教育工作的意见》的通知（京办发〔2006〕21号）第21条提出：“采取有力措施，切实加强未成年人校外教育工作队伍。要制定政策，引导中小学教师和其他人才从事社区教育和未成年人校外活动场所管理、教育等工作，加强未成年人校外场所工作队伍建设。要精心选拔热爱校外教育事业、思想素质好、懂业务、会管理的优秀人才担任管理干部，提高未成年人活动场所的管理水平。”区编办为教委的体育卫生与艺术教育科加挂校外教育办公室的牌子，为区文明办的综合科加挂未成年人思想道德建设工作科牌子，拟将少年宫、少年之家划分为公益一类，保障其公益性职能。但是少年宫作为我区唯一一所校外教育机构，现有教职工总数仅102人，在职在编专任干部、教师仅50人，50人的队伍面对十万青少年开展校外教育活动极不现实。

（五）开展未成年人校外教育活动有困难

部分镇的个别村和多数街道的居委会，利用寒暑假、周末开展了很多校外教育活动，受到了学生和家长的欢迎和肯定。但是按照谁组织谁负责的原则，由于缺少相关政策保障，各镇、街道开展校外教育活动的热情并不高，加之很多镇、街没有专门的活动场所，没有专人管理、组织、开展活动，没有专项经费支持，缺少绩效考评，校外教育活动开展起来困难重重，实现青少年离校不离教的目标任重而道远。

十、部分单位对校外教育的理解、希望

地税局希望区内建设一个共用的可以轮流交替使用的校外教育活动场所，方便各委办局开展校外教育活动。

规划局认为我区已建设有少年宫等青少年活动场所，相关部门应将其免费开放，不应出租场地作为谋取利益的工具。

环保局希望青少年校外活动联系实际，引导青少年关注北京市及本区环境保护，树立环境保护意识，形成全民参与的污染防治氛围。

卫生局希望建设更多公益性校外教育场所。

文明办认为顺义区在首都文明办没有叫得响、能够在全市宣传推广的校外教育品牌活动，说明在开展校外教育活动中重视、创新、投入、总结等方面工作还有差距。全区校外活动场所少且分布不合理，主要集中在个别地方，很多市民居住集中的地区找不到场所；街道社区的活动场所建设标准太低，各种功能聚于一身，很难吸引青少年，有名无实；区级大型高端活动场所，组织大型活动可以，平时经常性的活动则不方便，中看不能用，好听不适用。建议在市民居住集中的地区，特别是城镇一体化建设推进比较快的地区，规划建设一些中小型的图书馆、电影院、文体活动馆、少年文化宫、公园等活动场所。

团委希望建立学校、社会、家庭三位一体的未成年人教育模式，愿意依托社区青年汇、志愿服务、星光自护等不同形式为未成年人校外教育活动提供服务。

北务镇认为开展青少年校外教育活动的主要问题是人员不足，缺少经费，组织活动存在安全问题，一旦发生安全事故很难处理；活动站缺少专业的辅导人员。

大孙各庄镇认为青少年是祖国的未来，各级政府、教育行政部门都应重视青少年校外教育；但校外教育责任主体不明确，任务目标不明确，资金、资源配置不明确；希望区级以上行政部门出台文件落实相关责任，拨付专项资金。

李遂镇希望得到专业人员的支持和活动经费补助。

龙湾屯镇觉得校外教育师资力量薄弱，资金不足，缺乏长效机制。

木林镇认为加强青少年校外教育很好，但青少年难组织，对他们吸引力小。镇域内活动资源较少，希望上级有关部门大力支持。舞彩浅山将来可以作为资源。

南彩镇觉得当前社会治安、交通秩序较差，开展青少年校外教育活动安全风险高。

仁和镇认为开展校外教育有利于青少年素质提升。一方面，青少年需要培养多方面的技能，参加多方面的实践，锻炼和提高能力；另一方面，现在的青少年大都是独生子女，平时娇生惯养，喜欢独处，缺少集体意识与团队意识，对良好性格的养成和人的全面发展极为不利，而校外教育有助于他们从封闭的状态中解脱出来，促进他们有团结友爱的意识。主要困惑一是缺少稳定的专、兼职师资队伍，二是非法培训机构无力遏制。希望引起政府足够重视，加强培训，组建专、兼职校外教育队伍。

天竺镇认为要求镇政府组织开展校外教育活动缺少相关法律依据，活动安全得不到法律保障。

赵全营镇希望区镇两级政府沟通，在每个镇至少有一个区级挂牌基地，增加经费投入，便于开展学生校外教育活动。

马坡镇困惑：一是校外教育场地设施不完善；二是师资力量不足；三是教育活动难于达到系列化；因此镇级开展教育活动很难得到保证。

光明街道认为居委会作为基层组织，承担着青少年校外教育活动的重任。一方面，年轻人的朝气和知识为街道创新工作方法激发灵感，另一方面，居委会陪伴青少年度过安全快乐的假期，是一个互利双赢的过程。但在组织活动中，由于学生学习压力大，许多学生在假期还要参加课外补习班，因此没有时间参加社区的活动，这是校外教育活动不能广泛开展的原因之一；此外，在组织活动中，发现学生参加体育锻炼少，体重偏胖，不利于青少年的健康成长，但组织体育活动，存在安全隐患。因此，社区多组织安全系数较高的体育活动，活动内容和形式颇受限制。希望学校能够协调家长，支持孩子多参加社区活动，放松身心的同时融入社区这个小社会，丰富假期生活、积累社会经验。

胜利街道认为校外教育作为学校教育的补充和延续，很有必要。社区利用寒暑假举办冬夏令营，一个重要的指导思想就是要改变学生的学习方式，开放学校的课程学习，通过多种资源的融合促进学生的全面发展，培养学生的实践能力和创新精神。冬夏令营，为学生提供了多样的实践机会，引导学生完成一些富有探索性的实践任务，使学生拥有探索的广阔时空，在社会实践活动中不断激励学生进取。街道要进一步探索青少年校外教育的成功经验，开发利用社区教育资源，培养学生多项能力，提升学生整体素质。希望在经费上给予支持，奖励活动组织开展好的居委会。

石园街道希望上级有关部门在人员保障和经费落实上给与重视，出台相应的文件，使活动得到组织上、制度上的保障。

十一、对加强青少年校外教育工作的几点建议

（一）高度重视，齐心合力做好校外教育工作

加强未成年人校外教育需要全区上下尤其主要领导充分认识此项工作的重要性，认真总结经验教训，调整发展思路，成立顺义区校外教育工作联席会，制定联席会规章；出台顺义区校外教育发展规划，制定校外教育活动规程；明确各部门职责，建立健全校外教育活动绩效考核细则，调动各相关委办局校外教育工作积极性，齐心合力做好校外教育工作。

（二）整合资源，加强校外教育基地建设

当前顺义区正处于社会飞速发展转型期，部分农村中小学生源减少，规模过小，应加快学校布局调整步伐，整合资源，腾退部分校舍用于加快校外教育基地建设，扩大校外教育覆盖面，缓解少年宫一枝独秀的尴尬局面。

（三）加大投入，确保校外教育活动开展

中央4号文明确提出："各级政府要把未成年人校外活动场所运转、维护和开展公益性活动的经费纳入同级财政预算，切实予以保障。"我区校外教育投入了一些资金，但是面向全区十万青少年真正开展校外教育活动，显得杯水车薪。

（四）精心选拔，建设高素质校外教育队伍

要会同编办，加强未成年人校外活动场所工作队伍建设，建立科学合理的队伍结构。或从超编学校等途径，精心选拔热爱校外教育事业、思想素质好、懂业务、有专长的优秀人才充实到校外教育队伍，提高未成年人校外教育活动水平。要按照《中华人民共和国教师法》、《中小学教师职务试行条例》等有关规定，制定未成年人校外活动场所教师专业技术职务评聘办法。

总之，切实加强和改进未成年人校外活动场所建设和管理工作，是关系到造福亿万青少年、教育培养下一代的重要任务。我们要从落实科学发展观、构建社会主义和谐社会，确保广大未成年人健康成长、全面发展，确保党和国家事业后继有人、兴旺发达的高度，充分认识这项工作的重要性，认真总结经验教训，调整发展思路，在巩固已有成果的基础上，采取切实措施，加强薄弱环节，解决存在问题，努力开创未成年人校外活动场所建设和管理工作的新局面。

附表1

各镇区级以上挂牌的青少年校外教育基地

序号	地点	名　称
1	北务	北京威廉顺橡胶制品有限公司
2	大孙各庄	尹家府抗战大捷纪念馆
3	高丽营	七彩蝶园、寺上美术馆（2个）
4	龙湾屯	焦庄户地道战遗址纪念馆、民兵训练基地（2个）
5	南彩	潮白烈士陵园
6	天竺	杨二营老年康乐园
7	杨镇	北京国际鲜花港、汉石桥湿地（2个）

附表 2

镇、街命名、挂牌的青少年校外教育活动站

序号	地点	名　　称
1	北务	北务图书室、郭家务计算机教室、威廉顺橡胶制品厂、香逸葡萄采摘园 、仓上木鱼石小镇（5 个）
2	马坡	庙卷青少年俱乐部、马卷青少年活动中心、姚店温馨家园、石家营青少年校外活动站、衙门村青少年校外教育活动站（5 个）
3	杨镇	北京国际鲜花港、汉石桥湿地（2 个）
4	张镇	驻马庄青少年活动基地
5	赵全营	北郎中、小高丽、赵全营、燕华营校外教育活动站（4 个）
6	后沙峪	镇龙腾文化广场、董各庄村、回民营村（3 个）
7	李遂	葛代子中小学影视基地、麦圣石传媒公司（2 个）
8	南彩	彩俸广场
9	牛山	耿丹学院、牛栏山酒厂、乔波滑雪场、江河幕墙（4 个）
10	光明	裕龙花园社区青少年校外教育活动站
11	石园	石园北一居委会、石园北三居委会、仓上小区居委会、石园东苑（3 个）
12	双丰	马坡花园一区居委会、马坡花园二区居委会（2 个）

附表 3

各镇、街道开展的校外教育活动

活动时间	参加人数	活动地点	活动内容及方式
2013. 1	222 人	旺泉社区教室	讲座、参观、学雷锋活动
2013. 3	50 余人	石家营	青少年学习网培训
2013. 3	40 人	光明社区活动站	雷锋精神讲座及清洁社区、慰问空巢老人实践活动
2013. 6	20 余人	庙卷	青少年学习网培训
2013. 6	40	光明社区活动站	发挥孩子特长，进行才艺展示

活动时间	参加人数	活动地点	活动内容及方式
2013.7	30人	华英园社区	通过现场讲授对学生进行安全教育
2013.7	30人	庙卷	未成年人暑期英语培训班
2013.7	2000人	石北三社区	青少年心理讲座、专题报告、环保活动、法律讲座等
2013.7	60人	双丰二区	讲座，青少年自护知识
2013.7～9	350余人	滨河一区居委会、温馨家园	1. “绿色低碳 变废为宝”DIY作品展 2. “安全在身边，快乐过假期”活动 3. 集体跳绳比赛 4. “做一个健康快乐的追梦少年”演讲比赛 5. “好书伴暑假”活动
2013.8	400人	石北一社区	青少年星光自护教育、文明礼仪教育、读书交流活动
2013.8	70人	双丰一区	社区公益劳动
2013.8	230人	旺泉社区教室	讲座、参观社区实践活动等
2013.8	300人	北务中小、幼儿园	组织彩虹假日社团活动，由北务镇政府出资，聘请校外辅导员，开展舞蹈、绘画、象棋、少儿电子琴等兴趣培训活动。
2013.8	80人	马坡镇	“暑”你最精彩—假期安全训练营志愿服务活动
2014.1～2	300余人	滨河一区居委会、温馨家园、益民书屋	1. “预防未成年人犯罪”安全讲座 2. 滨河一区“易物会” 3. “好书伴假期”活动
2014.3	50余人	裕龙五区活动室	雷锋月“争当环保小卫士”开营和毕营仪式
2014.4	70余人	裕龙五区活动室	青少年家里闲置的图书、玩具等物品进行置物交换活动
2014.5	180人	裕龙五区活动室	梦想加油站动漫绘画基础活动共组织了六次
2014.7	3000多人次	胜利街道内各居委会活动室	根据区关工委部署的主题暑期夏令营活动，开展有专题报告、文体活动、读书活动、公益活动等。有计划、过程记录，总结表彰。

附表 4

村、居周末、寒暑假开展校外教育活动典型

镇/街道	村/居	时间	辅导人员	场地	费用	教育形式典型做法	实施效果取得成绩
北务	北务	周末、假期	兼职人员，大学生村官	图书室	图书 10000 册，自筹资金	图书室对青少年开放	较好
	郭家务	周末、假期	兼职人员，大学生村官	计算机房	区级配备计算机 21 台	进行网络知识、计算机知识培训	较好
	南辛庄户	周末	兼职、退休教师	书法室	免费	进行书法辅导	较好
高丽营	丽喜花园	寒暑假	志愿者	兼用，不固定	无	组织学生参加集体活动	好
木林	前王各庄	周末、假期	兼职人员	村广场	无	讲座	较好
	大韩庄	周末、假期	兼职人员	村委会	无	讲座	较好
南法信	南卷	周末、假期	志愿者	村图书室	村委会自筹	组织学生开展读书活动	良好
	华英园居委会	周末、假期	志愿者	华英园居委会	镇自筹	组织学生开展画画、手工制作等活动	良好
牛山	范各庄村	假期	兼职人员	村会议室	600	文明礼仪教育	听课人数 60 人
	富各庄村	周末	兼职人员	村文化大院	600	健康教育	听课人数 40 人
	官志卷村	周末	兼职人员	村会议室	600	环境保护教育	听课人数 56 人
	史家口村	周末	兼职人员	村活动站	600	法制教育	听课人数 45 人
	龙王头村	假期	兼职人员	村广场	10000	趣味运动会	参赛人数 220 人
	金牛村	假期	兼职人员	村广场	2000	乒乓球比赛	参赛人数 30 人

镇/街道	村/居	时间	辅导人员	场地	费用	教育形式典型做法	实施效果取得成绩
仁和	复兴村	假期	村妇联，政工干部，村官	兼用	无	1. 绘画大比拼 2. 捡拾垃圾	提高环保意识
	平各庄	暑期	兼职，村妇联，政工干部，村官	兼用	2000	1. 爱护环境 从我做起主题活动 2. 安全教育知识讲座 3. 读书伴我行	增强了环保意识，时刻保持警惕，提高阅读能力
张镇	驻马庄	周末，假期	兼职，外聘	专用200平计算机房	区镇村均有投入，共三十万元	网络教育，家庭教育，心理辅导	效果良好
赵全营	北郎中	随时	兼职村官	活动中心	无	开展活动	效果较好
	赵全营	随时	兼职村官	活动中心	无	开展活动	效果较好
	燕华营	随时	兼职村官	活动中心	无	开展活动	效果较好
马坡	庙卷村	假期	兼职村官	庙卷剧场	免费	辅导英语、学习网学习、了解村史	学生喜欢家长满意
	石家营	随时	杨金芳、徐海波、兼职	村委会图书室、计算机房	免费	读书、学习网学习、了解村史	村举办读书征文活动、较好
后沙峪	董各庄	周末	无	兼用	村支付	开展活动	效果较好
	回民营	周末	无	专用	村支付	开展活动	效果较好
	铁匠营	周末	无	兼用	村支付	开展活动	效果较好
光明	裕龙花园	假期	毛玉华，专职校外辅导员	兼用60平米	社区公益金，为青少年发奖品	青少年演讲、结合交通安全表演三句半	提高了交通安全防范意识
	幸福东区	假期	社区工作者	社区活动室	社区公益金，购买纪念品	安全讲座	增强青少年安全意识
	幸福东区	假期	社区退休干部	社区活动室	无	讲座	丰富课外教育
	滨河一区	假期	校外辅导员、社区的党员	社区活动场	社区公益金，纪念品、活动用品4200元	安全讲座、体育锻炼、增进团体合作精神	获得2013年度未成年人校外教育先进单位
	滨河一区	假期	校外辅导员、社区党员	社区活动场	无	法律安全讲座、“易物会”培养环境保护意识	得到家长和学生的一致好评

镇/街道	村/居	时间	辅导人员	场地	费用	教育形式典型做法	实施效果取得成绩
光明	裕龙五区	周末	兼职人员、社区工作人员	兼用、社区内	无	志愿服务	通过志愿服务弘扬雷锋精神
	裕龙五区	周末	兼职人员	兼用、社区内	无	社区实践	通过置物交换传递环保理念
	裕龙五区	周末	兼职人员、高校志愿者	兼用	办公经费、购置绘画用品、600元	现场授课	培养兴趣、提高绘画水平
胜利	建南一居	假期	市、区心理专家	居委会会议室兼用	居委会自筹	专家专题辅导，沙盘游戏等	自护教育心理辅导
石园	石北一区	假期	居委会兼职	兼用80平米	自筹，购买书籍	读书交流会	良好
	石园东苑	假期	居委会人员兼职	兼用70平米	自筹，购置奖品	趣味运动会	良好
双丰	马坡花园一区	假期	居委会人员兼职	兼用80平米	自筹，购买书籍	读书交流会	良好
	马坡花园二区	假期	居委会人员兼职	兼用70平米	自筹，购置奖品	趣味运动会	良好
旺泉	宏城社区	寒暑假	兼职人员	社区教室	自筹	讲座参观	良好
	牡丹苑	寒暑假	兼职人员	社区教室	自筹	讲座参观	良好
	前进花园	寒暑假	兼职人员	社区教室	自筹	讲座参观	良好

附表5

少年宫开展的校外教育活动

活动时间	参加人员及人数	活动地点	活动内容及方式	经费来源及数目
2013.3～12	全区10余所中小校学生2000人	北京	“体验科技北京，畅想世界城市”系列活动	财政30400元
2013.6～12	全区20所中小学校4000余名学生	少年宫	顺义区中小学生自然科学知识竞赛	无

活动时间	参加人员及人数	活动地点	活动内容及方式	经费来源及数目
2013.9	全区31所中小学校1300余人	顺义二中	顺义区第十二届学生艺术节校园集体舞比赛	区财政4500元
2013.9~11	全区31所中小学学生256人	少年宫	顺义区青少年科技创新大赛	区财政4700元
2013.10	全区中小学校领导、科技教师及500余名学生	牛栏山第一中学	顺义区第31届学生科技节开幕式	区财政15000元
2013.10	全区10余所中小校学生96人	顺义一中附小	顺义区"波音"航空模型竞赛	波音赞助1万元
2013.10	全区10余所中小校学生98人	顺义少年宫	顺义区中小学生电子技术竞赛	区财政600元
2013.11	全区10余所中小校学生105人	各校	"我有一双灵巧手"顺义区中小学生科技制作竞赛	无
2013.11	全区40余所中小学生650人	顺义一中	顺义区青少年建筑模型竞赛	区财政4500元
2013.11	全区10余所中小校学生105人	少年宫	顺义区中小学生仿生动物模型创意设计大赛	区财政3700元
2013.11	中小校学生76人	牛栏山一中实验学校	顺义区中小学生单片机（智能控制）竞赛	区财政970元
2013.12	全区70余所中小校学生1000人	牛栏山一中	顺义区第31届学生科技节闭幕式	区财政500元
2014.2	学生21人	美国	学生爵士乐团演出	区财政21万元、家长1.6万元
2014.2	学生40人	欧洲	学生民乐演出	区财政40万元、家长1.8万元
2014.3	全区40余所中小学校近2000名学生	牛栏山第一中学	北京市第17届学生艺术节（顺义赛区）比赛	区财政1000元
2014.4	全区30余所中小学校近2000名学生	顺义石园小学	顺义区第十七届"新星杯"英语、汉语词汇游戏大赛	区财政4500元

顺义区学校民主评议问卷结果调研报告

顺义区教育委员会纪检监察科

根据教委调研工作安排，纪检监察科结合科室工作，将学校民主评议问卷结果作为调研课题。科室人员在隋书记带领下，集中力量，对120余家学校民主评议问卷结果进行认真分析研究，帮助部分存在突出问题的单位，找准问题所在，促进学校健康发展。

一、调研背景

按照上级党风廉政建设考核工作和学校民主评议工作的要求，教委每年要对全系统各基层单位进行考核和评议。为集中进行考核，每年年底与校长考评工作同时进行，民主评议问卷是其中一项重要的工作。问卷内容包括：依法行政、政风行风建设和服务质量三大项，共涉及落实党风廉政建设责任制情况、教代会参与学校民主决策情况等15条评议内容。评议对象为学校领导班子，参加评议人员为学校全体教师。就近年评议问卷结果看，部分单位某些评议内容满意率低于80%，反映出这些单位在管理上存在问题，需要学校领导认真研究分析原因，从而进一步加强和改进管理的方式，提升学校班子的领导力、执行力，创建和谐校园。

二、研究方法

本课题综合采用文献研究、比较研究、实地考察研究、专家咨询、谈话等多种研究方法。

三、调研对象

对全区中学、小学、幼儿园问卷进行统计分析，找出各单位满意率低于80%的项目。筛选一个单位满意度低于80%项目数超过25%（4项及以上）的单位，作为调研对象，具体见下表。

序号	学校名称	低于80%项目数	学校类别
1	顺义十一中	15项	中学
2	顺义十五中	15项	中学
3	天竺中学	15项	中学
4	马坡中小	15项	小学
5	龙湾屯中小	15项	小学
6	沿河中学	14项	中学
7	北石槽中小	12项	小学
8	明德小学	12项	小学
9	石园小学	10项	小学
10	仇店中小	10项	小学
11	牛山二中	6项	中学

序号	学校名称	低于80%项目数	学校类别
12	李桥中学	5项	中学
13	龙湾屯中心幼儿园	5项	幼儿园
14	南法信中学	4项	中学
15	大孙各庄中小	4项	小学

将15所学校按照低于80%项目数量分三类。第一类满意度低于80%项目数为15的学校5所，分别为：顺义十一中、顺义十五中、天竺中学、马坡中小、龙湾屯中小；第二类满意度低于80%项目数为14～10的学校5所，分别为：沿河中学、北石槽中小、明德小学、石园小学、仇店中小；第三类满意度低于80%项目数为6～4的学校5所，分别为：牛山二中、李桥中学、龙湾屯幼儿园、南法信中学、大孙各庄中小。

四、学校满意度数据及成因分析

（一）满意度低于80%项目数为15的5所学校

项目	序号	评议内容	满意度				
			十一中	十五中	天竺中学	马坡中小	龙湾屯中小
依法行政	1	贯彻执行党的教育方针、政策情况	40.5%	60.0%	78.0%	63.2%	75.0%
	2	依法办学情况	39.2%	62.5%	73.2%	59.6%	77.3%
	3	实行校务和党务公开情况	35.1%	44.7%	70.7%	57.9%	72.7%
	4	落实党风廉政建设责任制情况	39.2%	57.5%	73.2%	56.1%	75.0%
政风行风建设	5	执行教育收费政策、规范教育收费行为情况	43.2%	56.4%	70.7%	61.4%	73.8%
	6	领导干部政治责任感、事业心、凝聚力情况	50.0%	57.5%	75.6%	63.2%	76.7%
	7	学校领导干部任用、培训情况	39.2%	42.5%	73.2%	59.6%	65.9%
	8	教代会参与学校民主决策情况	37.8%	42.5%	73.2%	61.4%	72.7%
服务质量	9	领导干部服务水平、服务态度、服务效率情况	32.4%	30.0%	65.9%	59.6%	69.8%
	10	领导干部教学能力及教育教学管理能力	37.8%	47.5%	73.2%	54.4%	70.5%
	11	对群众来信、来访的态度及处理情况	37.8%	50.0%	73.2%	63.2%	70.5%
	12	按规定征订学生教辅材料情况	33.8%	50.0%	68.3%	59.6%	70.5%
	13	关心教师学习生活、解决教师实际困难情况	39.2%	42.5%	68.3%	50.9%	70.5%
	14	学校绩效考核方案和绩效工资分配方案执行情况	29.7%	37.5%	73.2%	54.4%	68.2%
	15	学校安全教育及安保工作落实情况	43.2%	47.5%	70.7%	63.2%	70.5%

1. 十一中首要原因是两所学校并校，教职工对原学校所形成的管理文化与经营模式心怀眷恋，对合并后学校出台的各项决策、管理方式、经营模式带有一定的防御和排斥心理；其次，学校领导干部深入基层不够，对于教职工中反映的诸如教师岗位聘任、教代会选举、绩效工资等问题没有引起充分的重视，对风险评估过低，导致错过了恰当的时机，加之沟通的内容、方式和深度没有得到多数教师的接受，形成积怨；第三，十一中学校干部队伍的个人素质、管理

艺术、工作效率、方式方法等方面也存在一些问题，导致事态没有得到有效控制。

2. 十五中首要原因在于干部队伍干龄均在10年以上，干部整体老化，干部学习意识较弱，进取心不强，工作态度生硬，缺乏工作方法，执行力低，制约了工作的开展，也影响了干群关系；其次，学校在管理方面也存在一些问题，提升干部管理艺术迫在眉睫，同时在绩效工资分配等关系教师切身利益方面多数教师也不满意，如何深化绩效考核还需做更多的细致的工作。

3. 天竺中学存在问题是：首先，教师对原任学校领导有意见，对原始绩效工资满意度较低，干群之间矛盾较深；其次，学校部分干部工作能力、工作方法、工作态度存在一定问题，处理问题存在欠公平、公正，如考核优秀、骨干先进评选等公示结果与教师评选的结果不一致，导致教师不满意；第三，部分干部教育教学指导能力不强，得不到教师信服，如：不能帮助老师、班主任分析、解决班级中存在的问题，提高班级成绩。第四，部分制度过于苛刻，不够人文，如：请假制度，请十几分钟假也要累计。

4. 马坡中小主要是教师对学校管理存在不满情绪，对学校的规章制度、评优评先结果、绩效工资分配方案等问题有些教师不理解，同时，这种现象未引起学校领导的重视，领导班子没有做出及时有效的沟通，进行合理的解释，导致民主测评满意度较低。

5. 龙湾屯中小问题是：首先，领导干部深入基层不够，缺少与教师的交流沟通，干部服务水平、服务态度、服务效率情况有待提升，领导干部需要改变以往旧的观念，改变工作作风；其次，校务公开工作也存在一定问题，学校大的方针政策及重大决策对教职工宣传讲解的力度不够，有待进一步的与教师沟通和交流；第三，学校领导班子成员集中学习不够深入、不够透彻，教师的师德教育工作还有待加强。

（二）满意度低于80%项目数为14～10的5所学校

项目	序号	评议内容	满意度				
			沿河中学	北石槽中小	明德小学	石园小学	仇店中小
依法行政	1	贯彻执行党的教育方针、政策情况	83.3%	82.1%	87.5%	80.2%	82.0%
	2	依法办学情况	79.2%	82.1%	84.4%	80.2%	82.0%
	3	实行校务和党务公开情况	72.9%	69.2%	75.0%	77.7%	74.0%
	4	落实党风廉政建设责任制情况	77.1%	74.4%	78.1%	80.2%	76.0%
政风行风建设	5	执行教育收费政策、规范教育收费行为情况	72.9%	79.5%	75.0%	81.8%	82.0%
	6	领导干部政治责任感、事业心、凝聚力情况	72.9%	87.2%	84.4%	81.8%	80.0%
	7	学校领导干部任用、培训情况	75.0%	71.8%	65.6%	79.3%	70.0%
	8	教代会参与学校民主决策情况	70.8%	71.8%	68.8%	76.0%	76.0%
服务质量	9	领导干部服务水平、服务态度、服务效率情况	62.5%	76.9%	71.9%	76.9%	78.0%
	10	领导干部教学能力及教育教学管理能力	66.7%	76.9%	65.6%	76.0%	76.0%
	11	对群众来信、来访的态度及处理情况	72.9%	74.4%	62.5%	75.2%	76.0%
	12	按规定征订学生教辅材料情况	64.6%	71.8%	62.5%	76.0%	78.0%
	13	关心教师学习生活、解决教师实际困难情况	64.6%	76.9%	68.8%	75.2%	74.0%
	14	学校绩效考核方案和绩效工资分配方案执行情况	72.9%	64.1%	71.9%	76.9%	76.0%
	15	学校安全教育及安保工作落实情况	70.8%	79.5%	75.0%	78.5%	80.0%

6. 沿河中学在领导干部服务水平、服务态度、服务效率情况；领导干部教学能力及教育教学管理能力；关心教师学习生活、解决教师实际困难情况等方面满意度较低。提升领导干部的管理艺术成为急需解决的问题。

7. 北石槽中小首要因为绩效工资分配方案教师不满意，绩效工资把班主任和科任教师之间的矛盾上升到互不相容的地步，而矛盾的聚焦点自然而然地转嫁到干群之间。其次，学校对账目，公开的不够及时、详细，学校一直未设党务公开栏目。第三，教师对评优评先、骨干评选等结果也不认可，导致学校教师意见较大，民主评议结果满意度较低。

8. 明德小学2007年建校，领导班子成员从事管理工作年限较短，工作岗位频繁变动。其中校长完成更替才一年半时间，教学干部从事教学管理仅一年，德育干部正式任命仅半年，班子正处于磨合期。干部管理经验、管理能力、协调配合水平与教师的期许尚有较大距离。

9. 石园小学集团新成立。首先，教代会未能及时建立，致使教代会职能未能充分发挥；其次，宣传不到位，对于学校重大事项、热点问题宣传解释不够，致使老师不了解；第三，个别干部工作方法简单，得不到教师认可。

10. 仇店中小，首要原因工作落实后公示不及时，致使信息传递滞后，造成教师对管理的效率、透明度产生怀疑，影响信任度；其次，干部在工作推进中方法欠科学，沟通不到位，缺乏有效指导，致使有些教师感觉工作难度大，产生逆反心理。

（三）满意度低于80%项目数为6~4的5所学校

项目	序号	评议内容	满意度				
			牛山二中	李桥中学	龙湾屯幼儿园	南法信中学	大孙各庄中小
依法行政	1	贯彻执行党的教育方针、政策情况	87.1%	84.9%	100.0%	86.1%	81.6%
	2	依法办学情况	87.1%	79.2%	100.0%	88.9%	84.2%
	3	实行校务和党务公开情况	87.1%	83.0%	87.5%	83.3%	84.2%
	4	落实党风廉政建设责任制情况	87.1%	83.0%	87.5%	80.6%	86.8%
政风行风建设	5	执行教育收费政策、规范教育收费行为情况	83.9%	79.2%	91.7%	83.3%	78.9%
	6	领导干部政治责任感、事业心、凝聚力情况	83.9%	90.6%	100.0%	83.3%	84.2%
	7	学校领导干部任用、培训情况	83.9%	88.7%	87.5%	77.8%	81.6%
	8	教代会参与学校民主决策情况	83.9%	83.0%	87.5%	80.6%	81.6%
服务质量	9	领导干部服务水平、服务态度、服务效率情况	54.8%	77.4%	79.2%	72.2%	76.3%
	10	领导干部教学能力及教育教学管理能力	54.8%	78.8%	79.2%	80.6%	81.6%
	11	对群众来信、来访的态度及处理情况	54.8%	84.9%	75.0%	80.6%	78.9%
	12	按规定征订学生教辅材料情况	54.8%	79.2%	91.7%	80.6%	78.9%
	13	关心教师学习生活、解决教师实际困难情况	54.8%	81.1%	79.2%	77.8%	81.6%
	14	学校绩效考核方案和绩效工资分配方案执行情况	54.8%	84.9%	79.2%	72.2%	81.6%
	15	学校安全教育及安保工作落实情况	87.1%	84.9%	91.7%	80.6%	81.6%

11. 牛山二中主要是：首先在思想认识上，干部教师对民主评议问卷调查工作认识不清，重视程度不够；在理论学习上，重业务轻政治，上下思想不一致；其次，在工作作风上，领导干部缺乏服务意识，服务不到位，处理问题简单化，对于教师的某些诉求，缺乏全面的分析，没有站在教师的角度去考虑，为了推进工作的开展，根据自己的想法而去推行，方法简单造成个别教师不理解，致使个别教师产生积怨；再者，在教学能力和管理水平上，部分干部还是老方法、老经验，不能与时俱进，有些领导由于常年脱离教学实践，或者因为行政工作繁忙忽视了对学科教学的进一步学习与研究，不能成为学科教师的引领者和学科教学的标杆，在教师中没有威信，评价较低。

12. 李桥中学，首要原因在教育教学管理上存在一定问题，教师对学校的工作不满意，需要进一步加强和改进管理的方式方法，切切实实为教师、学生办实事，真服务，让教师满意，让学生满意，让家长满意。第二，在年级组内的确存在一些变相体罚学生的现象，如罚写作业等。第三，学校的中层领导都没有兼课，虽然也按上级要求进行听课指导，但这种脱离自己实践经验的指导，有些不接地气，效果不好。

13. 龙湾屯幼儿园，首要原因干部教师学习不够，学校地处偏远，交通不便，走出去学习的机会相对欠缺，教职工的观念相对落后。其次，教师队伍组成复杂，有长期农民工、临时工、劳务派遣、正式在编四部分人员组成，导致同工不同酬、同岗不同酬的现象存在，这是园所无法改变的事实，这在很大程度上对教职工的工作态度造成了影响。第三，园领导在管理上也存在着不足，服务于全体教师的理念有待提升，处理问题要实事求是，具有针对性。

14. 南法信中学主要问题是：首先，校务公开不及时，校务和党务公开有待进一步加强，要制度化、规范化。其次，领导干部学习不够，政治学习、业务学习应当加强。第三，领导干部脱离群众，服务意识不强，服务教师的主动性还有待加强，方式方法也有待优化，教育教学能力及管理水平有待提高，领导干部在关心教师学习生活、解决教师实际困难方面，还应当深入了解教师需求，加大工作力度。

15. 大孙各庄中小领导干部工作不实，工作中布置工作多，指导工作少，以会议落实工作。其次，政策宣传不到位，与教师沟通不够，导致部分教师对学校工作的不理解，甚至误解。第三，干部自身的政策和理论水平、工作能力有待提高，工作方法简单，进取心不强。第四，深入群众不够，对教师的心态、工作状态了解不足，管理多而沟通少。

综上所述，各个学校出现的共性问题有以下几类：

1. 领导干部的管理水平、管理能力需要加强。如：布置工作不够明确、具体、前后不一致；对待个别教师态度冷淡，处理问题欠公平、公正；教学业务指导能力不强，不能帮助教师解决问题。

2. 领导干部脱离群众，工作不实。领导干部没有密切联系教师，出现问题没有及时处理，积怨过深。如：对于教职工反映的诸如教代会选举、评优评先等问题没有引起充分的重视，对风险评估过低，导致错过了恰当的时机，加之沟通的内容、方式和深度没有得到多数教师的接受，形成积怨。

3. 学校制度制定不够民主。如考勤制度、绩效工资分配制度等关系到教师切身利益的制度，没有征求全体教师意见，致使部分教师不满意。

4. 教师职业道德有待提升，教师没有形成正确的人生观、事业观，过多的关注自身利益，没有远大的理想抱负，个别教师私结小团伙与学校领导对着干。

5. 校务公开不及时、不到位，造成教师猜测、误解。

五、各校所做工作及成效

各校非常重视此次调研工作，通过以下几个步骤，开展研究，整改落实。

第一步：召开班子会研究民主评议结果，分析问题出现的原因。

第二步：通过与教师座谈、开展专题研讨会等形式，了解教师所思所想，解释相关问题的政策，争取教师的理解，化解矛盾，统一思想。

第三步：修订完善学校不合理的规章制度，凝练师生共识，促进学校和谐发展。

第四步：对比测评检验成效，整改后除天竺中学外，其余 14 个单位均进行了对比测评，各校测评满意度大幅提升。

现将各校所采取的具体整改措施和满意度对比测评数据进行梳理。（因数据项较多，以下将各单位选 5 项满意度最低的数据项进行比对）。

（一）十一中学

1. 整改举措

（1）加强政风行风建设，规范干部和教师的管理与教学行为，打造良好的校风。如：针对干部队伍建设情况，校长与每名干部进行了一对一的恳谈，了解干部的思想状况、对所分管工作的认识与规划、对学校面临的困境以及教职工队伍建设情况的分析；出台了干部行为准则，要求全体干部坚定信念、精研业务、深入一线、独当一面，提高管理与服务水平。利用教师会、同教师谈心的时机，客观地分析学校现状，将相关问题的利害关系讲清讲透，将对学校发展的思考和期望，以及正能量的信息传达给教师，澄清误解，唤醒正义。

（2）扎实开展校务和党务公开工作，在综合楼一层门厅设立公示栏，将教职工关注的奖励性绩效工资发放、加值班情况、学校的诸如职评与考核工作领导小组与评议小组选举情况、教代会代表调整情况、劳动纪律规定、职称过渡方案等重大决策，以及规定需要公开的内容及时公示。

（3）围绕教师关心的、涉及教职工利益的问题，如：奖励方案、职工福利费使用、住宿、就餐等问题，学校都给予认真对待，调研听取意见，制定草案征求意见，成熟后提交教职工大会或教代会审议，让教职工在参与中提高认识，在决策中统一思想，在执行中消除误解。

（4）设立校长信箱，公布干部联系方式和邮箱，为教职工提供交流渠道。

2. 测评数据对比

序号	项目	原满意度（%）	测评后满意度（%）	满意度增值（%）
1	绩效工资	29. 7	54. 3	24. 6
2	服务水平	32. 4	62. 9	30. 5
3	征订教辅	33. 8	88. 6	54. 8
4	校务公开	35. 1	75. 7	40. 6
5	教学能力	37. 8	61. 4	23. 6

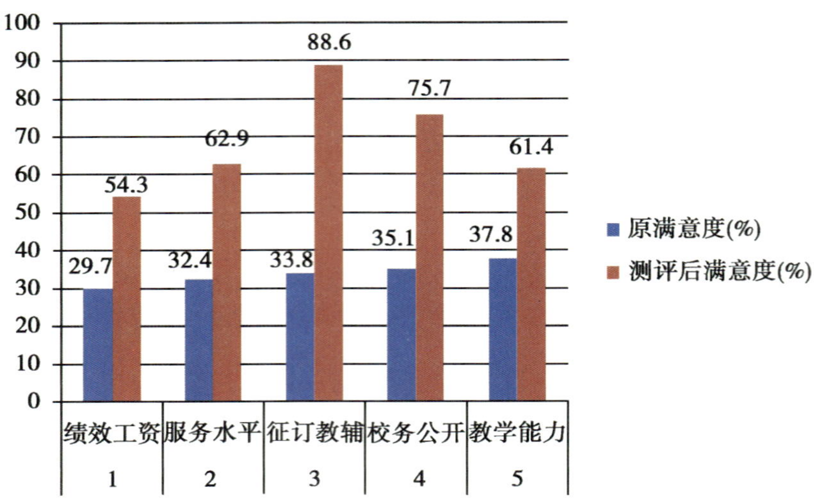

（二）十五中学

1. 整改举措

（1）学校在广泛征求意见和建议的基础上通过不同形式的讨论交流对所征集的意见和建议进行了客观的分析、查找了问题，进行了认真的梳理和整改。

（2）借助3.18民主日活动，畅通渠道，广泛征求教师的建议，持续改进工作。

（3）做好校务公开，充分发挥教师参与民主决策、民主管理和民主监督作用，对于涉及师生切身利益和事关学校改革发展的重大事项，广泛听取意见，提交全体会审议通过。

2. 测评数据对比

序号	项目	原满意度（%）	测评后满意度（%）	满意度增值（%）
1	服务水平	30	98	68
2	绩效工资	37.5	82	44.5
3	干部任用	42.5	96	53.5
4	关心教师	42.5	98	55.5
5	民主决策	42.5	94	51.5

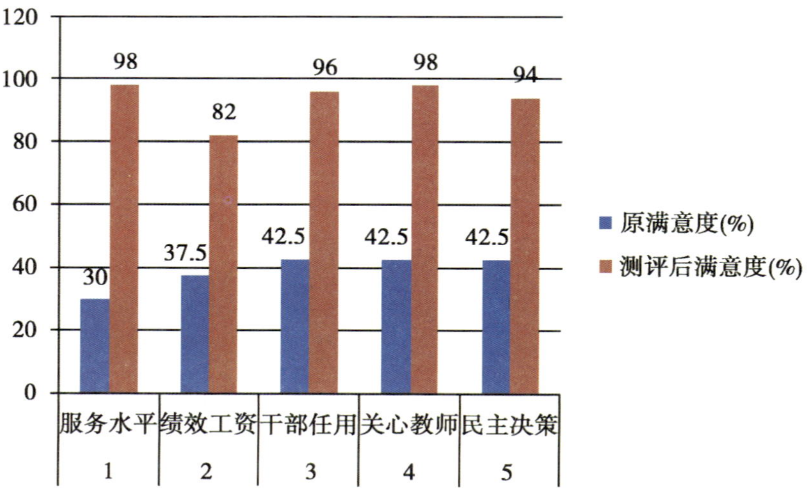

（三）天竺中学

整改举措

（1）加强政治理论、教育教学理论学习，端正办学思想、提高干部的政治思想水平和管理水平，培养干部务本意识、奉献意识、创新意识、服务意识。

（2）加强对青年干部的培养。安排他们去参加培训、委以重任，使他们在实践活动中得到锻炼、校长和老干部经常与年轻干部谈心、交流，对年轻干部加以指导，不断提高年轻干部的工作能力和管理水平。

（3）征求教师意见，修改完善现有制度。如：多数教师同意，在条件成熟的情况下修改绩效工资方案。再如，适当放宽教师考勤制度，如每次请假不足半天不再累计请假时间。

（四）马坡中小

1. 整改举措

（1）通过干部和个别教师的深入座谈，了解真正原因所在，从而立即进行了改进。

（2）召开班子民主生活会，认真查找原因共同研讨办法，让每个班子成员高度重视此事，通过共同努力使问题得到有效解决。

（3）引导全体干部关注小事、关注细节，对可能影响教师情绪波动的事高度关注，及时反馈信息，调整工作，平息教师的情绪波动。

（4）关注干部的培养和使用，提高中层干部自身的素养，让每个中层干部找准自身定位，明确职责，不越位，不抢位。

2. 测评数据对比

序号	项目	原满意度（%）	测评后满意度（%）	满意度增值（%）
1	关心教师	50.9	85.2	34.3
2	绩效工资	54.4	80.3	25.9
3	教学能力	54.4	85.2	30.8
4	党风廉政	56.1	86.8	30.7
5	校务公开	57.9	86.8	28.9

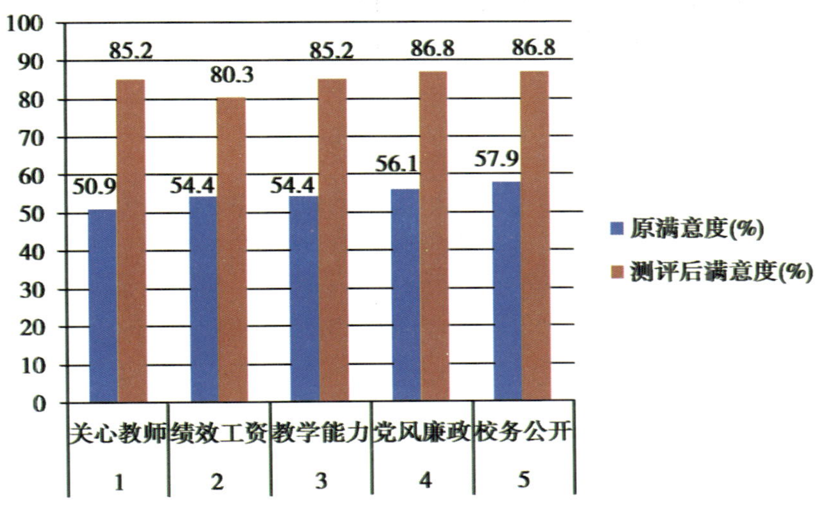

（五）龙湾屯中小

1. 整改举措

（1）领导干部加强学习，深入教研组，了解和掌握教师的心态，发现问题及时解决。

（2）学校管理坚持民主集中制原则，重大重要事情，决策前都要广泛的调查研究，听取各方面的意见，最后形成决策，不搞一言堂。

2. 测评数据对比

序号	项目	原满意度（%）	测评后满意度（%）	满意度增值（%）
1	干部任用	65.9	84	18.1
2	绩效工资	68.2	86	17.8
3	服务水平	69.8	86	16.2
4	关心教师	70.5	85	14.5
5	教学能力	70.5	87	16.5

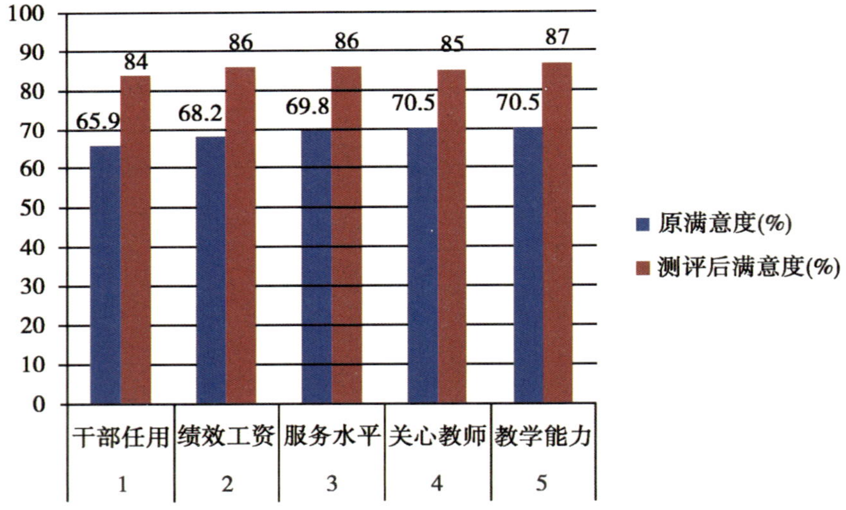

（六）沿河中学

1. 整改举措

（1）学校成立整改工作领导小组，校长任组长，并亲自负责领导干部培养与提升问题，组织干部学习业务知识，提高工作能力，逐步达到所有教师的期望值。

（2）学校召开领导班子会议，共同分析“学校民主评议”测评结果。针对测评满意度的统计数据，学校的分管领导各抒己见，对和自己相关的调查结果分析问题，并提出整改方案。

（3）分工明确抓落实。后勤主任负责校务公开，工会主席负责关心教师，解决教师实际困难，教学主任负责教育收费问题，政教主任负责教代会参与民主决策事项。

2. 测评数据对比

序号	项目	原满意度（%）	测评后满意度（%）	满意度增值（%）
1	服务水平	62.5	81.5	19
2	征订教辅	64.6	90.5	25.9
3	关心教师	64.6	79.7	15.1
4	教学能力	66.7	80.3	13.6
5	民主决策	70.8	80.9	10.1

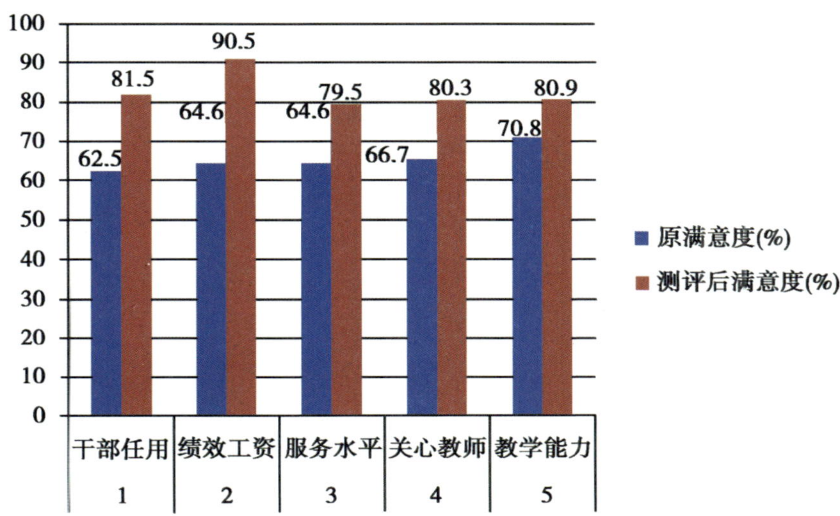

（七）北石槽中小

1. 整改举措

（1）找准问题。北石槽中小领导班子认真排查，找准存在的问题与不足，如：学校班子中层领导的任免，教师职称晋升，评先选优等问题，教师意见较大。学校给予认真对待。

（2）集体研讨及时公开。对于教职工关心的热点问题、重大事项，集体研讨决定，及时在教职工大会、校园网或校务公开栏中公开。

（3）完善不合理的方案制度。对于干部考核与绩效工资方案问题，在原方案的基础上，在执行过程中逐步完善，从处理好教师合理化建议入手，逐条回复，逐条落实，让教师基本满意，不能落实的说明情况，做好解释工作。

（4）深入教师，排忧解难。关心教师学习生活、解决教师实际困难情况，教师及家属遇到问题及时慰问，及时帮助，做好困难教职工的帮扶工作。

2. 测评数据对比

序号	项目	原满意度（%）	测评后满意度（%）	满意度增值（%）
1	绩效工资	64.1	87.5	23.4
2	校务公开	69.2	86.5	17.3
3	干部任用	71.8	85.7	13.9
4	民主决策	71.8	85.7	13.9
5	征订教辅	71.8	100	28.2

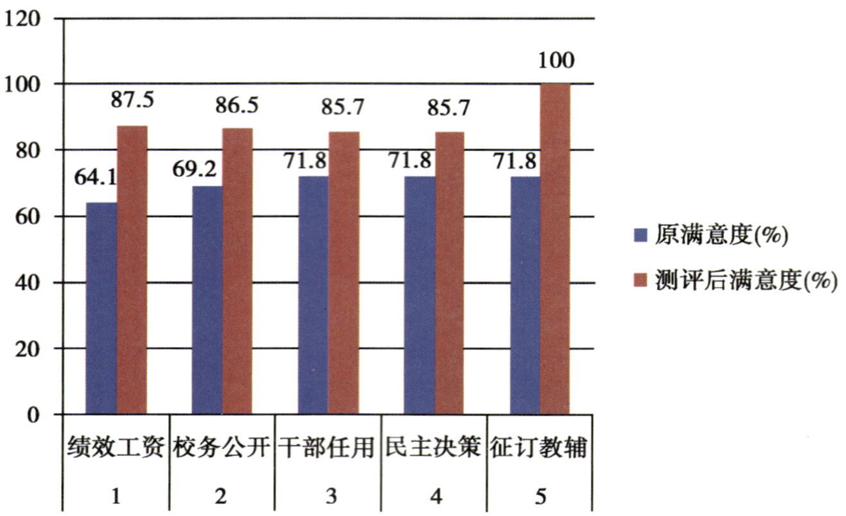

（八）明德小学

1. 整改举措

（1）学校及时成立校长牵头的专项工作小组。领导班子开展研讨，深入查找自身工作不足。

（2）组织召开教师代表座谈会，从教师角度寻找问题根源。

（3）结合以上所得，修改完善相关制度。

（4）再次进行民主测评。测评表增设“评价原因简要说明”项目，便于学校了解自身工作不足的具体内容，进行有针对性的整改。测评前进行正面引导。引导教师珍惜民主权利，以主人翁心态参与测评，认真研读项目内容。测评前对各项内容进行解读，并就学校落实情况进行简要回顾，帮助教师了解整体情况，进行公正评价。完成数据测算并进行前后对比，对教师反馈意见进行整理归类。

2. 测评数据对比

序号	项目	原满意度（%）	测评后满意度（%）	满意度增值（%）
1	绩效工资	62.5	93.5	31
2	校务公开	62.5	100	37.5
3	干部任用	65.6	83.8	18.2
4	民主决策	68.8	90.3	21.5
5	征订教辅	68.8	87.1	18.3

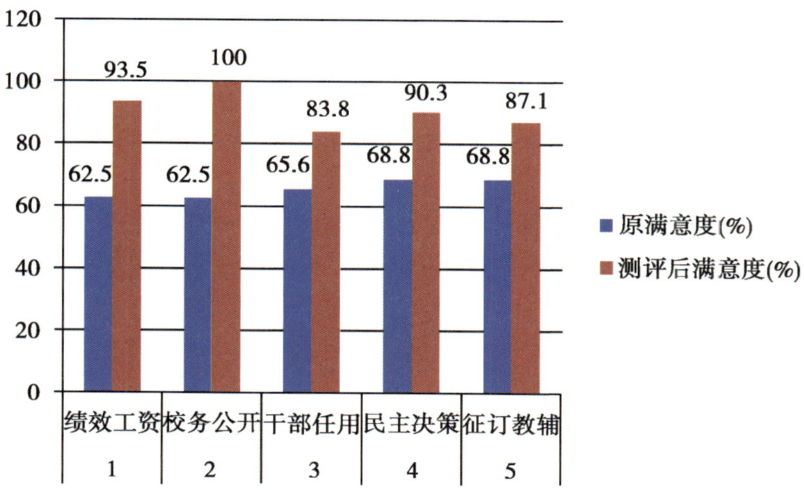

（九）石园小学

1. 整改举措

（1）成立以校长为组长的领导小组，加强对此项工作的组织领导，有序推进该项工作。

（2）通过召开学校行政会、教师代表会、全体教师大会等形式，学习上级关于民主评议政风行风的相关文件，领会精神，提高认识，并对教师不了解的事项进行解读。

（3）做好自查整改工作。以问卷调查、座谈会、信箱等形式，广泛征询意见。就依法办事、规范收费、办事公开、服务质量、廉洁自律等方面作了重点自查评议。

2. 测评数据对比

序号	项目	原满意度（%）	测评后满意度（%）	满意度增值（%）
1	来信来访	75. 2	92. 2	17
2	关心教师	75. 2	93. 2	18
3	教辅征订	76	95	19
4	教学能力	76	94	18
5	民主决策	76	96. 2	20. 2

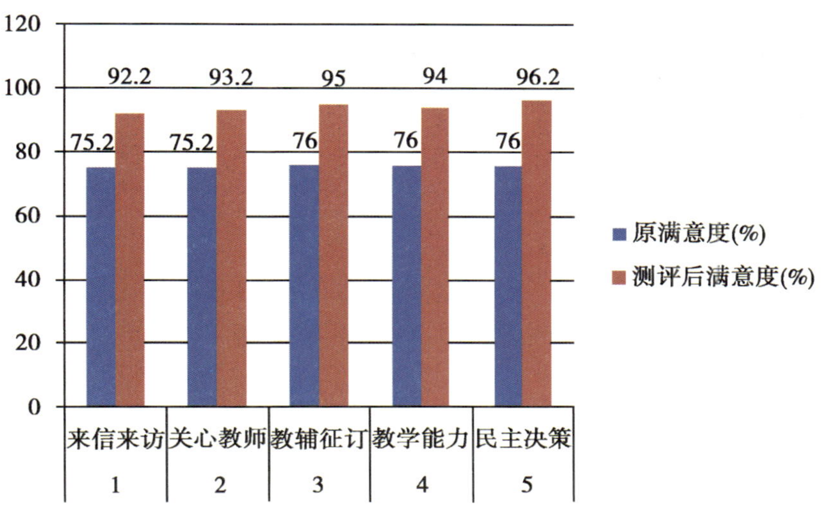

（十）仇店中小

1. 整改举措

（1）学校就此项专题召开全体教师会议，校长首先集中对区级反馈的结果和全体教师进行汇报。其次，细致解读了十五条考察的内容，对应十五条说明学校的工作思路和具体做法，阐明学校工作思路，讲清校长秉承公开、公正、透明的基本观点。

（2）校长代表领导班子，将领导班子自我反思的情况向教师如实汇报，代表班子表态，今后要加大公开透明的力度，让所有工作在阳光下进行，更多的征求教师的意见，努力实现办教师满意的学校。

（3）在以上工作基础上，学校再次下发评议表，由教师现场再次对十五条进行评议，评价结果明显改观。

2. 测评数据对比

序号	项目	原满意度（%）	测评后满意度（%）	满意度增值（%）
1	干部任用	70	94	24
2	校务公开	74	98	24
3	关心教师	74	89	15
4	绩效工资	76	96	20
5	民主决策	76	91	15

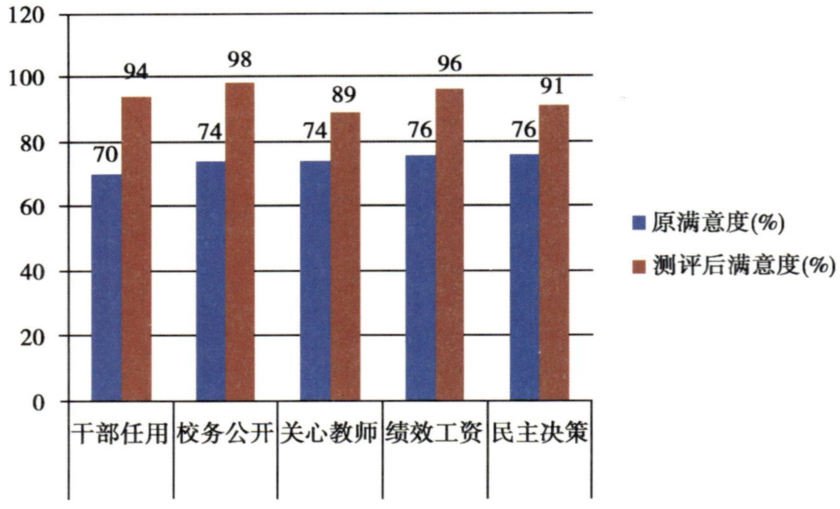

（十一）牛山二中

1. 整改举措

（1）结合群众路线教育实践活动，组织干部教师认真学习党的十八大精神、两会的政府工作报告，增强干部教师的政治素养，培养大局意识，树立以人为本、尊重教师、主动服务的意识。

（2）建立干部联系群众、党员联系群众制度，加强与教师的沟通，针对民主评议中教师反映强烈的6项问题，进行细化，设计调查问卷，征求教师的意见和改进建议。

（3）建立校长信箱、电子邮箱，拓宽教师诉求表达渠道。

2. 测评数据对比

序号	项目	原满意度（%）	测评后满意度（%）	满意度增值（%）
1	绩效工资	54.8	67.9	13.1
2	服务水平	54.8	71.4	16.6
3	教学能力	54.8	60.7	5.9
4	关心教师	54.8	67.9	13.1
5	来信来访	54.8	67.9	13.1

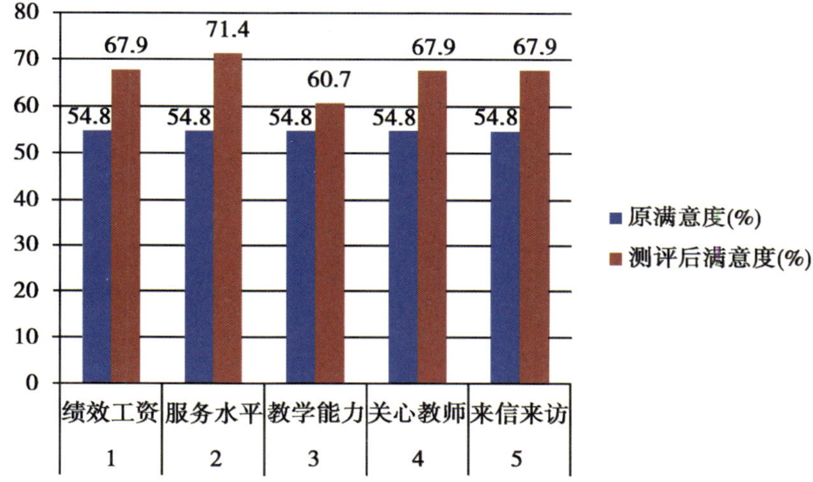

（十二）李桥中学

1. 整改举措

（1）学校召开校长专项办公会议，认真研讨这次调研情况，制定了方案。决定按以下步骤完成整改：深入调查情况——分析问题——提出整改意见——制定相关制度——落实检查——再调查——再分析——再改进。

（2）关于依法办学情况。在开展学校各方面工作中要加强对全体教师、全体领导干部有效的法律法规培训，提高法律意识。

（3）关于执行教育收费政策、规范教育收费行为情况和征订学生教辅材料情况出现的问题，年级组内仍然存在个别学科教师给学生统一订阅一些教辅资料的现象，学校坚持宣传上级教育收费政策，制定相关的制度，把乱收费问题纳入年终考评，一经发现该教师不能评优评先，同时评定等级为三等。

（4）领导干部服务水平、服务态度、服务效率情况。全体干部要加强学习，民主生活会上做好批评与自我批评，相互找出工作上的不足，在日常工作中，要热情帮助教师，不发牢骚，脚踏实地，真诚为师生服务。

2. 测评数据对比

序号	项目	原满意度（%）	测评后满意度（%）	满意度增值（%）
1	服务水平	77.4	90.2	12.8
2	教学能力	78.8	82.8	4
3	教育收费	79.2	85.4	6.2
4	教辅征订	79.2	91.3	12.1
5	依法办学	79.2	95.1	15.9

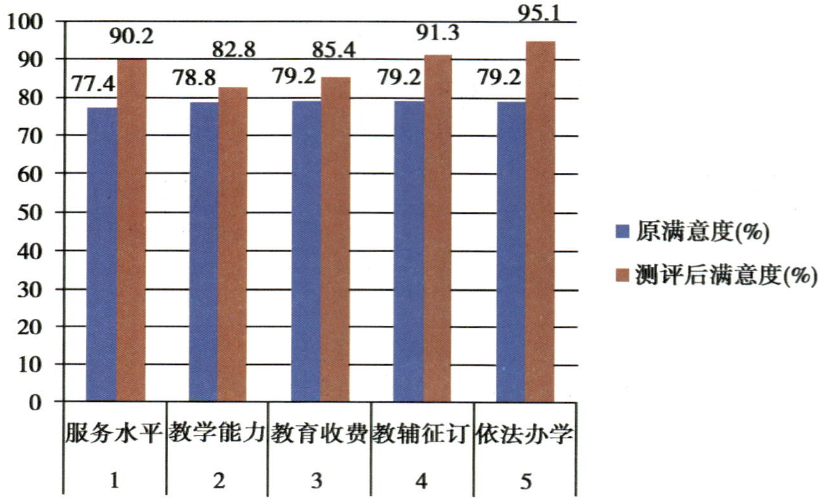

（十三）龙湾屯幼儿园

1. 整改举措

（1）加强领导干部的自身建设，虚心听取教职工的建议，面对不同的见解和看法，不急不躁，尝试换位思考。

（2）完善园内的各项规章制度，组织园务委员会成员对幼儿园的各项制度逐条进行推敲，把与当前状态不太适宜的内容摘挑出来，进行讨论修改，得到教职工的一致通过后对原有制度进行调整。

（3）发挥工会的民主管理职能，重大项目在决议之前必须广泛征求教职工的建议，集中教工建议，由园务委员会进行评议，领导班子最后决议，通报全体教职工，做到园所的发展状况和重大事项人人知晓，人人参与。

（4）提高教职工的修养，组织教师“读好书共分享”，每月为教师推荐一本好书，写一篇真实感悟体会，组织教职工听于丹的百家讲坛及定期开展“心灵鸡汤”沟通交流活动。

2. 测评数据对比

序号	项目	原满意度（%）	测评后满意度（%）	满意度增值（%）
1	来信来访	75	96.7	21.7
2	绩效工资	79.2	93.3	14.1
3	服务水平	79.2	96.7	17.5
4	教学能力	79.2	96.7	17.5
5	关心教师	79.2	93.3	14.1

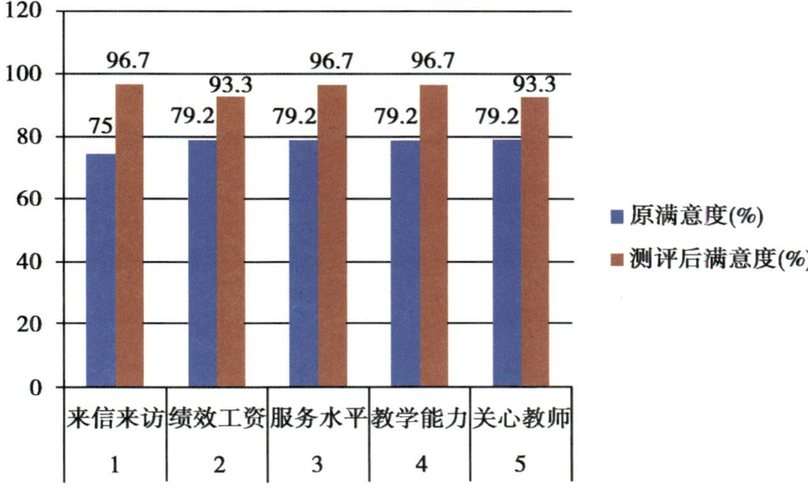

（十四）南法信中学

1. 整改举措

（1）召开全体教师会，针对有些教师不理解、不了解的问题，进行解释说明，使教师们进一步了解领导干部的工作整体情况。

（2）针对突出问题，尤其是群众反映强烈的问题，学校研究制定切实可行的整改方案，实行开门整改，提出整改措施，明确整改时限，向群众公开整改承诺、全过程公布整改情况，接受群众监督。对具备整改条件的问题，要马上整改；对于群众反映强烈、通过努力能够解决的问题，要限时整改；对受客观条件一时解决不了的，要积极创造条件逐步解决，并做好解释工作。

（3）为了提高领导干部的服务质量，结合整改工作，学校制定了《提升领导干部素质和管理水平的制度》，从学习、研究、实践、能力四个方面提出明确要求。

（4）学校进行问卷调查，教师满意度大幅提升。

2. 测评数据对比

序号	项目	原满意度（%）	测评后满意度（%）	满意度增值（%）
1	绩效工资	72.2	79.4	7.2
2	服务水平	72.2	79.4	7.2
3	干部任用	77.8	82.3	4.5
4	关心教师	77.8	82.3	4.5

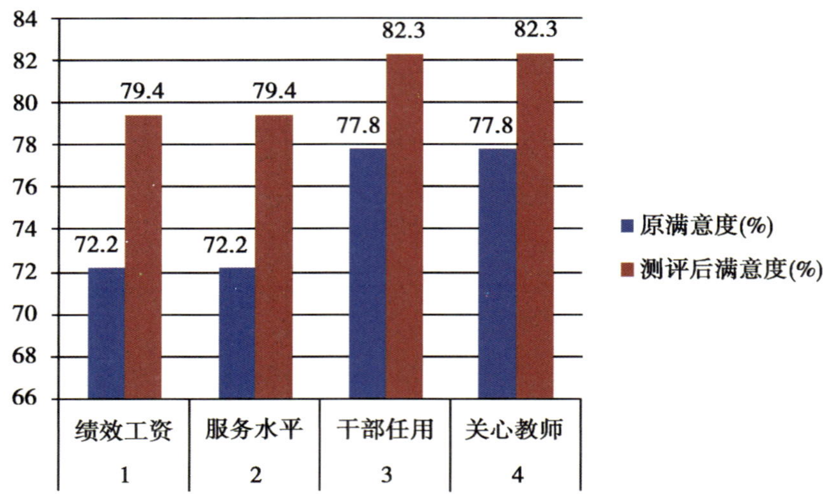

（十五）大孙各庄中小

1. 整改举措

（1）领导干部加强学习，提高班子的服务意识和理论水平，领导班子成员坚持以身作则，高标准严格要求自己，身先士卒，事事想在前、做在前，一心一意为学校谋发展，努力得到广大群众的认可和全力支持。

（2）加强教育收费管理，严禁各种形式收费，形成民主管理、群众监督、依法办教育、依法治学的新局面。

（3）完善校务公开制度，设置校务公开专栏，公示学校财务收支、学校人事变动、学校及教师的获奖情况，接受广大教师、学生和家长的监督，增强学校管理的透明度，使学校管理规范化，制度化。

2. 测评数据对比

序号	项目	原满意度（%）	测评后满意度（%）	满意度增值（%）
1	服务水平	76.3	83.3	7
2	教辅征订	78.9	90	11.1
3	来信来访	78.9	86.7	7.8
4	教育收费	78.9	90	11.1

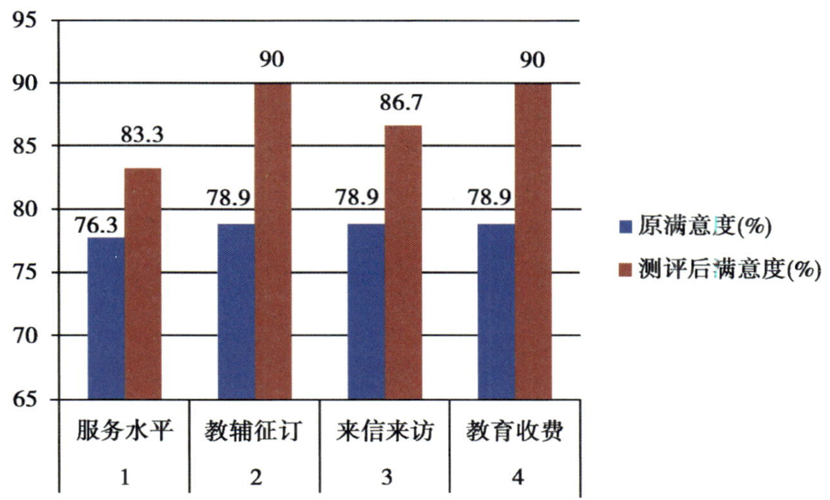

六、研究成效

通过问卷结果调研，促进学校尤其是参与调研整改的十五家单位健康发展。

一是推动学校领导干部树立正确的权力观。促进学校领导干部依法行政，秉公用权，正确看待手中的权力，做到慎用、会用、用好权。慎用权力，就要做到严格依法行政，按程序办事，任何决策或决定，都要经过认真而客观地分析、调研，并征求各方意见，三思后行；会用权力，就是既要不超出自己的权力范围，也不违反各项政策规章的规定，要适度把握权力运行的灵活性；用好权，就是要做到权为民所用，使权力的行使真正体现在为民办好事、办实事、解难题上。

二是促进领导干部以身作则，廉洁自律。学校领导干部要带头执行中央八项规定和市区系列文件要求，在公务用车、办公用房以及人事、财务、基建管理等方面，要遵规守纪，民主管理，确保公平、公正、公开。

三是推动领导干部作风建设。结合当前形势，学校领导干部要突出作风建设，聚焦反对“四风”，着力解决党员领导干部党性党风党纪方面存在的突出问题和群众反映强烈的突出问题，提高做好新形势下群众工作的能力。要畅通群众诉求表达渠道，加强与群众的联系沟通，做好矛盾纠纷排查化解，让群众切身感受公平正义。对于个别不合理的要求，要敢于坚持原则，依法依规处理，加大说服教育引导工作力度，有效维护和谐稳定。

四是推动“一把手”树立责任意识。单位“一把手”要树立大局意识和责任意识，遇事不等不靠，敢于担当，敢于碰硬。要有团结协助意识，对待同志以诚相待，与人为善，以人格魅力团结带领好领导班子和学校教师队伍。

五是促进政风行风民主评议工作取得实效。问卷直接反映人民群众的意见和建议，通过分析合理采纳并进行整改，有利于推动改进工作作风，提高工作效率，提升管理水平和服务质量，解决工作中存在的突出问题，更好地为大局服务，促进学校健康发展。

七、研究反思

通过学校民主评议问卷结果调研工作引发的一些思考：无论是机关的管理者还是基层的干部教师都是顺义教育人，构建和谐校园，落实教育十二化，推进顺义教育城市化进程，实现我区教育高端、优质、均衡发展，是我们顺义教育人共同的梦想与追求。

作为教育的管理者，如何改革现行的人事制度，提升两支队伍的活力，促进基层学校健康、科学的发展是我们应该思考的问题。

作为基层单位的领导，尤其是校长，如何提升自身素质、创新思维，做好学校的顶层设计，科学谋划学校发展，提炼学校办学理念，制定学校规章制度，推进学校管理的制度化、科学化，实现文化引领，是摆在每位校长面前的问题。

作为一线教师，如何提升认识，把工作当成事业，看淡个人得失，积极投身到教育改革中，创新教学模式，提升教学实效，实现自身价值，以优异的成绩回报社会，是每一名教师应该反思的问题。

关于校园技防系统使用及维护情况调研的报告

顺义区教育委员会综合治理科

一、调研背景

伴随着教育改革和社会的快速发展，校园安全问题越来越得到人们的高度重视，创造一个安全和谐的校园环境对学校的健康发展起到决定性作用。城市建设脚步的加快、物质条件的改善等都会给校园安全状况带来冲击。只有提出基于技术防范和人防、物防相结合的安全防范体系，才能实现科学化、正规化管理，最大限度地保障校园环境安全和师生员工的安全。

所谓技术防范是指在日常公安保卫工作中，应用现代化科学技术设备，对各种案件的发生提前做到预防，或案件发生后能够利用技术设备迅速破案，从而有效遏止违法犯罪发生的一种技术手段。目前我国不少地区把加强技术防范手段作为维护校园安全稳定的重要手段和举措。特别是在犯罪日趋智能化、多样化的今天，安全防范仅靠人防、物防是远远不够的，必须加强技术防范。

近几年，在各级领导的支持下，全区教育系统绝大部分基层单位都已陆续安装了视频监控、周界报警等技防设备，在维护校园安全方面发挥了重要作用，但在设备维护与使用中也存在各种问题，部分学校的技防设备并没有真正发挥作用。为了全面掌握教育系统安全技术防范系统建设、运行现状，同时也为了进一步推进我区教育系统安全技术防范建设，夯实科技创安工作基础，区教委综治科对各基层单位技防系统基础建设和运行现状进行调研。通过本次调研，要建立安全技术防范管理长效机制，推动科技传感工作的健康可持续性发展。

二、调研基本情况

按照调研工作的整体安排，于 3 月 5 日—15 日下发调研通知，并对 130 家单位下发《顺义区教育系统技防设备普查表》，对教育系统所有安装技防设备的单位开展普查工作。共收到 112 家单位的情况反馈，有部分单位因施工等造成监控停用没有反馈，李遂中学、木林中学、小店中学、龙湾屯中学因无学生没有反馈，杨镇二中、顺义电大、电视中专、一职 4 家单位与其他单位共用视频监控系统没有反馈，也有 8 家单位因特殊原因，没有给予反馈。同时，我们对 112 家单位进行了实地查看。

三、调研结果与分析

（一）校内视频监控系统建设基本情况

在调研的 112 家基层单位中，有 60 家单位监控平台主机老化，维持运转基本正常，42 家单位主机经常出现死机、黑屏、无信号、图像模糊、断电等故障，10 家新建单位主机运转正常；安装固定探头 2676 个，其中正常运转 2602 个，其余 74 个出现图像模糊、机体下垂、无信号等故障；安装旋转探头 562 个，其中正常运转 458 个，其余 104 个出现云台不能旋转、无信号等故障；安装周界报警装置 85 套，探头 766 对，其中有 6 套因基建施工或主机故障不能运转。另外，周界报警系统误报现象时有发生，很多单位基本处于停用状态，利用效率较低。

（二）校园视频监控与公安系统联网情况

一是，内保防控虚拟网。2006 年，顺义公安分局内保处建设了内保防控虚拟网一期工程，其中内保子系统中实现了城区 8 所中学、6 所小学、7 所幼儿园以及现代学院、社区中心、少年宫共 24 个单位、154 个监控探头的视频联网。内保处值班民警可随时查看 154 个探头视频画面，并作出应急处理。目前，运行早已经超过五年，设备老化、故障频发。有的单位因更换前端设备，造成与中心服务器不匹配。现在仅有建北幼儿园和石园幼儿园共 8 个探头维持正常运转。

二是，校门口视频监控网。2010 年，为有效遏制校园暴力伤害事件发生，区委、区政府责成市政市容委在全区中、小、幼、职校园门口处安装了 227 个探头和 133 个手动报警装置，并与 22 个属地派出所二级平台连接，最后统一上传至顺义公安分局指挥中心大厅，做到随时接警、随时处置。2012 年，市政重点办在验收时拆除了河南村中小平各庄分校、板桥中学、赵全营河庄幼儿园、北小营后鲁幼儿园、仇店中小后鲁分校、高丽营学校、后沙峪白辛庄幼儿园、小店中学、尹家府中学、南法信中学、南彩幼儿园等迁址校或撤并校的 11 个手动报警和 19 个视频监控探头，其他 122 个手动报警装置、208 个视频监控探头已转交市政维修科负责日常维护。近两年，因为学校基建、搬家改造等原因，有部分学校自行拆除设备，导致丢失，无法恢复使用。手动报警只有 40 个能正常使用，门口探头也有 60 个还没有恢复使用。我们联系市政维修处，因为还在保修期内，要求尽快恢复设备，目前仍有部分正在恢复中，对于新建校和新址校门口视频监控探头的安装，由市政重点办作为重点工程逐年申报。同时，对于校门口监控，因为学校无法看到图像内容，与维修处沟通后，提出可以和校内监控平台连接起来，便于学校使用维护，此项费用需要学校自行承担，大概需要三千元。

（三）校园监控系统运行现状及存在主要问题

目前，我区教育系统校园监控系统运行总体正常，使用及维护得到基层单位普遍重视，有的单位将监控画面接到校长和主管安全领导的电脑上，随时进行调看。配备的 672 名专职保安确保了监控系统 24 小时有人值守，使监控系统在维护校园安全上起到了有效的保障作用。但在调研中，我们发现在具体细节上也暴露出一些问题，应引起重视。

问题一：技防设施覆盖面不足。主要包括：学校大门口、财务室、室外重要活动场所、楼门出入口等一类防范场所；对北京市地方标准《中小学校和幼儿园安全技术防范规范》中规定的二类、三类部位，还没有进行图像覆盖。按照新形势下对校园技防全覆盖的要求，目前我区校园的技防覆盖面尚存在很多盲点。

问题二：更新报批缺乏整体规划。一般来说，监控设备的正常使用寿命是五年，如果日常维护保养到位，还可适当延长。目前，教育系统监控设备更新主要依据基层单位的申报。有的单位监控设备故障频发，已经不能正常运转，但由于单位领导重视程度不够，未能及时申报更新；有的单位监控设备虽然已到使用期，但运行状态良好，完全可以继续使用，只因图像不够清晰却申报了设备更新；有的单位由于进行校园加固，拆除、复装过程中造成设备损坏，不得不申请更新。此种运行模式，造成设备更新随意性较大，缺乏整体规划。

问题三：招标设备等级档次不高。参与招标的公司为在招标中占据价格上的有利地位，数字硬盘录像主机、摄像机、报警等主要设备等级选择档次不高，从而造成了主机配置偏低、稳定性差、图像保存数量少、时间短，摄像机图像分辨率低、清晰度不高、雷雨天易遭受雷击、红外灯照明效果不好等故障；设备正常使用期限偏短，刚过保修期就出现云台不能旋转，主机经常死机，线路无传输信号等故障。反复修理，得不偿失，不得不进行更换。虽说监控设备本身淘汰更新速度较快，但如果用等级较高的设备，一次性投入到位，无疑会提高监控画面质量，延长正常使用寿命。

问题四：前端设备品牌型号统一性差。为了保证监控数据格式的统一性及后期联网的需求，2006年开始统一规划，确定了监控核心设备统一使用北京欣卓越技防有限公司的主机。在2006、2007、2008年的招标中都统一使用北京欣卓越技防有限公司的主机，但在后期监控设备采购及学校设备采购中，由于种种原因部分中标单位并没有按照要求采用北京欣卓越技防有限公司的主机，造成前端核心设备缺乏一致性和兼容性。仅主机品牌就达24种，型号种类更多，不利于今后系统资源的进一步整合。目前，教育系统校园监控设备共来自锐世宏远、保利中、晓东顺、威科科锐、鑫台华、欣卓越、拓拔电、科安远景、日日通、驱骑中天、华阜科特、酷瑞时代、卫安恒信、天利恒业、诺威讯、东方龙科、大通腾达、城建远东、航标视讯、日安电子、北京恒达、领先明天、广大宏远、美安公司、天川公司、上海亨特、华之峰等27家公司。这些公司有的是通过招投标（每期招标都要更换部分公司），有的是基层单位自筹资金增装设备时自行聘用，还有的是基层单位在日常维护和故障维修时后期加入。此种现象造成监控设备售后服务质量较差，不便于统一管理和标准统一。

问题五：售后服务缺乏有效监督。依据招标合同规定，安装公司应当负责监控设备的日常维护和故障维修。但部分公司未能严格落实售后服务条款，不仅不能做到主动巡检和服务，造成设备因得不到正常维护而出现故障。而且当基层单位设备出现故障报修时，个别公司却采取推诿、拖延的办法，严重者后期根本联系不上。部分基层单位由于实在等不及，只好找其他公司进行维修。

四、教育系统视频监控设备整合的几点建议

结合教育系统视频监控设备目前运行状况及存在的主要问题，在广泛征询基层单位和公安部门意见基础上，牢牢抓住制定方案、确定点位、预算招标、安装施工、售后服务、全盘整合等环节的工作重点，本着“立足长远发展、关注重点环节、统一规划整合、规范招标程序、严格售后服务”的原则，提出教育系统校园视频监控系统整合的几点建议：

（一）加强顶层设计，统一规划合理安排

加强对全区校园技防设施建设的顶层设计，对全区校园技防设施建设进行统一规划、统筹安排、统一标准，高质量、严要求，结合实际、适度超前。在区教委统筹下进行实施，为全区校园技防系统的科学化、规范化奠定基础。

（二）建立健全管理机制，落实安全责任制

制定顺义区教育系统技防系统管理办法，落实教委统一规划建设、学校负责使用维护的原则，形成“统一领导、分级管理、逐级负责、分工协作、集体监督”的管理体制。学校指定专人负责校园技防设备日常管理和维护，将技术防护与人工防护充分结合起来，建立健全各项规章制度，确保校园安全。

（三）合理确定设备更新方案，形成批次良性循环

区教育系统基层单位，大部分已安装视频监控系统。依据监控设备一般有效使用期为五年的特点，从理论上讲，每年应有20余家单位需更新。建议主管部门不仅要参考基层单位的申报请求，还要充分考虑各基层单位监控设备的安装使用年限以及当时的运行状况，同时结合基建工程的规划安排，合理确定每年需更新设备的单位。

（四）科学制定安装方案，发挥最大防范效益

确定需安装或更新设备的单位后，应当组织专业技术人员和教育资产管理服务中心、教委

综治科、单位主管安全工作的领导共同进行考察，建议参观设置合理、设备先进、性能良好、覆盖面广的牛栏山一中的监控设备。拟定新建单位设计方案，确定监控探头的合理位置及连接线路，使监控范围不留盲区及死角。同时，按照新形势对校园技防建设的需要，应该对二类、三类防范部位予以全覆盖。另外，建议在设计招标“标书”时，要明确规定推广使用技术先进且性能档次较高的设备，鉴于旋转探头价高易损且仅能保存即时监控画面，应多设置价位经济且不易出现故障的固定式探头，使之发挥最大的安全防范效能。在此基础上，合理进行资金预算，科学制定招标方案。

（五）严格落实维修条款，确保设备正常运行

为有效避免监控设备维修难问题，建议从以下几方面着手：首先，严把招标关。鉴于今后每年需更新设备单位数量较少，中标公司以一至两家为宜，招标时要充分考虑施工安装及日常维护的工作质量和信誉。公司中标后，无特殊情况尽量避免频繁更换；其次，设立维修保障金。招标合同中应当明确日常维护及故障维修的条款要求，并设立5%工程款为售后服务保障金，根据招标公司在合同规定期限内故障维修以及日常维护的工作情况确定是否兑付；再次，完善监督协调机制。设立监控设备维修举报电话，责成专人负责监督、协调招标公司对监控设备维修、维护工作，并广泛收集基层单位反馈意见，据此确定是否兑付维修保障金。

五、构建校园监控指挥中心，进行资源有效整合

鉴于社会治安形势的严峻性，结合本系统实际，需要建立系统监控指挥中心，实现对基层单位视频监控设施的有效整合。要做到这一点，首先，要对基层单位前端设备进行维修更换，确保能够兼容；其次，要扩建教育网光纤容量，确保满足上传大量图像信息的要求；再次，建设系统监控指挥中心，要安排专业人员24小时值守，不能形成虚设。同时，要选定专业技防公司负责校园监控指挥中心和全区校园技防系统的统一管理维护，签订维护服务外包合同，落实维护责任制，细化服务条款，方便管理和协调。

综上所述，教育系统校园监控的有效整合不可能一蹴而就，需要强化管理、规范操作、分阶段逐步实现，使之在维护校园安全上发挥更大的作用。如果能由教育信息中心统一协调教育系统的校园安全监控系统、视频会议系统、考试视频系统、教育局域网，将实现系统信息资源的全面整合，从而推动顺义教育整体水平再上新台阶。

关于《学校教职工代表大会规定》执行情况调研的报告

顺义区教育工会　黄杰执笔

自上世纪80年代起，伴随着《高等学校教职工代表大会暂行条例》《北京市中小学教职工代表大会工作意见》等重要规定的出台，顺义区教育系统的教代会逐渐进入了规范化的轨道，在民主管理方面积累了丰富的经验，涌现出一批对教代会认识深刻，支持教代会工作的好书记好校长。

2012年1月1日起施行的《学校教职工代表大会规定》，确立了教代会的法律地位，为顺义区教育系统民主管理的健康发展，注入了新的活力。

随着顺义区教育改革的深入，以及教职工法律意识的增强，教代会的地位不断提高，在单位的发展进程中发挥了积极作用，也遇到了一些亟待解决的问题。为摸清现状，更好发挥教代会在促进学校健康发展中的作用，教育工会开展此次调研。

一、调研方法及对象

（一）调研方法：以问卷法、座谈法为主，以分析积累的教代会资料为辅。

（二）调研对象：直属、农村地区的高中、初中、小学、幼儿园共计18个单位的代表、校长、工会主席。

参与问卷的总人数为304人，其中代表161人，教职工143人；单位18个，其中中学8个（含高中、初中和九年一贯制学校），小学5个，幼儿园5个；实行教代会制度的单位7个，实行教职工大会制度的单位11个。

二、调研结果与分析

（一）党政领导重视教代会工作

教代会的重要作用得到了基层单位党政领导的充分肯定：因为广开言路，引导教职工积极参与，单位决策考虑更加全面、细致，提高了执行效果；因为尊重教职工的话语权，校务公开更加透明，加强了廉政建设；因为主动接受监督，教职工民主评议制度，促进了干部队伍的作风转变。调研表明，97.7%的代表认为，单位党政主要领导通过意见箱、接待日、电子邮箱等形式，了解教职工的意见，作为改进单位管理的依据。

（二）教代会制度不断完善

2005年，各基层单位认真贯彻《北京市中小学教职工代表大会工作意见》，根据各自的工作实际制定了《实施细则》，全区教代会工作进入规范管理阶段。2012年，教育部《学校教职工代表大会规定》正式实施，由于北京市的实施细则尚未正式出台，所以基层单位没有大面积修改细则，但是对于关键性的部分，教育工会要求基层单位必须执行。例如《学校教职工代表大会规定》第四章“组织规则”第十五条，“有教职工80人以上的学校，应当建立教职工代表大会制度；不足80人的学校，建立由全体教职工直接参加的教职工大会制度”，与原来50人以上就可以建立教代会制度的规定不一致。所以，全区 50 人至 79 人的单位，全部由教代会制度改为教职工大会制度。调研表明，100% 的单位建立了教代会或者教职工大会制度。

（三）教代会职权落实较好

调研表明，基层单位教代会的职权主要体现在三个方面：一是积极参与学校发展，形成共同愿景。69.4% 和 77.6% 的代表，参与了学校发展规划和教职工队伍建设方案的制定；二是积极反映意见，维护教职工切身利益。代表充分发表意见的三大重要方案，分别是教职工聘用方案（占 83.2%），教职工绩效工资方案（占 82.6%），教职工考勤、奖惩方案（占 78%）；三是积极履行监督义务，协助单位建设一支德能兼备的干部队伍，96.7% 的代表参与了民主评议干部活动。

（四）教代会工作程序规范

调研表明，89.5% 的单位在召开教代会前，向代表通报议题，使他们有充裕的时间征集教职工意见，准备在教代会上的发言；100% 的单位开展了合理化建议活动，由工会进行整理归类，提交学校研究处理后对代表做出答复。代表对答复感到很满意的占 75.7%，感到比较满意的占 23.4%；100% 的单位开展民主日活动，代表对校务公开感到很满意的占 81.3%，感到比较满意的占 17.8%；教代会结束后，98.7% 的代表认为会议决议能够落实；96.3% 的单位按照规定，经过民主选举产生新一届教代会。

（五）代表素质显著提高

调研表明，88.2% 的代表参加过单位组织的专题培训，了解相关法律法规和重大校情；87.5% 的代表主动学习教育部《学校教职工代表大会规定》，对变化的关键环节比较清楚；教代会召开时，96.1% 的代表能够积极主动地反映教职工意见，重视话语权。

（六）教代会的作用得到广泛认同

93.1% 的代表认为教代会发挥了重要作用，促进了学校事业的发展，体现在教代会已成为学校管理体制的重要组成部分，保证了领导班子的科学决策，培养了领导干部的民主意识。

三、存在的主要问题

尽管教代会在执行方面总体状况较好，但调研中我们发现，受各种因素的影响，教代会仍存在着一些亟待解决的问题。

（一）民主管理发展不均衡

目前，建立教代会（教职工大会）制度的基层单位已达 100%，但民主管理的发展还很不均衡，主要原因是个别单位的一把手，没有认识到教代会的重要作用，在潜意识中还习惯于“一言堂”式的管理，表现在：征求代表意见走过场，喜欢听赞同的意见，对不同意见的反应态度比较强硬。虽然以“一致通过”结束教代会，但实际上并没有获得代表的真正认同；个别单位建立了教职工大会制度，但为减少“麻烦”还在召开“教代会”，执行规定不到位。

（二）对民主内涵的理解有偏差

在调研中我们了解到，个别单位的教职工中弥漫着一种“民主至上”的风气，通俗地讲，就是单位什么事情都要公开，什么事情都要拿到教代会上来讨论。显然，这种对民主权利的理解是狭隘的，对教代会职权理解有误区，妨碍了教代会制度的贯彻落实。

（三）教代会操作不够规范

调研表明，在教代会的操作层面存在着随意性，表现在：代表中干部人数过多；教代会做出的决议缺少监督，更没有反馈和改进措施；上一届教代会到期，单位却没有按照规定及时选举产生新一届教代会，“无限期”使用同一批代表。

（四）代表素质亟待提高

调研表明，代表素质成为制约教代会健康发展的“瓶颈”，表现在：所提建议考虑个人和小群体利益的多，考虑不同群体利益并尽可能使之均衡的少；所提建议涉及到福利的多，例如饭菜质量价格、增添工作生活小设施等等，涉及到学校和教师发展的少；会下牢骚满腹、滔滔不绝的多，会上敢于发表成熟意见的少。这说明教代会代表对自身职责认识还不清楚。

四、对策及建议

（一）拓展学习范围，提高党政领导对民主管理的认识

目前，党政领导非常重视政治、教育理论的学习，但是对民主管理相关的法律，学习明显不够，原因有二：一是工会虽然有其独特的作用，但毕竟与教育教学相关程度不高，学习的兴趣点有些弱化。二是有工会主席负责具体事务，有什么不清楚的问问主席就可以了，没有必要亲自学习。

在教职工法律意识普遍提高的今天，党政领导应该拓展学习范围，将民主管理的相关法律、规定纳入视野之中。学习的重点是教育部颁发的《学校教职工代表大会规定》与教育、教师有关的法律规定，精确掌握法律法规详细内容，依法管理学校，依法推动学校其他工作有序开展。通过学习提高对教职工参与民主管理工作的认识，有效维护教职工的合法权益，减少不必要的摩擦。

（二）把握一个原则，提高党支部（党委）的领导力

把握民主集中制的原则，是当前做好教代会工作的出发点和立脚点。各单位党支部（党委）要坚持对教代会的领导，既要强化依靠教职工办学的意识，尊重教职工的话语权，特别是对比较尖锐的意见，要有容人之量，让教职工充分表达出来。同时，要防止极端现象，引导教职工认识到教代会不是决策机构，只是具有部分决定权，工会组织要宣传教代会相关规定，普及教代会知识，在党组织的领导下，在教代会职权范围内行使权利，维护应有权益。

（三）开好教代会，围绕关键环节提高质量

提高教代会的关键环节有三个：一是要在教职工中做好调研，选准教代会的中心议题，要敢于把制约学校改革发展的疑难问题和涉及教职工切身利益的敏感问题拿到大会上去讨论与审议；二是要营建平等、轻松的氛围，让代表们充分征求意见，畅所欲言，形成共识；三是要规范教代会程序，形成教代会决议，不能随意增减议程。

（四）建立监督机制，抓好闭会期间落实工作

忽视教代会闭会后的工作是普遍现象。实际上，闭会期间如果能够及时跟进，对提高教职工的信任度和管理水平，都有很高的价值。闭会期间应发挥代表的监督作用：一是监督教代会决议的落实情况，是否如期兑现了承诺，如果不是，要将问题反馈给单位领导班子，提出解释和改进措施；二是执行过程中出现的问题情况，代表们要深入教职工中收集意见，要将调研结果反馈给单位领导班子，及时作出补救措施，必要时再次召开教代会作出新的决议。唯有如此，才能真正发挥教代会的作用，而不是让代表每年开几次会，做几个决定就完事了。

（五）发挥工会大学校作用，提高教代会代表素质

工会要承担起教育的任务，将提高代表素质作为民主工作的重中之重抓好。建议基层单位围绕以下三点开展教育工作：

1. 提高代表对教代会作用的认识。在部分代表看来，单位与教职工个人的发展，党政领导的决策至关重要，教代会起不了多大作用。这种认识导致部分代表缺少责任感，对自己应该做的工作敷衍了事，降低了教代会在教职工心目中的威信。因此，基层单位有必要引导代表跳出

狭隘的圈子，充分认识教代会的三个平台作用：首先，教代会是凝聚智慧的平台。通过参与单位发展规划和重要制度的完善过程，有助于培养富有团队精神的教职工队伍；其次，教代会是表达诉求的平台。通过审议涉及切身利益的重要事项，能够有效地维护教职工的合法权益，妥善处理矛盾；再有，教代会还是廉政建设的平台。通过校务公开和对干部的评议，有助于教职工了解政策和重大校情，实现对权力的监督。

2. 增强代表的履行义务意识。目前，代表普遍关注自己的权利，行使权利的意识比较强烈，但对于代表的义务关注程度低，更没有认识到履行义务是代表的重要职责。因此，应当以《学校教职工代表大会规定》第三章第十四条为依据，并着重理解“认真宣传、贯彻教职工代表大会决议，完成教职工代表大会交给的任务”、“及时向本部门教职工通报参加教职工代表大会活动和履行职责的情况，接受评议监督”、“自觉遵守学校的规章制度和职业道德，提高业务水平，做好本职工作”等规定的含义，切实增强代表履行义务的意识。

3. 通过培训提高代表的参政议政能力。对代表的培训，存在的主要问题是照本宣科、囫囵吞枣、宏篇大论，缺少实用性和吸引力。因此，基层单位的培训应该在三个方面得到加强：一是培训要接地气。以培训《学校教职工代表大会规定》为例，主讲人要认真备课，将枯燥的法律条文与通俗的解释、丰富的案例结合在一起，使代表每听一讲就有一点收获。二是培训形式要灵活多样，可以组织代表适度参加学校班子会，例如李遂中小就在坚持这种做法；召开不同学校之间的代表交流会；组织代表外出取经，如牛栏山一中、顺义一中、杨镇一中、顺义九中、东风小学的民主管理积累了丰富的经验，非常值得学习。三是培训要重视代表能力的形成。代表的能力指的是参政议政的能力，它不仅仅体现在敢于反映教职工心声方面，还体现在代表深入教职工的调研意识方面，体现在代表经过深刻思考后能提出理性建议方面。因此，基层单位要对代表进行具体指导，例如怎样收集教职工的意见？如何撰写提案？只有通过实践才能真正提高代表的能力。

（六）加强指导，提高教代会操作的规范性

目前，基层单位有两个环节需要加强指导：一是新建单位选举产生教代会，二是已经建立教代会的单位选举产生新一届教代会。这两个环节规范性强，需要较强的操作能力，才能顺利完成选举任务。而基层单位由多种原因，在方案的设计和操作方面，存在着一定的随意性，需要区教育工会统筹指导。上半年，教育工会主动走进基层单位进行指导。顺义十三中、石园教育集团、西辛教育集团等新建的综合性单位，均在教育工会的指导下，顺利完成了教代会选举工作。

今后教育工会将加大对基层教代会工作的指导力度，通过出台全区教代会工作细则，整理教代会代表知识问答材料，组织教代会代表知识竞赛，召开现场会等方式，规范教代会工作，提高教代会质量，推进民主管理的深入发展。

顺义区教委赴广东山东等地教育考察的报告

顺义区教育委员会教育改革办公室　贾立新执笔

一、基本情况

考察主题：实地了解广东顺德教育局和学校在开展教育综合改革特别是简政放权方面的做法和经验；学习山东省潍坊市教育局在教育人事制度改革特别是实施校长职级制方面的先进做法。

考察时间：2014 年 6 月 17 日至 21 日

考察人员：李卫国、陈绪峰、贾立新、侯亚军、王桂英、张旭东、陈民强、马亚军、张华礼、李小波、李成文。

行程安排：

第一阶段：6 月 17 日至 18 日，广东顺德。

顺德教育局接待人：区人民政府政务委员、局长徐国元，常务副局长陈锡钊，副局长郭金元，办公室主任劳国明。

考察安排：徐国元局长整体介绍了顺德区教育基本情况、改革的主要做法、成效及遇到的问题等。陈锡钊、郭金元两位副局长陪同参观了顺德职业学院、顺德一中、罗定邦中学、大良西山小学、伦教翁佑中学等 5 所学校，并进行了不同形式的座谈交流。

第二阶段：6 月 20 日至 21 日，山东潍坊。

潍坊市教育局接待人：副局长吴爱友，组织人事科长井光进、刘仕远。

考察安排：吴爱友副局长简单介绍了潍坊市改革的基本状况，井光进科长系统介绍了潍坊市中小学去行政化的实践探索。在组织人事科的领导陪同下，参观了潍坊一中、中新双语学校、潍坊市广文中学等三所学校，并与相关学校的领导进行了座谈。

二、两地教育改革的主要做法及成功经验

（一）顺德教育局在简政放权方面的主要做法

1. 简政。按照决策、监督、服务分离的原则，顺德教育局对内设科室进行了调整，调整后的 6 个科室是：办公室、审批服务科、人事科、学校管理科、招生考试科、教育督导室，编制 29 人（领导 5 名，工作人员 24 人），临时借用 14 人。管理着 200 多所幼儿园、200 多所中小学和职业中学，30 万名学生，2 万多名教师。

2. 放权。厘清区教育局和镇（街道）的权力边界。区级审批权下移，扩大镇（街）的管理权限，形成区、镇两级权责明确、统分结合的教育管理体制。

3. 还权。把办学自主权还给学校，校长掌握了人权、财权、调配相关资源的权力。为防止出现校长个人的“集权”，教育局请来了第三方评价专业机构，制定了学校自主评价体系。这套评价体系主要由 5 项一级指标（规划与管理、教师发展、育人文化、教与学、学生发展）、12 项二级指标和 28 项三级指标构成，进行多元评价。

4. 赋权。打开校门，成立了教育决策咨询委员会、民办教育协会、职业教育发展指导委员

会，招聘社会兼职督学，让社会组织和社会资源参与进来，决策咨询、管理监督、资助共建、参事议事。

（二）潍坊市教育局在校长职级制方面的设计和主要做法

整体设计，取消学校行政级别，实现专家办学；放权学校，实现学校自主办学；开放办学，实现社会参与办学；完善监管机制，实现按规律办学。

1. 取消中小学的行政级别，分别由市教育局和区县教育局归口管理，市局直管6所学校。

2. 参照教师职称评定的等级，将中小学校长职级设置四级9档。具体包括初级校长（二档、一档），中级校长（三档、二档、一档），高级校长（三档、二档、一档），特级校长，并规定每级校长所占的比例及绩效工资水平。

3. 实行中小学校长任期及交流制度。校长一个聘期为4年，原则上在一所学校连续任职不超过2个聘期。年龄45岁以下校长评定高级及以上职级应有在农村或薄弱校任职任教的经历。

4. 明确考评标准。从“理念与实践、常规管理与创新求变、个人成果与学校发展、教师认可与群众满意”等四大方面，通过电话随访、问卷调查、座谈了解等方式征求社会知名人士、学校教师、学生及家长的意见，对校长每学年进行考评，两次不合格档次解聘校长职务。

5. 建立了一系列包括培训、与教育行政部门任职交流等在内的一系列配套制度。

（三）两地教育改革的共同之处

1. 教育改革不是孤立进行的，都是在区域进行改革的大背景下进行的，均得到了上级党政领导的大力支持和其他部门的合作与配合。

2. 抓住了新一轮教育改革的核心，即放权于校。教育治理体系改革目的在于激发学校活力。确切地说，教育放权的根本是还权于学校，使学校拥有更大的办学自主权。放权的目的，也是为了激发学校的活力、潜力和动力。

3. 教育改革都注重了顶层设计，特别是系列配套方案的制定和实施。

4. 教育改革都坚持因地制宜。比如，两地教育局都很好地利用了区县和镇街道教育局，很多权力都下放到区县和镇街道层面，并进行了合理的权责分配。

（四）存在问题

总体来讲，两地教育改革成效显著，但也存在一些问题。在教育管理上，仍存在缺位和越位的问题。缺位主要表现在：教育资源特别是优质教育资源不能满足需要，在一定程度上存在择校和变相择校现象，教育服务不到位水平不高，名校生源聚集、学校规模过大等问题。越位表现在：随意超标准建设学校，浪费资源（顺德职业技术学院占地面积1749亩、潍坊一中占地1259亩、顺德一中学校占地250亩）；老旧城区一些学校规模小、条件差，有失义务教育均衡发展的理念；虽以简政放权为核心，但学校应有的权力也不能得到完全保障，在干部教师聘任上，解决好未聘人员的出口变得很困难。还有权力下放后干部素质不能很好适应的问题、改革成效显现不快的问题和因学校规模不同而存在的校长职级工资差异等各种问题。

三、几点启示

1. 改革需要理解与支持

顺德的探索告诉我们，教育改革要与区域社会管理改革同步推进。顺德区政府力推社会管理改革，教育放权得其天时与地利，方能畅行无阻。否则，单靠教育部门单兵独进，则如逆水行舟，困难重重。教育改革涉及到社会的方方面面，牵涉到每一个家庭。教育如果闭门搞改革，社会不知情，难免会有阻力。敞开大门，主动邀请家长和社会力量参与到改革的进程中来，改革就会拥有更多支持者，才能顺利推进。潍坊市改革之初，与每位校长沟通，取得校长的支持，才得以顺利推进。因此，我们的改革，需要取得领导的支持、干部教师的支持以及全社会的支持，需要统一思想认识，系统全体干部认同改革，全社会支持改革。

2. 改革需要动力与耐力

潍坊改革基于这样的背景：与传统的行政管理体制相适应，长期以来，在管理中小学时，套用国家行政机关管理模式，政校不分、管办不分，教育部门和学校都责任无限，管事不管人，做了许多出力不讨好的事。主要表现在：校长的专业素质不适应立德树人的需要，不能专心致志从事教书育人的工作；传统的校长选拔缺乏竞争择优和比较鉴别，难以做到人岗相宜；校长的价值通过行政级别来体现，缺失激励机制，不能合理流动；学校内部行政化严重，不能激发办学活力；存在学校与教育行政部门管理机关行政级别倒挂的现象等等。广东顺德是在全社会大的改革背景下开展教育领域改革。全面实施大部制改革，区领寻直接担任委办局行政“一把手”，便于协调各部门协调推进工作。2010 年，与中国教育学会合作共建教育综合改革实验区，围绕构建现代学校制度、简政放权、探索管办评分离、积极吸纳社会力量参与，不断推动教育治理体系和水平的现代化。基于问题和形势，是改革的动力源。

另一方面，改革不是一蹴而就的事情。潍坊市委市政府高度重视教育改革。2004 年市委办、市政府办联合发文《关于推行中小学校长职级制度的实施意见》，开始了校长职级制和简政放权的改革。2011 年市委办、市政府办转发市委组织部等四部门《关于深化和完善中小学校长职级制改革的实施意见》，全面推进了改革进程。系统规范了各项相关政策，对校长选聘、职级管理、任期交流、考核评价以及系统内部任职交流做出了规定。历经 10 年的探索实践，才体现出很强的操作性。广东顺德 2010 年与中国教育学会合作共建“教育综合改革实验区”，制定了《顺德教育综合改革试点方案》。到 2013 年，在完善教育管理体制、建立现代学校制度、改革人才培养模式，促进教师专业发展方面取得了可喜成绩。为进一步深化教育综合改革，全面提升顺德教育品质，2013 制定了《深化推进教育综合改革实施方案》，确定了 2013 至 2015 年教育改革的目标任务，围绕“优先发展、完善体系、创新制度、提高质量”的主题，初步构建区、镇（街道）教育管理职能明晰，政府、社会、学校教育责任清晰的管理体制和运行机制。应该说也是经历了一段时间的探索与实践。可见，改革需要稳步进行、需要持之以恒、需要耐力。

3. 改革需要勇气和胆识

顺德改革的核心是政府还权于校、学校开放办学，扩大公办学校办学自主权和社会参与度，建立现代学校制度，使校长真正有人权、有财权、有调配相关资源的权力。同时，名目繁多、无效的检查评估没有了。校长可以把主要精力用于学校管理和学校文化建设上。顺德正在试行的“校长组阁制”，赋予校长更大的办学自主权走出了教育改革的重要一步。

校长的权力有什么？人事权：1. 教师由学校聘任，尤其不聘和解聘教师由学校决定，区、镇（街道）教育行政部门核准和备案，不行使审批职能；在全区教师招聘政策框架下，学校提出岗位用人需求，制定招聘公告，学校或镇（街道）组织面试流程，学校提出是否递补招录。2. 学校中层干部由学校聘任，报上一级教育行政部门核准和备案，区、镇（街道）教育行政部门不行使审批职能。义务教育学校的正副校长聘任，由镇（街道）教育行政部门审批，区教育局备案。3. 教师由学校管理，在区、镇绩效工资政策框架下，学校制定绩效工资方案。4. 学校自主安排校本培训。5. 学生转学由学校直接操作，不用审批。财权：公用经费按生均标准指标到学校，由学校自主编制预算，其人员经费、行政运行、教师培训、设备购置、修缮等开支都由学校自主决定，区镇两级相关行政部门只负责监管，而不再干预。教学权：义务教育阶段教学质量检测代命题、义务教育阶段所有学生竞赛、义务教育阶段优秀学科组与个人评选、学科带头人评选、义务教育阶段优秀毕业班教师、学科评选、义务教育阶段教学新秀评选和学科教学论文评比等。

放权是改革的核心，需要的是魄力，需要勇气和胆识。当然，结合潍坊的经验，也应该做到逐步推进，选择性实施。只给有思想、有能力、素质高的校长一定的权力，同时还要建立起一定的制约机制。对于职级较低的新任校长还是要稳妥行事。

4. 改革需要思辨和明判

目前，顺德初步形成了由政府指导性管理、学校自主管理、行业自律性管理，社会、社区、社会贤达、企业、家长、校友多元参与、协同共治的开放型教育治理体系。2011 年，区教育局成立了教育决策咨询委员会，通过公开招募，聘请了 26 位智囊人员，他们来自学界、企事业单位、社会组织和学校，这个智囊团直接参与顺德重大公共教育政策的制定。上行下效，现在，半数以上的镇街教育局也成立了类似的机构。2012 年，顺德民办教育协会成立，区教育局赋予这个协会“民办教育行业自主管理、水平评估、荣誉评定和质量监督”等管理职能和权力。2012 年，顺德职业教育发展指导委员会成立，这个由 15 名顾问、19 名委员组成的委员会，带有行业指导委员会的职能，对全区职业教育发展进行研究、咨询、协调、服务与指导。近年来，顺德教育局请来了第三方——广州一家专事评价的专业机构，请他们先期调研，并参照国内外先进经验，设计出适合顺德特色的学校自主评价体系。目前，这套评价体系已在学校开始运转。这套评价体系主要由 5 项一级指标（规划与管理、教师发展、育人文化、教与学、学生发展）、12 项二级指标和 28 项三级指标构成，囊括了学校自主发展的方方面面。使校长有自主权而又不“集权”。

怎样制约校长的权力运用。潍坊市规定，校长聘期内有年度考核、聘任期中考核和任期满考核。委托第三方专业组织进行第三方评价，优秀档次的校长数量占同级、同类校长的 1/3，特级校长和高中校长报市局备案。2013 年，聘请第三方（其中有北京、上海等地的知名校长）评选特级校长。

在实施教育综合改革的过程中，要用思辨的方式对改革的每一步效果进行甄别和明判，避免盲目和盲从，不走、少走弯路。

四、顺义教育综合改革的思路与任务——为什么改、改什么、怎么改

顺德的改革实践探索告诉我们，有了改革的勇气、决心、思路和行动，推进教育治理体系和治理能力的现代化，任重，但道不远！

（一）为什么改

改革是新时期教育事业发展的强大动力，深化教育领域综合改革是满足人民群众对多样化高质量教育需求的可靠保障，教育改革是历史新起点上全面深化改革的重要组成部分。

1. 推进顺义教育领域综合改革是高标准落实国家和北京市中长期教育改革和发展规划纲要的需要。国家和北京市中长期教育改革和发展规划纲要，从全国和全市现代化建设的总体战略出发，规划描绘了未来 10 年教育改革发展的宏伟蓝图，科学确定了到 2020 年我国教育改革发展的战略目标、工作方针、总体任务、改革思路和重大举措。特别是 2013 年，教育部印发了《关于 2013 年深化教育领域综合改革的意见》，提出要以努力办好人民满意的教育为目标，以破解制约教育科学发展的关键领域和薄弱环节为突破口，以完善推进教育改革的体制机制为着力点，坚持正确方向，加强整体谋划，深化教育领域综合改革。

2. 推进顺义教育领域综合改革是社会事业改革的重要组成部分。今年 3 月，中共北京市顺义区委印发《关于认真学习贯彻中央市委全会精神全面深化改革的意见》，提出要全面贯彻党的教育方针，深化教育领域综合改革。新一轮的教育综合改革是在历史新起点上全面深化改革的重要组成部分，不仅是破除制约教育事业科学发展的体制机制障碍，促进教育体系自身完善，而且要站在促进顺义经济社会协调发展的高度，与各项事业制度改革相互配合、协同攻关，寻求教育与经济社会协调发展的新思路，着力克服制约我区教育事业科学发展、加快发展的思想障碍和体制机制障碍，着力破解影响我区教育事业发展的各种难题，努力探索新思路、新途径和新举措，实现教育事业科学发展的新跨越。

3. 推进顺义教育综合改革是推进顺义教育现代化进程的需要。2010 年，我区被北京市确定为“国家级教育体制综合改革试验区”，参与北京市“探索城乡教育一体化发展有效途径”、“义务教育均衡发展”等 7 个项目的研究试验。为此，我区坚持高站位思考、高起点谋划、高标准要求，制定了《顺义区城乡联动教育改革实验方案》，确立了以联盟和组团建设推进区域教育资源共享、促进城乡学校协调发展的改革主线，纵向上与北师大和首师大等高校以及市级名校联合合作、横向上城乡学校区域联动，切实发挥示范校的辐射带动作用，有效开展了城乡教育一体化发展有效途径实践探索，不断丰富教育资源，推进义务教育均衡发展，全面深化课程教材教育改革，开展特色校建设，中小学校的办学水平稳步提高。有效推进了区域教育现代化进程。深化教育领域综合改革是满足人民群众对多样化高质量教育需求的可靠保障，要以实现好、维护好、发展好最广大人民根本利益为依归，以立德树人为根本任务，以促进教育公平、提高教育质量为主线，以改进政府教育管理方式、激发释放学校办学活力、构建全民终身学习体系为重点，努力满足人民群众的教育需求。

（二）改什么

推进顺义教育领域综合改革，应该从人民群众反映强烈、制约教育事业科学发展的热点难点问题出发，深入分析问题产生的深层次体制机制障碍；要转变政府职能，简政放权；要加快转变教育发展方式，找准突破口，聚焦智慧、凝聚力量、开拓创新、攻坚克难。重点工作有几个方面：

1. 改革教育管理体制，推进教育事业科学发展。推进政府职能转变和简政放权，落实依法治校，完善学校内部治理结构，推动教育系统去行政化改革，进一步完善义务教育均衡发展工作机制。

2. 改革教师管理模式，大力提高队伍建设水平。深化教育系统人事制度改革，积极推进教师职称聘任制度改革。

3. 创新人才培养模式，全面推进素质教育，推进考试招生制度改革，构建全新教育教学体系，构建新型高效课堂，坚持立德树人，全面实施素质教育。

4. 改革资源配置方式，提高教育公共服务水平。统筹城乡义务教育资源均衡配置，推进普通高中多样化特色办学，构建学前教育公共服务体系。

5. 扩大教育对外开放，提高教育国际化水平。拓宽教育交流领域，扩展学生国际视野，全面提升基础教育国际交流与合作水平。

6. 创新办学机制，为教育发展注入活力。加强联盟组团工作机制研究，加强改革试点新型学校建设，制定政策支持顺义十一中与北师大、顺义十三中与首师大合作共建，在学校管理体制、学校文化建设、干部教师引进招聘、课程设置、课堂教学模式改革、教育教学评价等多方面引领全区基础教育改革深入开展。

（三）怎么改

深化教育领域的综合改革，要从惯性思维和不合时宜的传统模式中解放出来，从人民群众反映强烈、社会关注度高、制约教育事业科学发展的热点、难点问题入手，要善于抓主要矛盾和矛盾的主要方面，循序渐进，从量变到质变，实现教育发展的新跨越；要实现从管理到治理的转变，管理者要放下身段，从用权管卡到放权服务，从闭门拍板到调查研究，从微观管理到宏观管理，从直接管理到间接管理。

坚持“一个核心”，即人才培养模式改革。人才培养模式反映了教育观念，体现了评价导向，包括了教育教学方式、课程教材、考试招生等诸多环节和内容。

突出“两大重点”，即办学体制和管理体制改革。学校如何办、政府如何管、社会如何参与、怎样评价教育，都将决定着教育的活力，影响着育人的水平，展示着教育的形象。具体来讲，结合区域实际，做好以下工作：

第一，在区级层面，理顺基层学校党组织关系，纳入教工委垂直管理，避免交叉和重复管理，为学校减负；要调整镇级政府教育职能，明确教育助理的去留或者职责；要理顺中小学校长管理权限，纳入教工委统一管理，对校长资格、评聘办法、管理办法、考核办法、岗位津贴等提出规定。特别是校长职级津贴，广东、潍坊以及青岛、上海等地的做法各不相同，建议参照上海模式，按校长职级系列层级发放职级工资，原工资中绩效部分纳入职级工资，结合考核按月和年终发放相结合。校长职级工资由教委核定，区财政直接拨付，同学校教师绩效工资剥离。

第二，改革教育管理体制，落实和扩大学校办学自主权。加快建立、推行以“依法办学、自主管理、民主监督、社会参与”为特质的现代学校建设。落实依法行政、依法治教、科学管理、促进发展。明确中小学依法实施办学行为；明确建立现代学校制度，修订校章；明确校长法人地位；明确校长负责制、任期制、聘任制和职级制；简政放权，减轻中小学校长负担；明确教师选聘、交流等工作机制；明确学校项目资金管理和绩效考评机制；明确教育督导促进学校发展工作机制；明确第三方开展教育评估工作机制。创新完善教代会、学校管理委员会等多种现代学校管理制度。

第三，开展教育综合改革试点。立足区情和校情，不搞“一刀切”，分别选择高中、初中、小学和幼儿园开展试点，明确不同学段改革试验核心任务和重点任务，建立起高校合作、自主办学、区域联合、学段纵向一体化管理、组团校横向联合、跨学段跨区域集团制一体化管理等多种办学管理体制和管理模式。

第四，研究制定系列配套文件：

1. 制定《顺义区中小学校长职级制改革实施意见》（区委办、政府办转发，区委组织部、区教工委、区教委联合行文）；

2. 制定《顺义区中小学校长职级制改革实施细则》（区教委印发）

3. 制定《顺义区中小学校长专业标准》（区教委印发）

4. 制定《关于进一步加强中小学校长负责制的工作意见》，对校长负责制、任期制、聘任制等作出相关规定。

5. 制定《顺义区教育系统教师管理意见》（区教委印发），对学校编制管理以及教师引进、聘任、管理、培训、绩效评价与考核等提出要求。

6. 修定《顺义区中小学校长教师交流工作意见》（区教委印发）。

7. 制定《顺义区中小学教育质量综合评价工作意见》（区政府教育督导室、区教委印发），纳入第三方学校评价内容，以此作为评估全区教育发展和对学校考评、校长评价的主要依据。每年出具教育发展报告。

第五，积极发展同高校和科研机构的合作。高校是人才聚集、智力集中的地方，有着巨大的智力优势和科技优势。市教委支持高等教育与基础教育的合作，前不久，北京 23 所高校与中小学达成合作意向，将中小学建设成为高校的初中部或小学部，实质参与中小学课程建设、教学改革、师资培训和特色建设。过去几年，我区同北师大、首师大、华东师大、东北师大等高校建立了密切的合作关系，特别是与北师大，开展了为期三年的教育改革合作，一批学校在先进教育理念的引领下，开始走向繁荣。当前，顺义教育进入了千载难逢的大发展期，迫切需要高校强大的智力支持。发展高校合作，应当成推进顺义教育科学发展的一个强有力的抓手。

第六，处理好几个关系：在深化教育领域综合改革，要处理好“三个关系”即：

一是要正确处理改革与稳定的关系。教育问题错综复杂，综合性和关联性都很强，需要通过综合改革的方式来推进。教育作为培养人的事业，具有长周期性和滞后性等重要特点，许多问题的解决有一个过程，很难急于求成。同时，教育具有公共性、不可逆性，任何一项重大教育改革的推进，任何一项重大教育政策措施的出台，搞好了，可以惠及一代人，一旦失误或失败，可能耽误一代人或几代人。因此，教育改革必须尊重规律，综合思考、综合决策、综合推进，要坚持改革推进力度、发展速度和社会可承受程度的统一。在搞试点的基础上全面推进，认真分析改革的效果，特别是要预判社会反响，做好干部教师思想发动工作和一旦发生问题的预警处理工作。

二是要处理好大众教育和精英教育的关系。大众教育和精英教育具有不同的功能定位和目标，但二者之间不是对立的。从国际上看，大众教育是基础，精英教育贯穿于教育发展的各个阶段，与大众教育一道共同承担起提高全民族素质和培养各类人才的使命。提高质量是当前教育改革发展的核心任务，也是处理二者关系的基本要求。既要按照教育改革的宏观要求，从提高全民族素质出发，培养数以千万计的专门人才和数以亿计的高素质劳动者，也从我区在全市教育发展的地位和区域发展实际出发，为一大批拔尖创新人才的发展与成长提供条件、铺就道路、搭建平台。

三是要处理好管、办、评的关系也就是政府、学校、社会和市场的关系。政府的职能在于健全覆盖全民的基本公共教育服务体系，用科学的方法管教育。要真正从办教育、抓微观向管教育、抓宏观转变，及时研究解决教育改革和发展的重大问题，努力为教育发展创造良好环境，为人民群众提供优质公共教育服务，维护教育秩序和公平。学校的职责是按教育规律办教育，因此要享有一定的办学自主权，要建立现代学校制度，充分发挥教师和学生的主体作用，规范办学、特色办学，最终形成办学特色。要处理好简政与放权的相关，放权之后要有一套运行有效、多方监管的机制跟进，这样的放权才会放而不乱。吸纳第三方参与教育评价，切实改变既当教练员、运动员，又当裁判员的做法，这样的教育评价才更真实、有效、有用。

附　录
京市第 52 届中学生田径运动会
优秀组织奖
体育道德风尚奖
顺义区教育委员会

顺义区教育机构名录

一、顺义区幼儿园

名　称	地　址	电　话
（一）教育部门办		
北京市顺义区建南幼儿园	北京市顺义区建新南区36号楼	52945217
北京市顺义区义宾幼儿园	北京市顺义区义宾南区甲10号	69422956
北京市顺义区怡馨幼儿园	北京市顺义区怡馨家园27号楼	69421015
北京市顺义区幸福幼儿园	北京市顺义区幸福西街6号	69423143
北京市顺义区建北幼儿园	北京市顺义区建新北区37号	69442746
北京市顺义区裕龙幼儿园	北京市顺义区裕龙花园四区13号楼	89406136
北京市顺义区金汉绿港幼儿园	北京市顺义区金汉绿港三区	60417288
北京市顺义区滨河幼儿园	北京市顺义区滨河小区14号楼前	69426048
北京市顺义区顺和花园幼儿园	北京市顺义区仁和镇顺和花园一区7号楼	89419951
北京市顺义区双兴幼儿园	北京市顺义区双兴南区26号楼东侧	81491161
北京市顺义区后沙峪第一幼儿园	北京市顺义区后沙峪镇政府东侧双裕街31号	61438058
北京市顺义区后沙峪第二幼儿园	北京市顺义区后沙峪镇清岚西区	80496148
北京市顺义区天竺中心幼儿园	北京市顺义区天竺地区府前一街20号	64568509
北京市顺义区杨镇中心幼儿园	北京市顺义区杨镇政府街4号	61451973
北京市顺义区杨镇第三幼儿园	北京市顺义区杨镇双阳东区13号	61419380
北京市顺义区牛栏山第一幼儿园	北京市顺义区牛栏山镇相各庄村	69414003
北京市顺义区牛栏山第二幼儿园	北京市顺义区牛栏山镇下坡屯家园三区甲6号	61421684
北京市顺义区南法信中心幼儿园	北京市顺义区南法信政府北顺余西路3号	69473313
北京市顺义区马坡第二幼儿园	北京市顺义区马坡镇马卷村西侧	69407480
北京市顺义区港馨东区幼儿园	北京市顺义区仁和镇港馨东区17号楼	89457897
北京市顺义区仁和中心幼儿园	北京市顺义区仁和地区石园南区4号楼后	89446064
北京市顺义区港馨幼儿园	北京市顺义区港馨家园西区	89448913
北京市顺义区石园幼儿园	北京市顺义区石园西区20号楼	89444844
北京市顺义区石园北区幼儿园	北京市顺义区石园北区20号楼前	69443353
北京市顺义区仁和花园一区幼儿园	北京市顺义区仁和花园一区22号	15910383818
北京市顺义区吉祥幼儿园	北京市顺义区空港吉祥花园小区13号楼	60401940
北京市顺义区空港第一幼儿园	北京市顺义区三山新新家园一区15号楼	61468902

名　称	地　址	电　话
北京市顺义区马坡第一幼儿园	北京市顺义区马坡镇马坡花园西侧	69401653
北京市顺义区马坡第三幼儿园	北京市顺义区马坡镇佳和宜园 29 号楼	57620103
北京市顺义区澜西园四区幼儿园	北京市顺义区澜西园四区 4 号	60496218
北京市顺义区西辛幼儿园	北京市顺义区西辛南区	61408620
北京市顺义区宏城幼儿园	北京市顺义区前进花园石门苑 22 号	89423350
北京市顺义区澜西园二区幼儿园	北京市顺义区仁和镇澜西园二区	60496355
北京市顺义区旺泉幼儿园	北京市顺义区贯通东路西侧	81493699
北京市顺义区高丽营第一幼儿园	北京市顺义区高丽营镇张喜庄拓新区 14 号	69492195
北京市顺义区高丽营第二幼儿园	北京市顺义区高丽营镇高泗路 13 号	69455943
北京市顺义区高丽营第三幼儿园	北京市顺义区新于庄园小区 17 号楼	69451968
北京市顺义区馨港幼儿园	北京市顺义区李桥镇馨港庄园二区 2 号	81477269
北京市顺义区李桥中心幼儿园	北京市顺义区李桥镇沿河村任李路沿河段 17 号	69485882
北京市顺义区李遂中心幼儿园	北京市顺义区李遂镇政府街南孙路李遂段 5 号	89481707
北京市顺义区南彩第二幼儿园	北京市顺义区南彩镇政府东侧	89477876
北京市顺义区南彩第一幼儿园	北京市顺义区南彩镇南彩中大街 9 号	89469256
北京市顺义区北务中心幼儿园	北京市顺义区北务镇政府街 4 号	61421717
北京市顺义区尹家府中心幼儿园	北京市顺义区大孙各庄镇四福通大街 82 号	61472812
北京市顺义区张镇中心幼儿园	北京市顺义区张镇张各庄村建新二路	61483868
北京市顺义区龙湾屯中心幼儿园	北京市顺义区龙湾屯镇政府前街路南东侧 4 号	60461747
北京市顺义区木林中心幼儿园	北京市顺义区木林镇顺焦路木林段 83 号	60459100
北京市顺义区北小营中心幼儿园	北京市顺义区北小营镇永利小区路北	60483603
北京市顺义区北石槽中心幼儿园	北京市顺义区北石槽镇府前西街 2 号	60422127
北京市顺义区赵全营中心幼儿园	北京市顺义区赵全营镇赵全营村	60431157
（二）集体办		
北京市顺义区后沙峪镇董各庄村幼儿园	北京市顺义区后沙峪镇董各庄村中街 13 号	80478590
北京市顺义区杨镇三街村幼儿园	北京市顺义区杨镇三街村	61459722
北京市顺义区牛栏山镇龙王头村幼儿园	北京市顺义区牛栏山镇龙王头村	69414003
北京市顺义区牛栏山镇芦正卷村幼儿园	北京市顺义区牛栏山镇芦正卷村	69414003
北京市顺义区高丽营镇张喜庄村幼儿园	北京市顺义区高丽营镇张喜庄村北环村路南侧	69492195
北京市顺义区李桥镇王家场村幼儿园	北京市顺义区李桥镇王家场村	15601052676
北京市顺义区李桥镇后桥村幼儿园	北京市顺义区李桥镇后桥村	15010397151
北京市顺义区李桥镇北河村幼儿园	北京市顺义区李桥镇北河村	13811082736
北京市顺义区河北村幼儿园	北京市顺义区南彩镇河北村	81460246

名　称	地　址	电　话
北京市顺义区南彩镇后俸伯幼儿园	北京市顺义区南彩镇后俸伯村吉祥路北一巷北养殖小区南侧	60400296
北京市顺义区南彩镇小营村幼儿园	北京市顺义区南彩镇小营村	61478151
北京市顺义区龙湾屯镇丁甲庄村幼儿园	北京市顺义区龙湾屯镇丁甲庄村	60463227
北京市顺义区龙湾屯镇山里辛庄村幼儿园	北京市顺义区龙湾屯镇山里辛庄村	60463227
北京市顺义区木林镇大韩庄幼儿园	北京市顺义区木林镇大韩庄中路 29 号	60467830
北京市顺义区木林镇王泮庄幼儿园	北京市顺义区木林镇王泮庄中街 53 号	60456013
北京市顺义区赵全营镇去碑营村幼儿园	北京市顺义区赵全营镇去碑营村	60438029
北京市顺义区赵全营镇西小营村幼儿园	北京市顺义区赵全营镇西小营村	60409885
北京市顺义区赵全营镇解放村幼儿园	北京市顺义区赵全营镇解放村	60432871
（三）其他部门办		
中国人民解放军 66055 部队幼儿园	北京市顺义区拥军路 5 号	81492550
艾德双语幼儿园	北京市顺义区空港工业 A 区天纬五街蓝庭苑 6 号楼	80427631

二、顺义区小学

名　称	地　址	电　话
北京市顺义区建新小学	北京市顺义区建新南区 38 号	69433973
北京市顺义区东风小学	北京市顺义区光明街拥军路 9 号	69445326
北京市顺义区双兴小学	北京市顺义区光明北街 22 号	81493907
北京市顺义区裕龙小学	北京市顺义区拥军路 1 号	69468268
北京市顺义区光明小学	北京市顺义区东安路北	69422329
北京市顺义区河南村中心小学校	北京市顺义区仁和镇河南村幸福路 3 号	89492187
北京市顺义区后沙峪中心小学校	北京市顺义区后沙峪镇后沙峪村	80416056
北京市顺义区天竺中心小学校	北京市顺义区天竺地区府右街 7 号	64584338
北京市顺义区杨镇中心小学校	北京市顺义区杨镇环镇东路 12 号	61451244
北京市顺义区小店中心小学校	北京市顺义区杨镇地区辛庄子村小学路 4 号	61412824
北京市顺义区牛栏山第二小学	北京市顺义区牛栏山镇下坡屯家园三区甲 10 号	61427791
北京市顺义区牛栏山第一小学	北京市顺义区牛栏山镇牛富路 2 号	69411083
北京市顺义区牛栏山第三小学	北京市顺义区牛栏山镇香堤漫步庄园三区 16 号楼	60428983
北京市顺义区南法信中心小学校	北京市顺义区南法信地区办事处顺三路 3 号	69473552
北京市顺义区马坡第二小学	北京市顺义区马坡镇马卷村	69409805
北京市顺义区石园小学	北京市顺义区石园北区	69425729
北京市顺义区港馨小学	北京市顺义区港馨家园东区	89449872

名称	地址	电话
北京市顺义区仓上小学	北京市顺义区胜利街道办事处仓上小区	69441134
北京市顺义区裕达隆小学	北京市顺义区空港工业区A区天柱西路28号	80489121
北京市顺义区空港小学	北京市顺义区空港B区三山新新家园南侧	80477515
北京市顺义区马坡中心小学校	北京市顺义区马坡镇政府西侧	69402868
北京市顺义区澜西园小学	北京市顺义区澜西园二区	60496235
北京市顺义区仁和中心小学	北京市顺义区望泉家园北	69447725
北京市顺义区西辛小学	北京市顺义区顺西路12号	69461147
北京市顺义区高丽营第二小学	北京市顺义区高丽营镇张喜庄村拓新区13号	69491856
北京市顺义区沿河中心小学校	北京市顺义区李桥镇任李路115号	69486021
北京市顺义区李桥中心小学校	北京市顺义区李桥镇馨港庄园38号	81478405
北京市顺义区李遂中心小学校	北京市顺义区李遂镇南孙路李遂段17号	89484220
北京市顺义区南彩第二小学	北京市顺义区顺平路俸伯段4号	89477267
北京市顺义区北务中心小学校	北京市顺义区北务镇商业街17号	61424311
北京市顺义区大孙各庄中心小学校	北京市顺义区大孙各庄镇府前东街6号	61432073
北京市顺义区张镇中心小学校	北京市顺义区张镇张孙路张镇段2号	61480604
北京市顺义区龙湾屯中心小学校	北京市顺义区龙湾屯镇府前南街8号	60461289
北京市顺义区李各庄学校	北京市顺义区木林镇李各庄育才路1号	60492697
北京市顺义区木林中心小学校	北京市顺义区木林镇木林村	60456039
北京市顺义区明德小学	北京市顺义区木林镇马坊村中心街5号	60448505
北京市顺义区北小营中心小学校	北京市顺义区北小营镇北小营村平安路47号	60483734
北京市顺义区仇家店中心小学校	北京市顺义区北小营镇仇家店村环村北路25号	60483729
北京市顺义区北石槽中心小学校	北京市顺义区北石槽镇府前街11号	60422512
北京市顺义区板桥中心小学校	北京市顺义区赵全营镇板桥村牛板路板桥段1号	60442174
北京市顺义区赵全营中心小学校	北京市顺义区赵全营镇牛板路赵全营段92号	60434624

三、顺义区中学

名称	地址	电话
（一）完中		
北京市第四中学顺义分校	北京市顺义区后沙峪镇双裕街45号	80416138
北京市顺义区第二中学	北京市顺义区西二环北路前进花园南侧	69421643
（二）高级中学		
北京市顺义区第一中学	北京市顺义区双河大街15号	69444448
北京市顺义区杨镇第一中学	北京市顺义区杨镇地区三街村仿古商业街43号	61451055
北京市顺义牛栏山第一中学	北京市顺义区牛栏山镇育才大街1号	69411142
北京市顺义区第九中学	北京市顺义区仁和镇河南村北	89498802

名 称	地 址	电 话
（三）初级中学		
北京市顺义区仁和中学	北京市顺义区站前东街 6 号	89493698
北京市顺义区第三中学	北京市顺义区府前东街 27 号	69422509
北京市顺义区第四中学	北京市顺义区光明南街 2 号	69446143
北京市顺义区第八中学	北京市顺义区光明北街 18 号	69429480
北京市顺义区天竺中学	北京市顺义区天竺镇府前一街 29 号	80497213
北京市顺义区杨镇第二中学	北京市顺义区杨镇三街西	61451155
北京市顺义区牛山第二中学	北京市顺义区牛山镇京密路牛山段 3 号	69412537
北京市顺义区南法信中学	北京市顺义区南法信镇西海洪村	69476574
北京市顺义区第五中学	北京市顺义区石园西区	89441490
北京市顺义区第十五中学	北京市顺义区双丰街道秦武姚村	57056628
北京市顺义区李桥中学	北京市顺义区李桥镇李家桥村	81473876
北京市顺义区沿河中学	北京市顺义区李桥镇平沿北河路 137 号	69480315
北京市顺义区第十一中学	北京市顺义区顺平路俸伯段 2 号	89477257
北京市顺义区北务中学	北京市顺义区北务镇商业街 15 号	61421946
北京市顺义区张镇中学	北京市顺义区张孙路张镇段 5 号	61480765
北京市顺义区第十三中学	北京市顺义区北小营镇府西路 1 号	60483730
北京市顺义区赵全营中学	北京市顺义区牛板路赵全营段 129	60431128
（四）一贯制学校		
北京市顺义区高丽营学校	北京市顺义区高丽营镇四村南	69455654
北京市顺义区南彩学校	北京市顺义区南彩镇南彩村中大街 7 号	89469285
北京市顺义区沙岭学校	北京市顺义区杨镇沙岭青年路 5 号	61443968
（五）有机构建制但无学生单位		
北京市顺义区板桥中学	北京市顺义区赵全营镇板桥村中学街 39 号	60442108
北京市顺义区尹家府中学	北京市顺义区大孙各庄镇四福通大街 88 号	61472870
北京市顺义区牛山第三中学	北京市顺义区牛栏山牛富路 2 号	69412537
北京市顺义区小店中学	北京市顺义区小店村	61412881
北京市顺义区木林中学	北京市顺义区木林镇顺焦路木林段 1 号	60457445
北京市顺义区龙湾屯中学	北京市顺义区龙湾屯镇府南路 5 号	60461319
北京市顺义区李遂中学	北京市顺义区李遂镇南孙路沟北段 38 号	89481601
北京市顺义区高丽营第二中学	北京市顺义区高丽营镇张喜庄村拓新区 12 号	69493610
北京市顺义区北石槽中学	北京市顺义区北石槽镇府前西街 4 号	60422123
北京市顺义区大孙各庄中学	北京市顺义区大孙各庄镇府前东街 8 号	61432045
北京市顺义区赵各庄学校	北京市顺义区张镇赵各庄村	61493151

四、顺义区职业学校

名　称	地　址	电　话
北京市顺义区汽车技术职业高中	北京市顺义区仁和地区河南村西路北	89451090
北京市顺义区第一职业学校	北京市顺义区裕龙花园三街	69444559
现代职业技术学院	北京市顺义区裕龙花园三街	81497745

五、顺义区成人学校

学校名称	地　址	联系电话
北京广播电视大学顺义分校	北京市顺义区裕龙小区现代职业技术学院内	81484548
北京农业广播电视学校顺义分校	北京市顺义区贯通中路西侧	81493471
北京市顺义区广播电视中等专业学校顺义区分校	北京市顺义区贯通中路西侧	69422156

六、顺义区教育单位

单位名称	地　址	联系电话
顺义区少年宫	北京市顺义区府前东街	69436835
顺义区退休教师服务在中心	北京市顺义区光明南街	69443059
顺义区中小学卫生保健所	北京市顺义区幸福西街	81493237
顺义区教育资产管理服务中心	北京市顺义区仁和镇庄头村南	69433295
顺义区教育研究考试中心	北京市顺义区石幢西	69443837
顺义区社区教育中心	北京市顺义区贯通路	69443449
北京市顺义区特殊教育学校	北京市顺义区仁和镇河南村西	69423095

七、民办学校及民办培训机构

学校名称	学校地址	电　话
北京市牛栏山一中实验学校	北京市顺义区顺安路 99 号	81480932
北京市新英才学校	北京市顺义区后沙峪镇安华街 9 号	80467115
北京市顺义区君诚学校	北京市顺义区后沙峪镇火沙路古城段 15 号	80490307
北京市圣苑-美语实验学校	北京市顺义区后沙峪镇万科城市花园北侧	80497460
北京市海嘉双语学校	北京市顺义区后沙峪峪民大街 5 号	80410390
北京市顺义区民办大方职业学校	北京市顺义区大孙各庄镇杜石路西尹段 3 号	61471503
北京市音乐舞蹈学校	北京市顺义区枯柳树环岛 1 号	51679555
北京市顺义区新京华实验学校	北京市顺义区空港 B 区安富街 9 号	80497460

学校名称	学校地址	电　话
北京鼎石学校	北京市顺义区后沙峪安富街10号	13311167870
北京市顺义区博华外国语学校	北京市顺义区京顺路99号	13811060477
北京市顺义区李桥半壁店学校	北京市顺义区李桥镇半壁店村	13718833257
北京市顺义区南彩实验学校	北京市顺义区南彩镇柳桁村	60418001
幼儿园名称	**学校地址**	**电　话**
北京市顺义区温莎双语幼儿园	北京市顺义区首都机场路89号	64560020
北京市顺义区采风幼儿园	北京市顺义区南彩镇前俸伯村附4路9号	89477510
北京市顺义区泛美幼儿园	北京市顺义区顺通路29号	89497758
北京市顺义区长颈鹿幼儿园	北京市顺义区裕龙花园二区4号楼	69443333
北京市顺义区万科城市花园幼儿园	北京市顺义区空港工业区B区万科城市花园	80482833
北京市顺义区伊顿幼儿园	北京市顺义区后沙峪镇阿凯笛亚庄园43号楼	80472983
北京市顺义区欢乐堡幼儿园	北京市顺义区高丽营镇张喜庄村南商业街东区78号	81745818
北京市顺义区景福幼儿园	北京市顺义区仁和镇顺福路2号御墅42号	89452591
北京市顺义区汇佳东方幼儿园	北京市顺义区东方太阳城万晴园54号	89431740
北京市顺义区丽思嘉洛德双语幼儿园	北京市顺义区天竺府前一街58号	58101708
北京市顺义区金翼德懿双语幼儿园	北京市顺义区天竺丽苑路6号美林别墅会所	64509712
北京市顺义区启明香醍漫步双语幼儿园	北京市顺义区牛栏山镇龙湖香醍漫步庄园三区6号楼	60428197
培训机构名称	**地　址**	**联系电话**
顺义区育才文化培训学校	顺义区光明街路西	81499014　13611206421
顺义区巨人文化艺术培训学校	顺义社区教育中心院内	51608188-8451　13910301789
顺义区精诚文化学校	顺义社区教育中心电大楼	69422385　60893669
顺义区益民培训学校	顺义府前街亿汇洋进出口公司	69421055
顺义区心语语言培训学校	顺义西辛北区乙10-1-201、202	13621346179
顺义区启明星文化培训学校	顺义区石园北区22楼甲2，甲3	13716709668
顺义区博文鸿智文化艺术培训学校	顺义西辛南区16号楼4号	69450687
顺义区博识培训中心	顺义区府前东街人才中心院内	69442549-8070
顺义区海澄文化培训学校	顺义幸福东区丁19号202室	69426723　13671347118

学校名称	学校地址	电　话
顺义区英才培训学校	北京首都机场京林大厦5层	64568963　13311398452
顺义区童馨诚文化培训学校	顺义区顺平路后沙峪段17号	13661012965
顺义区爱嘉励儿童双语培训学校	顺义区后沙峪嘉浩别墅3056号	80467082　13611334043
顺义区津桥培训中心	顺义区赵全营镇河庄村北	60441289　13910527630
顺义区兴华职业技术培训学校	顺义区南彩镇后俸伯村北	69422156　13801017792
顺义区杨名教育培训部	顺义区杨镇三街	13601228960
顺义区酬勤文化培训中心	顺义杨镇燕雄大厦	13371685988
顺义区圆梦文化培训中心	顺义区杨镇双阳小区14号楼10号	61455213　67461526
顺义区百华文化培训学校	顺义区杨镇双阳南区办公楼	13520169301
顺义区启航信息化培训学校	顺义区北小营镇永利小区商业楼	60488111　13522374073
顺义区成才育人英语培训学校	顺义区木林镇木林村	69442686　13611122710
顺义区东方英才培训学校	顺义区北小营前礼务村建业路37号	13801208740
顺义区育圣源培训学校	顺义区怡馨家园32号楼3层	69466352
顺义区方村培训学校	顺义区杨镇大街	86050653　13121016682
顺义区启智文化艺术中心	北京广播电视大学顺义分校院内	13911737182
顺义区科华培训学校		13801072063
顺义区绿港培训学校	顺义区站前街商业2号楼	69468518
顺义区求实外语培训学校	顺义区光明南街15号	81491180　69433605
顺义区九日外国语培训学校	顺义区南彩九王庄	89469904　130310530319（许）
顺义区英美外语培训中心	顺义区文化馆内	86619550
顺义区育林外语培训学校	顺义区石园北区68号楼4门202	69446117　13501229330
顺义区朝阳英语培训学校	顺义区石园北区68号楼4门402	69463856　13466533366
顺义区神通外语培训中心		13701213619
顺义区勤力富昌外语培训学校	顺义区北务镇敬老院内	13701028762　13801317921
顺义区明星外语培训学校	顺义区李遂镇潮华路沟北段2号	89484999　13331063833
顺义区阳光外语培训学校		13511033575
顺义区顺发实用技术培训学校	顺义区电影院内	13161561431　69425003
顺义区现代电脑培训学校		69464245　86172664
顺义区顺图计算机培训学校	顺义光明南街20号图书馆内	69447265　13691323894
顺义区金永大残疾人计算机培训学校	顺义区杨镇小店新街7号	61414522　13911579667

学校名称	学校地址	电　话
顺义区捷创网苑计算机学校	顺义区仁和镇沙坨工业区西街31号	69464500　13911623976
顺一汽车驾驶员培训学校	顺义区农机局院内	69444415
顺义区飞天驾驶学校	顺义区天竺镇府前西街粮库附近	80416379
顺义时星宇汽车驾驶学校	顺义区后沙峪镇泗上村	80416126
北京市安立汽车驾驶学校	顺义区后沙峪镇泗上村	69454563
顺义区维特汽车驾驶学校	顺义区后沙峪镇泗上村	13901009355
北京市京顺汽车驾驶学校	顺义区后沙峪镇泗上村	69454512
北京市京城汽车驾驶技工学校	顺义区后沙峪玉马教练场	80416739
北京恒通汽车摩托车驾驶培训学校	顺义区后沙峪镇泗上村	84323325　13911836177
顺义平安驾驶学校	顺义区南法信顺高路南侧	69472690
顺义区交通培训学校	顺义区南法信顺平路北侧	69473911
顺义区顺交通达汽车驾驶员培训中心	顺义区交通局运输队院内	69433970　13911605550
北京市五环汽车摩托车驾驶员培训学校	顺义区后沙峪镇泗上村	84913618　13901107598
顺义区农机汽车驾校	顺义区南彩镇后俸伯村	89477650
顺义区伟宁文化艺术培训中心	顺义区怡馨家园32号楼2层	69467266
顺义区春蕾文化艺术培训学校	顺义区石园东区居委会院内	89498534　13901191813
顺义区东方太阳城文体培训学校	顺义区东方太阳城中心会所	89431700
顺义区群星乒乓球培训学校	顺义区后沙峪镇铁杨路一号	80482538　13716257747
顺义区京奥国门乒乓球培训学校	顺义区车辆检测场东路2号	13311289621
顺义区威豪素质教育培训学校	顺义区武警十支队后院	13146795869
顺义区东方金子塔儿童潜能培训学校		81674163
顺义区精灵花雨文化艺术培训中心	顺义区幸福西区甲1—2号	69463345
顺义区蓝天空港职业文化培训学校	顺义区高丽营二中（四楼）院内	69497040　13001016290
顺义区养元牧业培训示范中心	顺义区北石槽镇	60424717

八、驻顺高校

高校名称	学校地址	联系电话
北京国际标准舞研修学院	顺义区后沙峪裕民大街甲4号	69453012
北京美国英语语言学院	顺义区京顺路99号	69409588
北京工业大学耿丹学院	顺义区牛栏山镇牛富路牛山段3号	60411788

高校名称	学校地址	联系电话
北京人文大学顺义校区	顺义区天竺镇空港开发区裕东路3号	80497320
中央美术学院城市设计学院	顺义区后沙峪裕民大街1号	80410801
首都医科大学燕京医学院	顺义大东路4号	69443147
北京现代职业技术学院	顺义区杨镇	81497745
北京国家会计学院	顺义天竺开发区	64570088

顺义区教委获得市级以上集体荣誉情况统计

序号	奖项	颁发机关	获奖时间	责任科室
1	2012—2014 年度北京市先进纪检监察组织	市纪委	2014 年 1 月	纪检监察科
2	北京市幼儿园环境创设评优活动“优秀组织奖”	北京市教育委员会	2014 年 1 月	学前科
3	北京市第二届初中教师教学基本功培训和展示活动优秀组织奖	北京教育科学研究院	2014 年 3 月	中教科
4	北京市三八红旗集体	市妇联、市总工会、市人力资源和社会保障局	2014 年 3 月	教育工会
5	北京市三十三届中学生瞭望杯时事知识竞赛区县奖第二名	北京市教委	2014 年 4 月	中教科
6	荣获 2013 年北京市中学生年度时评活动区县组织奖	北京市教委基教一处	2014 年 4 月	中教科
7	阳光体育第 52 届中学生田径运动会优秀组织奖、道德风尚奖、	北京市教委 北京市体育局	2014 年 10 月	体卫艺科
8	第十二届全国学生运动会北京代表团突出贡献区县	北京市教委 北京市体育局 共青团北京市委	2014 年 10 月	体卫艺科
9	2013-2014 学年度北京市基础教育课程建设先进单位	北京市基础教育课程教材改革实验工作领导小组	2014 年 11 月	中教科
10	中小学、幼儿园教师法律知识竞赛区县优秀组织奖	市教工委 市教委	2014 年 11 月	综治科
11	第二届北京市青少年法制文艺大赛优秀组织奖	市法宣办 市教工委 市教委 市司法局	2014 年 11 月	综治科
12	目标管理优秀奖	北京教育考试院	2014 年 12 月	招生办
13	北京市交通安全工作先进单位	市交管局	2014 年 12 月	综治科
14	第 32 届北京市学生科技节优秀组织奖	北京市教委 北京市体育局 北京市科学技术委员会 北京市环境保护局 北京市科学技术学会	2014 年 12 月	体卫艺科

“全国五一劳动奖章”和“首都劳动奖章”获得者名单

北京市顺义区教育研究考试中心	孔凡艳

北京市三八红旗奖章名单

北京市顺义区裕达隆小学	茹　娜

北京市师德先进个人名单

北京市顺义区石园集团	张美霞　杨金华
北京市顺义区第三中学	林　娜
北京市顺义区第八中学	李桂红
北京市顺义区李桥中心小学	刘海燕
北京市顺义区南法信幼儿园	单江玉
北京市顺义区西辛幼儿园	赵　丽

北京市优秀工会工作者名单

北京市顺义区教育工会	黄　杰
北京市顺义牛栏山第一中学	王贵臣
北京市顺义区东风小学	范玉霞
北京市顺义区第三中学	王素敏
北京市顺义区高丽营学校	李玉红

顺义区教育系统先进集体名单

北京市顺义牛栏山第一中学
北京市顺义区第一中学
北京市顺义区杨镇第一中学
北京市顺义区第二中学
北京市顺义区第九中学
北京市第四中学顺义分校
北京市顺义区仁和中学
北京市顺义区第三中学
北京市顺义区杨镇第二中学
北京市顺义区第八中学
北京市顺义区张镇中学
北京市顺义区第十三中学
北京市顺义区南彩学校
北京市顺义区东风小学教育集团
北京市顺义区石园小学教育集团
北京市顺义区西辛小学教育集团
北京市顺义区双兴小学
北京市顺义区木林中心小学校
北京市顺义区北务中心小学校
北京市顺义区后沙峪中心小学校
北京市顺义区空港小学
北京市顺义区杨镇中心小学校
北京市顺义区牛栏山第一小学
北京市顺义区马坡中心小学校
北京市顺义区牛栏山第三小学
北京市顺义区李桥中心小学校
北京市顺义区天竺中心小学校
北京市顺义区特殊教育学校
北京市顺义区怡馨幼儿园
北京市顺义区馨港幼儿园
北京市顺义区宏城幼儿园
北京市顺义区仁和中心幼儿园
北京市顺义区石园北区幼儿园
北京市顺义区幸福幼儿园
北京市顺义区马坡第三幼儿园
北京市顺义区港馨幼儿园
北京市顺义区尹家府中心幼儿园
北京市顺义区建南幼儿园
北京市顺义区双兴幼儿园
北京市顺义区金汉绿港幼儿园
北京市顺义区石园幼儿园
北京市顺义区南彩第一幼儿园
北京市顺义区牛栏山第一幼儿园
北京现代职业技术学院
北京市顺义区第一职业学校
北京广播电视大学顺义分校
北京市农业广播电视学校顺义分校
北京市顺义区马坡镇成人教育学校
北京市顺义区仁和镇成人教育学校
北京市顺义区北务镇成人教育学校
北京市顺义区胜利街道成人教育学校
北京市顺义区石园街道成人教育学校
北京市顺义区牛山镇成人教育学校
北京市顺义区劳动技术教育学校
北京市顺义区教育研究考试中心
北京市顺义区社区教育中心
北京市顺义区少年宫
北京市牛栏山一中实验学校
北京市新英才学校
北京市海嘉双语学校
北京市顺义区求实外语培训学校
北京市顺义区益民培训学校
北京市顺义区南彩镇河北村幼儿园
北京市顺义区杨镇飞翔双语幼儿园
北京市顺义区李桥镇北河村幼儿园

顺义区教育系统优秀校长名单

北京市顺义区杨镇第一中学	孙孟远
北京市顺义区第一中学	李　冬
北京市顺义区第二中学	陈坤清
北京市顺义区第九中学	王长存
北京市第四中学顺义分校	张福利
北京市顺义区仁和中学	孟朝晖
北京市顺义区杨镇第二中学	王玉辉
北京市顺义区第十三中学	李成文
北京市顺义区东风小学	刘金广
北京市顺义区西辛小学	王　阔
北京市顺义区双兴小学	贠献臣
北京市顺义区天竺中心小学校	霍仲英
北京市顺义区马坡中心小学校	黄海军
北京市顺义区后沙峪中心小学校	任志梅
北京市顺义区杨镇中心小学校	朱秋庭
北京市顺义区空港小学	李文明
北京市顺义区幸福幼儿园	张　玲
北京市顺义区建南幼儿园	张宝兰
北京市顺义区石园北区幼儿园	杨海君
北京市顺义区怡馨幼儿园	李桂芹
北京市顺义区旺泉幼儿园	高淑荣
北京市顺义区木林中心幼儿园	宋晓荣
北京市顺义区港馨幼儿园	冯永建
北京市顺义区金汉绿港幼儿园	吴冬梅
北京市顺义区南彩第一幼儿园	叶春清
北京市顺义区尹家府中心幼儿园	高国华
北京广播电视大学顺义分校	李建军
北京市牛栏山一中实验学校	商夏青
北京市新英才学校	梁　勇

顺义区优秀教育工作者名单

北京市顺义牛栏山第一中学	张华礼	商夏青	吕心丰	何代华
	刘伟彦	梁　波	程亚涛	申德利
	崔胜男	程志川	申高平	徐国锋
	车延飞	郭庆玉	穆卫国	孙进涛
	崔荣学	纪铁岭	闫立峰	赵颖楠
	赵环宇	初吉祥	孙　娟	杜金娥
	朱春荣	马云岭	张广红	张光伟
	李福忠	李　艳	靳宏伟	宋海清
	丁晴峰	郭　静	万　芊	李跃华
	尚　静	王　波	刘长银	杨淑艳
	李永清	赵春芳	张　凯	
顺义区第一中学	李　冬	高冬如	李英姿	冯吉生
	刘进波	彭玖娟	王敬宇	向新良
	许　静	要春娟	张福林	张桂兰
	王作峰	田会秋	马会放	展浩丽
	张洪茹	王福成	单春峰	
顺义区杨镇第一中学	孙孟远	李永利	张立华	马金忠
	殷健波	李跃良	刘玉松	李桂芸
	牟昌运	刘　杰	孙　华	肖　建
	韩媛媛	荣秀霞	张　杰	刘立光
	叶　勇	李　振	张雪山	别义成
	郭淑英	马　春	王　莉	黄立新
	党向东	焦建国	刘春光	刘　娜
	张冬俭	杜明艳	周金英	张　颖
	李达宇	熊　君		
顺义区第二中学	陈坤清	李宝祥	高新华	王　冰
	王玉伟	房丽恒	高万全	赵忠英
	张丽娟	杨淑娟	康树杰	刘金海
顺义区第三中学	孙海燕	柳慧林	茹桂娟	杜金山
	刘冬生	王　曦	肖青云	高文丰
	张军营	孟海燕	段长朋	徐　萍
	彭全荣	汤晓倩	余小强	
顺义区第四中学	高　颖			
顺义区第五中学	尤海燕	仇丽燕	赵秀军	王东升
	李维众	韩　瑛	刘学华	张海霞
顺义区第八中学	刘　满	果冬梅	马海霞	王华民

	孟金秀　邵海霞　史春艳
顺义区第九中学	彭学峰　范丽颖　王　妍　吴晓伟　张　海　陈　磊　张红雷　丁立平　童晓君　邢晓燕　徐　明　孟　苗　孙媛颖
北京市第四中学顺义分校	张福利　赵晶晶　赵玉霞　崔　杨　马　山　程艳武　郭大海　韩亚茹　李　烈　李然然　李　森　吴　静　许亚婕　殷云秀　张立新　张连荣　张　颖
顺义区第十一中学	郑　勤　康　娜　刘立明　王　颖　王少明
顺义区第十三中学	李成文　郭士江　侯春雨　王新星　张晓莉　岳金静　曹小新　王云芸　管桂荣
顺义区第十五中学	丁春祥　常　虹　王韶霞　靳桂香
顺义区牛山第二中学	龚学东　宋会娟
顺义区赵全营中学	彭艳华　王铁军
顺义区北石槽中学	李晓兵　赵　臣
顺义区高丽营学校	吴振杰　付银凤　张金山　程　爽　马金辉　海　朋　李赫威　焦玉冬
顺义区高丽营第二中学	李颂洁
顺义区南法信中学	魏　攀　王云鹤
顺义区天竺中学	李　倩　贺　斌
顺义区李桥中学	巩宝荣　张翼飞
顺义区李遂中学	董其松
顺义区沿河中学	崔　颖　李　伶　李红燕
顺义区仁和中学	孟朝晖　张文红　崔学兵　阎春霞　蔡　峥　李大又　马东梅　冯新颖　陈水连　纪月波　贾玉全　王　建
顺义区南彩学校	李　琦　侯　伟　王爱霞　田春霞　高　红
顺义区杨镇第二中学	王玉辉　郭春华　韩艳松　康志香　李　巍　李小征　刘秀梅　刘　京　王柏珍　闻　明　肖建良　杨春霞　张永成　张玉玲　王海艳　马哲臣
顺义区沙岭学校	张　伟　吕爱松　李　颖
顺义区张镇中学	曾文桂　周秋红　李晓龙　裴好菲
顺义区龙湾屯中学	靳宝义
顺义区赵各庄学校	杨　桦　何艳芳　杨红艳

顺义区大孙各庄中学	付胜利 许爱军
顺义区木林中学	张建新
顺义区北务中学	刘海全 杨立君 潘 伟
顺义区小店中学	侯玉宝
顺义区特殊教育学校	张常增 张成骏 姚立娜 韩 晶 董正波 姚守军
顺义区教育委员会机关	张雄飞 张琪悦 杨时栋
顺义区教育研究考试中心	张 海 赵爱英 高 欣 贾秋林 张庆辉 朱 宏 宋武生 冯东芳 张志广
顺义区劳动技术教育学校	张连合 张旭东 贾立新 单继荣 梅玉苍
顺义区少年宫	李明伟 刘瑞红 陈 鹏
顺义区教育资产管理服务中心	刘宝文
顺义区退休教师服务中心	马秀云
顺义区中小学卫生保健所	王艳玲
顺义区李各庄学校	雒新颖
顺义区仁和中心小学校	刘桂银 张志颖 许凤芹 张丽丽
顺义区马坡中心小学校	黄海军 王瑛玮 王 宾 王永伶 高 岚
顺义区马坡第二小学	李 丹 叶冬梅 张小燕
顺义区牛栏山第一小学	杨文智 王玉英 吕立娟 孔来凤 李 辉
顺义区牛栏山第二小学	韩 巍
顺义区牛栏山第三小学	刘春波 王国华 刘 洁 孙晓芳 董春艳
顺义区赵全营中心小学校	王海峰 郭 超 尹艳芝
顺义区板桥中心小学校	尹 明 张海燕 杜晓明
顺义区北石槽中心小学校	施焕印 王 新 龚立群
顺义区高丽营第二小学	房春燕 刘淑伟 王耀梅 姚玲红 孙建龙 郭子龙
顺义区南法信中心小学校	郑云芳 马丽红 顾金月
顺义区后沙峪中心小学校	任志梅 张 琪 李云志 秦 景 张晓英 孙照丹 朱金虎
顺义区天竺中心小学校	霍仲英 李冬青 吴志红 李东升 梁 艳 孙俊娟 李玉珍
顺义区李桥中心小学校	胡翠荣 李丽红 马继杰 孙立国 马玉伶 曹运秋
顺义区沿河中心小学校	刘云海 杨刘炎 崔艳青 史艳娟 王 征

顺义区河南村中心小学校	王洪海　樊朝化　李秀梅　屈晓雪
顺义区南彩第二小学	于静淑　王　倩　王海娟　方万青 董丽娟　李晓震
顺义区杨镇中心小学校	朱秋庭　彭雪源　佟华峰　李亚京 张金龙　侯晓晴　王　芳　万春雨
顺义区小店中心小学校	杨宗兰　雒淑平
顺义区大孙各庄中心小学校	刘银霞　赵志双　聂海燕
顺义区张镇中心小学校	魏丙强　冯连营　吕迎新
顺义区尹家府中心小学校	李　玲　张　怡
顺义区北务中心小学校	孙海霞　李　娜　贾新月
顺义区李遂中心小学校	祖志芸　李　红　单继友
顺义区北小营中心小学校	王海云　田红林　张　雪　董　杰
顺义区仇家店中心小学校	张秀芸　李雪伶　张　丰
顺义区木林中心小学校	刘向东　张　琳　安瑞武　王小明 王凤霞　郑天亮
顺义区龙湾屯中心小学校	靳立武　解建影　何立荣　王翠平
顺义区东风小学	史淑惠　崔树昆　杨玉松　刘英华 顾雪莲　郝文敏　高庆军　贾晓娜 聂玉燕　邵志丹　罗　颖　李　明 刘艳霞　彭欣然　于新颖　李亚娟 翟万盈　袁　焱　张海飞　胡迎新 张建国
顺义区光明小学	杨翠苹　付佐华　姚秀英　吴立华
顺义区石园小学	李冬红　王洪军　吕俊平　任丽蓉 王学刚　张利华　马文征　黄海荣 陈春芳
顺义区双兴小学	张红梅　刘书静　马筱阁　王佳杰
顺义区西辛小学	刘学红　潘海旺　张红柏　赵　丽 李云龙　赵萍丽　纪莉莉
顺义区空港小学	李文明　刘志海　蒋怀珍　金　龙
顺义区港馨小学	杨亚民　王　芳　李　辉
顺义区明德小学	张立苹　张海玲
顺义区裕达隆小学	刘　征　王　云
顺义区澜西园小学	赵志博　张梦娜
顺义区建南幼儿园	张宝兰　祖志艳　杨亚文　应建美
顺义区幸福幼儿园	张　玲　刘小红　张红霞　冯秀丽
顺义区石园幼儿园	杨宝芹　杜艳君　亢月红
顺义区双兴幼儿园	杜秋红　刘春英　董艳青
顺义区建北幼儿园	邢连荣　高翠竹
顺义区石园北区幼儿园	杨海君　孙海英　倪　喆　单艳梅

顺义区宏城幼儿园	郭立娜　刘冬梅　张　巍　马金辉
顺义区西辛幼儿园	崔红梅　王　革
顺义区怡馨幼儿园	李桂芹　刘冯玮　殷红艳　高军荣
顺义区义宾幼儿园	史爱娜
顺义区滨河幼儿园	刘建华　刘晨晨
顺义区裕龙幼儿园	陈亚利　李凌云　郭金凤
顺义区港馨幼儿园	冯永建　付冬华　张东霞
顺义区港馨东区幼儿园	王　冰
顺义区澜西园二区幼儿园	周庆华
顺义区澜西园四区幼儿园	葛增杰
顺义区金汉绿港幼儿园	吴冬梅　杨　朔　谭　超　周立香　许冬梅
顺义区尹家府中心幼儿园	高国华　曹海燕　李金辉　王　芳　李翠芳
顺义区北小营中心幼儿园	高　燕　张海侠　杨春艳
顺义区赵全营中心幼儿园	张晓旭　李雪月　张立梅　李京文
顺义区南法信中心幼儿园	刘　林　李如江
顺义区李桥中心幼儿园	余　燕　张丽萍　张兆华
顺义区馨港幼儿园	耿　兵　张福建　李　娜　杨　蕊
顺义区李遂中心幼儿园	任丽娟　张　然　云　静
顺义区张镇中心幼儿园	张　杰　马立平　魏　利
顺义区天竺中心幼儿园	白亚清　李　芳　赵子芳
顺义区北务中心幼儿园	杨　曼　孙雪兰　李志国
顺义区杨镇中心幼儿园	王红岩　张　倩　顾　宇　孙树华
顺义区杨镇第三幼儿园	刘　超　刘晶晶
顺义区龙湾屯中心幼儿园	聂雪倩　高　君
顺义区后沙峪中心幼儿园	孙亚兰　陈　楠
顺义区后沙峪第二幼儿园	王　倩
顺义区吉祥幼儿园	李冬梅　宋　歌
顺义区南彩第一幼儿园	叶春清　刘岩芳　蒙学超
顺义区南彩第二幼儿园	常凤芹　范海东
顺义区木林中心幼儿园	郭红艳　王　静　韩玉英　刘玉妹
顺义区马坡第一幼儿园	李梦林　宋晓昕　黄　莹
顺义区马坡第二幼儿园	杨　萌　张　晶
顺义区马坡第三幼儿园	王立君　李春伟　申艳京　曹学民
顺义区牛栏山第一幼儿园	史海霞　张志英　戴　伟　张艳荣　何春青
顺义区牛栏山第二幼儿园	刘　新　邓丽君　孙　鹜
顺义区仁和中心幼儿园	陈　红　宋文聪　罗晓芳　李明明
顺义区高丽营第一幼儿园	韩　露　赵如明

顺义区高丽营第二幼儿园	陈爱平　王俊丽
顺义区高丽营第三幼儿园	王　硕
顺义区北石槽中心幼儿园	王迎杰　徐　雷
顺义区旺泉幼儿园	王丽伟　李艳春
顺义区顺和幼儿园	李海伶
中国人民解放军 66055 部队幼儿园	田小立
顺义区南彩镇河北村幼儿园	李卫国　高海燕
顺义区杨镇飞翔双语幼儿园	徐啟龙　刘艳霞
顺义区李桥镇北河村幼儿园	果燕君
北京现代职业技术学院	吴海清　张春立　张婷婷　苏克然　赵海峰　徐光跃　郭雅娟　盛　珍　臧　磊　吴海龙
顺义区汽车技术职业高中	高尚安　张静殊　陈丽娟
顺义区第一职业学校	刘胜利　陈洪燕　邵学芹　聂立伟　宋志慧
顺义区人力资源和社会保障局技工学校	张亚利　张海霞
顺义区高丽营镇成人教育学校	裴志新
顺义区牛山镇成人教育学校	皮艳平　直艳丽
顺义区天竺镇成人教育学校	周红伟
顺义区杨镇成人教育学校	徐长松
顺义区张镇成人教育学校	杨　启
顺义区木林镇成人教育学校	许世国
顺义区南彩镇成人教育学校	张永林
顺义区双丰街道成人教育学校	王秀良
顺义区大孙各庄镇成人教育学校	谢爱军
顺义区北小营镇成人教育学校	张连国
顺义区马坡镇成人教育学校	李桂茹
顺义区仁和镇成人教育学校	张春利
顺义区北务镇成人教育学校	王振香
顺义区石园街道成人教育学校	张金月
顺义区胜利街道	王桂芝　王猛元
顺义区龙湾屯镇政府	李明月
顺义区李桥镇政府	朱　江
顺义区高丽营镇政府	付　军
顺义区社区教育中心	李　银　聂　鑫　张志明　王　丽
北京广播电视大学顺义分校	李建军　郭立芹　张伶英
北京市农业广播电视学校顺义分校	邓应强　贾会顺
北京市广播电视中等专业学校顺义分校	范晓东
顺义区成人教育学校	李晓钫
顺义区精神文明建设委员会办公室	白　桦

顺义区食品药品监督管理局	王宏剑
顺义区农村工作委员会	刘振河
顺义区城市管理综合行政执法监察局	王银兰
顺义区临空经济核心区管委会	蒲朝夕
北京市电力公司顺义供电公司	赵　红
顺义区人力资源和社会保障局	陈贤韦
北京市牛栏山一中实验学校	魏绍友　李艳娟　任巍巍　梁立华 韩泽山　刘带弟
北京市新英才学校	孙文佳　李超红　王晓云　李飞燕
北京市音乐舞蹈学校	赵　军
北京市海嘉双语学校	高　薇　王娜娜
北京市顺义区君诚学校	金艳辉
顺义区益民培训学校	赵　震　赵化清
顺义区求实外语培训学校	于晓玮　刘思思
顺义区新大方职业学校	王玖春
顺义区新京华实验学校	张恒飞
顺义区伟宁文化艺术培训中心	戴伟宁
顺义区裕龙双语艺术幼儿园	田新新　梁丽娟
顺义区万科城市花园幼儿园	张园园
顺义区泛美幼儿园	袁艳平
北京市顺义区长颈鹿幼儿园	王媛媛
顺义区汇佳东方幼儿园	贺庆男
顺义区金翼德懿双语幼儿园	李　淼
北京市顺义区丽思嘉洛德双语幼儿园	时肖朦
北京市顺义区启明香醍漫步双语幼儿园	戚姗姗

2013—2014学年度顺义区优秀师德群体名单

牛栏山第一中学	高三年级组	李桥中心小学校	五年级语数教研组
顺义区第一中学	高三年级组	南彩第二小学	五年级教研组
顺义区第二中学	高三年级组	李遂中心小学校	“一支键”项目组
顺义区第三中学	初三年级组	杨镇中心小学校	音美组
顺义区第五中学	初三年级组	明德小学	教导处
顺义区第八中学	初二物理组	龙湾屯中心小学校	体育组
顺义区第九中学	高三年级组	张镇中心小学校	英语教研组
北京四中顺义分校	初三年级组	特殊教育学校	教学部
顺义第十三中学	初三年级组	少年宫	器乐组
杨镇第一中学	高三年级组	中小学卫生保健所	办公室
天竺中学	理化组	幸福幼儿园	大班组
高丽营学校	三年级教研组	西辛幼儿园	中一班
北石槽中学	英语教研组	义宾幼儿园	中二班
赵全营中学	体育教研组	双兴幼儿园	小三班
南彩学校	六年级组	滨河幼儿园	大二班
张镇中学	初三年级组	金汉绿港幼儿园	大三班
新英才学校	维修科	港馨幼儿园	科研组
北京现代职业技术学院	学生处	顺和花园幼儿园	小二班
顺义电大	教务处	牛栏山第一幼儿园	第二教研组
教育研究考试中心	教科室	牛栏山第二幼儿园	中班组
东风小学集团	东风校区五年级教研组	马坡第三幼儿园	保育组
西辛小学集团	仁和校区六年级组	馨港幼儿园	大班教研组
石园小学集团	石园校区体育教研组	南法信中心幼儿园	大班教研组
光明小学	六年级教研组	高丽营第一幼儿园	中班教研组
双兴小学	美术教研组	南彩第一幼儿园	中二班
牛栏山第一小学校	中年级组	杨镇中心幼儿园	大班组
牛栏山第二小学	班主任教研组	杨镇第三幼儿园	中二班
马坡中心小学校	英语教研组	北小营幼儿园	仇店分园教研组
天竺中心小学校	六年级教研组	北务中心幼儿园	小班教研组
南法信中心小学校	低年级教研组	尹家府中心幼儿园	生态体验教育课题组

2013—2014学年度顺义区师德标兵名单

顺义区第一中学	赵晓霞　韩克剑　李俊文
顺义区第二中学	白彦春　彭学荣　刘建杰
顺义区第三中学	宋艳苹　肖琳妍
顺义区第四中学	赵晓娜
顺义区第五中学	崔秀娟　朱靖宇
顺义区第八中学	李晓燕　张海龙
顺义区第九中学	李小朋　王晶晶　杨松青
北京四中顺义分校	王海民　杨雪迎　尹德霞
顺义区第十一中学	孟庆荣
顺义区第十三中学	解宗云　董节英
顺义区第十五中学	靳桂香
牛栏山第一中学	曾　昕　李　雷　杨　博
牛栏山一中实验学校	闫会福　姚长山　赵玉梅
牛山第二中学	董连红
仁和中学	刘　新
赵全营中学	黄　飞
南法信中学	杨　娜
北石槽中学	施林通
李桥中学	宋宝荣
高丽营第二中学	刘树静
天竺中学	王会玲
沿河中学	孙荣丽
高丽营学校	张素君　刘春燕
南彩学校	董艳华　赵春宇
沙岭学校	张红玉
北务中学	穆学芝
赵各庄学校	张　磊
杨镇第一中学	李　波　王凤英　刘　利
杨镇二中	陆艳旗　付黎清
张镇中学	邵冬梅
大孙各庄中学	穆丽平
新英才学校	王大鹏　李秀贤　余　晖
东风小学集团	张瑞华　刘　影　高筱娜　郝建晶
石园小学集团	杨金华　程　静　王海涛　王悬济
西辛小学集团	刘　丽　杨立霞
光明小学	魏振花　李玉茹

双兴小学	吴菊秋
澜西园小学	张秀媛
马坡中心小学校	李海荣
马坡第二小学	张凤霞
牛栏山第一小学校	齐月梅
牛栏山第二小学	张新伟
牛栏山第三小学	罗春云
赵全营中心小学	杜春艳
板桥中心小学校	刘建华
高丽营第二小学	乔利芬
李桥中心小学校	贾　颖
沿河中心小学校	王月娟
后沙峪中心小学	杨树华　仇淑云
天竺中心小学校	李　愿
空港小学	刘明国
裕达隆小学	范海霞
南法信中心小学校	刘立萍
北石槽中心小学校	迈立宏
南彩第二小学	于　萍
杨镇中心小学校	陈　倩　王剑锋
李遂中心小学校	孟艳明
仇家店中心小学校	徐宝霞
北小营中心小学校	刘军英
木林中心小学校	李　利
李各庄学校	许海龙
明德小学	彭玉秀
小店中心小学校	刘　瑞
北务中心小学校	孙鹏宇
尹家府中心小学校	田秀萍
张镇中心小学校	杜金燕
大孙各庄中心小学校	梁旭东
龙湾屯中心小学校	宋　杰
建南幼儿园	李丰芹
建北幼儿园	王　冲
石园幼儿园	李姝逸
石园北区幼儿园	张剑苹
幸福幼儿园	王冬梅
双兴幼儿园	李　园
义宾幼儿园	张桂华
西辛幼儿园	刘永君

滨河幼儿园	王亚男
裕龙幼儿园	王今歌
怡馨幼儿园	赵　倩
宏城幼儿园	陈　莹
金汉绿港幼儿园	刘雪飞
港馨幼儿园	亢亚震
港馨东区幼儿园	李　颖
澜西园二区幼儿园	赵彦博
澜西园四区幼儿园	宋　微
旺泉幼儿园	段桂兰
顺和花园幼儿园	李海伶
仁和中心幼儿园	耿爱英
马坡第一幼儿园	王　珏
马坡第二幼儿园	丁　萌
马坡第三幼儿园	李　娟
牛栏山第一幼儿园	刘凤清
牛栏山第二幼儿园月	莽淑霞
赵全营中心幼儿园	郑卫平
南法信中心幼儿园	曾立明
李桥中心幼儿园	王　莹
馨港幼儿园	张海司
后沙峪第一幼儿园	张　娜
后沙峪第二幼儿园	张立京
吉祥幼儿园	苏婷婷
天竺中心幼儿园	刘　欣
高丽营第一幼儿园	刘　旭
高丽营第二幼儿园	杜　寅
高丽营第三幼儿园	赵德新
北石槽中心幼儿园	王迎杰
南彩第一幼儿园	宋精精
南彩第二幼儿园	纪　宇
北小营中心幼儿园	高　燕
杨镇中心幼儿园	张爱荣
杨镇第三幼儿园	高臻馨
李遂中心幼儿园	徐溪瑶
木林中心幼儿园	宋晓荣
张镇中心幼儿园	方　玉
北务中心幼儿园	王春叶
尹家府中心幼儿园	杨新华
龙湾屯中心幼儿园	张艳萍

教育研究考试中心	张子恒　马亚芹
少年宫	焦卫军
特殊教育学校	杨立平
资产管理服务中心	赵铁军
中小学卫生保健所	王　华
退休教师服务中心	李晓艳
广播电视中等专业学校顺义分校	孙　茜
社区教育中心	蒋国锋
顺义电大	王　云
第一职业学校	杨　颖
现代职业技术学院	刘　合　唐少维　姬慧萍
汽车技术职业高中	陈丽娟

顺义区教育系统“百名优秀班主任”名单

北京市顺义牛栏山第一中学	庄振峰　初吉祥　郭庆玉
北京市顺义区第一中学	魏利民　李春江
北京市顺义区杨镇第一中学	刘立光　李　波　王　璐
北京市顺义区第二中学	房丽恒　吴广亮　茹金凤
北京市顺义区第三中学	刘　红　张歌会
北京市顺义区第四中学	高小艳
北京市顺义区第五中学	崔秀娟　赵文苹
北京市顺义区第八中学	侯久芬
北京市顺义区第九中学	陈　磊　邢晓燕
北京市第四中学顺义分校	杨雪迎　崔　杨
北京市顺义区第十一中学	孟庆荣
北京市顺义区第十三中学	张晓莉
北京市顺义区第十五中学	张亚军
北京市牛栏山一中实验学校	陶　卉　程　杰　李海艳
北京市顺义区仁和中学	汤文国
北京市顺义区杨镇第二中学	李学明　周立红
北京市顺义区北石槽中学	李晓兵
北京市顺义区张镇中学	毕良艳
北京市顺义区沙岭学校	佟显月　刘洪波
北京市顺义区南法信中学	曹海春
北京市顺义区天竺中学	李　娟
北京市顺义区牛山第二中学	程　芬
北京市顺义区高丽营学校	刘海静　马金辉
北京市顺义区北务中学	潘　伟
北京市顺义区赵各庄学校	杨海建　杨来庆
北京市顺义区沿河中学	宋　欣
北京市顺义区赵全营中学	韩艳芝
北京市顺义区高丽营第二中学	乔月超
北京市顺义区南彩学校	田春霞　张连香
北京市顺义区大孙各庄中学	吴海荣

北京市顺义区李桥中学	王　正
北京市顺义区东风小学	杨金霞　任春艳　陈　雪　王秋梅 马亚丰　郝建晶　胡迎新
北京市顺义区光明小学	许炳煜　陈贤敏
北京市顺义区石园小学	马文征　郭建华
北京市顺义区双兴小学	庞　莲
北京市顺义区西辛小学	李革平　田桂敏
北京市顺义区空港小学	程田华
北京市顺义区港馨小学	佟海凤
北京市顺义区明德小学	夏换龙
北京市顺义区裕达隆小学	张金炜
北京市顺义区澜西园小学	郭艳春
北京市顺义区仁和中心小学校	金艳华
北京市顺义区马坡中心小学校	王　丹
北京市顺义区马坡第二小学	龚春兰
北京市顺义区牛栏山第一小学	徐　辉
北京市顺义区牛栏山第二小学	姜丽芳
北京市顺义区牛栏山第三小学	高　静
北京市顺义区赵全营中心小学校	尹艳芝
北京市顺义区板桥中心小学校	李　艳
北京市顺义区北石槽中心小学校	李爱华
北京市顺义区高丽营第二小学	陈雪丽
北京市顺义区南法信中心小学校	刘东萍
北京市顺义区后沙峪中心小学校	李清山　胡秀丽
北京市顺义区天竺中心小学校	张　颖
北京市顺义区李桥中心小学校	付凤荣　闫栋华
北京市顺义区沿河中心小学校	周秀菊
北京市顺义区河南村中心小学校	王佳明
北京市顺义区南彩第二小学	于静淑　姚海燕
北京市顺义区李各庄学校	刘晓俊
北京市顺义区杨镇中心小学校	赵艳辉　王海燕
北京市顺义区小店中心小学校	雒淑平
北京市顺义区大孙各庄中心小学校	高秀云

北京市顺义区张镇中心小学校	杜金燕
北京市顺义区尹家府中心小学校	张春红
北京市顺义区北务中心小学校	张跃兴
北京市顺义区李遂中心小学校	马秀清
北京市顺义区北小营中心小学校	李伟丽
北京市顺义区仇家店中心小学校	李金梅
北京市顺义区木林中心小学校	王凤霞
北京市顺义区龙湾屯中心小学校	丁丽娟
北京市顺义区特殊教育学校	韩　晶
北京现代职业技术学院	张春立　臧　磊　朱金红
北京市顺义区汽车技术职高	高尚安
北京市顺义区第一职业学校	郎永威
北京市顺义区人力资源和社会保障局技工学校	薛永兵
北京广播电视大学顺义分校	周秀双　张红霞　张淑兰　柳晓伶
北京市广播电视中专顺义分校	王满利
北京市顺义区新京华学校	王瑞学
北京市顺义区新大方职业学校	郭玉松
北京市新英才学校	王大鹏　姜　军　孙　莹　李迎春

顺义区教育系统优秀学科教学带头人名单

北京市顺义区第一中学	辛加伟	（语文）
北京市顺义区第一中学	马玉梅	（语文）
北京市顺义牛栏山第一中学	梁继元	（语文）
北京市顺义牛栏山第一中学	孙　枫	（数学）
北京市顺义区教育研究考试中心	高　欣	（数学）
北京市顺义区教育研究考试中心	李淑敬	（数学）
北京市顺义牛栏山第一中学	聂青华	（英语）
北京市顺义区杨镇第一中学	周金英	（英语）
北京市顺义区第八中学	果冬梅	（物理）
北京市顺义区教育研究考试中心	张士忠	（物理）
北京市顺义区第一中学	东启云	（化学）
北京市顺义区教育研究考试中心	李向红	（化学）
北京市顺义区教育研究考试中心	李晓伶	（生物）
北京市顺义区杨镇第一中学	蔡碧虹	（政治）
北京市顺义区教育研究考试中心	张立红	（政治）
北京市顺义区教育研究考试中心	史宏华	（政治）
北京市顺义牛栏山第一中学	刘赋斌	（历史）
北京市顺义区杨镇第一中学	许连生	（历史）
北京市顺义区杨镇第一中学	曹成立	（地理）
北京市顺义区教育研究考试中心	高　枫	（地理）
北京市顺义区教育研究考试中心	张　平	（音乐）
北京市顺义区教育研究考试中心	茹春华	（体育）
北京市顺义区教育研究考试中心	高伟明	（美术）
北京市顺义区第一中学	蒙广平	（信息技术）
北京市顺义区教育研究考试中心	孔凡艳	（语文）
北京市顺义区教育研究考试中心	张秋爽	（数学）
北京市顺义区教育研究考试中心	贾秋林	（英语）
北京市顺义区教育研究考试中心	王众敬	（音乐）
北京市顺义区教育研究考试中心	刘　杰	（美术）
北京市顺义区教育研究考试中心	闫玉华	（品德）
北京市顺义区教育研究考试中心	高晓颖	（科学）
北京市顺义区教育研究考试中心	朱元兆	（教育科研）
北京市顺义区特殊教育学校	刘　红	（康复训练）
北京市顺义区教育研究考试中心	冯　军	（学前教育）

顺义区教育系统学科教学带头人名单

北京市顺义区第一中学	向新良（语文）	李志刚（化学）
	张朝晖（语文）	王福成（化学）
	王作峰（数学）	马会放（生物）
	韩克剑（数学）	周艳丽（政治）
	田玉红（英语）	李朝晖（体育）
	李耀华（物理）	荆冬青（体育）
北京市顺义区第二中学	刘学毅（历史）	李宝祥（德育）
	赵艳军（政治）	
北京市顺义区第三中学	刘　闽（数学）	
北京市顺义区第五中学	于雪利（数学）	
北京市顺义区第八中学	张海英（数学）	荣淑印（思想品德）
北京市顺义牛栏山第一中学	王春晶（语文）	郑爱民（化学）
	唐江雨（语文）	董一明（化学）
	王永西（语文）	吴长宝（化学）
	王　健（语文）	霍敬秋（生物）
	张传海（数学）	张秀娟（政治）
	胡亚萍（数学）	孙稚文（思想品德）
	许成文（数学）	梁　博（地理）
	孙银彦（数学）	王红亮（体育）
	马晓波（英语）	张光伟（信息技术）
	张广红（英语）	高丽莉（美术）
	刘伟彦（物理）	李冬梅（心理）
	曲海涛（物理）	
北京市顺义区北石槽中学	杨晓红（英语）	
北京市顺义区高丽营学校	刘海燕（地理）	
北京市第四中学顺义分校	吴从兵（数学）	崔　杨（物理）
	马　山（物理）	
北京市顺义区李桥中学	周海燕（音乐）	
北京市顺义区第十一中学	张　慧（语文）	
北京市顺义区杨镇第一中学	张卫苹（语文）	杨敬东（物理）
	荣红林（语文）	谭德山（化学）
	杨福玲（数学）	王　艳（生物）
	何振桥（数学）	鲁文蓉（政治）
	冯秀玲（英语）	王立春（历史）
	韩媛媛（英语）	李永利（体育）
	刘士忠（英语）	刘加良（科研）

	张　杰（物理）	
北京市顺义区杨镇第二中学	杨海红（数学）	王翠芹（英语）
北京市顺义区张镇中学	贾海军（语文）	
北京市顺义区第九中学	黄灿华（生物）	
北京市顺义区汽车技术职业高中	王东红（心理）	
北京市顺义区教育研究考试中心	李秀清（语文）	郭利群（通用技术）
	刘会芹（语文）	赵连顺（科研）
	柴米娜（语文）	赵文增（科研）
	穆怀茹（数学）	张建忠（信息技术）
	王秀清（英语）	苏静林（语文）
	侯万忠（英语）	杨雪莲（语文）
	张炳煊（英语）	魏淑媛（语文）
	陈玉梅（英语）	直欣欣（语文）
	刘爱军（英语）	闫兴河（语文）
	刘艳辉（物理）	魏金辉（数学）
	穆双龙（物理）	于　海（数学）
	谢立平（化学）	王丽华（数学）
	赵瑞玲（化学）	孙宝香（数学）
	杜学芬（政治）	朱文利（英语）
	赵艳兵（历史）	张子恒（体育）
	李永跃（历史）	张景林（综合实践）
	赵爱英（历史）	王晓鸿（学前教育）
	刘学玲（地理）	
北京市顺义区教育信息中心	张自江（信息技术）	
北京市顺义区少年宫	左晓茹（美术）	杨晓东（音乐）
北京现代职业技术学院	白　晶（汽车机械）	李文伟（管理学）
北京市顺义区仁和中心小学校	刘桂银（英语）	
北京市顺义区马坡中心小学校	张　杰（语文）	张　伟（数学）
	王瑛玮（语文）	纪海强（科学）
北京市顺义区高丽营第二小学	蒋秀凤（英语）	史秀云（德育）
	张跃宗（体育）	
北京市顺义区后沙峪中心小学校	王俊红（数学）	曲丽华（德育）
	安永萍（音乐）	
北京市顺义区天竺中心小学校	孙俊娟（数学）	张朝红（科研）
北京市顺义区李桥中心小学校	康　维（语文）	王秀华（写字）
	陈艳茹（音乐）	
北京市顺义区沿河中心小学校	胡立利（数学）	王占宝（科学）
北京市顺义区河南村中心小学校	李宝艳（数学）	李爱民（德育）
	马丽娟（数学）	李红艳（品德）
北京市顺义区杨镇中心小学校	贾利军（体育）	朱秋庭（科研）

北京市顺义区小店中心小学校	闻淑君（语文）	
北京市顺义区李遂中心小学校	祖海艳（数学）	刘　新（综合实践）
北京市顺义区张镇中心小学校	张海平（品德）	
北京市顺义区北务中心小学校	黄秋凤（信息技术）	
北京市顺义区仇家店中心小学校	徐宝霞（数学）	赵　艳（德育）
北京市顺义区龙湾屯中心小学校	李海云（美术）	
北京市顺义区空港小学	马艳芬（数学）	
北京市顺义区东风小学	顾雪莲（语文）	徐晓芳（综合实践）
	龚文凤（数学）	佟红新（科研）
北京市顺义区光明小学	鲁静华（数学）	王义清（综合实践）
北京市顺义区石园小学	刘　兵（语文）	陈春芳（数学）
北京市顺义区仓上小学	王拥军（美术）	徐传凤（品德与社会）
北京市顺义区双兴小学	吴玉娟（音乐）	
北京市顺义区西辛小学	刘学红（语文）	
北京市顺义区裕龙小学	姚俊霞（语文）	单红兵（数学）
	陈　静（语文）	郑新颖（数学）
北京市顺义区建新小学	张　萍（数学）	吕　婷（英语）
北京市顺义区澜西园小学	刘秀清（语文）	
北京市顺义区幸福幼儿园	张　玲（学前教育）	
北京市顺义区宏城幼儿园	祁　静（学前教育）	王红超（学前教育）
北京市顺义区建北幼儿园	高红霞（学前教育）	
北京市顺义区石园北区幼儿园	郑燕斌（学前教育）	
北京市顺义区建南幼儿园	杨亚文（学前教育）	
北京市顺义区天竺中心幼儿园	冯东芳（学前教育）	
北京市顺义区仁和中心幼儿园	陈　红（学前教育）	
北京市顺义区南法信中心幼儿园	单江玉（学前教育）	
北京市顺义区双兴幼儿园	王冬梅（学前教育）	
北京市顺义区馨港幼儿园	张福建（学前教育）	

顺义区教育系统园丁新星名单

北京市顺义区第一中学	蒙　旭（语文）	孟庆春（物理）
	赵彤云（语文）	张晓琳（物理）
	刘世明（数学）	胡绍平（化学）
	苗志华（英语）	丁兴旺（生物）
	李晓娅（英语）	孔凡颖（地理）
北京市顺义区第二中学	于　静（语文）	计　爽（地理）
	杨春昱（英语）	
北京市顺义区第三中学	高文丰（数学）	
北京市顺义牛栏山第一中学	初吉祥（语文）	崔胜男（生物）
	杨小青（语文）	樊宏宇（政治）
	杨西更（数学）	李跃华（政治）
	于巧艳（数学）	迟凤云（政治）
	李雪丹（数学）	梁红梅（地理）
	王美玉（英语）	程亚涛（信息技术）
	王　玥（英语）	梁　波（信息技术）
	李淑梅（物理）	马青青（研究性学习）
	高家峰（物理）	林媛媛（研究性学习）
	凌　玉（化学）	
北京市第四中学顺义分校	邵　杰（语文）	赵怡霞（生物）
	张　颖（数学）	王　飞（历史）
	韩亚茹（英语）	巩晓燕（地理）
	张雪伶（化学）	
北京市顺义区李桥中学	刘　颖（语文）	
北京市顺义区仁和中学	纪月波（数学）	陈水连（数学）
北京市顺义区第十一中学	吴燕东（数学）	
北京市顺义区杨镇第一中学	孙剑波（语文）	张　颖（化学）
	刘　峰（语文）	张冬俭（生物）
	侯志军（数学）	李　振（政治）
	吴春艳（英语）	李增慧（地理）
	吴　灿（英语）	侯瑞铭（体育）
	蔡跃颖（物理）	
北京市顺义区杨镇第二中学	侯长柏（英语）	
北京市顺义区北务中学	高建民（体育）	
北京市顺义区第九中学	杨　曦（语文）	孙宏森（物理）
	许　楠（数学）	杨　雪（化学）
	张旺利（英语）	冯　辉（政治）

	李　雁（物理）	赵继超（通用技术）
北京市顺义区高丽营学校	唐建新（数学）	
北京市顺义区南彩学校	刘亚萍（英语）	
北京市顺义区教育研究考试中心	邢颖杰（教育科研）	单海霞（信息技术）
北京市顺义区特殊教育学校	王　雨（美术）	王　娟（康复训练）
北京市顺义区少年宫	刘瑞红（美术）	
北京市顺义区少年之家	李淑芳（学前教育）	
北京现代职业技术学院	王俊青（数控技术）	张婷婷（数控技术）
	李恒娟（数控技术）	宋晓黎（物流管理）
北京市顺义区新大方职业学校	李立华（烹饪）	
北京市顺义区成人教育学校	杨炳彦（管理学）	
顺义区职业教育中心学校	刘　洋（计算机）	
北京市顺义区仁和中心小学校	张志颖（英语）	
北京市顺义区马坡中心小学校	秦继兰（英语）	李朝霞（数学）
北京市顺义区牛栏山第一小学	雒艳华（数学）	曹玲岳（德育）
	周　辉（科学）	
北京市顺义区北小营中心小学校	董　杰（英语）	
北京市顺义区赵全营中心小学校	尹艳芝（数学）	
北京市顺义区板桥中心小学校	杜晓明（音乐）	张　晶（劳动技术）
北京市顺义区南法信中心小学校	王　丽（综合实践）	
北京市顺义区后沙峪中心小学校	李云志（音乐）	
北京市顺义区天竺中心小学校	方　超（语文）	王秀杰（数学）
	梁　艳（数学）	吴志红（英语）
北京市顺义区李桥中心小学校	马继杰（数学）	邓　竞（体育）
北京市顺义区沿河中心小学校	张文娜（心理）	
北京市顺义区河南村中心小学校	秦　颖（科学）	
北京市顺义区杨镇中心小学校	王　丹（音乐）	
北京市顺义区小店中心小学校	杨宗兰（英语）	
北京市顺义区李遂中心小学校	刘　鹏（语文）	段丽娟（数学）
北京市顺义区赵各庄学校	杨梅艳（语文）	
北京市顺义区大孙各庄中心小学校	刘银霞（语文）	
北京市顺义区张镇中心小学校	丁广云（写字）	
北京市顺义区木林中心小学校	苏　萌（语文）	张　琳（德育）
北京市顺义区空港小学	刘亚楠（音乐）	
北京市顺义区东风小学	张小花（语文）	张晓丽（科学）
北京市顺义区光明小学	李　妍（美术）	
北京市顺义区港馨小学	葛旭芳（数学）	
北京市顺义区双兴小学	张海鹏（语文）	
北京市顺义区西辛小学	陈敬祎（数学）	
北京市顺义区马坡第二小学	耿　静（语文）	段金凤（数学）

	李　丹（英语）	
北京市顺义区裕龙小学	王金艳（语文）	李艳平（音乐）
	翟万盈（数学）	李　鑫（美术）
北京市顺义区建新小学	武　宁（语文）	金志华（品德与生活）
	于新颖（科学）	
北京市顺义区澜西园小学	魏光玺（数学）	
北京市顺义区滨河幼儿园	张卫红（学前教育）	
北京市顺义区港馨幼儿园	金建南（学前教育）	
北京市顺义区石园北区幼儿园	倪　喆（学前教育）	
北京市顺义区建南幼儿园	董玉芳（学前教育）	
北京市顺义区石园幼儿园	郝红梅（学前教育）	
北京市顺义区天竺中心幼儿园	白亚清（学前教育）	
北京市顺义区李桥中心幼儿园	王　莹（学前教育）	
北京市顺义区双兴幼儿园	李　园（学前教育）	
北京市顺义区怡馨幼儿园	王　磊（学前教育）	
北京市顺义区杨镇中心幼儿园	王立超（学前教育）	
北京市顺义区金汉绿港幼儿园	杨　朔（学前教育）	张巧巧（学前教育）
北京市顺义区马坡第三幼儿园	申艳京（学前教育）	

顺义区教育系统骨干教师名单

北京市顺义区第一中学

张桂兰（语文）
司林林（语文）
朱妞荣（语文）
王敬宇（语文）
赵晓霞（语文）
赵立新（语文）
秦玉珍（数学）
马卓斌（数学）
朱恒星（数学）
胡安涛（数学）
武瑞岭（数学）
王孟新（数学）
王艳伶（英语）
张军红（英语）
赵淑环（英语）
许　静（英语）
马素岭（英语）
王丽佳（英语）
彭玖娟（物理）
及振成（物理）
鲁　辉（物理）
李　东（物理）
王文震（化学）
黄金淑（化学）
周潜英（生物）
侯颖娜（生物）
高连华（政治）
姜明涛（政治）
周雅君（历史）
展浩丽（历史）
李春江（历史）
卢　巍（历史）
陈勇平（地理）
陈智启（通用技术）
杜学珍（信息技术）
刘海辉（美术）
要春娟（心理）

北京市顺义区第二中学

程　健（语文）
李　丽（语文）
孙艳平（数学）
茹金凤（数学）
来进茹（数学）
孙玉梅（数学）
陶　丽（数学）
高万全（数学）
王秀荣（数学）
单丽丽（英语）
庞伯乐（英语）
谢立梅（英语）
房丽恒（英语）
马书媛（物理）
高新华（物理）
连娉娉（物理）
张海连（化学）
蒋世军（化学）
王海宏（化学）
刘英蕾（化学）
陈佳杰（政治）
王　芳（政治）
曹艳华（科研）
林海霞（地理）
马丽春（生物）
张菁华（生物）
薛柏松（体育）
康树杰（音乐）
张春林（美术）
邢　波（信息技术）

北京市顺义区第三中学

刘冬生（语文）
茹桂娟（语文）
厉红霞（英语）
彭全荣（英语）

	李凤芹（语文）	丁　直（英语）
	宋志红（语文）	汪永红（英语）
	刘　红（语文）	艾淑清（英语）
	张　宁（语文）	张广凤（英语）
	林　娜（语文）	刘亚连（英语）
	史志丽（语文）	刘月芸（地理）
	赵维娟（数学）	张小菊（政治）
	张歌会（数学）	黄春江（地理）
	王艳萍（数学）	郭　新（体育）
	裴　岩（数学）	
北京市顺义区第四中学	闫孝艳（语文）	张　欣（思想品德）
	汤庆林（数学）	
北京市顺义区第五中学	龙　利（语文）	马俊英（英语）
	李　军（语文）	赵文平（英语）
	王美丽（语文）	介建勇（物理）
	黄东霞（语文）	张淑菊（政治）
	尤海燕（数学）	王莉莉（历史）
	崔秀娟（数学）	赵秀军（生物）
	赵　勇（数学）	李　宁（体育）
	张海燕（数学）	杜　勇（美术）
	方平珍（英语）	
北京市顺义区第八中学	史春艳（语文）	段立平（英语）
	吴广娟（语文）	邱　军（物理）
	郑广全（语文）	狄利青（化学）
	李桂红（语文）	张　琳（化学）
	王晓金（数学）	黄国庆（生物）
	汪小玉（数学）	李晓红（思想品德）
	王东梅（英语）	刘　兵（体育）
	刘进红（英语）	
北京市顺义牛栏山第一中学	魏春节（语文）	王占忠（物理）
	牟加峪（语文）	杨淑艳（物理）
	许梦秋（语文）	龚宝友（物理）
	刘玉娟（语文）	唐文清（物理）
	庄振峰（语文）	赵春芳（物理）
	车延飞（语文）	穆卫国（化学）
	郭庆玉（语文）	潘德梅（化学）
	罗蓓蕾（语文）	罗萍丽（化学）
	程　杰（语文）	于　茜（化学）
	付淑清（语文）	程志川（化学）
	牟明利（语文）	刘艳明（化学）

	王书海（语文）	李万成（生物）
	陈义明（数学）	周　峰（生物）
	马　旭（数学）	程　伟（生物）
	徐国锋（数学）	孙　娟（生物）
	荣　贺（数学）	杜丽娟（政治）
	王江真（数学）	赵冬梅（政治）
	邢德彬（数学）	宋海清（政治）
	丁晴峰（数学）	吕　辛（政治）
	陶　卉（数学）	赵黎玮（政治）
	王海山（数学）	宋百兴（历史）
	直红莲（数学）	陈少飞（历史）
	王恩朋（数学）	张宗斌（历史）
	刘　巍（英语）	唐海迪（历史）
	崔荣学（英语）	李　艳（历史）
	付淑艳（英语）	武俊涛（历史）
	郭　健（英语）	杜淑焕（地理）
	李　辉（英语）	张丽平（地理）
	段晓红（英语）	田丽香（音乐）
	姚长山（英语）	王子成（体育）
	李海艳（英语）	刘海军（体育）
	苏蕴玉（物理）	侯　深（美术）
	闫立峰（物理）	赵　军（劳动技术）
	郝向朋（物理）	汪海龙（心理）
	初　胜（物理）	
北京市顺义区牛山第二中学	商连青（语文）	宋会娟（物理）
	王　征（数学）	周建英（化学）
	周素杰（英语）	郭丽军（思想品德）
北京市顺义区第十五中学	孙广田（语文）	田亚军（思想品德）
	张丽平（英语）	田龙生（体育与健康）
	宋春杰（英语）	王韶霞（美术）
	张立新（化学）	常　虹（综合实践）
北京市顺义区赵全营中学	陈学志（语文）	韩艳芝（数学）
	彭艳华（语文）	王春伶（数学）
	张亚红（语文）	何新利（英语）
	郭晓勇（数学）	黄　飞（化学）
北京市顺义区北石槽中学	李　颖（数学）	彭黎明（生物）
	刘永良（数学）	丁立生（体育与健康）
	刁云波（地理）	
北京市顺义区高丽营学校	陈素菊（语文）	周红雨（语文）
	窦春雨（数学）	闫江玲（语文）

学校	姓名（学科）	姓名（学科）
	张迎春（数学）	冯　红（数学）
	张金山（化学）	张　艳（数学）
	王淑凤（体育）	海　朋（数学）
	陈冬花（语文）	徐芳芳（英语）
	陈　红（语文）	陈明辉（体育）
	张素君（语文）	
北京市顺义区高丽营第二中学	乔月超（语文）	秦晓芬（思想品德）
	张　艳（语文）	田瑞勇（体育与健康）
	刘冬艳（英语）	
北京市顺义区南法信中学	刘晓明（语文）	杨宗叶（英语）
	李淑芸（语文）	杨　娜（物理）
	曹海春（数学）	
北京市第四中学顺义分校	赵艳霞（语文）	白淑萍（物理）
	周雪斌（语文）	王艳霞（化学）
	李　烈（语文）	张立新（化学）
	李然然（语文）	李建伟（化学）
	李文新（语文）	张长春（政治）
	李　楠（数学）	武宏宁（政治）
	王海民（数学）	文　俊（生物）
	尹德霞（数学）	孙海滨（生物）
	张连荣（数学）	田正敏（历史）
	张　倩（数学）	于　磊（历史）
	李　森（英语）	宋　红（地理）
	杨雪迎（英语）	桂雪琳（地理）
	肖　敏（英语）	孙　波（体育）
	张明珠（英语）	徐海民（体育）
	程艳武（英语）	刘建立（美术）
	庞　龙（物理）	赵立平（心理）
	茹雪梅（物理）	邵芳芳（信息技术）
北京市顺义区天竺中学	冯文杰（语文）	刘　军（物理）
	王聪颖（数学）	梁冬华（物理）
	邵江华（数学）	王宝文（历史）
	蒙云霞（英语）	
北京市顺义区李桥中学	孙海涛（语文）	刘近宝（物理）
	张敬春（语文）	高国栋（化学）
	甄丽莉（数学）	宋卫华（历史）
	史立红（英语）	杨　辉（信息技术）
北京市顺义区沿河中学	王春红（语文）	刘云水（英语）
	田玉龙（数学）	周景生（物理）
	米桂菊（数学）	张红艳（物理）

	张桂香（数学）	孙荣丽（化学）
北京市顺义区仁和中学	王　宾（语文）	肖　红（英语）
	李文华（语文）	马东梅（英语）
	张亚凤（语文）	蔡　峥（化学）
	王　颖（数学）	仇艳苹（化学）
	张艳丽（数学）	崔学兵（政治）
	王美云（数学）	李海云（政治）
	张文红（英语）	岳玉军（体育与健康）
	刘　新（英语）	辛艳伶（音乐）
北京市顺义区第十一中学	郑　勤（语文）	于春竹（物理）
	郝银苹（语文）	石利江（化学）
	王　轶（数学）	孟庆荣（生物）
	王　颖（数学）	于凤菊（政治）
	刘玉荣（英语）	李海霞（音乐）
	刘新华（英语）	田希权（体育）
北京市顺义区南彩学校	郭德娟（语文）	崔　静（数学）
	刘建立（数学）	陈俐颖（数学）
	高雪荣（数学）	李明丽（英语）
	张秋香（数学）	徐慧超（英语）
	刘书文（英语）	顾秀丽（音乐）
	王海杰（英语）	刘艳霞（德育）
	王艳春（化学）	侯燕强（德育）
	王玉明（化学）	
北京市顺义区杨镇第一中学	刘春光（语文）	冉　英（物理）
	曹秀娟（语文）	张凤菊（物理）
	熊　君（语文）	侯延春（物理）
	齐龙景（语文）	马振国（化学）
	孟云霞（语文）	姜　成（化学）
	张桂华（语文）	王坤圣（化学）
	孙晶晶（语文）	刘立光（化学）
	王凤英（语文）	边庆利（化学）
	荣秀霞（语文）	刘景义（化学）
	叶　勇（数学）	于文徐（化学）
	董红霞（数学）	马万辉（政治）
	高　葛（数学）	马　春（政治）
	刘玉松（数学）	刘　娜（政治）
	王　璐（数学）	黄立新（历史）
	肖　建（数学）	孙晓玉（历史）
	贾卫东（数学）	董玉玲（历史）
	郭光江（数学）	周国立（美术）

	李　波（数学）	贾炳升（生物）
	王纯慧（数学）	宫广才（生物）
	孙学苹（英语）	刘志华（生物）
	孙　华（英语）	周　燕（生物）
	李　玮（英语）	陈连路（体育）
	邹隽莹（英语）	常　伟（体育）
	金　娜（英语）	刘永风（体育）
	贾桂荣（英语）	焦建国（地理）
	王凌云（英语）	王建明（地理）
	姜兴华（英语）	田　伟（地理）
	赵银萍（英语）	王天真（音乐）
	李达宇（物理）	林佳荣（信息技术）
	刘海英（物理）	孙海静（研究性学习）
	任金山（物理）	
北京市顺义区杨镇第二中学	王柏珍（语文）	王续红（物理）
	陆艳旗（语文）	李顺利（物理）
	张凤玲（语文）	徐艳林（化学）
	张海霞（语文）	田　影（化学）
	赵洪忠（语文）	张奇云（化学）
	刘荣敏（数学）	潘立红（化学）
	佟秋军（数学）	肖建良（思想品德）
	潘立娟（数学）	杨红雁（思想品德）
	吴凤莲（数学）	刘旭敬（思想品德）
	杨春霞（数学）	王树利（体育）
	闫维红（数学）	马哲臣（体育）
	乔东青（英语）	张春利（音乐）
	付黎青（英语）	王海艳（信息技术）
北京市顺义区沙岭学校	李瑞霞（语文）	肖承伟（化学）
	刘海英（数学）	陈燕华（语文）
	李鹏龙（数学）	孙丽梅（英语）
	彭迎秋（英语）	张淑荣（德育）
北京市顺义区张镇中学	胡启明（语文）	李艳伶（英语）
	郭长清（数学）	李艳会（英语）
	赵燕妮（数学）	杨殿平（物理）
北京市顺义区赵各庄学校	魏海燕（语文）	王丽鹏（语文）
	门　竹（数学）	张秋立（数学）
	贾雪峰（英语）	杨宇浩（数学）
	刘玉梅（地理）	周雪敬（英语）
	闫立刚（语文）	
北京市顺义区大孙各庄中学	张晓玉（语文）	李金友（物理）

	许爱军（数学）	付胜利（历史）
	任战荣（英语）	王俊伶（历史）
北京市顺义区北务中学	孙　贺（语文）	刁春清（物理）
	刘海全（语文）	刘连旺（化学）
	赵雪云（数学）	李广苹（思想品德）
	赵秀萍（数学）	曹海静（美术）
	王海英（英语）	刘玉龙（体育与健康）
	王小刚（物理）	
北京市顺义区第十三中学	李新华（语文）	马冬梅（英语）
	许洪霞（语文）	周秀娟（英语）
	孙文宇（语文）	张红艳（物理）
	邓国荣（数学）	李小平（思想品德）
	周国顺（数学）	张松生（思想品德）
	张　娜（数学）	王泽华（历史）
	刘永胜（数学）	邵长红（信息技术）
	刘亚娟（数学）	侯　静（音乐）
	高晓美（英语）	李杉林（体育）
	胡立冬（英语）	陈建超（体育）
	张士杰（英语）	韩　菊（美术）
	魏秀贵（英语）	
北京市顺义区第九中学	王海燕（语文）	吕雄伟（物理）
	杜　娟（语文）	李欣宇（化学）
	李贵明（语文）	张冬华（化学）
	安　颖（语文）	丁立平（化学）
	林莹莹（语文）	顾秀娥（化学）
	张红雷（语文）	刘建国（化学）
	邢晓燕（数学）	徐明兰（化学）
	雒桂敏（数学）	张文颖（生物）
	马春平（数学）	赵爱学（历史）
	张海燕（英语）	李秀茹（历史）
	王晶晶（英语）	范丽颖（历史）
	蔺　颖（英语）	刘丹丹（地理）
	王宏艳（英语）	徐炳英（地理）
	李江华（物理）	马　力（地理）
	王增超（物理）	杨雪松（体育）
北京市顺义区特殊教育学校	王艳艳（语文）	侯文勇（思想品德）
	殷　争（数学）	王建军（生活数学）
	韩　晶（语文）	武红静（信息技术）
	王　伟（语文）	姚立娜（生活适应）
	王菊红（体育）	

北京市顺义区教育研究考试中心	刘殿光（数学）	刘秀旺（信息技术）
	顾军荣（化学）	侯庆辉（数学）
	王沛慧（思想品德）	杨　红（英语）
	魏宗安（美术）	皮丽芳（德育）
	王学萍（教育学）	张　国（信息技术）
	张文利（教育学）	王　颖（学前教育）
	朱　宏（教育科研）	周靖彦（教育科研）
	高仕蓉（综合实践活动）	
北京市顺义区少年宫	蒋淑梅（美术）	高英梓（音乐）
	王毅新（音乐）	任立春（科技）
	刘琳（音乐）	李冬花（朗诵表演）
	亢青松（美术）	
北京市顺义区第一职业学校	杨彩霞（英语）	王立冬（计算机）
	徐锡政（美术）	聂立伟（计算机）
	马　琳（音乐）	杨　明（计算机）
	宋志慧（机械）	邵学芹（发酵工程）
北京市顺义区汽车技术职业高中	朱　彤（数学）	刘　丽（汽车发动机）
	张春梅（英语）	张彦昌（汽车发动机）
	张静殊（物理）	吴利宾（汽车电器）
北京现代职业技术学院	郭海丽（数学）	郭雅娟（社会学）
	赵文莉（数学）	胡芬玲（计算机）
	任玉霞（英语）	刘　涛（计算机）
	赵卫东（政治）	赵连强（机械工程）
	李　玮（机械）	黄　磊（机械工程）
	石凤琴（机械）	王　红（车辆工程）
	鞠海华（机械）	乜爱华（插花艺术）
	王玉杰（机械）	杜　娟（计算机技术）
	陈伊菲（管理学）	赵　伟（电气自动化）
	张婷婷（管理学）	
	何宝文（汽车技术服务于营销）	
	杨　威（心理与教育管理）	
	王　楠（汽车制造与装配技术）	
	程　福（机电一体化技术）	
	李　英（汽车检测与维修技术）	
	赵海军（材料科学与工程）	
	张守武（电子、通讯与自动控制技术）	
北京市顺义区成人教育学校	顾军英（数学）	田　杰（市场营销）
北京广播电视大学顺义分校	尼爱文（英语）	何　姝（计算机）
	李　强（会计学）	崔旭红（信息技术）
	周海彦（会计学）	

北京市广播电视中等专业学校顺义区分校	赵　娇（语文）	
北京市农业广播电视学校顺义区分校	李在贵（数学）	
北京市新英才学校	王卫华（语文）	王　琳（对外汉语）
	李飞燕（中文）	刘　果（学前教育）
北京市海嘉双语学校	王秀娟（语文）	
北京市顺义区新大方职业学校	郭玉松（中餐烹饪）	
北京市顺义区裕龙双语艺术幼儿园	王娣丽（学前教育）	
北京市顺义区泛美幼儿园	尹艳昆（学前教育）	陈金萍（学前教育）
北京市顺义区丽思嘉洛德双语幼儿园	马永珏（学前教育）	
北京市顺义区仁和中心小学校	聂克勤（语文）	仇立民（数学）
	白雪虹（语文）	王　妍（数学）
	张丽丽（语文）	常金兰（音乐）
	曹　辉（语文）	王　蕾（信息技术）
北京市顺义区马坡中心小学校	肖海燕（语文）	胡小芬（德育）
	郝艳君（语文）	张春菊（体育）
	李金梅（语文）	李　霞（科学）
	王　丹（数学）	张新颖（综合实践）
	董英杰（数学）	
北京市顺义区牛栏山第一小学	李　辉（数学）	刘金花（德育）
	孔来凤（数学）	王玉英（心理）
	范金凤（音乐）	窦焕安（科研）
北京市顺义区赵全营中心小学校	王翠荣（语文）	沈浩发（德育）
	曹　阳（数学）	田　军（体育）
	郝京京（数学）	杜春燕（体育）
	瓮学海（英语）	单春芳（信息技术）
北京市顺义区北小营中心小学校	张　雪（语文）	张晓军（数学）
	李伟丽（语文）	赵玉辉（数学）
	高淑会（语文）	李　娜（数学）
	魏秀超（语文）	傅秋丽（英语）
	刘云峰（语文）	肖利鹏（音乐）
北京市顺义区板桥中心小学校	李　艳（语文）	梁　策（德育）
	杨立芳（数学）	陈素菊（德育）
	宁　静（英语）	孙祖亮（体育）
北京市顺义区北石槽中心小学校	孙春香（语文）	迈立红（英语）
	龚立群（数学）	施焕印（科研）
	赵秋生（数学）	王　新（综合实践）
北京市顺义区高丽营第二小学	张凤云（语文）	赵　阳（音乐）
	房春燕（数学）	刘海亮（书法）
	乔利芬（英语）	付海峰（科学）
	马玉霞（德育）	杨德松（体育）

	陈雪利（德育）	郭子龙（信息技术）
北京市顺义区南法信中心小学校	赵维敬（语文）	邵雪飞（英语）
	李亚静（数学）	杨　彦（科研）
	李慧兰（数学）	岳　玲（体育）
	刘跃华（数学）	
北京市顺义区后沙峪中心小学校	孙照丹（语文）	文鹏鹏（体育）
	张秀丽（语文）	薛莹莹（科学）
	王　芬（数学）	张　岩（德育）
	杜晓金（数学）	冯利文（心理健康）
	孟　颖（数学）	薛福连（教育科研）
	张　琪（英语）	王继霞（教育科研）
	杨树华（英语）	
北京市顺义区天竺中心小学校	李冬青（语文）	李　愿（德育）
	傅祥羽（美术）	王　瑛（德育）
	王守宁（美术）	赵晨辉（德育）
	仇万英（音乐）	陈立娟（品德与社会）
	李银霞（德育）	李东升（信息技术）
北京市顺义区李桥中心小学校	田秀娟（语文）	贾　颖（英语）
	刘海燕（语文）	崔晓梅（英语）
	董光利（语文）	刘京利（音乐）
	于桂芬（数学）	王亚彬（科学）
	王新霞（数学）	孙海荣（品德与社会）
	刘　欣（数学）	王丽丽（信息技术）
北京市顺义区沿河中心小学校	王　征（语文）	安莹萍（数学）
	王小娟（语文）	刘红娟（英语）
	王志良（语文）	王月萍（舞蹈）
	贾雪敬（数学）	崔宏伟（信息技术）
	张玉凤（数学）	朱玉红（科研）
北京市顺义区河南村中心小学校	杨小侠（语文）	刘雪莲（英语）
	王佳明（数学）	朱秀芹（科研）
	王志伟（数学）	李洪燕（美术）
	李　宇（英语）	张美霞（德育）
北京市顺义区南彩第二小学	王　倩（语文）	王晋龙（科学）
	董丽娟（语文）	张洪雨（科学）
	孔军红（语文）	于静淑（德育）
	汤晓旭（数学）	刘凤云（德育）
	李会钰（美术）	赵永梅（德育）
	焦春胜（体育）	
北京市顺义区杨镇中心小学校	刘占红（语文）	孙学丰（数学）
	张宝敬（语文）	王　玲（英语）

	李　颖（语文）	佟华峰（科学）
	刘　彦（语文）	谢晓军（音乐）
	赵艳辉（数学）	王　松（体育）
	张玉影（数学）	陈　倩（科研）
	何其帅（数学）	孙志杰（德育）
北京市顺义区小店中心小学校	刘　瑞（语文）	李孝全（英语）
	杜文宏（语文）	段亚会（音乐）
	张清江（语文）	张红梅（教育科研）
北京市顺义区李遂中小小学校	李　红（语文）	傅　莹（英语）
	李方亮（语文）	祖志芸（音乐）
	李淑云（数学）	赵宝强（美术）
	殷　翠（英语）	高文启（体育）
北京市顺义区大孙各庄中心小学校	赵红霞（语文）	梁旭东（体育）
	曹红侠（语文）	高秀云（德育）
	赵震霞（数学）	刘淑伶（德育）
	徐立红（美术）	
北京市顺义区张镇中心小学校	张晓静（语文）	张莉莉（英语）
	李玉平（语文）	陈亚梅（德育）
	闫海霞（语文）	魏丽平（劳动技术）
	杜金燕（数学）	张敬宇（体育）
	秦山丹（英语）	
北京市顺义区尹家府中心小学校	张亚敬（语文）	杨　帆（英语）
	张玉梅（语文）	张　怡（科学）
	杜志军（数学）	
北京市顺义区北务中心小学校	薛　瑾（语文）	刘宏伟（英语）
	李学波（语文）	黄艳平（科研）
	郭立华（数学）	魏佳红（品德与生活）
北京市顺义区仇家店中心小学校	邵海萍（语文）	张春雨（数学）
	王小杰（语文）	张秀芸（英语）
	韩立红（语文）	王　楠（英语）
	吴晓艳（数学）	李　莉（英语）
	李雪伶（数学）	
北京市顺义区木林中心小学校	王小明（语文）	张凤娟（数学）
	王敬琴（语文）	孙继祥（体育）
	王洪斌（语文）	姚小霞（科学）
	王凤霞（语文）	李　利（科研）
	李　纲（数学）	李红英（书法）
	高小玉（数学）	
北京市顺义区李各庄学校	刘晓俊（语文）	陈　颖（语文）
	陈爱霞（语文）	陈永丽（劳动技术）

北京市顺义区龙湾屯中心小学校	郑玉玲（语文）	马丽娜（数学）
	关金如（语文）	李志国（音乐）
	李燕平（语文）	尤学刚（体育）
	孔祥春（数学）	孔建斌（信息技术）
	辛家松（数学）	
北京市顺义区空港小学	张艳梅（语文）	王艳霞（数学）
	杜永全（语文）	李艳红（英语）
	程田华（语文）	金　龙（德育）
	张　磊（数学）	周爱国（体育）
北京市顺义区东风小学	王福利（语文）	苏福奇（音乐）
	任晓芳（语文）	王春丽（体育）
	隋红梅（语文）	李爱华（德育）
	冯艳茹（数学）	朱春艳（书法）
	贾晓娜（数学）	宋秋颖（劳动技术）
	律英梅（英语）	聂玉燕（品德与社会）
	胡政艳（英语）	陈金成（心理健康）
	任立良（美术）	
北京市顺义区光明小学	殷红爱（语文）	杨雪双（英语）
	万长芳（语文）	付佐华（英语）
	吴立华（语文）	陈颖秋（德育）
	张立平（数学）	姚　娟（德育）
	丁春伶（数学）	张海霞（音乐）
	蔡建伟（英语）	魏绍杰（美术）
	杨　静（英语）	
北京市顺义区石园小学	李雪娜（语文）	张　雪（美术）
	林秀梅（语文）	徐海伶（德育）
	皮金英（语文）	赵立红（德育）
	刘　莉（数学）	杨树青（科学）
	周盈慧（数学）	李海燕（书法）
	李丹娜（英语）	曹林娜（劳动技术）
	高春华（英语）	张　勇（劳动技术）
	张利华（音乐）	迈增禄（信息技术）
	苏丽娟（美术）	刘晓晨（品德与社会）
北京市顺义区港馨小学	王　新（语文）	高艳玲（德育）
	张　平（英语）	魏　兴（体育）
	陈媛媛（英语）	马晓静（科学）
北京市顺义区仓上小学	郭凯涛（语文）	张华慧（数学）
	张海洋（语文）	付　颖（数学）
	丁淑芹（语文）	杨立男（信息技术）
	刘　影（数学）	

北京市顺义区双兴小学	吴凤荣（语文）	刘红英（德育）
	马筱阁（数学）	韩连香（美术）
	尉　蒙（数学）	吴菊秋（美术）
	闫晶淼（数学）	王佳杰（舞蹈）
	付雅静（英语）	高东梅（劳动技术）
北京市顺义区西辛小学	赵　丽（语文）	孙　萌（英语）
	付秀芳（语文）	马　杰（英语）
	申　静（语文）	王雪松（美术）
	吕龙梅（语文）	谢俊清（劳动技术）
	李雪梅（数学）	王丽娜（信息技术）
	施月娥（数学）	梁彩凤（信息技术）
	申智辉（数学）	路　红（综合实践）
	任桂苹（数学）	
北京市顺义区明德小学	夏换龙（语文）	黄雅杰（德育）
	李艳楠（语文）	张建利（体育）
	张淑君（数学）	
北京市顺义区马坡第二小学	张春艳（语文）	丁　剑（体育）
	李利娟（语文）	马楠楠（音乐）
	王梦实（英语）	刘淑丽（书法）
北京市顺义区建新小学	卢江娟（语文）	孔玉会（英语）
	路亚芹（语文）	李晓娟（英语）
	李丽荣（数学）	李阳阳（英语）
	冯　记（数学）	赵晶晶（德育）
	高筱娜（数学）	刘立竹（德育）
	马丽莉（数学）	朱雪峰（音乐）
	李艳平（数学）	刘卫清（体育）
北京市顺义区裕龙小学	马胜惠（语文）	王文英（音乐）
	杨　慧（语文）	马艳新（美术）
	石　雯（语文）	高　双（体育）
	赵立影（数学）	张海飞（品德与社会）
	张海涛（数学）	李立平（德育）
	许雅丽（数学）	田旭霞（科研）
	王鸿雁（数学）	孙广赟（科研）
	洪秀梅（英语）	
北京市顺义区澜西园小学	张梦娜（语文）	赵志博（信息技术）
	刘　翠（德育）	
北京市顺义区牛栏山第二小学	吕亚蕊（数学）	丁卫红（劳动技术）
	张新伟（英语）	
北京市顺义区牛栏山第三小学	高　静（语文）	王国华（数学）
	孙晓芳（语文）	张春会（英语）

	王婧云（数学）	冯海艳（心理健康）
	李金超（数学）	万海霞（综合实践）
北京市顺义区裕达隆小学	范海霞（语文）	李爱辉（英语）
	王　艳（语文）	徐晶辉（美术）
	刘　征（数学）	茹　娜（德育）
	张　苹（数学）	
北京市顺义区李遂中心幼儿园	陈淑梅（学前教育）	张文静（学前教育）
	陈　丽（学前教育）	步亚男（学前教育）
	张　璟（学前教育）	
北京市顺义区幸福幼儿园	张红霞（学前教育）	肖亚利（学前教育）
	冯　静（学前教育）	穆曼丽（学前教育）
	王冬梅（学前教育）	
北京市顺义区滨河幼儿园	焦文叶（学前教育）	王玉花（学前教育）
	周雅芹（学前教育）	刘建华（学前教育）
北京市顺义区宏城幼儿园	王春玉（学前教育）	马金辉（学前教育）
	张　巍（学前教育）	李　稳（学前教育）
	张武威（学前教育）	刘冬梅（学前教育）
北京市顺义区港馨幼儿园	孟庆华（学前教育）	张东霞（学前教育）
	魏　征（学前教育）	邓　贺（学前教育）
北京市顺义区建北幼儿园	李海红（学前教育）	张慧玉（学前教育）
	高翠竹（学前教育）	吴金华（学前教育）
北京市顺义区石园北区幼儿园	杨海君（学前教育）	张　艳（学前教育）
	孙海英（学前教育）	郭亚静（学前教育）
	单艳梅（学前教育）	张　倩（学前教育）
北京市顺义区建南幼儿园	张宝兰（学前教育）	耿　波（学前教育）
	应建美（学前教育）	陈　楠（学前教育）
	刘爱华（学前教育）	
北京市顺义区义宾幼儿园	张　苇（学前教育）	刘翠平（学前教育）
	王　革（学前教育）	安东冉（学前教育）
北京市顺义区石园幼儿园	刘晶晶（学前教育）	王立蓓（学前教育）
北京市顺义区木林中心幼儿园	宋晓荣（学前教育）	田朝辉（学前教育）
	郭红艳（学前教育）	狄雄文（学前教育）
	纪　华（学前教育）	张然然（学前教育）
	徐　娜（学前教育）	
北京市顺义区牛栏山第一幼儿园	李海玲（学前教育）	李　木（学前教育）
	冯海丽（学前教育）	张建颖（学前教育）
北京市顺义区天竺中心幼儿园	高云飞（学前教育）	张雪姣（学前教育）
	贾　娜（学前教育）	刘明月（学前教育）
	王　洋（学前教育）	张　艳（学前教育）
北京市顺义区北小营中心幼儿园	张　丽（学前教育）	李庆新（学前教育）

	杨雪松（学前教育）	张艳辉（学前教育）
	刘　琦（学前教育）	孟迎雪（学前教育）
	张海侠（学前教育）	
北京市顺义区仁和中心幼儿园	高　园（学前教育）	张立彬（学前教育）
	王翠苹（学前教育）	李雪莲（学前教育）
北京市顺义区马坡第一幼儿园	张艳辉（学前教育）	宋晓昕（学前教育）
	高　芳（学前教育）	高　菲（学前教育）
	刘鑫颖（学前教育）	
北京市顺义区南法信中心幼儿园	田合云（学前教育）	郭纱纱（学前教育）
	曾立明（学前教育）	崔　雪（学前教育）
	王如意（学前教育）	
北京市顺义区后沙峪第一幼儿园	单小娜（学前教育）	韩红岩（学前教育）
	白　菊（学前教育）	李秀杰（学前教育）
北京市顺义区高丽营第一幼儿园	李雪莲（学前教育）	董媛媛（学前教育）
	戴　靓（学前教育）	
北京市顺义区赵全营中心幼儿园	郭立春（学前教育）	董　盈（学前教育）
	石艳伶（学前教育）	于　楠（学前教育）
	陈　艳（学前教育）	
北京市顺义区龙湾屯中心幼儿园	王利利（学前教育）	辛艳红（学前教育）
	胡金波（学前教育）	单小红（学前教育）
	赵白云（学前教育）	
北京市顺义区北石槽中心幼儿园	李　君（学前教育）	侯海芹（学前教育）
	邵建新（学前教育）	赵雪连（学前教育）
	田春香（学前教育）	
北京市顺义区李桥中心幼儿园	屈海婷（学前教育）	张　莹（学前教育）
	孙　娜（学前教育）	王　星（学前教育）
	王　红（学前教育）	唐敬红（学前教育）
北京市顺义区南彩第一幼儿园	张　静（学前教育）	蒙学超（学前教育）
	王瑾玲（学前教育）	张　强（学前教育）
	孟小红（学前教育）	
北京市顺义区南彩第二幼儿园	刘淑芝（学前教育）	任展超（学前教育）
	何松梅（学前教育）	马丽辉（学前教育）
	郑　芳（学前教育）	
北京市顺义区张镇中心幼儿园	魏　利（学前教育）	张　杰（学前教育）
	李明静（学前教育）	陈丽平（学前教育）
	朱黎明（学前教育）	马立平（学前教育）

北京市顺义区北务中心幼儿园	霍东娜（学前教育）	丁秀婷（学前教育）
	左恩利（学前教育）	赵　楠（学前教育）
	张春洁（学前教育）	杨　曼（学前教育）
北京市顺义区双兴幼儿园	刘春英（学前教育）	李　微（学前教育）
	关　瑞（学前教育）	董燕青（学前教育）
北京市顺义区怡馨幼儿园	王德娟（学前教育）	赵　倩（学前教育）
	刘　丽（学前教育）	殷红艳（学前教育）
	高军荣（学前教育）	
北京市顺义区杨镇中心幼儿园	王红岩（学前教育）	张爱荣（学前教育）
	张晓丽（学前教育）	顾　宇（学前教育）
	孙树华（学前教育）	何文英（学前教育）
	秦连红（学前教育）	
北京市顺义区裕龙幼儿园	陈亚利（学前教育）	安春敏（学前教育）
	孙东立（学前教育）	房宗慧（学前教育）
北京市顺义区馨港幼儿园	李玉芳（学前教育）	吴丽鸿（学前教育）
	王海朋（学前教育）	张文鹏（学前教育）
北京市顺义区西辛幼儿园	石　岩（学前教育）	王冬梅（学前教育）
	刘永君（学前教育）	王　芳（学前教育）
	崔红梅（学前教育）	
北京市顺义区尹家府中心幼儿园	周迎春（学前教育）	张名燕（学前教育）
	湛淑红（学前教育）	王冬梅（学前教育）
	李翠芳（学前教育）	张亚珍（学前教育）
	杨新华（学前教育）	
北京市顺义区金汉绿港幼儿园	刘雪飞（学前教育）	王益楠（学前教育）
	高海华（学前教育）	孙名悦（学前教育）
	许冬梅（学前教育）	高宝红（学前教育）
北京市顺义区吉祥幼儿园	田　庄（学前教育）	金　璜（学前教育）
	王春香（学前教育）	王　冉（学前教育）
北京市顺义区港馨东区幼儿园	王　冰（学前教育）	李　颖（学前教育）
	赵莹莹（学前教育）	
北京市顺义区马坡第二幼儿园	李艳辉（学前教育）	王新荔（学前教育）
	尉　静（学前教育）	谢金苹（学前教育）
北京市顺义区马坡第三幼儿园	马红会（学前教育）	李春伟（学前教育）
	孙　斌（学前教育）	魏　厅（学前教育）
	曹学民（学前教育）	
北京市顺义区牛栏山第二幼儿园	蔺　颖（学前教育）	韩大华（学前教育）

	崔海京（学前教育）	
北京市顺义区后沙峪第二幼儿园	张金香（学前教育）	
北京市顺义区澜西园二区幼儿园	尤春梅（学前教育）	
北京市顺义区澜西园四区幼儿园	李雪梅（学前教育）	李迎春（学前教育）
	杜晓敬（学前教育）	杨学玲（学前教育）
北京市顺义区高丽营第二幼儿园	王长红（学前教育）	陈爱平（学前教育）
	柳振英（学前教育）	李　亮（学前教育）
	孙旗帜（学前教育）	
北京市顺义区高丽营第三幼儿园	田　巍（学前教育）	
北京市顺义区旺泉幼儿园	陈　英（学前教育）	李艳春（学前教育）
北京市顺义区顺和花园幼儿园	李海伶（学前教育）	
北京市顺义区杨镇第三幼儿园	刘　超（学前教育）	邓玉明（学前教育）
	施婷婷（学前教育）	李红梅（学前教育）

教育事业
统计资料
的群众路线教育实践活动动员大会
2014年3月29日
顺义区教育委员会

表一

2014 年顺义区公办幼儿园综合统计报表

年份	园数	班数	入园人数（人）	在园幼儿数（人）	教职工数（人）		办学条件		
					合计	专任教师	占地面积（m^2）	建筑面积（m^2）	图书藏量（册）
2014	50	415	5543	15235	1746	1011	288550	146922	373867

表二

2014 年顺义区公办小学综合统计报表

年份	校数	班数（个）							教职工数（人）		办学条件		
		合计	一年级	二年级	三年级	四年级	五年级	六年级	合计	专任教师	占地面积（m^2）	建筑面积（m^2）	固定资产总值（万元）
2014	44	1019	182	182	176	177	162	140	3132	2438	1008864	354009	54380. 92

表三

2014 年顺义区公办普通中学综合统计报表

年份	校数	班数（个）							学生数（人）							教职工数（人）		办学条件		
		合计	初中			高中			合计	初中			高中			合计	专任教师	占地面积（m^2）	建筑面积（m^2）	固定资产总值（万元）
			一年级	二年级	三年级	一年级	二年级	三年级		一年级	二年级	三年级	一年级	二年级	三年级					
2014	24	629	120	124	121	90	86	88	22698	4238	4307	4147	3535	3159	3312	3609	2710	1506578	640064	85456. 87

表四

2014年顺义区公办中等职业学校综合统计报表

年份	校数	学生数(人)				教职工数(人)		办学条件			
		合计	一年级	二年级	三年级	合计	专任教师	占地面积（m^2）	建筑面积（m^2）	图书藏量（册）	固定资产总值（万元）
2014	2	804	385	55	364	127	85	31830	9364	14005	3093.46

2014年顺义区公办高等职业学校综合统计报表

年份	校数	学生数(人)				教职工数(人)		办学条件			
		合计	一年级	二年级	三年级	合计	专任教师	占地面积（m^2）	建筑面积（m^2）	图书藏量（册）	固定资产总值（万元）
2014	1	1964	563	474	927	306	174	115183	69841	76842	6880.46